U0908250

十五”国家重点图书

THE CAMBRIDGE ECONOMIC HISTORY

GENERAL EDITORS: M.M.POSTAN, Emeritus Professor of Economic History in the University of Cambridge, and H.J.HABAKKUK, Principal, Jesus College, Oxford

剑桥经济史

M.M.波斯坦 H.J.哈巴库克 主编

王春法 主译

VOLUME Ⅲ

经济科学出版社
Economic Science Press

图字：01-98-2993

剑桥大学出版社

1963年第一版　1963年第一次印刷
　　　　　　　1965年第二次印刷
　　　　　　　1971年第三次印刷

本书根据1963年第一版1971年第三次印刷本译出

策 划 人：卢元孝
责任编辑：崔新艳
装帧设计：王　坦
版式设计：代小卫
责任校对：徐领弟　杨晓莹
技术编辑：刘　军　王　娟

THE CAMBRIDGE ECONOMIC HISTORY OF EUROPE

VOLUME Ⅲ

ECONOMIC ORGANIZATION AND POLICIES IN THE MIDDLE AGES

EDITED BY

M.M.POSTAN

Emeritus Professor of Economic History in the University of Cambridge

E.E.RICH

Vere Harmsworth Professor of Imperial and Naval History in the University of Cambridge and Master of St Catharine's College, Cambridge

AND

EDWARD MILLER

Professor of Medieval History, University of Sheffield

剑桥欧洲经济史

（第三卷）

中世纪的经济组织和经济政策

M.M.波斯坦 E.E.里奇 爱德华·米勒 主编

周荣国 张金秀 译

杨伟国 校订

经济科学出版社

Economic Science Press

Published by the Syndics of the Cambridge University Press
Bentley House, 200 Euston Road, NWI 2DB
American Branch: 32 East 57th Street, New York, NY 10022

ISBN: 0 521 04506 1

First edition 1963
Reprinted 1965 1971

First printed in Great Britain by The Broadwater Press Ltd,
Welwyn Garden City, Hertfordshire

Reprinted in Great Britain
at the University Printing House, Cambridge
(Brooke Crutchley, University Printer)

译　序

（一）

所谓经济史，无非就是有关经济发展与经济增长过程的历史，是历史演进的经济方面，是人类在一定历史时期经济活动的总称。但是，作为经济科学领域的一门边缘学科和基础学科，经济史又是研究人类社会各个历史时期、不同国家或地区的经济活动和经济关系发展演变的具体过程及其特殊规律的学科，它既为总结历史经验和预见未来社会经济发展趋势提供依据，也为研究各个历史时期形成的经济思想、学说、政策提供历史背景。没有经济史研究的深入和发展，经济学理论的研究也就失去了依据和方向。

关于经济史在经济科学中的地位和作用，似乎没有哪位经济学家会对此加以否认，而且许多国外著名经济学家也都精心撰写过经济史著作，如刘易斯关于经济增长与波动的研究、弗里德曼关于美国货币史的研究等等。著名经济学家约瑟夫·熊彼特认为：要进行经济学研究，有三门专业知识必不可少，即经济史、经济理论与经济统计，其中经济史最为重要。“我愿立即指出，如果我重新开始研究经济学，而在这三门学科中只许任选一种，那么我就选择经济史”，这是因为，“经济学的内容，实质上是历史长河中的一个独特的过程。如果一个人不掌握历史事实，不具备适当的历史感或所谓历史经验，他就不可能指望理解任何时代（包括当前）的经济现象”，“历史的叙述不可能是纯经济的，它必然要反映那些不属于纯经济的‘制度方面的’事实，因此历史提供了最好的方法让我们了解经济与非经济的事实是怎样联系在一起的，以及各种社会科学应该怎样联系在一起”；“我相信目前经济分析中所犯的根本性错误，大部分是由于缺乏历史的经验，而经济学家在其他条件方面的欠缺倒是次要的”。[①] 麦克洛斯基更在1976年对经济史与经济科学的关系做了精辟入里的论述。根据麦的观点，经济史学科本身的实际价值主要表现在以下几个方面，即：它可以提供更多的经济事实，更好的经济事实，更好的经济理论，更好的经济政策，更好的经济学家；而经济学理论对经济史学科的贡献是：更多的事实，更好的事实，更好的假设，更好的数据解释，更好的历史学家。[②] 二战以后美国经济理论的发展和繁荣，实际上在很大程度上即得益于战后初期美国全国经济研究局对经济周期史的研究以及对美国历史上国民收入账户的考察，美国经济史学家越来越多地使用经济模型和假设检验来研究经济史，从而使经济史的量化趋势日益明显。这一相得益彰的结合直到今天还为人们所津津乐道。[③]

遗憾的是，这样一种良好的互动关系在中国的经济学研究中迄今还远未建立起来。在日常生活中，许多经济学家往往对经济史的功能和作用缺乏清楚的认识，甚至有这样那样的贬斥经济史的地位和作用的现象，而真正将经济理论研究与经济史研究结合起来的中国学者，至今还不多见。从某种意义上来说，目前无论是国内的经济学理论研究，还是世界经济研究，之所以迟迟不能取得较大进展的一个突出原因就是经济史研究的严重滞后影响了理论研究的深入。

（二）

就其学科体系而言，经济史学科可谓枝广叶茂，体系庞大。

① 约瑟夫·熊彼特：《经济分析史》第一卷，商务印书馆1991年版，第29页。
② 《新帕尔格雷夫经济学大辞典》，经济科学出版社1996年版“经济史”条。
③ 《新帕尔格雷夫经济学大辞典》，经济科学出版社1996年版“经济史”条。

按其所涉及的地理范围，可以有国别经济史、区域经济史、国际经济史（研究国际经济的兴起、崩溃与复兴的历史过程及其内在规律）、世界经济史（以世界为整体来研究世界经济的形成和发展）等；按其涉及的经济部门，可以有农业经济史、工业经济史、银行金融史、贸易史等；按其所研究的历史年代，可以有古代经济史、近代经济史、现代经济史、当代经济史等；按其研究的经济行为主体，可以有企业史、企业家史、总统经济史等；按其研究的经济专题，又可以分为经济增长史、经济危机史、通货膨胀史、钱币史、经济政策史等等。事实上，我们所阅读的经济史著作，大体上都是按照这种学科分野来撰写的。

但是，如果从研究方法来分类，则所有的经济史著作大体上都可以分为两大类，即描述性经济史和分析性经济史。描述性的经济史著作主要对经济发展的历史过程进行客观描述，所回答的主要是"是什么"的问题，即在整个社会历史发展过程中，经济方面是如何演进的？其轨迹如何？作用和意义如何？在这类经济史著作中，虽然我们也能够看出作者在立场、观点和方法乃至观察问题的角度上受到当时当地主流意识形态的影响，但是，它们一般都没有系统的理论体系、概念体系以及特定的理论研究方法，而是通过对经济活动的详尽描述来尽可能全面地反映经济发展的客观进程。一般而言，由于描述性经济史著作是任何经济史研究的基础，也是任何严肃认真的经济分析的出发点，其学术价值也主要在于其对经济发展历史进程描述的客观性与全面性，因此，越是客观详尽的描述性经济史著作，就越能够为更为深入的经济史研究和经济分析提供一个研究平台和检验经济理论正确与否的实验场，其学术价值也就越高。从方法论的角度来看，论从史出是这类著作的共同特征。

与此相反，分析性经济史主要依据某种具体的经济学理论对经济史发展过程中的某些重大问题进行具体的分析研究，从而给出自己的解释，并以此证实或者证伪某种经济学理论。它们往往更强调特定经济学理论对于经济史研究的指导意义，强调将理论与经济史研究结合起来，实际上是更加强调以论带史。在这里，明确的理论依据、内在逻辑严密的概念体系、清晰的理论分析框架以及严格的推理方法是这类著作的共同特点，其目的不仅仅是要了解经济史的一般演进过程，而且还要进一步解释某些经济事件在历史上发生的原因、内在的机理、具有的理论含义以及对于经济学理论演进的意义。在这方面，诺贝尔经济学奖获得者福格尔和道格拉斯·诺思堪称先驱。麦迪森的《世界经济二百年回顾》[①] 也主要是围绕着三个问题展开的：收入增长与收入差距、影响增长实绩的原因以及经济发展的不同阶段，其后所附的大量表格主要是对这些经济分析的数据支持。事实上，在经济史研究中强调用经济理论去研究历史已经成为目前学术界的一个重要趋势。

当然，这种划分也不是绝对的，而且两者之间也不存在此高彼低之别。没有一套符合历史发展真实的描述性的经济史著作，也就不可能有真正的分析性经济史，更不要谈高水平的经济学理论研究。由于描述性经济史也存在着对某些具体经济现象的深入分析和探讨，分析性经济史也需要对经济发展过程给出基本的描述，因此，具体到一部经济史著作究竟是描述性的还是分析性的，只能依据其基本倾向性做出判断。据此推断，我们可以说《剑桥欧洲经济史》是一部描述性经济史著作，尽管其中的许多作者后来成为著名的经济学家，包括诺贝尔经济学奖获得者道格拉斯·诺思以及美籍俄国经济学家格申克隆等。

（三）

既然以应用经济理论研究经济发展的历史过程已是当前经济史研究的主流，而《剑桥欧洲经济史》又主要是一部传统的经济史著作，那么，为什么我们还要选择这样一部著作介绍给国内学术界呢？这主要基于三个方面的考虑：

---

① 麦迪森：《世界经济二百年回顾》，改革出版社 1997 年版。

其一，正由于目前经济史研究的一个重要趋势是分析性经济史，因此，20世纪60年代以来出版的世界经济史著作大都受过严重的“理论污染”，是试图从不同视角对经济发展的历史进程加以解释的著作，而纯粹的描述性经济史著作却比较少见。即使是奇波拉主编的《欧洲经济史》这样的综合性经济史著作，也具有明显的制度主义色彩，充满了作者个人对经济发展历史进程的新制度主义式理解和判断。从推动经济史研究深入的角度来看，这固然不错，但是，这样的分析性经济史著作越多，就越需要一些描述性的经济史著作，以帮助我们更加准确地理解经济发展的真实历史过程，以便从中抽象出经济演变的内在规律，并据此对现有经济理论的理论假定与观点进行证实或证伪的工作。这是因为，我们研究经济史，首先就要准确地知道经济发展的真实过程是怎样的，需要对经济发展的历史过程进行客观的描述。只有在这样的基础之上，我们才能够进一步解释它为什么是这样的，才能够对这样一个过程进行深入的分析研究，以便从中发现规律性的东西。从这个意义上来说，我们首先需要的是一种比较纯粹的描述性的经济史著作，而不是以作者自己的眼光加以选取和解释的经济史著作。这样一种比较纯粹的经济史，事实上就是我们赖以进行研究的基础和标杆，也只有这种经济史著作，才能更好地发挥其经济理论实验场的功能，各种经济理论也才能够以不同的透镜来观察和解释这种经济发展的历史过程，也才能够真正还经济发展的历史以本来面目。我国世界经济史的研究一直是经济史研究领域中的薄弱环节，因而极大地影响了经济学理论研究的深入。比如说，建国以来，除了樊亢、宋则行等学者主编的四卷本《外国经济史》（人民出版社1965年版）和三卷本《世界经济史》（经济科学出版社1998年版）等著作以外，我们只有一些零散的国别经济史著作，如美国经济史、英国经济史、苏联经济史或者日本经济史等等，品种和数量都极为有限。近年来，国内学术界虽然也翻译了一些负有盛名的经济史著作，如沃勒斯坦的《世界体系论》、布劳代尔的《15至18世纪的物质文明、经济和资本主义》等，但是，从总体上看，这样一些经济史著作仍然属于分析性经济史之列，因而无法给我们提供一部比较纯粹的描述性经济史著作。

其二，《剑桥欧洲经济史》虽然名为欧洲经济史，但它所探讨和涉猎的范围绝不仅仅局限于欧洲，而是涵盖了世界各个主要地区的现代经济发展进程，包括美国、拉美、澳大利亚、东亚各国以及俄罗斯等国的现代经济发展进程，因而是一部事实上的世界经济史。我们知道，所谓世界经济史其含义基本有二：一是世界经济的历史，旨在探讨特定阶段世界经济的形成与发展，而这样一种作为人类历史新现象的世界经济孕育于地理大发现时期，形成于19世纪末期；二是世界的经济发展史，旨在探讨世界不同国家和地区经济发展的历史过程及其内在规律，这样的世界经济史自有人类以来就已经出现了。就前者而言，宋则行、樊亢主编的《世界经济史》可为其代表；就后者而言，我们迄今还没有一部综合详尽的描述性世界经济史著作，而《剑桥欧洲经济史》恰好可以弥补这方面的缺陷。众所周知，现代经济增长是从欧洲、特别是从西欧起源的，欧洲经济的发展过程很大程度上代表了整个世界的近代经济发展历程。因此，当我们以一种全球视角来考察和理解人类经济活动及其组织的演进时，欧洲作为人类先进经济活动的中心自然会首先进入我们的视野。但是，另一方面，我们在关注欧洲之发达的同时，我们也必须同样关注其他地区之为何不发达以及如何才能走向发达，关注欧洲之发达是否是建立在其他国家之不发达的基础之上的，关注两者之间是否存在一种此消彼长的关系或者说是否能够找到一种共同的繁荣之路。在这个意义上，《剑桥欧洲经济史》显然是一个比较好的选择。它本身是研究欧洲的经济发展进程的，但又不仅仅局限于欧洲国家，而是由此向外延伸至南北美洲、澳大利亚以及远东的日本、中国以及印度等，在欧洲国家与其他地区的经济互动中研究和探索欧洲的经济发展规律，从而将整个世界纳入了欧洲经济史研究的范围，而将整个近代世界经济增长的过程视为欧洲起源并向全球扩散的过程，这基本上是符合历史实际的。不仅如此。由于欧洲联盟是目前世界经济一体化程度最高的区域性经济合作组织，欧洲经济的一体化正在成为一个不可阻挡的历史潮流，因此，世界各国也都正在深入开展欧洲一体化历史与机制的研究，力求从更为广阔的历史背景中寻求欧洲统一的深刻内涵。对于正在融入经济全球化浪潮之中的中国经济界来说，《剑桥欧洲经济史》这样一部具有全球视野的综合性经济史著作显然可以为我们提供重要的借鉴。

其三，目前中国的经济发展现实与理论研究迫切需要这样一部描述性的经济史著作。我们知道，改革开放是最近二十余年来中国政治经济生活的主旋律，而目前中国也正在经历人类历史上最为波澜壮阔的体制改革与制度变迁进程。在这样一种背景之下，以制度创新和制度演进为主要研究对象的新制度经济学在中国受到广泛的欢迎与青睐，而这种新制度经济学的理论基础之一就是诺思等学者对历史上欧洲制度变迁的研究。在其代表作《西方世界的兴起》一书中，诺思运用交易成本理论和所有权理论等，对西方民族国家经济兴起的过程及原因给出了自己的独特解释，并在此基础上实现了经济史与经济理论的统一。但是，经济史是丰富多彩的，使用不同的视角去观察它必然会得出不同的结论和判断。那么，诺思从制度视角所给出的解释是否符合历史的真实？他所得出的结论是否能够应用于中国的实际？推动这种历史变迁的内在机制又是怎样维持运转的？除了诺思的解释以外，我们从那一段历史中能否找到另外的解释或者说启迪？要回答诸如此类的问题，首先就需要我们对那一段历史、特别是制度创新与演进的历史做出尽可能客观详尽的描述，并在“知其然”的基础上再进一步“知其所以然”，进而由此确认诺思理论中的真理颗粒。惟其如此，学术界对以探讨历史上的经济制度变迁为主要内容的描述性经济史著作无疑有着巨大的社会需求，而《剑桥欧洲经济史》恰恰就是这样一部以欧洲从中世纪向现代经济转变为主要内容的经济史著作。事实上，从《剑桥欧洲经济史》的总体结构中我们可以看出，它比较侧重于欧洲经济的崛起、特别是在此过程中的制度变迁与政策调整问题，中世纪末期的欧洲经济及其向现代经济的转变在其总体结构中占有很大的比重，而这一部分恰恰是近年来西方学者非常重视而我国研究又极为薄弱的一部分。从编排体例上看，《剑桥欧洲经济史》不仅非常重视欧洲国家在中世纪的经济增长积累以及在这种转变过程中的制度变迁，而且将工业化及其随后的全球扩散置于一种自然延伸的历史进程中来考察，从而可以为我们理解和把握经济变革时期的制度演进过程与机理提供更加可靠与丰富的理论依据。从某种意义上说，不了解欧洲经济史、特别是从中世纪到现代转变过程中的经济史，也就不能完全准确地理解和把握新制度经济学，在运用这些理论来解释和指导中国的经济发展现实方面也必然会出现这样那样的偏差。

(四)

《剑桥欧洲经济史》全书共八卷，是由著名经济史学家 M. M. 波斯坦等主编、剑桥大学出版社出版的一套权威经济史著作，在西方学术界久负盛名。这部著作的策划工作始于战火纷飞的20世纪30年代，约翰·克拉彭爵士和艾琳·鲍尔是丛书的主要发起人，第一卷出版于1941年，第八卷出版于1989年，从策划之始算起，历时近60年。数十年磨一书，这在世界出版史上可以说是比较少见的。

大体说来，《剑桥欧洲经济史》可以分为三部分：

其一，前三卷构成本书的第一部分，主要探讨欧洲经济从中世纪向现代的转变，即是什么因素决定了是欧洲经济而不是其他地区的经济率先完成了从农业社会向工业社会的转变，以及在这个转变过程中不同经济活动领域所发生的变化。其中，第一卷《中世纪的农业生活》探讨了农业与农民生活的转变过程；第二卷《中世纪的贸易和工业》则探讨了欧洲内部不同国家之间经济联系的渠道与转变；第三卷《中世纪的经济组织和经济政策》则分析了随着经济活动领域与重点的变化，经济组织方式与政府政策的相应转变与调整。事实上，近年来非常活跃的新制度经济学就是通过对这一时期欧洲经济转变的重新解释而建立起自己的理论体系的。

其二，第四卷和第五卷构成了该书的第二部分，其重点是探讨欧洲作为一个整体在16世纪和17世纪的对外扩张以及欧洲的工业革命。其中，第四卷《16世纪、17世纪不断扩张的欧洲经济》主要分析经济增长与发展赖以进行的外部环境，即人口增长、科学思想与成就、价格、贸易模式与贸易线路、劳动力供应、大规模公司的组建以及重商主义理论与政策等；第五卷《近代早期的欧洲经济组织》则主要分析工业生产的核心机制、信贷机制、国际贸易机制以及国家作为生产者、消费者以及财政当局的功能等。作者的这一内容安排实际上反映了这样一个事实，即欧洲国家在现代经济中的突出地位早在工业化开始以前就已经确立了，仅仅从工业化自身并不足以回答为什么欧洲国家在长达三百余年的时间里一直支配着世界经济的发展。

其三，本书的第三部分由第六卷、第七卷和第八卷组成，主要研究和分析工业革命以来包括美国与日本在内的西方国家经济发展的历史。其中，第六卷《工业革命及其以后的经济发展：收入、人口及技术变迁》重点分析工业革命展开的外部因素；第七卷《工业经济：资本、劳动力和企业》则主要分析现代工业经济增长的内部因素，如资本、劳动力以及企业家资源的供应等，并且主要是按国家展开分析的，包括英国、法国、德国、斯堪的纳维亚国家、美国、日本和俄罗斯等；第八卷《工业经济：经济政策与社会政策的发展》主要分析工业革命以来欧洲国家的社会经济政策及其演变。因此，大体上说，这一部分的三卷主要分析工业化的基础条件、增长因素以及政府政策变化。

应该指出的是，作为一部欧洲视角的经济史著作，《剑桥欧洲经济史》不可避免地会有这样那样的欧洲中心论倾向，对此我们应予以注意。现代意义上的经济增长是最先在欧洲、特别是在西欧发源的。无论是从工业化的国际扩散来说，还是从世界经济形成和发展的角度来看，欧洲在近现代世界经济发展中都居于中心地位。但是，这绝不意味着我们接受或者说承认欧洲中心论的合理性。欧洲中心论是一种错误的历史观，我们必须加以批判，但这绝不是说我们应该拒绝接受欧洲经济发展进程所昭示的发展模式的普遍意义。在过去的几十年里，我们在强调各民族经济发展的独特性的同时，又往往忽略了近代世界经济发展的一致性，即它在很大程度上是发端于欧洲的工业化在全球范围内的扩散过程。而在这个过程中，欧洲人所确立的制度安排、规则选择等至今仍然起着主导作用。承认这一点，事实上也就是承认了经济发展的不平衡性。至于欧洲国家的这种中心地位客观上是否合理，是否增进了整个人类的福利，那是一个价值判断问题，需要专门加以探讨。从学术研究的角度来看，无论是在哪一个时代，关注站在时代发展最前列的国家或地区，把它们作为自己模仿的榜样和赶超的对象，这无论如何都是一种理性的行为，也是一种自然的选择。从这个角度来看，把欧洲视为现代世界经济发育和成长的中心因而予以充分注意，是无可厚非的，这种做法本身也并不一定就是“欧洲中心论”的体现。当然，对于由于欧洲经济发展优于其他地区而形成的欧洲种族优越论，以及书本中可能隐含的种种欧洲殖民倾向以及作者出于自身立场、观点等对历史事实的不同理解甚至曲解，是应该予以注意和批判的。

（五）

本书的中文版翻译可谓历经坎坷，备尝艰辛。早在1998年，经济科学出版社就斥巨资向英国剑桥大学出版社购买了《剑桥欧洲经济史》（八卷本）的中文版权，并由中国社会科学院世界经济与政治研究所研究员王春法博士组织翻译，经济科学出版社方面则由卢元孝编审负责编辑事宜。双方在多次协商的基础上制定了严格的进度计划和质量标准。在随后四年多的时间里，由于主译人员的调整及其工作岗位的变化，而且翻译及编辑加工的难度远远超出了我们的想像，致使译稿完成的时间一再延迟，以致在原定的2001年12月这个最终出版日期之前，我们不得不致函剑桥大学出版社，请求推迟出版时间，并得到了理解与慷慨允诺。在这里，我们要感谢剑桥大学出版社的同行们，没有他们的理解与帮助，这样一项文化工程的命运是难以逆料的。同时，我们也要感谢经济科学出版社参与这项工作的各位编辑，没有他们的辛勤劳动和无私奉献，这部著作是难以完成的；感谢各位主译人员，在市场观念日益深入人心的情况下，他们能够甘于寂寞，勇于承担起书稿翻译的重任，从而为中国学术的繁荣做出了自己的贡献，这种精神又是何等的可贵！最后，我们还要特别感谢经济科学出版社的领导，没有他们的远见卓识和非凡气魄，这样一部宏大的经济史著作是不可能在中国面世的。目前，中国经济史学界正在经历一场声势浩大的“融入世界”运动，如果本书能够对此有所助益的话，则幸莫大焉。

需要说明的是，尽管我们一直未放松对译稿质量的要求，但是，翻译出版这样一部大型的经济史著作，还是不可避免地会有这样那样的不足之处。比如说，原书所引文献涉及大小语种数以十计，古今雅俚，纷繁复杂，其中部分虽经多方努力而无法翻译者，只好照录存疑。又比如，由于本书所涉及人名、地名繁多，时间跨度甚大，个别人名、地名因卷而异的情况也恐难以避免。另外，由于译者水平所限，译稿中其他错误也在所难免。所有这些都希望读者不吝指教，以期未来再版时加以改进。

王春法

2002年9月于北京

前　言

这套丛书的发起人——约翰·克拉彭爵士（John Clapham）和艾琳·鲍尔（Eileen Power）——大约8年前就制定了编写本卷的计划，并于次年挑选了撰稿人并与他们签订了撰稿合同。然而，事隔多年之后，现在奉献给读者的这卷书还是缺少了最初计划中的三章。

在缺少的几章中，关于东欧国家经济政策的一章是由于50年代中早期同俄罗斯学者进行学术交流非常困难而造成的；而关于交通组织的一章则是因为一位作者出于健康原因的退出而被迫放弃；其中最重要的关于硬币和通货一章的空缺，则是由于分配写该章的作者食言所致。编者曾对这一章寄予厚望，希望它成为本卷的基石之一，因此认为值得耐心等待。不幸的是，关于钱币史领域知者甚少，原定作者退出时间又如此之晚，致使编者不得不放弃重新编写该章的希望。他们所能做的只是添加一个附录，将本卷中提到的硬币和通货都罗列出来，并尽可能地给出它们的汇率。

根据约翰·克拉彭爵士和艾琳·鲍尔的计划，中世纪第三卷是要探讨前两卷有意留出的中世纪经济史，特别是经济政策和制订政策的组织。这样划分的理由在于：在过去，经济政策不适当地占据了经济史的太多篇幅；工业、贸易、农业、人口以及土地利用的发展不仅与相关的政策、规定紧密地联系在一起加以讨论，而且常常被以制定规章和政策的权威机构的眼光来审视它们；这样，农业史被完全融入了领地庄园史，而贸易和工业史则被城镇和行会史所涵盖。为了纠正这种偏见，这套丛书的策划者决定，首先让农业卷专门研究农村各种各样的经济和社会进程，以便相应地减少庄园的机构问题在该卷中所占的篇幅。其次，将工业史和贸易史分开，使第二卷的撰稿人能够完全不受干扰地把贸易作为一种经济行为来书写。这样便意味着将关于经济政策、制定政策的机构、与工商业组织有关的问题以及经济理论的探讨推后到了第三卷。

事实上这个计划在本卷书中圆满地完成了。读者会发现在本卷中有两类主要的篇章：一类与商业组织和颁布经济政策的组织的发展有关，例如城镇、行会、市场、集市以及商业公司；另一类则涉及城市、行会和国家政府的经济政策，以及税收、国家和城市的财政。关于经济思想的那一章概述了当时主导经济思想、并在某种程度上为政策制定者提供了指导目标和评判标准的种种理念。在这类篇章中，有些自然要处于核心位置。于是，黑伯特(Hibbert) 先生的题目——《中世纪城镇政府的经济政策》——自然使他的篇章占据了有关城市机构和政策那部分的中心位置。同样，米勒先生撰写的关于国家政策的篇章——特别是他概述性的评论——被用于总结并统一与此题目有关的各部分稿件。在这一部分的准备阶段，米勒先生承担了马克·布洛克（Marc Bloch）在第一卷中扮演的角色——收集和编辑欧洲鼎盛时期有关农业经济的各种大小文章。

至于这种划分和安排是否比传统的撰写方法（经济政策和经济机构主导贸易与工业史）更为优越，则取决于读者和评论家的判断。但这种方式无疑增加了编者和撰稿人的困难，因为他们无法参考现成的、唾手可得的中世纪经济史书；也使他们很难适当地突出经济史中一些真正的“基本”问题，如人口问题、价格问题或资本的形成问题。但另一方面，这能使第二卷的撰稿人将商业发展问题放在适当的经济和社会环境下进行探讨，而让第三卷的作者探讨与政治和体制的发展有关的经济政策和经济组织问题——通常这一问题并不进入经济史研究的范畴。另外，单独讨论一些“基本”问题并非与克拉彭—鲍尔计划互不相容，编者希望在这几卷书第二版时处理这些问题。

需要注意的是，编者在落实他们的总规划时并未强行为中世纪发展的某些基本问题定性。如果在上一卷（即第二卷）碰巧对中世纪发展的编年和发展阶段下了基本定论的话，完全是因为撰稿人之间意见无意中的相同所致。在本卷中，大多数撰稿人也对中世纪经济发展的方向和节奏持有相同的假设。但是，奇波拉（Cipolla）教授的章节中的一个重要例证对这些假设提出了疑问，并对第二卷中洛佩斯（Lopez）教授的观点表示反对。编者并未隐瞒甚至消除这些分歧，而是让读者根据论点和论据的说服力来自行判断。而且编者对一些不太重要的问题也未进行干涉。因此撰稿人有充分的自由决定每章的内部编排，比如章、节的长短和结构。参考书目的提出方式也由作者本人决定，编者也未加干涉。各篇章题目各异，一些涵盖了整个西欧，另一些则只是地方性的；一些探讨的是有大量书籍和文章可供参考的陈旧问题，而另一些则涉足先前学者几乎从未涉猎的新领域，因此书目的长度和安排都各有不同。但是，参考书目和篇章都已按照本国学术界的惯例做了细心的调整。

M. M. 波斯坦

目　录

表目 ……………………………………………………………………………（1）

第一部分　经济组织

第一章　城镇的兴起
根特大学教授 H. 冯·韦沃克 ………………………………………………（3）
1.1　概述 …………………………………………………………………………（3）
1.2　罗马帝国的遗产 ……………………………………………………………（5）
1.3　新要塞 ………………………………………………………………………（8）
1.4　城市复兴前的商人阶级 ……………………………………………………（9）
1.5　商人在城镇中的永久定居 …………………………………………………（10）
1.6　首批城镇的外形 ……………………………………………………………（13）
1.7　资本的起源 …………………………………………………………………（14）
1.8　个人在城镇中的地位 ………………………………………………………（15）
1.9　城镇土地状况 ………………………………………………………………（17）
1.10　贸易城镇之外的其他类型城镇 …………………………………………（19）
1.11　城镇法规 …………………………………………………………………（21）
1.12　城市贵族阶级 ……………………………………………………………（25）
1.13　民主革命 …………………………………………………………………（28）
1.14　城镇人口 …………………………………………………………………（30）
1.15　结论 ………………………………………………………………………（32）

第二章　贸易组织
布鲁克林学院教授 R. 德·罗弗 …… (34)
2.1　概述 …… (34)
2.2　1300 年以前的旅行贸易 …… (38)
2.3　14、15 世纪的意大利霸权 …… (59)
2.4　汉萨同盟和英国贸易组织 …… (88)
第三章　市场和集市
根特大学教授、罗马比利时学院主任 C. 韦尔兰当 …… (100)
3.1　早期集市和市场 …… (100)
3.2　香巴尼和佛兰德斯的集市 …… (107)
3.3　沙隆、日内瓦和里昂的集市 …… (116)
3.4　德国、斯堪的纳维亚和布拉班特的集市 …… (121)
3.5　小规模集市和中世纪的结束 …… (128)

第二部分　经济政策

第四章　城镇的经济政策
剑桥大学讲师 A. B. 黑伯特 …… (135)
4.1　概述 …… (135)
4.2　恒因 …… (137)
4.2.1　保护贸易利益 …… (139)
4.2.2　保护消费者利益 …… (148)
4.3　变因 …… (154)
4.3.1　早期:“自由”和财政政策 …… (155)
4.3.2　13 世纪:经济饱和与经济剥削 …… (170)
4.3.3　中世纪晚期:危机和措施 …… (176)
第五章　行会
密歇根大学历史教授西尔维娅·L·思罗普,
爱丽丝·费里曼·帕尔默 …… (195)
5.1　行会史问题 …… (195)
5.2　行会机构的发展 …… (197)
5.3　行会在地方贸易和产业中的经济权力 …… (208)

5.4　行会对出口业的影响 …………………………………………… (224)
5.5　行会对投资和革新的影响 ……………………………………… (229)
5.6　结论 ………………………………………………………………… (235)
第六章　政府的经济政策 ……………………………………………… (237)
6.1　概述
谢菲尔德大学中世纪史教授爱德华·米勒 ……………………………… (237)
6.2　法国和英国
谢菲尔德大学中世纪史教授爱德华·米勒 ……………………………… (245)
6.2.1　概述 …………………………………………………………… (245)
6.2.2　中世纪早期 …………………………………………………… (246)
6.2.3　12、13世纪 …………………………………………………… (253)
6.2.3.1　行政管理的进步与城市的自由 ……………………………… (253)
6.2.3.2　政府财政 …………………………………………………… (256)
6.2.3.3　政府与经济事务 …………………………………………… (259)
6.2.3.4　战争与经济政策 …………………………………………… (266)
6.2.4　中世纪晚期 …………………………………………………… (268)
6.2.4.1　经济背景和政府财政 ……………………………………… (268)
6.2.4.2　工资、农业和工业 ………………………………………… (273)
6.2.4.3　国内市场与外国商人 ……………………………………… (278)
6.2.4.4　贸易的平衡与商业组织 …………………………………… (283)
6.2.4.5　结论 ………………………………………………………… (288)
6.3　低地国家
H. 冯·韦沃克 ……………………………………………………… (289)
6.3.1　概述 …………………………………………………………… (289)
6.3.2　王侯和城镇 …………………………………………………… (293)
6.3.3　对外贸易 ……………………………………………………… (295)
6.3.4　国内贸易：国家的经济框架 ………………………………… (297)
6.3.5　国内贸易：贸易中心 ………………………………………… (300)
6.3.6　工业 …………………………………………………………… (302)
6.3.7　货币问题 ……………………………………………………… (304)
6.3.8　土地的开发 …………………………………………………… (307)
6.4　波罗的海国家
哥德堡商学院教授E. 伦罗特 ……………………………………… (309)

6.4.1 政府财政 …… (309)
6.4.1.1 经济背景 …… (309)
6.4.1.2 早期的波兰王国和斯堪的纳维亚 …… (311)
6.4.1.3 斯堪的纳维亚 13~14 世纪封建秩序的解体 …… (318)
6.4.1.4 条顿骑士团的建立 …… (321)
6.4.1.5 波兰的复兴和条顿骑士团的衰落 …… (323)
6.4.1.6 中世纪晚期的斯堪的纳维亚诸王国 …… (325)
6.4.1.7 结论 …… (329)
6.4.2 政府与贸易 …… (330)
6.4.2.1 汉萨同盟特权优势在波罗的海的确立 …… (330)
6.4.2.2 条顿骑士团的商业政策 …… (334)
6.4.2.3 中世纪末的斯堪的纳维亚诸国和汉萨同盟的特权 …… (336)
6.4.2.4 结论 …… (339)
6.5 意大利和伊比利亚半岛
威尼斯和加利福尼亚大学教授 C. M. 奇波拉 …… (340)
6.5.1 概述 …… (340)
6.5.2 促进经济的平衡 …… (343)
6.5.2.1 主要必需品的供应 …… (343)
6.5.2.2 价格的稳定 …… (346)
6.5.2.3 控制贵金属的供应 …… (349)
6.5.3 增加生产 …… (349)
6.5.4 改进市场机制 …… (359)
第七章 公共信贷
——特别就欧洲西北部而论
阿伯里斯特威斯的威尔士大学高级讲师 E. B. 弗里德
纽约哥伦比亚大学讲师 M. M. 弗里德 …… (368)
7.1 概述：主要特点及发展阶段 …… (368)
7.2 初期 …… (377)
7.3 十字军东征、意大利人来到北欧 …… (383)
7.4 英国 …… (387)
7.4.1 早期 …… (388)
7.4.2 鼎盛时期的皇家信贷系统 …… (390)
7.4.3 没落时期的皇家信贷系统 …… (398)

7.5　法国 …………………………………………………… (407)
7.5.1　13 世纪：概述 …………………………………… (407)
7.5.2　皇室与职业金融家的信贷交易（1285 年以后） ………… (411)
7.5.3　向官员的借贷和“强迫贷款” ……………………… (414)
7.5.4　法兰西王朝的没落与复兴（1380～1483 年） ………… (417)
7.6　尼德兰 …………………………………………………… (423)
7.6.1　勃艮第公国形成之前的尼德兰 …………………… (424)
7.6.2　勃艮第公国（到 1477 年） ……………………… (430)
7.7　德意志 …………………………………………………… (436)
7.7.1　概述 ………………………………………………… (436)
7.7.2　皇室信贷业务 ……………………………………… (439)
7.7.3　德意志王侯的信贷业务 …………………………… (447)
7.8　北欧城镇①………………………………………………… (454)
7.8.1　概述 ………………………………………………… (455)
7.8.2　法国城镇 …………………………………………… (460)
7.8.3　尼德兰城镇 ………………………………………… (464)
7.8.3.1　佛兰芒城镇（13～14 世纪） ……………………… (464)
7.8.3.2　勃艮第时期的比利时城镇 ………………………… (466)
7.8.4　德意志城镇 ………………………………………… (468)
第八章　经济和社会思想
巴黎大学法律和经济学系主任加布里埃尔·勒·布拉 ……………… (479)
8.1　环境和资料来源 ………………………………………… (480)
8.2　财富的理念 ……………………………………………… (482)
8.3　财产的获得 ……………………………………………… (484)
8.4　合法收入 ………………………………………………… (489)
8.5　社会地位 ………………………………………………… (494)
附录：硬币和通货
基勒大学讲师 P. 斯普弗德 ……………………………… (499)
参考书目………………………………………………………… (530)
索引……………………………………………………………… (602)
译后记…………………………………………………………… (663)

① 原文如此。所述内容中的法国城镇、德意志城镇似不应划入北欧。——译者注

[illegible]（1380－1453）[illegible]

[illegible]（至 1477 [illegible]）[illegible]

7.8 [illegible]

7.8.1 [illegible]

7.8.3 [illegible]

7.8.4 [illegible]

第八章 [illegible]

8.1 [illegible]

8.2 [illegible]

表　目

1. 根据“3号秘密账本”1451年3月24日梅蒂奇银行对3家分行的资金分配表 …… (71)
2. 佛罗伦萨三个主要公司的规模 …… (72)
3. 15世纪伦巴德大街的汇兑报价 …… (81)
4. 1377~1458年纽伦堡的债务 …… (474)
5. 中世纪钱币 …… (518)

第一部分

经　济　组　织

第一章

城镇的兴起

1.1 概　述

当一个人类群体中的成员主要以农业为生时，这个群体的规模充其量只能算是个村庄。事实上，带有城市色彩的群居地出现的前提便是其居民的谋生方式有所不同。

从经济学的角度来看，有些城镇（towns）本质上是消费者。它们利用从各种外来资源上征收的赋税来购买它的居民所需要的消费品，或直接征收实物代作赋税。像罗马帝国和罗马教皇国这样的政治和宗教中心便可归入此类范畴。中世纪早期的许多公国也是如此，它们以前是有活跃的商人和工匠居住的罗马统治区，现在却衰落下来，其居民主要是依靠教皇和修道院领地上的产品生活的神职人员群体。

然而，城镇居民通常也有作为生产者的经济职能，当然不是在农业领域，而是在贸易和工业领域。在这种情况下，城镇既是消费者也是生产者。

在本章中，作者将从经济史的角度研究城镇的历史。我们在某种程度上将考察它的起源，并记住这一点，即在加洛林王朝（Carolingian）时期作为人口中心的城镇并不占重要地位。然而，我们不能忘记，当时城镇的存在方式和在很大程度上为城镇后来的发展奠定了基础的框架是从过去继承来的。从罗马帝国覆灭开始，罗马城镇明显开始衰落，起先是在北部地区，后来延及地中海国家。在中世纪中期的城镇复兴时期，与地中海盆地相比，分布更为松散的北部地区出现了大量的新城镇，英国如此，低地国家则更为突出。至于在莱茵河以外、不在罗马帝国疆域内的德国部分地区，那里新出现的城镇在古代时期尚闻所未闻。

从9世纪开始，带有城市风格的居住地在欧洲西部和南部出现——从英
【3】国到意大利、德国以及法国。这一运动日渐明显并持续了几个世纪，但在14世纪却突然终止，个中原因我们稍后再论。从那时起到工业革命的四五个世纪里，欧洲城镇在版图上和人口上经历的变迁要比以往缓慢得多。

本章的目的在于研究，是什么力量推动了这一朝着城市聚居区发展的运动——这是中世纪的一大特色。亨利·皮雷纳（Henri Pirenne）对此项研究可谓功不可没，在他关于城镇起源的大量综合性论著中，他认为城镇是具有普遍意义的一种经济现象——西欧贸易复兴——的结果。

皮雷纳的理论在过去的四分之一个世纪中一直受到很多批评。这些批评通常从特例出发，谈论不太重要的城镇。他们常常忽略了这样一个事实：这是一个解释普遍现象的问题，一个首先要说明最古老和最大的城镇中发生的事情的问题。因此，我们认为可以在接下来的几页中坚持皮雷纳的观点，同时作出某种程度的修正。本章的主要依据是与英国、法国、低地国家和西班牙有关的历史文献。然而，H. 安曼（H. Ammann）对西班牙城镇的通考（就在本书付印前刚刚出版）说明，西班牙城市的发展不仅同其他西欧国家的城市有着密切的关系，而且带有同样悠久的特点。

对那些既是生产者又是消费者的城镇，必须根据它们的活动范围加以区分。城镇与其周围世界间的贸易——这是城镇存在不可或缺的条件——会在两种不同的层次发生。一种是城镇完全从它周围的郊区获得供给，同时也只将它的手工产品供给这些地区。另一种城镇则正好相反，它们从事长途贸易和出口业，利用获得的利润从其周边地区和遥远地方购买所需要的食品和原材料。这种区分已不是新论：当时的作家已意识到了这一点。圣·托马斯·阿奎纳（St Thomas Aquinas）[①] 就曾比较过依靠周边地区提供食品的城镇和

① 1225？~1274年，中世纪意大利神学家和经院哲学家，他的哲学和神学被称为托马斯主义。——译者注

依靠贸易满足需求的城镇之间的差别。

确定某个城镇的类别并不容易：每一个从事长途贸易的城市中心与周边郊区也存在交易。而且，与周边郊区合作共生的城镇也不排除同更远的经济 【4】
区之间的联系。然而，本章的研究目的只在于辨别城镇的主要特征。

从逻辑上来讲，人们会预计贸易领域狭窄的城镇类型最先出现。这的确是最简单的现象，而且较复杂的那种城镇类型似乎应该在稍后才发展出来。这样的理论自然受到理论经济学家的欢迎。自19世纪中期由希尔德布兰德（Hildebrand）最初提出，后被施莫勒（Schmoller）接纳并被卡尔·比歇尔（Karl Bücher）系统阐述以来，这个理论在德国曾风靡一时。根据比歇尔的观点，中世纪的德国可被分成若干个单元，其范围向西步行四到五小时，向东步行六到八小时即可到达边界。在这些单元中，城镇自己形成了核心。农民和最近的城镇之间的最大距离如此之短，以至于如果他们去市场出售他们的产品，晚上便可返回。

在某种程度上，这幅画面同现实是吻合的，但主要适用于莱茵河以外、远离海洋或其他重要商路的德国部分地区。对于其他地区，尤其是意大利和低地国家情况并非如此。从一开始，威尼斯人就漂洋过海、出外经商；很早以前，来自位于斯凯尔特河①、默兹河②和莱茵河河畔第一批城市居住区的商人就曾沿着泰晤士河（Thames）航行，或在科布伦次③缴纳过通行税（tolls）。

贸易领域有限的城镇与邻近郊区的分化经历了一个缓慢、长久的过程。相反，在从事长途贸易的城镇中，集中商人群体的定居很快促进了急于为这些固定客户工作的工匠的迁入，为商人们提供贸易产品的工人也随之涌入。当第一种类型城镇的人口缓慢增长并受到周边郊区的发展的限制时，第二种类型的城镇则像雪球般越滚越大，正是后面这种城镇吸引了我们的注意力。

1.2　罗马帝国的遗产

在罗马帝国中，“公国”（civitates）是地区行政管理的中心，也是主要的城市生活中心。教会也模仿帝国如法炮制，从5世纪起用“公国”指代教区，尤其越来越多地来表示主要的旧城镇，这些城镇一般也是教区的中心 【5】

---

① 斯凯尔特河（Schdldt），发源于法国北部，经比利时，在荷兰注入北海。——译者注
② 默兹河（Meuse），源出法国东北部，流经比利时，在荷兰西南部注入北海。——译者注
③ 科布伦次（Coblenz），德国一城市。——译者注

和郡县（county）的中心。

我们知道，除了几个靠近边疆的城镇——如汤格雷斯（Tongres）——之外，罗马帝国早期的城市都未曾修建城墙。直到3世纪中叶日耳曼人入侵后，它们才开始这样做。那时修建的城墙一直保护着英国和欧洲大陆这些城市，直到罗马帝国灭亡。公元846年，在基督教帝国的边境——莱昂市（León），城墙抵挡了穆斯林的进攻。在加洛林帝国时期，查理大帝（Charlemagne）统治下的国强民安使人们忽略了对城墙的加固，于是城墙逐渐破败。但开始于9世纪中叶的挪威人的入侵和10世纪匈牙利人的入侵，使人们不得不维修并重建城墙，但它们的围界没有得到拓展，只有少数例外。

城墙内的城市生活随着日耳曼人的入侵也日渐衰落，甚至高卢（Caul）最南部地区也是如此。应当承认，直到8世纪初，地中海仍旧是一条重要的交通要道。从贸易中获利的是东方人，而不是地中海沿岸的人民——例如纳博讷人（Narbonnaise）建立的城市中的居民。但是，高卢北部城市的衰落比法国南部地区米迪（Midi）或意大利的城市更迅速、更彻底。在这个问题上，最有意义的启发来自于两方面，一是比较罗马的规划和都灵的现代城市规划，二是比较罗马的规划与汤格雷斯及特里尔（Trier）的现代城市规划。这三个城镇的街道起初星罗棋布，具有罗马或拉丁居住区的典型特点。在都灵的现代城市规划中，街道的分布仍明显具有这种特点，而汤格雷斯和特里尔如今的街道分布已与罗马时期完全不同。事实是，至少都灵的部分地区作为居住中心丝毫未损地幸存了下来，而汤格雷斯和特里尔在中世纪早期至少有一段时间实际上曾被遗弃。

通过城市的面积也可以估测城镇人口的数量，而且由于已经知道其面积的大小，至少通过18世纪的居民数目便可推断出罗马帝国时期的人口。所以比利时公国最大的城市兰斯（Rheims）的面积是20多公顷，可能有居民5 800人；最小的城市森利斯（Senlis）面积是6公顷38公亩，人口不会超过400人。在9世纪，这些数字可能会更低。

尽管人口总数的减少，教会的重要性日趋增加。在9世纪上半叶，里昂（Lyons）的宗教机构就拥有300到350人。宗教的绝对优势可以在土地的占
【6】有上反映出来。当然，6、7世纪皇室或不同社会阶层的自由业主拥有的土地也为数不少，但宗教地产——主教的、牧师的、修道院的——逐渐占据绝对优势。到10世纪末，教会的主导地位已成定局。

其后果是世俗平信徒[①]的人口大幅度减少，居民中的自由人也日益减少，几乎已不再有5、6世纪时靠城墙外土地收益为生的商人、工匠或个人。在莱茵兰（Rhineland）[②] 各城市保留下来的以土地做赠品的记录，表明平信徒曾经存在过，同时也标志着他们的消失。他们的位置部分被总部在城镇内的大庄园的非自由奴仆占据，在一些城市有多达10个甚至20个这样的大庄园总部。

如果我们撇开地形学、人口学或社会史提供的资料，仅仅查看从经济史得到的直接证据我们也会看出生活中物质必需品的减少，尽管各城镇的具体情形相差甚远。

显然，意大利的北部城镇（或者至少其中一些）在从古代到中世纪的交替中很好地存留了下来。帕维亚（Pavia）当然是最为典型、也是人们最为了解的案例。罗马帝国时期，帕维亚作为一个单纯的诸侯国，在东哥特人和伦巴族人统治下靠重要的政治地位获利。那里幸存着一批商人和工匠，10世纪的一篇文章中曾提到过他们受政府控制的组织：正是在这个时期这个城镇的区域得以扩大。

港口的命运一般不太乐观。在哥特人（Goths）占据了热那亚（Genoa）后，这个城市无疑仍保持了它的繁荣。甚至当伦巴族人入侵意大利北部时，这座城市依旧作为拜占庭王朝（Byzantine）和异邦世界的中转站而继续发挥作用。但是，在公元642年前后它被伦巴族国王罗特哈里（Rothari）征服，它的商业活动因此被终止达几世纪之久。

马塞（Marseilles）的命运结束得没有这么突兀。穆斯林向地中海盆地的挺进只是逐渐使它的贸易陷入瘫痪，但是即使到了8、9和10世纪，其港口的活动仍然没有完全停止，但它已不再是高卢人进入东方的大门。至于纳博讷人建立的城市，正是在8世纪中叶前后被穆斯林征服后，它们的城市贸易宣告解体。

当我们将目光投回内陆国家时，我们注意到，几个城市把有一定重要性【7】
的经济生活保持了相当长的一段时间：在里昂，一个犹太商人聚居地似乎一直保持到9世纪。另一方面，在巴黎、凡尔登（Verdun）、康布雷（Cambrai）和特里尔这些城市，继续从事某种经济活动的东部商人在墨洛温王朝（Merovingian）时期似乎已停止活动。在更北部，帝国末期比利时城市中曾兴盛一时的纺织业和玻璃业在5世纪后便销声匿迹。

---

① 世俗平信徒，是指不担任教职的一般信徒。——译者注

② 莱茵兰（Rhineland），德国莱茵河以西地区的统称。——译者注

最后，就英国而言，我们对这个国家在挪威人入侵之前的罗马式城市所知甚少，这说明他们的人口主要以农业为生。

除了城市之外，还存在着其他一些源自罗马帝国的活动中心，它们同样修建城墙，但规模更小，从罗马帝国后期起便被称为“城堡”（castrum）。这个名称在罗马帝国覆灭后也并未消失。就像城市一样，城堡也失去了活力，但这些城堡就像城镇一样，后来也成为新的商业和工业中心发展的起点。

在9世纪，前面提到的发展进程基本完成。城市被缩化成非常特殊的机构：它们没有或几乎没有依靠贸易和工业生活的自由人口；它们不享受任何自治权。城市中很少存在预示未来经济发展的因素。在这一点上，我们一定不能受当时形形色色的、显然与以往不同的发展的误导。每周举行的市场——一些地方在城市内举行，一些地方在城市外举行——只供当地人做交易；铸币厂（mint）的出现并不一定意味着出现了非常复杂的商业经济；最后，仓库（storehouses）——主教或拥有地产的有钱人用来积存谷物的地方——只是为了满足领地经济的需求。

1.3 新要塞

罗马帝国灭亡后，欧洲处于一种无政府状态，在这段时期，罗马城镇和城堡的城墙并不足以保证这些地方的安全。为了抵御穆斯林、挪威人和马扎尔人（Magyars）的入侵，人们修建了新的要塞（fortifications）。在很多情况下，它们是中世纪城镇的起点。

这种现象在意大利较为少见，那里城市数目众多，城市生活较其他地方更为活跃，而伯爵们则居住在旧堡垒内。然而，考虑到它的重要性，一个著
【8】 名的特例必须予以强调，即威尼斯咸水湖。波河峡谷（Po valley）的居民自5世纪遭受入侵以来就在威尼斯咸水湖避难，并在托奇罗（Torcello）和附近岛屿修建城堡。农民也在这些堡垒之中寻求庇护。在9世纪，总督们把位于里阿尔托（Rialto）皇宫周围的岛上居民融合在一起，并建立了永久居住地威尼斯城。除此之外，可以说意大利的新要塞——那些修建于10世纪抵抗马扎尔人入侵的要塞——只吸引了非常有限的经商人口。

在欧洲北部，情况大不相同。在挪威人入侵时（始于9世纪中叶），皇室显然无法保护其居民，是地方代表——伯爵——自行组织了抵抗力量。他们修建的防御工事在教科书中一般被称为“城堡”（castrum or castellum），但与

罗马时期的“城堡”（castra）不能混为一谈。它们主要包括土围墙和栅栏，由护城河环绕。有些城堡面积很小，布鲁日（Bruges）的城堡面积就不足1.5公顷。它们完全由伯爵的房屋所占居，围绕广场或市场而建：包括伯爵的住所、仓库、小教堂和庭院。这些城堡所具有的城市特色甚至比败落的那些城市都要少。它们主要是公共和领地管理的中心。从经济学角度看，它们是消费者住地。其他城堡——例如根特（Ghent）或米德尔堡（Middelburg）（泽兰省）的城堡——则面积较大：前者5.6公顷，后者3.14公顷。最初，它们只被看作是农村人口在危难时候的暂时避难所；后来，城堡中也同样出现了供商人和工匠居住的房屋，就像在城堡旁边出现的港口（portus）。

新修建的修道院一定是与城堡联系在一起的。它们中的一些就建在城市近郊——例如康布雷（Cambrai）附近的圣·格里修道院（St Géry），随之出现的社区最终与城市融为一体。另外，当城市的城墙严重坍塌、无法再提供任何保护时，城市便受到附近由中世纪城镇发展而来的城墙坚固的修道院的保护。这种现象曾在阿拉斯（Arras）出现过，在那里，圣·法斯特（St Vaast）修道院的重要性就超过了那里的主教城市。最后，有些城墙坚固的修道院诞生了不依赖任何城市生存的都市居民区。圣·贝当（St Bertin）便是如此，它的依附地圣·奥默（St Omer）教堂便是同名城市［在法语中称为加来市（Pas-de-Calais）］的起点。【9】

在英国也建造了许多防御工事——尤其是在阿尔弗雷德大帝（Alfred the Great，871~899年）统治时期，其目的在于抵抗挪威人的进攻。这些防御工事被称为堡垒（burhs）。它们或者是简单的城堡，或者是首次修建了城墙的原有居住区，后一种类型的面积比最大的佛兰芒人的城堡（Flemish castra）还要大几倍。因此，前来寻求保护的商人或工匠能够在堡垒内建立家园。这种盎格鲁—萨克逊堡垒（Anglo-Saxon burh）同时也是港口（教科书明确谈及这一点），而佛兰德斯（Flanders）的港口则建在城堡旁边并在很长一段时间内相互独立，这两者形成了鲜明的对照。

在莱茵河以外的德国，由于没有古城，要塞都是新生事物。“城堡”（castellum and burg）一词是指新建立的教会城市，而不是具有纯粹世俗特点的要塞。

1.4　城市复兴前的商人阶级

在墨洛温王朝时期，高卢的几座城市里都有外国商人居住，他们或者是东方人（被通称为叙利亚人），或者是犹太人。在加洛林王朝时期，前者已完全消失，在主教城镇也不再有多少职业商人存在的痕迹。但是，有文章表明：那里有专职的职业商贩（negociatores），有些是犹太人，有些是基督徒。在这两类人中，有一些人每隔 1 年或 2 年便会前往——而且是应约前往——宫廷，为其提供商品，尤其是奢侈品。作为回报，加洛林王公们为他们提供保护。这种政策最早出现在伦巴底（Lombardy）安斯塔夫国王（Aistulf，749～756 年）的法律条文之中。

在这个过渡期刚刚开始时，犹太人似乎是职业商人中最重要的组成部分，在某种意义上也是全世界商人的先驱。另外，东欧商人的增加也使他们的队伍日渐壮大。与中世纪晚期的方式不同，他们主要是以货易货，不经手现金。在阿拉伯驿站站长伊本·科达贝（Ibn Kordadbeh）写于公元 854～874 年的文章中，列出了犹太商人在亚洲和西欧之间进行贸易时经过的四条
【10】路线，充分说明了这些商人的重要性。

在基督徒商人中，帝国内只有一个种族可以被称为商人：即弗里斯兰人（Frisians）。他们也像犹太人那样沿公路而居，尽管他们这一时期在多城（Dorstad）建立的基地也非常重要。当商人们在科隆（Cologne）的奥尔特城（Altstadt）定居下来时，在文献中便出现了两个与其他群体分离的部族：犹太人和弗里斯兰人。

如果说基督徒商人起初没有显示出太多优势的话，那么他们很快就拥有了几乎无穷尽的补充人口资源。在原本务农的广大人群中，各地都会出现一些头脑机敏、有进取精神、靠环境谋生甚至谋求财富的个人。与犹太人只在少数地方建立了住所不同，基督徒不仅在德国有居住区，而且在绝大多数城镇都有他们的住所。甚至在很早以前就有迹象表明，犹太人正逐渐被挤到经济生活的边缘，这一趋势在欧洲一直持续到了中世纪末。

1.5 商人在城镇中的永久定居

几个世纪以来，商人一直在进入尚未发展成熟的城镇。在中世纪普遍出现了贸易城镇，但是最早的城市生活中心相对较少。城镇在西欧两个地区出现：南部的意大利和地中海沿海地区；北部沿着斯凯尔特河、默兹河和莱茵河，面向英国。

在南部，自海上交通恢复以来，商人聚居地一直在不断发展壮大。而在

北部，他们的历史则有着较多的起伏。

贝德（Bede）曾把伦敦描述为海港城市。尽管他的观点非常重要，我们还是要注意这样的事实，早在挪威入侵之前，北欧的几个地方也被称为港口（portus），这个名称自然意味着商业活动。默兹河畔的迪南（Dinant）、于伊（Huy），斯凯尔特河畔的康布雷、瓦朗谢纳（Valenciennes）便是例证。多城（Dorstad，位于莱茵河分为莱克河（Lek）和克罗默莱茵河（Kromme Rijn）的分岔口）、昆特伊克（Quentowic，位于康什河（Canche）口）在墨洛温王朝后期就已经非常【11】
繁荣。后来还有塞纳河（Seine）畔的鲁昂（Rouen）、索姆河（Somme）畔的亚眠（Amiens）、斯凯尔特河的图尔奈（Tournai）和根特。在默兹河畔还出现马斯特里赫特（Maastricht）、那慕尔（Namur）和凡尔登，因它们的商人与西班牙进行利润丰厚的奴隶贸易而闻名于世。

在9世纪，昆特伊克和多城的地位依旧名列第一。最初的城镇与英国有很重要的陆地往来。多城是弗里斯兰人主要的商业中心。这些从事贸易的商人在莱茵河畔建立了新的聚居地：因此在建造商业城市美因茨（Mainz）的方面他们功不可没，在866年这个位于莱茵河和美茵河（Main）汇流处的城市有1/4居住着弗里斯兰人。

除了已经列举的地区外，或许还要算上被称为“郡”（wik）的地方，不管这个“郡”字是否是其名称的一部分（从9世纪开始出现了“Schleswig”一词，985年出现了“Bardowiek”一词），或者它们仅仅被描述成这样（在847年温切斯特被称为“Wicgerefa”）。“港口”一词的含义与这个词有些相像，大约也出现于公元900年的英国和低地国家。根据W. 沃格尔（W. Vogel）精彩的解释，在9世纪被称为“郡”的地方显然代表着“一个流动商人通常获得产品的地方，一个聚集多余产品的地方，一个地主和商人建造仓库的地方”。然而，根据最新研究发现，有些郡也居住着永久性的居民，至少有一些商人定居着。

欧洲西北部商业中心的发展曾因挪威人和马扎尔人的入侵而中断过，其中的一些城镇（如昆特伊克和多城）被这场风暴永远摧毁了。无论如何，未来的聚居地非常有必要修建诸如堡垒这样的防御工事。更值得注意的是，在9世纪时，斯凯尔特河的支流斯卡普河（Scarpe）上一个叫兰布（Lambres）的地方港口随着挪威人的入侵而消失了；到了10世纪，同一地区出现的新港口（后来发展成为杜埃港［Douai］）与原来那个港口相距不远，而且在旁边还修建了一座城堡。入侵结束后的形势持续动荡，使商人们不仅要考虑其要所处位置的地理优势，还要考虑它所能提供的保护措施。然而，在大多数情况下，商人的行商路线也正是阻挡敌人的必经之地。

综上所述，我们明白了城市如何在失去城市特色的同时保留了它们的城
【12】墙。当加洛林王朝后期这些城市人烟再起时，只要有足够的地方，商人和随之而来的移民便会在这些经过加固的城镇内定居下来。当人满为患时，他们就外流（如斯特拉堡），或者就在古城墙外居住下来，如凡尔登，自985年开始那里就存在一个用围墙圈住的商人居住区。根据最新调查，11世纪在法国西部除了罗马城市外，还出现了许多新兴的城市中心。当时那里的城市发展就像在佛兰德斯（Flanders）和意大利一样重要，尽管没有那么密集。

英国也同样有一大批罗马城市在中世纪焕发了新颜，居民通常也居住在维修过的城墙内。另一方面，正如我们已经看到的，英国港口是位于最新加固地区的商人聚居区，因此不同于沿城堡而建的内陆港口。正如皮雷纳所强调的，对于在低地国家的内陆港口，中世纪城镇并非诞生于村镇（bourg），而是市郊（faubourg，它最后成了原始的军事中心）。

城市生活的新中心相继出现。继佛兰德斯、圣·奥默（St Omer）、根特、杜埃和阿拉斯之后，12世纪初又出现伊普尔（Ypres）。布拉班特（Brabant）的城镇也是在很久以后才出现的。

与此同时，法国的瓦兹盆地（Oise basin）也在经历一场深远的变革：据说商人和高利贷者此时在里昂、苏瓦松（Soissons）、莱姆斯（Rheims）、森里斯（Senlis）、努瓦永（Noyon）出现。同时，大西洋沿岸的海港成为密集的沿海贸易中心：巴约纳（Bayonne）是前往西班牙的交通枢纽，波尔多（Bordeaux）则是前往英国的必经之地；13世纪时拉·罗歇尔（La Rochelle）因为出口葡萄酒和盐到北部国家而变得重要起来。

12和13世纪，德国的城镇数量明显增加。它们的位置依然经常由城堡的所在地决定。很多这样的城镇依旧符合前面研究过的类型。例如弗赖堡—布赖斯高（Freiburg-im-Breisgau，1120年）、不伦瑞克（Brunswick）的“旧城镇”（1100～1120年）、吕贝克（Lübeck，建于1158年）以及后来汉萨同盟的城镇都是如此。这个时期的其他德国城镇属于那种交易范围有限的城镇，我们稍后再论。在最新的商业城镇中，荷兰的城镇值得我们关注，特别
【13】是阿姆斯特丹，它有着非常显赫的未来；这个地区在1275年被首次提到，1306年获得城镇地位。它并非是在修有堡垒的前城市中心附近发展而来的。它的发展要比根特和布鲁日晚三四个世纪，是相同商业需求的结果，但由于当时社会较为安定，因此带有新时代的印记。

1.6　首批城镇的外形

我们对以商人为核心的城镇的起源了解不多，但可以对它们的一些特点做出清晰的描述。

要注意的第一点是，发展成为新城镇的地方并没有立刻摆脱其农业特征。在那里居住的不仅有商人和工匠，还有主要从事农业的人群。房屋的特色和结构，特别在社区的边缘，仍旧受杂居特点的影响。这些特点保持了很长一段时间：像巴黎这样具有三重特色的城镇（既是首都、商业中心，又是大学城，因而发展迅速），直到12世纪末杂居的特点也尚未完全消失。

从一开始，所有城镇都至少有一个市场。在古代城市，市场常设在城墙内或城墙外靠近城镇大门的地方。在低地国家，在由既是港口又是城堡的地方发展而来的城镇，市场常设在城堡的墙下，通往港口的城门前。因此，它从一开始就是彼此分隔的。这种古老市场基本上只供应城市居民的需要，一般被称为鱼市（fish market），但当然也会被用来销售其他商品，特别是肉类。然而，后来肉市也在旧市场的一块地皮上建了起来。

后来形成的贸易城镇由于是依据事先的规划修建起来的，所以与古老的城镇不同。这些城镇的规划整齐有序，显示了它们的人为特色。另一方面，种种证据表明古老的城镇（例如佛兰德斯的城镇），几乎都是自发形成的。

长期以来，城镇的概念是指一个有围墙的地方或需要围墙的地方。即使商人聚居区建在城堡里面，人们也觉得有必要修建自己的防御工事。正是城墙展现了城镇和开阔地之间最明显的界限。

起初这些防御工事还较为原始。它们是由土块、护城河和栅栏组成的，【14】据皮雷纳所言："它们无法抵抗一次正式进攻，其惟一用途是阻止农村的强盗潜入城内。"12世纪初，堡垒才真正用石头建筑。

城市的防御工事导致了"堡"（burgus）和"堡民"（burgensis）这些词的出现。德语"堡"（burg）一词原指没有城墙的小型聚居区。这个词显然是在日耳曼入侵之后被引入高卢的，9世纪时在卢瓦尔河（Loire）和罗纳河（Rhône）流域大量出现，10~11世纪遍及整个高卢和意大利。现在它主要是指围绕修道院和城郊而建的聚居点。"堡民"即居住在堡中的居民。在其起源地德国，"堡"在6~7世纪改变了含义，成为一些没有任何城市色彩的建有围墙的地方的地名，其中的一些后来发展成为城镇。在11世纪

(尤其是在德国) 这个词也有城市 (civitas) 的意思。直到12世纪初，这个词在拉丁国家中的意义才被德国重新接受。

在12世纪初的佛兰德斯，堡垒的意思也发生了变化，除去它本身的意思之外，还指未设防的贸易郊区，甚至还指由堡垒和它旁边的郊区组成的实体。W. 沃格尔指出：上德国的 burgrecht 和下德国的 wicbeld 是同义词。这可以由 burg 和 wik 具有相同的意思这一事实来解释。两者都指一个避难地甚至单纯的人口和商品的集中地，并不一定指有城墙设防的地方。

1.7 资本的起源

我们对商人阶级起源的看法，也决定了我们对他们所使用的资本的起源的观点。假定商人是暴发户，就说明他们的原始资本很有限，有限到人人都
【15】能拿出这样一笔钱。另一方面，如果商人先前是土地拥有者或领地官员，那么从一开始他们用于商业上的钱就相当可观，这些钱或者是出售土地所得，或者是从土地的收益日积月累而来。

罗德贝图斯 (Rodbertus) 和比歇尔 (Bücher) 持后一种观点，松巴特 (Sombart) 将其系统化，并强调积累地租的作用。最初这一理论风及一时，但很快被斯特里德 (Strieder) 列举出的事实证实了它的荒谬性。斯特里德的例证是中世纪末期、现代初期时奥格斯堡 (Augsburg) 的银行家。大量文件证实了这些例证的可靠性，其解释不容怀疑。然而，我们不能立即认为，在城镇发展之初商业资本的形成与15世纪的奥格斯堡遵循着同一个模式。通过类比来推理是不可信的，而且事实上那一时期的文件尽管不完备，但给我们展现了各种不同的画面。

中世纪早期犹太商人的部分资本来自地产是可能的。事实上，犹太人5、6、7世纪在西班牙、意大利和高卢拥有大量的土地。当罗马法被国家法所代替时，他们被迫 (6~8世纪) 卖掉土地从事贸易。在8、9世纪，正是商业利润增加了这种资本量，同时也增加了来自东欧的犹太人带来的不太丰厚的资本。

从加洛林时期开始，基督徒商人手中的资本逐渐占据了优势。这部分资本的来源事实上更为隐晦。威尼斯咸水湖城镇贵族阶级的资本来源颇令人费解。不能排除来自内陆的土地拥有者把他们的地产转换为流动资产以便从事贸易的可能性。然而可以确定的是：很早以前，在威尼斯城镇远未形成

(9世纪初)之前，咸水湖居民就依靠其他方式积累了大量的、足够让一个人开始大规模贸易的财富。亚得里亚海(Adriatic)沿岸的盐巴出口是其中一项主要来源；前往拉韦纳(Ravenna)的威尼斯船只获得的服务收益是另一个来源。最后，值得注意的是，我们对威尼斯财产的了解使我们能够确信，他们拥有的不动产部分来源于贸易所得的利润。

另一方面，在热那亚，我们有几分把握可以认为，最初花费大量资金从事贸易的是贵族地主。他们的经费不仅来自于土地销售所得利润或平时积累的土地收益，而且来自于在对抗异教徒的海战中积累的战利品和赃物。这样形成的资本主要被托付给积极从事商业的城镇航海者，他们能够迅速地增加最初的投资，尽管更多地依靠其服务收益而不是商业利润。 【16】

北部国家的贸易也产生了同样相互矛盾的论点。正如我们所知，皮雷纳认为，最初在城镇定居的商人出身卑微，处于正常社会的边缘。经济学家们努力找出事例来反驳他所举出的证据。然而他整理出的大量证据非常有说服力——除了著名的芬切尔(Finchale)的圣·戈德里克(St Godric)以外[①]。认为这些例证一定是特例，正是因为它们的独特性才被记载了下来，这种观点是错误的。相反，我们惊讶地发现，这些例证被多次提到——事实上，在当时的北部国家，只有牧师才能用笔记录，但除非商人同宗教和教会发生联系，他们一般不谈论商人。由于戈德里克与他同族的绝大部分人不同——在去世时他已经是神职人员——所以他的履历才被提了一笔，而与他同族的其他人都默默无闻。由于戈德里克曾偷走圣·巴冯(St Bavon)的一个酒杯，并且以它作资本获得数倍的利润后赔偿了那只酒杯，这位11世纪前的商人因此得以在根特修道院的记录中有了一席之地。但是，一些相对较晚出现的文献说明，原本拥有地产的人也卷入这场运动，他们使用出售土地获得的利润或通过地租积累而成的资金从事贸易。

1.8　个人在城镇中的地位

在古代城市中幸存下来的人们，并没有逃脱加洛林王朝时期对个人自由的不断侵害。在法国北部的主教城镇中，自由民的数量在9、10世纪大量减少，普罗旺斯(Provence)和莱茵兰地区可能稍多一些。 【17】

---

① 见其文章《资本主义社会历史的阶段》(参见书目)，第26~30页。

另一方面，从那时起日渐明显的贸易复兴运动，自然有助于城市社区中自由的扩大。皮雷纳写道：“自由是城镇居民必要而普遍的属性”。但是必须注意，商人起初只有事实上（de facto）的自由，而不是法律上（de jure）的自由。起初，自由只是这些商人的特权，在很多教会城镇中它并未被完全实现。

人们推测商人不会出身于农奴（serfdom），但即使是农奴出身，来到一个陌生地方居住的商人也被认为是自由的。正如皮雷纳所指出的：商人并未主动索要这份自由，他们获得自由是因为他们有这个权利，如果失去自由能使他们获更多利的话，他们宁肯放弃自由。有一个事例清楚地证实了这一点：一旦自由的好处显露出来，商人阶级便将其视为必要条件。起初在城镇居住的人们，其受庇护的地位使他们向某个领主交纳税款或提供服务，然而这并不妨碍他们从事具有城市特色的经济行为。他们中包括来自城镇附近田庄的人们，这些人进入城镇谋生，或者为满足聚居在那里的人们的日常需求而劳作，或者制造能够被商人出售到国外的商品。起初他们的法律地位未曾变化，但谚语“城市的空气使人自由”（Stadtluft macht frei）所表达的习俗逐渐被人们普遍接受。基本上，农奴在城镇居住一年零一天便可获得自由。

但是，需要注意的是，在古高卢北部的一些城镇中（以及很多在重要的教会领地建造的新城镇中），相当大部分的人从法律观点得到的地位似乎并非与自由相一致，但实际上二者非常相像。很久以前，许多个人就将自己置于当地教会圣徒的保护之下，成为圣徒的“奴隶”（serfs）。从财政的观点来看，这种“奴隶关系”只限于每年支付几个便士；另一方面，它有着非常实际的好处（免收通行税及后来在当地法庭旁听的费用），人们对它趋之若鹜。教会的奴隶完全有随意出入城镇、缔结合同等等的自由，因此他们
【18】能够不受任何干涉地从事贸易。在图尔奈、亚眠、里昂、阿拉斯和沃姆斯，他们是当地人口的一大组成部分。在建于原修道院土地上的城市蒙斯（Mons），1293 年他们占了财产超过 30 里拉的纳税人总数的 93%。然而，广泛来说，他们并不代表整个商人群体。1122 年在阿拉斯发生的一件事就很好地说明了影响这个阶级扩大或缩小的因素，以及人们对待自由的态度。一些自由市民要求注册成为圣·瓦斯特的奴隶，以便能够免去修道院在城镇市场上征收的设摊费。在修道院院长的要求下，佛兰德斯伯爵正式禁止他们这样做。

最后，为了圆满结束对城镇居民情况的简要论述而需要提及的是：在一些莱茵河城市中，奴隶上层是城市中产阶级的来源之一。从 13 世纪开始，在斯特拉斯堡（Strasbourg），农奴上层开始脱离教会融入贵族阶层。这个发

展过程经历了一个世纪才完成。

1.9　城镇土地状况

城镇内的地皮在与城市阶级兴起有关的新经济中起到了重要作用。要理解这种作用，我们必须首先考虑一下土地的法律状况。

在德国的几个城镇，例如科隆和明斯特（Münster），可能仍有旧乡镇（altfreie Gemeinde）、自由农庄（freien Hofstätten）的影子。然而，没有可靠证据证明这一现象完全不重要。

另外，在加洛林王朝时期出现或重新出现的城镇居民，都以领主的土地为生，不管这个领主是教会人员——主教、教士或修道院院长——还是平信徒，也就是说当地的王侯（prince）或者甚至国王（king）。

新的居民根据所占据的土地支付地租（rent）：因此他们拥有一种被称为自由租赁（free tenure，freie Leihe）或城市租赁（urban tenure）的租赁权（tenure）。这种租赁权在整个西欧都很普遍，尽管名字各不相同：土地法（bourgage，诺曼底）、租地法（burgage tenure，英国）、城市法（Weichbild，德国北部）、城堡法（Burgrecht，德国南部），以及 Jus forense、市场法等等。它同课税较高的庄园租地（manorial tenure，Leihe nach Hofrecht）不同。本质区别在于后者涉及有个人依附关系的佃户（tenant）。根据里彻尔（Rietschel）的观点，它使佃户承担庄园义务和管辖责任。另外，自由城市土地【19】
的转让比领地租借更为容易：佃户可以自由转让土地，甚至不需通过业主的同意。同样值得注意的是：在一些城镇，直系亲属收回家人出售的土地——常常涉及享有物（tenements）的让渡——的权利被废除了。

有人也许会问，城镇最初是否存在庄园地租，并逐渐发展成自由城市地租呢？戈博斯（Gobbers）、赫尼格（Hoeniger）和马雷（Des Marez）持肯定的观点，但受到里彻尔的质疑。在几个古城中，情况也许的确如此，这一发展过程可以被清楚地阐述为：有些地方对城镇内土地的管辖权先是归庄园主，后来归庄园主和城镇贵族阶级共同所有，最后就只落在后者手中。

然而，在大多数情况下（有一些相对晚的例子，例如布赖斯高的弗赖堡这样的“新建城镇”，我们已经有了充分了解），自由租地一开始就以自己的特色出现。

在某些城镇，自由得到了进一步的发展。地租最终消失，以至于城市地产变成了个人拥有绝对所有权的土地。根特就是如此，在 1038 ~1120 年间（大概是 11 世纪的下半叶）那里停止征收地租。有时庄园主放弃征收地租（比如在多特蒙德和杜伊斯堡）；有时似乎是佃户拒绝支付（比如在图尔奈）；在其他地方，它或者被城镇买断（比如在阿拉斯），或个人买断。在英国一些城镇，地租总收益非常微薄，几乎不值得征收。在一些城镇，富人通过偿付地租成功地直接拥有了大多数城镇土地（比如在根特），拥有城市土地成为贵族阶级的特点。

在前面，已经列举出了不同国家意指“城市自由土地”的词语，看起来正是这些词本身说明了城市的法律。在荷兰的莱顿（Leiden），“in poortrecht uutgeven” 意思是“建立租地法”，因此两者关系紧密；在一些城镇，租地法甚至涉及新公民抵押（pledge）土地以从事贸易。因此，自由租地毫
【20】无疑问对贸易活动是极为有利的。

城镇地租的特点是价格合理并且固定。事实上，由于货币价值的降低，它们的实际水准一再下降。因为租地代表着可以修建房屋的土地，再加上 14 世纪初城镇的发展非常迅速，所以地租比起土地的价值很快就变得微不足道。因此，正如我们所看到的，佃户能够自由支配他所拥有的土地。

佃户可以出售他的土地或房屋，能够出租或抵押它们（以获得短期贷款）。他也能够——这显然是最常用的方法——以新的租金出租土地。这成为商人们获得所需贸易资本的主要方式之一。

相反，购买地租便成为想要获得稳固资本收益的个体或群体惯常的投资方式。信贷（credit）市场的资金，主要是由发财后不再从事贸易的商人家庭和宗教、慈善机构提供的。

在那些原始地租消失、一小群自由民拥有土地绝对所有权的城镇里，很多土地又被分租了出去（例如根特）。因此它们成为城市租地，其业主如今不再是封建地主，而是贵族。新的佃户因此能够利用他们的“二次转让”土地——就像其他城镇利用其“原始”土地一样。

土地价值的增长，加上无法终止共同拥有的状况，常常导致对财产和城市租金的再分配细化到了令人难以置信的程度。在科隆，一部分房屋所有者所占的份额只有 1/70，5/160，甚至 1/672。在根特，应纳税的财产所占的份额甚至更加微不足道。

土地的价值并不是无限增长的。当一个城镇的经济开始衰退时——就像中世纪末经常发生的那样——对佃户所收的费用就超过了建于其上的房屋的价格，1466 年的布拉格就是如此，尽管当时城镇的衰落尚不明显。为了改

善这一状况，勃艮第公爵善良的腓力（Philip the Good）采取了特别措施，查理五世（Charles Ⅴ）在1529年将其推广到了整个佛兰德斯。【21】

1.10　贸易城镇之外的其他类型城镇

从事长途贸易的贸易城镇自然占据了本章的重要位置。正是这些城镇促进了城市发展的进程，它们也成为最重要的中心。其重要性应归功于它们从长途贸易中获得的资源。在聚集在那里的商人组成的原始核心的周围，有一群为满足当地和区域需要而工作的工匠。这一核心的出现，就像是化学沉淀物一样，把城镇劳工和农村劳工截然分开。在很多情况下，贸易城镇成了能够供应出口贸易产品的工业基地。由此出现了专为出口贸易工作的第二等级工匠。在某些情况下，其人数达到了城镇人口一半以上。

然而，在本章开头提到的其他类型的城镇也不容忽视。

我们首先来看一下那些具有生产者和消费者双重功能的城镇。它们的活动范围不超过附近的农村。那里既没有从事长途贸易的商人阶级，也没有大力生产羊毛商品或其他面向外国客户的商品。其人口主要由为当地和区域市场劳作的工匠组成，用他们的产品交换农业人口提供的原材料和食品。

这种类型的城镇数目众多，特别是从13世纪开始，不仅出现在从经济角度来看相对落后的国家（例如德国中部），甚至也出现在低地国家的某些领地：埃诺、那慕尔、列日以及卢森堡。就像贸易城镇因为地理优势和安全措施而发展起来那样，这些城镇的发展也与它所处的位置有关。但是，在其他地方由商人群体构成的消费者中心，在这里通常是由小的军事、行政或教会团体构成。

在很多情况下（德国中部尤其如此），权威人士（社区仰仗他们保持自由）鼓励通过建立“市场”把工匠们集中在一个特定的地方，并给予保护。我们再不能坚持那种旧的观念：认为城镇（包括这里讨论的这些类型）起源于9、10世纪大量出现的市场，或者甚至说城镇法仅仅是市场法的延续。
事实上，我们在这里提到的市场概念并不是指那种每周举行的市场（Merca-【22】
tus），而是城镇建立的永久性的交易场所（皮雷纳已经强调过这点）。这种市场事实上并不一定限于长方形场地。在萨林根公爵（dukes of Zähringen）建立的几个城镇中，主要街道便是市场。显然，重要的是将交易集中在某个预定地区内，既便于竞争，也易于管理。

这种将交易集中在某个预先许可的地方的做法，在德国比其他地方更为常见，而且在从事长途贸易的那些城镇中更为普遍。吕贝克（Lübeck）在这方面的例子特别具有说服力（它因此有别于佛兰芒的城镇）：作为规则，那里工匠的产品只能在市场上销售，这一制度反映出建造城镇的贵族的一个有意为之的政策：他们是销售场地的所有者，因此可以从中获得丰厚的利润。

然而，主要是在贸易范围有限的城镇中，存在着市场特权的让渡问题。在奥特涅（Ottonian），准许建立市场和征收设摊费的特许法令（charters）数目众多。当时主要的受益人是主教和教会，他们对新兴城镇的贸易管理具有完全的控制权。在接下来的几个世纪里，建立市场的手续逐渐简化；同时，市场业主中平信徒的比例逐渐上升。

从前面的论述来看，至少在一般意义上，在贸易范围有限的城镇中，庄园主对城市经济生活的参与程度比在真正的贸易城镇大得多。葡萄酒和烤炉的垄断权属于庄园主，到中世纪末，由这种垄断产生的监管扩展到整个经济活动领域。庄园主也有权建立屠宰业、城镇市场大厅或出租市场摊位。然而，当我们比较佛兰德斯和布拉班特两个类似城镇的商业特征时就会发现：它们的自治程度和庄园主对经济事务的干涉程度有明显的不同，王侯的创造性在布拉班特要比在佛兰德斯显著得多。

我们可能较快地处理这类城镇——从经济的角度来看，这类城镇作为消费者的作用要大于生产者的功能。属于这种类型的城镇有政治和宗教首都、
【23】军事城镇和大学城镇。不言而喻，这种城镇的功能并不单一。一般来说，归于这一类别下的城镇在某种程度上也是贸易和工业中心，或者至少是某些工匠的家园。

在中世纪的巴黎，我们可以看到：这座城市首先是克洛维国王（Clovis）倡议建造的首都；城中商业行会的存在又说明它是贸易城；它还是大学城，大批学者聚集在塞纳河的左岸。这三个因素加起来，就使巴黎成为中世纪西欧最大的著名城市聚居区。如果说它作为消费者的功能来自它的人口，那么它作为生产者的功能则较为薄弱，尽管宫廷的存在为它的工业增加了一些独特性和重要性。

教会城市则继续靠外界维生，尽管它们或多或少地以工业产品或商业服务的形式予以回报。事实上，一些地理位置处于劣势的城镇仍未受到城市生活复兴的影响：阿图瓦（Artois）地区的泰鲁阿纳（Thérouanne）在中世纪末仍处于中世纪早期城镇的状态。地理位置较为优越的其他城镇常常是重要

教区所在地（例如列日），除了教会人口外，还有数目众多的放债人，以及为当地和区域的需求而工作的工匠。其他城镇（例如阿拉斯）则发展成为商业和工业城，因而比起教会城镇几乎具有绝对的优势。

最后，我们还必须稍稍提及最后一种城镇类型，尽管它几乎不值得被称作城镇。这是一些居民行业仍保持农业特征的小聚居区。它们位于德国、意大利的大部分地区（但不包括托斯卡纳）和法国西南部（包括城堡）。它们的准城市特点源于这样的事实：它们的领主或者想在其周围修建围墙将其变为军事重镇，或者想给予它们城市权利使它们自由。然而，无论从工商业观点来看，还是作为消费者的角度来说，这样做几乎都无利可图。因此我们在下文中将不会再进一步研究它们。

1.11　城镇法规

在其存在初期，城镇与其周围地区的区别仅在于人口和经济方面，从法律角度来看它们几乎没有什么区别。这并不符合皮雷纳对中世纪城镇的定 【24】
义："自 12 世纪以来出现的聚居区，有围墙庇护，靠贸易、工业为生，拥有自治权利、行政机构及其独特的法律体系。"因此，就像 G. 马雷（G. Des Marez）所做的，完全有理由将中世纪城镇史分为前法规期（pre-constitutional period）和法规期。

关注中世纪城镇的学者，特别是 19 世纪的学者，一般对它们的机构比对它们的经济史更感兴趣。另一方面，在目前的学术界，对它们的法律和行政机构的研究则颇为有限。但这方面的研究非常重要，因为有关它的知识对理解经济领域的一些事实非常重要。

从 19 世纪中叶开始，很多学者，他们大部分是德国学者，试图解释城镇法规的起源。他们中的大多数人将研究限定在非常有限的领域之内。有时，城镇（后来变为自由城镇的主教城）法规被认为是旧城镇自由民为避免成为领主的奴隶而奋起斗争的结果（阿诺德）；有时，在庄园法律中发现了有关城市中产阶级成因的解释（尼切）；有时，用与行会有关的宣誓入盟的社团解释城镇的自治（吉尔克）；或者认为，城镇法规来自德国规范（冯·莫勒），城市居民来自庄园居民（冯·贝洛），城镇特权来自市场特权（索姆），城镇和平来自于城镇依附的庄园城堡的和平（里彻尔和科伊特根）。

皮雷纳的伟大成就在于，不仅举例说明了这些理论的不完备性和不精确性，而且发展出适用于整个西欧的新观点。是他第一个强调了这样的事实：城镇法规是新现象，是对经济和社会深入变革——尤其是贸易的复兴和稳定的商人阶级的形成——的反应。他解释了公社运动为何是三方面原因的结果：给予城镇和平的必要，团结在一起使这个地区及其居民免除繁重的义务，建立能够确保城镇防卫的纳税体系。

我们使用的是皮雷纳本人喜欢使用的"公社"（commune）一词的广泛
【25】含义。他写道："所有的中世纪城镇从法律意义上来讲都是公社。事实上，它们都是具有自己权利的集团，并且得到了社会力量的承认。然而，一些学者却只把那些由领主或国王给予自由许可证、获得一定程度自治的城镇称为公社"。还需要说明的是，当代学者给予的这个词的含义在 13 世纪前尚不通用。根据小迪塔伊（Petit-Dutaillis）的解释，在当时的法国，"允许城镇自由民或一群自由民建立公社，就是准许他们成立一个协会，并通过宣誓将他们联系在一起"。但是，我们要注意这样的事实，自由民常常不等领主授权就建立公社，即使他们的授权要求被否决，他们也会坚持自己的态度。因此，为了更为清晰起见，公社一词的含义必要时必须解释得更为确切，因为根据个案研究，它不仅仅有"宣过誓"或"革命的"品质。然而，在目前的全面研究中，公社是否必须要宣誓或得到领主的首肯方能成立并不重要，重要的是搞清楚这个协会和帮助它达到目的的组织的特点。

公社获得的自治程度各不相同。在一些情况下，它只限于行政管理、警戒和财政。另一些情况下，它具有法律地位，还有一些则完全独立。

获得自由的方法和范围由两个因素决定：一个城镇的领主是教职人员还是平信徒；在欧洲不同的国家内皇权的有效程度。平信徒领主能更好地理解商业活动能为其财富带来的利润，能更好地理解中产阶级的崛起对其政治权力的潜在好处；与主教们相比，他们受道德顾忌的限制更少，同时对自己与商人阶级的关系也没有什么偏见——他们完全明白商人们的远大前程。至于皇室因素在意大利最为明显；接着依次是德国、法国和英国。在低地国家，当城镇的解放问题出现时，地方王侯实际上已经取代了帝王的位置。

【26】因此，意大利北部的城镇努力以最完全的方式实现它们的自治理想。在波河平原（Po plain）的城市中，首先掀起了反对专横主教的斗争，米兰在 1057 年发动了起义。公社行政官（communal magistrates）——执政官（consuls）1081 年在卢卡（Lucca）和比萨（Pisa）首先出现，1094 年在米兰出现，在 1128 年延及普罗旺斯和纳博纳斯（Narbonnaise）。在法国米迪的城镇

中，行政官最初是由拥有土地的小贵族担任；随着城市中产阶级经济实力的增长，他们在 11 世纪后半期取代了贵族，但城镇的解放受到法国王权扩张的影响而停滞不前。至于伦巴底城镇，则通过“康斯坦茨的和平”（Peace of Constance，1183 年）获得了地区自治；但是贵族家族间的竞争导致的无政府状态对这些城镇构成了威胁，这迫使他们从外邦挑选最高行政官。这个方法被证明是不充分的，他们必须依赖更为明确的个人权力。在 15 世纪，意大利北部被划分成一系列的城邦国，处于独裁领主的半统治（quasi-sovereignty）之下。

佛罗伦萨的发展尽管也表现出与伦巴底平原相类似的特征，但其结果并不相同：直到中世纪末这个城镇仍能维持自由。在 13 世纪中叶，佛罗伦萨的中产阶级已经赢得权力，但并不富裕的阶级也逐渐获得了部分权力。由于威尼斯相对于拜占庭享有半独立的地位，因此并没有出现解放问题；相反，它一直受大商人和富裕船主的控制；直到 1297 年，新来到这个城镇的人还被排除在统治阶层之外。热那亚是威尼斯的主要竞争对手，它通过城镇大家族组成的集团摆脱了封建束缚，在 1100 年后不久就成为公社。然而，与威尼斯不同的是，热那亚的贵族是由于私人战争而被消灭，这些麻烦致使它在 15 世纪两次沦为外国的领地。当国家的主要权力被转移到由富裕的中产阶级放贷者组成的集团（Casa di San Giorgio）手中后，再次获得自由的城镇便建立了稳定的体制。

在德国，沃尔姆斯在 1073 年反抗主教的起义迅速蔓延到所有的教会城市，掀起了一场长期斗争。所有的主教都不得不逃离家园。在萨克森，高级教士们最终几乎都另选住所。一般说来，这场战争于 15 世纪结束，其结果【27】是大多数莱茵河畔城市都保证了中产阶级的自治。君主支持城市的解放：城镇对皇室的依赖很可能帮助后者抵抗意欲瓜分它的力量。然而，在大空位期（Great Interregnum）（1254～1273 年）之后，皇室力量的衰弱使它们与宗主国的依赖关系有所减弱。宗主国原来的城镇变成了几乎独立的共和国，成为宗主国的同盟而不是从属。

在低地国家，城镇并没有赢得完全的自治。它们仍旧是它们所在地诸侯国的一部分。它们的制度特色较为混杂，保有一半的诸侯特色和一半的城市特色。这种双重性在低地国家的南部较为明显，主要代表是佛兰德斯和列日。在佛兰德斯，1100 年，城镇不再受由城堡总管担当的市政长官的管辖，而是由王侯从当地贵族阶级中指派他们自己的市政长官，并受到王侯代理人的监督。很快开始行使行政职能的这些官员因此具有王侯和城市的双重特色。在列日的城镇中，同时存在两个行政长官也体现出这种双重性：王侯的法庭监管司法，公社法庭监管地方法令的实施。在布拉班特，晚于佛兰德斯和列日建立的体制主要是以后者为基础。在荷兰，城镇法令是照搬布拉班特的。城镇法令是设置机构的王侯创意的结果，这个机构似乎使周边诸侯国受益匪浅。

法国北部的主要城镇几乎都是教会城市，是起誓结盟甚至发动起义的公社的中心。最古老同时也是寿命最短暂的城镇建立在低地国家边境的康布雷（Cambrai，1077 年），接着是建立在圣·昆丁（St Quentin，1080 年）、博韦（Beauvais，1099 年）、努瓦永（Noyon，1108 ~ 1109 年）、拉昂（Laon，1115 年）和苏瓦松（Soissons，1115 ~ 1118 年）等地的城镇。这一运动甚至发展到乡村。在 1184 至 1216 年间，拉昂和苏瓦松地区出现了乡村公社。但是，这一发展在 1223 年宣告结束。保守阶级非常厌恶这些乡村公社。君主国的态度随他们政策的需要各有不同：路易六世和路易七世犹豫不决，腓力·奥古斯都
【28】和路易八世表示支持，而他们的后继者则对此持敌对态度。当皇室持同情态度时，主要是因为许可成立公社可能获得城镇民兵组织的支持。然而，从城镇解放的角度来看，宣誓公社并不一定比普通的“自由城镇”更为独立。

国王拒绝给予巴黎——法国首都、当时是法国甚至西欧最重要的城镇——自治权完全在情理之中。这里的一切都直接依赖于国王，是他建立了市场，是他管理着贸易和工业，公社是他的公社。

斯堪的纳维亚人的入侵造成了英国的城堡中心和乡村之间在司法和行政上的分离。据推测，10 世纪下半叶的自治村镇就存在尚不成熟的司法院，尽管在威廉征服前惟一的直接证据是伦敦市法院的存在。早在 1066 年之前，由智者（the seniores or the sapientes）组成的机构就已出现。1066 ~ 1191 年，理查一世率军东征之时，自治的倾向随处可见：行会的发展；“自由市”概念的详尽——至少意味着存在自由租地法；自治市接管了征收赋税的权利——过去由国王的官员负责向城镇征收。人们发现的第一个直接为国王代管征收赋税的是 1130 年的林肯郡，亨利二世授予其这种特权。在亨利二世统治时期，英国的城镇并没有享受到像欧洲大陆公社那样的自治。在皇家城镇，征收赋税并掌管法院的地方长官似乎是由国王或皇家行政长官所任命。只有行会——从理论上来讲纯粹的经济实体——能够（非正式地）保证城镇的一些自治。（应该注意到，在有些城镇［例如伦敦、诺里奇和科尔切斯特］被拒绝成立行会）

在亨利二世的儿子理查一世和约翰·莱克兰（John Lackland）统治时

期，情况发生了很大变化。自治市在当时赢得了真正的自治：从此之后，由它们选举地方长官和市长来管理自己，这无疑借鉴了欧洲大陆公社的经验。另外，市法院也更为独立。公共印章的出现最终赋予城镇公共的法律地位，由此产生的法令直到1835年仍保持完整。

根据以上分析可以看出，不应该过分强调授予城市自治特权的重要性，【29】
对于自由公社的存在而言，城镇特权被以书面形式固定下来和被王侯批准并非是绝对必须的。一般来说，小城镇比重要的城镇更愿意得到这种保证。因此，在很多地区，王侯签发的自治特权是给小城镇的，而不是大的贸易中心。另外，这些自治特权并不完全：它们并未列出城镇享有的所有特权，而是只记录了一些仍有怀疑和争议的条款。

1.12 城市贵族阶级

提到中世纪城镇就要说说城市的“贵族阶级”（patriciate）。这个词是从古罗马史书中借用的，在中世纪文本中并没有出现过。在不同学者的笔下它有不同的内涵。不过，它们的定义大概有下列特点：城镇人口中社会联系紧密的有钱人阶层；从政治角度看，他们倾向于组织起来成为一个紧密的、有特权的阶级。在这个定义中惟一的经济内涵是他们的富有。由于富有的途径各不相同，显然“贵族阶级”概念并不是一个经济概念。

西欧、中欧和南欧的城市贵族阶级表现出很大的不同，进行整体描述是不可能的。因为缺乏足够数量的专门资料，甚至很难将他们精确地分门别类，因此我们只能说明几种不同情况。

首先我们要指出几类贵族之间的一些基本区别。首先，意大利的独特之处在于，那里的贵族并不仅仅像北部国家贵族一样只住在乡村，他们还住在城镇里。因此高贵的出身在北方几乎无关紧要，但是在阿尔卑斯山南部却是构成贵族的一个基本条件。第二种差异与城镇发展的规模、城镇工商业范围的大小有关。在那些由于城镇规模小或者从经济角度看与其周围郊区没什么两样的几乎称不上城镇的中心，统治阶层主要是由靠土地收入为生的地主组
成，这种现象常常出现在横跨莱茵河的德国。而在大的工商业中心，其主要【30】
的构成阶层是商人。

正是在欧洲西北部的贸易城镇，纯粹的经济因素发挥着完全的作用，而这才正是我们所要研究的内容。

在那些出现时间较早但最初缺乏它们自己的自治机构的城镇，似乎本来并没有很大的财富差别或真正的社会差别。直到财富逐渐使一群商人脱颖而出并成为统治阶级。从 11 世纪初（例如在荷兰的蒂尔）或中叶（例如在法国的瓦朗谢纳、圣·奥默）他们组织了行会。关注成员经济利益无疑是这些机构的一个社会目的，它们把这些人口中的新贵集合起来，并给了他们一种阶级感。12 世纪的科隆也是如此，行会将从事贸易的家族成员联合起来，同时让他们定期参加市政会议。

然而，直到 13 世纪，贵族阶层才在北部城镇真正形成。也就是说，从那时起它开始拒绝接收那些一心向上爬并试图为现有成员及其子孙后代保留已经取得的特权的人。也正是在这一时期，商人行会最终拒绝吸收工匠入会。

贵族阶层小心谨慎地采用一些外部标志来强调他们和平民大众的不同。在一些城镇，例如根特（还有科隆），拥有一块土地就是他们的特色。由于拥有地产，佛兰芒城镇的贵族被认为比一般公民能更好地完成财政义务，其证词更有价值，他甚至有权证实私人交易，而市政会就是由这个阶级的成员组成。

通过细致研究一些城镇，我们找到了其中的特点，而这些特点无疑也适用于其他的城镇。尽管其方式也许不尽相同，但是这类城镇的确有一些引人注目的特色：那里的贵族通常都是商人或商人的后代；在工业中心，他常常也是企业家，从事出口业；他还做一些金融交易作为副业；他通过在城镇内
【31】 外投资房地产和房租增加财富；他参加市政会，制定行业工资的标准，管理城镇财政。这些特点并不一定都在同一个人身上体现出来，但我们常常会发现：一个家族中的某一个成员是商人，另一个是钱商，第三个则是市政长官。

在 13 世纪后半期，一些贵族不再做生意，或者是因为他们不能适应经济生活中的变化，或者只是因为他们想享用自己的财富。此后，他们便靠地产和投资为生，被称为游手好闲者。

有些北部城镇尽管属于前面描述过的类型，却有不同的特点。因此，像吕贝克这样的汉萨同盟城镇及其贵族阶级，表现出比佛兰芒城镇更鲜明的商业特点，除了布拉格以外，它们都逐渐发展成为工业型城镇。

在其他城镇（例如迪南），商人向收租者的转变似乎发生得比佛兰德斯还要早。在这个以铜业兴起的城镇，贵族主要由游手好闲者组成：只有他们才能当选市长或行政官。然而，也很有可能证明他们中的一些人先前是铜匠商。

随着贵族阶层逐渐演变成相对封闭的实体，在很多城镇中出现了将它分

成若干个家族的倾向。这种变革的惟一目的就在于强化贵族家族分享城市行政管理的权力。

北部城镇的贵族阶层也表现出同样的常常自我矛盾的社会倾向：对普通民众实行政治压迫和工业剥削；出于对流浪者的关心而建立医院和慈善机构；家族间的纷争和私斗在工匠内部也引起派系之争（科隆、雷根斯堡）；铺张浪费，年轻败家子引起的动乱（伦敦、根特）；以及最重要的是享受高贵生活的欲望。

事实上，阿尔卑斯山北部的贵族并不住在城镇中，城市贵族已经开始倾向于融入特权阶级，他们很多人将自己嫁妆丰厚的女儿嫁给上层社会；另一些人则在军中服役，拥有他们自己的公职或封地（巴黎、佛兰德斯）。

当贵族阶层封闭之后，有一批新贵尽管十分有钱，但仍然是普通民众。【32】
在 12 世纪的科隆就有过平民大亨的记录。在 13 世纪末的根特，富裕的乌特尔·冯·德·米尔（Wouter van der Meer）不是贵族，因为他没有获得一块城镇土地。

在 14 世纪不同类型的城镇中，贵族的经济和政治地位也各不相同。在北海和德国的波罗的海沿岸，贸易依旧十分繁荣，商人阶级队伍不断扩大，仍执掌权力。在佛兰德斯，由于活跃的贸易活动在 13 世纪便宣告结束，商人的主导作用也随之终止：拒绝接纳新成员的旧的贵族阶层在 1302 年的平民起义中土崩瓦解。

在意大利，城镇贵族和平民上层社会的联合不仅出现了比北部国家城镇更为复杂的情况，而且每个城镇也各不相同。

在热那亚，贵族阶层主要是由贵族（或更确切地说最初财富来自于地产的子爵的直系后裔）组成。在 11 世纪，他们将自己的地产至少部分转为流动资金，或利用土地收益、或利用与萨拉森人（Saracens）在海上作战时获得的赃物等进行商业往来。这样他们逐渐远离其原本出身的平民阶层，而且愈加向做大规模生意的商人靠拢。这两群人联合组成行会，在 1100 年后不久被称为公社。然而，从政治角度来看，贵族长期把持着特权，直到后来他们的内部纷争使平民阶级在 1257 年和 1339 年两次自己选举了国家领袖。

威尼斯贵族的来源没有这么清晰。一些人认为它也来自于从土地拥有者转变来的商人，因此类似于热那亚的贵族；另一些人认为是商人阶级，因此与北部城镇的贵族起源相同；另有一些人则认为是这两种人的妥协。但可以确定的是，这个在 13 世纪从事海上贸易并不断壮大的阶级在 1297 年封闭，形成一个政治上拥有特权的阶级。那些随后试图靠贸易发财的家族不再有获得权力的机会。

【33】 佛罗伦萨则完全不同。这里没有拥有地产的贵族和商人的联合。贵族并没有作出姿态适应特殊的城市角色，商人也无意离开平民阶级。他们更愿意利用经济实力在13世纪下半叶成功地夺取贵族的政治特权。因此很难确切地说贵族阶层的名称适用于哪个阶级。

1.13 民主革命

中世纪的贵族统治时期大体而言正是工商业扩张的时期；同样，很多城镇随后经历的平民体制时期或多或少也正是中世纪最后几个世纪经济收缩的时期。可能后两种现象之间并没有严格的因果关系。可以肯定的是，它们一定相互作用、相互影响：经济收缩无疑导致经济控制，构成平民运动核心的行会便开始大行其道；同样，经济控制自然使经济收缩更为严重。因此，如果想考察中世纪末经济现象的前因后果，弄清楚在这一时期几乎整个西欧都出现的所谓的“民主”运动的实力和强度非常重要。

这个运动最初出现在意大利的几个城镇①。例如，在12世纪末的米兰，低等阶级也成立组织，与贵族组织和商人组织并驾齐驱。虽然这个阶级不可能进入城镇政府，但可以确定的是，这种获得最高荣誉的途径很快就向甚至低等阶级的成员开放。在锡耶纳、皮亚琴察和阿雷佐，低等阶级在13世纪后半期成立了一个政治组织。在许多城镇，手工行会成为国家机构的基本组成部分，尽管它们的作用常常是被动的而不是主动的。例如在比萨，在他们获得同商人代表一起参与政治事务的权利的同时，他们被迫忍受国家对他们的经济活动的干涉和监督。在热那亚和威尼斯，商业利益占绝对优势，工匠从
【34】 未发挥过真正的政治作用。在热那亚，一些政府职位最终被给予了那些平民出身的人，但手工行会在政治生活中并没有其代言人。在威尼斯，手工行会受国家的严格管理，从1264年开始就介入它们的内部事务。佛罗伦萨较为独特，它的手工行会真正在政治领域取得了成功；1267～1292年，他们获得参与国家政治权利的人数逐渐递增——7个、12个、最后到21个。但这个完全基于手工行会组织的政治组织并不意味着最穷的人也能自

① 应该注意的是，尽管手工行会是工匠的职业组织，但它们并不是低等阶级的政治群体。在意大利，这个角色有时是由当地的军事兄弟会担当的。

作主张。事实上，在佛罗伦萨，商人控制着手工行会，制造业的工匠无法自主决定自己的事务。西姆皮（Ciompi）的暴动（1378 年）只是暂时地改变了这种状态。

低地国家城镇的社会斗争至少和意大利一样激烈。1225 年，一个冒充君士坦丁堡帝王鲍德温九世公爵（已于 1205 年死去）的骗子激起了佛兰德斯普通民众的反抗。1253 年，一个列日市的贵族——迪南的亨利（Henri of Dinant）——成为手工行会的领袖，他试图推翻市政府，但很快失败了。1280 年，佛兰德斯城镇低等阶级发动较大规模的起义，政府费了一番周折才镇压下去。这个起义在法国西北部得到了响应，阿拉斯、鲁昂、朗斯和第戎都发生了暴乱。然而，在佛兰德斯和布拉班特，手工行会起初受到城镇政府在工商事务上的监督，要求工匠承担公共义务。令他们欣慰的是，13 世纪末城镇军事组织的基础是手工行会，工匠有时能有机会在他们的慈善和宗教团体中进行秘密的政治活动。佛兰德斯并没有得到多少解放和自治，但是库特赖（Courtrai）的城镇工人在 1302 年成功地打败了支持贵族阶级的法国军队，他们的努力旋即宣告成功。在一段时间内，几个城镇的市政会都是由手工行会成员组成，从事大宗买卖的商人和为满足本地和地区需要而工作的工人都掌握权力。然而，尤其是从 1320 年开始，出现了倒退；经过一系列激烈的运动（特别是在根特），最终达成了一个均衡状态，政治权力由贵族、纺织工人和小手工行会不同阶级瓜分。列日教会区内的城镇迪南也出现 [35]
了类似情况，这个城镇同样依靠出口业（特别是铜制品的生产）而繁荣。在几个没有主要行业的教会城镇，例如乌德勒支和列日，小的工匠行会主导着政治生活。最后，在布拉班特城镇，贵族的势力比佛兰德斯的强大，手工行会的最终胜利要晚得多；在布鲁塞尔则晚至 1423 年。

在德国西南部，情况同低地国家大致相同。这里的手工行会也赢得了一份权力，或者是因为他们的代表被允许进入城镇委员会，或者因为建立了一个新的由低等阶级代表组成的市政机构。科隆的情况有所不同。那里的贵族在 14 世纪实行的是真正的暴君统治，导致了 1371 年及以后（1396 年）的纺织工人的起义，几个大家族最后推翻了这个统治体系。但随之而来的新的政治体制只是理论上以工匠组织为基础，权力实际上仍旧掌握在几个家族的手中。在商业利益占绝对优势的德国北部城镇，不断扩充的商人阶级保持着它的活力，成功地掌握着政权。

在法国北部城镇，由代表“社区”的管事师傅组成的特别市政会出现在 14 世纪初；他们通过检查城镇账户或参加城镇行政管理来监管公众利益。

在这里“社区”一词就像佛兰德斯那样指的不是全部居民，而是和贵族阶层相对的少数市民。

英国的政治发展表现出不同的特点。相对强大的皇权使阶级冲突相对平缓。城镇管理在13和14世纪对全体市民较为公开。自12世纪形成的手工行会没有内陆国家那样的愿望。只有到了14、15世纪，市政会出现寡头政治倾向，手工行会才作出反应：在英国北部的一些城镇，手工行会开始干涉
【36】并成功地获得了进入市政府参与管理的权利。

1.14 城镇人口

为了全面评估中世纪城镇作为消费中心和生产中心所起的经济作用，我们必须知道它们的居民人数；不仅要知道在某一时期的人数而且要知道在不同时期的人数，以便能够画出人口曲线图；另外，我们还需要知道每个世纪这些人口相对于周围乡村人口的百分比。

这类资料很难获得。只有极少数城镇存在完整的人口普查。我们只能通过交壁炉税的壁炉单、人头税登记表和花名册进行大致估测。然而，壁炉的概念常被淡化为财政虚构；能够载入花名册的强壮男子的定义又在时时变化。因此从这些资料中获得的数字必须乘以某个系数才能得到人口数，而这个系数常无法确定。就像人口普查，只有到了14和15世纪才有过这样的计算。

如果幸运的话，能得出中世纪两、三个时段的令人满意的人口数字，就能够画出某种实验性的人口曲线。一般说来，如果能够知道中世纪西欧人口运动的总趋势就足以令人满足了：似乎可以确信的是，1000～1300年人口有一个基本稳定的增长，在14、15世纪的大饥荒或传染病尤其是黑死病（1347～1351年）之后人口锐减。在这些衰退期的间隔，灾难显然得到控制，大约1500年时人口可能和1300年时一样多。这些对总人口和城镇都有效的普遍趋势的观点的基础是1000～1300年期间的人口增长比乡村更为明显。教区的倍增和围地的增加说明了这一点。例如，在低地国家，城镇围墙最初出现在11世纪末和12世纪。在很多城镇，围墙的第二次修建出现在1250～1350年之间。它围起来的区域比旧的防御土墙所保护的区域大得多。然而，这一变化不足以说明人口的真正增长：人们一定认为约1300年人口
【37】会持续增长。然而，这一期盼并未实现。14世纪以来，人口和居住地通常并没有多大变化，在很多城镇，城墙内长期以来仍有未被利用的空地。

除了人口趋势和人口的绝对数，对城市和总人口的关系仍缺乏令人满意的资料。然而，必须承认的是，城镇人口集中地不能超过某个限度，而在14世纪各地都达到了这个限度。限度的大小根据涉及的城镇是否属于我们先前研究过的主要类型而变化。对于不从事大规模贸易和出口业的城镇，这个限度是由工匠的产品被周边乡村吸收的程度和后者能够提供的食品和原材料的数目所决定。另一方面，从事长途贸易和出口业的城镇的人口数相对于农村要大，因为它能够通过出口支付从遥远地区进口食物和原材料的费用。

因此，我们可有保留地给出各种具体事实。在布拉班特，我们发现了四张15世纪后半期的壁炉税报表，城镇（不管其大小如何）的壁炉都占地区总壁炉的1/3。这个比例持续增加，是大城镇增长的结果。在工业化程度比布拉班特更高的佛兰德斯，这个比例自然不会比它低。16世纪初的荷兰这个比例超过1/2。出现这一情况的原因很特殊：这些城镇靠近河海以捕鱼为生，能够容易地从远方获得供给。

在意大利的中部、北部，11～13世纪间增长的城市人口在15世纪停滞不前，尽管同一时期意大利南部人口仍呈现出相对的增长。

最后，我们得出西欧主要城镇的几个绝对数字。它们并非同样可靠，但为我们或多或少提供了城镇规模的顺序。

最大的城镇出现在意大利。14世纪中叶前那里有四个城镇人口超过5万：米兰、威尼斯、那不勒斯和佛罗伦萨，也许还有第5个——13世纪期间的巴勒莫。它们中的一些甚至接近或几乎接近10万居民。黑死病使城镇人口锐减。到15世纪，刚才提到的前3个城镇似乎或多或少弥补了它们的
人口损失，而佛罗伦萨落到了后面。热那亚、波伦亚和罗马人口可能有5 【38】
万。

低地国家是密集的城镇生活的另一个中心，最大的城镇是根特：14世纪中叶它的人口超过56 000。布鲁日在1340年时人口是35 000。伊普尔①在1412年时约有10 700人，但在当时它的工业衰落了近一个世纪；在14世纪初它可能居住过两倍于此的人口。在布拉班特，勒芬②在15世纪人口不超过20 000，布鲁塞尔是40 000。安特卫普在1374年仅仅是一个约18 000人口的城镇。它的人口大扩张发生在16世纪（1526年50 000，1566年100 000）。在城镇人口相对巨大但分散在几个中心的荷兰，人口最多的四个

① 伊普尔（Ypres），比利时城镇。——译者注
② 勒芬（Louvain），比利时城镇。——译者注

地方（莱顿、阿姆斯特丹、代尔夫特、哈勒姆），在现代初期每个地方的人口都不超过 10 000 ~ 12 000（1514 年）。

法国 1328 年的壁炉报表提供了重要的数据。然而，当它们给出的巴黎 61 098 个壁炉乘以系数 3.5 时，得到的数字完全不能令人接受；另一方面，80 000 居民的数字倒令人信服。一个大城镇图卢兹可能有 24 000 人。

对德国最近期的综合研究是由 H. 安曼（H. Ammann）完成的。我们在这里再次引用他提供的主要资料。人口不到 40 000 的科隆远远超过其他城镇。德国南部人口在 20 000 的城镇有：默兹、施特拉斯堡、纽伦堡、奥格斯堡以及维也纳、布拉格；还有德国北部的吕贝克、马格德堡以及后来的但泽。另外 6 个城镇人口超过 10 000；另有 200 个人口在 2 000 ~ 10 000 的城镇在德国被认为是中等城镇。

在英国，伦敦的人口远远超过其他城镇。根据 1377 年的人头税单可以推断它的人口在 35 000 ~ 45 000 之间。其次是约克和布里斯托尔，人口在 10 000 ~ 14 000 之间。

大约同时伊比利亚半岛可能有 4 个人口超过 35 000 的城镇：巴塞罗那、科尔瓦多、塞维利亚和格拉纳达。

从人口统计方面获得的资料只能让安曼作出这样的估计。他无法处理更为复杂的问题。从不同资料来源最多推论出女性人数比男性人数要多，例如 12∶10 或 13∶10。似乎在单身人数越多的城镇，工业化程度也越高。最后，
【39】似乎可以确信的是，可能相当高的出生率被同样高的死亡率所抵消，因此城镇的扩大一定是移民迁入的结果，这些移民很大程度上来自周边乡村，同时某种程度上也来自遥远地区。

1.15 结　论

中世纪的城市运动主要是由经济原因所导致的社会现象，它反过来也引起西方世界经济结构的巨大变革。

中世纪初的社会长期处于停滞状态，但对基本品或奢侈品的需求及价格层次的巨大差异引起人口和商品新的流通。这些商业潮流的出现导致城镇特别是贸易城镇的兴起，这又引发城市运动。

当商人认为有必要在他们的活动中心成立团体时就为未来城镇奠定了基础。从加洛林王朝和后加洛林王朝开始建立的城市生活的所在地，是由当时

存在的安全和旅行条件所决定的。

在由商人组成的第一批经济活跃中心周围很快聚集了一批手艺人。在后者中，一些人的工作是为了满足当地人的日常需要。在很多城镇，成群的工匠的工业产品流传到他地。工匠们必须接近商人，因为商人给他们提供原材料并销售他们的产品，并且在很多情况下是他们真正的业主。实际上，在有些地方直到1300年（在其他地方则是整个中世纪），这些商人是所有经济活动的驱动力。他们保证的商品流通促进了经济的专业化和城市中心人口的集中。

当城镇成为一个地理单位并享有特别的法律特权时，便有条件使人口和商品具有更大的流动性，这些基本条件包括：人的自由、被吸引进入城镇的所有人的特权、城镇土地的自由，其中最明显的外部标示是自由租地的出
现。在意大利，同商人来往密切的贵族因出售他们的地产而促进了商业活 【40】
动。相反，在整个西欧，商人将他们获得的部分财富投资购买城镇和乡村的土地。

有些城镇一旦通过获得自己的法令而成为独立的经济实体，便常常通过他们的特权加强他们的繁荣和相对于周边乡村的优势。同样，在城镇内部，完全依赖财富提高地位的统治阶级将自己转变为政治上拥有特权的贵族阶层，因此能够使现实生活条件变得对他们更为有利。另一方面，在大约1300年或更晚一些，这些地方的低等阶级也能够有些许参与管理公共事务的权利，他们也通过争取法令而影响经济生活，但其目的已不再是获得更高的生产能力，而是要求社会对现存财富资源进行更公平地分配。这个问题我
们将在下一章进行讨论①。 【41】

① 本章的初稿完成于1940年。1953年和1956年进行了再次改编。然而，在例如E. 伊恩(E. Ennen)的《欧洲城市古代史》这样重要的作品同时出现后，作者并不认为需要——因为关注点的不同——修改本章的结构。另外，《欧洲城市起源研究》文集的出现（林顿—康斯坦斯，1958年）使作者对本章的几个细节做了必要的调整。

第二章

贸易组织[1]

2.1 概　述

从商业组织的角度来看，中世纪在时间和空间上都发生很大的变化。在所谓的黑暗时代[2]期间，庄园经济占据了主导地位，大多数农庄都是相对自给自足的单位。商品交换被减少到最低程度，尚未完全消失的贸易一度落入低潮。向富人出售奢侈品和在饥荒或经济萧条时期向穷人高价出售必需品，是一些商人惟一幸存的商业行为。直到11世纪诺曼人的侵略结束、封建割据状态消亡，才出现了真正的商业复兴。在意大利，城市生活重新恢复活力；佛兰德斯也展现出新的面貌。商业活动迅速从这两个中心蔓延并再度兴盛。十字军东征进一步推动了它的发展。黎凡特[3]到处都建起了拉丁商人聚居区。不久威尼斯人、热那亚人和比萨人就控制了拜占庭帝国的对外贸易。商业组织也进一步稳定发展，但商人们依旧是旅行者，常常四处奔走追

① 作者希望能向帮助他收集资料的社会科学研究委员会表示感谢。

② dark ages，5～11世纪。——译者注

③ 地中海东部诸国及岛屿，即包括叙利亚、黎巴嫩等在内的自希腊至埃及的地区。——译者注

寻利润。他们和仆人常带着货物在陆地或海上做长途旅行。12 和 13 世纪，西欧的旅行贸易转移到了香巴尼①的集市上，集市举行的频率决定着来自意大利、佛兰德斯、德国和法国各地的商旅队的来来往往。

意大利人是其中重要的一部分，尽管他们大力扩张势力并逐渐排挤掉了竞争对手，但是他们仍未占据主导地位。佛兰芒和英国商人仍旧远行热那亚以获取香料或丝绸并出售布匹。早在 13 世纪，具有创业精神的意大利人就作为教皇的钱商经过佛兰德斯深入英国，但汇兑问题迫使他们从事羊毛贸易，因为英国禁止出口钱币而英国羊毛在欧洲大陆有很大的需求量。巴黎显然是另外一个有吸引力的地方，意大利公司开始在这个靠近香巴尼、地理位置优越的法国首都建立永久办事处。这个新发展只是一个前奏，后来发生的巨大变化改变了中世纪贸易的整个结构。

意大利商人，特别是内陆城市锡耶纳和佛罗伦萨的商人，不再来回奔波于集市。他们开始坐在账房管理事务并通过合伙人或代理人的形式获得永久【42】的国外代理。曾经的旅行商人逐渐转变成商业管理者，他们大多数时间都坐在桌子后面读报告并发出指令。如何得到满意的国外代理可能是这类久坐型商人的主要问题，其成功或失败常常取决于是否选择了高效、诚实的代理人。既然商人不再亲自前往国外，他就必须将权力托付给信得过并能照顾他生意的某个人。

以国外信函和代理为基础的这种新的商业组织体系的出现与 1300 年后香巴尼集市的迅速萧条有着非常密切的关系。当意大利的公司在巴黎、伦敦和布鲁日建立永久办事处之后，这些商人就不必再亲自前往集市了。作为这种新体系的首创者，它的成功使意大利人获利匪浅。在 14 和 15 世纪，他们控制了东至君士坦丁堡和亚历山大、西至布鲁日和伦敦的整个地区的贸易和银行业。在很大程度上，这一优势的取得是因为其良好的商业组织，因为意大利共和国的军事力量尚未越过阿尔卑斯山。然而，在黎凡特、热那亚、比萨和威尼斯，意大利都驻有强大的舰队，以保护他们的聚居区及其商业利益。惟一或多或少成功地保持了自己贸易的竞争者是加泰罗尼亚人②，他们很早就接受了意大利人的经商方法。从事贸易的佛兰芒人则被完全淘汰出局。然而在英国，意大利人并没有成功地排挤掉当地商人，但英国商人的确并未对意大利商人的优势构成严重的挑战。他们只将自己的贸易活动局限在

---

① 现法国香槟省。——译者注
② 今西班牙人。——译者注

同低地国家、斯堪的纳维亚、德国、法国北部和加斯科涅[①]的交易上。意大利人也曾试图在波罗的海占据一席之地，但未能取得成功。在15世纪中叶，有几位佛罗伦萨人，其中一个叫弗朗切斯科·鲁切拉伊（Francesco Rucellai），另一个叫盖拉尔多·布埃里（Gherardo Bueri），曾在吕贝克做过生意，显然他们不得不对抗强大的不平等，几乎无法谋生；意大利人在吕贝克的聚居区不再扩展。可能意大利人的经商方法尽管卓越，在波罗的海地区却没有优势，因为它们不适合当地风俗。另外，可以确信的是，汉萨同盟开始警觉，已准备通过经济或政治手段维护它的垄断，对抗任何严重的侵犯行为。

在中世纪后期，汉萨城市在吕贝克的统领下，控制了波罗的海的贸易，
【43】而意大利人则控制了地中海地区。在斯堪的纳维亚，竞争早已宣告结束，包括斯德哥尔摩的大多数城市都成为德国的领地。波罗的海的经商方式比起意大利人来说相对落后，但是它们适合环境的需要，那里商业规模较小，商品价格相对低廉，商人仍需要比佛罗伦萨账房中的商人更多地出外旅行。

如今人们认为黑死病的爆发（1348年）标志着长期的人口与经济增长的结束和百年不遇的衰退趋势的开始，这一趋势的特点是市场关闭、战争和传染病频繁发生以及贸易收缩。但是要指出的是，在经商技巧的改进方面并未出现类似的退步。相反，尤其在14世纪经商技巧经历了不断的进步、革新和实验。例如，已经为人们所知的汇票的雏形在1350年之后被广泛使用。海上保险也是如此。商业簿记（book-keeping）也直到1400年才达到完全成熟，只要我们对诸如佩鲁齐公司（1343年倒闭）和弗朗切斯科·达蒂尼（1410年）的账户进行比较就可以很清楚地看出这个问题[②]。1375年后出现的另一个革新是合伙关系的缔结，有点像现代的控股公司。最后的例证是1397年建立的梅蒂奇银行（banking-house）。所有这些新的商业习俗的基础确实都是在12、13世纪奠定的，只是当时它们未得到充分发展。也许我们可以得出这样的推论：随着黑死病而出现的衰落加剧了竞争，降低了利润率，促使商人改进方法、增加效率、减少花费，其结果是适者生存[③]。也许重要的是，没有一家公司、甚至梅蒂奇银行能达到著名的佩鲁齐和巴蒂公司的规模（这两个公司在黑死病爆发前不久破产）。

一方面，中世纪贸易完全不同于现代贸易。今天大多数货物在被装船运送之前就已售出，重型设备和机器更是如此。然而，中世纪贸易大多都是冒

---

① 法国城镇。——译者注

② 关于他的生平简介，请参阅《剑桥经济史》第二卷，第337页。

③ 同上，第310和335页。

险，只有少数例外。各种各样的货物被装船运到其他地方，希望能够卖个好价钱，这样商人便能在返回时带上国内需要的商品。整个中世纪始终如此。货物是被托付给一个旅行商人，还是以寄售方式交给代理人由他寻找市场其实并没有多大区别。因此，每笔交易都带着投机的性质，在某种程度上都是【44】
冒险。因此英国布匹出口商将自己称为冒险商，因为他们购买布匹是希望在布拉班特的市场上找到顾客。一直到16、17世纪，商业史作家仍强调对外贸易的冒险性，尽管有人指出冒险商承担的风险并不大，前往低地国家的距离很短而且他们的贸易非常顺利。但是，似乎也发生过英国人期盼的内陆国家的大主顾并未出现的情况。我们已提到这种冒险也有特例：大多数涉及奢侈品，例如挂毯、绘画和绘有纹章图案的丝绸，它们是按照国外顾客特殊要求定制的。因此在布鲁日的梅蒂奇分行里，就有意大利王公要求的有规定尺寸和主题的挂毯。

风险也影响中世纪商人的思维方式。这便是风险结算盛行的最大原因。因此，人们普遍的做法是为每船货物开设一个独立账户。这样他们就可以判断哪批货物赢利而哪批货物亏损。毫无疑问，中世纪商人对这种信息非常感兴趣。另外，为了分摊风险，中世纪商人求助于多人合作，常与其他商人合作经营。因此1441年布鲁日的梅蒂奇公司出售三份胡椒粉：一份是独享利润，另一份是与威尼斯的梅蒂奇公司分享，第三份则是受外人的委托出售，只收取佣金。这已成为一种普遍做法，并非只限于佛罗伦萨公司。威尼斯人安德烈亚·巴尔巴里戈（Andrea Barbarigo）（1418～1449年）的账本上也记载有类似的例子。因此可以断言，这种经营方式相当普遍。

其中的原因当然是想减少风险以及中世纪商业面临的诸多危险。当时的风险之大可能是另外一个突出特点。沉船屡见不鲜，但海上的灾难并不是惟一的危险：海盗威胁更大。即使在陆地上，道路也常因战争或强盗而很不安全。交通的缓慢助长了谣言的散布，有时这些谣言是那些无耻的投机商为抬高或压低价格而故意炮制出来的。巨大的价格波动可能使最精心的预测落空，因为某个缺货的市场很可能在下一刻由于货物的意外到达或需求的突然削减而呈现饱和状态。城市的封港令和强盗的掳掠是造成不确定的另一个因素，常常会使货物由于缺乏照料而受损变质，或管理不善被劫掠。信贷风险【45】
也造成另外一个严重问题，因为狡猾的债务人常利用法律术语和城市间相对立的司法逃避义务或拖延司法程序。另外，法官常对外国原告怀有敌意而袒护当地的债务人，尽管这些人显然缺乏可信度。作为规则，贸易特权包括允诺及时和公正进行审判的条款，但它们是否被执行则是另外一回事。情况大多取决于当时的政治形势，各国情况也不尽相同。例如，佛兰芒法院在意大利人中间就享有令人羡慕的公正无私的声誉。事实上，布鲁日市政官甚至曾就法律或商人习俗咨询外国商人，特别是涉及汇票的难题。

中世纪商人利用各种方式保护自己免受这些危险，但主要是通过分散风险或与他人分摊风险的方式。因此多样化经营就成为一条定律。正如账本所清楚地表明的那样，商人很少专门做某一种生意，他们经手各种商品，试图利用所有的赚钱机会。甚至银行业也并非专门领域。根据资料显示，大的意大利公司兼营国际银行业和对外贸易。商人常常以批发方式出售商品。尽管他们并非不屑于偶尔零售他们的货物，但他们常被禁止从事属于当地行会特权的零售业。违背这些特权会引起众多冲突。在布鲁日，曾有伦巴底人因为以厄尔为单位出售丝绸而被处以罚款。在伦敦，这条规则的触犯也是长年不断的积怨的主要来源，并引起绸布商和其他行会的不断抗议，并使意大利人在伦敦城中不受欢迎。

2.2 1300 年以前的旅行贸易

1

对于 12 世纪前的贸易组织，人们目前对它知之甚少。远古资料很少提及这一时期的经济生活。

商人在封建社会中没有立足之地，受教会教义的影响，人们对他们的行为持怀疑态度，认为它们沾有高利贷和邪恶的污点。很早以前的教会法规就
【46】宣布不义之财没有诚实可言，从事买卖就几乎无法避免犯罪①。另外，神职人员被禁止从事贸易，因为不断在外奔波会使他无法满足当地对他的职业需求②。这显然意味着当时的商人总是在外奔走。

① 这条教规是里奥大教皇（440 ~461 年）写给纳博恩的主教的书信中提到的。早期所有的教会法规集都引用过这个教规，包括迪奥尼西（Dionysius Exiguus）（6 世纪）、普拉姆（Prum）的雷吉诺（906 ~913 年），沃姆斯的勃查德（1008 ~1012 年）和沙特尔（Chartres）的伊沃的法规集，以及克里斯戈诺的红衣主教格列高利的法规集中，这个法规集是在 1101 ~1120 年之间编纂的。通过这些法规集，大约 1140 年写成的格拉蒂安的《法规集》注定成为标准文献，直到 1917 年新的教会法典的出版。

② 弗兰兹·施布：《反对高利贷的斗争，中世纪不公平的价格和不正当的交易：从格罗森的卡尔到亚历山大三世教皇》（弗莱堡，1905 年），第 109 页。

为了保护自己免受高风险，商人们形成了团队和“兄弟会”，在北欧则被称为商人行会。10 世纪蒂尔（Tiel）的商人中间显然存在这样的行会。蒂尔是一个靠近莱茵河口的城镇，当时是弗里斯兰人的聚居地。僧侣阿尔珀特（Alpert）曾在报告中提到这些商人，将他们称为邪恶的、无视法规的人，对我们更有意义的是他对这些商人共用资源、分享利润、将部分赢利花费在挥霍的盛宴上的叙述。不幸的是，他没有详细描述这种分享利润的体制是如何运作的。

从其他行会的条例来看，瓦伦西斯人（Valenciennes）的兄弟会可以上溯到 10 世纪，行会会员并不是呆在国内，而是不断地经受海、河及陆地上的危险。他们可能配备有武器并结队前往，因为有一条法令规定，对不佩带盔甲和弓箭的成员处以罚款。法规规定，一旦一个商队离开了城镇，其成员不准任意独自离开，必须结伴同行以便在遇到紧急情况时相互支援。如果有人在旅行中死亡，他的同伴必须携带此人的尸体至少三天，并尽可能地按照死者的意愿进行安葬。

芬彻尔的圣·戈德里克（1080？～1170 年）① 的生涯很好地反映了早期商人的冒险事业。他起先是海滨流浪汉，靠变卖冲到岸上的废弃物品挣得了最初的几便士。他利用这些钱先成为在乡村叫卖的小贩，接着在各市场上叫卖。后来他加入了一个商人公司，并随他们走遍了北海的所有海岸。他利用挣得的钱扩大生意，购买了自己的船，并自己担任船长。在好运气的支持【47】下，他发了财并购买了其他船只的份额。在这时候，他很可能在一个港口定居下来，让其他人出外旅行并经受海上的种种危险。到了晚期，他被上帝的恩典所感动，不再追逐钱财而成为一位隐居的圣徒，一位虔诚的传记家认为很值得将他的生活经历向世界诉说，以教化那些不敬上帝的人。

行业组织的细节并没有被记载下来，但从戈德里克的故事中，我们知道船只的所有权被分成几份，商人常常既是船主也是导航员，当时的地中海贸易也是如此。要获得成功，一名旅行商人必须有很好的身体耐力和面对很多困难的准备。尽管那时的条件还很原始，但他需要的不仅仅是发达的肌肉：精神耐力和知识装备也是取得成功不可缺少的前提。写于大约 13 世纪初的斯堪的纳维亚的教育专著《国王的镜子》一书，对成功的商人所必备的知识和人格作了很好的阐述。这部作品问世的日期虽晚，但作者提出的建议很

---

① 见《剑桥经济史》第二卷，第 239 页。皮埃尔曾简单介绍过有关他的故事，但在沃尔特·韦格（Walther Vogel）的《汉萨同盟历史一览》一书中的《1100 年的一位海上杂货商》这篇文章作了更为细致的研究，第 239～248 页。

有价值，以至于它成为有开拓精神的青年的必读手册。

《国王的镜子》一书的佚名作者一开始便强调一个显而易见的事实：商人必须非常勇敢，要对在海上和异教徒的土地上遭遇的危险有所准备。他必须彬彬有礼、平易近人，而且要小心谨慎，在购买货物前要先检查它们的质量和状况。在国外时，他应该生活讲究、去最好的酒馆，但也不能一味铺张。作者同时建议他远离饮酒、妓女、争吵和赌博。他还应尽可能地学会外语，特别是法语和拉丁语，他还应该学习法律并遵守当地习俗。该作者还认为算术和天文学知识也是应该必备的，因为商人必须懂得如何计数并在导航时会通过看天空来了解天气。他要尽快以合理的价格卖出商品，因为货物的快速周转能刺激贸易。如果他拥有一条船，他应该每年秋天给船身涂抹焦油，妥善保管索具和船具，在春天航行，并确保在夏季末返回。他应只购买状况良好的船只的份额。如果获得成功，他可以将他所赚的利润投资做合伙生意，但应该十分谨慎地选择合伙人。这条原则可以最终使他结束自己在外的奔波，转而资助更年轻的商人从事贸易。随着利润的不断增长，他不应将资金完全投在商业上。更明智的做法是将大部分钱投资购买土地。土地是最
【48】安全的投资方式，可以为他及他的后代提供生活保障。

尽管随着时间的推移，陆路上的安全状况得到了很大程度改善，但直到13世纪末，前往香巴尼集市的佛兰芒城镇商人们依旧携带武器结伴而行。商队将在某个指定日期在一个“队长”的统领下出发，由旗手打头，持有武器的仆人和石弓箭手保护装有珍贵布匹的大车。在1285年，大约25个结伴旅行的杜埃商人带有36个随从，都携带武器以防不测。这样的军事队列显然已成为惯例，而不仅仅是出于需要。单个商人——或者他们是专职的货运马车夫？——也已经带领四五辆马车前往法国集市，随身只有几个仆人保护车队。

然而，香巴尼集市的贸易组织要另当别论。从总体来看，关于中世纪早期欧洲贸易的文献少而又少，使我们对那时的商业行为缺乏了解。为了获得更多的信息，我们不得不转向南方，去查阅开始于1156年的热那亚的系列文书，首先便是已出版的乔瓦尼抄写员或约翰抄写员[①]的房地产契约册。后来文书里的几千个契约也被出版，包括梅尔卡托的奥贝托抄写员（Oberto scriba de Mercato）（1186～1190年）、古列尔莫·卡西内斯（Guglielmo Cassinese）（1190～1192年）、邦维兰诺（Bonvillano）（1198年）、乔瓦尼·吉

① 乔瓦尼是西方教名约翰的意大利变体。——译者注

伯特（Giovannidi Guiberto）（1200～1211 年）以及兰弗兰科（Lanfranco）（1202～1226 年）等人的契约。威尼斯的一系列法令是我们获得的另外一些资源，这些法令尽管数目不多但开始时间更早，最早至 1021 年，最晚至 1261 年。同时还有彼得罗·斯卡尔多（Pietro Scardon）（1271 年）、本韦努托·布里克斯诺（Benvenuto Brixano）（1301～1302 年）、威尼斯人在克里特[①]的文书。很多人根据这些丰富的材料作了相关研究，但仍有很多领域有待发掘。

从这些热那亚和威尼斯的记录来看，海外贸易最典型的两种契约是代理契约（commenda）和合作契约（societas maris）——在威尼斯它们被称为 collegantia，但称谓并不重要[②]。两种契约都是合伙协议，其有效期并非几年，而是某一宗生意或航行，通常是到黎凡特、非洲、西班牙甚至普罗旺斯的往返旅行。也有根据 terram 签订的代理契约，但只限经由陆地的远方贸易，或者是当地买卖，但其数量非常有限。

代理契约和合作契约都涉及在外奔波的旅行商和留守陆地的投资商之间的合伙关系。在代理契约中，商业资金完全由留守商承担，旅行商不提供任何资金，但他承担从事危险的海上航行的风险并必须忍受航行中的所有磨难。作为对其劳动和辛劳的酬报，他通常得到所得利润的 1/4；只承担金钱【49】损失风险的投资商得到剩余的 3/4 利润。这项协议可能看上去不公平，但 12、13 世纪生活水平很低，并且资金匮乏。

在合作契约中，利润由两个合作者平分，但旅行商提供 1/3 的资金，而留守商承担 2/3。从根本上来说，这两种契约基本相同，因为在两种情况下，1/4 的利润都归付出劳动的旅行商，而 3/4 的利润归提供资金的投资商。但是，在合作契约中，旅行商得到利润的另外 1/4，或者说他得到所有利润的一半，因为他提供了 1/3 的资金。这惟一的区别使热那亚文书将前者称为代理，而后者称为合作。

在意大利学者中，对于代理契约的法律性争议颇多：一些人认为它是一种贷款，其他人却认为它是合伙关系。但所有的中世纪法学家和宗教法规学者以及平民都认为代理是一种合法的合伙协议，并非高利贷禁令范围内的贷款。其结果是代理契约从未受到法学家或神学家的质疑。在中世纪，人人都认为它是一种伙伴关系。另外，法学作家倾向于夸大契约种类的重要性，而

① 希腊一城市。——译者注

② 关于代理契约的起源，参阅《剑桥经济史》，第二卷，第 267 页。

忽略了这样一个事实：在经济学上，合作协议和贷款是可替换的投资方式。

代理有各种不同类型。有时，旅行商可自由决定在返回时所带的货物种类，只要他认为合适或能赚钱就行。而有时，他被要求带回某些规定的物品。如果有人认为留守商什么都不管，只关心在投机性的投资中获利的话，那他的想法就大错特错了。的确，在很多案例中投资方多是寡妇、孤儿、牧师、修女、公共官员、文书、工匠及其他没有经商经验的人，然而，也有很多投资方是由于年老不再出海的商人，他们仍积极从事商业贸易，而且有时负责销售他的合伙人带回来的商品。同时，有些只有经验的投资商也充当其亲戚或其他人的顾问，帮助他们投资。只凭文书契约的摘要提供的一丁点信息而妄下结论是危险的：真实情况并不总是符合整齐划一的分类。

在热那亚，一位商人在出发前与不同地位的若干人同时缔结好几个代理和合作契约是很常见的。但有时，他只找一个投资伙伴。交互式代理的事例
【50】也不少见：要去黎凡特的商人可能以代理制的形式将货物托付给另一位欲前往香巴尼的商人，反之亦然。甚至还出现过旅行商与另一位搭乘同一船只前往同一目的地的商人签订代理契约的情况。他们通常要从毛利润中扣除旅行费，而将纯利润进行分配，但也有契约规定不扣除任何费用，特别是在交互代理的情况下。因此，投资商和旅行商的关系不会是对立或敌对的，也不会是剥削和被剥削的关系。在很多情况下，旅行商都是富有野心的年轻人，他们愿意承担高昂风险，以积攒足够资金最终成为投资方。

代理制如何帮助有能力的年轻人崛起，在安萨尔多·巴亚尔多（Ansaldo Baialardo）的故事上得到了例证[①]。当1156年巴亚尔多进行第一次旅行时，他还是个小人物，因为他必须仰仗父亲和一位重要商人因戈·德沃尔塔（Ingo da Volta）签订代理契约。显然，巴亚尔多从后者手中得到205镑4先令1便士热那亚货币，过海前往普罗旺斯、蒙彼利埃或加泰罗尼亚。当这次生意旅行结束时，多达74热那亚镑的利润按照以往惯例分配：3/4即55镑10先令归投资商（因戈·德沃尔塔），1/4即18镑10先令归旅行商（安萨尔多·巴亚尔多）。这次生意使投资商所投资本获得了30%的回报。如此高额令人满意的结果可能促使因戈·德沃尔塔将他的原来资金加上所获利润即总共254镑14先令1便士热那亚币再次投资给巴亚尔多，他们又签订了一个代理契约。另外，巴亚尔多也投入18镑10先令热那亚币，或者说是他前次旅行所得的利润。但这笔钱在代理协议之外，因此巴亚尔多有权获得他个

① 参看《剑桥经济史》，第二卷，第306页。

人投资的所有利润。第二次航行也赢利甚多，总共获得 244 镑 15 先令 11 便士热那亚币的回报，其中 17 镑 9 先令 11 便士是巴亚尔多个人的收益。剩余的钱，即 227 镑 6 先令热那亚币根据行规进行分配：170 镑 9 先令 6 便士归投资商，56 镑 16 先令 6 便士归旅行商。

因为巴亚尔多能如此出色地打理生意，因戈·德沃尔塔便继续给予他财政支持，但这次的目的地是叙利亚、巴勒斯坦和埃及。因为巴亚尔多现在已经积累了一些资本，双方便于 1158 年 8 月 3 日签订了合作契约，因戈·德沃尔塔提供 128 镑 17 先令 4 便士，而巴亚尔多拿出这个数的一半即 64 镑 8 先令 8 便士热那亚币。因戈·德沃尔塔又另外以代理的形式投入 284 镑 9 先令 8 便士热那亚币，这使他有权像以往那样获得利润的 3/4。剩下的 1/4 并 【51】
不归巴亚尔多个人，而是转到合作契约中。这样，代理契约中 7/8 的利润都归因戈·德沃尔塔，而仅有 1/8 归巴亚尔多。根据这些数据，这次生意的总投资数，代理与合作加起来，大约有 478 热那亚镑。

第三次生意也赢利不少，但没有第二次那般获利。巴亚尔多带回来的商品卖得 760 热那亚镑，因此总利润是 282 热那亚镑。这个数目在代理和合作契约中按照每个契约所投入的资本分配，因此代理契约获利 168 镑，而合作契约获利 114 镑。因此两个合伙人得到下列账单：

因戈·德沃尔塔	
7/8 代理利润	147 热那亚镑
1/2 合作利润	57
	204
安萨尔多·巴亚尔多	
1/8 代理利润	21
1/2 合作利润	57
	78

在大约 3 年内，起初一文不名的安萨尔多·巴亚尔多积累了 142 热那亚镑的资本（他的投资 64 镑加上最后一次生意所得 78 镑）。另一方面，因戈·德沃尔塔在相同时间内资本几乎翻了两番。

这个关于 12 世纪合伙关系的真实描述来自约翰抄写员档案中的三份文件。它们被认为是中世纪商业记账的最早事例。虽然不够完善，但它们证明合伙关系的协议使商人必须记账，不仅记支出和收入，而且记决定赢利或亏损的任何因素。

在威尼斯、比萨、阿马尔菲、马赛和整个地中海地区，代理契约和合作契约尽管有不同的名称，但也像热那亚一样普遍。事实上，威尼斯最早的合作契约出现在 1073 年 8 月，一个叫塞瓦斯托·奥雷菲切（Sevasto Orefice）
【52】的留守商要求旅行商带货物到希腊的底比斯，获得尽可能高额的回报。利润由合伙人均分，无丝毫的诈骗和欺瞒。如果生意因为海上的灾难或遇到敌人偷袭而导致完全亏损，任何一方都不能向另一方提出索赔要求。如果所投入资本意外收回，每一方都按照他投资的比例分配。因此，很明显利润平分，但损失由留守商承担 2/3，旅行商承担 1/3。

代理契约与合作契约的好处之一是投资商只付有限责任：他们可能损失最初投资，但仅此而已，然而在普通的合伙关系中，合伙人要付连带责任。另外一个好处是每个投资人都能够通过同几个旅行商签订代理契约而不是把钱全部投在某一个生意上而简单地减少风险。代理契约与合作契约的另一个特点是他们可以向任何人投资，并通常在每次航行结束后终止合作关系。它因此而产生的灵活性便是这两种契约适合 12、13 世纪的条件的原因，特别是海外贸易。这两种契约持续了一段时间，直到更加复杂的商业组织形式普遍被接受时才逐渐消失。代理契约在 17、18 世纪仍被法学家所讨论，尽管这只意味着法学家的保守，而不是这种契约的广泛使用。

继代理契约与合作契约之后，海洋贷款成为较为普遍的一种资助海外冒险活动的方式。它不同于直接贷款，只有在船只安全到达或航行成功完成后才可能偿付。由于大海灾难或战舰抢劫而损失的风险因此被从借方转移到贷方身上。在保险出现之前，在某种程度上，海洋贷款起到了同样的保护商人免受因船只失事或海盗劫掠而造成损失的作用。在任何情形下，如果遇到不幸，他会避免承担进一步的责任，否则那些责任会使他破产。海洋贷款的惟一麻烦在于为了得到保护，商人必须借高利率贷款，不管他是否需要额外资金。在 12 世纪，从意大利或君士坦丁堡到亚历山大城或叙利亚的航行贷款利率高达 40% 或 50% 是很普遍的。因此一位住在君士坦丁堡名叫罗马诺·马伊拉诺的威尼斯商人在 1167 年借了 88 铂佩（perper）并许诺在他前往埃及航行返回后 20 天连本带息偿还 129 铂佩。这使所投资金增加了 45% 还
【53】多，当然，增加的这部分并非纯粹的利息，还包括高额风险保险费。然而，如此高的收费耗尽了商人的大部分贸易利润。

海洋贷款和代理契约不同的是投资方承担海洋风险，但与借方没有合伙人关系，不与他一起承担生意风险。如果船只或货物安全抵达目的地，债务

便要完全归还，不管借方是否挣到足够的钱支付贷款费用。

海洋贷款至少有三种不同的类型。它们有不同的英语称谓，但在法文或意大利文中却都一样，因此引起很多混乱。所有这三种类型都出现在很早以前的热那亚文书中。第一类是普通海洋贷款。它是要以借方的财产抵押为偿还贷款的保证。如 1155 年 9 月 5 日签订的一个此类协议中，借方将他们所有的财产作为抵押以获得从热那亚到突尼斯的往返航行中利息为 25% 的一笔海洋贷款。这类贷款出现得比其他两类都早。它常常出现在约翰抄写员的档案中，但它很快让位给另外一种在英国称为责任贷款的贷款。在这样的海洋贷款中，尽管船只失事，但若货物安全则必须连本带息支付贷款。1190 年 8 月 17 日的一份契约便属于此类。根据它的条款，如果船只或货物的主要部分从前往撒丁岛的航行平安返回的话，得到 10 热那亚镑贷款的借方有责任向投资人支付相同数目的钱再加 10 石大麦。这一新条款的出现说明条约的拟订被日益改进，添加安全条款以防止借方利用任何借口逃避义务。

第三类海洋贷款是以船舶作抵押的贷款。这类贷款通常是为了装备船只或支付在国外港口的紧急修理费用，便用船体、索具和船具作抵押以获得贷款。有时在航行结束时借方也会拿货物作抵押。在热那亚，以船舶作抵押的贷款也可以以船只的份额做抵押，例如 1213 年 4 月 6 日的一份契约中，借方以他所有的财产作抵押，而且特别拿出了他在一个人手、索具齐全的船只公司中的 4 份份额。另外，他还抵押了根据他的 4 份份额分配的货物赢利。依照惯例，契约是否履行要取决于航程的运气如何。尽管这份契约只涉及从热那亚到撒丁区往返的短程旅行，但利息高达 30%，因为许诺归还 26 热那
亚镑的借方显然得到的贷款不超过 20 镑。这份契约的确并未明确说明实际 【54】
借贷的数目，但文书起先写出来然后又划掉，代之以含糊不清的几个词 tantum de tuis denariis，为什么？也许因为贷方是个神职人员。在同一天签订的另外一个类似契约涉及同一位借款人、同一条船，却公开写明一位世俗民给他贷款的具体数目，这位世俗民拥有的船只份额是 18 而不是 4。无论如何，这个例子首先证明商人船只份额的拥有权极为分散，并不仅仅局限于同船运或商业联系密切的阶级。其次，它似乎表明甚至在教会禁止贷款令颁布之前，海洋贷款就被认为是一种道德含糊的契约。

尽管海洋贷款自从远古起就开始被使用，热那亚的文书记录却表明 1250 年后它突然失去了普遍性，被另一种契约——海洋兑换偿付契约（cambium maritimum）所代替。海洋贷款的没落无疑是由于教会禁令的影响，1236 年教皇格列高利九世正式谴责海洋贷款及类似契约带有高利贷性

质，尽管贷方承担了在直接贷款中不会出现的风险[1]。因此相信高利贷禁令对商业运作没有影响是错误的。事实上，它极大地影响了银行业的发展，因为对着折扣皱眉头的神学家们并不反对汇兑。海洋贷款的没落是另一个相同的事例。既然任何形式的贷款都会引起教会权威们的怀疑，商人们自然更愿意从海洋贷款转向海洋兑换偿付契约。

这两种契约的不同之处在于海洋兑换偿付契约涉及用另一种货币而不是同一种货币偿还贷款。当然，在这两种情况下，如果船只或商品未能安全抵达目的地，借方都不负任何责任。然而，在海洋兑换契约中，贷方的所得不是在本金的增长比例上表现出来，而是被聪明地隐藏在兑换率中。热那亚文书约翰抄写员记录的1157年7月19日的一份契约为此提供了确凿证据。在这份契约中，一位前往君士坦丁堡的商人承认借得100热那亚镑，并许诺如果船只安全抵埠以每镑3铂佩的比率偿还相同数目的钱。但是，如果这笔钱不能在君士坦丁堡偿付，借方则必须在他的船从黎凡特安全返回的一月后支付300铂佩，每珀佩9先令6便士热那亚镑。换句话说，在航海前往君士坦
【55】丁堡之前借得100热那亚镑的借方必须要么在目的地给贷方300铂佩，要么在往返旅行完成后给他142热那亚镑10先令。换而言之，以每铂佩6先令8便士的比率借出300铂佩的贷方可望以9先令6便士的比率得到偿还，挣得差价，即每铂佩2先令10便士，其前提是航行成功完成。这些数字说明了精确到42.5%的贷款利润。这个比率可能看上去有些高，但正如前面说过的，这对于当时前往黎凡特的长途航行是很正常的。在从热那亚到西西里的短得多的航程中，25%的利润回报也并非不常见。在约翰抄写员的档案中出现的这个以及类似的契约证明，教会禁令颁布很久以前海洋兑换偿付契约就为人所知了，因此它的产生并不是因为禁令，而且逃避对高利贷的禁令也并不是它要达到的惟一目的。

在13世纪，契约变得更为精细复杂。通常，借方拿用贷款购买的货物作为抵押，并在船上的档案中将货物记在贷方名下。作为惯例，契约也规定只有船只或大多数货物安全到达才能偿还贷款。这个条款对贷方提供了更好的保护，因为偶尔也会出现船只在入港时搁浅，但在船体被汹涌而来的波浪打破之前货物已被救出的情况。那么，船体受损就不能被货物的主人用来作拒付贷款的理由。1250年之后，当热那亚文书起草涉及海洋兑换偿付契约时会谨慎地明确说明这份协议是 nomine venditionis 还是 nomine cambii，无疑

① 参看《教规集萃》，X，V，19，19。海洋禁令的真实性是毋庸置疑的。

是害怕不这样做它可能在法庭上被作为高利贷贷款而被宣布无效。

除了海洋兑换偿付契约，还有另外一种被现代的法学家称为半汇兑偿付（Cambium quasi nauticum）的契约。例如，根据1215年11月17日的一则契约，一位商人在热那亚以当地货币借了一笔未说明具体数目的钱，以他发往香巴尼的货物作为抵押。在即将举行的拉格尼集市上以普罗旺斯钱偿付，条件是商品的风险由贷方承担。换句话说，如果货物被偷或出于某种原因未能到达目的地，债务就被解除。也许契约的履行由是否发生不测来决定，因为商品被托付给了第三方——可能是由贷方挑选的——而不是像往常那样由他们的主人携带。

1300年后才出现保险，但13世纪的商人在努力寻找一个解决风险的方法，便尝试能够提供保护的各种类型的契约。海洋贷款的作用就与此有关，前面已经提过。另一种契约是所谓的保险贷款，船主向运货商预付一笔钱，【56】同时明确只有货物安全抵达目的地，货商才会偿付预付金以及运费。这笔预付金并不能包括所有费用，因为它们很少超过货物价值的25%或30%。

我们知道的最早的保险贷款例子出现在1287年巴勒莫一位文书起草的契据中。后来，这种契约也出现在比萨（1317年）。它出现得如此之晚的原因在于到那时为止的惯例是商人随货物同船航行，而保险贷款通常给予那些不遵从惯例随船而待在岸上的商人。

模拟销售也被用来转移风险。例如帕莱奥洛格斯·扎卡里亚以他和他父亲贝内代托的名义签订了一份令人费解的契约。贝内代托是热那亚著名的商船队长、殖民地开拓者及士麦那[①]附近的福西亚的矾矿主[②]。根据这份签订于1298年10月29日的契约，帕莱奥洛格斯以3 000热那亚镑的价格卖出了650坎塔[③]矾，这些矾他已经在艾格莫尔特[④]准备用他自己的大木船运往布鲁日。然而，卖方又表示愿意在布鲁日以3 360里特的价格再次购买这批货物，但他不需要支付这笔钱，只是作为贷款直到木船返回热那亚，保证用矾所挣得的利润购买回程货物。海洋上的风险被贷方承担，若木船安全抵达热那亚，贷方有权每图尔苏得到13先令5便士，或3 780热那亚镑。但是，一条修正款将契约的有效期限制到1299年11月1日，过了这个日期贷方则不再付有任何责任。也就是说，债务的偿还不得晚于1299年11月1日，不

① 即土耳其。——译者注
② 参看《剑桥经济史》第二卷，第336页。
③ 伊斯兰国家使用的一种计量单位，约相当于100~700镑。——译者注
④ 法国一个城镇。——译者注

管到那时木船是否仍在航行当中。简要来说，帕莱奥洛格斯借了3 000 热那亚镑并许诺在一年内或更短的时间内，他的木船安全从到布鲁日的往返航行中回来的话，偿还贷方3 780 镑。因此贷款利率达26%，其中不仅包括利息，还包括风险保险。如果这个数字具有代表性，那么到13世纪末贷款利息率已有大幅度下降。

这项协议令人费解地掺杂了两种不同契约。为什么想要筹集资金的帕莱奥洛格斯首先求助于模拟销售然后是海洋兑换偿付契约？看上去似乎他试图保护自己免受海洋上的危险的损失，以及矾价格降低的损失。为了达到这个目的而使用如此复杂的手段，部分是因为文书使用的记录范式的僵硬，部分
【57】是因为要躲避高利贷禁令必须使用神学家们能够接受的法律形式。中世纪的思想都是以法律为准则，博士们——神学家、法学家还有公民——都夸张强调了签订契约的法律模式的重要性。

为了分散风险——总是同一个问题——船只的拥有权在热那亚和威尼斯都通常被分为几份。甚至还有船只归一些人所有、归另一些人经营的情况。拥有一条船的份额与拥有另一条船的份额并不矛盾。对于份额（loco navis）一词的含义人们众说纷纭。但它似乎指的是经营公司的份额而不是拥有船只的份额。根据一个合理的假设，份额代表某种容纳量，因此份额的数量与船只的吨位和船员的多少有关。文献资料显示，至少在一些情况下，有多少水手就有多少份额。显然，船只可以由所有人群体联合经营，也可以由单个份额持有人单独经营。在第一种情形下，一个为所有人群体服务的经理负责雇佣船员、寻找货源，为所有人群体的共同利益负责经营船只。在第二种情形下，单个份额的持有人都必须亲自做水手或自己出钱雇人替代他的位置。另一方面，他可以自由转让分配给他的货物空间，或者自己用，或者出租给其他商人。当然，一些共有的费用是必不可少的。一则，经营人必须雇佣一位船长来管理船只，从共同经费中支付他的工资。法令和文书契约对中世纪航运的内部结构并未作太多说明。另外，到目前为止，历史学家们对法律的兴趣要大于对商业程序的兴趣。除非得到某个船只的账目，对它们作研究才可以解决所有那些争议颇多的难题。

无论如何，在地中海航运中，如此普遍的份额体系使人们有机会尝试合作管理，起初是小规模的，后来规模越来越大。这一尝试对未来的经济发展有着重要影响。难道第一批合作股份公司不是出现在海外贸易领域？它们的确是由荷兰人和英国人建立起来的，但它们的提倡者当然熟悉意大利人在合

作产业的投资和管理方面的先例，例如开俄斯和休达[①]的莫纳（maone）。热那亚的帕拉维奇尼难道不是弗吉尼亚公司的股东之一吗？托马斯·芒难道不是在利伏诺和比萨居住了许多年才返回伦敦成为东印度公司的首批经理之一？另外，我们不能忽略这样的事实，即使在东印度贸易中，最初也并未建 【58】 立一个永久的公司。最初的航行由几个单独的生意组成，很像热那亚和威尼斯航运业开拓阶段的暂时合伙关系。

2

显然，中世纪航海业和现代航海业的区别之一是：在中世纪，航行的主要管理权在商人手中，而在现代，这一权利是在船主手中[②]。契约表明搭乘某船的商人有权在航行前任命一个委员会检查船只，报告船的适航性与装备状况。在航行中，这些商人被安置在最好的房间内：船长室下面的后舱。因为旅行者常常吵闹而麻烦，没有商人的许可任何人不得搭乘。根据海洋法，舵手还必须根据船上商人们的投票表决改变行程路线或决定造访口岸。当为了船只的安全必须丢弃一些货物时，甚至也要取得这些商人的同意，尽管在极其危险的情况下，船长可以在同舵手和三个水手协商过后置他们的反对而不顾。

文书是除船长之外的最重要的船员。到13世纪，木船或大的商船的管理工作需要非常多的文字工作和记账，以至于巴塞罗那和威尼斯规定必须雇佣两名文书，但在热那亚，人们认为一名文书就足够了。文书宣誓就职，而且他的记录和公证契约有同样的价值。他的主要职责之一便是将船上的货物一件件的记下来，就像现代的载货单。商人们甚至被要求向文书汇报他们在腰带和包裹里携带的金钱数量。文书还记录装卸的货物、保留船员花名册、计算运费，总之，他做所有的抄写工作，是不可缺少的生意助手。

鉴于海盗是航运的长期威胁，中世纪船只便靠船只护航或结伴同行来寻找保护。意大利公国试图通过与地中海沿岸国家签订友好贸易协议来增加海路的安全。这仅仅是第一步。通常接下来它们会要求贸易特权，尽可能获得比给予他们的竞争城市更多的优惠条件。在中世纪，保护主义还尚未产生，【59】 商业政策的目的在于得到特惠待遇及争取对贸易的控制权。

---

① 摩洛哥。——译者注

② E. H. 伯恩（E. H. Byrne）：《12、13世纪热那亚的航海活动》，剑桥出版社，1930年，第36页。

带着这个目的，意大利的沿海城市，特别是热那亚、比萨和威尼斯，为十字军的航海大开方便之门，作为交换，他们获得了宝贵的贸易特权或得到在巴勒斯坦和叙利亚建立“聚居区”的许可。在某些情况下，这种许可只包括几幢房屋或一条街道，但有时它们扩充为某个城市的整个一个区。就像东方的租界和近代奥特曼帝国的贸易特权条约，在黎凡特的意大利聚居区享受着超地域的权利。他们由祖国派来的官员管理，这些起初被称为子爵后来被称为领事的官员的职责当然比今天的领事官员的职责广泛得多。中世纪领事拥有行政权和司法权，有权对只涉及他们本国子民的争端作出裁决。有时，他们甚至有对罪犯的审判权，有权决定人的生死。作为惯例，领事有权监管去世的本国子民留下的任何财产。聚居区被允许有权拥有自己的土地、磨房、烤面包店、仓库、浴室和教堂。除了旅行商人的流动人口，意大利聚居区是由官员、工匠、中间商、商店主和当地商人组成的永久居住区。并非所有的居民都是拉丁人：外国租界享受的安全保障也吸引了黎凡特的犹太人、希腊人和叙利亚人。

在穆斯林地界，例如突尼斯和亚历山大城，情况有所不同，而且对外国商人较为不利。租界通常小到只是一个有围墙的房舍，意大利文叫 fondaco，阿拉伯语叫 funduk。它通常包括住所、一个仓库、一个烤炉、一个浴室、一个小教堂和一个墓地。夜间还要闭门，将居民锁在围墙内。这些预防措施无疑是令人恼火的，但它们在一个敌对环境中提供了保护，因为宗教狂热分子随时会发动暴乱。在突尼斯，有条约细致规定外国商人应交纳的关税，同当地商人的交易可以在海关内或海关外进行。在第一种情况下，海关官员负责监管贸易契约的履行。在亚历山大城，情况也是如此。热那亚人、比萨人、威尼斯人、卡特朗人、普罗旺斯人、法国人和拉古萨[①]人都有他们单独的居住区。就像在突尼斯，海关官员保证通过翻译或有许可证的中间人达成买卖。友好条约通常包含详细的条款，涉及进口税率并规定领事可以通过写
【60】信或口述的方式直接向苏丹诉冤。为了做到万无一失，甚至同意亚历山大城的领事一年有十次觐见苏丹的机会。条约中条款的详细程度表明当时人们对生意关系作出仔细规定，以便尽可能预防产生任何冲突或争端，万一激怒暴虐的埃及苏丹，便会给每一位西方人带来可怕的后果。

在中世纪早期，阿马尔菲和威尼斯至少名义上从属于希腊国王，因此来自这两个意大利城市的商人在君士坦丁堡或拜占庭帝国任何地方从事贸易都

① 意大利的一个城镇。——译者注

不需要特权。950 年左右威尼斯赢得独立以及 1076 年阿尔马菲被西西里的诺曼国王罗伯特·吉斯卡尔征服之后，这一优势也就不复存在。然而，吉斯卡尔入侵阿尔巴尼亚，使希腊国王亚历克修斯·科姆诺斯为了寻求威尼斯人的支持于 1082 年颁布了对威尼斯人有利的金牛法，完全免除他们的关税并允许他们在首都拥有自己的住所。1082 年的许可在 1147 年得到更新，并被扩及到克里特岛和塞浦路斯岛。比萨人直到 1111 年才得到同样的特权，而热那亚人更是等到了 1155 年。但是他们从希腊国王手中争取到的特权比威尼斯人要少，关税只是从 10% 降低到了 4%，而不是完全免除。无论如何，拉丁人获得的过多贸易特权使他们有很强的竞争力，使他们能够控制希腊的贸易并从经济上剥削拜占庭王国[①]。他们不可一世的态度和垄断的做法必定使希腊人产生不满乃至敌意。

国王们也意识到经济渗透和外族干涉政治所带来的危险。1147 年之后，曼纽尔·科姆诺斯逐渐从开放政策变为排外主义。起初，他要求永久居住的威尼斯居民发誓效忠于他并且成为外籍居民。1171 年 3 月 12 日，这位国王下令逮捕了君士坦丁堡所有的威尼斯人；很多人在冲突中被杀死，另一些人则乘坐同乡罗马诺·马伊拉诺的船从海上逃脱，因而没有被前来追赶的希腊舰队捕获。尽管 1175 年双方重修旧好，但这次事件成为一连串事件的导火索，而它们又导致了第四次十字军东征和威尼斯人的庇护所——拉丁帝国的建立（1204 年）。这一切结束于 1261 年，但在希腊威尼斯人的有利地位被热那亚人所代替，热那亚人被完全免除关税。不久，希腊国王采取了让这两 【61】
个对手互相竞争的政策，但是没有成功：他的政策并未阻止这两方以希腊人为代价达成 modus vivendi，也并未阻止他们将爱琴海划分为若干个势力范围。威尼斯人控制了他们自 1204 年便占有的干地亚、内格罗邦德，但热那亚人马努尔（Manuele）和贝内代托·扎卡西亚（Benedetto Zaccaria）在 1264 年设法购买了福西亚的矾矿，并在 1304 年占有了希俄斯。1329 年，希腊人赢得了对这个岛的控制权，但好景不长，他们于 1346 年再度失去了它，而且这次是永远地输给了热那亚派来收回在爱琴海上的疆域的舰队。由于它的主要资源和战略要地都被掌握在外国人手中，希腊帝国衰落到无法抵抗土耳其的攻击。拜占庭王朝的灭亡是理所当然的，也许它延续了这么长时间也是个奇迹。

最初，君士坦丁堡的所有拉丁人居住区都位于城内，沿着金角海岸各占

---

① 参看《剑桥经济史》，第二卷，第 99、311 页。

一隅。直到 1267 年迈克尔·帕拉洛格斯（Michael Palaeologus）建议将热那亚人的居住地转移到金角海岸另一边的佩拉或加拉托。一来，这一转移消除了邻近街区的拉丁人之间的争夺；二来，它结束了一大群外国人住在城内、靠近皇宫的令人不安的情形。

1267 年后，热那亚聚居区由被称为波德斯塔（podestà）的官员统领，威尼斯聚居区的最高长官被称为行政官（bailus），比萨人的则以领事（consul）为首。这些官员并不是由当地居民选举出来的，而是由国内政府任命的。就像叙利亚和巴勒斯坦的领事，他们同时身兼总督、法官、外交代理人数职。处理好他们的臣民和希腊政府之间可能出现的难题是他们的职责。然而，他们无权签订友好和约，任何重要谈判都是由特别的外交使团来完成的。热那亚的波德斯塔在佩拉建有法庭，由一些职员、警官和公证人辅佐他执行公务。根据 1304 年的法令，在一些情况下他会采纳由 24 人组成的大委员会，或 6 人组成的小委员会的意见。据说没有这个委员会的同意他甚至不能罢免一位翻译。最重要的行政部门之一是商业处，它的艰巨职责便是与希腊海关联合调查欺诈行为，其目的在于防止有货物假充是热那亚财物而逃避关税。以这种方式欺诈海关的商人会受到希腊权力部门和热那亚权力部门的
【62】严重处罚。佩拉的波德斯塔拥有的审判权不仅包括当地聚居区，还包括在拜占庭王国的所有的热那亚人居住区，甚至还包括特拉布宗（土耳其）和克里米亚两地。尽管官员的名称不尽相同，但威尼斯和比萨的聚居机构和热那亚的有很多相似之处。

也许关于热那亚在顿河河口的克里米亚和塔纳的卡发聚居区还有一点要提一下，那就是中世纪的奴隶市场，一种基督徒商人在其中起重要作用的贸易。热那亚的卡发聚居区是在 1266 年前后建立的，在此之前，宁弗姆（Nymphaeum）条约（1261 年）签订后允许热那亚人自由出入博斯弗罗斯和黑海。其组织和其他聚居区的组织基本相同。在黑海地区，情况更为原始，硬币才刚刚被引进使用。在塔纳，银块甚至是主要的付款方式，东方贸易依旧是以布匹和亚麻交换鱼、鱼子酱或奴隶为基础。

50 年前所写的经济史书只关注商业条约、贸易特权和聚居区的建立，很少或几乎没有注意过商业组织本身。这种方法过于片面。然而，不容忽视的是这些协议和机构提供了一个进行有秩序的商业活动的氛围，防止了骚扰、没收或逮捕的发生。意大利沿海城市认为对现存条约的严重侵犯是发动战争的理由，如果不能得到迅速的补偿他们会毫不犹豫诉诸武力。聚居区的重要性还表现在另一个方面：它们通常是意大利人或至少是南欧商人接触因

宗教、政治、语言和其他障碍而疏远的另一世界的前沿。因此，例如在亚历山大城，他们可以遇见从印度带来香料的阿拉伯人。在叙利亚的聚居区也起到同样的作用。突尼斯是越过撒哈拉沙漠从神秘的帕劳拉带来黄金的商旅队的终点站。至于卡发和塔纳，他们是意大利人和俄国人做生意以及从骑骆驼的蒙古人手中购买中国丝绸的地方。尽管佩格洛蒂（Pegolotti）声称穿过亚洲无际的大草原到达中国的道路白天与晚上都非常安全，但相信他的话的人一定非常少，大多数意大利人宁愿在卡发或塔纳做交易，而不愿模仿马可·波罗去冒无谓的风险。在他们的聚居区，意大利商人找到了与陌生人做交易所需要的一切：在当地关税方面给予他们建议的当地朋友，签订契约的翻译和中间商，监督行为的公证人和解决争端的可靠法官。他们为什么还要在外面冒险？显然他们不愿冒险，更喜欢在有组织的市场内交易，他们大多数人就正是这样做的。【63】

君士坦丁堡不像其他的聚居区那样是地中海盆地边缘的边远基地，它是位于希腊帝国最具有战略意义的贸易和集散中心。它不仅仅是一个停泊港，而且是12、13世纪许多意大利旅行商人的生意基地。自从意大利商人失去对希腊运输业的控制权之后，他们便把大本营建在了君士坦丁堡，而不是意大利。从君士坦丁堡他们组织向内陆（进入巴尔干或小亚细亚）或者向海外（去北海、爱琴海诸岛或甚至到非洲北海岸）的商旅。

罗马诺·马伊拉诺（Romano Mairano）的事业为我们提供了一个很好的例子。正如我们看到的，1171年，当意大利人的聚居区遭到希腊人的突袭时，许多意大利人就是搭乘他的船只逃走的。从1155年到1169年，马伊拉诺似乎一直住在君士坦丁堡，在那里他拥有一所房屋，最初他正是从那里旅行到不远的士麦那[①]和马其顿及塞萨利[②]的港口。这些活动显然都很成功，马伊拉诺利用赢得的利润扩大生意，1162年后，他将航行扩大到阿卡和亚历山大城。记录显示，在1167年他组织了一次商旅，驾驶他自己的两艘船从君士坦丁堡到锡特罗（在萨洛尼卡附近）和亚历山大城，他担当了其中一条船的船长，而将另一条船托付给威尼斯人巴尔托洛梅奥·祖利安（Bartolomeo Zulian）掌管。这趟生意的投资部分来自于总数近900铂佩的八份海洋贷款。从名字来判断，这些出资人都是意大利人而不是希腊人，只有一人除外。记录还显示他们中至少四位的出资总数达488铂佩，而且还随船前

① 土耳其一城镇。——译者注
② 希腊一城镇。——译者注

往，并在到达亚历山大城之后（1167 年 11 月）连本带息被偿付。而其他人在船只成功返航后于 1168 年 2 月和 3 月收到他们的投资所得。

显然，马伊拉诺既是一个商人，也是一个船主，而且在装在他两艘船上的货物有一份投资。在亚历山大城时，他和一个叫多梅尼科·贾科贝（Domenico Giacobbe）的人签订了合资契约，根据这个契约，他投两份 sort，价值 18 铂佩 7 艾布（albos）在祖利安掌管的船上，而他的合伙人只出一份 sort，即他所投数目的一半或 9 铂佩 3.5 艾布。贾科贝显然随那条船一同前往，因为要指望他在阿尔米罗（在帖撒利亚区沃洛附近）用这三份 sort 做生意并在返回君士坦丁堡 15 天后向马伊拉诺交账。按照惯例，利润在两个
【64】合伙人之间平分，而损失则根据双方的投资比例分配。从这个文本来看，似乎 sort 一词指的是货物，或更确切地说，是指存放在一定空间内的货物。从保存下来的记录来看，罗马诺·马伊拉诺偏爱海洋贷款，但他并没有完全依赖于这种筹资方式。除了合资契约，他还利用了海洋兑换偿付契约。例如，1167 年 2 月，他在君士坦丁堡借了 100 拜占庭铂佩，并允诺在阿卡归还 134 撒拉森铂佩。

在 1169 年，阔别几年之后，罗马诺·马伊拉诺返回威尼斯，并借此机会同格拉多主教签订协议，由他经营主教在君士坦丁堡的所有收益，给他的年金是 500 镑维洛纳货币。合同期原定为 6 年，但在几个月后就失去了效用，因为在 1171 年 3 月 12 日威尼斯人或者被杀或者被驱逐出了君士坦丁堡。正如我们所看到的，马伊拉诺设法驾船逃出，甚至还搭救了很多同乡的性命。然而，他损失惨重，如果说他后来从这个打击中恢复过来的话，那也经历了好几年时间。

回到威尼斯，马伊拉诺并未气馁，因为他很快就忙着组织新的生意。在 1173 年，他驾驶自己的船前往亚历山大城，带去的是木材，带回的是胡椒和矾。在当时，他的主要财政支持者是威尼斯总督的儿子。1177 年，马伊拉诺组织了从威尼斯到亚历山大城、再到布日伊[①]和休达[②]的贸易旅行，但这次生意却以失败告终。从 1179 年开始，他又继续到叙利亚、巴勒斯坦和埃及做生意。1184 年，他建造了一条新船。在这段时期，他采用一种新的契约方式筹集他所需要的资金，即在威尼斯预收钱，将大量坎塔的矾或胡椒航运到黎凡特。依照惯例，货物风险由买方承担。尽管在 1171 年事件之后

① 阿尔及利亚。——译者注
② 摩洛哥。——译者注

威尼斯人重新与拜占庭帝国建立了商业关系，但马伊拉诺却直到 1189 或 1190 年才在君士坦丁堡出现。直到那时我们发现有几份契约表明他在提尔（叙利亚）先收钱然后才航行到阿拜多斯和君士坦丁堡。尽管已是 60 岁高龄，他依旧亲自管理自己的船只，但他已准备从活跃的领导阶层中退出。1192 年后，他显然留在岸上，让儿子乔瓦尼打理他的生意。1200 年 5 月，这个儿子依旧在管理他父亲的商业事务，因为当时的一份契约上提到，是他结了一个涉及从威尼斯到亚历山大城的贸易航行的合资契约的账目。

1201 年罗马诺·马伊拉诺依旧健在，但经济似乎较为窘迫，因为他的一个侄子不得不借给他 50 威尼斯镑，不收利息。他的好运最终结束了吗？【65】他的某个生意以灾难告终并影响到他的儿子吗？无论如何，罗马诺·马伊拉诺一定是在 1201 年后不久就去世了，没有继承人，只有一个当修女的女儿。这个女儿所在的修道院继承了他所有的财产，包括一捆讲述他的创业史的商业文件。

3

12、13 世纪不仅经历了贸易和工业的极大增长，而且也目睹了银行业的发展。从大量的文献来看，银行业的发展很可能起源于拜占庭，甚至罗马和希腊也有过先例。问题是这些文献很少提及它们所说的银行业的本质。根据起始于 10 世纪的地方行政长官的文书记录，君士坦丁堡的银行家必然从事钱币兑换业务；不幸的是，这个记录只是模糊地提到他们的其他活动。

揭开这层面纱的第一批文件是 12 世纪热那亚的公证记录。根据记录记载，bancherius 这个名称专指钱币兑换者——无疑是因为他们坐在桌子（tabula）或储蓄箱（bancum）后面从事业务。到 1200 年——正如热那亚公证记录所显示的——这些所谓的银行家不再只局限于兑换钱币，而且已经涉入严格意义上的银行业领域。记录显示，他们同他人建立合作关系，接受定期和活期存款，给予顾客信贷，甚至直接参与海外贸易。然而，最有用的细节在 1200 年热那亚公证人古列尔莫·卡西内斯（Guglielmo Cassinese）为一桩法律诉讼案收集的一系列证词中。它们首先证明商人常拥有银行账户并用转账现金而不是货物来付款。银行家还常给予顾客信任，允许他们透支账户。最后，银行间的协议使在不同银行建有账户的借方和贷方能够互相转移资金。确切的程序在记录中却未被说明。无论如何，支票还未被使用，但转账命令由口头发出，在顾客的口授下由银行家记录下来。一直到 19 世纪前夕才破产的威尼斯银行就忠诚地遵从这种做生意方式，它的条规规定，如果不是存户亲自或由他的律师发出命令，簿记人不得在日志中登记任何转账业务。

公证记录显示，热那亚的钱币兑换者或银行家，偶然也会许诺在国外偿【66】还的赊借款项。但这种行为只是偶尔的例外，而不是惯例。13 世纪期间，在热那亚和马塞，同香巴尼集市的兑换业务主要掌握在锡耶那人和普拉森蒂人的商业公司手中。他们使用了一种叫做异地兑换偿付（instrumentum ex causa cambii）的手段，即得到当地货币钱款的借方许诺在另一个地方、以另一种货币偿还贷款。从定义来看，这样的一个汇兑契约自然涉及信贷和兑换。异地兑换偿付无疑是汇票的原型，正如这个名称所指出的，它原本就是为了完成一个汇兑契约。根据情况，商业和银行公司有时是外汇的卖方，有时又是在当地贷款而在国外获得平衡偿付的买方。

普通的汇兑契约和海洋汇兑契约不同，它的偿付是无条件的，已不再以船只或主要货物的安全抵达为前提了。1253 年 3 月 26 日的一份契约提供了一个很好的例子。根据这份契约，锡耶那的邦西尼奥里公司的热那亚代理罗菲莱德·布拉曼佐尼（Roffredo Bramanzoni）承认，一位来自迪克斯迈德的佛兰芒商人借给他 390 热那亚镑，他和合作伙伴必须在复活节后的 15 天内或 1253 年 5 月 5 日在伦敦每斯特林偿付 100 马克 13 先令 4 便士。根据这些数字，斯特林镑和热那亚货币的汇率是 5 镑 17 先令。因为邦西尼奥里公司是一家实力雄厚的银行，这个契约的主要目的很可能是将资金从热那亚转移到伦敦，或者是从热那亚借道伦敦转往佛兰德斯。无论如何这个事例说明这个银行设在伦敦的分部经营的是相当于汇票的业务。

1200 年以前，我们在热那亚人的公证记录里就曾见过确凿的“干汇兑”的事例，这是一种虚假的汇兑合同，目的在于遮掩贷款利息。因此，在 1188 年 4 月 9 日签署的一份契约上，两位法国人承认接受过银行家贝尔特拉梅·贝尔塔德（Beltrame Bertaldo）的一笔数目不祥的热那亚货币，并许诺在即将举行的普罗万 5 月的集市上偿付 4 镑法国货币，但附带条件是如果这笔钱在香巴尼未被偿还，则会在组织商队前往香巴尼集市的商人返回后在热那亚偿付[①]。在后一种情况下，4 镑普罗万的德涅尔币（denier）[②] 以每

---

① 这份契约的英文译本可在下书中找到：罗伯茨 S. 洛佩兹（Roberts S. Lopez）和欧文·W·雷蒙德（Irving W. Raymond）主编：《地中海世界的中世纪贸易》（文明系列丛书，第 52 册。纽约：哥伦比亚大学出版社，1955 年），第 166 页。

② 旧时在法国及西欧流行的一种小银币。——译者注

苏[①] 16 热那亚便士的比率被兑换成热那亚货币。也就是说，要偿付的数目是 5 镑 6 先令 8 便士热那亚币。可以推断从一开始，签约双方就有意利用附【67】加条件在热那亚而不是香巴尼偿还贷款。另外，提前决定兑换率完全消除了投机风险，因此使这个契约完全成为一个直接贷款，要求借方最终偿付 5 镑 6 先令 8 便士热那亚币。

在 13 世纪，香巴尼既是各种商品的集散地，又是大的国际货币市场和清算中心。汇率常常是以一苏或 12 普罗万德涅尔币或数目不同的外国货币为基础报价。这种报价方式既适用于集市和热那亚，也适用于同香巴尼集市有固定关系的所有意大利城镇中心，就像今天的汇率也是以英镑为基础在伦敦和整个欧洲大陆确定一样。利率的上升对集市有利而对其他地方不利，反之亦然。按照中世纪惯例，利息被包括在外国货币的价格当中。

同热那亚存留的大量公证记录相比，涉及地中海其他港口的资料来源就较为稀少。在威尼斯，只有几百份公证契约似乎没有被销毁，尽管它们中最古老的日期比热那亚的还早。马塞保存下来的记录也不是太多；它们包括公证人吉劳德·阿马尔里克（Giraud Amalric）的登记册（1248）及涉及两个重要商人——艾蒂安·曼杜尔（Etienne Manduel）及其儿子让（Jean）的一系列契约，他们因为密谋推翻普罗万公爵而于 1264 年被处死。阿马尔菲、巴塞罗纳、卡发、卢卡、巴勒莫、佩拉、比萨、拉古萨以及扎拉还留有一些公证契约。其中最重要的比萨档案大部分还未被研究，巴塞罗那也是如此。不管怎样，得到的资料清楚地表明商业习俗在整个地中海地区几乎都是一样的。

尽管商人们已经学会识文断字，但公证人仍旧扮演着重要的角色；他被要求不仅起草证书和证明，而且要准备各种商业契约。他最繁忙的时候便是出航日期到来的时候。因此马塞公证人吉劳德·阿马尔里克在 1248 年 3 月 30 日这一天起草了不下 57 份契约。其中 55 份是代理契约：30 份是有关圣—埃斯普里特号船前往叙利亚，11 份有关圣—吉尔斯号船前往西西里。即将出海的圣—埃斯普里特号船还签有两份合作契约。第二天，3 月 31 日，阿马尔里克稍微轻松，但还是拟定了 40 份契约，包括对于第二天正式起航【68】的圣—埃斯普里特船的 17 份代理契约，对随时准备离港的圣—吉尔斯船的 10 份代理契约。

尽管公证费用低廉，但在每一宗商业交易时都使用公证人既不方便又耗时间。随着生意量的增加，商人们越来越感到其中的不便，商人开始逐渐承

① 法国旧时货币。——译者注

认非正式文件的有效性。然而，要改变做生意的定式并非易事，地中海海港尤其以保守著称。很长一段时间后公证人才被摒弃，除非绝对需要他来证实契约的法律有效性，例如行使律师的权力或处理汇票拒付证书。在热那亚，甚至到了15世纪保险契约仍需要公证人的参与，尽管这在比萨和佛罗伦萨已不再适用，那里由中间商制作出保单在有可能的保险业者中间分发，直到他们收集到足够的定单来支付保险费。热那亚在用非正式汇票替代公证文书方面也比佛罗伦萨慢得多。

12、13世纪时商人通常随同货物出行，不管是在海上还是在陆地。1250年左右这种做法有所变化。然而，晚至1287年的一份契约清楚地说明巴勒莫的一位商人就一批咸肉货物同他人签了一份代理契约，希望在热那亚出售这批咸肉的他意欲亲自前往，同托付给他的货物乘同一条船出航。在海洋贷款中，借方宣布他已准备乘某条船只出航，以及如果载他和货物的船只安全抵达港口便偿还贷款的情况屡见不鲜。

作为惯例，每一次航行都被认为是一次独立生意。尽管延续几年的定期合作关系并非不存在，但在海外贸易中较为少见，而是更常出现在当地的零售和制造业中。有时一个合作人提供所有资金而另一个合作人只提供劳务，例如1156年7月6日在热那亚签订的一份合作关系契约，是在一个叫伯纳多·鲍西罗（Bernardo Porcello）的业主和一个叫佩韦雷·兰弗兰科（Pevere Lanfranco）的资本家之间签订的。兰弗兰科不仅提供了50热那亚镑的资金，而且给对方提供了一块地皮做生意。根据契约条款规定，协议要持续5年，利润按管理方1/3、投资方2/3的比例分配。不幸的是，这份契约没有说明这个生意的性质。

【69】 在1160年威尼斯的一份合作契约也发现了同样的条款。根据它的条款，投资商彼得罗·梅莫（Pietro Memo）和恩里科·塞尔兹（Enrico Serzi）建立合作关系，并托付给他300威尼斯镑来开始某项生意。契约说明利润均分，而且管理方将使用投资方本人的地产作为生意场所，并且除了费拉拉地区的集市外，他不能去威尼斯以外的地方做生意。

尽管代理契约（commenda）和合作契约（societa maris）占优势，长期合作关系在对外贸易中也出现过，也许被历史学家们不适当地忽略了。在留存下来的12世纪的威尼斯契约中就有一些实例。在其中一份契约中，合作双方是住在君士坦丁堡的叔叔和住在底比斯（希腊）的外甥。他们通过向对方运送货物一起合作，所有利润平分，他们的合作关系以默契的方式延续了一年又一年。显然，它一直持续到1171年威尼斯人被逐出君士坦丁堡和拜占庭帝国时才突然结束。由这场灾难导致的损失，双方在1179年才进行最后的结算。

1300年之后，长期合作关系变得越来越普遍，甚至在海港也是如此。这并不意味着暂时的合作完全消失，因为它们非常适合中世纪贸易的冒险性，它们仍然兴盛，但在更加长久、稳定的关系框架之内。

2.3　14、15世纪的意大利霸权

在建立长期的商业联系方面，内陆城市（皮亚琴查、卢卡、锡耶纳以及后来的佛罗伦萨）而不是沿海城市（热那亚、比萨和威尼斯）占了上风。这个发展开始于13世纪早期。当时的皮亚琴查和锡耶纳公司不再设立流动的代理人，而是开始在热那亚、马塞、布鲁日、巴黎甚至遥远的英国保留或多或少永久的代理商。因此，前面提过与一张伦敦汇票的出售有关的罗福兰多·布拉曼佐尼（Roffredo Bramanzoni）似乎在1250年左右作为强大的邦西尼奥里公司的代理人定居于热那亚，他也是公司的合伙人之一。每当他履行职责时，他细心地说明他是以自己的名义和合伙人的名义签订契约。这个公司已经成为独立的法律实体。但邦西尼奥里在锡耶纳的公司并不是拥有常驻代理人的惟一公司；皮亚琴查的银行家也遵循同样的原则，公证记录显示他 【70】
们的代理人也积极地同香巴尼集市开展汇兑交易。适用于热那亚的方式对马塞也适用：在那里，皮亚琴查银行公司的当地代理人，特别是一位叫奥托·圭索拉（Otto Anguissola）的是主要的汇兑交易商。当然，他们并不将活动仅限于兑换业，他们还控制了从香巴尼进口布匹的业务，甚至投资于海外生意。正如先前一样，多样化经营仍旧是他们的经商原则。航行贸易的衰落并未导致进一步的专业化：相反，新的意大利公司更以多种经营以便在更大的范围内分散风险为经营宗旨。

在英国，意大利人代理银行的出现早在1220年就有记录。尽管法律和习俗不允许外国商人在王国内定居，但锡耶纳人和佛罗伦萨人从亨利三世处获得一次停留三年的许可。马修·帕里斯在他的编年史（1235～1259年）中为这些人像德高望重的公民那样居住在伦敦而感到震惊。作为明显的高利贷者，他们应该被驱逐，然而相反他们享有罗马教廷的保护并自称为教皇的汇兑商。马修·帕里斯将1229年作为他们首次出现的日期，尽管有证据显示从1224年开始，安全通行证和出口许可证就被颁发给佛罗伦萨人。不论确切日期到底是何年何月，可以确定的是1250年前意大利人就在英国站稳

了脚跟。

在佛兰德斯，意大利人直到将近1300年或更晚时才定居下来。到1322年时，给予威尼斯人的一项特权给他们40天出售货物的时间，这意味着他们尚未在那里建立永久聚居所。的确，威尼斯人就像热那亚人那般保守，并未完全吸收由图斯肯人和伦巴德人引进的新的商业机构形式。无论如何，后来的特权不再限制定居时间。另外，其他记录显示，意大利人不像汉萨人那样频繁地来来往往，而是在布鲁日连续呆上几年。在15世纪，梅迪奇（Medici）银行的当地经理托马索·波尔蒂纳里（Tommaso Portinari）在佛兰德斯几乎连续居住了40多年，除了偶尔去趟意大利。

到13世纪末，意大利商业和银行公司不再给香巴尼各个集市派遣特殊代表，而是在巴黎附近开办分公司。在1292年，巴黎平民税的税单上列出了20多家公司，包括锡耶纳的邦西尼奥里和萨林贝内（Salimbene）公司；皮亚琴查的布里尼（Burrini）、瓜达纳本恩（Guadagnabene）和斯科蒂（Scotti）公司；佛罗伦萨的弗兰切西（Francesi）、斯卡利（Scali）和弗雷斯科巴尔迪（Frescobaldi）公司；皮斯托亚的阿马纳蒂（Ammannati）公司，
[71] 以及十几个小公司。而且，意大利人的公司位居征税额最高的公司之列。交税最高的是皮亚琴查布里尼公司的代理干多尔福·阿尔切利（Gandolfo digli Arcelli），他很可能是腓力四世时巴黎最富有的人。伦巴德人总共支付所有税额的10%还多，尽管他们只占总纳税人口数目的1%多一点。因此他们的平均税额是巴黎当地市民的10倍。在后者之中，只有几个富裕的钱币兑换商和绸布商支付的税额超过小型意大利公司。

至于阿尔切利，毫无疑问他通常居住在巴黎，并于1300年死于巴黎，被埋葬在圣梅里教堂。显然他是皮亚琴查布里尼公司的主要合伙人。此公司的业务不仅包括贸易和汇兑，而且还借钱给从封建领主、高级教士到贫穷牧羊人的各个社会阶层。阿尔切利一如既往地在他的遗嘱中将他的高利贷所得归还给了社会。具有非凡的商业才能的他事实上是无人可替代的，他的公司在他去世后迅速衰败下去。

到1300年，意大利商业公司和银行公司在巴黎、布鲁日和伦敦建有分公司这个事实预示着香巴尼集市附近的商旅贸易的消亡。由于巴黎靠近香巴尼，居住在那里的合伙人或代理人能够轻易地前往集市，不再需要定期派遣商队了。另外，因为道路也更为安全，商人或他们的仆人不必再随同货物前往，而只需托付给马车夫，他们虽被这样称呼，但实际上并不使用马车，而是赶着驮畜上路。人们对他们在中世纪贸易中的作用所知甚少，但偶尔的零

星文件表明他们的重要性确定无疑。

1219 年的一份比萨文件就已经提到过图斯肯马车夫的地区联盟。1200 年的一份契约的签约双方是运货人和几个皮亚查琴商人，内容是将人员和货物从热那亚安全运送到博比奥——一个前往皮亚琴查的路上的小镇。这些文件显示，马车夫在意大利城市间奔波，但并不从事长途或跨越阿尔卑斯山的货物运输。在这方面，他们直到 1250 年左右才在热那亚和马塞的公证记录中出现。然而，这并非是一个非常新近的发展，因为他们的服务已经被意大利人和其他商人广泛使用。

在马塞，大多数马车夫来自多菲内，靠驮畜或马车运送货物离开或前往
香巴尼集市。在签订于 1248 年 7 月 12 日的一份典型契约中，一位马车夫承 【72】
认他从皮亚琴查商人里纳尔多·布拉切弗特（Rinaldo Bracciaforte）和拉涅罗·马拉诺（Raniero Malano）那里收到两大包胡椒，要以维也纳货币 7 镑的价格将它们交给在特鲁瓦的合伙人。协议进一步说明提到的货包要用驮畜（而不是马车）运送，而且马车夫要细心照顾货物，因为这是脚夫对商人负有的义务。在同一年的另一份契约中，马车夫允诺不解开或打开货包，除非有紧急情况发生。热那亚的契约中也出现过同样的条款。有时契约还明白规定货物是经过普罗旺斯还是莫列纳河谷运往香巴尼。运货人在热那亚和罗马之间以及热那亚和佛罗伦萨之间靠骡队运货。他们最好的顾客有皮亚查琴和锡耶纳的银行商。其中一个——乔瓦尼·帕纳戈（Giovanni Pagano）在一份公证文书中召唤皮亚查琴领事和几个商人来见证脚夫带来的两包布匹数量不够这个事实。然而，这些细节只是被引证作为证据。这里要强调的重要的一点是，马车夫和脚夫的使用使商人摆脱了组织运输的任务，因此他们可以有空闲时间关注其他事务。

还有另外一个因素促进了在国外建有分公司的意大利公司的崛起：商业管理的稳定进步。这点常常受到忽视，但并非因此而不重要。商人必须学会如何靠信函而不是亲自往来做生意。随着文字工作的增加，他们越来越多地被留在账房里。这一发展很难探究，但商业信件给了我们一些线索。13 世纪末的一些——很少的一些——信件被保存了下来。他们是有条不紊、讲求实际、实效的典范。例如 1291 年 3 月 24 日佛罗伦萨的切尔基（Cerchi）公司写给他们在英国的代理人的一封信。在惯常的寒暄之后，佛罗伦萨的委托人提到收到的伦敦寄来的信，然后处理羊毛和布匹的货运，接着继续讨论英格兰和苏格兰春天剪羊毛的前景。然后是一长段，叙述了林肯郡的西斯特修道院想向罗马教廷作的请愿。信的结尾是对一张 14 先令 8 便士斯特林币的

汇票的支付作出的指令，并为即将到来的奥布河畔巴尔和普罗旺斯集市报了
【73】汇率。14、15世纪的商业信函或多或少遵循着同样的格式。

另外一个说明商业管理进步的证据是由记账的高水平的技术效率所提供的。保留下来的账本显示，到1300年代理记账已取得了显著的进步。商人不仅保留借贷数目的详细记录，而且还记录现金交易和生意结果。从现存的资料判断，大的商业公司和银行公司的记录足以使商业活动有条不紊地进行。

通过不再进行大量费时费力的旅行，皮亚琴查和图斯肯公司引进的新的组织形式当然比旧的更有效率。它使商人能够不离开账房坐在桌子后面打理生意。外国的代理由合伙人、代理人或单纯的通信者来完成。这种新奇的做生意手段使一种新型商人得以出现，N. S. B. 格拉斯教授称他们为"坐着的商人"。随着西欧人口的增长，市场的扩大和道路安全的增加，它尤其适用于陆地贸易的需要。皮亚查琴和锡耶纳公司自然从他们的革新中受益匪浅。他们几乎控制了穿越阿尔卑斯山的贸易——至少13世纪热那亚的记录显然给我们留下这样的印象。优越的商业机构也许能很好地解释像锡耶纳这样一个地理位置不近人意的地方何以成功地在50多年里作为一个商业和银行中心发挥主要作用。

从旧体系向新体系的变化当然是非常缓慢的。在风险更大的海外贸易中，短暂的合作关系的旧体系迟迟不肯消失。到1600年它还尚未完全消失，聚居区贸易的首批合资公司是因某一宗生意而成立并在生意完成后解体。即使今天，一些旧的体系依旧存在：在航运业中，航行账目依旧是计算盈利或亏损的基本单位。但是即使在陆地贸易中，商业机构的新形式尽管有众多优势也并非很容易就占上风。1306年，佛罗伦萨的阿尔伯蒂（Alberti）公司依旧有几个代理人在意大利和香巴尼之间奔波以获取佛兰芒布匹。当1307年1月1日停止记账那天，他们中的三位还在将布匹带到佛罗伦萨的路上。后来，这家公司似乎不再向集市派遣代理人，而是在佛兰德斯和布拉班特拥有了永久代理人。时代潮流强大到无法阻挡，人人都得随它而动，否则便会输给适应性更强的竞争者。

由于缺乏资料，我们对13世纪皮亚琴查和锡耶纳大公司的内部机构和
【74】财务结构知之甚少。这些公司当然是合伙经营，但"公司"一词很适合它们，因为这个词在当时的资料和商业文件中被频繁使用。公司最初是家庭合伙关系。即使在允许外来者作为合伙人加入之后，其核心也由创立家族组成，这些家族无一例外地用家族名字作为公司名称。因此，在1298年破产

的锡耶纳的邦西尼奥里公司有23位合伙人，其中4位便是公司创始人奥兰多·邦西尼奥里（Orlando Bonsignori）的儿子，一位是他的外甥，另外18位是外来者。外来者通常会接受家族群体的领导，但在这个个案中合伙人之间对经营方针的分歧似乎是导致整个公司倒闭的主要因素。尽管这并非定论，但13世纪的合伙人似乎承担连带无限责任。直到1408年，佛罗伦萨的一则法令才允许出现有限合伙关系，即只出资而不任事的合伙人只对他们的投资范围负责。

因为意大利商业和银行公司在西欧的所有主要中心都设有分公司或信函代理人，它们的名字便常常在欧洲文件及英国文件中出现。因此，下面这个参考名单列出了活跃于中世纪晚期的主要公司和商业王朝，尽管不完全但也许有用：

阿斯蒂（意大利）：Alfieri，Asinari，da Saliceto，Garetti，Leopardi，Malabaila，Pelleta，Roveri，Scarampi，Solari，Toma.

佛罗伦萨：Acciaiuoli，Alberti，Albizzi，Altoviti，Antella，Ardinghelli，Bardi，Baroncelli，Bondelmonti，Cambi，Canigiani，Capponi，Cavalcanti，Cerchi，Da Rabatta，Del Bene，Falconieri，Frescobaldi，Gianfigliazzi，Guadagni，Gualterotti（Bardi），Guicciardini，Mannini，Mazzi，Medici，Orlandini，Pazzi，Peruzzi，Pigli，Portinari，Pulci，Rimbertini，Rucellai，Scali，Spini，Strozzi，Tornabuoni（Tornaquinci）.

热那亚：Adorno，Balbi，Calvi，Cattaneo，Centurioni，Dalla Volta，Di Negro，Doria，Embriaci，Fieschi，Gentili，Giustiniani，Grillo，Grimaldi，Imperiali，Lercari，Lomellini，Mallone，Malocelli，Pallavicini，Pessagno，Piccamiglio，Spinola，Squarzafico，Usodimare，Vento，Zaccaria.

卢卡：Arnolfini，Balbani，Barca，Bonvisi，Burlamacchi，Calcinelli，Cenami，Dal Portico，Forteguerra，Guidiccioni，Guinigi，Interminelli，Moriconi，Onesti，Rapondi，Ricciardi，Schiatta，Spada，Spiafame，Trenta，Vinciguerra.

米兰：Amiconi，Borromei，Castagniuoli，Da Casale，Da Fagnano，Del Miano，Della Cavalleria，Dugnano，Serrainerio，Vitelli.

皮亚琴查：Andito，Anguissola，Arclli，Bagarotti，Baiamonte，Bracciaforte，Burrini，Capponi，Cavessoli，Guadagnabene，Leccacorvo，Negroboni，Pagano，Quattrocchi，Rustigaccio，Scotti，Speroni.

比萨：Agliata，Aiutamicristo，Assopardi，Baccone，Buonconti，Buzzacarini（Sismondi），Carletti，Cinquina，Del Bagno，Dell ' Agnello，Delle 【75】

Brache, Del Mosca, Duodi, Falcone, Gaetani, Gambacorta, Gatti, Griffi, Gualandi, Laggii, Lanfranchi, Martelli, Murcii, Orlandi, Papa, Pedone, Roncioni, Sampanti, Scacieri, Sciancati, Sciorta, Seccamerenda, Sismondi, Vernagallo[①].

皮斯托亚：Ammannati, Cancellari, Chiarenti, Dondori, Fortebraccio, Panciatichi, Partini, Simiglianti.

普拉托：Datini（Francesco di Marco).

锡耶纳：Bonsignori, Cacciaconti, Fini, Folcacchieri, Gallerani, Maffei, Malavolti, Marescotti, Piccolomini, Salimbene, Sensedoni, Scotti, Squarcialupi, Tolomei, Ugolini, Vincenti.

威尼斯：Badoer, Baldo, Barbarigo, Bragadin, Capello, Contarini, Dandolo, Garzoni, Lippomani, Loredan, Molin, Morosini, Pisani, Priuli, Soranzo, Ziani, Zorai.

由于侥幸保存下来的文件，以及阿尔曼多·萨波里（Armando Sapori）教授的研究，我们对佛罗伦萨公司的结构，特别是佩鲁齐（Peruzzi）公司的了解要比对锡耶纳和皮亚琴查的公司多。佩鲁齐公司是除巴尔迪（Bardi）公司之外佛罗伦萨最大的公司。它从1275年一直留存到大约1343年，因为英国和那不勒斯国王的冻结而倒闭。在这些日期之间，合伙关系的条款几次被更新，即1300、1308、1310、1312、1324、1331和1335年。在两次更新间隔期内，不允许新的合伙人加入，也不允许任何人退出。在每次更新时，旧的合伙关系的账目被停止记录，并起草一份基本的财务报告。然后合伙人进行利润分配。通常这种分配并非是最终结果，还要经过日后的调整，因为结算要包括很多偶然支出和其他暂时搁置的款项。保存下来的账本显示，最后的结算通常要花费几年时间。

1310年，佩鲁奇公司的资本达到最高峰149 000镑，或按现在每盎司35美金的官方估价大约400 000美金。由于中世纪的黄金购买力是现如今的很多倍，这堪称一笔巨款。佩鲁奇家族的股份达到79 000镑阿弗诺（affiorino），而外来者的股份是70 000镑阿弗诺。只有在1331年的清算中后者才控制了资金的多数，拥有总资金数90 000镑阿弗诺中的52 500镑阿弗诺。1312年更新合伙关系时资金的减少并非因为亏损，而是因为几个股东退出

① 比萨的这个名单要感谢大卫·赫利尔的慷慨，他正在以比萨的文书档案和其他资源为基础准备研究商人和贸易。

而没有新来者补替造成的。1324 年，公司资金落到 60 000 镑阿弗诺的低点，但没有证据表明公司因此而削减了它的活动。只有在 1331 年公司结构开始【76】
出现最初的裂缝时，资本才从 60 000 镑阿弗诺增加到 90 000 镑阿弗诺，也许是为了给萧条的公司输入新的血液；但正如我们所知道的，这并没有起任何作用，因为这家公司在 1343 年解体。

有一个有趣的细节：股东之一是上帝。1310 年，他分得 2 000 镑阿弗诺，当然没有任何相应的投资。上帝所得到的利润被拿出来施舍给穷人。当公司解体后，这笔账显示仍有余额。一个宗教团体 Capitani di Orsammichele 以穷人的名义宣称这笔钱应归其所有，而且力争它应该是最优先考虑的债权人。这个团体果真得到了这笔钱，而且无视其他债权人的利益得到了一些上等的地产。

佩鲁奇公司的资金并不代表总投资。除了股份，公司鼓励股东投额外的资金，是被算在总资本之外的。对于这样的额外投资，他们在分配利润之前得到 8% 的利息。同时公司还以同样的条件接受其他投资人的定期存款。

在佩鲁奇公司，股东间的利润是按其投资的比例分配的。然而，这并不是被所有的公司都遵守的典型做法。阿尔伯蒂（Alberti）公司在它创办初期，总资本和额外投资并未分开；并没有建立独立的账户而且对资本也没有明文限制。从 1304 年 9 月 4 日到 1323 年 1 月，每位股东先按他的总股本得到 8%。如果还有剩余利润，则根据预先建立的配额体系在股东间分配。例如，从 1304 年到 1307 年，股东——三个兄弟——平分了纯利润，即每人 1/3。1310 年，3 位兄弟每人只得到 3/10，而另外 1/10 归其中一个已被允许成为股东的儿子。这个体系一直生效，直到 1315 年，配额再次发生变化，以照顾进入家族生意的更多的儿子们。直到 1323 年，阿尔伯蒂公司才完全改变了其利润分配体系，采取了类似佩鲁奇公司的做法。25 000 镑阿弗诺的总资本被确定，每位股东被分配了这个数额的一部分，并希望将资本留在公司内。对于股东提供的任何额外投资，公司支付 8% 的利息。另一方面，如果某位股东拿不出分配给他的资本份额，他将支付应出资本的 8%。剩下的利润按照股东的投资份额在股东间分配。无疑阿尔伯蒂公司采取这种分配体【77】
系为的是阻止股东抽出他的大部分股份。

因此，在佛罗伦萨公司并不存在硬性的利润分配原则。一切事情都有赖于股东间达成的协议，并在条款中明文规定。15 世纪的达蒂尼（Datini）公司，利润很少按投资的比例分配。投资很少的经营方由于他的服务所获得的回报通常要多于他的投资份额。的确达蒂尼（Datini）公司和梅蒂奇

(Medici) 银行的结构大大不同于先前的公司，因为它们的每一个分公司都有独立的合伙关系。

佩鲁奇公司——巴尔蒂公司和1350年前的其他公司也是如此——仅仅是一个法律实体：它是由设在佛罗伦萨的总部和城外的在意大利和阿尔卑斯山以外的分公司组成。从理论上来说，所有居住在佛罗伦萨的股东都可参与经营，但实际上生意是由大家信任的其中一人打理，其职能就类似于现代公司的总裁。几家分公司是由获得代理权的代理人管理。顺便说一句，"代理人"一词在中世纪的含义与现今不同；它指的并非委托商人，而常指为贸易公司、银行或商人做文书工作的拿薪水的雇员。作为雇员的分公司经理只得到工资，如果公司对他们的服务满意的话偶尔也会有红利，但绝不会被分配利润。也有某个股东被派往国外管理某个分公司的情形。在这种情况下，他除了得到作为股东有权得到的利润配额外，还因为他作为代理人的劳动而得到工资。

这种机构形式非常死板，当三家大公司阿恰约利（Acciaiuoli）、巴尔蒂、佩鲁奇公司在黑死病蔓延前不久破产的时候，它的弱点便显露出来。在遭受重创之后，佛罗伦萨商人似乎发展出一种新的组织形式，这种形式更为灵活，对防止牵连提供了更大的保护，这样一来某个分公司的破产就不会影响整个大局。也许这种期盼只是一种错觉。这种新的组织形式在达蒂尼公司已经出现，是一种自治合伙关系的结合，一位股东负责一个分公司，但他们都受一个人的控制，此人总揽大权，不允许分公司经理对他的指令有丝毫背离。弗朗西斯科·达蒂尼（Francesco Datini）（1410年）在判断人时只看其
【78】表现，懂得如何挑选可靠、忠实的助手，在这个家族势力依旧雄厚的时代他实际上并未任用亲戚。1350年后无疑大多数佛罗伦萨公司都采取了同样的组织形式，但它最纯粹的形式是在它们中最大的那家公司中被运用的：梅蒂奇银行。

这家著名的银行建于1397年，当时为远亲维耶里·梅蒂奇（Vieri di Cambio de' Medici）经营罗马分公司的乔瓦尼·梅蒂奇（Giovanni di Bicci de' Medici）同巴尔蒂家族成员一起建立了一个竞争公司。起初，它有两个办事处，一个在佛罗伦萨，另一个在罗马。乔瓦尼在世时，又在那不勒斯（1400年）和威尼斯（1401年）开办了分公司，但前者于1426年大概由于经营不善而终止。同一年，在日内瓦创办了一家分公司，那里的集市在国际上都很重要。起初，这个分公司是由accomanda公司提供的资金，这家公司在1437年或1439年才转换为无限合伙公司，梅蒂奇家族因此承担全部责

任。然而，梅蒂奇银行的重大发展是在乔瓦尼（1429 年）去世后、在他的儿子科西莫（Cosimo）的管理之下出现的。在布鲁日（1439 年）、比萨（1442 年）、伦敦（1446 年）、阿维尼翁（1446 年）（法国）和米兰（1451 年或 1453 年）相继成立了分公司。1433 年，作为教会银行的梅蒂奇公司在巴塞尔成立了一个临时办事处，为当时正在召开的宗教委员会处理财政事务。大约 1464 年，日内瓦分公司迁至里昂，路易十一在那里开办的集市获得了巨大的成功，使得日内瓦的旧集市不再吸引任何贸易。

同佩鲁奇公司明显不同的是，梅蒂奇公司不是一个整体，而是由几个独立的法律实体的若干个合伙关系组成，都只在同一个家族的控制之下。它的结构或多或少有点像现代的控股公司，重要的区别在于它当然是合伙关系的联合，而不是团体的合作。

在它的鼎盛时期，这家银行的整个机构包括在佛罗伦萨的银行、意大利和国外的分公司、城墙内的 3 个生产机构——两个羊毛“店”和一个丝绸“店”。当然，这些“店”并非工厂，甚至不是现代意义上的车间，而是有一批工匠在家加工材料的机构。在佛罗伦萨的羊毛业中，只有一些操作，如拍羊毛和梳理羊毛是在这些店里完成的。其他所有工序，包括纺、织、染色和完成都是在外面进行的。这种生产体系导致了一个非常复杂的机构的产生，这可以从这个家族另外一个较为无名的公司的账本上做出最好的研究，【79】因为著名的梅蒂奇公司没有留下产业记录①。对于与它们的银行业务有关的其他记录却不是这样。一些信函和账本被保留了下来，并被历史学家使用。最近，对佛罗伦萨博物馆的一次系统搜查发现了一批新的文件，包括合伙协议、资产负债表、信函以及最重要的 3 份秘密账本，连续记录了从 1397 年到 1450 年的账目。在佛罗伦萨公司中，秘密账本十分关键，它不仅包含了同资本结构有关的重要信息，而且包含主要办事处以及分公司的利润分配信息。尽管这些新资料仍需要进一步研究，但我们现在对梅蒂奇银行内部组织的了解要比几年前多。

根据 1335 年的资料，佩鲁奇公司只有主要分公司（阿维尼翁、布鲁日、伦敦、那不勒斯、巴勒莫和巴黎）是由股东经营；其他分公司则是由拿工资的代理人经营。在梅蒂奇银行中，分公司经理一般是由低级股东担任，

---

① 对于 14、16 世纪佛罗伦萨羊毛业的商业组织，参看以梅蒂奇银行的账目和信件为基础的研究，弗劳伦斯·埃德勒：《中世纪商业用语汇编——意大利系列（1200～1600 年）》（剑桥，1934），以及雷蒙德·罗弗的文章：《一个佛罗伦萨布匹生产公司：16 世纪商业的管理和组织》，《知识宝鉴》第 16 卷（1941 年），第 3～33 页。

他们不收取工资，而是被以利润配额的方式付酬。但这并不意味着这些经营股东拥有同银行高级股东相同的地位。恰恰相反。银行的记录表明这两类人的权利并不平等，经营或低级股东无疑处于从属地位。在商业决策的重要事宜上，高级股东有最后的决策权。如果低级股东未能遵从指令，银行便可通过提前终止合伙协议来解雇他，保存下来的条款说明高级股东有这个权利。低级股东不可以离开岗位，并被要求将他所有的经营行为都向高级股东汇报。换句话说，显然高级股东是主人而低级股东只是仆人。对梅蒂奇银行合伙协议的分析将进一步证明这一点。

出于这个目的，让我们看一下 1454 年 3 月 25 日在布鲁日签署的与伦敦
【80】分公司有关的条款①。根据导言，合伙人是：科西莫的两个儿子和他们的第一个表兄弟以及皮埃弗朗西斯卡 · 梅蒂奇（Pierfrancesco de' Medici），乔瓦尼 · 本奇（Giovanni d' Amerigo Benci）（银行总经理），杰罗佐 · 皮格里（Gerozzo di Jacopo de' Pigli）（伦敦分公司的前经理）及西蒙 · 诺里（Simone d' Antonio Nori）（新经理）。接着它说明这个契约的目的是成立"一个公司以便处理伦敦城的商业和汇兑业务"。在这个案例中，"汇兑"和银行是同义词，当时的银行主要处理汇票的恰兑。因此，新的合伙关系意在将贸易同银行结合起来，这是一个常见的做法，因为意大利公司都是多种经营。条款还说明这份协议将持续 4 年，在 1458 年 3 月 24 日终止。根据条款 1，这个公司的名称为"Piero di Cosimo de' Medici e Gerozzo de' Pigli e Compagni di Londra"。1 000 斯特林镑的资本完全是由高级股东（梅蒂奇，本奇和皮格里）提供的。诺里并未被要求投入任何资金，但他要为公司服务，参与公司事务的管理（条款 2）。尽管没有投入任何资金，诺里也有权得到利润的 1/8 或 2 先令 6 便士，其他的股东得到 7/8 或 17 先令 6 便士（条款 4）。在协议生效期内，不允许股东撤出投资或利润份额，而且诺里每年被给予 15 斯特林镑的津贴来支付日常消费。

接下来的条款充分说明所有的经营负担都放在了诺里的肩上，他向他的合伙人负责。在 100 金币处罚的威胁下，他只能借钱给商人或技工（条款 6）；没有合伙人的特许他不能给他人做担保（条款 7）。另外，协议禁止他为自己做生意（条款 8）、赌博和在他的住所内留宿女性（条款 9）、签署保险（条款 17）、接受价值超过 1 镑的礼物（条款 18），以及没有特许离开英

① 更早的在 1446 年 5 月 31 日签订的一份协议被路易斯 · 爱因斯坦讨论过，《英国的意大利复兴》，见《研究》（纽约，1902），第 242 ~ 245 页。

国（条款 14）。在每个会计年度结束时，即在 3 月 24 日，他被要求清算账目并将账目送往意大利的总部。在协议终止时，他要来佛罗伦萨向合伙人汇报他的经营活动（条款 10）。他无权雇佣代理人甚至办事处的杂役（条款 12）。事实上，梅蒂奇家族遵循由他们自己做这件事的原则。诺里不能在羊毛、铅或锡——英国的产品——上投资一次超过 300 镑（条款 15）而且他必须保证所有经大海运往意大利的货物的安全。

合伙协议对低级股东或经营股东的自由作出各种限制，而高级股东却不 【81】
受类似约束。条款不仅保留了他们完全的行动自由，而且给予他们行使和保持控制权的手段。合伙关系确定之后，高级股东掌握所有的账本、文件和其他记录，尽管诺里在需要时也可得到。然而，更重要的是，梅蒂奇总行独自拥有使用合伙称号的权利并拥有经营场所的所有权。最后，条款明文规定，高级股东可以在任何时候不经诺里的同意便终止与其的合伙关系。换句话说，最终的权力是由高级股东掌握，他们希望低级股东能够在他们的指令下经营伦敦分公司。

既然梅蒂奇银行与政治的联系非常紧密，他们便无法将所有的时间和精力都放在商业经营上。他们必然要下放权力并依赖顾问的帮助。根据记录显示，他们主要的管理人被称为理事（ministro），他很可能发挥着和现代公司或合资公司的总经理相同的作用。他的主要职责是监督分公司经理，阅读他们的报告，给他们发布命令，检查分公司送到总部的年度结算表，提请梅蒂奇公司首脑对所有重要事情的注意。理事还必须为离开佛罗伦萨就任新岗位的经理准备书面指令，面见那些回到佛罗伦萨汇报工作或商讨更新合伙协议的经理。

从 1397 年到 1433 年，总经理由两兄弟相继担任，贝内代托（Benedcto）和伊拉里恩·巴尔蒂（Ilarione di Lipaccio de' Bardi）。继他们之后是乔瓦尼·本奇（Giovanni d' Amerigo Benci）（1435～1455 年），曾在罗马和日内瓦分公司锻炼过的他相当能干。继他之后是弗朗西斯卡·因吉拉米（Francesco di Baldovino Inghirami）（1455～1470 年）和弗朗西斯卡·萨塞蒂（Francesco di Tommaso Sassetti）（1470～1490 年）。后者也在日内瓦培训过。他作为代理人和分公司经理时取得的成绩如此令人瞩目，因而，1458 年他被召回佛罗伦萨帮助因吉拉米，并在皮耶罗·梅蒂奇（Piero di Cosimo de' Medici）去世后接替了因吉拉米的职务。在缺乏经商才能的罗伦兹的管理下，萨塞蒂成为各方面的权威，一切事务都要经过他的首肯。但随着时光的流逝，他变得死板，已无法控制住分公司经理。他犯了一些错误，如未能及时察觉里昂分公司经理里奥内托·罗西（Lionetto de' Rossi）的欺诈行为，

未能阻止布鲁日分公司经理托马索·波尔蒂纳里（Tommaso Portinari）借过
【82】多的钱给勇敢者查理（即查理一世）。萨塞蒂对手下的放任和错误判断当然是使这个一度强大的银行败落的主要原因，1494 年佛罗伦萨的梅蒂奇银行宣告破产。一个值得注意的事实是萨塞蒂直到 1482 年才成为银行的股东。作为总经理，他得到的报酬是成为阿维尼翁和里昂分公司的高级股东。萨塞蒂的继任者是焦万巴蒂斯塔·布拉西（Giovambattista di Marco Bracci）（1490～1494 年），他徒劳地试图修复损失，恢复梅蒂奇银行原有的生气。然而，我们不能忘记这家银行维持了将近 1 个世纪，从 1397 年到 1497 年，对于一个商业公司来说这个时间已经是很长了。

1420 年时，梅蒂奇银行的资本总数是 24 000 弗罗林金币，其中 16 000 弗罗林是由梅蒂奇家族提供的，8 000 弗罗林是由他们的合伙人和总经理伊拉里恩·巴尔蒂（Ilarione de' Bardi）提供的。这笔资金的分配情况如下：佛罗伦萨总行 10 500 弗罗林，罗马分行 6 000 弗罗林，威尼斯分行 7 500 弗罗林。随后资金从 24 000 弗罗林增加到 32 000 弗罗林。到 1451 年 3 月 24 日，当留存下来的 3 个秘密账户中的最后一个被结算后，梅蒂奇银行的资本已达到 72 000 弗罗林，其中 54 000 代表着科西莫·梅蒂奇（Cosimo de' Medici）的份额，剩下的 18 000 弗罗林是他的总经理乔瓦尼·本奇（Giovanni d' Amerigo Benci）的份额。由于一位于 1443 年去世的股东安东尼奥·萨卢塔蒂（Antonio di Messer Francesco Salutati）的继承人的加盟，这个数目还必须加上一笔 3 083 迪萨杰罗弗罗林（florins *di suggello*）和 24 先令 10 便士阿弗诺。下页中的表 1 说明这笔资金是如何分配的。读者会注意到由罗伯特·马特利经营的罗马分公司不在分配之列。这并非疏忽，而是因为教廷是它的资金来源，自 1420 年中期开始总公司便没有向这家公司分配资金。根据现代观念，一个银行没有资本似乎是很奇怪的。然而，这并没有错，因为佩鲁奇公司也因循同样的做法；就像梅蒂奇银行一样，他们在纳税报告上清楚地说明从 1427 年开始，他们在罗马的分公司因为不需要资金，因此没有获得任何资金。需要强调的一点是，75 083 弗罗林的数目并不代表总资本投入，严格来说它只是梅蒂奇银行在各个分公司资本中的份额。因此，这个数字并不包括其他股东的投资数目。如果要将这些考虑在内的话，投入的总资本将近88 300弗罗林（佛罗伦萨货币），或为 353 200 美金（以每盎司 35 美金的时价计算）。这个 88 300 弗罗林的数字是根据在秘密账本和合伙契约中发现的资料得出的。它可能是精确的，但它并不是像前面提到
【83】的 75 083 弗罗林那样的总决算数（a balance-sheet total）。

表 1　　根据“3 号秘密账本”1451 年 3 月 24 日梅蒂奇银行对 3 家分行的资金分配表

F 代表弗罗林，s. 代表先令，d. 代表便士

办事处或分公司	经理	梅蒂奇银行的份额				投入总资本			
		当地货币	弗罗林*			当地货币	弗罗林		
			F	s.	d.		F	s.	d.
佛罗伦萨	乔瓦尼·本茨		12 952	1	10		12 952	1	10
丝绸店	勃林格里·弗朗西斯科和雅可普·塔纳格利		4 800	0	0		7 200	0	0
同样	同样		7 824	16	2		7 824	16	2†
羊毛一店	安东尼·塔都		2 500	0	0		4 000	0	0
羊毛二店	安德里亚·圭蒂尼		3 500	0	0		6 000	0	0
阿维格农	乔瓦尼·萨匹尼	14 000 教皇弗罗林	8 400	0	0	16 000 教皇弗罗林	9 600	0	0
布鲁日	安格罗·塔尼	2 160 格罗特	10 800	0	0	2 700 格罗特	13 500	0	0
日内瓦	弗朗西斯科·萨塞蒂	10 500 埃索	11 807	6	10	12 000 埃索	13 493	0	0
伦敦	西蒙·诺里	800 斯特林	4 800	0	0	1 000 斯特林	6 000	0	0
威尼斯	亚里桑德拉·玛特里	700 格罗特	7 700	0	0	7 000 杜卡	7 700	0	0
总数额			75 083	24	10		88 269	18	0

资料来源：佛罗伦萨，国家档案馆，Medicei avanti il Principato，Filza 153。

* 这些弗罗林是迪萨杰罗弗罗林分成 29 份 soldi affiorino，再每份分为 12 德涅尔。

† 未划分的利润。 【84】

投入的资金仅代表梅蒂奇银行运作资金的一部分。就像其他的钱商一样，他们接受定期存款，他们许诺如果有赢利的话将回馈 8%、10% 或甚至 12% 的利息。尽管银行家并没有支付利息的法律义务，但为了留住顾客也不得不这样做。为了应付高利贷学说的支持者的指责，银行家们辩解说这个回报只是一份免费礼物，没有什么能阻拦他们送礼物。然而，更为严格的神学家，包括佛罗伦萨大主教圣安东尼诺（San Antonino）（1389 ~ 1459 年）仍判决存款是“隐性的”高利贷。尽管一些博学的“基督教神学家”们持此种态度，教皇自己，更不用说几位红衣主教，却都有钱存在梅蒂奇银行。1427 年 7 月 12 日罗马分行的结算表包括马丁五世本人的一项将近 1 200 弗罗林的存款。根据同一份决算表，温彻斯特的红衣主教亨利·博福特有 4 000 弗罗林的存款，而教皇在梅蒂奇银行有将近 24 500 弗罗林的闲散存款。自然罗马分公司能够给在佛罗伦萨的总部大约 30 000 弗罗林的活动资金，给银行在威尼斯的办事处 13 000 弗罗林便不足为奇了。罗马的确是资金的主要来源地。

投入的资本只是判断公司业务规模大小的一个手段。雇员的人数是另一

个尺度。意大利银行和贸易公司雇佣多少人呢？1345 年破产的大公司中，最大的巴尔蒂公司并没有一个确切的员工数字。1336 年，第二大公司佩鲁奇公司可能雇佣了 85 到 95 个代理人。三家公司中最小的阿西奥里公司在 1341 年有 16 个分公司，共有 42 个代理人，还不包括在佛罗伦萨的总部有 11 位股东和数目不详的雇员（表 2）。这些数字的真实性在对有关梅蒂奇银行员工可信赖的估计中得到确证。在皮埃诺·科西莫去世时（1469 年），它包括将近 60 个员工，其中 55 个是代理人，10 个是经理和股东（表 2）。在一个大公司有几千名员工的时代，这些数字可能是微不足道的，但梅蒂奇银行是当时的巨人。在卢卡，在 14 世纪最后 25 年中，法律规定所有的公司必须登记它们的徽号并列出它们的股东和代理人。根据 1372 年的商业登记，卢卡最大的公司是圭尼吉（Guinigi）公司，它有 5 个分公司——布鲁日、热那亚、那不勒斯、比萨以及威尼斯——其员工包括股东和代理人有 19 人，
【85】其中 7 人是家族成员。只有 11 个卢卡公司雇佣的人超过 6 人。1371 年，登记表上列出了 89 家公司和 196 个代理人，也就是说每家公司平均 2 个多代理人。30 位商人宣布他们既没有股东也没有代理人。1372 年的数字略有所不同，但并未改变基本状况。如果卢卡是典型，我们可以安全地下结论说，单个商人和小公司起主导作用，雇佣 10 人或更多代理人的“大”公司是少数。1350 年后，除了梅蒂奇银行这个惟一的例外，中世纪没有一家公司能够勉强达到三个大公司——巴尔蒂、佩鲁奇和阿西奥里——的规模，佛罗伦萨编年史家乔瓦尼·维兰尼（Giovanni Villani）将这三个公司称为“基督教世界的支柱”。也许在从黑死病到大发现时期的沉闷、甚至萧条的状况下只有一家公司达到相当大的规模不是没有意义的。

表 2　　佛罗伦萨三个主要公司的规模

办事处或分公司	佩鲁奇公司 1336 年 人员规模	阿西奥里公司 1341 年 人员规模	梅蒂奇银行 1469 年 人员规模
佛罗伦萨	11	11	12
阿维格农	5	3	5
巴列塔	5	4	没有分公司
博洛尼亚	没有记录	1	没有分公司
布鲁日	4	2	8
萨迪尼亚	1	没有记录	没有分公司
希腊	没有记录	2	没有分公司

续表

办事处或分公司	佩鲁奇公司 1336年 人员规模	阿西奥里公司 1341年 人员规模	梅蒂奇银行 1469年 人员规模
塞浦路斯	4	3	没有分公司
热那亚	1	6	没有分公司
伦敦	7	2	4
莱昂斯	没有分公司	没有分公司	8
梅杰卡	2	没有分公司	没有分公司
米兰	1	没有分公司	8
那不勒斯	8	5	没有记录
巴黎	3	1	没有分公司
比萨	7	2	没有记录
拉韦纳	没有分公司	1	没有分公司
罗得斯	3	3	没有分公司
罗马	没有记录	2	8
西西里	7	3	没有分公司
突尼斯	3	2	没有分公司
威尼斯	3	没有分公司	7
地点不明地区	13		
总共	88	53	60

资料来源：佩鲁奇公司，阿曼德·萨波里：《国家经济研究》，第三版，（佛罗伦萨，1955年），第717～729页。阿西奥里公司，让·布尚：《第四次十字军东征法国公国和男爵领地历史的最新研究》（巴黎，1843年），第一卷，第　章，第46页。梅蒂奇银行，佛罗伦萨，国家档案馆。【86】

任何一家分公司很少雇佣8个以上的代理人。1469年，梅蒂奇银行的布鲁日分行有8名员工：分公司经理（托马索·波蒂纳利 Tommaso Portinari）、副经理（安东尼奥·梅蒂奇 Antonio di Bernardo de' Medici，高级股东的远亲）、4个代理人及2个文员。在4个代理人中，一个（阿多尔多·卡尼贾尼 Adoardo Cangiani）管账，另一个（卡洛·卡瓦尔坎蒂 Carlo Cavalcanti）会说流利的法语，便担起了向勃艮第宫廷出售丝绸和天鹅绒这个较为愉快的职责；第三个（克里斯托夫诺·斯皮尼 Christofano Spini）负责购买布匹和羊毛；第四个（托马索·圭代蒂 Tommaso Guidetti）可能是出纳。15世纪，伦敦的地位并不像布鲁日那样重要，因此梅蒂奇银行在伦敦雇的人手比在布鲁日少就不足为奇了。当1446年格罗佐·皮格利（Gerozzo de' Pigli）被派往伦敦管理分公司时，只有3个人辅佐他：(1）安杰洛·塔尼（Angelo Tani）擅长信函，当经理不在时可为其代管业务，后来被转调到布鲁日；（2）盖拉尔多·卡尼贾尼（Gherardo Canigiani）最适合管账；（3）亚里山德罗·里努奇尼（Alessandro Rinuccini）适合做出纳工作及传递口信，因为他懂英语。但只有皮格利有权管理公司，兑付或接受汇票。这条信息如此确切和详细，它解决了最大的意大利银行和贸易公司在国外建立的分公司的规模和机构问题。

从实用角度来看，公司的法律结构并没有什么不同，而且分公司经理是合伙人还是单纯的代理人也并不重要，因为交通的缓慢，总公司必须给他们一些自由。不能因为等待总部的指令而将商业决策推迟 3 或 4 个月。事实上，直到 18 世纪末，如何控制远方的分公司依然是商业资本公司的难题之一。就拿梅蒂奇银行来说，它破产的主要原因之一便可能是萨塞蒂未能及时采取重大举措替换分公司经理，如波蒂纳利兄弟，他们走上了一条危险之路并连累公司承担风险。相反弗朗西斯卡·达蒂尼没有如此宽大，每当分公司经理带来令人怀疑的持有人的汇票或无论何种原因让公司蒙受损失时，他都会毫不犹豫地亲自起草表达愤怒的质问信。达蒂尼政策的中心点显然是：拒
【87】绝生意要比承担不必要的风险更为有利。他坚定地拒绝给王侯贷款，因为这样做常常导致中世纪银行的毁灭。同事间合作似乎是另一个严重的难题。萨塞蒂也未能解决这个问题。在劳伦佐管理时期，梅蒂奇银行的信函中充满了分公司经理间的互相责骂。罗马分公司和布鲁日分公司在矾的垄断一事上意见相左，罗马便向总部抱怨——显然理由充分——说里昂通过兑付汇票而不补充数目相等的汇款方式攫取运转资金。

尽管有这些困难，在国外有永久分公司的公司比起独立的商人来说还是略有优势，因为他们至少对国外的经理有一定的控制权。而不幸的独立商人则完全依赖他们委托发送货物的、靠信函联系的代理人。通常如果挑选不当、代理人被证明无能或者不诚实时，一般没有办法补救。威尼斯商人古列尔莫·圭里尼（Guglielmo Querini）（1400～1468 年）在这方面尤为不幸。他的一大捆信件仍被保存在威尼斯档案馆里。尽管他因在政界有很多关系而消息灵通，但作为商人他依旧是失败的。他的主要缺点之一便是同他不十分了解的办事人交往，他们要么欺骗他，要么错误地处理他的事务。在失去大多数经商资金后——幸运的是他还有地产——他聪明地紧缩开支并耗费 12 年之久在佛兰德斯、英国和黎凡特进行无效但坚决的索赔活动。他只有一次取得过成功，但离家不远，并非在遥远的异地。拉韦纳（意大利），一位不忠诚的办事人被迫交出圭里尼声称是应他所得的钱。尽管如此，为了打赢这场官司，圭里尼不得不动用了他所有的政治关系。保证在国外获得令人满意

的代理问题在另一位威尼斯商人安德列亚·巴尔巴里戈（Andrea Barbarigo）（1418～1449 年）的生涯中也得到了很好的说明。他比圭里尼更谨慎也更成功，但也有同不可靠的信函人交往的麻烦问题。他在叙利亚的代理人阿尔韦托·多西托（Alberto Doceto）因为向他抬高棉花的价格以及将他和其他委托人区别对待而未能给他提供满意的服务。在西班牙，巴尔巴尼戈用银行家弗兰西斯科·巴尔比（Francesco Balbi）的女婿贝尔图乔·佐尔奇（Bertuccio Zorzi）作他的委托办事人。因为佐尔奇是巴尔比的门生之一，巴尔巴尼戈从佐尔奇那里得到更好的服务就不足为奇了，其良好服务不仅表现在价格上，还有货物空间、质量及其他事情。至于伦敦和布鲁日，巴尔巴尼戈利用了他同卡佩洛（Cappello）兄弟的关系，他的妻子是他们的姐妹。因为有如此紧密的家族联系，他得到满意的服务，他的办事人让他分享了好几次赢利的买卖。中世纪信件给我们的印象是委托人常常感到失望，因为他们的代理 【88】
人以比他们预期低的价格出售他们托付的商品，或以太高的价格购买当地商品。问题是否总是要归咎于办事人则是另一回事。

委托代理人的角色也并非没有风险，弗朗西斯科·达蒂尼总是告诫他的分公司经理不要为声誉不好的新委托人开户。危险来自于缺乏资金的商人向期望代他们出售货物的代理人求助，迫使他们预付定金。委托人还常常沿用一种更危险的方式，即向他们的信函办事人求助希望他们以新汇票的方式支付汇票。这种做法非常普遍，因为中世纪银行业的特点是以兑换为主而不是贴现。尽管达蒂尼一再警告，1400 年巴塞罗纳分行还是失去了两年的利润，因为它要负责支付布鲁日的一位委托人古列尔莫·巴尔贝里（Guglielmo Barberi）开出的汇票，他靠向他的办事人出售汇票赚钱并告诉他们再开汇票。这个游戏一直进行到巴塞罗纳分行破产，布鲁日的新汇票被拒绝接收。

中世纪的商业行为显然暗示着一个相当高的教育程度。无论如何，留存下来的商业文件令人信服地证明商人们绝不是文盲，他们懂得如何写信，如何做复杂计算和如何记账，这与沃纳·松巴特（Werner Sombart）的假说正相反。他们中的一些人甚至是编年史和日记的作者，拿 A. 萨波里（Sapori）教授的话来说，这些编年史和日记“记录了历史的尊严”。

商人们在哪里受到训练？基础知识是在文法学校；专业知识则是通过给商人、布商或丝绸生产商做学徒时在账房中学习的。像松巴特提出的中世纪不存在经济理性，商业没有计划、没有聪明的指导，也没有足够的会计控制的断言当然是不正确的。一些作家也说中世纪商人不懂如何记数，他们不仅在复杂运算中，而且甚至在简单的加减运算中犯过无数的错误。然而，大量的中世纪账本和运算，例如钱从一种货币换到另一种货币，表明中世纪商人虽然不是数学家，却是商业算术的专家。通常错误很少或可忽略不计。中世纪商人并未忽视三分律，并了不起地发现了简化复杂运算的捷径。用来支付债务的退款在到期之前不是根据现在的商业贴现方式计算的，而是根据更精
【89】细、更准确的真正贴现的程序计算的。开始商业生涯不可或缺的一个准备工作是学会使用算盘。它是中世纪的计算机器，在每一个账房中都可以找到。原本柜台就是指用来放算盘的桌子。算账房间指的就是商业办公处，也是出于这个原因。

一个典型的佛罗伦萨账房——根据阿尔伯蒂公司（1348 年）的财产清单——包括几张桌子，有时有存放支票的小阁间，用来展示和测量布匹的大桌子，沿墙有搁架，一个用文件格将信件分类的大柜橱，盛放现金的重盒子，一个可供小憩的沙发，一柄重杆秤，铜制墨水台及其他各种物件。珍贵的 libri segreti 被放在合伙人之一家里上锁的箱子里，而不是在账房中。

根据梅蒂奇银行的记录，有两种商业信件：私人信件和普通信件。前者是分公司经理直接写给总经理的私人信件。其口吻是下属写给上司的，这证实了前面所说的低级合伙人的从属地位。私人信件或者涉及社会事件——对出生和结婚的恭贺，对死亡的吊唁等等——或者谈及生意中的重要事宜征求总经理的同意。当分公司经理离开佛罗伦萨时总经理传达给他们的指令也属于私人信件，也提及经商总策略而不是某个特别交易。通常这样的指令都经过细致的构思，并写明希望分公司经理沿循的明确的行为路线。

与私人信件相比较而言，普通信件只涉及常规事物。通常，它开头是由管账人说一说汇票和汇款情况。有时它们也有对市场状况或政治事件的评论，因为这些可能会影响商业决策。从现存的信件空白处的钩形来看，普通信件显然在账房内传阅，这样每个雇员都会留意需要他注意的事项。普通信件总是以给出目前或信件寄出前市场流行的汇率而结尾。因此，1453 年 10 月 4 日一封从伦敦寄往佛罗伦萨的信的最后一句是：每 costi $36\frac{2}{3}$，Vinegia $40\frac{2}{3}$，Bruggia $19\frac{2}{3}$ in $\frac{3}{4}$，Genova $22\frac{3}{4}$。这句话的意思是伦巴达街报出的外币汇率如下：佛罗伦萨每弗罗林$36\frac{2}{3}$便士［斯特林］，威尼斯每杜卡$40\frac{2}{3}$便士［斯特林］，布鲁日每埃索$19\frac{2}{3}$便士到$19\frac{3}{4}$便士［斯特林］，热那亚每弗罗林$22\frac{3}{4}$便
【90】士［斯特林］。中世纪商业信件集含有珍贵的关于汇率波动的统计资料，但到

目前为止这些材料却完全被忽视了。

直到最近，人们一直认为复式记账的出现大概不晚于1340年，因为这是人们知道的最早的例证的日期，这个例证只在热那亚城市财务主管的分类账中发现过。但根据最新调查，复式记账的出现日期很可能比人们一般认为的早得多，而且可能最早出现在托斯卡纳，而非热那亚或伦巴底。现在看来复式记账出现在账本中似乎最早是在1296～1305年，一家佛罗伦萨银行在香巴尼集市的代理人里涅里·费尼（Rinieri Fini）所记的账本中，以及曾经属于法罗菲公司（在朗格多克和普罗旺斯经营的托斯卡纳商人建立的公司，总部在尼姆，在萨隆有一家分公司）的一份相类似的手稿（1299～1300年）中。这两个账本都不仅记录收支状况，而且记录经营结果，并且每一个账目都有相应的借项或贷项作为参照。然而，以几份文件为基础的证据并不具有代表性。

这些13世纪的账本仍旧是"段落"形式：在记录了收入时的借项或支出时的贷项后，便留出足够的空白以增加2～3项账目以及说明这样安排的结果。但是，依旧没有往来账户，每个交易都被单独对待。后来才逐渐地将涉及同一个人的所有交易都归到一起以建立一个往来账户。朝着这个方向发展的第二步是将所有的借项都置于分类账的前半部，而将所有的贷项都置于分类账的后半部。这种形式出现在佩鲁齐公司的分类账中（1335～1343年），而稍早的阿尔伯蒂公司的账本（1304～1332年）仍是段落形式。这种新方式在现金账簿中也被发现过，如一家不知名的锡耶纳公司（1227～1288年）的收支账簿，不是使用两列的格式，而是将收入记载在现金账簿的前半部分，而将支出记在现金账簿的后半部分。这种记录方式使结算有些困难，因为借项和贷项在分类账的不同部位。将这两者中金额小的那部分转移到另一部分，从金额大的那部分中扣除，以便得到一个代理人盈余或亏损的总金额数目是很有必要的。一个更令人满意的方式最终出现，即将借项和贷项错页记录或分记在同一页的两列上。这种记账方式很可能起源于意大利北部，并从那里普及到其他贸易中心。我们发现1366年布鲁日的钱商吸收了
这种方式。专家将这种记账方式称为两边对称表格或"列表"表格。在托 【91】
斯卡尼，借项和贷项分列列出的账簿据说是依照威尼斯方式记录的。

两边对称方式的使用并不意味着账本一定是复式记账。事实上，形式并不重要，直到某些规则被严格遵守之后才出现复式记账。首先，每笔交易必须被记录两次，一次在借项一栏，一次在贷项一栏，这样只要记账正确的话账本总会保持平衡；其次，必须有一套完整的账目，真正的以及名义上的，包括消费和平衡账户；第三，记录必须包括一个综合性的财务说明或结算，

说明资产和债务，以便商人能确定自己的赢利和亏损。这些要求似乎在热那亚市管会的记录（1340 年）中被一一做到了，但同时期的佩鲁奇公司的账本（1335 ~ 1343 年）是否有这些内容很值得怀疑。至于阿尔伯蒂公司（1304 ~ 1332 年），有 10 份关于这时期的财务报告现存于世。它们的编排确切地说明账本并非按照复式格式记录的。

正如先前所述，梅蒂奇银行的分公司被要求每年给佛罗伦萨总部送一份结算表。无疑这一要求被付诸实施。无论如何，“结算的主要目的仅仅在于记账”这个断言与一目了然的证据并不相符。在现存的梅蒂奇银行的结算表上的钩形记号说明它们曾被审视以检查陈年旧账和未收上来的款项这个对中世纪银行业和商业公司的清偿能力造成威胁的长期隐患。结算表也被用来计算税款。在佛罗伦萨，法律要求纳税者在交纳收入所得税时要将公司结算表附在利润表之后。对于 1427 年的所得税，佛罗伦萨档案馆依然保存着大量的决算表和财务报告；它们包罗万象，从一流工匠诸如米歇洛佐·米歇洛兹（Michelozzo Michelozzi）和多纳泰洛（Donatello）（Donato di Nicolo di Betto de' Bardi）提交的简短陈述，到长达几页的小册子，上面一项项列出大银行的资产和债务，例如梅蒂奇银行、帕兹银行、斯特罗兹银行、托纳布尼银行及其他银行。1433、1451① 和 1458 年的所得税利润单上也附有决算
【92】表。后来，法律发生变化，这个引起商业利益方很多不满的做法被废除了。

根据它们的 libri segreti，梅蒂奇银行沿用的标准做法是在分配盈利之前要先留出支付无法收回的烂账和工资的储备金。无疑其他公司也采用同样的策略。大约 1400 年，达蒂尼公司在巴塞罗纳的分公司留出一部分资金以应付未支付的税款。对设备折旧早在 1324 年便出现过。然而，它并未发展成为普遍做法，因为在工业革命发生前人们并不重视对机械的投资。在法罗尔菲公司（Farolfi）的账本（1299 ~ 1300 年）中，有一个预先付讫的机器租用费被正确地作为递延费用处理的事例。因为风险账户的普遍存在，存货估价（inventory valuation）在中世纪并没有现如今那样重要。通常每笔货物都会开一个独立账户，记账人会等到所有货物都售出后才结算盈利和亏损。这种做法并不奇怪，因为风险投资并没有随商旅的消失而消失，而是持续了整个 14、15 世纪，尽管已被作出某种程度的修改。

成本会计的起源可以上溯至 14 世纪末。分件账户一个很好的例子是在由弗朗西斯卡·达蒂尼建立和控制的一家布拉特布匹生产店的交易备忘录中

---

① 佛罗伦萨，国家档案馆：《注册档案》，第八卷，第 35 号，第 1451 页。

发现的①。在这本备忘录中，人们为了尽可能精确地核算成本，将每匹布的经营费用或间接费用都核算出来。然而，这些细致做法并没有发展成一套完备的复式记账体系。在佛罗伦萨，这方面的发展尤其受到当地复杂的钱币体系的阻碍，这个钱币体系是以金和银为双层基础，两者间没有一个固定的兑换率。商人和钱商只承认金子，而布商却同时使用二者：用金币购买羊毛以及出售布匹，而用银币支付工资，这种做法在钱币动荡时期大大地加深了钱币问题的复杂性。

复式记账毫无疑问是意大利人的发明。直到 16 世纪才开始传往欧洲其他国家，卢卡·帕西奥里（Luca Pacioli）的专著和后来意大利文及其他文字的手册的出版更是起了极大的倡导作用。我们不应忘记的是这些手册是初学者的教科书，因此并未充分说明在账房中真正沿用的更先进的做法。专家认为，记账的最大进步是在 1250 年到 1500 年期间取得的。从那以后，记账并没有取得多少进步，直到 19 世纪大规模企业的出现带出新的问题和新的【93】解决方法时才有所改观。

根据韦尔纳·松伯特（Werner Sombart）的观点，复式记账的引进标志着“资本主义企业”的开始和利润驱动力作为经济行为的指导原则的胜利。如果松伯特的标准被接受，资本主义将上溯至 13 世纪，或比他自己愿意承认的时间还早得多。

14 世纪度量衡的大幅变化和中世纪钱币体系的复杂性导致第一本商人手册的出现。只要贸易仍集中在香巴尼集市上，就没有多少必要编写此类指导书了，因为它们的规定人人尽知并被普遍遵守。随着集市的衰落和它们的位置被几个中心，例如巴黎、伦敦和布鲁日所占据，这种情形大为改变。因此，商人更难把握异地的习俗，需要一本手册给他提供安全、时新的信息。这样的手册很快成为任何有进取心的公司账房中不可或缺的装备。

这些商人手册中最为著名的是弗朗西斯科·佩格洛蒂（Francesco di Balduccio Pegolotti）在 1342 年左右编写的，佩格洛蒂是为巴尔蒂公司服务的最能干的代理人之一。如今这个文本可以找到出色的现代版本，序言是用英语写的。还有 14 世纪的一个佚名的威尼斯价目表以及最早是在 1481 年出版的劳伦佐·切尔里尼（Lorenzo Chiarini）的手册的近代版本。乔瓦尼·乌萨诺（Giovanni di Antonio da Uzzano）的《商业习俗》只留有 18 世纪的版本。除了

① 弗德里戈·梅里斯，“La formazione dei costi nell’ induastra laniera alla fine del Trecento”，选印自杂志，《国家经济》，第 6～12 页。

正式出版的手册，还有大量的手稿副本保存在意大利的图书馆和档案馆中。在印刷术发明之后，书商利用社会对商人手册的稳定需求，在16、17、18世纪继续发展这种类型的书籍。乔瓦尼·佩里（Giovanni Domenico Peri）的《商人》（1638年）、路易斯·罗伯茨（Lewes Roberts）的《商贸指南》（1638年）、雅克·萨瓦里（Jacques Savary）的《理想的商人》（1675年）、雅克·伊斯皮恩（Jacques Le Moine de I' Espine）的《阿姆斯特丹经商手册》（1694年）、萨缪尔·理查（Samuel Ricard）的《经商基本和约》（1700年）以及玛勒基·波斯威特（Malachy Postlethwayt）的《商贸通用字典》是这种实用型文本的典型范例。其中一些非常畅销，再版了好几次。

中世纪商人手册中的内容是什么呢？它们主要包括异地习俗风貌、度量衡及其货币和钱币体系等种种实用信息。这些手册还有关于中间费、支付外
【94】国汇票的习惯期限、兑换牌价、硬币管理、邮政系统、信使使用的交通工具及商品质量等信息。商人手册中给出的信息是纯粹的事实和叙述，读者不能期望从中找到任何哪怕与经济分析稍微沾边的内容。然而，乔瓦尼·乌萨诺（Giovanni da Uzzano）指出钱币市场有季节性波动，并说明在不同地方钱币可能何时紧何时松。他建议套汇商人决不要在钱币匮乏的地方提款，或向钱币充足的地方汇款。

根据商人手册，交通集中在某些地方，或贸易或银行中心。在15世纪，这些地方是意大利的巴列塔、波伦亚、佛罗伦萨、热那亚、卢卡、米兰、那不勒斯、巴勒莫、比萨、罗马、锡耶纳、和威尼斯；西班牙的巴塞罗纳和巴伦西亚；法国的阿维尼翁、蒙波利埃和巴黎；佛兰德斯的布鲁日以及英国的伦敦。巴黎在1410年后迅速衰落下来，它的地位被日内瓦和后来里昂的集市所代替。在1453年被土耳其人征服以前，君士坦丁堡一直是热那亚人和威尼斯人的金钱交易场所。罗马教廷居无定所，随着教皇奔波。由于要满足教皇财产的需要，教皇有了无论走到哪里，哪里便钱币短缺的名声。

贸易和银行中心的主要特点之一是存在一个有计划的货币市场。在中世纪这样一个市场是以汇票的流通为基础的。在几乎所有的贸易和银行中心，意大利钱商都是主要的兑付者。在中世纪，汇票，就如它的名字所示，主要被用来履行汇兑契约。这种契约多是在一个地方预支一笔资金而在另一个地方以另一种货币偿付。由于交通的缓慢，契约在某地的缔结和在另外一个地方的履行之间必然有一个时间差。因此，汇兑契约本质上是兑换和信贷交易，二者密不可分，即使即期汇票也是如此。后来中世纪的汇票同时是信贷和转账凭证。它们买卖的价格并没有被打折扣，而是由汇率所决定。商人手

册说明了外汇在不同地方是如何报价的。除非另有规定，汇票通常是在固定期限内兑付的。在伦敦，汇票兑付的固定期限根据目的地的不同而变化，从 1 个月到 3 个月不等。

表 3 说明了 15 世纪伦敦的外汇报价。在中世纪，伦巴德大街是布鲁日交易所的附庸，只有意大利居民才广泛地同热那亚、佛罗伦萨或威尼斯从事【95】汇兑业务。至于英国商人，他们通常是承兑者，通过越过英吉利海峡在布鲁日或加来出售到期汇票、主要利用钱币市场来积累资金。起初，汇兑与我们今天的做法刚好相反，是以斯特林币（sterling）报价的，以埃索币（écu）、弗罗林币（florin）或杜卡币（ducat）为参照。在这样的情形下，低兑换率对英国有利。直到 15 世纪末英国商人才改变了这种做法，开始以先令和德涅尔格罗特币这些佛兰芒货币报兑换价，以 6 先令 8 便士的贵族币（noble）或一镑先令的 1/3 为参照。这是塞利（Cely）文集中使用的方法，此文集是一个羊毛商公司的商业信件集。

表 3　　15 世纪伦巴德大街的汇兑报价

支付地点	汇兑报价	高	低	兑现期
布鲁日	每个面值 24 格罗特的埃索所兑德涅尔斯特林币数，佛兰芒现汇	22	18	交易日起 30 天内
佛罗伦萨	每个迪萨杰罗弗罗林［1471 年以后为大弗罗林（*florino largo* 或者 large florin）］所兑德涅尔斯特林币数	43	38	交易日起 90 天内
热那亚	每个面值 25 先令的弗罗林所兑德涅尔斯特林币数，热那亚现汇	26	20	交易日起 90 天内
威尼斯	每个面值 24 格罗西的威尼斯杜卡所兑德涅尔斯特林币数	46	38	交易日起 90 天内

资料来源：*El libro mercatantie et usanze de' paesi*，佛郎哥·勃兰迪（Franco Borlandi）主编，都灵，1936 年。

可以确信的是，利息被隐藏在汇率中，但这也并未极大地改变兑换业务的投机性。每一个做钱币生意的人，不论是借方还是贷方，都必须遵守游戏规则，承担汇兑波动的风险。关于这一点，意大利钱商的账本和道德家的说教都做了一致而确切的说明，没有什么可怀疑的。在牧师们的眼中，投机因素是汇兑交易存在的原因，它们显然被用来隐藏高利贷贷款。

当国际银行业同外汇紧密相关时，地区银行业则秉承了 12 世纪热那亚银行业建立的传统，依旧同钱币兑换息息相关。在很多商业中心，包括巴塞

【96】罗纳、布鲁日、比萨和威尼斯，钱币兑换商的办事处已经成为当地的转账和储蓄银行，靠微不足道的储备率经营，并允许客户透支。就如先前的热那亚，转账命令通常要亲口传达，但当存款人无法亲自来银行时，书写的委托书偶尔也被接受。因为存款只有部分是由手边的现金支付，可以肯定钱商通过借贷和投资行为创造了信托资金，这个创造有可能导致通货膨胀。主要贸易中心的银行中钱币的数量远远不能被忽视。1369 年，布鲁日钱币兑换商克拉德·马克（Collard de Marke）的总储蓄超过£ 5 500 格罗特，佛兰芒钱币，其含金量相当于 154 000 美金。这个数字足以令我们惊讶，因为当时钱币的购买力比如今要大得多，而马克仅是 15 个钱商之一，而且布鲁日城的居民不足 50 000 人。中世纪储蓄银行的一个大的弱点是普遍直接投资做生意而导致多次失败。钱商还被指控通过以高于公告率的价格出售现行货币或将金块送往外国铸币厂而引起货币贬值。为了消除这些弊端，巴塞罗那城于 1401 年成立了一个市政银行，即公共银行的前身，在 1550 年后非常盛行。在热那亚，1408 年也特准建立了一个相同的机构，圣乔治银行，希望它能遏制弗罗林金币价格的不断上涨。但这个努力被证明是失败的，这家银行于 1444 年解散，直到 1586 年才重建。根据它的第一份决算表（1409 年），主要是存款的总债务超过 50 000 弗罗林金币，或以每盎司＄35 的时价计算超过＄200 000。

15 世纪，钱商的错误做法和无数的银行失败促使当权者采取了一种逐渐敌对的政策。在低地国家，勃艮第的公爵们为了保持他们货币的稳定，开始在他们的领地废除银行业，禁止钱商接受储蓄及给商人支付转账支票。在威尼斯，15 世纪末一系列的破产使私人银行名誉扫地并最终导致它们的绝迹。

对于中世纪坐在账房中处理业务的商人来说，其他地方的市场状况和商业行情的信息至关重要。他依靠这些信息做出商业决策和预测。当然，这样他才可以不往市场上货物供过于求的地方运送货物。另一方面，他也留心注意从需求增长的货物上赢利。例如，当卢卡的一位丝绸商人收到他在巴塞罗

【97】纳的信使过晚通知他在阿拉贡宫廷举行的盛大的婚礼消息时，我们可以理解这位商人的失望了。根据商人手册，钱币市场尤其对来自国外的报告敏感，兑换率要迅速同其他地方的流行趋势相对应。信息是如此重要，以至于一些无耻的投机商有时靠散布错误谣言或封锁特别消息而赚取高额利润。

在这样的情况下，建立高效的通邮机构刻不容缓。在缺乏公共服务的时期，商人们被迫自己着手解决此事。早在 1181 年，卢卡和比萨之间就有条约规定，via francigena 旅行并携带香巴尼集市邮包（scarsella）的比萨信使可自由穿过卢卡地区。一个多世纪后，佩格罗蒂曾提到过同样的服务，他甚

至声称邮包的抵达制约着在集市签发而在热那亚支付的汇票的兑付期限。乔瓦尼·乌佐诺（Giovanni da Uzzano）在他的手册中（1442）告诉读者，重要的贸易中心是由一个固定的通邮网联系起来的。这个说法得到达蒂尼公司和其他公司的商业信件的证实，在这些信件中，邮包如此频繁地被提及，说明它一定已成为固定习俗。起初，邮包一词只指货物邮包，但它的意思很快推及到西欧重要贸易中心的商人社团建立的私人邮件系统。

惟一说明了通邮组织的文件是佛罗伦萨1357年的一条法令。它说明阿维尼翁的通邮体系是在商人行会的赞助下由在教廷有通讯员的一群商人建立的。这群商人每两个月选出两个通邮能手，其主要职责是雇佣信使、收集和分发邮件。信件被装在密封的文件袋中，只有到达目的地才可以开启。当1382年布鲁日的通邮体系改变了其通常路线，要穿过米兰的地界时，卢卡共和国要求米兰公爵在信使通过时不要开启任何密封文件袋或检查任何邮包。

根据达蒂尼的信件，卡特兰斯的邮包每个月离开布鲁日前往巴塞罗纳两次，而且很可能同时携带发往巴黎和蒙波利埃的邮件。尽管乌佐诺的手册上说这段航程只需19到20天，但事实上需要22～24天。商业文件中尽管有大量可供查询的资料，但只有一小篇文章提到过通邮体系。研究邮政系统的历史学家们把他们所有的注意力都放在了王侯们的信使服务上，但是商人社 【98】
团的通邮体系可能更值得作细致研究。

现在不是讨论关于保险起源的种种纷争的时候。就目前的研究看来，最早的确凿的保险实例是在巴勒莫自1350年开始的一些公证契约中发现的，是关于从西西里运往突尼斯的谷物的。有一次，保险商得到18%的保险费并明确承担了从天灾、军舰袭击到海上的所有风险。在巴勒莫的契约中，也有一次保的不是货物，而是船只本身连同索具和船具。从巴勒莫到突尼斯，并在西西里其他港口作两三次停留的航行的保险费是14%；但决不允许绕航，除非遇到紧急情况。

因为巴勒莫仅是个次要中心，又因为一些保险商是热那亚人，我们完全可以认为保险在1350年前就在热那亚、比萨以及威尼斯为人们所知。然而，在热那亚，保险契约以免费贷款以及后来的销售契约的形式加以掩盖。这样做也许是因为教会谴责海洋贷款的禁令造成的，尽管道德家们一开始就认为保险契约由于涉及风险是合理的。但另一方面，在热那亚，保险契约是被托付给公证人的，与比萨和佛罗伦萨通行的做法不同。在比萨和佛罗伦萨，保单交给中间人，由他们在有可能的投保人中分发，直到完全签下保单。

保险费的数目随形势和季节的变化而变化不定，但一般木船的保险费要比往返船低得多。在1454年，装在威尼斯木船上从桑威奇运往威尼斯的货物的保险费只有3%。同一年，装在一条普通船上从威尼斯运往布鲁日的海港斯路斯（Sluys）的货物的保险费高达11%。一些商人甚至认为威尼斯木船非常安全，认为不必要保险，而是通过分散货物来减少风险。大宗货物被尽可能多地分配在几条木船上。因为中世纪商人习惯于承担风险，货物很少以超过价值的一半或更少被保险。

尽管保险商索要的保险费巨大，保险业却不是特别赢利。根据15世纪的佛罗伦萨的一位保险商伯尔纳多·卡姆比（Bernardo Cambi）的记录，卡姆比赔付的数目比他靠保险费赚到的还多。在这个生意上的竞争一定很激烈。保险业的另外一个麻烦是保险费很容易被诈骗。商人有时有意安排船只
【99】在海上失事，以对甚至不在船上的货物提出索赔。也有当船主得到秘密的灾难消息时便一窝蜂去办理保险手续的事。这样的欺诈行为在16世纪也引起过很多抱怨。只有后来劳埃德组织的成立才使商人很难实施这种骗行。

尽管不太常见，陆地上的保险在15世纪也并非没有。另一方面，统计数字的缺乏也不允许开办可靠的人寿保险。因此陆地保险依旧同单纯的赌注没有太大区别。

保险业的一个重大发展是建立了统一的做法和法令。这无疑是受惠于意大利的经营手段和方式在黎凡特及西欧的传播。甚至布鲁日宫廷也常在判决有关保险、汇票或其他事情的案子时咨询意大利居民中的头面人物。直到1484年流行条例的整理工作才开始进行，巴塞罗那处理海洋保险的做法被汇集成法律，在1494年同《海洋法集》一起出版。这个集子的出版对同类立法有着重大影响。

在航运领域，14、15世纪最引人注目的发展是为从热那亚和威尼斯到黎凡特和西方的木船设立了常规路线。至少在威尼斯，这些木船都是属于国家所有，但它们被承包给私人，自负盈亏经营。然而，参议院只接受有航海经验又有足够财政支持的威尼斯贵族的报价。得到参议院的许可后，船长便被准许在圣马克广场搭建席位招募船员。他通常先雇佣一个受到导航训练的大副。然后是二副、文书、理发师兼外科医生、牧师、炮手、弓箭手、木匠、厨师、号手、舵手、水手，最后是桨手，在威尼斯桨手是自由人，不是木船奴隶。可以肯定的是这些可怜人都是社会的底层人物，主要应征对象是为了寻求微薄的工资而涌入威尼斯的达尔马提亚人[①]和阿尔巴尼亚人。一艘

① 南斯拉夫人。——译者注

大商船上的船员能有300人之多。由于木船上的货物空间总是相当有限，并不适合低价的笨重商品的运输，而适合运送香料、丝绸、羊毛、布匹及其他高运费的奢侈品。

尽管船长在他的木船上是惟我独尊，但他要对参议院负责，并受政府任命管理整个船队的总长的调遣。木船要求结伴而行，并在受到攻击时互相支 【100】
援。运费和工资有严格的规定，不遵守规定的船长会受到严厉的惩罚。

在好年景时，威尼斯派出过几个船队：12条木船分成两队前往叙利亚和亚历山大，4艘前往君士坦丁堡，4或5艘前往佛兰德斯，2或3艘前往巴尔伯利（Barbary）。佛兰德斯的船通常直接前往泽兰或斯路斯（Sluys），并在返航的路上在南安普敦停留。在15世纪，佛罗伦萨在1406年征服比萨后开始同威尼斯和热那亚展开竞争，派船队前往佛兰德斯和黎凡特（1422～1478年）。这一时期的资料同样提到那不勒斯的费拉底木船，巴塞罗那的卡特兰木船和纳博钠的法国木船。在很短的一段时间内还有两艘勃艮第木船，上面飘扬着勃艮第圣安德鲁的有凹凸波纹的十字旗，但是由梅蒂奇银行和佛罗伦萨船员经营。甚至爱德华四世也为了增加远途贸易而装备了一艘船，但不是木船，前往皮萨诺港（Porto Pisano），因此在中世纪文件中被称为“英国国王的船”。这是意大利在地中海贸易中的主导地位的首要体现。

尽管意大利商人居住在伦敦，南安普敦却是木船队最爱停留的地方。它们的定期来访给这个城镇带来了生气，给予它一种中世纪少有的都市气氛。既然南安普敦的繁华依赖于意大利人的出现，因此意大利人受到城镇居民的普遍欢迎。尽管间或会有因木船上好斗的船员引起的争吵，那里的排外情绪仍要比伦敦微弱得多，而在伦敦，意大利人的竞争对手经营商、绸布商和杂货商鼓动这种排外情绪。随着16世纪初木船队的消失，作为伦敦的一个外港的南安普敦也衰落下来，直到19世纪它成为跨大西洋渡轮的终点站时才恢复了它昔日的繁华。

意大利在黎凡特的商人聚居区前面已经提到过。1300年前它们就被稳固地建立起来了。因为它们的结构在14、15世纪并无多大变化，所以不必再赘述了。然而，意大利在布鲁日和伦敦的商人聚居区是在1300年后才建立起来的，而且它们从未达到像在黎凡特那样的规模或自治程度。这些在北方的聚居区也是由领事管理，他的主要职责是解决他们国人的争端、保护他们不受当地权力机构的欺压以及捍卫现存的贸易特权不受侵犯。领事或者由当地居民选举（如卢卡人）或者由国内政府任命（如佛罗伦萨人和威尼斯 【101】
人）。就像行会那样，聚居区成员有义务参加社会和宗教活动。为了支付这些活动的费用，所有的汇兑和商品交易都必须被征收一种叫“consolaggio”的税。在伦敦，到了15世纪末，佛罗伦萨人的汇兑业务每镑斯特林收1/12便士的税，商品则每镑收半便士的税，保险每分收1/8。另外，每艘来到南安普敦的木船都被要求一次交纳10镑斯特林——从总杂费中支付。木船上的货物除了支付运费外还要考虑支付普通和特别的杂费。

在布鲁日和伦敦，意大利人的聚居区被划分成几“片”，每一片都由它自己的领事管辖。但当公共利益受到侵犯时他们就会结成统一战线。因此，在1457年的排外暴动发生之后，意大利在伦敦的4“片”聚居区联合起来签署协议，威胁说要抵制伦敦市而将聚居区搬到温切斯特。威胁尽管没有被付诸实施，但如果真发生这样的事的话，势必引起伦敦城的大幅衰落。我们不要忘了意大利人控制着钱币市场，英国商人完全依赖他们筹措资金。

领事馆的官方记录显示，1377年布鲁日有大约46名卢卡居民，不包括妇女儿童。到15世纪，这个数字降到了12，无疑是因为卢卡丝绸业的衰落所致。根据N. 德帕斯（N. Despars）的编年史，1468年大约175名意大利商人上街游行庆贺法王查理一世和英王爱德华四世的姐妹、约克的玛格丽特的联姻。这个数字包括103位热那亚人和米兰人，40位威尼斯人，12位卢卡人和22位佛罗伦萨人；这些数字基本合理，可能是真实的。

伦敦的意大利人聚居区要比布鲁日的小。它可能都未超过100人。除了规模，另外一个重要的不同是意大利人在布鲁日受到欢迎而在伦敦受到仇恨。其原因无疑是在佛兰德斯他们没有当地的竞争对手，因为做生意的佛兰芒人很久以前就绝迹了。在伦敦正相反，意大利人和英国商人展开了激烈竞争，每一方都想将对方挤出羊毛和香料贸易。另外，一些人撰写小册子指责“伦巴达人”拿英国珍贵的羊毛交换猿、廉价首饰、甜酒、天鹅绒及其他的非必需品而使羊毛贸易每况愈下。最后，英国商人痛恨对意大利资本的依
【102】赖，对他们不懂的汇兑业充满了怀疑。这个态度在法律中也有所体现，例如伦敦1439年的就业法和宿主法。对外国人整体、尤其是对兑换商和银行家的敌意依旧充斥在16世纪的商业家的作品中。我们不该忽略这样一个事实，即这些早期经济学家的偏见由来已久。

这样的叙述可能歪曲了中世纪的商业结构，因为它只强调极端而忽略了这样一个事实，即它并不典型，只适合于几个主要中心。问题在于还未研究地方贸易机构。不过，最近对图卢兹的研究使我们可能更好地了解这方面的情况。

图卢兹在14和15世纪是巴塞罗那和蒙彼利埃附近的次要中心。而且这

个城镇西邻波尔多北邻巴黎。在15世纪初图卢兹同遥远的日内瓦集市也有联系，在查理六世的动荡时期，日内瓦已取代巴黎成为国际商品市场和各地汇票的兑付中心。

在图卢兹没有意大利大公司的分公司，尽管在资料中偶尔会有意大利人短暂出现的记录。惟一有迹可查的是曾经是国王的财政管理人的佛罗伦萨人奥托·卡斯特兰尼（Otto Castellani）及其合伙人、从事钱币兑换的杰克波·梅蒂奇（Jacopo Medici）。后者可能就是伟大的梅蒂奇的一个远房表兄，1498年当选行政长官时他正住在佛罗伦萨。这个卡斯特兰尼据说通过种种方法，包括魔咒，使雅克·库尔（Jacques Coeur）下台让他继任财政部长。卡斯特兰尼自己结局悲惨，被控巫术和欺诈而死在狱中。他的合伙人杰克波在1459年获得赦免，不予追究他在卡斯特兰尼的唆使下所犯的谋杀、欺骗陪审团、放高利贷及其他罪行。

图卢兹的大多数贸易都控制在当地商人手中，他们同意大利公司一样从事多样化经营，利用各种机会赚钱。他们经营的主要物品之一就是来自佛兰德斯、布拉班特、诺曼底和英国的布匹。它的供应对象是不喜欢当地粗劣产品的上流阶级。英国布匹通过波尔多由贝阿恩商人进口到图卢兹，交换大量生长在加龙河河谷的靛蓝。在佛兰芒毛料中，库特勒和沃维克（Wervicq） 【103】
的最受欢迎，但它们的需求量在1400年后大幅下降，而英国的纺织品越来越受人们的欢迎。另一方面，诺曼底的布匹特别是蒙特维尔和鲁昂的布匹从1350～1450年间有了稳定的市场。为了得到这些奢侈品，图卢兹商人在巴黎设了代理处，或者有时亲自前往佛兰德斯或诺曼底。意大利的丝绸主要是在靠近蒙彼利埃的佩兹纳斯和蒙塔尼亚克集市上购买。图卢兹商人或者亲自前往集市或者派代理人前去。显然，佩兹纳斯和蒙塔尼亚克的集市在法国南部和低地国家的安特卫普与贝亨的集市起着同样的地区集散中心的作用。它们吸引内陆地区的商人来这里出售他们本地的商品，并购买香料和其他异国产品。根据只以手稿方式留存下来的一本意大利手册，图卢兹出口廉价的当地毛料，并在佩兹纳斯和蒙塔尼亚克的集市上为它们寻找到销售渠道，同时进口前面提到的精美、昂贵的布匹。

不仅多样化是经营规则，而且批发商和零售商之间也没有明显的界线。图卢兹布商卖布以厄尔为单位，也以匹为单位卖。根据一位去世的绸布商人的存货清单，他的店铺中的商品五花八门：意大利丝绸、锦缎和天鹅绒；荷兰亚麻和其他织物；做好的各种礼服（法衣和十字嗒[1]）；坐垫床垫、帽子、钱包、装饰腰带、镜子、念珠及各种首饰。

图卢兹商人的记账水平并不是很高，但可能足够为他们服务了。根本没有复式记录，但账记得还算系统。如果蒙托邦的邦尼斯（Bonis）兄弟公司（1345~1365年）的账本有代表性的话，那么法国南部的商人用分类账记载收支状况。在图卢兹惟一留存下来的商业账本是4个对开本，是绸布商简·拉波尔（Jean Lapeyre）（1442年）的纺织品货物的存货清单。

由于长期的货币短缺，易货贸易十分常见，借贷无处不在。钱商接受存款，但这并不意味着货款常用银行的转账支票支付。在图卢兹没有有组织的钱币市场，汇票的使用相当有限。但是，钱商还出售在邻近的佩兹纳斯和蒙塔尼亚克的集市上支付的汇票，甚至还安排资金转往罗马和阿维格农。

【104】因为图卢兹商人在其他地方没有联络员，他们仍被迫到处奔波或派遣他们的代理人。通常他们已不再随同货物前往，而主要利用巴斯克人的马车夫和驴车夫运送货物。

几位或者运气颇佳或者经营才能出众的商人建立了乡村地主王国，例如萨吉尔公司（Ysalguier）。但整体情形并不令人乐观。贸易不断受到战争、传染病和饥荒的侵扰。1442年，一场大火烧毁了半个城镇。1350~1450年的整整一个世纪如果不是经济衰退期之一，也是经济沉闷期之一。

2.4 汉萨同盟[2]和英国贸易组织

中世纪时地中海和波罗的海的贸易几乎没有任何共同之处，除了有一点惊人地相似：两者都是由某一国的商人占主导地位，前者是意大利人，后者是德国人。汉萨同盟对波罗的海贸易的控制甚至比意大利城市在地中海地区的贸易控制还要紧密。另外，意大利的城邦之间有时有殊死的竞争，而汉萨城镇是联合在一起的一个强大同盟。

在地中海地区，意大利的海上势力不容忽视，常被用来满足他们的经济需求或捍卫现存的贸易特权。然而，在直布罗陀海峡以外，意大利共和国不再有任何势力，他们的经济霸权只能通过优越的商业组织维持。他们必须通

---

① 神父行弥撒或圣餐时所穿的宽大无袖长袍。——译者注
② 汉萨同盟：中世纪北欧城市结成的商业同盟，以德国诸城市为主。——译者注

过和平方式求生存，而不能像汉萨同盟有几次做的那样进行抵制、封锁或劫掠对方商船。因此1358年汉萨城市命令他们的商人撤出布鲁日不再同佛兰德斯做生意，直到他们的投诉得到满意的解决。贸易联系再次于1436～1438年间中断。跟随其后的是荷兰的大封锁（1438～1441年），事实证明这次封锁使荷兰自食其果，对文德城市造成的伤害要大于对敌人造成的伤害。在1469～1474年间同英国人的争锋中，汉萨同盟在海战中取得胜利。就是在这次战争中，但泽的一艘劫掠船俘获了勃艮第的一条木船，船上有为梅蒂奇银行的布鲁日经理安吉拉·塔尼（Angelo Tani）绘制的梅姆林(Memling)[①] 的“最后的审判”。不管怎样，汉萨同盟从英国爱德华四世手中得到了它以往的特权，并成功地阻止了英国商人向波罗的海的渗透长达数年。正如这些事例所示，汉萨同盟（特别是吕贝克和文德城镇）的一贯政 【105】
策是保持它对波罗的海贸易的控制，防止任何人入侵。在缺乏优越的商业技巧的情形下，必要的话要靠武力维持这种垄断。

地中海地区的一个特点是有数目众多的贸易中心向四面八方扩散贸易业务，而波罗的海地区却展现出完全不同的画面。汉萨贸易沿着一条中心在吕贝克的轴线和两条支线延伸：一条西至布鲁日和伦敦，另一条东到里加和遥远的诺夫哥罗德[②]。只有一条重要的分支通往挪威的卑尔根。这种情况对商业组织有着重大影响，它使汉萨商人的经商方法比意大利人粗糙。总的来说，北欧的条件比南欧和西欧的原始。都市生活并未得到很好的发展：即使是最大的城镇，例如科隆，居民也不到40 000人，而几个意大利城市，包括热那亚、佛罗伦萨和威尼斯，人口都已超过50 000人。北方的贸易价值比起南方要小，而且这一地区的主要产品，可能除皮毛以外，都是相对廉价和笨重的商品。这些因素便是造成汉萨和意大利贸易结构有巨大差异的主要原因。因此波罗的海地区的商业方式较为落后，仍旧迫使商人或代理人不断在路上奔波就不足为奇了。

有很多分公司的大公司，例如意大利的巴尔蒂公司或梅蒂奇公司，在汉萨地区尚未出现。单个商人经商依旧是商业舞台的中心。可以确定的是，合作关系的确存在，但它们或多或少都是暂时性的联盟，2、3个商人为了某个特定而有限的目的进行合作。这些契约有些是只为某一宗生意而形成的暂时合作关系，但其他则是长期的甚至可能持续好几年的合作契约。所有这些契约有一个共同点，便是很适合汉萨贸易长期的群居特色。

---

① 1430～1494年，文艺复兴时期佛兰德斯画派画家，主要画祭坛画和肖像画。——译者注

② 俄国境内。——译者注

1300年前，德国贸易沿着波罗的海海岸的扩张所引起的大迁移使德国人控制了易北河以外的斯拉夫地区。在14、15世纪，像里加、多尔帕特或斯德哥尔摩依旧是德国殖民地，被同故国联系紧密的商人家族统治。

在偶然出现的合作关系中，最典型的是Sendeve和Wederlegginge或societas vera。前者有点像代理契约，但不完全一样。也许它更接近代办契约，因为它是根据承担所有风险的委托人的指令，由一个仆人、商人伙伴或酒馆
【106】老板购买或出售一些商品。代办人是否随同货物旅行与这些货物独自上路没有多大差别。代办人显然是被支付佣金或一笔固定的酬金，但似乎并不分享利润或损失。在15世纪，常常发生一个代办人同时被几个委托人雇佣的情况。就像Sendeve，Wederlegginge也是只限于一宗生意的契约。通常它涉及两个合伙人：一位提供资金，而另一位经营业务并常常做国外旅行。然而，也有两人以均等或不均等的数目共同投资的情况。经营方通常以他自己的名义做生意，而不透露他的合伙人的名字。至于利润的分配，显然并不存在像热那亚那样的固定规定。在16世纪，吕贝克的法律规定，没有投资的经营方只分配利润而不承担损失。但是他们的辛苦也得不到任何酬劳。这条规定也许是后来才产生的。在德国南部，也有Wederlegginge，但被称为Furlegung。

但汉萨贸易最典型的构成既不是Sendeve，也不是Wederlegginge，而是所谓的相互代办合作关系（gengenseitige Ferngesellschaft）。它通常是在此地的合伙人和彼地的合伙人间的非正式协议。就比如说吕贝克的一位合伙人与里加的另一位合伙人同意互相充当代办人，互相出售对方的货物共同牟利。这样的协议并不一定是临时性的，而是能够持续好几年。它非常符合汉萨贸易的需要，因为前面提过，汉萨贸易是沿着一条轴线发展的。这样的合作关系既没有它自己的资金也没有它自己的风格。这种协议局外人不会知道，因为每个合伙人都是以他自己的名义经营。因为没有记总账，每位合伙人都按照他自己的体系记自己的账，当账目不符时这个做法引起了很多纠纷。每一位合伙人都没有权利支配另一位合伙人，而距离又使他们无法经常沟通、也没有控制的办法，这种协议在很大程度上（如果不是全部）依赖于相互间的信任和商业道德。这些缺点如此严重，以致经常引起诉讼，特别是因为汉萨商人有经年不对账的坏习惯。因为他们的记账方式非常原始，差别和错误定会出现，并造成各种困难。在后来的一个事例中（1507~1523年），涉及一位住在
【107】雷瓦尔的商人和另一位住在吕贝克的商人，他们16年没有对过账。

通过派遣代理人或利用雇佣的代办人便可在国外建立代理。如相互代办合作关系中的不分享利润的相互代办也较为常见。一些商人利用地方代理。

其中最为常见的是条顿骑士团[①]在布鲁日的永久地方代理。那些在异地没有建立起满意关系的商人不得不亲自前往国外，因为人们还没有靠书信发布命令或不经事先检查便购买货物的习惯。

诸如卑尔根商人（Bergenfahrer）、佛兰德斯商人（Flandernfahrer）或英国商人（Englandfahrer）这些名词的普遍使用说明旅行经商仍十分普遍，这些词是指同卑尔根、佛兰德斯或英国有贸易往来的商人。因为 Fahrer 一词在德语中的意思是“旅行者”，显然这些商人得到这样的称呼是因为他们常常前往那些地方。

汉萨的历史学家们坚信一个事实，即在 14、15 世纪，汉萨贸易因为信函业务不断增加而日趋变得更多以坐为主了，因此商人能够在账房中管理事务。这样的趋势无疑是存在的，但被意大利人发展得更为完善。

为证明这一点，让我们看一下布鲁日的情况，因为意大利人和汉萨同盟在那里都有商人聚居区，所以可作出比较。因为意大利公司有永久的分公司，所以他们的分公司经理和代理人也是永久居民。如果他们已结婚，他们便与妻子儿女一起住在布鲁日。例如，梅蒂奇银行的当地经理托马索·波蒂纳里（Tommaso Portinari）从一个年轻的文员（1439 年）做起，在佛兰德斯住了 50 多年，直到 1496 年退休。1470 年，41 岁的他带着年轻的妻子来到布鲁日，建立了家庭。波蒂纳里会经常回到意大利同高级合伙人开会并同亲戚朋友度假。然而，尽管与自己的出生国来往密切，他还是彻底地同化到佛兰芒的环境中了。他是勃艮第公爵委员会的成员，他当然懂法语，甚至可能略通佛兰芒语。梅蒂奇银行的雇员和其他意大利人并不总是呆在布鲁日城内，而是常常出入城门：他们因公务去加莱，去在泽兰的码头，定期前往安特卫普和贝亨的市场。然而，这些在邻近地区的短途旅行并未改变大多数意大利商人是布鲁日永久居民这个事实。伦敦也是如此：这便是 1439 年的宿主法是条不合时宜的法律的原因，注定要完全失败，事实也的确如此。【108】

在这方面汉萨商人的情况完全不同：他们不是永久居民。佛兰芒以及德国的记录清楚地显示他们总是在奔波，在布鲁日和他们的祖国之间频繁往来。

同意大利人不同，大多数汉萨商人都住在酒馆或旅馆里，做生意时很大程度上依赖他们的住所主人，这些人也常常充当他们的中间人。汉萨商人对充当中间人的酒馆老板非常信任，常将钱托付给他，而不是存放在某个钱商那里。因此，当布鲁日城按和约规定保护银行存款而拒绝弥补德国商人因为

---

① 原为中世纪十字军的一个组织，建于 1190 年。——译者注

酒馆老板潜逃或破产而造成的任何损失时，汉萨同盟引起了一场骚乱。汉萨商人很少同妻子儿女住在布鲁日，但也有例外，例如西德布莱·韦克西森（Hildebrand Veckinchusen）（1426 年），他在布鲁日租了一个大房子同家人从 1402 年住到 1417 年。因为他的生意不是很好，他便将妻子儿女送回了吕贝克，那里的生活费用比佛兰德斯低得多。韦克西森在其他方面也是个例外。他试图同意大利和波罗的海地区建立商业联系。不幸的是，他的计划失败了，可能是因为他不得不在很大程度上依赖他无法控制的代办人。较原始的商业组织形式不允许德国商人在下放权力的同时不放弃控制权。韦克西森的失败很可能是因为他错误地估计了风险，用借来的钱从事投机生意以及一次承担太多项目而使他无法应付。即使是住在布鲁日时，他也常常出行国外，往往顾此失彼。正如他的例子所示，汉萨商人通用的经商手段不仅要求他们大量奔走，而且严格限制了公司的规模。

在汉萨同盟落后的经商技巧中，记账也是一个很好的例子。意大利人发明的复式记账直到 16 世纪才被汉萨商人接受。在 1500 年前，他们的记账体系有很多有待改进的地方，仍以小店主那样的方式记录偿还和赊欠的账款：没有真正的账户，借出去的钱如果偿还便简单地拿笔划掉，间或会留出一定空间记录分期付款的款项。因为代理和相互代办合作的盛行，所以必须记录为委托人或合伙人收集或支付的钱的数目。这项工作被以一种很马虎的方式完成，即为每一宗货物开设一个独立账户，一边记录销售所得，另一边记录
【109】费用。在这两套记录（即商品账户和私人账户）之间缺乏协调，以至于无法从中全面看出生意的财务状况，除非费周折看存货清单。也没有自动标识帮人们快速查找错误或遗漏。当生意规模小时，这种体系勉勉强强也够用，但当商业结构变得复杂起来时，它便不再管用了。根据已故专家圭纳·米克韦兹（Gunnar Mickwitz）的观点，正是低效的记账方式及其所导致的混乱可能是造成韦克西森破产的主要原因之一。

保险是另一个直到 16 世纪才被汉萨商人接受的经商技巧，而意大利人早在 1400 年前就已知道运用它了。我们了解的汉萨保险的第一个例子是 1531 年涉及从吕贝克运往泽兰的阿纳默伊登（Arnemuiden）的一船货物的一份保单。上面列出了 44 个保险商的名字，但其中绝大多数是有着佛兰芒姓氏并且家在德国南部的南方人。名单上没有出现一个德国北部人的名字。他们靠使用小船和将货物分装在几条货船上的方式减少风险。尽管汉萨同盟的船较为坚固，人们却更喜欢从汉堡到布鲁日的内部航行而不是外部航线，特别是季节不好的时候。内部航线所经之地都是受保护的水域：它流过弗里

西亚岛（Frisian Island）后面的北海（North Sea）岸，然后进入须得海(Zuider Zee)，通过荷兰和泽兰的水路到达布鲁日。

在莱茵河东部，没有银行中心和有组织的钱币市场。但我们不能夸张这一点而仓促地下结论说这里没有信贷业务，但在商业文件中，确实没有像意大利商人银行家那样的固定钱商，这一点严重地阻碍了资金的国际流通。没有正式的汇票，但代替它的是几乎起同样作用的委托支付的非正式汇票。指定支付相当常见，但以货易货也是常事。由于缺少货币，汉萨商人被迫比他们的意大利同行更经常地以船运送货物来处理国外的债务，这是效率最低的一种资金转移方式。在汉堡绸布商韦克·格尔德森（Vicko van Geldersen）(1367～1392 年）的账簿中，有几例是他派朋友或仆人送金币、银币到布鲁日以便购买佛兰芒的布匹。账簿还显示他曾用存在钱币兑换商或酒馆老板那里的资金购买货物。另一个说明货币转移困难的例子是波兰的教廷财产所引起的种种不便。为了将资金送往阿维格农，教廷在克拉科多的代表利用常去【110】
布鲁日的旅行商人，将要转移的资金投资在他们的货物上。这样将钱从克拉科多转移到布鲁日通常需要一年时间。而意大利商人几天之内就可将钱从布鲁日汇往阿维格农。总的来说，汉萨的经商方式比起意大利人来说较为落后。在 1500 年前，二者之间的差距至少有一个世纪。只有到了 16 世纪汉萨商人才开始改进他们的做法，将它们提高到同意大利人同等的水平。

从很早起，“汉萨”指的是常常前往外国的旅行商人的联盟。因此伦敦的佛兰芒“汉萨”是指从各个佛兰芒城镇定期来到英国的商人联盟。联盟会员要交纳会费。这种联盟的目的当然是为在外国土地上经商的商人提供集体保护，尽可能地维护贸易特权，并监督会员严格遵守已经生效的规则。

最初，德国“汉萨”也是相同类型的组织，将常常前往哥特兰岛的维斯比的德国商人结成联盟，后来在伦敦、布鲁日和诺夫哥罗德建立了同样的组织。因此汉萨同盟起初并不是一个城市联盟，它是逐渐由商人联盟发展起来的，绝不是政治组织，而是德国城镇为维护共同的经济利益和独有的特权而集结成的松散联盟。“德国汉萨”一词直到 1358 年才被使用，当时德国各城镇的代表聚集在吕贝克商议，对在佛兰德斯做生意的德国商人享有的特权的侵犯采取一致的对策。后来，这种聚会定期举行，汉萨同盟因此从商人行会转化为城镇联盟。

在 14、15 世纪，汉萨同盟的 4 个主要据点是诺夫哥罗德的圣彼得宫[St Peter's Court(Peterhof)]、卑尔根的“桥”(Brücke)、伦敦的钢厂（Stahlhof）以及布鲁日的“德国商人会”。也有小一些的边远据点：斯德哥尔摩、维斯比和赫尔。条顿骑士团（Tudor Order）领地内的德国城镇，诸如但泽、多尔帕特、柯尼斯堡、雷厄尔和里加，也是同盟成员，被包括在贸易圈之内。德国北部大多数城镇和威斯特伐尼亚城镇都属于同盟，科隆也是。它还包括须得海东部的荷兰城镇，例如代芬特尔、格罗宁根、坎彭和兹沃勒。

【111】 在4个主要据点中，在诺夫哥罗德的那个据点可能最不稳固，因为它位于一个完全陌生的环境中，而且那里的民众有时对他们抱敌视态度。在这方面，情况有点类似意大利人在埃及或突尼斯的聚居区（fondachi）。就像这些聚居区一样，13世纪前建立的圣彼得宫由一堵墙包围起来，用来抵御好斗的俄国暴民的突袭，非常有用。在城墙内有一座拉丁式的教堂，其地下室充当仓库，有商人居住的房屋和浴室。当地下室装满货物后，商人们便将货物堆放在教堂里面，因此通过了一条法令，禁止在高高的祭坛上堆放任何东西。到了晚上大门关闭，不允许俄国人留在里面。

所有德国商人都不会永远居住在诺夫哥拉德。来俄国做生意的商队一年来两次，夏天一次，冬天一次，呆几个星期后便离开。在商队离开时间，这个据点几乎是空的，交由仆役看管。15世纪，在冬夏两季来到诺夫哥罗德的商人越来越少，他们更喜欢派遣代理人。为了便于同俄国人做生意，据点配备了一名翻译。大多数交易是以货易货，尽管商品可能都有标价。不愉快的经验使德国人知道向俄国人贷款是危险的。我们的总体印象是诺夫哥罗德的条件相当原始，生意是根据某些最好丝毫不要偏离的固定程序进行的。

在卑尔根，环境比诺夫哥罗德宽松。然而，德国商人也居住在叫做“德国桥”的特别地区，但它并没有在必要时抵抗围攻的城墙。它有自己的码头、仓库和居室。

1388年后，德国在卑尔根的聚居区由一个委员会所协助的官员管理。他们不仅对商人，而且对德国工匠的社会事务有审判权。然而，犯罪案件却要由挪威政府机构裁决。在“德国桥”里不允许有妇女，但这条规则在杜绝一个问题的同时却产生了其他问题，因为它鼓励赌博、饮酒和暴力游戏，而且在桀骜不驯的单身汉中维持纪律非常困难。

外界同卑尔根的贸易几乎被文德城镇独占：吕贝克、维斯马和罗斯托克。鳕鱼干是主要的贸易物品，如斯卡尼亚（Scania）的鲱鱼干。随着时间的推移，卑尔根的“德国桥”越来越成为一所年轻学徒培训学校，他们的主人派他们到那里获得实际经验。16世纪，代理人成为聚居区的绝大多数
【112】 居民，但这股潮流其实在先前就已出现，在汉萨商人逐渐学会如何放权和如何遥控生意时就有。

对于汉萨来说，尽管还不是世界大都市的伦敦远比勃根福特（Bergenfjord）海岸上的鱼市场更为重要。很可能科隆商人是同英国有贸易往来的第一批德国人。中世纪初期就已经有过他们出现的记录。无论如何，他们形成了一个行会，因为1260年英王亨利三世颁布的一项特权提到了“奥尔曼的商人”拥有的行会会所。来自吕贝克和其他城镇的商人获准进入这个已经建立的协会是费了一些周折的。甚至在14世纪初期，似乎一度存在两个独立的协会。

在伦敦，汉萨商人在“钢厂”有他们的总部，这是一个在泰晤士河边的处所，包括一个码头、一个食堂、仓库和住房。在这里，汉萨商人在他们自己的长官和12个人组成的委员会的管理下过着一种几乎学院式的生活。委员会成员由居民选举产生，下列每部分人各占1/3：（1）包括位于今天比利时的迪南商人在内的莱茵河人；（2）来自威斯特伐尼亚、萨克森和文德城镇的商人；（3）普鲁士人和德国波罗的海人。就像其他地方一样，德国人聚居区也是由市政官管理社会和商业事务。除了德国市政官，钢厂成员还被要求任命一位伦敦市政官作为助理。他的职责是在某些案件中作为法官听审，并在同市政府的任何谈判和交易中充当中间人。根据传统，通往钢厂的主教门的护卫工作被托付给了钢厂商人；这同时是负担和特权，但汉萨商人非常珍视它，在乌得勒支和平协议（1474年）中确定了他们的这项权利。

与意大利人一样，德国人也受到伦敦城商人的嫉妒，在14世纪末15世纪初时，当英国人试图渗入波罗的海从汉萨同盟手中夺回贸易的控制权时，摩擦愈演愈烈。一条正当的抱怨理由是汉萨商人凭着旧的特权支付的关税比英国人自己或其他外国人都少。不管英国政府承受了多少要求废除汉萨商人特权的压力，直到伊丽莎白统治时期，经过从1468到1474年英国与文德和普鲁士的战争期间暂时的终止后，汉萨商人才确实失去这些特权。

比起诺夫格罗德、卑尔根和伦敦的境况，在布鲁日的汉萨商人并不局限在某一区，而是住在城镇内。汉萨之家是一个有着高塔和可爱的哥特式窗户 【113】
的精美建筑，是1470年在城镇捐献的土地上修建起来的，但它并不是一个居住大厅，而是有着储存货物的地下室和市政官的办公室的俱乐部。当后来在安特卫普建起汉萨之家安排客人住宿时，事实证明要租到房间十分困难，因为大多数商人更愿意在城镇内留宿，而不是住在棚屋里。

在布鲁日，汉萨商人感觉比在其他任何一个异地都随意。原因之一是他们同当地人的交谈不需要翻译。在中世纪高地德语已成为文学语言，在学校讲授，受其影响，低地德语要比今天更接近佛兰芒语。在布鲁日也没有像伦敦那样大的敌意，外来的商人受到市政府和城镇居民的欢迎。因为从事贸易的佛兰芒人消失很长时间了，布鲁日人很明白要依赖外国人带来繁荣，特别是依靠汉萨商人进口普鲁士和波兰的谷物。的确也会发生一些偶然事件和冲突，但没有像令伦敦氛围很可怕的那种长期敌视。

布鲁日的汉萨聚居区由6个市政官或长者组成的董事会管理，三部分人中各出两个，莱茵人、威斯特伐尼亚—文德人以及普鲁士—波罗的海人。1472年后市政官的数目由6人减至3人，但有一个由12人组成的顾问委员会。市政官的职责有三方面：（1）监督维护所有重要的贸易特权；（2）强迫执行贸易规定；（3）裁定汉萨商人间的诉讼案件。在布鲁日和在其他地方一样，这些案件是不受当地法庭管理的。他们经营的主要商品包括羊毛、蜡、毛皮、铜、谷物及其他一些商品，根据条约规定，这些商品不能用汉萨的船直接运往斯伊（Swyn），而是先要在布鲁日卸货出售。除了主要商品，还有一些不应用主要商品规则的其他货物。这些货物被允许不在布鲁日停留而直接运往目的地。这些主要商品协议使布鲁日比周边竞争城镇，特别是安特卫普，具有相当的优势。当然，主要商品规则并不适用于不经过斯伊直接运往英国或苏格兰的商品。

正如前边提到的，在布鲁日的汉萨商人是通过酒馆老板充当中间人做大多数生意的。根据历史学家鲁道夫·哈普克（Rudolf Hapke）的看法，佛兰芒“旅店老板”是前往布鲁日的商人有可能碰见的最重要的人。旅店老板
【114】不仅为其提供住宿，而且还将地窖租给商人存放货物，并通常秘密参与交易。如果需要，他还会为他的客人做担保，或在他们离开后为他们保存他们留下的数目可观的款项。他的人品是使他的客人获得最合理的价格的极其重要的因素。意大利人当然也利用中间人为他们服务，但可能未到德国商人这种程度。在布鲁日，充当中间人的酒馆老板属于社会的上等阶层，地位只在富裕的不隶属任何行会的地产收租人之下。

惟一逃过意大利或汉萨同盟控制的地区是德国南部。这个地区的国际贸易主要面向威尼斯和米兰，尽管在1420年后出现了日内瓦集市，它成为联结欧洲其他部分的重要集市。

德国南部贸易的主要特色之一是存在一些非常大的公司，例如持续了150年的莱温堡（Ravensburg）大公司（1380～1530年），据说其规模可与主要的意大利公司相媲美。但是，这些大的商业集团少之又少，而且它们的体制是否比意大利公司的优越还值得怀疑。这些南欧公司没有任何公司章程保留到现在是我们很难了解它们的原因之一。不论怎样，莱温堡大公司在

1497 年有 38 个合伙人。当然，他们在公司的经营上并不具有相同的权力。很可能真正的权力是被授予一个 3 人的小委员会，其中一位是财务主管兼主会计。总财务报表并不是每年都写，而是在不定期的间隔后才写。有时在 3 年、4 年或更多年之后才结算账簿核算利润。可以确定的是，他们并未使用复式记账，因为 16 世纪的弗格尔家族①仍对此一无所知。然而，这里的账目比起北德的来说记得更为系统。莱温堡大公司的经营范围并不比意大利公司或汉萨公司的单一。正如中世纪的其他地方，多种经营仍然是经营规则。人事是一个主要问题，信件显示代理人和学徒的行为使莱温堡公司的领导人很是焦虑。

这些情况在最近出版的雷根斯堡的一个合资公司玛特豪斯·伦汀格和威尔海姆·伦汀格公司的账簿中得到确证。这家公司的商业联系从东面的威尼斯、奥地利和波黑到西面的莱茵河畔的法兰克福和低地国家。这家公司的业务也一如既往地非常多样化。从技术角度来看，它的记账水平相当高，但仍不符合复式记账的准则。

为了维护对海外贸易的控制权，威尼斯人将访问威尼斯的南德商人置于 【115】
严格的监督之下。他们不能随心所欲地选择住处，而是被迫住在一个特殊的客栈里，这个客栈由威尼斯共和国管辖并由一位对参议院负责的管理者经营。来访者只被允许进口他们自己地区的产品——例如不允许他们带如英国或佛兰芒的任何布匹——并购买威尼斯商人从海外带回来的香料和奢侈品。为了防止德国商人违反这些规定，所有的生意都必须通过宣过誓的中间人或翻译进行。对于这个严厉的体系德国人也有自己的补偿方式，因为在他们自己的地界也不允许威尼斯人同他们竞争。换句话说，威尼斯和南德之间的贸易完全掌握在德国人手中，任何对这种垄断的侵犯都会受到严惩。

关于英国贸易的组织问题，一些研究著作，例如卡路斯·威尔逊（E. M. Carus Wilson），M. M. 波斯坦（M. M. Postan），艾琳·鲍尔（Eileen Power），I. F. 萨兹曼（I. F. Salzman）和乔治·恩威（George Unwin）的作品，在英语世界的任何学院或大学图书馆都可以轻易找到。因为在几个段落里不可能充分说明这个问题，因此下面的文章只是意在强调英国贸易的几个特点以作比较。

因为这一时期除了吉伯特·曼费尔德（Gilbert Maghfeld）的备忘录之外没

① 德意志实业家族，由汉斯·弗格尔起家，后来发展成为 15～16 世纪欧洲最大的贸易、采矿和银行业康采恩，在 17 世纪中叶衰落。——译者注

有留下任何账簿，我们只能依靠塞利公司（Cely）和斯托纳（Stonor）公司的商业信函及官方文件和法庭记录上的零星资料来了解关于英国贸易的内部组织的信息。有几位做大宗生意的相当富有的英国商人，但他们仅靠几个代理人和学徒经营业务。

合作关系相当普遍，但不存在任何一家有分公司网络的公司，在这点上根本无法与大的佛罗伦萨公司相比。英国商人常常将货物“托付”给仆人、代理人或其他商人出售，他支付其佣金或按一定比例分配利润。也有投资商将钱“托付”给某人“用来购买货物”而给他们“一部分利润（encrece）”。当然这样的契约类似意大利的 deposito a discrezione，它和贷款的区别有时很难分清。英国商人偶尔也会缔结契约共同购买“某些商品”。当然这样的契约只适应于单项买卖，但它们常常被更新：一宗生意刚刚结算，同样的合伙人就会开始另一宗生意。在英国，也有性质更持久的合作关系，即合作者们“合股经营”。塞利兄弟在他们的父亲去世之后就形成了这样的合
【116】作关系。就像欧洲的其他地方一样，船只常常归几位股东所有，但被承包给一位船长负责管理和实际的经营。

与意大利公民已制定出一套规则来区分合作关系和其他形式的契约不同，英国并未出现法律和术语之间明确的区别，可能是因为英国法律的实用性的缘故。在大多数情况下，在公共法中惟一的补救是借贷诉讼和委托诉讼，即如果借方没有偿还贷方对他的借款或贷方托给他照看的货物的话，贷方可以起诉借方。至于互相合作关系，英国法律却在很早时就承认一起做生意的商人对公共债务负有共同和个别责任。

在 15 世纪，英国人可能就已经知道海洋保险，但他们认为没必要对短途的跨越英吉利海峡的贸易旅行投保。复式记账可能是在 1543 年前被引进英国的，这一年是休·奥德卡索（Hugh Oldcastle）关于意大利式记账艺术的第一本书的出版年代；但英国人在 1500 年前是否努力掌握过这个方法还值得怀疑，尽管伦巴德街的账房经常使用它。在 1450 年左右，英国商人开始广泛使用汇票，不管是用支票或支付承诺的形式。但他们仍更喜欢契约或合同以及更为不正式的借据，在海外，这些票据都是未经正式手续由一人交付给另一人的。在英国，票据持有人的地位在公共法中仍未被明确规定，尽管商业法庭更愿意提供补救方法。意大利的商人银行家调整自己去适应英国的做法，伦敦菲利波·博罗梅奥（Filippo Borromeo&Co.）公司（1436 ~ 1439 年）的分类账显示他们要预先垫付必须给某人或“票据持有人”支付的支票，这与意大利的做法刚好相反。

英国贸易的新颖并不是依靠对意大利商业程序的缓慢借鉴，而更多应归功于它自己的一套独特制度，它非常有效地保护了英国贸易不受外国竞争的侵犯。在很大程度上由当地商人控制的出口贸易尤其如此，而意大利人似乎控制了香料、绸布及其他产品的进口业务。然而，他们的控制不是绝对的，伦敦绸布商和杂货商常常前往布鲁日以补充货源。但是，逐渐地出口贸易和进口贸易被控制在了不同人手中。这个情形在16世纪依然普遍，结果在钱币市场上英国商人通常是伦巴德街上汇票的接受者或出售者，在低地国家汇票的交付者或购买者，在那里他们收齐出口货物的款项后，就将资金转到伦敦。【117】塞利文件（1475～1488年）中有同样的证据：里面充满了由于英国贵族币的上涨而对贸易商或羊毛出口商造成的损失的抱怨。这是很自然的：因为这些人的钱来自欧洲大陆，汇率上升对他们不利是因为他们得到的英国货币要少于相同数目的佛兰芒钱。

除了进口贸易和出口贸易的分离，14、15世纪英国贸易的重要特色是它只局限于英吉利海峡和比斯开湾。因此只涉及短途旅行。尽管两大贸易公司其中之一自称为冒险商，他们的风险却并不是很大。另外，贸易是沿着人们很熟悉的海峡进行的，因此一个老练的商人不会承担不必要的风险。

英国贸易的另外一个显著特点是它受到贸易公司的严格管理。尽管每个成员都是单干的，但他必须遵守意在通过固定价格、分配航运空间而大幅降低竞争程度的各项规定。在15世纪，贸易公司有两个：主要产品贸易公司和冒险商公司。他们分别主营出口业的两大主要产品羊毛和布匹的出口。随着羊毛出口量的逐渐下降和成品布出口量的稳步上升，冒险商公司不可避免地在损害主要产品贸易公司的利益的基础上发展壮大。

在结束本章之前，还需要说明的是，出于财政和政治原因，贸易公司得到了英国政府的大力支持。国内羊毛业的发展逐渐将英国人排挤出了运输业，而国外的羊毛业正相反，将外国人排挤了出去，使运输业只控制在主要产品贸易公司的手中。尽管方法不同，英国政府的经济政策也或多或少地追求和意大利共和国或汉萨同盟同样的目标。在中世纪，其目标总是赢得运输业的控制权并获得及维护其优势地位。根据具体情况，这个目的通过优越的商业组织、武力或两者兼施的方式而得到满足。【118】

第三章

市场和集市

3.1 早期集市和市场

日耳曼人的侵略并未完全破坏罗马帝国最后几个世纪活跃的经济生活。在罗马尼亚的废墟四周建立起来的新国家依旧是相对集中的贸易中心。外国人和本地人都在那里进行经济活动。前者中叙利亚人尤其引人注目。在罗马帝国时期就到处都有他们的身影：从埃及到多瑙河，从西班牙到英国。在相关研究中，M. P. 查尔沃斯（Charlesworth）充分阐述了这一点。在5世纪，萨维纳斯（Salvianus）就说到过 the negociatorum et Syricorum omnium turbas quae majorem ferme civitatum universarum partem occupant。然而，这些“叙利亚人”至少部分是希腊人，他们的行列中无疑包括奥尔良的希腊商人，图尔的格列高利[①]的文集提到过他们，说他们用歌声欢迎前来访问他们城镇的墨洛温君王。

① 圣格列高利，基督教图尔城主教，历史学家，著有10卷《法兰克人史》，是有关5～6世纪法兰克王国政治、社会、宗教、历史的主要史料。——译者注

米迪的城镇居民更是来自世界各地。589 年的纳博讷（Narbonne）有哥特人、罗马人、犹太人、希腊人和叙利亚人；最后三类人当然主要以贸易为生。遍布高卢和西班牙的犹太人常被禁止拥有和贩卖基督徒奴隶，这个事实证明犹太人的确在这一行起着重要作用。

港口的组织形式继续沿袭罗马的风格，圣格列高利文集和 692 年的克洛维三世的文件中提到过马塞的 catabolus 和 cataplus 就是见证。欢迎海外商人来到西哥特西班牙的 thelonearii 也为我们提供了进一步的证据。然而，在 cataplus 的体制和市场与集市之间存在一种就我看来尚未被注意到的关系。难道 Sidonius Apollinaris 没有提到过一个商人他 catapli…nundinas adit，难道西班牙的一个委员会在 693 年没有为一个犹太人制定条款他 at catablum pro quibuslibet negotiis peragendis accedat？如果将这些片段连起来看，符合逻辑的推理是在墨洛温时期的高卢和西哥特时期的西班牙存在市场或甚至集市。那里的贸易一定受到相当严格的控制，由皇家办事员管理海关仓库，一种类似拜占庭ἀποθήκη τῶν βασιλικῶν κομμερκίων的仓库。

在沿海城镇的市场上，贸易最可能是由外国商人和本地商人共同承担， 【119】
前者主要是进口商。他们与当地商人联手将商品分发到各个城镇去。这些城镇中的一些当然拥有市场。在普罗旺斯，社会管理人和维护人负责监督市场。然而，在北方，交易可能是在贸易区的店铺中进行。通过圣格列高利文集，我们知道墨洛温王朝时期就存在这样的贸易区。至于集市，它们自 7 世纪中叶就出现在劳兹和其他南部城镇中。巴黎附近的圣丹尼斯的集市似乎是在 645 年开始出现的。

同时提到集市和市场的文献却很少。在西班牙，关于西哥特时期的集市几乎没有明确的记载出现过。然而，因此推断说文本中提到的那些集市和市场是不重要的，则过于仓促了。由达戈贝尔一世（Dagobert I）组织起来的圣丹尼斯集市就不是这样的。正是这个国王在 634 年或 635 年放弃了来自这个集市的各种关税和收益，而把它们转让给了圣丹尼斯的梵蒂冈大教堂，因此提供了据我们所知最古老的馈赠实例。恰尔德贝尔三世（Childebert III）在 709 年的一次审判中说明了这个集市的国际重要性。它提到了 illo teleneu，quicquid de omnes neguciantes aut Saxonis vel quascumquelibet nacionis ad ipsa sancta fistivetate domni Dionisii ad illo marcado advenientes。我们缺乏对在这个集市上出售的商品的了解，但这并不意味着这个集市在当时不是教堂的主要收益来源。

如果我们根据西格贝尔三世写于 652 年的官方文件来判断，贸易协商显然就是在墨洛温文本中提到过的港口内进行的，那么港口一定也是进行商业交易的场所。这里可供参考的是卢瓦河畔的尚托索和特诺河畔的圣皮埃尔港口，一个位于距特诺河河口不远的左边支流上的港口。这些地方的关税以及对居民和兵士的控制权都被给予斯塔沃格—马尔梅迪修道院。

在加洛林时代市场数目繁多。它们出现在每个公国、很多城镇和很多修道院的地界上。至于集市，我们所知道的就几乎只有圣丹尼斯的那些集市了。

除了开始于墨洛温时代的那个集市外，一个在2月举行的圣马塞厄斯集市开始在这个时候出现在圣丹尼斯：它最早不会超过775年。然而，旧集市——即那个我们知道在10月举行的集市——一定比新集市更繁荣。矮子丕平[1] 753年的一份文件提到外国人光顾那里 ad negociandum vel necocia plurima exercendum et vina comparandum。814年路易一世[2]免除了所有给集市带
【120】来葡萄酒、蜂蜜和各种其他商品的大车、船只和其他交通工具的通行税。据此我们知道了圣丹尼斯都出售什么货物。另外，我们也得知，在路易一世时代集市举行期间，永久性的当地贸易不能被延缓，这刚好与人们后来遵从的做法相反。而且，前来光顾集市的商人可以在集市场地之外的地方做生意。对圣丹尼斯的经济活动做了一番深入研究的L. 勒维兰认为，由于它所举行的季节的缘故，10月的集市主要是一个葡萄酒和蜂蜜市场，旨在供应没有葡萄园和养蜂场的北方地区。他同时认为盎格鲁—萨克森和弗里斯亚的羊毛和布匹也可能在那里出售，但这并没有得到文献的证明。我们所能确信的是，圣丹尼斯是一个大的一年一度的农产品市场。

在加洛林时代，很多市场以及因此而产生的赋税，都被赠给教会所有。因此，通过869年的一份文件，法王查理一世将 burgum quoque mercatum et districtum 分配给了第戎的圣贝尼涅修道院。901年努瓦永甚至提到一个一年一度的市场属于主教。法国的这种情况也适用于意大利。869年卡林西亚的阿诺德给予了皮亚琴查的圣西克特斯修道院对于市场的司法权。这种情形一直持续到10世纪，例如奥托一世支持阿斯蒂的天主教堂的法案。在10世纪之前，这些市场都是每周举行，而不是每天举行。集市的数量很少，而且无疑持续时间都很短。在努瓦永就发现了这样的一个例子；而另一个，也是更古老的一个，在弗拉维尼841年洛泰尔一世[3]的一份文件中提到 a forum ve-

① 714～768年，法兰克王国加洛林王朝的创立者。——译者注
② 778～840年，法兰克王国的皇帝。——译者注
③ 法兰克皇帝，840～855年。——译者注

nalium rerum tam anniversarium quamque hebdomadarium。因此在弗拉维尼既有一个每周举行的市场，也有一个每年举行的市场，因此是个集市。大家也许会问，这个文件是否为我们提供了关键线索，以便让我们了解加洛林时代大多数集市的特点，即那些举行日期与当地圣人的节日相吻合的较为重要的市场。如果在那个时候，圣丹尼斯——其活动在某种程度上为人所知的惟一重要集市——农产品贸易明显占优势的话，那么为什么文本中提到的那为数不多的几个一年一度、无疑没有那么重要的市场，就不属于同样的情况呢？

在加洛林时代，有一些地方的确是进行贸易交易的主要场所。例如，那些同邻国做交易不可或缺的边境市场，在805年蒂永维尔的法令集中提到过：巴多维克、靠近策勒的谢塞尔、马格德堡、埃尔弗特、靠近班贝格的哈拉斯塔、福希海姆、普夫赖姆特、拉蒂斯邦以及洛尔希。但除了这些主要依赖同斯拉夫和阿瓦尔地区的贸易的商业中心外，加洛林时代的德国拥有的内【121】部市场不超过6个，其中只有两个（科尔弗和黑尔弗特）位于这个国家的北部。可以确信商人群体定期前往的地方一般是——至少在欧洲西北部——港口，而不是内陆城镇。昆特维克（Quentowic）和多斯蒂德（Duurstede）是这样，比尔特、汉堡、比尔克和不莱梅也是如此。

然而，也有一些地区并不符合这条规则，尤其是莱茵河、默兹河和斯凯尔特河峡谷地区，是由弗里斯人及间接的斯堪的纳维亚人的贸易活动推动发展起来的。在9世纪，那里出现了几个商业中心，如美因兹、沃尔姆斯、马斯特里赫特、那慕尔、瓦朗谢纳、图尔和根特。然而，这些中心逐渐因为挪威人的入侵而败落。因此在10世纪一切都重新开始，贸易全面复兴是这一时期的特点。

在加洛林王朝时处于劣势的德国北部在奥托时期就有29个市场。在那些上个世纪就出现港口的地区，港口又呈现出新的生机。例如在根特，在利斯河两岸的城堡脚下都建起了第二个港口。到1000年这个港口已成为重要的贸易中心。研究发现从1013年起那儿就有一个圣·贝弗（St Bavon）集市（10月1日举行），而且它出现的时间很可能更早。这个市场最初直接位于公爵城堡出口处的桥的前面。从市场出发，一条主街道横贯利斯河和斯凯尔特河包围的港口。这条街道又引申出若干个小巷，每条小巷的尽头又相继出现新的市场，如星期五市场和谷物市场。12世纪前出现的这一发展已经说明事实上存在一个真正的城市市场结构。

显然旧的港口——甚至那些像斯凯尔特河那样发达的地区——不可能发

展出城市市场体系。因此埃纳姆（Eename）的港口到11世纪中叶就消失了。根据这个事实可以就该地做一番考古调查。据了解，在10世纪末或11世纪初那里无疑有一个码头，以及一个征收通行费的市场。这个中心一定相当大，因为在那里发现的教堂和根特的一样多，但在1044到1063年期间这个港口被毁灭了，欧德纳德（Oudenaarde）取代它成为这个地区的商业中心。

我们已经看到根特最古老的市场是建在准都市核心——城堡——的附近。在其他地方也发现了类似的情况。市场或广场是在原来城镇核心的边上
【122】发展起来的港口、市镇或城郊构成的基本要素。例如，在科隆，10世纪建立起来的莱茵韦尔城（Rheinvirstadt）市场就位于城堡的入口之一的前面。这个古老的市场最初是在一个大的干草市场的基础上形成的。在巴塞尔和波恩同时期也存在同样的情况，那慕尔也是如此，从10世纪开始还有列日、布鲁日、杜埃和伊普斯，以及11世纪的布鲁塞尔、卢万和安特卫普。同样的情况还出现在11世纪末之前的泽兰和从10世纪开始的乌特列特。在10世纪的巴黎，商人的居住区位于塞纳河的右岸，背靠主教的城堡。那儿还有最古老的市场。在香巴尼，在著名的集市中心之一特伊斯（Troyes），最古老的市场就在城堡门附近。在普罗万，古市场离公爵的城堡大门不到100米。

也有些市场远离原来的城镇核心。在11世纪的第戎出现了两个市镇，一个是在圣贝涅（Benigne）有围墙的修道院周围，另一个是在城堡北部。第二个市镇的市场于12世纪时位于城堡门口，但后来转移到了郊区。在埃店普（Etampes），沿着巴黎—奥尔良公路，路易六世在1123年在皇家城堡和一个旧村子之间建立了一个市场。

在卢瓦尔河和莱茵河之间，由于贸易而出现的城镇必然出现城镇市场。在西班牙的莱昂地区，10世纪在城墙外有一个郊区（suburbium），那里有一个享受皇家保护的市场。到11世纪初，这个市场上已经出现了永久店铺。这个市场每周三举行一次。主要商品是农产品，也有各种各样的工具和器皿。似乎与北部地区的情形大致相同。然而，如果我们审视一下在莱昂市场上出售的物品的来源就会发现事实并非如此。肉来自邻近有大量屠夫的曼斯拉里（Macellarios）镇，该镇的名称就是由此而来。格鲁拉里镇（Grullarios）的居民出售支架，这一时期急需的物品；托纳里奥（Tornarios）的居民出售盘子和陶罐；罗塔里奥（Rotarios）的居民出售农用车。西杰布尔（Sejambre）的居民几乎都是造车匠；阿尔伯里（Arbolio）的居民制作皮革水

袋，而托勒塔诺（Toletanos）的居民则以皮革为生。所有这些工匠都为城市市场提供商品。另外，市场的销路或多或少也较为充足。事实上，莱昂市场不仅吸引城镇居民，而且在附近地区数目众多的小修道院中也有主顾，某些【123】商品甚至在乡村居民间也很有销量。但这个市场绝不是一个狭义的当地或甚至地区市场。从葡萄牙边境运来托鲁（Toro）的酒和萨马拉（Zamora）的油。从卡斯蒂里（Castilian）的浅盐湖来的盐和阿斯图拉（Asturian）的苹果酒也被运到这里。另外，市场上还有几家店铺，在这些店铺中特别出售的是从拜占庭——显然数目巨大——和从穆斯林西班牙进口来的丰富的织物。

在伊比利亚半岛的其他城镇、各个西班牙王国和葡萄牙王国中，也都可以看到相同的情形，尽管特色不够明显，出现时期也较晚。法国的米蒂地区可能也是如此，但这两个案例目前还缺乏足够的信息。逐渐地，同样的原因——即远途贸易的恢复——在各地都造成同样的结果。惟一的区别在于时间和程度。

城市市场显然是和在它们的作用下产生的城镇同一时间改变了它们自己的特色。根据最新调查，甚至市场的地形发展的细节都有迹可循。有人对尤其重要的商业城镇吕贝克进行了极其细致和和巧妙的研究。研究者 F. 勒里西（Rorig）对位于市场地界内的私有土地这个难题进行了研究。通过研究逐年记载地产转让的《上城书》，他指出，里特西尔（Rietschel）认为市场通常位于属于地区领主的土地上的理论在吕贝克是不成立的。他指出，最初这些土地属于最古老的贵族家庭（市委会就在这些人中间产生），或者作为私有土地，或偶尔作为集体土地。正是后者在 1200 年左右构成了第一批市政土地。

科特根（Keutgen）提出的著名的市场强制理论，即在中世纪城镇的市场上存在一种普遍的强制性，几乎只适用于最古老的城镇，因为在像吕贝克这些 12 世纪的城镇中无法确认存在这样的强制。在这些城镇中，只有面包师和屠夫被特别要求在市场上经营。

最初是为了销售的便利，后来逐渐为了商品的生产，吕贝克的市场逐渐因为店铺开始被用来居住而改变了它的特点。在 1300 年左右，数目过多的居民充斥着这个旧市场。

在像吕贝克这样的重镇中观察到的市场发展轨迹，显然并不适用于欧洲【124】西部、中部或南部其他城镇市场。在西班牙的某些地方，有的市场两周举行一次，或甚至一月举行一次。可以确定的是这种类型的小市场与我们刚刚讨论过的市场没有多少相似之处。但是，一般来说，在西班牙很早就有向永久贸易发展的倾向了。1117 年，阿克斯（Ucles）的 fuero 就已经提到过一个每天都开业的市场。给类似的市场起的阿拉伯名字阿佐格（azogue）证明了穆斯林在这里的影响。在葡萄牙的圭玛拉斯（Guimaraes），甚至有一个皇家阿佐格和城镇市场。我们发现伊比利亚半岛也存在专业化的市场，例如葡萄牙的凡格市场（fangas）就是专门出售谷物的市场。尽管在这些地区有明显的市场活动的发展标记，但可以确信的是，事实上只有西班牙的加泰罗尼亚地区的沿海区及东部沿海的城镇市场才发展到欧洲西北部或意大利那样的程度。然而，我们不能忘记的是对于这些国家的研究，甚至是对法国的米迪地区和意大利的研究，无论在数量上和程度上都无法与对北部国家市场的研究相比。无疑通过更详细的研究会归纳出很多相似的特色。

随着第一批城镇市场的发展，集市也在各地不断出现。在巴黎附近的圣丹尼斯——那里在墨洛温和加洛林时代就已经有了集市——随着贸易的复兴于 11 世纪又出现了一个新的集市。这便是在 6 月举行的兰迪（Lendit）集市，尽管圣丹尼斯集市是在 10 月 9 日举行的。

兰迪这个名字来自于宣告（indicere）一个宗教节日的建立的习俗。兰迪（endit）一词被用来指节日本身。一个兰迪的建立就必然意味着一个市场、即所谓的节日的建立。很快兰迪一词既指圣·丹尼斯整个平原，也指为集市所留出的部分土地。在 11 世纪前，这个集市没有被提到过，这个事实和它举行的时间说明它完全不同于早些时的商业聚集地。到 11 世纪中叶，圣·丹尼斯的修道院得到皇家允许，在圣·丹尼斯城建立一个在 6 月的第二个星期三开始并一直持续到圣·约翰节前夕的集市。在 1109～1112 年期间，路易六世在圣·丹尼斯平原建立了第二个集市，但它只持续 3 天。这个外部兰迪在 1124 年被赠与修道院。这两个兰迪集市共同持续到 1213 年，而且到那个时候它们举行的时间期限相同。1213 年后这两个集市逐渐合并成一个，
【125】即“圣·丹尼斯平原的兰迪集市”。

11 世纪也是我们对佛兰德斯集市初次有真正细致了解的日期。这个地区注定是密集的商业和工业活动中心，最古老的集市有圣·奥默集市、杜埃集市和根特集市。托尔毫特①集市从 1084 年开始被提到，而伊普尔和里尔集市从 1127 年开始被提到。梅西纳也很快成为一个重要集市的所在地。里尔、梅西纳、伊普尔和托尔毫特都位于斯凯尔特河西侧，形成了一个与布鲁

① 比利时城镇。——译者注

日遥相呼应的商业轴。建立集市的地方一般都是相当重要的主教机构所在地，有时是城堡的所在地。

我们对梅西纳已经做了细致的研究，很值得做简短说明。这个地方出现集市的年代比修道院出现的年代还要古老。在1159年，集市的举行期限延长了4天，使它的总举行期达到19天。当时集市是在社区的市场上举行，也位于公墓里。这个市场在12世纪下半叶的发展可以做试探性的考证。房屋和店铺已经出现。13世纪，在城墙外建立了第二个广泛的市场。公墓此时已不再充当市场了。旧市场专营羊毛。商人用 hospicium 和 domus canonicorum 做仓库和旅店。

在梅西纳，有些城镇显然要支付很低的通行费、市场费和设摊费。这些城镇包括菲尔纳、迪克斯迈德、阿登堡、奥斯特堡、奥登堡、格拉沃斯纳、伊普尔、根特和奥登纳德，所有这些城镇显然都与佛兰芒地区有着非常紧密的联系。无疑它们的商人来到梅西纳主要是为购买羊毛。事实上，羊毛似乎是梅西纳最普通的商品。然而，他们的来往并未使梅西纳出现一定程度的布匹贸易。这个地方依旧是个小修道院镇，尽管它有一定的长久贸易和产业，但梅西纳布匹、甚至梅西纳商人在国外的资料中却从未被提到过。另外，直到1445年这个集市开始衰落很长时间后，它才有了一个可挡风雨的市场。

3.2 香巴尼和佛兰德斯的集市

当与从12世纪开始在某些地区、特别是在佛兰德斯和香巴尼出现的集市圈相比较时，像梅西纳那样的集市就不占据非常重要的国际地位。无须赘言，12世纪的这些集市圈才是中世纪所谓的“世界”经济的中心。

从1114年开始就一直有关于香巴尼集市的信息，尽管这些集市出现的时 【126】
间要更早一些，但正是在13世纪这些商业场所才重新发挥了它们的古典特色。形成传统商圈的6个集市是在香巴尼和布里省的4个城镇中举行的。两个是在特鲁瓦举行：在特鲁瓦的夏季集市和在特鲁瓦郊区的冬季集市。两个是在布里的普罗万举行：在上镇的5月集市和在下镇的秋季集市。一个是在离巴黎不远的兰格尼（Lagny），还有一个是在奥布河畔的巴尔。它们吸引了来自各方的客人。法国的所有地区都派商人前往那里，意大利北部和中部、佛兰德斯、埃诺、布拉班特、西班牙、英国、德国、瑞士和萨沃伊也是如此。货品更是异常丰富：来自佛兰德斯和法国北部的布匹、毛织物；从卢卡进口的丝绸；

来自西班牙、比萨、非洲和普罗旺斯的皮革；来自德国的皮毛；来自香巴尼和德国的亚麻。意大利人还进口所谓的贵重物品：香料、蜡、糖、矾、漆、染料木。还有棉花、谷物、葡萄酒和大量被用作运输工具的马匹。

然而，其中最为活跃的是布匹贸易。一个由低地国家和法国北部的17个布匹生产城镇联合起来的商业组织只在香巴尼集市出售它的布匹。但是，这一地区本身是一个布匹生产者，而且普罗万是13世纪重要的布匹中心。

集市的主人起初是香巴尼的公爵，后来是法国国王。他们从集市上获得可观的收入：商人的居住费和设摊费、出入通行费、销售和购买费、度量衡费、对意大利人和犹太人征收的司法和安全通行证费用。集市的主要官员是集市管理人，他负责集市的秩序和司法并控制集市印章，至少直到1318年任命了专门的集市印章管理人。在他们之下是管理人的助理官员或职员，以及维持秩序的警卫官。我们还不应忘记，虽然集市建立了特殊的司法，但市政官和当地的宗教要人对商人及其交易也有一定的管理权。集市管理人的法庭是显示资金实力的法庭，这一点从它雇佣的警卫数目中可以看出。在1317年，其警卫数目不少于140人，尽管巴黎的沙特莱当时的警卫还不到150个。在沙特莱有60个文书，而在香巴尼集市上就有40个。

如果我们有公证契约，我们就会拥有非常丰富和精确的资料来了解一
【127】切。保存在南欧档案馆中大量的法案和文书登记表在某种程度上可能填补这个空白，但它们只能提供片面的资料，自然很有限。然而，它们能让我们了解在集市上起草的公证文件的性质，因为文书的一部分事实上来自于米迪地区的意大利人公司。

文书是在集市管理人的助理官员手下工作的。他们的登记表中主要记录的便是契约，给签约方的契约仅仅是备份。因此可以确信的是，在香巴尼集市存在着一个真正的记录部门。起初我们可能对这些记录的逐渐消失而感到惊讶，因为这些集市一直持续到法国大革命。的确，从经济角度看——长时期都是如此——这些记录不再重要了。随着时间的流逝，管理已经被简化，这无疑是那些档案消失的原因。

最近发现了一小份文件：1296年特鲁瓦夏季集市登记表的一页。由一位意大利文书起草的这份登记表包括15个契约，提到来自皮亚琴查、热那亚、米兰、阿斯蒂、科莫、萨沃纳、佛罗伦萨以及蒙彼利埃、纳博恩、阿维格农、卡庞特拉和圣弗卢尔的商人。这些契约涉及钱币兑换交易以及布匹和马匹的销售。15份契约中有7份是信，要求送信人在规定时间内将委托的商品带到目的地。类似的从马塞到香巴尼集市的运货单，在L. 布朗夏尔

(Blanchard）编写的 Amalric 的著名注解中提到过。送信人有时一次要发送几批货物。为了享受集市安全通行证的便利，他们必须走“国王大道”。从特鲁瓦到蒙彼利埃的行程按照每天 32 公里的速度需要 23 天。穿过阿尔卑斯山，远至奥尔巴的行程，按照每天 24 公里的速度商队需要 30 天。这个速度可以与火车出现之前的现代欧洲交通相媲美了。

在香巴尼集市上，意大利商人尤其众多。早在 1209 年，腓力·奥古斯都就曾向香巴尼集市的所有商人，特别是意大利人，许诺给予他们安全通行证，以及如果他收回对他们的保护会给他们 3 个月的宽限期离开这个国家。1222 年，香巴尼伯爵将锡耶纳人置于他的保护之下，允许他们从事除了按每周计利息的贷款之外的银行汇兑业务。1245 年，他使罗马人、图斯肯人、伦巴德人和普罗旺斯人脱离集市管理人的管辖，允许他们有自己的司法权。【128】这一特权又得到美男子腓力四世在 1294 和 1295 年的确证。意大利人的大学城是从 1278 年开始出现。它是在一个主任的管理之下。在 1294 年皮亚琴查的 Lanzalotto Cucherla，capitaneus et rector universitatis mercatorum Italiac nundinas Campaniae ac regnum Franciae frequentantium，来自佛罗伦萨、热那亚、罗马、乌尔比诺（意大利）、皮斯托亚（意大利）、帕尔马（意大利）、科莫（意大利）、皮亚琴查、米兰、威尼斯、阿斯蒂和阿尔巴的商人在拉格尼召开了一次集会，同意意大利城镇的代表同萨林斯伯爵签订一项协议。协议内容是关于热那亚和特鲁瓦之间的行走路线、通过权和通行费等事宜。

这些文件本身就足以证明香巴尼集市和意大利之间的商业往来的广泛，但在意大利的文书记录中更能发现大量额外的证据。事实上，意大利人同香巴尼签订了大量协议，特别是代理契约和涉及很多参与人的合作关系的契约。热那亚也有一系列令人印象深刻的条例，从约 1250 年开始，热那亚已经成为前往香巴尼集市的一个聚会场所，那里从卢卡、锡耶纳、皮亚琴查、帕尔马、米兰、佛罗伦萨来的商人等候来自博洛尼亚和皮斯托亚的商人。从那里这些商人能通过汇票和信贷买卖（credit purchase）筹集必要的资金。1304 年，热那亚商人单独获得的贷款至少有13 537热那亚里拉，而当时的香巴尼集市已经开始衰落。

证实香巴尼集市活动的另一个有效方法——这一方法尚未被充分利用——便是对在通往集市的交叉口上征收的最重要的通行费进行非常细致地研究。其中最重要的是日内瓦湖边通往意大利锡隆附近的新城和通往位于佛兰德斯阿图瓦的巴波姆的道路。

后者尤其重要。事实上，13 世纪通过香巴尼集市——在北海和地中海之间的海洋交通发展以前——运送着当时最重要的产业产出的一大部分：佛兰芒布匹。甚至据说14世纪布匹贸易的萧条，以及由于经济和政治共同导致的一系列结果是香巴尼集市商业最终衰落的主要原因之一。

这个关于香巴尼集市的描述其实是到目前为止人们所持的相对稳定的一般性看法。然而，最新研究却将香巴尼集市的发展放在西欧经济的发展之中

【129】进行考察，一个迄今为止被人们忽视的基本方法。人们一般认为能利用诸如《习俗、风格及惯用法》这类文件提供的信息来考察12世纪的情况，但这些文件反映的只是14世纪末集市不再有任何真正的经济重要性的时期。即使是更早的从13世纪末开始的《集市的特权和习俗》（Privileges et coutumes des foires）对于我们了解集市的起源也没有任何帮助。

如果我们追随R. H. 鲍蒂埃（Bautier）研究最古老的文件，我们就会看到，当特鲁瓦、普罗万、奥布河畔的巴尔和拉格尼出现集市时，香巴尼的其他城镇也有了集市但却未获得同样的成功。一些学者认为是道路系统决定了的确"成功"的集市的位置，事实却与此相反。甚至有些城镇有布匹工厂这个事实也不是决定因素，因为这些产业出现时间过晚，或者只发挥次要作用。另一方面，尽管是佛兰芒和意大利的商人会聚香巴尼才确保了香巴尼集市的成功，但是还应该注意到：在意大利、特别是在热那亚，佛兰德斯和法国北部的布匹贸易一直控制在欧洲北部商人的手中，直到12世纪末。在米兰，1172年的一份文件第一次提到商人前往这些集市购买布匹和羊毛。1190年热那亚从勃艮第的休公爵三世（Duke Hugh Ⅲ）那里获得一个特权，即允许光顾这些集市的热那亚商人享受同阿斯蒂商人一样的优惠条件。他们通过的勃艮第收费所位于索恩河畔的沙隆、沙蒂永、沙尼和第戎。

事实上，在意大利商人来到之前香巴尼就存在集市，但当时只是纯粹的地方性或地区性市场。西多尼斯·阿波利纳里（Sidonius Apollinaris）甚至提到过特鲁瓦的nundinae。在12世纪初，香巴尼集市仍是农业市场。1114年，关于奥布河畔的巴尔集市最古老的文件也只提到马匹和其他动物。

这些市场的重要性在12世纪日益增加，无疑是因为地区人口增长而导致的需求增长所造成的结果。在普罗万，1137年才初次有记录显示阿拉斯人和佛兰德斯人（homines de Arras et de Flandria）只能在集市外寄宿，因为集市现在已经变得太狭小了。从1148年开始，开始有文件提到来自韦兹拉（Vezelay）的钱币兑换商，1164年来自埃丹的布匹生产商和来自欧城（Eu）的商人也开始出现在记录中。1175年，在普罗万集市上出售布匹的绸布商包括来自莱姆斯（Rheims）、巴黎、里昂、埃唐普（Etampes）以及利摩日

(Limoges) 的商人。

固定商圈的形成确保了特鲁瓦、普罗万、拉格尼和奥布河畔的巴尔这些集市的主导地位。正如 R. L. 雷诺 (Reynolds) 研究的热那亚文书古列尔莫·卡西尼斯 (Guglielmo Cassinese) 的记录 (1190～1192 年) 中所表明的那样，这套体系从 1191 年开始生效。似乎商圈内的集市是由香巴尼伯爵选 【130】
择的。他使香巴尼大批资金的惟一拥有者——教会机构参与集市，作为回报，这些教会机构开始为商人建造寄宿场所。

安全通行证体系和集市管理人，二者都是教会机构，同样促进了集市的发展。从 12 世纪中期开始，安全通行证在郡县外也有效用。1209 年，正如我们所看到的，法国国王又增加了他自己的皇室安全通行证。我们发现从 1174 年开始就有集市管理人，但他们获得像 13 世纪末那样高的管辖权却是一个多世纪以后的事了。直到 1247 年才有记录提到官方印章，the sigillum nundinarum Campanie。直到 1260 年以后盖着管理人印章的契约才大量出现，大约在同时，意大利文书在集市上起草的公证契约数量也开始增加。事实上，为了便于在法国操作，公证契约必须在管理人的监督下被写在集市的登记表上。因此这两个事实是有互相关联的。

在 13 世纪上半叶，集市管理人只受理市场管理方面出现的诉讼案及违反市场管理规定的诉讼案。那时，伯爵和教会司法的地位更为重要。然而，在 1260 年，管理人自行制定了将违约者驱逐出集市的惩罚，并且规定，如果违约者所在城镇的司法权力部门不迫使他们履行债务时，会将驱逐惩罚延及违约者的同胞。

管理人留存下来的系列信件是我们了解信息的珍贵来源。从 1274 年开始它们就没有中断过。从此管理人要求给予他们保证在集市上签订的协议在各地被履行的管理权。从那时起法国国王控制了香巴尼这个事实显然是与这个革新有关系的。

大约在同时，商人组织了自己的社团。到 13 世纪中叶，意大利人已经建立了永久的领事馆。1246 年被提到的锡耶纳领事馆是其中最古老的。领事管理前来光顾集市的同胞，但在外国统治者和司法面前，他们也代表他们城镇的政府。他们管理着从他们城镇前来参加集市的商人群体，判决他们的争端，在伯爵或国王面前、在议会或集市法庭上代表他们的法律利益。13 世纪后半叶，下列意大利城镇有领事代表：阿尔巴、阿斯蒂、博洛尼亚、科莫、佛罗伦萨、热那亚、卢卡、米兰、奥尔维耶托、帕尔马、皮斯托亚、皮
亚琴查、罗马、锡耶纳和威尼斯。这些领事一般在法国其他地方也可以行使 【131】

司法权。另一方面，莱里达的皮革商的领事性质似乎有所不同，尽管 1259 年由阿拉贡的詹姆斯一世发出的执照上提到了他，但也间接提到巴塞罗那和蒙彼利埃领事，无疑他们更像意大利城镇中的领事。

大约 1230 年出现了一个由在香巴尼集市上出售布匹的 17 个城镇组成的联盟，这个联盟包括佛兰德斯、香巴尼、皮卡迪、埃诺和邦西（Ponthieu）。事实上，它不是正规意义上的“联盟”，尽管历史学家给予它这样的名称。它召开会议，但不承认首领或选举。简而言之，它只是一个鼓励共同经营布匹业的城镇间团结的协会；这个组织在香巴尼集市衰落后持续到了 17 世纪。

除了已经提到过的意大利的聚居区（universitas），普罗文克（Provençaux）也有这样一个聚居区。意大利的总监定期召见意大利领事和商人。偶尔会有两个总监，一个负责香巴尼，另一个负责博凯尔和尼姆。1281 年，尼姆的聚居区（universitas）除了总监外还包括一个司库或财务主管，一个评委和一个传达员。总监的选举似乎每年都举行。城镇领事间的任何分歧似乎都通过投票多寡来决定。

与意大利的总监不同，普罗文克和兰格道西（Languedocians）的总监不是由各城镇领事选举产生的，而是由蒙彼利埃委员会从当时的显贵中挑选出来的。在 1290 年，蒙彼利埃的总监和领事管辖纳博恩、菲雅克、欧里亚克、圣弗劳尔、库姆斯、圣蒂伯里、圣圭汉姆、贝济耶和索米耶尔以及它自已城镇的商人。

香巴尼集市的性质在 12 世纪到 14 世纪间发生了改变。在 12 世纪末和 13 世纪前半叶，香巴尼集市的确是西方世界国际商业活动的中心。在那里意大利人购得北方布匹这种中世纪的主要产品，随后再运送出售到整个地中海世界。这个贸易促进了集市和它遥远的销售渠道之间广泛的对外交流活动。这便是为什么从 13 世纪中叶开始钱币兑换的重要性开始超过贸易的原因。

到 1262 年，锡耶纳的托洛米公司（the Tolomei）的信件为我们提供了有关这一转变的证据，尽管人们通常认为它发生的时间要更晚一些。托洛米公司在法国集市上通过由意大利总办公室所做的预付金、贷款、汇兑的方式为他们购买布匹筹集必要的资金。为了在一个集市上购买布匹，代理人必须
【132】在前一个集市开始时北上，他所使用的托洛米资金被认为是预付金，他的账户以及这笔钱的利息被从一个集市转到另一个集市。佛罗伦萨的德·贝恩公司（Del Bene）在 1320 年甚至更早时、锡耶纳人在 1294 年，使用了相同的体系，但主要区别是布匹不再从集市上获得，而是从巴黎得到。无论如何，

从这时起，香巴尼集市开始失去它很多真正的商业重要性，尽管也是在这个时候德国商人开始越来越多地光顾这些集市。香巴尼集市的主要功能这时已转变为对资金市场的管理。集市上的货币和汇票报价通过集市情报员很快告知外界，成为国际投机的一个要素。事实上，15 世纪的里昂集市、16 世纪的贝桑松集市及 17 世纪的皮亚琴查集市的金融体系已经在 13 世纪末的香巴尼初见端倪。

香巴尼集市衰落的时间和原因至今仍没有定论。然而，如果从它们的商业特色的角度来看，这些集市的衰落似乎是从大约 1260 年开始出现的；但是作为金融市场它们仍很繁荣，这个繁荣一直持续到约 1320 年。在 1320 年后它们开始走下坡路，最后一群重要的意大利人皮亚琴查人在 1350 年也在香巴尼集市上失去了踪迹。这群商人都是金融家。另一方面，威尼斯人在 1351 年被允许在王国内做生意，而不再前往香巴尼集市。这以后人们发现的只是重建往昔辉煌或使传统的贸易路线复兴的改革企图和计划。

人们普遍认为是城镇中大规模贸易的地方化导致了香巴尼集市的衰败，事实显然并非如此，否则将很难理解后来诸如日内瓦、里昂、安特卫普、法兰克福及其他地方的集市何以起到如此重要的作用。的确，举行集市的这些地区都是后来才发展起来的。税收也被人们谴责为导致集市衰落的原因，但仔细研究发现当时的税收是相当轻的。尼姆短暂的繁荣和起先索恩河畔的沙隆、接着里昂更长久的繁荣是香巴尼集市衰落的结果，而不是原因。腓力四世和他的儿子们之间的战争无疑极大地妨碍了贸易的发展，但它们并不是香巴尼集市被荒废的基本原因。这些集市不再是 75 年前南北贸易的中转站。尤其从 1320 年开始，海路方面的竞争开始加剧。R. H. 鲍蒂尔认为这些集市的衰落有两个主要原因：一是意大利的工业化，二是贵重金属市场的变化。【133】米兰和佛罗伦萨的布匹贸易开始同佛兰德斯竞争。在佛兰德斯，传统的城市布匹贸易让位于乡村布匹贸易，因为乡村生产出的织物更适合日常使用。就在同时，靠山脉北部传统的布匹贸易致富的意大利公司也同样败落了。佛罗伦萨的卡利梅拉公司如此，卢卡、锡耶纳、皮斯托亚和皮亚琴查的很多公司也遭受了同样的命运。

13 世纪末，在国际大规模贸易中黄金开始替代白银。贵重金属相对价值的波动使在香巴尼集市上控制钱币汇兑业务的公司瓦解。继它们之后成立并适应现状的新公司出现在巴黎，而不是在香巴尼集市。

在 13 世纪的佛兰德斯，集市同样采取了一种成为经典的组织方式。每个大的佛兰芒集市这时包含 15 天集会，3 天展览、8 天发货和 4 天付款。第一次伊普斯集市是从2月28日~3月29日；4月23日~5月22日是布鲁日集市；5月19日~5月26日是第二次伊普斯集市；6月24日~7月24日是托尔毫特集市；8月15日~9月14日是里尔集市；10月1日~11月1日是梅西纳集市。因此，在佛兰德斯也形成了6个像在香巴尼那样轮流举行的集市圈。除了这些主要集市外，还有一些小集市，如圣·奥默集市，在1269年吸收了托尔毫特集市的做法。君士坦丁堡的鲍德温在1200年8月14日准许布鲁日每年举行一次集市，这同样是模仿托尔毫特集市的做法。显然这个古老集市的做法在某种程度上为其他集市提供了基础。在布鲁日，甚至在长期的国际贸易从13世纪后半叶开始增加之前，这个集市似乎就已经占据很重要的地位。随着经济活动的拓展，很多外国商人开始在集市上付款，但在永久贸易盛行了很久的14世纪，仍存在一些显然是集市成立最初时的某些特色，表现出集市的落后。例如布匹展览就仍是在圣血节期间举行。

在15世纪末，布鲁日集市的吸引力大大减少，而此时城镇中的永久贸易也进入了萧条期。但是，当它的国际重要性有所降低后，这个城镇千方百计为第二个在1月举行的集市争取特许权。这个集市在1509年被获准举行。
【134】显然那里出售的主要商品是西班牙羊毛和由新的佛兰芒布匹业利用这些原料制作的纺织品。因此，当国际性的永久贸易尚未成为主流之前，布鲁日集市显得很重要；而且在国际性的永久贸易的重要性消失后，它们似乎又恢复了往日的繁荣。

包括布鲁日在内的大多数佛兰芒集市似乎都是地区性集市，而不是国际性集市，只有伊普斯集市除外，它是重要的付款中心。在13世纪布匹展览期间，在托尔毫特和里尔集市从英国商人手里购买羊毛的商人都在伊普斯付款。到了16世纪前半叶，伊普斯的商业集会还保持着一些繁荣。至于里尔，我们知道，在12世纪，那里的根特、布鲁日、伊普斯和圣奥默商人就享有特权。但就像其他地方一样，这个集市的繁荣自然也主要仰仗外国商人。在14世纪下半叶，法国国王依旧为前往里尔集市的旅商颁发安全通行证，尽管这时的里尔集市已经开始衰落。

玛格丽特女伯爵在1252年制定了针对光顾佛兰德斯集市的外国商人的法令。他们被免除战争和报复的折磨。只有他们的个人物品能被没收。因债务入狱的对象只是主要的债务人或他的担保人。涉及商人的案件必须在一周内判决。

在中世纪集市上，外国商人普遍不受地产充公法的束缚。1294年的香巴尼集市上意大利人就有此特权，后来的集市也发现同样的案例，如1465

年的索恩河畔的沙隆，1463 年的里昂。研究发现，在佛兰德斯，热那亚人和卡斯蒂尔人被免除的除了这条法律之外，还有沉船财产法。作为一条普遍规律，特权常被给予外国商人，特别是 14、15 世纪在佛兰德斯越来越多的英国人和苏格兰人，这一时期佛兰德斯的贸易完全受外国的控制。但是，这些特权并非只与集市有关。

在佛兰芒集市，商人必须在集市开始的前一天夜里之前设好摊位。由信使在城镇和邻近地区通知集市的举行。布匹商的席位在布匹厅，而小贸易商则抽签决定他们摊位的位置。但是要根据所售商品的等级将他们分组，而在香巴尼却是基本按照国籍分组。这个特色更强调了香巴尼贸易的“国际性”或“世界性”的性质。

在佛兰德斯，垄断事实上是为确保集市的销售。在佛兰德斯集市举行期 【135】
间，集市边界外的贸易是被禁止的，而其他城镇的展厅则被迫关闭。另一方面，在香巴尼集市，展览期是被划分成片的，货品依次出售：先是布匹，然后是皮革，然后是以重量出售的商品。对于布匹和皮革，集市警卫喊一声“hare”即宣告买卖成交。在佛兰德斯，只有布匹买卖喊“hare”。在这两个地区，商人亲自照看商品或由合伙人代表照看，或在适当的契约下由商人指定的代理人照看。

佛兰芒集市上出售的产品显然同在香巴尼买到的商品非常相似。这个国家的主要产品、布匹被大量买卖。商人和产业主购买英国羊毛、染料及布匹生产所需要的其他材料，例如矾、巴西木、粉笔、西班牙绿、朱砂、土茴香、红色染料、靛蓝或彩色粉笔。还有很多产自南方的物品，13 世纪通过香巴尼、14 世纪通过海路来到佛兰芒集市：香料如胡椒、姜、肉桂、肉豆蔻、丁香；药用产品如芦荟、番泻叶、海松树脂、紫朱葱根、散沫花；香水、香精、脂油和蜡。至于原料，铁和钢来自西班牙；铅、锡、铜来自英国、波黑和波兰；贵金属来自波黑、波兰和匈牙利。酒被大量进口，特别是来自莱茵、普瓦图、吉伦特和香巴尼的葡萄园的酒。

在所有集市中，贵金属和钱币汇兑贸易，以及借贷和银行业务只被限制在专家手中。这些专家是“伦巴德人”和遍布各地的钱币兑换商。前者通常不仅仅是金融家，而且也是商人。另一方面，钱币兑换商常是公务人员。前者是意大利人，而后者是当地人。

在集市上，钱币兑换商的角色非常重要，因为他们垄断了汇兑业务。在布鲁日禁止为汇兑业务充当中间人。不允许任何人担当个人和钱币兑换商之间的中介。另外，似乎是在城镇中永久定居的钱商担当起集市上钱商的职务。在永久贸易显然没有布鲁日那般重要的托尔毫特，没有出现这种情况。在13世纪，这个集市大约有78个钱商。到大约1280年他们来自阿拉斯，后来来自里尔。

我们对佛兰芒集市的司法状况的了解要远远少于对香巴尼集市的司法状况的了解。在佛兰德斯，司法权被托付给司法长官、集市管理人，以及可能类似集市城镇的行政长官的集市行政官（eschevins de la fieste）。它们法庭
【136】中的司法程序通常是简单化的。借方无法求助于延期来避免诉讼。协议契约通常禁止对法律程序的放弃，因为它有可能延缓诉讼过程。

在所有中世纪集市中，包括香巴尼、佛兰德斯和其他各地的集市，诉讼人如果不能从外国法庭上得到满意答复的话，有时会要求来自某一地区的商人集体赔偿。在这种情况下，被从集市上驱逐出去是一个尤其严厉的赔偿形式，因为它禁止不履行集市法庭要求的所有某国人进入该法庭的管辖范围。

佛兰芒集市为我们了解付款地点和时间提供了重要线索。从伊普斯集市整理出了重要的、登记在册的7 000多份契约，其中于1914年被销毁的最古老的案例是在13世纪中叶。这些契约中包含在下一次集市到期付款的承诺。它们在佛兰芒6个集市之一上或香巴尼集市之一上被支付。有时契约并没有规定付款的集市地点，而只说明时间。可以用现金交易，也可以用货物或服务抵消。契约可被移交给第三方。从13世纪末开始，这种做法经受了来自汇兑契约的竞争，就像商业体系中很多其他的进步一样，汇兑契约也是从意大利引进的。

3.3 沙隆、日内瓦和里昂的集市

我们已经大致描述了在商人依旧随货物一起旅行期间在两大地区出现的集市的特点，这两个相互关联的集市圈对欧洲14世纪前的经济影响最大。正是在14世纪后政治和经济两方面因素的共同作用才导致这两个互为补充的集市圈衰落下去。其中最重要的一个事实是，当时法国北部和低地国家城镇的城市生活已得到充分的发展，需要永久贸易来满足各种需要。从布鲁日——整个欧洲西北部长途贸易的主要中心——到西北地区所有城镇能连续买到各种各样的商品。商品也被送往布鲁日向各地发散。所有这些当然都是在和平时期进行的。

正如我们在前面已经说过的，商人的生活方式已经发生了变化，现在他们更愿意在家坐着办公。然而，这只适用于某些国家的商人，例如佛兰德斯【137】商人，但他们也是直到13世纪后半叶中期才停止在外奔波。另一方面，意大利人总是来往于贸易航线之间，其他很多国商人也是如此。他们依旧频繁光顾集市。但这些集市——至少具有国际影响力的大集市——不再位于通过香巴尼连接意大利和佛兰德斯的轴线上了。从现在开始它们向东发展，到那些城市生活及常规贸易还没有像欧洲大陆西北部那般发达的地区。集市由西向东转移，是因为它们越来越多地依靠工业化地区和未工业化地区之间存在的经济差距来保持繁荣，后者正是通过在集市上出售它们自己的农产品来购买前者的工业产品。

这些集市位于香巴尼—佛兰德斯线的东部，但当然不是凭空出现的。它们并非突然代替那些依旧存在但不如先前那般辉煌的特鲁瓦、普罗万、伊普斯或里尔集市。另外，这些集市其实早就存在，只是到中世纪的后几个世纪才赢得真正的生机。

一些集市显然起着过渡作用。一个很好的例子便是索恩河畔的沙隆。从11世纪商业复兴开始，沙隆就有了一定的商业影响力。在这个城镇中，有一个犹太人聚居区经营奢侈品和贵金属。最早提到它的集市的日期是12世纪末。此后它们开始在香巴尼集市的背景中出现，并逐渐成功地在大的南北贸易轴线的侧面站稳了脚跟。它首次真正的繁荣期是从1280年开始。正是在这个时候这些集市成为公爵的领地，从此就像香巴尼集市那样得到地区政府的稳定支持。

从1244年开始有文件提到沙隆集市的布匹厅。它们位于旧城镇地界的外面，背靠沿着索恩河一条支流修建的第二个城镇的围墙。在第一个繁荣期内，来自阿拉斯、特鲁瓦、普罗万和巴黎的商人与来自莱姆斯、伊普斯、根特、杜埃、图尔和瓦朗谢纳的商人都来此设摊。沙隆同一些纺织中心也有联系，如博韦、埃唐普（Etampes）、沙特尔（Chartres）、于伊（Huy）、那慕尔、希迈（Chimay）、阿韦纳（Avesnes）、欧邦通（Aubenton）、圣康坦（St. Quentin）、里昂、阿比维尔（Abbeville）、里尔和梅林斯。在14世纪又增加了迪南和圣奥默。另外，集市进口了更多的诺曼（卢维耶（Louviers）、贝尔奈（Bernay）、圣洛（St Lo）、托里尼（Torigny））和布拉班特（布鲁塞尔、卢万（Louvain）、迪斯特（Diest）、里尔（Lierre））的布匹。来自这些地区的布匹在沙隆被运往阿维格农的教廷。

13世纪，从南方过来卢卡、博洛尼亚和马塞的丝绸商人，稍后，又有【138】

来自米兰、热那亚、都灵、阿斯蒂和皮德蒙特的皮尼罗商人。邻近地区的商人当然也会前来：西瑞士往上，包括沃都斯（Vaudois）、萨沃伊（Savoy）、布雷斯（Bresse）、里昂人（the Lyonnais）、多芬（Dauphine），再远一些有普罗旺斯、维瓦赖（Vivarais）和朗格多克（Languedoc）。向西，沙隆的吸引力远至澳文（Auvergne）、波旁（Bourbonnais）和伯里（Berry）。没有英国商人或西班牙商人的痕迹，也几乎没有来自法国西部的商人，尽管这个地区与诺曼底的布匹中心有业务往来。另一方面。14 世纪那里出现过莱茵兰人。正如我们在研究布匹大厅时所看到的，来自低地国家的很多纺织品在沙隆出售。意大利人带来丝绸和香料，还常常提到沙隆集市上有来自巴黎的皮革和服饰用品。

尽管沙隆的商业交易种类繁多、涉及范围广，但这个城镇的集市远远没有香巴尼或佛兰德斯的集市群那样重要。我们稍后将再次详细讲到的佛兰德斯集市似乎比它更繁华。另一方面，沙隆显然比士瓦本的诺德林根集市和瑞士的苏萨克集市有更大的影响力。

这些集市同佛兰德斯和布拉班特的关系尤其得到高度的发展，尽管在1384 年佛兰德斯是被邀请至这些集市的最遥远的地区。从 13 世纪中叶开始在沙隆就有佛兰芒商人。伊普斯在 13 世纪和 14 世纪的文件中都常常提到沙隆的集市。甚至一个小地方——格拉蒙的商人从 14 世纪中叶开始也来到这里。梅林斯商人早在 1280 年便被记录来过沙隆，而布鲁塞尔商人到 14 世纪后半期才出现，卢万商人也是如此。这个情形同我们从佛兰德斯和布拉班特的商业发展的相对编年史中得到的情况非常吻合。在 1443 年，腓力四世还催促前往日内瓦的低地国家商人也前往沙隆，显然证明日内瓦的集市已经开始走下坡路。在这时期发展起来的勃艮第酒的出口贸易也未能挽回这一颓势。然而，我们应该注意到还没有发现这些酒从沙隆出口的案例。

在 14 世纪，香巴尼南部的继任者是在 15 世纪达到辉煌的日内瓦集市。这时每年在日内瓦有 4 次集市：主显节①、复活节、8 月和万圣节②。参加
【139】这些商业集会的常常有来自整个法国、荷兰、莱茵兰、意大利北部和中部以及西班牙的商人。一个令人费解的问题是，瑞士人自己却更多地光顾法兰克福集市。只有弗赖堡人和伯恩人是这条普遍规律的例外。对于弗赖堡人来说，日内瓦集市比后来的苏萨克集市和更遥远的法兰克福集市更重要。弗赖

① 1月6日。——译者注
② 11月1日。——译者注

堡同日内瓦的初次联系是从14世纪前半期开始的。当路易十一偏爱里昂集市而对日内瓦造成不利时，弗赖堡商人仍对日内瓦集市一往情深。只有当宗教改革波及日内瓦时，日内瓦集市同也在衰落的弗赖堡之间的关系才宣告结束。伯恩与日内瓦的商业联系也开始于14世纪前半期。在日内瓦，伯恩人主要出售皮革和农产品。与弗赖堡商人不同的是，日内瓦集市败落后他们更常前往里昂。

详细研究日内瓦集市内部历史的F. 博雷尔将他的调查终止在16世纪，尽管事实上这些商业集会又持续了二三十年。有各种文件是这位历史学家所不了解的，通过对这些文件的调查我们发现，15世纪末日内瓦的集市有全年举行的倾向，这个事实显然说明这些集市的影响力在下降。1489年，日内瓦集市举行的季节就已经不再同它们的名字所显示的传统日期相一致了，其原因是路易十一为了使法国城镇的集市从日内瓦集市的衰落中获利，而将里昂集市的举行日期就定在旧的日内瓦集市的同一时间。日内瓦政府因此推迟了他们自己的集市而仍保持了原有的名称。

就像别的地方一样，来自地中海和黎凡特聚居区的香料和产品在日内瓦贸易中也占一席之地。德国人，特别是斯瓦比亚人还带来了金属、蜡和羽毛。低地国家的布匹在日内瓦的销售量通常要比前面研究过的那些集市少，其原因是佛兰芒布匹业在15世纪的衰退，以及在某种程度上后来布拉班特产业的萧条。然而，在对日内瓦纯粹的商业史的总体描述上，还有很多方面需要澄清——正如其他很多集市一样——因为直到目前为止，人们普遍认为集市的历史能够或多或少只通过研究集市所在城镇的当地文件便可得到全貌，然而，如今我们越来越清醒地意识到对外国档案的研究——特别是公证文件和账本——不仅必不可少，而且必须放在尽可能宽泛的范围内进行。【140】

我们已经提到过15世纪末日内瓦和里昂之间存在的竞争，特别是政治竞争。皇室政府在这场竞争中所起的作用是当时时代的标记，也证明了中央集权制国家对正在形成的商业主义的干涉。前面提到的所有集市——尽管它们是由地区政府控制并提供非常有效的保护——在很大程度上是经济形势发展的自然结果，里昂集市却基本是皇室政府一手创建的。

1420年，多芬的查理（Dauphin Charles），即后来的查理七世，建立了里昂集市，并给予它们先前香巴尼集市所享有的特权。里昂行政官立即决定春天的集市将在索恩河的右岸（即法国这边）举行，而秋天集市将在帝国的左岸进行。

日内瓦这个近邻起初促进了里昂的贸易，已经习惯光顾日内瓦集市的商人被吸引到了里昂，但这也是后来引起双方竞争的一个原因。资料显示，在早期它们还有其他方面的联系。因此，在 1454 年，里昂行政官要求中央政府在确定集市日期时应避免同圣·丹尼斯的兰迪集市和兰戈多克集市发生冲突。

正如我们已经看到的，里昂的真正繁荣开始于路易十一。这个国王事实上在 1463 年重建了这个城镇的集市。马孔（Macon）的市政官，也是里昂总管，当时被任命为集市管理人负责贸易事务。从此里昂同日内瓦的竞争便经常发生。就在同一年，1463 年，皇室颁布了一道禁令，禁止商人光顾日内瓦集市，这个禁令还被发布到远至佛兰德斯和皮亚卡迪这样的地方。日内瓦的回应是禁止德国人、伦巴达人和佛罗伦萨人经过他们的土地前往里昂。里昂人便雇佣卫兵控制了多芬（Dauphiné）的道路。1467 年，分歧暂时搁置。里昂同日内瓦、伯恩和萨瓦伊签订协议，允许德国商人自由出入里昂。然而，与此同时，在法国内部，巴黎、图瓦、奥尔良和蒙彼利埃的商人也在对抗新集市。

无论如何，这个城镇繁荣了起来。在路易十一统治时期，香料贸易在里昂集市上找到了重要市场。里昂取代了曾经是意大利木船停靠码头、但如今已经淤塞的艾格莫尔特（Aigues Mortes）和纳伯恩的位置。这样的发展无疑是受惠于这个城镇优越的地理位置。在 1484 年，里昂人自称他们所有重要的集市都位于边境，而那些远离边境的集市——像圣·丹尼斯的兰迪集市——只吸引到很少的外国人。

【141】 1484 年，里昂人又有了新的烦恼。国王事实上已把里昂集市转移到了布尔日（Bourges），于是，为了争夺对这些贸易集会的所有权，这两个城镇之间爆发了一场激烈的斗争。一个令人惊讶的事情是，香巴尼集市中一个已经衰落的地方——特鲁瓦城镇，也试图从这些纷争中受益，当然没有成功。主要贸易很久以前就永远离开香巴尼了。

最后，在 1487 年，部分是由于德国商人的要求，里昂集市重新建立，而且从 1494 年开始，每年有 4 次商业集会。16 世纪它们到达全盛期，主要是因为香料贸易和丝绸业。在 15 世纪，至少从商业角度看，里昂已经是一个丝绸镇了。如果在路易十一统治时期，布匹贸易仍然扮演着重要角色的话，这只是中世纪的一个特色。未来的发展要靠其他方面的贸易，里昂完全印证了这个事实。日内瓦已经失去了它的重要地位，而安特卫普才刚刚开始发展。几十年来里昂一直是欧洲主要的集市中心。

3.4　德国、斯堪的纳维亚和布拉班特的集市

德国集市是沿着索恩河—罗纳河—日内瓦湖轴线集市东面发展起来的，其中美因河畔的法兰克福集市在 14 世纪取代了香巴尼集市的地位。当然，它们的出现日期要早于 14 世纪。但是只有当莱茵河和美因河地区有了生产盈余，然后有了新的需求，法兰克福集市才能得到发展。在 1150 年，它们很可能在 8 月 15 日左右举行，但只有到了 1227 年它们才在斯瓦比的亨利（Henry of Swabia）的一份文件中被明确提到，同时这份文件还提到维尔兹堡集市和多瑙沃特集市。1240 年法兰克福集市得到它们的第一份帝国许可证。当德国南部城镇开始同威尼斯做生意时，当斯拉夫国家不断增加的聚居区促进了汉萨同盟的繁荣时，法兰克福在南北、东西间占据了一个中间位置。

14 世纪前并未出现这样的情况。当时，农产品是法兰克福集市上的主要产品，尽管斯特拉斯堡驳船船员带来的阿尔萨斯（Alsace）葡萄酒已经在那里出售。另外，到 1330 年，那里只有一次集市——秋天集市。在这一年出现了新的为期 15 天的伦特（Lenten）集市，这一集市从 1340 年开始成为外国布匹的重要市场。这时在附近的弗里德贝格镇还有两个集市，同法兰克福集市形成了一个商圈。除了农产品，当时那里还出售海鱼和淡水鱼、香料、铁、铅、锡、玻璃制品、羊毛和亚麻以及葡萄酒和布匹。【142】

法兰克福集市的第一个繁荣期是 1330～1400 年。这些集市的基本特点之一是它们在很大程度上都经营手工产品，这个事实证明这些地区的经济组织还处于比欧洲大陆西部落后的阶段。行会，特别是织工行会结群来到集市。在法兰克福的织工来自施瓦尔巴赫（Schwalbach）、柯尼西施泰因、魏尔瑙、克伦堡（Cronberg）、上乌瑟尔、乌辛根、林堡、蒙塔鲍尔、弗里德贝格、布兹巴赫（Butzbach）、马伯格、吉森、纳施泰腾、格林贝格、阿尔斯费尔德、温德肯、盖尔恩豪森、富尔达、塞林根施塔特、梅因兹、斯皮尔斯（Spires）、沃姆斯、奥彭海姆、宾根、上韦瑟尔、安德纳赫、科隆、迪伦、亚琛、特里尔、卢森堡和梅斯。这些工匠住在一起，集体购买货物。法兰克福本身有布匹出口贸易。后来又有来自纳根林德和乌尔姆的毛织物生产商。同时那里还有来自明斯特和奥斯纳布吕克，以及圣加尔和康斯坦茨的布匹。

后来显然也出现了类似西部的主要贸易问题。但在法兰克福也出售卢万、梅林斯、曼斯特里西特（Maastricht）、布鲁塞尔和圣特伦德（St Trond）的布匹。纽伦堡运来武器，吕贝克运来鲱鱼，布莱斯劳运来染料，而意大利运来玻璃制品和丝绸。在 1383 ~ 1407 年期间，拉蒂斯邦的商人威廉姆（William）和马修·伦蒂格尔（Mathew Runtinger）在法兰克福出售在威尼斯、保罗纳（Bologna）和卢卡购买的产品，并在法兰克福购买布拉班特布匹并运往维也纳和意大利。这个时候西方和意大利的贸易体系在法兰克福得到了充分的运用。

莱尼西（Rhenish）和阿斯蒂的葡萄酒贸易到这个时候已得到了相当大的发展；匈牙利马匹也被大量出售以做运输工作。从圣·戈特哈德（St Gotthard）到北海的整个莱茵兰地区和法兰克福联系紧密，缪斯（Meuse）和莫塞尔（Moselle）峡谷也是如此。更远一些，到法兰克福的商人还来自吕贝克、波兹南（Poznan）、克拉科（Cracow）、伦贝格（Lemberg）、贝尔诺（Brno）、奥芬（Ofen）或匈牙利的布达（Buda）、因斯布鲁克（Innsbruck）、伯恩（Berne）、弗莱堡（Freiburg）、蒙贝利亚尔（Montbeliard）、贝桑松（Besancon）、埃皮纳勒（Epinal）、默兹、伊普斯和布鲁日。然而，商品本身却显然走得更远，向各个方向流动。它们还常常来自更遥远的地区，例如，意大利和东方的产品、英国的布匹、斯堪的纳维亚的鲱鱼及俄国的皮毛。

15 世纪，法兰克福集市出现了一个相对的低潮期，直到 16 世纪后半期才完全恢复过来。这个低潮是由于德国、佛兰芒和布拉班特的布匹业在面对来自英国的竞争时出现的衰落，以及帝国内部解体，强盗活动频繁而使得公路越来越不安全所造成的。旧的手工品集市的最后的典型特点消失了。只有
【143】那些大的资本家商人成功地维持了一些能够保证集市持续到下个世纪的活动。

在纳德林根，从法兰克福到奥格斯堡的道路和纽伦堡到康斯坦茨湖的交叉口有规模较小的集市。它最早被提到是在 1219 年，但它的繁荣期开始于 15 世纪，因此刚好与法兰克福集市的相对萧条相对应。1434 年，纳德林根集市从圣灵降临周①后的第一个星期六开始持续 15 天。然而，只有在 1521 年才出现举行期限相同的第二个集市。光顾这个集市的有从整个中部地区来的德国商人，从亚琛和科隆来的莱茵兰人、莱比锡（Leipzig）来的商人及布

① 复活节后的第八个星期。——译者注

莱斯劳（Breslau）来的西里西亚人（Silesian）。也有从圣加尔、伯恩和日内瓦来的瑞士人；还有少数是来自苏格兰、米兰及那些低地国家城镇如安特卫普、马林斯和图尔的商人。1451～1476年间的集市登记表保存了下来。它们提到在城镇租铺面或在集市设摊做买卖的外国商人，但是却没有在私人房舍中的销售地点的叙述。

在苏拉克的小的瑞士集市同德国集市群也有联系。应该对这个集市做一些重点研究，因为它是小集市的典型代表，而且关于它的资料很丰富。

苏拉克位于莱茵河畔，西面是靠近阿尔（Aar）交叉口的沙夫毫森（Schaffhausen）。从内陆导航的角度来看它的位置尤其有利。这个城镇是一个朝拜地，使得这里每年9月1日有一个地区市场。在14世纪德国的集市发展时期，这个城镇的商业活动有所增加。在这个时期可参考圣纳姆斯传，正是这个圣人的狂热才使这个城镇成为朝拜地。但是，直到1408年，这些商业集会只持续一天。从1408年开始，集市的期限开始延长。

常常光顾苏拉克集市的是邻近小城镇的居民，这些小城镇有些在这个时候已经部分荒芜了，但也有远方来的客人。弗里德贝格的布匹既在苏拉克出售，也在日内瓦、里昂、法兰克福或纳德林根被买卖。伯恩人也常来这里。有很多交易是皮革制品交易，而且在苏拉克经手的款项和在大集市中一样多。另外，由于采用新的财务技巧而在16世纪成为商业资本主义权贵的德国南部商人也光顾苏拉克集市，或者从纽伦堡（Nurenberg）带来金属，或者从斯瓦比尔的纺织区带来亚麻和毛织物。沿着莱茵河中部，苏拉克同巴塞尔（Basle）也有往来，而且与施特拉斯堡（Strasbourg）也有一些往来。有 【144】
时前往低地国家的威尼斯人也会在这里停留。

街上开始搭建铺面，而且不顾康斯坦茨主教的反对，公墓里也建起铺面。因为邻近城镇来访者的大量涌入，所有的房屋都充当了仓库和旅馆。尽管苏拉克集市是个地区性集市，但异国的产品，如米迪的香料和水果在那里就像其他地方一样也有出售。这个集市上自然不会缺少来自佛兰芒和布拉班特的布匹，城镇甚至还组织了从佛兰德斯和布拉班特直接到苏拉克的交通。这样的繁荣一直被保持到16世纪中期。

上奥地利（Upper Austria）利兹的两个集市也具有相同的特点。前来光顾的商人们来自奥地利、巴伐利亚、斯瓦比尔、弗朗科尼亚（Franconia）和波希米亚，也有少数来自萨克森、波兰、匈牙利或意大利。那里也出售来自弗朗克尼亚、巴伐利亚和波希米亚的廉价布料，以及来自斯瓦比尔的亚麻和毛织物。东方产品通过萨尔兹堡（Salzburg）从威尼斯运到这里，而金属制品则来自纽伦堡。据我们所知这些集市出现于15世纪。

在博尔扎诺（Bolzano）的布伦纳（Brenner），它的位置使它在13世纪初就出现了集市。15世纪，当德国和意大利之间的贸易被拓展后，有多达三个一年一度举行的集市，其中前来光顾的威尼斯商人尤其数目众多。

莱比锡在15世纪成为德国东部的集市。但这个集市也是面向东欧的。这里有来自波兰和俄国的皮毛，但来自低地国家的布匹通过莱比锡被运到斯拉夫国家。在印刷术发明后，莱比锡立即增加了一个书市。在当时有3个每年举行的集市，参加的商人既有来自莱茵兰地区的，也有来自俄国的。

这些德国集市始终未发展出一个它们自己的司法系统，而是受到西欧集市上形成的条例的很大影响。我们还看到在德国也有一个集市逐渐东移的倾向，这无疑是我们前面描述过的发展的继续。和别的地方一样，这里的集市也是在工业化地区和有原材料或生产半成品的地区之间的联系基础上产生的。随着工业和城镇生活向东欧的扩展，集市圈也随之东进。

尼德兰①东部的代芬特尔（Deventer）集市在某种程度上是德国集市，
【145】因为从14世纪开始，它们对远至易北河的整个德国北部以及莱茵兰和赫斯都有重大的影响力。然而，它们并不是在低地国家疆域中出现的最古老的集市。在12世纪，乌特列特和其他地方已经存在集市，但显然影响力不大，13世纪的弗拉尔丁恩（Vlaardingen）、代尔夫特（Delft）、福尔斯霍滕（Voorschoten）和法尔肯堡（Valkenburg）的集市也被提到过。在14、15、16世纪，集市许可证被颁发给荷兰和泽兰很多城镇。几乎所有这些集市的范围都很狭小；它们常常只供应当地居民或邻近地区的农民那些一年只需购买一次的商品。

至于代芬特尔，值得注意的是，在13世纪末，当它的集市开始有一定的影响力时，这个城镇中活跃的对外贸易开始衰落。根据记录，它的商人很早就在德国和北部国家出现过。从13世纪末起，这个角色被坎彭商人所取代，而代芬特尔集市成为来自其他地方的贸易商的聚会地。

它们历史上最光辉的时候是在15世纪中叶，但早在14世纪荷兰商人就已经开始在代芬特尔出售布匹和奶制品，同时从德国商人那里购买木料、葡萄酒和金属制品。这个城镇位于伊塞尔河畔的有利位置，而且是乌特列特主教的领地，不可能有什么麻烦产生。一年有5个集市，其中4个持续15天，

---

① 16世纪前指莱茵河、马斯河、斯凯尔特河下游及北海沿岸一带，约当今荷兰、比利时、卢森堡及法国东北部。——译者注

第5个则持续3个星期。当然一个城镇中存在5个集市并不能证明它们一定都很重要，因为荷兰的霍林赫姆有多达6个集市：有4个持续15天，其中之一是牛市；还有一个持续6天的是布匹市场，而另一个持续4天的是马市。有两个集市肯定销售来自邻近地区的动物这个事实，以及销售布匹这个国际商品的市场只持续6天这个事实，足以证明这些集市是狭小而次要的集市。

伊塞尔地区的其他城镇也有集市，特别是在兹沃勒（Zwolle）、聚特芬（Zutphen）和阿纳姆（Arnhem）。后来这些在14世纪相当繁荣的集市在15世纪由于代芬特尔集市的出现而衰落下来。在兹沃勒有5个期限不明的集市。其中之一在16世纪是个牛市，甚至吸引了易北河之外的商人。在海尔德兰省（Gelderland）的聚特芬有4个集市，其中两个是海尔德兰的公爵为了同代芬特尔竞争而建立的，因为代芬特尔属于乌特列特主教，兹沃勒也是如此。在一些不太重要的地区，集市机构还较为古老。因此在乌特列特主教的属地奥尔登扎尔（Oldenzaal），1049年的一道帝国令建立了一个一年一度【146】
持续5天的集市，但没有证据表明它吸引过远方的商人。

应该注意的是，所有的荷兰集市都是在这个国家的西部或中部发展起来的，因此远离海洋。而另一方面，海洋贸易带有永久性。因此当16世纪荷兰的海洋商业取得国际影响力时，代芬特尔集市便败落下来。

荷兰的这些集市受到在全帝国通用的帝国通行证的保护，邻近地区的王侯们也承认它们。在荷兰没有专门的集市司法，从这个角度看与德国相同。普通的市政法庭就可以处理涉及外国商人的案件，但法院程序会更快。代芬特尔集市也是付款中心。可以用现金付账，也可以赊欠，但没有被记录下来的契约。接受存款的钱商起着重要作用。

迄今为止我们还未说到的一个地区是斯堪的纳维亚。

斯堪的纳维亚的城镇一般是在一个受特殊和约保护、每周举行一次的市场周围发展起来的。一年有一次或两次这些市场中的一些会扩大范围，常常吸引外国职业商人。这些商人带来远方地区的产品，并带走当地的产品。除了城镇集市外还有乡村市场，常常是在修道院或公民集会的地方，城镇有几次反对这些市场，但从未成功地将它们完全解散。

只有斯卡尼亚（Scania）集市有某种程度的国际影响力。斯堪的纳维亚其他市场从12世纪开始、特别是在13世纪失去了它们很多的影响力，因为德国商人的永久聚居区开始普及，例如戈特兰（Gotland）岛上的维斯比人聚居区，以及斯德哥尔摩（Stockholm）和卑尔根（Bergen）聚居区。

斯卡尼亚集市是在松得海峡[①]的鲱鱼业的基础上建立的，从13世纪开始普及。那里的鲱鱼群如此密集，以至于有几次（如果我们相信萨克索·格拉玛蒂克斯（Saxo Grammaticus）的叙述）船只都无法向前移动。外国商人大量涌来，很快那里就出现了 nundinae piscationis。也正是这些商人，特别是吕贝克商人，资助捕鱼机构。靠提供资金，他们保证了鲱鱼的分配，并提供伦纳堡（Luneberg）的盐，使松得海峡鲱鱼成为北欧最上等的菜。因
【147】此，这些集市被控制在汉萨同盟手中，但是另一方面，荷兰人和英国人也开始在13世纪中期来到松得海峡，参加捕鱼和贸易。荷兰人尤其带来亚麻和食品。他们前往波罗的海港口，并常常经过挪威返回家园。

丹麦国王很快制定法令管理在捕鱼期（即从8月15日到11月1日）的斯卡尼亚集市的治安。这个治安法涉及晒网的整个区域和靠近大海的区域。由这些法令产生了一套皇家法，每年在集市开始时宣布，这个皇家法令在1352年被首次提到。丹麦和低地国家也有这样的法律。德拉厄（Dragor）针对西兰岛（Seeland）的特殊法令，马尔默（Malmo）的公共法及吕贝克的法律都与这同一个问题有关。

斯卡尼亚集市位于将松得海和波罗的海隔开的斯卡纳（Skanor）半岛的沙地上。皇家城堡周围出现了两个小城镇，首先是斯卡纳，然后是法尔斯特布（Falsterbo），它们从14世纪末开始成为较为重要的中心。德拉厄在斯卡纳半岛对面的丹麦岛沿岸发展起来，而马尔默在斯卡尼亚繁荣起来。从13世纪开始，从基尔和吕贝克到里加的所有波罗的海城镇都派他们的商人和渔夫进入斯卡尼亚，德国北海城镇和须得海上的荷兰城镇也是如此。这些人获得了地产（丹麦语叫费德（fed）而低地国家叫韦顿（vitten））以及他们自己管理的永久铺面。这些地产中有些是属于集体的，如但泽的，是为条顿骑士团的6个城镇服务。阿姆斯特丹的地产则是为荷兰北部城镇服务的。

斯卡尼亚集市逐渐被汉萨商人所控制。前来光顾的丹麦和英国商人越来越少，苏格兰人，以及后来的佛兰芒人、法国北部人、荷兰人和泽兰人也越来越少。15世纪，这样的垄断政策导致了集市的萧条，并使集市在16世纪最终消亡。

虽然也有其他方面的业务，但斯卡尼亚集市主要是鲱鱼集市。在14世纪，捕鱼几乎完全是由丹麦农民和市民来完成的，但他们被禁止在集市上销售鲱鱼。鲱鱼桶和盐被外国商人带到集市，有时他们也会带来在他们地产上

---

① 即厄勒海峡，在瑞典和丹麦西兰岛之间。——译者注

干活的桶匠。这个地方是靠鲱鱼发展起来的事实在桶子的畅销上得到了印证。

在1368年，吕贝克商人得到大约34 000桶鲱鱼并再次出售。德国其他波罗的海城镇得到大约62 000桶，其中大量被送往西欧。在1398~1400年，这些数字显然几乎翻了两番，光吕贝克就得到约80 000~90 000桶的鲱鱼。【148】随着汉萨同盟优势的确定，各种商品的进口，特别是纺织品，都被汉萨同盟所垄断，而外国商人相应减少。

这个集市受丹麦国王的管辖。以国王的名义征收赋税并维持治安，违反皇家治安者要被处以罚款，而且若有欺诈和侵吞资金的行为，甚至会被处以死刑。这些都是汉萨同盟取得绝对优势前的情况。后来国王主要征收赋税和通行费。外国商人的地产最后获得了一种治外法权。他们受负责他们城镇的司法长官管辖。这个司法长官执行他所在城镇的法律，但渐渐地吕贝克法替代了其他所有法律。

运输业完全掌握在丹麦人手中，而且受皇家法的严格控制。对捕鱼业的监督和对鱼产地和质量的保证也是如此。在私人地产上，鲱鱼市场是和其他行业的市场分开的；鲱鱼交易只能在鲱鱼市场上进行。交易显然是用现金付款。在边远地区只有丹麦货币有效，但其价值常常被国王改变，有时这样的改变甚至发生在集市进行当中。但到了15世纪，汉萨银币和西欧金币就开始普遍使用。

汉萨同盟在波罗的海的衰落和废除斋戒的宗教改革在欧洲北部大部分地区的成功预示着1545年大斯卡尼亚集市的结束。另外，北海的鲱鱼捕捞业仍在稳定增长。然而，吕贝克和其他汉萨城镇的商人依然在业已萧条的集市上活动，直到大约17世纪末。

香巴尼集市败落之后，集市整体并未缓慢而稳定地向东部不发达地区移动。香巴尼集市的经济特点太过古老，太依赖于贸易方式，也为城镇、地区和国家政府带来太多利润，以至于不可能发生这样的转变。因此，所谓的低潮期开始消退，出现了新的集市，有时是在那些逐渐衰落的集市沿线的后面，总是沿着大陆的中心发展。里昂就是这样的范例。这条规则也适用于布拉班特集市、马林斯集市和安特卫普—卑尔根集市群。

马林斯集市出现在1409年约翰一世统治时期，约翰一世在那里建立了两个一年一度的自由市场，每个持续8天，一个是在耶稣升天节[①]之后，另【149】一个是在9月底Saints Cosmas and Damian节之后。但是，这些集市却从未拥

① 复活节后第40天。——译者注

有像安特卫普的集市那样大的影响力。

安特卫普的两个集市显然是从 15 世纪中早期开始的。一个是在圣灵降临周举行的，另一个是在 10 月 1 日圣·贝弗节（St Bavon's Day）举行的。它们很快与卑尔根的集市形成了一个集市圈，那里的第一个集市是在复活节举行，而第二个是在圣马丁节（11 月 11 日）举行。后面这些集市是从 14 世纪中期开始的。这四个商业集会出现得较晚，其原因是与邻近的佛兰德斯相比布拉班特的杜奇的经济发展相对缓慢。在 14 世纪末，皮革和兽皮贸易在安特卫普十分密集，吸引了不少英国商人和汉萨商人。从 15 世纪开始，布鲁日的汉萨聚居区的商人开始一年两次前往安特卫普和卑尔根的集市。

14 世纪末，英国人开始通过米德尔堡的泽兰港口带大批的布匹来到安特卫普和卑尔根的布拉班特集市。在 15 世纪，这些布匹越来越多地被科隆商人购买，并被运至德国中部在法兰克福市场上出售，当时布匹贸易是那里的主要活动。德国人则带来他们自己的熔炼业产品，以及意大利的香料或奥格斯堡和乌尔姆的毛织物。布鲁日人越来越多地在这场竞争中蒙受损失。布鲁日的比斯开人从 15 世纪中期开始就光顾安特卫普集市。在 15 世纪末，意大利贸易也从布鲁日转移到了安特卫普。1498 年那里还有葡萄牙皇家办事员。安特卫普集市便从这个商业活动的迁移中获利，这个迁移连同因大发现和殖民导致的世界形势的大变化，确保了这个斯凯尔特城市将要在现代初期占据真正的独特地位。

3.5 小规模集市和中世纪的结束

到目前为止，我们讨论过的所有集市几乎都或多或少在中世纪欧洲内部、甚至在大陆内部有着真正的影响力。然而，使集市出现的经济氛围已经
【150】非常深入地浸透到商业生活中来，以至于集市几乎成为地区间贸易各个阶段的必要条件，结果，大多数西欧和中欧国家在中世纪后期出现了一连串一年一度或两年一度的商业集会。当然这些集会中有很多仅发挥着次要作用。但是只根据香巴尼和佛兰德斯集市来概括集市的普遍发展将意味着缺乏历史视角，不强调这些小集市的多样性将导致我们对中世纪集市普遍代表的现象作出错误的评判。

因此香巴尼集市的数目本身要远远多于人们普遍认为的数目。除了特鲁瓦、普罗万、拉尼和奥布河畔的巴尔这些大的国际性集市外，在塞纳河畔巴尔、马恩河畔沙隆、蒂耶里堡、诺让、莱姆斯、维特里、托南拉、塞扎纳、

圣·弗洛斯坦、拉费泰、埃尔维、塞纳河畔梅里和拉姆鲁特都有小型市场。在旧的皇家领地，除了圣·丹尼斯，在圣·日耳曼德布里还有两个集市，其中第二个是由路易十一在1482年建立的。其他集市都是在巴黎——圣·劳伦斯和圣·拉萨鲁斯（St Lazarus）集市——在奥尔良、普瑟、莫林根尼、埃唐普、利扬库尔、德勒、曼特、蒙莱里、默伦、圣·康坦和博韦举行。一些集市是因为长途贸易的复兴而出现的。还有一些集市是后来由腓力四世建立的，像圣·康坦集市，以及开始于1360年的波万集市。

这些集市有些纯粹是地区性的，而其他一些则或多或少直接参与主要贸易。例如加来、布洛涅（Boulogne）和阿比维尔就是如此，它们是繁忙的英国贸易中心。鲁昂的那些集市也是如此——献主节[①]和赦免节集市——在15世纪起着主导作用。其他诺曼集市，如卡昂、阿夫朗什、卡朗唐和瑟堡，处于次要位置。在布里特尼省，在圣马洛、雷恩、特雷吉耶和埃佩莱有集市。在安茹省，除了旧的兰德欧诺南（Lande-aux-Nonnains）集市外，昂热的集市不少于三个。在图赖纳地区（Touraine），锡隆和图尔（Tours）集市较为重要，图尔集市在15世纪具有相当明显的国际色彩。再往南，纳韦尔（Nevers）、欧里亚克（Aurillac）、普蒂斯（Poitiers）和昂古莱姆（Angouleme）集市是在不同时期形成的。波尔多（Bordeaux）集市是由爱德华三世建立的，但是在16世纪才达到它发展的鼎盛期。朗戈多克有大量集市，其中从14世纪开始衰落的尼姆斯（Nimes）集市是其中最古老的。有关人们经常光顾的博凯尔（Beaucaire）集市的资料并不多，但它显然主要是在16世纪达到全盛期。二等集市包括蒙彼利埃集市、纳博纳集市、蒙托列集市、艾格莫尔特集市、卡尔卡松集市和图卢兹集市。【151】

我们同样不能认为意大利集市对长途贸易有着非常重要的作用。真正的意大利集市是佛兰德斯集市和香巴尼集市。在亚平宁半岛上也有集市，例如，韦尔切利、皮亚琴查、圣多米诺岛、帕维亚、米兰、博格涅、费拉拉集市等。在中世纪末，法国商人和德国商人频频光顾这些集市。伦巴底地区甚至在这个时候有由8个相关联的集市组成的集市圈，波及一年大部分时间。但这些意大利集市从未拥有很大的国际影响力。即使在像威尼斯这样的商业都市中，一年一度的集市也并没有多么重大的国际意义。

在威尼斯的坎波桑波拉（Campo San Polo）和皮萨森马克（Piazza San Marco），有每周举行的市场。集市是在耶稣升天节前后举行，起初延续8

① 每年2月2日。——译者注

天，后来（从 14 世纪开始）延续 15 天。皮萨森马克也存在集市。主要的光顾者是属于威尼斯和穆拉诺（Murano）玻璃制造者行会的商人。这些行会在广场上和市长宫殿的楼座底下替会员搭起铺面。商人参加行会是强制性的。一些商人甚至痛恨这个义务，认为它是不必要的负担，像男子服饰用品商就更愿意在固定商铺中出售货物。那里有为外国亚麻商保留的大约 12 个摊位，但这些外国人仅仅是意大利北部的非当地居民。另外，这些集市被控制在圣·马克那些负责宗教庆典的市长手中，这更说明这些集市是社会和文化的产物，而不是具有地区或国际意义的经济的创造物。

事实上，在威尼斯，贸易整年都向外国人开放，这也是集市的当地特色。在里亚托（Rialto）市场上每天都有贸易进行，那里也有 banchi di scripta，在里面商人都有他们的往来账户。也是在那里有在 Camera degli Impresti-ti 的信贷。在这里，商铺总是装满了各种各样的商品，为国际贸易奠定了基础。它不是 bourse，因为商品是在市场上买到的，并没有签订任何期货契约（远期合同）；它更像是一个永久的国际市场，这使得集市不再必要。

在西班牙，在巴利亚多利德（Valladolid）、萨哈根（Sahagun）——在耶稣升天节前后举行持续 3 周的集市—— 昆卡（Cuenca）、卡塞雷斯（Caceres）、塞韦尔（Seville）、阿尔卡拉斯（Alcaraz）、科尔多瓦（Cordoba）、巴达霍斯（Badajoz）、梅里达（Merida）、塞哥维亚（Segovia）等地都有集市。在 15 世纪以前，最著名的是布里韦加（Brihuega）、汉纳尔斯堡（Alcala de Henares）、布尔哥斯（Burgos）、圣地亚哥（Santiago de Compostella）、帕伦西亚（Palencia）、托莱多（Toledo）和马德里（Madrid）的集市。
【152】从 15 世纪开始，最有名的是坎波城（Medina del Campo）集市，这个集市和比利亚隆（Villalón）及里奥塞科城（Medina de Rio seco）集市在 16 世纪起着世界性集市的作用。

在葡萄牙，也有数目众多的集市。但是直到 14 世纪末它们都被委屈在该国内陆小城镇市场的有限场地上，这个事实证明了它们大多数的影响力都相当有限。

这样的例证自然能在西欧和中欧找到很多。而且在本章限定的地理界限之外，我们还能够提到整个英国集市的情况。然而，即使没有这些例证，前面的例子也足以说明集市所表现出来的普遍状况。另外，我们还应该在历史延续性的角度内审视集市。我们也不应该忘记，在中世纪出现的许多集市经过中世纪末的官方复兴后又延续到中世纪末。

在结束此章时，我们必须说明集市和城镇的发展之间存在的关系。后者并不是因为集市才出现的，但大量商人的长期居住给它们带来了财富。在个别案例中，从地形学角度来看，集市场地集中了我们正在讨论的城市中心的各种组成要素。二等城镇欧坦就有这样的情况，那里9月集市的所在地圣拉德尔（Champ St Ladré）就位于两个古老的核心城堡和马尔绍之间。但另一方面，在香巴尼，伯爵从集市上得到的收入增强了他们的地位，使他们能够与集市所在城镇的市政府抗衡，因此阻碍了这些城镇解放的进程。

因此，可以毫不夸张地说，集市对中世纪长途贸易的重要性就如同导航的发展对地中海和北海及这两个主要地区间海路的重要性。如果我们忽略了集市现象——以及产生集市的市场——便无法理解中世纪的贸易经济。【153】

第二部分

经　济　政　策

第四章

城镇的经济政策

4.1 概述

探讨中世纪城镇的经济政策合适吗？答案必定取决于对于经济政策一词的定义。如果要过于精确的话，如果我们要求既有中世纪市民关于他们的目标和手段的详尽叙述，又要有这些目标和手段在当时被付诸实施的证明，我们就背离了这个问题的基本。那样研究就会被局限于利波·布兰多利尼（Lippo Brandolini）在他的 De comparatione reipublicae 中所提倡的工业保护主义和15世纪佛罗伦萨的政策之间偶然的重合上了。我们应该采取更自由、更现实的态度扩大研究范围。在城市法律的前言中，在编年史家的报告中，以及利益实体在经济纠纷中所使用的辩论中，有大量证据表明原则决定实践。有时公之于众的目的和思想的确是与经济行为相一致的，有时它们却是虚伪的假象，用来掩藏自私和投机的丑恶面目。但是最虚伪的政策公告也有其价值：它们说明有必要让公众相信经济行为的某些方式和原则是好的和有用的。

使用另一种证据——间接证据——是合理的。它包含城市经济实践的稳定性和持续性因素。哪里有这样的稳定趋势，就可以认定那里的政策的“自觉”程度，只要这种稳定性是真实的，便可以被用来了解可能的动机。中世纪市民并不经常详细叙述他们行为背后的目的和想法——他们不揽这个麻烦，他们不愿也不会这样做；即使他们这样做的话，他们的话可能没有任何意义。常识告诉我们，可以从已知的事实中适当地推理出隐藏的动机。

从任何标准来看，中世纪城镇都有经济政策。这仅仅是我们的预计，因为从这些城镇的规模和性质来看，它们非常可能对经济事务有特别、自觉的态度。由于经济事务的重要性，中世纪市民不可能欺骗自己或者被他人欺骗，因为他们就靠保持某一种经济形势为生。而且这个因果关系在城镇的有限空间内得到迅速而直接的印证；居民不可能轻易地被利益集团哄骗，或在
【157】一个联系紧密的社区中由于漠然而变得迟钝，因为在这里，人人都知道四邻的生意内容以及这个生意对他自己的生意有怎样的影响。另外，城镇和乡村、自由民和其他群体、权力机构之间的明显区别更加刺激人们关注经济和政治事务；分歧和敌对产生了旗帜鲜明的政策。

然而怀疑中世纪是否存在城镇政策可能要比盲目地相信这些政策是强大的、前后一致的和明白易懂的要安全一些。因为这些政策随着环境和内部体制的变化而经历着重大变革，而且它们还受到权宜之计和为每日的方便而着想的小小烦扰。在一个讨厌中间人的城镇中，为小店主服务的“倒爷”或在家门口供应新鲜馅饼和点心的家庭主妇被认为是符合情理的，是为人们提供便利的服务，并因此是合法经营，人们很容易就会明白为什么在杜埃，棺材或粪肥的销售并不一定要在市场上进行，而是可以在作坊或牲口棚出售。但还有更难解释的，即很难区分经济措施和经济政策的问题。某个特定措施和某个特定政策之间的关系也许就像很多症状和某个特定疾病之间的关系。例如，坚持手工产品低价销售可能是出于捍卫消费者利益的政策，也可能出于让希望把这些货物运送到国外销售的商人获利的政策。而且更危险的是过时武断的诠释方法，即用资料最多时期的情况推及中世纪其他时期，这样一来，政策史会失去它的动态，使得两个世纪的特色成为五个世纪的“普遍真理”。最后，我们一定不能忘记，真实的政策在一个法律极度形式化和机构互相关联的时代并不总是像证据显示的那样明确、僵硬和坚定。它会因现实政府的互相迁就、经常的推诿和重合的权威之间的分歧而发生改变。

4.2 恒　　因

不过还是有一些永恒不变的因素。在中世纪城镇政策的所有变化和复杂情形之下，我们还可以看到某些保持着基本和永久特色的原则，因为它们是以中世纪城镇的本质为基础的。

不必强调一个事实，即城镇在中世纪社会中所处的地位产生的最为重要的结果是——它的生死存亡与贸易的存在及它对贸易条件的把握密不可分。常常是城镇人口重要组成部分的商人以贸易为生；另外一个大的群体——工匠——也需要通过贸易获得他们的原材料并出售他们的成品。其他公民则间【158】接地从贸易中获利：作为不参与具体经营的合伙人（隐名合伙人），他们资助那些直接参与贸易和工业的人，并靠投资获得丰厚回报；作为地产拥有者，他们靠向激烈竞争的商人和工匠出租居住场所和工作场所而过着一种舒适生活。最后，城镇整体都依赖贸易，不仅是因为城镇的大部分总收入都来自通行费和其他商业收费，而且因为贸易满足了城镇的生活需要。

中世纪城镇政策的两个主要方面是这些事实的直接结果。因为城镇的繁荣或生计与城镇的贸易容量及做生意的条件密切相关，所以增加贸易容量和改善贸易条件便是市民的基本目的。事实上，当受到下列两种不利因素的阻挠时，这些目的便会发展成为明确的政策。首先是不利于城镇整体发展的所有因素。在这一类中最突出的是那些封建组织，它们阻碍了城镇的商业发展并使城镇政策中出现“反封建”因素；还有那些并非人为的难题，如地理障碍，以及贸易组织和信贷机构匮乏无法处理现实状况。这些困难在中世纪早期尤为突出。后来威胁主要来自另外一个方面。前述障碍的清除和贸易的快速发展使城镇面对的主要威胁是竞争者的数量和实力，这一状况使城镇采取了各具特色的策略。

商人和工匠们自然渴望能够保持和增加他们的贸易容量，并在有利条款下达成生意。但现实往往并非如此。例如，施莫勒（Schmoller）声称，“城镇政策的灵魂在于让同胞处于优势，而让外来竞争者处于劣势。”[①] 但这种对竞争和垄断的强调并未真实地反映出所有城镇在所有时期的情况，而且即便隐含这种态度的基本利益存在，它们也会有不同的表现形式。然而，我们

① 其译文见 A. P. 阿舍尔的《英国工业史简况》（伦敦，1921 年），第 134 ~ 135 页。

必须承认，如果这些目的并不总是为了夺取垄断而采取激烈的竞争和斗争的话，那么它们至少是以自我为中心，说它自私也不为过。它们都是为政策制订者的既得利益服务的；他们对外来同行采取公正、负责的态度往往是迫于压力或受自我利益的驱使。

【159】 在这里必须说明一点。有两种从贸易中获利的方式，为方便起见，我们把它们分别称为贸易外赢利（exploitation of trade）和贸易内赢利（exploitation by trade）。贸易外赢利是指从商人或贸易过程本身中获取的税款；在此类情况中，赢利是由通行费、市场费、商人和店主的财富税收等诸如此类构成的。贸易内赢利指的是真正的商业行为，它的赢利来自于购买（或生产）价和售出价之间的差价；靠廉价购入和高价出售赚钱。在这两种情形下，赢利方都偏爱活跃、广泛的贸易，但除了这点之外，各城镇的政策没有多少相似之处。那些利用第一种方法赚钱的人并不在乎贸易是被控制在当地人手里，还是在外国人手里，他们也不会直接对贸易条件感兴趣，除非商品的价位过低。

有趣的是贸易权有从第一种利益团体向第二种利益团体变化的倾向，这个变化是在商人贵族取代封建领主成为城市领袖时发生的。当然，贸易外赢利是控制城镇并鼓励其发展的封建领主较为典型的赢利方式，这些领主的贸易政策在很大程度上是为这一利益服务的。另一方面，城镇独立时期和“完全由商人、为商人”制定政策之间不能划简单的等号。即使当商人利益占主导地位时，城镇贸易除了有不断增加的私人和商业利益外，还有公共和财政利益。社会总收入和个人赢利均来自于城镇贸易，不同的目的势必导致不同的措施。另外，消费者的利益对于抵抗有可能带来贸易垄断和高价的贵族政策总是有一定的作用。最后，即使中世纪城镇的领袖都是野心勃勃的全职商人，我们也有理由认为他们不会将贸易组织和贸易条款转向对他们的私人业务有利的方向。一些贵族更趋向于接受“封建”式的生活方式，而不是商人的生活方式，靠对城镇的财政和政治控制及由于土地和社会地位而获取的权利中谋取财富。这样的人在城镇生活的早期领袖中并不少见，而且可能在中世纪后期的寡头政治中起到了大的、甚至主导的作用。

除了贵族史之外，还有两种证据说明了这一点。首先，在13、14世纪的内部斗争中，人们仇恨的主要对象并不总是那些利用权力制定有利于他们
【160】 而不利于消费者和生产者的贸易条款、并迫使工匠以极低的工资为他们工作的贵族阶级；有时人们的仇恨对象是直接通过政治权力和税收体系发财的那个贵族阶级；人们仇恨的是政府的独裁，而不是商业资本权力的独裁。有时

（如 14 世纪的奥斯贝格）那些从严格意义上希望利用城镇机器为贸易牟利的人群的确会招致人们的反对。其次，一些城镇从贸易中谋取财富的方式是封建领主式的，而不是商人式的；例如那些控制意大利人进入阿尔卑斯通道入口的城镇（如韦尔切利、诺瓦拉、科莫和特雷维索），它们大体上并未利用它们的有利位置成为活跃的贸易中间人，而是向通过这些路线的商人征收通行费。

城镇居民在中世纪社会中的独特地位与另一种形式的依赖关系有关，即消费者对城镇的依赖。城镇的主要事务是为居民采购足够数量和适当质量的消费品，为工匠购得原材料。这一事务是城镇政策其他因素的来源。然而，消费者利益的维护并不仅仅指保证外部商品的供应；它还包括内部法令和对城镇内部利益冲突群体的要求作出调整，因为少数人的特殊利益很容易同多数人的消费利益相抵触。它还包括一些在本质上非经济因素的考虑，如社会和道德原则、福利理想、教会对公平价格及和睦交易的教导等等；因为不管城镇对待“外国人”多么没有是非观念，在城镇内部还是有强烈的社会感。人们一贯遵循的是经济法应该为“公众谋福利”、为“整个社会谋福利”的理念，认为每一个经济行为的关系都应该“友善、忠诚和真实”。这些理念对城镇政策起着长期而有力的影响，尽管立法机器常常被控制在少数利益集团手中。

简而言之，城镇的维生和生活都直接或间接、或多或少依靠一个适宜的贸易环境。这两方面的依存，正如在贸易政策中所显示的那样，可以被理解为保护贸易利益和保护消费者利益。

4.2.1　保护贸易利益

对于“单纯的商人”和贸易工匠而言——其中之一或两者都影响着城镇政策的发展方向——有一种满足他们需求和野心的主要方式，即增加他们经手的贸易量，并确保他们在贸易中低价购入并尽可能高价卖出。他们通过【161】努力建立对他们有利的贸易条件和保证做尽可能多的生意来努力增加赢利。

最初，建立有利的贸易地位并不必然仰仗自觉政策（conscious policy），也不取决于城镇方面的努力。由于交通不便、缺乏竞争和很多必需品生产有限这些因素的普遍存在，自然使买价和卖价之间有一个大的差价。不需要有意的人为干涉就可以达成满意的赢利。但生产的增长和扩大、道路的发展、市场机构的改进和竞争者数量和效率的增加改变了这一状况。靠人为控制来维持贸易的赢利和靠自觉政策保护或增加城镇的贸易份额已变得十分必要。

城镇政策最重要的一个目的是给城镇居民一个作为中间人的有利地位，保证他们在处理两个地区间的贸易时享有尽可能多的垄断权。用“基本政策”（staple policy）来描述这个目的看来比较合适，这个词的确对有些地方是合适的。其实这样的说法是带有误导性的。除了英国的基本体系在形式和目的上都根本不同于典型的大陆基本体系这个事实外，甚至大陆的基本权利也不仅仅是确保一群商人垄断中间人的位置这个权利。这个基本体系是关于允许商人通过某个特定城镇的权力，在这个城镇里，商人们将被收税，他们的货物将被迫在当地市场上出售，他们的进一步行程会被拦阻或视当地商人提出的条件而定。显然这样的安排是为各种政策服务的，不仅仅是企业垄断政策，更重要的是保证城镇获得大量廉价必需品的手段，换句话说，它是“储备”政策或维护消费政策的一部分。另一方面，获得作为中间人有利位置的驱动力会使城镇不仅仅满足于利用所谓合理的基本体系。在那些市民群体驱赶其他商人离开外国市场，或排挤这些商人离开他们城镇附近重要的贸易路线的斗争中，没有什么基本政策而言。

然而，城镇确立贸易垄断的一个伟大方法是转移贸易，将贸易集中在它自己的集市广场上。这个政策中一个明显的因素是，那些位于某个贸易路线
【162】上的城镇坚决要求外地商人在贸易行程中必须经过它们。经手大量中转贸易却只有相当少的重要古道值得夸耀的波兰，就大力发展基本路线体系。在中世纪末，经过波兰的一条主要交通路线是从北到南、从但泽经过托伦、彼得库夫和克拉科到达新松奇和匈牙利。但泽、托伦和克拉科展开激烈斗争迫使商人走它们那部分道路，而避开那些由它们的竞争者控制的路段。例如，克拉科在1306年归顺拉斯迪拉斯洛基特（Ladislas Lokietek）后，作为回报，获得为匈牙利和北部地区之间所有贸易充当中间站的基本地位，因此挫败了托伦同匈牙利发展贸易的企图。同时它还联合但泽开发出一条经过比得哥什沿着布尔达河上游的西线，剥夺了托伦在公路北部的主要权利。欧洲几乎所有地方都在上演着同样的故事。热那亚试图针对法国南部和意大利西北部滨海地区的所有海洋运输确立它必经港的地位。它凭借的是像1153年同萨沃纳的条约那样的单方协议，那份条约规定：萨沃纳所有前往萨迪尼亚和巴塞罗那的船只必须从热那亚起航，返航后在热那亚卸货并搭载一些热那亚商人。亚平宁半岛对面的拉韦纳被迫经过威尼斯经营它所有的海外贸易以及它在意大利北部的大部分贸易。在英国，15世纪的南安普敦凭借从国王那里

得到的特权确立了它大规模贸易中心的地位。在布拉班特一个主要的公共设施——布鲁塞尔委员会设计的布鲁塞尔—安特卫普运河——因为马林斯和维尔福德的强烈反对直到1531年才开通，因为走这条水路会绕开那两个地方。

最为臭名昭著的一些事例来自德国。只将贸易单纯集中在正常路线上的某个城镇是不够的。贸易路线被大规模地转移。外国商人采用的航线只要经过德国城镇便是两点间最长的距离。因此，当科斯琴（Kustrin）的船长想将某宗货物运往波罗的海某个港口的话，必须先沿着奥德河上游到达法兰克福，卸货、交费、再次装船，然后才顺河下游驶入大海。汉堡同样迫使河运在它的船坞停留，尽管最终的目的地可能在它的相反方向，在易北河上某个城镇装船运往易北河上另外一个城镇的货运被迫离开这条河，用手推车长途跋涉、耗资巨大地转向伦恩堡（Luneberg）。

要达到同样的贸易集中和垄断目的的另外一个方法是，公开将邻近城镇或商人群体驱逐出某些贸易支线，从而将贸易自动集中在某个城镇。这种手段最充分地表现在某个区域对其直接管辖的城镇的态度上，那里所有同它竞 【163】
争的城镇的商人和贸易都受到压制。但这条原则适用的范围并不仅仅如此，像热那亚和威尼斯这样成功的城镇也是如此。热那亚在1166年迫使纳博恩放弃运送从蒙彼利埃到尼斯任何港口上船的朝圣者。威尼斯在1234年也同样坚持拉韦纳应该撤出朝圣者生意，1264年它又向安科纳（Ancona）施加了同样的禁令。

将贸易集中在自己的城镇、迫使交通转向自己的市场或码头并非城镇政策的最终目的。城镇并不仅仅是贸易集中之地，它也是贸易受阻遏之地。商品如此大量地涌入一个地方会影响当地垄断群体的利益。当地商人急于使自己成为经过他们城镇的贸易链中不可缺少的一环。有时城镇明文规定外国商人不能进入城镇某个地界，或外国商人只被允许将货物带到某一个城镇，但不能在城镇以外的地方买卖。有时禁止外来者之间直接贸易，或者规定所有被带入城镇的货物必须拍卖。如此种种措施保证了或至少有利于当地商人对中转贸易的垄断。

欧洲大陆的每个角落都有类似事例发生。运进来的货物被强制出售和当地商人对希望一起做生意的外国人之间的干涉在各地的城镇都以社会禁令的形式得到保证。更令人惊讶的是，可能还有大量的城镇拒绝外国商人通过的事例。在意大利，波伦亚（在1116年）劝说亨利五世禁止图斯卡尼商人一年经过波伦亚地域超过两次，尽管波伦亚是很多图斯卡尼贸易的必经之地。热那亚，作为对反叛的蒙彼利埃的制裁，禁止蒙彼利埃的水手在热那亚以东的地方从事海洋贸易。在13世纪初，威尼斯法律禁止德国南部商人经过该地前往匈牙利做生意。这些德国商人被滞留在威尼斯城中，而他们的货物经处理后只能由威尼斯商人带往东方。这一体系在1259年后的科隆最为完备，那座城镇成为来自四面八方的商人的强制性终点，这种情形还出现在诸如但泽和里加这样的波罗的海沿岸城镇中，它们成为东欧内陆和在波罗的海上航行的商人的惟一中转站。

为了集中和垄断贸易而诉诸于“基本”政策的行为，只是为控制市场
【164】和路线而展开的广泛斗争中的一个方面。它的确是正常现象，因为本土显然是实行垄断的大本营和中心，在中世纪后期，当竞争使城镇倒退到直接运用控制权维护某一方面的贸易——经过它们地界的贸易——时，基本政策变得极为重要。但它决非城镇实现野心的惟一方式。

维持旧市场、建立新市场及保证对两地之间运输业的严密控制的欲望显然是城镇政策的一个主要组成部分，在这里就不需要再赘述了。中世纪重要城镇的对外历史，一大部分可以围绕着它们互相之间为控制贸易路线、控制某一重要商品的来源地和垄断某个大市场的进入权而引起的冲突来书写。这样的竞赛在各个地区各个时代都存在。在加洛林时代，威尼斯甚至否决了伦巴底扩大贸易机会的请求，到11世纪，至少在欧洲南部，竞争性战争的烽烟在各地不断燃起，例如米兰在陆地对抗帕维亚，及热那亚在海上对抗比萨。影响了中世纪大部分历史的大范围冲突很快出现。热那亚和威尼斯主要争夺对地中海东部和黑海地区的控制权，这场斗争开始于1177年热那亚和埃及苏丹协商签订了一个贸易特权条约，并演变成对威尼斯真正的贸易垄断。在地中海东部，热那亚和比萨为了控制法国南部和西班牙东部沿海地区的贸易也连年争战，当这两个城镇在1016年结盟征服萨迪尼亚后就开始了这场争战，一直到1284年，热那亚在阿莫河出口修建了一个海港而用淤泥堵塞了她对手的港口。每一场主要争斗都蕴涵着各式各样的小冲突：海盗行为和报复、贸易禁运和争议外交、在特定区域为特定目标的孤立战。整个地中海纠纷不断：比萨战舰在巴塞罗那的海港威胁热那亚商人；热那亚水手在君士坦丁堡街上对比萨人拔刀相向；所有的小型城镇都被纳入由大城镇的吸引力决定的外交和商业轨道中。二、三级城镇中也有更为琐碎但一样激烈的竞争，它们都渴望获得大城镇吞吃后剩下的贸易残屑。

这些冲突背后的动机显而易见；因此没有必要再详细叙述它们的历史了，这其实也是一个完整的中世纪事务史。只需强调的是此类斗争在时间和
【165】空间上的普遍性。北部海面的人们也像南部海面的人们一样野心勃勃。住在

陆地上的人也因同样的原因用同样的武器而争斗；例如1168年领导伦巴底联盟的米兰建立了亚历山德里亚，将其作为南部堡垒而大力打击了热那亚和帕维亚，它阻塞了这两个城镇之间的道路，威胁到帕维亚的整个经济地位，严重影响了热那亚向北的交通。争斗并不仅仅在两个城镇之间发生。莱茵河联盟为了维护它的贸易以军事行动对抗当地的贵族，汉萨同盟同丹麦国王交战，威尼斯攻击罗马帝国，而犹太人聚居区在加洛林时代建立的有利地位在一个又一个城镇受到攻击，最初是威尼斯在10世纪初禁止犹太人使用威尼斯船只，并同美因兹大主教协商禁止犹太人在他的省份买卖金属、布匹和香料。

为控制道路和市场并拒绝向其他人开放的争斗长期存在，它的一个有趣后果是城镇外交"棋状"格局的形成，特别是那些国家权威或各方必须团结起来对抗某些共同的难题而未能制止竞争性争斗的地方。这些嫉妒成性的城镇趋向于把它们最近的邻居或那些控制它们必经路线的城镇当作它们最坏的敌人，而它们本身自然同那些深受某个中介城镇之苦的城镇结盟。例如，在12世纪，由于形势所迫，卡塔朗人、热那亚人和卢卡人结成同盟对抗普罗文卡尔城镇、比萨和威尼斯，从而出现了某种稳定。"支链"将这些城镇连在了一起。在12世纪的大部分时间，比萨同佛罗伦萨结盟，因为佛罗伦萨同比萨的敌人卢卡和锡耶纳发生冲突。在12世纪初，陆地上的争斗导致帕维亚、洛迪、皮亚琴查、雷焦、诺瓦拉和阿斯蒂之间自然达成谅解，共同对抗帕尔玛、摩德纳（Modena）、克雷莫纳（Cremona）以及托尔托纳（Tortona）和米兰。

完全成功的政策是指完全垄断某些商品的贸易、毫无异议地占有某个重要路线或独自享有进入某些集市的特权，以及对垄断贸易进行财政和其他干涉的自由。这样的成功在"主要"城镇中并不少见，即那些处于交通要道的城镇，或单独享有买卖某类商品，如谷物、葡萄酒或盐的权利的城镇。在不是主要城镇的地方情况也是如此。1109年热那亚同圣吉莱斯签订了一个协议，规定只有热那亚能同圣吉莱斯开展海上贸易，而且它们的贸易是免收关税的。1167年热那亚人同阿拉贡签订了一个范围更广的协议，保证热那亚人有充分的贸易自由，并在从托尔托萨到尼斯的所有港口免收赋税；同时 【166】
比萨人显然被驱逐出了这个地区的贸易，因为比萨人事实上是热那亚人惟一重要的对手，后者通过这个协议赢得了真正的垄断地位。即使在得不到绝对垄断的地方也可能赢得"最惠国"待遇，特别是在关税上，甚至像在英国的德国人和在拜占庭的威尼斯人那样，获得比当地商人更有利的条款。这些辉煌成就是他们一步一步争取来的。

如果基本政策仅仅是更为广泛的垄断和特权争夺战中的一个分支，那么它仅是以增加贸易容量和贸易利润为基础的所有活动的一部分。竞争性是主导因素，但它是政策自发形成的形势的产物，与政策本身并不完全一致。这一事实可以被忽略不提，因为形势的确常常迫使人们采取竞争手段；由于在对外来竞争者有很大吸引力的每个地区的竞赛过程的成功，非竞争性扩张的机会迅速减少。部分证据也令人们得出一个错误的印象：战争为中世纪的编年史家们提供了素材，而和平贸易几乎没有被他们提及，官方档案中充满了冲突，记录着权力之间的和约和个人之间的诉讼，一帆风顺的、不受干涉的贸易几乎没有踪影；对于最适合非竞争性扩张的最早的那几个世纪和较为落后的地区的文献资料也是最少的。

然而，有大量证据表明，城镇在努力将竞争者赶出旧市场的同时也在全力以赴开辟新市场，在对抗商业对手的同时也在努力同因地理或道德顾虑、技术不足或组织不完备而构成的障碍作斗争。13 世纪初，威尼斯在第四次十字军东征中通过派遣办事员进入亚美尼亚山脉、穿过叙利亚北部的大草原和从黑海港口进入蒙古内陆而获得了成功。在 13 世纪后期，个人靠勇气穿越海洋和沙漠，开辟到波斯、印度和中国的道路的行动很快得到了意大利各大城市的集体支持。当时对同异教徒做贸易的愤怒一次次地被搁置在一边，因为城镇急于向基督教欧洲的南部和东部开拓市场，并同来自东方的车队建立联系；9 世纪，里奥·马尔西卡诺（Leo Marsicanus）曾强烈谴责阿马尔菲（Amalfi）镇和萨莱诺（Salerno）镇同异教徒的来往，但始终没有作用，
【167】而且尽管教皇、国王和修道士偶尔会获得部分成功，但城镇同异教徒的贸易来往始终没有断绝。

一旦制定，贸易扩张政策就要靠自己发展；城镇贸易的扩张除了城镇民众不断滋长的野心外，还与地域的进一步扩张有关。在 1097 ~ 1109 年间，热那亚在安条克、耶路撒冷、阿卡及的黎波里建立 fondachi 时，为了保证交通联系，不久就被迫在锡拉库萨、墨西拿和克里特确定它的地位；从 12 世纪中期开始，她在非洲北海岸的布日伊、休达、的黎波里和突尼斯建立了聚居区，部分是为了开拓新市场，部分无疑是为了确保她到叙利亚的道路的畅通。热那亚在这一时期向北部和西部快速而有力的渗透也可能是出于同样的原因，不仅仅是为了增加财富和影响力，而且是基于同这些地区做生意的需要，因为这些地区商品的进出口是对她新近建立的穆斯林贸易的必要补充。

城镇扩大市场的政策当然决不简单，因为它要诉诸于行动，而且为了适应具体情况而表现出无尽的变化。除了直接扩张外，还有当旧道路被关闭时开辟替代路线的努力、防止旧市场遭到破坏的辛苦呵护以及通过获得另一个

销路弥补前一个销路损失的策略。例如威尼斯在安排第四次十字军东征进攻君士坦丁堡一事上，除了对积极因素的考虑外，显然还有一个消极动机；如果远征军去了尼罗河的话就会严重阻碍它的最大利益之一——埃及贸易。当威尼斯在1261年失去在拜占庭帝国的垄断市场、立即于1262年与埃及协商签订条约后，同埃及的贸易就显得愈加重要，与第三次十字军东征未能收复圣地[①]后的情形一模一样。当1168年亚里山德历亚出现并堵塞了热那亚的北部路线后，为弥补损失，热那亚不得不重新考虑她的地位；它立即试图使用法国南部港口，并表现出愿意同纳博钠和蒙彼利埃重修旧好，因为它们的友好现在对她至关重要。

上面所述的意在确保最佳贸易条件的手段与规范外国商人行为的整个城镇立法之间有密切的关系。事实上，正如我们已经看到的，这两者之间有很多重合之处，因为有些对外国商人的控制不可避免地是为了获得贸易优势。然而，在单个城镇中外国人所受的待遇还需作个别研究，因为它并不完全为【168】了争夺贸易优势，而当它的确被归入此类时，它也表现出某些特色。正如前面提到的基本政策，很多加诸于外来商人的限制出自各种各样的不同动机，并不仅仅是一种动机。强迫外国商人前往某个规定市场并强制他们在那个市场上出售货物是城镇增加收入的一个手段，而更普遍的一个动机是保证当地消费者获得充足而廉价的商品；而很多禁止外国人进口成品、出口原材料的法案一定是出于保护当地工业的愿望。对外来者的待遇的其他特色也说明它并不总是出于对获得贸易优势的渴望。中世纪早期的很多立法，例如英国城镇的立法，似乎有一条原则，即外国人应该为与当地居民一起享受的个人安全和贸易优势支付通行费等费用，而后者是用赋税支付的。为什么一个不交“居民税”的人同市民一起享受同样的关税减免、免费的设摊场所、免费享受城镇卫士和城墙的保护？如果他分担社会负担，他将被允许像其他当地人那样享受这些特权，如果不，他必须被以征收市场费和其他方式受到区别对待。

有些针对外国商人的法令并不是为了使市民得到贸易优势，但那些带有这种目的的法令常常会特别影响到政策。例如那些限制外国人在城镇内的实际活动的法律，特别是那些禁止外来者从事零售业的法律。正如赫克舍（Heckscher）所指出的，“制定这些法令的意图显然不仅仅是限制外国商人

① 指耶路撒冷。——译者注

同当地人在中介贸易上的竞争，而且要限制他们在城市内的买卖。”① 在第一种情况下，外国人独自为当地商人获得的优势付出代价；在第二种情况下，为垄断付出代价的，至少部分是城镇内的消费者和生产商；从城镇的整体利益来看，这些贸易条款不仅仅对外面的生产商、消费者和分销者不利，而且从特权阶级的利益出发，也不利于城镇内部的消费者和生产商。这一点非常重要，它说明了为什么当城镇中的政治大权从一个经济团体转移到另一个经济团体手中后，对待外国商人的态度会发生巨大的变化；但也不能夸大这一点。首先，这只涉及很少一部分外国人法（Fremdenrecht），其他的法令都是为大众的普遍利益服务的；其次，将限制外国商人在城镇内行为的法
【169】律的作用，同将这些商人排挤出外部市场的法律的作用如此严重地区别对待是不公平的。当某个城市的商人控制了某个重要消费品的远方来源或为城镇制造业垄断了某个远方市场时，他们对邻国商人的剥削就像他们独占城镇内的商品分配一样自然。13、14 世纪城镇的内部斗争史说明当时人们已意识到这个事实。

然而，如果适当地加以限定的话，大部分城镇对外来商人的管理的确都如出一辙；其目的在于将内部贸易尽可能多地控制在本城市民手中，而对不得已留给外国商人的生意则尽可能进行严格地管理，设法让当地人能够参与他们的生意，并分享他们的利润。

在欧洲大陆，各城镇所使用的主要措施都大同小异。只要情况允许，外国人会被禁止从事某种生意；例如，城镇普遍规定，外国商人之间不能有业务往来，只能同当地人做生意（如英国的很多商会法令或维也纳 1221 年的市政法）。在有些城镇，这个规定进一步细化到强制使用严格管理的中间人，像佛兰德斯的 makelaeren 的市政官员。同样普遍的是城镇中禁止外国商人从事零售业；这个特点又是在英国商会的法律中得到了很好的体现。某个行业越是重要，加诸其上的条款就越是苛刻，12 世纪的宪章允许几个英国城镇制定只有市民能够经营布匹零售业的特别规定。

外国人有可能避开这些法律，而最普遍的做法是与当地居民建立正式或非正式的合作关系。因此城镇开始打击这样的做法；莱斯特镇（Leicester）的商会 1260 年的法律规定，行会成员不能出售非行会成员的货物，除非他先真正购买了这批货物；在法国东北部的吉纳，法律明令禁止外国人同当地人建立任何联系，以逃避外国人不能零售葡萄酒的法律；汉萨城镇禁止建立

① 艾里·F·赫克舍：《商业主义》，门德尔·沙皮诺译（伦敦，1934 年），第二卷，第 75 页。

“混合”合作关系，并禁止他们的市民为外国船只提供货物。那些对城镇最为重要的行业又一次得到重视；例如在杜埃，其经济的主要支柱——布匹和小麦贸易就不允许市民同外国人有“合作关系”。

在允许外国商人从事的贸易上，除了带有歧视性质的税收外，外国商人还常常要遭受各种限制和不利条件。强迫他们在市场上等到所有的本地市民【170】
都购买完毕方可购买货物的法律相当普遍，这个规定不仅对当地消费者有利，而且对当地商人也有利。对外国商人在城镇中的逗留期限也有限制，只够他完成必要的生意，而没有机会插手当地贸易；通常期限是40天，这是1188年布里斯托尔宪章给予外国人的期限，也是12世纪初伦敦法律给予来自德国、劳瑞安、丹麦和挪威的商人的逗留期限。一个小型的市场城镇吉纳，制定了典型的排外法规。当吉纳举行集市时，市民能够搭建两个货摊，而外国人只能有一个，在做布匹买卖时，外来商人不仅被限制他所出售的布匹的长度，而且只能带入仅能夹在腋下带入的数量。而且他不能使用货摊。在巴黎的星期六大市场上，从东北部城镇来的绸布商被分配在米特斯（Metiers）的一个特别大厅上，并遵循钟声鸣告的严格的市场开关时间，关闭时间一到就必须离开市场。对外国人某种程度的隔离也是常见的做法；1463年伦敦委员会命令所有的外国商铺店主迁入马克附近的布兰奇普顿地区，在英国和整个欧洲大陆，外国人的货摊被强迫安置在城镇市场的边角位置，或被组织进入与市民的市场时间、地点不同的市场也是常见的事，如14、15世纪的杜埃。然而，这些策略很可能不仅仅因为当地政府想减少竞争，还想避免争吵和摩擦。

严格的规定常常伴有严格的监督。其中一个著名的例子便是寄住体系，这个体系强迫外国商人在他所逗留的城镇中寄住在市民家中，并命令他向房东汇报他所有的业务或通过后者做他所有的生意。例如，在英国，伦敦、约克、切斯特和考文垂镇向犹豫的政府施加压力通过寄住法。根据1439年的法案，所有来到英国海港的外国商人必须在市政厅注册，由市政厅分配他们在逗留期间寄宿的房东。每个商人必须向房东汇报他所做的所有生意，而房东则必须半年一次向税务署呈交一份报告。这份法案是伦敦市民无数次请愿的结果，伦敦的政策其实是很早以前一些城镇的做法的延伸和加强，这些城镇在1291年坚持让外国商人寄宿在市民家中，如伊普斯威奇镇。著名的【171】
Fondaco dei Tedeschi、即德国商人在威尼斯的强迫居住地、存货地和生意中心完全由威尼斯官员掌管，也是在用不同的方法达到同样的目的。

4.2.2 保护消费者利益

中世纪城镇政策隐含的第二大目的便是保护它作为消费者社区的利益。对此城镇政府有三个主要目标：必须确保有足够数量的、价格合理的商品到达城镇；必须保证这些商品在城镇内得到适当的分配；必须保证分配的商品的质量。这些目标导致一系列措施的出现，这些措施可能比城镇政策中的其他任何因素都要完备和永久，可以追根溯源到真正的城镇政策出现之前，当城镇依旧处于封建领主的掌管下的发展时期。当然，政策的强度和它为了适应环境的变化而使用的方法发生了改变，但其本质却保持不变，因为消费者的需要当然是基本而重要的。这个利益使方方面面的人们团结了起来。

与这些政策有关的商品的主要种类显而易见。首先是食品原料，尤其是做面包的谷物。接着是各种家用和工业使用的重要材料：生火、建房和做家具的木料；很多手工业需要的皮革、石头和金属；纺织业需要的所有材料——羊毛、亚麻、矾、漂白土、起绒机、染料、粗布等等。最后还有武器。

为什么城镇需要作出特别的努力和制定自觉的政策才可以获得这些商品？其根本原因当然是中世纪城镇的性质，即人口众多且是消费型经济，但受其直接控制的地区却不能为它提供足够的食物和原材料。随着城镇人口的增长和其工业发展的强化，这种不足随之增加，并在位于自然贫瘠地区的城镇或生产高度专业化的城镇显得更为突出，如加斯科涅的葡萄酒和靛蓝染料地区。出于政治和军事考虑，出于中世纪城镇程度不同地都属于独立实体、必须自己扶持自己而且周围都是冷漠或明显的敌意这个事实，出于城镇缺乏和平、开放的贸易氛围，又面临其他城镇对这些商品的竞争和有意关闭这些路线的威胁，仍必须保证供应、维护供应路线这个事实，使人们充分重视这
【172】些商品的供应问题。

赫克舍认为城镇政策之间有根本的区别，有直接鼓励进口、打击出口而满足“对商品的急需”的政策，有更为复杂的支持出口、以使因此受到刺激的国内生产保证足够的生产量进而保证消费品供应的政策态度①。他认为第一种政策是中世纪的典型政策，不是因为商品匮乏或不能肯定获得商品，而是因为在“自然经济”的条件下，经济事实常常被看得简单而直接；因

① 赫克舍：《商业主义》，第二卷，第103页。

此城镇“天真地”、“单纯地”相信商品是有用的，应该用最直接、最明显的方式鼓励它们的供应，这个信念并没有被“钱的面纱”所蒙蔽。但中世纪城镇阻碍出口、鼓励进口的“供应”措施却不能以这种方式加以解释。事实是，首先，中世纪城镇在某些方面相当脆弱，整个国家无法靠允许出口来鼓励国内生产，使城区生产出小麦、羊毛或皮革以供应全镇人口。而且很多对城镇重要的商品根本不是当地生产的。其次，城镇并不是不加选择地“急需商品”，它们大力保证食品原料和必要的原材料的稳定进口，但并不限制出口或鼓励这些种类之外的其他商品的进口。如果它们这样做，那一定有特殊的理由。有时优先进口的是原材料（如染料和完成的织布）或享有特权的武器。有时成品的出口是被禁止的，但只限于那些无法经营某个只属于当地人特权的行业的外国商人，但同样在当地商人发现成品的进口业务可以获得高额利润后，便向政府施加压力允许他们经营。有时对成品明显的区别对待仅仅是出于财政考虑，成品的关税要比非成品的高，因此当离开贝加莫（Bergamo）的一堆生铁支付 6 先令的关税，而成品铁要支付 8 先令时，就没有什么值得“大惊小怪的”[①] 了。最后，尽管中世纪的条件会使市民“清楚、单纯”地看待经济事实，但在 12 ~ 14 世纪并没有“自然经济条件”；这一时期的重要性不在于它使人们“天真”（naivete），而是在于在这个时期城镇得到了充分发展，有了它们自己的政策，并处于一个脆弱的经济和政治地位。【173】

城镇面临的第一个任务是将商品带到市场上。供应地因此承受很大压力，而这就意味着城镇近郊和更远地方之间的区别。对于近郊城镇很容易达到目的。可以通过改变交通路线或通过垄断这些最为激烈的手段，来迫使所有的商品都进入城镇市场。对较远地方的供应，城镇采用方法有很大不同，各个城镇所取得的成功也不同。同弱小城镇做生意的强大城镇可以用完全强制的基本体系来达到它们的目的，可以将供应地变为它的私人仓库。13 世纪的威尼斯便常常使用这种方法恃强凌弱；1234 年的一份和约规定，它是拉韦纳（Ravenna）商人能够出售谷物和盐的惟一城市，1236 年的一份协议禁止拉古萨（Ragusa）同北部的亚得里亚（Adriatic）有任何的业务往来，只有往威尼斯运送食品原料除外；同时，威尼斯垄断了低波峡谷和特雷维索（Treviso）的马克河（Mark）的谷物出口，这是在南部真正的垄断，因为在 1273 年，没有威尼斯的允许，博洛纳被禁止每年在罗马尼奥拉（Romanio-

① 赫克舍：《商业主义》，第二卷，第 89 页。

la）或安科纳的马克镇购买超过20 000 corbes 的小麦。当然，这样的协议是单方面的，并不总是那么严厉。1230 年，米兰获得在诺瓦拉购买谷物的权利，并且被允许经过这个地区进口食品原料时不支付通行费。

在不能通过基本体系或其他方式迫使所需要的商品进入当地市场的城镇，就必须想方设法制定吸引它们的政策。带必需品进入这些城镇的外国商人不会受到人们通常惯有的对外国人的敌意和排挤。例如伦敦，布匹工人、贫穷阶级和靠租息为生的人对带来廉价的生活必需品的汉萨商人都相当友善，而且这是人们自发的态度，不需要政府作出要求。中间人，甚至是外国中间人，在这些城镇中都被容许存在，而且，当当地商人不能满足市场需求时，外国商人还被允许从事零售业；这样的安排还被记入了1286 年的贝克韦尔宪章。在英国城镇中，允许行会成员相当自由地替非行会成员买卖食品原料是常见的做法。对商品的需求越大，对平常行为的压力也就越大，贝克韦尔及其附近城镇的谷物的短缺，迫使它们欢迎从与英国加斯科涅作战的内陆地区带来货源的外国商人。

除了废除各种禁令外，要想吸引需要的商品，城镇必须拿出积极的引诱条件。这方面的努力带有普遍性意义，同为促进贸易整体所采取的措施没有
【174】什么不同。它们包括提供举行频率高、管理完善的市场和集市，保证商人的行路安全和在城镇中的居住安全，及为前来光顾的商人提供一套有效的法律和财务体系。而且城镇要大力处理那些搅乱良好贸易的人，从13 世纪杜埃品行不止的搬运工，到14 世纪频繁征税吓跑许多带货物到牛津市场的农村卖主的官员。尤其特别的做法是在通行费上做出的让步，通行费因货物的不同或同一种货物出口和进口的不同而有所变化。从12、13 世纪开始，很多意大利城市将谷物进口生意的通行费完全或部分减免，在15 世纪的波尔多，谷物是惟一享受进口免收关税的商品。受优惠的并不仅仅是食品原料；在1303 年波尔韦克的关税表上，矾、染木、煤、洋葱和蜡只在出口时交纳关税，而一个世纪前的科隆对在科隆购买工业原料的迪南商人收费，但允许他们出售货物以抵消所收的费用。这样的自由有时要归因于城镇间签订的互惠条约。摩德纳在大约1200 年同费拉拉签订协议，在1229 年同博洛纳签订协议，协议内容是签约双方允许它们控制的地区间商品的自由出口，以及互相进入对方的食品市场。

但最吸引人的贸易条件也并不能总是确保重要材料的充足供应，城镇政府可能会转而采取更强烈的措施。它们可能会利用一种“附带进口”的体系，即每一宗进入城镇的货物都必须附带一定比例的其他货物，比如小麦，

或者在紧急时期，它们会直接强迫个体商人进口城镇需要的任何货物。有时城镇会进行公共贸易，利用公共船只和由税收或公共贷款提供的大额资金来满足城镇急需。这种做法最常用于城镇的食物供应上，在这方面，市政贸易有时已经成为一种常规和共识业务，但这条原则的适用范围并不仅仅如此。在锡耶纳，为阿特拉纳购买大批羊毛是在城镇的名义下由政府特别任命的官员完成的。

重要商品不仅仅要被带入城镇，而且必须留在那里。这样做最明显的一个方式是禁止出口。例如，对某些商品的出口作出永久而完全的限制的确在德国和波兰的主要城镇以及佛罗伦萨发生过，但更常见的是部分或暂时的禁止。城镇常常是用向出口商品征收高额关税的方法来保持自己的平衡，只有当面临某种商品的明显匮乏时，才使用完全禁止出口令；有时人们认为禁止外国人出口货物就足够了，如12世纪威尔士（Wells）的宪章禁止非市民购 【175】
买未鞣的皮革；在其他情况下，如果商品价格超过某个固定数目，出口就自动变成非法行为了。1230年费拉拉和威尼斯签订的一项和约就是如此，费拉拉同意威尼斯人从它的地界出口谷物、鱼和蔬菜，但前提是他们的价格必须低于某个固定标准。很多规定也是要达到同样的目的，这些规定不禁止出口，但条件是只有当地市场饱和时出口才可以进行。它们要求所有的货物都向而且只向市民出售，而且在规定的期限内不得撤离市场。这样的规定在各地广泛使用，尽管又是在那些有着完备的基本法的欧洲城镇得到最好的体现。尽管通常外国人的货物在第三天就可以离开市场了，但在德国东部和波兰的有些城镇，法定的滞留期可能会长达两周。

通过鼓励进口和阻挠出口，城镇能够保证在正常情况下消费品的充足和丰富，而丰富则是廉价的主要保障之一。然而，要保障廉价还必须解决另一个问题，即中间人群体，尤其是垄断商人。城镇普遍对由于他们的参与而抬高消费品价格的经营者抱怀疑态度，尽管这些人的参与是必要的；城镇对个体或公共垄断也抱有敌意，因为垄断使高昂的销售价格成为自觉政策的一个难题。

行会是实行垄断最便利的工具，人们便努力消除这个弊端。但是当行会成员成为城镇的领导群体时，或行会体系本身成为政府的一个组成部分时，完全打击垄断就极为困难。尽管如此，在这方面还是取得过很大成功；尤其是在粉碎食品贸易上的垄断时，城镇政府得到广泛的支持。在15世纪的布鲁塞尔，行会最终在政府赢得一席之地，并利用新获得的权力将行业排外推行到了极致，便是一个适当的例子。在那里，最后一个要求获得强制入会权的是那些为城镇提供食物的商人，但即使强制入会被确定，如果公众有意维护利益的话，也有漏洞可钻。例如，未入会的酒馆老板和农民被允许在城镇里出售他们的商品。屠夫提供了一个令人注意的案例：他们在布鲁塞尔形成了最强大的行会之一，但他们完全垄断肉行业的要求却被拒绝；允许个人为自己消费而宰杀绵羊，在布鲁塞尔和维尔福德（Vilvoorde）的一次争斗后，布鲁塞尔赢得在维尔福德平原上放养 300 只绵羊的权利，执行部门分配
【176】给屠夫 15 匹羊的限额，其他 250 个限额以 10 个为单位分给了在城镇财政部登记、并许诺只为家庭消费而宰杀绵羊的市民。

行会容易出现垄断行为，但这些团体并非惟一的犯规者；在商品到达城镇前后，个人和其他团体也会影响商品的供应。城镇和这些囤积者和垄断者展开了长期的斗争。市政记录上充满了对直接向农夫的手推车或渔夫的渔船买断城镇供应的人的指控，城镇法令同样充斥着各种禁令，禁止肉店老板在地窖中囤积超过目前贸易所需数量的肉，禁止面包店老板囤积多于他火炉所需的面粉，以及禁止家庭购买超过他所需的谷物。有时个人或团体可购买的实际数量是固定的，比如 1268 年杜埃政府的禁令规定每人每天能购买小麦的最大限量是 1 米德（muid）。这样的法令很容易有漏洞，因此必须采取更精细的预防措施。1392 年，杜埃政府要求经营小麦的团体的所有成员进行集体买卖，而不能分散经营几项业务以使他们经营的总量超过法定的最高限量。

政府部门常常认为有必要干涉贸易，减少不法商贩的可乘之机，以切实保证出台的法令的有效性；于是他们又使用了固定价格的方法。有时这是由某个老练的官员完成的，他在市场上检查和检测各个货摊后给各种货物定价；但更常用的是通过法令细致地将价格与数量和质量结合起来，统一某一类商品的定价。面包和葡萄酒是价格控制最常见的对象，但被列入定价单的商品并不只是这些。例如，在杜埃，法律规定了木料、泥炭、干草、石灰、啤酒和棺材的价格；这里规定的常常是每类商品的最高价，只有面包是被确定了最低价以及最高价，可能是因为极其便宜的面包质量会很差。由于面包在消费者利益上占有重要位置，因此对它价格的控制事实上是经过大量的思考和细致的立法来实现的。对于不同谷物的价格、面包的大小、各种面粉的含量和生产费用，城市元老要做详细的计算，才可以发布价目表。为了方便和让消费者从心理上接受，也为了解决管理问题，一个方法是制作一个“标准面包”，当面粉价格浮动时，它的价格保持不变，而只改变质量和大
【177】小。“标准面包”非常流行，早在 12 世纪的法国和德国就出现过。例如，奥斯贝格每月都会制作价格不变但重量变化的“样品面包”，以充当城镇面包师的暂时标准。

对价格、重量和度量衡的日常控制在特殊时期必须补充新的内容。自然灾害会产生突然的需求和投机商赢利的大好机会，因此警觉的委员会必须迅速采取行动，例如伦敦在1362年大地震后迅速禁止各处修房急需的木工、石匠、砖瓦匠及其他人提高收费标准。有时城镇能够预测“紧急情况”而采取适当的措施。这些预防性质的立法有多种多样。1455年，牛津的面包师、政府和奥西尼（Oseney）修道院（它拥有允许市民前去磨面粉的惟一的几个磨房）之间签订的一个协议规定，当这些磨房中其中一个出了故障威胁到面包的供应的话，面包师可以去别的地方磨面并以“面粉”付款。在约克，当有官方聚会或宗教节日而预计会有大批人来到城镇时，平常的限制被暂时废弃，农村小贩可以免收通行费进入城镇销售食品。有时当城镇异常拥挤和繁忙时，令行政官担心的不是价格的昂贵，而是供应受阻。有一个有趣的事例，在吉纳，和其他很多小城镇一样，谷物的收获是非常重要的。在收获期内的紧急事情是，在这经济生活萧条、城镇挤满了工人的几周内确保制作出足够的面包，因此平常要求仔细称量的规则被放在一边，面包师被允许尽可能快地烤制面包，而不用顾及质量。最后，还有大多数城镇面临的不仅仅是紧急情况、而且是永久负担的一个特殊问题，即穷人的问题。出于道德责任和政治上的权宜之计，城镇为这些不幸的人制定了特殊规定，这些规定涉及家庭预算中的所有重要方面。布里斯托的官员特别负责落实在城镇码头附近的小街上有充足的便宜小木头供应，以便为穷人捆成半便士和一便士的小柴束，还要确保酿酒者在为富裕的顾客酿制好酒的同时也酿制一些廉价的啤酒。当然面包和肉是最受关注的商品；小麦常被贴补，由城镇大量买进，在短期内再以低于收购价的价格卖给更需要的居民。偶尔，当地政府甚至强迫屠夫和面包师允许顾客赊账，如15世纪的吉纳。【178】

城镇在确保商品的丰富和廉价外，还密切关注其质量，尽管有时这是为了保护城镇在出口市场上的良好信誉，但更是为了保护当地消费者的利益。这样的保护可以通过官方在三方面的干涉来实现：城镇能够控制进口商品的质量，杜绝腐坏的谷物或变质肉进入城镇；城镇可以对其辖区内的所有销售进行彻底管理，没收或毁坏经定期检查和细致检验证明“不好和不合法的”所有商品；它还可以直接或通过行会组织来控制当地的生产过程。证明这些措施的彻底性和广泛性的例子也许太熟悉了，而不需要在这里重复，也不需要强调那些违法者所受的惩戒的严厉——失去货物，赶出某个行业、驱逐出城镇当众受辱——这些惩罚的严厉程度是与城镇情感的强烈程度，以及个体商人或有组织的团体利益在城镇占的比重是相等的。

4.3 变　因

保护消费者的公共利益和保证运转良好的大量贸易是城镇政策的永久目标。它们是不同时期、不同地区的城镇所采取的政策的所有相似性的基础。但政策并非只由目的决定，它们是由内部和外部环境的所有特殊性形成的。我们估计，而且对证据的粗略研究也证明，在很多个世纪和大部分欧洲大陆，中世纪城镇所采取的政策有很大的变化和不同。只有各个城镇的历史集汇才能说明这个问题的复杂性和变化性。在这里我们只能描述一下城镇政策的主要类型和阶段。所有的突发事件和个体特色必须先放在一边。阻塞了某个港口的道路而冲出通往其他港口道路的暴风雨、没有明显的经济基础但改变了城镇社会结构的党派纷争、决定很多城镇经济命运的国际疆域的变化无常——所有这些和其他“突发事件”对城镇政策都有很大的影响，但在这里只能被忽略不计了。

城镇政策的变化有两个基本原因。首先，城镇类型各异而且在社会中的功能也不尽相同。给城镇划分出很多类型是可能的——也是很有用的——但
【179】是首要的区分是在两种城镇之间，即当地经济占主导地位的城镇和依靠同远方市场作贸易的城镇。一方面是小规模的市场中心（其中一些都称不上我们今天所说的村庄），其居民对城墙外10里或15里以外的地方发生的事情漠不关心；另一方面是有地区经济和大陆经济的城市，经营大量欧洲的长途贸易，不断努力为它们的工业产品寻找远方的销售渠道，在它们的行列中有像佛罗伦萨这样的大城市，它每年在贸易和银行业上的支出足以买下一打相当重要的城镇。

城镇政策发生变化的第二个基本原因是环境的不同，其中有两点最为突出。一是政治环境的差异，尤其是那些赢得完全自治或几乎完全自治的城镇和那些不能自由表达自己的利益、受制于他人的城镇。后者最明显的例子是君主国家的城镇和未打败封建领主的城镇。

城镇面临的经济环境也有差异，而最大、最普遍的变化是由欧洲经济的整体发展所导致的。一般来说，欧洲经济从“拓荒”阶段、从有大量机会、技巧不完善、希望去“冒险”的时代发展到一个机会减少、技巧提高、竞争加剧、城镇间与城镇内都有明显的利益冲突的时代。最后，在中世纪晚期，有一段时期面临严重的经济困难，城镇通过两种主要方式调整自己以适

应形势：它们要么发展壮大，成为垄断当时“大”工业和贸易的大城市中心；要么在这场竞赛中失败，固守周边地区以维护自己的利益。

这篇文章的结尾将讨论这些不同因素之间的相互作用。为了方便起见，也为了强调城镇政策不是停滞不变的这个事实，我们将按年代予以讨论。这样的方便处理也有它的局限性。除了选择的时期自然带有相当的个人偏见这个事实外，我们还必须考虑到两点。由于城镇功能的不同而导致的城镇政策的差异与整体经济背景所引起的差异相抵触；在所有的差异中，以当地利益为主导的城镇和那些在广大范围内做生意的城镇之间的差异在各个时期都存在。其次，这些“时期”不能与具体的哪个世纪紧密联系起来：各个地区 【180】
之间显然缺乏同时性。从事地中海贸易的城镇在 12 世纪末就到达了竞争加剧、机会饱和的经济阶段，而欧洲北部大多数城镇直到 14 世纪才达到同样的发展阶段；而且即使在同一地区内，一些城镇的社会和经济发展也会远远超过其他城镇，它们所面临的种种经济问题要在若干年之后才会出现在发展比它们慢得多的邻居身上。

4.3.1　早期：“自由”和财政政策

14、15 世纪的证据表明，这一时期大多数城镇的经济是高度控制的经济，而且这一紧密控制是从中世纪晚期政策的某些共同特征中表现出来的。大多数城镇的外部政策反映了它们在这个滋长“排外主义”、“自我保护主义”、“竞争精神”、“垄断”和“恐外症”的竞争世界里为繁荣甚至生存所作的斗争，这些词在这一时期几乎所有的文献中都出现过。城镇的内部政策也导致高度的控制，通过少数寡头政治控制多数人，或在各个行会之间维持一种良性的、脆弱的平衡。

当时，尽管城镇尤其依赖于保持有利的贸易条件而生存，但这并不意味着中世纪末的这类城镇一定要采取这种行动，采取这种密切而细致的控制、对“外国人”充满敌意及增加垄断的行动。看看城镇内部的结构，似乎并不必总是精心策划维护寡头政治，或当寡头政治不存在时，费尽心力去避免它并保证每一个群体都有其合适的位置。我们越来越怀疑 14、15 世纪的特殊性是由当时背景的特殊性所造成的，早期的城镇会允许更大的自由和鼓励更开明的态度。似乎的确有证据表明，13 世纪前市民的经济生活有更开明、更大自由的趋势，这个自由是真实的，因为它是相对的，是有效的，因为它明显是一种趋势，而不是自始至终、完全一致的政策。有一个更大“自由度”的时期的假设将是讨论这个问题的起点。

也许城镇政策的“自由”的最为有用的意义和在这里使用最多的标准
【181】是对外来人、对城镇外来商人和工匠的容忍程度，正与害怕和驱逐这些外来人、除非有紧急需要才会打破的地方排外主义和垄断相反。与此相应，城镇内也有类似的开明政策：政策制定者会允许各个领域有相对自由，比如不会压制手工业制造者，对加入贸易和工业协会没有明显的限制。还有更普遍意义上的自由，如没有控制、没有在中世纪后期那么明确的对经济生活谨小慎微的严格管理。

如果认为这一时期有更大自由的现实暂时被接受的话，就会出现什么样的条件才会使它成为可能这个问题。有证据显示，在中世纪早期，“不可能出现对经济活动的蓄意侵犯，仅仅因为没有一个机构足够强大到制定这样的政策。”① 这样的解释可能正确，但并不适合城镇的情况。可以毫不夸张地说，对重要的经济事务的控制权利和能力是城镇构成的基本内容，而且从现实角度来看，有很多城镇加强了对经济事务的控制，而它的权力并没有出现太大的变化。另外，如果城镇的确争取到更多的权力，那也常常是强化经济管理或寻求更有竞争性的政策的直接结果。

真正的原因要从普遍的社会和经济条件中、尤其是从大多数城镇共有的某些外部条件中寻找。从经济角度来说，早期的中世纪社会是“未饱和的”：它可以很容易利用和吸收比实际“流通”更多的商人和资本，更多的商品和服务；它有大量未经开发的资源、可以扩张的地域、增长的人口、总体上升的消费能力，因此对贸易、财政和工业生产的拓展都有很多机会。有更多的船只、更多的载货马匹和更多的织机提供就业，没有过度拥挤也没有进行激烈竞争的必要。显然只依靠一系列不详尽的事例来说明基本的普遍问题是不可靠的，但我们应该注意一下布鲁日附近的小镇亚登堡（Aardenburg），它在1280年前仍能实现繁荣，但在1280年后便不得不开始同她的邻居为了仅仅生存而进行殊死争斗。

仅仅谈论缺乏饱和是不够的。这并不仅仅是存在与需求相比数目过多的商人和商品的问题，同样重要的是这些商品和服务的分配不均。如果说中世
【182】纪早期有更大的自由的话，并不仅仅是因为有大量的好市场向所有人开放，而且还因为商人、资金、技术知识和生产能力都集中在某些地区，而其他地区缺乏而且需要这些条件的事实。这样的不均与每一个地区都向经济自给发

① 赫克舍：《商业主义》，第二卷，第56页。

展的时期相比，自然鼓励经济往来有更多的自由。

在较为简单的情形下，一个相对落后的地区将需要，或至少不能抵抗，来自较发达地区的外国人的渗透，就像波罗的海内陆地区和德国北部城市之间所建立的或多或少的殖民关系。有时情况会更为复杂：一个城镇可能需要依靠外部资源，但同时也会在较不发达地区投资。直到13世纪初，热那亚的贸易还依靠17个城镇的汉萨商人进口主要从地中海运来的布匹。到了13世纪中期，她能够不通过这些商人而在香巴尼集市上自行购买她所需要的布匹。但要这样做，热那亚的买主必须很大程度地依赖于阿斯蒂、米兰、皮亚琴查和其他意大利北部城镇商人的资金借贷。典型的是当13世纪初北部商人的角色被本地人代替时，热那亚最富有的两个银行家和布商，贝特拉米斯·贝尔塔德斯（Bertramis Bertaldus）和曼福雷德斯·萨拉（Manfredus de Serra）与阿斯蒂一个重要的商业家族有着密切联系，这个家族对香巴尼集市上的纺织品业务有着很强烈的兴趣。对外国人的容忍甚至鼓励态度，是热那亚13世纪的一大特色，到14世纪初还未消失。外国人被允许在有着很大自由度的条件下做生意，担当中间人职业的甚至也有从佛罗伦萨、卢卡、皮亚琴查和意大利其他城镇来的商人，更不用说普罗万人、法国人和德国人；这一时期热那亚的部分财富的确应该归功于外国人的活动和资金。另一方面，就在热那亚如此多地借助于其他国家的资源时，她自己的资源也在投入较不发达地区；到13世纪60年代，热那亚在同巴塞罗那这样的城镇在经济关系上占主导地位，她向后者提供资金、技术知识和航运，在1153年同卢卡的和约中，她控制了卢卡同法国集市之间的交通。

这些情况对城镇政策会有很大的影响。对于商人资本家和手工生产者——他们中任何一个或两者对城镇政策都会有影响——贸易条件会很简单：利润率不要太低。当分配机器还完全没有跟上潜在的市场时，当竞争还没有被感觉到时，当很多令人向往的、必要的商品的销售还没有像需求那样大时，当还有新的地区、新的商品可供开发时，不用人为精心的干涉或排挤他人的措施，就会得到令人满意的利润。招收工匠和商人的需要、集中资金的需要、面临政治和地理障碍开拓新市场的需要都存在；所有这些都有可能提高城镇内和城镇间的自由和相互理解的程度。 【183】

这些情况并不是同时出现在某个确定的时间，例如，在意大利，它们最晚在12世纪便受到威胁；但在整个西部，这种情况可能持续到了13世纪。但这一时期内城镇的实际行为就比后来的世纪更开明吗？

可以得出的一个推论是，如果贸易和生产总是像中世纪后期那样受到控制和限制的话，如果取得公民权和加入某个行业总是非常受限制的话，如果城镇互相之间总是充满敌意和竞争的话，就很难理解城镇或它们的经济活动怎么可能会有那样快的增长。如果所有吸引人的行业都不对外来者开放的话，人口何以会增加？如果限制招收会员的话，行会的规模和数目何以增加得如此之快？如果排外是当时的准则的话，贸易团体早期在会员人数、影响力和活力上的增长何以维持？如果没有外部的帮助，那些实际上缺乏大资源的地区如何解决集中资金、知识和设备的问题以快速利用新的机会？在中世纪当然会有很多行会自由接收会员和城镇间互相帮助的事例。现在的问题是，我们可以得出一个正确的推论，即中世纪初期这些案例的数量足以解释当时明显的经济和社会趋势。

同前一个世纪相比，中世纪最后两个世纪留存下来的关于城镇组织的证据突然增多，是我们得出的第二个推论。城镇记录有显著而广泛的增加，特别是从 13 世纪末开始，而且这个增加很大程度上是因为直接或间接影响经济生活的法令、禁令和规定的出现。1300 年左右大批资料的出现是因为当地有意外事件发生——例如 1290 年巴塞罗那档案馆失火 ——但这样的意外
【184】事件并不能解释如此普遍的一个事实。

似乎这是一个估计不同时期城镇经济中的“控制”程度的简单方法。初步看来，12 世纪的政策比 14 世纪更自由、更少牵制。考虑到这一判断证据数量的充足，原则上还会有不同意见吗？这不是一个资料的数量同城镇的数量按相同比例增长的问题，因为这一现象在很多单个城镇中也有发现。也许是有一个“文书革命”，书面文字代替了口头话语？也许是突发事件在作祟？然而这些突发事件对中世纪其他类的资料并没有产生同样的（常常是巨大的）影响，因此我们越发感觉有大量的书面资料是因为有大量的城镇和行会规定需要记录下来，城镇需要促使在公共领域内大量使用文件，就像公司需要在私人领域这样做一样。无论如何，这一点在很多案例中是无可置疑的；在 14、15 世纪的大量法令中，大部分法令显然是新制定的，它的条款更为详细，而且常常表现出对当时为止尚未被公共权威所触及过的领域的干涉。

打破沉默的争论是极其珍贵的，因为沉默意味着城镇政策在不同时期内没有什么变化，也反映不出对经济的控制程度的增长。但是我们依旧渴望有更多正面的证据，于是就又出现了其他的难题：从细节上来看这个问题非常复杂，从整体来看这个问题非常宽泛，关于趋势的普遍判定一定会带有强烈的主观因素。但的确有证据表明此时的政策有一个整体变化，从对陌生人较

为宽容变为不太宽容，从竞争和垄断特色不太强变为很强。德国中部城镇《外国人法》的体系的增加似乎是从大约 13 世纪中叶开始的，给予其他城镇免除通行费属于非法违例行为似乎是 14、15 世纪英国城镇的常见特点，而在这之前就很少见，威尼斯在 13 世纪初开始尝试建立“基本”政策，并在 14 世纪前完善了这个政策。从 13 世纪后期开始，很多事例表明竞争精神、相互之间的敌意和对垄断的自觉渴望都有所增加。

城镇行会和协会在这方面为我们提供了一些有趣的证据。城镇的联合行动名声并不好；它可能指的是中世纪后期的汉萨同盟，一个不稳定并趋向于瓦解的垄断组织，因为它所蕴涵的排挤和垄断的作用力在它的会员城镇间与【185】
外部世界间一样强烈。或者它指的是 13 世纪在低地国家形成的两大“商业行会”，当时贸易的不开明趋势已经崭露头角。尽管如此，这些“商业行会”所表现出来的排外主义仍是一个群体或阶级问题，即商人贵族排挤其他人；城镇之间仍然有合作。直到 14 世纪才有 3 个城镇开始真正垄断最重要的贸易分支，其中一个城镇还试图控制其他两个城镇。布鲁日就不止一次做过这样的努力，根特后来也是如此。

城镇间的合作并不只限于中世纪晚期。另外，尽管这一时期的城镇协会都是些在一个强大的领袖领导之下的垄断群体或强制加入的群体，或是由于竞争压力而自然形成的联盟，较早期的协会却有着不同的特色。它们近似于自由同盟，满足相互之间的需要，在一个有着充足市场的背景下运作，因此很少像“汉萨同盟”那样处心积虑提高竞争实力。实力是这些早期同盟的首要目标，但它适用于不同的目的。单个城镇常常会因缺乏资金或经济结构不完善而陷入困境，由于无法积累足够的实力与封建君主抗衡或向政府施压而使得这些城镇举步维艰。因此城镇同盟就代表一种实力的汇集，使得市场和城镇的和平组织能进一步推进或更容易推进。

在国外居住的不同城镇的商人之间采取了一种专门形式的合作关系。他们必须通过联合以汇集实力，因此即使当国内城镇早就开始贸易战争，他们还是会寻求联合。因此 1278 年佩鲁贾的福尔乔·卡恰（Folcio Cacia）作为 capitaneus universitatis mercatorum lombardorum et tuscorum 代表威尼斯、热那亚、罗马、卢卡、皮亚琴查、佛罗伦萨、锡耶纳、米兰、阿斯蒂、博洛纳、皮斯托亚的“商人领事”从法国腓力三世手中为所有这些城镇争取来了贸易特权。同样，12 世纪当较大的城镇可以建立自己的组织时，卡特兰和普罗万的城镇联合起来在叙利亚建立了联盟（fonfuks）。

欧洲的城镇联盟更具有代表性。当来自不同城镇的商人对它们单个无法应付的大市场感兴趣时，就开始建立联盟，如伦敦的“商业行会”或 17 个城镇的“商业行会”；这样联合的巨大作用可以从 13 世纪在热那亚卖布的北部商人的经历中得到体现。最成功的商人便是加入了 17 城镇联盟的商人，但其中并没有任何垄断因素；来自其他城镇的商人并没有被排挤出布匹贸
【186】易。大概这样的联盟起初就像格拉沃利纳商人和布尔堡商人之间的联盟，这个联盟又加入了圣奥默的商会。它加入后者的原因我们还不十分明白，有人认为较弱群体必须这样做，否则圣奥默商会会打击所有的竞争对手，这个观点似乎忽视了这样一个事实：即圣奥默不是排外的，是愿意与他人合作的，尽管就这个问题而言，它完全有实力采取相反的态度。

在汉萨同盟完全成型之前成立的联盟也具有同样的指导意义。它们为对冒险扩张感兴趣、希望开拓新市场而不是只死守旧市场的商人提供了有利条件；但因此产生的安全问题成为头等大事。1259 年，吕贝克、罗斯托克和魏玛之间建立的联盟协议宣布，“任何在教堂或墓地、水路或陆路抢劫商人的人，可以被所有城镇当作违法者惩戒。不管这些强盗带着赃物去了哪里，收容他们的城镇或地方都将被认为有罪，会被所有的城镇和商人排斥。”同样的动机促使德国在 13 世纪形成其他联盟；它们有时完全是因为当地政府不能保证道路的安全或合理的财政政策而建立的；它们是针对 13 世纪莱茵河通行费的 furiosa Teutonicorum insania 做出的反应，是对使长途旅行成为可怕的梦魇的不负责的军队、业余或专职劫掠商人船队的贵族做出的反应。莱茵联盟在 1254 年宣言的前言中清楚地说明：“鉴于我们的很多公民长期以来因为在农村或道路上遭受的暴力或伤害而蒙受重大损失，而他们的损失又导致了其他人的损失……早该寻找一种方式避免这种暴力，并在我们的整个地域内重建和平和公正。带着这个目的，我们共同宣誓在 10 年内遵守广泛的和平。”在这些案例中我们实际上看到典型的和平联盟——包括大主教、主教、很多伯爵和其他贵族的莱茵河联盟；的确，大多数中世纪早期的城市组织，特别是在德国，是由各个和平联盟与“发展和开发”团体混合组成的。显然，其中商业垄断的动力和迫切获得竞争实力的成分并不多；有的只是当环境发生变化这些组织能够从一个目标转向另一个目标的准备状态，这使我们对这个问题有了不同的看法。

【187】与认为存在一个更开明时期的观点明显相反的事实现在必须查证。首先，我们可以重新关注先前发现的差异，即从贸易中牟利的两种手段的不同：有向商人和贸易过程收税的“财政”手段；有实际商业行为的“商业”手段。用这两种手段中的任何一个谋求财富，可能导致相应的措施和手段在

某些方面的雷同。这种雷同主要是因为一个事实，即增加城镇中实际进行的贸易的数量和保证某一个公共权威控制贸易能够同时为双方利益服务。这一事实在城镇的一些封建领主的行为中得到很好的印证，这些领主并不直接参与贸易，因此他们的政策是财政收入政策，但他们会顾及整个城镇的福利。从加洛林时代开始，就有领主强迫商人进入相关城镇以便收取通行费的事例。封建领主还像城镇委员会那样努力排挤其尽可能远的势力范围内的竞争市场；另外，城镇领主对所有染指贸易的私人权威的压制也为市政权威给出了很多先例。

这些事实意味着什么？首先，对财政或商业动机的反应的雷同使得我们很难确定在某一案例中是哪一个在起作用。在缺乏可区分的证据的中世纪早期，这种情况尤为突出。然而，这个难题也是一个有效的警告：即不能轻易下结论，不能毫不犹豫地假定所有提到的措施都可以被解释为反映了“得势商人”的利益。在缺乏证据的前提下，所有的解释都只能是推测，而且要考虑到诸如早期城镇的社会结构这样的因素。即使我们相信“得势商人”是早期城镇的政策制定者，仍有过分强调个人动机的作用而低估了集体需求的作用的危险。城镇包含商人、工匠、靠收租生活的人，但他们是“社团”、“社会群体”，当他们的收入蒙受严重损失时，必须用适当的财政措施加以调节。

城镇很多措施应该归因于财政动机而不是寻求贸易优势这个单纯事实，并不足以说服人们相信中世纪有一个贸易的开明时代。它的确改变了我们对不开明的模式的概念，也改变了我们的道德判断。以牺牲其他城市为代价来使自己城市的国库充盈也许比使私人的金库充盈更能取得人们的谅解。将注意力转到财政领域也使我们较容易看到更远的一点；一些不公平的和限制性的措施在初期都是公平的、便利的财政措施。很多财政措施并不是为了使当地市民得到优势地位，而是基于公正、需要和历史先例之上的政策。【188】

一些早期英国城镇所拥有的地区垄断为我们提供了相关事例。其中一些可以只看它们的表面价值；它们显然是城镇以牺牲外来者的利益为代价捍卫当地的贸易和工业的垄断事例。例如林肯郡和莱斯特郡的纺织工、织布工及染工享有的地区垄断似乎属于这一类。其他的则没有这么简单。将某一地区的所有贸易只限制在某个城镇的做法在英国有着悠久的历史。尽可能将贸易限制在自治“港口”是英王长者爱德华和阿特尔斯坦[①]的一贯政策，而且这

① 895～939 年，西撒克斯和麦西亚国王，925 年被立为英国国王。——译者注

个政策成为后来的国王所采取的政策的中心思想。亨利一世的剑桥宪章规定剑桥郡的所有船只只能在剑桥镇装货、卸货，也只有剑桥能够征收通行费；这个宪章实行了六七十年，之后剑桥才通过亨利二世的宪章承包它自己城镇的年收入，甚至在商会于 1201 年获准成立之前持续了更长时间。林肯郡也与此类似，将贸易集中在林肯镇。

支持将贸易集中在某个城镇的皇家政策很大程度上是基于对因此而出现的财政好处的考虑：这样通行税的征收更加容易也更加便宜，从而减少了逃税。这个政策还与国王加强某些城镇实力的希望有关；这是爱德华一世的主导动机，他命令北威尔士除了食物原料的小规模运输贸易，都必须在康韦（Conway）、博马里斯（Beaumaris）和其他 4 个城镇进行交易。不管这些皇室政策出于什么样的目的，我们可以预计到，一开始便控制了自己命运的城镇便认为它自然有权利继续拥有这种垄断权。

这样看来，对垄断的争夺依然存在，但却少了一些咄咄逼人的商业特色；这意味着存在某种程度的更为保守的、保持适当的历史秩序的愿望。但是随着形势的变化，我们对城镇动机的评估也发生了巨大变化。像剑桥或林肯这样的社区，在它们向独立前进的过程中，获得了对它们自己的城镇的承包权，当它们承包了城镇收入时，它们每年向国库上缴一个固定的份额，一笔接近或多于国王最近每年从该市镇得到的收益的钱数。当时税额是这种收
【189】入的一个很大的来源，事实上是最大的来源之一；在 11 和 12 世纪的英国城镇，通行税是王室收入最大的组成部分，仅次于房屋出租费用。当一个城镇在承包税额之前享有在某个贸易领域上的垄断权时，显然会对市镇收入的规模有重要影响，而如果这个城镇要为这些收入负责的话，它显然有责任维持那些能创造这些收入的条件。在这样的情形下，要求垄断即使有财政平衡和财政需求这些原因，也会有其他一些动机。当我们考虑到至少在 12 世纪城镇只有很少的利润余地时，这个因素便更加重要；在诺曼底征服后，英国皇室向城镇收取的收益普遍增加，而且常常是不合理地增加，当这个收益被摊派到居民身上时，估价可能更高。林肯郡的财政负担从 1066 年的 30 英镑增加到 1086 年的 100 英镑，增加了 3 倍，而摊派给居民的数目在 1130 年是 140 英镑，在那一世纪末增加到了 180 英镑。

城镇自动拥有对它的财政负担估价的特权；这个原则的被接受是自然和公平的；国王也承认它也是理所当然的；因为毕竟受影响的是皇室收入。因此亨利一世和亨利二世给予林肯的宪章规定，林肯郡的所有外国商人只能在

林肯镇开展贸易，“以便我的林肯地方官不会失去我的皇家关税”①。的确，城镇通行税的收集与城镇向国王缴纳的税款息息相关的观念在15世纪依然很流行。至少当城镇想就通行税损失向国王诉苦时，这便是一个极其便利的借口，就如牛津在大约1429年对委员会的陈词。

有观点认为，很多似乎带有垄断和歧视性的措施只是坚持让对方为所得到的服务付款，如使用市场、享受种种贸易特权等等。这个观点与上述论断并无明显冲突。这些问题以及相关题目最好设立专题进行研究，要论证这个题目，初看上去似乎有很多严峻困难，这个题目即英国商会的作用。这个问题对于我们主题的重要性也许会让大家原谅我们跑题，因为这些行会的存在是对我们暂时的假说最有效的反对证据。商会的建立以垄断为基础是正确的。但行会是所有或部分市民实施垄断和排外政策的工具吗？特别是，它能被视为是当地商人尽可能消除竞争的手段吗？尽管这是人们公认的观点。正 【190】
如一位大学者所说，商会 affectaient toujours，on le sait，un caractere local，particulariste et profondement xenophobe（皮亚雷）.

最初的情况似乎是这样的。给予商会的权利是给予城镇社团的权利，而不是给予某一群市民的权利，而且这个权利针对的不是某个特别的协会，而是组成协会的特别方式和目的。事情的本质是，在城镇贸易中任何有利益的团体和个人都应该共同“进贡”——共同缴税。那些利益方可能包括整体运作的社团，同样也包括外来者。这样筹集的钱将代替先前所有做生意的个人和团体每天要交的通行税；如果（就像事情常常发生的那样）城镇摊派它应上交给国王的收入时，行会的那份是与国王以前的关税收入相对应的。人们认为行会收入最好用于各种庆典，改善贸易设施，或偶尔提高城镇的整体福利。

从内部看来，其目的如下：城镇需要向贸易征税，或者是为了满足某个特别的外部义务（向领主缴纳贡金）或者是为了满足内部需求。对于那些定期在城镇中做生意的人（这包括大多数当地人和很多外来者）来说，商会体系无疑是有好处的。一大笔钱代替了多次小笔支付为他们提供了财政上的便利；它也相当公正，因为有一条基本原则是应缴份额应该与一个人可能交易的生意数量大致对等；最后，贸易利益方获得了组织和资金，用来推动与城镇的商业福利有关的所有目的。从外部看来，这样的安排也同样显得合

① J. W. F. 希尔的《中世纪的林肯》（剑桥，1948年）对这个观点作了很好的说明，第185页。

理。城镇在常规部门和社区生活某个方面之间需要一个能够出色地处理一些重要事务的机构。从财政角度来看对个人也有一个基本公正，因为受惠人要为得到的服务付钱。这对享有承包权（firma burgi）的城镇尤为重要，因为它必须履行各种义务，包括向国王缴纳贸易税。商会能够促使曾经缴纳赋税的人继续缴纳；另一种方法则是将赋税负担全面向居民摊派，不管他们是否做生意。

商会的垄断这时呈现出不同的表现形式。如果商会是“联合进贡”，它
【191】的会员因此可以免交通行税的话，那么非会员不应该享受这种减免；如果是行会的钱提供了贸易设施和特权的话，那么非会员就该被拒绝享受这些设施和特权；如果一个城镇摊派它向国王缴纳的税额，而行会又是资金提供者中的一份子的话，那么这个组织就有权控制这部分钱的活动，并有权享受在最初估价税额时所包含的任何好处或垄断。换句话说，商会的垄断部分可以解释为坚持只有那些为特权付过钱的人才能够享受这些特权，部分可以解释为是摊派税额的后果，因为分担者必须被允许完全控制有关生意。问题在于这种情形非常不稳定。商会的性质使得它成为达成各种目的最完美的工具：它能够很容易被用来提高某个城镇或某个阶级的利益。商会垄断的运作方式的确意味着有过这种用途，甚至发生在没有强有力的环境因素鼓励变化出现的时候。作为这一组织基础的政策轻松而又迅速地在13世纪发生了变化，使得人们更加相信对这个政策的通常解释。

有些观点现在必须加以明确；首先商会不是商人的行会。所有证据都表明商会是有着贸易利益的人的协会，而不是一个为“单纯的”商人利益而奔走的群体。在英国它通常是 gilda mercatoria，如果不是的话，便是 gilda mercanda，gilda mercatorialis，gilda mercalis，gilda mercatris 或就简单的是 gilda 或 hansa。它不是典型的 gilda mercatorum①。在它的会员中有一些人既不是纯粹的商人，也不是工匠商人，更不容置疑的是，后者通常在12世纪和13世纪初才被允许自由加入行会，并在大多数情况下占据了会员中的大多数。莱斯特和什鲁斯伯里（Shrewsbury）的行会13世纪初开始征收的人头税显示，其会员除了有屠夫、面包师、染师、绸布商和商人外，还有铜匠、车把式、矿工、木工和石匠。商会的特权当然首先给予社团整体。这在那些包含特权的英国自治宪章中非常明显，具有教育意义的伊普斯威奇

① 无论如何 meicator 并不是“单纯”的商人。

(Ipswich）的例子说明了城镇居民是如何在这种精神下着手行使他们的权利的①。而当这种精神在后来被背离时，常常很可能出现抗议及对最初观念的呼吁。这一点在14世纪“普通”大众对市政寡头政治的强烈谴责以及1330年德尔比（Delby）和贝德福德（Bedford）为收回被篡夺的特权而提起的公 【192】
诉行动上得到印证②。这些因素，再加上商会发挥着城镇生活的最重要部分之一的功能这个事实解释了商会何以被认为是“通过人们的共同意愿控制贸易的一个社会组织”，③ 或者更正式一点，是“城镇行政部门，其职责在于维持和管理城镇的贸易垄断。”④ 这种情形在剑桥身上得到印证：“在剑桥——也许相同级别的其他城镇也是如此——商会是否形成并远离市民整体是极其令人怀疑的。显然国王约翰所给予的免交通行税的自由被认为是属于剑桥每一个市民的，就仅仅因为他是市民。换句话说，似乎在后来的文件中，至今还未发现任何迹象表明，以商会的名义组织的小机构能够独自享有国王给予的自由权利。”⑤

证明这个观点更重要的证据是行会会员资格还向非市民开放，并向根本不居住在城镇里的人开放。彭布罗克镇（Pembroke）12世纪的宪章说，市民允许彭布罗克县的所有商人加入它们的行会；林肯郡1157年的宪章提到以这种形式已经存在了很长时间的“由来自本城市民和县里其他市民组成的商会”；赫里福德（Hereford）的公民能够接受法国人、威尔士人、苏格兰人及其他任何人进入他们的行会，只要他们是国王的忠实臣民并与其他公民一样上缴居民税。13世纪初什鲁斯伯里的行会有50多个外国人，在1249年则多达234个；14世纪初，巴恩斯特铂尔（Barnstaple）行会1/3到1/2之间的会员似乎是由“外国人”组成；1281年，莱斯特允许所有承包林肯郡主教邻近税（nearby fee）的诚实人进入他们的商会，只要他们在与商会有关的所有事情上都缴纳居民税。

基本明确的一点是进入行会的决定条件最初是愿意承担共同的税务，缴纳居民税或同其他会员一起向国王“进贡”。这样的行会支出代表着什么？在很大程度上它等同于支付通行税，类似于集体承包这些费用，这使得会员们不需再缴纳个人、零碎的苛捐杂税。当约翰国王给予格罗斯特（Gloucester）的宪章在 【193】

① 查理·格罗斯：《商会》（伦敦，1890年）第二卷，第115～123页。

② 格罗斯：《商会》第二卷，第17～18页（贝德福德）和第51～53页（德尔比）。

③ J. R. 格林夫人：《15世纪的城镇生活》第二卷（伦敦和纽约，1894年），第193页。

④ 格罗斯：《商会》第一卷，第43页。

⑤ F. W. 梅特兰和玛丽·贝特森编辑：《剑桥郡的宪章》（剑桥，1901年），十五卷～十六卷。

1328 年得到确认时，行会所缴纳的费用事实上同其他的贸易关税混合起来：格罗斯特的行会会员被免除王国内所有的 muragio，passagio，gildagio 和 gilda mercatorum 及其他所有的关税。当“通行税承包”在皇家城镇中被这样操作时，这个城镇就无异于承包赋税的城镇了，尽管我们的确听说，例如在温切斯特，行会费交给市政当局的事例，但通常人们接受的原则是 reddere debet simul cum burgensibus talliagia et defectus burgi adimplere。行会费用和承包费用的混合解释了为什么只有在半自治城镇提到过商会向领主缴纳费用的情况，如在莱斯特、刘易斯和雷丁，而为什么在皇家城镇，市民地位和行会会员资格之间、行会缴费和城镇税务之间有如此密切的关系或甚至相同。

在属于中间领主的城镇，如果外来者被允许免交通行税，而行会会员并没有失去财政优势，便会产生重大事件。例如在托特尼斯，居民们要求有 quandam libertatem inter se que dicitur Gilda marcatoria，per quam possint mercatores extraneos facere liberos，ne solvant Theoloneum de rebus seu mercandisis suis emptis et venditis，prout dicti burgenses quieti sunt et liberi；et hoc utuntur et usi sunt a tempore quo non extat memoria；[1] 他们为这个权利与他们的领主、祖切的威廉（William de la Zouche）做斗争，因为威廉认为这个权利剥夺了他的收益而加以反对。经过暴动和司法调查，城镇不得不作出对领主财政有利的安排。相反，在巴恩斯特铂尔，在同约翰·康沃尔（John Cornwall）关于争取商人和饮食商贩进入城镇的权利的斗争中，市民取得了胜利。这些案例很容易让人想起几个发生在欧洲大陆的事例，例如君士坦丁堡 1199 年的鲍德温（Baldwin）命令，禁止根特人让不在城镇居住或公爵的城堡中居住的任何人进入他们的行会。

有一个重要条件必须申明。商会常常不允许非行会会员参与某些贸易——城镇中的所有零售贸易或染好的成品布的零售，或偶尔如皮革这样的主要商品的零售。这样的排挤是很突出的，因为它是很彻底的；无法通过缴纳通行税这样的办法绕开。这便意味着与此有关的不仅仅是司法公正或方便：还有真正的垄断。这样做有两个动机：希望将某些贸易只限制在某些地区，希望将这些贸易只限制由某些人群来经营。

第一个动机是城镇贸易政策的基本和关键动机，稍后再作讨论；第二个动机呢？如果行会会员试图把一些贸易只限制在某些人手里，那么他们一定
【194】会希望排挤另一些人。被排挤的这些人是谁呢？有两种人最为可能：“外国

① 格罗斯：《商会》，第二卷，第 236 页。

人”和当地的工匠；然而，正如我们所看到的，这两者都被允许进入商会，而且在某种程度上，非居民、非自由民和工匠也被允许进入商会，因此排挤他人的情况不存在，垄断的动机只是出于将贸易限制在某些地区了。但在中世纪初，的确有一些拒绝某些工匠、特别是织工、漂洗工和染工成为自由民或商会会员的企图。

这个政策似乎出现在任何坚决地排挤外来商人的运动发生之前。例如，在约翰王时期，林肯郡的长老宣布他们的漂洗工和染工 non habent legem vel communiam cum liberis civibus；在 13 世纪初，同样的排外情绪出现在纺织工人大批集中的英国城镇中。我们只能得出这样的结论：在当地贸易最为盈利的行业中，排挤一部分人的倾向出现得最早。不管城镇的大商人和大地主对外国人可能会多么容忍，他们却逐渐将一些工匠排挤出较为赚钱的生意。我们不应该夸大这一事实，尽管这样的排外情绪可以追溯到 12 世纪，而且无疑这一政策在 13 世纪得到进一步的发展，成为贸易的主导政策。但就像其他地方一样，这显然意味着“不开明”政策首先在国内出现，早期的寡头政治者发现有各种理由同外国人合作，但很快也发现有种种理由对他们自己城镇内较不幸运的阶级施加压力。

尽管如此，中世纪初城镇的内部政策就像它们的外部政策一样，的确显示出一些与后来情况不同的地方，其中有三点如下。首先，从贸易条件尚且宽松、只是一个阶级利益实体控制另一个阶级利益实体的意义出发，中世纪初的内部政策常常比外部政策更加开明；其次，这种阶级政策采取的剥削形式并不一定是商业或工业剥削，因为这种形式并不适合商人的寡头政治，而是财政剥削；第三，内部政策就像外部政策一样，当时并没有出现像后来那样多的规定和控制。

第一点的依据是早期城镇中居民间的社会和经济差别小于他们的后代；舆论也更为一致，如果不是更为民主的话。这里没有空间而且也不必要做详细论述，因为人们通常认为阶级差别、政治分歧和少数人政策的武断在 13 世纪初才变得更为明显，尽管其中自然有重要的例外，并在时间上有很大的变化。大商人对消费者利益的侵犯，业主对手工工人的欺压，饮食零售商贩对主妇的掠夺，所有这些在当时可能都存在；但基本上都不是太严重，它们 【195】
的社会根基相对较少，使用的政治机器也不多。

与外部政策一样，ex silentio 这个观点只能算是个推论。我们根据大多数人抱怨的程度，列出了一个粗略的关于城镇政策是少数人政策的程度的目录表。尽管 12 世纪并非没有这样的控诉，但在 13 世纪它们的数量和严重程度有明显的增加。在很多地区，抗议、罢工、暴动和造反的记录的强烈程度在13世纪后期及以后有明显增加，以至于人们自然得出结论说这一时期之前的民众对政策相对较为满意。我们对11、12和13世纪的内部政策所了解的内容不足以让我们做出确切和详细的估计，但随着时间的推移，城镇政策变得愈加远离大众意愿这个观点应该是正确的。总而言之，城镇法律，甚至更重要的，城镇“判例法”（case law）的确给人这种印象。即使当特殊的利益团体在早期赢得了控制权，也不能认为这代表着最初的情况。伦敦“汉萨同盟”的商人对他们的会员城镇中的工匠持排挤态度，但我们不能就此认为在这之前没有一个较为“开明”的时代。

然而，在很多城镇有一些特点相当明确地证明了1250年阶级政策的存在，这个政策是以牺牲其他人的利益为代价而为少数人服务的。根据这个事实，人们自然会进一步相信这些政策是为主要的商业资本服务的；这一结论尽管很容易得出，但通常是错误的。尽管控制城镇政策常常是商人资本从中获利的方式，但一种更直接利用政治权力牟利的方式至少同样常见，常占据主要位置。这种直接滥用权力的经济方式被称为财政或财务剥削；仅仅通过这种方式，受惠的少数人以牺牲很多人的利益为代价将钱装入自己的口袋，并通过这种方式控制城镇的财政机器。这样做的主要方法有直接贪污公共基金和不公平的摊派税额；司法交易也可以被归入此类。

城镇中大量平民的愤怒似乎是由这样的财政剥削政策引起的，随着我们将视线投向更早时期，它们相应成为引起不安的更重要的原因。这在很大程度上与当时的形势有关，城镇最早的统治群体并不是商业资本家群体，而是逐渐转化成这样的群体。当威廉·费兹·奥斯伯特在1195~1196年领导暴
【196】动时，他控诉的主要问题是城镇神父诈骗国王的收益，同时将主要的赋税负担强加给穷人。大约10年以后，约翰国王在叱责城市的男爵时也使用同样的理由：有投诉说那些当权者在裁决司法时偏听偏信，在估价和征收捐税时不公平，在管理税款时有舞弊行为。这与同时代的意大利有着惊人的相似。很多城镇的平民要求用按比例的税收政策代替免除权贵的赋税而向其他人征收相同的人头税的制度；这是一个以封建特权为基础的制度。在12世纪末、13世纪初的意大利，税收是造成大多数与内部政策有关的冲突的主要经济原因。在米兰、比萨、锡耶纳、佩鲁贾、卢卡和其他城镇，平民也提出了同样的要求——即用以财富为比例收税代替按人头收固定税。

这些观点对于研究中世纪早期的阶级结构有着有趣的作用，但重要的是，有证据表明即使当压迫的确存在时，它并不一定是城镇政策转向进一步

的商业和工业剥削的必然结果。

在中世纪早期还没有像后来历史上那样明显的对城镇经济细致而全面的控制，从这个意义上来说，中世纪初有着更大的自由。由于早期城镇的规模都较小，它们自身的问题也较为简单，早期城镇的确对所有要求都予以批准。内部政策和外部政策都是如此。其次，没有大量的针对商人和工匠的挑衅性的和防备性的限制，这些限制会使他们发现自己处于一个高度竞争的环境中。例如，排外情绪和表现这种内容的法律并不多见。而且城镇社会中的弱势群体拥有至少相对较多的经济自由。在其政策的确反映的是少数强者对多数弱者剥削的城镇，这种剥削通常是被称为“财政”的剥削。商业资本并不是明显的独立和主导利益，而且早期没有像后期那样多的排挤非资本商人获得权力和利润，或让工匠向大商人臣服的法律。

还有最后一个但也很重要的论点。从某种意义上来说，城镇政策一直不得不是垄断性的。如果某些经济功能（主要是贸易，在某种程度上也有工业生产）不集中在某些地方的话，就几乎不可能出现城镇。这样的集中不是市民的最初目的，而更多的是使他们居住的地方成为城镇的原因。当因为某些地区被孤立出来，用法律或特权加以保护，使它们成为市场和生产中心，而拒绝周边地区享有有些或所有的这些权利时，城镇便成为与众不同的经济和社会单位。从渊源和本质上来看，早期城镇依靠的便是这样的经济功【197】能的隔离，因此，在一个明确并且特殊的意义上，城镇的存在依靠的是垄断。它们是市场或中心是因为其他地方不是，它们有特权是因为其他地方没有。当领主将贸易限制于某个中心，给予那些在此定居或在某个固定地方做生意的人特殊的保护或特权，允许某些地方建立合法的市场，而因此拒绝其他地方从事某些经济活动时，这些地方便得到了发展。垄断原本属于某些地方而不是某些人，但它逐渐理所当然地也被后者所占据。

这便是城镇之所以成为城镇的基本原因。非市民被允许进口商品——但他们将商品进口到了城镇市场；他们也被允许出口商品——但他们是从城镇市场出口商品；通过与当地居民一起“进贡”，他们甚至可以参与零售贸易——在合法的市场和时间。一个地方的内部贸易，即它的内部零售业，被严格地控制在那些加入了当地贸易协会的人手中。常常令居民不能容忍的是，城镇的重要功能被泄露和扩散到周边地区。当然，一个地区对贸易的垄断自然会演变成住在该地的人对贸易的垄断，而最后变成当地居民中的富裕商人对所有贸易的垄断。只要垄断最初被给予全部由（或主要由）当地居民组成的任何协会，这种发展趋势便注定会发生。

4.3.2 13世纪：经济饱和与经济剥削

当早期城镇政策中特有的“自由”消失、对外来者的容忍减少这样的时期到来后，城镇内的经济剥削随之加深。“时期”一词不能说明任何问题，因为这是一个无法确定年代的事件，是一个在不同情况下出现在不同时期的城镇政策潮流。如果必须要确定一个时期的话，那么13世纪似乎是理所当然的选择。在很多案例中它都是一个关键时期，特别是在这一时期内，很多城镇的内部政策的态度都发生了迅速的变化。

这种变化的发生可能出于两个主要原因。城镇内最重要的原因是贵族寡头政治的加强和他们通过控制贸易、工业和财政来保持权力程度的显著增加。城镇外部的原因是欧洲经济出现“饱和”。

【198】寡头政治是13世纪的一个显著特色。人数有限的“贵族”群体，通常包括商人资本家的强势代表，使他们自己成为城镇政府的主人。这些贵族主宰着城镇的社会和政治，有权将城镇政策引向对他们的私人利益最有利的方向。这一发展常常走向极致，真的出现了商人职业协会同城镇委员会合并或联合的现象：利益独享的贸易行会构成了城镇政府。甚至当根特的臭名昭著的三十九世行政官于1275年被玛格丽特女伯爵（countess Marguerite）剥夺了权力后，政府办公室依旧被控制在行会会员手中；在其他佛兰芒城镇中也通行着同样的规则，不管是像布鲁日那样的大城镇还是像亚登堡这样的小城镇。在英国，很多城镇的商会担当着统治者的角色，使得除了重要的商人外的其他人更难进入决策层。即使当外部形式并不是很好地反映内部事实时，做大生意（相对的）的人和较著名的贸易公司的成员的优势常常在政治事务上得到很好的发展。

这样的寡头政治持有所有的王牌；他们将政治权力和经济权力、公共和私人权威、合法权利和非法影响力结合起来；他们是行会大厅和市场、财政委员会和工场的主人。他们试图作为统治者通过正常的财政机器剥削社会，他们试图作为商人通过适当的法律和政策推进私人利益，当感觉到外部压力时，他们更容易两者并用。

这些外部压力是由欧洲经济不断增长的饱和所引起的。这里所说的饱和指的不是危机，而是商品社会能够生产和销售的商品和社会能够消费的商品之间的平衡的逐渐变化，这个变化逐渐积累成为危机①。供应和潜在的需求之间的早期差距被缩小，在很多方面，正是商人和商业资本在工业上的权力、效率和成功、“商业革命”的胜利滋生了这些困难。一个有同样效果的辅助程序是生产力和商业能力发展更为平均的趋势；尽管当地的专业化常常得到进一步发展，而国际贸易也进一步密集化，12、13 世纪的经济变化常常减少了主要地区对几个小且发达地区的贸易依赖。

几种因素造成了这种形势。社会的销售需要由一个稳定增加成员并不断提高组织质量的商人阶级得到满足。从单个商人的角度出发，这意味着因为竞争【199】
增加而使机会整体收缩、利润减少。供应体系的全面改进，再加上商品的货源更加充足，将会减少当销售方式原始、生产供不应求及市场上没有竞争时所容易赚的大利润。很多曾是成品热销的大市场和廉价的原材料生产商的地区也已经改变了它们的职能。它们成为能够抗拒严重剥削的政治权力中心；它们成为经济权力中心，积累了资金、设备和知识，足以与监护它们发展壮大的地区相抗衡。机会的唾手可得和丰厚利润的吸引而引起的工商业的扩张进程如今受到阻碍，这对市民，尤其是对商人的情绪和动机产生了重大影响。

一般说来，商人的反应是试图留住旧的盈利机会，而且既然这样的机会不再出现，他们自然要人为去创造。于是商人这时加强了对城镇的控制，这使得他们获得了维持和创造买和卖之间的差价的特殊机会。的确，城镇寡头政治的加强既归因于“自然”的社会进化，也与新的经济压力有关。至少有三种重要方式可以保证商人获得丰厚的利润：限制参与较重要的贸易行业的人员人数，允许商人进口的消费品提高价格，通过压制工匠压低商人出口的成品价格。因为商人常常是城镇的主人，这些方法便成为城镇政策的一部分，并被揉杂进所有统治群体所惯用的财政剥削中。

值得注意的是从城镇整体来看，这一时期并不是一个经济衰退或萧条期。经济的完全衰退主要发生在 14 世纪；13 世纪末和 14 世纪初是很多城镇的极度繁荣和集权时期，尽管这时它们的新政策在制造着严重的内乱。正是中世纪末期某些城镇中出现的生意的绝对亏损才造成了城镇形势更为剧烈的变化。经济的收缩适逢人们视野的收缩；商业更集中于本邦地区，对邻近城镇更加嫉妒，而制定城镇政策的人的类型又时常发生变化。相比较而言，中世纪早期表现出与过去更多的延续性。城镇面临的不是毁灭的威胁，而是不断增加的压力；政策在处于新的目标和机会背景下的新型统治者手中没有【200】

① 参看《剑桥经济史》，第二卷，第 338 页。

得到改变，仍是由沿着旧路线思维做事、但必须设法转嫁压力的旧统治者修改制定的。这一时期的危机并非偶然，当时商人贵族加强了剥削并导致城镇中社会和经济的动荡一定是这一危机产生的重要原因。

这个饱和期的概念不一定是属于某个时期，因为它是逐渐发展而且持续时间长短不一；而且在缺乏详细而系统的资料的前提下，这只是一个合理的推断。然而，它是与大量已知事实及经济和历史的可能性相一致的。这一时期城镇政策的发展可以与它的背景联系起来看。我们并不缺乏关于以前的政策特征的资料，局部缺失部分以后也找得到；但总体看来，它们表现出的一致性和重心表明了那一时期的特点。其重心是利用城镇政策以其他居民的利益为代价增加商业资本家的利益。我们可以断定那些只有很少的大资本家的小城镇是个例外；关于14世纪前的情况因为缺乏足够的证据而无法下任何明确的结论。尽管如此，小的乡村城镇也有可能存在少量为他所在地区和农村商人供应货物的批发商和零售商，14世纪末图斯卡尼的费费尼就做过相关描述①。

这些政策的典型要素前面已有所提及。它们是对进入最赢利的贸易业务的限制、对消费者利益的维护程度的削弱、手工生产和生产者被大商人控制以及财政剥削的强化。这样的选择和划分有点武断；事实上这些因素的重合和同一性正证明了它们是从一致的利益出发，表达了某一个政策。

没有必要再赘述贸易的排外问题了。有大量证据表明贸易协会严格限制会员入会，特别是针对工匠，这只能说明这些协会的政策和城镇政策之间有某种联系。在很多情况下的确如此。我们很容易如数家珍地指出很多城镇，在那里某一个主要的贸易行会要么是政府，要么从法律或实际上垄断着政府部门。也有很多个城镇是一小群这样的行会享有同样的权力。甚至当垄断行
【201】会面对的是非都市的背景时，使用的依旧是同样的原则。到了13世纪，直接加入伦敦的“汉萨同盟”已不可能；只允许那些早在会员城镇的行会中注过册的人员加入，这为工匠的加入设置了艰难的障碍。行会通过城镇政府行事，事实上这两者密不可分。行会同市委会一起决定一个被拒绝申请一年的工匠要加入“汉萨同盟”是要交纳一马克金币呢还是更多的金币。显然像这样的城镇政府可以随意拒绝市民的入会申请。在当时，主要在法国北部、低地国家和莱茵兰地区，这些行会和同盟是很重要的。在13世纪它们代表着互相保护、对长途贸易的限制和对工匠的共同管束的同盟，而且也是

① 阿米托尔·费费尼：《特雷琴托的商人》（米兰，1935年）。

城镇间的同盟，捍卫城镇的长远利益，并未表现出后来很多城镇中常见的将生意只狭窄地集中在本邦的特点。

较为重要的商人控制城镇常常会导致对普通消费者利益的侵害。当商人掌权后，所制定的政策很可能是为他们赚取高额利润，而不是为大街上的人们谋求低价；社会因此相应受损，特别是如果在食品和饮料行业出现垄断。在城镇的官方政策中当然不可能公开允许垄断和高价：既定原则是商品应该廉价、丰富。然而，实际上商人们沿用的有效政策与这个标准相去甚远。而这个距离到底有多大则取决于各个城镇内极其复杂的势力均衡。当一个城镇有高度发达的出口业时，做这类产品生意的商人会努力争取廉价的消费品，以降低生产者的生活消费。在出于政治原因对社会动荡极其敏感的城镇，它决不会太公开地轻视消费者的利益。还有很多诸如此类的动机，最后的但并非最不重要的一点是对消费者的真正关心。例如，伦敦就表现出种种不同的令人困惑的目的，因此政策呈现出多面而并非单一的倾向。正因如此，在13世纪末到14世纪末，像鱼贩那样的饮食商人群体极其成功地增强了自己的利益，因为他们的行会拥有非常多的政治和社会影响力。

有时很难说清食品和其他货物上的垄断仅仅是非法的私人业务，还是得到城镇权威机构支持和鼓励的常见业务。显然归入后者的比例很高，尽管在 【202】
这一点上并没有明确的文件说明。有很多文件涉及对囤积垄断者的投诉和呼吁，但并未指名道姓地将其归咎于城市统治者的姑息态度，这样的投诉常被描述为代表着“平民”对“富人”的对抗，这种社会划分当然也是政治划分的反映。结果显然是当市民发现富裕的囤积者和城市元老在作祟时，他们会向高级权威机构请愿；因此在1304年，诺威奇的“穷人们”要求国王调查富人违反禁止囤积的法律，在食品和其他商品到达市场之前将它们买断的事实。

城镇政策中的其他特点也表现出对消费者利益的侵害。例如纳税方式便是说明这个特殊问题的证据，尽管它们使贵族多方面受惠。引起普通公众特别不满的是消费品上的销售税，即对食品和其他日常消费品征收的“邪恶关税”，是当时税收的主要来源之一。这种形式的赋税负担随着进入13世纪对于穷人阶级变得越来越繁重，而到了13世纪末在有些城镇更是愈演愈烈；例如佛罗伦萨的食品价格在14世纪初非常之高，这是造成社会纷乱并导致1378~1379年危机的主要原因。价格的上涨并不是因为赋税，事实上应归咎于城镇政府所无法控制的情况；但是蒙受损失的人却不细究经济事实，而完全归咎于使局面恶化的任何政策。

在较大的工业城镇中，为广大的市场制造商品的工匠们越来越依赖为他们提供原材料并出售他们的成品的商人。随着销售体系的延伸，这些商人对生产的控制日益增强，他们便采用直接压制生产者的政策，试图通过这种方式保证廉价、丰富的商品生产，并从他们所经营的货物中获取最大的利润。一个城镇对为大市场服务的工业生产的依赖性越大，它越有可能表现出为“销售资本”的利益服务的政策；因此这种政策不是为整个城镇的商业影响力服务的，而是为出口业的兴盛出力。例如，伦敦在13世纪末的政策和同时代的莱斯特的政策表现出同等程度的对销售资本的优惠。

与生产有利害关系的商人的政策被作为城镇政策对待；其理由仍然是因
【203】为当这些商人控制了制定政策的机构时，阶级政策便是城镇政策这个事实。在有着大规模出口业的城镇，这是非常普遍的情况。现举一例说明：从13世纪中期开始，杜埃的市政官负责制定涉及城镇纺织业的几乎所有禁令，这些地方官员同资本家利益的结合表现为禁令在13世纪中后期变得更加公开地有利于销售资本。1275年达到了高潮，当地方官员颁布的法律令纺织业的工头们如此愤怒，以至于他们向玛格利特女伯爵抗议。1276年女伯爵命令撤消了那些令人愤怒的法律；市政官们缓慢而迟疑地执行她的命令，却在1280年再次将禁令付诸实施。结果出现了罢工和骚乱，但商人的利益有城镇权威机构做后盾，罢工领袖被驱逐或处死。

业主利用各种方式控制生产者。前面已经提到过工匠被拒绝加入主要的贸易行会，这里只需要强调它在工业发达地区非同寻常的重要性。越重要的工头，特别是那些自己便是小规模的资本家雇主的工头，是对职业商人的垄断最大的挑战者，而且更为重要的是，商人资本家向生产者施压的能力主要依靠他们对原材料的进口和对成品出口的控制。贸易垄断才能真正保证生产者对商人的依赖。14世纪初佛兰芒纺织城镇的双方显然都明白这一点。使各个级别的工匠团结起来的一个因素是他们一致要求改变旧的政策，以便所有人都能够自由买卖。

这里不必再描述城镇所采取的使工匠“安分守己”的各种方式。工资、工作时间和工作条件、价格，所有这些都要受城镇的管辖，还有一些不太明显但同样重要的方面也是如此；例如，列日在13世纪中叶有这样的命令：每当城镇长官和商人认为布匹业劳工短缺，便强迫工头招收一定量的学徒“以便完成城镇的工作”。这里需要提到关键的一点，即“反对联合法”。

工匠行会能够直接提高工资或价格，或者通过限制生产或生产者的数量的方式间接提高它们。难题由此产生，因为这些行为不仅引起了想得到源源不断的廉价、丰富的可销售物品的商人业主的反对，而且也对普通的消费者造成了威胁。因此出于多种动机，人们反对工匠建立行会。在早期的生产只【204】
供应当地市场的城镇，常常有可能首先考虑的是维护消费者的利益；因此很多个12世纪的案例，像鲁昂那样的城镇禁止工匠协会的成立，不在我们目前讨论之列。在13世纪末和14世纪初，在有着大规模的工业生产、一般是纺织生产的城镇，所有的证据都证明了相反的事实。在这些案例中，显然商人资本的目的主导着政策；消费者的利益之所以被提及，是因为它们符合商人的计划，是因为它们有助于加强舆论、巩固政策。

在13、14世纪欧洲的重要工业城镇，对工匠行会的攻击是常有的事。迪南在1255年、图尔奈在1280年、布鲁塞尔在1290年都曾禁止工匠成立行会；根特在1302年前都没有工匠行会机构；在布拉班特，工匠协会直到14世纪中叶后才得到官方的承认。当生产者和商人属于同一个行会时，适用的也是同样的原则；行会的控制权属于商人，并禁止生产者独立联合。佛罗伦萨1324年的一则法令宣告所有未经市政府允许成立的协会都是有罪的，并进而未经行会领事的同意便取缔工人行会，特别是阿特拉纳的工人行会。贵族阶层努力争取国家对这样的政策的支持。于是在1301年布拉班特公爵给予梅林斯一项特权，其条款规定城镇中除了圣·劳易斯商人行会和由纺织商人控制的绸布商行会外，不能有其他的行会和协会。也是同一位公爵答应安特卫普的统治者决不允许任何手工行业的工匠们成立行会。

取缔正式的工匠行会并不总是很方便，而阻止非正式协会成立也不近情理；但即使城镇容忍建立工匠行会，也能通过禁止他们罢工或使用其他任何有效武器来遏制这些行会。很多城镇精明地通过阻止工匠积聚斗争资金来打击他们；在这些城镇中，贵族们千方百计地保证工匠们每个星期筹到的钱被交给市政官而不是进入行会的钱箱。布鲁日的市政官在1280年制定出这样的政策，根特随之效仿，这个做法很快被传播到布拉班特，卢万在1290年采取了同样的政策，而安特卫普在1291年也这样做了。伴随这种政策的常常是禁止工匠逼迫同伴交纳“会费”的法律。

在这一时期值得注意的城镇政策的最后一个方面便是财政剥削；即利用【205】
公共税收体系直接使少数人受益。财政剥削与商人资本家的利益之间没有本质的联系，尽管在经济饱和的情形下，随着从贸易中赢利的困难的增加，他们想通过这种方式进行剥削的渴望也会越大。正是这个因素不依赖于任何类型的统治阶级的特点使得它很重要，因为它在任何寡头统治的城镇中都可以操作。其次，财政剥削在13世纪已不是什么新鲜事情了，但它的强度的确有所增强，特别是在1250年以后。它的发展如此严重而迅速，以至于从欧洲整体来看，苛刻的、不适当的财政政策是引起13世纪末、14世纪初城市骚乱的最为重要的——也许也是最大的——原因。

特殊的形势背景才会产生特殊形式的压迫，但财政独裁只依赖寡头政治这个事实，因此它几乎是普遍存在的。在13世纪末、14世纪初的英国城镇，市民的投诉惊人地相似，都是关于捐税的不公平评估、非法征税、公众基金的挥霍或盗用、买卖司法等等。在莱斯特、林肯、牛津、林恩、诺威奇和伊普斯威奇也有着同样的指控：未经社区同意就摊派捐税并只向下层阶级征税、贵族为了私利挪用公众基金而且不公布账目。这些抱怨常常构成投诉的主要内容；至少它们像对于涉及贸易和工业的政策的愤怒一样突出。欧洲大陆也是如此。财政政策并非总是引起争论的主要焦点。它可能会被其他问题所遮蔽，就如一些更重要的纺织城镇；但即使那里财政政策也是一个主要问题。在别的地方它也是人们关注的焦点；在很多像法国西南部那样的城镇，不管在贸易还是生产上都不具有国际重要性，财政问题也是引起城市骚乱的根本原因。正如杜埃的伊斯皮纳斯所说："正是财政问题开始和结束了1296~1311年的革命，而且它始终是最重要的问题"，有几个城镇的民主革命不是反抗"财政专制"的暴动呢？

4.3.3 中世纪晚期：危机和措施

在我们刚才所审视的时期，城镇政策经历了明显而富有特色的变化；这
【206】些变化是寡头政治对权力的巩固和滥用，以及13世纪、或在一些超前发展地区12世纪时经济"饱和"状况发展的结果。然而，这个时期和它所标示的经济政策并没有经历贸易或经济生产的整体收缩、城镇实力的减弱或决定城镇政策方向的利益实体的类型发生任何重大变化。

在14、15世纪情况便有所不同，尽管这种变化并不是突然出现的。很多城镇进入了真正的危机时期，一个它们不得不为在日益减少的贸易和生产中占一席之地而努力奋斗的时期，一个它们的人口、信誉和经济实力都在衰退的时期，一个掌握它们命运的不再是市民而是王侯，或者它们的命运因为掌权者的目光短浅而受到阻隔的时期。

很难为这一时期城镇的经济衰退确定明确的肇事者，尤其是我们对当时经济条件的大概本质尚未达成一致的见解，对它的起源也没有充分的了解，就更难确定责任之所在了。然而，经济形势和政策之间的联系如此紧密，这个问题不能被完全避开，14、15世纪背景中有几个特点对我们所讨论的问

题非常重要，因此必须把它们从极其复杂的情况中武断地隔离出来。

首先旧的过程还在延续；造成饱和的变化依旧存在，并得到强化，随之带来相应的政策变化。这些政策又反过来造成形势的恶化。耗费劳动时间和精力的罢工和暴动削弱了城镇的经济地位，大多数人被剥削，而日益增多的限制性和垄断性的商业措施也阻碍了贸易和生产的发展。

城镇外部的因素也在起作用。继可怕的传染病腺鼠疫之后，一些地区的人口率仍旧持续下降；随着参加十字军东征的国家蒙受损失、“开明”世纪的结束和土耳其扩张的开始，东部的贸易条件进一步恶化；英国、佛兰德斯和法国的战争对西部经济的重要部分造成影响；危害城镇及其特权的国家权力的增长；可能还有欧洲气候的恶化——这些和其他种种因素都在发挥作用。结果很多纷乱（至少在黑死病前）可能都是由深层原因造成的。尤其是与日俱增的人口对可获得的自然资源造成越来越多的压力。随着最好的土地被霸占，地中海的牧场被过度放养，最好的最容易利用的丛林被砍伐，河流被过度围捕，容易开发的矿资源被掠夺一空，出现了一个严重危机，即从在每单位商品中耗用更多的人力时间这个基本意义上来讲，拉丁社会将会真
正变得贫穷。如果没有足够的技术进步和社会调整或发现新的资源来抵消这 【207】
些影响的话，将意味着商品会更贵并相对减少，而人均购买力也会下降。当掌权者不减少欲望，而是变本加厉加重剥削的话，这种负面影响将会无限增加。

但城镇整体、甚至整个“欧洲经济”并不都是一幅简单的衰退画面。这种不完全也不能只归结于欧洲东部在14世纪保存住了实力这个事实——它是一个“未饱和”地区——而且退一步说，欧洲南部也表现出明显的复兴力量。在14、15世纪，就像早些时候，我们必须考虑财富和经济活动的重新分配。有简单数量意义上的重新分配，即贸易和财富从一些地区、一些人转移到另一些地区和另一些人手中，还有更重要的“质量”意义上的再分配，即经济活动的新形式代替了旧形式。我们没有太充分的理由相信，在大多数时候新贸易的增长总是能弥补旧贸易衰退所带来的损失。但显然我们手上现有的资料显示的并不仅仅是经济曲线的一味下滑。

我们在当时的土地历史中找到了再分配的重要证据，但因为它与我们的主题只有间接关系，我们在这里不得不忽略它们。然而，有很多与城镇密切并直接相关的再分配过程，在这里必须一一列举出来，因为它们是使很多政策发生变化的关键。为方便起见，这些再分配过程可以分为两类：对城镇整体意味着损失的再分配过程，和一些城镇以牺牲其他城镇的利益为代价获利

的再分配过程。在第一类再分配中，一个明显的例子是农村工业的发展影响了城镇生产。另外一个弱化了城镇作为经济共同体（尽管并不一定是活跃的经济中心）的职能的变化是一些个人和群体越来越倾向于在“国家”级别上做生意，通过要求“国家”政策来超越城镇组织的烦琐限制和狭小机会，将自己与王侯和宫廷联系起来，与君主缔结契约并寻找机会。

另一方面，一些城镇显然在丧失优势，而其他城镇则从中获利。15 世纪初情况就是如此，当斯卡尼的鲱鱼被过度捕捞后，人们便将注意力转向东安吉尔（East Angia）和荷兰之间的深水区。有时交通路线的转移也是造成某些城镇丧失优势的原因：当英国前往莱茵兰地区的贸易使得科隆成为交易
【208】中心时，科隆获得了佛兰芒城镇失去的大部分利益。同样，工业能够从城镇转向城镇，也可以从城镇转向国家。在 14 世纪布拉班特、埃诺和香巴尼劣质但廉价的商品大行其道时，佛兰德斯和法国东北部的古老的布匹生产中心受到重创，而到了 15 世纪，荷兰、尤其是莱登的羊毛布匹生产商开始行动，德国南部的亚麻粗布开始变得重要起来。

还有更为基本的进程在起作用，因为在大多数地区，似乎都有一种潮流引起一小部分城镇获得比一批小竞争者更多的优势；几个“都市”中心的光芒遮住了大量与其相比黯然失色的小城镇。如英国的伦敦、南安普敦和布里斯托，佛兰德斯的三巨头根特、伊普斯和布鲁日，及德国北部控制汉萨同盟的一小群城镇，都表现出这样的倾向，而在意大利，几个城镇成为广大地域的主人，并破坏了较小城镇的生活。这种发展可以被解释为激烈竞争的自然结果；当大鱼吃掉大多数小鱼时，供不应求的市场情况自然出现。从技术上来说，正是贸易组织的变化使得来自少数地区的少数人的有效控制变得可行。

这些对于 14、15 世纪的背景的论述当然并不意味着中世纪晚期的政策应该是非常简单或一致的；竭力把它们都描述为对一个萧条时期的老一套反应显然是不对的。另一方面，造成经济困难的条件如此普遍而影响广泛，足以引起贸易政策态度的强硬化和在很多情况下政策态度的相类似；太多的困难和艰辛使得经济管理愈加严密、对所有的“外人”都怀有深深的敌意、利益领域的收缩及很多城镇处理事物时持戒备态度。尽管如此，情况的不同还是导致了政策的千变万化，而这种影响在其他事实上也得到了很好的体现。例如中央集权能够遏制市民的“自然冲动”的程度对城镇政策也有非常重大的影响；英国、法国和佛兰芒城镇显然不能推行极端的排外政策，而很多德国城市受到很少的遏制，实际上一些意大利城市几乎不受遏制。另外

一个引起政策变化的重要原因是城镇的发展缺乏同时性。城镇的数量和成长阶段常常是产生差异的原因；新出现的小城镇和已经成熟的大城镇在性质乃至政策上都存在差异，但这些差异在中世纪末期愈加明显，城镇间的功能差 【209】 异也是如此。在14、15世纪，满足社会不同需求的小市场中心和古老的城市之间的年龄和类别之间的差距比以往任何时候都大。

最后这一点直接引发城镇在这一时期的内部结构问题，因为城镇内的社会结构、力量均衡及政治结构自然同它们的功能类型有关。在这方面可以对中世纪末期的大多数城镇作出一般性的论述。在每一个城镇中，大多数行业的成员加入某个协会、行会是很常见的。这些行会是城镇生活中基本而重要的组成部分：这不仅仅是因为加入某个行会是从事某种职业的必要条件，而且成为行会会员也是获得市民资格的必要条件。另外，事实上城镇政府对行会组织有很严重的依赖。有时行会在它们行业内部有适当的监督权，但服从市政府的整体管理；有时市政府本身就是由行会或行会群的当选代表组成。即使在前一种情况下，城镇也是受行会成员管理的，这些人对他们的组织和组织所代表的意见表示出十足的忠诚。

在早期，一些城镇中出现了一种变化，其程度大小视情形而定，在这些城镇，权力属于收租户、地主和职业商人集体所有，那里惟一的行会是较为重要的商人组成的行会，那里行业联系被反对或严格控制①。这个变化是与城镇的贸易前景、利益和政策的转移相对应的。首先，它标志着城镇内部不同经济利益之间权力均衡的一种方法，到了所有行业都可以控制他们的私人事务并在城市管理上有了一席之地，甚至到了摒弃了狭窄的社会和经济独裁统治的程度；政府的基础更为宽泛，更公平地代表着各部分人的利益。伴随这个变化的并不是贸易前景的扩大、经济控制的放松，而是刚好相反：一群互相竞争的行会组成政府，按照控制的原则和措施管理城市，并运用各种方法对经济事务实行紧密、细致和有效的控制。另一个后果是生产者的利益得到了更好的代表，流通和商业利益群体的负担也随之减轻；其结果是一种甚 【210】 至对商人都可能造成危害的工业保护主义成为一些城镇政策的特色。城镇的野心和活动也趋向于变得更加狭窄、范围更加明确；对本地区和控制严密的主要货物产生一种重视态度，是一种戒备性的重视。

垄断是城镇政策的基本内容。垄断实体——城镇本身或组成的行会——

---

① 在这方面英国的习俗是很不适当的，它因为“行会”一词使用得过于宽泛，而使很多事情混淆在了一起。遗憾的是“行会”一词不能只局限于那些商人利益占主体的协会，以及生产者更为重要的“工艺协会”。

是行动的工具，垄断特权是行动的目的。如果城市内存在某种均衡的话，那就是垄断实体之间的均衡，如果存在严密的控制，那就是通过垄断实体来实施的控制，如果野心变小、更当地化，那就说明垄断实体对垄断某个特定地区或特殊行业的欲望。

没有必要再详细说明在利益驱动下的种种垄断形式，因为前面都已经论述过了。它们足以说明是在 14、15 世纪排挤和特权的方式得到充分发展，并成为城镇内和城镇间所有贸易业务的寻常框架。古典的外国人法或古典的基本政策法（Stapelrecht）都是通过中世纪末期德国城镇的禁令而广为人知的；波兰城镇间大规模的主要争斗也发生在 14、15 世纪。也是在同一时期，多德雷赫特（Dordrecht）和布鲁日成为所有经过它们的河流运输的商品的贸易中心，帕索（Passau）成为葡萄酒贸易中心，梅林斯成为鱼和盐贸易中心，布鲁日是羊毛贸易中心，根特是谷物贸易中心。强者所得到的特权不会分给弱者；佛兰德斯和意大利的大城镇摧毁了它们的小邻居，几个大的汉萨城市是汉萨同盟的真正主人和主要的受益者，布鲁塞尔的一场革命迫使布拉班特公爵镇压在梅尔赫特姆（Merchtem）新近被允许建立的行会。弱者所感受到的压力被传递给那些更弱的弱者。牛津在 1368 年与伦敦发生争执，因为伦敦违反减免关税的宪章，要求“解决关税事务”，牛津也拒绝将它获得的特权给予新萨拉姆（New Sarum）人，但 1321 年在皇家法令的压力下被迫尊重他们。

保护当地工业的政策的发展更是中世纪末期一个突出的特点。有时它是基于城镇在经营其他城镇的货物时无法再轻松牟利时便求助于自己的资源的需要；有时是由于城镇内部生产利益相对强大的势力所造成的；但最常见的还是这两种因素的结合。最好的例证也许是 14 世纪的佛兰德斯，那里在
【211】 1302 年后和旧的贵族迁移（并非永久迁移）后，这种保护迅速增加。在库特赖工人暴动之后的几周，根特就禁止商人进口在城外编织的布匹，1359 年布鲁日坚决禁止汉萨商人将英国布匹带到兹韦。这样的法令很快变得非常普遍，以至于各种外国布匹都被禁止在主要的佛兰芒城市出售。

当对城镇的控制权掌握在涉及真正的工业生产的生产者手中时，在赶走了偏爱经营外国货物而不保护本地产品的旧的垄断商人后，这样的政策便应运而生。但是在很多政府没有发生变化的城镇，对工业的保护态度也逐渐发生了变化。例如在莱顿，只有到了 15 世纪布匹业才变得重要起来，而当时商业利益群体还有很大的势力。在 1449 年和 1468 年，希望帮助当地布匹生产者的莱顿委员会试图阻止莱顿商人从英国的贸易中心购进多于城镇织机所

能消化的羊毛，因为他们害怕多余的羊毛会被运到别处，供应给竞争对手。

佛罗伦萨为我们提供了一个更清晰的例证。在14世纪，城市的大多数经济生活，特别是大规模的羊毛贸易和工业，都被严格地控制在大商人资本家手中。这些人严格地控制着工匠，掌握着城市委员会，镇压或严厉地控制着所有建立行业联盟的企图，他们通过大量使用农村织工和德国移民劳力来减轻工人跟他们讲条件的能力。“普通工人”几次试图改变他们的状况，主要是通过政治行动，这些努力在1379年到1382年间的暴动中达到高潮。在第二年，大的资本家行会恢复了它们原本的地位，在不到10年的时间里抹去了纺织工人所做的种种努力，包括他们的结盟权。如果这些织工、漂洗工及其他人赢得权力，并建立了能够左右政府政策的行会的话，我们可以相当自信地预测到他们会采取保护他们的工业、排挤外来竞争的措施。他们失败了，然而这个政策却被贵族自己采取并实施。外部的贸易条件减弱了那些经营外国布匹的人的势力，而那些通过销售体系控制国内生产的人却从中得利，因此政策也越来越倾向于保护当地的工业生产。1393年对于所有不是在佛罗伦萨制造的布匹就征收过分高昂的税，只有一种佛罗伦萨人不生产的轻便布和依旧强大的卡利梅拉商人进口的佛兰芒和布拉班特生产的布料除外。在15世纪初，人们制定了一条又一条的法律，防止行业制造秘密被泄露给外国人，并禁止出口矾、染料、羊毛废料或现代的铁织机；最终佛罗 【212】
伦萨在1458年通过了一条法律，明令禁止在城市中出售任何外国制造的布匹。

城镇关注的不仅是阻止远方的竞争货物的进入，而且要消除附近小城镇、村庄的生产带来的威胁。在这方面14世纪的佛兰德斯又一次提供了一个经典的例证。从14世纪初开始，根特、伊普斯和布鲁日就禁止在它们城墙外有纺织生产，查禁像波铂灵厄（Poperinghe）和特尔蒙德（Termonde）这样的小城镇的织机，并派遣搜索队进入方圆5里格[①]之内的村庄。其他地区的城镇不像佛兰德斯的大城市那样成功，部分是因为它们没有同样的对城墙外的控制权，部分是因为业主未能消除靠农村工业获利的贸易利益群体的权力。尽管如此，仍有很多迹象表明它们也有同样的目的，并获得了城镇的支持。英国城镇也是如此。例如，14世纪布里斯托（Bristol）经过市民同意，漂洗工的行业法令宣布禁止人们将未漂洗的布匹带到城外去漂洗；15世纪初的温彻斯特的布匹制造者被禁止雇佣城墙外的漂洗工或织工；同样的

① 旧时长度单位，约为3英里或5公里。——译者注

规定也适用于诺威奇及其他纺织城市。然而，这条政策并未获得完全成功，1464 年北汉普顿（Northhampton）关于工作被交给城镇疆域外的人去做投诉在一个又一个城镇中重复。

在城镇内部，大多数情况下，行会作为经济组织的通常方式和作为政治机器的一个主要特色的存在决定着城镇政策。因此城镇的内部政策与行会的性质和利益密切相关，而且在某种意义上，将行会政策提升到了城市的层次上。这样的行会政策会在本章中的其他地方被予以论述；在这里我们只需要概括一下影响城镇政策整体的一般特点。仍然存在非常明显的垄断和限制；生产和分配的各个环节都被相应的行会所垄断，而这些行会主要关心的便是一致维护会员的利益和标准。它们惯常使用的武器便是限制入会权，市民被获准进入行会变得越来越困难；行会很少通过限制产量来保持产品价格的高昂；当然在城镇的外部政策中，每个行会都支持那些保证消除某个领域的外部竞争者的措施。由于它们有强烈的维护整体利益感，行会会员便希望会员间能有基本的平等。这种愿望是根植在兄弟感情之上的，是根植在相信只有
【213】平等分享才能保证人人为行会整体工作的信念上的，以及害怕过于成功的行会会员会在经济上压制其他人的担心上的。对个人事业的严密控制常常是为了避免这些危险，并保证所有成员获得公平的就业机会，由此而产生了很多法令，限制业主能够拥有的学徒人数、他能够工作的时间长度以及他能够使用的工具，迫使他与行会同行分享他所购买的原材料。这种种态度都被揉杂在城镇政策中。每个城镇都是一个集体垄断的政治共同体，而它的政策则是通过这些垄断实体来对所有活动制定严密管理的政策，以维护个人和集体的利益。

然而，城镇政策并不单纯是所有行会政策的总和，其原因有二。首先，作为城镇，城镇总有一些超越从属集体利益的利益；特别是它必须捍卫全体人口的消费利益。因此城镇委员会总是有阻止行会实行垄断的压力，因为它可能威胁到居民的福利，而不仅仅是损害外来者的利益。其次，不同行会的利益，甚至是行会内不同成分的利益常常发生冲突，而最终的仲裁者必须是城镇政府。一般来说，当生产是以手工为基础、贸易只在当地进行以及所有的工业和贸易都具有同等的重要性时，这样的冲突最小。大多数不太重要的中世纪城镇的情况便是如此，在这样的情形下，城镇行政部门要保持不同的行业之间及它们的利益和整个城镇的利益之间的均衡相对容易一些。如果一个或更多的贸易和工业分支高度发展为一个宽广的市场服务，在重要性上大大超过其他行业，并涉及很多商业资本的利用的话，这种平衡将越来越难以

维持。例如，在那些已经通过销售体系渗透进去资本主义的工业行业，会有贸易业主和实际的生产者之间的冲突、行会之间的争斗、行会内部的争斗或结成团伙的资本家和未加入行会的工人之间的争斗这些冲突。同样在大工业之间、大工业利益和大贸易利益之间及这些同城镇的整体利益之间有时也会发生冲突。在这样的情形下，很难达成像小城镇中那样各种力量的和谐，因为那些小城镇只需管理当地店主和小工头的事务。因此城镇政策是各种力量的结果，最终是由城镇内真正的经济实力的分布来决定，但常常被很多事情搞得复杂化，如外部势力的干涉或政治形势和经济形势之间的差距。【214】

有着个别发达的贸易或工业的城镇在政策上也表现出一些个别特色，这是人们可以预料得到的，但大量城镇在很大程度上都具有前面提到过的特点。它们的政策是典型的垄断、恐外和排挤；它们反映的不是一群大商人的利益，而是不同行业间的妥协，工匠和小商人的利益也得到很好的体现；它们相当狭窄和当地化，它们的控制很严密，行会的权力常常意味着重视对生产者利益的捍卫。也许这种情况、这种政策，尤其是工头和店主的势力胜过旧式贵族的最明显的事例来自经历了古典的行业革命的德国中部城镇，例如苏里克或列日。在这些城镇，城镇政策的制定显然是由更广泛、更卑微的社群负责，即那些为更狭小的地区的生产和贸易服务的人。大生意从贵族手中转移到个体行会手中，这些行会几乎可以自行处理自己的内部事物。这些城镇的政策是要消除农村工业，支持城墙内的业主，努力保证城镇成为原材料的惟一来源和城镇所生产的商品的惟一销售地，对想要进入这个不可侵犯的领域的贸易或引进外国商品的外国商人怀有出于妒忌的敌意。它对任何可能重复早期的贵族统治、可能干预工匠和原材料或市场、可能滥用权力垄断和强迫食品贸易的价格、可能因为高利润率而经营外国商品或农村商品的大规模商人资本家抱有敌对态度。

这样的政策在一些城镇中广为人知，这些在中世纪早期有一定重要性的城镇已经推翻了贵族统治，建立了有一定复杂度的“行会政府”来包容各个行业的利益；但是最根本的表现却是在城市边缘的各个中心，那些从未有过真正的贵族的城镇，只有 1～2 个裁缝、1～2 个肉店老板、一小群织工等等、仍旧以农业为生的城镇。15 世纪的吉纳就是这个群体的典型代表。它只生产少量的布匹，而且还被嫉妒心强的城镇政府把持；他们限制小工头和绸布商的活动，担心这个生意会流失到城外。绸布商被禁止在城镇外找人织布和漂洗，或进口不是城镇内制造的和未被当地政府检查和批准的布匹，而【215】
织工、漂洗工和剪羊毛工只要能在城镇内找到工作，便被禁止出外工作。对于外国商人的限制则清楚地证明了市民们的心态，并使我们想起采用这些

“保护主义政策”或“限制外国进口”政策的人的身份是在怎样低微的层面上；进口布匹的外来人被禁止在市场上拥有摊位，只能够经营他们双手所能拿的布匹数量。

对外国人的不信任及对垄断中间人的不信任出现在15世纪吉纳法律的很多条文中。为了防止蓄谋和垄断，法令规定只有两个同伴能合作出售商品；为了防止任何个人不适当地控制市场，规定在8月的集市上城镇商人所拥有的摊位不能超过两个，一个为他自己，一个为他的合伙人；而外来者只能有一个摊位。另外，外来者只能进行葡萄酒的批发业务，本地的酒馆老板被禁止同外国葡萄酒商建立合作关系。对于日常基本必需品的供应，限制则更为严厉。以鱼为例：在这个行业禁止建立任何协会；每个鱼贩都必须单独行动，购买鱼进行再销售是被绝对禁止的。

在这么小的城镇，政策也有其特色，特别是那些同城镇经济中农业的重要性相关的政策。几项特殊修正法适用于7月22日~8月29日，也正是“8月禁令”正在生效的时候，因为这时正是收获期。这一时期禁止生产任何纺织品，主要是为了保证有足够的劳力进行秋收，尽管允许正规的纺织工人及他们的妻子儿女正常工作。

吉纳的案例提醒我们，有很多城镇，那里的行业所需人手较少，那里的商人资本家大多数是一批富裕的“乡村”商人，不需要推翻贵族阶级或建立行业统治以确保彻底的小资产阶级政策。另一方面，像巴塞罗那、伦敦和佛罗伦萨这样的大经济中心，在政府和经济管理上都给予了行会重要的地位，但这并没有改变它们是受显然与其他居民有所区别的大商人统治的这个事实。换句话说，在城镇体制和城镇政策之间并没有必然的或确切的联系。当我们记起在爆发“民主”革命或产业革命，推翻旧的贵族阶级建立行会组织的政府的城镇，就城镇利益和政策而言并没有达成一致结果时，这一点
【216】就更为清楚了。另外，并非所有的“行会”革命都是古典意义上的行业革命，即那种由商人资本家和收租户构成的贵族阶级被推翻，或被迫同由独立的工头和小店主组成的产业行会阶级分享权力的运动。反对旧的贵族阶级的人可能是未享受行政职务和特权的富裕商人、在贸易上有广泛利益的大规模生产者、对当地市场感兴趣的小工匠店主、在大出口业工作的工薪阶层或这些人的混合。这些人所发动的运动成功后的结果也会相应有所不同，形成与旧的几乎没什么两样的新的贵族阶级、小的贸易和手工利益群体统治、某个主导工业的业主控制、或代表这些不同利益群体之间的妥协的某种体制。

一个关键因素是为大的出口贸易服务的大工业（通常是纺织业）脱离

手工组织阶段被商业资本化。当这样的情况存在时，从贵族统治到小规模的独立工人的统治的简单转变是不可能发生的，尽管这可能是很多对现实不满的人的奋斗理想。大工业依赖大规模的市场联系，因此不可能脱离商业资本组织；它涉及一种经济活动凌驾于其他经济活动之上，并可能导致后者的牺牲；它导致了生产者的级别产生差异，因此甚至当贵族统治被推翻后，还可能发生复杂的内部争斗。

在纺织生产大幅下滑后，从远方进口原材料和出口成品的一些方法才开始被沿用。将贸易集中在当地市场已经不够了，尽管对这个市场的争夺已然异常激烈。在佛兰德斯，大的城市贸易行会和伦敦“汉萨同盟”受到压制，例如在布鲁日，进入各个贸易和手工业的权利在库特赖工人起义后的三周内对所有市民开放；但这并不意味着大范围的贸易突然被小规模的贸易代替。工业本身迫使工头急于通过出售他们的学徒和脚夫的工作来牟利，急于通过更直接并因此更廉价地购买原材料而增加他们的利润率。这些人渴望推翻贵族阶级只是为了要替代他们的位置。当旧的贵族家族失去对政治权力的垄断和广泛的贸易特权后，作为个人他们不一定会受到攻击。很多人将他们自己重新归入适应新条件的形式——例如，将他们自己与扎克雷起义①后建立的【217】
政策联系起来。最后，至于商业资本对纺织业的控制似乎在减弱这个问题，很大程度上是由于当时有一种非常突出的倾向，即外国人接管了很多同纺织业有关的单纯的流通和财政职责，而不是这些职责在消失。

更进一步说，尽管行会控制和行会垄断在大工业中心成为政府和经济生活的一个组成部分，14 世纪的条件也不允许这些地方出现像专业化程度较低的城镇所特有的那种任何大致的平等及不同行业之间利益的均衡。领导反抗贵族阶级的人，即纺织生产上较为重要的工头，希望保持和发展他们作为雇主的地位，使他们产业的工人服从他们，甚至当城镇的整体利益同他们自己的利益相冲突时不惜牺牲前者。因此佛兰德斯的织工试图管束漂洗工，就像科隆的羊毛局压制织工，尽管他们刚刚在对抗贵族阶级的政变中寻求过这些织工的帮助。

最后，必须注意的是，对周边农村的经济独裁是 14 世纪佛兰芒主要城镇的一个非常明显的特点，但它们的政策已不再仅仅是小行业工人的狭隘主义了。在这个问题上 1338 ~ 1345 年这一时期是最具有说服力的。英国停止出口羊毛意味着在 1336 年后根特、伊普斯和布鲁日的纺织工业工头们面临

① 1358 年法国工人反对贵族的大规模起义。——译者注

着一个与日俱增的危机——原材料的严重缺乏和出现了大量饥饿、愤怒的失业工人。因此主要在扎克雷的领导下，这些城镇的工人采取了行动，其行动和规模在这三个城市中非常相像，而且它们之间还紧密合作。为了协调政策，他们组织了议会，由大家选出的代表为大家做决策；它们又一致于1339年与英国结成同盟，迫使纳韦尔的路易（Louis of Nevers）逃往法国，并在后来承认爱德华三世为王；联盟之后它们必须进一步任命一个长期的行政长官，于是它们选举伦巴德·西蒙·米拉贝罗（Lombard Simon deMirabel-lo）为摄政王。它们的合作对政策的其他方面也产生影响；例如，这三个城市在征服小城镇和村庄的行动中会相互扶持；而且军队也互相合作，当其中任何一个城市同小邻居发生争端，而伯爵又不在时，其他两个城市有权替它作出裁决，而它们的裁决总是有利于互相的利益。

【218】 将行会对抗贵族阶级的所有斗争同建立狭窄的、适合当地人利益的体制和政策等同起来是危险的，这方面另外一个更典型的例子是奥格斯堡（Augsburg）。就像德国南部其他一些城镇一样，奥格斯堡在中世纪后期并未衰落，而是一个由资本家企业主所控制的强大的贸易和工业中心。奥格斯堡当时掌权的贵族阶级并不包括城镇里最重要的商人，而是一群从地租和财政剥削中得到越来越多收益、并且有着社会野心的人。1368年奥格斯堡的行会逼迫贵族阶级与他们分享权力；最终有两类人垄断了这次革命所赢得的好处，即商会中的大商人和控制织工行会的商人资本家：汉斯·弗格（Hans Fugger）的儿子们是这两个协会的成员。这里的“反贵族起义”是大的批发商的胜利；它既非“行业革命”，也非“民主革命”，但从本质上却同很早以前在其他城镇出现商业贵族的阶段有些相似。

奥格斯堡这个案例提醒人们注意中世纪后期经济活动的再分配的重要性。有一群城镇能够利用其他城镇的困难创造机会，扩展贸易，支持一个有活力的商人贵族，甚至保证商人资本家统治该地区。例如，布拉班特的很多城镇很晚才开始发展壮大，在14世纪非常成功地从事纺织生产和普通贸易——在很大程度上是以佛兰芒城市的衰落为代价——以至于“民主革命”无法开展，在15世纪后才出现些许迹象。布拉班特的贵族阶级在14世纪大多数时间内都是强大而活跃的；尽管在1302年被佛兰德斯人发动的起义暂时推翻，但很快又恢复了地位。在布鲁塞尔，贵族阶级于1303年被夺权，但在3年后又重新建立了自己的地位，并从那时起稳固地统治到1421年，才被迫同由9个“分会”组成的行业行会分享权力。尽管如此，贵族阶级的影响力直到15世纪末才彻底消失。

在多特蒙德，甚至还有更非同寻常的情况。14 世纪贸易机会的增长——汉萨活动的副产品——使得当时的政府被一个委员会所代替，这个委员会是由 6 个行业行会和一个贵族行会（主要是拥有土地的贵族）选举的成员组成的。1332 年，这个早期的、较为“民主”的体制被推翻，几个贵族家族真正统治了这个城镇。这种情形一直持续到 14 世纪末，直到长途贸易 【219】
的机会再一次减少，城镇在 1260 年赢得独立后建立的旧体制在 1399 年才被再度恢复。卖肉的和烤面包的、铁匠和挤奶工人、制革工人、补鞋匠和店主又一次开始享有权力。

迄今为止，中世纪末期在城镇性质和政策上的变化都是在成功的“行业革命”的背景下进行的。通常，这些革命导致了小资产阶级及其政策的胜利，尽管在一些很小的城镇中要保证同样的政策是不需要这样的变化的，而在其他地方，由于存在一个主要的工业或时间上的差异，这件事情被搞得复杂化。“行会革命”意味着大商人资本家的胜利，就如在奥格斯堡，这样的变化非常类似于 13 世纪佛罗伦萨大的贸易行会对 grandi 的胜利，但它们是性质不同的事件。前者虚假地声称包括各方利益，是因为我们语言中“行会”一词意思的含混不清造成的。

然而，在欧洲还有大面积地区完全没有行业革命，或者行业革命力量少并且弱小。在这些地区的很多城镇，一个小而封闭的商人群体，通常是一个早期贵族的直系后代，控制着公众政策；没有有效的“民主”革命，商业资本占首要位置。当然，“资本家”有时是相当卑微的人物，一些城镇中有几千个占领导地位的绸布商、肉店老板和布料商，但因为他们同更卑微的“普通大众”的经济关系，他们担得起“资本家”这个称号。

英国的很多城镇便属于此类；法国北部很多城镇也是如此（例如莱姆斯、鲁昂、凡尔登），以及一些南部城镇，如蒙彼利埃和尼姆斯。这个群体还包括如今是荷兰和汉诺特、瓦朗谢纳（Valenciennes）和莫伯日（Maubeuge）的大多数城镇，乌特列特除外。后来又增加了来自易北河东部的城镇，那里的贵族阶级以受地区侯爵的控制为代价保持着他们的霸权，还有卡斯特兰城镇，那里旧的寡头政治依旧当权，并与小的贵族联合起来。“民主革命”失败或未发生的意大利城镇如果不是有其他方面的明显特征的话，也有资格归入此类范畴。

对于这“类”城镇，需要做几点基本说明。首先，它不包括一批非常小的贸易中心（例如吉纳或托特尼斯），尽管这些贸易中心没有发生行业革命，但它们缺乏构成真正的独裁统治的基本条件：财富和社会差异，因此也

就没有真正的独裁。其次，我们所提到的城镇的范围非常广大，从那些寡头
【220】统治群体是一群日趋变得保守和眼光狭窄的长期独裁者的城镇（英国常常就有这种情况），到那些像很多荷兰城镇那样的城镇（那里的贵族阶级是最近发展壮大起来的，并在整个 15 世纪表现出活力和扩张倾向）。最后，没有“民主革命”和有“民主革命”，只是一个人为的区分标准，尽管它是分析城镇政策的有效的出发点。没有发生这样的革命的事实，并没有为我们提供关于城镇中控制权力的真正本质或实施政策这方面的直接信息，甚至不能排除行会的巨大作用。

在中世纪后期持续实行寡头控制政策的城镇中，最为典型的是英国和法国城镇。在这些城镇中有几个典型特色。一般较大的商人（包括那些从事当地产品贸易的商人）与由普通人组成的工匠和小零售商之间是有区别的。较重要的商人或者组成一个或几个贸易协会，或者是有生产者参加的行会中的控制因素；工匠和小店主也常常形成行会，尽管这种发展常常受到一些商人寡头统治者的反对。这些城镇的政府受较为重要的商人的控制，其控制手段各地都有所不同。

在保持着这种寡头统治的城镇，城镇政策在很大程度上是一小群商人的政策。在很多情况下，它的目的在于将批发贸易控制在少数人的手中。在英国偶然会存在独立的商会，尽管更为常见的是占主导地位的绸布商行会或一、两个这样的批发行会联合垄断政府，并排挤“手工工匠”分享他们的特权。这样的排挤在约克、纽卡斯尔、赫尔、布里斯托、切斯特、雅茅斯及其他很多城镇中都非常突出。不仅如此，寡头统治群体还常常对抗行业行会本身。这些行会的发展并不完全被禁止，但常常受到阻碍，更不要说建立对它们有利的政策了。城镇政府总是凌驾于行业行会之上，并且想方设法禁止工匠为产品制定最低价格或限制产量，或使工匠很难成为生产商，就像在行会有更多权力的城镇中那样。同样对这些行会的权利也有限制——搜查权、司法权等等——而在那些行会有更大程度的自治权的城镇，这些权利是有充分保障的。

考文垂（Covantry）便是一例。14 世纪中期那里出现了各种各样的批发协会：1340 年由羊毛商、布匹商和普通商品商人建立的圣玛丽行会，1342
【221】年建立的圣约翰施洗者行会和从 1343 年开始的圣凯瑟琳行会。这三个行会在 1364 ~ 1369 年联合起来，并在 1392 年与强大的三一行会联合，所形成的新的、扩大的协会就被称为三一行会。这个联合过程将考文垂所有重要商人都网罗在一个几乎坚不可摧的群体中——除了那些受城镇最高执政官庇护的

商人，这些商人组成的行会是克里斯蒂行会。但三一行会和克里斯蒂行会的互相利益很快使它们合作并分享城镇权力；事实上，它们才是发挥作用的政府。城镇中所有的官方职位都被绸布商、布料商这样的人所占据，而工匠既被拒绝担任官方职务，而且有时也被禁止建立行业协会。在1407年，贸易行会提出一条除它们行会外禁止成立任何协会的法令，这条法令在1414年得到确证，主要是针对试图通过建立自己的行会而从批发商的控制中得到一些独立权的漂洗工和裁缝。斗争继续进行，主要是由染工领导漂洗工、织工和成品布的小经销商进行的。染工还联合组成团体，尽管这样的行为是非法的。独裁统治群体在1415年向议会投诉，指控染工利用组成的团体提高染布价格，并导致羊毛价格在一年内上涨了50%；政府解散了1438年允许建立的漂洗工和染工行会，并通过1475年的一项法令宣布染工和其他工匠的行会法令和誓言无效。绸布商和其他人主要担心的是他们的批发垄断权会被打破，行会组织会抬高他们经营的商品的价格，或为了生产者的利益而限制产品的供应量；染工被禁止出售布匹，规定他们只能染当地绸布商提供的布匹，但这些绸布商自己却可以自由地从事染布工作。

将批发贸易保持在少数人手中和管制甚至压迫代表其他利益的行业行会的政策，常常还伴随着其他特点——对富裕的饮食商贩采取行动的失败。较为富裕的食品贸易商常常同其他商品的批发商一起分享权力，尽管有很多保护普通消费者的法律，他们却能够漠视各种法律条文，并避开细致的检查体系。实行大众政策的地方会对出售不够分量面包的面包师和出售腐肉的商贩处以罚款，这样的罚款可能会对小经销商有毁灭性打击，但对于富人来讲却只是小麻烦，仅仅是为不诚实而付出的许可费。在考文垂15世纪的记录中，记载着常常由于面包分量不够和出售谷物时使用错误的量度标准而引起的暴动。【222】

可以看出，从给予垄断的行业行会在城镇政府的发言权的尺度的意义上来说，“寡头统治”的城镇和较为“民主”的城镇之间的不同，的确对于城镇内部政策领域有一定的意义。它的确意味着贸易权利的分配是更狭窄还是更广泛，它的确意味着对于行业生产者的利益的保护是弱还是强，它的确意味着对普通消费者生活的有效关注是大还是小。但是这种差异远远不够明确；在“民主”体制下，不同行会所享有的权力可能有千差万别，行会本身受贸易少数群体的控制程度也有大有小。相反，独裁群体也可能会被迫向较为重要的行业行会让步，特别是当这些人失去自己的贸易环境时，也可能会在外部势力的强大压迫下减轻对普通人的压制。事实上，总有从一个极端向另一个极端的不断变化。

在外部政策上，“独裁”城镇和“民主”城镇之间的不同并没有多少价值；除了极少数非常大的城市，英国的大多数城镇和其他城镇一样，都是只注重当地利益。它们的独裁统治者、它们的“大商人”主要关心的是将他们的权利保持在一个有限的范围内。它们的政策是限制性的和戒备性的。控制城镇权力的是本城、本国的部分绸布商、饮食商和杂货商；他们专心于维持在当地的地位，为了在家乡的安全和熟悉而牺牲了更远大的目标。基本说来，他们对乡村工业发展的反对程度丝毫不亚于被他们控制在城墙内的织工，尽管这些织工在这件事上没有发言权。他们更喜欢在一个看不到大机会的世界里维持足够的生活条件，而不是冒险进行投机发展。较有冒险精神的人的确尝试过新方法，但他们这样做越来越多地是在旧的国家城镇的框架之外。

城镇政策相互迥异或相互相像的几种方式前面已经提到过了，但对政策最为有用的参考因素之一还需要进一步的讨论，即城镇对待外国商人的方式。这个政策的主要方面前面已经介绍过。几乎每个城镇都在努力为自己保持尽可能多的贸易，在容忍外国商人居住的地方，会用尽一切方法来保证将这些商人的行动置于严密的控制之下，以及让他们为当地人创造尽可能多的利润，而为他们自己创造尽可能少的利润。为了实施这样的政策，城镇采取
【223】了一些措施，这些措施在整个欧洲基本上都是一样的。城镇利用通行费体系来歧视陌生人，向陌生人征收对城镇市民全部或部分减免的税款；外国人被普遍禁止在城镇中从事零售业，因为这是市民的特权；外国人之间的直接贸易一般也被禁止；最后，城镇会努力建立在一种商品或多种商品、某个特别区域或沿着某个特别路线上的绝对垄断。

这些行为之所以普遍，是因为它是根植于城镇的本质，并为各种各样的特殊目的服务的。它在中世纪末期远远不是什么新生事物。当时的特点是这些措施的多样性、复杂性和严格性，特殊垄断的巨大发展和这些政策的防御性和当地性。因此那些允许给外国人一些自由和对垄断进行指责的城镇案例就显得格外重要。

很多强烈地要求给外国人更多自由和消除垄断的请求或多或少可以不予考虑。发出这种请求的是那些不愿让它们的政策自由化，但对其他城镇的垄断做法和法令指手画脚的城镇，特别是那些位于贸易路线边侧或关心对它们自己十分关键的交通路线的城镇。因此但泽抨击托伦（Thorn）和克拉科（Cracow）的基本商品政策，因为这两个城镇控制了从波罗的海到中欧和南

欧的路线；因此在伦敦同汉萨商人有活跃的贸易往来的布里斯托商人在国王委员会抗议，反对将汉萨商人从伦敦驱逐出去的提议，说伦敦商人是他们在欧洲大陆贸易惟一的中间人，说这样的提议会完全毁灭布里斯托人。

然而，有时也存在真正的开明态度。特别是那些弱小的城镇在面临来自更强大并设置了很多特权禁令的城镇的竞争时尤其如此。有时小城镇会对外国商人采取容忍态度，将其作为一个积极手段在同邻居的斗争中获得优势。亚登堡尽管靠近布鲁日，在1240～1280年期间还非常繁荣；但到了13世纪末，形势变得非常艰难，来自大城镇的威胁也在增加。亚登堡能够利用布鲁日对外国人的严密限制，至少暂时地脱离困境；它开始通过向外国商人提供比它的对手城墙内所能得到的更大的自由，来吸引外国贸易。1280年它从当皮埃尔的盖伊公爵（Guy de Dampierre）那里获得给予德国人和西班牙人【224】
特权的权利，这条政策在1283年和1307年经过其他措施进一步得到完善。

愿意采取较自由的政策的弱小城镇表现出一种消极态度，这主要是因为它们自己实行垄断无利可图（或这样做的希望很小），并害怕来自大城市的垄断。这样的城镇常常抨击城市垄断。英国小的内陆城镇也同样反对国内外城镇的基本商品政策；它们希望它们的商人能够自由光顾所有市场。当1477年勇敢者查理被灾难压垮后，佛兰芒主要的城镇试图恢复它们在14世纪曾享有的特权，小城镇同村庄和“自由贸易”的安特卫普联合起来阻挠这次行动。在邻近的布拉班特，小城镇在中世纪末愿意支持一位反对城市垄断和特权的伯爵，因为大城镇的特权使它们受到的损失大于它们所能得到的利益。

还有另外一种对“外国人”的开明态度显然是形势使然，即那些对相互之间的贸易有很大兴趣的城镇。在这种情形下，任何一方向对方的市民征收通行费是很可笑的，因此取消或减少这些通行费是很平常的常识。这样的做法在14世纪前并不是不常见，但却是中世纪末的一个典型特色，是对互相依存发展的城镇间愚蠢的负担的一个自然矫正。例如，迪南和科隆之间的相互通行费在1277年就做过特别安排；但是在14世纪中期这两个城镇才真正实施这个政策，当时迪南需要为它的商品开拓销售渠道，而科隆开始失去它在13世纪末作为主要市场的地位。在英国，13世纪也有过这样的案例，但是在14、15世纪这样的特许才变得越来越多了起来，例如索尔兹伯里和南安普顿之间、剑桥和北安普顿之间、考文垂和诺丁汉之间、林肯和考文垂之间，以及其他很多城镇。

在上述案例中，对待外国人的开明态度是由城镇相互之间的关系所决定的；其原则是：一个城镇可以放弃某些权利和优势，只要对方至少也有同样的回报。那些主要功能是充当大的贸易中心的城镇的情况则有所不同。具有国际重要性的分配中心的兴盛是依靠整个欧洲大陆各城镇的商人的来来往往；
【225】它们不能采用在中小城镇中常见的整套排外法律，因为这样做会降低它们的地位，会使它们的主要活动无法开展。因此一小群大的贸易城市的法律在关键的几点上不同于小城镇中所惯常的法律。也许在这一点上最为引人注目的例证是外来者之间不能直接交易的条款的放松。这样的交易方式在 14 世纪的伦敦、热那亚及布鲁日是得到允许的。有时这条政策的确会遭到大家的厌恶：从 13 世纪末开始，布鲁日就有各种试图撤消它的努力，而且在 1307 年这样的一个努力成功了。但它明显的后果是驱赶外国人到政策更为开明的亚登堡做生意，因此 1309 年自由被再次恢复。外国人之间的贸易只能通过中间人来进行已经成为惯例，但就连这些中间人也可以是外国人。13、14 世纪的热那亚如此，伦敦也是如此。在伦敦，外国中间人的地位常常受到置疑；伦敦人好怀疑，总是定期派人调查外国中间人或将他们的执照吊销。然而，他们地位的典型反映是 1373 年的一条法律，这条法律规定外国人可以充当中间人，只要他们交纳 40 先令的罚金，并在本地市民中找两到三个担保人；那年成为中间人的有外国人，主要是伦巴德人。

显然给予外国人更大自由的政策一般是由外部或内部环境所强加给城镇的；它们被勉强而又间断地采用，通常城镇不会将它们看作是应该积极或有意采用的适宜的行动路线。虽然有几个例外，但在这些例外中，常常也有强烈的外部压力的因素。亚登堡是一个典型的例子，但它的自由政策也没能持续很长时间。温切斯特的情形则不同。温切斯特在 15 世纪中期的困难岁月里正在失去生意和人口，正是这个原因迫使它尝试性地采用索尔兹伯里和考文垂已经采用的政策路线。的确，城镇内的萧条是一种形式的压力，但应付这种压力的方法也可以是加强限制，而不是采用自由政策。温切斯特委员会在他们 1430 年法律的导言中对这样做的目的说得非常清楚，说制定这样的法律是为了 pro communi utilitate et publico incremento dicte Civitatis et ad faciendum tam extraneos quam propinquos homines et mercatores ad dictam Civitatem convenire et ibidem avidius inhabitare et eandem Civitatem gracia divina mediante accrestere et meliorare in futurum. 这条法律的主要目的是 omnes mercatores tam extranei quam indigine [sic] extra Gyldam mercatoriam, cuiuscumque status, artis vel operis fuerint, exceptis carnificibus et piscatoribus extraneis pro stallagiis et tabulis suis, erunt quieti et liberi infra dictam Civitatem et libertatem eiusdem ad emendum et vendendum, scindendum, operandum, faciendum, exercendum et usitandum omnes mercandisas, mercimonia et artes suas [etc] .... pari forma sicut homines et mercatores sunt infra villam de Covyngtr' et Civitatem Nove Sarum①. 这条政策并未持续多久：到1471年和1488年的法律出台时，它已经消失了。 【226】

一个更少见的案例是安特卫普，该城镇将它的前景和繁荣都建立在给予贸易自由的原则上，如果不是给予外来商人批发自由的话，至少也比大多数城镇的政策更为开明。当老城镇在加强经济防御并变得越来越保守时，安特卫普的地位变得重要起来，它就是依靠吸引被别的城镇阻挠和敌视的外国商人前来而扭转它的局势。当然，安特卫普也有一些外部优势；它得到布拉班特公爵和勃艮第公爵的强大支持，而且曾经当淤泥堵塞了它的主要竞争城镇通往大海的道路时，暴雨却冲刷并扩大了它的海港。然而它的主要优势在于城镇和人口的"新鲜"及解决经济问题的方法的"新颖"。鼓励外国商人的政策在14世纪就很明确地确立下来。早在1315年，葡萄牙商人就被允许在与当地人同等税额的情况下进口和出售他们的葡萄酒；同一年，约翰二世公爵给予在安特卫普定居的热那亚、佛罗伦萨和拜占庭帝国的商人一个特许令；1324年发生了著名的安特卫普政府邀请在斯路斯停靠的木船船长到安特卫普做生意的事件。在中世纪末，城市和王侯一起进一步发展这条政策。有时这是一个给予外族特权的问题：梅尔的路易（Louis de Male）在1357年免除了西班牙商人带入安特卫普或在安特卫普出售的商品上的所有新税，一个多世纪后，勇敢者查理在1468年给予城市中的热那亚人特权。有时外部的垄断必须被消除，如1411年玛林斯被剥夺了它在盐、鱼和燕麦上的垄断权利。西格蒙德帝王在1415年允许安特卫普每年举行两次集市，每一次都持续三周，立刻使安特卫普成为一个外国人的主要汇聚地，这对于布鲁日的垄断权利也是一个严重打击。甚至兑换钱币的权利也被给予所有市民，以便不会被官方兑换的限制而造成资金周转不灵。

这样的政策在中世纪末是不常见的。绝大多数城镇都采取带有垄断和防御性质的政策，依靠的是特权和限制，尽管垄断的特别领域和防御的特别利益是随着每个城镇的经济和社会结构的不同而不同，但这样的不同并没有抹去它们的共同性。 【227】

中世纪后期，城镇政策的基本后果是城镇不再是经济进步的先锋了。有史以来第一次，它们不能够再充当发展与扩大贸易和工业的工具了。就像中

① 格罗斯：《商会》，第二卷，第261页。

生代的爬行动物，它们正是由于防御的重量和结构的封闭而加速了衰落。它们失去了力量、适应性和反应速度。它们不能抓住新机会，也不能吸引希望利用这些机会的人。它们保护体制的成功更加剧了它们面临的经济困难，并在城墙内外树立起了一批敌人和诋毁者。那些希望建立不受城镇豁免权影响的中央集权统治的国王和王侯、在骄傲的大城市的政治和经济霸权下备受煎熬的小城镇的农民和居民、锐意进取希望发展农村经济、希望在自由和廉价的市场上为宫廷和军队置办货物或做大规模生意不受城镇垄断的查核和费用的侵扰的大商人和承包人、城镇内痛恨将他们排除在外的特权或强压在他们身上的沉重负担的小人物——所有这些人都反对城镇政策。而这些又发生在城镇之间不愿意给予相互帮助的时候。当布鲁日在 1436～1438 年爆发起义试图恢复它的旧日特权时，它发现反对它的不仅有公爵，还有农民阶级、小城镇及它自己城墙内的一些群体。它也没有得到任何佛兰芒城镇的帮助，当根特在 1449～1453 年发生同样的情况时，形势也是如此。

这些城镇政策无法适应的力量严重削弱了城镇的地位。纺织业在损害嫉妒它的城镇行业的前提下在乡村得到发展；大商人或者单独或者联合起来以超越或无视城镇当地法律的方式做生意；甚至工匠和小商人也愿意居住在城镇司法管辖的范围之外，以获得更大的自由和更大的利润，并被城镇内富有野心的人们鼓励这样做。政治上也是一个倒退时期；城镇常常失去了自我决策权。在佛兰德斯和法国北部，很多城镇的管理权被国王或公爵所接管；在意大利，几个城市变成了小国家，并由王侯控制着周边地区；在皇室的力量总是抑制着城镇的快速发展的英国，出现越来越多的国家法令，干涉城市的事务和政策；在德国的很多地区，城镇落入了当地贵族手中。除了几个扩张
【228】的、通常是新的、沿袭较不僵硬、保守的政策的贸易中心，以及几个在非常大的范围内做生意的城镇，大多数城镇只是固定充当某个地区的市场中心和生产者，将它们的经营方法只局限于满足那个市场的需要，将它们的野心也只局限于那个范围之内，逐渐地失去了管理它们的外部乃至内部事务的
【229】权力。

第五章

行　会

5.1 行会史问题

西方的职业行会是中世纪组织中最为有名的形式之一，它们为人们所熟知，既是因为它们悠久的后中世纪历史，又是因为它们很早就介入到城市社会的经济和政治生活中。它们共有的慈善和虔诚传统进一步说明，它们是较大社区内真正的团体，其携带的社会和宗教特色超越了单纯的经济利益和权力斗争。经济史学家们必须研究行会的各个方面，但总是特别关注它们对经济的影响这个中心问题。它们为了保证成员的利益而在当时设想并采取的各种方法是阻碍了还是促进了经济的增长？行会妨碍了还是促进了贸易的流动？它们试图为成品开拓市场吗？它们有任何涉及改革的政策吗？它们影响了存款的数量或投资的方向吗？

如果我们在一张地图上标出行会组织的最早信息，并标出它们在各个地区产业所出现的时间，那我们就在两个方面窄化了这些问题的范围。首先，显然，就工匠而言，他们的行业行会在 13 世纪前是不受重视的。在 11、12 世纪的经济大扩张时期，工匠行会太少、太分散，而不可能对经济实施任何有效影响，不管这种影响是积极的还是消极的。直到13世纪后期，经济扩张变得缓慢下来，工匠行会才普遍发展起来。它们最快的发展速度出现在14、15世纪，常常面临人口下降、贸易萧条和财政危机的时候。其次，有几种城镇显然比其他城镇更利于行会的发展。在那些最不利于行会发展的城镇行列中，有主要发展商业的大海港城镇，以及主要发展出口业的纺织城镇。也没有多少证据表明行会在人口不到一两千的小城镇中会占有很重要的位置，而正是这些小城镇构成了中世纪城市中心的绝大多数。工匠行会最适宜的活动领域是中等规模的城镇，人口大概10 000，或者在意大利，人口大概20 000或30 000，那些不是由单一利益主导，而是主要靠仅供当地消费
【230】的工业及一些混合贸易为生的城镇。这样的环境为专业技术提供的范围比小乡村城镇提供的范围更大。同时，这种城镇的需求要比那些依赖外国政治控制和远方市场及供应来源的港口和制造中心的需求更稳定。有技术的工匠有更多机会获得成功，并与商人和当地其他有权力的人一起分享政治影响力。

成立某行业行会并未从根本上改变该行业的经济结构。城市行业常常是以个人或家庭为基础，也许商人会雇佣一些劳工。然而，个体业主间的正式联盟的确能够通过联合行动扩大提高共同利益的可能性。对行业难题的共同协商能够导致明确而持续的政策的出台。它会使行业同政府间的关系得到改善，并通过协商得到一些特权。在当时（如果以前没有的话），行会的政策长期以来被人怀疑是为了抬高零售价格，这种怀疑在商业和制造业城镇最为强烈，在贵族、宗教或职业群体把持政治权力的地方也很强烈，是扩展行会运动始终存在的一个潜在障碍。消费者可能过高估计了行会的经济实力，而不公平地责备它们有抬高物价的倾向。但即使它们赢得公众政府的支持，它们通过联盟协议或压制当地竞争者来抬高物价的能力也受到它们所无法控制的条件的制约。每一个行会的影响力都必须根据该地区的供求条件来加以考虑，这些条件可能会影响它的贸易路线。在14、15世纪，很多行会成立时正值城市贸易的衰退期，这些行会没有多少办法来提高其会员的利益，除非通过政治途径，在损害邻近小城镇和村庄利益的前提下为它们自己招揽生意。在经济形势更加恶劣的地方，它们的野心仅仅是维持城镇的生存。财政问题使得情况更加复杂，使得城镇政府自动援助那些小的行会业主，因为他们常常是纳税人群的重要组成部分。

按照逻辑来讲，这样的情况可能会导致教条的集体主义，仇视资本。然而，中世纪行会并不能完全等同于如此穷途末路的保守主义。它们的政策也可能向相反的方向发展，呼唤革新并支持有资本的业主。

行会在中世纪经济发展中的重要性不仅仅是通过提高局部利益的人为政策表现出来的。这种组织的重要性还在于，它们为法律和习俗的形成及维持 【231】 买方和卖方之间的合法关系的管理程序带来了更多正式的审议。最后，它们的非经济行为也具有经济影响力。它们宗教的、慈善的、好交际的习俗，涉及非常多的集体花费，明显地影响了会员的个人储蓄和消费习惯。行会因此间接地影响了当地的需求结构。

5.2 行会机构的发展

尽管行会的经济影响力远远不只是一个它们拥有的法律权力的问题，但这种影响力常常依赖于行会进行一致行动的自由程度。从内部来说，如何制裁违规的会员？从外部来讲，通过什么方式让外界承认它的司法性？行会官员和城镇政府或更高级的当局之间是什么关系？这些问题都需要进一步通过专著来进行讨论，因此现在的这个介绍性概略只能概述一下行会同政府机构之间关系的发展。从我们现在的角度来看，即将重心主要放在行会在1200年后对中世纪经济的影响上，因为决定这些关系的关键时期是在13世纪。当时城镇政府在日常的管理工作中，越来越多地有系统地利用行会，将它们的官员视为半公众官员。要求行会将它们的日常规定记载下来以备查看已成为习俗。这个记录程序从那以后便被保持下来。这些规定通常都是针对在选举官员、收集和分配入会费和罚款这些事情上每个群体所拥有的自治程度，记录了关于技术和道德规定的一些基本原则和细节。要对原则作修改须经高级权威的许可。公众对它的关注部分是出于对公众秩序的关注。

行会因此而记录下来的规定，在意大利通常以法律的名义将它们尊贵化，构成了我们了解行会本质和行为的最为公开的信息来源。就像所有只给出法律字面意思的历史资料一样，它们在两个方面是有缺陷的。它们是表层假象，隐藏的内容常常远比展现的内容丰富。它们没有向我们说明行会机构实际上是如何运作的，以及它们是如何产生的。只有当出现修改时，才说明在这个地方管理出现了漏洞。如果能有从13世纪开始行会保存的其他记录做补充的话，这些规定会有用得多。审议记录和选举记录、账目和成员名 【232】 单，无疑会说明行会日常业务和讨论的内容。从14、15世纪开始，它们存留下的文件数量令人吃惊，但这些文件很少被付印。

当我们试图为疑问中的行会确定成立日期时，或试图发现在保留记录之前行会的贸易习俗时，所有这些信息资源都令我们失望。法令可能有助于展现古代的习俗，但存在这样一种公平的推测，即条规从口头向书面的转换会迫使很多以前含混不清的习俗有一个清晰并且崭新的解释。一个巴黎漂洗工的仆人在被雇佣时应该拥有 12 种布料这样的规定听起来就像是民间的口头习俗，但也至少同样有可能是刚刚作出的决定。借助于各种残缺不全的证据，对一个世纪作的历史研究也未能确切说明城市个体行业正式成立组织的日期和情形。这个失败部分可以归咎于记录的匮乏，但也是因为稳定持续的行会生活是建立于在一个长期的管理机构中承担责任、享有特权或共同拥有的财富的积累这个事实的基础上。没有公众责任、特权或财产，共同的纽带就很容易脆弱而易断。在经济繁荣时期，它会因为会员对联合在一起不感兴趣而解散。在经济萧条时期，小摩擦也会使它分裂。中世纪末期行会法令的导言中有时会提及因最近的争吵或成员的漠然而导致的组织规模的缩小。

对 13 世纪前行会同政府权威之间的关系的调查理所当然应该从意大利开始，因为意大利提供了最古老的证据和最丰富的经历。四种长期受争议的理论被用来解释这些证据，每一个都有一定的有效性。其中之一试图探求古老的中世纪行会和古罗马的学院运动（collage movement）之间的联系，认为存在一个传统，即让私人组织服从受公众权威管理的公众利益。罗马的行会或学院，不论其起源如何，都无疑受皇家管理体系的控制。在 4 世纪，作为一种财政对策并为了保证变得无利可图的城镇基本贸易和服务的继续，官方政策意在将学院拓展成无组织的行业（occupation）。所有行业都拥有世袭权利和行业垄断，并受公共价格的控制和税收体系的检查。这个计划是管理者的一个梦想，一个蓝图。它从未在边远省份系统推行过，也没有办法知道
【233】它在意大利多大范围内变为现实。交通、建筑和锻造（打铁）业据我们所知是 4 世纪很久以前在罗马城镇中结盟最为广泛的行业，对它们的最新研究可能会发现直接的机构延续性。然而，即使假定有几个行会同公众权威有着稳固持久的正式关系，也很难认为实际的工作关系不会发生巨大变化，或中世纪早期它们二者之间的关系不会存在危机，这些危机一方面是由于权威机构滥用权力，另一方面是由于行会滥用垄断权力所引起的。现存不多的几个关于 6 世纪行会生活的证据之一是格列高利教皇一世写给那不勒斯主教的信，信中建议他警告那不勒斯伯爵不要干涉城镇肥皂制造商行会的事情，这封信说明后者是狡猾的政治家，善于运用宗教权力对抗社会权力。肥皂制造商行会是一个宣誓加入的组织，他们制定了自己的一套规定，并定期通过匿名投票进行修改，对于新进入行业者收取一定的费用，他们同那不勒斯伯爵

因为税收和在教皇的信中没有作特别说明的其他事情而发生冲突。

第二个理论修改了第一个理论，承认南部的政治腐败和北部的伦巴族人征服[①]一定打破了行会组织的延续性，但它声称伦巴底人的行会在政府权威的监控下又或早或晚建立了起来。这个理论只适用于钱币商行会。钱币商行会是一个独特的行会，担负着最高程度的公众责任，因为在铸币事宜上，这个行会是公众政策行使统治权力的直接工具。据我们所知，这个行会受到4世纪改革的影响，强化了行会的集体责任和内部纪律，并重新规定了行会的特权。从此这个行会的组织形式就一直在拜占庭地域上延续了下去，很少发生变化。在意大利北部，伦巴底人的入侵使它全部中断，关闭官方铸币厂达75年之久。当钱币控制最终在643年被恢复时，是通过重新建立的行会，就如洛佩兹所显示的，在一个类似于当时拜占庭的体系上进行的，而且很可能它的人手都是曾经在拜占庭帝国工作过的工匠。通过行会特权，包括通过信贷赢利的机会，在接下来的500年里，钱商进入较富有、较有影响力的市民的行列。

在伦巴底人征服时期存在的其他行会不大可能中断很长时间，伦巴底人的国王以及后来的帝王，都支持行会组织，只要这种组织能够在正式获得垄断权后，作为回报而向皇室交纳金钱和提供服务。除了帕维亚（Pavia），我们对此只知道很少的细节，而且在帕维亚，也只是通过11世纪初行会对于习俗改变的一次抗议中得到一些信息。提到的特权有诸如肥皂制造的垄断、在销售价值高达4镑的皮革工业保留12个关键位置，以及将捕鱼船队限制在60只船的规格等等。行会用适当的产品或服务来回报这些特权。例如，渔夫每年都要向皇室提供一定数量的鱼，遇到皇家出访帕维亚，行会有义务同船夫合作，调剂出一定数目的船只供官方使用。这四组行会和数目不确定的其他一些行会，就像钱币商行会一样，是受议院管辖的。因此，很可能就像钱币商行会一样，在被终止一段时间后就又被政府权力部门重新建立起来，而且在很多细节上，除了用实物付款的要求外，他们都延续了罗马的传统。捕鱼行会在1179年依旧存在，而且它的成员作出让步承认某些修道院的捕鱼权利。到这个时候，得到经济特权而回报以实物或者服务的计划过于僵硬，势必越来越显得不合时宜和陈旧。 【234】

第三个理论指出，为了获得经济优势而宣誓结盟的非法制度是建立正式的行会组织的前提，因此也是行会和公众权威之间一个重要的长期潜在冲突。

① 公元568年，伦巴族人征服意大利并在意大利北部建立伦巴底王国。——译者注

这个宣誓结盟制度在罗马时代末期是很有名的；5、6 世纪的法理学家相信它在欧洲普遍存在。12 世纪初，这种制度偶尔在城镇法律中被禁止，最常见的是针对建筑和饮食行业，在接下来的两个世纪里，它也在一些留下记录的行会法令中被禁止。任何将某一行业中的成员联合起来私自固定价格或工资水平的企图（conjuratio）显然都被视为对抗公众利益的密谋。其他被用来描述这样的宣誓或确定价格和工资水平的密谋会议的词还有 coadunatio、camorra、lega、rassa 和 asseptum。12 世纪的证据不足以说明工匠们私下里的价格和工资协议是否有足够的粘合力来产生新的行会，或是否它们仅仅是度过危机的一个结果。用于这个目的的秘密誓言却是检验新成立的社团的权威实力的极其重要的手段。它促使人们发展出将行业成员联合起来公开发誓不参与阴谋协议的反制度。通常这是针对行会官员的，但证据依然不足以说明这是否是成立正式行会组
【235】织的方式。也没有足够证据说明公众誓言是否仅仅是对钱币商行会或其他延续罗马传统的行会官员传统采用的誓言的改编，或者它是否是人们对罗马法律重新感兴趣的结果。无论如何，这是一个有政治家风度的行动，因为它使行会正式背负上了公众利益这个负担。最早记录下来的 12 世纪的试验之一是在皮斯托亚，那里的铁匠和饮食商贩被指控密谋提高价格。当时的一些行会官员被要求发誓保持自由市场。一旦被放在这样的位置上，这些行会官员就很难反对这样的要求了，因为这样做会很丢脸。当被要求制定相关法令时，他们也无法拒绝。皮亚琴查的磨房主行会的整个法令，最早是在 1266 年记录的一个长而逐渐系统化的章程，是以官员发誓的形式记录下来的。

第四个理论，并未试图否认更古老的行会的存在和它们可能对新行会与新社会关系的间接影响，声称在任何时期，行会运动只能从那一时期的实力角度来理解，即政治实力、经济实力和社会实力。在这个观点上，有一个过度强调生存的重要性的危险。甚至公开宣誓的制度也有可能被歪曲，如果它被孤立在政治背景之外的话。认为 12 或 13 世纪的工匠行会反抗政府或者服从政府权威的管理都是一个错误，因为这些行会本身就是政府主要的组织力量之一，是新型政府形成的要素，而且它们也像其他任何群体一样承担很大的公众责任。到了 12 世纪末，人们发现在米兰以联盟的形式组织起的行会，还担负管理和防卫职责。在博洛尼亚，有几个行会在城镇防卫上投放的力量和那座城市的军事团体在城镇防卫上投放的力量一样多。在 13 世纪初的锡耶纳，工匠行会的首领同商人领事和其他官员一起同其他城镇签订和约。

在商人群体的领导下，行会中处于领导地位的工匠对意大利经济管理体系的形成做出过一定的贡献。当这些体系是以行会组织为基础时，它们可能

会极其复杂，展现出一个处理经济事务的组织丝毫不亚于政治团体组织的才能。上层的统一控制是必要的，只要我们想一想战争的频率或战争的威胁，以及商业法的发展必须一致这些必要因素。行会的上层领导还必须具有处理商业和财政事务的经验，而这些只有商人才具备。工匠不得不接受这个现实。他们非常得体地这样做了，当然前提是他们有适度公平的机会通过政治手段来捍卫他们的利益，来对抗那些有可能协商抬高原材料价格或压低工资【236】
和计件工资率的商人。至于当地的贸易和工业，经济政策的普遍路线并没有因给予工匠行会更多的政治表现和影响力而发生改变。标准政策依旧是试图扼制产品价格上的任何明显增长，尤其是通过增加供应来达到这个目的。利益的较大冲突发生在出口业。是这个领域引起了工匠的起义，而工匠的政治运动又带来了城镇政策的重大变化。

工匠政治权力的增加总是要付出一定代价的。行会从此成为主要的政治团体，各种各样更重的责任放在了行会官员的肩膀上。政治行会将成为组织市民们进行公众集会并承担军事责任的基本单位。为了政治上的方便，行会的数目被固定，迫使属于同一性质的行业结盟，有时还将在经济上毫无关联的行业联合起来。可能有大量的行会低级官员从事警戒和军事组织工作。根据 1342 年佩鲁贾的体制，要求每个行会的最高官员在城市的各个区设立一些当地助手。光制鞋匠行会就有 50 个当地官员。每当执政官的管理委员会下令敲响警钟时，所有的行会成员都必须放下手头的工作，在规定的集合地点参加由他们的官员组织的军事团体。一个纪律严明的行会组织一旦建立，就有可能被一个新的统治群体继续用作维持社会纪律的工具。1284 年皮斯托亚的体制发生了变化，降低了行会官员的政治地位，命令他们要求所有的行会成员向教会和城市统帅宣誓效忠。

在大的港口，情况则完全不同。由于来自进口业的激烈竞争，工业只是个边缘利益。较为成功的热那亚工匠和零售商成为行会运动领袖，但他们很可能更热衷于人人都能有小投入的海上投资，而不是开始一场胜算不大的政治斗争。因此那里的行会组织薄弱而起步较晚，依靠公共权威的支持。威尼斯的行会数目较多，起步也较早，但它们受到政府的严格控制，没有任何获得政治权力的机会。

意大利行会所有记录下来的活动都显示它们分享或至少努力分享公共生活的正式尊严。行会早期有依赖保护关系的痕迹，这个争取地位的手段让我们想起了罗马时代晚期的学院。瓦卡里（Vaccari）表明 10 世纪帕维亚行会特权的旧体制得到了当地有地的骑士阶级的保护，这个阶级的成员靠城市对【237】

农产品的增长需求获利。1030 年罗马的市场管理员记录了选举可能具备贵族资格的阿玛托（il magnifico Amato）做他们的执政官。一个世纪以后，费拉拉（Ferrara）的制鞋匠选举某个马亚尔多侯爵（Marquis di Mayardo）作他们的市长，并答应为他的服务支付酬劳。他并不是这个行会的成员，而是住在城外郊区。13 世纪初锡耶纳几个工匠行会的领导在官方市政文件中被称为主事（domini）。一旦得到社会的承认，行会官员便享有行政官员的尊严。他们会手持一根手杖，作为权威的象征，并因此而常常被称为持拐杖者（massarii）。行会本身常常被用当时形容社团的普通词汇描述——如 paratici 或 corpi d' arte——但有些地方仍使用古老的词汇如 collegium、ministerium、officium，让人再次想起了罗马传统。

尊严的印象在行会会议的细节中进一步得到证实，这种会议通过类似于社会的高级委员会的会议程序的正式仪式进行，都具有辩论和通过黑白豆投票的程序。更为详细的细节表明了行会事务的另一个方面，即体制原则上的封闭，也就是说，行会大多数事务是由官员决定的。在会议上，通常由一个官员说明决议，然后进行讨论并通过投票或分列（partito）来结束此事。良好的口才是很受人倾羡的。“慷慨陈词”一词经常出现，会员们被督促根据慷慨陈词者是否取悦他们来投票。显然，行会产生了一个独特的拥有政治技巧的管理者群体。

行会官员们的行为更能够拥有尊严，因为他们的权力在得到行会的支持和明确的同时，还能通过另一种方式促进行会的团结。每一个得到承认的工匠行会的成员都意识到他们自己至少是通过两种不同方式同时被组织在一起的：他们是社会的一个器官，他们是关注技术和贸易利益的私人群体。在大多数情况下，他们的联合还有第三种方式，作为在守护神支持下的友爱会。宗教的和友爱的约束力是他们紧密团结的缘由。在发挥作为友爱会的职能时，行会积累特殊预备金，为有困难的会员排忧解难，买地产，捐赠医院，以及定期向宗教团体和其他慈善团体捐赠财物。作为友爱会，他们向死者表示敬意，承担贫穷会员的殡葬费，要求其他成员参加葬礼。在节日期间，他
【238】们会祭拜守护神，并且在这种场合花钱请特别传教士布道已成为他们的习惯。在发挥行会作为兄弟友爱会的职能时，所有行会法律都要求成员能够互相帮助，在紧急情况下甚至根据伸张正义的原则互相帮助。博洛尼亚的铁匠在铁匠行会的帮助下，于 1316 年为了给他们一个被谋杀的成员报仇，捣毁了一个应为此事负责的贵族家庭的房子。这种宗族式的团结可能是行会内通婚所导致的情感，但它远远超越了实际的家族联系。尽管行会对血缘关系看

重到降低或取消工头儿子入行费的程度，但它们时刻提防家族影响力演变成潜在的破坏力。我们不会经常发现同一姓氏的人一起担任公职。让不同家族群体合作承担行会事务的责任，可能是一个有意为之的政策。

行会内部要维持纪律部分是依靠密探制度。我们不需要探究这种制度的起源。它在农村教区相当常见，在那里教堂即使不是最初的引进人，也鼓励这样的制度作为控制人们道德行为的手段。行会依然提防家族影响力成为破坏力。会员们被催促向官员汇报自己或他人触犯规定的行为，但仅仅是触犯了特别的规定才被认为是极其重要的。尽管如此，这个制度加强了官员的个人权力。在他们的裁决下，能够根据某一个匿名告密者的密报对某人处以罚款，常常告密者还有可能分到部分罚款。

除了高明的领导、团结和内部纪律，行会还需要安全处理和分配行会资金。它们在这方面的需求及其他世俗协会的需求，推动了法人概念的发展。这个概念发展的确切阶段很难查明。对行会社团、协会或学院的描述说明公众只承认那些在负责的官员领导下结盟的群体。在 12 世纪，行会财产不是以行会的名义、而是以部分成员的名义被共同拥有。到了 14、15 世纪，两个会员，或主要的官员，以行会的名义托管行会财产。15 世纪雷焦（Reggio）的铁匠行会长期以来已经积累了一小部分财产，由它的官员管理 ad usum commodum et utilitatem dicti universitatis。行会中金钱的支出和收取是由被指定为法律代表（syndici）的官员处理。但还存在官员滥用资金的问题。摩德纳的铁匠
行会要求官员保证他们所管理的资金的安全，并规定任何不是常规消费的资 【239】
金支出都必须先经行会会议批准。每年向会员清账是一个普遍习俗。大多数行会支付它们的官员在处理公共事务时发生的个人花费，有些行会出于这个目的向官员支付一小笔固定的薪金。15 世纪雷焦的裁缝行会给予它们的波德斯塔（即会长）一年 3 镑、持拐杖者和领事每人 2 镑的薪金。

意大利公社被大的领主征服标志着行会史上的一个变化。现在是由领主承认行会法令的权威。这看上去可能仅仅是一个形式上的变化，但是在大多数城镇却增加了工匠的政治影响力，减少了商人的政治影响力，在出口业，工资需求得到了更快的解决。在当地工业，工匠行会得到比以前更多的法律支持，努力保持了凌驾于乡村工人之上的权威。

意大利的范例对其他国家行会体系的发展的影响有多大是一个无法确定的问题。在意大利文化影响力强的地方，如地中海西部，无疑会对行会的发展有一些刺激。在北方，由于工业发展的落后，或整个经济发展的落后，而延缓了行会的发展。没有一个国家的行会问题像意大利这样突出，是因为没

有一个国家能有如此之多的内陆大城镇。在沿海地区，商人统治、或商人同地区领主的联合统治，阻碍了工匠行会的发展。因此工匠行会所扮演的常常仅是服从管理的角色。皇室权力的出现改变了这一状况，它通过允许协商分享特权而打破了控制严密的行会体系的平稳。

在西班牙半岛，皇室权力的出现给予了行会历史主要的地方特色。这里的很多行会都受城镇教会和君主政府的控制，于是申请建立成立友爱会的法律。作为争取自治的企图，这个行动是个失败，因为它促进了国家控制的出现。行会博得了皇室权力的好感，但主要被允许作为宗教和友爱会活动这个事实使我们无法了解皇室关于产业管理的法律。因此行会的自由就依赖于能与皇室官员所建立的良好关系上。

在法国南部，起初有对类似于意大利城市管理的控制感到满意的倾向。社团管理最为严格的是马塞，那里在13世纪中期有100个行会受到政府的系统管理，其目的在于保证这些行会以合理的价格提供令人满意的商品和服
【240】务。

从马塞向法国中部或北部转移就进入了一个不同的世界，那里在整个中世纪扩张时期还有可能将城市行业，像农业，作为维持皇家或封建权力机器的主要手段之一。博韦（Beauvais）各行业还必须赡养十几个管理人和护卫，这些人惟一的职责是为主教和贵族这些经主教允许征收通行费和其他关税权利的人收税。其中一些税收是以实物缴纳，如面包师的节日面包和被称为绸布商的小零售商的游戏骰子，坦白来讲只是为了让主教的随员开心；也有互惠的社会活动。漂洗工有权在每年春天或夏天参加由向他们收取许可费的封地官员举行的乳酪宴，这个宴会是在铺着布的桌子上举行。简单的技术事务按照惯例都是以同样的私人方式解决的。例如，如果每个制革工向博韦的每个新主教都奉送一只狗的话，他们就可以在某个河段浸泡皮革。这样的习俗不要求任何正式的贸易组织，也不需要税收，或授予领地这样的事情。当这样的体制中出现行会，就如它们在12、13世纪出现在巴黎和至少五、六个省会城市中，受皇室权力或当地领主的支持，是为几个特殊目的服务的。在某种形式上，它们类似于12世纪帕维亚的行会，集体为领主提供某种服务。亚眠的铁匠协会在1301年还有为主教的大厅制造钥匙的法律义务，并随时准备在受到战争召唤时奔赴战场。这样的安排有双重目的，既使会员归顺领主，又减少了后者对市场的依赖。将义务遍及领主城镇管辖范围内的整个行业，而不是简单地招募几个特别仆人，就如农庄的雇佣佃户负有的普遍义务和继续成为莱茵兰及德国南部主教城市的做法，这个观念是个革新，

在法国应该归功于早在11世纪的巴黎的皇室官员。领主允许行会成立只是为了更好地处理贸易争端和控制工匠。

适用于早期行会组织的法律先例对法国行会及其政策的后来发展阶段有着持续的影响力。问题出现了，谁领导工匠群体，他被赋予了什么样的权力？领主和官方更愿意指定一个管理人，允许行会拥有自由选举官员的权利成为一个有些危险的特殊让步。行会还被授予了司法权，但条件是必须按照商定 【241】
的习俗运用这些权力。否则行会拥有的只有财政权，如从所有从事这一行业的人手中收取许可费，包括向刚入行的人收入行费和每年的费用的权利。这种形式的税收来自领主授权在某个地区从事某种行业的权力。行会限制他人进入本行业的权力却从未被明确过。一些行会，例如蓬图瓦兹（Pontoise）的面包师行会在他们1162年的皇家宪章中，博韦的肉贩行会在主教的习惯法汇编中，从法律上仅仅被作为拥有某种权利、并可以将这种权利传给后代的个体群体而得到承认，这个事实更是增加了在这一点上的模糊性。的确，这种将行会作为有特权的家族的自我发展群体是最为清晰的概念。

法国皇家权力，出于它的财政和政治目的，后来发展出将行会作为在皇室支持下能够自由选举官员的宣誓群体的概念。从大约14世纪中期开始，行会在各省中大量出现，很多行会被唆使废除皇家法律。这样做的结果只是削弱了当地权威，并没有保证行会的独立。省里的工匠继续使用这些法律，并在每次新统治开始时花钱更新法律，部分是因为这些法律包括巴黎流行的同一种技术原则，因此也许能够为巴黎人定价提供一个借口。在经济政策上，皇家权力并没有给出明确的指导。1307年、1351年对行会在价格管理上的攻击被随后出现的宪章宣布无效。在巴黎，将行业划分为小行会的体系在13世纪50年代被巧妙而广泛地推行，名义上作为一种政策措施，只有当它们参与政治活动时，才会与政府权威发生冲突。

在德国和欧洲中部，中世纪的行会运动因为它的政治记录而最为知名。从这个角度来说，它的成功集中在莱茵兰中部和南部的古老城镇和城市中。在其他地方它受到商人法则（例如汉萨城市）或商人贵族和地区领主之间结成的反动同盟的阻挠。然而，政治记录并未说明整个问题。一方面，民主革命的成功对行会在经济事务上的自治所做的贡献比我们认为的要少。进入14世纪后，几个古老中心的饮食行业依旧受城镇领主委任的永久官员的管辖，在有些地方，饮食和其他行业在15世纪仍继续向领主官员申请为它们任命正式首领。另一方面，在任何地方，贵族的优势都未完全压过作为一种社会运动的工匠组织的优势。在科隆，工匠领袖利用神职权力来对抗占统治 【242】

地位的商人，在不莱梅也有十几个行会到13世纪已经进入了城镇管理体系，这个数字还在增长。在所有地区，特别是在15世纪后半叶，新的行会不断出现。这些行会的规模可能很小，也没有政治影响力，但它们也常常承担一些管理职责。

几个较为古老的行会有很大的独特权利。在受领主官员管理最为牢固的大本营沃姆斯，1106年主教给予23个人和他们的子孙某种捕鱼权，颇具讽刺意味地为行会垄断定了一个先例。在布伦威克，13世纪的公爵和市政宪章传达了一个“恩典”，暗示给予绸布商行会、皮革工人行会和铁匠行会独有的行业管辖权。在15世纪大量出现的那些行会没有如此大规模的特权。至于限制人们进入某个行业的权利，其目的仅仅是为了剔除那些道德上和政治上不受欢迎的人。自由出身是进入行会的一个普通条件。地方偏见使得吕纳堡的几个行会排挤文德出生的人。行会法令的导言使人们对会员负有的公民责任留下了信服的印象。

从政治上来说，在出口业的纺织工人的领导下，没有一个地方的行会像低地国家的行会那样起着令人瞩目的积极作用。这里它们所对抗的商人统治遇到的第一个不安定标记便是一个远远超过任何一个封建主教权威秩序规划的体系。就如圣·奥默所颁布的keure显示的那样，它要求每个行业法令的执行者由市政官任命，并只对他们负责，就像被征召来在产业大军中服务的没有佣金的官员。推翻贵族统治的政治革命修改了这条体系，允许行会官员从下面选举产生，并给予行会一定程度的法律自治权。然而，高度的市政管理依旧是纺织工业的一大特色，甚至在于15世纪进入出口贸易的新中心也是如此。

北方国家的行会最为没用。在斯堪的纳维亚半岛，城镇生活的培养和监督是皇室权力的主要策略。1282年一个关于产业管理的皇室法令剥夺了行会的所有经济功能。特权只被给予德国移民。

英国又一次由于她城镇的狭小和皇室司法组织的严密，而长期以来未能为大陆型行会体系的发展提供丰富的土壤。在工艺程序或零售业，任何对所
【243】谓的习俗的触犯都可以在民事法庭申诉。出于这些原因，1256年颁布给诺威奇的皇室宪章禁止成立行会，因为它损害皇室的利益。在12世纪皇家自治区的零星几个织工和漂洗工行会被处以很重的罚款，大概是因为它们成立了法庭。伦敦的织工行会被给予了建立法庭的特权。12世纪末坎特伯雷的一个铁匠行会似乎逃过了皇室的注意，可能是由于受到有影响力的当地钱商的保护。在同一个世纪，在贝里圣埃德蒙斯，在对修道院的教堂司事负责的

世袭市政官的领导下，成立了一个面包师行会，但是这种“行政”型组织是否被引申到其他行业，或是否在其他修道院自治区内被如法炮制，却缺乏相应的证据。只有当13世纪后半期，伦敦的工匠和零售商取得领导地位后，行会才开始在各省遍及开来。至于省级行会参与管理体系则是15世纪的事了。作为组建民兵组织、在Corpus Christi节和其他场合上组织社会盛典和游戏的回报，行会被允许对它们行业整体收税。从法律上来说，在考文垂从事任何行业的个人都必须向行会交纳赋税，前来约克做买卖的乡村制革工人和剥树皮工人被强迫向皮革行会交费，其理由是期望后者独自承担整个庆典费用是不公平的。在享有这些权力的同时，所有的行会都必须受警惕而挑剔的城镇市政官的控制。服从并不总是心甘情愿的。于是出现了面包师的罢工。考文垂的染工行会在被要求接受更多的竞争后，被指控雇佣威尔士和爱尔兰杀手去伏击他们的竞争者。约克的制鞋工行会，在物价很高的1490年对制靴工人行会为他们制定的标准感到生气，据说准备花“大钱”招募几百个外来者举行暴动，并在寻找一个熟练的煽动者，“一个激烈的人”，来领导他们。在任何行会系统，这样的紧张和压力时常存在。

在中世纪的最后时期，行会运动已经渗透到西欧各个部分的城镇管理中。它们的多面性表明行会能够以其他协会所不能的方式得到精英工匠的忠诚和奉献。这使它们既有用又危险。它们集体责任感的高度发展使得人们自然将防卫、治安和对中世纪公众生活非常关键的庆典的安排责任，以及监督他们行业的责任都交给它们。正是同样的共同感导致它们产生公开的利益冲突，这常常威胁到公共秩序。既因为它们是有用的，又因为它们是危险的，【244】
在出现行会的每一类城镇中，不管是什么样的统治群体，都必须将它们置于城镇的主要市政官的权威管理之下。

皇室和帝国权力、商人群体及其他有地的市民对于工匠行会的态度极为矛盾，他们只是联合起来阻挠它们获得政治权力。皇家权力常常愿意小小地鼓励它们，作为收入的一个来源和很好地分化城镇的势力而提高自己的影响力的一种方式。商人对它们持矛盾态度，是因为他们自己也形成行会，其中一些还与下属的工匠行会有着紧密的联系。从公众福利的角度来看，每个行会的功绩同样是有争议的。城镇的市政官和大人物总是要面对这个问题，他们怎么能取代行会承担的管理职责？出于这些原因，对于行会的反对，尽管是地方性的，仍是非常矛盾的，声音大、雨点小。腓特烈二世（Frederick

Ⅱ)[①] 1219 年签署在全帝国内禁止成立行会组织的禁令，再加上适用于几个德国城镇的禁令，也并未成功地镇压这场行会运动。独裁反革命提倡将管理的时钟倒拨是没有用的。仅仅出于对维持秩序井然的贸易关系和维持买方和卖方之间信任的问题的考虑，在零售业，旧的体系只是为有市场的地方制定了行会政策，并很快遭到抱怨。这样的情形继续在所有农村、在小的君主城镇中盛行，在这些地方，销售并没有被分散到店铺中，也没有工匠从事出口贸易。沉睡的小城镇到处都无需行会。在有强劲的进口贸易竞争的较大的内陆城镇和海港，很多行业也不需要行会。只有在这两者之间的市场情形下才会产生行会，以满足各种特殊需求。如果这些地方废除行会，就无法满足这些需求。1276 年维也纳借口说行会是使向城市迁移的人口数目减少的根源而试图废除行会，但这个活动只持续了半年。试图永远废除行会的城镇必须无限扩充它的管理人员。被支付薪金的检查官必须替代行会官员处理欺诈问题，而且在原材料匮乏的季节要帮助工匠维持供应。很少有城镇准备这样做，只有在商品价格不断攀升的压力下，才会自己处理食品供应问题。因此，很多反行会情绪成为一种长期而无效的抱怨，使得行会成为公众由于生
【245】活费用过高而不满的对象。

5.3 行会在地方贸易和产业中的经济权力

那么，行会真的像敌视它们的中世纪作家所说的那样抬高商品价格吗？在这一点上我们不能只看那些直接证据的表面价值。博马努瓦（Beaumanoir）在这方面的观点是尖刻的，带着一个专业的法理学家和管理人对在考虑公众利益上缺乏训练的人的蔑视。阿兰·克拉蒂尔（Alain Chartier）是一个死板的道德家，满足于责备由于他人的贪婪而导致的穷人的艰苦。同样的狭隘使诸如《西哥蒙王的宗教改革》这样的文献也缺乏说服力。市政法律中所描写的对价格控制的警惕这个间接证据也不能被解释为是行会提高或保持价格的行为的证据。例如石灰，对它的价格控制可能只是由于造屋标准的提高或城镇的扩大而引起的需求增加但并没有相应地增加供应所引起的。还有面包，对它价格的控制只承认了它的供应所固有的不稳定性，而决不是行会组织的伎俩。行会和城镇权威之间发生争端的记录显然是在努力保持客观

---

① 德意志国王和神圣罗马帝国皇帝。——译者注

的态度，双方都关注费用和价格问题。但这些记录中的数字通常都是来自危机年代，而且残缺不全、漏洞百出，不能让我们得出令人信服的结论。而地区价格史还远未先进到让我们能够将一段时间内在行会体制下的价格变迁和在同样的条件下但没有行会的价格变迁进行比较和分析。中世纪工匠的账目又很少能留存下来，以至于我们手中关于他们工作费用的资料也非常缺乏。

这个问题只能靠参考不同行业内的竞争程度来解决。一般来说，行会影响价格的力量一定取决于当地的供求状况，以及城镇权威在维持竞争状况时得到的利益。没有一个中世纪行会能够绝对严密地控制供应，也没有一个行会能完全避免在零售业上的竞争。附近农村的村民能提供城镇需要的相当数量的加工食品和较为粗糙的小商品。习俗限制他们在公开的市场在公众监督下出售货物，只能沿街叫卖，但这并不影响他们占有贸易份额。如果一个行会利用政治影响力来使限制极为苛刻，精明的村民们就很可能努力同这个行会在城镇内的其他竞争者联合起来行动。行会必须面对来自两个阶级的竞争者。第一个是在法律和政治地位上处于劣势的市民，forinseci 和外国人。在 【246】
中世纪后期，这些人常被禁止在城镇的中心市政管辖区内经营店铺，但是在每个中世纪城镇都有的特别管辖区，他们可以随心所欲地出售货物。行会必须面对的第二类竞争者，也是潜在的更可怕的竞争者，是其他行会的成员。这些人会公开在其他行业雇佣村民、forinseci 或外国人，或鼓励他们的妻子这样做，作为重要的商人，他们可以随时从其他城镇引进竞争性的产品。城镇政府是所有这些争端的仲裁人，有时支持某一个行会，有时促进竞争。考虑到这么多的可变因素，根据假设无法做出可靠的概括。根据对行会权力有利的条件等级来区分它们之间的不同也许对解决这个问题更有帮助，因此可以根据行会在不同产业上在这个等级上所占据的相对条件将它们大概分类。

在等级的顶端，行会大概拥有买方的独家垄断权和卖方的独家垄断权。要在长期内持续享有这些权利当然要求会员间非凡的紧密团结，以及对打破价格路线和生产协议的人的严厉制裁。供应来源越少越好，产品的需求不因价格的提高而减少，而且很难寻找替代品。然而，争取公众权威的友好或中立是必要的。等级中间点是完美的竞争状态，处于这个位置的行会没有影响价格的能力。或者通过纯粹的产品充足，或者通过公众权威的特殊行动，行会成员和非行会成员获得原材料的机会均等。如果法律强制规定人们可以自由地进入某个行业或行会，实际上就不会有在行会外的长久竞争者了。对于会引进新的竞争的担心可能会对企图提高价格的产量协议有威慑作用。中间位置，等级中点上或下的位置，代表着竞争群体之间不完美的竞争状态。处于等级下端的行会意味着将生意输给了更能干的竞争者。但它能够生存，并通过同其他群体的合并及吸收其他群体的政策而提高它的等级级别。

这个理论方案解释了中世纪行会经济和它的一般倾向的基本特点。在地方贸易和产业中，惟一能够稳定地占据靠近权力等级顶端的安全位置的行会是那些经营贵重金属的行会。屠夫行会也为到达顶端而奋斗，并常常非常靠
【247】近这个位置。皮革行会和那些经营贱金属的行会，在经济权力上可能位居第二，但是除了质量非常高的产品，他们很难维持自己的位置，在中世纪末有下滑的倾向。在除了肉的食品业、纺织业、蜡和油脂业，还有木材业上，贸易形势更是充满竞争。为当地市场服务的行会靠近权力等级的中间位置。行会命运在高度专业化的行业中最不稳定，因为一度生产高质量产品的它们在后来可能经受不住来自新程序和新的替代品的竞争。

从工匠史的角度来看，处于等级顶端的金匠行会出现的问题最少。在较大的城镇里，金匠行会的很多成员是对铸币厂的高职位、金融和普通贸易感兴趣的批发商。由于掌握着资本和政治权力，他们能够在行会内将工匠置于从属地位。在伦敦领头的金匠都是这些商人，在 14、15 世纪他们的政策便是让工匠以行会委员会所定的计件工资率为他们工作。这些工匠中有很多是德国移民。在小地方，情况则较为简单。工匠控制着局势，由于客户能容忍高利润率，他们比他们的大多数伙伴都更为自由。15 世纪康斯坦茨（Constance）的一家金匠行会的账簿显示，一个小作坊的收入成为在土地和租金上的大数目投资的基础。

屠夫行会普遍因为通过联盟购买货物而获取权力的做法而出名。他们这样做是因为养肥牲畜的高额费用而导致的供应匮乏。需求的本质帮助了他们，鲜肉（特别是在法国和意大利）是一道有名望的菜品。家禽肉和兔肉不太受重视，通常被留给更小的饮食行会。另一个对屠夫有帮助的情况是出于卫生原因，人们希望严格限制宰杀牲畜和零售鲜肉的地点。在法国很多城镇，屠夫们努力争取作为家族群体对市场场地的世袭租赁权。在森林斯（Senlis）早在 1193 年就发生过这样的事。政策会使摊位的数目减少。行会的主要成员常常专门从事购买和养肥动物的工作。一些人会从这行中退休，靠把他们的摊位出租给被禁止进入行会的下级帮工屠夫度日。在高质量的行业极其集中的地方，就如巴黎的大屠夫行会，丰厚的回报能使整个行会都成为收租阶级。这个行会在 1260 年获得了市场上 25 个摊位的永久租赁权，当
【248】时这个行会是由 20 个家族组成的。一个世纪后，由于死亡和对新进入者的排挤，这个行会已萎缩成了 6 个家族，他们都有钱有势，且同行业没有直接

联系。

行业机会使会员产生了强烈的行会团结感，这可以通过他们异常高比例的内部通婚和职业世袭中感觉得到。当地的屠夫群体总是有很强的社会团结感。在家里或住所附近做所有的工作这种农村做法在城镇持续了很长时间，是使屠夫群体同其他群体隔离开来的一个麻烦问题。而屠夫本身也因为持有屠宰武器而使其他群体害怕。在法国，群体团结显然是排挤型行会形成的一个原因。

然而到了14世纪，甚至法国的行会也持戒备态度，寻求皇家宪章的庇护并发展所谓的公共关系政策。评论家指责它们对乡村商贩施加了太多压力，结果导致供应受阻和城市物价上涨。当地政府立刻在中世纪后期皇家宪章中对此提出质疑。其中一些宪章制定于由于战争和传染病而导致的人口收缩扰乱了贸易组织的当地习俗的动荡时期，可能反映不出当时的事实，即某个衰败的旧行会或新近成立的行会希望通过贿赂皇室官员来借助政治手段打击对手。同时，经济管理上的失败经验也会刺激市民思考公共政策。它大概不会引发市民对行业获得绝对自由、不要任何标准的权威监督的要求，但的确会加强人们对特权群体管理体制的批评。屠夫行会受到的最大批评是极端的家族排外政策。在对这个批评的辩解中，他们据说默认了对他们的不利证据，因为没有一个会员试图分辩说他们的政策是为了使货物丰富或使货物便宜而制定的。昂热（Angers）的古屠夫行会凭借其传统权利，简单声称它对零售业的占有或拥有是合法的，是为了自己也为了大家。其他群体则更实际地声称它们向公众提供的是高质量的牲畜。而新手会没有经验，会出售掺假的货物。在阿拉斯，城镇权威仍然废除了行会只允许成员儿子或娶成员合法女儿为妻的人进入行会的规定。旧体制的捍卫者在1407年以指控新成员出售带有麻风传染病的肉来反对这个规定。在一个越来越关注腐坏食物所带来的危险的时代，这样的指控是很好的战略。这是巴黎大屠夫行会的诡计，当他们的任何成员被指控出售坏肉，行会便命令他离开并加入到摊位在小桥 【249】
（Petit Pont）的竞争屠夫群体中。在新的宪章中，各地的行会都在大肆渲染它们对公众健康的关注，及它们不允许出售由理发师或其他专业杀戮者饲养的动物。

在供应长期匮乏和政治形势不利的地区，屠夫行会建立良好的公众关系的努力失败了。爱尔福特在1264年查禁了屠夫和面包师的行会组织。意大利城市采取了一种独特的将公众对家畜贸易的控制与肉的零售上的公开竞争结合起来的方式。他们迫使农村生产者将家畜送到受监督的市场出售，又将零售业向酒馆店主开放。旧的屠夫行会虽然未必被查禁，但已失去了所有的独立性。

除了采取意大利那样的极端政策，要削弱其成员一度大规模购买和在整个地区建立联盟政策的屠夫行会的权力是极其困难的。警方对于行会会议的监视没有任何作用，就如1359年布尔日的法官出于防止密谋的目的而对行会的监视。在1416年战争期间的政治危机中，沙特尔对屠夫行会正式特权的废除并未对其成员的购买习惯带来任何变化。很可能法国和英国的很多重要的屠夫享有政治保护，因为他们为军队提供饮食而对政府有用。法国政府偶尔会命令被指控过于排挤他人的行会接收几个新成员，但并未对强迫竞争的政策给予一贯支持。强迫竞争最精彩的例子是在15世纪初的考文垂，那里禁止行会签订限制性的协议，而且尽管行会强烈抗议，乡村屠夫仍被公开邀请到城镇内居住。

大多数城镇满足于反复使用无效的禁止囤积居奇的命令，即禁止在动物被带入城镇市场前购买它们，及禁止控制零售价格。定期修改的价目表确定了顾客要么凭磅要么凭切块购买的肉的最高价格。如果这个价格不够抵消饲养费用的话，行会官员会提出抗议并要求修改价目表。这套体系的缺陷是没有触及基本的供应问题。但这样的控制却能够缓和随反常缺货的谣言而出现的零售价格的突然上涨，出于这个原因，它们被认为是一个有效而可靠的公众政策。

屠夫行会的另一个更棘手的问题是由供应增加所引起的。在行会势力最
【250】强的地方法国，行会并不鼓励生产者扩大供应。然而屠夫行会的价格并不是影响生产的惟一因素。战争的结束导致了法国牲畜饲养量的增加，而在英国15世纪后期羊毛产量的增加势必增加了羊肉的供应。行会争取特权的有些策略代表着它们防止新的竞争者以低价扩展肉贸易的努力。在限制行业人数会受到法律制裁的地方，会有私下制定的限额来弥补，尽管或早或晚这种固定限额的政策会招致法院的诉讼。1529年桑斯的22个屠夫因被指控垄断配额而被判有罪。

供应最为丰富的地方，餐桌上肉食最多的地方，是15世纪的德国。在奥德河畔的法兰克福，据估计每人每年肉的消费量大概是250磅。城镇的大量需求刺激了东北部平原牛肉的生产，以及城镇邻近地区小规模的猪肉生产。食品保存业的技工建立起了城镇香肠业。这些扩张力量是如此强劲而普遍，行会无法限制它们，不需要特别的政治干涉就会产生合理的竞争定价。这部分是因为这些变化产生了大量新的专业化劳动。行会忙于处理由于新的劳动分工而产生的管理问题，以及在城镇权威的帮助下，努力将屠宰业和食

品保存业维持为城市产业。在法国实行限制性经营的旧集团的野心在德国城镇因为所承担的管理责任，和同普通商人一起分享建立当地保鲜商品的出口生意的机会而得到满足。一般来说，例如在多特蒙德，旧的行会作为一个有限群体生存，支持工头的儿子和女婿入会，为其他新的进入者制定道德行为准则，并将质量较高的鲜肉贸易控制在自己的手中。比较不赚钱的工作和贸易被留给了非行会会员或下属群体。

靠当地供应货源的皮革行会的命运非常类似于屠夫行会。14 世纪特鲁瓦（Troyes）的制革工人，通过联盟购买的买方独家垄断力，已上升进入城镇最富有的市民圈子。在很多地方他们和屠夫协会就皮毛和兽皮的价格达成协议。在沙特尔，1265 年制革工人行会和屠夫行会因未能达成协议而使他们的贸易陷入僵局，通过政府部门的干涉才打开局面。在 1484 年前两个行会的官员之间的定价会议一直得到法律的许可。皮革需求的本质是崇尚表现个性，这使得精美的成品价格十分高昂。穷人用其他产品替代皮革制品，如布包、腰带、木鞋及光脚。【251】

集体拥有行业设备和市场使得制革工人行会长期以来在竞争群体中占据领导地位。在 14 世纪的锡耶纳，牛皮制革行会将公共大桶出租给会员使用只收 7 英镑，而对外人则收 50 英镑。列日的记录显示，强大的地方行会的正式形成是由于它拥有机械的树皮压榨磨房而被承认了它的司法性。协议规定单个会员有分享对磨房的所有权的世袭权利。1347 年，还是这个行会被给予了皮革市场大厅的永久租赁权，作为它支付城镇部分战争债务的回报。

但是 14 世纪很多制革工人行会开始衰落。战争的紧急状况和通货膨胀的激增迫使行业通过实验替代材料和节省时间的生产手段来进行新的竞争。可能这时期也出现了新的需求层次。在制革工人和其他成品行业被组织在同一个行会的地方，他们努力在行会内执行严格的专业化劳作。布伦斯威克、莱比锡和沙特尔的宪章提供了这方面的例证。在森斯，专业化劳作的规定被完全打破，20 个制革工人在 1375 年买了一个皇家宪章，允许他们以自己计划的方式重新实施专业化劳作。英国的制革业（在什么人的领导下不得而知）不断成立政治游说群体来寻求国内的保护，以抵抗来自其他皮革工人的竞争。1395 年这个行业成功地获得了禁止制靴工人制革的法令，但这个法令被两次废除，当 1423 年它被最后确认时，议会没有为它的实施建立任何机器。制革工人依赖的当地城镇政府却倾向于按这条法令的字面意义采取折中态度，努力让不同的行会合作检查制好的皮革的质量。对于议会的强制专业化政策，他们代之以一条公开竞争的现实政策，只要求质量符合最低标准。

供应的增加也对制革工人行会带来了负面影响。15 世纪德国形势的变化极大地有利于制鞋工人。如今他们能够自己购买兽皮和皮毛，便坚持尽可能便宜地将它们制成皮革。吕纳堡（Luneburg）的制革工人行会在 1450 年声称，他们曾经是一个富人行会，现在却变成了穷人行会。里加的制鞋工人
【252】行会在 1488 年接管了城镇的制革业。

皮革行业质量最好的行会，那些利用最早来自于西班牙而被称为科尔多瓦皮的精美的小牛皮的行会，有一些靠当地供应原料的制革工人行会和其他群体所缺乏的优势。利用东欧森林进口原料的剥皮工人和皮衣制作工人也是如此。这些行业都为那些具有经商能力的人提供了机会。强大的行会是由那些不一定放弃对自己作坊的监督、但专门为较贫穷的工匠提供原材料并常常出售后者产品的人领导的。行业组织从几个方面提高了这些作坊主的地位。它促进了对进口材料和计件劳力的价格上的联盟协议。当几群工匠被纳入到一个行会时，对他们的管理和经济权力的联合加强了对生产的控制，并对向消费者索要的价格构成潜在的上升压力。伦敦的剥皮工人管理行会的方式跟金匠行会非常相似。制靴工人行会和制腰带工人行会，尽管资金较少，在很多地方也倾向于使用同样的政策。在马鞍行业，雇佣的除了皮革工人，还有木工和金属工，马具商通过让成品堆放在由他们控制的工作间来控制生产。因此他们很少或根本不关心下属工人的组织状况。的确，独立的行会组织能为论件工作的工人提供一个进行政治示威和抗议的工具。然而，在任何体制下，马具商的政治影响力都要大于他们的下属工人。

巴黎体制是为了阻止在首都的奢侈行业上行会权力的集中，但实际上助长了管理权向皮革行业中的商业成分的转移。根据法国 13 世纪的法律规定，这些行会被划分成十几个不同的群体，每一个都没有限制他人入会的任何官方权利。但在那些人们发现商业成分或作坊主的群体——制靴商行会、制马鞍商行会、制腰带商行会、制手套商行会和制钱包商行会——却有着秘密的友爱会，他们制定的法令有对晚上工作时间的限制和学徒人数的限制。1352 年的通货膨胀危机使皇室下令废除了这些限制，但只是针对制鞋群体而言。带着通过增加高质量的科尔多瓦皮的供应量而降低价格的希望，这条法律另外要求工匠和商人的职业间要有明显的专业界限。作为一个应急措施，我们
【253】可以想到这个政策将会给商人带来更多的政治支持。

然而，法国的各种皮革行会都申请皇家宪章的正式支持。其中他们不断强调对通过严格的专业化而确定高标准的工匠资格的热诚。如果他们的法令得到实施，他们在 15 世纪的地位会有大幅度提高。例如，来到亚眠出售皮

革或鞋的村民，很容易受到制鞋工人行会和制靴工人行会官员的骚扰，这些官员有检查他们的货物以及如果断定这些货物不够行会标准便对他们处以高额罚款的合法权利。到 1408 年，甚至沿街叫卖一袋 solers viez 的乡村商贩也被要求购买许可证。将制作昂贵的精品的能力作为进入皮革行会的条件开始盛行，这既是为了减少新加入者的数目，也是为了作为一个公共关系政策，来显示这个行会有着普通的作坊间所没有的技术的信誉。

在只为当地贸易服务的贱金属行业，行会组织几乎没有操纵价格的能力，但对技术水平和资金要求较高的重铸件和需求有明显差异的专业除外。中世纪的金属使用量非常之少，以至于后者只限于武器行业。在其他方面只要求完全实用的物品。在供应方面，城镇铁匠的劣势在于常常依赖他们行会之外的普通批发商。联合购买金属似乎发生在金属价格最高的时候，并被作为抗击商人的价格阴谋的一种手段。来自农村的竞争无所不在，商人还唆使城镇内竞争制造轻器皿。城镇铁匠从行会组织中得到的主要经济利益是通过联盟购买燃料而节省费用得到的，这个费用农村铁匠可能有明显的优势。最大程度的节约是通过将不同种类的专业工人纳入一个大的联合行会，每个小行会再制定自己的技术标准，并同意在重铸件或其他需要高技术的专业上不互相妨碍。在经济好的时期，这些行会通常不带有排挤性。大概是在城镇政府的压力下，它们奉行的普通政策是接收移民申请入会者。

从行会记录中发现的证据主要是关于克服中世纪后期贸易困难所作的努力。从英国开始，城镇铁匠面临的困难是 14 世纪中期劳动力价格的上涨，特别影响到了邻近地区铁矿石的熔炼价格。议会的请愿者在 1354 年声称铁棒的价格已经涨到了 6 年前的 4 倍。接下来稳定价格的努力便倾向于单纯地减少城镇的供应，而对乡村铁匠有利。城镇铁匠失去了乡村生意，而农村制 【254】
作的产品通过为城镇工匠提供铁和进口钢的商人的代理而进入了城镇市场。在伦敦，铁商贩成立了一个商人行会，其拥有的政治影响力远远超过铁匠所能积聚的政治影响力。后者甚至不能进行合理的示威，甚至没有足够的粘合力来结成联盟。他们中最为强大的群体，正如我们所能想得到的，是承担较为繁重的工作的铸工群体。1504 年在星院法庭举行了一次针对他们的价格阴谋的诉讼。然而，举出的证据是如此令人困惑，它只提出了几个非常笨拙和无效的协议企图。锡匠有足够强大的势力，争取到让市长和市议员帮助打破 15 世纪中期商人在锡行业上保持的垄断。

15 世纪，伦敦的轻金属物品行会出现困难的原因与前一个世纪高昂的劳动力价格问题刚好相反。它们产生的原因是首都劳动力的过剩。行会中的小作坊主抓住这个机会将生产各种各样的产品的工作——别针、金属丝和靴刺——都交给没有市民资格的劳工去做。官方的行会政策试图通过要求专业化原则、要求适当的行业培训来阻止这样做。但制靴刺的工人工作速度太慢而无法跟上为他们做初步铸胚的铁匠，却助长了这种竞争。在1421年呈给市长的投诉议案中，行会要求铁匠将半成品存放在一个只有行会会员才能进入的中心仓库中。这份议案对竞争劳动力作了很有趣的描画，贫民区的"寄住者"，并不是屋主，其中一些还是女人："……他们居住在窝棚，在阁楼上作工，这样管理人就不会发现他们，他们去城镇外的集市和市场，以及城镇内的小酒馆和其他私人地方，出售大量劣质产品，使大众受损，使整个行业蒙羞。"收到此类呼吁的商人治安官并无意采取行动，除非行会能证明被抢走生意的业主和仆人是他们的纳税会员。如果是那样的话，从法律上给予行会成员计件工作上的优先权是伦敦的政策。

在法国，金属行会分布非常广泛，农村产业似乎无法像14世纪的英国那样超过它们。然而，人们在工业用的德国进口钢铁上感受到了竞争。在1382年，鲁昂的金属丝工人向国王申请保护以及在整个诺曼底执行普通法
【255】令的权力。实行地区控制的行动记录说明了行会世袭权利的存在。例如，在布朗孔布尔，行会成员是向他们的仆人分派工作的业主。1416年他们试图阻止迁移到附近消费较低的挖矿地区的思想独立的工人逃避他们的管理。通常人们会认为从这种当地争吵中产生的抱怨会夸大事态，特别是会描绘一幅先前的和谐或稳定图。然而，1406年诺曼铁匠的一份声明是值得注意的，那份声明说他们行业的特殊性就在于他们的仆人互不相识。为了证明世袭特权对他们的重要性，它暗示着生产通常是非常受限制，以至于迫使工人尝试从事其他行业的行业萧条并没有发生过。如果其他行业的人更为多才多艺的话，当然部分是因为过量生产所产生的不定期的萧条时期。在小城镇的业主领导下的行会组织保持这样的稳定达多长时间并不清楚。

在专业化程度较高的法国金属行会中，枪械制造者可能拥有城镇较多的支持。1418年，巴黎的头盔制造者以他们只在战争时期获利为理由，轻松地获得了被免去赋税的回报。他们说，因为骑士顾客在购买产品前常常为检验质量而折断他们的器具，因此整体上他们根本无利润可言，或只有非常小的利润。专门制造轻金属器具的行会在这个世纪有一些压力，因为经过绸布商和其他普通商人之手的贸易流动不断增加。这些人不顾行会信誉寻找最便宜的货源。小作坊主将材料拿出去，找处于类似英国贫民区条件的人加工。行会常常抱怨说这些做法违背了公众的利益，制造出质量很差的商品。然

而，他们似乎不愿行使检查权，只检查将旧的商品翻新当作新商品来卖的事件，因此他们的地位非常薄弱，因为灵活的竞争者能够将新的器具当作旧的来卖，以合法地逃避检查。在亚眠，制造面包盒和其他小盒子的工人将他们的产品装配上便宜的锁，他们通过简单地在盒中放入一块面包，把它拿出来，然后把盒子当成旧的来卖来抢锁匠的生意。

德国的城镇行会只要求能够控制住重器具的制造，起初对轻器具方面的竞争并未在意。1320 年，戈斯拉尔的行会法令并没有规定会员的独有权利，甚至不排挤农村铁匠。以是否由行会独家生产为依据，法令列出了 50 多种
物品。任何人，不管他是否是行会成员，都可以制作钉子、钩子和搭扣、锁 【256】
和钥匙、做饭烤架、马梳、短柄小斧、干草叉、车轮的辐条和轮胎，还有价值不过一先令的小锤。只有行会成员能够铸造采矿镐、耙、秤、船舵、窗框、镰刀、铁铲和其他重工具。一个世纪以后，来自农村的竞争开始被更加认真地对待。希尔德斯海姆行会试图禁止农村铁匠在城镇中出售任何物品，并成功地把他们限制在了定期举行的“自由”市场上。下一步是在城镇行会间建立地区联盟。戈斯拉尔和希尔德斯海姆连同其他 20 个城镇，包括不伦瑞克、马格德堡及更小的地方，制定了旨在降低劳动力价格的行会协议。这个协议同时是加强小城镇中松懈的组织的一种手段。德国行会还尽可能地继续将他们的联盟政策推向农村铁匠。协议主要涉及劳动力政策，以及遵守节假日来限制季节性产量。在德国的一些地区和瑞士，农村铁匠也已经在地区领主的授权下成立了自己的组织。

人们肯定会以为意大利的铁匠行会拥有一个相当有利的地位，因为大量工匠聚集在城镇中，也因为行会有控制整个地区的合法权力。另一方面，长期经营武器贸易使得城镇难以对铁的产量做出任何有计划的控制。幸运的是，意大利的记录足够充分，可以让我们看透法律规定的假象。保存在摩德纳的长篇系列文件以统计数字清晰地说明了当地铁匠行会所遇到的实际问题。开始于 1306 年的会员记录显示一共有 300 个作坊主和学徒登记，代表了本城和本地区 92% 的铁匠。他们大多数居住在城市中，专门从事重铸造工作或铸造用于出口的刀或剑。从行会权力的观点来看，这个数字意味着一种足够令人满意的形势，但金属的供应价和刀的批发价之间的差价使他们无法得到满意的利润。在接下来的几十年里，这个行业逐渐呈衰退状态，14 世纪中期除了当地贸易，行会已没有什么可以安全地依赖了。劳动力是流动的，会员人数开始下降，但调整却很不顺利。14 世纪 50 年代退会的一百个左右的作坊主中，大多数是决定用他们在行会中的投票权来争取生存并阻止产业集中在大

人物手中的小人物。通过 64∶3 的投票结果，2/3 的法定人数赞成已经持续了
【257】一个世纪的加入行会的自由权。没有规定学徒人数，受过培训的任何人只要向行会交纳一小笔费用就可以建立作坊，行会官员就转向利用个人的贸易标记作为控制生产的手段。至今没有被执行过的一条法令，要求所有的作坊主在他们的产品上压印一个通过交纳一定费用向行会注册过的个人标记图案。很多城镇作坊主要么没有标记，要么拒绝交费注册。冲突突然出现，几乎毁灭行会。面临着毁灭性的罚款和没收器具的威胁，造反者要求城镇首脑主持正义。支持限制的那一方在法律上取得了成功，1366 年一位被指定裁决这场争端的市政律师裁定所有商品都要加盖标记；但是在那以后的一个世纪，行会的权威实际上非常微弱。它的经济权力也一定是微乎其微的。

1362 年，博洛尼亚的一群铁匠已经定居在城市和市郊，公开对抗行会规则，在当地进行贸易竞争。行会官员花费了 10 英镑来吸引他们加入行会，但没有结果。到 15 世纪 20 年代，摩德纳城行会的会员降到了大约 60 位铁匠（包括作坊主和仆人）、几个商人和 15 个摩德纳市民，后者同这个行业并无联系，只是利用行会作为俱乐部。自 14 世纪 70 年代以来，它租赁了一幢房子作为总部。1438 年，一位来自曼图亚的商人违规打破行会的价格协议，行会在处理这件事上可悲的失败显露出了行会权力的微弱。这个人在埃斯特法院有非常大的影响力，以至于竟被邀请到摩德纳居住。在同一年，据报告说流动的铁匠、陌生人在摩德纳地区四处走动，任意出售物品和工作，毫不顾及行会禁止在传统节日工作的禁令。在对他们采取行动的投票中，37∶4 的结果使行会手册中多了一条法令，规定由行会垄断铁和铜的所有新产品的销售，非行会人员出售这些产品要罚款 10 英镑。城镇吆喝者被雇来宣扬这条法令，但它能否达到驱逐商贩的目的似乎令人怀疑，因为马具商行会花费了 5 年才承认了这条法令的合法性。

在 16 世纪前，摩德纳铁匠行会内部的纪律一定很松弛，直到 16 世纪它开始吸收外面的群体作为服从者。违反行会规则的最终制裁总是驱逐、利益排斥和社会放逐。这对于 15 世纪的成员来说并不是大的惩罚。1450 年，尽管整体的会员人数在上升，选择不加入行会的城镇铁匠的比例也很高，有 23%，比 1306 年高很多。加入行会的惟一经济优势是有偶尔分享大批购买的优质燃料的机会，以及在困难时期得到面包救济的小小可能。

1450 年一个异常大的农村会员人数被登记在册：来自 12 个不同村庄和自治镇的 41 人，占行会总人数 140 人的 29%。这可能没有包括这个地区的
【258】所有铁匠，因为 1339 年登记的会员来自 38 个地方。无论如何，农村铁匠只

是零散地入会。他们加入行会可能得不到任何好处，行会同他们的联系也是若有若无的。

在剩下要考虑的几个行业里，整体上同行会经济权力有着更为明确的联系。纺织业的限制性政策主要涉及出口贸易，我们将在出口贸易那一章对它进行研究。

在木头业，几乎惟一强大的中世纪行会是那些桶匠或制桶者行会。在任何一个靠水路运送货物的城镇，他们的服务都非常重要，以至于当建立行会时，就很容易为它的会员取得垄断权，作为对它保证良好手艺的回报。在伦敦，这个行会甚至可以起诉违反垄断的商人。木桶价格随生产费用的变化而变化，并只受远方竞争的影响，除非商人意识到在邻近地区能够更廉价地订购到木桶。有证据显示，桶匠行会有时计划通过放慢生产来抬高价格，试图将他们的政策掩藏在对特殊种类的木材供应和长时间风干的需要背后。他们的商人顾客便威胁说他们自己要接管这个行业，才能把价格降下去。在15世纪的吕纳堡，当地盐贸易的衰落使得桶匠行会必须不断削减生产力度。这里打破限制性协议的是刚刚出现的会员间的竞争。到1479年人们习惯性地在每天中午停止工作。这时城镇委员会命令降低木桶价格，威胁说要由城镇商人组织竞争性的生产。行会最终抗议说没有足够的木料，不允许商人染指业已匮乏的原料供应。吕纳堡当时的经济前景非常黯淡，什么事情也没有做成，1490年城镇委员会批准了中午的停工。1515年在敦刻尔克，当桶匠行会提高木桶价格时，商人有足够的资本雇佣劳工为自己做桶。行会抓住城镇领主不愿失去纳税公民的心态，试图通过威胁离开城镇来阻止商人的这种行为。他们声称，他们所有的46个会员都面临着毁灭；没有保护他们将不得不放弃这个城镇。但领主只勉强答应他们可以从竞争者那里收取入会费。

公众权威的反行会心态最明显的表现是基本的饮食业。中世纪食品的供应情况使得人们长期怀疑这个行业的各个方面带有欺诈性。由于当时谷物的低产、很差的储藏和运送设施，收获的变化自然伴随着价格的剧烈波动，一个季节的价格可能是另一个季节的好几倍。在灾害年，城镇的情况更糟，因 【259】
为任何降低价格的行为都会使农村生产者扣留供应。同时农村劳力都涌入城镇乞讨。经销商和零售商便成为城镇怨恨的对象，人人怀疑他们勾结起来把食品价格抬得更高。正如一位伦敦编年史家写的，1438年的匮乏“使得面包师权倾一时，但我祈祷上帝不要让我再见到这一天，尽管这是他的旨意。”对投机买卖的禁令被认为是符合道德的，官方定期制定公正而合法价格的公开市场的公共制度，有助于平息有关食品匮乏的错误谣言。饮食行会的自治受到了严重的限制，任何长期上涨的价格趋势都会导致公共官员接管他们的责任。

屠夫所获得的垄断权程度是相当少见的。他们的行会在有些地方有着强大的势力，部分是因为他们开辟远方的供应渠道的能力被认为是对城镇有用的。惟一接近他们地位的其他饮食商贩是进口鱼的大批发商，他们通过下属行会和街道小贩控制零售分配。但因为鱼是穷人的食品，价格联盟在政治上过于危险而不能持续多久。鲜鱼（与干鱼和腌制鱼不一样）通常有太多独立的供应来源，使得任何一个群体都无法垄断。零售行会的目的在于控制最好的市场位置和质量较好的鱼，以及在供应不足时可以优先从批发商那里获得供应。14 世纪，较小的法国城镇为了阻止行会的这种行为，让一位公众中间人掌管批发鱼的船只，并负责以固定的比例在当地的所有零售商中间公平地分配货物。在巴黎和其他较大的城镇，由行会指定承担这个职责的中间人。在法国和德国，很多小行会垄断着在当地某些区域捕鱼的特权，但这些可能更多仅仅是愉快的社会活动，目的在于保证为家庭成员供应鱼，而不是获得市场权力。

在北部国家，在葡萄酒贸易上有出现垄断权力的可能，但仅仅是大的进口商行会。考虑到治安因素，通常不允许酒馆老板和客栈老板在任何国家建立组织。秘密的价格联盟受到定期制定的葡萄酒的最高零售价的限制，因此顾客可以控告任何高价出售葡萄酒的人。

面包师行会占据了一个非常奇怪而困难的位置。中世纪城镇家庭中很少
【260】装备烤炉，以至于即使富人通常是从自己的农庄获得谷物供应，并有会混合生面的仆人，也必须将它送出去烘烤，穷人更是绝对依赖买来的面包。如果仅仅怀疑他们通过限制烤炉的架设而抬高价格（在 1162 年一个轻率慷慨的皇家法令的允许下，一个似乎在 13 世纪的蓬图瓦兹取得成功的伎俩，据说在 15 世纪后期的科隆也曾尝试过），行会事务很有可能受到政府定期的检查。但出于对在粮食匮乏时期他们会剥削和惹怒公众的担心，面包师受一个灵活的体系、或法定价格的控制，即将面包的价格同谷物的价格联系起来。这个体系在加洛林王朝的法律中大概介绍过，而它最早被纳入城镇管理的时间却无从考证。从理论上来说，它使面包师成为在由社会所确定的回报率之下经营的公仆，但实际上，由于低效和松弛，它的运作并不平衡。

这个体系的常规缺陷是，它不能够确切记录较好的面包师高质量面包的贸易，这才是他谋求面包利润的主要方式。标准价格的面包的重量应该同谷物的价格成反比，是对面包师损耗的费用的一个补助，但由此得出的价目表

并不包括所有类型的面包。面包还必须精致到能够取悦外国商人和其他旅行者，1388 年阿夫勒尔的面包师说，巴黎人面包的轻和白被巴黎人引以为豪。城镇官员以随意抽取的方式检查面包的重量和价格，高额罚金实际上是针对这个行业征收的赋税，只是这个赋税没有固定的数目。在意大利，这种罚金也像其他赋税一样被包租出去。这个体系的另一个必然缺陷是它助长了腐败。据说在 1190 年的皮亚琴查，面包师贿赂官员让他们制作并出售任何重量的面包，这样的事件也常常被揭露出来。鲁昂的大法官显然在 1406 年前并未执行过法制管理，公众对高价面包的愤怒迫使他有所行动。他命令用一夸脱小麦的面粉烤制一个面包样品，来估计价格。这个特别的试验并未带来任何结果，因为负责烤制的面包师把面包烤焦了，两年后更急迫的控告和骚动才使法制管理纳入正轨。

这个体系的第三个缺陷是，在食品匮乏年代，当运用严格的控制时，补贴的调整很容易落后于费用。因此面包师在一段时间内可能要蒙受损失。在英国，面包师有真正的抱怨理由，因为给他们的补贴部分是根据中央政府在 13 世纪确定的钱币评估而制定的，在 1303 年后除非发生严重的地方骚乱外从未做过修改。考文垂面包师的补贴在 1484 年有了小小的增加，但仅仅是【261】
通过发出要退出城镇的威胁之后才成功的。然而，在 15 世纪第戎的某个时期，面包师们的抗议却暂时被政府的警告所平息，警告说一群商人准备在行会反对的费用评估的基础上接管这个行业。

面包师行会提高价格的权力可能只限于高档产品，而这类产品只会出现在食品丰富时期。在巴黎，当谷物缺乏时，禁止使用较高等级的白面烤制面包。行会也能行使某种程度的买方垄断权力，要么通过政府给予的在谷物和食品市场上的特权，要么通过他们主动同磨坊主达成协商。后者很少成立像面包师行会那样组织严密的行会。另一方面，面包师行会常常受到来自郊区和农村的面包师群体的竞争。令行会气愤的是，意大利和其他地方的城镇政府常常奉行减免这些竞争者的罚款的政策。巴黎郊区的面包师，根据他们的发言人所说，很久以前就已经在市场上为城市的广大民众服务过，pour tel pris come ils en pevent avoir，1372 年还曾指控行会贿赂市场官员来骚扰他们。1482 年在约克，行会指控农村烤制的面包掺了粉笔末，发酵不够，而且不够斤两。他们还指控说，因为不受检查，竞争者能够在城镇内开业而不参加行会，并通过说他们的产品是农村面包来逃避检查。这个指控听上去是合理的。

其他饮食行业的行会力量更加微弱，自治权更少而面临的竞争更多。菜农行会、水果农行会和其他行会充满希望地试图求助于价格联盟，但它们无法控制所有的供货来源。杂货商、干酪商和进口商在同他们竞争，而街头商贩也大量存在。

在建筑业，行会的权力范围也很小，主要是因为作为公共财产所有人的市政当局准备施加压力让建筑和维修费用不会上涨。瓦匠、石灰匠和铺路工之间的组织常被查禁，也不允许他们召开“正式会议”。直到 1397 年，科隆的木匠和石匠才被允许成立兄弟会，并且命令他们不得骚扰寻找工作的陌生人。英国的证据表明，建筑行会被承包商和劳工之间的利益冲突削弱了权力。15 世纪伦敦的石匠行会是由承包商控制的松散而没有凝聚力的组织。

市政当局和商人是最大主顾的交通业，其情形也不利于行会组织，但也
【262】有几个有趣的例外。葡萄酒船的卸货就是交通行会在巴黎仅存的几个特权之一，而且还是打着职责、而不是手艺的幌子。会员资格有严格的限制，保护它的也是商人的监管者。里加的运盐者行会也获得了同等程度的自治，其代价是为城镇的救火队效力。里昂赶葡萄酒车的车夫成立了当局承认的行会，而且对他们的地位非常自信，以至于在 1409 年对一个外来者提出抗议，这个外来者以行会价格的一半向商人提供更好的服务。城镇委员会却表扬了那个竞争者。

总的说来，在中世纪任何城镇、任何时候，各种行会都是按照经济权力等级排列的，而它们大多数所处的位置使它们对当地贸易的销售价有很小影响或没有影响。的确，所有行会都试图抬高价格（特别是他们的高档行业）或至少保持住不要下跌。14 世纪意大利的理发师就曾为修面规定过最低价格。但关于当地行业的价格政策或他们成功的直接证据却少之又少。在出现通货膨胀或反常的商品匮乏时期，就会出现大量的对价格阴谋的指控，但很难证明是行会的过错。因此历史学家们又不得不求助于说明限制性政策的证据，但这些证据很少具有说服力。例如：行会加入费的提高似乎是明显的限制性政策，但在繁荣时期它可能并非如此，甚至都没有这样的意图。当亚眠的桶匠行会在 1488 年把入会费从 10 先令提高到 40 先令时，他们是在增加他们的会员人数和应当地葡萄酒工业的新兴需求而扩大生产。另外，他们已经把这低廉的入会费持续了 200 年。15 世纪行会对外来者的竞争的反对当然是出于限制的目的，但我们应该注意，他们的反对部分是因为赋税的不公平所引起的。这些反对很多产生于城镇在长期萧条或人口衰退之后再次开始发展的时候。在北欧的城镇管理体系下，当新移民没有市民资格或不愿取得市民资格时，那么赋税的负担及防卫和警戒工作的花费都要不成比例地追加

在行会成员身上。正是出于这个原因，1474～1475 年伦敦的公共委员会同情男子服饰用品商行会和 hurers。据说，制帽业的外部竞争已经使他们的行会人数降到“非常之少”，而且先前由纳税公民居住的房屋现在住满了不纳税的人。

主要的限制性政策是那些针对有技术的劳工供应方面的政策。从 13 世纪开始，行会的反对者就指控行会滥用管理学徒的权力。在这方面，工匠就是在因循大商人行会的例子，至少在德国和英国城镇，没有一个群体比大商【263】
人行会更具有精明的限制性。处于有利地位的工匠行会，例如金匠、马鞍匠、屠夫等诸如此类的行会，在关于学徒进入行会方面制定了极为细致的政策。在其他很多行会行业中，禁止诱拐他人学徒的禁令和服役期未满的学徒很有市场这个事实，也说明了劳工的缺乏。但是除了行会组织以外，其他情况也是导致这个结果的因素。中世纪的工匠学徒是一种产品，但不是行会垄断的，而是家庭作坊垄断的。它是小作坊主能够找到廉价的劳动力帮助补充家庭圈劳力最简单的方式，但它仍有一些不便之处。在中世纪的生存寿命条件下，年轻学徒的死亡率相当高。劳力匮乏还常常是因为邻近地区的传染病所引起的。另外，远离家乡的男孩也容易身体孱弱。15 世纪伦敦的证据表明，在有着 12 或 14 岁的男孩作学徒的商人行会，几乎一半人不能完成 7 年的服役期限。剩下的要么死亡，要么在失望中退出，其中一些还逃走。有着更年轻的学徒的工匠们，由于死亡也损失了不少学徒，在巴黎，也有像伦敦那样逃走问题的迹象。在很多行业，劳工的供应通过雇佣并不一定当过学徒的仆人来补充，但即便如此，大多数工匠（无论是否行会成员）似乎除了他们的妻子儿女外拥有的帮工人数都不超过两个。

行会的规定通常对这种形势没有多大影响。当他们限制劳工人数时，通常是警惕地约束以年长的作坊主看来太过急躁的扩张，而这个限制通常根据作坊主在行会中的地位而被修改。尽管如此，富人趋向于（特别是如果任何地区有可供开发的出口市场的话）拥有超过官方允许他们所拥有的雇工人数。

大多数行会组织对当地贸易的出售价几乎没有影响的结论并不排除它们为了顾客的利益而集体定价的可能性。因为街头小贩的信誉非常差，大多数行会都禁止它们的成员堕落到街头兜售的境地。它们公共关系政策的本质是要求有着良好声誉的人们之间的团结。在对某人的品格进行调查后，认为他能够被托付做可靠的工作，才允许此人成为行会业主。没有人宣称行会的所有产品都是一级品质，但只有你购买行会成员的货物，才可能满足你对货物的合理期望。被用来传达这个信息的词是“诚实的”。锁匠行会只制作“诚【264】

实”钥匙，而巴黎的馅饼厨师行会也只使用“诚实”鸡蛋。

5.4 行会对出口业的影响

改变并限制行会在当地城镇行业的经济权力的情形，也同样适用于中世纪城镇各种产品的地区出口贸易的很多方面。在法国、英国及德国西部地区，城镇工匠（不管他是否加入行会）有一条延续许久的习俗，即时而将货物积累起来到农村集市上去卖。一些行会成员更是成为专职的商人，常常前往集市。思想保守的行会成员却对这个习俗持怀疑态度，因为集市上广泛而公开的竞争会使价格下降，而行会权力的有限又很难建立起行会贸易的特殊信誉。行会只有权对摆放在集市上出售的黄金制品的标准进行检查。为控制这种无计划的出口流动，行会所能做的只是坚持规定在它们成员的货物离开城镇前对货物进行检查。执行这条规定有一定的困难，因为不可能检查所有商人的船只或在商贩的包裹中夹带出去的货物。伦敦的几个金属和皮革行会付钱通过皇家法令将它们的检查权延及集市，15 世纪伦敦的商人行会掀起了禁止所有的市民行会在集市上出售货物的运动。

在城市各种各样的出口贸易中，有一小部分是由来访的、希望在回去时带上不同货物的外国商人对一些个体工匠特殊订购的大的远途贸易。他们订购的这些货物可能常会逃避行会的任何特殊监督，而且能被行会影响定价的只有金属和皮革这些行情较好的行业。纺织业产品如果也在出口需求之列的话，则会受到商人或行会的严密控制。

行会影响出口产品的生产的独特问题在大的纺织业和金属业上尤其明显，这两个行业为它们的原材料开辟了遍及整个大陆的市场，它们的出口需求也在逐渐超过当地需求。这些行业的结构与典型的小规模的当地产业有很大的不同，因此它们为行会的活动提供了一个相应多变的领域。在半流动的工匠临时销售的地方，出口渠道被批发商所控制。这些商人与工匠的关系有两种类型：他们或者承包了独立生产者群体的产品，或者扮演业主的角色自【265】己组织生产。后者是精美纺织业的一大特色，这个行业中精细的分工要求有一个发挥协调性功能的人物，金属业也可能如此，例如诺曼的金属丝业。独立的生产者更常出现在劳动分工较少的金属业，以及粗纺织业。

在销售体系中，出现了几种不同的行会。至少从 12 世纪开始组织出口的商人业主，并不急于成立特殊的产业行会。他们作为批发商的社会地位和关系给他们带来了来自城镇权威的足够的支持，以确定技术标准和试图降低劳工费用。业主利益群体成立的行会很多都是由社会地位低下的业主组成，由那些在行业中脱颖而出的和负责某一个程序的人组成。只有到了后来，通常是在一个萧条期后，才允许附属的计件工人成立行会。这些人和那些关注劳工费用的业主之间的利益冲突被在每个行业分支都出现小业主和小贸易的倾向搞得混乱起来。实际上，也存在混合行会。在独立的工匠之间也有混合行会，商人同意通过成员关系与他们承包的行会联系起来。

中世纪行会对制造业长途贸易的发展的纯经济影响依赖于对两个问题的回答。第一个问题是在贸易扩张阶段，在这些时候行会对资源的有效使用有帮助吗？第二个问题是在贸易的收缩阶段，特别是当工业中心经受了竞争的损失时，行会所做的调整问题。这个问题经常被讨论，似乎工匠行会所掀起的政治动荡的结果是使劳工费用的上升成为每个行业的问题。然而，劳工费用上升的不利情况是一个历史偶然事件，与所有竞争中心所有费用的普遍波动有关，而任何出口行业的长期生存都依赖于在某个时刻利用在其他方面的经济革新来补偿优势行业损失的创新上。在这些方面行会的记录还是很匮乏。

在一个重要的细节上，即提高出口贸易的产品标准上，各种行会都被认为是采取了建设性政策。的确，它们没有提出原则。但这是经济的必需，并受到对社会的道德责任感的促进。商人必须抵制不合乎标准尺寸和不是统一完成的布匹，因为这样的布匹只适合在当地销售。在沙特尔，为了避免城镇的名誉受损，有瑕疵的布匹被分配给较贫穷的当地裁缝并剪开销售。在博【266】
韦，1309 年有公众权威对一个粗心的工人处以苦行赎罪的制裁事例。在诺曼底的欧市，城镇中的两个主要商人因为经营不够标准的布匹而被驱逐出治安委员会，并被宣布没有资格再参加选举。为了建立外界对用城镇图章作为商标的城镇产品的特殊需求，城镇使用了种种举措。

要将对技术的必要标准同对产量的灵活控制和保持相对于竞争中心的费用优势的警惕结合起来是一件极其艰难的事。最便捷的途径是努力创造出一个相当稳定的上流阶级的特别需求和对产量不断进行限制性控制。对于需求更为广泛和更起伏不定的商品，这个政策并不可行。那么商人利益群体便倾向于当生意好时自由招募劳工，让作坊主尽快培训，而当生意不好时，就让拿工资的工人和较小的作坊主寻找其他的职业；但是任何发展完备的行会系统都会出于安全原因动员人们抵制这种做法。甚至工匠业主行会也更愿意通过互相帮助让不管多大的群体渡过难关，而不愿遵循这样的做法。

尽管金属业为我们提供了很多行会依赖限制性政策的实例，但正如摩德纳的铁匠之间的摩擦所显示的，在武器行业长期繁荣之后运用限制政策并不容易。金属行会中最成功的是那些在迪南和布韦格尼斯制造铜船的行会。这个行业选择位置的考虑只是靠近好的铸造黏土区，铜起初来自戈斯拉尔。迪南的行会是由工匠成立的，他们在1265年成功地控制了为商人业主工作的条件。尽管时常有中断同戈斯拉尔的联系的危机，那里的生产连续繁荣了一个多世纪。接着英国的铜开始大行其道，在法国北部和英国建立了新的市场。到14世纪末，市场的不景气导致了这个行业的衰落，行会再也没有从这个衰落中完全恢复过来。依旧从事这一行的迪南商人加入了行会，可能那里也有类似布韦格尼斯的对产量的限制。对那慕尔郡的所有黏土开挖地都有合法垄断权的布韦格尼斯行会，在1375年获得了限制个人的年产量和限制每个作坊主只能有7个帮工的权利。在8个劳力的基础上，每年的产量只可能是8 000磅的小器皿或5 000磅的大锅。较小的作坊主的产量也受到控制，
【267】而且所有的生产计划都要提前半年提交行会官员批准。作坊很少接收学徒，只有出生在布韦格尼斯或娶了作坊主女儿的人才能获得作坊主资格。15世纪40年代金属贸易肯定有一些复兴，因为当时的学徒规则有所松动。但是因为取得作坊主资格依旧很难，来自布韦格尼斯以外地方的学徒便选择了返回家乡建立竞争业务。布韦格尼斯行会通过价格联盟吸收了那个郡的主要竞争中心那慕尔的一个群体。看到迪南行会由于1466年迪南城受到军事洗劫而暂时失去了生意对它是一件乐事，但同时它却发现迪南工人的分散给农村产业的发展提供了永久的动力。

如果政治环境对一个较为广泛的地区联盟有利的话，这些铜行会可能会持续更久一些。但是到15世纪末，燃料价格的长期上涨使很多地方的城镇金属业只制作小器皿。行会组织无法改变形势，当然更不会为它负责。

同样的朝着农村分散的趋势使重型产品的生产增加了对水力的使用，削弱了从事进口德国钢铁的行会的权力。这些行会为将产业集中在城镇出过力，并通过使出口商品品质标准化而为商人和工匠的利益都做过贡献，但它们无法控制新的向较大规模生产的扩张。较小的会员感兴趣的是能否集体使用行会购置的新设备，但是在城镇的周边地区充分开发水力资源是不太可能的。资金更多地被个人投在分散的地点。而且因为能够独立地联络到商人进行出口销售，这些人便失去了加入行会的经济需要。但是这个运动的发展是极为缓慢的。在拿骚省的锡格，到15世纪末商人仍旧属于钢铁行会，并且能够被用来帮助规范桀骜不驯的工匠成员。直到16世纪末，才有行会和同农村生产者打交道的行会外商人之间发生冲突的证据。但是城镇商人仍旧是

最富裕的市民之一，独立的珠宝匠行会是城镇中第二大富裕行会。这代表着一个普遍趋势，即专业作坊中高质量的小器皿继续在行会的支持下进一步发展。在小的商业中心，没有商人会员的行会有时从事有点像俄国“合作社”的活动，集体协商将货物卖给外面的商人。

行会对纺织业的发展和维持的影响是非常复杂的。家庭便可以织布和当【268】地农民制作的布匹几乎随处可见的事实，使布匹的出口贸易特别依赖于上层阶级的需求和因此而高超的技术。任何类型的行会只能依赖某个特殊的有限市场，只有当国际竞争变得混乱时，它们才会作出变化。一旦意识到快速的扩张是危险的，缺乏资金和没有其他技术行业可依靠的工匠们便极度谨慎，利用行会对产品质量的管理作为限制产量的一种手段。洛佩斯表明，其实是13世纪中期布匹出口在短暂的繁荣后的衰落，才导致行会在纺织业上建立了坚定的权威。如果生意是稳定的或缓慢扩展时，商人愿意敷衍工匠行会，但如果他们变得不耐烦，想要有更快的进展时，他们便倾向于打破先前行会的管理，让业主控制这个行业。这样的事情在13世纪的阿拉贡发生过，那里的商人在开拓市场的过程中能够从贸易和有地的贵族手里得到更多的资金。从小的地区性出口延伸到国际市场常常需要产品进一步提高质量，而这若没有很大的压力的话，工匠行会可能会拖了又拖。英国在这方面提供了最好的例证。伦敦的织工行会在受到他们老式产品的需求下降的打击后，选择了没收去世的成员的织机的做法。在1290到1321年间，实际的会员人数从大概300人降到了80人。剩下的会员寄希望于能够恢复行会古老的皇家垄断法令并受到保护。但是他们毁坏织机的做法实际上已经引起了人们的愤怒，并可能刺激了新的竞争。城市政府建议商人不要寄希望于那个法令。最后他们不得不急忙雇佣来自法国和佛兰德斯的更廉价、适应性也更强的劳工。

控制巴黎羊毛业的大业主实行的创新，使布匹业的出口实力逐渐发展起来。他们在行会内被定位为工匠业主，是因为他们从国王那里购买了产业权，即织和染的权利，也是因为他们在自己家里监督工作。根据13世纪中期记录下来的规定，他们同意将生产能力限制在每个作坊主连同一个兄弟和外甥有9台织机，再加上每个未婚的儿子有3台。他们的一些纺织工作可能是由拿工资的“仆从”做的，其他的则拿出去交给小业主。拥有12台织机的家庭的生意数量与14世纪的佛罗伦萨中等lanioli相当，总共雇佣的人工，【269】包括纺工，有大约40人。巴黎行会拥有两座染坊，但还不够处理他们所有的产品。

这种类型的业主在意大利常常采取一致行动。佛罗伦萨的羊毛行会可能使用了任何一个中世纪纺织中心都能找到的最节省劳力的水力，以及在制定高水平的产品质量规则时有卓越的效率。意大利羊毛行会的结构各不相同，但几乎所有的行会都在某种程度上是生产和销售联盟。

通过投资和对技术设施的合理安排，包括交通设施，提高了生产力，这为创造经济价值做出了非常明确的贡献。意大利人相信在一个有着复杂的劳动分工的行业，行会组织承担着国内生意关系的交流中心的职责。15 世纪韦康特（Visconti）意在使米兰成为意大利主要的丝绸生产中心的政策起初没有利用行会组织，因为必须通过给予特殊的私人特权的承诺从其他城市吸引商行。一旦人们被吸引到米兰建立业务，特权便被给予了行会，并允许成立一个行会法庭来处理一些小的债务问题。

行会对纺织业出口实力的价值最后也是最透彻的检验是在贸易衰退时期，特别是13 世纪末在诸如佛兰德斯和法国北部这样的地区，在长期的繁荣后，这些地区出现了不利于贸易的市场危机。佛兰芒工匠行会的记录是激烈而苦恼的，因为这些行会的出现只是为了抵制处于危机状况下的业主降低劳工费用。行会成员可能还帮着解决与转向使用更廉价的羊毛有关的技术难题。但是行会组织无法解决这个行业的经济问题，最终这个行业被转移到了更小的中心。到了那个时候，很多古老行会的成员已经移民到了其他国家。靠残留的一点业务而生存下来的主要是一些当地行会。

法国的羊毛业没有那么发达，因此危机感也就没有那么强烈。法国的纺织行会不断实行谨慎的限制政策，没有定量的数据很难评估这样做的好处。例如，在巴黎，早在 1270 年监管人员就记录过对人们大业主的不满，因为这一行业的皇家关税收入不再增长，而且大业主只将行会业主资格给予
【270】他们的儿子。计件工作的小工匠行会也在试图封闭他们的业主资格。经过监管者的干涉，达成了集体协议，织工成为业主的比率被用合约固定了下来，不允许再做更改。当时还禁止以物易物，因为这是雇主降低用工比率的一个伎俩。到 1287 年，羊毛业一定是遇到了真正的麻烦，因为据称找工作的仆从有一半都失业。在接下来的 10 年里，漂洗工的用工比率据说因为用货物支付货款而被削减了 1/3 到一半。行会并没有对这个削减作出强烈的抗议，因为作坊主起初把这个危机转嫁给了学徒。最终染工行会被迫吸收农村染工。

最后这个举动被证明是一个建设性安排，很多包含小或大的业主会员的中世纪末期行会都会这样做的。当一个行业需要增强竞争力的话，也可以向农村工人求助。通过在农村纺、染和漂洗，城市工业和农村工业之间建立起

了相当稳定的合作关系。13 世纪的温彻斯特、15 世纪的约克和伦敦也提供了相关的案例。

在 15 世纪发展棉和亚麻业出口实力的德国南部和瑞士，城镇工匠行会试图运用政治压力对抗乡村竞争的做法引起了在乡村工人间建立报复性组织。这里不属于行会的商人业主便拿城镇劳工和乡村劳工做比较，以达到尽量降低生产费用的目的。行会组织据说无意中配合了他们的行动。

5.5　行会对投资和革新的影响

将行会对当地贸易和出口市场的作用作比较，可以明白它们所代表的经济措施的范围。在作坊的产量方面，绝大多数只为当地市场工作的行会成员在任何时候，都几乎处于他们时代的工匠生产力等级的最低端。而另一方面，从事出口业的行会成员能到达他们时代生产力的最顶端。他们能够将帮工人数扩大到方便个人管理的极限，他们能够以低费用使用行会磨房和其他设备。通过这些方式和将材料承包给小的作坊主和女性工人，他们既能够提高小器皿的定量产量，又能够通过相关程序的结合而提高效率。在这两个极端，行会组织都通过联盟买卖和集体努力在消费者间创造良好的信誉，来帮助扩大利润率。这个事实说明了那个以这样或那样的形式缠绕着所有行会历【271】
史学家们的问题：为什么中世纪行会没有给予经济生活更大的刺激？为什么它们没有进一步增加集体或个人的投资？对常常在它们的政策中表现出来的保守，最好的解释是对小需求和高风险的外部形势的重视呢，还是行会内建立起来的社会关系，还是由于它们对富有想像力的革新信念和原则的不屑？

是否扩大生产力的问题常常被摆放在中世纪行会和城镇集会面前。从 12 世纪开始，法国和意大利的纺织业的人就了解将水力运用到漂洗羊毛的可能性。很多法国纺织行会长期认为它只适合粗糙工作，因此并未很快尝试生产廉价的粗布，也未使纺织厂适应精制的工作。萧条的市场前景可能很好地证明了他们的立场。1379 年，为了让里昂接受由于战争而流离失所的布匹工人，皇家官员声称拥有更大的贸易和产业人口的行业自己也会产生贸易。城镇和行会权威都对此持怀疑态度，犹豫不决。到 15 世纪末，这里的行会遭受了来自周边地区的纺织厂的竞争。1494 年，当据说 500 名工匠缺少工作时，城镇召开大会来讨论对策。如果要建造更多的纺织厂的话，必须开拓新市场，但现在还没有这样做的计划。一个可能有一些革命平等主义的发言人（这种革命平等主义在两个世纪前处于危难的佛兰芒工匠身上出现过）坦率地催促说，纺织厂应该向所有人开放，要不然就该摧毁。

在行会圈内平等的观念指的是独立，而不是收入的绝对平等。除了实际上是公众职员的行会中间人，收入平等绝不是行会行为原则。阿拉斯的煤和葡萄酒中间人将他们的收入平均分配，亚眠的鱼中间人在1440年要求将出售所得平均分配，ad fin de equalite estre gardee entre lesditz grossiers et que chacun puist vivre。欧城的酿酒者在1483年也使用了同样的语言，要求在匮乏时平均分配谷物，他们认为自己也担着公众职责。而其他种类的行会都想当然地认为应该按照等级行事。在当地行业中，行会中的上层作坊主所拥有的帮工人数可能是贫穷人的5倍，而且他们可以通过辅助行业和偶尔经营地区的主要商品来增加他们的收入。出口业更是如此。15世纪，伦敦锡匠的
【272】劳动力范围从一个商人拥有18个帮工到一个作坊主独自工作。佛罗伦萨1382年lanioli的产量从21件到210件不等。

出于对民主平等的独立的忠诚，行会很可能在它的政策上表现出自觉的保守。勒让（Lejeune）说明16世纪列日的小绸布商如何投票抵制改进织机，因为他们害怕这样做的结果除了会增加较富裕的人的优势外，还会牺牲他们的独立。他们对在小的缓慢发展业务上保持独立的喜欢程度，远远超过对在一个繁荣的出口业、在大的商人业主领导下工作的前景的渴望。同样的心态在当时列日的地方饮食业行会中也非常普遍。

同样的趋势可能也妨碍了中世纪小城镇的投资和革新，但相关的例证却很少。在中世纪似乎没有确切的与16世纪小工匠行会顽固的保守主义相类似的实例，16世纪是一个技术行业大量增加并能够互相增强影响力的时期。在城镇成长前期行会还未取得有利地位之前，城镇里很多磨房的建造都是由地主利益群体承担的。波万的主教曾在12世纪末之前资助过漂洗磨房的建造，并安排过其他神职人员帮助鞣革工建造树皮磨房。后来在出口行会，如果工匠在任何时候表现出阻碍态度时，他们将很快被不同组织剥夺投票权。巴黎的监管官在13世纪中期曾批准一小群织工工头单独成立组织。爱尔福特的木鞋匠在15世纪末提议将他们行会的会员限制在能储存600双鞋的人以内，也属于同一种情况。莱茵兰的主要行会很久以前就有一个价格联盟，并试图将他们的条规强加在农村工人身上。

行会有时还会阻碍以两种行业的合并为幌子、或者通过合作关系或者在某一个业主的店铺里所引进的革新。15世纪考文垂铁匠之间的分歧导致城镇权威的干涉，命令取消几个扩大店铺的试验。业主行会的法令有时禁止会

员同下属行业的人合作。1298 年锡耶纳羊毛业制定的法令禁止羊毛工头同漂洗工或起毛工建立合作关系，这可能是由于他们通过联合资金而取得的成功引起了其他人的嫉妒。据说，禁令能抑制争吵并保持小人物和大人物之间的更为公平。米兰的丝绸行会也有同样的规则，但是文书记录显示，商人和织工之间有大的合作关系。【273】

对交叉合作和一个行业上两种业务的联合的禁令，是出于城镇官员希望他们的管理体系表现得单纯和有秩序。这个理论事实上同中世纪经济生活现实是完全相抵触的。在某些方面，这样做还有道德原因，比如通常禁止医生和药店商合作。但是在贸易和工业领域，这样的规定通常并不被执行，能够通过同时加入两个行会而合法地逃避。在这件事上，城镇权威比行会更保守。例如，在烤面包行业，意大利北部城镇萨尔扎 1269 年的法令授权给最高行政官解散任何将和面和生炉子联系在一起的合作关系。面包师行会则相反，鼓励行业程序的联合，在法国和德国还允许会员同磨房主结成合作关系。1366 年，希尔德斯海姆的面包师行会同其他几个城镇的面包师签订了关于磨房劳工政策的协议。

小工匠对于新技术非常欢迎，只要这些技术能为行业的利益服务而且不危及任何人的独立。在为战争需求服务的金属行业，在艺术行业和时尚行业，都有关于中世纪革新的长期记录，而且工匠们常常令保守的舆论大为震惊。帕尔马的最高行政官在 1266 年被授权如果造鞋匠引进任何新式样就罚款 25 英镑，考文垂的城镇权威后来反对以染料颜色为名义的行业变化。在巴黎的时尚行业，能力的大小最依赖的是对最新款式的熟悉程度，而不是传统培训。正如 1358 年紧身上衣制造者行会在排挤另一个群体时所表达的观点，知道"随着时代的变化，宫廷里流行什么"是最基本的。然而，布里斯托的裁缝痛恨外来者出售已经裁剪好以备缝制的帽子和男装，这是 14 世纪的一项革新，能够使业主进行大规模生产。

行会工匠对生产方式的巨大革新的警惕可以在他们对待竞争的政策中表现出来。在独立行会的会员中，有一些足以允许个人发挥创造力尝试发现新货源或新的供应类型、或技术上的小变化，但不足以进行价格竞争。经济秘密或个人所做的改进如果可能的话将被延续下去并成为行会财产。行会官员并没有定期供应货物的责任，除了有大幅的价格上升趋势或必须出去寻找当地商人不能提供的稀有材料的情况下，例如刀柄上镶的象牙或工业水晶，否则他们的大批购买只出现在面临反常的匮乏或商人串通的时候。摩德纳的铁【274】
匠只是偶尔一起购买燃料，更喜欢依靠自己的判断和创造力行事。竞争性的标价通常被处以罚款的协议和以原价分享另外一名成员所购买的货物的权利所遏制。作为被写入北部一些城镇的法律汇编的邻区公民义务的延伸，这种分享权有助于维护只能小数量购买材料的较贫穷的工头的利益。然而，他们也必须支付市场价，友爱会的义务也不能完全消除分享时的佣金。

因为存在来自行会外的竞争，对于销售价格的竞争就必须有某种程度的容忍，但有长期的预防通过赊账及变化称量和质量而伪装的价格竞争的努力。容忍的限度可能是低于行会价格的25%，因为15世纪爱尔福特的3个织工将只有行会标准1/4宽的天鹅绒按照行会价格出售，只能通过向大主教买保护而继续干这行。在一个行会内富裕的和贫穷的工头之间、年老的和年轻的工头之间对于公开的价格竞争常常有分歧。伦敦的漂洗工行会哀叹一个年轻人的愚蠢，他以“大而过度的价格”从其他行会成员手里借了一批器具，“又以极低的价格供应给漂洗行业，以至于他们无法以此维生，而日益跌落到被拘禁和乞讨的境地”。他们的这个陈述是在1488年被提出来支持一个条规的，凭借这个条规他们制定了取得工头资格的财产资历。

对工作时间的规定也进一步限制了竞争。这种规定可能使富人受惠，他可以在需要时雇佣额外的帮工，而使只能靠超时工作来赶进度的穷人利益受损。规定的工作时间是冬天大约12个小时，夏天延长至15、16个小时，但穷人还是想方设法超越这个规定。除了打搅居民睡觉的嘈杂工作，人们对实施这个规定的要求也许并不强烈。锡耶纳的锁匠谴责那些太早起来工作的人们的贪婪，拉贝尔（Labal）描述了一次在第戎的骚乱，一个刀剪匠因工作太晚被人刺伤。

最为严厉的限制是对劳工的竞争。行会同受雇的劳工的关系中惟一确定的原则是对工钱所表现出的坚定态度。一些行会承认仆人享有行会病假补贴，但这并不是一个被普遍承认的费用。一些行会喜欢将用工合同签订1～3年，如果仆人居住在工头的住所的话，则到年末才支付工资。这种安排很
【275】少能在15世纪劳工短缺时坚持下去，而且当行业发生波动时也非常不方便。在较大城镇，大多数行会的雇佣合同都较短，可能是几星期，而且不管是什么合同，很多仆人都在外面居住，并且只有在娶妻生子之后才被授予工头资格。除了成立自己的友爱会来胁迫行会增加工资外，这种类型的仆人还通过他们妻子的工作和在他们自己的空闲时间进行在小型器具业上的边缘竞争。鲁昂的卡片制造商行会和考文垂的制帽匠行会决定允许仆人进行二手交易。

限制雇佣的仆人和学徒的数目的体系对富人有益。行会官员和前行会官员被允许拥有比其他工头多的权利，他们能够超越规定的学徒数而不必害怕

受到法律处罚。但如果劳工出现反常的匮乏，就必须较为公平地分配劳工，否则可能发生工资方面的竞争。

最后，从它们担当的警戒责任来看，行会必须保证零售业的秩序井然。在这样做的过程中，它们控制并发展了广告业。它们不能干涉个人商标的使用，这是产权，也是通过私人主顾建立特别需求的最古老和最谨慎的方式。它们也不能减少带有个人特色的使街道和市场富有生气的声音表演和展示。默兹的吉尔伯特（Guillebert）在写到 14 世纪 80 年代他在巴黎的求学生涯时，回忆到几个令他着迷的工匠店铺，特别是一个整个冬天都有夜莺唱歌的陶工店铺。但零售业的其他特征需要加以控制。行会规定的细节暗示着小工头和学徒之间的竞争非常激烈，把顾客当做战利品来争抢。为了改变这一状况，行会发展出一种精细的集体广告形式，即命令他们在公众场合统一着装。里加的鞋匠通过决不光脚踏过他们门口的排水沟的协议来宣传他们的手艺。在巴黎从 11 世纪开始就有了一个广告行会，是一群叫卖葡萄酒的人，他们让过路人品尝酒馆老板的葡萄酒。

在不独立的行会，即行会成员为行业中的业主工作的行会，发挥创造力的余地很小，因为生产多少产品并不由他们来决定。另一方面，业主行会通常比独立的工匠行会有更多的可供个人发挥创造力的空间。但是一般来说，引进革新的自由同联盟化的程度成反比，发展到极致的联盟化便导致死板的管理安排。在联盟化程度最高的意大利行会，从理论上来说，内部没有任何 【276】
形式的竞争，因为会员的账簿能够公开接受检查，而且主要的货源通过行会官员或代理人供应。然而佛罗伦萨的羊毛行会对 14 世纪中期劳工短缺的主要反应是在工头之间平均分配劳工，每个工头 12 个工人，在米兰联盟化程度不高的工业和丝绸业，对于同样的困境则是试验性地使用更为节省劳力的机制。高度联盟化的行会本身当然是一个重大的革新，将新的生产资金都聚集起来。但它趋向于停留在这个状态上，而没有前进。

行会在设备上的直接投资整体上是非常少的。在人口增长阶段，地主利益群体可以为行会集体经营的大多数染坊、屠夫的烫洗坊、制革坊和磨房提供足够的资金。城镇政府还予以资助。在人口衰落和战争纷乱时期，自然没有增加这种资产的可能。行会的共同收入主要被用于社会目的和维持组织的运转。它还被用来购买城镇房产，以用作俱乐部和办公场所或作为医院和贫民所，或者仅仅租出去作为一种安全的收入来源。意大利的行会，就像谨慎的公民，通过购买附近的草地和林地将投资分散到不动产上。一些铁匠行会向会员提供业务贷款，但流动资金却通常不够，仅能为病人和贫困者支付很少的救济金。

中世纪行会类型在促进新的投资和革新方面的价值必须在它们的记录中进行评价，这些记录中出现的新需求向当时的人证明了行会的价值。中世纪后期的新需求主要有四种形式：上层阶级总是需要随时吸收新款式的艺术品和纺织品以便装饰家居或服饰；交战中的君主和地区领主不间断地需要军队设备；当社会地位较低的群体增加了金钱收入时，他们的需求首先是食物，其次是廉价的纺织品和其他消费品。

城镇行会只适合控制住这些业务形式中的第一类。这样它们需要让劳工摆脱农业而培养技术，以及不断地吸收商业资金。但这种领导地位只有在艺术品业、贵重金属、刺绣品、丝绸、金丝绒和非常精美的羊毛制品以及要求着色皮革的新时尚上能保持其安全位置。否则行会业务在同出产原材料的地
【277】区低费用生产的竞争中会不堪一击。英国羊毛业产生的资金和事业因此逐渐在农村地区吸引足够的技术型劳力的聚集，在水力而不是行会的帮助下，以低价削弱城镇工业的竞争力。

为军队提供装备的业务远远超出了武器商行会的能力，需要大规模供应轻巧的保护服、制作皮靴和马具的皮革、搭建帐篷的帆布以及火药和弹药。由于要担风险和具有周期性，这种形式的生意便落在了一种业主的手里，这种人通常不参加任何行会，专靠为贵族和王侯服务为生，他们通过个人影响力签订合同再将合同转签给其他商人、行会工匠或农村工人，只要后者能够在短时间内提供优质货物。正是这种人，在很大程度上依靠同军队的业务，发展了低地国家新兴的化学和武器业。

与之相反，食品行业则人人有份。偏爱依靠当地数目众多的小供应商的竞争的公众政策在某种程度上妨碍了行会开拓远方供应的积极性，因此也很难吸引或增加资金。在紧急时候，必须去远方采购，为这个目的吸收资金也变得极其必要。备受批评的屠夫行会因为扩展城镇的供应路线以及在德国在食品加工方面的革新而值得赞扬。面包师的行会组织在扩展同农村磨房主的联系和提高面粉贸易上也比城镇政府更有远见。这个行会还开发出新的经营方式，即将城镇消费者拒绝用来制作面包的粗糙粮食用作马饲料。

行会做得不够的地方是开发对于廉价消费品的需求。就农村需求而言，流动工匠和背包商贩的原始方式在很多地方存在，很少有变化。德国的鞋匠行会很早以前就送他们的年轻仆人在外游历工作一年，埃尔福特的铁匠在15世纪仍旧偶尔到周边农村揽活。农村集市依旧是工作和城镇制造的商品的集散地。在法国农村杂货商中间也出现了行会组织，并且在服饰用品商行

会领导之下的纪律严明的地区和国家，其组织达到极致，但它与其说是朝着开拓更大的市场而采取的步骤，倒不如说是当事人之间互相帮助的一个社会组织形式。不论人口是否稠密，足不出户的农民的需求很小，能够通过他们自已在空闲时间的手艺最经济地得以满足。他们的需求在进入城镇后才会受到刺激。

在人口较为稠密的地方，特别是小城镇密集的地方，如德国西部，行会 【278】
也就更为努力地制造较为粗糙的消费品。进入农村城镇杂货商店铺的成衣可能来自于行会裁缝的作坊。德国工人靠用羊毛和棉花混合制作适合城镇工人阶级戴的磨房漂洗的廉价帽子来发展他们的出口实力。伦敦行会的制帽匠起初用他们自己用脚漂洗的全羊毛制作的帽子来抵制竞争，但后来他们也效仿了德国人的革新。莱茵兰行会发展较大规模的木鞋交易，蚕食农村工业，前面已经提到过。可能还未进行较大规模的生产，不论是这种粗糙商品还是镜子和男子服饰店的零碎东西，很多行会正是用这些东西来相互竞争，并试图培养顾客对于高雅商品的趣味。甚至连向较为廉价的金属制品的转变也很缓慢。在金属业上利用水力新技术的业主面临着一个长期而缓慢的斗争，即达到足够的经济以逐渐减少木制品的普遍竞争。

不可否认，中世纪的行会组织类型并不适宜投资的快速增加。他们所代表的社会关系使小工匠更热衷于独立，而不是更为卖力地追求利润。由社会和经济促成的僵化的联盟协议常常使得业主之间和小工匠之间保持极度的警惕。而 13 世纪末期到 15 世纪末期之间的外部形势也通常制造警惕。在产生行会的城镇环境中，不加入行会的业主也表现平平。不管是否加入行会，所有能够筹集到资金的个人都通过经营百货来分散他们的利益风险，并通过购买土地保障资金安全。由于采掘业和原材料贸易到处主宰着收入分配，以及农村工业作为一个长期的潜在竞争者的存在，城镇制造商行会尽管看上去可能经常鼓励投资，但在投资方面并没有太大的影响力。然而，在手工业的有限范围内，可能是在水力和风力的基本利用上，这些行会却引导了革新。

5.6 结　论

地区研究因为对中世纪人口、价格、收入和投资做了更为确切的调查，应该在不久以后能更为确定地评估行会组织对中世纪经济增长的普遍影响力。同时目前在这个领域的几篇论文显然太过极端。在论证生产者的平等是 【279】

行会政策的原则之一方面，冯·比洛（von Below）忽视了小规模生产的普遍存在，过分强调了行会的保守。米克韦兹（Mickwitz）巧妙地论证了联盟政策的普遍性，但夸大了它们的有效性。以他的观点来看，最初行会通过协议提高价格获得成功，导致大量农村移民涌入城镇，随之引发生产过度，而不得不通过排外的行会政策进行限制。事实上有其他很多原因导致农民向城镇迁移和随即价格的增长，而此篇论文无法证明。而且自然法则政治论者①和早期开明的经济学家对于18世纪行会的判断，认为它们对经济完全起着阻碍性的垄断作用，对中世纪的论证也缺乏说服力。因为一般来说，当时行会的垄断力太过微弱，而无法成为造成经济落后的任何特点的原因。中世纪劳工的流动性如此之大，以至于如果行会过分限制成为工头的资格的话，对提升失去希望的仆人和学徒将会离开城镇到郊区或村镇建立竞争性的业务。

行会的有些较为重大的影响力与其说是有计划的政策的结果，倒不如说是组织无计划的副作用。例如，行会的存在缓和了有技术的劳工的流动。在一个行会服务过的证明书成了在另一个城镇就业的最好的通行证。15世纪德国西南部的熟练技工行会之间的交流将劳工有效地分配到最需要的地方。这些熟练技工协会是母行会毫无计划的衍生物，而且在工资需求方面是一个窘迫的协会。

而且，在大多数消费品方面，行会的存在大大有助于促进消费需求。由于参与城镇的政治和宗教仪式，占据领导地位的行会成员有双重的机会和动机展示其社会影响力，即通过把他们行会的集体基金花费在象征性的展示和宴会上，以及花费在他们个人服装、家庭成员服装和他们的家庭装饰上。禁止奢侈浪费的法令试图遏制这种明显的消费游戏，但只是徒劳。这并不是行会造成的，但它们助长了一种趣味，并使得这种趣味向下蔓延到社会上，消
【280】除了等级的外在标志。

① 指18世纪法国古典经济学家魁奈创始的经济学派，其含义是要重视自然经济法则。——译者注

第六章

政府的经济政策

6.1 概　述

1805年，大卫·麦克弗森（David Macpherson）用以下语句概括了他对中世纪晚期英国经济法规的看法："通过细致研究……其中大多数……与商业、制造业、渔业、航运业有关的古代法令可以发现：立法者明显对他们所管理的事务一无所知；同时，大多数的法令——无论从法律严谨性的角度，还是从法令能否被遵守的角度来看——都不够充分，没有一条英明的法令是由传教士或军人——当时惟一拥有权力和影响力的阶级——制定的，他们鄙视贸易，因而对此一无所知"①。

这种"中世纪政府无力处理经济问题"的判断至今仍有一定的准确性。麦克弗森所批评的这种"无能"和缺乏控制，或许不仅反映在中世纪政府经济领域的活动中，而且是其他领域所共有的特点。但更为重要的是，把"政府在经济活动中的责任"这一概念——无论是我们今天的、还是麦克弗

① 参看《商业年鉴》，第一卷，第557页。

森时代的（19 世纪）——应用于中世纪，都会产生时代误植的错误。即使是在现代世界的大多数“不发达”地区，中央政府正当的职责或应尽的义务除了维持法制、秩序和国防安全之外，还包括：承担公益性开支、发行货币、提供最基本的健康和教育服务、赈济灾民等等[①]。另一方面，在中世纪时期，尽管这些经济事务完全是公共权威的分内之事，但它们常常是一连串、或多或少相互联系的地方自治政府的共同责任。此外，这些政府通常不仅仅是地方性的，而且在一定意义上是私人性的——这些政府作用的发挥与某人或某个集团在权力中投资的收益紧密地联系在了一起。

权力的分配使得现代意义的政府经济政策在中世纪难觅踪影。除此之外，
【281】现代经济政策的许多内容都与中世纪有关公共权力作用的观念格格不入。索尔伯里兹的约翰（John of Salisbury）[②] 有一套关于王国的高深理论，他认为：王国就如同一个由许多相互独立的社会团体组成的、有秩序的共同体；另一方面，他又认为王国的统治者发挥着非常有限的、在很多情况下是消极的作用；维持社会的和谐当然是统治者的任务，因此他拥有强制性的权力，以维护和平和正义，同时规范权利。但是在这背后，存在着一个非常呆板的关于公共权力的观念——他得出的结论是，国王惩治罪犯的职责看上去就像一个刽子手的工作[③]。对积极的政府行为在经济领域的发展来说，这个观念多少是一个狭隘的基础。

当时权力的分散和现在对统治者拥有权力的假设，也使我们今天许多关于政府经济政策的概念无法适用于中世纪的环境。但这并不是说，在中世纪不存在经济政策这么一回事，而是意味着：它们的范围、特点和目标的确定，都与中世纪政府的状态和所处的环境联系在一起。必须要接受的是，政府是在各种不同的层次上运转的——例如，意大利的市镇和封建采邑所追求的政策都必须被考虑在内；必须要记住的是，中世纪的每一个政府都必须努力解决一个基本的问题——它自身的维持。尽管当时的财政政策显得非常初级、勉强维持，但却是政府历史中一个延续不断的组成部分。另外，尽管政府的行动限定在中世纪假定可以接受的范围之内，它仍然在经济领域产生了一些后果——无论它们是否被预见到。和平与秩序的维持对商人和农夫来说非常重要，甚至在今天“如果没有和平女神（pax）的庇护，就不可能有商业的繁荣”[④]。商业如此，其他经济活动也不例外。

---

① P. T. 鲍尔和 B. S. 亚梅：《不发达国家的经济》，第 163 页以后。
② 英格兰拉丁语学者，夏尔特尔主教，著有《教廷史》。——译者注
③ Policratus，C. J. C. 韦伯主编，第四卷，第三章。
④ W. K. 汉库克：《国家事务概论》，第二卷（2），第 162 页。

但是，财政政策和旨在维护公共秩序的政策产生的经济后果仅仅是中世纪经济政策的基础。我们一定要记住的是，不能再把中世纪当作一个单一的时期来对待，在那几个世纪中，政府的能力、机构的设置——甚至政府的本质——都发生了巨大的变化，这些变化使政府干预经济事务的范围和有效性发生了相应的转变。经济环境同样也发生了意义深远的变化，这使政府所面对的问题和机遇都变得多样化——它们直接影响了政府的财政状况，并间接制造了新的社会利益和新的【282】紧张因素，从而迫使统治者把注意力转向它们。因此，中世纪经济政策产生的问题表现在许多方面，并由政府机构和经济变化共同决定。为方便起见，这两个部分可能会被分开研究，尽管事实上它们极为复杂地纠缠在一起。

从政府的角度来看，从中世纪多数时期存在的权力极度分散着手研究这个问题是正确的，这既遵循了时间发展的顺序，又指明了当时与近现代时期的差异。也许用"封建割据"（feudal disintegration）这个词语来形容这种权力的分散较为方便，尽管从严格意义上来讲封建主义只是在中世纪生根的组织形式之一，并使割据变得神圣不可侵犯。但是，不管我们给这个事实贴上什么标签，一个不变的事实是：尤其在中世纪早期（在某些地方，由于某种原因，可能在整个中世纪），有效的政治单位倾向于保持小型（如庄园、城镇，建立于弗里斯兰和斯堪的纳维亚的由非封建贵族领导的地方性市镇等）；另外，甚至当它们已经扩大为更大的市镇（commune）时，政府的权力——一旦被这种"准国家"（infra-state）管理者获得——也仍旧倾向于维持不变。最后，封建机构从加洛林王朝西部向欧洲其他地区的扩散，不但使这种权力的分散具有了合法性，而且有助于使它具有了私人世袭的特点。

很多时候——就像10世纪的高卢一样——权力分散的过程如此严重，以致很难想像"统治者"的经济行为具有什么"公共"的意味。但是，当我们考虑到从11世纪开始的一种长期趋势（有组织的政治市镇被重新改组，公共权力被重新确认）时，那很可能（从一定意义上说，每一个封建主都是一种公共权力）又是另一回事了。这种市镇和权力未必是大规模的——政府行动范围的扩大同其疆域的扩张一样重要，从这一观点来看，12、13世纪意大利市镇政府所展现的协调一致"公共"行为与阿尔萨斯的腓力（Philip of Alsace）统治下的佛兰德斯、卡佩王朝统治下的法兰西、金雀花王朝统治下的英格兰政府的行为一样重要。出于这一原因，中世纪政府经济政策的历史必须把各个层次的政府考虑在内，包括那些"城邦"政府，虽然按照现代的判断标准这种"城邦"政府并不值得被包括在内。

与此同时，从11世纪开始，欧洲的特征之一是：分裂的趋势让位于政【283】

治团体的内部统一。这种趋势一直未能深入发展，因为前进的道路上存在许多无法逾越的障碍，而一些障碍植根于当时的社会环境：小村落人口稀少，交通不便，人口作为一个整体不具有流动性；其他的障碍集中表现为封建割据早期的领主们为政府权力所设置的界限。因此，如果扩大的政治团体建立了起来，这并非“自然”的原因，而是人为的结果；另外它们是由许多不稳定因素构成的，甚至在中世纪以后，它们也可能分裂并通过新的方式重新组合。毫无疑问，统一是那个时代的特征，因此产生的必然结果是，掌握统治权的人物（国王或诸侯）获得了以前被分享的其他利益（尤其是贵族阶层的领地和城镇）。到了中世纪末期，法国、英国和伊比利亚半岛已经取得了长足的进步，甚至在意大利和德国这样支离破碎的地区，也出现了均势（equilibrium）的迹象；在波罗的海周围的一些国家，建立稳定王国所需的基础也已经奠定。

这种政治发展的基础之一，是统治者对军事力量控制能力的提高——和其他方面一样，中世纪早期政府的权力非常分散。政府对军事力量的完全控制，一直等到职业雇佣部队出现、并成为国家的一个正常组成部分时，才得以实现。作为一个普遍现象，雇佣军则出现于中世纪之后。另一方面，这种进步在15世纪尤为明显，尽管政府——甚至是一些相对发达国家的政府——事实上仍然在不同程度上与贵族阶层分享着军事控制权。实际上，军费开支成了另一种产生更直接的经济意义的政治发展的激励因素——需要（在一定限度内）建立一种充足的收入体系来维持公共权力。长此以往，导致了两种变化。第一种变化是，使原来的实物收入变为货币形式，这是有效管理公共基金和灵活行使权力所必不可少的；第二种变化是，取得了分配社会主要财富资源的权力，从而满足了政府的需要。税收的权力是很少不受约束的，但到了15世纪末，大多数欧洲政府在其传统资源的基础上又增加了这一“特殊”资源，而后者在重要性方面完全超过了前者。很快，这一成
【284】就既成了政治权力集中的原因，又成了其结果。

集权的另一个方面是行政机构的发展。毋庸置疑，甚至在后来的重商主义时代，行政资源的匮乏也常常抵消了政府有效行使其理论上拥有的权力的努力。另一方面，这些资源与处于“封建割据”鼎盛时期统治者所支配的资源有本质的不同。当政府与庄园的管理几乎如出一辙时，那种小型的、巡回流动的家族式统治和一部分独立地方官员就被错误地赋予了严格的“公共”权力以及行使这种权力的能力。那些杰出的人物——查理大帝（Charlemagne）、奥托一世（Otta Ⅰ）、诺曼底的威廉（William of Normandy）——或许能够很好地驾驭这些桀骜不驯的官员，但政府行为很难具有连续性，也很难成就雄心勃勃的事业。相对而言，腓特烈二世（Frederick Ⅱ）时期的西西里岛（Sicily）、金雀花王朝（Angevins）时期的英国、美男子腓力（Philip the Fair）时期的法国则表明：政府服务的专业水准和行政机器的办事能力都在提高，至少已经成为政府日常公务的一个组成部分。按照现代的标准，政府部门的结构仍然很幼稚；但按照中世纪的标准，它已经发展得很快。这是有效行使公共权力的前提，也是政府行为稳定、连续的基础——这是政府行为具有“政策”的特点所必需的。

这其中的一些观点甚至在政治思想领域也可以见到。相对于索尔兹伯里的约翰而言，圣·托马斯·阿奎那（St Thomas Aquinas）对政府的作用有一个更积极、更全面的看法。他认为，政府的作用已经扩展到了经济领域；统治者的责任是，确保整个社会得到其赖以生存的物质供应，使社会拥有合理的职业和行业[①]。这些训谕可能与现代人对政府最重要的经济义务的定义并不一致，但是却构成了中世纪经济政策——与其所处环境相适应的经济政策——依据的一些基本准则。从此以后，越来越强调统治者有义务追求奥雷斯姆（Oresme）所说的公共利益（public autilitas），遵循法兰西的政府（la chose publique）法令。在政府行为的范围内，这种概念至少包括与整个社会的经济利益或国家权力相关的一些事务。这是一个关于政府作用的相对超前的概念，政府付诸实施的行为无疑比理论上要少一些，能够坚持实行的就更少了。然而，一个不可否认的事实是，到中世纪晚期，在原有的治国实践中已经加入了经济的因素。

与此同时，这既是经济发展的结果，又是政治发展的结果。政府的这一【285】特点深受其所处物质环境的影响。在中世纪，政治分裂的趋势被证明很难彻底改变，这不仅归因于权力和机构的失败，也和当时特定的社会经济基本形态有关。中世纪的大多数生活都有一个赖以生存的核心，社会主要由相对较小的团体构成，这些团体或者具有自给自足的特点，或者以短程交换的方式最大限度地满足需求。另外，长期以来，欧洲的大部分地区人烟稀少，整个社会可能完全被大片大片无人居住的荒地分割开来。挪威山谷地区或许是这种分裂现象的典型例子；不过在11、12世纪大移民运动到来之前，西欧大部分心脏地带这一特点尚不太明显。因此，基本的经济利益倾向于地方性或最多是区域性；经济政策也可能由同样低层次的行政部门颁布。远程贸易的

---

① De Regimine Principum，第一卷，第15章。

增长和经济专业化的出现从未完全摧毁中世纪经济生活的这种状态：自给自足和地方供应仍旧主导了中世纪大多数人的活动。这或许有助于说明为什么中世纪的意大利和德国一直处于政治分裂状态，为什么伊比利亚和北欧在建国中存在难以逾越的障碍，为什么即使在具有相对高级的政治结构的法兰西和英格兰会在重压之下出现分裂的趋势。

然而，与此更直接相关的是，中世纪的这种社会状态赋予了纯粹的地方性经济政策特别长的寿命。尽管中世纪有建国的所有工作和一个表面上“欧洲”经济的创建，但是甚至到了中世纪末期，大量的经济法令都是由小规模的省份或相对自治的“准国家”政府制定的；当然这一点尤其适用于为保证生活必需品的供应而制定的有关法令。当时供应的大部分食物原料都是在本地生长，一旦当地的庄稼歉收就意味着饥荒、瘟疫和死亡；因此“供应政策”在所有经济政策中就显得尤为重要，地方政府也习惯于调动一切决定因素来制定“供应政策”。甚至在意大利的大城市之间，也为了争夺城市间的外围地带而进行长期的斗争，因为这些地方为它们提供了日常所需的面包①。这种经济政策基本因素的地方化成为政治统一的一个障碍；当一个地方的政治统一取得重大进展时，它又成了“国家”经济政策出现的障
【286】碍之一。在君王们进行其经济活动时，他们常常被说服在制定经济政策时优先考虑首都所在城市的地方利益；长期以来，法兰西政府的经济政策看起来就仅仅是巴黎当地的供应政策。

另一方面，特别是从11世纪开始，统一力量在经济领域以及政治领域开始发挥作用。对内的殖民活动（尤其是在西欧和中欧）填补了空地，也扫除了地区间的自然障碍。同时，活跃的对外殖民活动把新的地区（尤其是伊比利亚半岛的东北部）纳入了欧洲经济体系——这种扩张（以早期西班牙为例）应归功于皇室的支持，尽管这可能是出于军事原因而非经济原因②。最后，远程和短程的商业活动以相似的方式消除了障碍，扩大了范围，也使经济的专业分工达到了更高的水平；就像城乡间的分工一样，地区间的分工也出现了。比如，通过香巴尼省的定期集市，一些商人把近东地区、地中海地区，与工业化的荷兰、从事初级生产的北海、波罗的海地区连接在了一起。

这种复杂的经济增长过程的一个结果就是新财富的迅速积累，这扩大了

---

① 参见H.C.佩雷尔：《13世纪上意大利城市的谷物政策》。

② L.G.瓦尔德韦兰诺：《西班牙中世纪的历史》，第471~478页。

政府可资利用的财政机遇的范围。到中世纪全盛时期，当统治者成功地把握了这种机遇时，经济的扩张便成为同时出现的政治权力的基础。与此同时，也越来越难以认为社会结构是固定不变的（像索尔兹伯里的约翰所归纳的那样）。经济的扩张创造了新的社会利益——城市利益、商业利益以及工业利益，也在业已存在的社会结构内制造了相应的紧张状态。政府管理的艺术被努力提高，以适应这些新的力量。在一些例子中（尤其是在意大利的市镇），新的政治团体崛起了，那些从事贸易的阶级在这些团体中行使着实质上的独立控制权。也许更为常见的是，这些新的利益群体通过特权和选举进入了政治和司法结构中，这些新财富的创造者可以通过满足政府迫切的财政需求而“买到”好处这个事实更为这个进入过程提供了便利。

新经济利益群体对政治结构或多或少的侵入，使政府所受的影响变得多样化，也有助于使政府对经济事务采取更积极的态度。这种力量朝这个方向不断发展，当中世纪晚期经济的扩张完成并代之以经济的停滞和收缩时【287】（欧洲经济的东北部边疆地区可能除外），这种力量也一直不曾停止；实际上，有时似乎正是政治危机和经济危机的事实使它们变得更加尖锐、突出。

政府自身对经济的干涉为这一事实提供了一个例证。在中世纪晚期，欧洲的每一个地方（从“忧伤的达契亚”到伊比利亚半岛）都深受王朝纷争之苦，这也常常暴露了君权或王权的基础的脆弱。但同时也正是这些冲突要求政府努力巩固和扩大处于内外交困之中的中央政府的权力。因此在中世纪晚期，可以看到各国政府不断努力发展更多的方式以开采它们领土上的经济资源，直接和间接的税收并不是这种努力惟一的表现形式，最初的、拥有领地所有权的要求——例如对矿产的开采，尤其是以前铁矿开采的垄断——开始变得普遍化。政府渴望储备一定数量的可调动的财富，从而使自己对资源的开发变得更加容易。这致使政府采取更多的措施控制商品的交换，并更加关注贸易的平衡。对收入和权力的干涉使政府在不断扩大的经济活动中得到了特殊的利益。总之，政治“前重商主义”（pre-mercantilism）的因素越来越浓——尽管它们尚未形成一个统一的思想体系。

经济力量支持这些政治趋势。有些观点认为，在中世纪末，欧洲经济的一体化被加强了而不是减弱了。13 世纪中叶以后对西部耕地的清查有助于在初级商品（尤其是来自波罗的海的初级商品）中建立一种补偿性的远程贸易。英格兰纺织工厂对英国羊毛需求的增长使得佛兰芒和意大利的纺织业转而进口西班牙的美利奴羊毛；如果法国香巴尼省的集市衰落了，那是因为威尼斯和热那亚的大帆船开辟了它们通往布鲁日、安特卫普和伦敦的航线。通过这种方式（还包括其他方式），这些力量所创造的“欧洲”经济一直延长到了中世纪晚期。另一方面，经济的萧条也促使各个集团想方设法挽救可能遭受损失的财物；公共灾害也越来越多，除了通常所提到的以外，又出现了饥荒、战争和瘟疫、libera nos，Domine 等等。阶级之间的紧张关系，本地需求、特殊利益与政府（la chose publique）之间的紧张关系进一步加剧，这种形势对王权或君权提出了新的要求——作利益分歧的仲裁人。总的来说，这一因素
【288】扩大了政府的普遍权力，尤其在经济领域和社会领域。与此同时，维护既得利益的努力也要求公共权威进行干预——或者是因为市场在缩小，或者因为出现了新的竞争者。意大利的工业城市针对发展中的新中心的竞争，佛兰芒的纺织城镇针对英国人的竞争，英国商人针对享有特权的汉萨人和意大利商人的竞争，都要求来自政府的“保护”。限制性的政策需要政府的允许和强制执行，到了中世纪末这在某些地区已经发展成为一种保护性的商业和工业符号。尽管如此，到那时为止，经济重商主义的因素已经与那些由于国家而产生的政治重商主义的因素结合在了一起。

在经济政策史中，与这些变化联系在一起的、另一个并非无足轻重的变化是：拥有土地的贵族阶层在中世纪政治生活中的独特影响正在被逐步削弱。贵族阶层政治权力的广泛削弱是中产阶级解放的条件，也是在更广泛的基础上重建政治团体的条件。贵族财富的影响力也出现了危机（东欧一些新的耕地除外），在12世纪末以前的法国就已经非常明显，当货币普遍趋于贬值时，地租租金的固定化更是使这种危机变得永久化。贵族阶层对日益扩大的财源越来越失去控制（也有一些例外，权贵们对德兰克里亚瑞典矿区的控制有所加强）；如果他们有时也会从政治参与的利润中得到补偿的话，自然是只有少数人才能获得很多收益。这一事实有助于说明一种趋势：贵族阶层开始服从王权的统治，开始接受中央管理权的扩张；作为回报，他们得到年金和参与宫廷仪式的空头荣誉。

贵族阶层的政治财富与经济政策史的重大变化并非毫无联系。中世纪初期，贵族们的住所是一个消费中心，也是一笔巨大的财产，它至少与初级商品的过剩生产相适应。在王权的背后，贵族阶层对统治者早期采取“自由主义”的经济态度发挥了一定的作用，因为他们创造了一种氛围：无论商人来自何方，他都是一个受欢迎的消费者，更是一个受欢迎的商品供应者；他们供应的物品丰富了消费的种类，也彰显了政府的权力。相比较而言，中世纪晚期“经济民族主义”或“贸易保护主义”现象的出现表明，在贵族阶层利益受损的情况下，中产阶级的利益（以及君王的利益）在增长。就

个体而言，中产阶级家庭可能仅仅过了几代就消失了，还没来得及拥有土地，或者被授予一定的头衔——因为这种机会光靠财富的积累是无法得到的。另一方面，商人、金融资本家和企业家成了社会结构中永久的一部分，已经获得了一些手段来对政府的政策和观点施加影响；在一些地区，他们甚至掌握了一些政府部门。【289】

在概述中世纪欧洲经济政策出现的过程时，无法避免地隐藏了这一过程中最重要的一个特点：尽管统一的力量在发挥作用，但是地区间的经济、政治发展大多参差不齐、千差万别；不仅不同地方的主要趋势不同，它们表现形式的年代也各不相同。这种多样性和各个地区发展的详情，将在后面分地区进行深入研究。

6.2 法国和英国

6.2.1 概述

一般说来，与经济事务有关的政府的行为状态和范围是中世纪历史中有待深入研究的问题。如果试图按照法国和英国的现代边界大致确定的领土界限弄清这种研究，那么首先就要考虑到这两个国家的政府行为所处的广阔的政治和经济环境。这些现代国家是在中世纪开始创建的，但这种创建工作是漫长的、参差不齐的。罗马人的撤出和蛮族的入侵使不列颠支离破碎，与高卢地区相比，罗马帝国在英国留下的直接遗产微乎其微；但是当海峡对岸法国的权力分散达到顶点的时候，英格兰却出现了一定程度的统一。另外，西萨克森人（West-Saxon）、盎格鲁丹麦人（Anglo-Danish）和盎格鲁诺曼人（Anglo-Norman）的国王们所做的统一工作被证明是有永久意义的；从那时起，再没有什么权力能与君王的权力相提并论。另一方面，在9世纪、10世纪的法国，罗马帝国的影响和蛮族人的王国都已烟消云散，重组政权是君王和大领主（他们是权力分散的主要受益者）的首要任务。因此，在好几十年里，“君主的权力”（包括经济管理权力）都按照不同的比例由国王和各地的大贵族来分享；还有一些重要地区的领土长期隶属于境外的王国，如【290】诺曼底和加斯科涅属于英格兰，普罗旺斯属于那不勒斯的安茹王国或罗马帝国。中世纪的法兰西只是一个王国，却包含了一定数量的“国家”

(states)，每一个“国家”追求的政策或多或少都是独立的，也不尽相同。

英、法两国的经济、政治都有一定的差别。英国位于中世纪贸易路线的末端，能够在极大程度上用一种态度对待欧洲大陆——对待低地国家的港口、波罗的海的港口和法国西部的港口这些将它和外面更宽广的世界联系起来的地方。另外，羊毛及后来布匹在英国海外贸易中的主导地位导致了国家商业利益群体的出现，它们进行了一系列全国性的活动，足以要求并吸引政府出于其自身的利益或国王财政、外交上的利益而进行干预；一些类似“国家”经济政策的东西便从这些羊毛贸易和布匹贸易中发展出来。相对而言，在中世纪的法国，没有一种商品（甚至是酒）占据主导地位，法国是位于低地国家和意大利北部大工业、贸易区之间的一个必不可少的中转国，从这种中介位置中牟利成了法兰西“各国”的目标之一；另一方面，这对国家内部远程贸易的增长并没有什么促进作用，也对整个国家的经济一体化产生了不利的影响。米迪从属于地中海地区的商业力量，法兰西的西部和北部依赖于英国、佛兰德斯和布拉班特的经济联系。这种处境使政治因素倾向于分裂，也使法国对外国侵占一些省份（如加斯科涅或普罗旺斯）显得无能为力。这有助于说明为什么这两个国家的经济政策既极为相似，又截然相反。

6.2.2 中世纪早期

或许自相矛盾的是，正是在罗马皇帝全面干预经济事务时期奠定了中世纪秩序的基础。经济条例是戴克里先[①]及其继任者拯救帝国的政策的一个组成部分。货物的交换和流动很快受到控制，人们被分配到特定的团体，并固定在自己的工作和职业上，以确保对军队和官僚机构提供供应。戴克里先试图固定物价（主要是由于货币贬值，导致物价飞涨），目的是确保政府以合
【291】理的价格充足地支付士兵、物品和服务的开支。重新制定直接税收体系，强制劳动力参加公共劳作，政府接管了很多交通体系并变成了一个大企业家，纺织品和军工产品的生产尤其如此。帝国初期每个地方的自由企业都被置于政府强制和控管之下，试图避免罗马帝国政治秩序的崩溃，并试图维持这个内外交困的国家能永远存在。

① Diocletian，罗马皇帝（284～305年），由禁卫军拥戴称帝，开创四帝分治局面，改革内政，加强军队，整顿税制和币制。——译者注

从长远来看，这种通过中央集权拯救帝国的努力最终失败了，它无法阻止早在3世纪就已经非常明显的经济衰退——经济衰退使帝国四分五裂。另外，当罗马各省份被蛮族占领时，那些由帝国政府维持的企业倒闭了，经济控制系统消失了，残余的部分则被后继国家的统治者和领主权贵们吞并了。蛮族的占领也导致了政治的分裂和动乱，中世纪早期的英国和高卢很少享有有效、持久的政治统一，帝国组织机构的基础以虚弱的形式幸存了下来（如果幸存的话）。帝国组织机构的衰退也导致了经济政策的衰退，尽管帝国晚期的统治者曾经把这些经济政策当作治疗罗马帝国疾病的药方。

因此，继西罗马帝国之后出现的国家的经济没有以往复杂，其统治者也只继承了 个很不完整的帝国体系。政府干预经济的能力削弱了，同时经济活动范围对政府干预的要求也减少了。因此，中世纪黑暗时代的立法（数量极其有限）很少涉及私人权利或经济企业领域。那个时代的这一特点由于罗马帝国政府财政体系的衰退而更加突出，帝国后期皇帝们所采取的许多经济控制措施的目的就是维持政府的财政。在不列颠，财政体系完全消失了，甚至在高卢它也不再是政府的基础。罗马帝国的直接税（“人口财产税”census）在西哥特人（Visigothic）和法兰克人（Frankish）的王国延续了一段时间，但是查理大帝继续坚持他对这一税收的权利的有限努力已经被证明是一个时代错误。在一些继续沿用税收体系的地方，“人口财产税”则是作为习惯性地租的一个组成因素分散于国王和地主的土地之间。munera 发生的情况大体相同，它构成了中世纪一些徭役（corvees）的基础；通行税（tolls）和其他贸易税收也是如此，在墨洛温王朝时期，它们已经增加到一定程度，而且受到了更多的关注。因此，罗马帝国各地的公共收费或者消 【292】失殆尽，或者以一种削弱的方式转变成为庄园中的私人权力，这种“王权”的分散是中世纪早期的一大特点。

当然，这一事实本身使政府有必要寻求一种可供选择的财政基础。随着北欧海盗入侵的出现，9世纪的法国和10世纪的英国都试图重新制定普遍的土地税收体系；虽然这在法国的财政史上并没有留下什么印记，但是英国的“丹麦金”（danegeld）或“本地金”（heregeld）却成效显著，作为一种偶尔征收的捐税被一直延用到了1162年。加洛林王朝早期的统治者希望获得臣民们每年的“贡金”，后来的统治者则说服他们的臣属给予政府更大方的捐助。但是，这其中的任何一种税收都无法构成政府的基本财政来源，艾博特·休格尔（Abbot Suger）在对法王路易七世收入的描述中非常充分地归纳了这一特点：这些收入来自司法利润，领地附带财产，皇室领地的产出，领地内佃户缴纳的佃租。英国国王亨利一世1130年的收入（其中十分之一来自“丹麦金”，不算在内）与此极为相似：大约有一半来自各郡的农场，即主要来自皇室的领地和地方法院；财政平衡来自皇室司法的收入，救济金和其他附带财产，享有特权的收费，来自没有主持的寺院和教区的收益，以及或多或少从领地上掠夺的税收。简而言之，平常的收入来自领地内的地产、封建主的权力以及普通的行政利润，尤其是司法收益。

这些收益并不带有任何独特的皇室特色。在12世纪，诺曼底公爵或者香巴尼伯爵的收入与法兰西国王的收入没有什么重大的差别。这首先要归因于君王权力的广泛下放：过境税、教堂特别税、行政权力等王权都下放给了大的封建庄园。这一点在英国并不像在法国那么显著，但即使在英国，封建领主拥有的大量特权至少也削弱了国王对基层行政的控制。但是，它也是中世纪早期的经济环境使所有的权威都必须植根于土地之上的事实的结果。中世纪早期的政府在这方面经历了一个漫长的历史，到12世纪才进入了一个相对光明的阶段。当蛮族的国王们在新的领土上建立体制时，一些土地无疑归他们专用。另外，在盎格鲁萨克森的英国，所有拥有土地的自由民最初都有义务向国王和他的臣属表示友好，这种义务逐渐规范成了向国王供奉
【293】“贡金”（feorm）的一种职责——即每个人要根据其财产的多少向国王提供一定数量的粮秣。但是，国王们逐渐放弃了收取“贡金”的权力，把它奖赏给臣属和教堂；11世纪的英王克努特（Cnut）命令他的地方长官们只上交他自己拥有的财产中的收入，“这样除非有人自愿，就不需要人们向我进贡了（feorm fultume）。”换句话说，国王可以使用的收入逐渐仅仅限于皇室领地上的产出，这些土地像其他大地产一样受到管理。

法国卡佩王朝早期，国王们的收入甚至比同时期英国统治者的收入受到更大的限制。在9、10世纪，加洛林王朝国库的一大部分和由其官员行使的许多行政权力逐渐转移到了地方权贵的手中。法王休·卡佩（Hugh Capet）的领地还没有勃艮第伯爵拉乌尔（Raoul of Burgundy）的领地广阔[①]；休·卡佩及其后继者的有效行政管理权很难超越其国界的限制，他们的政府完全依赖于对其领地的剥削，除此之外没有其他财政来源。

王国和大诸侯国的财政资源日趋减少，其产生的一个必然结果就是：统治者开始把扩大领地的范围、增加领地上的产出作为一个重要的目标。君王

---

① F. 劳特：《对休·卡佩统治时期之研究》，第187页。

们领土的扩大——这是以其邻国土地和臣属领地的缩小为代价的——是一条通向权力之路，也是造成当时政治动荡的一个原因。同样的目标也可以通过和平的方式得以实现。“国王尽其所能善待自己的土地”，一位编年史家这样描述征服者威廉。《末日审判书》（Domesday Book）[①] 也描述了同样的情况：许多皇室领地的价值上升了。威廉也许可以仅仅通过把压力转嫁到农民身上达到这一目的，但是也可以通过皇室地产的有效管理和支持农业进步实现同样的目标。路易六世想方设法阻止农奴从领地上逃跑，并尽量从当时的移民运动中取得更多的好处。更早以前，尽管其中最著名的法令“the capitulare de villis”可能主要具有地方意义，查理大帝在许多法令中表现出对有效管理领地的关注；同时他还支持开垦西南部的荒地，并再次移民，虽然充实国库只是其中的原因之一。事实上，开垦的土地以完全拥有产权的特殊方式授予了移民，以诱使他们组成地方国民军，来迎战未来穆斯林的入侵[②]。然而，庄园地产的管理已经成为政府工作的一个部分，统治者与其他权贵（potentes）共同发挥作用扩展并巩固了庄园，使其成为西方社会几乎是最普及、最主要的经济组织。【294】

然而，也仅仅因为政府财政发生的相应变化——即前面所说的“国家的封建割据”（feudal disintegration of the state）——统治者就无法再发挥特殊的作用。“封建割据”的出现有很多原因：欧洲长期的内忧外患、王国内部的动荡迫使人们寻求地方列强的庇护；交通的衰退使各地孤立无援，也不利于远方的中央政府进行有效管理；另外统治者财政的困窘也是一个原因，他们的财政来源稀少，在他们所处的社会里，几乎所有的财富都来自农业。为了得到政治上的支持、军事和行政上的效忠，以及拯救他们的灵魂，统治者不得不用土地购买他人的善意或者把土地分封出去。比德（Bede）曾坦率地把诺森布里亚（Northumbria）的皇室地产称作“用于购买效忠（尤其是军事效忠）的基金”；残存的萨克森土地清册记录了古代英格兰国王把皇室土地和征收贡金的权力授予贵族和教堂的方式。这种赐予日益普遍，已经成为永久性的方式——在基涅武浦国王（King Cynewulf）公元 778 年的文书中，用“ita ut in proprio possideat perpetualiter”这样一个习语来表示。因此除非通过军事征服重新补充其“土地基金”，否则王朝可能会变得越来越困窘。国库中增加的土地无疑是下列行动的副产品：克努特或者威廉的征服战

① 又称“最终税册”，指英国 1085～1086 年的钦定土地调查清册。——译者注
② A. 杜邦：《纳博恩城》，第 327 页以后。

争，西萨克森对英国其他地区的霸权、对麦西亚权力的坚决维护。因为成功统治的基础是对土地的支配，所以这一时期强势政府的出现也就并非偶然。

在高卢，情况也相同。墨洛温王朝的国王们把土地当作基金永久地授予自己的臣属，以确保他们的效忠和支持。这一过程削弱了他们权力赖以生存的基础。墨洛温王朝早期的统治者似乎意识到了这种困境，并设法避免陷入其中。查理·马特（Charles Martel）剥夺了教会的土地，然后赏赐给部下。查理大帝（Charlemagne）则试图通过强化封建关系达到同样的目的：他增加了自己部下的等级，这既扩大了他所支配的军事力量，又把国家公务人员与他更紧密地联系在了一起；通过鼓励人们成为地主的部属，地主成为国王的部属，他试图调动富豪权贵的财富和影响力为国王的军事效力，并保持政治秩序；他通过委任官职和分封采邑赏赐自己的部属，但是这种分封不是永久性的，它或者只持续一生，或者以与部属的契约为期限。通过这种方式，他希望加强自己的职权，并满足自己军事和管理上的需要；与此同时，当采
【295】邑期满时，又可以不断地为他的政府重新提供领土基础。但结果并非如此。在虔诚者路易（Louis the Pious，即路易一世）统治早期，不但无法坚持采邑的这种暂时性的特点，甚至发生了另一转变——帝国的领地被永久地赏赐给了部属。当帝国灭亡后，地方诸侯侵吞了加洛林王朝的国库，继续控制着公爵的部属，瓜分了原本属于加洛林政府的官职，并将其作为世袭的爵位①。新出现的领地依旧从属于同样的割据势力，它们的领主也被迫将领地和管理权授予自己的部属，世袭领地（这似乎是农业社会固有的特点）的作用使权力的瓜分长期得以保持。法国这一时期的思维习惯和许多组织被移植到了英国，虽然其所造成的国家分裂并没有海峡对岸的法国那么严重，但只是程度不同而已，并不存在本质上的差别。

中世纪黑暗时期的统治者就像父母、助产妇或者无助的旁观者一样领导了一场政治、经济革命。经济监管的权力（比其他权力更突出地）与大土地所有者的管理权融合在了一起。到 10 世纪末，在高卢境内不存在一个“国家”（state），而是无数个割据权力。例如，征服英格兰的诺曼公爵在国内是大片农业领地的领主；同时，他又是城镇的领主，他能管理城镇的经济事务，他有权征收过境税，有权批准设立市场和集市，有权控制交通，可以铸造货币，这使得商人必须和他打交道，在英国没有一个国民拥有这种自治权。但是，如同法国国内的采邑一样，对土地、市场甚至城镇的一些经济管

① J. 东特：《法国封地的起源研究》，第 6 页以后，第 231 页以后。

理权却被移交给了封建领主，“国家”的管理权不但被分割开来，而且被分配成不同等级的权力。虽然对经济的监管并未消失，但它不再来自任何一个中心。在种植园和庄园可以看到这种经济管理方式。从长远来看，这虽然创造了中世纪全盛时期的经济组织——庄园，但是公共管理权力却在很大程度上不再发挥公共作用：人们很难把公共管理权和封建秩序产生的私有管理权网络区分开来。

所以，在中世纪早期的多数时期，政府的经济监管或者不存在，或者仅仅限于拥有这种权力的统治者进行的财政剥削，只有到了一定时期——当统治者试图重组政治社会结构时——才会看到统治者尝试进行真正意义上的“国家”经济干预。查理大帝的行为是一个恰当的例子。他积极建立市场 【296】
(他同意把市场中的权力授予臣民，这表明一些创造性来自底层)，试图制止赋税的增多，并改善交通、统一度量衡；饥馑和通货膨胀使他着手控制主要食品的价格，并禁止它们出口；为防止欺诈和偷盗货物，他禁止在晚上和私下进行交易。所有这些（也许还包括他的货币政策）表明，经过墨洛温王朝后期的衰退之后，他开始努力复兴国内贸易，他关注公平贸易和社会公正。这些无疑是其教士顾问所倡导的，教士们的影响可以在一些法令中看到——禁止把奴隶卖给异教徒，“高利贷是非法行为”也逐渐被写入了法典。

查理大帝也开始关注海外贸易。他似乎渴望在高卢和英国之间保持商业关系。公元 790 年，他与麦西亚的“欧法”（Offa of Mercia）发生了争执——据阿尔昆（Alcuin）所说，这是由“魔鬼”引起的——这使得双方来往的船只都被禁止进行商业活动；但是到了 796 年，两位统治者达成协议，结束了这一争端，他们承诺“按照古老的贸易惯例”保护并支持对方的商人；麦西亚的“欧法”同意对从英国出口到高卢的货物质量进行监督审查。由此确保了商业利益和国家友好关系中的政治利益，因为当时海盗洗劫了林迪斯发恩（Lindisfarne）——这是海盗威胁出现的先兆。在地中海，查理大帝也试图把穆斯林海盗的影响减少到最低程度，他和伊斯兰世界的经济关系可以说是他与巴格达、西班牙外交联系的副产品；他的意大利政策和巴塞罗那边界地区设立可以确保商人安全地到达拜占庭的商业站点，此时这条交通线位于意大利而不是普罗旺斯的海岸。在这一背景下，香料、东方的纺织品丝绸又重新运往欧洲。对于丝绸这种“东方的奢侈品”，查理大帝不太喜欢，麦西亚的“欧法”却爱不释手，路易一世把它赏赐给宫中的达官显贵，加洛林王朝的王公贵族则对丝绸垂涎三尺。

随着加洛林王朝的垮台，这些政策也逐渐消失。到了10世纪，对高卢各类“国家”的政治、经济目标来说，这些政策似乎已经不合时宜了[①]。英国则更幸运一些，尽管海盗的入侵经常使其中断，但是到了10、11世纪，【297】一个组织完备的、统一的王国已经建立起来，它的活动范围也扩展到了经济领域。贸易被限定在国家认可的城镇市场上进行，从而使国内贸易受到一定的控制；其目的或许是防止大众百姓偷盗货物或偷漏市场管理税，但是却建立了一定程度的政治秩序，最大的好处是实现了坐地经商。铸造钱币或多或少由皇室控制，在当时地方势力非常强大、中央铸币无法实现的情况下，增加铸币厂的数量对经济的复兴无疑是必要的。海外贸易也一定程度上受到国王的保护。在埃塞尔雷德二世（Aethelred Ⅱ）统治时期，国王的商人在英国和当地商人享有同样的权利；在991年与奥拉夫一世（Olaf Tryggvason）签订的条约中，也写入了有关商业的条款；克努特确保自己的国民与意大利北部进行更便捷的贸易，这也使得前往罗马朝觐的道路更加多样化。或许同样是为了更多的贸易，根特的市民被批准使用伦敦港的码头设备，这与鲁昂人在唐各特（Dowgate）得到的保护类似。

有关这方面的例子即使加在一起也寥寥无几，它们缺乏连续性，推动它们的动机也极其复杂。通常，这种灵感并非来自经济上的周密分析，而是来自教会对统治者的影响，或者是出于他们发号施令的欲望，或者是他们觉得这样对政治上有好处。至于这些措施所能设想到的经济结果，只有两个动机显得较为重要。第一个动机与中世纪早期“国家”统治周期的特点紧密相连。国王和诸侯王们在一定程度上要依靠其统治的世俗和教会土地所有者在行动上给予支持。所获得的财富主要由土地所有者阶层和国王及其官员（他们通常得到提拔或者爬入土地所有者这个阶层）来进行配置，这使得他们成了奢侈品和必需品的最大消费者。因此贵族阶层的组织（它们是确保贵族财富和生活必需品的基础）在宫廷中都会找到一大群支持者；“消费者利益”（consumer interest）——甚至是倾向于“铺张浪费”的消费利益——在这里所处的决定性地位，有助于说明政府对贸易和商人所持的态度。增加国内贸易的便利性，是为了处理领地上剩余的产品，同时也便于为皇室和贵族家庭提供供应；保护对外贸易或犹太人聚居区，则是为了确保丝绸、酒、香料等其他大庄园无法生产、贵族想得到的产品的供应。另一个动机更为直接：经济监管的权力能够产生可观的效益。定期集市和市场是收入的来源，

---

① E. 莱斯托夸：《10世纪》，《经济史评论》，1947年。

海外贸易也是如此。查理大帝委任一名执法官对途经昆顿维克（Quentovic）的英国贸易征收贡税（tributa atque vectigalia）；他还设立关卡控制穿越阿尔卑斯山的贸易和与斯拉夫人的贸易，这些关卡一方面征收赋税，另一方面核 【298】
查武器的出口。海峡对岸的情况与此相同，早在8世纪，伦敦港就对船只征收过境税；有关埃塞尔雷德二世对贸易感兴趣的记录，也主要是财政记录。

这一背景无疑说明，甚至在查理大帝这位伟大的政策制定者统治时期，政府干预经济的规模也是有限的，就如同政治的变迁缺乏连续性一样。另外，经济管理的权力可以用来创造收入这一事实，也有助于解释为什么这种权力会如此频繁地被转让或篡夺。多种形式的剥削同样不利于经济的繁荣——以过境税为例，它为贸易设置了障碍，增强了地方主义，并导致了当时经济的停滞。此外，封建秩序导致了军事贵族的诞生，他们最喜欢的产业就是战争。对交战季节的期望使伯特兰·德·博恩（Bertrand de Born）心花怒放，但是他也并非不清楚由此产生的一些经济后果，“对我们而言形势将一片大好……即使在白天，全副武装的驮队也不敢上路，所有的市民都充满恐惧，所有的商人都不敢取道前往法国。”吸引像伯特兰这样的人的并非仅仅是对打仗的嗜爱：战争同时意味着达官显贵将愿意购买他的服务，使他有机会尽情享受“进行掠夺的那种原始的快感”，这是他们这一阶级许多人的特点。公元1074年，来到法国的商人发现，甚至连国王腓力一世（King Philip Ⅰ）也是一匹“贪婪的狼”，他夺走了商人们大量的钱财，并因此招致了教皇格列高利七世（Gregory Ⅶ）的谴责。中世纪早期权力对经济的干预比领地上的剥削更低级，它或许退化成了掠夺。

6.2.3　12、13世纪

6.2.3.1　行政管理的进步与城市的自由

11世纪到14世纪初是发生巨变的时期之一。在这一时期，西欧内部的经济以及其与外部的商业联系都得到了扩展，有新的资源可供政府和国民使用，新的经济问题也迫使统治者给予经济更多的关注。这一时期也是政治重组的时期，权力下放的趋势停止了，并向相反的方向发展。在这一过程中，法国的地方权贵起初像英、法两国的统治贵族一样显要，他们的行为起初常常具有权谋和欺诈的特点——法国安茹（Anjou）的富尔克·纳瑞就是这样 【299】
一位玩弄权术的高手。但是，一个更加正规、严密的政府组织渐渐显得必不可少。如同在当时的英国和法国一样，在11世纪的安茹（Anjou）和阿基坦（Aquitaine），这一点开始日渐明显。行政管理能力的提高——以及与之相关的政府中官僚成分重要性的增加——具有重大的意义，它使中央政府增添了新的有效性，使行政管理有了更大的连续性①，这也是单纯的经济干预行为向经济政策转变的一个前提。即使在法国，国王也是最大的受益者。在14世纪初，尽管一些省份仍旧没有成为法国的一部分，但是就像在英国一样，法国皇室的权力已经超过了所有其他地方贵族的权力，至少取代了一些诞生于封建割据时代的“准国家”（infra-state）的权力。

如果说中央集权是这几个世纪的一个长期趋势，那么首先引人注目的则是一个与之相反的趋势。统治者继续放弃其自身拥有的管理权力，并以“特权”（franchises）的形式授予贵族和教堂；为了使城市受益，他们也开始采取同样的行动。城镇市民对公民特权的使用另当别论，在这里，我们只能探讨一下促使统治者以这种方式成倍增加“准国家”机构的一些原因——在这些准国家机构中经济管理的权力是相对分散的。当然，在许多情况下，城镇市民主要是依靠其自身的努力赢得了自由。在法国的北部和中部，一些城镇通过成功地密谋策划甚至起义赢得了自治；米迪的执政府则通过逐步擅用领主特权而得到了他们的特权。当然，只有一些城镇实现了自治或成立了执政府，大多数略为重要和一些很小的城市中心也取得了一定程度的特权。这常常是出于政治原因。在向其领地内城镇授予特权时，法国国王和英国的亨利二世一样吝啬，但他们却把特权慷慨地授予了奥塞尔（Auxerre）或第戎（Dijon）：在那里，国王可以利用这一机会感受到采邑领地上皇室权力的存在。在争夺诺曼底及其邻近省份的过程中，应城市的强烈要求，金雀花王朝同意授予它们特权，后来腓力·奥古斯都（Philip Augustus）进一步确认了这些特许权。各城镇似乎已经把这些有争议的领土看作一个非常重大的利益并考虑在内，提出对这些领土的特权对他们的防御和扩张来说是必需的。似乎是出于政治和管理的考虑，英王爱德华一世和法国西南部普瓦蒂埃的阿方斯（Alphonse of Poitiers）采纳了修建堡塔（bastides）的建议。堡塔
【300】是行政管理的中心，也是统治贵族权力的重要据点，在原本荒无人烟的边境地区，统治者由此确立了自己的统治②。

与此同时，堡塔很快变得更加重要。公元1306～1307年，堡塔提供的

① 参看R. W. 萨瑟恩：《中世纪的形成》，第89页。

② J. P. 特拉布特—屈萨克：《城堡还是堡垒?》，载于《中世纪》，第六十卷（1954年），第81页以后。

收入占了爱德华一世在佩里格的贡金（Bailliage of Pergord）的一半，占阿让那斯（Agenais）收入的3/4。这些堡塔发展成了新的人口中心，朝气蓬勃的经济中心，定居、开垦的中心。从这一点来说，他们与统治者正在采纳的更严酷地剥削庄园的政策相一致。城市发展的直接经济价值也不容忽视。城镇获得了自由，一些地主甚至开始建立城镇，因为他们认识到：与郊区的庄园相比，享有自治特权的市镇是更有可能增值的资产。甚至在缺乏这种远见的地方，城市中的市镇也被认为是一种资产，通过用现金购买自由，使这些资产转化成了资本。公元1184年庞斯尤（Ponthieu）的伯爵对此直言不讳，他的祖父［由于阿布维尔人（men of Abbeville）造成的伤害］，eisdem communiam vendidisset；在“卷筒卷宗”（Pipe Rolls）[①] 中记载了一系列以相似的方式授予或确认城市自由的情况。与此同时，在英国的特许权法令中，在查理和约翰时期的诺曼特许权法令中，在腓力·奥古斯都的特许权法令中，在亨利大帝和13世纪勃艮第公爵的特许权法令中，都制定了一些相关的条例，目的是使他们对城镇的财政剥削合理化。享有特许权的市镇必须缴纳年承包税（farm）或人口财产税（census）；用固定税额代替市民的集体纳税义务，及难以征收的各种苛捐杂税有不少好处。而城镇拥有的特权有时会减少或增加城镇对其领主的财政义务。

但是就在此时，经济管理权力的下放达到了极限。国王的立法权力不断扩大（在英国尤其如此），皇室的宗主权扩充到了各封建省份，皇室的司法权在增强——其代价是与管辖权相抗衡。各城镇都感受到了强大的中央权力带来的影响。在英国，城镇的自由权像贵族的特权一样受到仔细的核查，一旦发现被滥用就予以收回——例如1274年的温切斯特；另外，爱德华一世统治后期也收回伦敦的自治权达13年。政府的政策开始抵触城镇的法令，并将城镇政府的作用减少为代表国王行事的执行官。在法国，由于财政失效和腐败以及寡头政治对城镇政府的控制激起了社会冲突，导致中央政权进一步干预城市的事务。雷蒙德·贝伦哥五世（Raymond Berengar V）、普罗旺斯境内安茹的查理（Charles of Anjou in Provence）、图卢兹（Toulouse）郊区普瓦蒂埃的阿方斯（Alphonse of Poitiers），以及勃艮第公爵罗伯特二世都制 【301】
定各种政策，使城镇服从于他们的政治控制。圣·路易（St Louis）及其继任者也追求相类似的政策。国王的官员更频繁地插手城镇的内部事务；国王的法庭在城镇像在其他地方施加着影响。在1256年，诺曼底及其领地内城

① 指12～19世纪英国财政部的年度记录，亦称“财政部大档”。——译者注

镇的财政事务都必须定期由“国王的人”（king’s men）进行仔细核查。随着皇室权力在整个法国的扩展，国王被称作“城市的元首”（chef des villes），他的管理权甚至影响到城市内部的组织。早在腓力·奥古斯都统治时期，巴黎市的市政机关系统得到了人为的扩展。到了圣·路易统治晚期，国王的司法官员（prevot）开始负责制定“职业账簿”（Livre des Metiers），它不仅规定了贸易和工业的技术性细则，而且规定了手工业者对国王的司法义务、财政义务和军事义务。实际上，这些组织正在转变为行政管理机构，它们的官员既代表国王又代表它们的团体。与之相似，在13世纪末，国王的法官（viguier）开始与市政长官（capitousl）争夺对图卢兹手工业的控制权——尤其是制定行会法令权。总之，市镇阶段正在结束，城镇正逐渐变成“国王所有”（choses du roi），国家封建割据的局面也开始被扭转。

6.2.3.2 政府财政

统治者在处理城镇问题时对财政问题的优先考虑表明，财政问题已经成为统治者面对的最迫切的问题之一。物价的上涨、行政管理范围的扩大、无偿服务的减少都导致政府的日常开支持续增长；卡佩王朝和金雀花王朝进入了大规模的欧洲政治，由此带来的特殊开支也急剧上升。财政问题的这一状况可以从1202~1203年“法兰西王朝的第一份预算”中看出来——这一年的战争要求尽一切可能筹集资金。法兰西国王那一年收入的第一个组成部分是法官（baillis）和地方官员（prevots）的交费，扣除一定数目的地方收费后大约为60 000里帕；这一数目中包括皇室森林、农庄、耕地的收益，司法、市场的利润，牧师的特别税等等。另外，国王还得到一定数目的、与突发战争直接相关的特别费用——其下属和非贵族人士为找人代服兵役而缴纳的费用，领地上征收的人头税（taille），领地上城镇、教堂和犹太高利贷商人缴纳的特别税——总计大约63 000里帕。英王约翰两年后在英格兰地区
【302】的收入为20 000英镑①，主要来自各个郡县和各个自治市承包的赋税、封建土地和附带财产转让的收入、主教空缺时教区资产的收益，以及皇家法庭的利润。但是在当时的情况下，这一总数中也包括了兵役免除税（scutage）、代服兵役费、对庄园和犹太人的摊派税（tallage）。在接下来的一年中，这一数目总计约6 900英镑。公元1202年，英王约翰成功地征收了贸易税，

① 《卷筒宗卷》，7 John，第25~26卷。

1203 年和 1207 年又对动产（movables）成功征税，最后的数额竟达到了惊人的 57 000 英镑。但是关税很快被放弃征收了，对动产的征税仅仅代表了未来财政体系的第一个预兆。

因此在 13 世纪初，统治者大部分的收入仍旧来自传统的渠道。特殊的供应在和平时期几乎不可能获得，甚至在战争中也不易获得；统治者个人的资产大都效益平平。基于这一原因，统治者们的财政都面临着入不敷出的趋势，于是他们首先试图增加正常的收入。例如，13 世纪的勃艮第公爵通过购买、交换、接受转归领主的土地的方式逐步扩大自己的财产；他们简化并合理化了农村地区所缴纳的地租；他们使城市自治权的授予取决于城市每年向公爵缴纳的人口财产税（census）；他们发展了自己在肖蒙（Chaumont）、奥顿（Autun）尤其是夏龙（Chalon）地区的定期集市，从而与其他领主的集市进行竞争；他们增加了从司法、平民税、封建捐助所得到的收益；他们还驱逐除国王之外的所有竞争对手的货币。这些努力之所以使正常收入的最大化获得成功，其原因之一就是公爵领地内财政管理水平的日益提高。

法国的国王们也采取了与勃艮第公爵们相同的政策。13 世纪对诺曼底和朗格多克（Languedoc）的获得，以及对普瓦蒂埃的阿方斯和香巴尼省伯爵领地的获取，都表明了皇室领地的显著扩大。圣·路易及其继任者很好地把握了这一机遇：通过购买、没收、转归、交换等方式使领地的资源得到扩大，更好的管理使得收入逐步增长——在 1238 ~ 1260 年，仅仅是鲁昂地区征收的地租就从 15 000 里（Li）增加到了 18 000 里。英国国王们从领地资源上的收入没有这么大的增长——尽管爱德华一世至少可以被称作是一位大土地经营者——但是他们并非不关注对已有收入的稳定，1230 年亨利三世对财政部（the exchequer）的改革就是这方面的一个典型例子。国王的财政 【303】
资源得到全面的核查：能够转化为货币的封建义务、皇室的领地、中部诸郡长官获取收入的各种资源；皇室庄园制定了新的承包税额，服役土地占有权的过时服务转变为货币地租；对通过何种授权某人可以拥有皇室财产或王室权力也进行了彻底地调查，从而使国王收回了以前他被窃取的所有东西。这一政策——就像法兰西国王扩大领地的收入一样——不可避免地冒犯了一些既得利益；在需要时，国王们也很容易经不住诱惑而过分压制他人的利益：为了财政收入而剥削司法部门，过度征收封建附带财产，等等。因此，这些将正常收入最大化的企图引起了反抗。在英国，只有通过《大宪章》（the Great Charter）做出妥协，这种反抗才得以缓和；在 14 世纪早期的法国，也通过国民议会赢得《大宪章》才平息了这种对立和反抗。

另外，到了14世纪初，政府的正常收入已经明显不够用——至少在战时如此。在爱德华一世和美男子腓力（即腓力四世）时期，“特殊征税”日渐频繁，涉及的财产更为广泛，也更加必不可少。在爱德华一世统治下的英格兰，教堂为满足国王的需要而提供的税收约为20万英镑，整个议会对动产的税收又产生了50万英镑，全国性的关税体系已经建立起来。在1275年，要对羊毛、羊皮、皮革征收出口关税；1294～1297年税率进一步提高；到了1303年，进出口附加税收的征缴要与从事对英贸易的商人联合会谈判决定。在1275年、1275～1294年、1299～1304年，年均的关税收入约为10 000英镑[①]；1294～1297年，以及爱德华一世统治晚期，当对商业联合会的新税开始征缴时，从贸易中征缴的税收还要更高。总之，爱德华一世在其统治过程中直接或间接征缴的税收为100万英镑，甚至更多。

法王美男子腓力对税收的需求也不小[②]。像爱德华一世一样，他让教会频繁地提供捐赠。另一方面，他排除万难试图建立全面的直接税收体系，由此开始了各种试验和随意征收。这些试验包括对财产或动产征税，征收烟囱税（hearth taxes），对不同的阶级和市镇征收代服兵役费，将封建捐助的范
【304】围扩大到包括诸侯。征收的这些税产生了可观的数目：在1295年，补助金（subsidy）可能是350 000～360 000里帕；到了1304年，则达到了700 000里特尔甚至更多——尽管货币有所贬值。与此同时，它们也变得越来越难以筹集。在他们的领土上，国王被迫接受个别城镇和团体的特殊和解协议；早在1295年，国王就不得不购买贵族们的债务豁免书（acquiescence）——给予他们一部分从其领地上征缴的税收。因此，必须以其他增加收入的方式来补充直接税收。1291年，开始征收一种销售税，但是却因此在鲁昂引起骚乱；城镇和各省则买到了豁免权；到了1295年只好放弃征收——尽管在查理四世统治时的1296年和1314年又征收过类似的税种。犹太人被一次又一次地征收摊派税，仅在1301年法国国王就从他们那里得到了44 000里特尔（Litur）；在一段时期他们甚至遭到驱逐，1306年他们的财产则被扣压或没收。意大利的商业金融家被迫向国王购买豁免权，以防被掠夺；1291～1292年，这方面的收入为221 000里特尔，1295年为65 000里特尔；强制性的借款也总是得不到偿还。大规模地操纵货币也许是财政中最重要的一个便捷

① 在《卷筒卷宗》中记录了这些年确切的关税数目，承蒙E. B. 弗里德博士提供给我。

② 详见F. 劳特和R. 福蒂尔在这一领域的研究概述，《中世纪的法国组织史》，第二卷，第225页以后。

方式，1298～1299 年，通过这种方法获得了 120 万里特尔，约占国库全部收入的 2/3。最后，对外贸易也被征收特别税——尽管在很长一段时间是以一种武断的、非系统方式进行的。禁止出口（尤其是羊毛和食品）使得腓力四世和他的继任者可以出售出口许可证。1321 年，财政部有权根据正常的关税（droits de haute passage）出售这些许可证；到了 1324 年，因为这些商品已经支付特定的税收，它们的名字便从禁止出口的名单上被划去了。由于缺乏大宗的出口商品（如英国的羊毛），因此法国的出口关税或许很自然地以这种杂乱的方式存在，出售出口许可证的收入也相当有限——1322～1323 年为 55 000 万里，大约占那些年国库收入的 5%。

在这一时期，皇帝的收入急剧上升。在英国，全国性的直接和间接税收体系正在被建立，甚至在法国，国王实际收入的数目也超过他的传统收入。但是，爱德华一世和腓力四世仍面临持续不断的财政困难。总之，政府的需求仍旧超出能够满足他们的能力。但是，按照当时的标准，爱德华一世和腓力四世征收的财政赋税已经极为繁重，或许他们已经从生产投资中盗用了部分资本。坎特伯雷基督教教会主持亨利住宅花费的 1/3 就从教皇和皇帝的税收中支出，与他投资到其资产的一样多。爱德华一世统治晚期国会税收的减少，或许也表明纳税人手中现金的日益短缺和成功的偷税漏税。13 世纪末【305】
期诺曼底地区地价和地租的下降，或许也归因于腓力四世沉重的赋税。因此，经济增长速度的减慢也许部分是出于财政原因，繁荣时期积累的储备也因穷兵黩武的野心而正在被挥霍殆尽。

6.2.3.3　政府与经济事务

这一时期对财政的重视，以及随之而来的统治者不断扩大收入的各种努力，可能是政府越来越多地干预经济事务的最重要的单一因素。统治者在领地上的资源包括经济监管的权力。不管是在统治者业已建立的势力范围之内，还是以附属的权力为代价，这种经济监管的资源都既能利用又可扩展。因为有利可图，所以夺取这种权力就成为这一时期巩固政治权力的历史的一部分。当然，政府采纳经济政策也会出于其他的原因，比如战略上的原因，或者试图解决由于社会和经济急剧变化而引起的一些问题。但是，由于这些政策通常以罚款或制裁的方式强制执行，所以罚款或制裁的重要性很容易就超出了最初的目标范围。财政上取得的好处不仅支配着政策，而且使其从最初的渠道脱离出来。

政府对这一时期土地问题的处理就提供了这样一个例子。一些实实在在的问题出现在这一领域，由于13世纪货币的贬值，加上许多佃户只缴纳固定数目的地租，导致领主实际收入下降，领主对佃户控制的减弱使这种趋势更为严重。土地越来越被看作私有，为了家庭的定居土地被割裂成条条块块，并根据佃户的利益或需要而进行买卖。如果把领主收入中购买力的下降考虑在内，佃户权力对领主的逐渐损害就显得更为严重，它损害了领主修改与佃户签订的契约的权力，也侵害了领主从封建附带财产、摊派税中定期捞取最大的意外之财的能力。

统治者在领土上的利益、有政治影响力的贵族的强烈不满，以及封建领土秩序的瓦解破坏了政治义务基础的这个事实，把政府的注意力吸引到了这
【306】些问题上。大家族的王朝野心、统治者对提供给他的各种服务的关注，使得他们试图扼制采邑的瓦解。在英国，继承祖先的土地成为一条定例；在法国，诺曼底、布列塔尼半岛和香巴尼省的统治者都试图对其下属的封地和庄园征收赋税。但是，这种最低限度的阻力，也随着佃户自由的大潮流而随波逐流，特别是在一些地方领主们在收取了一定的赋税后就给予了佃户豁免权。在英国，1285年的一部法令（the Statute De donis condicionalibus）便允许一部分采邑为了家庭定居而分割开来。在法国的皇室领地上，腓力·奥古斯都于1210年把可分割的采邑授予多个共同继承人，使其直接拥有土地，从而挽救了封建控制和由其产生的封建附带财产。1224年香巴尼省的伯爵也采取了相似的特许权。采邑和农民土地的可转让变得非常普遍，以至于可以购买领主许可证。绝大部分的政府政策仅限于恢复封建领主对佃户的控制，并以此作为在庄园征收赋税的前提条件。英国的《永久管业土地法令》（Statute of Mortmain）规定，领主有权控制他们的佃户送给教会的赠品；一部名为the Statute Quia emptores的法令通过领地分封的方式稳固了领主的权力。香巴尼省的伯爵于1222年、1250年、1263～1265年核查了永久管业土地的转让情况，安茹的查理（Charles of Anjou）在1289年下令禁止把采邑转让给教会和普罗旺斯的平民，他们的措施都取得了与英国相似的效果。在法国，随着后一项措施，紧接着于1275年又颁布了皇室法令，并不完全禁止这种土地转让，其作用在于建立起国王给予他们许可的权力，进而从中收取赋税。总之，如果国王和少数领主在控制当时的趋势方面存在竞争的话，那么当想出许多办法从变化着的农村社会中获利之后，政府和封建领主的利益都基本得到了满足。

工业也只吸引了政府有限的注意力。英国的国王可以在他们的森林中建立炼铁炉，从而使其对德比郡（Derbyshire）和康沃尔（Cornwall）铅矿、

锡矿的开采合理化；织工行会每年向国王缴纳固定数额的税金，回报国王授予他们地方生产的垄断权；这些都成为增加收入、开采领土资源的方法。只有纺织工业引起了普遍的关注，英国政府制定的第一个控制布匹的大措施就是 1197 年的《布匹法令》(Assize of Cloth)，此法令将染色布匹的生产只限定在城镇，并详细规定了其尺寸和质量。制定这一法令的最初动力或许来自城市企业家和布匹商，但是却具有鲜明的时代特点。早在 1202 年，为了得到法令的豁免，每一个生产布匹的郡县都缴纳税金；到了此时，大部分地区 【307】都已习惯对进口到本国的布匹的标准进行控制——当然，就像 1270 年的佛兰芒人一样，进口商可以购买到豁免权。1197 年政策的转变，在一定程度上是出于消费者利益的需要，更大程度上则是出于迫切的财政需求。法国国王勇敢者腓力（Philip the Bold，即腓力三世）在 1277 年禁止羊毛的出口则有另外的原因，虽然看起来他制定这一政策只是为了确保米迪地区布匹工业原材料的供应，但是这一政策很快就变成了腓力四世财政开支的牺牲品。例如，腓力四世在 1305 年重申，禁止羊毛出口，以确保卡尔卡松（Carcassonne）的布匹工人作出让步，允许政府对其生产的布匹征收赋税；另一方面他又无视禁令随意出售羊毛出口许可证。1318 年米迪地区对羊毛出口采取相似的禁令——1321 年应城镇中资产阶级的要求进一步扩展到了法国其他地区——其结果也大体相似。禁止出口只不过是征收出口赋税的一种方法，工业保护政策并不是政府政策的前奏。

在这一时期，政府的监管只在商业领域发挥了重要的作用。随着意大利和低地国家大工业地区的崛起、远程商业的复兴，这方面的形势也已经发生了变化。但是工业企业和远程贸易只能在一种极度割裂的经济环境中进行——这种经济环境在中世纪初期就已出现。在英国和法国，到处都是自行收费的领主，当他们取得了城镇的自主权后，他们的职权就与城镇连在了一起。交通本应是地方的责任，但各地政府都置若罔闻。当地度量衡和货币的混乱只允许进行当地交易，对其他所有活动都设置了阻碍。各地的秩序非常混乱，商人常常要冒生命的危险：甚至在 13 世纪管理较好的英国，科尔切斯特（Colchester）的市民也不得不寻求国王的帮助，以对付温切斯特（Winchelsea）和拉伊（Rye）地区的人们；亚茅斯（Yarmouth）的人们要应付辛克港（Cinque Ports）人对其集市的破坏活动；“伦敦的贵族们”在温切斯特的集市上要对付索尔兹伯里的伯爵（earl of Salisbury）。新城镇的态度也比较狭隘，12 世纪上半叶伦敦的贸易习俗代表着一条原则——地方贸易应该被保持在当地人的手中；这一原则很快出现在其他城镇的宪章之中；巴黎和鲁昂的汉萨同盟为了争夺塞纳河的水上交通主导权进行了激烈的斗争。城市态度的狭隘部分是由于关注自身供应的安全，防止饥馑的发生——由于
【308】中世纪农业产出较低，因此饥馑不时发生——但是，由于交通和贸易存在障碍，加上各城镇本身采取防御性政策，使得这种灾难更为严重。如果一个地区的供应短缺，由于长途运输存在困难，就可能意味着一些人将要挨饿，而营养不良的人们中间会流行疫病。公元1257～1258年的英国就发生了这种情况，仅仅一场农业歉收就使得伦敦的粮食价格急剧上升，达到前些年的4～6倍。许多穷人死于饥饿和瘟疫，甚至富人也难逃厄运。饥荒是这几个世纪政府要长期面对的问题，针对新的经济环境调整经济政策也成为政府的当务之急。

在一定程度上，政府在这种调整过程中发挥了作用。事实上，英国金雀花王朝的统治者想方设法把分散的领地连接成一个统一的贸易区。加斯科（Gascon）的商人——他们是重要的酒类供应商——在英格兰享有特权，威尔士的商人在和平时期则受到欢迎，爱尔兰的粮食和食品通常可以自由进入英格兰。新的税收被废除了，因为它们可能妨碍英格兰与海峡群岛（Channel Isles）之间的贸易。至于内部的税收，如果市民们认为那是城市收入的一个重要来源，那么国王会对他们的愿望表示同情，并豁免其他人在此地的赋税。在1086年，多佛（Dover）人在整个英格兰境内都免收赋税，1102 1103年，伯里·圣·埃德蒙兹（Bury St Edmunds）的人们也是如此。在整个金雀花帝国，相似的自由权在1156年得到沃林福德（Wallingford）的保护，在12世纪末则得到了其他城镇的保护，它们包括伦敦、温切斯特、布里斯托尔（Bristol）、纽卡斯尔（Newcastle）、南埃普敦（Southampton）和约克（York）。新税种的征收许可权成了国王的权力，只是为了一些短期行为或特定目的（如修桥、筑路、整葺城墙、改建码头等等）才偶尔征收。非法的强制征税很快被制止了，“肆无忌惮”的征税则在1275年被明令禁止。在法国，形势更为严峻。1256年，圣·路易禁止他的官员为了一时急需而妨碍贸易，并不时下令制止制定新的税收，而且旧的赋税也只能用于维持交通的畅通。但是，当每一个领主都享有“独立征税”的权益时，就可能仅仅为了他们自身的财政收益而下令征税，并使贸易受阻。

与此同时，政府也采取了刺激商品流通的其他措施。在法国，13世纪的货币改革和贵族领地上“圣·路易的优质货币”（good money of St Louis）的流通或许也达到了一定的目标。英国国王则尽力对道路、桥梁的维修进行
【309】一定的监管，并保持水路可自由通航。英法两国的统治者都毫不吝啬地出售

建立集市和市场的许可证，尽管其动力主要来自领主和城镇增加收入的渴望。毋庸置疑，正是为了得到这种财政上的回报，法国国王发展了巴黎的定期集市（Halles），并把它们作为资本市场。但是它们在这方面的成就远远比不上香巴尼省伯爵建立的集市的成就。尽管在12世纪初，香巴尼省的定期集市只是地方性的农贸市场，但是到了12世纪末，它已经成为法国、意大利和佛兰德斯商人们会聚的地点。这部分归功于香巴尼省伯爵的积极政策，他们建立了一整套集市系统，并对所有光顾集市的商人给予保护；通过与邻近的地主达成协议，他们逐渐扩大了保护的范围；1209年腓力·奥古斯都批准了这一进程，他把皇家安全通行证授予了所有来到香巴尼集市的商人。平民会议的首领（Comital custodes）负责集市的组织和内部秩序，以此作为伯爵保护商人们往来安全的补充。

与此同时，政府并未采取完全放任自由的贸易政策。如果完全放任自由的话，国王、领主和城镇的利益都无法得到满足：法国国王不仅建立了巴黎的集市，而且使它们变成了强制性的资本市场，国王收入的多寡则取决于强迫程度的轻重。供应不足和对饥馑的恐惧，使得食品贸易成为一种受到各级政权普遍控制的贸易。到了13世纪，王国的统治者开始插手控制这一领域。在法国，1270年、1274年和1302年都禁止全国（或地区范围）出口粮食。在英国，试图管理粮食贸易的努力更加具有连续性，其中包括中央政府规定主要生活必需品的价格和质量标准，为面包、淡色啤酒、红酒等物品制定法定标准。各国政府总体上都想促进其领土上商业的发展，但是他们并不准备无条件地这样做。

但是，鼓励商业发展通常并不意味着就能吸引到外商，外商比当地人更需要得到保护。正因为如此，英国国王不仅给特定城市的个人和商人，而且给“各国”商人发给安全通行证——佛兰芒人（1204年）、挪威人（1217年）、法国人和佛罗伦萨人（1234年）、布拉巴特人（Brabancon，1235年）、瑞典人（1237年）、葡萄牙人（1308年）。外国商人开始享有特殊的贸易权利——这种特权是通过若干次谈判建立的——1303年的《商业法》（the Carta Mercatoria）使之更加普及。通过这一法令，所有盟国的商人在英国都受到国王的保护，免交各地的收费，既允许他们进行批发也允许他们进行零售，并承诺对涉及他们的诉讼尽快进行审理。一些盟国的商人甚至享有 【310】
更大的特权。早在12世纪中叶，圣·奥默（St Omer）的商人就已经在伦敦拥有他们自己的招待所（hospicium），还可以自由地进入各个集市和市场；甚至在更早以前，丹麦人和挪威人就已经拥有了这种特权。更有甚者，还出现了两个享有更多特权的商贸团体——伦巴德人商团和汉萨人商团。在1175年，科隆市民率先得到亨利二世的保护，汉萨同盟成功地取得了这一特权；1194年他们在伦敦拥有自己的商会大厦，还可以自由地进入所有的市场和集市。早在爱德华一世统治早期，伦敦人就被迫承认这些特权属于所有的日耳曼商人——那时他们已经组成了一个单一的“汉萨同盟”；这个商会还赢得了拥有自己“市长”（mayor）的权利，“市长”有权成立法庭审理“汉萨同盟”成员之间因债务、契约、合同纠纷而引起的诉讼。

法国国王也对佛兰德斯和伦巴德商人——他们香巴尼定期集市上主要的商人团体——作出了相似的让步。早在1193年，腓力·奥古斯都就已经把伊普尔（Ypres）人置于自己的保护之下，他还将安全通行证（safe-conduct）发给经常来往香巴尼省集市的商人，佛兰德斯商人则是主要的受益者。到了13世纪末，意大利人也建立起了他们的特权地位；腓力三世允许他们在尼姆（Nimes）定居，给予他们与巴黎市民同样的保护，并豁免了他们的平民税、防卫税和骑马巡逻的义务（chevauchees），允许他们在自己“会长”（rector）的领导下组成自己的商会。美男子腓力（腓力四世）时常确认这些特权；路易十世宣称自己将吸引伦巴德人来到他的国度，并允许他们在巴黎、圣·奥默、拉罗歇尔和尼姆地区定居。

在同外国商人的谈判中，突出的一个难题就是贸易债务问题。一般情况下，如果一位商人不履行自己的义务，那么债主就会扣押与他是同一城市或同一国家的商人的货物。反过来，商人们有时很难确保收回属于他们的款项。因此，首先当他们既不是委托人又不是担保人时，商人们总是想方设法逃避承担债务的赔偿责任。在12世纪，与此有关的一项特权被广泛地授予了英国的城镇市民，1275年则通过法令扩大到所有英国商人；意大利人、佛兰芒人和汉萨同盟商人在英国和法国取得了相似的特权——英国君王尽最大努力使“商业报复行为”成为王室独有的权力，只有在万不得已时才能使用。另外，国王还采取一切措
[311] 施帮助商人们追回拖欠的债务。腓力四世在这方面帮助了伦巴德人；从约翰统治时期开始，商人们也可以通过英国财政部（the English exchequer）追回商业债务；在1283年和1285年，爱德华一世颁布法令，规定对此类债务予以登记，并尽快满足债主的要求。这些措施似乎对外国商人给予了特别的关照。

政府对外国商人表达善意的原因很多，或许主要是因为可以直接从中受益。佛兰芒商人为了得到第一张在英国经商的许可证，花费了400马克；1204年、1206年和1303年皇室同意对外商给予保护，条件是要从他们的交易中收税；在1245年，亨利三世告诉意大利人和卡奥尔人（Cahorsins），如

果他们打算在其领土上经商或放高利贷，就必须给他一大笔捐款或贷款。腓力三世和腓力四世对意大利商人的态度与之类似，“意大利人的捐献”（financia Italicorum）成为皇室国库中一项经常性的收入。与此同时，外国人（尤其是意大利人）还被作为钱商、钱庄、造币人甚至外交官而受到重视：例如，热那亚和佛罗伦萨的商人就首先是作为英国国王的财政官员来到波尔多的。但是，这些财政和政治上的理由并不能完全解释为什么国王会不顾本国臣民的反对而保护外国商人的自由。1290 年，当伦敦市民要求驱逐外国商人时，爱德华一世坦率地回答：rex intendit quod mercatores extranei sunt ydonei et utiles magnatibus；爱德华一世在其他场合也坚决反对伦敦人这样做；在 1258 年的请愿书和 1215 年的《大宪章》中，英国的地主贵族表达了他们对外商作用的看法。法国国王和贵族似乎对外商的作用具有基本的共识，对伦巴底商人的看法尤其如此。

毫无疑问，贵族们被外国商人提供的金融服务和他们自己从市场、集市上获得的利益打动了。与此同时，皇室和贵族情绪的汇合为当时的国内贸易政策和海外贸易政策之间提供了联系。皇室和贵族家庭仍旧具有很大程度的流动性，他们也是巨大的消费中心。制定一项国内政策，即以合理的价格和质量更多地供应货物，这显然符合皇室和贵族的共同利益；保证外贸进口渠道的通畅也是如此。英国主要依靠加斯科涅商人运来酒，佛兰芒商人运来高档布料，汉萨同盟商人运来皮革和石蜡，意大利商人从地中海和黎凡特（Lcvantine）地区运来丝绸和香料。出于这一原因，外商“对贵族们是有用的”，也是国王宫廷必不可少的供应商；与城镇商人和手工业者狭隘利益相抵触的政策，得到了政治统治阶级的赞成。但是这些政策逐渐开始被用于其【312】
他目的。意大利、佛兰德斯甚至米迪都需要英国的羊毛，佛兰德斯还需要法国北部剩余的农产品，因此国王和诸侯们帮助促进远程贸易对领主权贵也是有用的——这为他们农庄的产品提供了市场销路。到了 13 世纪末，这种利益的交汇告一段落。为了平息来自农村的抗议，并满足布料商的利益，朗格多克在 1277 年后对羊毛的出口进行了管制。同样，应“宗教、贵族和其他人士”的要求，查理四世于 1314 年禁止出口食品原料。政府的政策与农业阶级的意愿——他们认为所有的人都应该有机会得到他们的供应——变得不相一致。出口税也向这一方向发展。正如英国的领主所说，他们 1297 年反对羊毛苛捐杂税的目的是降低生产的费用。初级生产地区的工业利益变得日益重要，同时政府也逐渐实行削弱贵族和领主特权——它们曾经促成了 12、13 世纪的商业政策——的财政措施。

6.2.3.4 战争与经济政策

但是，出口税首先是战争赋税，必须把它和战争对经济政策的其他影响联系起来加以分析。当然，任何一次军事战役都会涉及经济措施。战争必须要筹集资金。在没有常规的海军时，商船就被征用去运送部队和物资。物资本身也不得不从民间征用。获得这种“赠品”（prises）是国王的权利之一，英国下院 1215 年曾希望通过制定法令对其加以规范；1297 年，坎特伯雷的大主教威胁要把负责国王供应的皇室大臣驱逐出教。1254 年，圣·路易承诺要安抚人们对“赠品”的不满；这似乎并非偶然，紧接着在 1256 年他便发动了第一次十字军东征。但是，征用并非战争惟一的经济成果。即使是亨利三世和威尔士的小规模战役，也首先下令关闭边境地区的农贸市场，强迫商人们把货物运到国王的营房之中，把船只集中到塞文河（the Severn）运送物资，还禁止商人与敌方有贸易往来。为了维持供应并抑制国内的物价，食品被禁止出口：爱德华一世在 1307 年的战役中采取了这一措施；腓力四世在 1302 年、1304 年、1305 年、1314 年也是如此。得到皇室的许可证方可进行贸易，其目的在于使敌人无法得到重要的物资供应。与此同时，对正
【313】常贸易的打断也常常加大了对重要的消费中心进行供应的难度，因此也存在随之发生国内动乱的危险。例如，出于这一原因，腓力四世下令，强迫巴黎地区把所有剩余的粮食都拿到城市市场上以固定的价格出售，但价格的固定使得供应逐渐枯竭。于是他允许城市中所有人都可以从事烤面包的工作，粮食只被允许在公开的市场上以合理的价格出售，并敦促每个人把各种各样的食物拿到巴黎来出售。在 1307 年，为了抑制物价，增加货物供应，他又立法确定了工资数额和在首都进行贸易的条件；同时制定行会条例限制学徒的数量，禁止夜间工作。这些都是紧急的、过渡性的措施，但是它们表明：政府干预经济的范围得到了重大的扩展。

经济大战的各种措施也开始在外交史中发挥更大的作用。这些措施的焦点之一就是低地国家。这个重要的工业地区主要依靠英国的羊毛、英法两国的市场、谷物和其他食品的供应，其南向型的商业还依靠法国的运输设备；它承受经济压力的能力非常微弱，在英、法两国的冲突中也具有战略重要性，而佛兰德斯的财富使法国国王们急于拥有对佛兰德斯县的封建土地权。因此，亨利二世在 1173 ~ 1174 年采取措施（包括经济报复行动），对支持他儿子进行叛乱的佛兰德斯伯爵予以惩罚。理查和约翰迫使佛兰德斯人加入

他们与德国、低地国家君王组成的联盟，直接对抗腓力·奥古斯都；后者则没收了佛兰德斯商人在英国的货物，并禁止向佛兰德斯出口谷物和羊毛。1294年，爱德华一世用相似的方式建立了自己的反法联盟，荷兰人、布拉班特（Brabant）人和日耳曼人因支持爱德华而被授予在英国的商业特权；因为佛兰德斯人效忠于法国，所以英国国王收回了对佛兰德斯商人的保护。当佛兰德斯人在1297年宣布放弃与法国的联盟、并恢复在英国的贸易权利后，佛兰德斯商人很快在法国集市上遭到逮捕。但是，当爱德华消除了与法国之间的分歧后，佛兰德斯人很快又被他抛弃了——1303年，他禁止佛兰德斯商人在英国进行贸易；作为回报，腓力四世则禁止法国和苏格兰之间进行贸易。只剩下佛兰德斯人孤零零地面对法国方面军事上和经济上的强大压力。佛兰德斯商人被禁止使用法国的运输设备，禁止进入法国市场；法国还与埃诺（IIainault）、布拉班特、科隆达成协议，目的是防止佛兰德斯人以这些地方的商人作中间商进行贸易。经济大战已经成为常规的战争武器不可【314】
缺少的辅助工具。

当然，经济目标这时是从属于军事或外交目标的。经济大战的措施构成了政府各种行动集合体中的一个部分，经济企业被用于产生政治上的便利；政府把它塑造成新的模式，试图从其中获得收入和政治利益。爱德华一世对羊毛贸易的处理是一个典型的例子。1294～1297年，他通过“苛捐杂税”大幅度增加羊毛贸易中的税收；另外，为了便于从财政上控制这种贸易，实现他的外交目标，他把大部分的羊毛出口转移到了荷兰的特定港口，后来又转移到了布拉班特。在法国，出口许可证体系的建立把贸易纳入了一定的轨道，使其更便于进行财政管理。除了征缴关税和贸易许可证费外，国王们还偶尔采取其他措施（尤其在法国）确保商人们给予捐献，以满足由战争引起的更沉重的财政需求。意大利的“暴发户”（sudden riches）对统治者尤其是一种诱惑，他们的银行、借贷行为很容易使统治者禁不住诱惑而对高利贷进行收税；打击高利贷商人是一种普遍的政治姿态，一次又一次针对犹太人的打击已经证明了这些措施的功效。腓力三世在1277年扣押伦巴德人的货物就使用了这样一个前奏——在他归还伦巴德人的财产之前，他向意大利人索取了一笔可观的费用。相似的行动曾多次被腓力四世采用，更不用说勃艮第和其他地方的公爵、伯爵了。为了其在法国的商业特权，意大利人每年都要缴纳捐税，另外还要加上定期的赎金。

于是，特别是在13世纪末的战争年代，商业关系模式常常被滥用，以适应不断变化的外交和军事形势。对商业资本的掠夺——就像法国统治者对意大利商人所做的那样——使商人们失去了信心。税收开始在经济生活中产生显著的影响：1297 年的英国贵族能够指出出口税对羊毛生产价格的影响；1309 年的议会则表示，相信外国商人缴纳的进口税提高了日常生活的开支。对货币的操控——尤其是腓力四世把它当作筹集战争经费的方式之一——也是另一个干扰因素，它不仅提高了国内的生活消费，减少了固定的收入，而且还具有国际影响力。教皇邦尼法斯八世（Pope Boniface Ⅷ）1296 年的批评也许是正确的，他认为货币操控阻碍了商人们以正常方式进行贸易；当然也使法国拖欠佛罗伦萨商人的债务贬值了——正因为如此，但丁（Dante）
【315】痛斥腓力是一个蹩脚的钱商——这还迫使佛兰德斯的伯爵降低了本国货币的价值。国家之间的货币失调加剧，为了保护本国货币、保证金银的供应，严格控制兑换成为当时的命令。国际贸易所依赖的平衡转账变得更加困难。中世纪末期，一些地方的经济出现收缩衰退，其多个原因之中一定也包括货币贬值的因素。政府采取了一些强制性的措施，试图使西欧成为一个单一的商业单元，成为一个适于国际商业机构运行的单一区域。正常贸易的中断、对资本的掠夺、政府沉重的借贷需求（总是无法得到满足，也很少及时偿还）导致了国际商业机构其他的主要困难：例如巴黎酿造茴香酒商号的倒闭，很大程度上就归因于 1294 年爆发的英法战争。这些商号也很难在两个交战国同时保全自己的利益和财产，但是这对它们自身的兴衰却至关重要。与过去相比，政治因素对经济发展发挥着更为积极的决定性作用。

6.2.4 中世纪晚期

6.2.4.1 经济背景和政府财政

中世纪晚期的经济措施由两组因素决定。交通模式的转变和经济活动中心的迁移引起了地方性的暂时危机，进而似乎演变成了中世纪经济的总危机。人口的下降要求对劳动者的条件加以限制，商业管理的变化、工业分布的变迁、货币的波动和市场的缩小全都需要政府进行商业规范、出口管制和工业保护。每个地方都在寻求政治的支持以获得垄断性的特权，从而确保在缩小的经济蛋糕的分割中得到不成比例的一大块。当不断壮大的代议机构支持臣民与他们的统治者讨价还价时，政府对这样的需求就更加敏感。但是如果国民们的呼吁协调一致，那么国家的理由就仍然有效。政府的财政需求在不断扩大，尤其在相当漫长的战争时期。从可以利用的资源方面来说，战争仍旧消耗巨大，它决定着政府的许多行为。

因此，13 世纪的皇室预算已经发生了永久性的转变，“特殊的”赋税在 【316】
重要性方面已经超过了传统的收入——虽然国民并不完全接受这一现实。理查二世（Richard Ⅱ）的议会不止一次要求理查应该“自己养活自己”；1399 年亨利四世（Henry Ⅳ）假装不再向神职人员和世俗人征税，从而赢得了一些支持。在法国也是如此，《大宪章》（ordonnance Cabochienne）和国民议会坚持这样的概念：税收是“特殊的”赋役；查理八世（Charles Ⅷ）曾因试图靠自己的领地生活而大受赞扬，尽管事实上是他的首相 1484 年强迫他这样做的。但现实却不允许人们保留这样的心态，例如：1374 ~ 1375 年的英国财政部的总收入为 112 000 英镑，其中只有 22 000 英镑来自国王世袭领地的收入，有 82 000 英镑来自直接和间接税收，其余是借款[①]。另外，在亨利六世统治早期，仅仅关税就超过 30 000 英镑，而他的年平均收入为 57 000 英镑。总之，税收已经变得必不可少。

在英国，事实上并不能随便征收直接税。正式的税收有两种：一种是世俗人特别津贴（lay subsidy）（由爱德华一世创立），由议会批准；另一种是牧师特别津贴（clerical subsidy），由英国两个省的主教和牧师大会批准。另外，1334 年，世俗人特别津贴的数额已经固定——尽管国王在急需时也能够使其超出“什一税”或“十五一税”。但是，数额的固定化更难确保税收与收入分配的变化齐头并进，而且国王有时还不得不向穷困的地区退还税收。此外，每一次征收世俗人特别津贴都必须得到议会的同意；直接税收上的其他尝试——1377 年、1379 年和 1381 年的人头税（the poll-taxes），以及 15 世纪的土地收入税——也要得到议会的裁决；最终，贸易上的税收成为英国国王收入中基本的、经常性的补充。爱德华一世建立的关税被进一步扩大了，1347 年开始对布匹征收出口税，同时对进口葡萄酒征收“桶税”（tunnage），对进口和出口普通商品征收“磅税”（poundage）。但是，羊毛出口税仍旧是相当重要的间接税；当 1275 年创立时，税额为每包 6 先令 8 便士；14 世纪 30 年代开始上涨，最后本国商人定为每包 33 先令 4 便士，外国商人为 66 先令 8 便士。最终，议会批准亨利五世、亨利六世（1453 年以后）和爱德华四世终身享受羊毛税、桶税、磅税和布匹税的权利。因此，虽然从 14 世纪开始议会就像控制间接税一样建立了对关税在理论上的控制，但是实际上关税越来越成为国王收入中“正式”的一个组成部分。【317】

---

① 由 G. A. 赫尔姆斯博士根据《收入卷筒》计算而来。

在亨利四世统治早期，每年的关税为30 000英镑或更多；甚至在经济不景气的15世纪60年代，也有25 000英镑；15世纪70年代为35 000英镑；关税成了中世纪晚期政府财政最基本的组成部分①。另一方面，羊毛贸易税在关税中的重要性（14世纪晚期羊毛贸易全面衰落）和对世俗人特别津贴过时的评估，使得英国国王收入的增加完全与经济现实脱节了。这或许有助于解释，为什么在中世纪快要结束时，出现了一种完全不合时宜的趋势——爱德华四世、理查三世和亨利七世转而更大地依赖皇室地产的扩大（理查在那里每年的总收入为35 000英镑，净收入为25 000英镑）。②

国王收入的这种发展具有一定的直接经济后果。第一，从14世纪中叶开始，羊毛的关税远远重于布匹的税收。因此，英国的布匹工业受到了双重保护：收税后布匹可以出口，但是与海峡对岸竞争对手工业原材料征收的税额相比，布匹出口税极低；另一方面，对羊毛出口税征收高税，则可以帮助英国企业主以更低的价格购买原材料。这不应该被看作是一条深思熟虑的政策，早在百年战争前期，羊毛就既是主要的出口商品，又是传统的收税对象，在那以后，这种模式被简单地坚持下来——只有鹅下了金蛋以后，才把它杀掉（till goose was killed that had laid the golden egg）。对布匹工业的保护只是一项偶然的财政政策。第二，在1303年，爱德华一世对外国商人的收税就已经比本国商人更为沉重；到了中世纪晚期这种差距进一步扩大，这或许有助于英国商人占据更多的贸易份额。如果说这是最初的意图，那就更值得怀疑：因为外国商人在财政税收中的脆弱性很可能至少已经决定了这种关税体系的模式。另一方面，随着时间的推移，英国人利益的压力当然会促使政府对外国商人征收带有歧视性的苛捐杂税。

法国政府财政在这一时期发生的变化与英国既相似，又存在差别。根据1445年《索米尔法令》（Ordinance of Saumur）中的说法，“战争和内战使法国君王的领地卷入了毁灭和一无所有”。1460年，君王收入中“特殊”税收的收入超过了世袭收入的33倍；到路易十一去世时，则达到了45倍。就像
【318】在腓力四世统治时期一样，百年战争初期的法国政府的财政仍然具有极度的临时拼凑的特点。但是，法国财政体系未来的轮廓已经被查理五世清晰地勾画了出来。大约到了1370年，他已经确立了自己的权利，可以征收平民税（taille，法国中部和北部的非贵族要直接缴纳，南部的非贵族则根据财产缴

---

① F. 迪茨：《英国政府财政（1485～1558年）》，第12～13、25页。

② B. P. 沃尔夫：《约克国王统治下英国皇帝地产的管理》，载于《英国历史评论》第71期，第1～27页。

纳的一种直接税)、国库税（aides，国内销售税）和盐务税（gabelle，皇室垄断食盐贸易的收益)。尽管查理五世死后形势发生逆转，但是他确立的体系却基本保存到了1388年；而且在15世纪早期发生困难时继续作为应急手段和权宜之计，后来又被查理七世重新实施。在查理七世统治时期，平民税和国库税也基本上不再是严格意义上的“特殊”税收；至少从1451年开始，它们的税率就由王权来决定，同时由皇室单独征收。到了查理统治晚期，平民税每年的收入大约是120万里，约占总收入的2/3；在路易十一统治时期，1481年平民税的收入高达460万里，1483年为390万里，在总收入中所占的比例高达85%。

因此，中世纪晚期英国和法国的财政历史存在相当大的差异。第一，外贸税收对英国国王们至关重要，在法国则相对不太重要。在法国也存在此类税收：在14世纪早期就创立了出口税，1369又增设了集市杂税（the imposition foraine)，路易十一还曾征收过进口税。但是直到1523年所有这些税收的收入也仅为15 000里，与从国内贸易中征收的、高达100万里的赋税(国库税和盐务税）形成了鲜明的对照[①]。出口税也部分是从国内贸易中收取的，即对从法国北部进入米迪地区的货物进行征税。正如柯尔贝尔（Colbert）所说：这种出口税和其他税一起“把王国分割成了两个部分”。所有这些无疑都可以说明，法国缺少大宗的出口商品，同时也反映了国内贸易和转口贸易在法国经济中的相对重要性。第二，对法国君王来说，间接税的重要性远远比不上直接税。其原因之一是，在当时的大商业中法国未能确保较多的独立份额；但同时也部分归因于这样一个事实：法国的国会和地方代议机构未能获得对平民税的控制权——英国议会则控制着世俗人特别津贴；反过来，或许还有一个原因：在较早以前，神职人员和贵族这些政治上最有影响力的阶级就被豁免了平民税。在14世纪末15世纪初，一些大封建主还从中获得了巨大的利益，其原因在于：王侯允许他们确定自己领地上平民税的份额，君王还给予他们部分补贴。于是平民税就成了落在普通市民、尤其是农民身上的一种赋税[②]。惟一能够用来调整这种歧视政策的经济变量就是：货币贬值的长期趋势，这既减轻了农民的地租负担，又提高了农产品在市场上的价值。所以阿兰·查特尔在1422年这样描写农民的状况：“他们的钱包就像蓄水箱，已经收集了并正在收集着从王国内所有富人的排水沟中排出的 【319】

① R. 杜塞：《16世纪法国的体制》，第二卷，第556页以后。

② 许多城镇也被豁免了平民税，尤其是被路易十一豁免。参看第490页。

水”。君王们制定这种财政政策，目的就是抽取平民税，通过财富的重新分配，使一个最容易受剥削的阶级获得好处。

当然，正常税收或多或少的增加并没有减轻成倍增长的财政负担。货币操控（其影响可能被夸大了）继续被法国国王当作经常性的应急措施，在1336～1343年、1349～1360年、1415～1430年则被应用了相当长的时间。从教堂、城镇、贸易社团以及个人手中借钱——有时具有一定的强制性——在和平时期是必要的，在战时则是极其重要的；司空见惯的情况是：路易十一命令他的司库“到魔匣子里去找钱”——这个魔匣子自然就是巴黎市民的钱袋。货物、尤其是军用物资的征用引起了长期的不满，这是一种不定期的征用，它对个人的预算没有任何的补贴，而付款（如果真地兑现的话）也是使用可以打折的政府债券，而使百姓蒙受损失。所以毫不奇怪的是，1338年神父被请去安抚反抗的人群——他们对爱德华三世供应官提出的要求非常不满；另外，1351年，英国下议院也设法对供应官的行为加以控制。

我们难以对政府财政措施对中世纪后期经济的全部影响作出准确的估计。政府采购或许刺激了一部分工业，促使一大批从战争中获利的人（承包商、金融家、雇佣军官）把他们的部分所得继续进行投资（尤其投资到地产）。另一方面，通过税收和借贷，一大部分资本被转移到了非生产性领域；对货币的操控和政府对借贷人的处理也常常威胁到整个信贷和国际贸易的基础。14世纪40年代巴迪（Bardi）和佩鲁齐（Peruzzi）公司的破产——就像半个世纪前巴黎酿造茴香酒商号的破产一样——仅仅是战争对国际贸易和财政影响极为突出的一个例子。14世纪的一位英国打油诗人从普通人的角度对此作了直接的评论：“十五一税（the fifteenth），在英国，滚呀滚……
【320】老百姓卖掉牛，卖掉农具又卖衣……收羊毛，更艰难；老百姓，卖家产……市场上，人稀少，做买卖，难上难……多少人，饥又寒。”这或许并非各个时期的真实写照，但是对路易十一统治下法国农民的悲惨处境来说，这种描写并不完全是夸大其辞。对小农的极端掠夺——农民从地主手中接替了几乎所有的农业生产——导致了农业投入的下降；同时也加重了中世纪晚期社会群体所承受的压力。英国政府征收人头税（poll-tax）的企图直接导致了1381年的英国农民起义；1380～1382年，鲁昂市民反对重新征收平民税、酒税和布料税；巴黎市民则反对重新征收自查理五世死后就废除的销售税。加强中央集权的现实经常以向小市民征税的方式表现出来，这也是扎克雷起义（the jacqueries）和城市起义在政治历史中愈演愈烈的一个原因。

6.2.4.2　工资、农业和工业

与此同时，其他经济问题也出现在政治的前沿。其中一个问题就是：由于黑死病和连续瘟疫而造成的劳动力问题。居高不下的死亡率，导致了劳动力的短缺和对高工资的要求；劳动力不足和高工资又使得普通消费品出现短缺并价格昂贵。所以雇主们和作为消费利益传统维护者的政府关注着同样的问题。在英国，首先于 1349 年针对农村的劳动力问题出台了一系列法律；这些法律起初按照 1349 年以前的价格、后来又按照当时的价格确定了工资的最高限额；法律强迫劳工履行合约；同时为了农业的利益严格限制劳动力的流动。例如，1376 年，科次窝德（Cotswold）的纱线被禁止出口，其中一个原因就是它从农业丰收的地区招收了劳工。1388 年，任何人如果到 12 岁时已经从事农耕，那他以后就必须继续务农；15 世纪，那些每年在土地上的收益少于 20 先令的人，被禁止把儿子送到店铺去当学徒，这是因为“从事农业耕种的劳动力和其他仆人非常紧缺”。与之相似，政府通过立法直接禁止乞讨和流浪，目的是调动起一切可能利用的人力资源。但是，劳动立法关注的不仅仅是农村的劳动力。1349 年的法令也固定了一长串工匠和手艺人的报酬；1416 年的法令规定：“对于地主管家和其他农业仆人，以及城市和自治市中的仆人和劳动力，要像这一领域其他地方的劳动力一样……给予固定的工资。”在农村和城市，这些法令都只是取得了部分成功：雇主本身【321】为了争夺劳动力而彼此竞争，不止一次因为他人违反法令而寻求法定的赔偿。在 1349 年以后的那个世纪，工资水平的确上升了，但是可能劳工法把工资的增长保持在了经济可以承受的范围之内。

在处理劳动力问题上，法国法令与英国法律大相径庭。在法国也存在处理工资水平等的基本法令，但是这些法令的出现或者由于通货膨胀引起工资合同的混乱（如 1330 年、1332 年的法令）；或者像 1351 年的法令那样，是为应付一场大灾难（此时黑死病刚刚过去）之后的局势制定的。法国法令没有一点英国立法的一致性和连续性。这可能部分归因于如下事实：在法国，庄园的开发早已完全衰落，政府受到的劳工条件的压力要小得多，有土地的阶级要求政府规范工资的压力也小得多（葡萄园主有时除外）。但更重要的是，在法国，工资的增长并不剧烈，因此未能引起政府太多的注意。这并不是因为瘟疫过后法国的人口没有减少，而是因为战争的破坏和早已建立的法律对城市手工业的严格限制；其他情况也使生产一直保持在相当低的水

平，从而长期防止了工资出现任何明显的增长趋势①。

因此，甚至到了1351年，法国的工资立法仍旧处于次要的地位。当时的大法典关注的主要是首都的生活开支问题，工资和中间商利润的控制只是法典中的一小部分，法典废除了巴黎市民社团的有关规定，用法国皇太子查理的话说，这种规定只符合各种买卖人的利益，而不是对公众利益有利。法典允许业主招收更多的学徒，学徒的期限也缩短了；食品贸易受到了更严密的监管；成为新的业主的限制也降低了；外国商人可以在城市中自由地做买卖。总之，高物价受到了增加生产和供应的冲击。另外，法令是处理特定紧急事件的措施，它很快被扔进垃圾堆并被人遗忘了；它的主要意义或许在于皇室对城镇和行会的控制变得更加细致了。

但是，不能因此就认为，法国皇室对城镇和行会的政策与资产阶级的利
【322】益是敌对的；相反，在路易十一统治时期，其政策由于"王权和业主们的默契联盟"而达到了顶峰，双方都从这个便利的联姻中捞到了好处。国王在城市和行会的政府中找到了进行管理的手段，并赢得了这些阶级政治上的支持，这有利于他对城镇中的反对派加以限制。作为回报，上流资产阶级（haute bourgeoisie）对城市和社团的控制得到了国王的认可，皇室对城镇关税和行会条例的确切支持维护了上流资产阶级的利益。他们还可以求助于国王以对抗目无法纪的贵族——例如中部火山地区的市民得到路易十一的支持，反对波利尼亚克的子爵（vicomte de Polignac）；或者依靠国王对抗城市中的领主——路易十一帮助里昂人和博韦人（Beauvais）反对当地的主教，帮助多德兹人（Rodez）和菲热克人（Figeac）反对阿尔马那克（Armagnac）的伯爵。在那些经常受到外敌入侵和国内骚乱威胁的地方，皇室的保护不可小看②。但是必须要付出的代价是，行会服从于城镇政府，而它们两者都服从于中央政权。领地上的城镇和贵族土地上的城镇都融入了皇室政权管理的体系——这是君主政府内部武力征服的一个方面。社团的情况也一样，它们为国王确定和征收赋税，招募军队，维持城镇的治安，就像是推行皇室经济政策的办事机构；它们不得不寻求君王对它们的行规的认可，君王则通过批准符合上流资产阶级利益的规定来巩固自己与他们的联盟。与此同时，君王也获得了一定的地位，使他能够更大规模地对紧急事务进行干预。按照当时的观点，此类紧急事务包括：黑死病过后出现的危急情况，百年战争等主要

① E. 佩里奥：《中世纪晚期的工资》，载于《剑桥经济评论》，1955年，第232页以后。

② R. 冈迪隆：《路易十一的政治经济》，详见第166页；H. 塞：《路易十一和城市》，第8～10、165～167页，以及第248页以后。

战役后的重建工作，等等。在1351年的法令中，查理六世暂时取消了对学徒期限和鲁昂雇佣外国工人的严格限定，也暂时取消了路易十一批准的特洛伊城的夜间工作；这些例子表明，王侯可以利用其对城镇和社团的控制权，为了国家政府（la chose publique）的利益而废除一些特殊的利益。

在中世纪晚期的法国，城镇的利益很大程度上也决定了对粮食贸易的限制。粮食的生产很明显受到了人口危机和战争破坏的影响：当1420年英国的统治处于鼎盛时期时，在巴黎的垃圾堆上却看到许多死于寒冷、饥饿的小孩的尸体。但是这些困难使得周期性的饥荒问题更为严重——直到1662年，这一问题仍在困扰着科尔贝尔（Colbert）地区所有的财政安排——饥荒带来了年复一年的瘟疫、国内动乱和更深的阶级仇恨。普法利（Puy-en-Velay）的一个资产阶级在1529年的评论对此没有任何的夸张："上帝用饥荒折磨着他的子民，城镇政府处境艰难"。地区间的交通障碍仍然会使一个地 【323】
方的庄稼歉收产生地区性的供应不足的后果；供应不足或者对饥荒的恐惧很快产生了严格限制地区间粮食流动的要求，从而使得地区间的贸易障碍永远存在。因此，粮食政策只是很有限地考虑到农业生产者的利益，它大部分是一个地区性或区域性的事务。只有到了路易十一统治时期，一些类似全国性粮食政策的东西才附加到了地方性的法规之上。这一政策总体上仍然限制粮食的自由出口；另一方面，路易在1482年试图实现国内粮食的自由流通，以便缓解许多地方较普遍的饥荒。与此同时，制定严格的出口限制措施部分是为了维持国内的供应、抑制内部的价格，同时也是为了对低地国家的勃艮第省份施加经济压力。在1470年贵族知名人士大会（Assembly of Notables）上，土地利益群体的抱怨并未能压倒这些国家的理由。

在英国，粮食政策也像劳工政策一样，对待土地利益群体的态度较为慎重。在14世纪，鉴于国内粮食的短缺和物价的高涨，政府政策和公众情绪——这可以从议会的请愿书中反映出来——都乐于限制出口。但是到了14世纪末，粮食的生产似乎通常已经满足了国内的需求，于是1394年和1426年的法令都允许粮食自由出口。在1437年和1442年，更多的法令重申了这一政策，但规定：国内的物价不能超过特定的水平，也不得向敌对国家出口任何东西；1445年的法令使这一政策永久化。因此，除了出于政治原因和处于紧缺的年代以外，粮食的贸易都不再受到限制。在1463年，一条法令更明确地对农业耕作者给予了保护，法令规定：除非国内的物价超出一定的水平，否则禁止从他国进口粮食。因此，粮食种植者希望出现一些类似最低限价的东西；同时，这一法令也表明：正常的供应可以满足甚至超过国内市场的需求。

如果农业在这些方面受政府法令的监控的话，那么工业也不会例外。在中世纪晚期，英国主要的经济变化就是织布工业和布料出口贸易的增长。从1197 年开始，英国政府公开表示，将对进入英国市场的布匹的质量予以关注；到了 1328 年，北埃普顿（Northampton）的法令规定，皇家官员（监察官 the ulnagers）负责检查进口布料，判定它们是否符合法定标准。但是，
【324】1315 年，英国商人就要求监察官检查国内精纺毛纱产品的缺陷；核查国内纺织品——对纺织次品进行罚款，对待售的布匹征收补贴——逐渐成为这些官员最主要的任务。实际上，中世纪晚期的纺织工业正逐渐成为分散的农村工业，行会在其中发挥很小的作用；这样，对出口商来说，政府的布料监察官无疑具有特殊的价值。

这些措施远非国家干预的终点。在 1326 年，伦敦人被禁止向低地国家出口起绒机和漂白土；爱德华三世统治时，想出了许多刺激英国纺织工业增长的权宜之计：禁止向佛兰德斯出口羊毛、进口布匹；欢迎外国的布匹工人来到英国；对羊毛出口征收重税，等等。爱德华主要关心的是，通过这些措施向佛兰德斯施加压力，达到其外交目标，或者增加自己的收入；但是这些措施仍然有助于工业的扩张，有助于创造一种生产者和商人的利益——这种利益需要更多的人为的支持。早在 1317 年政府就禁止出口粗糙的布匹；在亨利六世统治时期，以前强迫外商用现金购物的条例放松了，购买布匹不一定支付现金；还禁止人们购买纱线，除非他们想自己织布。但是，私人的感情超越了公共政策。反对兰开斯特王朝的伯爵中有的允许羊毛出口，爱德华四世很快就被推动实施保护纺织工业的措施。在 1463 年的法令出台前，国王先发表了一个声明以期得到良好的反响，“在英国的领土范围之内，主要的、基本的货物就是不断增多的羊毛”，在预期的未来“足够多的羊毛可以被继续留在国内，从而有效地、合理地为纺织工人的就业服务”。在接下来的几年中，对羊毛、纱线、粗布的出口都进行了管制，也禁止出口商预先购买羊毛剪。

尽管与低地国家的竞争促成了这些措施，但是它们既不是前无古人，也不会一成不变。有一段时间，英国的布匹生产商已经开始寻求转变，希望佛兰芒纺织业所依赖的羊毛供他们使用，海峡对岸的纺织业也受到了英国布匹的竞争，这些来自英国的布匹通常出现在安特卫普、卑尔根这些货物集散地的市场上。于是，英国纺织业的利益倾向于要求限制羊毛的出口，而低地国家则倾向于禁止英国布匹的进口；在 15 世纪过程中，它们的统治者一次又
【325】一次地答应了此类要求。与此同时，如果一方实施禁运，那么另一方就会用

反禁运来报复，结果通常是僵持不下：因为低地国家没有英国的羊毛不行，英国没有低地国家的市场也不行。1460 年的争端也遵循了同样的模式，同时外交上也需要结束这种敌对状态。爱德华四世和勃艮第公爵都不会为了满足各自土地上布商的要求而牺牲他们之间反对路易十一的联盟；虽然布鲁日仍然不允许进口英国布匹，但是双方的限制措施很快就被极大地放松了。

在这个例子中，保护主义政策是在企业主和出口商对政府施加了压力后才实施的，但是很快就进行了调整，因为保护主义政策没有收到预期的经济效果，而且与外交上的利害关系发生了冲突。人们仍旧期望英国国王能促进纺织工业，一位诗人甚至请求爱德华四世严格限制羊毛的进口（Restrayne strayttly the wool），以便他土地上的平民能充分工作（That the comyns of thys land may wyrke at the fulle）。其后果之一是，到了 15 世纪末外交本身越来越关注经济事务。与此同时，其他的工业团体也要求得到保护。根据伦敦“所有从事丝绸工作的工匠、国王陛下谦卑的男女”的请求，英王于 1463 年和 1484 年禁止进口丝绸；在同一年，针对佛兰芒人和意大利人的法令分别禁止了若干种货物的进口：帽子和布匹、精细的纺织品和丝绸、骰子和网球、火锅和祝圣铃、彩色肖像和圣水钵。这些法令既不长久也不有效，但是它们至少可以表明：有许多声音要求得到保护，在良好的条件下，他们的要求能够转变为政府的政策。其部分原因在于，这些声音在议会中能够被听到。

中世纪晚期的法国工业政策的保护主义要少一些，某一种工业利益的主导性也小一些。布匹贸易（甚至在朗格多克）也无法确保政府坚决支持他们的政策——严格限制羊毛和颜料等的出口；大部分的政府政策都是通过城镇和行会的规定直接维持生产的标准。只有到了 15 世纪，政府的管理才出现了更广泛的目标。在百年战争后，政府在重建工作中发挥了一定的必要作用。路易十一在蒙彼利埃（Montpellier）建立了呢绒业（l'art de la draperie），以挽救这个城镇的衰落；他还免除了普瓦第埃（Poitiers）纺织业的税收，“因为没有其他方法能够增强它自身的实力，并让人们到那里定居”。【326】里昂和图尔（Tours）丝绸工业的建立也大多归功于他的人为政策。他在这方面的动机并非是纯粹的。虽然路易声称希望核查金银的对外流失（据他估计数目约为每年 50 万克朗），但这也是一项针对威尼斯商人的经济战争行为。兵器工业甚至吸引了政府更多的注意力，路易重新组织了供应武装部队的机器，进口了经过改进的设备模型（尤其是大炮），让国内的生产商进行复制，并使硝石的生产成为名副其实的国家产业。外国技术工人在法国受到欢迎，他们包括丝绸工人、矿工、迪南（Dinant）的铜匠、德国的玻璃工人，甚至印刷工人——路易看到了他们在制造政府宣传品方面的价值。一部分矿产业被或多或少地“国有化”，尤其是贵重金属（金、银、铂等）开采业。一部分工业成为国家关注的中心。

中世纪晚期保护国内生产者的政策很难一一加以解释。一些政策是用现金买来的，或者是相关的利益团体通过有效地施加压力赢得的：例如英国有利于农业的政策措施，或者英国和朗格多克有利于纺织业的政策。但是，当这类政策涉及政府的战略利益，或者遭到持相反观点、有影响力的代表的反对时，它们大多很容易被悄无声息地搁置在一边。政府创造性的政策就更少了，制定这些政策常常是为了延伸中央政府的权力，这一点在法国最为突出，在那里某些方面的权力尚待建立。皇室对城镇和社团的控制扩大了国王的权力基础。国家工业或者国家控制的工业的创建是一种方法，这种方法或者是为了确保收入和军事供应，或者是为了保护王国内部所需财富的储备——以满足王侯的要求。一个被战争蹂躏和重创的国家需要进行重建，似乎只有这种需要促使政府公平无私地刺激经济活动。另一方面，政府有时关注的似乎主要是消费者的利益，政府要求充足地供应价格低廉、质量可靠的商品。这一政策反映了宫廷、有地贵族、城市贵族们的共同利益。这一政策在中世纪经济史中的持续实施也许归因于这样一个事实：在王国和地方市镇
【327】内，这些阶级是土地的统治者。

6.2.4.3 国内市场与外国商人

因此，古老的货物丰盈政策和刚刚出现的权力政策的表现形式并行持续了整个中世纪晚期。市场由买方的利益和公共秩序的利益共同控制，当供应体系崩溃时，市场就很可能会倒闭。例如，政府曾经试图核查由于战争引起的物价上涨的趋势、核查瘟疫引起的混乱以及对货币制度的损害。英国的劳工法授权法官确定粮食的地方关税；家禽和蜡烛的价格也由政府法令规定；葡萄酒的价格也一直受到关注——加斯科涅的供应被战争中断后，葡萄酒的价格不断上涨。在法国，国王继续对首都的价格表示关注，货币的变化使得人们衷心、虔诚地恳求商人和手工业者只收取“公平、合理、合法的价格”。在1425年的布列塔尼，习惯法（juges ordinaires）下令固定食品的价格，并命令高级教士、贵族和其他人士保证其下属严格遵守这些法律。进入市场的货物的质量也同样引起了政府的关注。英国皇家计量官网络强制执行

规定葡萄酒质量标准的条例；爱德华三世授予伦敦皮革商和皮带商搜寻权，查理六世也给予鲁昂的布料商同样的权力，都是出于对市场上货物质量的关注。制定标准度量衡的老仗也打得不太成功，法国的腓力五世在这方面一直进行着努力；在英国，一系列单调乏味的条例甚至规定了装鳗鲡和装鲑鱼的桶的规格。

但是，食物的供应仍旧是国民和政府最关心的、压倒一切的头号问题。它决定了中世纪晚期的粮食政策，使得英国政府在饥馑年代取消了自由主义措施；也使得法国城镇的供应政策得到了王室的支持，特别是在14世纪早期、14世纪40年代、15世纪30年代早期、15世纪80年代早期这些饥荒年代。法律规定种植者要将粮食送到城镇的市场上出售，还禁止中间商插手粮食交易。王室官员支持城镇政权（如在1375年的图卢兹）征用粮食，并禁止出口当地的储备粮。与之相似，在1425年，布列塔尼的公爵禁止粮食的出口，禁止粮食供应商“进行垄断并合伙”剥削粮食短缺的人们，禁止抬高物价“欺骗、蒙蔽、损害和侵害所有的公众利益”。英国法律扩大了城市条例的适用范围，直接反对垄断价格、囤积主要的食品，并对粮食贸易表示怀疑。爱德华三世在一个时期曾授权每个人（不仅仅是那些专做食品贸易的商人）在伦敦进行食品的零售，理查二世则在一段时间把食物供应商赶出了市政府的办公室。政府的政策并不总是一致的。亚茅斯（Yarmouth）有 【328】
时会得到官方的支持在东海岸的鲱鱼贸易中占取垄断地位；查理五世把巴黎的酿酒垄断权授予了22个人，作为回报要对他们酿制的麦芽酒征收赋税。但是供应政策仍然是最优先的。在英国，捕鱼上岸的人得到豁免，不受禁止金银出口的有关法令的限制；在盎格鲁—勃艮第战争期间，进口鱼类的荷兰人甚至还被发给了许可证。在饥馑时期，尽管“大批的买卖”安排给城市的当权者进行，但是政府仍然帮助商人进口波罗的海的小麦以供应伦敦。法国国王同样关注巴黎市的供应，查理六世在1402年禁止通过囤积垄断市场，查理七世在1454年重新整顿了市场，并尽一切努力消除对商人们前往首都的干扰。15世纪中叶，当傲慢的法国社团（compagnie francaise）免除了鲁昂人的部分义务后，本国商人（marchands de l' eau）对食品的垄断权第一次被打断了。

政府采纳了与此类政策密切相关的其他措施，从而使国内的商业流通更为便利，在查理五世、查理七世、路易十一统治下进行经济重建的法国尤其如此。那里百废待兴，要做很多事情才能实现经济的统一：要试图改进交通，试图废除错综复杂的、在战争时期甚至更加沉重的通行税（tolls）；查理五世认为，取消通行税“不仅使人民受益、获利，而且可以重建像水路那样畅通的陆路贸易”。结果并不总是如人意，或者动机也不完全是公正无私的。在科尔贝尔，通行税仍然要留给后人去处理。地方市镇或许要花钱建立市场和集市，集市或许也可以被设计成一个进行经济战的武器。当重建中的巴黎市场被搁置时，查理七世考虑的却主要是“他领地的减少”。传统的供应政策仍然最容易得到统治者的帮助——制定这一政策是为了推进国内的交易，使国内的货物价格更便宜、种类更丰富，甚至还有外国商人带来的商品。也正是这一点，使这种政策成为争议的对象——在英国尤其如此。

外国商人仍然在两个方面得到政府的支持。一方面，正如1423年伦敦的意大利人坚定地断言：“众多的外国商人在这一国度内购买商品，将提高英国商品的价值，这对英国的普通大众大有裨益。”或许正是这一论点导致
【329】爱德华一世为外国商人的作用的辩护在1353年的《主要产品条例》（the Ordinance of the Staple）和1354年的下议院中再次回响。法国的查理五世在1369年谈到了外国商人另一方面的作用，当把商业特权授予哈尔弗莱尔（Harfleur）的意大利人时，他说，这“是为了城镇的利益和发展……是为了增加更多的货物、物品和商品。”查理六世也宣称，汉萨同盟的商人为哈尔弗莱尔（Harfleur）带来了“品种丰富的商品和货物，这对我们整个王国有利。”他还以相似的方式谈到了坎彭（Kampen）的商人——在法国和布鲁日重要的国际市场之间，他们起到了中间商的作用。

外商作为进口商的角色首先引起了人们的争议。1335年的一个法令“建立”了争论的舞台，法令声称：由于市民强迫外商只有通过他们作中间商才能进行交易，所以货物的价格比它们本应该的价格更为昂贵；外国商人将来可以完全自由地买卖，如果他们愿意还可以从事零售贸易。在1351年、1353年、1378年、1399年、1435年的立法中重申了这一点，但是反复的重申暗示了实施这项法令存在的困难。或许这并不非常奇怪，因为这其中包含了进行零售贸易的特许权——南安普敦的中产阶级不同意温切斯特（Winchester）人、索尔兹伯里（Salisbury）人享有这种特权，诺里奇（Norwich）的市民也不同意外商享有他们的特许经营权；国王们自己仍然继续给予城市同外商法令并不一致的特许权。伦敦市民尤其进行了一系列反对外国商人竞争的激烈斗争。他们在1337年确保了1335年法令的失效；1371年，一个铁匠的仆人被戴上枷锁，并用磨刀石卡住他的脖子，其原因仅仅是他散布一个谣言：意大利人被允许像当地人一样自由地进行贸易。由于城市中的排外

情绪，反对政府实行自由主义政策的行动越来越广泛地流行起来。开始对外国人进行每一种可能的指控：例如把金银带出这个国家、结成团伙垄断价格、为国王的敌人充当间谍等。外商的特权被逐渐削弱，到了15世纪，有一连串的法令限制他的活动：他在该国中停留的时间被限制，他的活动自由被限制，他被强迫与英国的“主人”（host）住在一起，“主人”则监视他所有的交易。

但是，到了此时，英国在海外的商人已经和英国市民形成了合力，城市的排外行为也正在发展成为经济民族主义。在14世纪后期，英国布匹出口商试图进入波罗的海地区，但是他们在汉萨同盟的各个城市却很少受到欢迎。在这种情形下，汉萨同盟在英国享有的特权——包括他们缴纳的、甚至比当地居民更低的布匹税——就显得很不公平；英国的贸易商要求：或者让他们在波罗的海地区享有对等的特权，或者减少汉萨同盟在英国的特权。在接下来的几个世纪中，他们一次又一次督促政府对汉萨同盟商人采取措施。【330】
但从长远来看，汉萨商人的特权得到了爱德华四世的确认，而英国人却或多或少被排斥在波罗的海以外。与此同时，意大利人成了争论的焦点。尽管威尼斯商人给亨利四世带来了礼物，使他对意大利的市政议会产生了好感，但是让约翰·高尔[①]惊讶的是，威尼斯人居然能够在英国过完全自由、快乐的生活，就好像他们生于斯，长于斯。即使在南安普敦，意大利商人也被禁止从事零售贸易和手工业，以便阻止他们与从事这些行业的英国市民进行竞争。伦敦人更无法容忍、并很快开始反对正进入公共货币领域的意大利金融家，意大利人的银行和兑换行为据说导致了金银的出口，他们的贸易特点据说导致金银的不断流失，而他们带到这片土地上的东西都是：

……多余的东西（Things of complacence）……

猿猴、笑话和染过的布料（Apes and japes and marmusets tayled），

没有多少价值的无聊小玩意（Nifles，trifles that little have avayled），

弄脏我们眼睛的破烂（And things with which they fetely blere our eye）。

当然，在这些攻击背后还隐藏着更多的不满和怨言。手工业者要面对意大利人进口带来的竞争，主要产品经销商对意大利人可以免税在加莱（Calais）搜购主要产品也不太高兴；特别是意大利人用现金而不是信贷购买羊毛，所以他们比英国人更容易获利——塞利文集在1480年就指明了这一点。在15世纪早期，意大利人也试图阻止英国人进入地中海地区，意大利船只

① John Gower，中世纪英国诗人。——译者注

和英国船只在布列塔尼、加斯科涅、伊比利亚半岛的海岸贸易中展开了竞争，这也是1439年令英国议会感到不满的一件事。后来的兰开斯特王朝（Lancastrians）和约克王朝（Yorkists）只好屈服于这种巨大的反意大利情绪。在1484年，英国禁止意大利人进口许多的商品，以保护国内的手工业，还对他们征缴特殊的赋税。爱德华四世对热那亚人的敌视，迫使他们把贸易中心迁往安特卫普。1463年英国禁止外商出口羊毛的法令对佛罗伦萨人是一个沉重的打击，到了1478年他们已经不再来英国；他们还被迫开放比萨的港口，以便获得其工业所需要的羊毛。到了1485年，英国商人开始年年前往意大利，并在比萨设立了自己固定的组织。威尼斯的商船仍然来到英国，但是英国国内的利益已经获得了政府的支持，以减少意大利人手中拥有的英国和地中海地区贸易的份额，由此为英国贸易在这一海域未来的扩张奠定了基础。

传统的政策在法国则较少被打破。路易十一从1463年起就着手重建与
【331】汉萨同盟的贸易联系。他说，汉萨商人不再经常来到法国的现实不利于法国政府，也不利于他领土上的商业利益。因此，他恢复了汉萨商人以往的特权，把他们置于自己的特殊保护之下，允许他们完全自由地进行贸易（包括买卖英国的货物），并通过印刷他与拉罗歇尔、鲁昂、哈尔弗莱尔、迪埃普的条约，使他的意愿广为人知。在1470年，他以相似的方式重新确认了西班牙商人的特权，并欢迎外国商人前往波尔多；于是在1475年之后甚至连英国人也被允许"在整个法国东奔西走"购买葡萄酒。在吞并了普罗旺斯后，路易十一宣布了自己的一个打算：把马赛变成这样一个港口——"在那里……货物的流动比国外其他任何地方都多"。在一定程度上，制定这些政策无疑是为了打击勃艮第领土上的经济资源，使法国从日内瓦、布鲁日和安特卫普的经济影响中解放出来。另一方面，它们也符合事物惯有的模式，正如路易对汉萨商人所说的那样：这种模式"早在过去我们祖先法国国王的时代"就已经存在。在路易十一的眼中，外商的贸易像当地居民的贸易一样有利于国家（la chose publique）。

当然也存在对立的倾向。法国市民和英国人一样，不愿给予外国人太多的自由。甚至在鲁昂的集市上——其建立的目的就是为了吸引外国商人——也不允许外国人从事零售贸易。但是法国名副其实的商业民族主义仍微乎其微。百年战争后的经济重建似乎已经被当作第一需要，首要的问题是让那些被战争赶走的商人都返回来。其中一个例子是：在15世纪后期，曾经试图在卡昂（后来在鲁昂）和里昂建立国际性的集市，从而与低地国家、日内

瓦的集市展开竞争。随之而来的后果是，英国人应该被给予在卡昂和鲁昂的特权地位，伦巴德人在里昂也应该享受相似的优惠。在政府的这种态度中，只有一个例外：在查理七世和路易十一的支持下，雅克·科尔（Jacques Coeur）及其手下曾努力想从意大利人手中夺回地中海的香料贸易；但是，他们并不能长期得到这种支持，而无法确保里昂成为意大利人穿越阿尔卑斯山香料贸易的终点站。整个计划最终还是被放弃了，这对路易十一来说较为自然，因为真正的商业民族主义在很大程度上并不是他的政策基础。【332】

6.2.4.4 贸易的平衡与商业组织

因此，在中世纪晚期，法国的贸易政策很少背离其传统，这无疑是中转贸易在法国经济中极为重要的结果——作为集市和市场的所有者，公爵、地主和城镇都在中转贸易中占有可观的财政份额，另外当时也缺乏高度有组织的本国利益团体从事大的商业活动。另一方面，贸易利益在英国不仅一致而且非常强大，足以在政府政策中留下许多更明确的印记。但是，外国商人开始发现：在英法两国，人们正按照新的标准来衡量他们的作用。在伦敦和南安普敦，开始对意大利人征收沉重的赋税；在里昂和埃格莫特（Aigues-Mortes），路易十一甚至谴责西班牙人——就像伦敦人谴责意大利人一样——把不必要的奢侈品带到了这个国度，却拿走了这块土地上的财宝。这种批评源自中世纪晚期的货币问题，从这个问题对商业政策的影响来看，需要对其进行一定的论述。由于国家货币不断外流、本国货币被劣质的外国货币替代，再加上人们经常抱怨日常生活所需的现金不够用，所以导致政府对海外付款进行了更加严密的控制。禁止从英国、法国出口金银和硬币是一贯的、一成不变的政策。除了贵族、商人和国王的士兵以外，英王查理二世禁止其他任何人出国；作为一种可能导致货币流失的渠道，出境朝拜也受到了严格的控制。英国议会在1419年规定，驻守在法国的英军所需的供应品应该在英国购买，费用要从出口到诺曼底的羊毛收入中筹集。还有一个把金银吸引到本国国内的问题。英国政府要求本国羊毛出口商根据其带到国外的羊毛数量，按一定的比例带回金银，初次来到英国的外商也要把一定数量的金银送交英国铸币厂。

于是，对金银流动的管理逐渐成为政府切实关注的主要问题，法国国民议会（the Estates General of France）在1484年提出："货币对主体政治（the body politic）的作用，就如同血液对人体的作用"，实现国家富裕的措施就是在国内储备贵重金属。这一观点导致了政府对海外付款的控制，确保金银的流入；同时还使爱德华三世让炼金术士进行试验——他们宣称能够制造出黄金；这也促使爱德华四世和路易十一把目光转向非洲——一个巨大的黄金产地，其目的是：把异教徒的“财富和贵重物品”转移过来。在英国，理论上的探讨更深入了一
【333】步。1381~1382年，方方面面的专家被议会安排聚集到了一起，并进行了讨论；他们讨论认为，英国国内货币的短缺应归因于外国货币的脆弱，并由此导致了英国硬币的流失；他们宣称，进口到英国的外国商品的价值不能超过出口到国外的英国商品的价值，这一点至关重要。从那以后，在讨论贸易问题时，很难避开进出口贸易平衡的问题，而且想方设法使其在实践中得以实施。1390年，外国商人购买的英国货物的价值至少要达到他们进口货物价值的一半；1402年，所有的进口商人都要把他们贸易的收入用于出口英国货物。贸易平衡理论有助于推动英国15世纪的反意大利人政策，在那时的法国也可以听到这样的争论。路易十一接受了这一观点，在法国建立了本国的丝绸厂，并想方设法从意大利人手中夺取香料贸易，另外还促使他制定节约法令——限制进口奢侈品的需求。因此，货币形势与其他力量一起促使政府采取了保护主义政策，这不仅有利于私人的利益，而且保卫了国家（la chose publique）。

但是，货币问题只是促使政府更加关注贸易的许多力量之一。在法国，恢复商业是经济重建工作的一部分，查理七世和路易十一都着手进行了这一工作。战争和内战把外国商人从法国的领土上赶跑了，也使从南到北的贸易路线彻底发生了变迁：海路集中到了低地国家的港口，陆路则集中到了日内瓦。与此同时，法国在地中海贸易中的参与程度也已经减少得所剩无几。和平的出现使法国又试图夺回中转贸易——这一直是法国贸易的一个重要特点。作为法国北部、朗格多克和地中海地区货物的分销中心，里昂的集市重新建立了起来；在鲁昂也建立了集市，以便从低地国家吸引贸易；他们还试图在法国的领土上建立一个英国羊毛的贸易中心。这些事业只有部分获得了成功。英国不可能和低地国家割裂开来。法国与佛兰德斯的贸易障碍迫使佛兰芒人放弃了法国的小麦，转而购买汉萨同盟的黑麦。法国的布料工业虽然夺取了来自布鲁日的羊毛，但是从来没有控制英国的羊毛。因此诺曼底的商人越来越多地把他们的贸易联系转向了南方的布列塔尼、葡萄牙和西班牙——于是他们的视线被转向了大西洋，一个很快就要迅速扩张的地方。但是，路易国王的目的并不在此。

【334】路易国王的主要目的是使法国再一次成为贸易路线的交汇点，因为他坚信“集市和市场将使国家变得富裕”，王国内交通和商品“成倍的增加”将

产生财富①。甚至连他的地中海地区政策也只是部分例外。1444～1482年，雅克·科尔（Jacques Coeur）和后来的企业家在地中海沿岸地区组成了一系列的贸易公司，以便从意大利人手中夺取香料贸易。查理七世和路易十一对地中海地区的垄断贸易给予了断断续续的支持，朗格多克的议会则给予了资金援助。皮埃尔·德埃勒（Pierre Doriole）在1471年曾设想，这一政策会使英国人都必须到法国的领土上来购买香料，于是地中海地区的企业试图联合起来恢复在法国领土上的国际性大集市。路易资助这些贸易公司并非没有别的目的——它们使他能够对威尼斯和普罗旺斯施加压力，使他能够支配一支地中海的船队，从而支持他在这一地区的政治目标。典型的例子是，在1476年，"法国大帆船"从运输香料转而运输鲁西荣（Roussillon）军队所需的供应物资。另外，整个计划都遭到了持续的抨击，没有人愿意香料为他人垄断，朗格多克的议会则希望所有人都能自由地寻求区域内的产品。归根到底，地中海地区公司的特权与在里昂建立集市的计划并不协调。里昂的集市不仅要依靠意大利的陆上贸易，而且要依靠广阔的国际市场。结果，路易最终于1482年放弃了整个地中海公司计划；法国国民议会在1484年一份声明中坚定地强调，放弃这一计划有利于自由贸易。

在法国，政府对国内贸易利益只是给予了有限的支持，也没有为这种利益建立起永久性的组织形式。另一方面，在英国，国内贸易商在中世纪晚期则夺得了海外贸易的主要份额。到了爱德华四世统治末期，主要产品经销商控制了英国出口量的27%；"商业冒险家公司"（the Merchant Adventurers）控制的出口量占38%，控制的进口数额占2/3以上。其部分原因在于，英国的贸易限于英吉利海峡和爱尔兰海地区，英国的利益在那里尤为强大；但是国内贸易商较为有效的组织也为这一结果作出了贡献。其中政府政策——尤其对主要贸易中心（the Company of Staple）来说——发挥了相当大的作用。

英国主要商品中心体系（the English staple system）的最终形成使得大多数羊毛和皮革的出口都通过英国在海外的某一个贸易中心进行，这些商品贸易的管理则由一个垄断性的公司来负责。这一体系使英国国王感到满意，因为外国的统治者对他们领土上出现的贸易中心都非常珍视，这就可能被用【335】来配合外交上的目标；另一个原因是，它能够为财政体系（其中羊毛出口税是一个主要支柱）的目标服务。由设在国外的单一的贸易中心来征收这

① R. 冈迪隆：《路易十一的政治经济》，第217页。

类赋税非常有利于行政上的管理，因为这样通过走私而偷税漏税变得越来越难。同时，商人在出售商品后可以有现金缴纳关税，其中的收入也可以用于财政和军事上的支出，或者可以在海峡对岸保留英国人的一个基地——就像加来一样。另外，把贸易交到一个垄断性的公司手中，使君王能够“通过征收沉重出口税的方式，获得垄断性利润，还使王侯们能够以这种税收作担保向这些商人贷款”①。因此，如果王侯们想要扮演分配给他们的财政角色，那么在涉及商业利益时他们所必须付出的代价就是垄断权利。任何一个主要商品中心——尤其是受到王侯和大出口商青睐的国外主要商品——很自然会遭到人们的反对：内地的羊毛商人较喜欢国内的主要商品中心，因为所有的出口商都必须遵守这一中心；种地的农民（面对农产品价格的下降）和外国商人就希望根本没有主要商品中心。因此，这一中心一出现就引起了很多争论。在1337年以前，英国国内外的主要商品中心都进行了许多试验；但是只有到1337年之后，主要商品中心才作为替百年战争筹措资金的一种方法而被建立了起来。1337～1353年间，爱德华三世在低地国家保持了一个主要商品中心，有一个资本家商人小圈子为其提供服务——作为增加羊毛税收的机器的一个组成部分，爱德华再以这些税收作担保进行贷款，并把他的羊毛和贷款转换成货币。结果，被排除在这个小圈子之外的贸易商和担心价格波动的养殖农民联合起来反对爱德华。1353年，为了确保出口税收，爱德华三世只好牺牲了那些垄断者。主要商品中心在英国的各个城镇建立了起来，外国商人得到了出口羊毛的独占权，还被允许到内地和当地居民一起进行采购。但是这明显有利于“外国人的巨大利益”；到了1363年，本国出口商也恢复了半垄断性的公司，并把贸易中心重新迁到了加来；在中世纪后来的时间里，都一直保留在那里。与意大利人之间的贸易是贸易中心公司控制之外羊毛贸易仅剩的一个重要分支。早在查理二世统治时期，意大利和加泰罗尼亚的商船就被允许直接运输羊毛，他们还可以在英国自由地进行采购：在15世纪初期他们的船只实际上运走了英国出口羊毛的1/5。贸易中心商人在其他地方的垄断相当彻底。作为回报，政府总是以关税为担保向他
【336】们借贷，毫无疑问这不可避免地通过合法的形式把羊毛关税的管理权委托给了贸易中心②。

但是，贸易中心商人的极端垄断导致了羊毛出口的下降，到了15世纪

---

① E. 鲍威尔：《中世纪英国历史上的羊毛贸易》，第88页。

② 在第七章第四节将详细地论述这一问题。

中期，英国已经成了一个布料出口国而非羊毛出口国。在这里也是一个英国公司——“商业冒险家公司”（the Merchant Adventurers）——最终确保了其主导地位，在15世纪（甚至更早以前）就进行了这方面的准备。贸易中心在加来的最终建立和一个有组织的羊毛出口商公司的成立，都有助于这一群英国商人以独立的身份直接与低地国家进行贸易；其贸易内容更多的是出口英国的布料，并从该地区大的货物集散地进口其他商品。自从13世纪末佛兰芒商船的运输开始衰落起，“商业冒险家公司”逐渐在贸易中取得了越来越多的份额；从事这种贸易的主要是伦敦人，他们和丝绸公司紧密联合在一起，并最终取得了支配地位。正是这些伦敦人最终迫使人们承认：他们是英国商业冒险家中最优秀的商人。在15世纪，他们所支配的都是英国商业的主要干线，与从事羊毛贸易的主要贸易中心相比，获得的政府支持少得多。英国商人从低地国家的君王们那里获得了他们最早的特权，英国国王和他们的第一笔交易也是确认这一特权。亨利四世认可了英国商人享有的特权：他们可以与波罗的海、低地国家进行贸易，可以举行他们自己的集会，挑选自己的管理人。爱德华四世给予贸易集团在低地国家经商的特许令，其内容大部分只是重申了兰开斯特王朝先辈就已经给予商人的特权。只有到了亨利七世统治时期，政府批准的措施才涉及那种趋势——把荷兰的贸易转入伦敦垄断性公司的保护之下。

因此，英国政府的政策帮助了或未妨碍英国商人在海外商业活动中不断提高的支配地位。另外，这种商业与主要使用国内原材料的国内工业紧密地联系在了一起，这或许可以解释：为什么经济利益的一致性和相对有效性在15世纪迫使君王们采取了保护主义政策。另一方面，法国创建地中海地区公司的目的是为了夺取进口贸易，而非出口贸易；事实最终证明，这一意图与农业利益、朗格多克工业阶级的利益、里昂分配贸易的利益以及他们所服【337】务的客户的利益都是不一致的。在法国，没有一种出口商品像英国的羊毛那样把各种经济力量结合在一起。百年战争后法国制定的政策，并不是为了确保外交目标的实现或者支撑王室的权力，而仅仅是一种恢复性的政策：试图恢复曾经一度以法国香巴尼省的集市为中心的货物集散地的活动。从一定程度上讲，随着海运贸易的增长，这一政策已经犯了时代错误；当好望角航线和新大陆的发现使商业地平线发生了革命性的巨变时，它就更显得是一个时代错误了。

6.2.4.5 结论

实际情况仍旧是，自从13世纪以来，政府经济政策的范围已经急剧扩大，此时的政府能够在这一领域有非常大的决断权。在1406年一项关于巴黎人制作糕点的条令中，查理二世表示：他有权“配置和监管地产、贸易、手工业等我们国民为了公益和自己的生计而日夜进行的活动；所以通过良好的管理……我们的法令会保护、维护和维持每个人的利益……在我们的管理下，人人都能够生活在安宁、和平之中”。当然，在实际操作中，政府的控制既没有如此广泛，也没有如此持续，但事实上能够发表这样的声明仍然是很有意义的。自从11、12世纪商业复兴以来，政府就开始制定经济政策，通过推动经济活动使其财政资源实现了利润最大化；通过充当商业的庇护人，政府使得货物的品种变得多样化，而且成倍地增加了本土产品的销路；通过建立和控制市场，政府为所有购买商品的大买主的利益服务。一直到中世纪末期，这些政策——或许可以称作“大多数人的政策”——都是政府政策的一个组成部分。

但是，它们并非惟一的组成部分。获得经济管理权力是“建立国家”——这是10~16世纪的一大特点，但出现多次反复——过程的一部分。到中世纪末，法国国王还远未实现王国内领土的统一。但是，即使在法国，准国家（infra-state）的自治权也已逐渐被削弱，并受到了王权的约束。在中央集权的程度方面，英国甚至更超前一些。在此过程中，征税权力的获得
【338】使君王在更广阔的经济活动中得到了直接的利益，也为王权奠定了更坚实的基础。经济武器的力量在对外事务中已经得到认可：经济控制成了外交和权术的附属物，有时甚至是它们的奴隶。同时，经济管理的才能开始受到其他力量的影响。中世纪晚期的危机激起了社会底层对规范价格、工资、劳工条件、市场、商业份额的要求。特别是在英国，一些类似于“大众的”经济规划得到了普遍的认可。在城镇市场上产生的“保护”概念就扩展成了一种“主义”，类似于经济民族主义，它的倡导者也在议会中充分地提倡这一点。这个程序之后随之而来的是一系列观念的出现：金银的储备、贸易平衡理论，还有到处弥漫的民族主义——政府和老百姓发现对这种现象，明智的办法就是口头上拥护。在法国，相似的观念四处传播，但是它们在经济结构中缺乏像英国那样深厚的根基，所以显得更为牵强、更像是从外国引进的，对当时的法国经济和经济政策的形成也没有产生什么影响。

因此，政府政策中“国家精神和王朝精神”的注入、努力“刺激和调节经济活动、发展普遍的财富”都是中世纪晚期的特征①。同时，这一时期详细的历史也表明，由于持续的动荡、边疆急剧的变化，政府颁布的法令从来没有真正生效过。政府政策可以暂时描述为“单纯、简单的经验主义”②，机会主义在国王们的动机中当然也排在很高的位置。增加国家的财富只是为了确保这种财富能够由国家所支配，除此之外没有更高的目标。反过来，这仅仅是经济发展服从于国内稳定、外交事务等宏伟计划的一个方面，它使经济政策变成了政治的女仆，或者只是政府对国民不断的要求作出暂时的、假惺惺的迁就和通融。但是，中世纪并非把经济上的需要完全牺牲在政治需要的祭坛上，或者说政府发现，面对强大的利益群体，敷衍是最明智的，而不是与他们达成明确的协议。实际情况是，在中世纪晚期，出现了一系列类似经济思想的东西，并促成了一系列的经济政策，尽管开始时这些政策的实施可能不可避免地非常有限。另外，政府的政策必须由官员们来执行，这些官员广泛分散于各个地区，远不能受到有效地监督。皇室官员和城镇、行会、【339】
农村地区的官员在中世纪晚期作出了了不起的贡献，但是相对于堆积在他们头上的工作来说，他们所做的还不够。政府所支配的机构的组成，仍然在很大程度上阻碍了综合性经济调节政策的彻底实施。不过，重商主义时代的管理基础正逐步奠定，政府干预的范围正在扩大，经济思想体系正在形成——它为经济工作提供了方向和目标。

6.3 低地国家

6.3.1 概述

总的来说，把“经济政策”这种说法和中世纪联系在一起多少有点冒险，与其他地方相比低地国家（the Low Countries）尤其如此。在勃艮第时期以前，欧洲这一部分地区并没有形成一个政治实体，而是被分割成了许多个地方性的诸侯国：一些像封邑一样依赖于帝国，另一些则依靠法国。在每

① E. 科恩纳特：《巴黎大学年鉴》，第八卷（1933 年），第 414 页以后。
② J. 卡尔梅特：《近代社会的形成》，第 92 页。

一个诸侯国中，能够发挥作用的利益群体都力量单薄、范围有限，这很难打动统治者，使统治者在规划政治方案时考虑到他们的经济利益。毫无疑问，我们必须把各种各样的地区区别开来。佛兰德斯（Flanders）的人口当然比其邻国更稠密，它的政治结构也更强大，经济活动（尤其是贸易和工业）更集中；在众多的统治者中，它拥有一些了不起的君王，最著名的就是阿尔萨斯的腓力（Philip of Alsace）——在同代人当中，他的治国才能是非常杰出的。基于这些原因，在后面的论述中，从佛兰德斯的历史中抽取的例子必然占一大部分。

同时，还有一点非常重要：在某些方面，正是布拉班特（Brabant）或荷兰（Holland）的经济发展远远落后于佛兰德斯的现实，导致经济政策在这两个诸侯国内出现（在佛兰德斯没有发现具有相同意义的东西）；它们的统治者通过积极的干预来刺激商业和工业的增长——他们已经看到工商业的增长在佛兰德斯产生的有效益处，尽管在那里是通过经济力量的自由作用实现这个目的的。

地方性国家的统治者缺乏可供支配的财政资源，这也从很大程度上说明了为什么中世纪诸侯国的经济政策的范围那么有限。正如亨利·皮雷纳
【340】(Henri Pirenne）所说："王侯的收入无法满足公共利益所需的开支；他的财力——大部分来自其领地上的各种收入——完全被用于维持他的宫廷和个人消费……除了一小部分偶然的开支，没有什么预算，也不可能分配一部分资金来处理由于社会、经济生活的发展和增长的复杂性而产生的问题"。

最后，一小部分涉及经济事务的措施本身也不足以被我们称作是统治者名副其实的经济政策。尤其是在低地国家的诸侯国中，统治者要面对具有强大经济利益的团体、社会阶级、城镇等等，与经济有关的活动通常都是由这些团体推动的，有时是它们强加给统治者的，并不是统治者自己的意愿；在两个选择中作出决定只不过是机会主义而已；非常普遍的情况是：以前的措施被废除了，其原因并非是王侯们对经济事务的观点发生了改变，而是因为政治环境发生了变化。

在系统地研究这一问题之前，首先要简要地概述一下另一个需要处理的问题：在佛兰德斯各个伯爵统治时期和自1384年开始的勃艮第公爵们统治时期，经济领域上的里程碑。

在低地国家，佛兰德斯伯爵善良的查理（Charles the Good，1119～1127年），是第一个在经济领域采纳了一系列正确协调措施的地方性王侯。同时，我们这里所要关注的实质上都是临时性的措施，颁布这些措施是为了应

付由 1125 ~ 1126 年的饥荒引起的一些相对短缺的困难。由于它们的临时性，我们很难把这些措施称作“经济政策”。它们之所以仍然值得关注，是因为它们发生在很久以前，是中世纪欧洲的特例——正如科斯克曼（Curschmann）对中世纪的饥荒研究所清楚表明的那样——另外，我们也是为了理解它们所展现的经济事实。这些临时性的措施可以被分成两类，第一类与我们这里所关注的主题几乎没有什么关系。像其他大领主一样，查理伯爵对其臣民所受的苦难并不同情；他下令把食物和布匹都储存到其领地上的一个中心，这只是他的个人行为。但是与此同时，他又运用他作为佛兰芒地方首领所拥有的权力，把某些有经济特点的措施强行（或者试图强行）实施，以减轻饥荒带来的灾祸。他命令种地的农民把他们一半的土地用来种植蚕豆 【341】和豌豆，其目的是：在获得新的收成之前的几个星期，可以靠这些豆科类庄稼提供食物供应。他还禁止酿造啤酒，把所有能用的燕麦都用来制作面包；在原来的“一便士面包”（penny loaf）以外，他又命令制作“半便士面包”（halfpenny loaf），这样即使是最贫穷的人也能够买得起。最后，他又限定了葡萄酒零售的最高价格，于是——正如布鲁日的加尔伯特（Galbert of Bruges）所说的——“商人们不再进口葡萄酒，而且发现把他们的商品换成食品能获得更高的利润，由此减轻了穷人的饥馑状况”。我们从其他方面的资料得知，葡萄酒已经大规模地进口到了佛兰德斯，成了社会上富裕阶层的日用消费品。实际上，至少对前往法国和莱茵河地区经商的商人来说，葡萄酒是他们返程时通常带的货物。

但是，只有在阿尔萨斯的腓力（Philip of Alsace，1157/1168 ~ 1191 年）统治时期，我们才看到一个地方性国家的统治者采纳了一系列措施——由于其目的明显是为了对国家物质生活长期不变的特点产生影响，所以可以被称作是这一时期真正意义上的经济政策。这位统治者最大的特点是：由于其计划过于鲁莽，结果他在外交和军事领域的宏伟政治蓝图最后以失败告终。腓力的经济措施主要集中在他统治的上半阶段——即他把野心转移到法国和巴勒斯坦之前，尤其是在他夺取权力后的第一个十年里；在这一时期，他的父亲已经让他在政府中任职，并逐步把更多的实权移交到他的手中。毫无疑问，从这些措施中获得的利益激励了他的其他一些行动，他代表那些与莱茵河地区进行贸易往来的商人所进行的军事和外交干预是其中一个很典型的例子。但是，其他措施——比如在佛兰芒的海岸建造新的港口，对住在这些新港口的商人予以保护，在国内的中心地带开掘一条运河等等——看起来都归功于他个人的创造力。

鲍德温九世（Baldwin Ⅸ）的统治非常短暂（1194～1205 年），君士坦丁堡的琼（Joan of Constantinople）统治时（1205～1244 年）平民议会的管理又很软弱，在这种困难的环境中，政府很难制定措施对贸易、工业或农业事务进行主动干预。琼死后，她的妹妹君士坦丁堡的玛格丽特（Margaret of Constantinople）继承了王位（1244～1278 年）。乍一看来，玛格丽特统治下的环境并不利于平民议会对经济进行干预。但是，仔细研究后就发现，有两组因素有助于推动玛格丽特进行主动干预。一方面，玛格丽特不得不面对沉重的财政负担，这迫使她采取了一系列财政步骤，对经济生活产生了影响；
【342】另一方面，在她统治时期，佛兰芒的贸易正开始从主动转为被动（在外国商人经常光顾的一些佛兰芒港口更是如此），这是一个公共权威无法忽视的现实问题。

似乎也是在玛格丽特统治的最后几年中，尤其是在她的儿子当皮埃尔的盖伊（Guy of Dampierre）统治时期（1278～1305 年），平民议会的实力第一次在国内不同团体激烈的经济利益冲突中占据了一定的位置。早就有证据显示，王侯们的决定在大多数情况下是由其总体的政治考虑所左右的。如果皮埃尔议会的伯爵们——尤其是马累的路易（Louis de Male，1346～1384 年）能够自由地作出决定，那么他们会支持农村和小城镇的纺织业反对根特、布鲁日、伊普尔的纺织工业；但是这样做并非因为他们认为这一政策是一个推动他们且走向繁荣的较好办法，而仅仅是因为他们希望通过这种方法使其一部分人口变得强大，构成一种制衡的力量，抵消佛兰德斯“三个成员”（根特、布鲁日、伊普尔）对其造成的侵害。

腓力三世（即勇敢者腓力，Philip the Bold）于 1384 年继任佛兰德斯伯爵，这标志着勃艮第王朝进入了低地国家；但是直到 1430 年以后，当他的孙子善良的腓力（Philip the Good，1419～1467 年）统一了佛兰德斯、阿图瓦（Artois）、埃诺（Hainault）、荷兰、泽兰（Zeeland）、那慕尔（Namur）、布拉班特（Brabant）、林堡（Limburg）以后，我们才能谈到一个严格意义上的勃艮第国家。但是即使是善良的腓力（甚至其 15 世纪末的继任者）也远未能实施一种普遍的、可以称作“勃艮第的”或“尼德兰的”经济政策。他们不仅被祖先遗留下来的问题所困扰——要想办法解决其诸侯国之间的内部冲突，而且还要努力处理已经统一的各个地区之间利益的基本对立。在进口英国纺织品到低地国家的问题上，佛兰芒生产布匹城镇所持的态度和安特卫普所持的态度就截然相反。同样的，在处理布鲁日（到 15 世纪时它已经成为被动贸易的中心）和荷兰商人（他们关心的是采取何种态度对待汉萨同盟）的争端时，公爵们的政策便犹豫不决、断断续续。荷兰人关注的问题是，把他们的竞争对手日耳曼人驱逐出去，同时想办法吸引布鲁日人来做买卖。像他们的先辈一样，勃艮第的公爵用政治机会主义的考虑来指导他们的行动。但是，需要指出的另外一点是，在他们采取的措施中包含了前商业主义的灵感（pre-mercantilist notions）。他们成功地统一——如果不是统一，至少也算协调——了各个诸侯国的货币体系；另外，从善良的腓力设立的开【343】采其土地上资源的企业来看，他可以说是一个比“中世纪”要“现代”得多的统治者。

6.3.2　王侯和城镇

由于地方王侯有关经济的决定普遍服从于政治上的总体考虑，所以首先看一看他们对城镇（中世纪贸易和工业实质的中心）的态度是很重要的。他们这方面政策的主要特点已经被皮雷纳（Pirenne）清楚地描述了出来，他说明在城市中心成长的早期世俗王侯（lay princes）和基督教王侯（ecclesiastical princes）所处地位的不同。那些被迫定居在城市中、对国民的自治期望表示怀疑的主教们，很自然地对这些城市能够不受限制或约束的发展深感不安；另一方面，世俗的王侯们都认为，没有必要在他们的城市中或靠近城镇的地方建立永久的定居点；他们能够轻易地消除可能出现的摩擦；另外与神职人员相比，他们认为随着城市人口和财富的发展而产生的好处要重要得多。一个鲜明的特点是，“宣誓结盟的团体”（sworn communes）——首先是“革命团体”（revolutionary communes）——主要是在主教统治的城市（如康布雷，以及更低一等的乌得勒支、列日、图尔内）形成的；但是在世俗的诸侯国里，却很少有这种迹象。在中产阶级方面，创建其自我保护机构的趋势，在宗教城市中已经明确地展现了出来；但是却被世俗王侯纳入了轨道，或者根本不会发生，通过这种方法，世俗的王侯们加强了市政长官的管辖权，同时也使它适应并满足了国民的希望。

但是，即使在佛兰德斯，另一个时代也已经到来了——当城市发展和自治的期望开始困扰诸侯国的统治者时，也促使他们采取对应的措施。在阿尔萨斯的腓力统治时期，这一对应措施开始趋于明朗化；其最主要的形式表现在这样一个现实中：对于他的先辈们授予城镇的特许权（至少在司法事务上的代理权），他代之以统一的城市法律，这表明了伯爵管理权的加强。与此同时，正如皮雷纳所说：这一政策旨在保卫和巩固国家的统治，决不意味着伯爵反对商业和资产阶级的发展。相反，在后面我们可以看到，他是如何尽力地维护商人的利益，同时反对外国人（尤其是根特和莱茵河地区的商人）的利益。但是，他更优先地对待自己在海岸附近地区创建的城镇，他【344】授予它们的特权也比老城镇拥有的特权广泛得多；甚至当这些城镇已经在一定程度上繁荣起来时，他仍然感到有信心维持对它们的控制，并把它们看作是针对老城镇实力的一种潜在的平衡力。

在阿尔萨斯的腓力死后，王侯们的这种对应措施随之结束，因为在13世纪的前75年中，佛兰德斯受女性王侯的统治，她们对城市的自治实施了很少的限制。但是在君士坦丁堡的玛格丽特统治（1244～1278年）的最后几年中，这位女伯爵对城镇中富裕阶级（主要由商人和纺织工业的企业主组成）与普通大众（织布工和漂洗工在其中发挥着主要作用）的社会、经济斗争进行了干预。这一干预正好发生在佛兰德斯经济史上一个决定性的转折点上——“主动”贸易此时正在迅速衰落。贵族们不仅要面对女伯爵的中央集权政策和手工艺人的要求，而且要面对外国商人的竞争。在1276年和随后的几年中，女伯爵站在纺织工人的立场上对杜埃和根特进行了干预。1280年的社会起义也致使当皮埃尔的盖伊（Guy of Dampierre）对布鲁日和伊普尔采取了相似的措施——尽管有许多保留。1297年法国和佛兰德斯之间战争的爆发——首先是佛兰芒人1302年在库特赖（Courtrai）取得了胜利——迫使伯爵表态，并最终确保了工匠阶级在社会和经济层面上的完全胜利。

如果伯爵自己最终和富裕阶级实现了和解，同时在坚持这种新态度方面又保持了合理的一贯性，那么他在这方面的政策就不再具有经济意义。实际上，在14世纪，贵族在生产和交换中都不再发挥任何主动的作用，从那以后便满足于依靠地租和利息生活。到了此时，大规模的商业已经转入了外国商人手中，工业企业也成了一群财力有限的布匹商范围之内的事情——这群布商在人们中的社会地位已经提高了。

布拉班特各个城镇的发展要比佛兰德斯晚得多，它们只好通过内部的紧密团结来弥补自己相对的弱点，而且它们也非常明智地坚持执行这一方针政策。在1261～1356年一个世纪的过程中，通过这种方法，布拉班特各个城镇逐渐成功地为这片领土上一部名副其实的宪法奠定了基础。各城镇迫使公爵服从它们的监护（尤其是财政事务），它们能够替公爵制定与经济相关的措施，解决公爵在内政外交方面面临的问题。

在荷兰，城市的发展甚至比布拉班特还要晚。荷兰伯爵们相信，通过他们主动的干预，能够弥补城市发展的这种缓慢状态。他们把许许多多的城市特许权授予了各个地方——严格意义上说，这些地方根本没有城市的特点【345】——他们抱着一种期望（有时实现了，有时落空了），希望这些新的权利能够为贸易和工业的成长作出贡献。

6.3.3　对外贸易

很早以前（也许从低地国家的地方性诸侯国形成时开始），这一地区的商人就和相邻的国家——尤其是英国和莱茵河地区——建立了商业关系。这种主动贸易的产生和发展，似乎明显不依靠王侯们的任何干预，事实上，佛兰德斯最古老的城市特许权——例如1127年圣·奥默（St Omer）的特许权——之中包含着一些条款，伯爵们在条款中向他的臣民承诺：他将代表他们就有关事宜与外国统治者进行调停斡旋。但是，这些承诺是在伯爵承受了很多压力后做出的，当伯爵死后就更没有对此采取过任何行动了。

对阿尔萨斯的腓力来说，形势则完全发生了变化。毫无疑问，他也受到了国民不满情绪的影响；但是至少他确信并努力使他的军事和外交力量在其中发挥决定性的作用。之所以如此，在很大程度上是因为：在他统治时期，他的国民在国外面临的困难与半个世纪之前相比，已经变得相当严重。

就在腓力和他的父亲蒂瑞（Thierry）开始联合执政的时候（1157年），与莱茵河地区进行贸易的商人——他们利用荷兰和泽兰的河道抵达德国西部，然后再到达科隆——抱怨他们在荷兰和泽兰遭受不公平的待遇，年轻的伯爵急忙代表他们进行交涉。就在腓力登基的那一年，他发动了一场针对荷兰和泽兰伯爵的战争；第二场战争直到1168年才结束，在布鲁日签订的条约明显满足了腓力国民的一些要求——当然事情的最终结果是：虽然腓力为他的国民取得了在荷兰的吉尔列特（Geervliet）免除通行税的特权，但这一特权并没有被遵守。但是，腓力的确为其国民争取到了某些旨在保护佛兰芒商人人身和货物安全的特权。

腓力也利用自己的威望进行协调，以排除其国民在莱茵河地区进行活动时遇到的障碍。当科隆的市民宣称，他们有权禁止佛兰芒商人通过莱茵河到达科隆以远的地方时，这种障碍尤其明显。在1165年的圣诞节，腓力伯爵首先派代表拜见腓特烈一世（Frederick Ⅰ），并从他那里得到了一种用普通的措辞草拟的特许令，这满足了其国民的要求，但是或许并没有产生什么实际效果。在1173年，腓力又进行了一次尝试。这一次，腓特烈一世大帝不【346】仅用更明确的措辞确认了佛兰芒人的贸易特权，还表示他将在埃克斯—拉—夏佩勒（Aix-la-Chapelle）建立两个集市，在杜伊斯堡再多建两个集市；这明显允许佛兰芒人路经科隆，与莱茵河地区进行贸易。但是，这并不能表明集市真的被建立，或者这一解决办法取得了成功。此后，腓力伯爵又把注意力转向了科隆的大主教，并确保大主教承诺充当科隆人与佛兰芒人纠纷的仲裁人；但是佛兰芒人从这项安排中获益甚少，因为这位大主教的判决总是非常含糊其辞、模棱两可，科隆市民几乎毫不费力就能把他驳回。实际上，尽管腓力抱着良好的意愿，而且尽他所能，但是也没能为其臣民在科隆所拥有的积极贸易权利中捞到什么好处。

但是，腓力并不满足于保护其领土上臣民的利益不受外来威胁，他在对外贸易中还展现了完全的自我主动性。前面已经提到，他在佛兰芒海岸附近建立了新的港口，并赋予它们不同寻常的商业特权，他还努力为它们获取特殊的利益；这表明他的目的是形成一个新的中产阶级集团，并使他们在贸易（尤其是对外贸易）中占据至关重要的地位。建立新的港口在此时已经显得非常必要，因为佛兰芒平原的海拔正在升高，船只越来越难以到达旧的港口——它们大多位于河流和港湾之中。腓力伯爵又一次显示了他解决问题的魄力，他得到了分别位于阿尔河（Aa）河口和伊塞河（Yser）河口土地的所有权——大约在半个世纪之前，他的前任罗伯特二世（Robert Ⅱ）把那些土地赠给了佛兰芒的两个大修道院——筹建格拉夫林（Gravelines）和纽波特（Nieupot）的港口。通过相似的方式，他又建造了达姆港（Damme，布鲁日的外港）和实际上位于佛兰芒的泽兰境内的别乌列特港（Biervliet）。

腓力授予新港口（不包括格拉夫林）完全相同的特许权利，其内容包括两项特权。首先，腓力伯爵完全豁免了这些城镇居民在整个佛兰德斯的通行税——当我们还记得老城镇至多被豁免一个或两个通行税，会降低它们在有些税务上的比率，但是大多数赋税都要被全额缴纳时，新港口获得的特权的确是非常之大。

第二项特权与海外贸易有着直接联系：腓力伯爵禁止老城镇的商人向新城镇的居民征收任何的“商业行会入会费”（droit de hanse）——这是特定地区商人对其同胞征收的一种费用，通常是指进入一个联盟（就像“汉萨同盟”这个词所描述的那样）时缴纳的费用，形成这种联盟的目的是为了相互提供保护。这在实际操作中产生了许多弊端：高额、固定的“商业

行会入会费”可能被用来驱逐其不喜欢的竞争者；新来的商人也许会发 【347】
现，联盟能够提供的服务与其要求缴纳的费用并不成比例。针对这些弊端，腓力很明显希望保护新港口城镇的人们的利益。很可能就是在这方面，腓力与根特人独断专行的行为方式进行了持续的斗争——根特人在佛兰德斯与莱茵河地区的贸易中占据着主导地位。我们从其他资料得知，根特人努力想把来自其他城镇的商人纳入到他们的商业行会中。然而，这些新的城镇并没有繁荣到腓力预期的程度，所以他在这方面的经济政策未能取得突出的成就。

基于上述原因，13世纪的伯爵们并没有继续实施腓力制定的政策；在很少的情况下，他们才代表佛兰芒的商人派使节拜会外国统治者。1270年，君士坦丁堡的玛格丽特强迫亨利三世偿还一笔过期未付的欠款，但是她的处理方式却导致了这两个地区之间商业关系的中断，引发了佛兰德斯与英国的主动贸易的衰落。这是经济政策的一个反面教材。

布拉班特则恰恰相反——我们必须努力寻找，看看哪个王侯的外交政策与其国民的商业利益相一致。从亨利一世时期（1190～1235年）到约翰一世时期（1268～1294年），布拉班特的公爵们都致力于向东扩大他们的影响力，以便控制其诸侯国与科隆之间的商业线路。通过这一方法，他们满足了其国民的期望：打击墨兹河（Meuse）和莱茵河之间地方小诸侯国的劫掠活动，保护了其国民与莱茵河地区的商业联系。

6.3.4　国内贸易：国家的经济框架

在低地国家（尤其是在佛兰德斯），各诸侯国进行的主动贸易很早以前就导致了物质的繁荣，这反过来又对全国的经济结构产生了影响。所发生的变化是王侯们和有关团体的活动共同作用的结果。早期的佛兰德斯地区最令人难以理解的是它缺乏内聚力。尽管从海上、河上、陆地前往那里都很容易，但是其内部的交通和贸易却困难重重。北部沿海地区无论何时都是交通繁忙的活动中心；斯凯尔特河（Scheldt）谷以东、以南地区和侯国富有传
奇色彩的南部地区一样，雨后春笋般地崛起了许多工业和贸易中心。这两个 【348】
地区积极的经济生活却长期被一个广阔的基本以农业为特色的中间地带隔离开来。

伯爵们显然要大力改善这种情况。11世纪下半叶和12世纪初期，尤其是在弗里斯兰的罗伯特（Robert the Frisian）统治时期（1071～1093年），

他们建立了许多新的城堡和一些新的法规特许权，要求它们向地区性国家提供行政服务。虽然不能要求这其中有太多的经济目标，但是仍然可以确定的是，这一政策具有一些经济后果。其实正是以此为核心，伊普尔开始作为一个新的工业中心而存在，并注定具有更广阔的未来。也是在这同一个地区，出现了新的集市，而且组成了一个集市圈（the fiestes de Flandre）；两个集市建立于最有现代规模的城镇（伊普尔和里尔），另外两个则仍旧处于以农村为特征的地区——特尔赫特（Torhout）和默西纳斯（Messines）。但是，所有这些地方都是大教堂牧师活动的中心，他们能够承担起定期组织商人聚会的责任。

随着旧河道的改善和新河道的开掘，沿海地区和斯凯尔特河谷的联系变得更加紧密。主要是在阿尔萨斯的腓力和君士坦丁堡的玛格丽特统治时期，开凿的运河贯穿了整个佛兰芒平原。另外，主要是在11、12、13世纪，自然水路的航运能力也通过人工的方式得到了相当大地改进。通过在河流间歇期安装上板（一种木制结构装置，用来堵塞水的流动，使河的上游和下游都形成一个倾斜的平面）和水头（用厚木板做成的水闸，互相固定在一起，并把其两头装入一整块砖石建筑之中），使河流变得更深了。

一般说来，这些工作并非是由王侯们来进行的，其创意也不是来自他们。它们当然是由水道的使用者（尤其是市民和商人）来做的，他们呼吁改善河道并承担所需费用。与此同时，如果考虑到王侯对河道拥有的管辖权，就可以知道他给予合作的重要性。此类工作必须要寻求王侯权力的支持，王侯有权任命某人或某团体负责实施，他要按比例把费用分摊到那些将从中获益的人们身上。

但是，在某些情况下，统治者所发挥的作用并非如此有限；我们必须把注意力再一次转移到阿尔萨斯的腓力身上。1183年的一个特权法令明确表示，他将从迪克斯穆德（Dixmude）挖掘一条运河到弗内斯（Furnes），其
【349】目的明显是想把弗内斯的城镇和伊塞河谷连接起来。这很容易理解，因为我们还记得，就在20年前，这位伯爵在伊塞河口附近创建了纽波特港口；1176年，他又把特权授予了弗内斯的市民。在同一个法令中，又指出了王侯参加此类工程的其他方式，甚至当王侯自己不实施该工程时，他的所作所为也无疑是恰当的。实际上，这位伯爵强行取得了开凿运河所需的土地。运河穿过的土地上的佃户得到赔偿，其数目按他们向土地所有者缴纳地租转换成的资金数额来决定；反过来，这些佃户有义务向土地的所有者进行赔偿。不幸的是，我们无法知道：从弗内斯到迪克斯穆德开凿运河所需的费用到底

是由期望从中获益的团体承担，还是由王侯自己承担？如果是后者的话，这位伯爵又是依靠什么资金来运作的呢？

在国内贸易方面，伯爵们在规范集市方面也发挥了重要的作用。第一个集市日（nundinae）无疑具有极为重要的地方作用，其基本作用是确保举办集市的城镇的消费品得到供应。从 11 世纪下半叶开始，至少佛兰德斯的一些集市（如特尔赫特的集市）已经成为商人们地区性和地区间聚会的重要地点。结果，伯爵们逐渐采取步骤保护光顾那里并停留的商人们的安全。很快，某些集市（正如前面所提到的，尤其是特尔赫特、默西纳斯、伊普尔、里尔的集市）开始构成一个循环周期，并持续整整一年。1200 年，伯爵鲍德温九世颁布法令——如果并非是出于他的创意——在布鲁日建立集市，使这一发展过程最终达到完满。

伯爵们从集市的转变中得到了税收的权益，这使鲍德温的继任者——尤其是他的二女儿君士坦丁堡的玛格丽特——急于为集市上的商业活动创造更令人满意的条件，使其在更缜密的法律条令和财政规则中进行操作。这位女伯爵在杜埃、阿登堡、里尔建立新的集市也出于同样的考虑。

在加强其国民商业利益和为他们提供更大的法律保障的同时，伯爵们也对其财政资源给予了相当的关注，这些都决定了王侯们的通行税（tolls）政策。我们对佛兰德斯通行税的起源知之甚少，似乎没有一种能够回溯到罗马帝国时代；甚至在阿拉斯（Arras）也是一样；在加洛林王朝统治时期，也只是授权圣·瓦斯特（St Vaast）修道院征收一种市场税——众所周知，至少在西罗马帝国，对市场税都一无所知。对货物转运征收的通行税可能大多数起源于商业复兴时期，并在最繁忙的交通要道和港口进行征缴。许多通行【350】税是由伯爵们设立的，其他一些则由地方的地主设立。鉴于历史的原因，当通行税出现时，许多都被承包出去了，尽管这并不能阻止伯爵们宣称有权处理征缴过程中出现的腐败行为。议会制定的与通行税有关的政策可以归纳为两种形式：给予豁免或固定关税。从第一次获得特权以后，大城镇就努力为他们的居民争取豁免权，或者至少争取优惠率，尤其是涉及在他们自己的领土上征缴的通行税。通常，一旦一个城镇获得了优惠率，那其他城镇也会尽力争取。众所周知，其结果是：通行税体系变得极为复杂，后来的伯爵们由于政治环境的压力被迫给予城镇一系列的特权。这种让步许多开始于1127～1128 年的政府危机时期，但是即使是在阿尔萨斯的腓力这样充满自我权力意识的王侯统治时期，此类让步也并非不为人知。很明显，菲力是准备把自己的收入减少到一定的程度；作为回报，他希望看到自己国民的商业活动得到扩张。正如前面所指出的，腓力之所以完全豁免他自己创建的新城镇市民在整个佛兰德斯境内的通行税，是渴望以此加快它们的发展速度。

很明显，到了12世纪末，大多数的通行税——不管仍然归伯爵所有，还是被他授予了出去——都在口头传统的基础上按比例征收。但是在1199年，鲍德温九世以书面方式规定了在根特和特尔蒙德（Termonde）征收的通行税的数目，并威胁说那些胆敢触犯其法令的人将得到像拦路抢劫的强盗一样的命运。但是，直到君士坦丁堡的玛格丽特统治时期，这一原则才被普遍化，她派人进行调查，按照以往的惯例确定了不同地点征缴通行税的比例，然后制定法令规定了将来要缴纳的关税数额。1271年5月关于斯凯尔特河和斯卡普（Scarpe）的法令就涉及一笔数额相当大的通行税。

6.3.5 国内贸易：贸易中心

13世纪下半叶，佛兰德斯很快从主动贸易地区转变成了一个被动贸易的地区。在此以前，与国外的联系大部分掌握在本国商人手中，但是后来越来越多地被外国人取代。此后，商品交易在佛兰德斯内部有限的空间内进
【351】行，而且主要集中在海外商人上岸的港口。佛兰芒城镇的商人阶级发现他们的生存受到了威胁，但是新的分配方式似乎已经为大部分人带来了富足，而伯爵们则一开始就采取措施鼓励外商到他们的领地来经商。1262年，君士坦丁堡的玛格丽特把特权授予拉罗歇尔、圣·让安吉利、尼奥尔和邻近城镇（通常是格拉夫的港口）的商人。但是很快就呈现出一种自然的趋势：贸易都集中到了布鲁日和它位于茨温河（The Zwin）岸上的外港。玛格丽特女伯爵又一次偏袒外商适应这种趋势，尤其是在1252年还减轻了他们负担的通行税；大约与此同时，她似乎还乐意允许在达姆或邻近地区建立一个德国人的聚居区（1253年），尽管这一计划最终夭折了。但是即使没有统治者的鼓励，一个“贸易中心”（staple）——一种广泛意义上的市场——仍在茨温河畔发展了起来。仅仅由于其所处的位置具有地理上和经济上的优势，贸易便趋向于集中在这一范围之内。伯爵们并没有强迫货物要经过贸易中心（Stapelzwang），伯爵们所能做的只是通过行政命令干预地点的选择（是在布鲁日，还是在它其中的一个外港），要求沿着茨温河运输的某种商品贸易应该在那里进行。

在荷兰情况则完全不同，从13世纪最后20多年开始，多德雷赫特（Dordrecht）就努力发展成为一个被动贸易中心和一个低地国家以外商人进

行贸易的市场，从而与布鲁日展开竞争。多德雷赫特令人羡慕地位于默兹河与莱茵河的河口附近，通过水路可以通往海上，通往荷兰的内陆地区，也可以通往佛兰德斯和布拉班特，所以很早以前就发展成为水上货物转运的一个中心。伯爵采取的措施进一步促进了这种自然发展趋势。1260～1270 年，当其他城镇的经济都无足轻重的时候，伯爵就规定：任何从水路运来的重要货物都要在多德雷赫特称量；他还抓住佛兰芒商业遭受损失的机会（在 1270 年及后来的数年中，盎格鲁和佛兰芒的关系处于敌对状态），在 1276 年把特权授予了从陆地来到须德海（Zuider Zee）东岸的商人，也授予了德国北部（尤其是汉堡）的商人，其目的是把他们从布鲁日吸引过来，让多德雷赫特从中获利。在这一政策之外我还要补充的是，伯爵同时还试图吸引织布工人到默韦德（Merwede）的港口来，目的是确保在那里生产出外国商人返回时所带的货物。

弗洛伦斯五世（Florence V）甚至成功地把英国的羊毛贸易中心转移到
多德雷赫特一段时间（1294～1295 年）。在年轻的约翰一世伯爵统治的短暂 【352】
时期，当城镇中贸易中心变成了一个强制性机构的时候，伯爵们的保护主义政策也达到了高潮——当时约翰一世正受阿韦纳的约翰（John d'Avesnes，即后来的约翰二世）的监护。在这一时期，来到默韦德或莱克的商人被迫将他们的货物拿到多德雷赫特出售。于是这个城镇变成了一个强迫性的市场，进行交易的一方是莱茵河地区和默兹中部地区，另一方是泽兰、佛兰德斯、布拉班特西部以及英格兰。伯爵的目的不仅仅是刺激其领地上的贸易，还在于扩大它们的繁荣富庶。通过把贸易集中到多德雷赫特，他也使通行税（他有权在大河流的许多支流上征收通行税）的管理变得更加容易。也许就是在此时，他最终又在多德雷赫特建立了一个文献中称为“韦塞尔”（Wissel，意思是“交易所”）的机构。按照 J. F. 尼尔曼耶（J. F. Niermeyer）教授很有说服力的一个假设来看，正式设立这一机构是为了规范价格和货物的质量，这样做可能至少会间接地为贸易铺平了道路，尤其减少了徇私舞弊的可能性。

多德雷赫特所处的特殊位置和对它实施的特殊规定，导致了它与荷兰北部其他城镇之间出现了贸易冲突——而荷兰崛起并成为霸权则是 14 世纪的特点之一。这种冲突与赫普（Hoeken）和卡班尔加温（Kabeljauwen）著名派系之间的政治斗争紧密地联系在一起，并一直延续了整个 14、15 世纪。伯爵对多德雷赫特的态度经常由这些派系斗争中某个控制着伯爵的派别来决定。当摄政王阿尔伯特（Albert）掌管政府后，他就劝说德国汉萨同盟的商人（他们那时在布鲁日处境艰难）把工厂迁往多德雷赫特（1358～1360年）。这种可喜的状况仅仅维持了很短的时间，佛兰芒人就提出满足汉萨商人提出的返回布鲁日的条件，几乎在同一时间，阿尔伯特方面与其他嫉妒多德雷赫特特权地位的荷兰城镇达成了协议。事实上，在30年后，1358年的情形再次出现。此时（1389年），阿尔伯特已经成为伯爵，他又一次与汉萨同盟达成协议，把他们在低地国家的工厂和贸易中心从布鲁日迁往多德雷赫特。但这一段新插曲仅从1389年延续到1392年：这个事实又一次证明，在德国商人看来，多德雷赫特最多是第二位的。他们离开后不久，反对多德雷赫特的情绪再次出现，而且比以往更强烈。1394年，国民议会的一项法令豁免了一大批荷兰城镇的贸易中心义务。15世纪上半叶，这一问题再次变得引人注目，鉴于盖尔德斯（Guelders）的城镇已经引起争论，荷兰议会在
【353】1432年和1446年又重新承认了多德雷赫特的贸易中心权利。

像荷兰的伯爵一样，布拉班特的公爵在其领地上也鼓励发展一个积极的贸易中心——安特卫普。很有可能就是在1295年，英国羊毛贸易中心从多德雷赫特迁移到了安特卫普，因为1296年约翰二世把特权授予了在那里经商的英国人；1305年他扩大了这些特权；1315年又进行了补充；就在同一年，又把特权扩展授予了汉萨人、佛罗伦萨人和热那亚人。这一政策成效显著，大约到了14世纪中叶，安特卫普本应成为布鲁日最有力的一个竞争对手，但实际上此时马累的路易（Louis de Male，佛兰德斯伯爵）正在与他的妻姐布拉班特的琼（Joan of Brabant）及其丈夫文西斯劳斯（Wenceslas）进行战争，并于1356年夺取了安特卫普和马林斯。佛兰德斯伯爵此时并非有意采纳一条有利于布鲁日发展成被动贸易中心的经济方针政策，但是马累的路易的征服活动却间接帮助布鲁日摧毁了其竞争对手。切断了安特卫普与其内部腹地（布拉班特的公爵领地）之间的联系，使它不再是鱼、盐、燕麦贸易中心，这都是它以前所拥有的，但是现在都转移到了马林斯。像佛兰德斯一样，一直到15世纪初，布拉班特受到勃艮第公爵的控制，安特卫普才重新与布拉班特统一在一起，从那以后其繁荣富裕的曲线又重新回到了自然向上的轨迹。

6.3.6 工业

佛兰德斯纺织工业的发展如此充满活力，以至于伯爵们的任何干预似乎都是完全多余的。显然是由于大布匹中心自发发展的结果，促使君士坦丁堡的琼（Joan of Constantinople）在1224年承诺豁免第一批在库特赖（Courtrai）建立工厂的50名“外国人”的人头税，其目的是让他们进行纺织业的生产。但是这一非常例外的措施，只能说明这位女伯爵希望对紧紧依赖她的一个城镇予以照顾。更为有趣的事实是，当较大的城镇使用它们自己的基金建设自己的市场时，王侯们则为在那些不太重要的中心进行此类建设提供所需的费用，至少在一定程度上提供它们所需的场所。布拉班特比佛兰德斯更是有过之而无不及，公爵总是特意促使那些布料工业不太发达的地方缩小这种差距。

从13世纪末开始，统治者开始面对由城市纺织工业与农村、小地方的纺织工业竞争而引发的问题。但是，正如我们早已指出的那样：他们的政策是由政治动机而非经济动机决定的。大城镇的工业一直是地区繁荣的基础，【354】但同时也是王侯们拥有绝对管辖权的主要障碍。对佛兰德斯的伯爵们来说，一项有利于布匹工业成长并与布鲁日、根特、伊普尔进行竞争的政策，为伯爵造就了新的支持者，与反对伯爵权威的势力针锋相对；另一方面，伯爵制定政策有时是被迫的。每当伯爵发现自己受大城镇的摆布时，后者便强迫他制定措施确保它们生产的垄断地位，或者至少在它们控制的侯国内获得一个特殊的优惠地位。

这种情况第一次发生在1297～1320年间佛兰德斯伯爵与法国国王的斗争之中。根特在1297年、1302年、1314年连续成功地获得几个禁令：第一个禁令禁止其方圆3里格[①]内的地区拥有贸易中心，不许它们把布匹拉幅，不许它们给羊毛或布匹染色；第二个禁令禁止把在其他地方纺织或漂洗的布匹运到根特；最后一个禁令禁止其方圆5里格内的地区进行任何的纺织生产。在年轻的路易·德·内弗尔（Louis de Nevers）刚刚继任、权力尚未稳固建立之时，布鲁日和伊普尔也从他那里得到了与根特的最后一项特权相似的好处。同样，在这位王侯统治晚期，当他把权力转交（实际上并非根据法律）给詹姆斯·冯·阿特威尔德（James van Artevelde）时，他也只好支持对朗格多克的纺织工业进行破坏从而使伊普尔受益，支持对法郎（Franc）城镇所辖地区的纺织工业进行破坏，从而使布鲁日受益。

但是，伯爵们每一次恢复权力后，似乎通常都对小城镇和农村地区发展羊毛工业的努力表示同情。马累的路易尤其如此，在他残存的法令中包含着给予一些城镇发展纺织生产的特许权：梅嫩（1351年）、奥登堡（1353年）、罗兹拉尔（鲁莱尔斯，1357年）、韦尔威克（1359年）、拉戈尔古

① 里格，旧时长度单位，约为3英里、5公里或3海里。

(1359年)、铁列特(1359年)、吉斯坦文(1365年)及洪德斯科特(1374年)。又是在他统治期间，由于伊普尔无法用武力使波佩瑞赫(Poperinghe)屈服，只好把问题带到了伯爵的政务会议上，我们不知道这次做出了什么决定，但是可以肯定的是：波佩瑞赫的布匹生产并没有被制止。

事实上，当根特和布鲁日成功地清除了其农村腹地的纺织生产时，伊普尔("佛兰德斯三成员"中最弱的一个)却未能阻止其周围的小城镇和农村再次崛起并毫不示弱地与它进行竞争。15世纪，勃艮第的公爵们面临着同样的问题。大概是十足的机会主义原因，说服了善良的腓力在1428年授予了伊普
【355】尔特权，禁止伊普尔城堡所辖的沃南敦、卡塞尔和巴耶尔生产布匹(用于本地消费的布匹除外)。无疑此时的他面临着许许多多外交政策的问题，在这种关键时刻他无力抗拒来自佛兰芒国民的压力。公爵在伊普尔人的要求下制定的这些措施主要是针对新埃格利兹的(Eeuve Eglise)布匹业的——伊普尔南面的一个村庄，在一个女士的私人控制之下——这个事实使这个村庄十分强烈地反对这些措施，其强烈程度高于对公爵的直接依附程度。新埃格利兹(其工业后来充满了活力)决定求助于巴黎的最高法院。法国国王(此时正在和他的部属善良的腓力交战)犹豫不决，不知是否应支持这个处于危难中的村庄来对抗受伯爵保护的城镇。结果，伯爵不再关心佛兰德斯第三个城镇(伊普尔)正在衰落的工业：1446年(伯爵和国王实现和平11年之后)，国王授予这个村庄生产布匹(就像它们1428年前所做的那样)的临时许可证，善良的腓力并未极力反对这一决定。当勇敢者查理死后(尤其是勃艮第的玛丽去世后)，1483年法国国王(此时是路易十一)为了赢得"佛兰德斯成员们"的好感，极具讽刺性地重新授予伊普尔在1428年就拥有的特权，问题再次出现了。但是，尽管如此，农村的布匹业仍继续不断扩张。

6.3.7 货币问题

由于他们或者依靠法国(如佛兰德斯)或者依靠帝国(如下洛塞吉亚的各诸侯国)，除了通过授予或委托之外，低地国家的王侯们都不享有铸造货币的权利：因此从完全意义上讲，他们不能使用这种权利。但是事实上，位于斯凯尔特河(Schdldt)东面的各诸侯国(在宗主国的领土上)很快就获得了这方面的自由。对佛兰德斯来说，它很早以前就得到了很大的自主权，而且当法国的王权还很虚弱时，它就很快建立起了稳固的组织。但是，从12世纪末开始，佛兰德斯就不得不考虑卡佩王朝实力的增长，尤其是法王美男子腓

力（1285～1314年）方面积极的干预措施。美男子腓力试图将他在法国其余地区实行的货币政策强加给佛兰德斯，但是这一政策有损佛兰德斯的贸易利益。法国的国王们试图以相似的方式将佛兰德斯伯爵们铸造钱币的权力限制在“黑银钱”货币上，但是那些伯爵通过在帝国的佛兰德斯（即那些并不拥护法国国王的诸侯国）的铸币厂铸造“白银钱”和金币、同时允许这些货币 【356】
在他们的整个领地上流通而克服了这个困难。马累的路易（1346～1384年）是第一位不再受到其宗主国以这些借口进行干扰的伯爵，他也是第一位单独铸造完全不同于（不仅在样式上，还在价值上）法国货币的伯爵。

13世纪，他的前任已经将巴黎的货币作为他们的“黑银钱”货币，因此也就成了佛兰芒人的记账货币。许多下洛塞吉亚的诸侯国（从13世纪开始就受到强大的法国的影响）则采用图尔的货币作为他们的记账货币。所有这些货币（不管是真正货币，还是记账货币），都与帝国的货币相关联，并按照相同的节奏、相同的程度调整它们的价值。但是，百年战争开始后，法国王室发行了一系列新的货币，佛兰德斯不再紧随其后了：它的两种货币格罗斯里弗赫币（livre de gros）和巴黎里弗赫币（livre parisis）一段时间以来一直正常保持着12:1的比例，其实际流通货币的重量、合金程度和作为记账货币基础的货币都不再与法国货币的重量、合金程度联系在一起，结果法国和佛兰德斯的记账货币（格罗斯里弗赫币和巴黎里弗赫币）也不再一致。这种货币体系的独立标志着佛兰德斯在一定程度上对法国政治上的独立。

与之相似，我们可以说，在善良的腓力统治时期对低地国家各诸侯国货币体系的统一（至少是协调），标志着在他的统治下其领土的统一。勃艮第公爵通过1433～1434年的改革，为佛兰德斯、布拉班特、荷兰、泽兰和埃诺提供了一种共同的货币（就“白银钱”和金币而言）；在各诸侯国只有“黑银钱”各不相同。作为一种共同的记账货币，佛兰德斯的货币被扩展到了其他的领地上。

我们还必须要问的一个问题是：是什么动机驱使低地国家的王侯们（尤其是在14世纪）依赖于其货币的贬值和劣质。是否这仅仅是他们模仿其邻国（尤其是法国国王）而必须为之呢？我们无疑要考虑到这一因素；但是难道我们也必须相信（正如一些人倾向于坚持的），统治者逐渐减少他们货币的内在价值，是想制造一种通货膨胀并由此对商业趋势产生刺激效应吗？到目前为止还不能举出一个例子支持这一观点。相反，似乎很明显的是，马累的路易至少在这方面纯粹是受利益的驱使，在他统治时期，所铸造 【357】

的金币和银币总计可能分别高达 1 500 万法郎和 13 500 万法郎——也就是说数量远远超过实际需求。如此巨大的数目无疑是同样数量的金银块被大量重新铸造的结果。正是货币的不断贬值和更高价格的吸引刺激了对村社公地（Mark）的购买（其内在价值的逐渐降低使购买成为可能），使得金银又一次被送回铸币厂。货币的这些持续波动自然使政府对铸造货币征收相当高的铸造税；在马累的路易统治的那些年里，铸造货币的收入占了其总收入的 1/6 ~ 1/5，从这一事实可以看出这项政策的成效。

在路易之后，勇敢者腓力（Philip the Bold）继续推行其岳父的货币政策——至少在其统治的早期是如此。他在这方面取得了成功，不仅充实了自己的国库，而且在布拉班特女公爵的货币体系中制造了混乱，使得布拉班特的货币被引进佛兰德斯。勇敢者腓力与他的孙子善良的腓力形成了鲜明的对比。除了统一通货以外，善良的腓力在其统治时期内使货币的稳定保持了至少相当长的一段时间（例如，1434 ~ 1466 年使得银通货保持稳定）。对货币政策的这种新态度——这是其国民所渴望的——的代价是，铸造货币的速度放慢了，因此从铸造税中得到的收入也相应地减少了。但是这位“西欧的大公爵”（great duke of the west）还占有着其他足够大的财政资源，这使他能够应付这一过程。

有趣的是，在另一方面，勃艮第的公爵们在维护他们货币事务上的特权时表现出一种惟恐有失的心态。正如鲁人（R. de Roover）早已清楚指出的那样，14 世纪的货币兑换商（尤其是布鲁日的兑换商，凭借他们作为银行家的能力），从某种角度来说已经在制造货币：接受客户的存款，替他们转账，在操作中实际上保持现金的平衡——这仅仅象征着他们职责的一个部分。公爵的谋士们是否意识到这样的事实呢——货币兑换商用某种方式侵占了原本属于公爵的货币权力。可能他们意识到了这一点，这可以解释为什么在善良的腓力（1433 年）、勇敢者查理（1467 年）、奥地利的马克西米连（1489 年）的法令中，禁止银行兑换商、甚至单纯的银行家的活动。

实际上，王侯们从一开始就把与货币兑换有关的一切活动看作是他们货币特权的组成部分。兑换交易所只有在得到他们的授权后才能营业，要受到
【358】他们法令的规范，作为回报还要缴纳费用。在 13 世纪初的布鲁日，只有 5 个像封邑一样被授权的兑换交易所。在那个世纪，随着布鲁日市场上金融活动的扩展，兑换交易所又增加了 15 家，并以承包税收的方式被租了出去。根特的情况有所不同：在那里，伯爵把自己的特权授予了城镇，城镇得到了本应属于伯爵的利益。除了一小部分（例如在 1281 年曾把兑换交易所交给

伦巴德人管理）外，兑换交易所的管理办公室通常都交由当地居民托管。货币兑换商除了其最初的作用（小额兑换）以外，还有责任（他们代替王侯们行使）确保王侯们的货币法令得到实施。同时他们必须要根据前面所描述的关税通货（其流通得到了批准）进行兑换，为了满足货币铸造供应的需求，他们也要被迫购买禁止流通的货币（价格以其所含的金银为准）。通常他们要在城市的政要面前（王侯的一位代表也会出席）宣誓，保证自己将忠实地执行这项任务。原则上，作为市民，货币兑换商要服从其城镇市政官的管辖，但是王侯们却不遗余力地继续把他们置于自己的控制之下：正是基于这一点，我们必须注意到勇敢者查理的一条法令——他命令所有的新货币兑换商都放弃他们的市民身份。

君王们对伦巴德人进行的货币放贷活动的干预也同样，尽管不太明显地和他们在货币事务中的特权联系在一起。当皮埃尔的盖伊（Guy of Dampierre，佛兰德斯伯爵）就是一个鲜明的例子：1281 年他授权伦巴德人在他的某些城镇定居，这一行为无疑可以解释为是出于其财政的需要，但也展现了一定的勇气。如果他把高利贷只限制在伦巴德人手中并限制可进行的高利贷交易的类型，如果他要求这些交易向他缴纳一笔费用，那么他授权的高利贷至少因此侵犯了教会的职权——原则上教会在这方面独立地行使着职权。君王们得到的费用使其给予伦巴德人相应的特权地位，这种特权并没有扩展到定居在其土地上的其他意大利人手中——比如大商业公司的成员和办事处等等。

6.3.8 土地的开发

沿海和荒野地区上的空地早先是属于国王的特权范围，低地国家的地方王侯们对这一王权的侵占意味着每一块新耕地的扩展都是他们干预的结果。【359】如果把这一点与佛兰德斯和荷兰联系起来讨论，则更为方便。

在这些诸侯国里，最初对圩田地带（自从 10 世纪洪水泛滥过后，圩田在沿海地区逐渐成型）的开发要追溯到很早以前，但是我们只是从阿尔萨斯的腓力统治时期开始才知道其开发的方式。荒地或者由伯爵自己领地上的管理部门进行耕种，或者大片大片地分配给修道院和教堂，由它们耕种。后者从伯爵那里得到开展这项工作所必需的设备，尤其是因灌溉需要挖掘水渠所用的工具。在其他领域，自从精力充沛的阿尔萨斯的腓力去世后，伯爵们就不再进行积极地参与；直到君士坦丁堡的玛格丽特的统治才又重新焕发了活力。在其财政需求的压力下，这位女王侯把大量以前荒芜的土地转让了出去，条件是接受人将来每年向她缴纳租金。正是这个使土地服从于地租的行为，也把耕种这些土地的义务强加到那些接收土地的人身上。统治者对扩展耕地的参与在整个中世纪都可以看到，因此，到了15世纪中叶，善良的腓力就致力于修复西斯凯尔特河南岸圩田的堤坝，他把这项工程的管理交给佛兰芒地区某些富裕的大修道院，并授权他们通过向其财产被堤坝淹没的户主征税的方式筹集资金。

在荷兰，伯爵也早在11世纪就通过在原先的荒地上建立庄园中心而参与了移民和土地的开发工作。他还通过把大片泥炭地转让给企业主的方式间接进行干预，而企业主则反过来在转让的土地上建立聚居区。

对沿海土地（通过填海造田，但总是有被重新淹没的危险）的控制和管理需要特殊的行政手段。在加洛林王朝时期，伯爵作为皇室地方官员被授予了这种权利；伯爵通常又把这种权利委托给其下属的官员。采邑形成以后，至少在低地国家的北部地区，可以见到地方市镇开始负责海防的行政管理工作，王侯的作用仅限于最初的对他们工作的保护。很快那里就出现了负责修筑海防工作的地方性的行政管理机构，以及由市镇官员和村镇官员领导的司法机构，它们负责对水路和堤坝的监察。最后，又建立了一个具有地方
【360】管辖权的机构，伯爵赋予其广泛的权力，尤其是负责那些不仅仅具有地方重要性的工程的实施。这些具有地方管辖权的机构反过来又产生了一个司法机构，其管辖权也扩展到了相同的地区。在沿海的佛兰德斯，其称作水防会的社团和由伯爵任命的官员中，我们也可见到相似机构的因素。

各地区政府同样在底土（subsoil）的开发方面发挥了一定的作用，尽管其大小各不相同。在王侯们自己所拥有的王权中，他们都宣称对地表下的财富拥有所有权。这个问题已经被系统地研究过，其对象是位于现代德国、比利时和荷兰边境的林堡（Limburg）的公爵领地。这一地区矿藏丰富，其中最有价值就是菱锌矿——一种混合矿，其中碳酸锌是它最重要的成分。善良的腓力对它的开采非常感兴趣，把开采特许权和相应的设备都授予了新的企业主。起初，他通过提供矿址和工作所需的木材参与企业的生产；但是后来他只是满足于仅仅把矿产承包出去，他的继任者也是如此。到了中世纪末，无论如何，勃艮第的公爵至少在这方面看起来都像重商主义的统治者。

6.4　波罗的海国家

6.4.1　政府财政

在中世纪后期，波罗的海地区各国的政府财政史总的来说都经受着资源匮乏的痛苦，通常不可能用统计术语来表达这一地区的经济现实。有关财政的记录从一开始就寥寥无几，而且保存得也非常散乱；但是即使它们被完整地保存下来，可能仍旧不能令人满意地说明实际发生的情况。在中央集权政府出现以前，我们没有机会确切地对其财政发展进行考察；甚至在这一时期，尽管一些数据可供使用，但是它们很少是那种能够允许我们对财政收入的起伏进行充分推理的数据。

基于我们的财政知识，我们于是将精力大部分投入了法律和政治文件，以及我们所了解的当时的政治环境。很明显，这些材料仅仅勾画出了经济背景的轮廓，仅仅提供了有关政府面对的一些严酷的经济问题的线索。另一方面，它也描绘出了需求与资源之间的关系——国王、公爵及其谋士们的活动
支出，他们为了达到某种程度的财政平衡所采取的措施。无论如何，都无法 【361】
估计中世纪人们的纳税能力；至少从政治材料中我们得到了一些关于人们有限的纳税意愿的证据。因此，中世纪北欧国家的政府财政史是一部国家行政机构与经济困难进行搏斗的历史，而我们只能偶尔看清楚它的面貌。

6.4.1.1　经济背景

11～13 世纪，斯堪的纳维亚和波罗的海沿岸国家开始成为欧洲社会和文明的一员。波兰和斯堪的纳维亚国家（以及后来的波罗的海东南沿岸的边境国家）信奉了基督教，1300 年以后只有立陶宛仍旧是异教徒。日耳曼人、丹麦人、瑞典人的移民活动不仅把基督教，而且把中欧和西欧的生活方式、社会组织和经济组织带进了以前斯拉夫人、波罗的族人和芬兰部落居住的人烟稀少的地区。这一部分欧洲地区逐渐共同融入基督教文明经济共同体的过程，是该地区经济财政史中各个方面的主要趋势。

这种发展的一部分就是把所有这些国家的林地变成耕地。新的定居点在

轻质的砂土地上建立了起来——在以前，简单粗糙的耕种技术或者更干燥的气候一直都使这些土地不可能耕种。在斯堪的纳维亚，这一运动逐渐创造了全新的居住区；在挪威和瑞典，它侵蚀到了原始树林的边上——这些原始森林将大批独立的省份隔离开来；在波兰，这一运动创造了受德国法律保护的新的市镇；在易北河东部地区，这一运动是日耳曼移民的主要方式之一，它紧密地与德国城市联系在一起，而且在一些方面依靠德国城市的成长。在芬兰湾和波的尼亚湾两岸，断断续续的瑞典农民的迁徙总的来说是到林地定居运动的延续，伴随它的是斯堪的纳维亚各国沿海企业在中世纪经济扩张时期的不断壮大。

从社会角度来看，这一运动创造了一大批小租户（tenements），它们更多地服从于旧住户（而不是贵族）的影响力。在非封建国家（non-feudal countries），新的住户是自由的土地所有者；在封建国家，他们的土地是在国王或王侯（而不是地方贵族）的控制之下。在两种情况下，北欧土地的扩张促进了财政的集权，因为自由的斯堪的纳维亚农民从政治上和
【362】经济上都为伯爵的代表们提供了工作材料。在所有这些新欧洲化国家总的社会发展中，到不太肥沃的地区定居的运动，抵消了人们通常对特权地产的依赖。

我们谈论的这一时期也正是北欧城镇奠基的大时代。文德人、普鲁士人和波罗的海沿岸的汉萨城市成了这部分世界的贸易中心和文化交流中心。在它们的影响下，丹麦沿岸（尤其是松得海峡沿岸）的城镇，挪威和瑞典沿岸的城镇，德国、波兰和斯堪的纳维亚内陆的城镇，都繁荣发展起来。这些城镇对其所在国经济和社会生活的促进作用怎么估计都不算过分。另一方面，也很难对它们在政府财政史上的重要性作出评价。更大一些的城镇（它们是汉萨同盟的成员），是自我管理的行政单位，通过向外投资，间接向地方王侯供奉资财，有时直接向王侯提供捐助或军事援助；与此同时，这些城镇的生存与活动，就如同独立于君主国家的政治市镇。小一些的城镇，则认可王侯国授予的成员身份并遵守它们领主的法律，它们规模较小，财政重要性也有限。尽管如此，从贸易中征收的税费还是为统治者提供了急需的现金收入，同时城镇的财政能力也代表着危急时刻最重要的信用储备；但是，这并不能改变一个事实——在中世纪，北欧各诸侯国主要具有农业特征；这也不能改变这样的事实——政府财政的发展主要依靠农村。对大城镇的领主权在财政上至关重要，对小城镇的领主权则无关紧要。

作为这一地区经济政策史的背景，还应该记住两个经济发展的基本特征。第一个是，移民运动在14世纪和15世纪仍旧在继续，因此使得这些世纪依然保持经济的扩张——尽管此时西欧早就耕种的地区陷入了农业困难和经济的萧条——我们再看看更东面的地区，较显著的也是中世纪晚期经济生活的扩张。第二个事实是，欧洲的这一部分总的来说仍旧比较落后，这里甚至要强调王侯或领主手中掌握的少量流动资本的重要性。相对而言，这一时期北欧各国在基督教世界的正常生活中取得了重要性，但是作为文明的边缘地带它们仍旧处于外围位置。【363】

6.4.1.2　早期的波兰王国和斯堪的纳维亚

从13世纪开始，以德国北部和波兰的封建小诸侯国为一方，面积广阔、人烟稀少的斯堪的纳维亚王国为另一方，两者形成了鲜明的对照。很明显，在欧洲中世纪鼎盛时期，前者是正常的政治单位，而后者则是不正常的政治单位。最后，条顿骑士团是政治组织的一种独特形式，它代表了骑士制度国际秩序的非领土（non-territorial）组织形式。

11世纪，丹麦、挪威和瑞典已经作为统一的王国而存在，波兰王国也在政治上繁荣了一段时间；但是另一方面，后来的波罗的海国家尚未形成。与此同时，斯堪的纳维亚海盗王国早期（也包括波兰）巩固的景象在相当程度上是一幅虚构的图画。我们对丹麦的斯文·福克比尔德（Sven Fork-beard）、挪威的奥拉夫·哈拉尔德森（Olaf Haraldsson）、瑞典的奥拉大·埃里克森（Olof Eriksson）这些国王统治下政府的经济基础知之甚少；但根据他们的政治活动和考古数据进行某种推理是可能的。他们的政治活动和管理权直接依赖于他们的军事实力，而其军事实力的强弱则每年都发生变化；他们还不顾一切试图冒险取得对北海和波罗的海贸易路线的控制权。挪威的奥拉夫·特赖格瓦森（Olaf Tryggvason）就在这样的一次冒险中丧命；瑞典的奥拉夫·哈拉尔德森和阿蒙德（Amund of Sweden）在斯卡尼亚（Scania）向克努特大帝（Cnut the Great）发起了挑战，他们同样没能生还。丹麦人在特雷勒堡（Trelleborg）、阿格森堡（Aggersborg）以及其他海盗城堡进行的挖掘工事表明，这一时期丹麦国王的战士集中在靠近中心水路筑有防御工事的营房里。海盗国王们应该拥有自己的军队（或者至少是经过挑选的士兵），他们组织严密如同常备军队，其军令和一个世纪后克努特大帝实行的“hird”法令的解释内涵非常相似。这些部队——像各个时期的雇佣军一样——大概必须要被支付现金，并从他们军营周围的农村得到定期的供应给养。国王们通过征收捐赠或沿商路抢劫获得现金；“供应”大概并非是我们现在“税收”一词的含义，而更像是向黑帮缴纳的“保护费”。只要国王们能够拥有现金的供应，这个系统就工作；一旦失败，他们就任由对手或背叛的强盗首领摆布。总之，挪威、丹麦和瑞典的海盗国王们都专注于制海权而非领土的统治权，他们的财政组织是一个自给自足的雇佣部队组织而非严格
【364】意义上的宪政国家。它们由一大群农民团体组成，将它们维持在一起的是为数很少的机构联系。在 11、12 世纪王朝统治变化时期，斯卡尼亚、希兰（Seland）和日德兰很容易就陷入了分裂，并宣称拥有不同的丹麦国王；严格来说，瑞典也同时被多个国王统治——分为梅拉伦河谷（Mälar valley）和西约特兰（Västergötland）；挪威被分裂成了完全独立的沿海地区和河谷地区，表面上由一个皇室家族控制，他们中的一些成员——每一个都以国王的名义——定居在国家不同的地方。这些地方性的国王虽然不像常胜者埃里克（Erik the Victorious）、斯文·福克比尔德或者坚毅的哈拉德（Harald the Hard minder）那样令人称道，但是至少他们扎根于社会的地方组织之中。

在最早的波兰王国和斯堪的纳维亚王国之间有相当多的相似之处，尽管波兰更为开化，人口更为稠密一些。梅斯科一世（Mesco Ⅰ）统一波兰的时间可能和统一丹麦、瑞典的时间一样。在海盗军事组织和梅斯科的军队之间应该存在直接的联系；至少在古代斯堪的纳维亚生动的英雄传说中，曾描述了10 世纪在奥得河（the Oder）河口修筑的一个海盗军营的情况，此时第一位波兰国王正在成为这一地区的统治者。但是古代斯堪的纳维亚对早期波兰的影响不应被夸大，梅斯科和博尔斯拉夫一世（Boleslav Ⅰ）既不是海盗首领也不是海盗的傀儡；与此同时，将早期的波兰部落维持在一起的军事力量是一支有组织的皇家卫队，为数3 000多人，据阿拉伯作家亚伯拉罕·雅各（Ibrahim ibn Jacub）记载，向他们支付的现金“来自市场”收费。后来盖洛斯·阿诺莫斯（Gallus Anonymus）的编年史告诉我们，勇士博尔斯拉夫（Boleslav the Valiant）的士兵来自波兹南（Poznan）、格涅兹诺（Gniezno）和“弗沃茨瓦韦克的城堡”（castle of Wloclawek）。由于波兹南和格涅兹诺是王国的两个中心，当时都拥有城堡，所以我们可以推断梅斯科和博尔斯拉夫的统治得到了雇佣军的支持，部队建立在贸易中心，开支大多来自贸易的税收，其方式与海盗的“hirds”相同。

不能想当然地认为在早期的斯堪的纳维亚或波兰可以经常征税。在斯堪的纳维亚，最早的税收［如波兰的实物税（narzaz）］是以实物缴纳的，考

虑到该地区的农业经济特征这就显得非常自然了。另一方面，海盗和早期波兰国王的军事预算是建立在缴纳现金或碎银的基础之上的。我们可以得出这样的结论，这些王国的兴盛是公元1000年左右欧洲东北部贸易的副产品，随着11世纪主要贸易路线的迁移它们也衰落了下去。其政治生活回复到了更自然的地方单位，靠王朝的传统维系在一起，有时则是出于对外政策的迫切需要维持在一起，但每个地方都是通过宗教组织联系在一起的——波兰的宗教组织是在10、11世纪建立的，斯堪的纳维亚的是在11、12世纪建立 【365】的。一个为政府服务的更稳固的经济基础逐渐建立了起来，并植根于各地和各部落的农村市镇之中。

波兰王国在11世纪消失了：它被来自内部的部落封建主义的离心力和来自外部的日耳曼帝国的压力摧毁了。一段时间以来，部落公国代表着波兰最大的政治单位，直到博尔斯拉夫·里莫斯（Boleslav Wrymouth）在12世纪中叶以前以自己的中央大公国为中心建造了波兰国家的核心，都城设在克拉科夫（Cracow）。在这一时期，丹麦王国、挪威王国和瑞典王国继续存在，但政治上非常羸弱。在这些国家的农民市镇里，没有任何形式的封建主义扎根下来——石勒苏益格（Schlesvig）的丹麦伯爵领地暂时除外，它们处于帝国的影响之外。因此，斯堪的纳维亚国王与波兰统治者相比，面对的反对力量要弱小得多。波兰在波罗的海地区的影响范围逐渐受德国移民的掌握，没有建立真正的君王权威。惟一的变化是，地方首领被德国伯爵代替了。

10–11世纪波罗的海的社会生活在多大程度上对中央管理权的经常行使提出了正式的要求？我们难以确定。在和平时期，斯堪的纳维亚的国王们行使着某种最高审判权和警卫权，但这种作用的发挥很明显被不时打断。当波兰王国消失时，没有迹象表明统治者的这些社会作用也大部分消失了。在战争时期，国王们现实而迫切的任务是得到领导权。在没有建立永久的最高军事权的地方，战争财政的问题只好通过更低级的权威来解决。在这种环境中，更难以证明是否需要建立严格意义上有组织的国家财政体系。

在其邻国摩拉维亚（Moravia）、波希米亚（Bohemia）及德国的影响下，封建波兰的传统部落社会发生了转变。帝国对波兰的压力不可避免地使波兰的王侯必须创造军事资源，同尚未界定的边界西面的公爵和侯爵的军力相抗衡。第一位皮阿斯特国王的军队建立在城堡（修建它们是为了替代部落的旧堡垒）的基础之上，城堡总管（castellans）被任命为周围领地的统治者。国家逐渐被分割成了由城堡控制的多个地区。“欧泊洛”（oples，即农奴村庄）依附于城堡，它们的居民大多数是战争中的俘虏——代表着王侯有价值的战利品。“欧泊洛”为城堡提供了所需的劳动力，城堡是具有军事中心
【366】和行政管理中心的特征的；城堡中居住着各地的农场工人、手艺人、渔夫以及矿工等等。“欧泊洛”中农奴的缺乏似乎是当地特有的情况。这一组织似乎已经足以使城堡总管执行其政府管理和司法职责，但是早期国王们大规模的雇佣军队不可能由城堡封建类型的、小规模的、分散的卫戍部队所替代。自由民最初承担的配备和防卫堡垒的职责转变成了捐赠资金以维持它们的存在。封建时期的波兰军队变成了骑士部队，骑兵们来自特权阶层，并被免除了通常的公共义务。到1200年骑士的特权被建立了起来，然而却无法更精确地确定它们的起源日期。作为一支军事力量，这支骑兵由拥有大地产的、穿着盔甲的地主组成，在战争中他们领导当地的军事力量，与宗教贵族合作，洞察王侯们的一举一动，对其国民行使切实的行政管理权。

由于缺乏可靠的统计数据，当然无法估计西里西亚（Silesia）、克拉科夫（Cracow）公爵等人与其贵族阶层相比实力的强弱。所有一切都依赖于王侯们能够维持的雇佣军部队的规模的大小，以及他们在多大程度上买到骑士的效劳。我们对他们收入的来源略知一二，但对不同资源的相对重要性，或者他们收入与需求之间的关系却一无所知。12世纪和13世纪早期波兰的政治形势却极为明显：中央权力非常羸弱，面对西面和北面德国的压力，只能一而再、再而三地退让。

波兰最古老的税收实物税最初缴纳的是牛羊和猪，但到了13世纪则缴纳粮食。兵役税（Stroza）是城堡中替代服兵役的一种收费，伙食税（Stan）是代替王侯及其随从出巡时各地伙食供应的一种收费。与之类似的这些不太重要的税收很明显是为了维持王侯及其随从在城堡中的生活，可能有一小部分用于政府特殊的活动；它们很难发展成为充足的中央财政体系，来自司法管理和类似渠道的收入同样如此。另外，在13世纪，特权阶级被豁免了这些义务，因此这些税收的收入也日益减少。

城镇收入、市场税收和铸造货币的收益为王侯们购买他人的效忠提供了更好的机会，其程度的大小应该依赖于贸易额的多少。不可能给来自这些资源的收入确定一个数额，也无法评估其创造的机会有多少；但是博尔斯拉夫
【367】大公国的扩张，似乎指出了12世纪早期的一个趋势——以重要的贸易中心为依托建立行政管理区。在这方面，西里西亚从波兰分裂出去和波兰在波罗的海的港口落入条顿骑士团手中，不仅表明波兰政治上的衰弱，而且还延长了它的衰弱期。

波兰那时是一个农业地区，其社会结构是模仿当时经济更为发达的欧洲国家建立的，但是贸易创造的流动资源供应却相对缺乏。在某些方面斯堪的纳维亚国家也是如此，尽管它们在向东的移民运动方面发挥了一定的作用。就其政府的经济基础而言，它们被划为另外一类，它们是以航海为主的国家，而非内陆国家；在内陆国家，王侯的野心对政府发挥着决定性的作用，在航海为主的国家政府面临的则更多的是一个总体利益的问题。

当12世纪“十字军东征”和移民运动时期开始时，瓦尔德拉马（Valdemars）的丹麦国家处于领导地位。它的经济体系为瑞典和挪威树立了一个榜样；它是一个相当有创意的体系，因为它基本建立在由自治省份组织的农民团体的政治、军事合作原则基础之上。

从海盗时代开始，斯堪的纳维亚的军事力量就包括狭长快速战船（Longships）舰队，它们由士兵操控，士兵要划船，并根据情况在船上或陆地上进行战斗。原则上所有拥有土地的人都必须向海军的开支给予捐助。丹麦、瑞典和挪威的地方法律——大部分编纂于13世纪——表明，所有这些国家都被划分成了多个地区，每个地区配备一支狭长快速战船。由于这些资料来源相对较晚，而且传统形式的海上远征此时已经过时，我们必须非常小心不要夸大古代人所描述的这种组织。根据法律，一个地区的自由农民负责一艘战船的维护、装备、供应和人员配备。这一职责是公共的，因为战船只有在战时才会被置于皇室船长的指挥之下；但是事实上，这一图景与当时社会法律所展现的总体情况相去甚远，并不是自由、平等的农民在某人（选择的此人必须得到农民的信任）的领导下共同自治。瓦尔德马时期的编年史和同一时期的古代斯堪的纳维亚的传说也清楚表明，主教和贵族们拥有的船只具有确定无疑的重要性。甚至在法律中我们也得到证据，说明农民团体（至少在丹麦）并不期望拥有他们自己的“狭长快速战船”。当地的贵族当然不仅要为船队委派首领，而且要提供蓝盾（ledung）舰队的骨干或海军小分队。他们的效劳当然不会得到报酬，但远征的成功主要依靠他们政治上的支持。他们拥有自己 【368】
的战船并配备全体水手；他们像其海盗祖先们一样或多或少习惯于从事贸易和海运；在战时与和平时期，他们在当地事务中都处于领导地位。因此我们可以认为，他们的追随者不仅包括其家中的仆人，而且包括整个地区的人们；在海外远征中，他们的权威是全体自由民共同义务背后的有效力量。如果没有有权有势的维德斯（Hvides）贵族家庭的支持，瓦德马一世既不可能建立一个王朝，也不可能开创一个波罗的海帝国；在瑞典的敌对王朝和对挪威王权的觊觎者也同样要依靠贵族派系的友善，因此他们的利益不容忽视。

在斯堪的纳维亚，如果国王们想要从贵族家庭——王侯的农业市镇实际上由他们掌管——那里获得军事的解放，他们就必须拥有自己的资源。他们拥有的皇室地产散布于其领地上——大部分租地（tenements）不适宜在中央控制下进行经常地开发，或者不适宜充当高效的皇室地方管理的基础。这意味着国王们不得不与他们的随从一起管理他们的国家，消费他们地产上积累的储备，并在一定程度上依靠当地居民的友善。因此，在良好的环境中，国王是其暂时居住的那部分国家的统治者，同时其他地方的人们则确信不会感受到国王管理带来的压力。没有一个建立在皇室定期收入基础上的有效的行政管理体系，国王就不可能控制整个国家。在中世纪早期的封建欧洲，这是一个普遍的问题，但是在斯堪的纳维亚，它却以与众不同的社会形式出现，其附带的经济机遇的范围也非常有限。

据我们所知，第一个试图用税收代替在舰队中服役的斯堪的纳维亚国王是丹麦的圣·克努特（St Cnut）（在1086年），其目的是试图减少其领地上造反的发生，他当时正在组织一次对英格兰的远征。具体细节不太清楚，但是后来的编年史家强调了克努特的要求标新立异。它导致了农民的普遍起义，并使这位国王死在了愤怒的国民手中。他可能打算恢复在阿格斯堡（Aggersborg）的海盗要塞，命令他的舰队在那里集合；并创建另一种类型的军事力量以镇压他的国民。无论如何，这一计划都早产了，结果清楚地表明国王缺乏实施这一计划的手段。一个世纪以后，大约在1213年，克努特
【369】的计划在丹麦被付诸实施。但是这项改革——意味着定期税收的建立——实施的社会环境已经完全不同，克努特那时是打算恢复盎格鲁—丹麦人的海盗帝国。

12世纪，日耳曼人的殖民运动到达了波罗的海，德国封建主义开始对斯堪的纳维亚的人们产生强大的影响。这种影响的第一个例子，自然最明显地表现在军事组织领域和上层阶级生活的外在形式上。1134年，大量的骑兵被引入了丹麦战争，埃里克·爱缪恩（Erik Emune）带领一支雇佣骑兵部队在佛特威克（Fotevik）一举击败尼尔国王（King Niels）和教会组成的联合部队。但是，在整个12世纪的丹麦，这一类的战争只能算偶然的或次要的。国王、主教和一些贵族有能力雇佣少量的骑兵部队，但总的来说，用于雇佣这类昂贵随从的资财是比较缺乏的。但随着这些骑兵部队的出现，第一个能够设置要塞的大陆型城堡产生了。

在巴尔巴罗萨（Barbarossa）统治帝国期间，丹麦开始赢得了易北河（Elbe）东面的领导地位，到常胜的瓦尔德马二世（Valdemar Ⅱ the Victorious）统治时期发展到了顶峰，他对这一地区德国王侯的最高统治权也得到了承认。在荷尔斯泰因（Holstein），如同在梅克伦堡（Mecklenburg）一样，一种正式的税收体系在12世纪逐渐形成，这是国王通常宣称的拥有征税权力的一个结果，但是国王的领地随从们却是其中主要的受益者。主要的税收司法保护税（petitio）[在德国称作警卫税（bede）] 最初出现时似乎是与王侯作为领地上的最高司法首脑的地位联系在一起的，起初采用的形式可能是：当伯爵视察某个地区接见地方官员时献给他的贡品。这一体系和与之相关的术语从易北河西面的德国领地开始向东扩展，在12世纪的最后数十年中，这种税收被荷尔斯泰因的伯爵接受，并对教会给予了豁免权；拉策堡（Ratzeburg）和什未林（Schwein）也在12世纪90年代末和1200年很好地行使了他们征税的权利。它构成了社会封建秩序的一部分，并随着日耳曼移民向东扩展。但是对易北河另一边土地上的丹麦领主们来说，与他们自己国家的无封建秩序（non-feudalorder）相比（建立在地方首领合作的基础之上），这也表现为一种更先进的组织国家资源的方式。另外，当13世纪初，丹麦国王的宏伟政策与德国封建军队发生军事冲突时，迫切需要重新组织军事力量，这使得国王雇佣了一支足以与德国骑兵相抗衡的骑兵组织。

于是丹麦人通常的装备和为“蓝盾舰队”（Ledung fleet）提供人手的义务就转变成了一个普遍的税收体系，主要缴纳粮食或其他自然产品。缴纳的大量燕麦可以清楚地说明其中一种税收的用途：饲养国王的马匹。被豁免了这些税收的是那些自费充当国王骑兵的人，因此他们也作为特权贵族与普通老百姓区别开来。【370】

但是这一改革的社会结果不仅仅限于这个分化过程。“蓝盾”组织已经建立在共同行动的原则基础之上；农民群体（可能大部分是村庄团体）已经成为为了实现这一目的的国家传统区划中的基本单位；每一个团体负责一艘“狭长快速战船”的人员配备和划桨。新的税收体系不得不建立在个人的基础之上，每个人在经济上都被看作是有能力缴纳税收的一个单位。在德国东部，海得[①]（mansus，hufe，在斯堪的纳维亚语中称作 bol）已经是成为警卫税估价的基本单位；在丹麦海得也成了土地计量单位；在挪威和瑞典它已经普遍具有“一个家庭所拥有的土地”的涵义；在中世纪晚期芬兰的某些地区，海得被用作税收单位。伴随着丹麦“蓝盾”义务转换为税收，重新评估土地价格就显得更有必要；它被给予了一个与其购买价格和地租具有

① 指赡养自由农民一家所必需的土地，约60～120亩，各地不等。——译者注

固定关系的钱币价值。这种土地税收有助于将土地带入市场：从那种意义上来讲，这一改革主要增进了教会和贵族的利益。这可以被看作是村庄团体中的旧贵族为接受代偿“蓝盾”义务而提出的要价，通过改革国王赢得了军事权力，贵族们则失去了对他所在区域的独立控制。或许教会从土地税收体系中获益比贵族更多。它们土地的固定估价是在 justum pretium 的气氛中进行的（法定不可改变的），此时正处于农业快速扩张时期。在斯堪的纳维亚，这一时期也可以看到教会地产的急剧扩大。

半个世纪之后，瑞典和挪威经过长期的缓慢调整最终模仿丹麦把“蓝盾”义务转换成了一种普通税［瑞典的西约特兰（Vastergotland）除外，在那里不存在蓝盾义务，新税收代替了向访问该地的国王随从提供给养］。如同在丹麦一样，这是王权与教会联盟的政治结果。也和丹麦一样，农民团体在经济上和政治上都付出了代价，他们的传统首领——大土地所有者——与国王的随从们形成了新的特权贵族，他们很快发现与教士们有许多共同利
【371】益。同时，斯堪的纳维亚的有地贵族从未变成一个大陆类型的封建领主阶级。在整个中世纪，贵族和各地的农民阶级之间都存在相互忠诚的联系——建立在法律面前人人平等的基础之上，在挪威、瑞典和丹麦尤为明显，地理条件在那里并没有导致同样程度的分离主义。因此斯堪的纳维亚政府的基础从来就不是一个严格意义上的封建基础。

6.4.1.3 斯堪的纳维亚 13～14 世纪封建秩序的解体

13 世纪，丹麦人征服了爱沙尼亚人（Esthonians）、瑞典人和拉多加湖（Lake Ladoga）西面的芬兰部落。这些征服活动，就像挪威人在稳定对苏格兰群岛和冰岛的控制一样，都充分表明“蓝盾”舰队仍然在发挥作用，这些舰队在与原始的、分裂的或其他弱小的对手相比时仍旧处于上风。但是在 13 世纪 20 年代，斯堪的纳维亚实力最强大的瓦尔德马二世，却在以什未林（Schwerin）和荷尔斯泰因伯爵为首的德国小王侯联军手中惨遭失败。在同德国人的战争中，负重过多的斯堪的纳维亚骑兵的弱点第一次显现了出来。国王瓦尔德马在人力和财力方面的资源被证明不够充足，尽管他制定新的财政体系的初衷就是保证这两方面的资源。

在博恩霍乌德失败之后，一种新的体系被引了进来——封建体系。许多周边地区的丹麦省份，如石勒苏益格、哈兰德（Halland）、阿尔斯群岛（the islands of Als）以及朗格兰德（Langland）都被当作世袭的封邑封给了

国王瓦尔德马的亲生子和私生子。在13世纪以后，只有石勒苏益格仍是一个独立的公国，但这一体系仍然意味着将国家划分为小的单元，它们不得不单独组织自己的财政和军事资源。在王国内，严格来说人们只期望城堡总管能够履行军事任务——在他们的城堡内维持并装备一定数量的士兵，在需要时让这些人追随国王。其政治结果是，当国王需要人效劳时就只好依靠其随从的忠诚。

丹麦的封建试验暗含的权力下放的经济原因是斯堪的纳维亚国家现金的严重短缺。有一个例子可以说明这种短缺所造成的军事上的软弱。1275年瑞典公爵马格纳斯·伯格森（Magnus Birgersson）起兵反对其兄长瑞典国王瓦尔德马，他从丹麦国王埃里克·格里平（Erik Glipping）那里得到了帮助，其形式是支付6 000马克的现金得到100名武士。为了贷到这笔钱，马格纳斯·伯格森不得不将瑞典最富裕的地区，包括其惟一的西部港口洛都斯（Lodose）抵押出去。这100个人为马格纳斯带来了胜利，之后他试图违约【372】
不支付那笔费用，为此甚至与丹麦开战。斯堪的纳维亚国家人民潜在的力量——这种力量使他们扩张和殖民到波罗的海东部成为可能——依赖于这一时期农业的发展。与此同时，公爵可能开采的丹麦或瑞典土地上的剩余财富大量减少，已经远远不能满足欧洲最新模式的军费开支。通过农民缴纳的税收，作为城堡总管的贵族有能力供养一支部队，对国王来说则不可能从城堡总管身上榨取钱财，以便供养一支中央军事力量并付给他们酬劳。

13世纪末、14世纪初斯堪的纳维亚国王们的政治管理方式充分表明，他们对土地控制权的漠视和他们对贸易控制权及可以从中得到的资源的控制权的强烈兴趣。丹麦的埃里克·门威德（Erik Menved）在德国西北部建立了一个有名无实的帝国，但经过斗争他只控制了汉萨城镇（尤其是吕贝克）和斯科纳尔（Skanor）国际市场上的关税。在他统治期间，斯堪的纳维亚内部的暴力战争此起彼伏——战争以丹麦的内部争斗为中心，一方是亡命之徒，另一方是国王——战争似乎是为了以各种方法控制斯卡格拉克海峡（Skagerrak）、卡特加特海峡（Kattegat）、松得海峡（Sound）和贝尔特海峡（Belt）的沿海贸易。普里特斯的埃里克（Erik the Prieathater）国王或其实是他谋士控制下的挪威，则不顾一切试图通过武力在内海维持挪威人对德国汉萨城镇的支配地位。瑞典公爵埃里克·马格纳森采取了精明而果敢的措施，试图在挪威之外建立一个斯堪的纳维亚国家，包括瑞典西部各省和丹麦的哈兰德——显然是想通过斗争控制向西的海上贸易。他的兄长和对手瑞典的伯尔奇（Birger）国王，以王权为赌注远征哥得兰（Gotland），试图征服维斯比（Visby）的瑞典汉萨城镇，但未能成功。

在漫长的战争时期，许多城堡被修筑并派兵驻守。对这些新城堡的维持更使政府的财政捉襟见肘，因为有效的皇室控制和财政资源持续缩减。从军事角度来说，这意味着斯堪的纳维亚国家的军队不断增加军费开支。13 世纪，使用雇佣部队或许已经成为避免灾难的惟一选择；14 世纪，首先在丹麦后来在瑞典，孤注一掷的拼搏已经成为一个规律。13 世纪 70 年代，荷尔斯泰因的伯爵们已经在斯堪的纳维亚战争中发挥一定的雇佣军首领的作用；14 世纪 30 年代他们接管了由于未能支付军事义务而被抵押的丹麦。14 世纪
【373】70 年代，梅克伦堡的公爵出手干预瑞典王朝的问题，凭借其军事优势征服了这个国家，并立他的儿子为瑞典国王。

从关于新税收（为一时便利强加于农民，然后一次又一次地征收）的长期争论中，可以看出这些事件背后的经济现实；从梅克伦堡——1365～1366 年间它被控制在国王奥尔布雷克特（Albrecht）手中——一位骑士拥有的两块瑞典采邑账目的冰冷数字中，我们也可以看到这些经济现实。尽管其中的一块采邑位于达莱卡列（Dalecarlia）的矿区，那是瑞典主要的财政来源之一，账目还是显示损失了9 000多瑞典马克。这个数目中，6 500马克代表了战争中招募 30 名士兵的军事开支。但也很明显的是，以实物缴纳的税收（代表了大部分农民缴纳的税收）并未得到皇室有效地控制，也未能受到严格地审计。城堡总管可以自由决定用税收收益作交换能得到什么利润；这也说明为什么城堡的总管们总是急切地维持他们的地位，从表面上来看这涉及沉重的财政负担。在这种条件下，国王们对城堡及其领地行使有效管辖权的困难就非常明显了。

德国的小诸侯们因其领地靠近大的汉萨城镇而从中获益，他们和他们的贵族是欧洲北部一支相当重要的军事力量，他们通过职业战争赢得了财富。他们的优势是德国贸易资本的优势，在一定程度上也是封建社会在农业飞速发展时期的优势。他们预算的平衡并不比斯堪的纳维亚的国王好多少：例如，在 14 世纪梅克伦堡的公爵们每一次建立强权时，大部分都把他们的税收收入抵押出去；另一方面，他们的战争机器仍在运转。在军事的有效性彻底依赖于下属的忠诚时期，他们领地范围的有限性本身就成了一种力量的源泉，王侯和骑士们在开发被征服的土地中的共同利益则是其余的力量之源。

6.4.1.4　条顿骑士团的建立

13 世纪，当波兰公爵们正在为霸权而战时（王国内没有一个集中的中央管辖权），当斯堪的纳维亚国家正在试行下放封建权力时，一个全新的、充满活力的重要强权出现在波罗的海地区，这就是条顿骑士团。1410 年于塔奈堡（Tannenberg）被波兰人和立陶宛人击败以前，条顿骑士团是这一地区组织最为完善、权力最为丰富的一支力量。

条顿骑士团幸存的财政记录的日期相对较晚，这个事实限制了我们对其财政组织的了解。当我们必须弄清楚一个漫长的发展过程的结果时，可供利【374】
用的只有 1400 年左右的丰富资料；但这些资料允许我们对 13 世纪和 14 世纪初条顿骑士团的财政体系特点得出一些结论。

条顿骑士团，就其目标和组织而言，在严格意义上讲是一支比它的邻居更为正式的军事力量，它保留了骑士等级中最初的特征——在圣地为基督教而战。一连串的城堡属于条顿骑士团，每一个城堡由一位“考姆瑟”（komthur）管理，“考姆瑟”负责管理吞并的领土，并用其城堡的收入赡养城堡中的“弟兄们”。权力下放和“考姆瑟”个人拥有高度自主权是这一体系的特点，以适应经济结构各不相同的广大地区的需要。兄弟关系的团结意味着一种精神特征，选举产生的大首领（Grand Master）执行管理权，全体骑士大会（Grand Chapter）则是其代表集会。

当条顿骑士团将其传教战争（missionary warfare）集中于德国东北部边境地区时，它征服了普鲁士——接替了利沃尼亚（Livonia）的刀剑骑士团（the Order of the Sword）——并接管了利沃尼亚教区。通过帝国特权，它成了由这些被征服领土组成的国家的首领。这自然给了骑士团一个坚实的基础，但是在普鲁士—利沃尼亚以外、拥有城堡和“考姆瑟”的帝国其他地区，条顿骑士团仍旧保持了它作为一个超国家的骑士团的特点。大首领逐渐取得了封建王侯的地位，而全体骑士大会——骑士团的集体意愿主要通过它得到表决——则逐渐退化成了名誉上的消极组织。与之相反，地方的“考姆瑟”，尤其是柯尼斯堡（Konigsberg）的“大考姆瑟”——他控制并管理着骑士团的收入——开始逐渐控制核心的政治和财政位置。地方的“考姆瑟”征收赋税和地租，并相当自由地将这些实物税收归自己所用。但是他们都要向骑士团的中央政权负责，骑士团的司库要审计他们的账目，并期望剩余的地方预算能够用于公共目的。

是什么特殊的力量来源使条顿骑士团变得强大的呢？尽管与德国北部国家相比，骑士团领地内个人所缴纳的赋税并非十分沉重，但或许可以确定的是，骑士团对非日耳曼民族臣民征收的赋税和地租相当残酷。不过，骑士团
【375】的政治行为证明它控制的财政资源要超过其邻国控制的资源，它不仅维持了一支高效的军队，而且在 1346 年还有能力购买爱沙尼亚以外的丹麦人。15 世纪末，条顿骑士团的财富在国际金融中发挥了一定的作用，尽管其基督教理念禁止它进行任何形式的高利贷。骑士团的预算或许已经处于良好的平衡状态，并有机会对其收入进行投资。骑士团组织的半宗教状态或许可以解释它的一些条令和高速的沟通形式——这能够使高度发达的中央权力对地方收入予以控制；但这并不能解释这些资源自身存在的原因。

条顿骑士团早期力量的一个主要源泉是精神资产，在那个时代几乎带有一种金钱价值：时刻准备忠诚作战的决心和骑士兄弟们的军事能力；大首领毫不费力地拥有的军事力量对同时代任何一位统治者来说都是一笔不小的费用。骑士团政府精神管理的结果之一是，更古老、更严厉采邑继承规则被保存了下来；直到中世纪末，在普鲁士只有亲自服役的人才能够继承它们，从而使得对从属的控制比其他地方更严格。事实上波罗的海国家已经被征服并归顺于条顿骑士团，这使得骑士团政府很容易获得了对磨坊、客栈和琥珀贸易的垄断权；这使它控制了日常的交易，聚集了一大笔钱财，尽管进行有效的监管可能非常困难。

条顿骑士团能够支配大量资财的一个重要原因可能是，将普鲁士的汉萨城镇融入了它的财政体系。这些城镇是以大贸易中心的形式出现的（比文德人和萨克森人的姊妹城镇要晚一些），骑士团从一开始就获得了对这些城镇的领主地位。大首领得到一部分重要的汉萨关税［称作磅税（pfundzoll)］，就是在这些汉萨城镇中征收的。他还是位于托伦（Thorn）的造币厂的主人，造币厂就像一个银行一样为他服务。虽然在行使造币权利时，他要密切地关注各个城镇的意愿，但拥有铸币权无疑是很大的经济权力。各城镇不得不向重要的军事远征行动捐赠，这被认为是骑士团财政上进行中央集权的主要措施之一。各城镇的政治合作是骑士团自身商业活动（后面将提及）的前提，而这些商业活动又是骑士团资本资源形成的原因。各城镇的政治忠诚对财政的平衡来说很明显是巨大的信用担保，当这一点在 15 世纪不复存在后，政治灾难也就为期不远了。

14 世纪末，条顿骑士团的权力达到了巅峰，它的行政管理已经变成了
【376】高度中央集权的国家的管理。对外界来说，它比新统一的波兰—立陶宛王国

更强大，影响力更深远。它干预立陶宛的内部事务，并试图从瑞典梅克伦堡王朝海盗幸存者手中吞并哥得兰岛（Island of Gotland）。条顿骑士团的衰落出现得非常突然，必须将它与1400年左右数十年中波罗的海其他强权的发展联系在一起进行评价；它是日耳曼小强权总体衰退的一个组成部分，14世纪巅峰过后它们的军事优势逐渐丧失。反过来，这也是北部更大的非日耳曼王国在努力解决财政分裂问题时展现出来的新能力的一个结果。

6.4.1.5　波兰的复兴和条顿骑士团的衰落

13、14世纪，波兰的经济发展缓慢，它的财富的新来源属于财政剥削，旧的纳税方式转变成了缴纳货币。这些发展的基础是粮食的种植和粮食贸易的扩张。农业的进步和从林业的脱离将波兰变成了一个未来的产粮基地。市场发展成了城镇，社会上出现的新的商人阶级把粮食变成了商业中最为重要的物品。到15世纪，当波兰粮食成为国家贸易中的主要商品时，该国的资本资源有了持续的增长。

在政治领域，波兰农村增长的财富作为贵族和地方王侯扩张的资源加剧了13世纪权力下放的趋势。但是，在14世纪波兰王国重新建立时，国王找到了在中央权力的利益中剥削国民财富的方法；卡西米尔大帝（Casmir the Great）统治时期在这方面具有划时代的意义。实现中央财政集权的前提是建立地方官员网络，每一位官员全权代表国王管理他自己的地区。得到了城镇中自由民和贵族的支持（一些贵族已经跟随了国王，另一些则被皇室的政策所吸引；这些政策为他们提供了建立军事功勋的机会，使他们有机会向东南吞并鲁塞尼亚地区），卡西米尔国王便可以向其国民施加财政负担。

首先，新的、高效的管理体系能够使皇室领地（在那里建立了货币地租）的收入得到有效的征缴。领地上的磨坊尤其发展成了一个组织完善的服务项目。国王加强政治力量的措施之一就是设立特殊的税收——表面上来【377】
看可以自由地授予。一种粮食税被强加于主教和骑士身上，对寺院的税收尤为沉重——对其地产的税收几乎是教士和世俗贵族地产税收的两倍。自由城镇也同意主动缴纳粮食税，以证明他们愿意在政治上进行合作。通过严格管理贸易线路，卡西米尔国王使税收的监管更加有效，随着国内贸易的扩张，来自这方面的收入自然增多。皇室对矿产（尤其是盐矿）的垄断发挥了重要的作用，除了其财政重要性之外，它还使国王通过控制这种至关重要的消费品对其国民进行了控制。为了解决因为控制地方财政网络和管理流入中央的收入而产生的问题，中央财政体系也同时得到了发展。克拉科夫（Cracow）的库房变成了王国的大国库，卡西米尔国王下令所有的费税都缴纳现金；国王的司库也变成了造币厂的总管，造币厂重新建立并被用于铸造良好的国内货币。

这种快速的发展和严格的中央集权当然只是增加的国民收入自发结果的一个部分。它的稳定性可以通过一个事实得到衡量，即在卡西米尔国王的独裁年代之后，波兰的议会又恢复了对特殊税收的政治控制。领地的收入（包括垄断权、一般的费税、关税和造币的利润）与只有经议会同意后方能筹集的收入和其重要性日益减少的收入被小心地区分开来。

在农村地区，海得（hide）是对粮食税进行估价的基本单位；在城镇中，15 世纪主要的一种特殊税（财产税），是在市民个人实际财产的价值基础之上征收的，这表明要对征税的财产进行精确的估价，因此也表明这是一个高效的财政体系。

尽管在 14 世纪末，公爵放松了对其国民的控制，但是波兰王权拥有的资财仍使一种昂贵的外交政策成为可能。1389 年波兰和立陶宛的统一使波兰的东部边境少了一个竞争对手，同时也把立陶宛帝国相当多的军事资源置于波兰国王的控制之下。合并的军事实力已经足够强大，并在 1410 年击败条顿骑士团赢得了重大胜利。虽然与立陶宛的合并给波兰公爵和俄罗斯、泰尔塔斯（Tartars）的关系中造成了新的问题，但也同时大大增强了波兰的实力。经济上，不发达地区的潜在资源任由波兰渗透，很快对波兰的经济资源
【378】产生了影响。但是，应该强调的是，两国的统一大部分是条顿骑士团对双方施压的结果。通过统一，军事力量的平衡得到了转换，这本身为波兰带来了巨大的财政利益。

卡西米尔大帝把贵族的骑兵部队组织成了实施皇室政策的军事工具。这是一个政治行为，其成功主要是因为严格坚持特权贵族要服役，并因此构成了一个由无地骑兵组成的特权贵族，他们的社会影响力主要依赖于他们对公爵的军事效忠。这一改革在 14 世纪初受到了波兰强敌波希米亚示范作用的激励；另一个南方邻国匈牙利则提供了一个组织模式，把贵族战斗力量改编成各个“旗”。与立陶宛的军队合并后，波兰贵族骑兵于 1410 年赢得了决定性的胜利。然而，早在塔耐堡（Tannenberg），雇佣军就已经在波兰军中进行战斗；15 世纪，当新的军事艺术和骑兵步兵团一起被引入波罗的海战争后，波兰的军事实力越来越依赖于皇室国库在正常预算外产生剩余现金的能力。

在波兰扩张期间，条顿骑士团从经济上、政治上都衰落了，这个日耳曼国家受到了其资源的限制，到15世纪初其财政的过度开支已经积重难返。它无力筹集额外的收入支付其所需的雇佣军队的开支，甚至连这一时期新的、昂贵的外交也对其国库提出了过多的要求。骑士团这一组织代表着一种过时的军事模式。当各城镇——它们代表了新的、扩张型的社会力量——选择追求其自己的政治目标时，骑士团注定要与波兰展开斗争。

波兰的政治复兴（正如其他此类例子一样）是多种力量共同作用的结果，大部分则归因于精明、幸运的政治计划。但是，长久以来，波兰国家的代表们就在喀尔巴阡山脉（Carpathians）和波罗的海之间的平原上进行经济扩张。波兰的扩张遵循的是内陆的贸易路线，在粮食田地上创造的新的财 【379】
富，则成了波兰政治发展的基础条件。

6.4.1.6　中世纪晚期的斯堪的纳维亚诸王国

公元1389年，丹麦和挪威女王玛格丽特（Margaret）与瑞典贵族领导人组成的联军，击败了梅克伦堡国王奥尔布雷克特，国王本人也沦为阶下囚。斯堪的纳维亚在中世纪晚期达成统一的基础由此奠定。

抵制日耳曼人对丹麦和瑞典王国的渗透，几乎完全是玛格丽特政治天才的成就。起初她只能依靠挪威，而此时的挪威是斯堪的纳维亚三个王国中实力最弱的一个。它一开始就依靠海洋实力和海洋交通；当挪威海域的贸易转入日耳曼人手中时，不仅仅贵族几乎从历史舞台上消失了，整个国家也似乎缩化成以自我为中心的农村山地地区，在那里几乎没有人对外部世界所发生的事情有哪怕一点点兴趣。没有力量能促进政治或经济事务的联合，只有教会（凭借其有限的财力）和一小撮拥有土地的贵族能代表统一的挪威，甚至是贵族的利益现在也限于他们自己的省份。仅仅靠挪威的支持，没有一位政治人物能够插手14世纪晚期的高层政策。

为了获得充足的政治资源，玛格丽特不得不在丹麦建立她的实力；她的父亲——丹麦的瓦尔德马四世——已经通过购买整个荷尔斯泰因（Holsteiners）的全部产权实现了国家的统一。他之所以能够这样做，是因为在贵族的领导下，人民感觉受到外国统治者的沉重压迫，所以他们自发地掏钱争取自由。如果瓦尔德马在这方面获得成功，那么他努力建立的以稳定的现金收入支撑的自治将导致灾难。他试图使松得海峡的国际贸易和斯科纳（Skanor）大鱼市成为主要的征税目标；但他的政策致使从荷兰到普鲁士的汉萨城镇都反对他，在他死后它们吞并了松得海峡的三个城堡——其位置控制着贸易路线。

玛格丽特的政策是，通过保持某国对一个国家的威胁把她的意志强加到这个国家之上。她联合了丹麦的传统敌人荷尔斯泰因伯爵——他得到的回报是成为石勒苏益格的公爵；通过这种方式恐吓丹麦的贵族阶层
【380】服从于她。她强迫贵族接受一个新的行政体系以管理城堡和相关地区，每年向皇家财政进行汇报；她还设立了一种新型的官员——国王地区代表（bailiffs），他们通常是从日耳曼移民贵族阶层中选拔的。当她征服瑞典后，该国野心勃勃的贵族不得不屈服于她的丹麦财力。她在瑞典建立了强大的财政管理：税收被简化、永久化，估价都采用货币而非实物。在那里，国王地区代表通常从丹麦更低层的贵族中选拔。最后，大约在1400年，她完成了对地产的大规模回收——这些地产都是皇室在14世纪下半叶晚期在丹麦和瑞典失去的。

于是，在玛格丽特统治时期，创立了高效的中央财政管理体系，其财力在一个事实中表现了出来——在不征收特别税的情况下，1408年她用现金从条顿骑士团手中买回了哥特兰岛。但是中央集权是由独裁体制造成的，而并非斯堪的纳维亚国家出现新财富资源的结果。相反，这一时期农业的衰退严重影响了丹麦和挪威，对瑞典的影响范围小一些；这或许削弱了与皇室有关的贵族阶层的地位，但它也缩小了皇室税收的基础。货币税收取代实物税收给瑞典人施加了沉重的负担，这也是1434年该地爆发大起义的一个原因。当波美拉尼亚的埃里克（Erik of Pomerania）统治时期针对荷尔斯泰因发动战争时，三个王国的皇家军队的表现不能令人满意，尽管15世纪20年代后期他们的舰队控制了汉萨城镇对面的海域。最后，玛格丽特和埃里克的财政统治与瓦尔德马四世将统治建立在贸易税收基础之上的企图几乎一样不切实际，因为它高估了其国民的财力。在1434～1439年反对波美拉尼亚的埃里克的大起义中，它被废除了；随着贵族支配地位在丹麦和瑞典的确立，权力下放的体系被重新建立了起来。

但是在15世纪后期，一种中央集权的总趋势重新在这两个国家出现，尽管不可能为一个统一的斯堪的纳维亚王国创立普遍接受的基础。两个相互敌对的国王——丹麦的克里斯蒂安一世（Christian Ⅰ）和瑞典的卡尔·克努森（Karl Knutsson）——都试图设立新的特别税。克里斯蒂安在丹麦获得了成功，克努森则于1457年在其国民几乎一致的反对中被废黜了。克里斯蒂安——他被造反的贵族推选为瑞典国王——反过来也不得不面对反对力

量；当他试图征收一种新的战争税时，他被赶出了瑞典。尽管存在经济困难(这是针对其敌人进行的一种宣传)，但是克里斯蒂安在丹麦和挪威的统治 【381】仍然非常稳固。他从叔叔（旧荷尔斯泰因王朝的最后一位公爵）那里继承了荷尔斯泰因和石勒苏益格，这解决了丹麦许许多多至关重要的问题。同时也消除了南部边界的一个强敌，增加了丹麦的军事力量，使丹麦国王可以使用荷尔斯泰因贵族们的财富。一大批荷尔斯泰因贵族似乎成了克里斯蒂安的银行家，事实上由于他们原先居住在汉堡和吕贝克的外围地区，所以能够像这些汉萨中心的商人们一样积聚财力。用于出口的牲畜养殖业从公国扩展到了日德兰半岛（Jutland）北部，林姆夫乔德（Limfjord）的鲱鱼捕捞也得到了扩展，整个丹麦社会的财富取得了可观的增长。奥尔登堡（Oldenburg）王朝的第一位国王在特权和禁令方面给予了丹麦城镇特别的优惠，其得到的回报是从贸易中征收费税。其中，在松得海峡海运贸易中的海关税收（始于1429年）尤为重要：当波罗的海国家和西欧之间的贸易不断扩张时，收入也就源源不断地流入了丹麦国库。很明显在15世纪，松得海峡的海关税对商业来说并非过分沉重的负担，否则它们可能引起更大的政治纷争；但对丹麦而言，它们仍旧代表着一笔相当可观的收益。

丹麦与荷尔斯泰因统一后不久，克里斯蒂安一世就对势力强大、惹是生非的丹麦贵族托特（Totts）家族进行了打击，迫使其成员到瑞典寻求庇护。此后，贵族们都老老实实地效忠于克里斯蒂安一世及其儿子汉斯国王（King Hans）。似乎在第一位奥尔登堡国王统治时期，采邑就不再作为效忠的回报而被授予贵族，从那以后采邑的拥有者开始向国王上交收入。很明显，在1500年左右的数十年中，贵族的利益越来越集中于农业的进步上。骑士及乡绅从越来越高的地价中受益，以弥补皇室财政管理对他们造成的损失。

我们没有必要夸大丹麦皇室财政中央集权的特点，其中央机构依然很原始，也未能创立真正的行政管理财政部。皇室对贵族的领导更多地依赖于他们利益的一致，而并非是因为贵族阶级对皇室的俯首称臣；但是中央政府的财政资源已经有了很明显的扩张。

在瑞典，相似的发展甚至更加明显——更加明显是因为瑞典国王拥有的领土并没有增加。当摄政王斯坦·斯特尔（Sten Sture）在丹麦托特家族和大部分瑞典贵族的支持下于1471年在布伦克堡（Brunkeberg）一举击败丹 【382】麦国王克里斯蒂安及其军队时，贵族阶层尽管在为独立于王权的共和政体而进行的战斗中似乎取得了胜利，但是摄政王的军队代表着瑞典社会的新兴力量：达莱卡里亚（Dalecarlia）的矿业主，斯德哥尔摩（Stockholm）的商人，边远省份饲养牲畜的贵族等等，迄今为止他们在瑞典的政治生活中只发挥着次要的作用。另外，许多这类新兴力量的代表——他们的出现对当时欧洲资本家的发展非常重要——都不愿与一个强大的瑞典中央政府永远合作。斯坦·斯特尔通过巧妙的领土合并并使其受政府的直接管辖和经济上的相互依赖，成功地建立了政府的财政基础，该政府支配着它自己的充足部队，而不再完全依赖于贵族小集体的友善。这项工作一直被谨慎进行，直到瑞典的第三位摄政王——更年轻的斯坦·斯特尔感到自己已经非常强大，足以同时与教会和丹麦的克里斯蒂安二世进行重大的斗争，结果这场斗争以他的失败和丧命告终；但是至少可以肯定的是，瓦萨（Vasas）民族王国在斯特尔奠定的财政基础之上建立了起来。

在瑞典和丹麦，不断增长的商业活动——在 15 世纪晚期通过积极的商业立法被纳入轨道——是中央财政集权的前提之一。斯堪的纳维亚国家的牛羊、肉类、黄油和鱼类，尤其是瑞典的铜矿石和铁矿石，都在欧洲市场上找到了它们的销路。15 世纪的许多迹象表明这些国家在从自然体系发展到货币兑换体系方面取得了显著的进步。不管怎样，很明显的是，像丹麦的哥本哈根和马尔默（Malmo）、瑞典的斯德哥尔摩和维堡（Viborg）这些正在崛起的商业中心，在财政方面发挥着比过去更大的作用；瑞典中部的矿产地区尤其如此。

财政集权的另一个前提是，贵族从军事上处于支配地位的阶级转变成一个包括农村企业家和拥有土地的国家官员的阶级。这一时期新的战争方式使作为要塞的中世纪式的城堡变得几乎毫无用处。一个国家的军事体系不再限于一定数量的地方卫戍部队；还需要向雇佣部队和炮兵支付现金酬劳，这自然涉及了收入体系的转变。政府的收入不得不以现金的形式征收，并由中央政府（如果那里有政府的话）统筹支出。从 1450 年开始的 100 年里，丹麦和瑞典政治历史的中心主题是，贵族和国王联合起来反对教会；通过这种联合双方都可以避免社会的动荡。它简化了军事预算，使其不再不得不承受国
【383】家内部为争夺强权而持续进行的斗争的费用。与旧的管理方式相比，这反过来又能够创造财政盈余。

剩下的问题是，为什么第三个斯堪的纳维亚国家挪威没有发生类似的变化。挪威是三个国家中最贫穷的，尽管它并不完全缺乏资源：这方面的明显例子是，卑尔根（Bergen）崛起成为一个重要的贸易和渔业中心，奥斯陆在挪威的东南部日益发挥着举足轻重的作用。但是挪威的经济资源，由于自身

原因，一直未能与国家的政治领导层结合起来。贸易被来自罗斯托克和吕贝克的日耳曼人所控制，他们不愿意作出任何牺牲去增加这个国家内部的实力，因为这样首先就将威胁到他们的地位。挪威小贵族的财力非常有限，使他们无力反对哥本哈根的国王。那里没有瑞典那样的、导致不同省份之间进行交易的经济专业化——而这正是瑞典国王斯特尔财政改革的内容。挪威特定的地理结构使该国各种政治力量的统一几乎是不可能的事。结果，在很多情况下，地方造反从未发展成全国性的起义；有不少地方领袖，但从来没有出现一位全国的统治者。挪威被划入了丹麦人的领土，奥克尼群岛（Orkneys）和设得兰群岛（Shetlands）被克里斯蒂安卖给了苏格兰，冰岛被忽略了，格陵兰岛则被遗忘了。

因此到了中世纪末，丹麦和瑞典各诸侯国的财政组织仍然相对原始；但是财政改革创造的财政资源，使得这两个国家后来能够在波罗的海推行帝国主义政策。

6.4.1.7　结论

中世纪末波罗的海各国政府财政历史的发展并不简单，然而在复杂的模式中却有一些贯穿始终的总特点：一个是日耳曼封建国家实力的鼎盛及其衰弱，其兴起的原因在于它中央集权的财政机构和封建骑兵时代军事组织的高效；另一个是波兰、斯堪的纳维亚君主国后期的中央集权和政治复兴。在它们与日耳曼人的斗争中，这些君主政府通过王朝的联合赢得了政治上的胜利，但是它们进一步的稳固则归因于对资本、信贷等新资源的运用，主要得益于欧洲北部食品和铁矿石国际贸易的增长。

波兰和斯堪的纳维亚财政的发展具有相似的节奏，尽管它们并非同时进行，但都具有同样明显的共同趋势。皇室的利益在14世纪经过一段严厉、【384】独裁的推行时期以后，由于遭到贵族的反对，到15世纪国王和贵族一起以一种更平静、更稳妥的方式对政府财政进行了重组。这一变化主要归因于军事组织体系的变化，以及这些变化所必然产生的财政和社会后果。军事开支支配着所有北欧国家的预算；同时在不同的国家，军事问题以不同的方式得到了解决，总的来说雇佣部队和炮兵的出现促使财政向中央集权发展。或许应该再一次强调的是，一般说来，经济生活的总发展对这一时期政府财政发展的影响，与这里所说的技术、管理、政治等因素对政府财政发展的影响一样多。

6.4.2 政府与贸易

6.4.2.1 汉萨同盟特权优势在波罗的海的确立

人们通常要问的一个问题是，在波罗的海国家多大程度上存在与那些中世纪政府主要的、永久的财政政策不同的经济政策？事实上，1400 年以前，在这些地方性的国家里很少有现代意义上的、能被称作是贸易或货币政策的东西。中世纪的日耳曼封建国家对汉萨同盟的利益表示出一些尊重，对这些利益它们可以利用但从来不予指导。斯堪的纳维亚的君主政府在某些时候对其国民的意愿给予支持：但是其国民很少表现出他们自己能够进行国家行为，一般说来他们仅仅是一些在特定贸易线路上具有特殊利益的地方团体。货币主要服务于财政目的，同时也为统治阶级进行经济交易提供合法通货。在 15 世纪政府也曾有采取价格政策的企图，但这些地方性国家的价格政策也只是为其财政目的服务的。

在日耳曼和斯堪的纳维亚各大国中，只有汉萨城镇和条顿骑士团对贸易利益表现出了长期的关注。事实上只有依靠贸易汉萨城镇才能够以独立的政治实体存在，而条顿骑士团的经济在很大程度上则依赖于途经普鲁士城镇的贸易活动，从这一角度来看它们对贸易的关注就再自然不过了。这并不意味着这两个强权在推行它们的商业政策时不会遇到任何反对，事实上 1400 年
【385】以前其他的大国在这方面几乎没有什么创造性，而它们对汉萨同盟创造性政策的反应也缺乏连续性。

为了理解这一行为的背景，我们必须先考虑通常被接受的、关于波罗的海国家中世纪贸易和商业政策开端的观点的错误性。从一开始，日耳曼人并没有在波罗的海组织或开拓大规模的东西贸易路线；从海盗时代开始在波罗的海贸易发挥创造性的是斯堪的纳维亚人，12 世纪他们在盎格鲁—诺曼西部和俄罗斯诺夫歌罗德（它与斯堪的纳维亚有着古老的联系）之间一直保持着开放的交通。12 世纪，斯堪的纳维亚沿海的许多城镇成长了起来，其中维斯比是波罗的海的贸易首都，它主要是作为瑞典的国际贸易交通中心而建立起来的。这些斯堪的纳维亚城镇并非西欧国家通常意义上的城镇，而是农村和沿海人口的聚集中心。斯堪的纳维亚贸易扩张的领导者不是城市的商人，而是各地的贵族家族。

大约在公元1200年，日耳曼人突然夺取了波罗的海贸易的主动权。虽然萨克森的狮王亨利（Henry the Lion of Saxony）想要维持新近建立的吕贝克城的急切心情为德国的经济扩张奠定了基础，但是我们能够看到的是：这决非政治智谋的结果。相反，这应归因于经济的发展，或许德国的造船业革命——以方帆帆船（cog）为代表——起到了推动作用。从13世纪初开始，德国商号和日耳曼移民在波罗的海的非日耳曼城镇和斯堪的纳维亚西海岸站稳了脚跟。从那以后汉萨城镇——由商人们根据商业利益进行管理——采纳了一项扩张政策，以确保对贸易和贸易路线进行更强有力地控制。

以吕贝克为首的汉萨城镇有一个总目标，即为其市民争取商业特权，使他们在每一个国家都能够像本国商人一样几乎平等地进行贸易。当然，他们尤其努力要做的是，在诺夫哥罗德（Novgorod）和布鲁日之间贸易路线上的中心市场上维护他们的独立权利。在这些市场中最重要的是斯卡尼亚和斯科纳的集市；1201年，常胜的瓦尔德马曾通过囚禁在这些集市上的吕贝克商人迫使该城市屈服。1227年博恩霍乌德之战后，瓦尔德马帝国衰落了；这是吕贝克政治独立和全面推行其商业政策的前提。瓦尔德马国王允许吕贝克的市民在斯科纳的市场拥有他们自己的法庭，实施吕贝克的法律。在13世纪中后期，吕贝克和其他文德城镇能够确保他们在斯堪的纳维亚国家得到当 【386】
地负责管理海难的海关的豁免，并确保他们拥有救助失事船只的权利。

在13世纪50年代初（可能是在1252年），瑞典的伯格伯爵（Earl Birger）通过条约完全豁免了吕贝克市民在瑞典港口的税收。吕贝克一直支持瑞典的一个反对派，这些特权则是伯格为了让吕贝克将来保持中立而付出的代价。在接下来的几年中，其他汉萨城镇在瑞典相继获得了与吕贝克相似的特权。通过这种方式，汉萨城镇在瑞典各港口——尤其是斯德哥尔摩新城镇，瑞典铜、铁的出口在那里得到控制——获得了经济上的优势。吕贝克的策略是其商人统治者所采纳的典型的操作模式。当内战使许多毗邻波罗的海的诸侯国陷入分裂后，汉萨同盟就把经济支持出售给这个或那个派系，以换取更广大的特权。当1250年丹麦国王艾贝尔（Abel）夺取了其兄长埃里克的王位后，他在第二年调整了在斯科纳的税收，以便增加利用松得海峡经商的商人们的便利；同时其他汉萨城镇也像吕贝克一样获得了在斯科纳开设法庭的特权。当埃里克·格利平（Erik Glipping）于1282年在尼伊堡（Nyborg）被迫批准其贵族国会通过的《丹麦大宪章》时，他还不得不许诺废除所有外国商人身上的非关税负担。第二年他不得不与文德城镇合作，共同对付此时他们商业政策的主要对手——挪威。

在 13 世纪的斯堪的纳维亚各国中，只有挪威人一直在海上与汉萨城镇展开竞争。其原因在于挪威港口与北海国家（尤其是英国）之间有着非常发达的贸易联系，这使得挪威能够相对独立于文德的汉萨城镇和它们的政治首领——吕贝克。在 1250 年以前的数十年中，挪威人一直把日耳曼人排除在卑尔根之外——卑尔根是挪威西海岸广阔的鳕鱼捕捞业港口；同时，在 1250 年，国王哈康·哈康森（Haakon Haakonsson）在对双方商人互惠互利的基础上与吕贝克达成了和解。但是在接下来的 30 年中，来自波罗的海城镇的日耳曼人似乎在卑尔根和其他挪威港口站稳了脚跟。1282 年，挪威皇家政府对日耳曼人的威胁作出了反应，它禁止不进口粮食或面粉的外国商人出口黄油、皮革或鳕鱼。到 1282 年他们之间的冲突发展成了公开的海战。挪威伯爵阿尔夫·厄林森（Alf Erlingsson）抓获了一批德国船只；汉萨—丹麦人则封锁了挪威人的小麦供应，不允许挪威船只进入松得海峡。1285 年，
【387】挪威不得不放弃战争，认可了以前外国商人享有的商业自由，并赔偿了沉重的战争损失。这以后日耳曼人缓慢但确实地控制了卑尔根的鳕鱼干贸易，以及奥斯陆和洞斯堡（Tonsberg）的动物产品贸易。

有趣的是，对松得海峡的封锁产生了意外的效果：封锁不仅使挪威遭受饥饿，而且对日耳曼商人以外的其他商人关闭了由东向西的大贸易路线。使用松得海峡的卡姆彭（Kampen）和兹沃勒（Zwoll）的城镇对吕贝克深表谢意，因为吕贝克首先坚决不让哥得兰岛人进入北海，也不让挪威人、佛兰芒人和弗里斯兰人进入波罗的海。哥得兰岛进行贸易的农民水手（尤其是斯堪的纳维亚人在维斯比的聚居区）是汉萨人在波罗的海惟一危险的对手，他们在从诺夫哥罗德到英格兰、布鲁日的贸易路线上坚持排外的政策。我们不能说封锁多么有效地切断了哥得兰岛人这条至关重要的贸易干线，因为 13 世纪 80 年代的其他事件也造成了他们的衰落。日耳曼人聚居区在维斯比得到快速发展——维斯比被看作是汉萨的成员——并在城镇中占据了上风。1285 年马格纳斯国王利用他作为挪威人和日耳曼人仲裁人的强势地位把哥得兰岛并入了瑞典。1288 年，维斯比对哥得兰农村发动了一场战争——可能得到了吕贝克和其他文德城镇的支持。马格纳斯国王又一次进行干预，并迫使获胜的维斯比自由民发誓服从于他。从此以后哥得兰和维斯比失去了作为独立的商业力量的地位。吕贝克在波罗的海海上贸易中取得了无可置疑的领导地位，14 世纪，维斯比的日耳曼家庭开始回迁到吕贝克。1296 年，诺夫哥罗德港口的日耳曼贸易组织成员被禁止与瓦龙人（Walloons）、佛兰芒人或英格兰人结盟，或替他们代理贸易。这些潜在的对手被永远地排除在了

俄罗斯市场之外。

吕贝克及其卫星城在这一时期的政策，表现出一种娴熟的机动策略模式，其惟一的目的就是确保对波罗的海和斯堪的纳维亚西岸贸易的控制权。在斯堪的纳维亚各王国中，只有挪威对汉萨人进行了政治上的抵抗。在丹麦和严格意义上的瑞典（即不包括哥得兰岛），与日耳曼商人进行合作的力量似乎比反对他们的力量要强大得多。可能是控制诺夫哥罗德贸易的自觉的经济目标（不仅仅是财政目标），促使瑞典人在1292～1323年试图征服涅瓦河口。当然具有海洋意识的瑞典贵族似乎很积极地参与过这个雄心勃勃的事业。但是瑞典内部的分裂和俄罗斯的抵抗抑制了这种扩张；从汉萨到诺夫哥罗德的旅程（在13世纪90年代受到瑞典当局的限制）又一次畅通无阻。【388】
瑞典人这次“十字军东征”的一个早期结果是：1293年从维斯比迁到吕贝克的汉萨航海者联盟的上诉法庭，又迁到了诺夫哥罗德。

很明显，只要涉及更多的贸易利益，自由汉萨城镇的政治组织就比周围邻国的政治组织有效得多。这是汉萨人对外政策的独特目标，同时由于王朝纠纷、贪恋军事荣耀、社会特权和领土分裂，皇室或公爵政府不得不采取一种复杂的策略。无疑斯堪的纳维亚的统治者不得不接受日耳曼人对海上贸易的控制，不管其国民有何种抱怨。但是从政治上来讲，汉萨城镇在一个方面是脆弱的：如果它们有一个极其强大的邻国，它们就不得不屈服于其邻国的政策。因此，在埃里克·门维德统治时丹麦的扩张时期，吕贝克失去了政治上的主动地位——在13世纪晚期它从中获得了不少益处。当1356～1377年这种弱点被克服后，汉萨城镇之间以前那种相当松散的合作发展成了力量强大、组织严密的汉萨同盟；同盟通过战胜丹麦的瓦尔德马·阿特达格（Valdemar Atterdag）证实了它们的军事力量的强大。这种力量依赖于海上的实力：对于陆地战争，汉萨城镇的市民仍不得不寻求同盟的帮助——瑞典国王、梅克伦堡的公爵、荷尔斯泰因的伯爵，以及日得兰半岛的反叛贵族。

在施特拉尔松（Stralsund）光荣和平之后的数十年中，商业明显是汉萨城镇（尤其是吕贝克）的政策的决定性因素。汉萨同盟已经取得的地位使它能够干预丹麦的国内政策，保持对松得海峡上城镇和城堡（它们已经被抵押给汉萨同盟）的军事控制。然而它并未这样做：事实证明，与任何作为政治仲裁人或护国公（king-maker）的地位相比，确保它在丹麦和挪威所有的贸易特权和维持海上持久的和平是一个更为重要的事业。只有当各地的领主威胁到汉萨城镇自身的安全时，它们才求助于中世纪通常的外交手段。

因此，当梅克伦堡的议会变得非常强大时，吕贝克就与丹麦的玛格丽特进行合作；吕贝克和荷尔斯泰因也因此联合起来反对波美拉尼亚的埃里克（Erik of Pomeranian）。同样的力量使得普鲁士的汉萨城镇疏远了条顿骑士团——骑士团的大首领和管家不断发展他们自己的商业利益，这与汉萨城镇的利益
【389】是背道而驰的。

6.4.2.2 条顿骑士团的商业政策

事实上条顿骑士团既是一个地方国家，同时也是汉萨集团的一个成员；从这一事实来看，在商业政策史中，条顿骑士团在波罗的海各国中具有独特的地位。当14世纪后期普鲁士的贸易迅速扩张时，这一地位变得越来越值得注意；骑士团本身作为一个巨大的商业机构出现了，其重要性超过了普鲁士城镇的商人——他们同样在以很快的速度成长。

条顿骑士团获得这种地位的前提是，它把自己高效的财政体系与对领土上城镇的政治控制合并在了一起。它剩余的收入（以粮食的形式储存）和国家对琥珀的垄断构成了其最初的贸易资本，在此基础上柯尼斯堡（Konigsberg）和马林堡的大管家（Grand Stewards）建立了组织严密的商业，并扩展到了波罗的海和北海。英格兰和佛兰德斯对粮食的需求，为粮食出口创造了良好的条件，促进了骑士团的贸易。渐渐地这其中包括了普鲁士出口的所有商品：石蜡、铜、皮革，还有粮食和琥珀。进口的主要是盐、布匹和香料，骑士团本身则是最大的消费者。

在与其交往的国家之间的政治关系上，条顿骑士团保持了一种高度实用的两面性状态，有时是作为贸易伙伴，有时则是一个具有国际责任感的主权大国。骑士团在吕贝克、布鲁日、英格兰和苏格兰都有永久代理商，目的是像分部的经理一样工作，但一旦需要时骑士团总能从幕后进行外交操纵。骑士团可以使它的精神威望以及作为军事大国的重要实力通过汉萨同盟的机构体系（普鲁士城镇）起到决定性的作用。进行这种复杂游戏存在的困难来自机动策略的有限范围——当它的精神力量、国家主权和领导的汉萨城镇不受到公开冒犯时，其机动策略是可能的。例如，在1383年，骑士团的大首领为了反击北海南部的海盗活动，禁止来自普鲁士各港口的航运。那些非汉萨城镇由于急于让他们的船只驶出普鲁士水域，所以反对这项禁令。在1388年，汉萨大会又一次宣布对佛兰德斯进行封锁，以迫使勃艮第公爵给予一定的赔偿。勃艮第公爵请求骑士团的大首领充当调解人——他调解过多

次，大多不太成功；但是在这些年中，尽管有封锁，尽管大首领允诺要与汉萨休戚与共，至少一些普鲁士的船只可以驶往佛兰德斯。大首领的口是心非表现得一清二楚，尽管出于政治原因他不可能公开给予支持。在与英格兰的【390】关系方面，骑士团保持着比汉萨更严格的政策——虽然查理二世统治时期汉萨人的特权遭到了攻击；因为对骑士团自身和各普鲁士城镇来说，与英格兰发生商业冲突造成的损失，要比与大多数汉萨城镇发生冲突造成的损失小得多。这种冲突甚至导致大首领在1386～1388年禁止普鲁士向英格兰出口其大量需求的所有物品，这一措施也影响到了普鲁士以外的汉萨城镇，它的基本目的是防止通过文德人城镇进行秘密的出口。

条顿骑士团与西部汉萨集团在14世纪90年代诺夫哥罗德贸易问题上的紧张关系，引起了更多的具有普遍利益的问题。汉萨同盟不允许不属于汉萨集团的普鲁士人船只驶往诺夫哥罗德，如果他们想要到达这个波罗的海东部的商业中心，只有通过陆路。从1380年到15世纪初，普鲁士城镇和骑士团大首领宣称，在与诺夫哥罗德的贸易中要平等对待文德人和利沃尼亚人（Livonian）城镇。汉萨同盟的这一命令遭到了各种各样的借口、拖延和反对；当1398年普鲁士人在立陶宛获得特权和一个新市场时，汉萨人并未得到相同的待遇，他们因此在诺夫哥罗德的贸易中损失了很多利益。在这个例子中，汉萨的政治机构为保持一种现存的贸易模式而工作。它为佛兰芒的利益服务，不让波兰布匹进入诺夫哥罗德；同时为吕贝克和利沃尼亚服务，在波罗的海东部的贸易中不允许出现新的竞争者。

这些争论和紧张关系也使我们更容易理解：条顿骑士团对汉萨城镇来说是一个有些难以理解的伙伴，也不太受欢迎。甚至对一些普鲁士城镇来说——它们的利益在很多方面得到骑士团国际政策的支持——骑士团合并的财政主权、它与个体商人在商业上的竞争都是非常令人讨厌的。15世纪早期，科尼斯堡和马林堡的两位大管家支配着100 000普鲁士马克的资本，与任何一个单独的商业机构的财力相比都是一笔大数目。比如，这使骑士团能够建造足够大的船只，向汉萨的船只发动挑战。1406年以前，在普鲁士征收的磅税1/3归于骑士团（1406年以后2/3），于是它的资本财力通过税收增加了，而税收则成了私人商人贸易的一项负担。在坦嫩堡之战后，条顿骑士团被各城镇抛弃了，这些因素是其中相当重要的一个原因。

失去对普鲁士城镇的政治控制抑制了条顿骑士团商业活动的繁荣，这很快演变为长期的财政困难（前面已经提及），使它无法重现商业上的辉煌。【391】

6.4.2.3 中世纪末的斯堪的纳维亚诸国和汉萨同盟的特权

施特拉尔松和平（the peace of Stralsund）之后的汉萨政策仍旧是为了维持它的特权；实现这一政策的政治方法有联合、禁运、封锁，以及最后的战争。只要没有严重的竞争对手（如荷兰人或英国人）在波罗的海沿岸建立公司，这些传统的政策都被证明是非常有效的。作为商业竞争者，事实证明，条顿骑士团只是一个短暂的插曲。直到15世纪，欧洲巩固王权的发展趋势才导致了斯堪的纳维亚国家经济政策的出现——它们受到一些模糊的社会目的的影响。但是，当这些发展真的发生时，汉萨对国际贸易的垄断就成了引起政治争端的主题。

13、14世纪丹麦、挪威、瑞典的城镇市民在每一个国家都是特权阶层，他们的存在依赖于其在国内商业交换中发挥的中介作用。由于日耳曼商业特权对经济的严格限制、拥有土地的贵族在社会上的优势，所以城镇市民很少有通过国家政策反映他们特殊的利益的机会。只有贵族、国王或者他们两者都发现存在与城镇市民共同的利益时，这才可能发生；否则他们的特权虽然从法律上得到承认，但实际上却很少被尊重。

在挪威，拥有船只和具有海洋意识的贵族都是“前汉萨贸易”（pre-Hanseatic trade）的主要支持者，因此他们和挪威城镇市民一起试图限制日耳曼人的商业影响，但徒劳无功。自从13世纪80年代发生明确的冲突之后，皇家政府便不时地制定法令为日耳曼人在挪威建立聚居区和商业协会设置障碍。在1294年，外国商船被禁止驶往卑尔根北部，第二年则普遍禁止外国人建立行会。1315年和1316年，只有那些将麦芽酒、面粉、小麦带到挪威的外国人才能买到鳕鱼和黄油。1316年，国王的地方执行官有购买所有进口货物的最先选择权。1317年，只允许外国人于9月14日至来年5月3日，在每个城镇与特别指定的某些商人进行贸易，而且当时只允许他们从事批发业务。1318年
【392】国王哈康五世（King Haakon V）取消了这一要求，但规定外国人只能与挪威商人进行贸易。1346年又重申了这一规定，同时颁布一条禁令：禁止外国人从事任何零售贸易，禁止与城镇外的农民直接进行贸易。所有这些都被证明是徒劳无功的。在这保护性立法的半个世纪中，吕贝克人在卑尔根建立了他们的大贸易代理处，把挪威西岸的鱼类贸易吸引到了这个城镇；当地方执行官被证明只能带来麻烦时，他们把法律掌握到了自己手中。针对一个国家长期的食品短缺，他们手中掌握着一种致命的武器——粮食禁运。挪威人逐渐

放弃了战斗，虽然他们从未完全同意日耳曼人的商业统治。值得注意的是，这种战斗精神的消失和挪威贵族政治活动的减少是一致的。

在瑞典，国王马格纳斯二世（King Magnus Ⅱ）于1347年颁布一项普遍的城镇法令，限制对城镇的贸易，禁止外国人从事零售贸易或者直接与农民进行贸易。西芬兰（除奥尔布以外）城镇的商人和斯德哥尔摩以北挪威城镇的商人只能被迫把他们的货物运往斯德哥尔摩。国王的地方执行官对所有拿到该城镇出售的货物有最先挑选权。挪威人的这些规定的用意似乎非常明显；大家或许还记得瑞典和挪威都加入了马格纳斯控制的一个私人联盟。国王和城镇周围梅拉（Malar）各省的主要贵族都努力推动斯德哥尔摩的贸易，这表明他们双方具有共同的利益。与此同时，这一法律试图保护瑞典市民的贸易利益不受侵犯，但这种努力更多是理论上的，而非实际上的。当该国隶属于一个本国的政府时，汉萨城镇（尤其是吕贝克）对瑞典对外贸易的决定性作用仍旧是不可质疑的。在瑞典，日耳曼人的行会没有受到限制，斯德哥尔摩的两个大行会都受日耳曼人支配。瑞典主要从日耳曼人的贸易中抽取利润，因此除了选择汉萨作为贸易伙伴外别无他法。同时，由于需要得到汉萨同盟的政治支持以对抗丹麦，所以在谈论特权和关税的过程中，瑞典总是无法强调其国家利益。

奇怪的是，斯堪的纳维亚王国中最强大的丹麦，却是最后一个针对日耳曼贸易采取保护性立法的国家——之所以奇怪是因为，丹麦比挪威更早感觉到日耳曼商业特权的影响。但直到1396年玛格丽特女王才将丹麦所有的贸易限制在城镇中进行。其原因可能是，直到这时丹麦贵族才在一定程度上屈服于王权，这使他们无力保护与日耳曼人之间有利可图的牛羊和食品的直接贸易。另一方面，在玛格丽特的法令背后确实存在对丹麦城镇市民福利的切【393】实关注。在哥本哈根和马尔默的城市居住的日耳曼人很少，受汉萨同盟的影响也比斯堪的纳维亚其他任何重要的城镇少得多；它们利用接近斯卡尼亚市场的优势，已经积累了不少财富。即使玛格丽特和她的顾问在处理城镇问题时受到狭隘的财政观点的影响，他们也一定是看到了丹麦商人财力迅速增长的好处。或许他们甚至已经预见到了获得一个政治新盟友的可能性。

无论如何，波美拉尼亚的埃里克国王在1422年颁布的一项法令明显对丹麦商人的利益表示关注。除了将贸易都限制在城镇中之外，这一法令还制定了由城市行政长官强制执行的针对许多手工业者的规定，禁止从这些行会的工匠中招募地方行政长官，并强化了市长和总督控制手工业者的能力。同时国王埃里克邀请英国和荷兰商人前往一个新的城镇——兰兹罗纳（Landskrona)，并于1423年通过对路经松得海峡的贸易增加新的关税向汉萨特权提出挑战；在紧接着发生的战争中与汉萨开战，并在数年中与荷兰结为盟友。埃里克的这一宏伟政策需要他中央集权王国所有的财力，最后随着其统治的结束而终结了；但是对城镇中所有贸易的保护性政策却在后来的贵族政府中得到了延续。或许这一政策的执行仅仅针对下层阶级，对贵族们进行的非法贸易几乎毫无影响。与此同时，它也显示了丹麦城镇市民自我意识的不断增强。

1475年，克里斯蒂安一世允许德国商人航行到丹麦港口，却禁止丹麦商人航行到德国，颁布的法令使德国从丹麦进口马匹和牛羊变得更加便利。但是在同一个法令中，他禁止德国人在丹麦城镇过冬，并取消了丹麦行会。1477年，丹麦人被允许航行到德国去，但是仍然继续禁止日耳曼人在丹麦永久居住。1490年，国王汉斯用严厉的言辞重申了这些限制规定，禁止丹麦市民“接受外国商人的钱和货物，充当外国商人的委托人或者替他出售货物。”在同一年他与英国和荷兰签订了商业协议，在接下来的很多年中还与俄罗斯沙皇（诺夫哥罗德的新主人）在政治上进行合作。克里斯蒂安二世1520年计划把所有斯堪的纳维亚商人组成一个巨大的贸易公司，这是资产阶级对丹麦政策的影响力日益扩大的合乎逻辑的结果。

当资产阶级开始反对挪威第一位奥尔登堡国王的商业政策时，这种影响
【394】力就更明显地展现了出来。在那里本国的贵族让巴伐利亚的克里斯托弗(Christopher of Bavaria)于1444年颁布一项法令，限制日耳曼人在卑尔根建立贸易专制：他们的鱼类贸易只能在卑尔根进行，他们对诺尔兰(Nordland)渔民的直接控制也要受法律的限制。要把一些主要贵族对日耳曼人过分行为的愤慨与克里斯托弗统治下的斯堪的纳维亚国的国际分量合在一起，才能确保这些适度的原则被宣布；但是到头来这些法令逐渐消失，原因是遭到日耳曼人激烈的反对，克里斯托弗害怕为了安抚挪威国内的不满而冒出现国际难题的风险。在15世纪下半叶，国王倾向于庇护挪威境内的日耳曼人，直到16世纪中叶他们的支配地位才被动摇。在遥远的冰岛，克里斯蒂安一世公开与汉堡的商人（他们得到了皇室统治者的帮助）建立了联盟，在冰岛水域的竞争中胜过了英国人，并从他们手中接管了鳕鱼干贸易，在冰岛没有本地市民为他们自己的权利而奔走。

对海关收入（尤其是用银币支付的收入）的关注使得15世纪斯堪的纳维亚国家的贸易政策明显表现出保护主义的趋势。当然，白银的普遍缺乏构成了哥本哈根丹麦国王和斯德哥尔摩瑞典摄政王经济政策的背景。瑞典宪法

议会的政府尤其对人民的经济福利表现出很大的关注。在15世纪末，一位瑞典主教制定了一个计划，其中总结了那个时代的经济理论：金银不应该被人囤积，相反它们应当被投入流通之中；金银的进口越多越好，出口则越少越好；如同金银一样，一些必要的商品也应该被保留在国家的境内；对奢侈品的进口只要有可能，就应该尽量避免。15世纪下半叶，为了建立对金银贸易的控制，丹麦和瑞典政府都用相当严厉的方式规范金匠行业。瑞典国会于1489年全心全意但虚伪地试图通过禁止用现金和进口布匹向士兵支付酬劳而维护公共道德——这一工资政策从一开始就注定要引发普遍的政治动乱。1493年国会颁布了一项冗长的、相当严厉的关于国家外贸的法令。它禁止通过丹麦边境进行重要的、日益兴旺的牛羊贸易；命令南方省份所有与外国人的贸易都集中到卡尔马（Kalmar）、瑟德考平（Soderkoping）和新洛都斯（New Lodose）；并表达了一些期望：希望日耳曼商人来到这些城镇，【395】尤其希望他们进口那些必须缴纳关税的物品。1502年，有关来自波的尼亚（Bothnian）城镇的货物必须运往斯德哥尔摩和奥布（Abo）而不能运往国外的旧法令——此前已经废弃不用——又以明确的言辞得到了重申，其理由是“整个国家和我们所有人从斯德哥尔摩获得的生活资料要比从这些小城镇得到的多”。

这些规定主要有利于摄政王斯坦·斯塔尔的财政目的——把内陆贸易置于其地方官的控制之下。但是同时，它们同样明显地服务于斯塔尔盟友（德莱卡里亚的矿产主和斯德哥尔摩的商人）的利益。实际上，如果这一政策与人们普遍接受的经济原则不一致的话，它也就不可能被议会接受。甚至在处理与汉萨的关系时，摄政王斯塔尔也试图在1408年提高关税；并在1505年规定如果吕贝克的船只想要进口货物到瑞典，那么它们在运送德国货物的同时也必须运送瑞典货物。但是，他们从来不敢在经济事务上与吕贝克发生公开的冲突。只有一小部分议会议员（他们不太关心国家的反丹麦政策）倡议对汉萨同盟的特权采取更强有力的政策。古斯塔夫斯·瓦萨（Gustavus Vasa）的君主政府是第一个足够强大、能够抵抗吕贝克的政府，尽管在16世纪末吕贝克和但泽仍然占据了瑞典国际贸易中最大的份额。

6.4.2.4　结论

中世纪波罗的海地区的商业政策从始至终都是汉萨同盟政策的延续，并激起了一些地方诸侯国采取反对性措施。直到15世纪，丹麦和瑞典（在最后数十年中）才开始实施一些创造性的措施，它们或者明显来自于松得海峡城镇商业阶级，或者是对斯德哥尔摩商人和瑞典矿产主商业利益的反映。汉萨在商业上的支配地位确保了它从很早开始就对所有波罗的海国家的资产阶级进行政治控制，日耳曼移民在其中起到了贸易中介作用。斯堪的纳维亚缺乏积极的财政政策，反映了本国商人的弱小。直到他们中的一些团体在15世纪获得足够力量，能够制定他们自己的政策时——这反过来使国家政府方面也产生了一些更发达的经济思想——汉萨同盟斯堪的纳维亚政策的推
【396】行才遇到了真正的问题。

6.5 意大利和伊比利亚半岛

6.5.1 概述

研究中世纪经济政策的历史学家遇到的最大的一个难题就是：要决定当时"经济政策"的内容。

今天我们或许可以这样定义"经济政策"——"一个国家关于经济生活方面的公共政策"；但是，尽管这一定义如此宽泛、如此富有弹性、几乎难以把握，仍然很难把它适用于中世纪遥远的现实。

事实上，对于"经济政策"我们通常含有"公共"政策的意思，当我们把这样一个概念应用于中世纪时，便成了不确定性的一个来源。当涉及距今千年的情况时，我们很难说当时的某些措施是统治者作为公共管理者采取的，还是作为个人采取的。我们也很难决定是否应该考虑到教会或世俗领主在管理他们的庄园时所实行的供应措施和制定的计划，因为我们不能无视这样一个事实：与国王们和皇帝们一样，封建领主也同样是公共管理者。在公元1000年以前人们脑海中公共与私有之间的差别是非常模糊的。

甚至在公元1000年以后，这种差别也并非一下就清楚了。像在财政领域，国王和王侯们行事的方式依旧很难说明他们是作为公共主体还是私人个体行事。另一方面，我们也不能仅仅因为现在不承认某些工人协会和企业协会是公共主体，而否认行会和类似的社团在当时是"公共"组织。例如，中世纪意大利城镇的商人社团和商人行会就有权帮助政府监管公路干线的通

行、核查物价和工资、直接与外国政府交往、并以他们自己城镇的名义签署实际的商业和约。商人行会的行动似乎不止一次证实着这种断言，国家就是我[①]。社团作为公共主体的作用清楚地表现在：许多有关它们地位的条款与许多相关的城市市镇地位的条款是完全相同的；在许多城市中，某些行会的领事在各个方面都被看作是公共的行政官员[②]。

为了理解当时经济政策的内容，也必须考虑到另一个事实。我们今天定义一个国家经济政策的主线时，注意力主要集中于中央公共管理者所采取的【397】措施上；但当涉及中世纪时，这样做无疑会误导我们。甚至在中世纪末，在像意大利、西班牙、法国（那里存在相当规模的政治统一）这样、从政治角度来说无疑具有中央集权政府的国家，经济控制的问题在很大程度上也仍然留在地方统治者的手中。

其他的困难则是由“公共管理者” 且有这样的定义的话——试图控制和解决的问题的本质和类型所引起的。必须要承认的是，许多在那些世纪中与经济事务相关的经济政策措施，在我们现在看来都属于经济政策的边缘或外围部分。这一侧重点的转变就是历史过程的实质：无论如何，它不仅增加了定义这些世纪的经济政策的困难，而且也使经济学家关注一些事务，这使他理所当然地感到怀疑——他自己究竟知不知道“经济政策”这个名词的当代含义？暂且不论与人口统计政策、货币政策、财政政策有关的问题，它们中有些将在本卷的其他章节进行研究，似乎可以根据主要目的的不同对中世纪欧洲的经济政策做一个广泛的分类，如：

(1) 促进一个平衡的经济：(a) 必需品的供应；(b) 价格的稳定；(c) 对贵重金属供应的控制。

(2) 增加生产：(a) 农业；(b) 贸易和工业。

(3) 提高市场的引导机制：(a) 消费的控制；(b) 生产的质量控制；(c) 反垄断政策。

我们今天认为在这个摘要中所列举的问题属于经济政策的范围；毫无疑问它们是中世纪的统治者意识到的问题和特别关注处理的问题。

自然，并非所有中世纪欧洲政府关注的经济性问题都被包括在这个摘要中。为了进行系统阐述，我们不得不作出选择，并牺牲一些主题。要了解牺牲的内容，只要提到那些被遗漏的最为重要的事情就足够了：国家的垄断政

---

① 这句话出自 E. 韦尔加：《米兰商人的财政》（米兰，1914 年），第 37 页。

② 参见 R.S. 史密斯：《西班牙行会商人》（北卡罗林纳，达洛姆，1940 年），第 8 页以后。

策，国家财产的管理，与继承有关的财政政策，促进交通和通信的措施，禁止出口战略物资，对农奴的解放，对圈地的反对措施——-例如在意大利南部由教皇洪诺流（Pope Honorius）、查理二世（Charles Ⅱ）和国王罗伯特
【398】(King Robert）采取的一些措施。要说明其中的一些主题将会提及其他内容；但是必须要承认的是，如果有足够的篇幅的话，所有这些主题都值得做更深入的研究。

以下篇章的安排是根据主题、而不是时间顺序来编排的，一个重要的考虑是：经济政策的各个部分的发展是不均匀的。例如，在中世纪过程中工业和商业政策发生了革命性的变化，但是直到15世纪末政府的食物供应和物价政策几乎和加洛林王朝时期一模一样。

从总体上来看发展的过程，可能要分清楚三个基本的时期：（1）加洛林王朝和封建时期；（2）市镇时期；（3）西班牙的克里斯蒂安国王（Christian kings）和意大利的各种王侯取得了对市镇或封建权利的控制权的时期。(在讨论各种各样的经济政策时，这种基本的时期差别在很多情况下将有助于我们的研究)

在现代，在超越各国的经济政策之上，大多存在一个和多个有逻辑的、连续的、通用的经济理论体系；这使得为每一个国家的经济政策下定义成为可能（哪怕是大概的定义），可以定义为“重商主义的”(mercantile)、“古典主义的”（classical)、“凯恩斯主义的”（Keynesian）或“福利主义的”（welfare）。也必须要承认的是，这些普遍的经济理论对各个国家的经济政策都会产生决定性的影响，这最终将从它们拥有的许多共同特点中看到。但是在中世纪，并没有任何经济理论能配得上这些名称。因此如果根据经济学家对现代国家的经济政策的定义方式来对那些世纪的政策进行分类的话，就显得非常困难。另一方面，我们必须要承认的是，在缺乏普遍的、系统的理论的情况下，各个国家在供应政策方面展现的一致性远远大于我们的预计。其中的原因是，在不同的国家，公共统治者面临着相似的问题和情况，他们处理这些问题时能够利用的技巧性知识的程度也处于非常相似的水平，以及他们共同拥有一个基本相似的“欧洲文化”。

6.5.2 促进经济的平衡

6.5.2.1 主要必需品的供应

在过去的半个世纪里，现代政府在经济政策领域中最为关注的是“商业循环”（business-cycle）；最可怕的事情是失业。在整个中世纪，政府最为【399】
关注的则是“粮食循环”（crop-cycle），最可怕的事情则是饥馑。

交通和通信体系远远不够充足，一年之中大多数的交通可能只有靠水路，但是在各种情况下它都是昂贵而且靠不住的。对任何遥远的、人口非常稠密的地区来说，供应都无法得到保障。如果一个地方歉收，对庞大的地方人口来说通常都意味着饥馑；饥馑将导致动乱、经济萧条，在很多情况下由于一个国家众多的人口早已营养不足，这也将导致疾病的流行——当时通常模糊地称作“瘟疫”。从遥远的加洛林王朝到中世纪末，经济政策最首要的任务一直都是避免或者至少减少这些周期性的灾难。

还应该考虑到中世纪人们普遍生活在长期的不安全状况中。中世纪城市中的日常生活集中在一个要塞之中，要比现代的都市生活紧密得多。因此管理者确信：必须对其中的食品供应和贸易进行持续的控制。

必须要承认的是，尽管政府致力于进行这种长期的、持续的控制，但是在整个中世纪过程中控制的技巧并没有显著的进步。实质上，加洛林王朝时期的法典汇编或者 12、13 世纪城市法规中主要的、与供应有关的经济政策到 17、18 世纪基本上仍然在实施。所以 18 世纪的经济学家对这些政策进行抨击，认为它是中世纪野蛮状态的一笔笨重的遗产。但是如果 18 世纪经济学家的批评运用于他们所处的世纪时是恰当的，那么把它运用于中世纪就不太公平了——当时所能使用的交通和通讯体系都非常初级，而且充满了危险。

对粮食供应的关注，通常都与关注其他日常生活必需品的供应联系在一起。这些必需品包括酒、油、肉、鱼、蔬菜和其他食品，麦秆，照明用的蜡烛，生产蜡烛的石蜡，木柴，木料以及（尤其是意大利城镇使用的）建筑材料。这些货物的贸易都服从于影响粮食贸易的许多控制措施。

对这些必需品的供应进行控制的条例大多数都可以被分为两大类（为了简化）：一类是在紧急情况下采取的措施，只有在处于紧急状态时才有【400】
效；另一类是预防性的，在某种程度上是永久性的措施。

对于第一类措施，我们可以举出的例子有：国家直接从国外购买粮食；向富裕的市民强制贷款，从国外购买粮食然后以低价卖给贫困人口；对粮食进口商给予额外津贴、免费贷款；国家向那些在饥馑时出售粮食的个人给予货币报酬；对私人拥有的粮食进行统计，目的是进行更公平的分配；最后，对投机商给予威胁或死刑的处罚。总之，这些措施并没有什么创造性，但事实上也不存在非常大的空间可供产生创造性。

更有趣的是那些具有预防性特点的永久条例。在整个中世纪，与粮食和其他必需品供应有关的政府政策的主要目的是，尽一切可能达到自给自足。这一目标成了中世纪庄园组织的本质，在后来的几个世纪中它依然是城市和采邑供应政策的一个特征。在圣·托马斯（St Thomas）的著作中，有一段文章清楚地表达了这一理想及其产生的原因：dignior enim est civitassi abundantiam rerum habeat ex territorio proprio bellorum eventus et diversa viarum discrimina de faili potest impediri victualium deportatio……[①]直接来说这一理想是：（1）建立旨在增加地方农业总产量的措施；（2）建立旨在尽可能实现必需品自给自足的措施。

在后面题为“增加生产”的章节，我们将对第一类措施进行探讨。这里最好对第二类措施再简要地谈几句。在这些措施中，古典类型的是加洛林王朝时期的“维里斯法规”（Capitulare de Villis）。虽然它在一段时间内并未像历史学家所认为的那样普遍有效，但它无疑清楚地表明了在中世纪黑暗时期（the Dark Ages）与必需品供应有关的普遍观点。在接下来的多个世纪中，我们从皇帝或王侯的法令中都可以找到“维里斯法规”的精神，法令强迫土地拥有者种植某些作物——尤其是那些与当地气候不适应、产量不可靠、因此私人不愿种植的农作物。在都灵（Turin）、诺瓦拉（Novara）、特雷维索（Treviso）、韦尔切利（Vercelli）和其他许多城市的法令中，都可以看到这样的例子，法令强迫拥有土地的人用他们的土地种植一定数量的橄榄树或杏仁树。自给自足的特征本身就是否定任何形式的专业化。例如，在
【401】15世纪下半叶，当伦巴底平原出现明显的、日益扩张的牲畜养殖趋势并威胁到谷类的种植时，米兰的公爵——“希望看到他的王国小麦充足”——下令：每一个农场的草地都不能超过可耕地的一定比例[②]。

但是，并非所有的统治者都确信，仅仅依靠这类规定本身就能够避免危

① 圣·托马斯·阿奎斯：《主要的社会制度》，第二卷，第三章。

② C. M. Cipolla：‘Ripartizione delle colture nel Pavese secondo le “misure territoriali” della metà del 500’, in Studi di Economia e Statistica, Catania, 1950 ~ 1951 年。

险的、不愿意看到的食物短缺出现。因此，各地都继续求助于其他的措施：(1) 建立公共储备；(2) 设置贸易管制体系。

市场越是不完善，保持充足的货物储备就越显得迫切。在整个中世纪，每一个人，只要他不是乞丐，都会在自己家中储备一些粮食、腌肉、盐、蜡烛等等。个人这样做，国家也是如此。在封建时期，庄园中保持充足的储备以备急需是永远不会错的一项政策。在接下来的时期，市镇（commune）的管理者为了防止私人投机商过分地囤积居奇，建立了储备（尤其是粮食），并在危急时期以低价售出。公共和私人对必需品的储备确实代表了中世纪经济一种最重要的投资方式。

关于贸易限制，这些措施的基本目标是：(1) 禁止或在某些方面继续控制出口；(2) 鼓励进口；(3) 规范内部贸易。

禁止粮食、肉类、酒、油、食品、石蜡和牛脂的出口是中世纪法令的主旨之一。在大多数例子中，禁止食品出口不仅一次又一次被重复，而且被具体和细化到了吹毛求疵的地步。例如，在诺瓦拉（Novara）的城市法令中，禁止出口公牛和奶牛的叙述中要求："不管是胖牛还是瘦牛"，这似乎表明了吹毛求疵的法官的迂腐；但是在其背后却存在着对悲惨的饥荒的恐惧。即使是像伦巴底、西西里和阿普里亚（Apulia）这些地区——它们是粮食的主要产地，本应注定要出口商品——也有一系列复杂的出口限制。在那不勒斯王国情况也是如此，由于"出口许可证"代表着国王最重要的一种收入来源，所以这些限制具有财政的特点。但是，在饥馑时期，也正是这些限制迫使所有的出口都被迫停止。

虽然必需品的出口受到普遍的禁止或严格限制，但同时也采取各种努力 【402】
鼓励进口[1]。鼓励措施包括提供财政便利（减免甚至完全豁免税收）、行政管理便利（印签、交通文本、运输证件等等都被省去），甚至司法便利（例如进口的粮食和用于运输的牲畜不能被拿去抵债）。另外，还有一些更极端、更直接的措施。在市镇普遍的情况是，要求其所属地区把出产的粮食和其他产品全部上交给统治的城市[2]。甚至还有这样的例子：在克雷莫纳市

① 一些特殊例子除外，如地中海某些地区对酒类的进口。

② 在11世纪之后，在意大利中北部和伊比利亚半岛的城邦国家对其周围领土实行压制的政治管理霸权，其主导权最明显的表现形式就是城市强加给周围农村的对必需品供应的限制措施——其领地不能把出产的物品出口到除统治城市以外的其他任何地方。甚至到了中世纪晚期，当更大的国家单位出现或变得更强大时，意大利和西班牙的城市仍然努力维持他们的控制。甚至在一个国家内部，每个城市或市镇都禁止向其他城市或市镇出口粮食或其他必需品。政治的统一并未能中止供应政策中的排他主义，对饥饿的恐惧仍然比对内部融合的因素产生更大的影响力。

(city of Cremona)，市镇制定了每个村庄每年向城市上交粮食的最低限额。实际上，由于在整个中世纪，大部分的市民都在周围地区拥有土地，所以大多数城市的法令都要求他们把土地上的产品运到城市。

威尼斯的法律明显强迫在国外港口运输粮食的威尼斯船只把其运输的一部分粮食运往威尼斯。对饥馑的恐惧导致了对供应过剩危险的完全忽略。在14世纪初的一些年中，由于市场大量充斥积压的无法出售的货物，所以威尼斯采纳了一些与进口有关的限制性措施，制定时小心翼翼，以防止这些限制性措施会对油脂和食品的进口产生任何影响①。

更广泛的政治组织（例如中世纪后期西班牙王国或意大利诸侯国）的形成，并未能简化复杂的食品贸易限制体系。相反，新的复杂的情况出现
【403】了。一方面城市并没有废除它们各自的禁令，另一方面新的中央政权也不愿意食品从一个城市运往另一个城市，因为这可能隐藏着秘密的运往国外的出口活动。因此它们反过来组织了新的控制体系，并实施了新的管制。此外，这些新的、更大政治单位的出现伴随着首都城镇的崛起，对这些城镇的供应很快成为关注的一个新焦点，新的限制性措施试图把食品的供应吸引到这些新的大城市中心。例如，在14世纪末的伦巴底，贾恩·加利亚佐（Gian Galeazzo）颁布法令规定，如果其国内的任何地区要出口粮食，那就只能被运往米兰或帕维亚——公爵领地内的两个主要城市②。

因此，禁令加禁令，管制加管制，逐渐形成了复杂的控制体系，这正是18世纪的经济学家特别批评的内容。

6.5.2.2 价格的稳定

价格是中世纪经济政策中的另外一个大问题。公共管理部门并非为了统计经济调查而关注它，而是因为它在一定范围内影响了生活开支。因此，或多或少出于本能，他们集中于关注那些（用现代统计学家的语言来说）对生活开支影响最大的商品的价格。

许多书和文章都谈到中世纪的人们对待物价和利息的态度问题，不过这些书和文章主要是建立在哲学家和道学家理论研究的基础之上；他们看待问题的方式可能是从教士或道德哲学家的理论演绎出来的，但是中世纪有头脑

---

① R. 塞西，‘“L’Officium de Navigantibus” e I sistemi della politica commerciale veneziana nel sec. XIV’，in Politica ed economia de Venezia del Trecento（罗马，1952年），第26页。

② G. 圭里尼：Memorie spettanti alla storia di Milano（米兰，1771年），第十一卷，第421页。

的人们可能会用一种完全不同的方式看待这些问题。由于资本的缺乏和信贷体系的不完善，中世纪的利率大多维持在很高的水准，通常在 10% ~50%之间波动，有时甚至更高。同时，由于需求固定不变和市场的不完善、不安全，使得必需品的价格长期处于剧烈的波动之中，这导致了贫困、饥饿以及甚至大部分人口的供应不足。毫无疑问，与道学家和理论家全神贯注的问题相比，当时的公共管理者还有许多其他更急迫的问题要考虑。哲学家们关注的是——要有“公平”的价格，而负责经济政策的人关注的是——要有“稳定”的价格；哲学家关注的是——是否对利息进行抨击，而黑暗时代之【404】
后负责制定经济政策的人关注的是——把利率降低到合理的水平。

为了控制价格、工资和利率，中世纪的公共管理者通常都求助于古老的最便利的方法：即价格控制（price-fixing）——自从统治者开始关注物价以来，这一方式成了他们所有人求助的对象。加洛林王朝根据形势变化，不时制定贵金属、武器、纺织品、牲畜、奴隶、生产工具以及最重要的食品的最高合法价格。到了中世纪后期，食品、蜡烛、木材、建筑材料的价格通常都得到控制，最高合法工资也是通常控制的目标。在意大利中北部，市镇的管理者小心翼翼地直接推行最大工资限额，这对大多数人口的生活开支影响最大，例如那些受雇于面粉厂、面包房、公共渡口、酒类运输、负责牲畜屠宰的人们。工资的控制通常都交给个人社团来处理。在伊比利亚半岛——那里的社团组织直到 14 世纪末还没有意大利中北部的社团发达——统治着城市的国王和行政管理层更频繁地对工资事务进行直接干预。当 1348 年该地突然陷入瘟疫危机时，这种干预就变得更加频繁而剧烈。

黑暗时代（the Dark Ages）之后，设立最高合法利率限额的措施变得非常普遍，如果超过这一限额就被宣布为高利贷，并因此是不合法的。西西里的腓特烈二世规定的最高合法限额为 10%，在 1228 年的维洛纳（Verona）最高合法限额为 12%，在 1270 年的摩德纳（Modena）最高合法限额为20%，在 13 世纪的热那亚是 20%，在 1390 年的伦巴底是 10%。

虽然价格控制在每个地方都是一项长期运用的应急措施，但是我们并不能由此就认为当时的人们对它的有效性或者智慧抱有很多幻想。有不少明确的例子表明，管理者对这类措施可能产生的消极影响非常清楚。其中一个例子便是弗利（Forli）城市宪法的第 53 条，时间是 1369 年，该条款宣称：任何把粮食带到城市来的人，都可以把粮食以他喜欢的任何价格卖给任何人，不受任何限制。很明显，主持编纂这条法令的人非常清楚：对粮食的最高限价无法吸引粮食进入市场，反而会使它远离，因而会使灾难更加恶化，这正

是他们试图要补救的地方。但是，甚至在那些统治者没有如此清醒头脑的地
【405】方，非常显著的一点是，也普遍采纳其他措施，其目的是影响市场的基础条件，消除市场自身存在的一些因素——可能导致或者促使价格和工资不断攀升的因素。这些最常见、最重要的措施的意图是：（1）防止、消除垄断和合并；（2）防止雇工联合会的形成；（3）限制雇主之间的竞争；（4）改善必需品的分配和销售。

与第一、第二点有关的措施是意大利中北部市镇经济政策最显著的特点：在后面“反对垄断的斗争”一节将对此进行探讨。

关于第三点，可以从商业行会或工匠行会的许多条例中看到，这些条例禁止业主以更高的工资从另一个业主那里吸引劳动力。有趣的是，这一规定在许多城市的法令中都可以找到，而且一再得到重申。在西班牙，当1348年瘟疫过后，政府通过了一条法令，禁止地主在其土地上雇佣的劳工超过11人。于是正如我们所看到的，在劳动力市场上，政府通过限制劳动力需求的竞争而促进劳动力供应的竞争，试图以此防止工资的急剧上升。

关于第四点，基本的原则是，禁止为了倒卖而购买主要的必需品（如肉、谷物、油、鱼、干草，等等）：Quod nullum possit emere granum ad revendendum；Quod nullus debeat emere pisces in nostro districto ad revendendum；Quod aliqua persona non possit emere fenum seccatum causa revendendi ad minutum vel in grosso. 在意大利、伊比利亚半岛以及法国南部城市、农村的法律条例和数不清的法令中，与此类似的条令或多或少以相同语言得到重申，而且强调的重点也几乎一样。政府试图通过安排使产品从生产者那里直接送到消费者手中，希望把分配带来的开支减少到最小程度，同时避免出现投机者玩弄花招的危险，也避免一些相对小的市场出现以非正常方式供应产品的危险。

事实上，中世纪管理者关于价格的理想通过一项应急措施清楚地表现了出来；为了控制某些商品（如肉、蜡烛、石灰）的价格，那几个世纪的政府常常采纳这一应急措施。在伊比利亚和意大利半岛的许多城市，出售这些货物的权利被公开拍卖。以最低价格出售货物的商人，在几年里拥有垄断
【406】权；作为回报，在此期间，他将被迫在任何情况下（不管是供过于求，还是供不应求）以合同规定的价格出售货物。由于市场的不完善、不安全，中世纪人们面对着剧烈、突然、通常是灾难性的价格波动，因此，在价格事宜上他们有一个梦想——稳定。

6.5.2.3　控制贵金属的供应

对中世纪所有的公共管理者来说，坚持反复执行、极其重要的一项政策就是，控制贵重金属的贸易。所采纳的措施并不是很新颖，总的来说，所做的一切都是为了禁止或者严格控制贵金属的出口，同时试图鼓励它们的进口。通过不断重复这样的措施，补偿了缺乏创新的不足。公共管理者防止贵金属的流失，鼓励它们的进口——通过强迫进口商把进口的贵金属送交铸币厂，他们的这一目标清楚地表现了出来。

所有这些似乎仅仅是一种纯朴信念的表现形式——“有钱就是富有”(welth consists in money)。虽然很难否认被我们今天称作“拜金主义”(bullionistic) 的东西当时正在扩散，但是非常值得怀疑的是：难道这些控制贵金属的措施仅仅可以被解释为是对“财富”重要性过分夸大的一种表现吗？我们必须非常小心，我们不能以两三个世纪后——那时的环境已经发生变化——学者的论文为基础来对中世纪经济思想的某一个方面做出判断。

必须要牢牢记住的是，从 11 世纪到 15 世纪整个期间，贵重金属的供应似乎一直未能跟上货币需求增长的步伐；总的来说，信贷的发展也无法平衡通货紧缩造成的压力。不管是从长远来看，还是从短期来看，中世纪社会都一直受到货币短缺的威胁。由于人们有正当的理由“担心货币短缺”，这种担心也极为普遍，所以控制贵金属贸易的政策主要是这种担心的一个表现形式。很明显，人们对货币供应、物价水平、生产水平和就业之间的关系从来没有一个清楚的、合乎逻辑的认识。另一方面，虽然中世纪人们尚不能对这些关系进行逻辑上的推理，但是他们仍然本能地意识到了它们的存在。【407】

6.5.3　**增加生产**

我们发现，在黑暗时代有很多法令——我们不清楚它们是否奏效——内容包括：保护私人财产，对干预他人工作的人进行惩罚，保证市场和公路的安全等等。这类法令在加洛林王朝的法律汇编中常常可以看到。毋庸置疑，只要它们是成功的，就说明它们总的来说对生产力具有指导性；但是值得怀疑的是，我们能否把它们解释为：这是政府明确、自觉地增加生产的意愿的表现形式呢？或者更有可能仅仅是政府全力维持公共秩序的一种表现方式。只有在农业和交通方面，我们才看到一些更自觉、更自由的经济政策。尤其在加洛林王朝时期，公共管理者采取了许多措施修建桥梁和道路。在农业方面，加洛林王朝的法令则谴责那些使耕地荒废的人们。

在制造业和商业方面，黑暗时代没有什么经济政策值得一提。在制造业方面，最普遍的一个愿望就是自给自足，所有日常必需的工具和器具都应该由庄园自己生产。在商业方面，政府都试图保证市场和集市的安全。与此同时，非常清楚的是：许多统治者一直都对商人持怀疑态度，甚至常常充满敌意。这部分是因为他们采纳了教会关于商业活动的观点，但同时也受到了中世纪早期商业活动特点的影响——当时的商人类似于我们今天所说的敲诈勒索者，或者黑市上的奸商。至少还应该认识到的一点是，当时最普遍的经济活动就是农业。贸易和制造业仅仅吸引了一小部分有用的资源，政府感到根本不需要去组织、控制或者发展这些边缘性的活动。

随着经济的增长，情况当然发生了变化，这也是10世纪末之后南部欧洲的一个特点。毫无疑问，在10世纪以后，公共管理者增加生产的努力变得越来越自觉、越来越主动；为了达到这一目的所采取的措施也越来越多、越来越复杂。关于这些法令的内容可以写出很多很多，法令的制定越来越频繁，它们也注定将（至少间接地）有利于生产活动。于是政府采取了许多

【408】措施，与海盗和土匪作斗争，试图完善海上和商业法律，制定了新的法令负责保险，对赔偿加以控制，对海难进行规范，制定条例允许并促进自治，使商业司法审判更便捷，对破坏他人树木或葡萄树的人进行罚款[①]，或者对不尊重他人财产的人给予惩罚，保证对街道、桥梁和港口的持续监督和正常运转，制定条例禁止把欠债农民和手工业者的牲畜、犁铧、生产工具夺走以抵偿债务。虽然所有这些措施对创造一种良好的发展生产的环境非常重要，但是我们还是必须把注意力集中到那些直接增加生产的措施上。

这些措施大多是关于农业的。在意大利半岛中部和北部城市的法律中，一条最常见的法令是：强迫人们开垦荒地。如果某一块土地由于这种或那种原因一直没有被其主人开垦，那么其所在的村庄就必须自费开垦，并负责耕种[②]。效果上与这条法令相类似的，但从罗马传统的所有权角度来看非常具有革新意义的，是西克史塔斯四世（Sixtus Ⅳ）于1474年通过的宪法。在

---

① 例如，在意大利的农村，它们自己建立了特殊的《custodes vinearum or custodes camporum》。对于纳瓦拉和阿拉贡转下页见《维拉弗朗阶议会法案（1218年）》，托尔托萨（1225年），佩尔尼昂（1350年）。

② 例如，Menchetti，‘Sul’ obbligo della lavorazione del suolo nei communi medievali marchigiani’，Archivio Scialoja（1935年），第33页。

该宪法中，教皇批准任何人（只要对他自己有用）开垦、种植其他人荒废田地的1/3；但是这一授权还必须得到教皇任命的法官的认可，这些法官同时还决定田地的所有者应该得到全部收成的几分之几[1]。在卡斯蒂利亚(Castille)，通过的法令的优点是：如果土地所有者不再耕种土地，那么他将失去其财产，并自动转归国王和市镇所有。卡斯蒂利亚的国王为了鼓励农业的发展，甚至实行了这样的政策：谁开垦了荒地，就把土地的所有权授予谁，有时甚至给予某种财政豁免[2]。

同样是为了增加生产，公共管理者试图促进土地更合理的分配。中世纪的大多数时期，在整个意大利、法国南部、西班牙部分地区，土地都维持在极度零碎的状态。甚至当某一个土地所有者总体上拥有大量的土地时，也常 【409】
常是由许多小块土地组成的，有时各块土地之间相隔遥远，而且不可避免地与他人的土地混合在一起。在意大利，市镇的管理者通过任命特别官员对此加以干预，这种官员被叫做 ingrossatori，他们的任务是尽一切努力鼓励、说服甚至强迫人们调整土地的边界，同时安排他们进行交换或出售，目的是实现财产的更合理分配。另一方面，他们也非常清楚土地过于集中的危险。例如，在1233年授予凯里萨纳（韦尔切利）城镇自由权的法令中，明确声称：在分配原属圣·尤塞比斯教堂的房屋和地产时，任何家庭中的任何一个人都不能拥有超过15公顷的土地[3]。许多针对封建财产采取的回收措施，也同样是由反对大地产的心态而引起的。通过这种方法，中世纪的管理者试图与两种病态的财产表现形式——大地产和土地过于分散——进行斗争。

公共管理者通常都对排水工作和土地开垦直接进行干预——虽然在不同的地区、不同的时期，采取的方式各不相同。在这类非常有智慧的活动中，其中一个最突出的例子无疑是：米兰公国形成前后，各个伦巴底市镇在波河河谷（the Po valley）进行的工程。

尽管政府想方设法试图刺激地方的农业生产，但却总是避免利用关税保护农业产品。在整个中世纪，为了保护地方农业生产而提高关税或禁止进口的例子仍然极为少见；而且这类措施中为数不多的例子都与特定地区（伊比利亚半岛和意大利南部——那里大量生产葡萄酒，葡萄酒的产出构成了统

---

① A. Canaletti Gaudenti，La politica agraria ed annonaria dello Stato Pontificio da Benedetto XIV a Pio VII（罗马，1947年），第8~9页。

② R. Altamira，Historia de Espagña y de la civilización española（巴塞罗那，1913年），I，第513页。

③ G. Donna，'I Borghifranchi nella politica della repubblica vercellese'，in Annali dell' Accademia di Agricoltura di Torino，LXXXVI（1942~1943年），第107页。

治阶级的一大块收入）的特定产品（葡萄酒）联系在一起①。无论任何地
【410】方，都有力量支持政府采取可能的关税政策保护地方农业生产，但是他们的力量还不够强大，还不足以压倒供应政策的基本原则：所有商品进口的大门都是敞开的 ad quotidianum usum necessaria。

农业政策的另一个分支——尤其在意大利的市镇——就是森林的保护。当时制定了许多保护林地的措施，它们与今天仍然实施的不少措施极为相似。

中世纪农业政策中至关重要的一点就是耕地与牧场之间的关系问题。总的来说，意大利半岛的公共管理者试图在不伤害耕种农业的情况下控制畜牧业。因此，设立了可供放牧的地方，允许在固定的时间和季节自由地放牧；关于放牧对农业造成的伤害，也制定了最严格的法令。在1452年的那不勒斯王国，国王阿方索（King Alfonso）宣布：任何贵族都不能为了在自己的土地上单独放牧自己的牲畜，而胆敢禁止务农的佃户耕种那些土地。在其他地区，则对那些破坏农业的动物发动了一场名副其实的战争；在一些市镇还禁止任何人饲养山羊。在意大利半岛只有少数几个地区，畜牧业的利益要高于农业的利益，其中一个地方就是阿普利亚（Apulia）的塔弗利亚(Tavoliere)。伊比利亚半岛的情况则大相径庭。在那里，拥有牧群的人（他们中包括最大的土地所有者，教会和世俗贵族中最有权力的人）团结在一起，组成了一个强大的组织——“曼斯塔”（the Mesta)。尽管伊比利亚半岛的统治者出于对供应政策的关注，有时站在农民的立场上反对“曼斯塔”，但是可以确定的是：“曼斯塔”在总体上使它的利益处于主导地位②。

制造业（Manufacture）。11~15世纪有关工业和商业的法规，可以分成两个明显不同的阶段，第一个阶段贯穿了整个12、13世纪，第二个阶段则包括了14、15世纪。第一个阶段的特点是商人阶级的利益占优势，第二个

① 对于伊比利亚半岛，参看 R. Carande, ‘Sevilla, fortaleza y mercado’ in Anuario de Historia del Derecho Español, Ⅱ（1925），370页以后以及 A. Ballestreros y Beretta, Historia de España y sua influencia en la Historia universal（巴塞罗那，1922年），Ⅲ，第371页和第373页。在意大利半岛，对葡萄酒生产者的保护性措施可以在西西里看到。意大利的墨西那（Messina），在1272年和1294年禁止进口外国葡萄酒，理由是这种进口会 civibus dampnosum eo quod ex proventibus vini vivere eos oporteat cum in aliis redditibus et proventibus eorum non habeant facultates（Capitoli di Messina, 44）。在1401年西西里的卡斯特诺威（Castronovo），一项强制性的“价格支持”（price-support）政策开始实施，该政策规定：每升葡萄酒的出售价不得低于4第纳尔（denarii），如果生产者以这种价格卖不出去，那么他们或者自己消费，或者把它毁掉，甚至不允许送给别人。

② 参看J. 克莱恩：《“曼斯塔”——西班牙经济史研究》，剑桥出版社，1920年。

阶段的特点则是制造业阶级的利益处于优势。为了理解这种权力和影响力的转变——它们是建立在不同国家经济政策变化的基础上的——我们有必要考虑一下这几个世纪经济和社会历史的基本概况。【411】

在12、13世纪，制造业首先集中于一些特定的中心，它们都致力于进行专业化的生产。这使得这少数几个制造业中心的技术技巧与欧洲其他地区产生了相当大的差距；在冶金和纺织业方面尤其如此。这些差距是建立在发达地区和不发达地区之间劳动分工基础之上的。12、13世纪国际贸易的显著增长基本归因于这种特殊的形势。另一方面，我们还必须记住：每一个地方的制造活动都是由手工业者进行的，但是他们没有经济和社会权力，因此无法支持和坚持有利于他们产品的保护性政策。在更为发达的一些经济中心，商人阶级和手工业者的经济地位、社会地位和政治地位都存在巨大的差距。商人们无疑占据主导地位①。

在不发达国家，商业政策通常由君王或国王主宰；通常仅限于建立集市和市场，给予商人特权或保护，或者把财政上的特权给予某个港口、某个商人团体或某种商业类型。有时统治者试图吸引外国商人，授予他们垄断权或财政特权，以便吸引他们以及他们的资本。或者，统治者采纳了敌视外国商人的政策，为了防止外商与一小部分地位需要得到保护的当地商人竞争，他们把外国商人流放或监禁起来。一个国家很容易从这些政策的一个极端滑向另一个极端。

在发达国家，由于经济思想也更为发达，所以商业政策也更复杂、更有组织。这些政策包括签订商业协议，在国外设立领事馆，为本国商人争取保护或财政、经济、司法方面的特权，确保减免税收或通行税，等等。总的来说，这一政策由商人们自己的行会直接制定和实施。

但是，商业利益在12、13世纪的绝对优势受到一个重要因素的限制。当商业利益和保持经济稳定的努力发生冲突时，总是后者占上风；与供应政策、稳定物价政策、控制贵金属供应的政策比较而言，商业政策总是处于次要的位置。【412】

毋庸置疑，西欧不同地区的技术水平，12、13世纪商业阶级所处的主导地位都存在巨大的差异，这限制了有利于制造业的保护主义措施的兴起和发展，但是另一方面却鼓励了国际贸易措施和机构的发展。但是这种形势并

---

① “商人”相对其他实业家和手工业者团体而言拥有的优势，可以在当时法令、宪章的特殊用语中清楚的反映出来。例如，在1295年帕维亚（Pavia）商人的法令中，该城市的各种团体仍然被说成是“pertinentibus seu spectantibus comuni mercationis”，或者更糟的“paraticis seu artibus collegio mercatorum.”参见 A. Damiani，‘La giurisdizione dei consoli del Collegio dei Mercanti di Pavia’，in Boll. Soc. Pavese di Storia Patria，Ⅱ（1902年），第17页。

没有持续到13世纪末。从13世纪末期之后，许多以前相对不太发达的地区都进入了一个迅速扩张的时期。正如我们后面将看到的，大多数的例子都是政府在自觉地试图进行工业化。在14世纪初，“工业意味着富裕”的信念广为流传。在1336年图斯卡（Tuscan）的法令中，有些陈述读起来就好像是由工业化在20世纪最现代的支持者撰写的：ab experto cognoscitur civitates et terre gentibus replentur et abundant divitiis si in eis ministerium et ars lane frequentantur et augmentantur[①]。新国家发展自己制造业的努力，不可避免地导致政府采纳了保护性的措施，以鼓励“刚刚起步的工业”。另一方面，“新”国家工业的发展和保护主义措施的实施，对“旧”国家来说则意味着危险的竞争和市场的逐渐关闭，这很快显示出经济困难的征兆。在14世纪初，佛罗伦萨羊毛工业的竞争导致了比萨的羊毛工业陷入危机；地中海欧洲其他地区，尤其是伦巴底和卡特罗尼亚（Catalonia）羊毛工业的发展，致使佛罗伦萨的羊毛工业在14世纪中叶出现危机，到15世纪则更为严重。随着博洛尼亚、热那亚、威尼斯以及后来米兰丝绸工业的增长，卢卡的丝绸工业在
【413】14世纪也陷入了危机[②]。面对新兴工业中心产品的竞争，老工业中心不可避免地转向保护主义政策这个“灵丹妙药”，希望以此解决它们的困难。换句话说，欧洲不同地区间技术水平和组织技巧差距的逐步缩小，取消了国际劳动分工所强调的一个基本条件；同样，1870年以后（尤其是商业自由主义结束以后），大英帝国与世界其他地方的差距也逐步缩小。

实际上，保护主义政策在14、15世纪的兴起也是由另一些条件造成的。在意大利的一些城市，制造业的各个部分在13世纪以后经历了非常重要的组织变化，组织的结构朝资本主义方向发展。在一些城市，一个新兴的“工业实业家”阶级成长起来，而且数量不断增多；这些新的实业家变得既与商人不同（与商人相比他们要自己购买原材料），又与工人不同（他们所雇佣的正是工人）。这些实业家克服了来自商人们的阻力，成功地在许多城市建立了他们自己的行会。继他们之后，商人们过去总是否定给予联合权利的工人和工匠也成功地通过行会组成了联盟。米兰为所有这种发展提供了一个最好的例子。直到13世纪末，米兰的商人社团还拥有至高无上的权力，

---

① P. Silva, ‘Intorno all’ industria e al commercio della lana in Pisa’, in Studi Storici, XIX（1911年）。

② 许多现代经济学家过于笼统地概括了这些经济活动“旧”中心的危机，所以得出一个结论，认为中世纪末期的地中海欧洲地区普遍处于经济衰退之中（例如，R. S. 洛佩斯：《中世纪欧洲的贸易：南部地区》《剑桥经济史》第二卷，第338～345页）。这种观点实际上过于简单化，它未能对14、15世纪“新兴”地区的大发展给予足够的重视。

是商业利益中最有权力的人士。但是到了14世纪初，实业家组织起了他们自己独立的新行会。在1351年后，纺织工人也组织起他们自己的自治同业公会①。

这是意大利中部、北部许多中心发展的特点，在伊比利亚半岛，尤其是在加泰罗尼亚（Catalonia）、巴伦西亚（Valencia）、阿拉贡（Aragon），经济、政治和社会情况则完全不同。但是也有力量推动它向同样的方向发展。经历了一段时期对"旧cofradie"的敌对态度后——这种敌对态度在13世纪延续了相当长的一段时间，1348年的瘟疫过后更加突出——卡斯蒂利亚（Castille）和阿拉贡的王侯采纳了一项支持行会的政策，这同时也呈现出了更加不同的经济作用和特点。在15世纪的整个西班牙，到处都可以看到手工艺人成功建立的行会。

总之，在整个中世纪的欧洲，在14、15世纪，出现了一股引人注目的、通过社团组织、重组和明显强化生产者利益（既包括实业家利益也包括工人利益）的过程。在面对国际竞争、寻求新平衡的困难条件下，强化这些 【414】
利益有利于经济政策朝保护主义和区别对待（discriminatory）的趋势转变。

还必须要记住的是，在意大利的中部和北部，领土公国逐渐取代市镇（city commune）成为政治组织的主要形式。同时，在西班牙正在出现王权，并不断加强它对国家的控制。西班牙的王侯和意大利的王侯都乐于相信：在他们的领土上建立各种生产工厂，将极大地增加他们的实力和威望。这是重商主义愿望的开端；每一个愿望都是实现自给自足，这自然导致了保护主义措施的实施。

所有这些政治、社会、经济环境都为整个14、15世纪欧洲南部保护主义政策的突然出现提供了丰富的土壤。

当时通常采纳的一项措施就是：通过征收赋税保护当地产品免受外国商品的竞争。但是，很多情况下，公共管理者都认为关税的保护不够充分，所以他们很容易转而完全禁止进口，或者禁止在国内市场出售国外产品。这类政策在12、13世纪相当罕见②，但是到了14、15世纪却非常普遍。比萨在

① 参看C. 桑托罗：La Matricola dei mercanti di lana sottile di Milano，米兰，1940年，概述。

② 船舶修理和棉花工业无疑是个例外。对船舶修理进行保护，通常出于政治和军事上的考虑，而并非经济的原因；这或许可以解释为什么此类的保护政策很早就已出现。最常见的保护政策是，国家对船舶修理人给予补贴；"航行法"（Navigation laws）也很普遍，它们早在14世纪就已出现。在1227年和1286年贾米一世（Jaime I）对巴塞罗那的命令中可以看到这样的例子。在早期对棉花工业进行保护的原因中，其中要记住的一个就是：棉花工业是在"商人们"的直接控制下进行生产的。E. 赫克谢尔在《重商主义》（伦敦，1935年）一书第139页引用了一个例子：帕尔马在1211年禁止进口粗斜纹布。在另一个重要的粗斜纹布生产中心帕维亚，1295年就已存在这种法令——他们自己重新制定了条例，并已经实施了很长一段时间——禁止retaliatores在帕维亚出售外国的粗斜纹布。

1305 年开始禁止进口羊毛半成品货物；1310 年这一规定被再次实施；到了 1336 年不仅禁止半成品进口，而且禁止成品（即外国羊毛布匹）进口[①]。在佛罗伦萨 1317 年和 1319 年的法令中，已经可以看到：禁止进口 panni forestieri fatti et fabricati extra civitatem et districtum Florentiae；1397 年，这些措
【415】施再次实施，用多林（Doren）的话说：对进口到佛罗伦萨的外国羊毛物品建立了名副其实的“贸易壁垒”。1458 年，对从意大利或法国南部进口布匹也实施了特殊的禁令，并严格控制转口贸易[②]。在米兰，1415 年开始禁止从都灵和波拉斯卡（Perlasca）进口布匹；后来在 1420 年，又禁止米兰公国境内各城市的商店储存或出售那些在不属于公爵的领土上生产的毛制布匹，只有某几种不和当地工业竞争的毛制布匹被允许进口。这种禁令在 1454 年、1460 年、1471 年、1474 年、1476 年等又得到重申。同样是在米兰，在 1452 年 7 月，只要与丝绸工业有关，那么就对 drappi di seta，oro e argento forestieri 实施禁运，在 15 世纪这一禁令被多次实施[③]。

15 世纪的热那亚禁止为了转售而进口国外生产的丝绸，但是塔夫绸（taffeta）、缎子（satin）以及热那亚殖民地的丝绸产品除外[④]。在加泰罗尼亚，1365 年开始对红布的进口征收沉重的关税，目的是保护加泰罗尼亚的染布工业。1413 年，为了保护纺织工业的各个部分，又采取了更严厉的措施，对国外纺织品的进口普遍征收沉重的关税。1422 年，西班牙国会在巴塞罗那举行会议，禁止为了“出售或穿戴”而进口外国丝绸和羊毛制品。另一方面，巴塞罗那的当权者又宣布，对进入该地进行加工的国外半纺织成品将豁免关税或解除禁令。在 1438 年、1443 年、1452 年和 1456 年又采取了更严厉的措施。在 1456 年，又对锡、铜、铁、铁制品的进口征收沉重的关税。[⑤]

---

① Statuti inediti della città，di Pias dal Ⅻ al ⅩⅣ secolo，ed. F. Bonaini（佛罗伦萨，1854 年），Ⅲ；P. Silva，Intorno all' industria e al commerico della lana，passim。

② A. Doren：Die Florentiner Wollentuch Industrie von ⅩⅣ. Bis zum ⅩⅥ. Jahrhundert（Stuttgart，1901 年），418 页以后；A. Doren，Storia economica dell' Italia nel Medio Evo（Padua，1937 年），第 517 页。

③ 所有这些，参看 C. M. Cipolla：'L' evoluzione economica del Milanese 1350 - 1500'，in Storia di Milano（fondaz. Treccani），ix（米兰，1956 年）。

④ H. Sieveking，'Studio sulle finanze genovesi nel Medioevo e in particolare sulla casa di S. Giorgio'，Atti Soc. Ligure di Storia Patria，ⅩⅩⅩⅤ（1905 年），第 176 ~ 177 页。

⑤ 参看 A. de Capmany y de Montpalau：Memorias historicas sobre la marina，comercio y artes de la antigua cividad de Barcelona（马德里，1779 年），Ⅰ，第 242 ~ 243 页和 Ⅰ，part iii，第 29 页；J. Ventallo Viontro：Historia de la industria lanera catalana：monografia de sus antigous gremios（Tarrasa，1904 年），第 436 ~ 438 页；Ch. Verlinden：'Draps des Pays-Bas et du Nord de la France en Espagne au ⅩⅣ Siècle'，in Le Moyen Âge，third series，ⅩⅢ（1937 年），Ⅱ。

与这一组措施密切相关的法令还包括：威尼斯在15世纪下半叶制定法令，命令所有政府官员只能穿戴威尼斯生产的布料；在巴塞罗那，1438年和1443年的法令规定，禁止当地居民穿戴外国生产的布料。【416】

当我们今天谈到“保护主义”时，我们主要是指针对外国的竞争而进行的保护。刚才谈到的措施正好包括在我们今天所说的保护主义的概念范畴之内。但是中世纪国家的内部统一远远比不上现代国家，因此中世纪的保护主义也就不仅仅指国际方面。各个城镇常常尽其所能防止周围地区有竞争力的制造业的成长。对那些由城市构成小自治国家、小自治国家对周围农村地区行使政治决定权的地区来说，这类措施尤为普遍。从13世纪末到16世纪初，意大利中部和北部城市就为我们提供了无数的这类政策的例证。非常奇怪的是，各国中央政权的出现也同样导致了保护主义政策的实施：为了保护某一个城市的利益，防止其他城市（在同一个诸侯国或王国内）与其展开竞争。在15世纪下半叶，斯福尔扎公爵（Sforza dukes）禁止所有米兰国民把外来的毛制或丝制布料进口到首都米兰；“外来的”意思包括国内其他城市生产的布匹。阿拉贡的马丁国王更为极端，他竟然下令毁坏位于埃姆匹若斯（Contado di Ampurias）的某些布料工厂，目的是保护卡斯特利翁（Castello）的布料工厂。

在14、15世纪各国为增加、促进主要产业生产要素的供应而采取的措施中，可以看到保护主义的发展政策的其他表现形式。不管是为了三个生产要素（劳动力、资金、原材料）中其中一个要素的供应，还是全部三个生产要素的供应；也不管是根据形势的不同而强调这一个生产要素，还是强调另一个生产要素，其目的总是：鼓励进口，阻止出口。就劳动力而言，普遍禁止有技术的手艺人移居国外，国外手艺人的迁入则受到欢迎。定居在某国的外国手艺人在进行贸易时会得到承诺：保证豁免他们的赋税，甚至免除他们的兵役（比如在加泰罗尼亚）。在鼓励资本的进口、阻止资本的出口方面也采取了相似的措施。在1288年的博洛尼亚，对进口丝绸纺锤的商人给予了相当大的便利，而出口则完全被禁止。在加泰罗尼亚，1422年、1446年、1482年禁止出口加工珊瑚的工具，试图出口的任何人都将受到高额罚款的惩罚。为了促进原材料的供应，也采取了大量相似的措施：通过豁免或减免进口关税而鼓励进口，同时通过征收出口税或甚至用绝对的禁令而阻止出口。尤其在纺织工业的原材料方面此类措施被经常采纳。在许许多多可以引【417】用的例子中，我们要提到的包括：在1281年的威尼斯，对未加工的羊毛的出口征收出口税；在1462年卡斯蒂利亚（Castile）颁布的法令中，禁止在任何年份出口超过当年 2/3 的羊毛剪刀；在 1309 年的加泰罗尼亚，国王贾米二世（King Jaime Ⅱ）对进口原材料的商人提供了许多便利；在 1350 年的那不勒斯和 1442 年的米兰，对进口未加工丝绸的商人给予税收上的减免。通常半成品也被看作原材料，例如为了促进米兰的棉花工业，威斯康蒂（Visconti）和斯福尔扎公爵（Sforza dukes）先后于 1414 年、1425 年、1444 年禁止出口半成品的粗斜纹布，于是整个生产流程都必须在国内完成。

为了提高地方布匹产业当地原材料供应的数量和质量，各国统治者都支持进口特殊品种的绵羊。我们知道，在安茹（Anjou）的查理一世统治时期，那不勒斯王国引入了北非的柏柏尔羊（Berber sheep），而在阿拉贡的阿方索一世（Alfonso Ⅰ）统治时期，又引入了西班牙绵羊。我们也知道，在门罗（Lodovico il Moro）统治时期，西班牙绵羊被引入了伦巴底；在阿拉贡的希梅内斯红衣主教（Cardinal Ximenes）和彼得四世（Peter Ⅳ）统治时期，从北非挑选的绵羊被引入了西班牙。另一方面，西班牙的国会在 1313 年、1315 年、1322 年制定了严格的法令，禁止从西班牙出口绵羊。

在丝绸业方面，伦巴底在 16 世纪下半叶制定法令，强迫土地所有者用一定面积的土地种植一定数量的桑树，同样也是为了增加米兰丝绸产业原材料的供应。

除了努力增加生产要素的供应之外，各国政府还随时准备为那些想要发展生产的企业家给予税收的减免，甚至给予贷款或信贷便利。在 15、16 世纪的热那亚，为了促进那些主要依靠出口贸易的产业，政府欣然给予它们出口税的减免；在佛罗伦萨，1489 年制定的一项法律规定，为了刺激建筑业的发展，所有新房屋在 40 年内被免除所有税收。1350 年，国王费迪南德向一位手工业业主提供 1 000 斯库多（scudos）的无息贷款，条件是他在那不勒斯建立一个生产丝绸布匹的纺织厂。

政府增加生产要素供应的努力以及提供财政或信贷便利的措施，并非总能取得预期的效果。政府很快明白：“把马牵到水边容易，让马喝水却很困难”。因此，政府更多地转而采取直接的行动。因为斯波里托（Spoleto）政府想要发展该城镇的羊毛产业，所以在 1321 年请来了一位外国工匠，并用公共开支付给他报酬。同样，在 1442 年，腓力·威斯康蒂（Filippo Visconti）为了在米兰开始生产丝绸布匹，派人去请一位佛罗伦萨业主巴特罗（Ser Pietro di Bartolo），按月付给他报酬，让他在伦巴德人的城镇开办丝绸工厂。

对于上面提到的许多例子，我们不知道政府采取的措施是否取得了成功。我们知道一些半途而废，其他——例如被请到米兰的巴特罗（Ser Pietro di Bartolo）——则实现了目标并促进了新工业的兴起。

总之，我们假设本章提到的诸多措施中至少有一部分成功了，那么即使完全没有统计资料，我们也可以得出这样的推断：从14世纪开始，南部欧洲成品的国际贸易量和成品的生产量之间的比例正在朝着有利于生产的方向发展。

6.5.4 改进市场机制

除了在战争、围困和瘟疫（在历史上各个时期的各个地方都很常见）时期所采取的特殊措施外，能够被称作“政策”直接控制消费的措施直到13世纪末才出现，并在14、15世纪中广泛扩展到整个地中海欧洲地区。自然，即使在这几个世纪以前，消费也是受到关注的一项事务。但是，总的来说，关注这一主题的都是学究式的教师和道学家——比如僧侣圣·高尔（Monk of St Gall）——他们的主要兴趣是灵魂的归属问题。实际上，在14世纪之前，由于普遍的贫困自动限制了消费，所以并不需要立法限制消费。

控制消费的政策在13世纪末开始出现，并在14、15世纪广为传播，这一事实与另一个事实有着密切的联系：从13世纪中叶到15世纪末，城镇大部分人口的收入得到了充分的提高，这使得私人奢侈品的消费有了相当大的增长。但丁（Dante）曾经把他所在时代图斯卡尼（Tuscany）的消费水平与先辈的消费水平作了一次著名的比较。弗拉马（Galvano Flamma）和马西斯（Giovanni de Mussis）曾经用非常生动、细致的笔调描述了伦巴底在这方面 【419】
同样的发展；在地中海欧洲的其他所有地区几乎都有这样的例子。更多的、明确无误的证据通过当时的建筑物、家具、衣服、图片为我们保留了下来。制定节约法令是为了控制铺张浪费，首先要控制的尤其是婚礼、洗礼、葬礼、嫁妆中女性的服饰和宴席的情况。在14、15世纪许多城市的法令中都可以找到有关的规定：妇女不能穿着某种布料，不能佩带某种太奢侈的首饰（尤其是珍珠）；婚礼或洗礼上出席的宾客不能超过一定的数目，宴席上的菜肴也不能超过一定的数量；女儿出嫁时，父亲给的嫁妆不能超过一定的数额，新郎给新娘的聘礼也不能超出一定的价值。还有的法令禁止给入土前的死人穿戴奢华的衣物。最后，虽然数量极为有限，仍有法令限制私人挥霍无度修建宅院。在一些情况下，比如在1402年的热那亚，并不禁止人们使用珍珠等奢侈品，但会对这些物品征收从价税①。

人们通常不费吹灰之力就能避开大多数此类的规定。但是，这些规定存在的现实和它们背后隐藏的动机，对经济思想史和经济政策史具有非常重大的意义。在试图解释为什么政府不厌其烦地急于控制消费时，人们很容易会强调道德和宗教的动机。毫无疑问，当但丁、弗拉马（Galvano Flamma）、马西斯（Giovanni de Mussis）等作家猛烈抨击“铺张浪费”的增长和蔓延时，激发他们的首先是道德和宗教性的动机。这些动机当然也会反映在当时统治者的意识中。恰恰是节约法令的序言部分为我们提供了充足的证据，因为其内容倾向于包含对 timor Dei 的提及，或者包含一些声明：通过某些开支将会 pro certo Deus graviter offenditur。但是，如果忽略了其他的动机就可能误导读者。1360 年威尼斯节约法令的序言宣称：fiunt multe vanitates et expense inordinate circa sponsas et alias mulieres et dominas……proinde status noster redditur minus fortis quia pecunia que deberet navigare et multiplicare de tempore in tempore jacet mortua et convertitur in vanitatibus et expensis predictis②。
【420】与之相似，1449 年热那亚节约法令的序言宣称：poiva etiamde intender ogni homo de mezzam intellecto che redugandos e a stao moderao e honesto, grande quantitae de monea, la qual se tegneiva morta e occupa' in vestimenta e joie, convertendose in mercantia poiva addur graindi fructi e grainde utilitae③。换句话说，在这些例子中，铺张浪费都被认为是有害的，因为它从生产活动中抽走资金，而且冻结了财富。

在其他的例子中，我们发现了不同的观点。在 14 世纪克雷莫纳的法令中包括了节约性的措施，这是因为：multe et intollerabiles expense facte fiunt quotidie per homines civitatis, quorum occasione persepe consumpti remanserunt et hodie remanent quod non est tolerandum ne civitas depauperetur④。在 13 世纪末墨西拿（Messina）的法令中明确宣称，节约性措施的目的是为了防范以下风险：homines civitatis depauperationis et totalis inopie periculis subacent⑤。相似的引文还可以举出许多，其主旨总是一样：不能让富裕的市民任意挥霍而倾家荡产，因为如果富人变穷了，那么国家也就会变穷。正如 13 世纪特

① H. 西夫金：Studio sulle finanze genovesi，第 174 页。

② G. 比斯托特：Il Magistrato alle pompe nella Repubgblica de Venezia（威尼斯，1912 年），第 66 页。

③ L. T. 贝尔格拉诺：Della vita privata dei Genovesi，热那亚，1875 年。

④ Statuta Civitatis Cremonae（克雷莫纳，1578 年），cap，第 463 页。

⑤ Capitoli e Privilegi di Messina，ed. C. Giardina（巴勒莫，1937 年），第 46 页。

雷维索（Treviso）的法令所宣称的那样：ad decus spectare civitatis et gloriam locupletes habere subiectos①。人们也许会有异议，说富人的开支（甚至是愚蠢的开支）也意味着穷人的收入，一个阶级的贫穷意味着另一个阶级的富裕。但是，如果仔细想一想当时总的经济条件，想一想中世纪社会资本的极度短缺，想一想积蓄的缺乏和普遍的高利息，我们就很难说中世纪政府的观点有什么错误；我们可以对他们推理和表述观点的方式提出质疑，但是我们却不能怀疑他们保护私人财产（当时资本的形成非常脆弱、稀少）的基本正确性。即使是现代的经济学家也要承认："只有富裕的社会才有可能成为平等社会。"

以上所有措施关注的都是生产和消费的数量方面的问题，政府采取的其他措施则是为了控制生产的质量。今天人们普遍认为，某些产品在投入市场之前，其质量理应受到政府的关注。不过，我们不但确信这种控制只能限于特定的几种产品（如药品和食品），而且也没有人会异想天开地认为这种控 【421】
制会代表着现代国家经济政策中最重要的一个目标。因为除了要立法打击假冒伪劣之外，我们今天的经济政策还有许多更为重要的任务；另外我们对大部分投放市场的产品质量的看法，或多或少地受到19世纪大英帝国激进生产商幻想的影响：基于"买主自己小心"（caveat emptor）的原则，他们反对实施打击假冒伪劣的法令。

在中世纪，人们的想法似乎与现在完全相反。如果我们想要判断经济政策中的哪个要素在当时更为重要，而且我们判断的基础是——作为立法主题的那个要素在法律中出现的频率和连续性，那么我们就可以直接得出一个结论：对中世纪的人们来说，控制产品质量问题的迫切性、重要性仅次于控制日常必需品货物的供应。

从《普雷凡克特登记册》（Liber Praefecti）中可以看出，坑蒙拐骗行为已经成为君士坦丁堡政府关注的首要问题。在加洛林王朝统治时的欧洲，普遍警告买卖人要保证斤两和尺寸诚实无欺，不得在夜间出售物品（过路人所需的饮食除外），目的是防止商贩利用黑暗来在重量和质量上欺骗顾客。对金银物品的制造也有严格的规定和条例，以防止欺诈。11世纪之后，西欧的经济取得了很大的发展，直到这时针对假冒伪劣的法律才变得极其普遍。可以肯定地说，从13世纪到16世纪，为了保证消费者买到高质量的产品，政府制定了详细的规章和条例，所有主要的贸易和工业都开始遵守这些

① Statuti del Comune di Treviso, ed. G. Liberali（威尼斯，1951年），Ⅱ，第283页。

规定。政府制定了数量极为庞大的条令，用最学究式的语言规定了许多微不足道的细节，对日常生活中最重要物品的质量作了说明：出售的葡萄酒应该纯净，不能搀水；面包要用好面粉（要按照规定的方式筛过）制作；蜡烛要用好的石蜡制造，不能掺杂树脂或牛脂；烛芯要用好棉花做成；生姜、藏红花、靛蓝染料、胡椒都不允许掺假；瓷砖和砖块的烘烤要达到规定的次数，而且烘烤前要按照规定方式进行冲洗；纺织品要用规定的纤维制造，用规定的颜料染色，任何胆敢把牛毛、山羊毛之类的东西搀入羊毛或棉花的人都会遭到报应。巴塞罗那市议会在 1330 年制定的法令，与以上所有规定一
【422】样十分注重细节，为我们提供了这方面的一个很好的例证：该法令甚至规定了胸铠中所放铆钉的具体数目；巴塞罗那 1438 年制定的法令也是如此，仅仅关于“如何加工从英国进口的羊毛”就用了超过 13 章的篇幅。所有以上例子都取自城市的法令。农村的法令同样关注农业工作的质量，通常要规定：土地要犁多少遍，耕地如何评出等级，葡萄树要锄多少遍。总之，对现代读者来说，城市和农村的法令给人的印象是：它们是技术手册，而非法律汇编。

但是，中世纪的统治者并不满足于控制——通过严密的关注细节——主要产品材料的质量，他们还想方设法规定产品的类型和尺寸。屋顶的砖和瓦必须是特定的形状和尺寸，面包的大小必须是特定的重量，材料的部件必须符合标准的尺寸，波罗尼亚（Bologna）的法令甚至规定了马蹄铁的标准样式。

为了确保所有这些规定被遵守，也为了防止消费者被蒙骗，还有许多规则和条例对商品的出售进行管理。例如，除了继续核查商品的重量和尺寸以外，还又规定：出售的鱼类和奶酪要摆在货摊上，而不能放在袋子里；屠夫出售的不同质量的肉要在货摊上分别摆放；同时还禁止在天亮以前屠宰牲畜。特定的一些产品要作上标记或盖上印章，其他的产品在出售之前要由政府官员进行检查，还有一些货物要在指定的市场、在特定的时间和地点出售。

在警惕产品的良好质量方面，政府和行会的管理者互相给予支持。在市镇法令和行会各自的规定中，都包含了许多有关产品质量的规定。但是，政府首先普遍关注的是必需品货物的质量问题：食品、蜡烛、建筑材料等等。由于必需品货物的生产者和贸易商不能在行会中任职——我们在后面可以看到，所以对这些商品的质量没有一致控制。在反垄断的政策出现真空的地方，政府的管理者就会接管过来，对其质量进行控制。

毫无疑问，政府管理者和行会的行动差不多都来自同样的动机：特别的经济道德观念。但是很难否定政府管理者和社团各自都有其他不同的动机。政府管理者关注的是必需品货物的质量，这表明他们希望保护大多数消费者 【423】的利益；当行会对其某个成员生产的产品的质量进行控制时，他们的基本目的是防止同一个行会内部的成员因某种产品展开竞争。不管动机如何，态度是相同的：caveant consules。

最后，当时就出现了反垄断政策。在很早以前的欧洲，我们就可能找到某些具有模糊的反垄断特点的运动。从经济角度来看，如果我们同意封建地主就是大垄断者（在庄园内，垄断了面粉的磨制、面包的制作，还对面包、葡萄酒、盐等等物品的出售进行了垄断），那么我们就可以得出这样的结论：11 世纪到 13 世纪的反封建斗争，也是一场反垄断斗争。实际上，许多反对封建地主而进行的起义，都是由渴望摧毁他们的垄断权而引起的。但是如果把这种解释用在过于宽泛的层面上，那就有些危险了。

卡斯蒂利亚（Castille）的阿方索十世（Alfonso Ⅹ）在 1255 年采取的措施和里昂对 confraderias 的禁令，实际上是一种自觉的反垄断政策的表现；为了阻止黑死病过后物价和工资的不断上涨，阿拉贡的佩德罗四世（Pedro Ⅳ）在 1349 年、卡斯蒂利亚的佩德罗一世在 1351 年甚至也采取了更为严厉的措施①。

但是普遍的反垄断意识和有组织的反垄断政策的大规模发展则出现在意大利北部和中部的城市共和国中，特别是在 13、14 和 15 世纪期间。这的确意味着这个在当时达成了非凡的经济成就的民族所拥有的深远的经济洞察力，他们显然意识到了垄断和限制性措施所固有的危害。无疑在意大利北部和中部国家里存在着一种非常敌视各种垄断和密谋的普遍态度，即使当时各个方面的利益共同影响了某些地区反垄断政策的本质、形式甚至存在。

为了能够系统地阐述这些政策的历史，有必要先概述一下政府普遍采取的措施，然后再描述经济分支和这些措施被运用的时间。在这方面，应该记住的一点是：生产的组织是以行会为中心的。不管这些行会联合的最终目的是什么，可以肯定的一点是：它们最迫切的一个目标是，限制竞争、便于同 【424】一个联合会的成员之间达成协议。因此，行会成为反垄断政策最偏爱的目标之一并不奇怪。

---

① J. Una y Sarthou：Las asociaciones obreras en España（马德里，1900 年），第 124 页；A. Ballestreros y Beretta：Historia de España，Ⅲ，第 371 页；C. Verlinden：'La grande peste de 1348 en Espagne'，Revue belge de philologie et d' histoire，ⅩⅧ（1938 年），第 114、133 页。

最常见的反垄断措施可以被归纳为以下几种：

（1）针对垄断和各种限制性协议的禁令和公告。例如佛罗伦萨在1290年规定：quod universitas alicuius artis civitatis Florentiae non imponat modum vel certam formam seu certum pretium hominibus sue artis de mercantilis et rebus sue artis vendendis vel exercendis①。克里莫纳（Cremona）在1299年的法令威胁说，要对以下情况给予罚款：quelibet persona，collegium vel universitas que fecerit vel tractaverit monopolium in civitate vel districtu②。弗利（Forli）在1369年的法令宣称：quod nullus ordo vel eius consules possint ordinare，precipere vel mandare alicui de suo ordine quod non possit vendere cui voluerit et emere a quo placuerit；et quelibet possit emere a quo voluerit et vendere cui sibi placuerit③。

（2）关于禁止特殊经济部门的商人和个人在社团内进行联合的禁令。我们将在后面讨论这类立法的一些例子。

（3）关于工作自由的公告，根据此规定：（a）行会被迫允许任何愿意加入的人进入行会；或者（b）任何非行会会员也可以进行其贸易。例如，帕维亚在1295年规定，禁止羊毛打浆个人和织布工人行会的领事向那些到帕维亚来进行贸易的外国手艺人征收加入费（admission fee）④；大约在1340年，亚历山大里亚（Alessandria）规定：pro magna et evidente utilitate communis所有的手工艺人团体应该认为它们被取消了casse、irrite et mullius valoris；来自任何地方的任何人都可以自由地进行贸易——et facere et exercere artem sua m ubicumque voluerit⑤。

（4）禁止任何行会或经济团体的成员达成协议以便操控物价、控制市场货物和服务的供应。在13世纪初的威尼斯，裁缝们已经公开强调要使nullum ordinamentum vel compagniam tam de pretio custure draporum vel emptio-
【425】ne draporum⑥；博洛尼亚（Bologna）的法令在1288年规定，药剂师行会的首领：non possint aliquibus ad dictam artem precium taxare，nec possint interdi-

① A. 多伦：Le arti fiorentine（Florence，1940年），Ⅱ，第1116页，注释2。

② Statuta Civitatis Cremonae（no. 236）.

③ ‘Statuto di Forli dell' anno 1369’，ed E. Rinaldi，in Corpus Statutorum Italicorum，Ⅴ（罗马，1913年），113（no. 93）。

④ A. 达米亚尼：‘La giurisdizione dei consoli del Collegio dei Mercanti di Pavia’，loc. cit。

⑤ Codex Statutorum Magnificae Comunitatis atque Diocesis Alexandrina（亚历山大里亚，1547年），第389页。

⑥ I Capitolari delle arti veneziane sottoposte alla giustizia e poi alla giustizia vecchia dalle origini al 1330，ed. G. 蒙蒂科洛（罗马，1896年），Ⅰ，第25页。

cere alicui quominus possit quilibet de ipsa societate ire ad egrotos et etiam ad sanos causa medendi[①]。

（5）对特定的垄断或“卡特尔”[②] 采取的单独措施。这方面的一个例子是，威尼斯大议会（the Greater Council of Venice）在 1297 年针对屠夫“卡特尔”通过的决议，以及在 1358 年针对棉花进口商之间的协议而通过的一项决议[③]。

这些各种各样的措施在何时、为何种原因和如何被付诸实施，取决于各个竞争的经济和社会团体利益之间复杂的相互作用。广义来讲，我们应该区分开两个历史时期：市镇时期和“士绅”（signori）时期。

在第一个时期，整个情况由两个因素决定：一方面，是对供应不足和饥荒永远的、持续不断的极大恐惧；另一方面，是当时商人阶层的强大实力和利益——他们是中世纪意大利市镇真正的掌管者。这两种不同因素导致了两类完全不同的反垄断政策。

第一类自然产生了通常的维持生计的政策。在这些措施中它直接表达的目的是：防止货物和服务的供应上出现一种垄断性的瓶颈（bottlenecks）。正如前面所说的，这些货物和服务包括食品（粮食，通常包括谷类、面包、葡萄酒、油、鱼等等）、蜡烛、干草、麦秆、建筑材料、木柴等等。因此，具有反垄断特点的措施关注的主要是生产者和贸易商，此类的条款在那几个世纪意大利城市的法令中相当常见。面包店店主、磨坊主、旅店老板、建筑商、砖瓦和石灰的制造商被禁止进行频繁的联合。在 12 世纪帕维亚的一些法令中可以看到此类政策最早的几个例子，法令命令 quod calcinaroli unius calcin arie non habeant societatem vel communicacionem cum calcinarolis alterius calcinarie[④]；还有一个很好的例子，在 1288 年博洛尼亚的法令中禁止 ad quotidianum usum necessaria 货物的贸易商形成联盟，并列出了一个详细的大名单，法令规定 quod pistores，fornarii，tabernarii，aburatores，brentatores，molendinarii，victurales，ortlani，barberii，lardaroli，formaglarii，…… tricoli 【426】
vel tricole erbarum，fructum vel pullorum，palee，feni vel lignaminum non pos-

---

① ‘Statuti di Bologna dell' anno 1288’，ed. G. Fasoli and P. Sella，in Studi e Testi，1939 年，Ⅱ，bk12，No. 21。

② cartels，为采取共同行动而组成的政治联盟。——译者注

③ G. 卢扎托：‘Sindacati e cartelli nel commercio Veneziano dei secc. ⅩⅢ e ⅩⅣ’，in ‘Studi di Storia Economica Veneziana’（Padua，1954 年），第 196 ~ 197 页。

④ R. 索里加：‘Ⅱ memoriale dei consoli del comune di Pavia’，in Bollettino Società Pavese di Storia Patria，ⅩⅢ（1913 年），第 114 页。

sint inire vel facere aut contrahere aliquam societatem vel habere ministrales, consules vel rectores aut capitaneum[①]。

毋庸置疑，在食品及其类似货物的供应方面，反垄断政策试图保护消费者的利益。但是并不能说另一类反垄断政策也是出于这样的考虑。正如我们上面已经提到的，另一类政策来源于商人的霸权，这些商人控制了中世纪意大利较大的城市。这些群体成功地实施了一个严格的立法，禁止工人内部任何形式的联合或集体协议，对于纺织工业（纺织业是当时制造业的核心产业）的工人更是如此。在意大利大多数的发达城市，禁止打浆工人、拖曳工人、旋床工人、剪羊毛工人、织布工人、梳刷工人、洗衣工人、染色工人内部形成联合会[②]。Septa、conniurationes、rassa、conspirationes 及 dogana 都被宣布为是非法的；手工艺人甚至被集体剥夺参加宗教性或慈善性的联合会的权利（sub quocumque nomine fraternitatis vel alio etiam sub religionis pretextu vel velamento nec funerorum vel oblationum causa vel nomine），以免他们一旦碰到工人时便会私下密谋[③]。这些措施的长期和惟一目的便是防止工人们控制劳动力的供应，或者集体在工资问题上讨价还价。这一政策非常不公平，因为它不仅没有剥夺雇主们联合的权利，而且也没有采取措施防止业主在工资问题上达成集体协议。相反，城镇的法令常常再现行会的规定：一位雇主不
【427】能通过承诺更高的工资从另一位雇主那里挖走劳动力。另外，行会的法令根据雇主们之间达成的协议确定了工人的最高工资，而市镇的管理者，从来没有对此提出质疑。通过对劳动力的供应实施反垄断措施、允许对劳动力的需求方面达成集体协议和采取限制性措施，形成了一股强大的压力，避免工资水平出现任何剧烈增长。

这种状态实际上一直延续到了 14 世纪中期前后。到那时为止，工人们在经济上和社会上的力量都过于弱小，无力反对这一制度。但是经济增长和

① ‘Statuti di Bologna’，同前引书，bk12，no. 24。

② 总的来说，那些被剥夺了联合权利的工人们，还要被迫受到“商人”联合会的监管，或者被允许选出他们自己的负责人或管理人——条件是该人必须是商人联合会的成员。1288 年博洛尼亚的法令为我们提供了一个典型的例子，法令第 12 卷第 23 条规定，市镇的管理者应该支持和 manutenere in bono statu 三个社团——“艺术和军事社团，合作商店社团，商业社团”；换句话说，就是上层贵族和大商业家的联合会。但是接下来的一条法令规定，禁止所有必需品的交易商和羊毛贸易的工人（tessarii pannorum，battarii，tintores，lavatores lane）拥有他们自己的联合会。同一卷的第三条规定，那些 qui faciunt artem lane in civitate Bononie vel burgis habeant et habere possint castaldiones et retorem dum tamen sint de societatibus artium et merchadancie populi Bononie……sub quibus castaldionibus subsint omnes qui exercunt artem lane。

③ A. 多伦：‘Le arti fiorentine’，Ⅰ，第 208、210 页；N. Rodolico，‘I Ciompi’（佛罗伦萨，1945 年），第 26 页。

黑死病的共同影响不可避免地导致了革命性的动乱。就在 14 世纪中期，尤其是在工业最发达的城市，工人们的反击开始了。与此同时，政治形势也发生了重要的变化。市镇正发展成为或多或少有些专制的“士绅”（signorie），新的“士绅”在不同社团、不同利益的相互作用中代表了一个新的重要因素。“士绅”的实际行动遵照的是政治的考虑，而不是经济的考虑。虽然其行动各不相同，但是“士绅”总是遵循基本的原则：支持最弱小的阶级，削弱最强大的阶级，在国内不同阶级、不同社团之间保持马基雅弗利式的力量平衡[①]。在大多数的例子中，就意味着：试图削弱商人行会或其他雇主联合会的实力，同时组织或帮助发展工人或工匠的行会。佛罗伦萨的雅典公爵为这一政策提供了一个经典的例子。即使其他的例子并非全都如此极端，除了一小部分以外，它们的方向或多或少都是相同的。由于一直担心必需品货物出现短缺，所以政府在它们的供应方面实施了严格的限制措施，仍然禁止屠夫、面包师、磨坊主等等组成他们自己的行会；如果允许他们这样做，那么他们也要三番五次地受到怀疑、核查，并处于长期的控制之下。在另外一些例子中，还出于特殊的政治条件而反对或禁止成立行会组织。但是总的来说，必须要承认的是，在新的“士绅”时期，社团体系越来越得到人们的承认。商人行会丧失了对城镇经济和社会生活的控制，但是大量的行会开始出现：在经济的许许多多方面都存在雇主和工人的行会。工人阶级是这一趋
势的主要赢家。除了为特定的阶级或社会秩序带来的优势和劣势外，还必须 【428】
要承认的是：社团组织的普及对整个经济体系来说意味着更多的僵硬化管理；当 17、18 世纪，地中海地区的人们要面对来自新工业社会的竞争时，
其严重后果就表现得更加显著。 【429】

---

① 政治权术式的平衡。——译者注

第七章

公共信贷

——特别就欧洲西北部而论

7.1 概述：主要特点及发展阶段[①]

过去，学者们都倾向于认为，整个中世纪时期公共信贷的发展仅仅处于初级阶段。这一传统观点在19世纪下半叶被布鲁诺·希尔德布兰德(Bruno Hildebrand，1864年）及其追随者们表达得最为清楚，他们认为：信贷在中世纪最多只发挥次要作用。这些基本假设如今已被历史学家推翻了[②]。但是，过去特别有争议的一个问题值得我们作更详细地研究。一些资深学者尤其看重这样一个事实：即中世纪统治者的债务几乎一直被看作是统

---

① M. M. 弗雷德（M. M. Fryde）先生负责德意志部分；M. M. 弗雷德和 E. B. 弗雷德先生一起撰写了综述和城镇部分的概述；其余关于英国、法国、尼德兰的章节都是 E. B. 弗雷德先生完成的。

② A. 冯·科什坦尼基：《中世纪的公共信贷》（莱比锡，1889年）；B. 库斯克：《中世纪德意志的信贷业》（蒂宾根，1904年）；J. 兰德曼：《公共信贷的形式和组织的发展史》，《财政档案》，第二十九卷（1912年）；M. 波斯坦：《中世纪贸易中的信贷》，《经济史评论》第一册，（1928年）。

治者个人的私人债务。因此他们坚持认为，在中世纪的条件下不可能谈到真正的国家债务或诸侯国债务。他们还强调，只有现代基金债务（funded debt）被引进后，才出现连续的信贷。只有自治市不是这么落后，因为它们出售年金（annuities），所以自治市甚至被称为公共信贷的真正创造者。

强调中世纪公共信贷与现代公共信贷之间的差别是非常合理的、也是很有价值的。但用这种特殊标准讨论中世纪的公共信贷可能会误导读者。基金债务是否出现，在中世纪欧洲的任何时期、任何地方都不能被当作衡量王侯统治者信贷交易重要性的有效标准。把中世纪统治者的债务视为借债王侯的个人债务，是当时流行的、纯粹个人化的主权观念的必然结果。但是这个概念的实际结果却一定不能被如此夸大。实际上，统治者一次又一次地承担了其先辈的债务责任。例如，法国国王路易九世去世后不久，他的儿子、继任【430】
者腓力三世就从北非写信回来，命令在巴黎的政府偿还他自己和他父亲所欠的债务[①]。在英王爱德华三世的遗嘱中，也把自己的债务与为王国和战争需要而借的债务清楚地区分开来，他期望自己的继任者能够偿还后者，“因为根据上帝的法律和他们自己的良知，他们必须这样做”[②]。没有证据表明王侯债务的暂时性特点曾妨碍过金融资本家借钱给中世纪政府。他们只是根据实际的考虑来确定统治者偿还的可能性。在金融资本家和王侯的关系中，常常具有完全的、从上一个朝代到下一个朝代的连续性，就像其他例行事务的连续性一样。偶尔放贷给统治者的金融家要冒很大的风险，因为他们的服务不会受到同样的高度重视，但是统治者完全拒绝偿还前任的债务的情况倒也很少发生。

像其他所有商人一样，自愿借款给统治者的放贷人也期望从中获利，他们提供贷款的条件是得到一笔令他们满意的利息，他们期望这些王侯客户能够保护他们，使他们不受反高利贷条令的约束。然而，即使有他们给王侯提供贷款的前提，也不能完全否认反高利贷法令的实际重要性。所以值得注意的是：在金融家与政府的正式契约中，以及与王侯贷款有关的其他公共文件中，非法的利息很少被提及，而且各种各样的手段被用来掩盖它的存在。

把中世纪许多统治者的繁重债务归咎于他们不负责任的财政措施是错误的。这些财政措施或许是几个孤立事件的原因，但并不能代表中世纪政府借贷的普遍情况。中世纪大部分统治者的正常收入很少能满足他们的日常需

---

① Ch. V. 朗格卢瓦：《腓力三世的统治》（巴黎，1887年），第387页。

② Debita nostra……racione regni seu guerrarum nostrarum contracta，ad que heredem et successorem nostrum，ipsiusque heredes et successores，ex lege Dei et consciencie fore intendimus obligatos.

求，也不允许他们积累大量储备金，甚至不能保证中央政府全年货币的连续供应。即使达官贵族也常常陷入极度的贫困之中。当1274年勃艮第公爵罗伯特二世（Duke Robert Ⅱ of Burgundy）不得不前往里昂与他的姐夫、法国国王会面时，由于其领地上两个主要城市第戎（Dijon）和博纳（Beaune）的市长都拒绝借给他必需的旅费，他甚至无法立刻成行。受公爵信任的大臣——也是公爵主要的信贷人——被召入宫廷，并被劝说借给公爵200里特尔
【431】（大约是1278年勃艮第正常收入的1%），以便公爵能够出行[①]。在马克西米连一世皇帝（Emperor Maximilian Ⅰ）统治晚期还可以举出一个更令人震惊的例子，尽管当时已经处于中世纪晚期。这个例子之所以值得引用，是因为它清楚地展现了王侯们在中世纪常常遇到的情形。在1518年，雅各·弗格（Jacob Fugger）不得不两次贷款给马克西米连，因为皇帝陛下已经没米下锅了[②]。没有一个中世纪的统治者能够完全避免这种窘迫状况，大量的小额贷款从而日渐增多。

战争给中世纪大多数国家的财政增加了沉重的负担。在整个中世纪，战争的费用都不断上升。早在12世纪，一些较有权力的统治者就不得不一次次地雇佣职业部队；后来，由于封建骑士服务制度的转换，以及军事部队的其他变化，有薪酬的军人开始成为部队主要的组成部分。结果，在战争时期，大多数中世纪统治者的正常收入都明显地入不敷出。特殊战争税的征缴需要许多时间，而且由于希望将来的税收能够完全偿还贷款，所以借钱很容易成为统治者的首选。因此，在每一次严重的战争或者其他长期的紧急事件中，借钱都是无法避免的。

维持与其他统治者的外交关系、支付外国盟友或办事机构的补助金，都需要在外国有金钱支出，而这只能通过贷款迅速筹措资金。利用信贷为王侯宫廷购买各种供应品已成为定例。有大量证据表明从13世纪开始就有这样的做法。出于所有这些原因，经常性的政府借贷成为中世纪生活中一个常见的特征。

一些较能干的、较野心勃勃的中世纪王侯也抓住了经常借贷的好处。关于这一点，我们必须把欧洲西北部中世纪公共信贷的发展分成两个不同的阶段，它们之间的界限大概位于13世纪中叶。在较早的第一阶段，统治者的借贷仍然很少，他们只有在特殊的情况下才会签署借贷协议。西欧统治者较

---

① H. 雅塞蒙：《勃艮第公爵罗伯特二世回忆录（1273～1285年）》（巴黎，1933年），第9～13页。

② 《没什么吃的了》，摘自R. 埃伦伯格：《弗格时代》（耶拿，1922年），第一卷，第100页。

频繁地使用信贷的时间大体上始于中世纪欧洲最繁荣的时期。在 13 世纪下半叶，随着英、法、荷等国信贷便利的增加，这些国家的统治者对信贷的需求也不断增加。主要的诸侯国也在经历深刻的变革。早期类型的诸侯国，那【432】些缺乏严密的行政管理，主要依靠其王侯的政治支持及其封建附属无偿的军事服务的国家，正在消失，而代之以更完备和更加中央集权的王国或公国。在王国或公国中，雇佣军和有薪酬的官员都发挥着日益重要的作用。

到了 13 世纪晚期，较发达国家的统治者在效率方面已经达到相当水平，但是他们的财政仍旧十分薄弱。永久性的正常收入要么根本没有增长，要么非常缓慢地扩展。频繁的税收正在成为必然，但是对中世纪政府来说，向它们的国民征税是最艰难的事情之一。在 13 世纪晚期，税收仍旧被看作是特别事务，需要征得国会的同意，这成为统治者的一个弱点。在这一阶段，向重要的资本家进行频繁的借贷使一些重要的诸侯国渡过了财政改革的困难时期；在这场改革中，西方社会正在调整自己，以适应痛苦但必然的税收。

在不同的诸侯国之间，政府借贷的频率和深入程度也各不相同，这似乎取决于每个国家内部频繁的变化。中世纪德意志和西欧各国的差异尤为显著。英国和法国国王（还包括法国和比利时最发达的诸侯国的王侯）发现，频繁地运用信贷既是可能的、也是令人羡慕的。通过政府与重要信贷人之间形成的紧密联盟，使得可供利用的财政资源能够最为有效地流动。到了 13 世纪下半叶，一些西欧国家开始了系统的、持续的信贷活动，这与现代政府对信贷的应用非常相似。而在爱德华一世统治时的英国或者腓力四世统治时的法国，只有以未来的收入作担保进行贷款，才能使整个国家机器平稳地运转。

德意志皇帝的处境则截然不同，因为德意志人的收入从来就不够充足。从奥托一世（Otto Ⅰ）到弗雷德里克二世（Frederick Ⅱ）时期，他们都在意大利当时欧洲货币相对比较充足的一个地区[①]，寻求额外的资金来源，但是随着霍亨斯陶芬王朝（Hohenstaufen dynasty）的崩溃，这种极为宝贵的收入来源也消失了。早在 1250 年，德意志的王权和来自皇室领地的收入就被【433】大大地削弱了；在 13 世纪中后期，由于王位长期空缺，剩余的大部分资源也被消耗殆尽。因此，当强大的中央集权国家正在英国和法国形成的时候，

① G. 德贝尔：《弗雷德大帝的意大利收入》，《新海德堡年鉴》，1932 年；同上，《富饶的意大利对霍亨斯陶芬王朝的财政重要性》《萨格尼法律史杂志——德国部分》，第五十四期（1934 年）；Th. 迈耶：《从中世纪到 18 世纪末的财政历史》，《财政学手册》，第一卷（2），（1952 年），第 241 ~242 页。

德国国王的物质资源正变得极为匮乏。14 世纪和 15 世纪的德意志皇帝无可争议地被称作“乞丐皇帝”①。在 1282 年，哈布斯堡的鲁道夫（Rudolf of Habsburg）坦率地承认：“我们的国库现在一分钱都没有”②，几乎他中世纪的所有继承人都经常重复着这种情形。毋庸置疑，根本无法组织起一个中央财政管理体系和有效的帝国征税体系。帝国的许多王侯都长期处于资金的极度匮乏状态；皇帝们和德意志其他的王侯都试图竭尽所能去贷款，但是由于其资产匮乏，进行大规模的信贷非常困难。在中世纪后期，帝国相当一部分的收入和王权被抵押给了放贷人，许多其他王侯（不管是世俗的，还是宗教的）处境也都非常相似。

从职业放贷人那里进行频繁借贷是一种非常昂贵的办法，长此以往，虽然增加了额外的税收，但是也可能成为政治上薄弱的一个根源。在一些西欧统治者的眼中，其优点无疑抵消了其沉重的费用以及其他缺点。一些王侯在许多情况下别无选择：那些野心与收入不相称的统治者，试图通过信贷来过一种超越其财力的生活方式。但是毫不奇怪的是，并非每一个统治者都如此偏爱长期借贷。一些最富裕的统治者不用借贷就足以应付开支，因此认为它的缺点大于优点；其他统治者（包括大多数的德意志皇帝和王侯）或者无力承受其费用，或者得不到财大气粗、乐善好施的放贷人的帮助，所以许多人都无法把握其潜在的可能性。

由于大多数中世纪统治者所能调配的财政资源都相当微薄，所以和富足的现代政府相比，利用信贷要承担更大的风险。大部分中世纪王侯很容易就陷入严重的债务危机中。但是，如果把大规模债务的出现总是看作政府政治出了问题的话，则可能具有极大的误导性；在那些统治者能够自信地预支相当多收入的地方，借贷便成为其延续实力的一个来源。在中世纪大部分成就
【434】的背后，都存在着对信贷有效而聪明地运用。

中世纪统治者需要借钱的原因已经非常清楚，但是人们把钱借给这些危险客户的原因似乎就不太明白。一些借款是“强迫性的”——仅仅以税收为伪装——但是大多有足够的机会被悉数偿还，所以它们比直接征税更容易被人们接受。这种强制贷款在范围上千差万别。在德意志和法国的自由城市，市民被频繁地要求捐赠，皇室或王侯的官员尤其容易受到这种要求的滋扰；同时一些贷款也只限于有选择的一小部分人，即富裕的个人。由于希望

① J. 来德曼在《财政档案》中提到，第二十九卷（1912 年），第 7 页。
② A. 沃梅霍夫：《13、14 世纪期间莱茵河中下游城市国家的抵押》（1893 年），第 7 页。

得到政府的恩惠，一些有身份、有地方影响力的人都乐意放贷。因此，强迫贷款和主动贷款之间的界限很容易变得非常模糊。但是除了法国以外，强迫贷款在中世纪并非特别重要；在英国，只有到了14世纪后期和15世纪，强迫贷款才变得相当普遍。

有产阶级的每一个组成部分在主动放贷人中都拥有其代表。非商业放贷人，尤其是寺院和军事首领，只在初始阶段占据重要位置。在13世纪，商人和其他的生意人开始成为英国、法国和尼德兰政府主要的主动信贷人①。

要考察商业放贷人的贷款动机，可能最好以那些较为重要的金融家为中心，毕竟他们的作用最为重要。大规模的商业就意味着要在许多国家进行贸易，就必须购买并不断维持外国统治者的友好态度；面对来自国内商人的竞争，必须寻求获得特权。当一个商行在国外取得了重要资产后，它就越来越依赖于当地统治者的长期宽容。"当一个商行发展到一定规模后，它必须帮助王侯们解决困难，或者放弃一些已经获得的财富；如果拥有的财富多到无法抛弃时，最好就放在王侯们能够够得着的地方。"②。国内的商人甚至承受着更巨大的压力，忠诚和服从于主权国家的动机尤其深深影响着他们。

但是，如果只强调向统治者借款的消极原因，那么就可能误导读者。当一切运作正常时，商行会获得丰厚的利润；利息只是王侯的长期银行家期待的回报之一，他们还可以享受赋税减免权和特权，可以得到保护，免受敲诈或暴力，甚至在其他国家得到外交上的支持。中世纪的统治者还掌握着另一个有价值的诱饵：他能够把贵族头衔授予他的银行家。于是，英国最大的一个金融家威廉·波尔就得到了这一殊荣，他是惟一获此荣誉的商人——他原 【435】
来仅仅渴望得到一个军事上的方旗爵士头衔。在14、15世纪，法国国王的许多信贷人都被封为贵族。

一家商行一旦投入与统治者的金融生意，想要退出就很难了。为了收回他以前的贷款、确保最终获利的机会，银行家不得不继续放贷。如果其王侯客户的情况恶化，那么他只能给予比以往更多的帮助。因此形势恶化后，大量的钱还可能被浪费掉。最终的结果通常是灾难性的，实际上一些王侯会禁不住诱惑掠夺放贷人的财富并完全毁掉信贷人，以避免偿还其债务。法国国王一些声名显赫的银行资本家就遭受了这样的命运，但是一些商行和资本家却逃脱了所有这些危险，并试图积累和保存巨大的财富。

---

① 公共信贷在德意志的发展有所不同。

② R. L. 雷诺兹：《现代商业企业的起源——中世纪的意大利》，《经济史杂志》，第十二期（1952年），第365页。

中世纪统治者签署了大量的“短期贷款”合同，他们通常在相当短的时间内得到一连串数额不大的贷款。旧贷款的偿还与新债务的缔结同时进行——尽管旧的贷款也是新近签订，而新的债务又同样需要迅速偿还。中世纪的统治者已经知道“基金债务”（funded debt）这种现代借贷方式，但是基于现实原因，他们中的大多数都没有尝试出售年金（annuities）。至少从12世纪开始，统治者就了解这样的观念，即每年定期向提供服务的人给予津贴。到了13世纪早期，所有重要的统治者都用正常的收入来支付其亲属、外国盟友、有影响的权贵以及军事侍从的年金；其附属军队也被支付以“货币采邑”（money-fiefs），以取代土地的赠与。但是统治者无法靠这种方式偿还贷款，因为其永久收入在承受其他各种永久的费用方面已经非常吃力。另外，政府大规模贷款所必须依赖的重要商人都对购买任何数量的年金享受权不感兴趣。在任何情况下，人们宁愿从城镇而不是从统治者手中购买年金享受权；对某一个放贷人来说，在很长时间里，只能相信极少的几个中世纪王侯会支付年金。很有意义的是，在14、15世纪，尼德兰的王侯们通过他们领地上的城镇作中介，非常频繁地出售年金享受权——尽管通常并不是永久年金。

借钱给王侯的人们的最大烦恼是，如何确保他们强大的客户全部偿还欠他们的贷款，因为他们没有有效的办法能够迫使王侯这样做。求助于统治者自己国内的法律通常是不可能的；失望的放贷人有时会煽动人们对该统治者
【436】在国外的国民个人和货物采取报复性措施。罗马教皇对其御用的意大利商号给予了不遗余力的支持，有时甚至把犯错误的高级教士或王侯开除教籍。但是政府的信贷人从来不可能享受百分之百的安全，如果他们的王侯客户无力或不愿偿还债务，那么即使最严密精细的保证也是徒劳。

重要的放贷人——尤其是统治者固定的银行家——通常都不需要特殊的保证，普通的偿还承诺就足够了。他们感到相当安全：只要他们继续借钱，王侯就不会拒绝偿还所欠的债务（不管是本金还是利息）。在任何情况下，他们贷款的数额都非常巨大，所以很难找到足够的物质担保并保证他们的损失。从王侯贷款的基本数额来看，相当一部分不得不用于偿还债务，特别税收或消费税就常被用于这种目的。但是这并不意味着将这些税收抵押给放贷人。其主要目的并非是给放贷人提供百分之百的保证，而是为重要债务的偿还作出实际的安排。在1275年以后的英格兰，每一种新税收很快就会被完全或部分交给皇室信贷人代理。1275年，当一种新的羊毛出口统一税在英格兰确立后，很快就交由当时国王主要的银行家里卡迪商行（Riccardi）代理，并在接下来的9年中一直由它们独家支配；作为回报，当政府需要钱

时，它们便提供贷款。这些安排使中世纪的公共信贷发挥出最好、最大的作用。它们对双方都有利，维持了很长一段时间，并帮助高效的政府保持了其财政的稳定。

收益的代理和收益的承包必须严格区分开来。承包人不像代理人，不需要计算他得到的一切利润，而是仅仅缴纳一笔固定的承包金，任何超出这个数额的钱都是他自己的收益。中世纪统治者经常把他们的税收收益承包出去，因为经过训练的、可被托付的、诚实可靠的收税官员并不多，而且这也是向显贵和官员施加恩惠的主要方式之一。王侯们都期望大多数承包人向他们提供贷款，以便预支他们未来的收益。这样的透支似乎通常都没有利息，尽管赢得并保持王侯的恩惠具有补偿性的好处。因此信贷成分总是出现在中世纪这种最古老、最常见的财政安排之中：中世纪统治者对信贷的运用至少和他们对固定钱币收入的拥有一样古老。中世纪后期产生了永久间接税，这种税有长期并固定的产出，这增加了能够被以这种方式预支的收入的数量。【437】

前面所描述的财政安排的一个主要目的是：更加方便收入的征缴。在王侯较少被承包的资产中，提供透支只是一个附带条件。富裕、有影响力的金融家则不属于这一类，让他们承包重要收益的明确目的就是鼓励他们长期向政府提供大量贷款。把这类承包作为政府借贷的工具要比作为管理收入的方式更加重要。承包商得到的特殊利润成为统治者为他们的贷款而付出的部分代价。危险在于，一旦承包期被延长，这位统治者可能会牺牲他收入中逐渐增长的一大部分。还存在着这样的风险，即属于政府的收入可能在几年前就由于承包商的贷款而预支光了。王侯最有价值的收入来源可能会通过这种方式以越来越不令人满意的条件脱离他的控制。因此赋税的广泛承包有时是管理不善的标志，并可能导致严重的财政弱势。

在中世纪初（直到 13 世纪），以抵押土地作担保的借贷可能是最常见的贷款形式，而这些贷款常常来自教会放贷人。随着统治者收入的增加和世俗职业放贷人重要性的增强，统治者无需再向教会借贷，抵押财产的需要在英国和法国逐渐减少。这些国家的商人最喜欢暂时控制属于他们的王侯客户的各种赋税。他们通常愿意以珍贵物品作担保提供贷款，因为这些物品很容易被拿走和变卖。不像教会放贷人，他们不愿意接收土地作担保，在外国领土上经商的商人尤其如此——比如西欧王侯许许多多最重要的放贷人都不愿意在外国得到土地。

在法国，就如在其他几个国家，王侯权力范围内领土的抵押受到了所谓的主权不可分割观念的制约——这一观念自13世纪末开始流行①。1318年7月的法国皇家法令将这些理念正式法治化，随即将前两位国王出让的所有土地一律没收②。虽然这一政策从未在法国被持续实施，但是在15世纪，有时会禁止转让皇室财产的所有权，以强迫他人归还皇室抵押的地产；另外，【438】它的存在也可能迫使一些放贷人不再要求进行土地抵押。无论如何，法国皇室只有在非常反常的情形下才会求助于这类抵押。长期以来，用抵押财产作担保的贷款一直是德意志统治者使用的方法。实际上，这种做法在中世纪之后，仍然在德意志帝国内持续存在③。地产、王侯的权力、城镇、甚至整个地区都不断被抵押出去。这些交易导致有些重要区域和政治影响力被永久转让。

在德意志和尼德兰地区，王侯们不得不自己承担对其放贷人负有的法律责任。这些法律责任可能包括这样的规定：如果未能履行债务，借钱的王侯将不得不居住在放贷人所在的城镇里不得离开，直到债务被偿还为止；或者，统治者的一定数目的幕僚或骑士要做他们主人债务的人质。法国国王和英国国王太强大了，无法在他们自己的土地上接受这样羞辱性的契约。但是在尼德兰战争期间，英国的爱德华三世不得不一次又一次地把他主要的高级教士和权贵抵押出去。1340～1341年，德比伯爵和北安普敦伯爵作为爱德华债务的人质，在马林和卢万被扣押了几个月。国王无法使他们被尽快释放，只好猛烈指责英国官员财政管理不善。统治者自己被扣押的案例可以在德意志找到。1295年4月，巴伐利亚的二位维特尔斯巴赫公爵因为欠债而被一起扣押在雷根斯堡。④

中世纪历史上一些最特别的信贷交易产生于统治者对珍贵物品的抵押。大量的皇室和王侯王冠在各种场合流落到了钱商手中，有的甚至被部分拆除以便典当上面的珠宝。1340年，英王爱德华三世及其妻子很多王冠中的5个在布鲁日、安特卫普、特里尔和科隆之间流传。珍贵的遗物常常也是同样的命运。这是中世纪每位统治者试图积累大量的珍贵物品的一个实际的正当理由。德意志皇帝和王侯由于失去了潜在放贷人的信任，被迫频繁地抵押珍

① Ch. V. 朗格卢瓦：《腓力三世的统治》（巴黎，1887年），第185页。

② Ch. V. 朗格卢瓦：《巴黎账目部失去的财产的登记簿档案》，载于《国家图书馆和其他图书馆手稿概述和摘录》，XL（1917年），第110～123页。

③ 魏玛镇到1803年还被抵押给梅克伦堡—什未林的公爵。C. 施罗德：《魏玛1803年在梅克伦堡—什未林的抵押》，《梅克伦堡历史及古代文化协会的年鉴和年刊》（什未林），第七十七期（1912年），第177～240页。

④ J. F. 鲍莫：《德意志帝国文献摘要》，第四卷（鲁道夫、阿道夫、奥尔不莱希特和亨里希七世统治时期的文献摘要，1273～1313年），由V. 沙马内克（因斯布鲁克，1948年）最新主编，第三章，第三分册，第595号（第199～200页）。

贵物品[①]。在德意志以外地区，这些交易的重要性一定不能被夸大。除了早期，它们是一个罕见并反常的特征，更多见于向放贷人的偶然交易，而不是 【439】
向统治者定期提供借贷的银行家；小的放贷人比重要的金融家更可能要求这样的抵押。

对于研究公共信贷形式的学生而言，15 世纪末并不代表着任何重大的分界期。15 世纪和 16 世纪交替时期，欧洲经济及主要国家权力发生了重大的变化，这可能可以作为我们目前研究的结束。西欧和中欧各国又一次进入了一个经济重新繁荣的时期，西班牙作为一个大国出现了，哈布斯堡王朝继承了勃艮第王朝的土地，爱德华四世和亨利七世统治下的英国又成了一个强国。这些“新君主国”的出现使欧洲各国对信贷的运用进入了一个全新的时代：在 16 世纪上半叶，主要的大国都借了大笔的贷款，其数额超过了所有中世纪偶然贷款的总额；1519 ~ 1556 年的 37 年中，仅仅查理五世国王就贷款3 900万杜卡币（ducats）!

7.2　初　　期

直到 12 世纪晚期，关于统治者借贷的资料都很少。潜在的放贷人（支配着相当规模的财政资源的人）非常少：他们包括其他统治者、富裕的权贵、主教、主要的寺院、商人或钱商，既有基督徒也有犹太人。统治者并不经常进行贷款，可能他们也不愿意这样做。因此，资料的匮乏在一定程度上表明：中世纪早期王侯的借贷确实很罕见。但是对于这个不十分明了的时期来说，过分强调消极的证据是不明智的。我们大多数的贷款记录都来自教会资料，一些重要的统治者直到后来才决定经常性地保存他们的借贷资料。很自然，编年史家提到的贷款，常常是那些致使教会永远获得某些财产的贷款。作为一种新兴事物，如果有的贷款需要抵押，而抵押的土地一直没有被所有者赎回，那么教会的档案就会记录下来；已经偿还的贷款、不需要抵押担保的贷款、世俗放贷人提供的贷款，都很少会留下蛛丝马迹。所以，我们对中世纪早期信贷的了解注定是片面的。 【440】

---

① 例如，鲁道夫国王将他的王冠抵押给了科隆大主教，鲁普莱西特将他王冠上的珠宝典当给了纽伦堡的犹太人。R. 克尼平：《中世纪科隆大主教的文献摘要》，第三卷（2）（1901 ~ 1915 年），第 57 页以后；《鲁道夫统治下的德意志帝国议会档案》，第五卷（1885 年），第 283 号，第 26 ~ 32 页。

在紧急情况下，除非王侯们能够夺取并占用他们需要的东西，否则他们都只好想方设法去借钱。西法兰克的国王们（the West Frankish kings）在9世纪多次没收了教会的财产，但是我们不知道他们后来是否归还[①]。在11世纪和12世纪，王侯们强迫城镇市民把他们增加的财产捐献出来——我们从禁止这样的勒索的特许法令中知道了此事，法国各地的许多城镇后来都从他们的领主那里获得了这种特许法令[②]。阿布维尔（Abbeville）1184年的特许法令明确规定，除非市民自愿或者得到抵押，否则领主不能强迫他们放贷[③]。

在中世纪早期，用土地作抵押进行贷款可能最为普遍；在这个初始阶段，贵重物品的抵押是惟一可供选择的另一种担保。举出一个最早向统治者“自愿”贷款的例子是很有意义的。在957～970年间，卡尔卡松（Carcassonne）的女伯爵和她的儿子们用两大块领地作担保，向犹太人借贷50里[④]。1044年，亨利三世大帝用一块地产作担保，向沃尔姆斯主教借了20磅[⑤]金子和相当数量的银子。亨利还把他的皇冠抵押给了赫斯费尔德（Hersfeld）修道院[⑥]。在11世纪，这样的事例更是不胜枚举。科隆大主教安诺二世（1056～1075年）不得不向犹太人借了大量贷款[⑦]。亨利四世大帝也不断向天主教会和修道院借贷。但在接下来的一个世纪，向统治者主动借贷并未变得普遍起来。

早期的大多数贷款合同似乎都是出于特别原因而签署的。另外，我们发现，即使在紧急时期 筹集贷款的可能性起初在王侯的规划中只起着相对小的作用。佛兰德斯和埃诺女伯爵里奇拉的情况就很具有指导意义。1071年，她被一场叛乱赶出了佛兰德斯。她转而寻求列日主教的帮助，并承认主教是她在埃诺世袭财产的最高主人。作为回报，她得到100磅黄金和175马克白
【441】银的巨款。里奇拉不可能通过借贷得到这样大数目的钱。她绝对没有能力偿还这样一大笔贷款，因为后来她甚至未能赎回在同样的紧急情况下向修道院

① E. 莱内，《法国的主要教会史》，第三卷（里尔，1936年），第159～160页。

② 一些章节和更重要的内容可以参考C. 斯蒂芬森的《中世纪机构》（B. D. 莱昂主编，康奈尔大学出版社，1954年出版），第5页以后。

③ 同上，第10页：nec credent michi nec alicui dominorum sine vadimonio nisi ex propria voluntate。

④ J. de 马拉福斯在《中世纪编年史》中提到，第六十三卷（1951年），第118～119页。

⑤ 旧时欧洲大陆的金银重量单位，约等于8盎司。——译者注

⑥ G. 魏茨：《德意志民族宪法史》，第八章（1878年），第238页；H. 魏里希（主编）：《赫斯费尔德修道院文献》，第一卷（1936年），第100号（第179页）。

⑦ 《德意志历史文献》，第十一卷，第502页，第164号；G. 鲍恩芬德：《科隆大主教安诺二世》（慕尼黑，1929年）。

抵押的部分财产。

第一次十字军东征的财政安排为我们提供了又一个有趣的案例。很多显贵和普通骑士是在抵押的收益或其他类型的贷款的资助下出发的。但占领导地位的王侯很少有人需要或希望大额借贷。最强大或最富裕的领导人，像佛兰德斯的罗伯特二世或布卢瓦的斯蒂芬，似乎并没有要求任何贷款；图卢兹的雷蒙德四世可能抵押了一些财产，但在参加十字军东征的所有王侯中，只有两个实力相当弱的王侯进行了高额借贷，此时他们的个人统治已经摇摇欲坠。诺曼底的罗伯特公爵通过把公爵地位抵押给他的兄弟、英格兰的威廉姆王而借到10 000马克。如果威廉姆不是意外死亡的话，罗伯特不可能轻易地收回诺曼底。耶路撒冷未来的国王、布永的戈德弗瑞对自己拥有洛林低地的公爵地位心存疑虑，他对自己在祖国未来的前途也心存怀疑，这便是他愿意通过广泛抵押和转让他的财产来筹集资金的原因。他的财政交易的细节很好地说明了当时筹集大额贷款的难度。戈德弗瑞将布永的很多地产抵押给列日的主教奥伯特——当时帝国最强大的高级教士之一，从而得到1 300马克银和 3 马克金。列日的天主教会失去了它的部分财物，甚至连覆盖在其庇护神圣·兰博（St Lambert）神殿上的金子也被拿走了。但是，单一的教会机构资金很难提供数额庞大的贷款，列日的主教不得不行使他的权力，强行拿走属于主教教区内其他教会的财宝。尽管遭到僧侣们的抗议，那些依赖于他的修道院不得不将他们最珍贵的财物拱手相让。戈弗雷的另外两份地产也被卖给了凡尔登的主教，他以相似的方式借到了必要的钱。

到了 12 世纪，德意志主教成为广阔疆域的统治者，其中一些主教的财富和权力足以和较重要的世俗公爵、伯爵相抗衡。但是，反过来，皇帝们也从教会手中得到了很多世俗服务。几位德意志主教在 12 世纪下叶承担了为皇室远征提供大量军队的义务，这是其管辖区负债增长的主要原因之一。弗雷德里克·巴伯儒萨皇帝（Emperor Frederick Barbarossa）亲自向放贷人保证要偿还为远征而借的款项。例如，他以这种方式劝说维尔茨堡（Wurzburg）的全体教士大会借给该地区的主教 350 马克，以应付 1174 年的意大利战役[1]。借贷成为德意志一些最大的高级教士的家常便饭。我们发现：在 1158 年，美因茨（Mainz）的阿诺德大主教（Archbishop Arnold）为了镇压米兰的叛乱而典当了他名下的一个修道院的地产。两年后，他的臣民 【442】

① 《德意志历史文献》，第二卷，第 144 页。

无法忍受其沉重的苛捐杂税，发动起义杀死了他[1]。另一位大主教克雷斯蒂安一世，原本是弗雷德里克在意大利最好的统帅之一，但是他的继任者在1183 年调查发现，他实际上也已负债累累[2]。科隆也是如此。德塞尔的雷恩诺德（Rainald of Dassel）在 1158 年接替了一个入不敷出的大主教，不得不偿还他过去靠抵押筹措的各种款项[3]。作为弗雷德里克的大臣和首席顾问，雷恩诺德拥有独特的发财机会，但是接替他的腓力一世（Philip Ⅰ）——尽管也是一个能干的管理者——却不得不借遍整个教区。1174 年，他不得不把科隆的关税和造币厂典当给他的臣民，以便筹集意大利战争所需要的、高达1 000马克的贷款。腓力显然已经把贷款看作家常便饭，他甚至准备贷款为他的教区购买额外的财产[4]。

主教和修道院希望获得更多的土地，这一欲望促使他们一再进行放贷。被典当的财产很可能被作为抵押品（mrotuum vadium）处理：其收入不是被用来减少欠款，而是增加放贷人的收益。因此，放贷人常常期望能够长久地占有被抵押的地产。尤其是，借贷人常常因无法偿还欠款而使放贷人非常廉价地购得被抵押的土地——因为按照惯例，典当地产的价值要小于真正销售土地的价值（在 12 世纪末的诺曼底，它是平均售价的 55% ~60%）。

直到 12 世纪的最后几十年，主教和修道院还向统治者提供了大笔的贷款，这些贷款都记录在案。但是，如果认为他们作为群体已经成为职业放贷人，或者认为他们在系统地把多余的收入转向以放贷形式的投资，那就错了。事实上，他们自己有时为了帮助友好的领主或有影响力的统治者也不得
【443】不借贷，因为那些人偏爱向教士借钱。统治者发现将他们的重要地产典当给教会要比典当给富豪更安全，尽管他们需要的资金最终可能还是从这些富豪手中得到。因此，为了 1174 年的意大利战争，帝国皇帝以默兹河两岸的皇室地产为担保向列日的鲁道夫主教借1 000马克时，鲁道夫主教不得不以两

---

① K. F. 斯顿夫：Acta Maguntina seculi Ⅻ（Innsbruck，1863 年），第 69 ~ 72 页，nos. 67，68；M. 施蒂明：《美因兹大主教世俗区域的形成》（达姆城，1915 年），第 82 ~ 83 页。

② 斯顿夫，在前面所引用书中第 114 ~ 117 页，第 112 号；J. F. 鲍莫：Regesta archiepisoporum Maguntinensium Ⅱ（1886 年），第 60 ~ 61 页，第 91 号。

③ T. J. 拉孔布莱特：《低莱茵历史文献》，第一卷，（杜塞尔多夫，1840 年），第 431 页；J. 菲克尔：《德塞尔的雷恩诺德，科隆的首相和主教（1156 ~ 1167 年）》（科隆，1850 年），第 94 ~ 95 页。

④ 拉孔布莱特：《低莱茵历史文献》，第一卷，第 318、455、467、517 页；H. 黑克尔：《科隆的腓力一世大主教的地区政策（1167 ~ 1191 年）》（莱比锡，1883 年），第 96 页；H. 罗伯特：《威斯特法伦史》，第一卷（1949 年），第 188 页以后。

处教区地产为担保向卢万的鲁道夫伯爵借了230马克①。所以，宗教机构很可能只担当着信得过的中间人的角色。

在12世纪期间，出现了一个殷实的、甚至是富裕的世俗商人阶级。在朗格多克，犹太人的世俗放贷人和基督徒的世俗放贷人在12世纪初就已经非常活跃和重要。他们可能从很多南方教会的财政困难中获利匪浅——这些教会因为过度的扩建计划而耗尽了钱财。从一开始，世俗放贷人就是教会放贷人的补充，而不是代替。他们也向教职人员提供金钱。也许因为12世纪教士们向城镇里世俗职业高利贷者和商人借钱变得更加容易，向教士们的借贷也就更为频繁②。因此在1122~1155年间，克伦尼德高望重的彼得院长能够筹集到1万多马克银（相当于他5年多的收益），这笔钱主要是从他所在城镇的商人和马孔及沙隆的犹太人手中得到的。后来，世俗的金融家逐渐代替主教和修道士成为王侯的主要贷款人。13世纪初的法国和尼德兰地区出现了这种情况，但德意志却没有达到相同的规模。13世纪，那里只有一个军事团体——圣殿骑士团——是宗教团体中最重要的金融家。

世俗金融家代替主教和修道院成了主要的放贷人，这主要出于经济原因，但教士们对高利贷态度的改变也促进了这一进程。亚历山大三世教皇的一项教令宣称，抵押贷款是一种高利贷形式，并禁止神职人员从事这样的行为。起初，这项禁令显然并未发挥作用，但它使修道士们逐渐退出了这种生意（1200年左右在诺曼底），并使他们在13世纪偏爱信贷交易的合法形式，例如向借方购买永久租金。这种贷款形式特别符合较小领主的需要，而统治者当时则越来越多地向世俗职业高利贷者寻求贷款。

在12世纪末、13世纪初，能给统治者提供方便帮助的世俗放贷人只有统治者自己地域内的或来自邻近地区的市民，因此各国情况有很大的不同。为方便起见，在讨论单个国家的部分中再给出案例。然而，早期放贷人中的一个特殊群体——犹太人——应该被作为整体讨论。他们的重要性只有在德意志才保持到中世纪末。在中世纪的佛兰德斯和尼德兰的其他较为发达的地区，从未有过很多犹太人，因为没有这个经济需要。他们在英国和法国的全盛期可能出现在12世纪后半期。他们从西欧的日渐繁荣中获利，但他们并未因经济衰退而蒙受太大损失。在西欧的大多数地区，他们就像当时基督徒商人那样可以自由地获取和拥有土地。 【444】

① 圣鲍曼斯和E. 斯库曼斯特：《列日的圣兰博教会文件集》，第一卷（布鲁塞尔，1893年），第五十六、六十二号（第93~94、103~104页）。

② H. Van 沃韦克在《经济和社会史年鉴》，第四卷（1932年），第457~459页。

在13世纪的阿尔比派十字军东征①之前，朗格多克镇的犹太人完全不受经济和社会制约。这一地区大领主的早期贷款有些来自图卢兹、蒙彼利埃和其他南方城镇的犹太商人。在英国，亨利二世在统治中期，长期向几个犹太人借款。他的继任者则更喜欢向犹太人征税。西欧的其他地方也出现了同样的情况。结果，到了13世纪，在德意志以外的几乎任何地区，犹太人向统治者的贷款都减少到无足轻重的地步。犹太人逐渐被禁止参与批发贸易，只有在当地统治者的许可下才能从事小额货币借贷，而且还不得不定期向这些统治者缴税。

重要世俗放贷人的出现为政府的借贷提供了全新的可能性，统治者现在能够以更适宜的利息、以更适合他们需要的方式进行贷款：他们希望避免因抵押财产而带来的难堪。频繁的、甚至长期的借贷第一次成为可能。在12世纪下半叶，可以看到这种变化带来的最初影响。一些杰出的王侯不再把借贷看作是偶尔的权宜之计。对英王亨利二世来说，借贷是一个有用的工具，有助于提高效率。战争开支的不断增长也是政府借贷需求增加的一个主要原因。要修建更大的、设计更精巧的石筑城堡，其修筑和供应都耗资巨大。战争越来越成为一个长期困扰的问题，服役期限也被进一步延长。重要的统治者（例如英王亨利二世和德意志皇帝腓特烈一世），经常性地雇佣职业部
【445】队，其中包括大批的步兵部队②。在1186年，经过与其大多数邻国5年多的战争后，埃诺的鲍德温五世（Baldwin V of Hainault）欠债达41 000里（瓦朗西安货币）。这是一大笔债务，但是只要一种税收就足以偿还其中绝大部分③。到了12世纪末，在许多王侯普通的财政安排中，信贷因素已经可以更清楚地被辨别出来；通过商人和货币兑换商以信贷方式提供的金块银块，王侯们的造币厂继续运转。新的通行税、货物税和当时涌现的其他税收尤其合乎商人们的利益；王侯们发现把这些新的收入以固定的数额承包给商人是很明智的，这样就可以提前预支一部分税金。随着王侯们开支的增长，他们也越来越希望负责征收或承包普通税收的官员们在必要时向政府贷款，以让他们提前透支未来的收入。大约到了13世纪，较为重要的西方统治者开始认为使用这些信贷是理所当然的。

---

① 阿尔比派是起源于11世纪法国阿尔比的基督教派别，13世纪被诬为异教徒，遭教皇与法王组织的十字军镇压。

② J. 布萨尔：《12世纪的雇佣军。亨利二世和职业部队的起源》，载于《沙特尔学校丛书》，第106章（1945～1946年）；格伦德曼：'Rotten und Brabanzonen'，载于《中世纪史德意志档案》，第五卷（1942年）。

③ 《蒙斯的吉斯伯特的编年史》（L. 范德金德尔主编，1904年），第193～194页。

7.3　十字军东征、意大利人来到北欧

在 13 世纪 50 ~ 70 年代以前，欧洲西北部大部分地区的商人都未曾抱怨过意大利人带来的竞争。但是很早以前，许多北欧的王侯已经在十字军东征中与意大利商人建立了密切的联系；他们通过信贷的方式，一次又一次地从意大利港口和位于黎凡特（Levant）的意大利移民区获得钱、船只和物资。地中海地区存在着这样的借贷便利的情况，对统治者在欧洲南部进行冒险活动的态度有着深远的影响，也鼓励他们进行远征，不然的话，远征可能要注定失败。安茹的查理（Charles of Anjou）对西西里王国的征服就是一个突出的例子。

我们没有听说第二次十字军东征有哪个统治者向意大利商人借款。在路易七世写给休格尔（Suger，路易在法国的首席大臣）的信中，只是提到了从法国贵族和圣殿骑士教（Templars）那里的借款。圣殿骑士教似乎是路易在叙利亚（Syria）进行贷款的中间人①。这是有关该军事组织财政活动最早的资料之一。起初，他们的金融活动大概仅限于把金钱转运到东征中的东欧 【446】
国家，满足他们自己的需要或者帮助他们的盟友。中世纪教会军事护理团（the Hospitallers）一直未能自由地扩张他们的金融活动，虽然他们不时卷入与统治者、教会之间时断时续的信贷业务之中。圣殿骑士团选择了不同的道路，开始专门从事金融生意。在 12 世纪末，他们已经使欧洲的统治者们成为其银行的储户；到了 13 世纪，他们成了许多王侯最喜欢的银行家。对巨额融资（high finance）的这种兴趣，最终导致了圣殿骑士团的衰亡，反倒是缺乏商业头脑的教会军事护理团幸存了下来，而且还获得了圣殿骑士团灭亡后流下的一部分土地财产。

第三次十字军东征的金融历史非常模糊。热那亚人特别主动地帮助法国分遣队和法王腓力·奥古斯都（Philip Augustus）从热那亚上船出发；他们还可能在叙利亚向法国国王贷了款。意大利商人在第四次十字军东征中发挥的作用则清晰得多。威尼斯人同意提供必需的船只，而且贷款给一些东征部队的首领。由于东征军无力购买这些必要设施，所以他们放弃了最初的目

---

① 《高卢和法国的历史汇编》，第十五卷，第 499 ~ 502、509 页；A. 吕谢尔：《对路易七世的文件研究》（巴黎，1885 年），第 230 ~ 231、236、240 页。

标，而转为进攻君士坦丁堡。

路易九世（Louis Ⅸ）在东征中与埃及和叙利亚签订的贷款协议可能并不是非常典型，因为他以特别诚实守信著称；但是这却可以说明，在良好的环境下，信贷能够取得什么样的成果。意大利商人乐意把钱借给这样一位可靠的客户。1253 年在热那亚签署的商业协议特别命令设在黎凡特的热那亚商业机构，要把在叙利亚出售货物得到的钱借贷给法国国王；这是把钱汇回欧洲的最安全的办法，因为设在巴黎的圣殿骑士团总部会偿还路易九世的所有债务。1253 年，路易在叙利亚从 70 多个不同的放贷人那里至少借到了8 000里帕，其中近一半来自 7 个主要的热那亚商行。这些放贷人以在法国经商的意大利商人为中介收回他们的贷款。我们就至少知道其中 57 个以此为生的皮亚琴察（Piacenza）商人的名字；一种貌似有理的说法是，那些巴黎市内生意特别兴隆的皮亚琴察人聚居区就起源于这种业务。

我们不能确定从何时起意大利商人开始经常性地来到法国北部，但是在 12 世纪末的最后几十年中，他们已经多次前往香巴尼省的集市。在接下来
【447】的 70 多年里（1200～1270 年），香巴尼省的集市发展成了一个具有国际重要性的主要金融中心，也是欧洲西北部最早的金融中心。那些较为重要的意大利商行逐渐开始习惯于在所有的集市派驻代表，许多其他重要的商人也经常前来。商人们在香巴尼省的持续存在使得统治者也习惯于到那里寻找贷款。这里从一个进行货物交易的集贸中心逐步发展成为举足轻重的金融公共机构。在 13 世纪末的最后几十年中，香巴尼集市的其中一个功能是：为定期举行的财政贷款谈判提供方便的会谈地点。一个准永久性的货币市场发展了起来，统治者可以从可供选择的许多放贷人那里取得相当数目的贷款。因此，卢卡的里卡迪（Riccardi of Lucca）宣称，在最鼎盛的日子里，他们在一个集市就可以借到 20 万里特尔。毫不奇怪的是，在 13 世纪下半叶，法国北部和尼德兰广大地区的王侯、主教、城镇都一次又一次地从香巴尼集市上获得贷款。

罗马教皇的影响力也促进了阿尔卑斯山北面意大利商人的生意。为了能够升迁为主教、修道院院长（所谓的“教职”）或得到其他的特权和好处，几乎整个基督教王国的高级教士都向教皇进贡。许多牧师也因为在教庭的争斗而负债。罗马教廷鼓励牧师们从罗马的资本家那里进行必要的借贷，因为这通常是尽快得到款项的惟一办法。在 12 世纪末，一些德意志主教就已经进行这样的贷款交易。从教皇英诺森三世（Innocent Ⅲ）的任期开始，流存下来的教皇登记簿中就存在着大量的此类案例。为了收回这些贷款，意大利商人被迫前往借方的老家催债，罗马教皇也尽其所能帮助放贷人。在一位锡耶那（Sienese）商人写给其合伙人的信中，描述了他在一位拒不还债的里昂大主教那里遇到的困难，信中把教皇的干预称为惟一有效的解决办法[1]。早在英诺森四世（Innocent Ⅳ）任内，一些德意志牧师就因为未能偿还意大利信贷人的债务而被驱逐出教。直到13世纪末，教皇站在商人的一方进行干预一直是正常途径的一个部分，而且仍旧被证明是有效的[2]。教皇尤其乐意帮助其常用的银行家。正如格列高利九世（Gregory Ⅸ）所说，任何对教皇银行家的伤害都被看作是对圣座（Holy See，指罗马教廷）的伤害[3]。【448】

教皇需要系统地利用意大利的商行，以便从欧洲各地的教会征收其教皇赋税。起初，各种教皇赋税（包括十字军东征什一税、特别津贴、劳役税等等）的收入主要是通过圣殿骑士教和其他宗教组织转交给教皇；但是随着教皇与腓特烈二世父子斗争的不断延续，其财政需求也急剧增长，于是教皇便渴望与商人有固定的交易。在教皇格列高利九世在位期间（1227～1241年），已经习惯于利用意大利商人从事这种活动；到了其继承人教皇英诺森四世在位时期（1243～1254年），意大利商人作为教皇主要银行家的地位变得更加稳固。英诺森最青睐的商行——锡耶那的邦西尼奥里（Bonsignori of Siena）商行——成为欧洲最富有的商业公司之一。为教皇提供金融服务的意大利商号集团的财富日渐增加，并在需要时为教皇提供任何可能的金融服务。他们的职责大多数主要是把钱汇兑到西欧各地，但是同时也能够提供大额的借贷。如果没有教皇授意下邦西尼奥里商行和其他商号提供的贷款，安茹的查理（Charles of Anjou）也许就不可能在1266年征服西西里王国。在短短几个月里，他们提供了160 000里帕的贷款[4]。

13世纪下半叶，意大利商人的活动扩散到了英格兰、法国东北部大部分地区以及尼德兰。贸易和教皇的金融生意把主要的意大利商业公司吸引到了一些新的商业中心。在1267年英国内战结束后短短的几年中，锡耶那、

---

① A. 舒尔特：《中世纪西德意志和意大利之间的贸易和交通往来史》，第一卷（1900年），第265页。

② 参看D. P. 韦利：《博尼费思七世的管家的登记册》，见《教会史杂志》，第八期（1957年）。

③ In quorum offensu nos ipsos et Sedem Apostolicam reputamus offendi，在A. 戈特洛布《社会和经济史研究季刊》第一期（1903年）第350页中引用过。

④ 是路易九世承包税收入的2.5倍（在1265年是64 000里帕）。

卢卡、佛罗伦萨、皮亚琴察的许多重要商行都在伦敦永久地设立了起来。在七八十家意大利公司中，英国公爵通常利用的只有一家，但是教皇却利用许多家公司同时把资金从英国汇兑出去。1274~1283年，教皇在英格兰每6年征收一次的什一税为70 000英镑，这笔钱分给14家公司进行汇兑——其中佛罗伦萨商行7家，卢卡商行4家，锡耶那、皮斯托亚（Pistoia）、皮亚琴察各1家[①]。教皇的这种生意和英国羊毛贸易的商业机会可能是意大利商人在此定居的主要原因。统治者们与意大利商行在香巴尼集市上建立起来的联系，可能鼓励——在一些情况下促使——这些商行在法国、尼德兰扩张他们的商业版图。

【449】在法国，巴黎是意大利人商业活动新中心中最重要的一个。意大利人之所以被吸引到这里，主要是因为这里有着皇室宫廷。到了13世纪末，在巴黎设立的意大利商行已经超过英国。于是，当1285年法国国王兼任香巴尼省的领主后，意大利人在欧洲北部主要的两个活动中心都受法国皇室的直接控制。正如我们将要看到的，法国国王们毫不迟疑地抓住这些机会筹集资金。意大利人的商业活动一直扩展到了法兰西帝国的西部边缘地区，他们中的相当一部分在尼德兰定居下来，有一段时间在洛林（Lorraine）也很活跃。他们也在靠近法国罗纳河（Rhone）以东的土地上永久地定居了下来。但是前往莱茵兰（Rhineland）地区的意大利商人相对比较稀少，他们很少再向东扩张[②]。教皇的生意和德意志教士们的贷款在很人程度上限制了意大利人在德意志的活动。

主要的意大利商行有着欧洲西北部商人无法超越的优势：他们的商业技巧更娴熟，他们控制着更多的资本，他们都属于一个联系紧密的商业集团——该集团在西欧和地中海地区重要的商业中心全都有分支机构和商业联系。所有商业银行家建立的意大利公司相互间都倾向于建立联系，来自同一个城镇的商人之间的联系尤为密切。他们依靠信贷的同时也依靠自己的资本，而且还经常相互借用资金。在一个商行内，原始资本来自商行的创始人及其合伙人，但是当商行不断发展壮大时，其增加的那部分资金通常是其他人的存款，而其中的许多人都不是商人。那些主要的意大利商行吸引了大批的非商人投资者，其数量甚至比当时欧洲

---

① W. E. 伦特：《1327年以前教皇与英国的金融关系》（剑桥，1939年），附录六，第641~665页。

② J. 施奈德：《13、14世纪意大利商人和金融家在洛林的活动》，见《研究院会议汇报和文书》（1951年），第327~330页。

商人吸引的还要多。在其国内，主要的意大利银行家都属于他们城镇的统治阶级，而且可以依赖其城市共和国得到外交、甚至军事上的支持。毋庸置疑，重要的商行一旦在一个地区永久设立，更加强大、更有魄力的统治者就立刻努力把这种新的经济力量纳入正常的轨道，从而为欧洲的公共信贷史开创了一个全新的时代。

当重要的意大利商行在西欧主要商业、政治中心设立他们的代表机构时，许多不太重要的意大利商人和信贷商则试图开发那些比较落后的地区。向贫困阶级和缺乏信贷便利的地区放贷的可能性吸引了这些地位较低的商人。1309 年，意大利人（似乎主要是小额货币放贷商）在尼 【450】
德兰至少建立了 70 个信贷地点——不包括佛兰德斯。职业的货币放贷商需要得到统治者的许可证，以便建立公共当铺（tables de pret）。当时得到这种许可证似乎非常容易，因为“伦巴底人”每年为此交费，也因为统治者发现，向那些由他们完全控制的意大利商人借钱非常方便。

7.4 英　国[①]

在中世纪王侯使用信贷工具方面，英国为我们提供了一个记录最为完备的好例子。自亨利二世以后，就存在相当连续的有关皇室借贷的证据。中世纪英国的公共信贷史，可以相当清晰地划分为三个不同的阶段。从亨利二世时期到 13 世纪中期，贷款在王侯们的财政中只是发挥着次要的作用。在爱德华一世统治时期，皇室开始系统利用借贷——在危急时期，借贷是对皇室资金进行补充的固定方式；在任何时候，借贷都是稳定皇室财政的方法；在接下来的 80 年中——直到 14 世纪中叶，王侯们能够自由地利用一连串重要放贷人的资金资源。在 14 世纪下半叶，英国的统治者在寻找放贷人（他们必须既愿意又有能力提供所需的贷款）方面开始出现困难，在兰开斯特王朝统治时期，这种困难更为严重，并导致了 15 世纪中期皇室信贷的破产。在爱德华四世和亨利七世的统治下，王室的财政地位取得了显著的提高，但是这主要是通过开发皇室的领地和国王给予的特权取得的，贷款在其中只发挥了相对次要的作用。

---

① 在这一章中所有未发表的参考资料指的是伦敦的“英国档案局”的文件，除非另做说明。

7.4.1 早期

第一阶段信贷史——一直到亨利三世的西西里岛冒险活动为止——主要是一个零星、不系统的借贷编年史。但是，也有一些例外，亨利二世统治时期就可能找到一些例外。亨利二世起初与一个佛兰芒人进行交易——来自圣·奥默（St Omer）的威廉·凯德（William Cade）；在亨利的英国臣民中也有一些富裕的市民，比如康希尔（Cornhill）的杰维斯（Gervase）——一
【451】位富裕的伦敦人，当1141年英国内战处于紧要关头时，他曾借钱给斯蒂芬王后。但是当时任何一位英国商人拥有的资金都无法与凯德相比，当1166年左右凯德去世时，佛兰德斯、诺曼底、特别是英国的各种债务人（包括一些大人物）总共欠他的债款高达5 000多英镑。凯德既是一位商人，也是一位资本家，但是一位主要的宗教法规学者却发现（大约写于1200年），把凯德选作杰出的高利贷商人范例非常合适，他贷款给在各地做贸易的商人①。我们掌握的有关凯德与亨利二世进行交易的惟一证据是：1155～1165年，凯德从皇室的各种收入中总共得到了5 600英镑。在几年里他每年得到大约500～1 000英镑。我们对凯德向亨利二世服务的主要情况知之甚少，但是考虑到凯德身为货币放贷人进行的其他活动，我们可以合理地推断，皇室付给他的费用实际上是对他贷款的回报。我们当然知道，凯德曾经为佛兰芒士兵前往英国筹措资金，他一次又一次地支付与国王有关的人来往多佛尔海峡（Dover）和欧洲大陆时所花的旅费②。

在凯德从记录中消失的同时，英国国库的卷宗也第一次显示：相当数量的款项支付给了英国的一些犹太人。1165～1179年，这些款项至少有5 670英镑，可能都是作为贷款的回报③。亨利二世可以利用的犹太人的资金来自这些犹太人向英国领主和教士放贷的收益。所有在英国的主要犹太人资本家相互间的联系似乎都非常紧密。在林肯郡的艾伦（Aaron of Lincoln）——国王主要的犹太信贷商之一——在1185年去世时，各种债务人共欠他15 000

---

① C.H. 哈斯金斯：《威廉·凯德》，载于《英国历史评论》第二十八期（1913年），第730～731页。

② 《卷筒宗卷3～8——亨利二世》（卷筒宗卷协会主编），各处；H.G. 理查森：《亨利二世统治下的议会》，载于《英国历史评论》，第六十九期（1945年），第605～611页。

③ 《卷筒宗卷9～25——亨利二世》。在1163～1164年为37英镑，1165～1166年则急剧上升为1375英镑。

英镑，由此可以想像犹太信贷商人的资金情况[①]。

在亨利的两个儿子统治时期，从犹太人那里的贷款大部分停止了，因为在国王的授意下，逐步形成了一个通过税收和罚款对英国犹太人进行剥削的固定体系。这一制度实行一个世纪后，英国的犹太人社区已经非常贫困，对国王来说也不再有太大的价值；于是爱德华一世在1290年把英国所有的犹太人驱逐出境，也并未带来任何严重的财政损失。

英王约翰（King John）最充分地利用了亨利二世遗留下来的高效的政府机器，并在1206～1213年取得了中世纪少有的成就——积累了一笔相当可观的财政储备，其数额至少是100 000英镑。但是约翰的财政独立非常短暂，他获取财富的方法最终导致了1215年起义的爆发。他的继任者亨利三世的统治，很好地代表着13世纪皇权面临的财政困境。他试图通过仿效约翰残忍的措施以获得偿还能力，但担心可能会因此导致危险的反抗。亨利的正常收入不足以支付战争的开支，而自从1237年以后他又一直无法以可以接受的条件获得贵族们特殊的捐助，所以他不得不通过各种应急手段（包括大量的借贷）来筹集战争经费。即使在和平时期，国库的空虚、一年到头资金持续供应的困难、紧急时刻流动资金的需求都时常使亨利陷入困境，进行更多的借款。“我们看到的所有焦虑和烦恼，都是因为生活的困顿所致”[②]。亨利不切实际、挥霍无度的性格的确使他的财政更为困难，但是这一定不能掩盖这样一个事实——周期性的收入透支无论如何在所难免。在正常时期，亨利的财政并没有什么大的问题，“亨利从来没有抱怨他的债务比他一年的收入还要多”[③]，但是当他政治上陷入孤立时，比年收入还高的债务可能足以使他的政府在危机时陷入瘫痪。

【452】

在1255年以前，亨利信贷的一个显著特点是：他和一大批各种各样的放贷人进行交易——其中很少有非常杰出的资本家。在亨利统治的多数时期，我们看到其借款来自以下各方面：主教和宗教团体，圣殿骑士团和修道院，一部分贵族，富裕的意大利人和碰巧在英国经商的外国商人，以及英国市民——尤其是伦敦人。重要的是，在1244～1255年间，最重要的放贷人不是一位商人，而是国王的弟弟、康沃尔郡伯爵理查（Richard，earl of

---

① J. 雅各布斯：《林肯郡的艾伦》，译自《英国的犹太历史社会》（第三册），（1899年）；G. 罗思：《犹太人在英国的历史》（牛津，1941年），第14～16页。

② F. M. 波威克：《英王亨利三世与爱德华三世》，第一卷（牛津，1947年），第305页。该书全面研究了亨利的财政情况。

③ 波威克，同上，第305页。

Cornwall)。但是他每一年的放贷从未超过 10 000 英镑。理查是一个拥有大量资产、擅长经营的人，其资产包括利润丰厚的康沃尔郡锡矿。他向自己哥哥放贷并不收利息，但是他的贷款都被以精心设计的方式归还，以确保他有利可图。他众多事业中利润最可观的一项也是经济意义最为深远的一项业务是在 1247 年，作为承包皇室造币厂的回报，他着手进行全英国通货的重铸工作，
【453】为的是铸造更好的硬币。他借款 10 000 马克（6 666 英镑 13 先令 4 便士）提供最初的白银储备，并在整个过程中获利 11 000 英镑。当 1279 年试图再次重新铸造货币时，国王任用了重要的职业金融家承担这一任务——委托给了爱德华一世的银行家卢卡的里卡迪（Riccardi of Lucca)，一起承担任务的还有一位主要的伦敦商人格雷戈里·德·罗卡斯勒（Gregory de Rokesle)。

7.4.2 鼎盛时期的皇家信贷系统

1254 年，亨利三世接受了教皇赐予的西西里王国；他希望为自己远征意大利筹集资金，同时筹集一大笔钱给教皇。随后的财政交易是亨利统治时期一个很好的阶段。教皇雇佣图斯卡尼（Tuscan）公司作为皇家的御用商人。在接下来的 4 年中——即在 1258 年贵族的起义使整个计划中止以前，亨利在意大利至少借贷了 54 000 英镑。也是同一个商业集团最终为安茹的查理成功地征服那不勒斯和西西里筹集了资金。但是亨利与这些银行家的交易注定是一场财政灾难，因为他在英国国内没有任何新的资源能够偿还这一大笔贷款；他也没有一点机会可以重新夺回西西里王国——就像 1266 年以后查理所作的那样——从而靠新领地的收入偿还债务。

西西里事件事实上证明了新崛起的意大利商业团体潜在的巨大价值。爱德华一世吸取了其中的教训。他在意大利和法国的经历（1270 ~ 1274 年)[①]——长期在国外进行十字军东征——使他特别青睐意大利的金融家。当他返回英国后，他仍旧长期雇佣一家主要的意大利商行——在旅途中就一直为他服务，但是他处事的办法避免了犯像他父亲那样的错误。不像亨利三世，由于爱德华取得了新的收入来源，所以他能够经常地成功借款。英国国内行政管理和公共机构的变化也在这种新发展中发挥了重要的作用。新国王有效地实行了皇家的财政特权，征得国会的同意后，他于 1275 年开始实施

① 参看《威洛比的腓力的保管库账目》，《英国档案局》，《卷筒宗卷 5——爱德华一世》，372/121。

统一的关税体系，对出口羊毛征税是其主要特点。从那以后，关税的收入就常常被转让给皇室的信贷人，以便偿还贷款。关税构成了皇室正常收入中最大的单项来源，在整个爱德华统治时期，关税的收入都持续增长。另外，直到 1296 年，爱德华一世在必要时都能够确保征收直接税——1237 ~ 1269 年其父亲征收直接税的要求被否决了——在 1295 年以前，征收情况都特别好。这些税收被用于偿还那些只靠正常收入无法偿还的大笔债务。 【454】

因此，爱德华对信贷工具的更多使用，仅仅表明其财政资源自身得到了更为有效的配置。经常性的借贷（其规模的明显增加足以满足任何特定时间的需求）开始成为皇室财政一个平常的特点。这是一个昂贵的工具，但是爱德华雄心勃勃的政策注定要花费巨大，这是为其政策的实施有效筹集资金的最好办法。

英国皇室从当时最主要的商行中挑选其意大利银行家。1318 年——此时爱德华二世的正常年收入可能不超过 30 000 英镑，爱德华主要的银行家是佛罗伦萨的巴迪公司，其拥有的总资产为 875 000 弗罗林（约 130 000 英镑）。这类规模的意大利商行在为其皇室客户提供资金方面游刃有余。英国政府与其主要放贷人之间的关系通常是非正式的，所以爱德华一世 1279 年的《王室法令》决定，奥兰迪诺·德·波迪欧（Orlandino de Podio，当时卢卡的里卡迪公司在英国的首领）位列八个重要的王室官员之中，并授权他们在觐见国王时可以住宿在国王的藏宝库中。实际上，一些其他的任务也委托给了固定的信贷商，使其作用远远超出了提供资金。例如，在 1338 ~ 1339 年的 8 个月中，巴迪公司（Bardi）都在诺曼底和佛兰德斯派驻了间谍，由他们向爱德华三世报告法国海军的准备情况①。

英国的国王们像教皇和欧洲其他的统治者一样，很好地利用了意大利商号在西欧所有重要中心设立的分支网络和商业关系。当爱德华二世安排把一位有名的凶手从意大利引渡到英国时，在与伦敦巴迪公司的财产委托书中写道："让贵公司在那不勒斯的同事付给对方价值 1 000 马克斯特林币的货币"。但是，从这些固定的放贷商那里得到的贷款，通常大部分都用于国王的日用开支。在 1328 年 8 月到 1331 年 10 月这段相对和平、正常的时期，可以看到放贷商提供的贷款的使用情况。在这期间，爱德华三世的政府共借款 45 548 英镑，巴迪公司提供的大约 1/3（15 528 英镑）用于政府在国外的开支，21 644 英镑用于皇室的宫廷日常维持开支，另外巴迪公司还为宫廷提供了价值2 312英镑的货物。 【455】

---

① 《英国档案局》，《K. R. 财政部总账目》，E. 101/127/32。

有关 14 世纪上半叶主要皇家信贷商的利润情况，有大量的资料被保留下来。皇室与信贷商达成的协议一再保证——用其中的一个协议的话说——"国王既关注已经支付的钱数或将要支付的钱数……也关注由于这种服务……而承担的损失和开支"①。在与弗雷斯鲍迪（Frescobaldi）公司的一个非正式协议中，这一保证延伸为一个承诺：偿还该公司"出于善意"而遭受的"损失"②。赔偿通常主要是由国王采取货币"赠品"（gifts）的方式定期授予放贷人，为此发行了正式的皇家证券（royal bonds），这也被看作皇室总债务的一个组成部分。爱德华三世总共欠巴迪公司 42 000 英镑——利用该公司在 1328 年 8 月 ~ 1331 年 10 月进行汇兑的结果——为此巴迪公司得到了 11 000 英镑的"赠品"，所占欠款比率为 26%。在这个特殊的例子中，到了 1332 年 2 月，巴迪公司不仅收回了过去 3 年他们借出的所有贷款，而且得到了一些"赠品"；当时以现金方式支付给他们的利息，可能抵偿了 1328 ~ 1331 年巴迪公司在英国的（全部或大部分）开支。在良好的环境中，与皇室进行固定信贷汇兑而获得的利润，可能足以支付一家公司在英国所有活动（包括其作为羊毛出口商、普通商人、资本家而进行的其他私人生意）的大部分开支。间接的收益（得到国王特殊的保护、处于特权地位等）也相当可观。英国国王们意识到，其皇家银行家生意的扩张符合皇室的利益，所以采取积极的措施帮助他们。于是爱德华三世重申了巴迪公司拥有的一项价值连城的特权——巴迪公司可以利用英国财政部机器强制收缴英国国内欠他们的私人债务——并强调除非巴迪公司自己能够有效地收缴，否则财政部将不遗余力地帮助他们。

爱德华一世和他的两个继承者与放贷人进行交易的历史，在展现中世纪条件下政府信贷如何有效运作的同时，也显示了这一信贷工具的脆弱性。爱德华一世统治最初 20 年的稳定和成功，在一定程度上归功于其雇佣的卢卡的里卡迪商行（Riccardi of lucca）帮助其确保的财政偿还能力。在爱德华征服威尔士的过程中，他们公司在筹集资金方面发挥了决定性的作用。在 1272 ~ 1294 年间，爱德华欠里卡迪商行的贷款总计至少达 392 000 英镑，尽管这一数字中可能包括利息部分。偿还的资金主要来自爱德华的新资产。将
【456】近一半的皇室债务靠关税偿还，1275 ~ 1294 年，关税完全控制在里卡迪商行手中。其余的大部分债务靠直接税收入供应；光从 1275 年的"什五一

① Cal. Close R. 1330 ~ 1333 年，第 280 页（与巴迪公司的协议）。
② 《英国档案局》，《议会和国会的会议记录》，C. 49/4/7（1309 年 8 月）。

税”中，里卡迪商行就得到了97 000英镑[①]。当1294年夏天英法战争爆发后，它们与爱德华一世的交易突然终止。爱德华的战争措施——尤其是在1294年6月，下令没收所有商人的羊毛——使里卡迪商行陷入困境。与此同时，法国国王腓力四世（Philip Ⅳ）以里卡迪商行帮助其英国敌人为由，扣押了该公司在其王国内所有的代理商和资产，并从他们那里勒索了一大笔罚款。这些事件使得委托给里卡迪商行的存款被大量提走，也使它的声誉严重受损。里卡迪商行明显的贫困可能使爱德华一世相信，它对他们阶层来说再没有多少利用价值；不管怎么说，在1294年7月29日，他剥夺了它对关税的控制权[②]，之后不久他又下令征用了该商行在英国的资产。这一事件发生时，英法战争已经引起了爱德华统治时期最大的危机，他极其需要金钱；他曾经许诺要给予其欧洲大陆的盟国大笔的补助金，另外他还不得不在威尔士和苏格兰作战。但是在1294~1298年他最为紧要的困难时期，却无法找到一个里卡迪商行的替代者。1296年，佛罗伦萨的弗雷斯鲍迪商行（Frescobaldi of Florence）——从13世纪70年代开始，就已经在英国活动——开始借钱给爱德华，但是在接下来最为困难的两年中，这个商行却无力为急需大笔贷款的欧洲大陆提供超过7 000英镑的贷款[③]。从国外借到的其他贷款——包括从许多在尼德兰经商的英国人那里的借款——数量也不多。弗雷斯鲍迪商行后来宣称，“由于他们在佛兰德斯和佛罗伦萨借给国王大笔的贷款”，各种各样的储户从该商行提走了大约50 000弗罗林（至少7 500英镑），这一说法可能指的就是这一时期的情况。爱德华一世被迫采取一系列特殊措施为其战争筹集资金，这导致了1297年英国严重的宪政危机；他在国内遇到的困难归咎于同一年他远征尼德兰的失败，这一危机的后遗症损害了爱德华后期的统治。

1299~1311年，弗雷斯鲍迪商行扮演了主要皇室银行家的角色。他们在1302年宣称，当时他们已经借给皇室32 886英镑；但是1310年的账单显示，借款总额至少达到了120 000英镑，几乎都是1302年以后借的[④]。他们 【457】
的贷款帮助爱德华继续进行与苏格兰的战争，但是在他统治的最后10年中，

① 所有有关爱德华与里卡迪商行进行交易的数字都来自皇家和该商行的一系列记录。《英国档案局》，《财政部总账目》，E. 101/126/I；《卷筒宗卷》（E. 372），第123、124、125、133、134、143页。

② 《英国档案局》K. R《备忘录宗卷》（Memoranda Roll），E. 159/68，m. 82d。

③ 《英国档案局》，《财政部总账目》E. 101/126，第13、15页。

④ 《英国档案局》，《弗雷斯鲍迪商行的登记账目》，《卷筒宗卷》，E. 372/154；1304~1310年的收支账目；《爱德华一世和二世统治时期的支出保证》（E. 404/1 and E. 404/481－485）；《财政部总账目》，E. 101/126/129；英国博物馆，Cottonian MS. Nero C. Ⅷ，m. 5d。

其财政状况却日益恶化。从1294年开始的一段时期，战争连绵不断，皇室通过以货物和交通方式作担保从商人和其他人手中得到大量贷款。由于国王的财政困难不断加重，宫廷正常开支应付的款项拖欠的时间也越来越长。当1307年爱德华一世去世时，其宫廷国库所欠的债务至少有60 000英镑。这些债务许多一直未能偿还，这种隐性破产，不仅损害了国王主要的银行家的利益，而且损害了许多地位低下的人们的利益，从那以后这成为皇室财政周期性的特征，在战争时期尤其如此。

在信贷人中，那些较有权力的团体能够对王侯施加压力。1299～1302年，贝约纳（Bayonne）的船主和酒商完全控制了英国的关税，从中偿还的债务总共为45 000英镑①。弗雷斯鲍迪商行在利用这种偿还方式方面进行得最为成功，皇室的收入不断地转入了它们的手中，所有港口的关税被它们控制了8年。在1310年结束它们与国王的最后一笔交易时，皇室拖欠弗雷斯鲍迪商行的债务为21 635英镑，但是除了这一总数以外，利息和损失的赔偿额为12 000英镑。这并不是一笔沉重的债务，因此国王从主要金融家那里的固定借贷仍旧运转得相当良好；直到1311年，一场政治革命才暂时破坏了这一体系。弗雷斯鲍迪商行的财富和它们在宫廷的影响力使它们四处树敌。反对派贵族要求把弗雷斯鲍迪商行驱逐出境，目的是试图使爱德华二世在财政上陷入孤立无援的境地。该商行的成员只好迅速逃离英国以求自保。皇室拖欠它们的债务一直未能偿还，它们又被从其主要的活动地区驱逐了出去，再加上它们在欧洲大陆遭受的其他不幸，使得弗雷斯鲍迪商行很快破产。毫不奇怪，意大利诗人乔瓦尼·弗雷斯鲍迪（Giovanni Frescobaldi）后来警告其在英国经商的同胞，“不要和宫廷里的人进行任何交易”。

但是，弗雷斯鲍迪商行的命运并没有吓倒其他的意大利人。1312年初，当爱德华二世躲避在英格兰北部，随时可能遭到反对派贵族的进攻时，一位热那亚人安东尼奥·佩萨格诺（Antonio Pessagno）愿意为他提供信贷货物
【458】和部分贷款。当1312年下半年爱德华的权力部分恢复后，佩萨格诺又增加了贷款。他是一个新手，属于一个在热那亚到佛兰德斯、英格兰的新兴海上贸易中非常活跃的家族。他希望不惜一切代价建立自己的地位，这一愿望驱使他这样做。但是设在佛罗伦萨的大巴迪公司可能不是出于这种动机——从1312年10月起，它们开始定期借贷给爱德华二世——巴迪公司之所以进入皇室信贷服务，可能主要也不是希望讨回皇室以往欠它们的债务，因为在

① Ch. 贝蒙：《加斯科涅人的作用》，Ⅲ（巴黎，1996年），第171卷。

1312 年 10 月皇室欠它们的债务并不太多[①]。他们预计将从与国王交易中获得利润，这或许是主要的驱动因素。在爱德华统治的剩余时间里，巴迪公司一直是其主要的放贷商。在 1326 年爱德华二世被暴力推翻后，继任的政府认可了巴迪公司的价值；1330 年的另一场革命又把个人权力交到了爱德华手中，他同样继续雇佣了巴迪公司。该公司已经成为政府正常安排的一个组成部分——就像行政管理人员一样——很少再受到政治动乱的影响。

爱德华三世统治早期（直到英法战争爆发）是这一阶段的最后一个时期——在这一阶段，皇室信贷体系通常从一个大放贷商或两三个大放贷商那里借款。国王一年正常的收入通常不超过 30 000 英镑。这一时期的借贷是持续而有节制的，每年的借款平均在 12 000 ~ 20 000 英镑之间，每年的利息可能是 4 000 英镑。关税仍旧是偿还债务最重要的担保；1328 ~ 1331 年总共偿还的 56 000 英镑中，有 21 000 英镑来自关税。直接税的收入则是国王最后的储备。每过几年，爱德华三世就得到一笔世俗补助金或宗教补助金，常常两者兼得；这类收益总共大约57 000英镑，其数额足以偿还国王的大笔债务。整个系统的正常运转，依赖于国王协调其国会以及宗教会议的能力，但同时也有赖于国王借助放贷商加强自己对付国会的能力。

当 1337 年与法国爆发战争时，开发英国主要经济资源的可能性被寄予了很高的期望——即羊毛供应的垄断权，尤其是对低地国家大工业地区羊毛供应的垄断权。开始时，爱德华三世拥有潜在的优势，他得到了佛罗伦萨银行家的全力支持，而这正是爱德华一世在危急时刻所缺少的。通过劝诱——英国人自己可以在很大程度上控制羊毛贸易——爱德华三世得到了英国商人的帮助。1337 年的一场皇家财政危机，可能正好为英国商人提前提供了一 【459】
个相似的机会，爱德华三世显然正在与一个有魄力的商人团体打交道，英国商人第一次成为公爵信贷资源中的一个重要选择对象。佛罗伦萨和英国金融家的支持实质上帮助爱德华三世在尼德兰和莱茵兰洽谈更多的贷款协议。中世纪的英国，没有一位统治者能像爱德华在 1337 ~ 1340 年那样，在短短的几年中得到那么多的贷款。国王的议会在 1339 年 10 月毫不夸张地估计，皇室的总负债超过 300 000 英镑。但是，到了 1340 年，爱德华的信用降得很低。自 1338 ~ 1339 年放贷 125 000 多英镑后，巴迪公司和佩鲁齐公司都资金枯竭；英国大商人威廉·波尔（William de la Pole）也拒绝更多地贷款

---

① 《英国档案局》，《巴迪公司的登记账目》，《卷筒宗卷 6——爱德华三世》（E. 372/158）和 K. R. 《备忘录宗卷 5——爱德华二世》，E. 159/85，m. 55。

——他在同一时期为国王筹得 100 000 多英镑的贷款，其中大部分来自英国人和尼德兰的外国人。那一年底，在英国的一场暴力危机中，皇室垮台了。

这一事件的一个重要后果是，严重破坏了巴迪公司和佩鲁齐公司的财政地位。整个欧洲都知道它们与英国皇室的联系；1338 年 10 月，佩鲁齐公司认为有必要从意大利派一只特殊的船只前往其位于罗得岛（Rhodes）的分支机构，带去有关英法战争的消息，可能是为了对付有害的谣言[①]。爱德华无法迅速偿还其拖欠这两家公司的大笔债务，实际上他也无意于这样做，因为从 1342 年以后这两家公司实际上已经停止向他提供贷款。佩鲁齐公司和其他佛罗伦萨公司在第二年就倒闭了；巴迪公司则一直支撑到了 1346 年。虽然意大利的财政和政治困难是佛罗伦萨公司倒闭的直接原因，但是巴迪公司和佩鲁齐公司与英国国王的纠纷无疑在很大程度上削弱了它们的力量。在 1345 年，爱德华三世拖欠巴迪公司的贷款为 63 000 英镑，另外还至少有 40 000 英镑的利息[②]。佩鲁齐公司被拖欠的贷款大约是 44 000 英镑，利息 27 000 英镑[③]。在巴迪公司破产之前不久，该公司在英国的代表被扣押了起
【460】来；当他们宣布放弃讨还利息的权利后，才被释放[④]。

没有其他意大利公司能成功地替代巴迪公司和佩鲁齐公司在皇室信贷服务中的地位。其他放贷商（包括少数意大利金融家）仍旧继续与国王进行交易，但是在爱德华三世统治的剩余时间里，没有一家公司显得至关重要。巴迪公司和佩鲁齐公司的消失，为英国商人取代它们成为主要的皇室银行家提供了机会，一系列的“辛迪加”（即企业联合组织）就是主要的英国商人为了这一目的而组建起来的。看起来，一个英国大资本家阶级似乎是突然崛起的，但是对他们资金实力来源的分析可能会纠正这种印象。除了威廉·波尔（William de la Pole）、亨利·皮卡德（Henry Picard）和其他一两个商人以外，这些辛迪加的成员和支持者都不是很富有。辛迪加大量贷款的能力与他们拥有的财政、贸易特权紧密地联系在一起。他们缺乏大量的原始资本来源——意大利公司在从事皇家信贷服务时则通常拥有大笔的原始资本。因此，爱德华三世把其资产授予英国的辛迪加，辛迪加用这些资产为担保在英

---

① A. 萨波里：I libri di commercio dei Peruzzi（米兰，1934 年），第 181 页。

② 《英国档案局》，《财政部总账目》，E. 101/126/3；Cal. Patent R. 1343～1345，467～469 和《大法庭杂录》，C. 47/13/12；A. 比尔德伍德：《1350～1377 年在英国的外国商人》（剑桥出版社，1931 年），附录 A。

③ 《英国档案局》，《财政部总账目》，E. 101/127/36；《卷筒宗卷 20——爱得华三世》m. 35；《大法庭杂录》，C. 47/13/11。

④ 《英国档案局》，《议会和国会的会议记录》，C 49/7，第 17 页。

国国内或国外进行贷款，然后再把这些钱借给英国国王。于是，以沃尔特·彻里顿（Walter Cheriton）为首的公司在两年半中至少借到了 53 000 英镑。首先，国王把关税的全部收入授予了辛迪加，而它们每年要为此支付 50 000 英镑的定额给国王。在战争时期，出口羊毛关税不断上升，这为辛迪加留下了可观的利润差额。它们对关税的控制也有利于它们进行借贷，受到宠爱的放贷人，可以被皇室承诺豁免关税，或者以特殊的比率纳税。在某些特定的时期，辛迪加也享有出口羊毛的垄断特权。在 1347 ~ 1349 年的大多数情况下，国王都是应沃尔特·彻里顿（Walter Cheriton）及其合伙人的要求而禁止羊毛出口，这样它们就可以在英国国内以更便宜的价格收购羊毛，然后以更高的价格在国外出售。

另外，国王试图利用这样一个事实：即自从 1337 年战争爆发后，国王已经欠了相当数量的债务，这既是贷款和信贷购买货物的结果，也是在资金不足的情况下支付士兵和官员工资的结果。1343 年，一群主要的商人组成了第一个辛迪加，大部分是希望国王能够偿还以前欠他们的债务。于是一个主意应运而生：让关税的承包商同时也减轻国王其他的债务——其方法是，通过一定的折扣将关税买断，当国王偿还所有债务的票面价值时再给予补贴。于是，约翰·威森汉姆（John Wesenham）在 15 个月中（1345 ~ 1346 【461】
年）因承包关税而欠国王 62 000 英镑。但是允许他把其中 20 000 英镑算作皇室债券扣除，所以他只需交纳 42 000 英镑的现金。于是，辛迪加的利润在很大程度上就依赖于他们以什么折扣取得皇家的合约。1352 年财政部的官员在审计此类交易的账目时，接受了许多值得信赖的证人提供的证据：通常 1 英镑只支付 2 先令或 2 先令 6 便士，但这个数字常常会更低①。爱德华三世通过这种方式把获得利润的权利给予了放贷人，由此避免因借贷付给他们大量的利息。1343 ~ 1352 年，通过这种方式至少偿还了 80 000 英镑的债务。

英国的辛迪加首先从一个广泛的英国商人圈中吸引资本。1343 ~ 1351 年，所有的商行都先后在伦敦建立了总部，但是伦敦人只是关注这一计划的许多的商人团体中的一个。威廉·波尔——许多商人称他是整个计划的倡导者——是北部商人团体中最重要的一员，他通过为与苏格兰作战的英国部队提供物资、在约克郡和林肯郡进行羊毛贸易而发家致富。来自东安格连

① Testatum est per plures fidedignos quod communiter livra empta fuit pro Iis. Et Iis. Vid. Et raro ad plus.《英国档案局》,《关税账目》, E. 122/158/37。

(East Anglian) 港的梅尔切伯恩·威森汉姆 (Melchebourn) 和约翰·威森汉姆 (John Wesenham) 兄弟在1343～1346年发挥着领导作用。伦敦市民沃尔特·切瑞顿 (Walter Cheriton) 和托马斯·斯旺兰 (Thomas Swanland) 的最后一个辛迪加，经常雇佣以约克人约翰·戈德伯特 (John Goldbeter) 为首的北方羊毛出口商人组成的重要团体，目的是把钱汇往布鲁日。辛迪加也从在英国活动的意大利商人和汉萨商人那里借钱；在很多情况下，还在布鲁日大的货币市场上筹集资金。可见英国公司几乎从欧洲西北部所有可获得的主要资本来源那里吸引资金。

这些措施在几年中被证明足以满足爱德华三世当时的财政需求。在1346年的克勒塞战役 (the Crecy campaign) 和随后对加来 (Calais) 长期的围攻中，英国的辛迪加都为他们筹集资金。当一切运转良好时，商人都渴望确保自己能承包皇室关税，于是1346年他们竞相抬高给予国王的承包价。1348年秋天在英国爆发的一场瘟疫使整个计划毁于一旦。沃尔特·切瑞顿 (Walter Cheriton) 的最后一个公司——当时是它承包了关税——由于负担过重、过度投机而未能度过这场突如其来的风暴。它并没有立刻倒闭，但是却无法还清1348～1349年所借的债务。国王无情地追缴该公司欠他的债务；
【462】这个公司的最后破产拖累了不少重要的商人，同时也拖累了许多普通的百姓。此时，大资本家大多名誉扫地；他们无情利用特许权以偿还皇家债务的方式使他们非常不受欢迎，一些严重的欺诈行为也被揭发出来。辛迪加利用他们对羊毛贸易的控制靠不光彩的手段赢利的方式在1353年使国会完全禁止英国人出口羊毛，以防止再次出现类似的垄断；于是在接下来的几年中，羊毛贸易全部被掌握在外国出口商的手中。

7.4.3 没落时期的皇家信贷系统

英国辛迪加的声誉的败坏和破产，产生了持久的后果。尽管在爱德华三世统治的后半期并不缺乏重要的英国资本家，但是主要的英国商人都害怕与国王进行更密切的交易。商人们也灰心地认识到，通过向国王贷款而公开地牟利既不受欢迎又不得人心；当一个商人的利用价值消失后，他就很容易遭到国王的起诉。伦敦人亨利·皮卡德 (Henry Picard) 的行为很好地说明了英国金融家更加谨慎的态度。他是当时最富有的商人之一，而且在过去经营威森汉姆 (Wesenham) 公司和切瑞顿 (Cheriton) 公司时得到了很多利润；但是他一直躲在幕后，逃脱了受切瑞顿公司破产的牵连，而且避免了此后承担危险的责任。在爱德华三世统治的最后几年中，当一位伦敦人理查·莱昂斯（Richard Lyons）试图重新承包关税时，他发现只能得到相对很少的支持；他同意以关税为担保进行贷款，作为回报允许皇室用贷款偿还皇室的旧债务。一群主要的伦敦人坚决反对他这样做。莱昂斯本人只拥有少量的资本，他的一部分贷款便由某些希望与莱昂斯共同获利的大臣和贵族提供。该计划的这个特点显然授人以腐败的口实。在1376年的政治危机中，国会指控莱昂斯是营私舞弊的典型人物；他被送上了法庭，并被判有罪；他的命运再一次表明：与国王进行大规模的金融交易危险很大。1382年国会的一个事件，充分表明了大多数英国商人的谨慎态度。当国会要求以关税作担保贷一大笔款时，当时在场的商人回答说他们既不愿意也不敢以这种方式向皇室贷款；正如商人们所说，贷款给国王"获利极少"；他们也害怕遭受与波尔、切瑞顿以及辛迪加的其他发起人一样的命运——他们后来被蓄意起诉，一些人更是被"彻底毁掉了"。大多数的外商也逐渐吸取了同样的教训。据存留下来的财政部收入卷宗的记录，在兰开斯特王朝统治英国的60年中，从外国商人那里得到的贷款不超过26 500英镑，其中有一部分还是强迫借贷的。 【463】

1352年以后，爱德华三世只好在无法定期借贷的情况下安排他的事务。对爱德华来说幸运的是，他的其他资源此时比他统治初期大大地增多了。1348～1349年的大瘟疫对皇室的收入没有产生灾难性的影响。羊毛的出口很快恢复到以前的水平，1350～1351财政年度关税的收入已经达到78 900英镑。当14世纪60年代恢复和平后，战俘赎金的收入帮助爱德华渡过了财政困境。在这种情形下，信贷的作用降低了，成为一种偶尔的权宜之计；当然靠信贷购买家庭用品仍旧是皇室持久不变的一个特点。但是当皇家政府的财政状况恶化时，这种只适应财政宽松时期的信贷措施被证明是完全不够的，因为此时理查二世（Richard）尚未成年，而且又处于兰开斯特王朝的统治之下。这时可以深切地感觉到国王无法得到杰出的职业金融家的帮助的严重性。

商人们不愿与皇室进行交易，这仅仅是造成爱德华三世的继任者在借款时遇到困难的原因之一。普遍的经济变化影响了皇室借贷的能力，也影响了他寻求大量放贷人的能力。在从黑死病爆发到理查二世（Richard Ⅱ）被废黜的50年中，英国的羊毛出口下降了1/3；在兰开斯特王朝统治的60年中，又减少了一半多。结果，1350～1430年，皇室来自关税的收入下降了一半，皇室收入的数量比正常预期的还少了很多。布匹开始替代羊毛成为英国最重要的出口商品。但是英国的布匹（不像羊毛）如果要在国外成功地卖出去，就不得不保持价格的低廉，在中世纪一直未曾试图对布匹的出口征收重税。英国贸易结构的这些变化，加上农村农业经济的转变，使英国商人的财富减少了。英国人现在控制着正在衰退的大部分羊毛贸易，但是英国的羊毛出口商数量减少了，其拥有的资金似乎也比百年战争爆发之前他们先辈的资金更少了。在15世纪上半叶，布匹的出口贸易方面并未出现先前羊毛
【464】出口贸易的那种垄断，使得爱德华三世无法大量借贷。“实际上，整个这一时期的商人规模都变得更小了”①。除了外国商人的支持以外，英国皇室不得不依靠来自其本国国民的贷款；但是在15世纪，除了一些教士和贵族以外，没有一个人能借得出很多钱。

英国国王们在14世纪末、15世纪对国内放贷人（来自有产阶级的各个部分）的依赖，注定要影响他们与所有团体的关系——他们需要这些团体政治上的支持。因此，知道这一点非常重要：他们是否承诺回报给国内放贷人满意的补偿？可惜的是，完全缺乏这方面的证据。记录偶尔可能会显示：国王会授予一位商人贸易特权，作为其提供贷款的回报。有人指出，送给这些提供信贷的国内商人的皇家债券通常多于他们实际借贷的钱，在这种情况下，皇家财政部收入卷宗——这是我们获取资料的主要来源——所记录的贷款数额，实际上是国王所欠贷款的记录，而并非他实际借到钱的数额②。这可能是对一些情况的正确描述。我们发现，据财政部记录，一位富裕的伦敦高级市政官（同时是一位有名的纺织品商人）理查·威廷顿（Richard Whittington）1400～1413年10次贷款给国王的结果是13 700英镑；我们大概可以合理地推断认为，他从这些交易中得到了一些好处。但是并非所有的放贷人都能获得这样的利润。无论如何，皇室的许多贷款人都更关注蒙受损失的危险，而不是财政获利的可能性。在整个14世纪和15世纪，皇室的债务通常都超过可用来还债的收入，所以每一个放贷人都不得不尽其所能确保自己得到优先对待，以便获得任何可以得到的东西。甚至是非常有影响力的人也很难在一定时间内完全收回皇室欠他们的债务。

当与放贷人打交道时，所有中世纪的统治者都表现得无耻且言而无信。但有一种观点认为，在中世纪后期英国国王对皇室债务的态度才日趋恶化，

---

① E. 鲍威尔：《中世纪英国羊毛贸易史》，（牛津，1941年），第121页。

② K. B. 麦克法兰：《对兰开斯特国王们的贷款——诱因问题》，《剑桥史杂志》，第九期，第一号（1947年）。A. 斯蒂尔对这一问题的研究不能让人满意（《财政部的收入——1377～1485年》，第18～20页）。

这个观点似乎言之有理。至少爱德华三世在其遗嘱中表示，希望他的继承人能够承担因国家需要而借的债务，而他的私人债务则由他的指定遗嘱执行人来处理。理查二世统治时期最后两年实行的高压做法，引起了有产阶级的恐 【465】
惧，他的反对者把理查二世从未试图偿还其所借的债务作为控告他的一条罪状。尽管亨利四世试图从这种宣传行动中获利，但是他从没有试图如期偿还被他废黜的国王所欠的债务。在对待皇室信贷问题上，兰开斯特王朝表现得缺乏远见。亨利五世未能偿还其父亲的大部分债务。直到 1422 年，亨利四世遗嘱的指定执行人只得到了 4 000 英镑以偿还亨利四世的债务，而在 1413 年王朝曾承诺给他 25 000 马克（16 666 英镑）。当亨利六世尚未成年时，在供应充足以前，他祖父和父亲的放贷人的还债要求被长期拖延，一直得不到满足①。皇室无法兑现承诺的原因在于：兰开斯特的国王们筹集不到充足的贷款。

国王为支付紧急款项而经常需要紧急借贷，这在 1362 年的一项政府调查中被很好地描述出来。“有时，要支付的钱必须从上述城市（伦敦）或其他地方借贷，并尽快支付……为国王的种种活动，或便于他们出行……通常在中午之前支付，有时在当晚支付。”② 这种生意大多落入了伦敦人手中。这或许是英国辛迪加——它们使英国皇室习惯于通过伦敦商业团体筹集资金——一直延续的影响之一。伦敦人似乎比其他放贷人更能保证贷款被偿还，因为他们有许多独有的机会可以熟悉财政部的官员及其办事方式。威廷顿把借给理查二世的贷款从亨利四世那里要了回来，他是少数几个能够这样做的人物。在理查二世和前两位兰开斯特国王统治时期，一些最重要的伦敦人都借钱给他们，但是没有一笔贷款超过 4 000 英镑。从财政部的收入卷宗来看，伦敦市民和伦敦市政府提供的贷款占了理查二世全部贷款的 33% ~ 40%，占了亨利四世全部贷款的一半多。

1338 年之后财政部和中央政府其他机构在伦敦的永久建立及其持续存在——此时皇室的收入和支出都比过去高得多——为伦敦人提供了各种各样与国王进行交易的、有利可图的机会。单纯借钱给政府只是许多可能的生意形式之一，可能也不是最赚钱的。把皇室的罪犯从监狱中赎救出来则有一套复杂的交易，一些伦敦人把相当数目的贷款借给一些重要的俘虏——比如法 【466】

① J. S. 罗斯克尔：《1422 年议会中的下院》（曼彻斯特，1954 年），第 118 ~ 120 页。

② Cal. Close R. 1364 ~ 1368 年，第 119 页。

国国王约翰[①]。一些伦敦资本家以打折的方式尽可能买进由财政部提供给皇家信贷商的未来收入转让证书，这些转让证书的领受者大多宁愿从中间商那里得到一些现金，而不愿个人在收回政府承诺的钱时面对拖延和不确定的情况。以信贷方式为伦敦塔（the Tower of London）的皇家造币厂供应贵重金属，为商人们提供了另一个有利可图的投机买卖。直到接下来百年战争爆发的那个世纪，伦敦人才取得了在英国对外贸易中的支配地位，也取得了相对于其他英国商人团体的优先权。在伦敦，存在各种各样与皇家政府做财政生意的机会，这也为伦敦人地位的发展作出了贡献。随着英法战争的延长，这些机会不断增加，在中世纪末伦敦人（而不是外国商人）第一次充分利用了这些机遇。

在15世纪，通过在加来的贸易中心公司（the Company of the Staple at Calais），伦敦人在英国羊毛出口商中形成了最具影响力的团体。因此，伦敦人提供的借贷与贸易中心在其能力范围内提供的借贷之间存在密切的联系。贸易中心——而不是羊毛商个人——最早提供的贷款源于1407年的一个紧急事件。当时，加来的卫戍部队发生了叛乱，他们扣押了积存的羊毛，要求政府发给拖欠他们的军饷；贸易中心只好向皇室贷款8 000英镑，赎回了其成员的货物。这反倒使得兰开斯特统治后期发生了一系列类似的叛乱。1454～1456年，贸易中心共贷款43 000英镑，是它提供的数额最大的贷款，其贷款的原因也和以往相似。贸易中心相当固定的放贷始于1430年，其主要原因是——需要经常收买国王，以便说服他保护贸易中心的特权。在1448年以后——英国在法国的资产此时已经逐渐丢失，加来自身防卫的需要促使贸易中心进行更普遍地放贷。与之相似，这也是伦敦人仍然愿意借钱给兰开斯特政府的惟一目的[②]。在随后很快爆发的国内战争中，贸易中心便借钱给当时能够保卫加来的任何人。

【467】 14世纪晚期英国政府和兰开斯特王朝政府的弱点之一是：当它们需要大笔贷款时，它们通常不得不从商人以外的其他人那里寻找（至少一部分）贷款。重要的贵族和教士成为这一时期举足轻重的人物，他们中的一些人则利用这种地位达到他们自己的政治目的。温切斯特主教博福特（Bishop Beaufort of Winchester）的故事就是一个最好的例子。为了使他自己从与他侄子亨利五世的政治困境中摆脱出来，他开始了自己放贷人的生涯。在亨利

---

① L. 杜埃·德亚克：《14世纪法国财政部的账目》（巴黎，1851年），第235、237～238、270页。

② M. I. 皮克：《伦敦与玫瑰战争（1445～1461）年》，（伦敦大学，硕士论文，1925年）。

六世尚未成年时，博福特的贷款是必不可少的，他也利用这一点保持和加强他对政府的控制。他向兰开斯特王朝统治者提供的贷款总数略微超过200 000英镑，1432～1444年提供的贷款超过了这个总数的一半以上，其目的是防止英国在法国遭受失败。博福特可能也从借贷中获得了财政收益。在1421年，当他的大部分财产掌握在亨利五世手中时，亨利大概欠他26 000英镑——这是皇室欠博福特数额最大的一笔贷款；到1447年博福特去世时，他的财富至少翻了一番——差不多等于国王的年平均收入。博福特几乎总是能够确保他的贷款得到快速的偿还，他利用自己作为主要皇家顾问的地位把国王因贷款抵押给他的贵重珠宝永远地扣留了下来。在随后的玫瑰战争（the Wars of the Roses）期间，皇室的财政也具有同样的特点——依靠有钱有势的国民。1452～1475年，贵族提供的贷款比其他任何团体（除了贸易中心以外）都要多：在内战中兰开斯特王朝和约克王朝的国王们都主要依靠他们各自坚定的支持者提供财政资助。

在14世纪晚期和15世纪，向整个英国的自治市和富裕的个人普遍强索贷款成为一种正式的财政手段。这并不完全是一项创举，但是在中世纪晚期，这种强索贷款变得更加频繁、更加重要。这是国王能够补充通常不足够的国内商人和大亨提供的贷款数目的惟一办法。这两种方法被结合起来一起使用：先选择一些人，要求他们提供一定数目的贷款；在有特殊需要时会指定一个委员会，在每个郡筹集贷款。这种强索方式肯定不会受到欢迎。如果我们要相信不友善的编年史家的话，那么当时在劝诱人们捐助时，政府可能施加了一定的压力。例如，在理查二世的“苛政”时期，据说就曾发生过这种情况。但是有更多的证据表明，人们通常可以非常自由地拒绝借钱，或者根据他们自己的选择提供贷款。许多放贷人只同意根据未来税收的限额提供贷款，大多数的强索贷款通常只是预先征收国会早已批准的直接税。【468】

在英国，除关税以外其他永久税收的缺乏防止了这个国家职业财政官员的地方官僚主义的增长；但是在法国，职业财政官员在为国王筹集贷款方面却发挥着重要的作用。在法国，特殊收入的征缴者和直接税的重要承包人拥有相当永久而确定的地位，使他们能够以其控制的收入作担保筹集相当数量的资金，并为法国国王提供大笔的、经常性的贷款。在英国，没有一种税收产生的贷款会超过单一的“什一税和什伍一税”（tenth and fifteenth）（不超过38 000英镑）。如果一些特殊的重要放贷人（比如贸易中心或博福特）不算在内，那么国王以这种方式筹集的贷款没有一年会超过20 000英镑。国会不愿批准借债、税收在15世纪的递减、在英国只能借到小额贷款，这些或许都在中世纪晚期英国人经历的经济困难中拥有其深层的原因。但是兰开斯特王朝统治弱点的纯政治原因也不容忽视。很有意义的是，亨利五世——兰开斯特王朝惟一有能力、受欢迎的统治者——相当成功地确保国会批准了税收和借债。

在中世纪的最后一个世纪，高效借贷体系的缺乏成为英国皇室财政更为严重的一个弱点。亨利四世的困难源于他无法借到他所需要的足够资金。当1402～1405年情况极度恶化时，驻守在威尔士的皇家部队指挥官被迫通过典当其珠宝或抵押其私人财产进行贷款[①]。只有少数放贷人（主要是伦敦人）愿意冒险定期贷款给亨利四世。亨利四世的儿子在整个国家的贷款却都较为成功，但是亨利五世的巨大胜利给英国人一个“安全”的错觉。1422～1428年，政府未能保证国会批准征收任何一种直接税；在1433年前后，皇室一年的正常收入平均是57 000英镑，几乎全部被英国政府的正常开支消耗掉了。在1433年，英国政府欠放贷人的贷款不超过20 000英镑；但是据司库估计，逾期未付的年金和旧的债务则为88 000英镑[②]。形势不断恶化，但是并非没有一点希望；尽管敌对情绪还在持续，但是固定而低额的
【469】税收仍旧使为战争筹集资金的问题得以控制。30年代是英国军事遭受大失败的时期，这也暂时迫使国会更加频繁而慷慨地批准征缴税收。这增加了贷款的安全性。1432～1442年，光博福特就至少给皇室贷款91 500英镑。据财政部收入卷宗记录，这一时期贷款的年均收入达到了25 000英镑的巨大数字。但是这种特殊的努力并未能持久，到了40年代晚期，兰开斯特政府变得非常不受欢迎，无法征收到足够的税收。据估计，其1449年的债务高达372 000英镑。商业团体对政府的命运变得不感兴趣，并完全对它失去了信任：在1448～1453年与法国最后的激战中，伦敦人一再拒绝贷款给亨利六世，便清楚地表明了这一点。兰开斯特王朝的财政破产了，这正好处在玫瑰战争爆发、兰开斯特王朝政治崩溃的前夕。

爱德华四世的统治在财政和其他事务方面翻开了崭新的一页。他在1467年对国会说：“我决心从我自己的领地上征税”。这些话表达了爱德华更有效地利用皇室资产和特权的决心。他希望从国王的土地上得到更多的东

① 《英国枢密院的会议记录和法令》（H. 尼古拉斯主编），第一卷，第231～232、266～274页；第二卷，第63页。

② J.L. 科比：《兰开斯特王朝财政部问题和克伦威尔勋爵在1433年的估计》，见《历史研究所学报》，第24期（1951年）。感谢科比先生就这一时期的情况为我提供许多有价值的信息和建议。

西，但是如果想要使皇室的资产再次成为国王财政的核心，那么就需要行政管理方式发生剧烈的变化。爱德华成功地做到了这一点。据估计，他的弟弟理查三世可能就享受到了这一成果，来自其土地上的年纯收入至少是 25 000 英镑①。

在爱德华四世统治早期，由于常常入不敷出，他不得不从各种各样的放贷人那里频繁地进行借贷。与兰开斯特王朝最后的政府相比，伦敦人和贸易中心似乎更喜欢爱德华。通过答应承担亨利六世欠贸易中心的债务，爱德华表明，他非常清楚贸易中心的帮助对保护加来是必不可少的。这一点在 1466 年所谓的《保留授权法令》中得到了正式确认，在做了一些修正以后，它一直生效，直到 1558 年英国失去加来为止。在这种情形下，贸易中心完全承担了保护加来所需的开支，作为回报，它们得到了出口到加来的所有羊毛关税收入的承包权。估计由此每年得来的收入大约是 15 000 英镑。贸易中心公司由此逐渐收回了皇室欠它们的最大的债务——1464 年债务数量为 32 800 英镑。与切瑞顿及其协会 1346 ~ 1351 年提供的 240 000 英镑相比，【470】这些都只是小数目——当时他们以每年 50 000 英镑承包了关税。在这两个时期之间的一个世纪里，关税的收入急剧下降。甚至是 1466 年的安排也被证明非常不稳固，也会因一个时期贸易的混乱、关税收入的不足而很快中断。爱德华甚至试图染指其先辈拒绝接受的信贷资源。从理查二世统治时期开始，国王们从在英国经商的意大利商人那里得到了相当数量的贷款。爱德华与杰勒德 · 卡尼赞尼（Gerard Caniziani）建立了良好的关系，此人是当时梅蒂奇（Medici）商行在英国的一个高层人物。卡尼赞尼愿意借钱给英国国王引起了其雇主的很大不安，这些贷款的损失是梅蒂奇商行伦敦分行在 1471 年以后破产的主要原因。但是卡尼赞尼的贷款却帮助爱德华渡过了其一生中最为困难的时期。

在爱德华统治的最后 10 年中，皇室的借贷减少到了适度的比例。爱德华在政治上已经感到非常强大，足以征收强制性的贡品（“恩税”），以前他的先辈们也曾试图向臣民“强制”贷款。到了爱德华统治末期，他已经能够偿还其大部分的债务：到他去世时，欠贸易中心的债务已经减少到了

---

① B. P. 沃尔夫，《约克国王统治下英国皇室资产的管理》，载于《历史研究学会报告》，第七十一期（1956 年），第 19 ~ 20 页。可供对比的是，在 1433 年据国王的司库估计，当年来自土地上的纯收入大约是 8 000 英镑。参看 J. L. 科比：《兰开斯特王朝财政部问题和克伦威尔勋爵在 1433 年的估计》，《历史研究学会报告》，第 24 期（1951 年），第 132 ~ 133 页。

2 616 英镑[1]。政府仍旧向皇室官员和商人进行小额的借贷，任何高效的政府都会发现：这是一种非常简便的财政应急手段。财政部和皇室政府的正常运转继续增加了其他常规的信贷安排：为皇家造币厂供应金银，靠信贷购买物资，或者削价销售政府债券和转让财产。但是收入的征缴与任何特定形式或类型的放贷团体都没有关系——特别要除外的是，羊毛关税由贸易中心公司负责征收；这是过去的遗产之一，没有什么发展前途。到了 15 世纪末，英国贸易商人最重要的主体是布匹出口商，但是他们的组织“商人冒险家协会”作为全国性机构才刚刚起步，其作为放贷人的价值直到爱德华四世和亨利七世时期才吸引了国王们的兴趣。

在 15 世纪末，与法国国民相比，英国人没有什么理由对税收进行抱怨。在条顿王朝（Tudor）统治早期，直接税仍然被看作是特殊的税收；“什一税”和“什伍一税”仍旧以固定、陈旧的估价体系进行征收，也不允许政
【471】府开拓新的财源。15 世纪在直接税上进行的其他试验并没有产生一种令人满意的选择方式。与法国的贡金（aides）和盐务税（gabelle）相比，英国皇室没有对日常消费品征收赋税。羊毛关税曾经是皇家信贷的支柱，现在却只能用于维持加来的供应。无论是出口还是进口的其他商品，大部分都只缴纳很轻的赋税；到了亨利七世统治初期，整个货物估价体系和关税征收体系都急需改革。一个世纪后，即在伊丽莎白一世（Elizabeth Ⅰ）统治的后期，关税的收入仍旧没有超过爱德华三世统治中期的水平——当时达到了中世纪的最高峰[2]。“没有大量的固定税收，就没有固定的贷款”，这句格言非常适用于条顿王朝统治早期的英国。基于同样的原因，大多数的英国机构相对来说很少受到皇室寻找信贷工具行动的影响。法国君主 16 世纪运用信贷的方式可以追溯到路易十一统治时期甚至更早，但是条顿王朝和斯图亚特王朝时期的信贷与它们中世纪的历史却没有什么直接联系。以羊毛关税和个人财产税（两种税收都适应于中世纪的现实）为主要基础的中世纪信贷系列于 1485 年宣告结束。

---

① J. R. 莱德：《爱得华四世：现代传说和修正》，《历史》，第六十一期（1956 年），第 47 页。

② 1596～1603 年关税的年均收入估计为 85 000 英镑。参看 A. P. 牛顿：“英国关税大承包的建立”，《信托收据历史系列》，第四系列，第一章（1918 年），第 152 页。

7.5 法国

研究中世纪法国的公共信贷史特别困难，因为大部分法国君主的中央财政档案都遗失了，专门研究法国中世纪公共信贷历史的现代著作也非常少见。

在13世纪的大部分时间里，可以把主要的兴趣集中在法国封建诸侯国统治者的信贷交易上。这是一个极度多样化的叙述，反映了法国不同省份间的经济差异。在13世纪后期，意大利商人在法国许多地区部分取代了法国的放贷人，在美男子腓力（腓力四世）统治下的一小段时期，法国的国王们大量雇佣了意大利银行家。但是在14世纪的大部分时间里，法国国王们渴望避免任何过于强大的资本家（不管是外国人还是法国人）处于支配地位。15世纪上半叶内战和对外战争期间，对这一政策的暂时偏离意味着皇室财政弱点的出现。路易十一回归到前一政策，采取了更加独立的态度。但是与英国相比，在中世纪的法国，从国民中所有富裕阶级那里进行不定期的借贷范围更广、更为成功。对信贷的依赖构成了中世纪晚期法国许多财政措施的基础；国王渴望确保自己拥有充足的信贷工具，这为法国的机构和社会留下了深深的印记。 【472】

7.5.1 13世纪：概述

保留下来的法国国王的财政账目最早开始于1202～1203年。账目表明，腓力·奥古斯都（Philip Augustus）早已把皇室的财宝置于设在巴黎的圣殿骑士教的监管之下①。直到1295年，他所有的继任者都把钱存在巴黎的圣殿骑士教，卡佩王朝的其他王差不多也都如此。圣殿骑士教不仅为皇室的财宝提供了一个安全的储存地点，而且发挥着皇家银行家的功能。他们从皇室官员和债务人那里得到资金，然后为国王付款；在必要的时候，他们还代表国王在巴黎和属于他们辖区的外国之间进行钱币的汇兑。在13世纪末，巴黎的圣殿骑士教的财务主管每年从国王那里得到一笔600里帕的佣金。但他

---

① F. 劳特和R. 福捷：《法国君主政府的最初预算，1202～1203年的总账目》（巴黎，1932年），第5、12页。

不是皇室官员。国王只不过是利用圣殿骑士团提供的财政便利的无数存款人中间最显贵的一位。

法国王室拥有的在巴黎圣殿骑士教的相当于活期存款的户头，很可能使法国国王从早期开始就能够在需要时向圣殿骑士团自由借贷。但是至于13世纪初，这就无法确定了。在缺乏法国证据的前提下，用英国做比较可能具有指导意义。英王约翰和亨利三世都常常利用伦敦圣殿骑士团作为额外的储蓄场所，辅助在西敏寺的主要皇室国库。尽管如此，亨利三世很少向圣殿骑士团借钱。巴黎圣殿骑士团向法国王室的贷款起初也可能同样稀少。但后来，圣殿骑士团和英国及法国君主之间的关系开始逐渐分化。爱德华一世最终停止利用伦敦圣殿骑士团作为储蓄场所，并很少向圣殿骑士团借钱。另一方面，腓力四世在1286年5月欠圣殿骑士团一大笔钱：101 000里帕（大约是法国中央政府在1289～1292年每年平均收入的1/6）。这笔债务直到1287年后半年才完全还清，在接下来的几年里，进一步的“透支”尽管数目较小，却时有发生。所有这些都意味着，到腓力四世在1285年即位时，这种
【473】透支的做法已经很普遍了。当骑士团向王侯客户提供特别优惠时，法国国王开始定期利用圣殿骑士团。他们将财政经验和效率同强大担保结合起来。作为拥有特权的教会成员，和作为高层全部由骑士阶级的人组成的组织，他们有很高的社会威望。

路易九世不需要向皇室领地内的城镇借贷，因为他总是能从它们那里得到大量的礼物和资助，但是当时其他的法国国王很少能够征收足够的赋税以避免频繁借贷的需要。例如，勃艮第公爵从他们的第戎城得到大量收益。但正因为这是他们最依赖的收入来源之一，他们在13世纪将它主要用作一连串贷款的担保[①]。在法国一些较发达地区，对于一些较重要的当权者来说，自由借贷的能力正在成为维持政治和军事权力的必要条件[②]。法国大藩国借贷的一些最早例证值得简要地提一下。1194～1204年，里昂及其他诺曼城镇的商人捐助贷款保卫阿格旺在法国的领地。约翰在诺曼底的统治的最后几个月的记录“给人的印象是收益一定被他的预支远远超过了”。[③] 年轻的亨利三世政府在他统治的关键的前10年里，从拉罗谢尔和波尔多的公民那里

① J. 理查：《勃艮第公爵和11～14世纪公国的形成》（巴黎，1954年），第342～347、363～364页。

② G. 杜比：《11世纪和12世纪的马孔地区社会》（巴黎，1953年），第487～494页。

③ F. M. 波威克：《诺曼底的损失（1189～1204年）》（曼彻斯特，1913年），第352～354页。关于综合书目，参看S. R. 帕卡德，“1189～1204年间理查和约翰统治下的诺曼底社会”，《查理·H·哈斯金斯学生关于中世纪历史的周年论文》（波士顿，1929年），第244、64页。

得到很多有价值的财政援助。在阿尔比十字军东征期间，住在蒙彼利埃的一位卡奥尔商人资助了西蒙·蒙特福特。1200 年左右，勃艮第的阿利克丝女公爵既向里昂大商人彭·沙波内借钱，又向第戎的主要人物借钱[①]。最早记录的阿拉斯的放贷人对佛兰德斯的让娜女伯爵及其他邻近统治者的贷款开始于 1223～1225 年。香巴尼统治者（1217～1219 年）留存下来的最早账目说明了布兰西女伯爵向意大利人和卡奥尔商人的长期借贷。她的贷款合同遍及各个集市，并含有利息[②]。【474】

富裕的贵族阶级的逐渐出现是 13 世纪法国城镇发展最突出的特点之一[③]。向公共权威放贷为这些重要市民的闲散资金的投资提供了一个诱人的领域。法国本地市民起初从同王侯进行财政交易越来越多的机会中获得了很多利润。除了香巴尼省，法国商人直到 13 世纪的最后几十年才在这个冒险但牟利的生意上遇到很多来自意大利的竞争。即使那时很多重要的意大利公司对批发贸易比对财政交易更感兴趣，大公司将它们在法国的业务主要限制在与欧洲贸易主流有联系的地区。几群法国商人或者因为他们比其他人更富裕或有更良好的组织，或者因为他们是在对于大的意大利公司而言利润较小的地区做生意，因此他们努力保持住与统治者的大量财政交易。

几个详细事例会说明在 13 世纪法国的不同地区，政府借贷的便利性上的突出差异，以及意大利商业活动的普及所带来的变化。法国西南部葡萄酒出口业的显著扩展导致了波尔多的迅速发展，并使它成为英国在加斯科涅的统治的主要支持者之一。英王亨利三世的所有大陆远征似乎都是以这样的设想为前提而计划的，即如果来自英国的补给被延缓，也能从他的法国领地借到足够的钱。大约 10 000 英镑或亨利在 1242～1243 年的远征总花费的 1/4，是在加斯科涅及邻近地区借的；在他于 1253～1254 年对加斯科涅的访问中又从那儿筹集到数目不小的一笔钱[④]。来自波尔多统治家族的贷款尤其重要。皇室在波尔多的大多数放债人都是显要的商人及对英国的出口商，作为对他们的贷款的回报，他们中的几个获得了在英国的珍贵的贸易特权。在亨利于 1254 年对波尔多的最后一次访问中，那里的市民向他购买了在他的领地内葡萄酒关税全免的特权，只有几种特殊的皇家税收除外。下一代加斯科

---

① 理查：《勃艮第公爵和 11～14 世纪公国的形成》（巴黎，1954 年），第 362～364 页。

② A. 隆尼翁：《关于香巴尼和布里账目的文件》，1172～1361 年，第三卷，（巴黎，1914 年），第 1～7 页。

③ Ch. 珀蒂·迪塔伊：《法国市镇在 13 世纪起源和发展的特点》（巴黎，1947 年），第 150～151 页。

④ S. K. 米歇尔：《约翰和亨利三世统治下的赋税研究》（1914 年），第 238～239、260～261 页。

涅商人却发现他们向他们的英国领主进行有利可图的借贷的机会大大减少，因为爱德华一世开始依赖向意大利公司的定期借贷。在 1286 ~ 1289 年爱德华对他的法国领地的访问中，并未向当地的商人广泛借贷，因为卢卡的里卡迪
【475】公司在法国向他提供了至少 95 000 英镑的贷款。里卡迪公司和后来佛罗伦萨的弗朗斯科邦迪公司被英国国王介绍进入加斯科涅，在 1309 ~ 1318 年间，爱德华二世的几任意大利银行家甚至有几年完全控制了公爵领地的整个财政管理。

阿拉斯商人在 12 世纪将布匹从阿图瓦和佛兰德斯出口到香巴尼集市和意大利起着重要作用。在 13 世纪期间，较富裕的阿拉斯家族转向较不费力但利润可观的放贷生意上。在 13 世纪后半期，阿拉斯开始作为借贷中心同香巴尼集市竞争，尽管它主要为一个较有限的地区服务，这个地区包括佛兰德斯、埃诺、阿图瓦和皮卡迪。阿拉斯主要金融家手里的资金在当时是很丰富的。佛兰德斯伯爵和市政府在 13 世纪末欠了最富有的阿拉斯家族、克雷斯潘家族将近 200 000 里帕。当给予王侯和市政府的较大额的短期贷款来自几个重要人士时，阿拉斯的大量市民纷纷购买由法国北部城镇和佛兰德斯出售的终身年金享受权。阿拉斯的放贷活动在 13 世纪后半期到达了顶峰。这与意大利在欧洲西北部的贸易和国际财政上占优势的第一个时期属于同一个时期。但是在 13 世纪后半期没有出现阿拉斯金融家和主要的意大利公司之间的有效合作的痕迹。双方间的合作一定是因为主要的阿拉斯金融家的大多数业务都是在他们本人所在的城市内进行而受到限制，借贷人要借钱必须派人前往阿拉斯。我们也没听说过托付给阿拉斯钱商的任何储蓄。阿拉斯的资本家因此展现出来的财政事业类型要比同时期的图斯卡尼银行公司更原始。

在 13 世纪后期，勃艮第和多芬在经济上是比阿图瓦和香巴尼落后的地区。意大利人在 70 年代开始陆陆续续在这些地区定居。重要的商业公司对这些落后地区没有多少兴趣，大多数在那里定居的意大利人主要都是钱商。曾是但丁《地狱》篇中典型的高利贷者原型的佛罗伦萨的吉弗格里亚兹家族，将这个地区视为他们主要的活动领域。这些意大利钱商在当地并未遇到多少竞争，他们中有些人对当地统治者的影响力甚至与最大的意大利公司在主要的欧洲宫廷拥有的影响力一样大。借贷的这些新机会的存在，事实上对勃艮第和多芬的皇家自由郡需要帮助的统治者极其重要。最终他们被说服将他们
【476】的郡卖给法国国王，作为解除他们的债务以及解决他们的政治问题的最好方式。法国伯爵奥托四世在 1295 年将他的郡卖了 100 000 里帕，其中一半是要付给放贷人。善良的腓力对这个郡的吞并甚至部分是由一位佛罗伦萨金融家

斯卡里亚·蒂弗斡旋成功的，蒂弗是前一位伯爵的主要财政管理人，同时也是他的主要放贷人。当地年谱的记录者确切地反映了当时市民的观点，即伯爵欠“伦巴德人”的债务是这个郡失去独立的主要原因①。多芬的汉姆伯特二世在 1343 年首次将他的郡卖给了法国国王，但保持了在他有生之年保留这个郡的权利。在几年内他花光了这个和约支付给他的 120 000 弗罗林，又一笔 100 000 弗罗林的款项诱使汉姆伯特在 1349 年将多芬拱手让人②。

7.5.2　皇室与职业金融家的信贷交易（1285 年以后）

善良的腓力的统治时期为法国皇家借贷史开启了一个新的篇章。这是一个内部重组和地区扩张的时期，需要大量增加皇室收益，腓力努力开拓所有可能性资源的力度和广度，这同时标志着法国强大君主政府的发展开始了一个新的阶段。

就我们所知，腓力是第一个有效并持续利用意大利金融家的法国国王。佛罗伦萨的兄弟公司莫斯西亚托·弗兰西斯和阿比佐·弗兰西斯公司代替了圣殿骑士团成为其主要的皇室银行家。后者似乎发现越来越难以适应他们的皇家客户不断增长的要求。1289 年后巴黎的圣殿骑士团不得不雇佣弗兰西斯公司作为代理人处理很多腓力的财政要求，这个事实就是最好的证明。在 1294 年同英国的战争爆发后，国王决定完全免除圣殿骑士团对国库的管理权。这个改变在弗兰西斯公司的帮助下有效地得以实施，这个公司的财政资源足以保证国库在转型期令人满意地运转。在 1295 年末，弗兰西斯公司是惟一的国库管理员，并担当这个职责长达一年，直到他们将国库移交给皇室官员。1303 年它又被圣殿骑士团所替代，但这种旧传统的回归因腓力在【477】
1307 年 10 月逮捕了圣殿骑士团而突然终结。

从 1294 年到于 1307 年去世，莫斯西亚托·弗兰西斯既是有影响力的皇室顾问和外交代理，又是皇室主要的银行家。弗兰西斯家族对腓力的部分价值显然是他们能够充当中介同意大利商业界进行业务往来。因此在 1294 年，弗兰西斯家族借给腓力大约 200 000 里帕，这笔钱是他们在巴黎和香巴尼集

---

① Foeneratores destruxerunt comitem Ottonem et vocabuntur lumbardi nomine，摘自 L. 戈捷的《在勃艮第的伦巴德人》（巴黎，1907 年），第 29 页。

② J. 维亚尔：《法国腓力六世时期的地理和军事状况》，载于《历史问题杂志》，第五十九期（1869 年），第 345 ~ 348 页；F. 阿伦斯：《中世纪末期多芬货币交易史选录》，载于《社会和经济季刊》，第二十一期（1928 年）。

市上借到的。莫斯西亚托能够为西欧在需要时提供资金的能力是他被托付处理很多外交事务的部分原因。在腓力于1297年使拿骚的阿道夫皇帝脱离反法联盟的谈判中他起到了重要作用，他向阿道夫皇帝支付了80 000里帕。他资助并帮助组织了对阿纳尼的邦尼弗斯八世的进攻行动。

弗兰西斯两兄弟在1307年的去世和圣殿骑士团在同一年的被毁灭结束了法国皇室对外国金融家的最密切的利用时期。在14世纪大多数时间，那些控制法国财政的人常将借贷视为一个暂时的权宜之计，而不是一个政府财政顺利运转的平常手段。法国国王的收益在这一时期与英国国王及其他主要的欧洲统治者的收入相比异常巨大。因此，与英国相比，14世纪前半时期的法国国王没有感觉到同样的向职业放贷人定期借款的迫切需要。因此，当英国国王继续利用主要的意大利金融家，只为能够在他们中间找到足够富有的放贷人时，在法国主要的意大利公司不再充当国王的永久的银行家，尽管当时他们正处于财政权力的全盛时期。意大利商人继续被法国政府偶尔用来改变财政操作。例如，查理四世在1322～1325年间向意大利人和其他商人借了大约150 000里帕，但这只代表着那些年皇家国库总收入的大约7%。

来自皇室官员的贷款在14世纪初开始成为皇室信贷的重要来源之一。在查理四世统治时期，官员的贷款构成1322～1325年贷款总数的一半以
【478】上①。13世纪在法国出现的拿薪水的官员机构的成员部分是由富有的市民组成的。这尤其适合代表国王的大法官的财政管理人，他们常常将政府服务同私人贸易或放贷结合起来。他们自然很愿意借钱给国王。更重要的是，与英国不同的是，法国中心财政管理层存在着商人，他们利用他们的私人商业关系为国王筹集资金。皇室缺乏同职业金融家的定期联系鼓励了这些做法，因为管理法国财政的主要官员事实上被期望尽全力寻找现成的资金。

享有腓力五世（1316～1322年）特别青睐的杰劳德·格特为我们提供了一个有着良好的商业关系的主要官员的很好案例。格特是奥弗涅的克莱蒙一群重要的商人中最有影响力的一位成员。他继承了一份繁荣的家族产业，这个产业有着广泛的商业活动，在某种程度上是15世纪雅克·库尔公司的前身。他和他的兄弟起初担任法国不同地区的皇室管理人。即使当他成为财

---

① 关于皇室在1322～1325年的借贷的证据来自J. 维亚尔的《查理四世统治时期的国库日志》（巴黎，1917年），第三十三期至三十六期，第一百零八期至一百零九期，及R. 福捷在《国库账目》中的图表，第五十九至六十。1316年和1329年的国库记录显示了同样的一般结论。由于个人放贷者皇家账目的缺失，据说曾在账目部的档案馆里，不可能说明国库的记录对皇室借贷是否提供了完整的说明。

政部的部长后，格特依旧继续通过合伙人做生意。到 1320 年他借给腓力五世至少 460 000 里特尔（略少于 1322 年的皇室国库总收入）。他不断声称他向国王提供的贷款的一大部分是他向其他人借的。腓力给予格特的40 000里帕的礼物是与后者的贷款分不开的①，这是相对稀少的中世纪案例之一，尽管我们有一些关于法国国王向他较为重要的放贷人支付利息的记录。在中世纪末，只有少数放贷人对法国国王有极大影响力，而他们几乎都是这种显要官员。

法国王室较为重要的放贷人的地位在善良的腓力和他在 14 世纪前半时期的继承者的统治时期总是不稳定。没有一个国家的放贷人像在法国那样受到如此频繁的掠夺和破坏。这些事件中最为著名的是圣殿骑士团在 1307 年被善良的腓力逮捕，当时他们监管着皇室国库，腓力随后得到教皇解散这个
骑士团的命令，并没收了他们的财产。而且，在 1277 ~ 1349 年，至少有五 【479】
次意大利商人被国王抓捕，其借口是他们犯有高利贷罪，每次在交纳了大笔的罚金后他们才会被释放。由于统治者的频繁替换而引起法国在 1314 ~ 1328 年政局的频繁变化，这更加重了皇室放贷人的不安全处境。每个国王都收回他的前任许可的特权，并迫害前任宠爱的放贷人。在腓力五世去世后，他的被保护人，杰劳德·格特被指控有不诚实的行为，并死在狱中。另一位法国商人皮埃尔·雷米，是查理四世统治时期的财政管理人，在下一届统治开始时被处死②。雷米的继承人，一位与弗兰西斯公司有关系的佛罗伦萨人，在 3 年后遭受了同样的命运。

皇室对重要金融家接连不断的暴力行为很可能逐渐限制了皇室对放贷人的选择。一些金融家被毁灭或严重破产，其他人便不愿同政府有过于密切的财政联系。同时，法国国王可获得的信贷便利由于普遍的经济变化而减少。香巴尼集市从大约 1315 年开始严重衰落，这个重要的财政中心逐渐从法国王室的领土上消失。14 世纪中叶，布鲁日和阿维尼翁是阿尔卑斯山外意大利人商业活动最重要的中心。这两个地区都与法国的经济生活有着密切的联系，但是它们不受法国国王的政治控制。

因此，到百年战争爆发时，能够并愿意定期大量借钱给王室的重要职业

---

① M. 布代：《中世纪商人和金融家社会之研究，克莱蒙的格特和乔克特》，载于《奥弗涅杂志》，第二十八期（1911 年），第 405 ~ 407 页。关于格特收到的其他礼物，参看 P. 勒于热尔：《法国国王腓力五世》（1316 ~ 1322 年），第二卷（巴黎，1931 年），第 238 ~ 239 页。

② J. 维亚尔：《腓力六世独裁统治的开始（1328 年 2 ~ 7 月）》，载于《沙特尔学校图书馆》，第一百一十五期（1934 年），第 263 ~ 268 页。

金融家在法国变得稀少，王室政府已习惯于没有他们的定期帮助来应付局面。从我们获得的证据来看，百年战争并没有根本改变这个状况。英王爱德华三世成功地重新组织了英国的羊毛贸易，增加了主要的英国商人的利润，并使他通过赋税和贷款来分享这些利润，但法国无法模仿这种做法。法国的出口贸易没有一种在战争时期被进行过同样的重组。但即使法国的腓力六世不能像他的英国对手那样开发他的国家的经济资源，他也享有某种补偿性的政治优势。1343～1350 年，腓力六世在阿维尼翁向一个友好的教皇、克莱蒙六世借了将近1 000 000弗罗林（大大超过皇室一年的普通花费）。这笔贷
【480】款大多数是腓力在 1345～1348 年间得到的，当时同英国的战争正进入白热化阶段并因此而花费巨大①。

腓力的继承者约翰和查理五世不得不向职业金融家不断借贷。有时涉及很大的金额，像 1371 年查理五世在阿维尼翁向一群意大利人借的100 000里特尔②。1372 年 11 月，政府对未来预算的估计包括对总计135 000里特尔的贷款的偿还（占总预算的大约 8%）③。但关于查理贷款的书面记录却非常不完整，目前还不能对它们做出有效的论述。相反，我们的注意力应该集中在向皇室官员和其他较富裕的法国人的借贷的增长，以及这方面的借贷在百年战争期间的大幅度扩展。

7.5.3 向官员的借贷和“强迫贷款”

中世纪留下了一个写于1329 年的详细的政府备忘录，列举了为即将爆发的同英国的战争所能筹措到的资金来源：来自法国市民的贷款成为在这次估计中惟一值得一提的借贷类型④。事实上，向较富裕的市民阶级要求贷款是法国在 14 世纪的政府借贷的最常见的类型。这些贷款对象中的大多数相当本地化，只限于一群官员或几个较重要的城镇。在有严重需要的时候，政府总是会不得不通过派往它的疆域的各个地区的特殊代表团进行广泛的借贷。关于这种普遍索要

① M. 福孔：《法国国王克莱蒙六世、英诺森六世和博弗伯爵的贷款状况，1345～1360 年》，载于《沙特尔学校图书馆》，第六十期（1879 年）；E. 戈勒：《教皇财政清单，乌朋五世以来的罗马教皇的财政档案目录和债务文件》，载于《基督教古代文化研究和基督教会发展史的罗马季刊》，第二十三期（1909 年）。

② L. 德利勒：《查理五世各种各样的命令和法令（1364～1380 年）》，（巴黎，1874 年），no. 861（第 445～446 页）。

③ F. 劳特和 R. 福捷：《中世纪法国机构史》，第二册（巴黎，1958 年），第 267 页。

④ M. 朱瑟兰：《法国如何准备百年战争》，载于《沙特尔学校图书馆》，第七十三期（1912 年），第 225 页。

贷款的方式，已知的最早案例是1285年腓力三世为入侵阿拉贡而做的努力。其次，我们有一份关于1294年的一场辩论的珍贵记录，是在同英国的战争爆发后，关于为紧急状况提供财政资助的各种方式的优点的辩论[①]。巴黎铸币厂的老板赞成让货币贬值，莫斯西亚托·弗兰西斯反对并建议全面征求贷款。作为一个知【481】
名的商人和银行家，他担心货币价值的波动会引起生意的混乱，起初他的观点占了上风。从王国各个地方借来700 000多里特尔（超过一个正常年的收入）。但半年以后，货币贬值也开始被尝试进行。从此这两种快速筹集大额资金的方式就被使用了一个多世纪，成为法国王室在财政困难时期传统的权宜之计。

1337年后频繁征税体系的引进使得全面借贷更加普遍，因为如今有更多的收入可供使用。在1413年，巴黎大学估计皇室从赋税中的年收入是1 200 000里特尔。放贷人能够被给予更令人信服的最终偿还的保证，即许诺说在皇室欠他们的债务未被偿还之前，他们的赋税份额会被减免。“强迫贷款”一词常被用于这些广泛贷款。当时政府肯定是施加了一些压力，而且没有充分理由的拒绝有可能被视为对国王不忠[②]。但如果过于强调这种贷款的强制性则是一种误导。富裕的市民及其他知名人士通过贷款从国王那里获得了很多针对他们的好处。以这种或类似的方式为国王提供服务使很多家族进一步增加了影响力和财产。一个案例就足够了，雷蒙德·萨吉尔，一个主要的图卢兹钱币兑换商，为善良的腓力管理在朗格多克没收的犹太人的财产，向国王贷款并在1328年被封为贵族。在14世纪末期，萨吉尔家族手中的地产是所有图卢兹家族地产中的最大财产。这些地产中相当大的一部分是雷蒙德的儿子们从腓力六世和约翰手中得到的，以作为对他们对加斯科涅战争的贷款的回报。

皇室并没有有效的推动力来偿还欠非职业放贷人的贷款，尽管聪明的统治者明白至少偿还一些这样的贷款是符合皇室的利益的，便于促进进一步的借贷。不同的国王偿还贷款的几率有很大的不同。腓力四世借的这种贷款的大多数在他的有生之年似乎都未被偿还。另一个债台高筑的人，查理五世，则努力认真偿还贷款。圣丹尼斯见多识广的编年史家可能最到位地传达了大多数法国人的普遍态度，这位编年史家在写到1385年贷款的被逐笔偿还时，
评论道“这种破天荒的偿还似乎使普通人无法相信”[③]。【482】

---

① 由F. 丰克一布伦塔诺印刷的《腓力三世统治时期法国同安格特尔和阿拉蒙的关系文件汇编》，见《历史杂志》，第三十九期（1889年）。

② 例如，拉昂镇在1380年的答复。见L. 米罗：《查理六世独裁统治开始后的城镇暴动》（1380～1383年），（巴黎，1906年），第19页，第一号。

③ Quod……quia non solitum，vulgaribus incredibile videbatur，摘自H. 莫朗维尔的《服饰用品商研究》（巴黎，1888年），第102页。

同从重要的职业金融家那里得到的贷款相比，向国王的广大臣民借贷是一种笨拙而缓慢的筹资方式。然而这种借贷方式似乎常常受到国王的偏爱，胜过与强大的职业放贷人的讨价还价，这些放贷人还很可能坚持良好的担保，以及为他们自己确保大量的利润。皇室可能很少向非职业放贷人支付利息，除非他们是重要人群。已知的例外非常具有启发性。很有意义的是，1415~1417年皇室向富裕的巴黎人和政府官员借贷，高达25%的利息率的诺言是在巴黎议会前作为一项特殊措施提出的，目的在于吸引放贷人①。但可获得的证据如此之少，以至于不可能就这个问题得出任何确定的结论。

腓力四世开始的钱币“更换”使得皇室信贷交易更加复杂。针对货币更换对现存契约的影响做出规定的法国法令主要支持债务人，作为借方的皇室便从中受益②。重要的放贷人有时能够维护自己不因为这个原因受损失。1307年有一次，德雷克斯伯爵的官员拒绝代表他们的主人接受国王偿还的一笔5 000里帕的贷款，其理由是偿还给他们的钱的价值低于伯爵起初提供的钱的价值。因此皇室特别铸造了新的精美货币，并从巴黎运到伯爵在德雷克斯附近的住所，这样他就能亲自接收这笔钱，这使王室额外花费了192里帕③。但是普通的放贷人常常要冒风险，即被偿还的货币的购买力要小于他们起初提供的贷款的购买力。

固定赋税的存在为政府向与财政管理有关的官员借贷创造了更多的机会。一个新的官僚机构产生了，不同于以往负责普通财政的官员。各种非凡
【483】的财产管理人变得比传统收入的管理人更加重要，他们经手的金额数目更大。不可避免的是，财政官员和间接税的承包者很大程度上都来自于富裕的市民阶级。间接税通常承包给那些在公共拍卖会上报价最高的人。在中世纪的最后两个世纪，相当大比例的城市财富掌握在那些毕生梦想通过政府服务来提高社会影响力并获得更大财富的人手中。一个贵族阶级正在形成。

在14世纪末，皇室官员和皇室收益的承包者成为所有放贷人中最频繁的贷款对象。这是一个危险政策。正如著名的巴黎钱币兑换商和皇室铸币厂的主人、托马斯·奥兰特的律师在1420年恰如其分地评论道：“皇室已经习

---

① A ceulx qui prestoient l'en bailloit le quart entierement de gain, pour laquele friandise ils prestoient, 摘自A. 博叙亚的《15世纪初期皇室债务的研究》，载于《法国人和外国人权利史杂志》，第四系列，第二十八期（1950年），第353页和第二号。

② E. 斯坦佩：《从1306年到1574年法国国王制定的法令》，（柏林，1930年）。

③ J. 维亚尔：《腓力四世国库的账目》（巴黎，1940年），第846~847页。

惯于并期望官员放贷，因为他们最知道如何保证贷款被偿还”[1]。中世纪所有政府都偶尔向官员借贷，但是法国财政官员经常被迫向皇室借贷，这种要求的频繁性威胁了整个法国财政体系的统一性和效率。由于常常得不到偿还，官员们自己也经常不得不以高利息率借贷，以筹集王室要求的贷款。皇室财产管理人常常破产便不足为奇了。因此担当朗格多克的让·贝里公爵的财务主管的克莱蒙的让·乔查特，1383 年不得不征收作为对这个省叛乱的惩罚的 800 000 里特尔的罚金。在筹到这笔罚金之前，他由于向国王提供了大笔贷款而破产，借钱给他的其他几个奥弗涅商人也蒙受了严重的损失。随着皇室服务的日益繁重，政府实际上是在鼓励舞弊行为。15 世纪财政部对待违法官员的宽大态度可能部分是出于这样的考虑，即如果政府希望继续从他们手中借到钱，就必须对他们的腐败行为采取绥靖态度[2]。【484】

7.5.4　法兰西王朝的没落与复兴（1380～1483 年）

在查理六世统治的前半期，皇室政府尚能保持相当的清偿能力，不受职业金融家的摆布，尽管围聚在那位无助的国王身边的王侯非常贪婪，而且皇室管理日益腐败。他任期末内战的爆发使皇室信誉迅速下降。来自皇室官员的贷款和广泛筹集“强迫贷款”便成为家常便饭。向职业金融家的高额借贷也死灰复燃，但这些贷款不是为了通过信贷而加强皇室财政的人为政策的结果。相反，它们代表着软弱。放贷人通过他们的行为表明，他们对皇室没有多少信任，但试图利用国王和其他正在进行战争的法国王侯对现钱的迫切需要来牟利。他们肆无忌惮地这样做了。巴黎大学和巴黎市于 1413 年呈给查理六世一份请愿书，他们抱怨说国王的资源正在被征收高达 50% ～60% 的利息率的金融家“掠夺和吞噬”。这份请愿书声称国王每年以这种方式失去大约 300 000 里[3]。这些话语无疑有很大的真实性。

在这个危机时期，皇室主要与两群金融家建立了密不可分的关系。富裕的巴黎人成为大笔借贷的对象。从大约 1408 年开始，财政管理机构中由主

---

① ‘Ils sont acoustumé et sont tenus de prester pour ce qu’ ils scevent miex trouver maniere de soy rembourser’，摘自 A. 博叙亚的《15 世纪初期皇室债务的研究》，载于《法国人和外国人权利史杂志》第 363 页。

② H. 贾西明：《15 世纪的巴黎议会》（巴黎，1933 年），第 89～90、320～322 页；R. 冈迪隆：《路易十一的政治经济》（雷恩，1941 年），第 344～345 页。

③ H. 莫朗维尔：《巴黎大学和巴黎市对查理六世和王国政府的请愿书》，载于《沙特尔学校图书馆》，第五十一期（1890 年），第 428～429 页，第二十七和二十九条。

要的巴黎钱商、金匠和经营奢侈品的商人占据的重要职位的数目开始有了明显的增加。1413 年 2 月的请愿书含有严重的但显然是正当的指控，说这些身居高位的官员中有些是巴黎放贷人和外国放贷人的合伙人，他们的过分要求正在毁灭着皇室[①]。其次，有一群重要的意大利皇室放贷人，特别包括几个卢卡商人。从 1334 年开始，卢卡就受法国皇室名义上的统治，在 1400 年左右，卢卡人成为法国和佛兰德斯最为富裕的意大利群体之一。

在这一时期国王签署的大多数贷款合同都必须以贵重物品作担保。通常这些贵重物品的价值要比作交换的贷款的价值高得多。归还期限非常不确
【485】定，放贷人在试图用这种方式避免损失、确保利润，不管贷款是否被偿还。这种做法的广泛流行是皇室信誉坍塌的象征。甚至国王的王冠也被瓜分。1413 年的卡波奇法令命令归还所有从王冠上分割的部件，并禁止利用它们作进一步的交易，但这只是一纸空文。到 1418 年，饰有珠宝的四个大的花饰被从王冠上拆卸下来，并被抵押给巴黎和意大利的一群金融家，以交换一笔 73 000 里特尔的贷款。1424 年的一份皇室珠宝的财产目录说明，在那个日期，王冠上只留下两颗花饰，甚至连这两颗花饰也不完全，因为其中一颗上缺失的一个珍贵珠宝据说是在热那亚的某个地方[②]。一些皇室珍贵物品似乎是在没有恰当权威的可疑情况下被抵押的。因此几个珠宝以它们估价的大约 10% 被托付给一个重要的卢卡人——加瓦诺・特雷塔，他是国王和勃艮第公爵的主要银行家之一，并从他们那里得到大量的利息。在他于 1421 年撰写的遗嘱中，他估计他的财富是大约 400 000 法郎是不足为奇的[③]。

皇室的偿还承诺已经不再有多少价值了。皇室政府甚至利用这样的事实，即缔结的债务比能够被偿还的债务多。在 1416 年，当时统治巴黎的奥尔莫纳克政府试图通过向有可能的放贷人提供属于他人的皇室债券来吸引进一步的贷款。政府允诺偿还所欠债务的完全票面价值。根据有些放贷人的律师后来的陈述，皇室债券能够以小至它们价值的 1% 来购买[④]。在派系斗争

---

① 我要感谢 M. 莫里斯・雷伊给我提供了很多关于这一时期的珍贵资料。

② 《卡波奇法令》（A. 科维尔主编，巴黎，1891 年），第 118 条款（第 59 ~ 60 页）；A. 科维尔：《法国和勃艮第时代的皇权》，载于《尼古拉・约尔加文集》（巴黎，1933 年）；G. 杜弗伦・博库尔：《查理七世的历史》，第二卷（巴黎，1882 年），第 633 页。

③ L. 米罗：《加瓦诺・特雷塔和王冠上的珍宝》，载于《沙特尔学校图书馆》，第一百零一期（1940 年），第 144 页；H. 莫朗维尔：《国库日志 1345 ~ 1419 年摘要》，同上，第六十九期（1888 年），第 432 页（皇室支付了 1 000 里特尔的利息）。特雷塔的财产大约与勃艮第的勇敢者腓力在他于 1400 ~ 1404 年的高峰期统治时代年收入相当。

④ A. 博叙亚：《15 世纪初期皇室债务的研究》，载于《法国人和外国人权利史杂志》，第四系列，第二十八期（1950 年），第 353 页；J. 卡尔梅特和 E. 德普雷：《通史（G. 格洛兹主编）：中世纪的历史》，第七卷（第一章），（1937 年），第 345 ~ 347、354 页，第 90 号。

期间，皇室签署的债务合同在另一方赢得权力后不可能被承认。亨利五世作为法国的摄政王发布了一条法令，拒绝对奥尔莫纳克政府的债务负责。后来的查理七世也从不愿意公开承认对他的对手所欠的债务负责。一些金融家试图在所有政府更迭中都生存下来，便向每个政府都贷款。因此米歇尔·拉利
尔及其他与他有关的重要巴黎人，在资助贝德福德战役、特别是奥尔良围攻 【486】
战后，在 1436 年向查理七世打开巴黎城门上发挥了重要作用，拉利尔于是成为巴黎市长[①]。这种人就有能力使法国皇室政府欠他的债务不管任何政治变化都能被它的继承人偿还。

内战起初为金融家牟取大量利润打开了方便之门，但却以很多人破产而告终。在接连不断的革命中，一些金融家被杀害，而其他人则被掠夺和流放。佛罗伦萨人和热那亚人在 1418 年 5 月勃艮第党执掌巴黎时遭受了严重的损失，而同时多芬的查理在他控制的地域内劫掠前勃艮第的卢卡商人[②]。到 1420 年，法国的形势已变得非常不利于大规模的生意了。法国分裂为两个敌对地带似乎已成定局。货币迅速贬值，因为双方都忙于铸造大量的粗劣货币。巴黎发展成为一个主要的欧洲生意中心的趋势出现了严重的倒退。在外国商人之中，卢卡商人受到的打击最大，因为他们与法国市场的联系尤其紧密。根据当时一位卢卡历史学家的说法，法国的战争毁灭了他家乡的丝绸业。

15 世纪的 20 年代和 30 年代是法国公共信贷史上非常黯淡的时期。查理七世及处于法国北部的英国政府都总是缺钱。依旧留在法国的外国商人似乎通常避免同打仗的政府有财政交易。查理七世和他的英国对手都向法国人借了大量贷款。他们借钱的对象有城镇、个体商人、官员，尤其是重要的大臣、大贵族和军队首领。查理七世在他统治初期，有几次被迫抵押皇室土地，以借到钱或偿还过去的债务，这种方式使我们想起了中世纪初期。一些地产因此被永久转让，尽管后来政府作出极大的努力来恢复所有失去的皇室地产[③]。总而言之，人们有历史向过去倒退的印象。钱的汇兑更为困难，没
有了组织良好的货币市场，法国当地人的资金成为法国统治者可获得的惟一 【487】
资源，业余放贷人常常比职业放贷人更愿意提供资金。外国竞争者的退出对

① A. 博叙亚，《查理七世统治时期社会秩序的恢复》，《中世纪》，第六十卷（1954 年），第 115～118 页。

② J. 卡尔梅特和 E. 德普雷：《通史（G. 格洛兹主编）：中世纪的历史》，第七卷（第一章），(1937 年)，第 345～347、354 页，第 90 号。

③ 博库尔，同上，第二卷，第 560～563、634 页，第三卷，第 215～216 页；L. 德·拉·特雷穆瓦耶：《5 世纪的财政》，第一章（南特，1890 年），第 177～182、198 页。

法国金融家有利。但当时的形势太过危险，而且极度混乱。靠战争发财的法国人的事业也常常不令人满意①。

雅克·库尔，最重要的法国金融家，在他的有生之年即成为一个传奇人物。他的权力的增加发生在查理七世统治中期，当时这位国王还足够强大，能够靠他自己的权威征收赋税。他需要库尔的帮助以便更有效地定期预支皇室的费用。作为商人，库尔已经获得了足够的信誉来担当查理七世出于这个目的和生意世界往来的良好中介。从1438年到他于1451年7月名誉扫地，库尔担当了皇室的财政总裁，负责皇室家族的地产收益。在这13年里，他承担每一种财政职责，也是一个受信任的皇室大臣和外交代理。但是他试图将他在皇室服务中的不懈劳动同他自己繁荣的商人业务合并起来。他同国际贸易的所有外国中心都有密切联系，尤其同阿拉贡和佛罗伦萨有着强大的联系。因此他主要资助皇室在地中海的事业。但是他最著名的贷款是为1450年的诺曼底再征服而提供的。最谨慎的估计认为这笔贷款大约是100 000埃索币（150 000里特尔）。在库尔被囚禁后，库尔声称他代表国王欠了大约100 000埃索或120 000埃索，这笔钱是他向很多人借来的。

查理七世后来抱怨说，库尔从提供给国王的贷款中得到了太多的收益②。据说他收取15%或20%的利息。当然库尔因为在皇室交易中发生的费用和损失而不断的被给予补偿。给他的礼物总是源源不断③。所有这些馈赠都包含很大的利息成分。但库尔的主要“过失”似乎与此无关。国王欠库尔的钱多于他愿意偿还的。不履行债务最简便的方式莫过于起诉库尔，并没收他的财产。

【488】 库尔的生意最突出的特点之一是他缺乏大量的现金供应。他的资金可能非常巨大，但是其中大部分是不动产。大批纺织品和其他商品不得不被储存在图尔的皇室财政库中：库尔倒台后，那里发现了价值大约20 000里特尔的商品④。但是他也在全法国的各种行业上投资，这便需要他生意之外的资金

① 例如：M. 莫兰：《百年战争时期的一个通敌者，鲁昂的兑换商让·马塞尔》，载于《编年史》（经济的、社会的、文化的），第一卷（1946年）。

② “雅克·库尔此人十分贪婪……是该指控的时候了”，见《诉讼代理人多万的日志》，M. 莫兰主编，第一卷，第9页。

③ 《5世纪的财政》，第一卷（南特，1890年），第148页；G. 弗伦·博库尔：《查理七世时期开支登记表》第七卷（1450～1451年），载于《法国历史协会的年鉴手册》，1864年，第132、139～140、142页。

④ 《诉讼代理人多万的日志》，第26～96页。

来源的现钱的供应。逐渐地他开始依赖皇室资金来提供他的部分运作资金。他确保从各种皇室收入中分一大杯羹。更珍贵的是来自他的代理人的服务，那些人也是皇室重要的财政官员。他们不断将归他们掌握的皇室资金让库尔支配。所有这些其实也未可厚非。但这样的行为更加重了对库尔的指控，即库尔在用国王本人的钱向查理七世提供高利贷。

库尔的毁灭是因为他不再被认为是不可或缺的了。事实上战争已经停止，君主政府能够像以前那样不再依赖权力过大的金融家。路易十一当然不是一位能容忍任何银行家有过度优势的王侯。他也雇佣金融家，意大利人和法国人都有，在需要的时候向他们借钱，并容忍他们像库尔那样将公共财政和私人生意混合。但是，与库尔或为早期的意大利战争筹集资金的金融家相比，路易十一所雇佣的人的财产和影响力都有限，如塞姆布莱西。塞姆布莱西的父亲，图尔的让·博恩，可能是最受路易信任的银行家。但没有证据表明他定期借钱给路易十一。记录下来的他给路易最大的贷款数目是30 000里特尔。在1487年他去世时，他的全部财产被估价为22 500里特尔（只相当于库尔在图尔的商品价值）。

16世纪法国政府的很多财政措施和习惯都可以清晰地追溯至路易十一统治时期。到中世纪末，皇室从未停止的对信贷便利的追求给法国制度和社会留下了深深的烙印。这的确是一个该历数那些依赖信贷的财政安排和评估它们对后来的法国历史的重要性的正确时期。

路易十一有一个明显的偏好，即将主要的直接税的征收限制在农村，而将消费税限制在城镇。有几个城市在很早以前就被免除了直接税，但这一特权只有在路易统治时期才普遍起来。反过来，国王便期盼在他向被减免赋税
的城镇寻求帮助时，能得到补助金、礼物及没有利息的贷款。有些贷款甚至 【489】
不需要偿还。有一次路易的一位重要大臣提议国王偿还先前在朗格多克得到的一笔数目为56 000里特尔的贷款，以便鼓励更多的资金①。这个体系很灵活，很适合路易的需要，他同城镇的统治群体合作，适时地向他们颁发贵族头衔和其他特权。但是最终结果是非常严重的。直接税在路易即位时不是一个非常大的负担（1 000 000里特尔），但在他统治期间增加了两倍多，并在后来继续增加。但是，从此以后直接税的负担主要落在农民阶级身上。贵族和神职人员没有交纳它的义务，而且路易十一还减免了第三等级②中最富裕

① H. 塞：《路易十一和城市》（巴黎，1891年），第145页。
② 通常指法国18世纪资产阶级革命前的资产阶级。——译者注

部分的间接税。法国君主政府的整个财政体系因此被永久歪曲①。

路易十一同里昂的交易为我们提供了一个了解他的方法的很好的例证。1462年他减免了这座城市的直接税。在他的积极帮助下，里昂成为欧洲商人最重要的国际聚集地。但里昂必须为此付出高昂的补助金和贷款。必须不惜一切代价让路易满意。他曾暗中帮助里昂削弱在热那亚的对手集市的繁荣，但是他不断威胁要改变他的政策。当1466年他同热那亚君主、萨瓦伊伯爵开始谈判时，里昂拿出将近10 000里特尔来消除这次威胁。路易并不经常向时常光顾里昂的大量意大利人和其他外国人借贷，但他知道里昂市政府能够向他们借贷。据非常保守的估计，路易的财政需求耗费了里昂75 000多里特尔，其中至少42 000里特尔是以贷款的形式提供的。②

向皇室官员的经常借贷是法国君主政府的老习惯。路易十一常常使用这种方式。拒绝放贷会导致被驱逐，正如1465年发生的巴黎最高法院的书记官被驱逐事件。出售官职的做法部分就是因为这些贷款而产生的。在查理六世统治时期，就已经有投诉说，只要某人能个人偿还皇室欠特定放贷人的债务，他就会被任命为财政官员③。在路易十一统治时期，一个大有希望的皇
【490】宫财产管理人却未能得到这个职位，就因为他只借出4 000法郎或5 000法郎，还不及要求他拿出的贷款的1/3④。从向新官员要求贷款到直接要求其付款的过渡并不困难。在16世纪，出售官职的习俗成为法国政府体系最严重的弱点之一。

盐税可能是法国所有间接税中最令人厌恶的一种。整个征收过程都依赖信贷。商人以信贷的方式将盐供应给皇室仓库，皇室再利用把盐出售给消费者的收益来偿还他们的信贷。在有特殊需要的时候，路易十一会强迫盐商向他贷款，为供应给皇室仓库的每吨盐确定利息率。在法国有些地区，运送盐的权利被皇家垄断，受一群金融家的控制。作为回报，这些金融家每年都要向皇室提供固定贷款，当盐最终被出售完后会偿还这些贷款。因此拥有在罗纳河上运送盐的垄断权的那些商人每年都借给路易大约60 000里特尔，以

---

① 参看R. 杜塞：《十六世纪里昂的市镇财政和公共信贷》（巴黎，1937年），第5页：'les difficultés du Trésor provenaient de ce que le systéme financier avait été faussé par l' exemption de la taille qui avait été accordée aux villes'。

② 在1458～1461年，里昂每年的间接税在3 100～3 300里特尔之间波动。

③ H. 莫朗维尔：《巴黎大学和巴黎市对查理六世和王国政府的请愿书》，见《沙特尔学校图书馆》，第五十一期（1890年），第429页（第二十八条）。

④ G. 雅克东：《关于弗兰西斯一世大帝时期法王查理七世时的财政管理文件》（巴黎，1891年），第101～102页。

保留这个赚钱的特权。盐商向王室提供的所有信贷的费用都被以更高价格的形式传递给了消费者。

很早以前，法国所有的间接税、公路和河流上征收的通行税、外贸税(traites)、国内消费税（aides）都常常被承包给商人们。一些赋税承包商是小人物，只能承包他们自己地方上的小额税收；但是其他商人大都是富裕、有影响力的资本家，他们与本应该负责监督他们的皇室官员串通一气。在这种体系下，滥用职权泛滥成灾。他们串通一气进行投标，把承包价尽可能压到最低；虽然皇室明令禁止，但是资本家还是被允许一次性累积租赁多项收入。在16世纪末出现了一次性承包五项大税的趋势；到了路易十一统治时期，出现大包税人寡头政治的趋势已经非常明显。那些较为重要的税收承包商通过借钱给国王，长久地控制了他们承包的收入，而贫困的政府对他们的不轨行为也只好睁一只眼闭一只眼。除此之外，很多高级财政官员也是同一种类型的人；富商在国王们眼中个人价值地位的高低，取决于他能在商业圈中筹集资金的多寡。皇家财政的监督者同时也是皇家筹集贷款的主要中间人，有时还可能是新兴商业机构的负责人和合伙人。国王们怀疑自己正在受到自己主要仆人的掠夺，但是又没有其他体系可以替代这种体制。因此，在16世纪早期，弗朗西斯一世的母亲认为，在她儿子统治的前8年中，他一 【491】
直遭到一小撮控制着皇家财政的寡头政治人物的持续掠夺[①]。由于缺乏统一、经济、有效的税收体系，皇家财政常常处于尴尬的境地。结果，法国的国王只好在不适宜、甚至毁灭性的条件下确保自己的信贷，这反过来又不断鼓励私人从财政管理中牟取利益。

7.6 尼德兰

尼德兰地区是由中世纪欧洲一些人口最多、最为富庶的地区组成的。但在15世纪前，整个地区在政治上分化得极为厉害。各个公国行政管理的发展跟不上这个国家的经济进步。甚至在佛兰德斯，中央财政组织的发展也要比更为强大的法国和英国君主国缓慢。尼德兰其他公国的财政组织就更为落后了。目前我们只能对佛兰德斯公共信贷的发展做简短、连续的调查，并可

① G. 雅克东：《弗兰西斯一世的储蓄库》（1523～1547年），《历史杂志》，第五十五期(1894年)，第一章；sans y pouvoir donner provision mon fils et moi feusmes continuellement desrobés par les gens de finances。

能有所收获。借贷的便利在13、14世纪增长得如此之快，超过了统治者能最为充分利用它们的权力的增长速度。勃艮第王朝的强大足以使它能够更有效地利用这些充足的机会来筹集贷款。中世纪王侯们几乎连续不断的借款是显而易见的。通过定期依靠信贷，以及广泛出售年金享受权，勃艮第王国为欧洲后中世纪时期的公共信贷的发展奠定了基础。

7.6.1 勃艮第公国形成之前的尼德兰

13世纪，佛兰德斯拥有欧洲几个最富有的城镇。只要佛兰德斯伯爵能够仰仗城镇的忠实支持，他就是尼德兰最富有的王侯。来自市民个体的贷款要比来自市镇的贷款更为常见，但这些个体贷款人很多都是13世纪在佛兰芒城市占统治地位的“贵族”阶级的成员。然而，一些最大额贷款都是直接来自于城市政府，而且长期以来这些市政府为伯爵保证了来自其他贷款人的重要贷款。更重要的是，只有城镇能够为伯爵提供资金以便偿还较大额的债务。但这个光明的
【492】图景有一个副作用，即能够通过“礼物”、援助和贷款的方式从城镇筹集到大笔数目的钱的便利诱使伯爵们涉足超出他们个人能力的事业。在贵族政权下的城镇，财政管理较为松弛。这更容易满足伯爵的要求，特别是因为占统治地位的贵族在为这个目的而筹集的贷款上常有既得利益。这引起了因此而承受负担的其他市民越来越多的不满。作为对城镇财政支持的回报，伯爵不得不给予城镇特许权和很大程度的自治。随着伯爵政府在佛兰德斯除了大城市以外的其他地方变得越来越有影响力时，伯爵发现这些大城市的独立越来越令他厌烦。尽管伯爵有明显的权力和成功，但在整个政府体制上依旧有严重的漏洞，并在13世纪末期变得越来越不稳定。伯爵们不断增长的财政需求和对信贷越来越大的依赖是人们对这个政权的容忍度的威胁之一。

13世纪，佛兰德斯的伯爵很容易获得很多不同来源的贷款，而且他们时常利用这些额外的便利。伯爵信贷来源的广泛在女伯爵让娜统治时期(1202~1244年)就已经十分明显。到1244年让娜去世时，她的债务遍及佛兰德斯、埃诺、英国、巴黎和香巴尼集市、她丈夫的萨瓦伊县和其他地方。1221年，让娜向锡耶纳和其他意大利商人借款34 600里帕，以把她的丈夫费拉德伯爵从法国监狱中赎出来。当1227年费拉德最终以50 000里帕[①]的巨额赎金被释放时，

---

① 相比较而言，法国皇家国库在1227年圣烛节（2月2日，此节为庆祝圣母玛利亚产后净秽携耶稣前往圣殿之日，以点燃之烛庆之，故名。——译者注）收到53 700里帕。

根特城承担了其中一项12 000里的贷款的担保，并因此获得了丰厚的回报。1212年费拉德曾强迫根特一年一度选举它的地方行政官员，1228年费拉德的所有改革被宣布无效，根特被允许采取它的领导家族所希望的体制。从此这座城市被一个实际上封闭的寡头政治所统治（所谓的三十九世的统治）。这是一个向伯爵贷款有助于加强佛兰芒城市自治的很好事例。

在玛格丽特女伯爵统治时期（1244～1278年），在法国和尼德兰借款明显变得愈加容易。与她的继位人盖伊伯爵相比，玛格丽特借钱相当有节制。留存下来的证据给人们的印象是，每当玛格丽特需要额外的资金时，她能够在这样那样的借口下获得城镇的援助和礼物。借钱当然相当委婉，但总是随要随有。因此就几乎没有必要向佛兰芒公国借款。因此在1244～1268年间，
玛格丽特从杜埃收到的32 000里帕中，只有1 400里帕是贷款。但佛兰芒城 【493】
市因充当女伯爵与其他债权人之间的中介而给予了她无比珍贵的帮助。至少从1265年开始玛格丽特开始越来越频繁地向国外索取贷款。有几个贷款契约是在阿拉斯签订的，主要来自两个主要家族，克雷斯潘家族和卢沙尔家族。在她于1278年退位前不久，玛格丽特向阿拉斯的金融家借了18 600里帕。佛兰芒文员常被派到香巴尼集市完成借贷的任务。1278年玛格丽特欠了锡耶纳和佛罗伦萨几个公司至少11 000里帕的债务，包括锡耶纳的邦西尼奥里公司。到退位的时候，玛格丽特的债务（不包括欠法国国王的钱）累计47 000里帕。这并不是一笔非常大的债务。玛格丽特的邻居，在阿图瓦也享有同样的借贷便利的罗伯特伯爵，在1274年借了62 000里帕[①]。

玛格丽特的继承者，盖伊伯爵（1278～1300年），是一个富有野心的人，没有耐心听取内部的反对意见，一度成为尼德兰最强大的王侯。没有记录表明盖伊通常的财政来源，但这些财政来源当然不足以实施他那富有野心的计划。因此借贷便成为家常便饭，而他的贷款也达到很大的规模。起初佛兰芒城市似乎足够向他提供无尽的贷款。它们可以提供额外的收益让盖伊偿还他的借款，它们本身也可以向他贷款，补充他的款项。但盖伊的期望值太高了。他似乎认为强权政治政策能比与贵族体制继续合作的政策更快地充盈他的国库。伊普尔和布鲁日在1280年因为内部发生暴乱而受到毁灭性的罚款。布鲁日的罚款累计225 000里帕[②]。但盖伊在城镇中的对手于1285年后得到了新的法国国王腓力四世的支持。盖伊伯爵经受了一系列对他的统治的

① 不包括他借法国国王的51 000里帕。

② 连续的付款在L. 杰洛兹·范·泽韦伦的《布鲁日档案馆的财产清单》（布鲁日，1871年）中有过记载，第15页。

危险颠覆。缺乏独立的财政资源被证明是他决定性的弱点之一。

一份盖伊 1290 年的不完全的债务表表明，他的债务总计是一个令人震惊的数字：136 500 里帕[①]，而当时他最糟糕的麻烦尚未发生。玛格丽特所有重要的债权人的名字再次出现在这份列表上。在 12 年里，盖伊向阿拉斯
【494】金融家的借款增加了两倍多，到 1290 年是 65 100 里帕。他向香巴尼集市和法国其他地方的意大利商人的借款几乎翻了一番（达 21 400 里帕）。在这个单子上还有一些有趣的新成分。到 13 世纪末意大利商人开始大量地在佛兰德斯定居。到 1290 年，几个佛兰芒地区都有伦巴德人开的当铺，而且在那一年伯爵向他们借了至少 6 800 里帕。最早担当佛兰德斯财产管理人职位的意大利人是一个佛罗伦萨人，杰拉尔德·卢皮基尼，1290 年盖伊伯爵向他借了 8 600 里帕。

到 1294 年盖伊的地位已岌岌可危。他的不顾一切的借贷和令人难以忍受的财政计策并不是他有意为之，而是被迫如此。由于佛兰芒贵族对他的敌对态度，他不得不依靠受雇佣的钱商借贷。他的信誉一再下降。1287～1293 年间有几个佛兰芒城镇几次替他在阿拉斯借钱，而没有告诉放贷人是为伯爵借的钱[②]。克雷斯潘家族（1290 年他给盖伊借了 56 000 里帕）向盖伊的很多次贷款最终在 1292 年终止。1298 年，盖伊请求博尼法切八世主教免除他欠克雷斯潘家族的钱，因为他无法偿还它们[③]。利用比他自己信誉好的佛兰芒城市作中介借钱成为盖伊的主要补救方法。伊普尔替盖伊向克雷斯潘家族借了 45 000 里帕，而布鲁日也为他从同一个来源借了 68 600 里帕（1292～1295 年）。因此伊普尔和布鲁日在盖伊统治结束时陷入严重的财政困难就是很自然的事了。地方财政的严重损失激起了人们对贵族政权的愤怒，结果 1296～1297 年根特和杜埃的贵族政权被推翻。为了最后一次博得城市的援助，盖伊伯爵支持这些革命。在他统治的最后 3 年里，盖伊不得不依赖他的臣民从各处借款。盖伊在根特最为重要的朋友之一是乌特尔·冯·米尔，一个新近暴富的中间人，不属于旧的根特统治阶级。他成为盖伊最后统治危机中最重要的放贷人。1299 年和 1300 年初，盖伊欠米尔至少 53 000 里帕，但已无事于补。“没有钱又被所有朋友抛弃”[④] 的老伯爵，不得不于 1300 年 4 月退位。佛兰德斯被兼并到皇家领地中去。只有得到大量资产的支

---

① 相当于法国皇家国库在 1290 年收入的 23%，或当时从诺曼底得到的年均收入（1290 年 142 000 里帕，1299 年 134 000 里帕）。

② F. 丰克一布伦塔诺：《在佛兰德斯的腓力四世》（巴黎，1897 年），第 80 页。

③ 同上，第 79～80 页。

④ 《根特编年史》（H. 约翰斯通主编，伦敦，1951 年），第二卷：deficientibus expensis et ab amicis omnibus quasi derelictus。

持，借贷才可能成为权力的一个永久来源。盖伊对贷款的盲目依赖超出了他的真正财力。

在 13 世纪最后几年之前，王侯和尼德兰公国的最重要的债权人都是在法国北部，在阿拉斯、巴黎和香巴尼集市。但这一切在 1297 ~ 1320 年漫长【495】的弗兰克—佛兰芒战争期间都改变了。阿拉斯的金融家逐渐停止放贷。伯爵及主要的佛兰芒城市向他们的借款一概被拒绝，从此佛兰芒人很难从这个地方借到钱了。香巴尼集市失去了它们的国际重要性。但同时在尼德兰地区内部借款的便利有所增加。13 世纪最后几年卡特兰和热那亚的商船开始定期前往布鲁日。从此几个主要的意大利贸易公司开始在布鲁日设立了永久的代理处①。伦巴底典当商的贷款单遍布整个尼德兰南部地区。也有很多当地资金想寻求安全投资。这鼓励尼德兰的王侯们出售年金享受权。显然，他们是首批让这个到当时为止城市独有的手段为他们所用的欧洲统治者。荷兰的伯爵于 1336 年出售终身租金（life-rents），佛兰德斯和布拉班特的统治者在 14 世纪的最后 15 年前也经常这样做。因此在尼德兰有大量的信贷便利，但统治者和自治市能充分运用这些便利的能力则随他们的政治运势和他们的财政偿付能力程度的不同而存在差异。

比利时的统治者长期以来对财政困难的补救方法是建立赋税体系，或至少确保他们在有紧急需要时有向臣民收税的权利。用赋税做担保借款可能是一个有效的方法，但它也可能很容易演变成严重的弱点，就如佛兰德斯的盖伊的情形。在未成年的约翰公爵三世时期，布拉班特 1312 ~ 1314 年严重的政权危机提供了另一个清晰的事例。公爵的父亲约翰二世遗留下大笔债务。1313 年布拉班特商人在国外被约翰二世的债权人扣押。这导致布拉班特城镇联盟的形成。这些城镇愿意承担公爵债务的一部分，总计40 000布拉班特里（24 000里帕），但要求解决它们的种种不满。它们的要求被接受，1314 年 7 月公爵的所有收入暂时由城镇委派的委员控制，由他们负责偿还公爵的债务。这次危机留下的永久遗产是宪政机构对公爵权力的制约②。

佛兰德斯在 14 世纪初经历了一次时间更长、后果更严重的财政危机。【496】1305 年同法国的和平条约对这个郡施加了一个毁灭性的战争后果。在 1305 年

① 佛罗伦萨的佩鲁齐公司到 1302 年在布鲁日拥有了固定的分公司。参看 A. 萨波里：《斯托利亚经济研究》，第三版，（佛罗伦萨，1956 年），第一卷，第 59 页。

② J. 范 · 德施特拉腾：*Het Charter en de Road van Kortenberg*，第二卷（布普塞尔，1952 年）。E. 卢斯：《1314 年 7 月 12 日布拉班特宪章的二次演变》，见《历史上皇家委员会公报》，第一百一十六期（1932 年）。

6月~1333年9月之间，佛兰德斯向历届法国政府支付了869 000里帕的赔款[①]。佛兰德斯的城市不得不拒付部分旧的外国欠款，因此它们的信誉严重受损。主要的破产者事实上是伯爵，因为佛兰芒城市替他向阿拉斯的放贷人借了一大笔钱。后来的法国国王欣然允许佛兰芒伯爵和自治市暂缓偿还债务，为的是保证佛兰芒尽快向皇家国库支付贡金。伯爵能够通过佛兰芒城市的中介或以他们自己的信誉借到大笔钱的日子已经过去了。因此出现了盖伊的继承者罗伯特三世（1305~1322年）在他统治早期对意大利金融家的过度依赖。这些出于需要而不是出于选择的定期借贷使罗伯特受一些非常无耻的锡耶纳人的控制。到1306年4月，罗伯特任命加莱拉尼公司的托马斯·费尼为他的财产管理人。费尼上任时，伯爵已经欠了这家公司很繁重的债务。起初罗伯特很信任费尼，而这个锡耶纳商人一度也确实控制了这个郡的政府。费尼每周为王室的花费提供500里帕。因此保证了对伯爵金钱的稳定供应。费尼忙于从其他意大利人那里进一步筹集贷款。他在香巴尼集市上筹得的贷款显然是佛兰德斯伯爵在那里筹集到的最后一笔贷款。费尼在1309年夏或初秋垮台后，罗伯特的信誉降得非常之低。伊普尔商人在香巴尼集市上的资产应斯卡里尔·蒂弗的要求被查封，因为罗伯特三世欠蒂弗12 000里帕[②]。在1311年初，罗伯特声称他不敢去访问法国，因为害怕那里的债权人[③]。从此伯爵主要向居住在布鲁日的意大利人借钱。

费尼被给予了极大的控制佛兰芒内部管理的权力，而他的财政管理人资格更是永久增加了这个职位的重要性[④]。他的主要职责之一是引进直接赋
【497】税，以筹集向法国交纳的战争贡金。费尼被解职可能是因为人们对他的勒索和不光彩的手段的投诉越来越多[⑤]。他的最后一次账目是在1309年9月25日完成的。那时伯爵似乎欠了加莱拉尼公司的债务，但费尼还是很正式地被起诉犯了严重的诈骗罪。他设法逃往国外，但他的兄弟可能被伯爵处死。

佛兰德斯伯爵的政治地位在14世纪前半时期比1294年前更为微弱。他们无法再追寻富有野心的政策，既背叛了法国君主，又违背了他们臣民的意

① 相比较而言，法国皇家国库在1322~1329年间的年收入是在477 000里帕和839 000里帕之间波动：R. 福捷：《国库账目》（巴黎，1930年），第五十九至六十三条。

② H. 皮埃尔：《1309~1310年香巴尼集市守卫和伊普尔地方官员间的冲突》，《历史上皇家委员会公报》，第八十六期，（1922年）。

③ 丰克—布伦塔诺：《在佛兰德斯的腓力四世》（巴黎，1897年），第568页，第1号。

④ R. 莫尼尔：《从9世纪末到1384年佛兰德斯总账目制度的建立》（巴黎，1943年），第70页；H. 诺伊：《14世纪末佛兰德斯公爵大法官的起源》（布鲁塞尔，1926年），第132页。

⑤ 参看《根特编年史 》（H. 约翰斯通主编），第97页。

愿。但伯爵们的财政状况逐渐在罗伯特三世和他的继承者纳维斯的路易统治时期有所改善。佛兰德斯人民已经习惯于频繁的征税。伯爵的权威不断受到内部叛乱的挑战，但镇压这些叛乱后的没收财产和罚款带来大笔资金：纳维斯的路易在 1328 ~ 1331 年间以这种方式得到 300 000 里。定期的收入也有所增长，部分是因为原来每年向法国国王交纳的贡金现在转移到了自己的国库。伯爵在 1332 年的定期收入（每年 36 000 里帕）显然比在 1305 年时多。在一个贤明的统治者的领导下，佛兰芒政府可能在 14 世纪 30 年代有一定的偿付能力，而尼德兰信贷的便利可能是它的力量来源之一。几个意大利人担任了路易时期佛兰德斯的主要财产管理人，其中包括富裕的佛罗伦萨佩鲁齐公司的一个成员。不幸的是，路易是一个没有远见的人，无法将 1328 年后他的财政状况改善转变成一个长期优势。到 1332 年他又欠了 357 000 里帕。财政地位的潜在力量只有到了他精明的儿子——梅尔的路易统治时期（1346 ~ 1384 年）才显现出来。

英王爱德华三世在尼德兰的信贷操作当然并不属于比利时王侯的公共信贷史，但可以帮助我们了解比利时可能的放贷人的分布状况[①]。在 1338 ~ 1340 年，爱德华在尼德兰大肆寻求贷款。如果不包括英国人和常向爱德华提供贷款的意大利银行家的款项的话，爱德华从其他意大利人、德意志人和比利时本地人那里筹集了至少 195 000 磅斯特林（624 000 里帕）[②]。布拉班特的放贷人尤其重要（91 000 磅）。他们包括公爵重要的幕僚、布匹商以及布鲁塞尔、卢万和马林的其他显要公民、安特卫普及其他城镇的钱商和典当商。【498】佛兰德斯放贷人的确切份额较难确定，惟一被记录的明白无误的佛兰芒放贷人是布鲁日的伦巴底典当商。很可能大多数德意志、意大利和加特兰的放贷人都活跃在布鲁日，但有些也可能居住在安特卫普。布鲁日在当时一定是尼德兰协商贷款的闻名之地。每当爱德华三世急需钱时，通常便派代表前往布鲁日办理。在 1346 ~ 1347 年加来的长期围困中，布鲁日对爱德华也同样重要[③]。

在 14 世纪，放贷可以使人在尼德兰获得巨大财富，曾帮助过爱德华三世的两个放贷人就是这方面很好的证明。西蒙·冯·海伦是曾担当过布拉班

---

① E. B. 弗雷德：《爱德华三世的战争财政，1337 ~ 1341 年》（博士论文，1947 年，存放在牛津鲍德林图书馆）。

② 几乎相当于法国腓力四世通常一年的收入。参看 R. 福捷在《国库账目》（巴黎，1930 年）中 1329 年和 1349 年的数字，第六十二至六十四条。

③ 《英国档案局，国库账目》，E 101/128/3；K. R. 《海关账目》，E 122/197/4。

特财产管理人的一位意大利典当商的儿子。西蒙成为佛兰德斯的财产管理人并娶了伯爵的庶出姐妹。但他仍然是一家佛兰芒和布拉班特典当铺的合伙人：当时的一位作家将他描叙为“高利贷之最”。1339 年 12 月，西蒙被根特的革命政府擢升为佛兰德斯的摄政董事。这样一个人被升迁到这样的位置在欧洲西北部的其他任何国家都是无法想象的。1336～1346 年间，西蒙每年都借钱给根特，而且他的贷款成为阿尔特韦德政府的支柱。阿尔特韦德倒台后，西蒙本人就被暗杀。

威廉·冯·杜文弗德代表了另一种类型的放贷人，更让人想起了莱茵兰低地的德意志金融家—领主。在他事业初期，他成为荷兰伯爵忠实的管家。他特别偏爱向统治者贷款的投资方式。据我们所知，他的贷款从 1316 年延续到 1352 年，而他的客户曾经包括尼德兰的大多数王侯和主教。他当然收取利息：因此 1320 年他向他的主人，荷兰的威廉一世以 20% 的利息放贷。但他自己有时也不得不向商人借钱。随着他的财富的增加，他长期购买土地，并将他向统治者的贷款用于这同一个目的。因此，尽管他是布拉班特公爵的忠实臣僚，他还是将一个临时给予他的布雷达的贵族领地转变成一个世袭财产，以扣除布拉班特公爵欠他的所有债务。在于 1353 年去世时，杜尔韦德是尼德兰最富有的非王侯领主。他的财产在 16 世纪落入奥兰治的威廉
【499】手中，构成了威廉在尼德兰的大量财产中的一大部分。

7.6.2 勃良第公国（到 1477 年）

学术界对勃艮第王朝丰富的财政档案的研究还不够，而且这些档案很多还未被发表[①]。但很明显，所有这四个统治到 1477 年的公爵都频繁借款，当对他们的记录作充分的研究后，发现他们几乎不间断地借款，可能只有 1440～1465 年间相对的一个财政缓冲间隔期除外。勃艮第王朝当然因为长期珍视同金融家的良好关系的价值而在中世纪王侯中非常醒目。他们对主要银行家的态度与法国国王对银行家的无耻行为构成了令人欣慰的对比。勃艮第公爵从未处死过重要的放贷人，或野蛮地剥夺这些放贷人的所有财产。

这样经常借款的原因是相当明显的。勃艮第公爵试图在政治上与欧洲的主要势力抗衡。在善良的腓力（Philip the Good）得到大部分尼德兰土地之

---

① 自从写完本章后，M. 莫拉便利用这些资料计算出善良的腓力所欠的借款总计2 760 000里特尔，勇敢的查理的借款总计1 970 000里特尔。见《历史杂志》，第二百一十九期（1958 年），第314～316页。

前（1428～1433 年），他们缺乏足够的收入来维持他们的野心。他们的很多借款仅仅是在预支他们的正常收入。没有这样动用他们所有资源的灵活手段，他们不可能做出多大成就。但他们试图更有所作为。他们尝试过一种超出他们的不充分的收入的生活方式。他们每年努力通过贷款来增加收入，并希望赋税、外国补助或其他意外横财会在某一天偿还他们连年的债务，或至少将它减少到可控制的比例。勃艮第的借款有时候也会超出深谋远虑的预算。这种情况在前两个公爵、勇敢的腓力（Philip the Bold）和无畏的约翰统治时期经常出现。如果没有来自法国王室的大量补助，他们将陷入困顿，在勇敢的腓力 1400～1404 年的权力鼎盛时期，这种补助占他收入的大约 40%。这种补助的金额大小依赖于公爵对法国政府的影响力，并随法国内部政治的变迁而波动。这些不确定性是腓力和约翰有时过度借款的部分原因。但勃艮第统治者不顾一切地利用信贷还有更多的根本原因。他们都不进行纯粹的财政考虑，而且，也许除了这个王朝的建立者外，都不擅长管理。勇敢的腓力和约翰的债务常常大于财政预算，因为他们的政治计划要求如此。第 【500】
三个公爵，善良的腓力，根据他的宫廷传记家的记录，不愿进行财政管理，更无意了解他的收入到底有多少①。然而，他是他们家族第一个具有清偿能力的成员，因为他有得到足够大和有价值的新财产的好运气。而他的继位者查理，根本不考虑财政以及其他任何事情上的节俭。

勃艮第王朝的大多数财产都是通过婚姻、继承或征服得来的，但也有购买。勇敢的腓力得到的默兹河东岸林堡和其他的布拉班特土地尤其重要。在这个尼德兰东部地区，就如中世纪的德意志那样，形式有点落后的以土地抵押为基础的信贷交易依旧很盛行。在布拉班特的文斯拉斯公爵于 1383 年去世时，几乎默兹河东岸的所有财产都落入他的放贷人手中。放贷人已不仅仅是商人，还有公爵的主要大臣，就像德意志的“抢劫骑士”，他们已从战争和对商人的抢劫中积累了大量财富，并急于投资购买城堡和贵族领地。他们并不认为布拉班特公爵能够筹集到足够的钱来赎回他的土地。但勇敢的腓力，在布拉班特的让娜女公爵的支持下，在 1387～1396 年间将它们全部买回。所需要的钱是经过很大困难和很长时间的拖延后才筹集到的；腓力不得不以负有法律责任的条款借了其中的一些。腓力的主要目的是保证让他的一个儿子作为让娜的继承人拥有布拉班特的所有土地，而他购买默兹河外抵押

① J. 巴尔捷：《15 世纪的法律顾问和财政专家》，见《勃艮第公爵善良的腓力和勇敢的查理的幕僚》（布鲁塞尔，1955 年），第 164 页，第 2 号。

的所有土地是朝着这个方向迈进的重要一步。它为勃艮第王朝最终得到布拉班特铺平了道路。

勃艮第公国是由非常分散的地区构成的。在每个地区都有长期建立的政府借贷机构，并同特别的商业中心有着某种传统的联系。同时勃艮第公爵还利用了他们的地位给予他们的所有借贷机会。在勃艮第公国，勇敢的腓力继承了一个落后的财政体系和每年 70 000 里帕的收入。信贷的使用主要限于来自小的伦巴底典当商的贷款，并有来自公国官员和较富裕的市民的半义务的税收做补充。但在 15 世纪，公爵通过来自勃艮第的当地中间人的中介，
【501】在日内瓦集市上借款。前两个公爵对法国补助的依赖问题已经受到重视。他们必须以任何代价保持他们对法国的影响力。同重要的巴黎人保持密切联系是他们政策的一个重要特点。因此，既出于生意方便，也出于政治原因，公爵是巴黎商人和放贷人的重要客户。例如，1403 年勇敢的腓力欠一群重要的巴黎人商品和贷款共计 60 000 里特尔（勃艮第税务署那一年收益的 16%）。很多巴黎商人在布鲁日和法国都有颇有价值的利益，他们自然倾向于尽可能多地同佛兰德斯领主做生意。

通过 1384 年得到阿图瓦和佛兰德斯，腓力几乎将他的收入翻了两番（在 1386～1387 年从这两个郡得到 183 000 里特尔）[①]。他在佛兰德斯的前任，梅尔的路易伯爵曾小心维护并扩展他的收入的特权来源，而且也试图通过同城镇的各种协商和赋税得到大量的额外收入。他的财政成功在很大程度上是间接地以信贷为基础，因为佛兰芒城镇只能通过借贷来满足他频繁的财政需求。路易本人似乎并没有借太多的款，而且似乎并没有特别依赖某一个放贷人，而是动用了布鲁日和佛兰德斯其他地方所有的信贷来源。除了签订短期贷款合同外，路易也出售受城镇收入保障的终身租金享受权。佛兰德斯的财产管理人当时主要是佛兰芒人，但是他们被期望给予伯爵贷款，就如他们的外国前任过去常常做的那样。较重要的佛兰芒赋税被承包给一连串意大利人。腓力继续利用同样的信贷便利，但做的没有路易那样适度和聪明。经常光顾布鲁日的大多数外国人可能并不热衷于给当地统治者借钱。在布鲁日居住的一位意大利商人 1399 年给他的同事写道："每个与大领主纠缠在一起的人最后都会蒙受损失"。只有通过较有影响力和受信任的成员之一做中介才能有效地从布鲁日的商业团体索要到贷款。因此腓力长期利用一个意大利商人—银行家公司——卢卡的拉邦迪公司来贷款。迪诺·拉邦迪向勃艮第政

① H. 冯·韦弗克：《Trans. R. Hist. Soc》，1949 年，第 123 页（大概 146 245 里帕）。

府提供商品和金钱长达40多年，并在这个长时期内被证明是一个极其宽容的放贷人。他在1384年成为腓力的府邸管家，直到于1415年去世，他一直是受勃艮第公爵信任的一个幕僚。在他的事业中最著名的一件事是在尼克波里斯溃逃中无畏的约翰被土耳其人逮捕后，他帮助赎回了约翰。在拉邦迪的请求和担保下，几个热那亚人向王室贷款凑成约翰被释放的第一笔款项。拉
邦迪又前往意大利3个星期，在威尼斯为约翰贷得131 000里特尔，凑够了 【502】
约翰返回家乡所必需的其他款项。公爵们回报给迪诺·拉邦迪的大量利息、礼物和特权使拉邦迪成为欧洲最富有的商人之一。

勇敢的腓力（1363～1404年）的收入从他事业初的100 000里特尔增加到他最后几年的500 000里特尔[①]。但腓力依旧常常有严重的财政问题，他最重视的有些计划也因为缺乏资金而被搁置。他不断贷款，但总是无法得到他需要的所有款项。腓力去世时负有繁重的债务。他的遗孀宣布她有权处理她所继承的财产份额，以避免为他还债。在腓力的债权人的诉讼要求下，公爵在巴黎的地产、阿图瓦大厦的所有东西被查封，他的继承人对此无计可施[②]。还是来自迪诺·拉邦迪的贷款支付了腓力的葬礼费用。

在无畏的约翰（1404～1419年）统治时期，公爵的财政进一步恶化。约翰是一个很不称职的管理者，不注意细节。而且他被禁止继承法国国王给予他父亲的大多数养老金，勃艮第的收入立刻每年减少了约100 000里特尔。这些金钱难题增加了约翰政策的孤注一掷性，可能在很大程度上促使他下决心杀死了奥尔良的路易，他认为此人是他的基本计划和财政需求的主要障碍。在缺乏对约翰的财政做充分研究的前提下，不可能确切地估计出他在紧接着发生的内战期间的借款数目。在1410～1411年，公开开战的前期，他已知的贷款总计至少200 000里特尔，大概相当于他那两年收入的1/4。尽管对约翰后来几年的借款不可能作出完全的估计，但可以确信的是，直到去世，他都有严重的资金匮乏问题。内战对所有参加者的信誉的灾难性后果在前一章提到过。约翰至少比他的敌人能依赖更多的职业放贷人。拉邦迪的支持为他获得了绝大多数卢卡人的帮助，而且很多巴黎金融家也一直对勃艮
第王朝保持忠诚[③]。勃艮第的大量珠宝不得不抵押给放贷人。去世时，约翰 【503】

① 参看E. 佩罗：《15世纪法国的封建主义或公国》，见《历史研究所的公告》，第二十期（1945年），第184页。

② J. 卡尔梅特和E. 德普雷：《通史（G. 格罗兹主编）：中世纪的历史》，第七期（第一章），（1937年），第543页，第92号。

③ L. 米拉：《14～15世纪的一个大家族：德奥尔蒙特家族》（巴黎，1913年），第140～141页。

留下了一大摊债务。对其中一些债务的偿还被推迟了几十年。

勃艮第公国的特点在善良的腓力统治时期有了非常大的改变。他在尼德兰得到的土地所产生的收入至少和他的旧财产一样多。在腓力统治的后半时期，他的收入一度赶上了他祖父最后几年的收入总计（400 000 ~ 500 000里特尔），但这次没有了法国补助，而且都只来自于勃艮第财产。由于他的新地产，腓力获得了新的有价值的借贷便利。安特卫普当时吸引的意大利人比布鲁日少，但英国和德意志商人越来越频繁地前往光顾。但只有在勇敢的查理去世后，来自英国和德意志商人的贷款才日益重要起来。出售世袭和终身年金的做法早已为人所熟知，特别是对于布拉班特政府和埃诺政府，而且在腓力统治时期，新的公爵年金的发行最频繁也是在这两个省。公爵通常是通过市镇政府做中介来出售这些租金享受权。公爵将足够支付新年金每年费用的收入转交给市镇政府，城镇再出售以他们的名义做担保的租金。因此支付腓力在埃诺总领土收益1/6的蒙斯的大片国土，在腓力时代专被用来支付以他的名义由瓦朗斯纳镇和蒙斯镇发行的租金。勃艮第政府能够以这种方式分配它的一部分收入，因为它能利用其他地方的广泛资金收益。

勃艮第财政的管理有很多腐败的迹象①。权力滥用的一个重要原因是公爵信誉的不尽如人意。政府债务归还上的拖延导致公爵债务上非法投机的出现。1404 年 3 月勇敢的腓力去世前不久，不得不任命一个特殊委员会来调查这桩罪行。据调查，公爵的官员以折扣买进腓力的债务，有时只支付其表面价值的1/2，有时1/3 甚至1/4。同样的舞弊在善良的腓力统治时期也出现过，并被1454 年的一条公爵法律禁止，尽管没有多大效果。在同时期的法国，政府需要不断地向官员借贷成为种种舞弊行为继续相对猖獗的主要原因。因此欧德特·莫雷恩、勃艮第公国的主要金融家及公爵的臣僚，19 年来一直把持着向公爵在勃艮第的所有盐仓提供盐的垄断权。1448 年他因非
【504】法的盐交易而被处以重额罚款；但 1453 年腓力公爵又一次谦卑地请求莫雷恩给他贷款，并答应满足这位金融家和他的合伙人所提出的任何要求②。

也许除了在统治初期，善良的腓力没有向某一个银行家借过大量的钱。但很多年来，他的信誉也非常差。当 1452 ~ 1453 年他迫切需要钱来镇压根特的起义时，他发现必须通过莫雷恩为中介借钱。后者被特别支付 10% 的利息，以支付他在日内瓦和其他地方替公爵筹钱时发生的花费。在日内瓦集

① 巴尔捷：《15 世纪的法律顾问和财政专家》，见《勃艮第公爵善良的腓力和勇敢的查理的幕僚》（布鲁塞尔，1955 年），第 156 页。

② 巴尔捷，同前引文，第 167 页。

市上的外国商人显然更喜欢同像莫雷恩这样的职业金融家做交易，而不是直接借钱给腓力公爵。有些重要的金融家已经普遍完全不信任统治者了。在腓力时代，梅蒂奇银行是在布鲁日设代理的最重要的意大利公司，但是在科西莫·梅蒂奇担任公司首领时期（1429～1464 年），所有国外的分公司都被坚决禁止与王侯做交易，除非经过科西莫的允许。梅蒂奇银行的第二任首领皮亚诺（1464～1469 年）本来也愿意执行同样的政策，但他无法适当地控制住布鲁日分公司的新经理托马索·鲍蒂纳里——勃艮第查理公爵的私人朋友。说与统治者的交易给很多商人带来麻烦的率直提醒[①]对鲍蒂纳里没有作用。他甚至能够劝说皮亚诺的继承者劳伦佐在 1471 年放松向勃艮第政府贷款的禁令，“因为这个杰出的王子（查理）的良好品质和通过他的友谊为托马索·鲍蒂纳里带来的好处。”总公司规定了鲍蒂纳里向政府贷款的最高极限，但这个安全措施在 1473 年劳伦佐和鲍蒂纳里之间缔结的一个新契约中甚至也消失不见了，到 1477 年，最初的最高极限至少被超过了 40 000 里特尔。鲍蒂纳里一度在勃艮第宫廷享有很大的影响力。出于对他的大额贷款的满意，各种有价值的公爵资产都被托付给他；他承包了格拉沃利纳的通行税，向从加来进口的英国羊毛和明矾征税。但到查理于 1477 年 1 月去世时，公爵欠梅蒂奇银行 9 500 里格罗斯币（114 000 里特尔），他的继承者不可能很快偿还这么大的一笔债务。布鲁日分公司还未破产，但劳伦佐已无力再向它投入任何钱。截至 1478 年，在伦敦和布鲁日分公司的亏损劳伦佐估计是 70 000 杜卡币。因此布鲁日分公司在 1480 年被结业。

中世纪统治者挥霍大量继承的财产很少像勇敢的查理那样迅速。他把钱 【505】
大量花费在实现他的雄心壮志上了。为了一笔 50 000 弗罗林的贷款，他将西吉斯蒙德大帝在阿尔萨斯地区蒂罗尔的所有权利都抵押了出去，使他与瑞典产生致命的冲突。勇敢的查理从他父亲那里继承来一大笔财产，但在他统治的前 5 年内被他挥霍一空。尼德兰议会被说服给予他大量赋税收入。在他统治的最后 10 年里，查理的年均收入几乎是他父亲的两倍（腓力的年均收入是 366 000 里特尔，查理的是 693 000 里特尔）[②]。查理到处借钱。1470 年后，来自梅蒂奇银行的贷款变得尤其重要。在尼德兰和勃艮第的其他本地及外国商人有时也会贡献贷款。大臣胡戈内告诉议会，1472 年通过出售年金

① 参看皮亚诺 1469 年的信，被 R. 德罗弗在《梅蒂奇银行的大人物劳伦佐》中引用，见《意大利斯托里亚档案》，第一百零七期（1949 年），第 176～177 页。

② J. 巴尔捷：《尼德兰地区的分裂》，第三卷（乌特列特，1951 年），第 293 页。

享有权筹集到大约 400 000 里特尔（通常一年的收益）[①]。查理甚至允许如果没有找到自愿的购买者，可以强行出售年金享受权[②]。1473 年 7 月，公爵突然取消了曾给予伦巴底典当商在整个尼德兰的特殊许可，查封了他们的产业。这样做的惟一目的就是强迫伦巴德人向他提供一笔高额贷款（45 家当铺老板借给他 14 000 埃索），这样他们才被允许恢复营业。公爵的主要财产管理人在 1475 年的账目上列有一长串那年被迫向公爵借出 12 000 里特尔的官员名单。在勃艮第，第戎的主要财政官员 1474 年宣称，他们不知道如何进一步筹集贷款了。到查理统治末期，财政难题已变得非常棘手。1476 年，他的一些雇佣军逃跑，部分原因便是没有军饷。但到他最后战败时，查理的财政还没有完全崩溃。根据康明斯的说法，在南希城外的最后一场战争中，查理依旧能够在卢森堡拥有大笔可供使用的资金[③]。大量的新资金一定是从尼德兰获得的。这至少是康明斯的看法。公爵还有大量的珠宝可以抵押给放贷人，查理的女儿在他去世后的关键几年里就是这样做的。勃艮第王朝的信誉在 1477 年头几个月降到前所未有的水平。但勃艮第的玛丽及其丈夫依旧
【506】保持住了自己的权力，等待他们在商人面前的信誉回升。查理的鲁莽事业对尼德兰勃艮第政府的财政前景并未造成长期伤害。在几十年内，安特卫普成为欧洲西北部的主要商业中心，成为它自己在哈布斯堡的掌权者以及其他很多王侯习惯性寻求财政帮助的地方。

7.7 德　意　志

7.7.1　概述

从 13 世纪初开始，德意志的政权发展很快同西方其他逐渐中央集权化的主要国家有了很大区别。1250 年后，没有一个德意志国王将德意志同先

---

① *Environ 400 mille livres procedans des vendicions des rentes a la cherge et par engaigement de son demaine*, printed in J. Cuvelier, etc. (ed), *Actes des Etats Generaux des anciens Paysbas*, I（布鲁塞尔，1948 年），第 186 页。

② L. J. A. 迪格里克：《伊普尔城档案馆的财产清单分析及图表和资料的年代顺序》，第四册（1859 年），第 1032、1035、1036 页。

③ 菲利普·康明斯：《回忆录》，第二卷（J. 卡米特编辑，巴黎，1925 年），第 150 页。

前是霍亨斯陶芬王室[1]权力支柱的意大利财政资源永久地结合起来，来自德意志皇室永不够用的收益在霍亨斯陶芬大片领土新旧政府更替时期（1250～1272 年）更是大幅下降。哈布斯堡的鲁道夫在恢复皇室土地和特权的努力上取得了一些成功，但随后并未出现改进。皇室政府在 1273 年后的持久弱势使它没有产生像英国和法国国王发展出来的那种中央集权制的管理和财政机构。德意志王侯的自治在 1220 年和 1231～1232 年腓特烈二世给予的特权中已经得到维护[2]，在新旧政府更替时期更是被永久地确定下来。德意志由大约 300 个“区域”组成，每个区域的首领事实上都是独立的领主（domini terrae）。只有一些领地在晚期出现了一个集权组织，但很脆弱。

由于缺乏王室的连续性，皇权政府的财政在 1273 年后进一步缩减。在每次皇室选举中，选帝侯[3]的选票必须以过高的代价购买，需要向选帝侯付款而借的贷款必须拿皇室财产做抵押。德意志国王的财政来源未能扩大，甚至趋向于缩小。在财富上，甚至在管理效率上，德意志国王们被这个帝国更强大的王侯遮住了光芒。

1272 年后，只有那些控制有价值的地域的德意志国王才能够获得某种程度的财政稳定，而且他们中有几个，如巴伐利亚的路易四世，“荒谬地”利用资源，“无法维持一个国王的体面”[4]。因此频繁的借贷便成为必需。【507】

中世纪晚期德意志皇室和王侯财政发展得不尽如人意有时要归咎于德意志经济的相对落后[5]。在公共信贷领域，德意志和更靠西的国家之间当然存在着巨大的经济差异。然而，英国和法国在 13 世纪末王侯借贷的增加是与当时意大利金融家的涌入有关系的，而德意志几乎完全被意大利商人所忽视。这可能是德意志某些公共借贷的形式持久存在的部分原因，而其他地方的这类公共借贷在 13 世纪中期后就不是至关重要了。

---

① 12～13 世纪统治德意志并向意大利扩展领土的王室。——译者注

② 要了解对这些特权的影响力的现存观点，请参看 K. 哈姆伯：《撒利安人和斯陶芬人时期的德意志皇帝历史》（第十版，F. 贝西根编写，1949 年），第 286 页；H. 米特斯：《美因兹自治帝国》，载于《历史上的权利》（1957 年），第 416～417 页。

③ 德意志帝国有权选举神圣罗马帝国皇帝的诸侯。——译者注

④ H. S. 奥弗勒：《罗马帝国和罗马教皇：最后的斗争》，载于《皇室交易史》，1956 年，第 31 页。

⑤ 德意志经济相对落后和它的统治者的财政相对落后的观点并不是所有的德意志权威所一致持有的观点。这些观点曾在《世界经济档案》中受到 G. 比洛的批评，1919 年，第 72 页以后，A. 道施，V. f. Soz. u. W. G. XIV（1918 年），第 509 页以后。E. 贝姆伯格的《中世纪德意志区域的财政管理，1200～1500 年》一文中持较符合实际的观点，见《社会科学总论杂志》，第七十七期（1923 年），第 168～255 页。近来的全面讨论，见 TH. 梅耶的《财政学手册》，第一册（1952 年），第 236 页。

在整个中世纪，以抵押的财产和王侯特权为担保筹集贷款在德意志非常普遍①。1250 年前，德意志国王曾不愿意大规模地抵押皇室财产，但在新旧政府更替时期这成为筹集贷款的惯常方式，每一个中世纪的德意志国王都不得不使用这种方法。德意志统治者常常不向商人借钱，而是向同等地位的王侯、高级教士或贵族借钱，这些地位显赫的放贷人对因此而增加他们的区域权力的机会特别感兴趣。领土和政府权力的抵押是德意志统治者之间在任何情况下（和约、婚姻联盟、战争赔偿等等）惯常的担保，因此常常很难区分债务抵押和为其他原因的财产抵押之间的不同②。

在中世纪的德意志，有两种抵押为人们所熟知，即财产抵押和使用权抵押。形式古老的财产抵押涉及被抵押的土地向放贷人的实物转移，德意志国王所做的抵押就属于这一种。君主抵押的皇室地产在法律上仍属于德意志帝
【508】国所有，但必须被合并到放贷人的地域内；居住在这些地产上的皇室臣民被要求宣誓效忠，并尊敬他们暂时的新主人。通常规定从抵押的财产上获得的收入不能从债务中扣除，但为了避免被人指控高利贷，这些收益有时被捐赠给放贷人。霍亨斯陶芬王室的帝王们只有在德意志王侯的允许下才可以使用属于帝国的财产，但 1250 年后这条规则不再被严格遵守。作为 1220 年和 1230～1231 年特权的结果，其他区域的统治者能够自由支配他们的财产，他们的交易仿效的是皇室的做法。中世纪后期王侯抵押财产的广泛蔓延在某种程度上受到各省议会的反对才被遏制。

皇帝将帝国城市（直辖市）抵押给王侯是尤其重要的，因为这些城镇构成了皇室财产最有价值的一部分。为了保持它们同皇帝的直接联系，这些城市自已更愿意偿还皇帝因此要抵押它们的债务。直辖市的抵押因此成为迫使城镇贷款的一种方式。

除了抵押地区、城镇和地产，德意志国王和其他王侯还抵押有利可图的王室权利，特别是通行税和铸币厂。向犹太人征收的赋税也常常被抵押，有时甚至抵押犹太人，以及从他们身上得到的所有利润。因此在 1349 年 6 月 25 日，查理四世向法兰克福城抵押了所有住在那里的犹太人，以偿还一笔 152 000 海勒镑的债务。德意志王侯典当贵重财产也是非常常见的。

虽然以动产或不动产做抵押担保的贷款占主导地位，在当时的德意志还存在其他很多的借贷形式。向放贷人签发保证书也很常见，教会王侯尤其这

① H. 尼斯：《13 世纪王国财产管理》（1905 年），第 168、243、262 页；H. 普兰尼兹：《德意志土地抵押法》（1936 年），第 85 页。

② 关于对证据的讨论，参看普莱尼茨，同前引文。

样做，这些文件可以自由流通。就像城镇一样，王侯，尤其是德意志西部的王侯，在14世纪的前半时期开始也在集市层次上出售年金享受权。

7.7.2　皇室信贷业务

关于12世纪后半期德意志帝王财政的显著事实是他们依靠来自意大利的大量收益①。在意大利王国的王室权利的收回使腓特烈一世得到一笔额外的年收入，估计有30 000英镑，而且通过各种各样的来源又进一步得到大量 【509】
款项。皇室从德意志得到的收入要远远小于霍亨斯陶芬王室从意大利得到的收入。腓特烈一世需要大笔资金来应付战争和他的惟利是图的军队②。我们已经从别的地方查找到他在列日签署的借款，以及一些主要的德意志高级教士为了应付他们在意大利的军事义务而借的高额贷款。霍亨斯陶芬王室也从意大利放贷人那里获得贷款。因此在1190年，亨利六世的一个使者以各种收益为担保从沃尔特拉的主教那里借到1 000马克白银（以科隆的重量）。

在斯瓦比阿和奥托四世之间的内战中，双方开始冲突时都是有财富保障的，但后来也被迫大量借钱③。皇室地产、收益和特权的抵押在一个较小的程度上预示着后来德意志皇室的做法，但直到康拉德四世（1250~1254年）统治时期，德意志才的确出现皇室财产的大规模抵押。

腓特烈二世是那个时代最富有的世俗统治者。构成他财富大多数的意大利财产及他的信贷业务不在本章讨论范围之内。他总是有能力筹集到短期贷款④，并用西西里的长期收入来偿还。有些在意大利签署的贷款来自于他的德意志臣民⑤。腓特烈1241年在德意志的收益的不完全的单子列举出总计约7 700马克的收入来源⑥。管理这些收入的皇室代表借了大量的钱给帝王。他们中的有些人显然非常富有。当埃诺的伍尔夫被撤掉财政大臣的职务并因

① 重点参看G. 德贝尔的作品：《腓特烈·巴巴罗萨皇帝的意大利收入》，载于《新海德堡年鉴》（N. F. 1932年）和《12世纪霍亨斯陶芬王室统治时期——意大利对德意志帝国的财政意义》，ZRG，第五十四期（1934年）。

② H. 格伦德曼：DA. 第五章（1942年）。

③ 伯默尔—菲克尔：《德意志帝国文献摘要》，第五册，第53、227页。

④ 例如，E. 温克尔曼：*De regni Siculi administratione*，*qualis fuerit regnante Frederico II*（1859年），第31~32页。

⑤ 伯默尔—菲克尔：《德意志帝国文献摘要》，第五册，第2609、2713、3107页。

⑥ K. 佐默：《中世纪后期帝国赋税史》，HZ，第八十一章（1898年），第24~25页；B. 希里杰尔：《1242年后的帝国赋税清单》，XV，第二十八章（1934年），估计为7 700马克；希里杰尔的评估最近受到G. 科希纳的批评，《1241年后的赋税清单》，ZRG，第七十章（1953年）。

敲诈勒索罪被监禁后，腓特烈在1236年从他那里再次获得16 000马克[①]。

腓特烈的继承者，康拉德四世逐渐丧失了他在德意志的地产。为了准备远征意大利，他在1251年开始实施大量抵押皇室财产的政策[②]。皇室剩余的
【510】财产在新旧政府交替时期被大量浪费掉了。康拉德的对手，荷兰反国王的威廉资金来源非常有限，主要依靠教会的补助[③]。在德意志他被迫抵押帝国财产，而且他的有些债务是被他的继承者康沃尔的理查德偿还的。理查德很富有，偶尔借钱纯粹是因为暂时的困难。然而，他的大部分资金资源来自英国。

在1273年选举哈布斯堡的鲁道夫这件事上，选帝侯们选择了一个非常有经验又实干的人，他充分利用了留给他的有限资源。开始执政后，他便决定努力恢复被转让的皇室财产。他增加了帝国城镇每年要缴纳的赋税，这些赋税在1241年代表着皇室收入的大概2/3，并甚至在他执政初期将它的收益增加到8 000多马克金币（可能比他在德意志西南部世袭的财产还要多）。另外，有几次他还向收益比普通城镇多很多的帝国直辖市课以重税。这些收益首先被用来偿还他的债务[④]。鲁道夫准备大规模借款以实现重要成就。1276年为了对抗波希米亚的奥托卡二世的关键战役，鲁道夫不仅从格列高利十世教皇那里得到一大笔补助（12 000马克），而且在凯泽沃斯城镇的担保下从格列高利那里又借了3 000马克[⑤]。

通过征服奥地利，鲁道夫将他的收益增加了两倍多，而且也获得了很稳定的信贷便利。奥托卡主要的财政代理，康拉德·冯·图尔，继续为哈贝斯堡管理奥地利的收益，而且在他们的担保以及富裕的奥地利和巴伐利亚市民的帮助下筹到大笔贷款。有时，如1281年6月~1282年6月，图尔的贷款是他在同时期得到的收益的两倍。在1282年10月，经过6年的这样借贷后，哈布斯堡欠图尔及其同事15 070马克，不得不将有价值的财产抵押给他们[⑥]。重要的维也纳商人继图尔之后成为奥地利财政的首领和主要的政府放贷人。鲁道夫被迫不断抵押皇室领土和王室权利，据估计在他统治期间以这种方式将皇室收益减少了至少5 000马克。但他将奥地利皇室收益抵押代

---

① 相比较而言，英国伊沙贝拉在1235年嫁给腓特烈二世时的嫁妆总计30 000马克。

② 伯默尔—菲克尔：《德意志帝国文献摘要》，第五章，第4553、4559、4562、4563a页。

③ 细节参看O. 亨兹：《荷兰的威廉王》（1885年），第137页。

④ 伯默尔—雷德利希：《德意志帝国文献摘要》，第六章（第一节）（1898年），第2423、2426~2427页。

⑤ 同上，第438、450、505页。

⑥ 文本来自E. 冯·施涅德和A. 多普施的《中世纪德意志奥地利帝国宪法史文献选编》（1895年）。伯默尔—雷德利希：《德意志帝国文献摘要》，第六章（第一节）（1898年），第1280、1326~1327、1330、1738~1739、1742页。

表着大多是短期的信贷操作，而有些皇室领地的转让则面向较长期的借贷。【511】

在选举了拿骚的阿道夫为皇帝而放弃了另一个哈布斯堡王侯这件事上，选帝侯们有意挑选了一位私人资金来源非常有限的王侯，这样他的被选一定会导致皇室收益的进一步转让。阿道夫不得不将大量的资产抵押给选帝侯以购买他们的选票。在他执政后就开始进一步抵押皇室收益，如果他没有起初从英国的爱德华一世那里得到补助（40 000 英镑）[①] 以及后来从法国的腓力四世那里得到补助（20 000 英镑）的话，他的资金来源一定是不够的。

1298 年，阿道夫被奥地利的奥尔布莱特代替，给了德意志一个富裕得多的国王，这位国王在财政事务上很实干，而且极其节俭，他在奥地利继承了一个可靠的财政地位，并能够维持它。在他的继承者、卢森堡的亨利统治时期最重要的事件是他远征意大利。亨利的财政安排为 14 世纪德意志国王的所有意大利冒险奠定了基础。他从德意志带来的资金来源只够发起这场事业，此后的维持完全依赖由他的意大利同盟提供的补助金（比萨在 1310～1312 年就提供过 230 000 弗罗林）。因为有这个持续不断的帮助，亨利在意大利并未经历严重的财政困难，尽管他的军队所需要的大笔资金曾让他陷入暂时的尴尬处境。在 1312 年初，他甚至抵押了自己的王冠。但是他在 1312 年 3 月到 1313 年 2 月之间所签署的贷款（9 600 弗罗林）仅代表他在那段时间内总收入（191 500 弗罗林）的 5%。有时他不得不以相当高昂的代价借贷（在 1312～1313 年是 15%～$26\frac{2}{3}\%$），但幸运的是他能够很快偿还这几笔贷款。

他的继承者路易四世的统治常常受到资金短缺的烦扰。他自己继承的财产（上巴伐利亚）只为他提供了很少的收益。在他作公爵初期，他常常被迫向各种类型的巴伐利亚放贷人借钱；他的放贷人包括奥格斯堡和兰兹胡特的市民、一个由雷根斯堡的富裕公民组成的财团、奥格斯堡的犹太人和巴伐利亚修道院[②]。他能获得的信贷便利完全不足以支付他的选举，他只能通过将皇室收益大规模抵押给选帝侯们来购买选票。他欠特里尔大主教 22 000 马克，便将博帕德和韦塞尔城镇抵押给了这位大主教。他欠波希米亚的约翰的债务是 10 000 马克，以赫布和其他财产作担保。抵押给美因兹大主教的【512】
财产包括重要的直辖市、奥彭海姆[③]。

① 《英国档案局》，《卷筒宗卷》，E. 372/144 m. 31 and K. R. 《国库账目》E. 101/308/18。

② 要了解雷根斯堡财团的详情，请看 L. 罗金格尔在 G. 冯·莱兴费尔德的注释 334，《古代巴伐利亚特权阶级享有的特权……》（慕尼黑，1853 年）。

③ 重点参看 H. 格拉登维茨：《关于巴伐利亚的路德维希统治时期德意志帝国的财政史的文集》（1908 年），第 7 页以后。

据说“路易四世长期急迫地缺乏资金，以至于当时大多数人都避免跟他有交往”。这在每个关键时期都牵制着他。因此，他的意大利冒险非常像亨利七世的远征，完全依赖友善的意大利王侯的补助，而缺乏资金是他未能在意大利达成任何长期结果的一个原因。路易的契据和其他记录写满了对贷款和皇室资产的转让[①]。普莱尼茨评论路易时说，他把抵押艺术发展到了真正精湛的程度。他留下一份被大肆耗尽的皇室遗产。

与路易不同，查理四世的世袭财产有大量收益可供他支配，特别是在波希米亚王国。他巧妙地利用他的财富去增加或加强他的地域，例如将上帕拉蒂纳特归并到波希米亚。1373 年以大约 500 000 弗罗林的高昂代价确保了他的家族对勃兰登堡选帝侯领地的继承。

查理在他的自传中叙述说，当他于 1333 年初次代表他挥霍无度的父亲、卢森堡的约翰执掌波希米亚政府时，他“发现这个王国一片荒凉。所有的城堡都被抵押出去，以至于我只能像其他公民一样寄宿在城市的房屋中，……我重新得到了各种因典当而离开王国的物品。”[②]在约翰统治后期他的其他财产也一样被抵押出去，尽管约翰后期的一些债务是 1346 年为确保查理得到德意志皇冠而引起的。到约翰去世的时候，他欠了他的主要代理官员和卢森堡的财产管理人阿奴尔·达伦高额的债务，约翰葬礼的费用不得不用这个金融家的贷款支付。尽管最初有种种困难，查理还是靠他有条理、关心财政细节和节俭的品质偿还了这些债务。

查理的两次意大利冒险很好地说明了他对将财政状况转危为安的兴趣。最初的准备使他陷入一些财政困境中。因此，为了他的第二次远征(1368～1369 年)，他不得不从美因兹的大主教那里借了11 000弗罗林，在纽伦堡借了3 000弗罗林[③]。在意大利他得到了同盟的充足供应，但给予他的钱
【513】时断时续，他不得不偶尔借贷。他甚至被迫在佩鲁贡以1 620弗罗林的价格抵押了他的王冠，后来通过锡耶纳银行家的贷款才将它赎回[④]。但是他的两次远征都给他带来了丰厚的财富。1354～1355 年他可能在意大利得到多达560 000弗罗林，在 1368～1369 年得到大约 307 000 弗罗林。

查理尤其关注保持和增加他世袭领土上的收益。他不太重视在德意志的

---

① 伯默尔：《德意志帝国文献摘要》，第七章（法兰克福，1839 年，增补是在 1841～1863 年出版的），在各处。

② 这句话引自 B. 杰莱特的译作：《查理四世皇帝》（伦敦，1935 年），第 46～47 页。

③ 伯默尔—胡贝尔：《德意志帝国文献摘要》，第八章，第 4616 页。

④ 《历史学科研究》，第一卷，（1930 年），第 289 页；‘Cronaca Senese di Neri di Donato’，载于 L. A. 穆托拉里：Rerum Italicarum Scriptores，第十五章，第 199 页。

皇室资源，这个资源的收益每年不到30 000弗罗林[①]，他完全准备拿它作抵押来贷款。在他执政的32年里，德意志被他抵押的财产总价值据估计大约是2 000 000弗罗林，其中一大部分被永久地转让了。查理牺牲王室权利的政策引起了帝国直辖市的强烈反对，因为它们害怕会永久地从直接附属市变为间接附属市。查理为得到勃兰登堡而需要筹集的大量金钱既导致帝国直辖市被课以高额赋税（1373～1375年是200 000弗罗林），又导致将4座斯瓦比帝国城市抵押给了勃兰登堡的马格雷夫·奥托。这些对城市自由的威胁所引起的城镇的警觉转变成1376年查理的儿子文策尔被选举成国王后城镇的警惕性的反对。斯瓦比城市自然害怕皇帝会通过进一步的抵押来购买选帝侯的善意。城镇成立了一个由14个城镇组成的联盟，查理不得不承认并许诺，不会抵押直辖市等等条件。

查理的儿子和继承者文策尔王，拥有非常大的收益，主要来自波希米亚。他的财政管理非常有效，尽管有点不道德，贷款对他而言仅仅是偶尔的权宜之计。

文策尔的对手和继承人，莱茵法兰茨人的鲁伯特又一次清晰地表明德意志皇权政府的财政资源仅凭自己是完全不够的。据估计，在他执政的10年里，鲁伯特从皇室收益和特权中得到的总收入在175 000～250 000荷兰盾之间，较低的那个数字可能更接近事实[②]。在最初几个月里，鲁伯特为了进行反对文策尔的战争已经欠下了总计至少16 000荷兰盾的债务[③]，而且他于1401年的意大利战争也是在面临严重的困难下进行的。佛罗伦萨人拒绝给【514】予他事先承诺的帮助，直到他到达意大利，而且很多德意志商人也未兑现承诺的50 000荷兰盾的贷款。鲁伯特设法从其他来源借了至少50 000荷兰盾[④]，包括巴登的总督夫人（14 000荷兰盾）和鲁伯特首都安贝堡的商人。后来他来自意大利的信说明他深受遗留在德意志的债务负担的烦扰[⑤]，但是，到1401年9月筹集到的钱数甚至不够支付他军队的军饷，他的一部分兵力不得不在远征开始前被解散。米兰的防卫部队彻底挫败了鲁伯特。从此

---

① TH. 梅耶的《财政学手册》，W. 格罗夫和F. 纽马克主编，第一卷（1952年），第242页，纠正了努格里西过于乐观的估计（65 000弗罗林）。

② O. 施密特：《鲁伯特从帝国内得到的收入》（1912年），第97页以后。鲁伯特财政部在1401～1404年7月11日到1407年8月的记录被印在《德意志帝国日志》中，第五卷（1885年），第168页，以及第六卷（1888年），第435页和第五卷，第283页。

③《德意志帝国日志》，第五卷，第15页。

④ 同上，第四卷（1882页），no. 384 n. 4；v，p. 16，特别参看奥伯恩多夫和克雷布斯的《莱茵河上的皇宫长官的文件摘要（1214～1508年）》，第二卷（1939年），在各处。

⑤《德意志帝国日志》，第五卷，no. 8，第34～35页。

佛罗伦萨人中断了对鲁伯特的贷款，由于缺乏资金，德意志军队大部分被遣散了。威尼斯人或者拒绝给鲁伯特提供补助，或者拒绝给他贷款，11月，他不得不典当他的金制王冠和其他有价值的财产以筹集几千杜卡[1]。佛罗伦萨人一个新的补助承诺促使这位国王推迟了远征行程，但如今他的兵力太少，佛罗伦萨人很快失去了兴趣。鲁伯特很困难地从纽伦堡的商人那里以及通过他在威尼斯的追随者作中介，借到了他返回行程所需要的钱；他的信誉已经低到无法在那里直接借贷了。

鲁伯特不得不在他统治的剩余时间里不断借钱，对金钱的需要驱使他实施鲁莽而不得人心的措施，而放弃了他平常的、善意的政策。他的连续纳税引起了城镇的愤怒，他似乎无法维持他永不为皇室债务抵押帝国直辖市的诺言。从意大利返回后，他借了他儿媳妇的嫁妆以偿还他最为急迫的债务，并将奥彭海姆和其他皇室财产作为担保抵押了出去[2]。1405 年人们担心他会抵押他许配给奥地利公爵的女儿在帝国城镇上的结婚应得部分，而哈贝斯堡对这些城镇垂涎已久。这引起了主要城市的不满，鲁伯特的王侯敌人便同斯瓦比城镇联合起来反对他；鲁伯特去世时身负重债。在他的遗嘱中，他命令出售他的王冠和珠宝，以偿还各个小放贷人——工匠、店铺老板和艺术家[3]——的大量债务。

鲁伯特能干的继承者、卢森堡的西吉斯蒙德从不为什么顾忌而烦恼。在他统治的大多数时间里，他未能有效地控制住自己广袤的德意志土地，德意
【515】志的皇室收入也不能为他的雄心壮志提供足够的金钱。然而，西吉斯蒙德在1412 年抱怨说他每年从德意志得到的收益不超过 13 000 荷兰盾时，是过度夸张了[4]。他巧妙地利用了他在内部争斗中作为仲裁者的地位，随意收取贿赂[5]。因此，在 1414 年科隆城为了赢得他的支持反对它的大主教，付给他 30 000 弗罗林：其中 25 000 弗罗林作为贷款，其他则作为“礼物”。后来科隆又借给他 9 000 弗罗林，而大主教付给他 18 000 弗罗林。有时西吉斯蒙德能够从特殊来源得到大笔收入。在他于 1433 年 5 月加冕成为皇帝到 1434 年

① 《德意志帝国日志》，第五卷，第 168 页，第 37、41 篇。

② 《德意志封建伯爵领主文献摘要》第二卷，第 1240 页和《德意志帝国日志》，第五卷，第 361 ~ 362 页。同时参看 A. 福塞尔曼：《德意志封建伯爵领主鲁伯特帝国直辖市的政治》（1904 年），第 65 ~ 66 页。

③ 《德意志封建伯爵领主文献摘要》，第二卷，第 6254 页。

④ 《德意志帝国日志》第七卷，第 181 页。要了解对这段声明的怀疑，请看 A. 努格里西：《西吉斯蒙德大帝统治下的德意志帝国的财政状况》，JNOS. III fOLGE（1901 年），第 146 页。

⑤ 1433 年他被红衣主教塞万提斯在巴塞尔委员会公开指控收取贿赂。参看埃涅阿斯·西尔维于斯·皮科洛米尼印在《德意志帝国日志》中的报告，第十一册，第 55 条（第 168 ~ 170 页）。

统治结束时，他主要从德意志城镇和犹太人那里得到大约 150 000 弗罗林①。然而，他太不顾将来和铺张浪费的习惯常使他在无节制的消费和完全的贫穷之间游移。

在他整个执政时期，他都在借贷。他的令人鄙薄的财政计策和习惯性的无法偿还贷款使他名誉扫地。纽伦堡市政账目上的一个条目对西吉斯蒙德的坏名声进行了中肯的评价。西吉斯蒙德在 1437 年向纽伦堡要求一份4 000荷兰盾的贷款，纽伦堡便送去了2 000荷兰盾，并收到皇室的收条；然而，在市政账目中，这笔钱被登记为礼物②，因为并不指望能被偿还。令人惊讶的是，在他整个统治时期，西吉斯蒙德都能找到放贷人。他的主要官员都乐于向他贷款，因为他们知道西吉斯蒙德会对在他任期内猖獗的腐败行为视而不见。西吉斯蒙德的大臣卡西铂·西里克在 1437 年同另一位大法官法庭官员借给他 1 500 莱茵荷兰盾③。西吉斯蒙德的女婿及继承者奥尔布雷克特在他
统治结束时（1439 年 10 月）欠西里克 20 000 荷兰盾④。据估计，在 1415 ~ 【516】
1439 年间，西吉斯蒙德的主要财政部长、韦斯堡的康拉德共借给这两位统治者 20 000 荷兰盾⑤。

西吉斯蒙德以皇室财产为担保的贷款的不完全名单总计 390 000 弗罗林，大大少于他的父亲查理四世在相同统治期内以这种方式得到的贷款。皇室财产的减少和帝国直辖市对抵押的强烈抵制可能是造成这个结果的部分原因。这个数字不包括西吉斯蒙德家族地产的抵押。他的皇冠在康斯坦茨会议期间以及后来在纽伦堡被典当了 15 000 莱茵荷兰盾。在 1434 年 5 月 3 日将它赎回的 3 天内，它又被连同其他珍贵财产一起被以 5 100 荷兰盾的价格抵押给了巴塞尔的市民⑥。

执政仅 19 个月就去世的奥尔布雷克特二世留下了大笔债务。1441 年 11

---

① 奎德在《德意志帝国日志》第十一册（1898 年）的概述中的估计，第 XXXiii ~ Xliv 页。

② 《德意志帝国日志》，第十二册（1901 年），第 163 页；P. 桑德尔：《德意志帝国时期纽伦堡城的开支表》（1902 年），第 618 页。

③ 《德意志帝国文献摘要》，第十一章，nos. 12021，12144. 关于这两个官员在 1437 年从威尼斯人那里得到的大笔贿赂，参看《德意志帝国日志》，第 12 册，no. 124，art. 5 以及 no. 133，art. 2；其他例子参看同上，第 Xl ~ Xlii 页，nos. 101，130，132，134 以及第十一册，Xliii ~ Xliv. 关于西里克，特别参看《德意志总传记》，第三十一章（莱比锡，1890 年），第 505 ~ 510 页；A. 泽切尔：《卡西铂·西里克研究》，第十五章（1939 年）。

④ O. 胡夫纳格尔：《卡西铂·西里克作为弗雷德里克三世的首相》，载于《奥地利历史研究学院报告》，第八册补编（1911 年），第 277 ~ 278 页。

⑤ 《德意志帝国日志》，第十五章（1914 年），XXv ~ lXXviii（要了解详细的贷款单，参看 IXXVII 页）。

⑥ 《德意志帝国文献摘要》，第十一章，第 xlii 页，第 291 ~ 292、313 页。

月，奥地利议会委员会估计他的债务高达300 000荷兰盾[①]。奥尔布雷克特在作为奥地利公爵时便欠了大笔的钱，但在他短暂的皇室执政中，他更是欠了大笔的债务。奥尔布雷克特1439年招来同土耳其作战的雇佣军在他去世后吵嚷着要报酬。奥地利的财政部长乌尔里奇·艾辛从1437年3月20日到1440年4月14日声称有超过12 000威尼斯芬尼的财政赤字，不得不用他自己的资金来填补。

奥尔布雷克特的亲戚和继承人、弗雷德里克三世国王对他所继承的不堪重负的债务不胜烦恼。作为奥尔布雷克特儿子的监护人，他负责偿还奥地利的债务。他开始了与奥地利议会的长期协商，寻求财政支持[②]。1441年议会拒绝给予弗雷德里克所要求的所有财政支援，而且弗雷德里克一度受到以艾辛为首并受大约150个成员支持的奥尔布雷克特的债权人联盟的公开对抗[③]。大臣西里克是最深受其害的债权人之一。对这些事情的处理使弗雷德里克在德意志的加冕推迟了两年。

弗雷德里克是一个冷漠、懒惰、没有进取心的人，反对野心勃勃、费用
【517】高的计划，节俭到了贪婪的地步，而且财政手段相当不道德。他通过借钱给奥尔布雷克特的遗孀的方式得到了她的很多财产[④]。1452年他为了皇室加冕将向意大利的远征作为一次商业活动对待，期间他随意出售了大量的封号和特权[⑤]。然而，在他执政的很多时间里，他深受缺乏资金的烦扰，不断借钱。他的财政困难有时到了荒谬的程度。因此，在1473年夏，他无法离开奥格斯堡，因为他欠那里很多店铺老板和工匠1 730弗罗林的债务。一个来自科隆需要他帮助对抗勃艮第的查理的代表团，提出替他偿还这笔债务，但因为他们随身未带足够的钱，当地民众都不允许弗雷德里克离开，并强行拦截他的马匹。最后来自奥格斯堡的一笔贷款把这位皇帝从危难中解救出来。然而，弗雷德里克在1493年去世时仍留下了大量的财产。

他的儿子马克西米连一世的统治不在本章编年史叙述的范围之内，但它标志着哈贝斯堡帝王信贷交易的一个新时期的开始。马克西米连一世给予了

---

① A. F. 科拉尔：*Analecta monumentorum omnis aevi Vindobonensia*（维也纳，1762年），第二章，第902～1004页。

② 关于弗雷德里克在1439～1441年的债务和他同奥地利议会的交易请参看科拉尔，同前引文，及赫梅尔的《弗雷德里克三世的外交编年文件摘要》（维也纳，1859年）。

③ 科拉尔同前引文，第二卷，第878页；赫梅尔：《文件摘要》，第271、276～277页；赫梅尔：《弗雷德里克三世大帝的历史》第二卷，第106页以后，以及第121页以后。

④ 科拉尔同前引文，第二卷，第843、851页；赫梅尔：《文件摘要》，第92、98～99、166、174、238、243页。

⑤ 赫梅尔：《文件摘要》，第2794～2795、2854页。

弗格家族和其他德意志南部金融家在蒂罗尔的采矿特权，作为回报，他能够获得比他的任何一位前任都多的贷款。据费迪南大公爵的估计，1523 年马克西米连一世的债务，加上查理四世的部分债务，一共是 1 000 000 荷兰盾。这些新的信贷便利的重要性在马克西米连一世去世后得到了突出的体现。查理五世能够当选罗马帝国皇帝，部分是因为他的银行家提供给他大笔可使用资金，总共 851 918 荷兰盾，其中 543 585 荷兰盾来自于弗格家族。因此雅各·弗格能够在 1523 年给查理写信，在其中一封信中抗议这些贷款偿还得太慢，说如果没有这些贷款的帮助，查理五世不可能戴上罗马帝国皇帝的皇冠①。

7.7.3　德意志王侯的信贷业务

如果没有对地区王侯的信贷业务的讨论，中世纪德意志的公共信贷的发展史将会是不完整的。在一些公国，王侯抵押资产如此普遍，以至于完全破坏了统治者的信誉。这些债务的存在对很多公国的法律发展形式以及强调统治者和代表臣民的主要阶级的议会之间权力分割的倾向上起到了重要作用。这种“二权分立制”有它的法令基础，1231 年 5 月 1 日皇室规定禁止王侯 【518】
制定新的法律，除非得到当地名流的同意②。未经议会同意，王侯们很少敢强行征收高额赋税。因此发展出两种独立的财政势力：统治者的“财政金融”管理必须与由议会控制的独立的特别收益和平共处，只有在特殊条件下这些收益才能归王侯使用。议会也试图遏制王侯抵押收益，有时坚持要求这样的交易必须经过他们的同意。

很多德意志统治者都远不能确信他们每次征收赋税的要求都能得到议会的同意。德意志公国的居民尚未接受臣民对他们的王侯的债务负有责任的观念，直到相对晚的一个时期。王侯为了偿还债务而要求征收赋税的努力常常无人同情，并受到痛苦的指责；因此王侯往往在得不到议会帮助的情形下设法控制事态。高额借贷往往是惟一可能的选择，但通常议会会在最后关头被召集来解救他们的统治者。逐渐地议会被迫承认王侯及其前任的债务属于公国的债务，并承担起偿还它们的重担。这导致 16 世纪的几个地区出现了用于债务管理的独立财产，由议会提供并监督（巴伐利亚的地区、勃兰登堡的信贷区和萨克森的高级赋税区等等）。15 世纪末，在几个公国由一些非凡

① 引自艾伦伯格：《弗格时代》（第三版，1922 年），第一章，第 iii ~ 12 页。
② 《德意志历史纪念集——法律篇》，第二章，第 305、420 页。

的统治者引进了一个更为集中和有条理的财政体系，但是王侯和议会的“双重”权威在大多数公国里持续到至少 17 世纪。然而，需要补充的是，包括一些较大的公国在内的几个公国缺乏强大的议会，而且即使在那些议会有很大影响力的地区，议会的权力也从未超越统治者的权力太长时间。

在德意志公国，中央财政体系的发展非常缓慢。这些公国大多数都相当小，并未强烈感觉到发展更有效和更细致的财政手段的必要。除了蒂罗尔和其他几个地区，定期记账和保持所有财政交易的书面记录的做法在 15 世纪中叶后才得到适当的发展。在勃兰登堡和萨克森，甚至在那个较晚的时期，收益的征收者也未被给予任何书面的收据，统治者只保留非常简单的收支记录。这些落后的处理方法自然常常不可避免出现每个收入来源上分配的不平
【519】衡，但如果认为这是造成令大多数王侯烦恼的财政困难的主要原因，则是错误的。造成他们的财政困难的主要原因是他们过度挥霍的生活习惯。

德意志王侯保留财产记录的落后性给他们信贷操作的研究者带来很大的不便。财政管理的运作常常清楚明白，但很少有可能存在一个令人满意的关于他们的财政和借贷的连续历史[①]。这大幅度减少了我们对详细案例的选择。只有一些有趣的事情可供选择，而这些事情主要来自于具有选举资格的公国及其他重要公国。

哈贝斯堡地区的统治者担当德意志国王时的财政史已经讨论过了。公爵在奥地利的债务直到 14 世纪后半期才变得无法控制。从鲁道夫四世——一个非凡的、野心过大的和挥霍无度的王侯时代开始，财政难题时常发生。其中一个后果是奥地利和蒂罗尔的议会的权力增加；哈贝斯堡的高昂债务在这个进程中起着重要作用。

鲁道夫的兄弟们，利奥波德三世和奥尔布莱克特三世，1365 年从鲁道夫那里继承了一笔 60 000 荷兰盾的债务，并很快通过野心勃勃的地区扩张使这个数目迅速增加；因此在 1369 年他们给巴伐利亚公爵支付了 116 000 弗罗林，以终止他对蒂罗尔的索要。到 1370 年，大幅度的赔偿必须进行。奥地利土地的收益和整个管理被长达 4 年移交给一个以奥尔布莱克特的管家、尼古尔斯堡的汉斯为首的联盟。这个联盟每年负责向公爵提供 17 000 威尼斯芬尼，奥地利收益的剩余部分将被用来偿还债务[②]。

---

① 这些难题在 F. 恩斯特的《中世纪末德意志君主的政治》（1933 年）一书中第 65 ~ 66 页被讨论过。

② 施温德和德普施，同前引文，第 125 页。关于在 1373 年末的债务表，参看 Fr. 库兹：《奥尔布莱克特三世公爵统治下的奥地利》，第一章（1827 年），第 248 页。

15 世纪末，哈贝斯堡统治者使用信贷的最重要的发展是他们同奥格斯堡的金融家长期不断的关系。这条路是由王朝在蒂罗尔的非皇室分支机构铺平的。西吉斯蒙德、蒂罗尔的最后一位统治者（1427 ~ 1496 年）的事业是由一系列财政危机组成的。他将哈贝斯堡在阿尔萨斯的财产抵押给勃艮第的查理，是造成查理同瑞典的灾难性战争的主要原因。在蒂罗尔，西吉斯蒙德的奢侈浪费导致他的大部分财产被出售或被抵押。1485 年他欠三个不同的金融家 73 000 荷兰盾，1487 年 11 月，他同意将整个财政管理移交给由蒂罗尔议会成立的特殊委员会 3 年时间。他最值钱的资产是蒂罗尔的银矿。1487 【520】 年，开采这些银矿的权利被抵押给弗格家族。在接下来的两年里，通过继续向西吉斯蒙德提供大笔贷款（1488 年是 150 000 弗罗林），弗格公司成为这些银矿的真正主人。1490 年 3 月，西吉斯蒙德将蒂罗尔卖给马克西米连一世，马克西米连一世很快向弗格家族索要更多的贷款，作为延长他们对银矿的控制权的交换。

勃兰登堡选帝侯的权力在 13 世纪末达到高峰，但随着阿斯卡尼王朝在 1320 年的消亡，3 个不同的家族在几个世纪里轮流统治着有选举权的地区。侯爵的财政来源急剧减少，因为他们的大多数财产都被主要出售或抵押给了当地的贵族。缺乏现金逼迫选帝侯们经常靠信贷获得商品，这种做法在勃兰登堡外也广为流行，这常常导致债务的快速积累。

维腾贝格侯爵的贫穷导致他将选举神圣罗马帝国皇帝的权利在 1373 年卖给了查理四世。1375 年他命令做的一份调查清楚地显示，选帝侯的特权和财产通过抵押而大幅减少，而贵族的权力则相应增加。地区分裂在卢森堡的统治下仍旧继续。1402 年，西吉斯蒙德将整个新马克地区抵押给了条顿骑士团，1455 年才赎回。当弗雷德里克一世霍恩佐拉（1415 ~ 1440 年）掌管勃兰登堡政府时，他发现收入资源的 9/10 都或者被抵押或者被完全转让，弗雷德里克一世未能赎回侯爵的大部分财产，而且留下了一笔数目为 100 000 000 荷兰盾的庞大债务。只有在奥尔布莱克特三世阿希莱斯（1470 ~ 1486 年）继位后才进行了有效的财政改革①。生性节俭的他设法增加在勃兰登堡（一直到 50 000 荷兰盾）和在德意志南部的财产（一直到 90 000 荷兰盾）的年收入。1472 ~ 1473 年，因他要求资助偿还他前任的债务而与省议会和城镇产生冲突，从而在选地历史上，议会第一次为侯爵的债务负责。议

① E. W. 坎特：《来自勃兰登堡的奥尔布莱克特三世阿希莱斯》，见《关于上议院历史的原始资料和研究》，第十章（1911 年）。

会给予的新的货物税和赋税能够使奥尔布莱克特减少债务，并留下一笔数目估计是 400 000 荷兰盾的预备金。同城镇关于赋税的冲突在他的儿子约翰·西塞罗（1486～1499 年）时期再次发生，但这次城市的叛乱被武力有效平息。奥尔布莱克特和约翰的统治因此标志着让城镇臣服于选帝侯的一个决定性阶段。侯爵对议会的依赖性持续的时间更长，因为他们的债务在 16 世纪
【521】又达到了令人惊愕的比例。

对德意志王侯的信贷业务的研究很少能像萨克森尼的名为阿尼莫萨斯的奥尔布莱克特三世（1485～1500 年）的情况那样详细[①]。早先，强迫借贷体系就被广为使用过，尽管它有很多缺陷。从 14 世纪初开始，公爵就将赋税承包了出去，但是在缺乏适当的中央控制的情况下，这并没有产生任何真正的改善。认真的财政管理改革一直拖到 1460 年，最终任命了一位中央财政官员。但是在奥尔布莱克特公爵时期，财政的真正首脑不是这位官员的后继者（权力较小的财政文书），而是他雇佣来作为赋税承包者的商人，这个商人尽管不是严格的公爵官员，但控制着公爵的整个收益。莱比锡的一个商人、雅各·布拉斯巴格在 1487～1490 年充当奥尔布莱克特的主要金融家。他的位置被他的遗孀继承，她自己也是弗赖堡一位富裕商人的女儿，1491 年她的第二任丈夫乔治·冯·韦德巴赫又继承了她的位置。布拉斯巴格和韦德巴赫是公爵的银行家。他们愿意在公爵急需时快速地为他提供资金，他们偿还财政赤字，并用他们的个人信誉为公爵协商贷款。

1488～1497 年间，奥尔布莱克特的年收入平均为 73 000 荷兰盾，而且在没有必要大量借贷的平凡年，他的收益在 54 000～66 000 荷兰盾之间波动。在同时期他每年花费平均是 69 643 荷兰盾，但是奥尔布莱克特为在匈牙利和尼德兰的哈贝斯堡王室服务时，其花费有大幅度的波动。在这 9 年里，他所有花费的 32% 来自于他在尼德兰的战争（总计 628 788 荷兰盾中的 202 034 荷兰盾）。在 1496 年 11 月，马克西米连一世皇帝和他的儿子腓力欠萨克森尼公爵 375 928 荷兰盾，腓力在 1498 年通过将弗里西亚割让给奥尔布莱克特而偿还了他的债务。

在没有战争的年代，奥尔布莱克特能够不必借款，他的繁重借贷的大多数都是为履行他在尼德兰的责任。1490～1491 年他在国外的花费减少到微不足道，他能够将他花费的 24% 用来偿还债务。奥尔布莱克特每年偿还的债务因此减少到有史以来的最低数字（1 367 荷兰盾）。1491～1492 年国外

---

① A. 普夫的《奥尔布莱克特的财政》（1911 年）是基本的权威。

繁重义务的再次出现（在尼德兰花费了 44 367 荷兰盾）使奥尔布莱克特又开始大规模借贷。他在那个财政年的贷款总计他收入的 21%，尽管如此，韦德巴赫还不得不为他填补 8 057 荷兰盾的赤字。同样的情形在奥尔布莱克特统治后期又再次出现过。

较大额的贷款大多数是通过莱比锡市政府筹集的，也有一小部分是通过其他萨克森尼城镇筹集的。这些市政府将可赎回的年金享受权以他们的名义出售，【522】将其中的收益交给公爵。每年的租金费由公爵的财政部支付给城镇，这令年金享受权的持有者感到满意。大额贷款也是直接从公爵领地和教会的主要家族筹集来的；因此 1496～1497 年从迈森主教那里借了 4 500 荷兰盾，利息是每年 5%。

在财政事宜上，德意志教会公国与由世俗王侯统治的地区非常相像。通常缺乏有效的中央财政管理。主要由上层贵族构成的主教们常常沉浸于进行野心勃勃的政治计划和家族宿怨中。他们的财政常常因为世俗原因而处于悲惨的境况。高级教士的财政困难由于他们的升迁花费，特别是向主教支付的款项而加重。这样的款项很容易得到教会财政商人的贷款的资助，但罗马教皇大力支持他的银行家的偿还要求。为了履行他们的财政义务，德意志主教需要他们的牧师会和神职人员的帮助，但这样的要求常常导致同这些群体以及他们公国的议会的争吵。这些因素的作用在 3 个莱茵大主教的历史上可以得到例证，他们的财政困难不断影响着德意志的整个历史。

在 13 世纪初教廷的债务就已经烦扰着科隆的大主教。恩格尔贝特一世（1216～1225 年）曾两年拒绝接受教皇颁发的大主教白羊毛披肩，因为他无法偿还他的 3 个前任总计 16 000 斯特林马克的债务①。他的继承人，亨利·冯·莫伦纳克同牧师会和科隆城的冲突部分是由于他的债务造成的，这座城市和牧师会在 1231～1232 年间正式免除了对主教的债务所负有的责任②。它们的这种长期对债务不负责的态度使后来的主教尤其依赖于教皇的资助。康拉德·冯·霍赫斯塔登（1238～1261 年），科隆最为强大的中世纪主教之一，能够自如处理他的高昂债务，仅仅是因为他作为德意志反霍亨斯陶芬派的领袖，是教皇不可缺少的人手。在于 1239 年对意大利的第一次访问中，康拉德向锡耶纳商人借了 4 740 马克。他由于不偿还贷款而被逐出教会，但在 1244 年被英诺森四世赦免，而且教皇还允许在科隆省征收特别赋【523】

① R. 克尼平（编辑）：《科隆大主教的文件汇编》，第三卷（1909 年），第 107、122、168、194、198 页；菲克尔，同前引文，第 320～324 页。

② L. 恩嫩和 G. 埃克兹：《关于科隆城历史的原始资料》，第二卷，第 125、127、160 页；C. A. 莱：《科隆的基督教会发展史》（第二版，1917 年），第 222 页。

税，以偿还康拉德的债务。锡耶纳人的债务在1258年仍未得到偿还，一个教皇仲裁人取消了康拉德到当时为止的利息（每年12%）。

科隆大主教的财政困难导致他们在从1257年开始的皇室选举中为购买选帝侯的选票而需要大笔资金。那一年康拉德从康沃尔的理查德那里得到8 000马克。奥尔布莱克特一世在1298年许诺给大主教威格伯德8 000马克以酬谢他的选票。国王同时将帝国城镇之一抵押给这位大主教作为这份债务的担保，但国王未能放弃这个城镇是威格伯德后来掀起反对奥尔布莱克特的战争的原因之一。大主教沃拉姆·冯·居里西（1332～1349年）在1346年为了设法赎回他教区的一些被抵押的财产，要求卢森堡的约翰和查理支付大约100 000里给他的主要放贷人——他的兄弟、居里西的侯爵及后者的顾问和有影响力的莱茵兰骑士，莱赫特·冯·舍瑙。部分款项的支付就被定在皇室选举的那一天。卢森堡也不得不答应给沃拉姆100 000马克银币，以补偿前任大主教所蒙受的损失；来自犹太人和城镇及多特蒙德郡的收入不得不抵押给大主教作为担保。在他统治末期，查理四世想保证他的儿子文策尔当选为德意志国王，便购买大主教弗雷德里克·冯·萨尔沃登（1370～1414年）的选票，这个大主教继承了一个陷入贫困的大主教地位，作为升迁到科隆的代价，欠了教皇财政部120 000弗罗林，因为无法偿还这笔债务，他于1376年被逐出教会①。查理四世通过答应给他一大笔补助金而确保了他的选票，并使文策尔登基为王。

14世纪特里尔的一位非凡的大主教、卢森堡的鲍德温（1307～1354年）的事业为我们提供了一个与他同时代的人在科隆令人丧气的财政变迁的有趣对比。鲍德温的确在他自己的省是一个例外，因为中世纪特里尔的大主教大多数都经历了与他们科隆和梅兹的选帝侯同事相同的财政磨难。鲍德温的主教任职说明通过精明的管理和聪明地利用职业金融家可以达到的效果。鲍德温就职后发现情况已经很糟了。他的前任，迪特西尔·拿骚，在他
【524】去世（1307年）前不久财产减少到如此匮乏的程度②，以至于他试图得到他辖区的牧师会和神职人员的财产。鲍德温自己起初也无法支付欠教廷的债务（在特里尔通常是7 834荷兰盾），而不得不从他的兄弟、卢森堡的亨利

① 拉孔布莱特：《关于低莱茵的历史文献》，第三卷，第627、704、718页。

② 重点参看 *Gesta Trevirorum*，J. H. 维腾巴赫和 M. F. J. 米勒主编，第二卷（特里尔，1838年），cap. ccxix，p. 185：*ecclesiam suam……debitisque gravatam, dilapidatam, impignoratam, dissipatam relinquendo*。

公爵那里借了 80 000 荷兰盾，以摆脱他最初的债务①。作为回报，他在亨利当选德意志国王一事上起到了重要作用。逐渐地，鲍德温的财政状况有所恢复。他的管理最富有创意的是他对犹太人的依赖。从 1323 年开始，3 个犹太人相继担当他的财政管理领袖：穆司金（1323～1336 年）、雅各·丹尼尔和他的女婿米歇尔（1341 年后）。鲍德温的财产账目是用希伯来文记录的，后来被翻译成拉丁文。这些犹太人代理有时能够为鲍德温借到钱，而不需要特别的担保或抵押财产，尽管鲍德温的信誉并不总是很好②。在 1349 年后德意志犹太人大屠杀后，鲍德温被迫主要依赖伦巴德人。到他去世时，他积累了一大笔财富，据说是 300 000 荷兰盾。鲍德温的财富为他的侄孙，卢森堡的查理在 1346 年当选国王作出了很大贡献。出于这个目的他借出了 36 333弗罗林，以购买科隆大主教的选票。

科隆大主教迪特里希·冯·莫斯（1414～1463 年）是典型好战的高级教士，他在中世纪末期占据了非常多的德意志主教区。不像他那位短命的前任，他同科隆城保持着友好关系，并不断从科隆借钱。科隆城和牧师会都出售年金享受权为迪特里西筹集贷款。他发动了几次同邻居的野蛮战争，使他负债累累③。在迪特里希主教任期末，正如他的继承人鲁伯特·普法尔茨后来所抱怨的，几乎所有财产或收益都通过抵押和分配而被削减。鲁伯特的灾难性的统治在很大程度是他在 1463 年继承的悲惨形势的结果。来自科隆城的一笔贷款帮助鲁伯特支付了获得科隆大主教白羊毛披肩的费用，但他不得不将他前往教廷接受这个王权标志的行程推迟到 1471 年，因为他无法支付行程费用。结果，科隆的司法功能被一度终止，成百个未被审讯的囚犯聚集在城市监狱。因为他的公国和牧师会不愿意偿还他的贷款，鲁伯特进而夺取 【525】
他的被抵押的财产。他的放贷人在 1468 年试图组织抵抗力量④，但被鲁伯特在他的兄弟、莱茵享有王权的伯爵的帮助下打败。到 1471 年鲁伯特的地位已岌岌可危。他的士兵得不到军饷，而他与科隆城和科隆的牧师会产生了冲突，后者让他偿还债务的连续要求被他置之不理。鲁伯特的武力使事情变得更糟，牧师会在向罗马帝国皇帝呼吁后，于 1473 年任命了一位大主教办公室和财产的管理人⑤。鲁伯特向勃艮第的查理公爵申请帮助，结果导致勃

---

① A. 多米尼克斯：《卢森堡的鲍德温，特里尔的大主教和选帝侯》（1862 年），第 52 页；《克莱蒙五世教皇的文件汇编》（第 9 册，1884～1892 年），第 2783、2790 页。

② M. 霍夫曼：《中世纪到 1350 年德意志犹太人的金钱交易》（1910 年），第 117～118 页。

③ 关于他的大量信贷交易，参看拉孔布莱特，同前引文，第四卷，在各处。

④ 拉孔布莱特，同前引文，第四卷，第 340 页。

⑤ 同上，第四卷，第 363 页。

艮第入侵和诺伊斯的长期被围，这毁灭了科隆城的财政。

刚刚当选的大主教必须向教皇付钱购买白羊毛披肩这个要求，是造成自13世纪以来所有德意志大主教的财政困难的主要原因，但任何一个地方受到的影响都没有像中世纪末的默兹那样大。对于这些款项数目过高的反对在1461年导致伊森堡的迪特尔大主教被废黜和一场残酷战争的爆发，战争期间默兹城陷落，并失去了自治。出于同样的原因，在16世纪初出现了一次严重的财政危机。默兹的前后3个主教在10年内去世，因此，霍恩措伦的奥尔布莱克特在1514年当选主教后，背负着前几任的债务以及他自己必须向教皇缴纳的贡金。在奥尔布莱克特的主教任职初期，这些债务和被抵押的财产价值总计是一个庞大的数目：1 200 000弗罗林。奥尔布莱克特之所以能够在众多候选人中脱颖而出，很大程度上是因为他似乎有能力支付白羊毛披肩的费用，而不用向该省的神职人员征收新税。他试图通过向弗格借钱来解决问题①。在他当选的翌日，弗格家族同意支付给教皇29 400莱茵弗罗林，因为同样由弗格家族提供给里奥十世教皇的一笔数目为14 000弗罗林的款项，奥尔布莱克特获得特许可以在默兹和马格德堡省内出售特赦令。他希望用其中的收益来偿还他欠弗格家族的债务，当时增加到了48 236弗罗林（包括利息）。特赦令的出售工作由特泽尔和弗格家族的一位代表共同进行。特泽尔的行为激起了著名的维腾贝格的路德的抗议，并带来了严重后果。但是就奥尔布莱克特而言，整个交易是一次财政成功。到1518年9月，他欠弗格的债务减少到6 192弗罗林。1519年，因为他的选票查理四世付给
【526】他103 000荷兰盾，是他自己升为默兹选帝侯时花费的两倍。

7.8 北欧城镇

在13世纪，法国和尼德兰市政府都能够不受它们君主的干涉就借到钱。当国王和其他地区统治者开始常常征税时，它们试图将当地赋税只限于城市使用，并对市政财政进行监督。市政借贷继续存在，但在14世纪和15世纪主要是为满足法国国王和其他王侯的财政需求。德意志则正好相反。一些形成地区公国的德意志城镇继续被它们的统治者控制和剥削。由大多数重要城

① A. 舒特：《1495～1523年罗马帝国的弗格》，（1904年），第一卷，第93～141页，第二卷，第54、62、71、84、108、113页。

镇构成的帝国直辖市和“自由市”逐渐在财政事务上取得几乎完全的独立，借贷主要是出于它们自己的需要。

7.8.1　概述

我们对中世纪城市的信贷交易特别感兴趣，是因为它们是公共信贷的前身，而公共信贷又是现代国家的固定债务的前身。几位德意志学者，包括乔治·冯·比洛[①]、B. 库斯克、W. 洛兹及J. 兰德曼，在过去甚至推测说，城镇是发展公共借贷的先锋，它们的做法极大地影响着地区的统治者。这个观点在今天仍旧被人们接受，中世纪的德意志更是重要的参考[②]，而且在那个国家的特殊形势下找到部分确证，但它并不适用于英国和法国，在那里，地区统治者开始借贷时还未出现自治市政府，因此统治者的借贷在整个中世纪都有重要的影响力，直到很晚时才受到市政信贷形式的影响。

关于中世纪公共权威频繁借贷的一般原因我们已经讨论过了，但是市政借贷的某些特殊原因还需要进一步论述。治理中世纪城镇的人既是纳税者，又是他们自己城镇贷款的潜在投资者。在所有市政府，不管是如13世纪各地普遍存在的由有限的寡头政治控制的市政府，还是由更顾及整个市民集体要求的政府控制的市政府，都倾向于通过签订债务合同来解决当前的财政难题。这就避免了或至少推迟了征收苛捐杂税的必要，并允许因此而欠的债务 【527】
在一个长的期限内偿还。然而，寡头政治体制更容易快速积累起大笔债务，部分是因为这为富裕公民的赢利性投资提供了机会[③]。科隆为我们提供了一个尤其清晰的案例。在一直持续到1396年革命的贵族体制下，几乎完全没有直接赋税，大额年金享受权被出售给相对少量的富裕个人；革命之后，向城市资金投资的机会才首次对广大的小投资者开放[④]。

我们对市政府的法律地位对它们的信贷操作的影响力已经做过很多讨论。因为政治自治而产生的益处和自治城镇的公共地位的结果之间必须保持

---

① 在《中世纪城市管理作为后来地区管理的典范》一文中，载于《历史杂志》，N. F. 第三十九期（1895年）。

② Th. 梅耶：《从中世纪到18世纪末的财政史》，载于《财政手册》，格罗夫一纽马克编辑，第一卷（2）（1952年），第267，272页；H. 米蒂斯：《德意志法制史》，第三版，（1954年），第137～138页。

③ 关于法国和尼德兰的详细案例，请看下面的内容。

④ R. 克尼平：《科隆城14、15世纪的债务状况》，《德国西部历史和艺术杂志》，第十三期（1894年），特别是第340～343页；F. 劳：《科隆到1396年的地区宪法和管理的发展》（1898年），第556页。

细致的区分。自治的市政府可能产生大量的财政债务，因此需要大幅度借款。它们拥有有价值的永久资产，并能够随心所欲地向它们的居民征税；因此它们可以随意签订贷款合同。君主对财政自治的任何限制都会立刻影响市政府的借贷状况。因此，在 14 世纪，当法国国王对城镇自行随意征税的权利施加限制时，削弱了市政府借贷的权力，并鼓励它们以不受皇室控制的永久城市收益作担保来签订贷款合同。

因为市政府是公共实体[①]，所以城市资金对投资者有特别的吸引力的观点需要很多限制条件。一个充分发展的公共实体承担集体债务，成员个人不承担任何债务，这形成了现代公司的本质，这个原则在很大程度上被中世纪市政府的外国放贷人所忽略[②]。中世纪在城市资金上的投资者对抗一个欺诈的市政府的最强有力的武器是逮捕碰巧在他管辖范围内的该地居民，从他们的赎金和出售他们的货物中获得补偿。只有外国人能够做出这样的事，住在外国城镇的公民有时会因为这样的劫持而寻求他们自己城市政府的官方帮
【528】助。任何城镇都可能是牺牲品，不管它是不是自治的公共团体。这种拘押习惯通过城市间的和约有所缓解[③]，但持续了整个中世纪。它解释了为什么人们更愿意把钱借给其他城镇，而不是自己城镇，以及为什么很多城镇的一大部分债务的放贷人都是外国人的原因（例如，默兹 1444 年年金的 60%，杜埃在勃艮第时代初期大约一半的债务）。

市政借贷开始于一个公共团体概念尚很模糊的时代。在法国，到 13 世纪后半期，皇室官员逐渐形成关于公共市政府的确切概念，并坚持不懈地加以应用。在公共自治市，市政权威是以团体的名义签署贷款协议，而在其他地方，居民代表必须以他们自己的名义借款，然而，这并没有阻止他们借大数额的款项[④]。一些团体因为过于高昂的债务而失去了它们的公共性，帝国皇帝强加给它们的安排也受到当时关于公共债务的观点的影响。在德意志，这些观点有同样巨大的现实重要性，但缺乏例如法国君主独裁那样的单一联合影响力，它们的发展较为不统一，不能在这里讨论。

---

① 重点参看库斯克和兰德曼在参看书目中摘选的作品，以及奥托・冯・吉尔克的《德意志合作法》（1863～1913 年），第二章和第三章。

② 甚至吉尔克也承认这一点，同前引文，第二卷，第 770 页。

③ 例如，科隆曾同索斯特、列日、迪万特和纽伦堡签订过这样的和约。

④ J. 卡罗洛斯—巴尔：《自治市贡比涅在 1319～1692 年的制度》，见《历史工作者和科学工作者委员会的文献学和历史报告》，1490～1491 年，第 36、45～46 页；J. 德拉维：《自治市图尔的账目摘要》，第一卷（1878 年），第 3～4、12～13、196 页。也可参看 J. 弗拉默蒙特的《百年战争后半期森尼斯的历史，1405～1441 年》，载于《法国和巴黎的历史和社会论文集》，第五卷（1878 年），第 200、257、272～273 页。

出售年金享受权是德意志[①]、尼德兰和法国北部中世纪市政借贷最常见的方式。卢瓦尔河以南的法国城镇给我们呈现出一个令人困惑的问题。法国南部没有由任何中世纪市政府出售年金享受权的公开证据，尽管到 14 世纪中叶这种做法已经在加泰罗尼亚非常普遍[②]，而且朗格多克同这个城镇有着很紧密的法律和文化关系。法国北部和南部地区之间市政借贷形式的比较目前还未作出令人满意的解释。

出售年金享受权是欧洲西北部市政财政最明显的特色，但所有城镇同时【529】也存在其他贷款类型。很可能最初只签署短期的贷款协议，年金享受权的出售开始于稍晚的时期，但到 13 世纪中叶，这两种贷款形式在几个地区同时存在。就像地区统治者，城镇在困难时期也会求助于强迫贷款，通常它们能够从自己公民手里得到贷款。因此在 1370 ~ 1392 年间，科隆的 146 份短期贷款中，只有 9 份含有利息[③]。只有在同职业放贷人的交易中，才必须偿还利息，城镇从这些人手里获得的贷款要比出售年金享受权付出的代价更大。

中世纪存在两种类型的年金享受权：终身年金享受权（life annuity）和永久年金享受权（perpetual annuity）。这两种都是在前封建和封建社会初期及其土地经济的基础上从旧的法律习俗发展而来的。终身年金享受权是在城镇生活的特殊条件下逐渐形成的，是从中世纪初早在农村实行的教会体制发展而来的[④]。同样，永久年金享受权是在城镇中从非城市永久赠与逐渐发展形成的。

市政年金享受权是由私人和教会组织出售的年金享受权的特殊改编。城镇同时出售终身和永久年金享受权。在任何一种情形下，作为对城镇的一大笔款项的回报，某个个人每年有权从市政府得到一笔钱，其期限由年金享受权条款规定。一个单一的终身年金享受权保证在购买人的余生给他支付年

---

① 年金享受权长期以来被作为一种单纯的德意志制度来对待。这种说法受到了 W. 恩德曼的质疑，见《对罗马教会经济学教师和法学教师的研究》，第二章（1883 年），第 104 ~ 105 页。

② 关于加泰尼亚参看 A. P. 阿舍尔：《中世纪欧洲银行储蓄的早期历史》，第一卷（剑桥，1943 年），第 151 页以后，第 356 ~ 360 页；J. 布拉索尔：《巴塞罗纳市镇在 1328 ~ 1462 年间的赋税》，见《现代历史研究》，第五卷（巴塞罗纳，1955 年）。

③ 克尼平，同前引文，第 350 页。

④ W. 阿诺德研究过这一发展的历史阶段，参看《德意志城市的财产史》（巴塞尔，1861 年），第 95 页以后；A. 豪斯勒《德意志私有权利制度》（莱比锡，1886 年），Ⅱ，第 169 页以后；P. 维奥莱：《法国的民权史》（巴黎，1893 年），第 680 ~ 695 页；B. 库斯克：《中世纪德意志城市的债务》（图宾根，1904 年），第 12 ~ 24 页。然而，最近 O. 克雷默和 H. 普莱尼茨开始质疑终身年金享受权的来历，并认为它们是从永久年金享受权发展而来的，见 O. 克雷默：《中世纪科隆的年金交易》（维尔茨堡，1936 年），第 103 页以后；H. 普莱尼茨：《德意志私有权利的基本特征》（柏林，1931 年），第 115 页和《德意志权利史》（格拉茨，1950 年），第 164 页。终身年金享受权在中世纪初作为一种原始的生命保险的发展仍旧有待适当研究。

金，而几个终身年金享受权（通常不超过3个）是在投资人和他的确定亲属有生之年被支付的年金。永久年金享受权是向投资人、他的后代和继承者永久支付的年金。然而面临着越来越大的年金费用负担，大多数市政府转向赎回这些年金享受权，这改变了这两种主要年金类型的鲜明特色，并在某种
【530】程度上混淆了它们之间的区别。

城镇尤其急于避免永久年金享受权的积累。从13世纪后期开始，法国北部地区和尼德兰开始赎回永久年金享受权。在最为重要的市政年金享受权出售者之一的科隆，1300年左右就已经可以赎回，这种做法延及德意志其他地方，有时得到地区统治者的法令的许可，或由城镇法律强制执行。因此，戈斯拉在1283年从鲁道夫国王那里获得了类似的法令，奥地利的鲁道夫四世也在1360年命令将维也纳的永久年金享受权赎回①。永久年金享受权在中世纪末期被转变成一种短期贷款，这种形式成为市政府最为喜欢的借贷方式②。

终身年金享受权被赎回引起了市民更多的反对，可能部分是因为这种类型的年金吸引的购买者常常是为了寻求安全，而不是进行投机性的投资。在法国北部和尼德兰，城镇赎回终身年金权已成为惯例，除非出售法案明确禁止这样的行为。因此，杜埃在14世纪的最后10年里出售两种类型的终身年金享受权，其中一种是不可以赎回的，但利息率较低。在德意志城镇，终身年金享受权的赎回在15世纪相当常见，但绝不普遍，因此在纽伦堡它只是在异常情况下发生。

出售年金享受权并不是为了躲避教会对高利贷的禁令。在中世纪它被视为买卖行为，因此是绝对合法的。已长期习惯于各种形式的人口税和 precaria 的教会，在年金享受权发展的初始阶段并未反对它的出现，而且教会机构甚至为它的推广作出很大贡献。到了后来，出售年金享受权变得非常普遍，一些撰写教会法的作家开始要求对它实行限制性措施，教会出于在这里不便讨论的原因，无法谴责这些交易。对中世纪年金出售作出规范的主要努力发生在1425年，马丁五世主教宣布它们合法，但要遵守某些实际很少发挥作用的限制性条件。年金享受权的购买因此成为完全合法的信贷交易形式，这有利于这种做法在中世纪后期的推广。

在很多城镇，终身年金的利息率不随购买者年龄的变化而变化，但也有

---

① 马克思·纽曼：《高利贷的历史》（哈雷，1865年），第234页以后；库斯克，同前引文，第35页以后；E. K. 温特：《奥地利的鲁道夫四世》（维也纳，1936年），第二章，第161～185页。

② 例如15世纪的科隆。法国的路易十一也更喜欢这种类型的市政贷款。

考虑这个因素的案例。在阿图瓦利斯河边的艾尔，1399 年，向一个 58 岁的人提供的利息率是向儿童出售的年金享受权的利息率的两倍。当然，大多数 【531】
城镇试图遏制通过人的替换而转让年金，例如这在 1291 年的里尔是完全被禁止的[①]。几个终身年金的年租金总是低于单个终身年金的年租金，而利息率最低的是永久年金，但是永久年金在早期就可以自由转让。

各种市政年金的利息率在 13 世纪后半期都相当高，但后来趋向于降低。例如，在尼德兰，13 世纪的终身年金一般支付 $12\frac{1}{2}\%$ 的利息，但到 15 世纪初较重要的城镇通常变成 10% 到 8%。那里永久年金的利息率在同一时期也从 10% 下降到 $6\frac{1}{4}\%$ ~$6\frac{2}{3}\%$。然而，重要的商业中心和较落后的地区之间存在着重大差异。在德意志中世纪后期终身年金最常见的利息率是 10%。但德意志东部较不发达地区的城镇利息率通常较高，平均是 12% ~$13\frac{1}{3}\%$。另一方面，像科隆这样的大城市在某些时期支付 $8\frac{1}{3}\%$ 的利息率，正如同吕贝克的汉萨港口有特殊联系的吕纳堡。某个城市财政状况的恶化很可能抬高最新发行的年金的利息率。因为勃艮第国家城镇的债务不断增长，它们被迫提供较优惠的条件以吸引投资者：到 15 世纪后期，那里的利息率普遍回升到了 10% ~12%。同样，威斯特伐利亚被 1374 年的一场战争部分毁灭的多特蒙德，在 14 世纪末也不得不为它的终身年金支付高达 11% ~$12\frac{1}{3}\%$ 的利息率[②]。

市政年金享受权能找到广阔的市场，是因为它们满足了人们的重要需要。利息率比永久年金高又更难赎回的终身年金享受权尤其是一种重要的保险形式，为投资者提供了一笔年老时的养老金，或者帮助为受他抚养的家属提供了一笔预备金。说它们为那些中小投资人提供了惟一容易得到的投资机会有些夸张[③]，但它们的确被视为一种异常安全的投资方式，特别是由富有 【532】

① R. 蒙涅尔（编辑）：《13 世纪末里尔的习惯法汇编》（巴黎和里尔，1932 年），第 43 页（第 58 条）。

② 关于德意志的利息率参看阿诺德，同前引文，第 235 ~ 239、245 ~ 246 页；马克斯·纽曼，同前引文，第 266 ~ 273 页。纽曼的一些数字受到了 H. 阿尔伯斯的批评，见《不莱梅城从 14 世纪到 18 世纪的借贷》（1930 年），第 109 页以后。A. 布莱特：《吕贝克从 1320 ~ 1350 年的租金市场》（1935 年），第 18 ~ 19 页。

③ 关于这些观点的批评，以及德意志例证的特殊参考，参考 H. 莱恩克的《汉萨时代古老的汉堡城的债务》（1300 ~ 1563 年），A. 布莱特和 W. 考普：《作为历史动力的城市活动和资产阶级》（1953 年），第 490 页以后。

的、治理良好的城镇出售的年金享受权。为了减少进一步的风险，放贷人将他们的购买分散在几个城镇。因此在 1408 年，罗滕堡的市长、海里希·托普勒从大约 120 个地区收到利息①。我们已经讨论过放贷人偏爱在外国城镇的年金上投资的一个原因。还应该补充的是，这不仅给予他们在不支付利息的情形下更好的赔偿机会，而且为他们保证了在任何时候都得到更周到的对待。因此当 1392 年阿拉斯市政府强制性地要求将终身年金转换为利息较低的永久年金时，小心地避开了外国人。

社会的各个阶级都在市政年金上投资。一些寡头政治体制支持人数较为有限的群体的投资倾向已经被注意到了。但这样的企图只发生在某些城镇，很少能够长期有效。实现限制的一种方式是只出售相当高价值的年金。作为对这种限制性政策的反映，较为大众考虑的政权有时为较小的投资者创造特殊便利。例如，科隆在 1396 年反贵族革命成功后，新政府开始出售价值非常低的年金，低到在 1 ~5 荷兰盾之间，吸引了一些地位低下的人群。

7.8.2 法国城镇

法国北部地区在 13 世纪的鲜明特色是出现了无数个市镇，而且在 13 世纪最后 10 年之前，它们都拥有相当高程度的自治。在 13 世纪大多数时期，它们征收赋税和签订贷款协议不需要任何皇室许可。所有市镇，无论是皇室市镇还是领主市镇，都背负着大量的财政责任，因此很容易频繁借贷。在法国，市政年金享受权的出售主要限于这批北部城镇。享有自治政府的法国中部城镇通常在财政事务上缺乏市镇拥有的广泛自治，关于它们的市政贷款我们可获得的证据较少。

到 13 世纪中叶，法国大多数城镇的平常收益几乎不够正常使用，所有特别消费都不得不用新的财政来源支付。频繁的直接征税成为必然，所有的市政府都逐渐形成通过借贷预支这些赋税的习惯。在 1260 年提交给路易九
【533】世的报告中，几个法国北部城镇将它们的财政困难主要归咎于 1248 年的十字军东征，及其他花费巨大的皇室政策（1248 ~1260 年的六次援助）。1262 年，当这些市镇开始向皇室政府报告账目时，几乎没有一个市政府能够完全免除财政困境，尽管显然重要的城镇还尚未受到临近破产的威胁。在那一年，皮卡迪和韦蒙多瓦的较为重要的城镇中有 9 个欠了总计 52 000 里帕的

① B. 库斯克：《科隆，莱茵和德意志帝国》（格拉斯，1956 年），第 114 页。

短期债务（包括有利息的26 000里帕）。10个较小的地区欠大约11 500里帕。这10个城镇每年向终身年金的持有者总共支付大约10 500里帕。投资在这个地区市政贷款上的总资本可能是路易九世当时每年收入的1/3①。放贷人地理分布上的广泛也是同样明显的。早在1232年，香巴尼的省会特鲁瓦欠出售给阿拉斯、佩罗纳、拉昂和兰斯的公民的终身年金超过1 000里帕。8个小的皮卡尔市镇在1259～1260年的非公民放贷人名单包括来自皮卡迪、韦曼多瓦、阿图瓦、佛兰德斯南部和香巴尼西部的至少12个城镇的放贷人。来自杜埃和阿拉斯的富裕显贵购买很多城镇的年金，包括像尚布利、蒙特勒伊和罗伊这样的小地方。

腓力四世及其儿子的统治是法国市镇史上的一个关键时期。几个城镇失去了它们的自治权，而其余的则受到皇室官员越来越密切的监督。事实上，在一个越来越中央集权化和高效的君主统治下，没有半独立市镇大量存在的余地。市政债务的增长只是对一个充满活力的城市自治政府的生存构成威胁的几个因素之一，但在几个市镇，它被证明是致命弱点。

君主政府不断增加的财政要求继续是城市财政日趋恶化的一个重要原因，但城镇内部也有根深蒂固的制造麻烦的因素。一个城镇要避免高额借贷，只能努力靠筹集税款来支付它的日常费用。这一定使同时征收永久的间接税和相当频繁的直接税成为必然。在这样的财政体系下，贷款将仅仅是一个补充。但13世纪后期大多数法国城镇受富裕的商人和财产所有人的控制，他们反对所有以收入和财产为基础评估的直接赋税。在一些较大的地方，例 【534】
如靛蓝贸易的重要中心亚眠，只要贵族当权，贵族便禁止征收任何直接赋税。在亚眠和其他重要的佛兰芒城市，被允许征收的只有消费税，这样富人缴纳的赋税比穷人相对要少。但是消费税无法产生像直接赋税那样多的收益，因此频繁的借贷不可避免。由此产生的利息费用就由纳税人整体承担，这对较贫穷的居民造成的负担最为繁重。在坚持征收直接赋税的地方，赋税并不总是被公平地进行评估，很多富裕的统治阶级成员都偷漏税款。因此很多寡头政权不能够或不愿意通过适当征税来解决他们的财政困难，而是更容易通过借贷快速积累大笔债务。还是这些富裕公民最能够从投资在市政年金

① 这个数字是以下列书和文件为基础得出的。Ch. 迪富尔：《圣·路易时期皮卡迪市的财政状况》，《皮卡迪古代社会论文集》第十五辑（1858年）；J. 德拉博德：《掌玺官档案箱》第三卷（巴黎，1875年），第513～569页；A. 吉里：《有关1180～1314年皇室和法国城市的关系的文件汇编》（巴黎，1885年）；博雷利·塞尔：《从13世纪到17世纪各种公共服务的研究》第一卷（1895年），第103～106页。

和贷款上的机会中牟取利润；作为城镇的统治者，有时他们会积极鼓励市政借贷。例如，阿拉斯的总债务在 1303 年的 9 个月时间里被它的两个主要市政官员增加了大约 15 000 里帕。而当时显然没有大量借贷的真正需要。贷款的钱大部分是由这两个官员提供的，在领取了这些贷款的利息后，他们通过新近出售的终身年金享受权上的收益保证了对他们本金的偿还。他们又和他们的朋友一起购买了这些年金享受权。自始至终，他们只充当中间人，因为市政官员被禁止在任职期限内做赢利性投资。

在贵族统治时期，几个城镇都存在财政上的营私舞弊，并增加了市民对负债累累的政府的高昂费用的日益不满。保曼努瓦在一篇著名文章里提到了城镇内的严重骚乱案例，那里的贫穷居民被迫承受过度的财政负担，又忽视了通过法律手段获得补偿的可能性，向他们的统治者发动了血腥攻击。保曼努瓦曾在森尼斯担任过皇室官员，那里财政管理不善的历史充分证实了他对市镇政府的缺点的抨击性评论。森尼斯连年有财政赤字和高额债务。有证据表明有严重的舞弊行为，包括官员贪污用来支付终身年金的资金（1306 ~ 1309 年的 654 里帕年金）。难怪大部分居民都欢迎进行一次皇室调查，这次调查在 1320 年导致对自治市镇的查禁和严责其偿还债务。在 1318 ~ 1329 年
【535】间，至少 4 个城镇因为同样的财政难题而被剥夺了自治权。其他市镇只能通过痛苦的财政改革才能避免失去自治市镇的地位。在努瓦永，这甚至导致它在某一时期完全破产。努瓦永同相同规模的其他邻近城镇相比，是一个较穷的地区，它的收益（在 1200 年是 800 里帕）完全不够用。法国国王强加给这个城镇的负担同它的资源完全不成比例。1279 年那里的居民要求国王保护他们免受因城镇债务而被逮捕，因为否则他们就无法自由贸易。当时努瓦永每年要为终身年金支付 4 200 里帕，还欠其他债务 16 000 里帕。国王在 1291 年作出了最终的处理。部分含有利息的债务被拒付，年金的支付也被部分暂停。市镇所有公民对他们城镇的债务所负有的个人责任以一种惊人的方式被确认；公民的所有动产及他们在城镇外的不动产要被强迫性出售，以便偿还努瓦永的债务。

皇室对法国城镇财政管理控制程度的增加对这些城镇的信贷交易有着重要的影响。它们签署贷款合同的自由逐渐受到限制。在 14 世纪最后 10 年之前，没有资料表明出售终身年金享受权需要得到皇室的允许。但在整个 14 世纪，市政府的税收通常要得到皇室的许可。因为没有税收的帮助，城镇通常无法偿还贷款或支付年金，因此这个规定就以间接的方式对它们自由借贷的能力实施了有效的限制。只有永久年金享受权的出售一般受到正常的和永

久的城市收益的保障，才完全不受皇室政府的所有限制。杜埃，一个被法国国王暂时吞并的佛兰芒城市，出于这个原因在14世纪开始出售永久年金享受权。旧的法国皇室领地的城镇坚持它们先前出售终身年金享受权的习惯。因此一个皇室律师将出售终身年金享受权作为皮卡迪的寻常习俗对待(1401年)①。

有效的皇室监督的存在也在其他几个方面促进了市镇财政体制的适度发展。在腓力四世及其儿子统治时期，皇室在几个地区下令进行的城市财政的重大改革产生了长期的进步意义。虽然富裕的统治阶级在很多城镇保持着它先前的影响力，但它不负责任的统治时代已经结束了。市政财政上的进步可以通过对杜埃在1295～1296年、不受限制的贵族统治的最后一个财政年的财政预算和1326～1327年的财政预算之间的对比得到很好的证明。在这两个日期之间，收益和花费都下降了3/4（从1295～1296年的40 000多里帕 【536】
到1326～1327年的10 000里帕）。1327年末，它的短期债务总计1296年同类债务的1/5，在同一时期，市镇终身年金的每年消费减少了将近40%。在新政权统治下的普通年度，如1326～1327年，杜埃不仅不需要签订任何借贷合同，甚至能够偿还一部分现有的债务。

百年战争的爆发结束了这个财政轻松期。当地防御的需要以及国王的再三要求，使得法国各部分城镇都陷入毁灭性的消费和繁重的借贷中。在这个紧急情况下，存在或缺乏自治权已经变得不重要了。在只享有有限自治权的图尔，城镇代表签订贷款合同并以他们的名义出售租金，以便向防御工事和其他必要事务提供资金。在1383年前一直是最独立的法国市镇之一的亚眠，在1401年声称，自从腓力四世统治以来，它已经向皇室支付并花费在防御工事和士兵上大约280 000里，这些钱不得不靠出售终身租金享受权筹集②。法国南部地区也发生着同样的事情。在15世纪初的图卢兹，欠国王的补助金都是向富裕的商人和钱商借的。皇室的苛捐杂税是法国城镇在中世纪后期负债的主要原因。

到14世纪末，自治市镇和其他特权较少的城镇政府之间的区别已经失去了先前的现实重要性。在当时，几乎所有的法国城镇都受皇室的严密监督，皇室趋向于在一切重要事情上都对它们采取相同的态度。因此所有城镇筹集贷款主要为了满足皇室政府的要求。国王决定每个城镇能借多少贷款，

---

① 引自E. 莫吉：《皮亚迪古代社会论文集》，第三十三章（1898年），第195页，第3篇。

② De quoy et pourquoy paier a falu vendre rentes a vie，被E. 莫吉引用，同前引文，第196～197页。

甚至签订市政贷款的合同的方式也要受到皇室的管理。例如，路易十一似乎反对城镇出售终身年金享受权，他逼迫亚眠转向出售永久的、但可赎回的年金享受权。因此法国城镇在中世纪的最后一个世纪的财政史只能作为皇室财政通史的一部分予以讨论才有价值。城镇的命运同皇室的主要财政政策的发展之间的联系变得如此不可分割，以至于似乎最好在关于15世纪的法国的
【537】总篇章中讨论这部分内容。

7.8.3 尼德兰城镇

7.8.3.1 佛兰芒城镇（13～14世纪）

佛兰芒市镇信贷史上的第一个阶段可以被称为贵族政权时代，并以这个政权在1297年的被推翻而结束。它的主要特点与法国北部城镇在13世纪后半期的特点相同。城市财政预算过分膨胀。有很多关于财政腐败的怀疑，市政债务飞速增长。佛兰芒伯爵对金钱的需求更是加重了这个财政形势的严重程度。给予盖伊伯爵（1278～1300年）的补助金和城镇为他签订的贷款合同事实上是根特、布鲁日和伊普尔在13世纪最后几年破产的主要原因。

在1279年，盖伊伯爵逼迫佛兰芒城镇首次汇报公共账目。因为先前缺乏这样的强制，我们对1279年以前的市镇贷款所知甚少。至少从13世纪60年代开始布鲁日[①]和杜埃就开始出售年金享受权。1275年根特要向终身年金享有者支付1 600里帕。在13世纪后半期，终身和永久年金享受权都为佛兰芒市政府所熟知。在1294年，根特的固定债务就是由数额几乎相当的这两种债务组成的：每年要支付的永久年金是2 046里帕，而终身租金每年则是2 900里帕。H. 冯·沃韦克指出，这两种年金享受权形式在根特表现出明显的法国模式的影响，这也许意味着出售年金享受权的做法可能是从法国北部传到根特的[②]。阿拉斯及法国其他城镇的居民是佛兰芒市政府出售的年金享受权的主要购买者。阿拉斯的主要金融家是佛兰芒城市在1278～1297年间替盖伊伯爵筹集的大量短期贷款资金的提供者。1299年，布鲁日

---

① L. 吉利茨—冯·泽韦伦：《布鲁日市档案馆的财产清单》，第一册，第8号（6～7页）。

② H. 冯·沃韦克：《中世纪根特市的财政》（1934年），第283、289～290页。

出于这个原因欠了阿拉斯的克莱斯潘家族 110 000 里帕。这笔债务中包括一大笔利息。阿拉斯金融家通常向他们的贷款征收平均 14% ~16% 的利息。未被偿还的债务每年被续借一次，就要增加未被偿还的钱款的利息。这样的事情在布鲁日发生了好几次。根特将债务的偿还拖延到 1294 年。在那一年，它的债务总计 100 000 多里帕，每年的利息和年金费用至少为 10 600 里帕。

佛兰德斯在 14 世纪的前 10 年经历的严重的财政危机前面已经叙述过。【538】贵族政权在 13 世纪末的旁落当然并未使城市开始一个财政宽松期，但它至少使对市政财政的节俭管理成为可能。当根特的正常年收入很少超过 20 000 里帕时，根特被迫在 35 年里（1302 ~1337 年）向佛兰德斯伯爵和法国国王支付至少 177 000 里帕。在同时期，布鲁日向这些统治者支付了大约291 000 里帕，而伊普尔交的则比根特还多。对佛兰芒欠阿拉斯金融家的旧日债务的部分拒付使得这些新负担还可承受。几个实力较弱的佛兰芒城镇试图同阿拉斯金融家保持良好的关系；伊普尔在 1312 年继续开始向阿拉斯放贷人支付终身年金①。布鲁日和根特坚持拒绝偿还过去的债务。有些针对根特的债务索要被传到了约翰教皇二十二世手中，但根特宁愿忍受教皇在 1321 ~1330 年间剥夺它教权的禁令，也不愿意偿还整个债务。逐渐地很多放贷人对债务的偿还感到绝望。在 30 年代，根特和布鲁日都设法以它们的完全价值的一部分了结了几个旧债务。

这种求助于部分破产的方法在 1302 年后严重削弱了佛兰芒城市的信誉，并妨碍了市政年金享受权的出售。这些城市有时可以从在佛兰德斯做生意的意大利人那里以高昂的代价得到短期贷款。但即使这种方式在 14 世纪初也不容易。佛兰芒城镇在 1302 ~1337 年间向国王和伯爵支付的大笔款项必须不得不主要用间接税款来支付，因此便强迫它们自己的居民贷款。1337 年末根特爆发的革命和同法国开始另一场战争越来越大的可能性结束了根特和布鲁日同旧放贷人的所有协商。这第二次对过去债务的拒付是根特在冯·阿特韦尔德的领导下试图控制和捍卫佛兰德斯的巨大努力的必要前奏。正如革命时期通常所发生的，健全的财政手段被放弃。为了通过部分破产来迅速减轻财政负担，就牺牲了对良好信誉的保持。在 1337 ~1346 年间，大规模的财政赤字在根特每年都在发生。在不平常的军事行动年代里，这个城市的花费是和平时期的 3 倍。每年向市民的强制性贷款和向与新政权有联系的佛兰

① G. 德斯·马雷和 E. 德萨尔：《伊普尔市的账目》，第一册（布鲁塞尔，1909 年），第 296、303 ~304、329、366、376 页。

芒金融家（特别是佛兰德斯的摄政者，西蒙·冯·海伦）的借贷为根特提
【539】供了必要的资金。在1346～1347年，短期贷款（21 500里帕）被强制性地转换成终身年金，通过这种新的伪装破产的手段，10年来第一次，根特的年度财政赤字又被减少到一个合理的比例。

相对于市政信贷的其他形式，年金享受权的重要性暂时下降，这可以在14世纪前半期的主要佛兰芒城镇中得到明显的印证。潜在的投资者缺乏信心可能是造成这个变化的主要原因。13世纪，佛兰芒城镇并未向它们自己的市民出售过终身年金享受权，它们只向外国人出售。但1297年后为这样的年金找到外国购买者变得困难起来。因此1326年根特在布拉班特的布鲁塞尔出售这类年金享受权的努力惨遭失败。从此以后，20年以来，根特再未试图在国外出售过终身年金享受权。当这样的销售在1346年恢复时，梅尔的路易伯爵被要求提供担保。1352年伊普尔不得不寻求皇室的保护，以防止它的市民因为未被支付的市政年金的尾数而在里尔被捕。在尼德兰形势较为稳定的其他地方，城镇继续出售年金享受权；例如，布拉班特的首府布鲁塞尔就是如此。的确，当佛兰德斯在梅尔的路易统治时期恢复了内部和平后，佛兰芒的市政年金享受权在14世纪的第三个季度也重新赢得了放贷人的支持。

在佛兰德斯内部，布鲁日的大钱币市场的出现给予了主要的佛兰芒城镇短期借贷的独特机会。布鲁日市政府更是尤其频繁地利用这些便利。几个特别重要的事例就足以说明问题。1328年，布鲁日向佛罗伦萨的佩鲁齐公司借了20 000里帕，以便摆脱欠纳韦尔的路易伯爵的繁重债务。1357年，布鲁日答应支付他的继承者，梅尔的路易伯爵66 000里帕，以便赎回一个每年费用为3 000里帕的年金享受权。这个城市立刻向出现在它的城墙内的外国商人借了20 000里帕，并在后来通过将市政消费税增加了1倍的方式偿还了这笔借款。在1379～1380年的内战时期，布鲁日甚至强制性地向来自世界各地在它境内做生意的团体寻求贷款①。

7.8.3.2　勃艮第时期的比利时城镇

勃艮第公爵对他们领地内城镇的财政管理保持着严密的控制。市政府征收赋税和出售终身年金享受权都必须经过公爵的同意。正如同时期的法国，

① L. 吉利茨—冯·泽韦伦：《布鲁日市档案馆的财政清单》，第二册，第347～353页。

这种控制是为了维护市政府的财政资源，王侯可能因此从中获取最大利益。勃艮第政府的需求是尼德兰城镇在中世纪最后一个世纪里严重负债的主要原【540】因。在1390～1413年间，布鲁日付给公爵的几乎每一笔款项都是通过公爵主要的银行家拉邦迪的中介而完成的。一旦公爵强征赋税，迪诺·拉邦迪就直接把钱预先交给公爵，以后再从布鲁日收回他的贷款，以及一笔数目适中的利息。其他佛兰芒市政府也同样不得不经常寻求迪诺的帮助。这些来自重要商人的贷款涉及职业商人惯用的信贷形式的使用，但在尼德兰以外的市政信贷交易中却并不常用。布鲁日及其他向拉邦迪家族借款的佛兰芒市政府给予这些金融家在欧洲其他商业中心开出的汇票。这些汇票包括随每个市政府的信誉和目前流行的商业汇率的变化而波动的利息成分。迪诺·拉邦迪向布鲁日提供的贷款利息是在12%～28%之间波动。在向城市纳税人额外收费的前提下，拉邦迪家族以这种方式保证了将税款迅速地支付给公爵。

法国佛兰德斯和阿图瓦的城镇定期出售终身年金享受权，以便满足勃艮第政府的要求。由于这个原因杜埃在14世纪末负债累累。阿拉斯在1392年几乎破产，被迫将它的一部分终身年金享受权转换为利息率低得多的永久年金享受权。根特因替勃艮第统治者借贷而背负大笔债务，常常因此而向善良的腓力公爵抱怨；这些抱怨使根特对公爵政府产生越来越多的敌意，并在1450年的暴动中达到高潮①。那慕尔城在1421年被善良的腓力合并之前，财政预算还能保持平衡。它首次出售终身年金享受权就是为了给它的勃艮第新主人提供补助金。在1436年前，那慕尔还能迅速地赎回为这个目的而出售的大部分年金享受权。但从此以后，它的财政状况开始一步步恶化。

勃艮第的统治增加了城镇的债务，但它并非不利于较富裕的市民的利益。这些富裕市民开始从增加的购买市政年金享受权的机会上大幅度获利。在杜埃和其他城镇，到14世纪末，年金享受权以前所未有的大货币单位被出售（从以银币出售变为以金币出售）。因此只有较为富裕的投资人才能够买得起。市政府的贫穷和它们的主要公民的富裕之间的对比可以在善良的腓力统治下的里尔找到很好的证明事例。里尔是腓力最喜欢的居住地，是公爵【541】的财政管理大本营。这个城镇是由一些富裕的市民组成的寡头政权统治，核心领导是当地的钱商家族。里尔的这些钱商多次参与赢利性的政府生意。例如，他们被任命为代理，出售公爵提供的年金享受权。在腓力统治时期，他们是里尔最富有的公民，其中几个甚至被封为贵族。受他们控制的市政府总

① L. P. 加沙尔：《第戎档案馆的报告》（布鲁塞尔，1843年），第143～144页。

是很乐意借钱给公爵政府。钱商自己也常常出于这个原因借钱给城镇。当腓力在生命的最后时期想要在里尔建立一个新宫殿时，里尔欣然借给他所需资金的一大部分，并向“因我们恩主的存在而获利的本城镇居民”征税来筹集这笔钱。但当市民个人变得越来越富有时，城镇却一步步陷入债务中。长期以来每年的财政赤字是靠进一步的借贷来弥补的，到腓力去世时，里尔的财政已处于一种悲惨的境地①。

7.8.4 德意志城镇

从13世纪后半期开始，绝大多数较为重要的德意志城镇已经摆脱了强大的地区统治者的控制。总是打破法国和勃艮第公国城镇在中世纪后期的财政预算平衡的定期皇室或王侯赋税，并不是造成主要的德意志城市财政困扰的主要原因。然而，德意志城镇从未得到过像意大利城市共和国那样的完全自由权。德意志统治者偶尔的财政需求仍然是使几个自治市镇出现财政紧急状况的原因。在中世纪后期的德意志，很多地方长期存在内战或强盗的威胁，而且城镇也受到贵族长期的严重敌视。市政管理的平常费用因此增加了实施独立的对外政策和保留城市军队的费用。虽然德意志城市没有较强大的西方国家强加给市民的财政负担，但它们缺乏有效的保护以抵抗掠夺成性的邻居的进攻，而且这样的进攻通常是得到英国和法国国王允许的。有几个德意志城镇的财政因为对抗它们周围的强暴势力的战争而被摧毁。

在13世纪中叶还受德意志国王直接控制的城镇后来成为帝国直辖市，独享着特殊的地位。它们只从属于国王，事实上享有非常宽泛的自治权。在
【542】中世纪末期，它们最大的担心是会被吞并。而当国王因债务抵押了王室在帝国直辖市上的权利后，这种情况最可能发生，皇室的信贷操作由此而成为关系帝国直辖市存亡的大事。几个城镇试图获得免于被吞并的特权。很多教会和王侯城镇逐渐获得了自治，有时是通过暴动，更常见的是通过购买它们的领主在城市地区上的王权和领土权：委派执行官和其他管理官员，以及控制铸币厂、通行税及其他赋税。这些权利起初常常只是被抵押给城市，但王侯财政的连年混乱常常使王侯们无法赎回他们抵押出去的权利。几个主要的教会城市（例如科隆、奥格斯堡、默兹）被归类为“自由城镇”，因为它们拥有异常宽大的自由，归入此类的还有帝国直辖市，后来被称为自由帝国直辖

① R. 马康：《善良的腓力统治时期里尔的经济》（巴黎，1940年），第27页。

市。一些属于世俗王侯的城镇设法获得了比帝国城市更广大的自由，但它们生活在失去特权的恐惧中，因为其他很多城镇从未获得过自由或已经失去了自由。在德意志中世纪末期的大约 3 000 个市镇中，只有一小部分摆脱了它们的土地特色，并发展出了一个真正的城市经济。只有 20 个或 25 个城镇可能有超过 10 000 的人口。在争取自治的斗争中，是否拥有有价值的财政来源起着决定性的作用。占绝大多数的贫穷城镇不仅没能提高它们的地位，而且自治城市的贫穷会鼓励其他城镇同它竞争领主的权利。因此默兹财政的破产导致大主教在 1462 年推翻了它的独立权。

大多数得到自治的德意志城市逐渐被迫将贷款作为一个频繁的财政权宜之计来接受，有几个城市甚至认为持续贷款是平常并不可代替的。在有些情况下，现存的债务费用只能靠进一步借贷来维持，尽管这通常是局面已经失控的标志。德意志很多市政府，尤其是如果受贵族统治的市政府，尽可能避免直接征税。每当这种情况发生，非常频繁的借款就成为首要选择。

很多德意志学者认为缺乏预算是导致市镇过度负债的一个主要原因。政治形势和军事形势的不稳定使财政计划尤其无法实行[①]。在特殊情况下，例 【543】
如 1395 年的科隆[②]，市镇政府就能够估算或测定它们的财政形势，但费用的变化通常太难以预料，而无法进行规范的预算。L. 孙博格尤其强调这个不确定性，认为是它而不是市镇政府的粗心或不负责任，是导致市镇周期性繁重借款的主要原因[③]。

强迫性的和分布不均匀的赋税在德意志城镇中引起了很多骚乱。债务的增长通常是一个令人不满意的赋税体系的结果，并进一步加重了赋税对城镇人口的压力。于是出现了一系列的城市起义，其中工匠行会常扮演领导角色，并常会导致政权的长期不稳定。虽然这些暴动中有些早在 14 世纪的前半期就发生过（1327 年在斯皮耶、1332 年在斯特拉斯堡、1336 年在苏黎世），但应该注意的是它们在 1348 年的瘟疫过后变得更加频繁。就如最新的研究所清楚地表明的，那次灾难标志着中世纪德意志经济生活衰落的开始，尽管不是所有的地区都受到同等程度的影响，南部城镇所遭受的损失显然比其他地方要轻。在纽伦堡（1348 年）、科隆（1364 年、1370 年、1396 年）、

---

① 重点参看 W. 施蒂达：《中世纪城市财政》，JNOS，第三系列，第十七章（1899 年），第 47 页；B. 库斯克：《中世纪德意志城镇的债务状况》（1904 年），第 5 ~ 9 页；J. 莱德曼的《财政档案》，第二十九章（1912 年），第 12 页以后。

② R. 克尼平：《中世纪科隆的城市结算》，第 xxii、141、159、187 页。

③ 《中世纪德意志城市的财政预算技巧》（1910 年）。

法兰克福（1355 年、1364 ~ 1365 年）、奥格斯堡（1370 年）、吕贝克（1383 年）及其他地方都发生了暴动，其中工匠们公正分配赋税的要求构成了这些起义的重要内容。不断增长的债务也是人们对财政体系的不满加剧的重要原因；的确在有些情况下，为减少债务而征收特殊赋税的政策实际上加速了起义的发生。

在 1348 年瘟疫流行期间，很多德意志城镇里发生了对犹太人的大屠杀和劫掠，几个市政府因此摆脱了它们的部分债务。在文策尔王的鼓励下，1385 年在德意志南部城镇发生了又一次对犹太人的大肆劫掠①。大量的斯瓦比市政府欠犹太人的债务被全部取消，而个人的债务被削减 25%，收取剩余部分的权利被转移到了城镇政府手里。因此纽伦堡城除了摆脱了它自己的债务，还获得了对纽伦堡的贵族索要 8 000 弗罗林的权利，这位贵族只能靠将他的庭院和来自海关的收益上交给城镇来免除这份债务。文策尔对这次活
【544】动的许可让这些城镇向他交纳了 40 000 弗罗林，只代表市民总收入的一小部分。这次活动的成功激励文策尔在 1390 年又一次如法炮制，因此，到 15 世纪初，犹太人向德意志市政府的贷款的重要性严重下降。

根据 1879 年 R. 索姆的一篇短文，在德意志，人们普遍将中世纪城镇政府视为银行机构，为安全储蓄和投资提供了便利，据说否则城镇就得不到投资。索姆是从舌纳堡对巴塞尔财政的研究中得到这些宽泛的推论的，而且他的观点还受到他写作时社会的一个广泛共识的影响，即人们普遍相信城镇因为它们的集体特点，是惟一可能令人满意的信贷机构。近来的研究驳斥了认为在中世纪后期的德意志没有在私人企业上投资的机会这个观点②，但中等投资者似乎更愿意将他们的钱投在市政资金上而不是私人事业上倒的确是事实。对于市政贷款的偏爱在 15 世纪特别突出，14、15 世纪后期在几个德意志城镇里建立起来的较为民主的政府，出于政治和社会原因，鼓励小投资者向市政府贷款。有时它们甚至被迫接受市民提供的所有贷款，即使城镇并不是真的需要这些钱。

市政贷款在德意志投资者中的普及与年金出售的盛行有着密切联系。犹太人和其他职业放贷者常常更偏爱短期贷款，而市政年金享受权的出售则在

---

① 《德意志日志》，第一章，第 272 页以后；K. 黑格尔：《德意志城市编年史》，第一章，第 113 ~ 124 页；O. 施托贝：《中世纪期间德意志土地上的犹太人》（第三版，1923 年），第 134 ~ 140 页；A. 聚斯曼：《文策尔王时期犹太人债务的消除》第一章（1907 年）。

② 重点参看 H. 赖因克：《汉萨同盟时期（1300 ~ 1563 年）汉堡的城市债务》，在 A. 冯·布莱特和 W. 科佩编写的《作为历史动力的城镇和中产阶级》（1953 年）第 490 页以后。

德意志中产阶级、贵族、神职人员以及市民中间找到了很好的市场。终身年金享受权尤其被作为一种保险形式受到高度赞扬，为投资者提供了一笔养老金或帮助抚养他的家属。对安全的需要和对在长时间内产生稳定回报的投资形式的需要，充分解释了市政年金享受权的吸引力。在德意志，大量自治城镇的存在以及它们借款的频繁，使放贷者习惯于在一有闲散资金时，就有大范围可供选择的借款城市，并能够通过分散购买很多城镇的年金来使他们的风险最小化。因此罗藤堡的市长海里希·托普勒在 1408 年收到来自大约 120 个地区的年金。

虽然各地存在着很大的差异，但德意志的城市借贷却存在着几条突出的普遍潮流。早期的资料说明有很多常附有相当繁重的条款的短期贷款。年金【545】享受权的销售逐渐变得重要起来，市镇政府也积累了灵活利用各种类型的年金享受权的经验。终身年金享受权除了在德意志购买人中流行外，还因为一旦投资人快速死亡后利润的投机可能性而对城市的管理者相当有吸引力。但这类年金享受权一般不能被赎回，并总是含有高昂的利息率（常常半永久地被固定为 10%）。出于这些原因，几个城镇不再出售任何数量的终身年金享受权，永久年金代替了终身年金成为市政信贷最喜欢的方式。它们的利息率较低，而且一旦作出它们可以被自由赎回的规定，城镇政府可以随意将它们从长期投资变为短期贷款。到 15 世纪初，在所有较重要的德意志中心，永久年金享受权的利息被降为 3% 或 5%。但随着较低廉的借贷形式的普遍，城镇的整体债务趋向于增长，并成为一个主要问题。

科隆、纽伦堡、巴塞尔和汉堡为德意志城镇的信贷业务提供了最好的例证。在德意志最大的城镇科隆，信贷起着非常重要的作用，并逐渐发展出一套非常复杂的城市信贷体系。直到 13 世纪的最后 25 年科隆才取得了自治。1274 年鲁道夫王的一个特许①才最终解除了这个城市对教会债务的责任，1288 年它才赢得了稳定的政治独立。关于科隆信贷的最早证据开始于 1228 ~ 1229 年：当时这个城镇正在偿还在香巴尼集市上借锡耶纳商人的贷款②。1275 年科隆同市民签署了大量的短期贷款（欠 9 个公民 2 704 马克的债

① O. 雷德利希：《哈布斯堡的鲁道夫王》（1903 年），第 222 ~ 223 页。要了解科隆早期为达到这个目的所做的努力（1231 年、1236 年、1258 年），参看 L. 恩嫩和 G. 埃克兹：《科隆城历史的原始资料》（1860 ~ 1879 年），第二章，第 125、127、160、287 页。

② 恩嫩和埃克兹，同前引文，第二章，第 116、107 ~ 108 页。

务)①。可以设想，科隆在13世纪就已经出售终身年金②，而永久年金到14世纪也出现。留存下来的第一份年金享受权登记册开始于1351年，并展现给我们一个组织良好的公共信贷体系。在1396年革命爆发前，科隆受由富裕的贵族阶级组成的寡头政权的统治，他们几乎完全利用间接赋税（主要

【546】是消费税）来为它的政府提供资金，在困难时期以信贷补充。在1351～1370年间，终身年金享受权的销售（10%的利息）是公共信贷的主要形式，对年金享受权的持有者的债务增加了两倍多（1370年是102 560马克）。这使得政府转向费用较低的借贷形式。科隆从相对少量的富有放贷人那里成功地筹集了部分没有利息的短期贷款。在科隆1370～1392年这段时间内借贷的768 948马克的总数中，多达76%是从科隆当地人手里得到的。在国外筹集的贷款主要采取的是永久的、但可赎回的年金享受权的形式，以不同的利息率出售（在1381～1392年主要是5%～5.5%）。据推断，这些年金享受权尽管名字是永久年金，但很快就被赎回，而且因为它们的短暂性，它们甚至都未进入年金享受权的登记册中。它们主要是在吕贝克、默兹和奥格斯堡出售。在1396年革命前夕，科隆的财政处于相当稳健的状态，但是大量间接赋税的负担沉重地压在广大市民的身上。

1396年贵族统治被推翻使信贷政策发生了明显的变化。政府鼓励在终身年金享受权上的广泛投资。例如，在1418年，从425人那里借来83 632马克。地位卑微的人，包括工匠和家庭仆人，首次出现在放贷人的行列中，购买小到1～5荷兰盾的年金享受权。科隆的市镇财政部发展成为一种储蓄银行。

在15世纪的大部分时间（1474年前）里，科隆的信誉还相当高。它能够以低廉的费用借到钱，而且在改变年金享受权的条款上表现出很多的创意。钱通过成功的转换被储蓄了起来。可赎回的终身年金享受权在1416年被首次引进。市镇政府成功地利用了支付给年金领取者的银币的贬值。永久年金的利息率也从15世纪初的5%下降到4%或1450年后的3%。科隆的年度债务逐渐从1342年的35 134马克降低到1462年的仅仅23 846马克。

1474～1475年为保护纳伊斯而对抗勃艮第的查理的战争不可避免地破坏了科隆的清偿能力。它在两年时间里借的钱（1474～1476年1 301 000马

① 恩嫩和埃克兹：《科隆城历史的原始资料》，第三章，第109、113页。

② R. 克尼平：《科隆城14、15世纪的债务状况》，载于《德国西部历史和艺术杂志》，第十三期（1894年），第346页。我们对于科隆公共信贷的叙述主要是以这篇文章为基础，还有克尼平编写的《中世纪科隆的财政结算》，第2册（波恩，1897～1898年）。

克）超过它在前 50 年筹集的贷款（1432～1473 年的 878 000 马克）。它不得不支付较高的利息率；它的固定债务在 1477 年上升至 1 754 000 马克，那一年的年度债务费用总计 121 000 马克。最糟糕的还在后面。占统治地位的富裕商人依旧更愿意只依赖间接税，并试图通过利用消费税筹集更多收益来支付不断增加的债务费用。这引起了 1481 年秋天的一场激烈纷争。小工匠，【547】
较为激进的反对派，要求首先停止支付年金。这导致了运动的分裂，因为它吓坏了无数将小钱投资在城市资金上的市民。中等阶级与富裕的统治阶级联合扑灭了 1482 年初的这场暴乱。从此债务继续增长，到 1512 年达到令人吃惊的 3 243 000 马克。在这一年的 12 月，发生了不可避免的革命。市镇政府被完全推翻，先前的一些行政官员被处死，新政府着手进行广泛改革。财政变革包括征收财产税和降低现有年金的利息率。政府规定，将来市政借款必须经过整个政府的集体同意。用来给所有城市债务合同盖章的科隆大印章，受 23 个工匠行会的控制。

纽伦堡留存下来的市政账目①开始于 1377 年。表 4 列出了一些关于它借贷的信息，是主要的德意志城镇的信贷需求稳定上升的详细案例。

在 1377～1385 年间，直接赋税形成了城市预算的支柱，完全由终身年金（10% 的利息率）组成的固定债务规模适度，几乎没有什么新的借贷。1385 年对犹太人的掠夺很快产生了丰厚的回报。纽伦堡消除了它自己 7 000 弗罗林的债务，并得到了 80 000 弗罗林，但失去了每年向犹太人征收的赋税；在接下来几年，政府尽量避免征收直接赋税，借贷急剧上升。纽伦堡 1388 年开始出售可赎回的永久年金，几年内它的固定债务几乎翻了一番。

15 世纪中叶，这个城市的债务又一次大量增加。纽伦堡当时通过向纽伦堡贵族、霍恩措勒恩（Hohenzollern）的弗雷德里克支付 137 611 里购买城堡及附属于城堡的所有权利和收益，从而完全控制了城市地产。这导致了它的借贷在 1426～1427 年史无前例地增长。在 1426～1429 年间，每年的债务费用增加了 1 倍多。如果纽伦堡不是在 1427 年重新恢复了与终身年金的 10% 的利息相比利息只有 4%～5% 的永久年金的出售，它的债务可能还会增加地更快。在 1431～1440 年间，这个城市没有面临任何新的紧急问题，但它的债务太繁重了，而无法平衡它的预算。在这 10 年期间，纽伦堡要将它总支出的平均 35.7% 用来支付年金，而且债务支出是它每年的支出中最大的一项。这个城市已无法再使它的放贷人满意了，除非每年签订新的贷款【548】

① 以 P. 桑德尔的《1431～1440 年纽伦堡的市镇预算》（1902 年）为基础。

表 4　　1377～1458 年纽伦堡的债务

年　　代	新借债务		总收入	总支出	年金费用		总固定债务	
	特殊年份	普通年			特殊年	普通年	特殊年	普通年
1377	229		17 241	16 832	4 745*		47 452	
1381～1387						3 889*		38 896
1388～1392						6 789		75 773
1393～1396						7 462		87 061
1406	5 520		18 471	31 642	6 707		82 431	
1418～1422						6 060*		60 602
1423～1425						5 216*		52 167
1426	27 534		59 855		4 868*		48 680	
1427	73 974		136 362	169 594	6 011		73 320	
1428～1432		27 501				12 128		182 657†
1433～1437		18 169				20 978		292 363†
1438～1442		11 477				25 526		333 243
1458	10 590				59 070		733 360	

所有这些数字都是以纽伦堡新的海勒镑计算。

*　只支付终身年金的年份。

【549】†　永久年金的债务超过终身年金的债务的年份。

协议。借贷平均占每年收入的 33.9%，超过了来自其他任何来源的收益（直接赋税提供 20.2%，酒的消费税是 21.2%）。在 1427～1442 年间，固定债务增加了 4 倍多。到 1458 年，它的债务又增加了 1 倍，部分是因为在 15 世纪中叶同霍恩措勒恩家族的耗费巨大的战争所致。但纽伦堡足够繁荣，可以充分扩展它的其他收益（1469 年它的年收入是130 000里）。在 16 世纪的前半时期，这个城市甚至积累了一大笔储备金，使它在普通年度不再需要借贷。这笔储备金在 1548 年总计 1 048 000 里（是当时年度收入的两倍多）①。

从早期开始，巴塞尔的财政就依赖一个组织良好的赋税体系。这个城市连年借贷（例如 1365～1483 年间每年都借贷），而且它的战争在很大程度上都是用贷款资助的，但市政预算从未长期失去过平衡。为了将

① 桑德尔，同前引文，第 862～865 页。在比较上面给出的数字时，必须考虑 16 世纪钱币购买力的下降。

它的债务限制在安全的范围内，巴塞尔不断求助于特别赋税，包括针对个人和财产征收的直接赋税。在和平与繁荣期则系统地减少债务。市政府利用了市政信贷的所有主要形式，但出售年金享受权占主要地位。信贷被谨慎地用作补充，而不是对赋税的代替，因此信贷对巴塞尔而言是力量的源泉，而不是灾难。

我们可以对借贷在巴塞尔和平期间和紧急状况期间的波动作出非常详细的论述。在 14 世纪的最后 10 年，巴塞尔的债务依旧很轻。财政状况在当时得到了改善。1394 年后，可赎回的永久年金享受权的利息率没有超过 $6\frac{2}{3}\%$，而且在 1402 年后降到了 $5\frac{1}{2}\% \sim 5\%$。每年的债务费用从 1393 ~ 1394 年的 6 500 里下降到 1395 ~ 1396 年的 6 000 里。在 1424 ~ 1428 年的战争期间①，债务费用增加到这些数字的两倍多，部分是因为城市不得不出售大量的终身年金（以 10% 的利息率）；1429 ~ 1430 年，债务费用是 14 255 里。那一年，在 44 000 里的总支出里，大约 33 000 里是花费在赎回年金享受权和支付利息上了。在 1430 ~ 1443 年间，巴塞尔享受着和平，正常收益大量增加，债务则稳定减少。到 1442 ~ 1443 年，每年的债务费用被降低到
7 302 里。巴塞尔不得不为保护它的独立不受哈布斯堡的侵犯而进行所谓的 【550】
圣雅各战争，这对市政资源施加了沉重的压力。这场战争主要是用贷款资助的，在 1443 ~ 1450 年间借了大约 100 000 里，但事实上停止了对债务的偿还。在恢复和平后，市政府做了大量的努力来稳定城市预算，并强加了几种特殊赋税。用稳定的偿还来平衡的借贷持续了整个 50 年代。在勃艮第战争的短期紧急状况期间（1473 ~ 1476 年）又发生了同样的情况。政府又一次借助于大幅度信贷，而停止偿还债务，但当敌对状况过去后，债务逐渐通过征收特别税而被降了下来。

信贷利用上的节制同样出现在瑞士其他主要城市中，像伯尔尼和苏黎世。就像巴塞尔一样，它们也偶尔面临着严重的财政难题，并发现自己负债累累。但就像巴塞尔一样，它们能够使自己走出困境，而未招致财政上的毁灭，并在进入 16 世纪后相对免除了债务。1492 年，伯尔尼的债务总计只有 7 700 弗罗林。苏黎世的债务在 1389 年一度增加到多达 60 000 弗罗林，但苏黎世更典型的情况是 1440 年的数字。当时的债务费用总计占城市花费的

---

① 《巴塞尔城文献汇编》（R. 瓦克纳格尔、托曼和休伯编写），第二册（巴塞尔，1890 ~ 1910 年），第六章，第 191、198、210、230、276 页；H. 博斯：《巴塞尔地区的文献汇编》（1881 年），第 788 页；G. 舍恩贝格：《巴塞尔城的财政状况》（1879 年），第 14 页以后，第 90、150 ~ 167 页。

大约20%，比同时期的巴塞尔和纽伦堡的债务费用低多了。然而，它的年金利息率下降得比最发达的德意志城镇慢多了。在1386~1415年期间，苏黎世对终身年金支付的利息率是在$16\frac{2}{3}\%$~9%之间，尽管后来利息率固定在平均11%~10%。同样，在14世纪中叶多达10%的利息被支付给可赎回的永久年金。到1404年，这个利息率降低到了5%，但没有再往下降。

有限的空间使得我们无法详细讨论德意志其他很多城镇，历史学家们已经研究了它们的财政事务，例如沃尔姆斯、亚琛、多特蒙德或不伦瑞克。但是默兹的财政史值得作为一个因为债务过度和财政管理不善而引起政治衰落的案例来细述。尽管财政困难导致工匠行会从1332年开始成为市委会的代表，但严重的内乱直到1411年才发生。在那一年，年金的支付占总支出的48%[①]，这种悲惨状况引起了一场普遍的革命。于1411年建立的新的市镇政府被禁止出售新的年金享受权，除非经过行会的允许。然而，财政形势依旧恶化。1436~1437年，多达75%的城市花费被支付给了
【551】放贷人，过期债务的尾数被积累下来[②]。默兹越来越难以为它的年金找到购买者，并不得不支付较高的利息率：在15世纪30年代，永久年金的利息率是5%，而不是先前的3%或4%。默兹再也无法支付它每年的债务费用，除非每年签订新的贷款合同。这个城市显然趋向破产。在1444年成立了一个特别委员会来寻求解决方法。市委员会承认存在总计373 184荷兰盾的债务（249 418荷兰盾的永久年金，95 000荷兰盾的利息率为10%的终身年金，以及剩余的短期债务和未偿还的贷款尾数）。这个委员会推行节俭和改革，但1444年7月30日爆发了一场起义，建立了新的代表着行会利益的委员会。然而，新政府像它的前任那样对债务无计可施。在1448年，作为最后的、孤注一掷的补救办法，它向大主教和神职人员要求一笔21 000荷兰盾的贷款。这个要求被拒绝，默兹随即宣布破产。它的债务的主要部分是在城外（1444年是60%），于是它的债权人让默兹处于帝国的禁令之下，由教皇开除其教籍，由它的主教剥夺它的教权。

最后，被较富有的市民抛弃再加上贫困，默兹于1462年10月28日被拿搔的阿道夫（默兹的两个大主教竞争者之一）占领并部分烧毁。几百个

① 默兹留存下来的中世纪账目被C. 黑格尔概括和讨论，见《默兹城中世纪编年史》，第一卷(2)，(1881年)，第91页以后。

② 关于1436~1437年的账目，见同上，第一卷，第90~92页，以及第二卷，第80页。

市民被流放，它的独立宣告结束，成为选帝侯公国的一部分。

让我们用对汉堡的主要汉萨港口的信贷交易的概述来结束对德意志城市财政的叙述。德意志任何其他城市都未留下关于公共信贷的很多文件资料①。市政年金在汉堡早在1251年就被出售。起初，它们的支付受到城镇财产或特别指定用于此用途的收益的保证，但是到14世纪中叶，市政府认为不再需要这样做了。年金享受权被记录在特殊的城市登记册上，从15世纪初开始签发一个辅助的保证书；这些保证书在1453年后成为债务的惟一证据。这些债务得到市委员会所有成员的集体承认②，但与其他很多德意志城镇相比（例如，科隆、纽伦堡、不莱梅、吕纳堡），委员个人从未被要求给予额外的个人保证，从未要求他们对贷款的偿还承担个人责任③。这种额外防范的缺乏是汉堡信誉的长期可靠性 【552】
的标志性贡献。汉堡在中世纪末发行的一些年金享受权实际上继续被支付直到近代。同样的事情在不莱梅也发生过，那里几个开始于16世纪初的年金享受权在19世纪初被转换为现代货币，有效期一直保持到1859年。

在1350～1500年间，汉堡的债务稳步增加。1350年总计6 000马克（吕贝克货币），涉及的债务费用是401马克，到1400年翻了一番，在1500年债务总计57 753马克，债务费用是3 580马克。如果因为银币的贬值而进行补助的话，据估计汉堡的债务在1350～1500年间大约增加了两倍。然而，在任何时候，债务费用都未占收益的太大比例，在1461～1496年平均不超过总收入的16%，在当时还未造成太重的负担。

直到1370年，汉堡的贷款都只来自于它的市民和教皇机构：城市臣僚及其家庭、孤儿寡妇以及医院是主要的放贷人。不莱梅在14世纪也同样依赖主要来自它自己的市民的贷款④。但汉堡在1426年后因为同丹麦进行一场耗费巨大的战争，从吕贝克筹集到大量资金，可能部分是因为吕贝克商人的兴趣从积极的贸易转向在市政贷款上的较稳定的投资。在1370～1400年间，吕贝克的金融家成为吕纳堡的主要放贷人。在1426～1453年间，他们

① H. 赖因克：《汉萨同盟时期（1300～1563年）汉堡的旧城市债务》，见A. 冯·布莱特和W. 科佩的《作为历史动力的城市和中产阶级》（1953年），第489页。对1350～1562年间的叙述参看K. 科普曼（及其他人）的《汉堡城的财政局结算》，第10册（汉堡，1869～1951年）。

② Nos consules debemus...... 是拉丁文件的通常形式。

③ 赖因克，同前引文，第495页。

④ 不莱梅从1357年开始已知的贷款被列在H. 阿尔伯斯的《不莱梅城在14～18世纪的借贷》一书上，第109页以后。

借了47 000马克给汉堡，大部分是投资在它的永久年金享受权上，一度控制了汉堡一半以上的债务。来自吕贝克和其他汉萨城市（例如吕纳堡、施塔德、维斯马）的外国放贷人在15世纪不莱梅的放贷人中同样占主导
【553】地位。

第八章

经济和社会思想

于公元476年分崩瓦解的罗马帝国留下了丰富的经济和社会思想遗产，它们经受住了政治结构变化的考验，丝毫未被历史变故所损毁。这笔遗产主要包括来自福音并由教士加以解释的道德原则，以及在罗马世界中形成的思维习惯。

在东方和西方都是一样，基督教教义在习惯某些经济和社会制度的人群中遍地开花，这些制度被认为是自然的或共同接受的并受法律约束的：例如，财产制和奴隶制。这并不完全排斥传统制度在学术上的或通俗的理念，但它引进了“人”的概念和“人际关系”的概念，这些概念改变并威胁着现存的习俗，以及事实上的社会根基。凭着对圣经的解释，凭着对基督教格言和箴言含义的扩大，基督教早期的神学家，特别是安布罗斯和奥古斯丁，建立起了一套新的道德体系，其中的法令和禁令已经得到了主教和委员们的批准。

因此，早在5世纪末，关于经济和社会的基本思想在基督教的文献和帝国的法典中就得到确切的阐述。野蛮和封建时期只是保存了这笔积累起来的思想财富，它们在12世纪的文艺复兴和经院时期突然开始结出丰硕的果实。

在概述中，正如环境和资料来源那一节所展示的，我们将追溯外部的历史；接着我们将相继论证经济和社会思想的形成，并在最后的结论部分总结这些思想对国家的行为所产生的主要影响。

8.1 环境和资料来源

从公元 5 世纪到 11 世纪，西方一直在调整它的经济和社会等级体系，但收效甚微。从野蛮人的侵略到后来穆斯林的扩张时期，帝国的开放经济便被一种停滞的封闭经济所代替。伟大的墨洛温时代的土地所有者和封建领主没有太大的社会区别；构成人口绝大多数的农民和城镇工匠的地位实际上是
【554】被牢牢地固定住了。人们很少有机会对经济和社会表达看法。一些政务会颁布的法规、地区王侯对无休止的高利贷问题和家庭组织问题的几项裁决，代表了教会和国家在这个死气沉沉、一成不变和缺乏远见的世界初期所表达的所有观点。

11 世纪社会组织开始发生全面的变化。以更多、更活跃的集市和市场以及海上和陆上的生意代理处为媒介，东方和西方，以及西方不同地区之间在一个更广泛的基础上再次建立起了联系；船只和商队开始更为自由也更为频繁地来往于各地；银行和协会建立起来，付款的方式进一步改进。因此社会结构出现了一个重大变化：商人开始与武士平起平坐，市民开始与贵族抗衡。

人们思想的再次觉醒导致对古代传统的重建，正如神父的文献、查士丁尼[①]法典和亚里士多德哲学所表现的那样；它导致对所有规定和法则的收集、大学的诞生和激增，以及文献的盛行。从当时开始，拥有这些文集的教师便能够完全了解古世纪的希腊、罗马和基督教的理念以及中世纪的思想，只要这些文集的内容涉及经济和社会问题，我们就必须加以关注。对这些基本文献和利用这些文献的主要大师的情况加以叙述是很重要的。

主教的教令、教会委员会的教规以及神父的 sententiae 在 Concordia discordantium canonum（不久被称为教义）中都可以找得到，格雷希恩（Gratian）在大约 1140 年编撰的这本教义，从 12 世纪中期开始成为制定教规者的指南手册。它包括一篇关于教职规定的 101 个问题的专题论文、36 个被划分成与人（牧师、僧侣、已婚者）的地位和财富（教会财产、教士财产、高利贷）有关的问题的案件，以及一个在这里没有多大价值的 De consecratione。新的教义被格列高利九世（1234 年）、博尼费斯八世（Boniface Ⅷ）

① 拜占庭皇帝。——译者注

（Sextus，1298 年）以及克莱芒五世（Clement Ⅴ）（Clementinae，1317 年）收集在所谓的法典中，其中很多部分涉及经济问题（获得财产、合同、遗产的方法）以及社会问题（牧师、僧侣、已婚者）。

这两个文集被很多教士做过注释，教会法学家中尤其要提到于格西奥（大约 1190 年）和条顿的约翰，他们在约 1216 年编纂了 Glossa ordinaria 【555】（在手稿和古代版本中发现的）；decretalist 中要提到英诺森四世（大约 1254 年）、霍斯庭西斯（大约 1270 年）及他们同时代的帕尔马的贝尔纳德（Bernard），他们的注释成为标准。

在 Concordia 被出版后不久，彼得·伦巴德创作了 Libri quattuor sentiarum，这本书很快成为神学家的手册；它成为所有大学者的评论对象，其中最突出的是托马斯·阿基纳（Thomas Aquinas）（大约 1274 年）和邓斯·斯各脱（Duns Scotus）（大约 1308 年）。最为引人注目的文献是阿基纳的作品，特别是他的《神学总论》（Summa theologica）。

圣经的评论者拿出与财富和高利贷以及阶级地位和职业有关的文章进行论证；这些文章支持关注教条或道德的神学家的结论。但是与一般人所持的观点相反的是，神学家和圣经评论家并不是惟一致力于构建经济和社会学说的人。

罗马法律在 12 世纪的复兴使所有的查士丁尼《教会文集》在学校里都重新焕发了活力，在这本书中，经济和社会结构占据了很重要的位置。我们可以摘引由 1150～1250 年间很有名的波伦亚大师写的几本著作：阿佐·巴兹纳斯（Bazianus，Azo）的《法律大全》，该书与《法典》齐名；还有阿库尔西斯（Accursius），伟大的《法学注释》的作者，该书与《文集》并驾齐驱。我们还可以求助于奥尔良和意大利的辩论家：雅克·莱维尼（Jacques de Revigny）、奇诺达·托亚（Cinoda Pis toia）、巴尔托洛·萨索法拉托（Bartolo di Sassoferrato）。像比里当（Buridan）这样的哲学家，以及神学家，都使用《政治学》和《尼克马琛伦理学》。

除了对基本手册——《圣经》，教会的《文集》，《伦理学》和查士丁尼的《文集》，伦巴德的《箴言录》以及《神学总论》——的注释以外，很多作品都涉及或考虑到经济和社会体系。我们可以探究很多《问题汇编》、《指导汇编》及《辩论汇编》，并会得到很多收获，这些汇编都顺带涉及很多问题；所有的综述，就如霍斯杰西斯（Hostiensis）的综述，将所有的准则、因信教而受迫害的教徒的所有有价值的手册和所有的专论（其中最重要的将会被提到）都归纳起来。最后，很多学识渊博的“高产作家”——即意识到他们时代问题的综合专著的作家——所编写的作品中，神学和法律共同引导对政治和社会经济的研究，以及对财政和贸易的技巧的研究；14 世纪，这些作家有朗根斯泰（Langenstein）的亨利、奥塔（Oyta）的亨利和尼古拉斯·奥尔斯姆（Nicholas Oresme）。

因此，从 13 世纪末开始，经济和社会思想很快人人尽知，可被归纳在
【556】三个名目下。

国际贸易的扩张诞生了技术法和普遍法，自从罗马帝国的衰落和毁灭以来，这种法律概念就消失了。一些大学根据新近重新发现价值的古代文本而编写了大量的基本手册，提供了当时需要的道德原则和法律裁决。教会需要这些手册，一方面是急于在这个被商业精神影响太多的世界教导道德原则，另一方面则急于保持它巨大的传统；而刚刚建立的国家因为要建立财政体系并设法维持社会平衡，也需要这些理论。

精神的和世俗的原因结合起来立即导致了知识的和实用的成果；以前从未出现过如此有利于知识体系产生的条件。中世纪的基督教神学家从来没有构想出一个普遍的理论概念，也没有对经济问题进行辩证地讲解。然而，散落在他们作品中的各种因素却能够被系统地归纳在财富理念、财产的获得、法律收益和社会地位这几个名目下。

8.2 财富的理念

立刻进入基督教神学家的大脑和眼帘的一件事，是财富的不均等及其对道德的影响。神学家和罗马法学家在他们的作品中常常从始至终都持有相同的见解。他们辩论财富基础的合法性，即财产和所有权、财产的分配、贫穷和富裕的原因、财富的使用，以及贪婪和浪费的起源。

牧师们显然带有共产主义色彩的思想传统，这在权威作家中也是永远存在的。圣安布罗斯曾经写道，Natura omnia omnibus in commune profudit。“Communis usus omnium quae sunt in hoc mundo”是假冒的伊西多尔传达给罗马的克雷芒主教的信息。格雷希恩曾仅仅为了向牧师们介绍修道院的生活而再次使用了这一段，但是这句格言在整个中世纪都在学校回响。它再次出现在邓斯·斯各脱的注释中，意思是说：实在法（positive law）① 是个人占有

① 实在法（positive law），西方法学家对法律的分类之一，指各国在各个历史时期制定或认可的法律（与“自然法”相对）。——译者注

财富的惟一基础，它为保护私有财产提供了手段。

总的来说，格雷希恩沿循的从柏拉图到奥古斯丁的支持财产归公的传统观点，实际上被教会法学家（decretist）丢在了一边。早在11世纪末，这些人便声称私有财产并不与自然法则相违背，除了发生饥荒时所有的商品才都【557】必须由整个社会使用。

《教义注释》认为对于伪克雷芒文本（pseudo-Clementine text）有两种解释：要么它只涉及那些自愿坚守贫穷的人，要么它就可以被理解为一个普遍概念，在原始的教会中是可以理解的，但有可能扰乱12世纪教会的公共秩序。一个较为温和的观点认为个人拥有必需品是正当的，但拥有多余的东西是对人类社会有害的偷盗行为。翻译巴西勒①众多布道之一的鲁弗纳斯（Rufinus）持有这个观点，格雷希恩将它作为安布罗斯的观点之一再次表达出来。教会法学家歪曲了它的意思，认为《教义注释》将分享食物的责任只限制在需要的时候（即饥荒时），除此之外对于个人拥有财产没有限制。

所有这些有事实根据的观点对于神学家来讲似乎非常肤浅，尽管他们以同样的方式致力于研究这些问题，但却没有采取同样的争论形式。托马斯·阿基纳提出了人类对物品的拥有权的问题。难道上帝不是世界的主宰吗？人们在出生时随身携带了什么财产？他如何能够拥有他无法改变本质的物品？尽管他承认上帝是一切物品的主人，但这些反对的理由并不排除这样的想法，即上帝给予了人们使用事物的权利。人们以自己的权利管理和使用这些物品甚至是一件好事，因为我们对自己拥有的东西总是更为小心，而共同拥有则会导致混乱和争吵。大自然无疑将所有的财产都交给了人类社会，而分配是对自然法则的补充，而不是抵触。纯真状态下所允许的事情由于人类的堕落已经变得不可能。上帝保持他最高的主人身份，人类相应地参与生活。

原始的人类法则和堕落的人性的可能性（根据经验建立私有财产能够有利于和平、秩序和行为）之间的巨大反差，被诸如亚历山大和阿尔伯特这样的大师一一阐明。它通过国家的公共法和受理性驱使的第二自然法则证明了拥有私有财产是正当的，因为人们生存在一个不完美的世界；但他们并没有进一步为财富的分配制定详细而确切的规则。

不仅个人拥有所有权似乎是合法的，而且对于个人所拥有的物品数量也没有限制：分配的不平等是因为家庭起源的不平等、个人成功和运气的不同所造成的。不平等的现象似乎根本未令中世纪的基督教神学家

① 古代基督教神学家。——译者注

惊讶，他们认为这是自然的，也是由天意注定的。它的原因是无法批评的，没有人想过为合法的继承或鼓励赢利性生产寻找一个理由，或者拒绝诚实的好运气。

【558】道德家们从来不认为自我发财是一个值得赞美的目标，或发财成功是一个天赐的报酬。相反，他们谴责贪婪，认为它是积累财富和保留财富的过分欲望。但经济地位的巨大差别使他们心灰意冷。另外，这种差别为基督教主要的美德——慈善提供了一个实践的机会，一个可以说是证明贫穷的正当性的美德，因为它所提供的实践地点是在财神的地界内。贫穷在圣经的教导下是自愿的话，贫穷本身也是美德。为了教会的利益（并使它能够达到规定的目的）而剥夺个人财富是基督教神学家推崇或暗示的理想。

另一方面，将一个绝对贫穷、既没有公共财产、也没有私人财产的基督作为基督徒的典范的理念受到约翰二十二世主教的谴责。神学理论家们在神学上大胆的贡献是增加了一些变革。一旦他们成功，第一个受害者便是教会。因此教会坦率地说了出来。它的保守原则和精神规划就像世俗利益一样，导致了基督教王国内常年无异议地接受不平等财富的存在。

一般舆论更为关注的不是拥有的原则，而是拥有的物品的用途。对他们而言，财富是中性的，无好坏之分。因为它们是使生活变好或变坏的手段，因此，需要判断的是它们的使用方式。认为财富是他们的目的并喜欢储存财富的人犯了主要的罪行——贪婪；而将财富挥霍在感官快乐上的人是在毁灭自己；但是将财富当做救济品分发的人是正确的。希望获得世俗物品来维持世俗生活，并通过实践美德来获得永恒不仅是上帝允许的，而且得到他老人家的赞许。财富是一种方式，而不是目的，能够使人们达成最向往的目标。神学家们因此提出一种由纯粹的精神理念所激发的理论，它证明了慷慨使用财富的正当性，并导致了收入及资金的积累。

8.3 财产的获得

神学家们对获得财产的方法的反省更加接近现实：它的合法来源、交换
【559】过程和价值的评估。

他们认为财富应该是工作的成果，允许人们挣取维持生计所必需的物品。每个人都必须服从这个神圣的工作法则，忽略了这一点，也就是犯了主要的罪行——懒惰，使自己遭受很多邪恶。所有的努力都值得回报，所有的

收益都因人类的努力而被证明是正当的。根据圣·托马斯的观点，当人没有其他维生方式时，他有义务做手工工作。如果他能选择，让他选择那些诚实的、对他所属的社会群体有利的职业。

工作的基本组织要服从公众福利：这个重要法则决定了优先的次序。第一需要是食物。因此农业便居一切之首。人类应该靠他辛勤的汗水挣取面包，这是上帝的规定。王侯对 artes possessivae 的寡头政治的主要支持便是农业。中世纪基督教神学家们一致声称，首先有的是耕种和放牧，以及捕鱼和打猎。建房只能位居第二，但却保证了建筑业的可敬地位。所有社会生活所需要的职业都被认为是合法且体面的：例如，制作家具的工匠，或从事医药和法律为人们的健康和司法服务的人。管理工作也被给予了一些许可，管理人的职责是监督整个体系的运转。

对于贸易的态度则较为复杂。神学家们不愿轻易谴责贸易：有一种值得称赞的商业类型，即提供城镇所需的商品。因为贸易是如此必要的一种服务，因此它逃过了所有的责难：被归入 arts pecuniariae 一类。

然而神学家们对没有经过加工或改进的商品的简单转让交易持有怀疑态度，担心其中有投机成分。他们问道：将一个未经改变的物品以比购买时更贵的价格再次出售是对的吗？它的不正当在于没有付出努力就赚钱。那么，如果利润是自然发生的，就没有不当行为了。例如，因为利润来自于价格的上涨，或因为长期存有货物而承担的风险所以变得正当，或者如果它是出于一个必须而诚实的日的，如解救穷人或抚养家庭。在这样的情况下，就可以避免贪婪的危险，贪婪使人们的思想集中在世俗的东西上，并引发欺诈的行为、华而不实的假话和失败、破产的结果。

因此基督教神学家谴责的不是贸易，而是它所引发的不公正和邪恶。维持国家生计所必需的经济当然是被允许和鼓励的。但是狂热的商业交易行为，绝不能被认为是冒险者通向发达的公开之路或天意允许，因为它似乎使【560】人的灵魂处于危险之中。圣·托马斯希望每个国家都生产出足够的产品，以避免进口商品的需要。

对贸易诸如此类的态度并不是商业呈现给神学家的惟一问题。他们也关注贸易的方法和手段。生产者和商人用他们的工作或商品交换东西，而且更为常见的是交换钱。教会和基督教神学家不得不就这些人所使用的贸易方法和手段进行评论。

贸易方法在契约和协议中被体现了出来。基督教神学家认可罗马的销售和雇佣技巧。但他们对真理的关爱使他们强调：商业必须单纯。教会法规学家教导说，单纯的契约本身就具有约束力。罗马有句箴言“双方间的单纯理解并不是权利的基础”，条顿的约翰完成了由格西奥发起的学说潮流，用相反的箴言代替了这一句。他的理由是：不履行诺言的人犯了虚伪罪。不管是否发誓，一个基督徒必须遵守自己的诺言。基督教神学家处罚的——立法者对此不予追究——是罪行，而不是承诺中所包含的责任。罗马法学家的反应可以说是非常实用的。然而，从阿古尔西斯开始，他们开始动摇并寻找折中的办法。教会法规学家们自己也因许可问题和受到自然公平、道德神学支持的新原则的适用范围问题而产生了分歧。事实上，它逐渐渗透进入教会和商业法律中，有着广阔的未来。它有双重功效，一是不需要任何正式义务就可以通过人们的诺言约束人，同时可以在发出诺言者和教会权威的最终保护下推动商业的进行。在这一点上可以说，非常严格的教会道德规范保证了自由经济的发展。

至于金钱，这个付款的必要工具，它依靠最高权力来保证它的生产。但推行基督教的道德规范和捍卫自己的利益却是教会的职责，因此产生了对造假者的严厉惩罚和对金钱价值变化的不信任。主教和委员会、教会法规学家和神学家与国王和官员联合起来打击货币犯罪，并同罗马法学家和法理学家联合起来讨论货币贬值的影响。封建观念使统治者拥有确定货币的重量、成色和流通的自由。出于对赋税的厌恶，平民接受了将金钱价值的波动作为王侯们收入的一个替换来源。然而，教会却蒙受了损失，由于货币的贬值，教
【561】会从租金、虔诚的馈赠或每户每年向教会缴纳的便士奉金中得到的收入减少了。在第一届拉特伦委员会上（1123 年），教会提议将造伪币者逐出教会，卜尼法斯八世教皇后来指控英俊的腓力犯了这个罪行。英诺森三世的一个著名教令曾经制定过控制金钱波动的条款，将以低于合法的重量铸造的货币斥责为伪币；英诺森四世在他的法令中允许在征得人们同意后减少货币重量，但前提是只涉及内部操作问题，不会损害外国人的利益。但是，金钱是完全不同于商品的东西，它是一种度量标准，它的重量、成色和价值应该由王侯根据货币的需求来确定，这样的想法最终开始盛行。奥斯默（Oresme）写道：“王侯是在他的领地内流通的金钱的主人”。王侯不仅垄断着铸造钱币的权力，而且还是决定钱币价值的权威。国际法专家为了君主的利润使用了“唯名论”[①]，像奥多弗兰德斯（Odofredus）那样的罗马法学家和像杜兰德

① 唯名论：认为人们用来表示事物的词的形式和词所指的事物之间并无内在联系，人们用词是习惯和惯例任意选择的结果。——译者注

斯（Durandus）那样的教会法规学家在市政法的注释中对唯名论做过大致相同的介绍，但是他们在这一点上却忘记了公正原则。

重量和度量比货币更容易产生欺骗，并导致危险的后果。基督教神学家支持公众权威对度量进行检查，以防止欺诈和保证度量标准。罗马的法律对使用错误的度量标准的人处以惩戒性的处罚，有时甚至是终身流放。在加洛林时期，修行者和委员会增加了对此的惩罚。根据 813 年《教令法》的一个条款，博尔查德附加了一个在 30 天中只吃面包和水的苦修，这在格列高利九世的教令中再次出现过。这个文本和《学说汇纂》[1] 中的三位一体学说成为对教义进行重新确认的基础。

主要的难题在于确定工作和物品的价值。这个问题在基督教精神盛行之前就出现了，但只有在基督教早期的经典著作时期才从法律角度认真地讨论过，而且只有从经院时期才开始被系统地研究。

希腊人和罗马人曾规定过一些基本原则。《尼克马琛伦理学》强调：签订契约的各方必须基于同样的考虑，并期盼合同带来同等的利润。迪奥克雷西恩的一个宪法也规定，如果商定的价格低于 justum pretium 的一半就可以取消销售。牧师们为所有哲学和法律做出的决定给出了宗教依据，也就是说，在社会交往中“公平交换”原则（the doctrine of Commutative justice）确定了人类在上帝面前的责任。古典作家在神学和法律上的职责是协调这些 【562】
传统：他们教授了一个交换和价格的理论。

《尼克马琛伦理学》的注释仅仅发展了亚里士多德在社会契约中互惠服务的观点。艾伯塔斯·马格纳斯（Albertus Magnus）概括了 contrapassum 的形式：建筑工从鞋匠那里得到的鞋的价值应该与他为鞋匠所建造的房子的价值等同，而不是任意一笔能使契约双方的某一方（没有原因地）致富的钱数。这仅仅确保了服务价值的等同，而并未解决价值的估算问题。

房子和鞋的价值如何由惟一的公共尺度即合法货币来决定？物品本身所具有的固有价值观念对解决这个问题并没有多少帮助。最好是求助于市场上流行的估价形式、公众的或一致的价目表。事实上，除了出现商人勾结或经济危机的情况，这些看法与经院哲学家赞成自由竞争的理念并不抵触。这种估价本身依赖于很难准确界定的条件。生产者能够加快他的工作时间和难度：在劳务交换中涉及到的各方能够提高他们阶级的生活标准，激发互惠性服务的有效性，并引起有关物品的匮乏，或者如果是工资问题的话，会引起

---

① 公元 6 世纪东罗马皇帝查士丁尼命令编撰的著名法学家的学说汇编。——译者注

技工的匮乏和技术下降。这样最终必须要考虑主观因素，就像阿奎纳在他讨论销售问题的章节中所清楚地承认的那样。这个标准总的来说，以根据时间、地点和交易方而变化的比率证明了利润的正当性，并导致在伯尔丹时代(Buridan's time）的很多种解释。公平估价的基础不是（正如太多的人所教授的）生产者保持他自己的地位的必要性，而是购买者的需要，即需求：圣·阿尔伯特和圣·托马斯仅仅重复了亚里士多德的《伦理学》；锡耶纳的贝尔纳迪诺和佛罗伦萨的安东尼纳斯则强调消费者发出的求救声。他们的目的在于阻止销售者任何强行提高价格的企图。惟一不变的是对 aequitas juris naturalis 的确认。不管什么样的契约，神学家们主要关注的是防止过度。

教会法规学家和罗马法学家不断地努力修复错误行为和金钱价值波动所引起的后果。神学家们自己承认的交换价值的机动性并不能成为欺诈或过度利润的理由。这两种恶行在法律中都是严厉禁止的。亚历山大三世主教的一个教令允许得到的酬劳少于价格一半的卖主可以在取消契约和接受追加款之
【563】间做出选择，这样会重建交易的合法性。例如，如果价值100 的物品被以25 的价格出售，卖主可以取消契约或者再次被支付25。确定的原则也同样适用于购买者，只有少数例外，而且在它的应用中，只有估算方法发生改变。

经常发生的货币贬值导致了提前付款问题的出现。一笔100 英镑的贷款在英镑价值降低20% 的情况下如何被偿付？以100 英镑的比率还是125 英镑的比率？两种传统观念持互相对立的看法：一方面，罗马的固有价值概念会回答 125 英镑，另一方面，封建的唯名论会选择前者。在一部著名的《问题汇编》中，皮利尔斯（Pillius）在1182 年选择了前者：tempus dationis inspicitur，tempora primitiva servari debent。他把这句箴言应用到各种契约上，从《学说汇纂》中摘引了大量的文本和法定条件的思想。在用实物支付方面，保加勒斯（问题107）和最初的博洛格基督教神学家给出了同样的回答。简而言之，罗马法学家因循的传统曾被阿佐嘲讽地表述过：Eadem mensura vel moneta debetur quac erat tempore contractus。

教会法规学家犹豫了。但是，休格西奥准备对固有价值做出解释，这个解释得到了伊诺森三世和格列高利九世的批准。债务人所欠的是契约签订时期盛行的钱币，如果钱币价值发生变化，也必须得到确切的相等值。

8.4　合法收入

尽管有种种禁忌，资金——不管是以土地还是以金钱的形式——不能够没有收益：教会面临的大问题是制定操作许可的规定。

在经济领域，中世纪教会主要的当务之急是禁止高利贷。高利贷是借贷者靠出租资金得到的利润，这是圣·安布罗斯的解释，又被格雷西恩所接纳。从古代开始，含有利息的贷款就受到很多名人的指责：旧约禁止以色列人做这样的事；亚里士多德教导说钱不能生钱；圣卢克提到了耶稣基督的一句显然禁止利息的箴言（拉丁文版本是：mutuum date nil inde sperantes）①；尼西亚（Nicaea）委员会禁止神职人员从事高利贷（325 年）；里奥一世主教禁止教徒从事高利贷。同时，教会牧师发现，可以以对邻居的慈善和爱的 【564】
名义等大量理由禁止这种做法，基督教的帝王也开始限制利息率。在中世纪初的几个世纪，这种敌对的传统被委员会的教令和主教的决定所增强，而且就蛮荒时期的封闭经济只允许最无法分辨的高利贷形式存在这个事实来看也是正当的，因为高利贷是以牺牲处于困境中借必需品或工作手段的邻居为代价的。

格雷西恩继承了教会和教父在 46、47 两个问题上的观点，并在后来吸收了教义第 14 条款的所有内容。彼得·伦巴德只限于抄录或总结教父们不同的只言片语。这些不加任何评判的详细记录是在一个资金曾对提高水路和陆路贸易起着重要作用的世界被写下来的。船主、制造者、银行家都需要大量的资金，而他们不可能从甘于让别人发财或没有任何补偿地失去自己财富的慈善家手中得到这些资金。对禁止高利贷的条规的松动似乎已是众望所归。而事实却正好相反。

强大到足以抵御平常诱惑的主教和委员会坚持这些道德原则，不愿做出任何调整，因为他们害怕这样做会引起弊端。能够指望基督教神学家们减轻法律的严厉吗？在当时基督教神学家们不仅接受了对亚里士多德作品的完整

---

① 《申命记》（《圣经》旧约全书中的一卷——译者注）中关于财富篇章的介绍开始于圣·哲罗姆（347 ~420 年，《圣经》学者，通俗拉丁文本《圣经》的译者——译者注）和圣·安布罗斯。参看 B. N. 纳尔逊（Nelson）：《高利贷概念》（普林斯顿，1949 年）。亚里士多德的影响不大，圣·卢克的文本从 12 世纪末才被重视作为证据。参看 J. T. 努南（Noonan）：《学者对高利贷的分析》（剑桥，1957 年），第 12、14、20 页。

翻译，而且接受了拉比和阿拉伯人对这些著作的严格注释。他们对此的态度倾向于严厉，而不是纵容。

有大量的文献和记录反映了这种态度。在《教义》文集的第三卷有一篇名为《高利贷》的章节。各种文学类型都被用来反映教会法规学家的观点。但这样的文献永远达不到神学论著的广度，其中的典范有圣·托马斯的《神学总论》（Summa theologica），该书在关于公正的专论中提到了高利贷，secunda secundae 问题 78。忏悔书和忏悔者的《总论》为道德问题提供了大量的指导。最后，有很多专论都是论证高利贷问题的，其中最为古老的是在 1276 ~ 1285 年间编撰的莱西纳的吉尔斯的《高利贷》（罗马版的吉尔斯的导师、圣·托马斯的 Opera 中的 Opus73，先前一直以为是托马斯的作品）。在 15 世纪中期，锡耶纳的伯纳迪诺和佛罗伦萨的安东尼纳斯使高利贷的道德
【565】神学达到了一个完美的程度。

罗马法学家在评论从未反对过高利贷原则的法律时，发现他们自己处于一个微妙的位置，必须说明他们反对或赞成的原因。

他们的出发点是，所有不被工作证明的利润都是不正当的。高利贷通常是消费贷款。所征收的额外付款的本质，不管是东西还是服务，都是非物质的：一个教授向学生施以恩惠以便他们能选他的课并使他自己获利，磨房主向面包师贷款以便建立某种联系，这两者对自己名声的损害一样大。“每种额外付款都是高利贷”：4 世纪拉特兰委员会的这个术语意味着这样的款项没有任何的公平率。相反：仅仅是获得额外款项的欲望、谋取利润的希望就被认为足以使一个人有愧疚感或容易受到良心的惩罚。贷方惟一可以接受的回报应该是一个自愿给予的礼物。

这样的严厉态度是以严格诠释的《圣经》为基础的：《申命书》中关于禁止人们向兄弟索要物品的禁令现在被适用到每个基督徒身上，而卢克提到的箴言也消除了所有暧昧的态度①。公正和理性证实了这个极端的对立态度。当财产的所有权被转让后，一个人还怎么能够出售它的使用权？或者一个人怎么能够剥削受托人，把它作为从借出的物品上获得回报的惟一的真正理由，正如在借钱上所明显表现出来的？对公众秩序的要求更增加了禁止高利贷的正当性：懒人靠高利贷养肥自己，勤劳的人却被高利贷毁灭，而且高

① 卡皮特尼认为高利贷和公平价格理念的普通基础要从 aequitas 和 caritas 的双重理想中寻找。参看“Sulla questione dell’ usura nel Medio Evo”，Bollettino dell’ Istituto storico italiano per il Medio Evo（1958 年），第 551 页。根据阿尔伯特大帝和英诺森主教四世及神学家们的普遍情感，强调爱的职责就足够做这个教义的基础。

利贷也破坏着工作所保证的和谐。

高利贷，这个致命的、持久的和无法开脱的罪行，产生利息，神学家们曾讨论过利息的地位和用途：大多数基督教神学家不同意把它转变成救济品。

针对高利贷的教义用惩戒性惩罚的威胁画上了圆满的句号。对高利贷者逐出教会的惩罚禁止他接受圣礼，很多基督教神学家甚至认为应该阻止放高利贷者进入教会；高利贷者被禁止埋葬在圣地，同样禁止为他灵魂的安宁做祈祷；放高利贷的牧师则被终止职务和俸禄。犯有这种罪行的人被认为不适合担任公职，教会要求世俗权威（他们联合打击高利贷者）运用权力为这 【566】
个目的服务。除了另有安排，贷款被要求完全归还，它的条款被对高利贷所得的利润的计算和通过资金出租而获得的财产的"变卖"而搞得复杂①。所有有关人员都必须为他们的错误负责，不管他们是家庭成员还是社会群体的成员，是合伙人还是合作人，是受益人还是保护人。直接的参与者被要求作出赔偿。

这样严厉的规定妨碍了生意，阻止了所有那些借此得到公开的或者非公开的收入的人，这势必引起那些人的反对。而且，就交易本身而言，不可避免地鼓励了借方的欺诈以及教会的怀疑。

至于犹太人、伦巴德人和卡霍辛人（Cahorsins）是否也要遵守教会法规的禁忌又是个问题。甚至在教会国内，正式的教令和豁免令都将这些人当作中立派对待。教皇更是不能容忍遮掩或试图遮掩高利贷的交易。亚历山大三世禁止抵押和提高价格的信托出售；英诺森三世禁止为掩盖利润而虚假地再购买，格列高利九世禁止"海洋贷款"（sea loan）。神学家们和教会法规学家们讨论不承担损失的合作关系、"付现款兑换"（dry exchange）和 mohatra 契约，最终罗马谴责了这些合作关系和契约。

因此法规趋向于严厉化。但经济生活、教会利益甚至法律本身都要求有一些松弛，于是对有些意外事件便放松了要求。

然而，对高利贷的禁令并不排斥人们接受合法的额外付款，因为这些付款同投机无关的一些理由而被证明是正当的。法理学家们比较了被视为邪恶的对利润的追逐和对损失的公平补偿之间的不同：条顿的约翰（John the Teuton）写道：prohibemur sumere usuram causa lucri captandi, non antem vitandi damni，约翰是曾经教授过同样教义的罗马法学家阿佐（Azo）的门徒。罗马

---

① 事实上，教会的教义不是没有效用。参看，R.E. 卢弗尔：《佛罗伦萨文艺复兴时期的赔偿》，第 775～789 页。

法学家、教会法规学家和神学家都同意这样的原则。让我们查阅一下“利息”一词的含义。它的意思是公平的赔款，《学说汇纂》以及《法典》都仔细地将它与高利贷区分开来。“利息”（interesse）一词似乎是由阿佐创造的，并由他的一个学生、西班牙的劳伦特（Laurent）引进到教会法规术语中。普通的注释将它从劳伦特那里拿过来，并使它成为大众术语的一部分。

利息的普遍学说尚未建立，但有对几个案例的详细阐述，其中最古老的
【567】是一个担保人的案例，这个人被迫借带利息的钱以偿还他人的债务：按照公正原理，他没有必要蒙受这样的损失。对过期付款的利息仅仅是对错误行为的弥补。Damnum emergens 和 lucrum cessans 强调补偿和惩罚。

签订契约的各方常常对此做出规定。若借的钱到期不还则处以罚款，但前提是，它的真正目的是催促债务人偿还债务，而不要在商定的最后截止期之后，演变成变相的高利贷。如果罚款的数目与等待的时期成正比，而且更明显的是，如果债权人就是以借钱为生的话，人们便会认为这个人心中隐藏着欺诈的目的。按照公正原则，罚款必须根据由拖延这一事实而蒙受的损失来计算：一些教会法规学家认为法官有权减少罚款；其他人则允许（如果可以得到适当的证明的话）罚款数目超过损失。

甚至在没有任何协议的情况下，由于延期付款而导致的利息也是正当的，例如那四个双方自愿的契约，或者涉及连续不断的费用的案例，如监护、代管或维持一栋房子。在这后一点上，教会法规学家引用了英诺森三世主教的一个教令，这个教令是与罗马法律相一致的。另一方面，他们也不愿意延循罗马法学家认为在严格的法律契约中利息从 litis contestatio 的日期算起的观点。

无论如何，赔偿都要尽可能地精确。因此，拥有商品的卖主从接受购买价格的那一天起就应该支付与收入数量等同的钱款。更为精细的是 lucrum cessans 的决断。这个概念一直是长久以来争论的对象。霍斯蒂恩西斯第一个承认，如果一个信仰坚定、远离高利贷的商人借出的一笔钱被耽搁了太久以至于妨碍了他自己的生意的话，出于慈善这位商人应该得到补偿。阿斯蒂的《总论》吸收了这样的论点，但直到中世纪末一些神学家仍然坚决反对这一观点。

与高利贷相联系的是利润问题。通过钱币兑换获得的利润和银行家的业务对道德家而言有拖延问题。从一种货币向另一种货币的兑换，不管是通过钱币还是兑换支票生效，因为兑换率的波动和不统一（例如，弗罗林在佛

罗伦萨就比在罗马值钱），都有可能出现高利贷式的投机①。然而，兑换契约对罗马教皇院和那些常常光顾集市的人都是很必要的。神学家和教会法规学家坚持要在确定货币价值时使用统一的规定。尽管有保留和局限性，他们普遍承认，货币兑换商的时间、麻烦和运送中的危险证明了他们得到奖金是正当的。【568】

根据罗马法学家的观点，在银行存钱必然要有利息，事实上这个观点得到了 actio depositi 的同意：教会法规学家禁止承认与 mutuum 类似的交易的合法性。

除了银行业以外，向别人贷款本身也必然产生利润。合作关系常常就是这样。每一次的资金参与行为都必然承担风险，而由最终的利润来提供补偿；而且，因为合伙人拥有他所投资的那笔钱的所有权，因此无论是哪一种的 mutuum 都应该有利润分享。圣·托马斯的这个观点被神学家和教会法规学家很好地吸纳，他们在《文集》和《箴言录》中都没有解释这个问题，而将陈述技巧的责任留给了学识更为渊博的罗马法学家在注释或特别论著中完成。著名的 Pro socio 法（《学说汇纂》，第十七章，2.63）为他们的推理提供了基础。自 12 世纪以来非常普遍的隐名合伙人②契约，因此得到许可。出现在 15 世纪的 contractus trinus 提出了更多难题：它是由在同样的合伙人之间同时通过的三个契约组成：首先是隐名合作关系，一个人出钱，另一个人出力；其次是对抗所有风险的保险，资本家将给予一定的保证金，并从他最终的利润中按比例扣除；最后，资本家每年以固定数目出售他在某一层次上的利润机会。神学家约翰·梅杰把它称为：societas，assecuratio，venditio incerti lucri pro lucro certo。这样的契约只有到了现代才得到基督教神学家的讨论和主教们的协商。

年金这种获得固定收入的常见方式也属于同样等级的交易。财产主人以永久年金为条件转让财产，其条件可以与卖主进行协商。难道这种在各个拥有惯例法的地区非常普遍、城镇中尤其盛行的做法闻起来没有一点高利贷的味道吗？英诺森四世否认这一点，认为年金并未超过通常接受者从所转让的价值等同于年金的地产中所获得的收入。这是一个销售问题，只是价钱要在一段时间内才能付清。对此事的争论一直不断，直到 1425 年和 1455 年的两份教皇诏书才将它告一段落。

---

① R. 德·卢弗尔：《威尼斯的兑换：外国兑换史研究》。
② 指不参与具体经营的合伙人。——译者注

【569】个人年金，也被称为流动年金，从 14 世纪初就出现了，被认为是对家庭遗产总额的支取。它们没有受到任何特别的议论。就其学说而言，它们的命运似乎是与地租的命运联系在一起的。

经济学说得到进一步的发展：它甚至允许（但不是鼓励）某些带有利息的贷款。它不得不接受这样的事实：即意大利城市让那些被迫借出款项却无法得到偿还的贷方成为永久的年金领取者。债权人可以拿借款时受到威逼作借口；另外，他们还冒着再也拿不回那些钱的风险，如果可能的话，他们将把这笔钱用来做合法的有利可图的交易。

为了需要帮助的基督徒的利益，为什么教会不试着做那些城镇为公众利益而允许做的事情呢？弗朗西斯肯人在 Monts de Piété 建立互相信贷制度时这样质问道。面对尖锐的批评，他们证明了他们从借方手里获取利息的正当性，起初的利息率是 10%，其理由是总共的费用、贷款的有用及对誓言负责，将它解释为服务的出租。两个经济委员会批准了这个制度；对它的许可为更开明的交易打开了方便之门。

中世纪的经济学说受到相互矛盾的趋势的影响。一方面，古代传下来并经基督教改编的道德传统，约束着人们做生意和拥有商品的自由；另一方面，商业活动和抑制不住的对利润的渴望要求行动自由、容忍和松弛。与原则声明中不断增加的坚定相伴的是在对事实的理解中不断增加的灵活。社会学说在什么样的程度上激发或忍受这种双重性？这是一个我们现在必须审视的问题。

8.5 社会地位

中世纪的经济学说受到中世纪社会思想的影响；同时，它们本身对这些社会思想也有很大的影响。这两个理论体系之间有着紧密的联系，但有着非常大的差异，足以说明一个对另一个的互动关系。让我们逐一来看一下家庭组织、社会分级以及最后的公共制度。

中世纪的经济很长时间以来都是以家庭为基础的，这是有双重含义的：一方面它是在家庭的框架内被组织进行的，另一方面它是为了满足家庭的需要的。当时，家庭是受教会的法律管理的，教会决定着它的诞生、管理和死
【570】亡等条件。因此可以说，控制家庭生活的神学和法律主导着整个经济活动体系。

几个世纪以来，婚姻程式是由当地法律和习俗所决定的。到12世纪末，罗马教皇在各地颁布规定，命令单纯的同意就产生婚姻契约：这是对使所有组织体系死气沉沉的形式主义所作出的反应的一个方面。不能离婚和一夫一妻制的基督教婚姻为经济保证了一系列稳定而团结的单位，同时关于婚姻关系的法律和学说趋向于鼓励生育，或者换句话说，增加了世袭劳力的供应。

通过支持夫妻双方共同拥有财产和坚持要有嫁妆，教会确定了一个家庭的经济基础。通过宣布家庭的需要是价格的标准，神学家使得物品的价值以家庭的规模为基础。

因此，根据神职思想，家庭在经济上和社会秩序上占据了同样重要的基本地位。

反过来，经济学说也反映了家庭生活概念。因此，在诸如波兰等某些国家，神圣遗产学说的流行能够加速家庭成员的财产分割。因此，通过创造经济独立，为家庭成员的分裂、甚至是某些个人主义提供了正当的理由。在相反的方向上，对高利贷的抑制加强了家庭内部的团结，为此惩罚的严厉性可能趋向于减弱。

经济学说的保守性在社会等级学说中也有确切的对应。自由提供了第一个评判标准。当罗马法学家和神学家教授“个人自由”的自然法则时，他们似乎使很大程度上建立在对奴役劳工的尊敬基础上的经济概念危险化。然而，这种保守性据说束缚了以福音为基础的开明学说的发展。因此有两种相冲突的原则，它们事实上部分是相吻合的。中世纪对于社会差异的观点根源是在中世纪生活的几个特点上，因此是在中世纪学说的几个分支上。在中世纪，社会差异是由教会的构成所造成的，是由一个人在世俗社会结构中的位置、个人自由、权力等级或贫穷所造成的。

教会被分成牧师和世俗平民；僧侣和修女属于另一个种类。很多法律和法规规定了经济体系内神职人员的地位，这些人的数目从12世纪开始不断【571】增长，并控制着大量的社会财富。

根据严格的教义，他们必须远离所有的世俗生意，不仅放弃仆从工作，而且放弃任何会使他们离开祭坛服务的事情。但是，他们也被严格地要求管理好他们的俸禄，法律和法规要求他们依靠教会遗产的利润生存，这里指的是乡村经济的利润，是与个人贪婪不同的财政资源。教会的世俗权力理论和与此相关的所有法令对经济的影响就像法律一样巨大，对世俗的生活和教会的生活有着同样的反映。

教会的地产不可转让、免税和拥有专款：拥有大量总是增加的遗产的基本地位使得神职人员管理着庞大的地产。受两种细致的法律（罗马法和教会法）共同统一和控制的教会实体，因财富和等级的不同呈现出同样的多样性。从富有到贫穷有很多个级别：林肯郡的主教拥有一片很大的地产，而很多牧师则缺衣少食。旨在为所有神职人员提供一份较为舒适的生活俸禄的体系导致一个被划分为贵族、中产阶级和最下层阶级的社会的出现。

在世俗阶层，贵族和平民就像是两个不同种族的人，他们的地位由习俗和学说所确定。在11世纪，通过骑士爵位的授予或被授予封地而得到的贵族头衔，但是在12世纪变成世袭特权，并受皇室的特许而延伸。bellatores就像oratores就世俗经济而言构成了边缘阶级。贵族被禁止从事任何能够给他带来利润的工作，否则他将被剥夺头衔，失去地位。因此他在财富生产中的作用是零，除非他能够作为生产的保护者，这至少从理论上能够保证工作的自由。

基督教神学家进一步解释和说明了贵族经济角色的禁令和禁忌。在他们对法典的注释中，在他们提出的见解中，具体说明了贵族被禁止的职业：首先是手工业，还有公证业。神学家和道德家更是强调了贵族对依附者提供军事和金钱帮助的责任。然而，他们普遍将这种社会功能同另一种带有弱势的社会阶层的存在联系起来。对于potentes，他们反对miserabiles personae。

【572】弱势群体可能起源于体力的不足和社会中的孤独无援，但更常见的是来自于物质贫穷。病人和身体衰弱者、寡妇和孤儿，以及这里我们最为关注的穷人，都是圣经中不断关怀的对象。这种关怀在基督教君主的几个法律中体现了出来，为可怜人的基本理论铺平了道路。牧师们将它发展得最为充分，他们制定了社会互相依赖的学说，这逐渐地加强了经济体系。

圣经的评论家、教会法规学家、罗马法学家在圣经中、教义中和查士丁尼的法典中，发现了很多涉及富人和穷人（那些根据《学说汇纂》的普通注释没有50个苏金币的人）之间的区分和关系的评论文本。基督教神学家们一致认为Corpus Christianorum通常是由富人和穷人组成：这是开明经济的坚实基础。然而，神学家和教会法规学家为了保证穷人的生存（同时维持社会距离）引进了颁发救济品的方式（这是教会法律规定的），并建立了慈善制度。因此这是对收入分配不平等的适度纠正，它本身也是对财产拥有不平等的一个维护。

协调被如此多的障碍所划分的人们之间的关系，是那些当权者和组织实体的工作。它成为神学和法律关注的一个对象，这两个学科都受经济学说的影响，而且又反过来影响经济学说。

我们已经在贸易那章看到了经济观念在政治观点上的反映，经济领域的国家政策是《主要体制》第二卷第三章的主题，其中圣·托马斯介绍了城镇在土地肥沃地区形成，因此它们的食物能够由周边农村提供，而外国商人的流入因此受到限制。由王侯负责挑选城镇地点：在城镇规划方面，圣·托马斯以具体的形式表达了他对财富的生产和流通的观点——一个同时由现实和道德考虑激发的观点。

在经济方面所被采取的态度已经给我们提供了一些涉及职业理论的模糊概念。其中一些职业是可敬的，一些是值得怀疑的，一些是可以忍受的；但是在这个等级森严的体系中自然有很多等级，这些等级能够使真正的价值观念变成非常普遍的惯例，这些惯例则进一步演变成为人们的行为准则。教会的观点可能并不总是国家的观点；这些观点在教会内部也不是毫无疑义的，教会法和市政法的神学家的观点常常是互不相同的。影响人们观点的是职业【573】尊卑的顺序（这源于不同的标准），而不是职业效用的顺序（这是我们更感兴趣的内容）。

我们可以将神职职业放在一边，这个职业通过让人远离世俗世界而超越了所有其他职业，也使他成为非生产者。然而，我们必须分清整个贡献都在于知识领域的较大俸禄的持有者和无法靠俸禄度日而做手工工作并因此成为平民阶级的小俸禄的持有者之间的差别，正是后者值得也需要我们做特别研究。而且，我们必须注意到一大批只有在发型方面属于神职人员的修道士。在这些保留情况下，我们可以认为真正的神职人员是不从事生产工作的。

反之，正是农民和工匠的生产功能使他们置身于世俗人口的前列。然而，并不是所有的行业都享有同样的声誉。在禁止修道士从事的职业单子里，我们可以看到一种歧视，或一些歧视。在1275年阿拉斯的宗教会议法令中，漂洗工、织工、鞣革工、染工、鞋匠被认为是从事“不诚实的工作”。在1298年的列日法令中，禁止修道士从事漂洗工、鞋匠、织工、磨房主和香料商的行业，而60年后，恩格贝特的法令中，禁止修道士从事酿酒者、木匠、鞣革工、面包师和铁匠的行业。大约在同一时期（1366年），图尔的教会会议法令批准修道士从事鞋匠和铁匠职业。正如格尼科特所指出的，记下所有这些能说明每个行业所享有的尊敬的单子将会非常有趣：标准无疑是从事这些职业的个人的独立程度和收入水平造就的声望。

没有一个职业比商人职业更受到人们的质疑。对于这种质疑的宗教、道德和经济原因我们已经是很清楚了。然而，商人职业是一个必不可少的职业，并受到教会和国家同样多的保护。正如我们所看到的，道德家们害怕的是投机，而为了避免这个风险，神职人员被要求远离任何形式的贸易；教会信条中也表现出同样的谨慎。然而，世俗平民则可以成为商人，只要他能够遵守所有与价格和利润有关的规则。

尽管教会没有对工匠行会立法，但它对这种协会保持着一种同样慈善和不信任的态度，这种态度在法则和学说中被表现了出来。大学和学院的整个理论使行会集团合法化，并增强了它们的力量。当英诺森四世或巴尔德斯讨论这些群体的合法地位的原则时，他们关注的只是法律问题，但同时他们减
【574】少了这些群体工作道路上的障碍，而劳工组织和价格水平就依赖这些群体。

所有这些官方的和私人的学说有什么现实意义呢？对此人们众说纷纭：有些人认为它们仅仅是很小的障碍物，其他人则认为它们是具有摧毁力量的负担；一些人认为它们是一些无用的想法，而其他人则将它们称为起作用的法律。在这些极端意见之外，我们可以发现一个令人满意的折中想法。看上去法理学家和神学家巩固了关于财产的观念，鼓励了价格和工资的确定，阻止了高利贷，增加了对各种行业和职业的尊敬；他们对于财富的分配、贸易的危险、金钱的非生产性功能和经济政策的观点并没有中断世界发展的趋势。我们仅仅将这些纷繁多样的学说展现了出来，衡量这些学说的影响力的重任就落在了研究这些制度和事实的历史学家的肩上。如果我们从整体来看中世纪经济，我们注意到明显的道义学控制了存在论：比起道德关注来说，
【575】科学式的好奇只起着非常小的作用。

附录

硬币和通货

罗马——野蛮时代的历史延续

罗马帝国在西部地区的衰落持续了相当长的时间，因此它的货币制度不可能发生任何大的变动。在货币制度上非常剧烈的变化或长期的停顿只发生在英国。在罗马人离开后，再没有硬币进入这个国家，在二三十年内，到大约公元435年，硬币已经不再作为交换的媒介。直到7世纪后半期，硬币又一次在英国被作为流通货币使用，而不是作为珠宝。其他地方的货币则保持了延续性。野蛮的“外邦人”接管了继续以罗马帝王的名义铸币的罗马铸币厂。

罗马帝国的硬币反映出它的经济的老化。一方面，有一种由君士坦丁堡引进的价值很高的金币，苏勒德斯币（solidus），由很好的金子铸成，重24斯力克（siliquae）（大约4.48克），以及有它一半重量的半西斯币（semissis）和1/3重量的特西斯币（tremissis）或特雷斯币（triens）。另一方面，有一种重的弗林斯（follis）铜币，是阿纳斯塔修斯一世在498年重新发行的，作为40纳米（nummi）的货币，其质量比纳姆斯币（nummus）还差。在这两者之间的是零星发行的斯力克（siliquae）银币和半斯力克币，24个斯力克值一个苏勒德斯。优良的金币可以充当皇家礼物和向皇家“联盟”

支付津贴，例如584年茅里斯·蒂伯里斯向切尔帕里克支付了5万苏勒德斯。它只有在帝国内才显得十分重要，因为税款必须以金币支付。大量的铜币只用来支付各种各样的小额的当地款项。银币在商业上也没有多大用处，在查士丁尼时代（527～565年）便停止流通。

对于野蛮人接管罗马铸币厂的日期并不是十分确切，但这可能发生在法兰克人统治时的克洛维国王（484～511年）时期，和西哥特人统治时的阿拉里克二世（484～507年）时期。半个多世纪后，高卢北部的墨洛温诸王和西哥特诸王们在类似波尔多、图卢兹和纳博恩这样的铸币厂以阿纳斯塔修斯、查士丁和查士丁尼的名义发行了特里特币，但没有说明它们真正的发行人。另一方面，如勃艮第的戈德曼（524～534年）或奥斯特拉西亚的谢尔里和西奥多伯特（511～534年和534～548年）、巴黎的切尔德伯特（511～558年）和克洛泰一世（511～561年）所发行的小型铜币，的确说明了它们真正的发行者，但这样的发行在6世纪中期便宣告结束。在15世纪末之
【576】前西欧都没有进一步铸造铜币，除了9世纪的诺森布里尔、诺曼西西里和13世纪的匈牙利。

在5世纪末、6世纪初，高卢开始仿铸罗马后期从瓦伦泰大帝时期到阿纳斯塔修斯大帝时期的银币。存留下来的银币重量从0.907到0.3克不等，但它们可能想模仿的是半斯力克币，尽管半斯力克币的重量是1.04～1.25克。随之出现的是数目非常有限的一些小硬币，以墨洛温国王谢尔里一世、西奥多伯特、克洛泰一世和西格伯特一世的名义发行的。存留下来的硬币重量从0.55克一直小到0.25克，但它们也同样可能是想作为半斯力克币，是查士丁尼时期重得多的半斯力克的翻版。大约在同时，以查士丁尼的名义的仿铸也开始在莱茵兰地区进行。在6世纪中期，银币的铸造在西部和东部都停止了大约3/4个世纪。在东部是西拉克留斯（610～641年）恢复了对它的铸造，而在西部是阿基坦的加里伯特二世（629～631年）恢复的。

第一个大胆地将自己的名字刻在金币上的野蛮人是奥斯特拉西亚的西奥多伯特一世，这个举动招致了普罗克皮尔斯在《De Bello Gothico》一书中的严厉批评。他的两个继承人没有以他们自己的名义发行货币，尽管以西奥多伯特的名义发行的部分苏力第币和特里特币其实都是由他们发行的。然而，从西格伯特和他的兄弟高特兰统治时期开始，在铸造货币时刻上真正的发行人的名字在高卢北部的法兰克王国内成为惯例，尽管以帝王的名义发行货币在普罗旺斯到赫拉克留斯都还继续存在。从里奥维吉德（572～586年）开始的西哥特国王同样也以他们自己的名义发行特里特币。在568年征服意大

利后维持了意大利铸币厂运转的伦巴德国王之间也有一个相同的时间差，但在昆宁伯特（680～700 年）国王之前没有人以自己的名义发行货币。所以在将近一个世纪的时期内，各个野蛮人的统治者都努力维持这样的神话，即西欧仍旧是罗马帝国的一部分，这之后才敢于在他们的金币上宣称他们已经建造了新的独立王国。

野蛮人所继承的基本上是非商业的金币。他们的苏力第币（Solidi），不管是以帝王的名义还是他们自己的名义发行，最初与从帝国直接控制下的铸币厂出的货币一样好，并且被用于同样的目的，即贵重礼物和赋税。他们的铜币和银币在 6 世纪中期被放弃之前比它的帝国原型差，而且并没有很好地用于商业用途。在铜币和银币消失后，只有金币被保持了下来，而且连它也 【577】
有困难。铸造特力斯币比铸造苏勒德斯币更为普遍。被储藏在奈梅亨附近大约 600 年的埃施拉宝藏中，有 54 枚特力斯，但只有 11 枚苏力第，其中 5 枚来自拜占庭王朝而不是野蛮人王国。特力斯币的重量也在下降。拜占庭的原型硬币重 8 斯力克（大约 1.5 克），但是在法国南部以帝王的名义发行的 7 世纪特力斯是一种新的重量更低、仅有 7 斯力克（大约 1.3 克）的硬币。在 7 世纪末 8 世纪初，货币重量进一步下降，只有在约 630 年时由墨洛温王朝固定为 1.23 克。与此有关的发行规模能从这样的事实中判断出来，即波恩铸币厂所有存留下来的特力斯样品都是从一对模型中铸造出来的。墨洛温人除了继承罗马人在他们王国的各个部分的那些铸币厂外，还自己建立了铸币厂，但主要集中在默兹河和莱茵河（前往弗里西亚的路）的峡谷里，而且在伦巴德人入侵意大利后，主要集中在普罗旺斯。

除了特力斯金币外，墨洛温王朝还铸造了一种新的德纳利斯银币（denarius）。未来与德纳利斯币息息相关，而不是逐渐衰落的罗马特里斯币，因为墨洛温的德纳利斯币是加洛林德涅尔币和整个中世纪便士的前身。特里斯币在 7 世纪后期被停止使用，只有意大利除外。墨洛温王朝在达戈伯特二世（674～679 年）统治时期停止铸造这种硬币，盎格鲁—萨克森人可能是在 7 世纪末停止的。在西班牙，继阿奇拉二世（710～714 年）的最后一批西哥特的特力斯币之后，只有征服者阿默亚兹人发行了非常少量的第纳尔币。因此西班牙金币的铸造便宣告停止，直到 10 世纪。在意大利北部伦巴德人和查理曼发行的特力斯币一直持续到了大约 790 年，但在意大利南部各种金币断断续续地持续作为西欧惟一的金币，直到 13 世纪。

尽管我们今天利用拜占庭的苏勒德斯作比较将这些硬币称为特力斯币，从技术上来讲可能是正确的，但有理由设想在当时它们被称为苏力第币。因此可以推知，在短时间内，7 世纪的墨洛温王朝的高卢地区存在一种关系，即 1 镑（银的重量）=20 苏力第（特力斯金币）=240 德纳利斯（银币），也正是从这个时期开始产生了我们熟悉的英镑、先令和便士的关系。随着特力斯币作为货币的终止和德涅尔币重量的降低，这种关系成为计算硬币的一种
【578】便捷方式。1 先令是 12 个硬币，而 1 英镑则是 240 个硬币。

德涅尔币（The Denier）

银便士或德涅尔币的铸造开始于 7 世纪的墨洛温和盎格鲁—萨克森王国，在 5 个多世纪以来它不仅仅是西欧的代表硬币，而且实际上是惟一通用的硬币。

墨洛温王朝的德涅尔币的证据来源于数目有限的硬币宝藏，尽管不可能估计出实际铸造的数量，但看上去数量并不大。这些货币的发行似乎主要集中在高卢北部的铸币厂，除了一次由查理伯特二世（629 ~ 631 年）皇室发行的外，几乎都是由领有封地的大臣在墨洛温王朝没落期铸造的。大多数发行人是教职人员，有像里昂的圣兰伯特（680 ~ 690 年）那样的主教，还有诸如图尔的圣丹尼斯或圣马丁修道院。然而，也有一些发行人是世俗人，例如新西特里亚（659 ~ 681 年）宫的市长埃博罗林，或安西德特和他在马塞的两个贵族朋友。7 世纪中后期的德涅尔币模仿特力斯币是如此逼真，以至于它们只能通过金属进行区分。在 8 世纪初期，模型被减少到完全是图例和字母的组合。这些德涅尔币是厚的、粗短的硬币，与 8 世纪中期开始铸造的较薄、较宽的便士刚好相反。

金币在 7 世纪的停止使用导致了很多仅铸造金币的铸币厂关闭，而那些还铸造银币的工厂似乎未受影响，一直留存到加洛林时期。这一点很难确信，因为大多数硬币都没有确切说明它们的个体发行人，而仅仅说明是由克莱蒙主教或圣马克森修斯修道院发行的，因此无法确定确切日期。

当时发行量最大的是英格兰和弗里西亚同时期出的便士，被称为西塔（Sceattan）或西特币（Sceats）。这些硬币显然同墨洛温的德涅尔币密切相关，在 7 世纪末和 8 世纪前半期之间大量铸造。西特币同时用于北海两岸，而且是尼德兰北部繁荣贸易的结果。这个贸易已经使弗里西亚的铸币厂和默兹河与莱茵河峡谷在前一个世纪成为较大的特力斯币的发行人，而且使杜尔特德的铸币厂在 9 世纪成为德涅尔币发行量最大的铸币厂。

为墨洛温德涅尔币或盎格鲁—弗里西亚西顿币确定的重量标准是多少，目前尚不知晓。当755年丕平改革货币制度时，声称他要通过规定1磅金属铸造的硬币不应该多于22个先令（即264个德涅尔币）来增加硬币的重量，而过去1磅金属至少要铸造25个先令（即300个德涅尔币）。如果当时【579】的磅重327克（这个数字还不能确定），丕平意味着要把德涅尔币的重量从1.08克提高到1.24克。从这一点上可以推知，墨洛温的德涅尔币可能重1.08克，但存留下来的硬币样品反驳了这个假说，因为它们大多数重量都在1.2~1.3克之间——其中一枚甚至重达1.37克。似乎丕平只是在夸大其词，为了使他的“改革”看上去更加重大。显然墨洛温的德涅尔币是以264对1磅（即1.24克）或甚至偶尔240对1磅（即1.36克）的标准铸造的。丕平的改革因此只能被看作是一次在暂时没落之后的恢复，而不是一次大的提高。

然而，丕平在755年的改革改变了硬币的面貌，因为尽管它们和以前是同样的重量和价值，但新的德涅尔币是以更薄、更宽、直径约3/4英寸的坯子铸造的。据说使用更薄、更宽的钱坯是受同时期西班牙的迪拉姆币的影响，这种币也是在薄、宽的坯子上铸造的。在拜占庭，里奥三世（717~740年）也同样引进了一种更薄、更宽的钱坯，也是在迪拉姆币的影响之下。

丕平的改革主要应用于皇家控制下的铸币厂，但非皇家的铸币厂（主要由教会势力控制），由发行较小的德涅尔币逐渐向较宽的德涅尔币转变，而且有一次以皇室的名义发行。同时越来越多的铸币厂开张。那些在杜尔特德靠近弗里西亚贸易的铸币厂，和靠近银矿储藏量丰富地带的梅勒，发行的数量尤其多。

更宽、更薄的德涅尔币的发行并不只局限于高卢。它们在加洛林王朝的各个地方都被铸造——在西班牙诸如巴塞罗那和安普里尔斯的铸币厂，以及意大利诸如卢卡、比萨、米兰和帕维亚的铸币厂。

在英格兰，新便士的发行大约开始于775~780年的肯特郡，那里黑伯特和埃格伯特在坎特伯雷开办了一个铸币厂，在大约783年或784年被默西亚的奥发所接管。这种新的薄而宽的德涅尔币，而不是小而厚的西塔币，成为所有盎格鲁—萨克森王国后来便士的模型，除了诺森布里尔，那里更小、更厚的铜模块在9世纪大多时间里继续铸造。

到9世纪初，西欧大部分地区都在使用一种便士硬币。在帝国内部，德涅尔币在伯爵的严格控制下以人人皆知的重量和质量发行。随着帝国在9世纪、特别是10世纪的分崩离析，发行的分裂再一次发生。意在保护皇家利【580】

益的伯爵开始自己铸造货币，尽管一开始并不是只以他们自己的名义发行。拥有铸币厂的修道院，例如图尔的圣马丁修道院和圣马西尔修道院，开始以他们自己的名义铸造德涅尔币。法兰克的所有主教们，不管是否具有合法权力，都开办了自己的铸币厂。硬币的皇家权力同时也像其他王权一样，通过皇室的赐予或篡夺被封建化了；但既然它至少在理论上仍然是一个皇室特权，所以控制个人铸币厂的领主长时间以来无法在便士上只使用他们的名字，而是以当时的帝王或国王的名义或去世很久的某位帝王的名义发行便士。这些后加洛林时代或亚加洛林时代的德涅尔币的发行有很多是匿名的，既没有帝王的名字，也没有大臣的名字。大臣在硬币上使用自己名字的日期随特定的情形而发生变化。例如，早在876～880年，萨克森伯爵布鲁诺就以他自己的名义和路易国王的名义一起发行过一种奥波尔币，而984～986年，韦尔芒多斯伯爵黑里伯特仍旧在他的德涅尔币上使用他的盟友洛谢尔的名字以及他自己的名字。另一方面，里昂的伯爵休（936～948年）已经从他的德涅尔币上省略了国王的名字。

在这些情况下，人们盲目地模仿先前使用过的模块来制作新的模块。其产生的后果是某些图案被固定下来并退化——例如加洛林时代的字母组合以越来越难以辨认的形式继续出现在法国各个地区的德涅尔币上，直到11世纪甚至12世纪，而正面图案由于过度仿照而变成了奇形怪状，例如11世纪的沙特尔及其邻近铸币厂铸造的便士上臭名昭著的tête chartrain。同样10世纪的庙宇在图尔的圣马丁修道院的德涅尔币上也变形了，起初变成了被塔包围的教会门廊，到1205年腓力·奥古斯都接管铸币厂时则变成了一个城堡。这个退化过程在意大利和德国则没有那么严重。

作为法国公爵，卡普蒂安就像加洛林王朝晚期其他大臣那样铸造德涅尔币，国王的封号对他们的发行几乎没有什么改变，直到路易七世统治时期，依旧变化多端，无法与他们的封建邻居的货币区分开。这一阶段更为重要的是由大的集市城镇特洛伊、沙隆和普罗万以香巴尼伯爵的名义发行的、在国际范围内流通的德涅尔币。普罗万的德涅尔币形成了计账钱的基础，成为不
【581】仅在普罗万而且在整个香巴尼和它的所有集市、甚至是巴鲁瓦和劳瑞安的计量标准。

在后期的盎格鲁—萨克森英国，对德涅尔币或便士的控制在整个中世纪可能比西欧的其他地方都更为严密。在9世纪斯堪的纳维亚人袭击期间，其他各个盎格鲁—萨克森王国的铸币便宣告停止，只有韦塞克斯的铸币以及在英国北部流通的多种丹麦的和海伯诺—诺斯的便士硬币依然保

存。随着西萨克森人的再次征服，整个英国被强迫使用一种统一的货币，只有在地区间有着微小的差别，例如西北部的铸币厂。铸币城镇原本只有少量的几个，大批的货币是在坎特伯雷或伦敦发行，但在10世纪，货币的数量迅速增长，而且铸币厂的数目也在相应地激增。在伊瑟斯坦时代，规定每个自治市都应该有一个铸币厂，但这个案例并不代表着铸币的极端分散，因为整个国家的地区作坊或伦敦作坊所使用的都是统一刻制的模板，皇室依旧保持对铸币的严格控制。在接下来的二、三十年里，铸币厂的数量得到了巨大的增加，尽管每个自治市有一个铸币厂的极端要求从未实现过。973年，埃德加进一步加强了皇室对货币的控制，他命令每隔6年所有的货币都要进行重新铸造，先前发行的一律废除。这个不寻常的政策真的被付诸实施，而且在忏悔者爱德华统治时期，货币的寿命减少到3年。这与将一种固定的货币类型以越来越差的质量连续三个世纪发行的欧洲大陆相比，是相当惊人的。事实证明，大量的铸币厂对于这些常常进行的货币的全部重铸具有无可估量的价值，也有证据表明皇室试图保证铸币厂方圆15里内没有人居住。这些重新铸币的行为说明皇室具有很大的权力，而这一点也由盎格鲁—萨克森便士只有表面价值而不是固有价值这个事实得到了印证。这些货币在每一次发行时重量和质量上都有巨大的差别，但它们的价值却保持不变，因为这个价值不是来自于货币的固有价值，而是由国王说了算。

在西欧的其他地区，德涅尔币的价值完全取决于它的银含量或假定的银含量。采用粗劣的封建货币的诺尔曼人全盘接受了盎格鲁—萨克森的货币体系。这种三年一变并以皇室信誉为基础的货币体系一直持续到亨利一世统治时期，尽管铸币厂的数目在减少。在斯蒂芬统治的政治混乱时期，在英国第一次出现了封建货币，皇室信誉随之瓦解。封建货币规模非常有限，惟一永久留存下来的是苏格兰人的国家货币。在斯蒂芬统治结束后，不可能再靠皇室的权威或信誉来维持货币的有效性了。亨利二世放弃了恢复货币每隔三年变化一次的规定，而是着手制定固定的、公开的、能持续很多年的货币体系。他注意到，如果货币要以货币的固有价值为基础的话，那它应该是好的、公开的和稳定的。广泛来说，硬币在1344~1351年的第一次改造之前，银便士的银含量一直保持不变，这个事实在很大程度上是中世纪英国货币享有很高声誉的原因。由于采用了以它的固有价值为基础的货币而引起的态度改变可以在英国国库的做法上得以体现，他们越来越少地接受numero货币。1便士之所以是1便士不再是因为国王作出这样的规定，而是因为它含有价值1便士的银。因此国库更常见的做法是通过称量接受货币或更偏爱白色的货币。

在奥特曼德国，并不存在法国那种明显的封建混乱。一些大的神职人员（例如科隆的大主教）以他们自己的名义发行货币，但大多数货币都是以帝王的名义或靠帝王的权威发行的。加洛林王朝的体系在帝国留存的时间要比在法国留存的时间长。货币在11世纪通过奥特曼帝国到达了东欧。例如，匈牙利在斯蒂芬一世（997~1038年）期间第一次铸造了德涅尔币。

在斯堪的纳维亚，直到10世纪才开始铸造货币。大量外国货币，特别是盎格鲁—萨克森货币，通过抢劫、海外贸易或以丹麦金[①]的形式在10世纪进入了斯堪的纳维亚。人们是从重量的角度来考虑这些铸造好的货币的。因此断裂的银块可以很好地与货币混合，而盎格鲁—萨克森的便士则与东中部的德拉姆币混合。在10世纪的后半期，铸成货币的银受到的重视远远大于未铸成货币的银。因此人们就仿照最现成的货币式样铸造，特别是英国阿瑟雷德二世的便士。模仿英国货币铸造的货币，或者带有英国国王的名字，或者是错字连篇、题字不连贯，急需创造一种本土的货币，尽管可以以其他国家的货币为基础。

路易七世通过发行巴黎德涅尔币做了第一次尝试，在法国创造一种非封建的货币，并开始以国王的名义行使对货币的权利。留存下来的新的德涅尔
【583】币的重量在0.85~1.28克之间。这次发行的国家货币，起初只在皇室领地有效，在接下来的二三十年里使一些封建铸币厂落入皇室控制并被迫关闭。腓力·奥古斯都在征服了安格旺的土地后，又大幅扩大了皇室钱币使用的范围，他接管了图尔的圣马丁修道院的铸币厂，并开始着手以他自己的名义铸造图尔德涅尔币。留存下来的腓力·奥古斯都的皇家德涅尔币重量在0.78~1.01克之间，远远小于巴黎德涅尔币的重量。腓力·奥古斯都最后禁止以他的名义发行地方货币，只允许巴黎德涅尔币和图尔德涅尔币在皇家领地使用。圣·路易坚持认为这些皇家货币应该在整个法国自由流通，同时大臣们发行的货币只在他们自己的封地流通。很多小诸侯国的货币已经被大幅度减少这个事实使统一货币这个任务变得更加简单。图尔德涅尔币开始在法国西部流通，而巴黎德涅尔币则开始在法国北部流通。

---

① 古时英格兰向丹麦进贡的贡金。——译者注

当卡佩王朝[①]努力在封建混乱中建立一种全国货币时，当英国货币在适度的重量和质量基础上被重建时，从萨林王朝结束到12、13世纪，随着皇室权威的衰落，帝国的货币逐渐瓦解并几乎完全落入诸侯国的手中。在这个混乱和崩溃时期，发行了两种不同类型的货币。帝国西部的封地（弗里西亚、莱茵兰、洛瑟林杰亚、巴伐利亚、弗朗科尼亚的部分地区和士瓦本）继续发行普通的德涅尔银币，而那些在东部的封地（沿着波罗的海）铸造了像纸一样薄的芬尼或通常被称为布莱克蒂斯（bracteates）的德涅尔币。这些货币是用非常薄的银块铸造的，设计是底下空而上边凸。它们要比普通的德涅尔币轻得多，而且固有价值也非常小。在波兰、西里西亚和波西米亚，12世纪的最后二十多年和13世纪初，布莱克蒂斯币的铸造代替了较重的德涅尔币的铸造。在贝拉四世（1235～1270年）统治下的匈牙利，薄币同样代替了较重的德涅尔币。在13世纪完全分裂的帝国里货币发行层出不穷，其中很多都是没有多大意义的，正如在后加洛林时期的法国出现的封建德涅尔币的铸造潮流。14世纪的货币统一终于结束了这场混乱，恢复了秩序，例如在莱茵兰地区或汉萨城市。在各式各样的德涅尔币中有很多仿照的 【584】
是英国便士，特别是13世纪一二十年代的威斯特伐利亚的和13世纪中叶莱茵兰地区的便士。前者模仿的是英国小而厚的便士，与约翰献给奥托四世的年金有关，而后者仿制的是英国大而薄的便士，与康沃尔的理查向帝王献的贡金有关。低地国家——从技术上说是在帝国范围之内的，但总是有很大程度的独立权——同样也是一派诸侯铸币的混乱状态，尽管有时佛兰德斯（只有部分土地是在帝国内）或布拉班特这样的公国占据了很多铸币厂。低地国家是一个尤其倾向于模仿外国货币或低地国家内其他公国货币的地区，正如在发行金币、银币时所能清楚地看到的，但在13世纪的最后几年和14世纪的前几年，它们流行模仿英国爱德华一世的纯银货币。

尽管在10、11世纪的法国或德国和12、13世纪的低地国家，在德涅尔币的发行上有如此大的不同，但我们一定不能认为通用的货币在整个欧洲的各个政治边疆是不同的。除了边疆这个概念是个历史错误以外，还必须强调的是，每个小诸侯国拥有不同的硬币并不意味着它们都使用不同的货币。只有英国成功地保证了当地货币只限于当地使用。从腓力·奥古斯都开始的法国国王也做过类似的努力，但未取得成功，而在其他地方连这样的努力都没有出现过。任何公国或城市的货币不仅包括当地的货币，还可能包括大量邻

---

① 卡佩王朝，987～1328年法国的王朝。——译者注

近地区和城市的德涅尔币，以及一些来自远方的货币。

从8世纪到13世纪，西欧的流通媒介不仅仅包括德涅尔银币，还有一些数量非常有限的拜占庭金币和伊斯兰金币也在流通。人们对这些货币所使用的时间进行了很多推测，但似乎（至少在意大利）拜占庭的金币普遍流通到拜占庭在锡拉丘兹的铸币厂停业——到878年——以及这以后的很长时间。然而，在阿尔卑斯山北部，情况有所不同，除了法国的最南部地区，拜占庭的金银币很少使用。文献资料使我们相信，尽管在法国或德国不使用的金币至少在10世纪广泛使用于英国，但也有理由假设它的用途比文件表面
【585】说明的用途更为有限。拜占庭金银币所代表的钱数似乎常常以德涅尔币支付，例如1178～1179年的英国财政部年度记录说明，20个拜占庭钱币可以用40先令，即480个银便士来支付。

第纳尔币的使用甚至比巴塞币更为少见。卡里法特一批数目有限的第纳尔币在8世纪进入了西欧；成为奥发的第纳尔币的前身。伊斯兰的金币直到10世纪后才开始再次流通，当穆斯林西班牙的第纳尔币和穆斯林西西里的塔里斯币进入了西班牙北部以及意大利的基督教邻居手中，其中11世纪巴塞罗那的第纳尔币、萨莱诺和阿默尔菲的塔里币（taris）以及12世纪卡斯蒂尔的阿方西尼币（alfonsini）是仿制它们而来的。

从8世纪最后几十年到11世纪末，用于意大利和英国的“曼根”一词引起了一些混乱。似乎它起先指的是拜占庭意大利的重量很轻的苏勒德斯币，从10世纪开始在基督教的西班牙指的是乌姆亚德和阿尔莫拉维德的第纳尔币。

格罗特币（The Groät）

只使用便士或德涅尔币有时很不方便。在布鲁塞尔发现的一个有着150 000枚便士的宝藏，其规模说明了在13世纪中叶支付大额款项的困难。那个世纪，价格的增长使得支付越来越大数量的硬币成为必然，普遍的贬值意味着德涅尔币不再是原来的尺寸、质量和重量了。例如加洛林时期的德涅尔币重1.4克，而12世纪后半期意大利最好的卢卡或比萨的德涅尔币只含有0.6克银。50年后银含量更是被削减到0.25克。

处于经济繁荣浪尖上并刚刚通过运送第四次东征的十字军而获得51 000马克银的威尼斯，在大约1202年第一个发行了大额货币并不足为奇。新的

硬币叫做格罗索（grosso）或玛特潘（matapan），是用比德涅尔币好得多的白银铸造的，纯度是 0.965，重 2.18 克。这种币上的题字是拜占庭的，图案有加冕的基督和来自当时的苏勒德斯币上的两个颠倒的头像。起初它值 24 个旧德涅尔币，这表明旧德涅尔币的价值变得非常之小，已经不能满足内部商业交易的需要，更不用说长途贸易的需要了。

紧随威尼斯其后的是维洛纳，早在 1203 年它也发行了较大额的格罗索银币。最初它至少是与先前存在的德涅尔币分不开的，并等于 12 个德涅尔币；换句话说，维洛纳的苏都币已经变成（至少暂时变成）一种真正的货币，而不是用来计数的方便手段。1237 年佛罗伦萨也发行了一种格罗索币，其价值同样与苏都币相同；13 世纪中叶，米兰也如法炮制。 【586】

在意大利南部，为阿普利尔公国服务的格罗索币也被称为杜卡币。杜卡一词蔓延到北部，而且威尼斯的玛特潘币也一度被称为杜卡币。在那不勒斯王国，接替霍恩斯陶芬王朝的金雀花王朝发行了一种格罗索币，也被称为吉格利托币或卡利诺币，这种币流通了相当长的时间。最早是由查理二世（1285～1309 年）发行的，并一直持续发行到 16 世纪初。金雀花王朝在普罗旺斯和匈牙利以及塞浦路斯国王也都铸造了类似的吉格利托币。

在意大利以外，大额银币的铸造直到 1266 年才开始，圣・路易发行了图格罗索币（gros tournois）。这是一种比威尼斯的玛特潘币大得多的硬币。它重 4.22 克，而威尼斯的硬币重 2.18 克，但是同维洛纳、佛罗伦萨和米兰的格罗索币一样，它被认为值 12 个旧德涅尔币。图格罗索币在短时间内是图尔苏币（sou tournois），但在 1290 年腓力四世结束了这种等值，减少了图尔德涅尔币的重量，并重新将图格罗索币的价值定为 $13\frac{1}{8}$个图尔德涅尔币。从那时起，格罗索币或它的后继者布莱币（blanc）继续在法国流通，尽管它同继续以德涅尔币、图币和巴黎币为基础的记账货币的关系处于极大的变化之中。

铸造大额银币的风气迅速从法国蔓延开来。阿拉贡的克罗特币（croat）和卡斯蒂尔的普拉币（maravedi de plata）是最早模仿法国格罗索币的首批货币之一。

低地国家的各个公国在进行革新方面也是毫不示弱。在 13 和 14 世纪早期，尼德兰的贸易和工业都处于扩展之中，大额银币是无价之宝。荷兰的弗伦斯五世（1266～1296 年）、布拉班特的约翰一世（1268～1294 年）、列日的沙伦休（1295～1301 年）及弗兰得斯的那慕尔约翰（1302～1303 年）都仿照法国图格罗索币铸造了格雷顿币（grooten）。

在14世纪初的帝国里，很多王侯和城镇仿照法国的图格罗索币铸造了格罗生币（groschen）。这些仿照者主要是在西欧，尤其是如科隆大主教那样的莱茵兰王侯，甚至两个帝王——巴伐利亚的路易和查理四世——也在他们之列。更为遥远的仿照者有波西米亚国王，他从1300年开始发行了布拉格格罗特币（Prague graot）。

【587】在匈牙利，铸造大额银币的灵感直接来自于意大利。查尔斯·罗伯特（1308～1342年），那普勒斯查理二世的孙子，废除了前半个世纪的莱克蒂斯币（bracteates），而引进了一种以那普勒斯杰格力币（gigliatos）为基础的格罗生币。

在法国，从14世纪中期开始较为粗劣的布莱币（blanc）代替了精美的格罗特币，同时在帝国精美的格罗生币也被粗糙的芬尼币、威特币或阿尔伯斯币所代替。在芬尼币最为著名的发行人中有选帝侯和其他莱茵兰诸侯，他们从1354年开始签订了一系列协议，建立了货币联盟，发行相同标准和图案的货币。这种芬尼币有时被称为雷达阿尔伯斯币（raderalbus），流通量非常大，主要是在帝国的西部。另一方面，在波西米亚，格罗特币一直维持到16世纪中期，尽管它的质量和重量都有所下降。这些格罗特币在整个帝国都有大范围的流通，特别是在东部地区，尽管有资料表明它在远至莱茵和荷兰这样的地方也有流通，在东方它在波兰被卡西米尔大帝所仿照。在波罗的海和德国北部，汉萨城市在一定程度上使用的是它们顾客的货币，尽管文德货币联盟也发行了大量的威特币，这个机构开始于1379年，类似于莱茵货币联盟，尽管是在联盟城市之间的联盟，而不是联盟诸侯之间的联盟。

在英国，爱德华一世试图模仿圣·路易，发行一种质量不够精美但重量增加的格罗特币。因为便士还没有像图尔德涅尔币那样贬值，因此新的格罗特币只值四个旧便士，而图格罗斯币则相当于12个旧的德涅尔币。他的努力没有成功，而直到1351年爱德华三世成功地再次引进了格罗特币后，英国才出现了一种永久的大额银币，这发生在威尼斯人开始使用大额银币的大约150年后，同时法国和帝国的货币也从精美的格罗斯币退化到了粗劣的布莱币和阿尔伯斯币。因为中世纪末期英国钱币没有发生重大变化，格罗特币便保持了4便士的价值，也没有形成像在威尼斯和佛兰德斯的以格罗特币为基础的二级记账货币体系。英国的格罗特币的价值在16世纪前一直保持不变，但它的重量开始减少，减少到大约先前的1/3。

中世纪晚期的特色之一是，新的精美的格罗斯币和格罗生币退化成为布
【588】莱币和阿尔伯斯币，而旧的德涅尔币常常成为银与铜锡等的合金币，银含量

非常之低。布拉班特 1468 ~ 1474 年间的米特币只含$\frac{1}{96}$的银。除了英国甚至半便士和 1/4 便士都是由足银铸成之外，其他城邦所有的零钱，像威尼斯的苏第尼币，也含有可怕的铜和锡。这种黑乎乎的钱币实际上是代用货币，因为成品的价格如此大地超过了原材料的价格，以至于货币的表面价值同铸造它们的金属的固有价值无关。因为与它的表面价格比起来，制造这样的货币过于昂贵，铸币厂老板反对铸造这样的合金币，因此它们的数量总是不足。对钱币匮乏无休止的抱怨几乎总是因为零钱的连年缺乏引起的。

银币系列再没有增加新的品种，直到 15 世纪的最后三十年，德国的格罗生盾币及后来的塔勒币、意大利的特斯通币使货币发生了革命性的变化。英国又有点落后，直到 1544 年才开始发行特斯通币（testoon）（尽管是在亨利七世时的限量发行），到 1551 年才发行皇冠币。

弗罗林币（The Florin）

在意大利南部和西班牙，把金子用作货币从未完全停止过，金币的铸造在整个中世纪早期持续存在，尽管有点时断时续。

拜占庭和贝内文顿的苏力第币和特里斯币在西西里和意大利南部一直铸造到 9 世纪的后半期。在穆斯林侵占时期，与非洲北部相似的塔里币或 1/4 第纳尔币也在西西里铸造。从 10 世纪中期到 12 世纪后期，萨莱诺也铸造塔里币，从 11 世纪中期到弗雷德大帝二世统治时期，阿默尔菲的铸币厂也铸造塔里币。因此在这个习惯使用金币的社会，弗雷德二世在 1231 年从默西拿和布林迪西的铸币厂发行了他著名的奥古斯都币。事实证明奥古斯都币是中世纪后期西欧金币的先驱，而不是原型。这种以古典模型为基础的极好的货币只被查理一世模仿。西欧的金币是从贸易城市的货币上汲取的灵感，而不是仿制这个前文艺复兴时期的王国的货币。

除了 9 世纪，金币的铸造在穆斯林西班牙一直被保持了下来。基督教西班牙在 11 世纪增加了从巴塞罗那来的曼克西币，12 和 13 世纪初又增加了来自卡斯蒂尔、里昂和葡萄牙的第纳尔币和双第纳尔币。【589】

金币的铸造不仅在伊斯兰的西班牙和基督教的西班牙、意大利南部和西西里继续进行，而且在非洲北部也依旧存在，因此地中海西部盆地周围很大程度上都是发行第纳尔币的国家。因此诸如热那亚或佛罗伦萨这些贸易大部分是在地中海西部进行的城市，很广泛地使用第纳尔币是很自然的。在12和13世纪，第纳尔币标准的降低对这些贸易城市尤其制造了难题，因为它很快变得不能用于商业用途。需要发行第纳尔币的替代品。由于华丽的奥古斯都币不实用，1252年热那亚着手发行格诺威金币，后来在同一年佛罗伦萨开始发行弗罗林币。这两种币的重量都在3.5克左右，大大超过了当时的第纳尔币的重量，而且这两种币都是由足金铸造的，而第纳尔币已经大大退化了。

格诺威币（genovino）和它的1/4即塔罗币（quartardlo），似乎被广泛用于地中海西部以及当时尚使用第纳尔币和塔里币的省的商业交易中，尽管它们也被用于黎凡特。另一方面，弗罗林币则沿着日益重要的贸易路线进入北欧和西欧，并成为后来大多数欧洲金币的原型。

同时在地中海的东部盆地，巴塞币（bezant）渐渐变得无法满足商业用途。在11世纪初之前，它的重量和质量都保持不变，但已经变得非常不稳定。君士坦丁堡的拉丁帝国没有铸造苏力第币，尽管被流放的拜占庭继续仿照尼西亚的式样铸造金币。在帕拉奥拉格复辟后，君士坦丁堡再次铸造了苏力第币，但是它们无法满足贸易的需求。1284年，威尼斯开始铸造一种替代币，即杜卡金币（与杜卡银币相对应）。它与格诺威币和弗罗林币的重量相同，也是用足金铸造的。

弗罗林币和杜卡金币在两个不同地区发挥它们的国际作用，一个是在西欧，另一个是在黎凡特。但是在阿拉贡、法国、低地国家、神圣罗马帝国和匈牙利发现了弗罗林币的仿制币，这标志着它在大范围内流通，而杜卡金币主要是在拉丁东方诸国被仿制。

紧跟国际金币之后出现的是国家金币，尽管费了一些周折。1257年亨利三世试图在英国发行一种金便士，但未成功，1266年圣·路易也试图发行一种埃索币，也没有结果。如果能将这些货币的发行与英国、法国同欧洲使用黄金的地区之间的关系联系起来的话会是一件很有意义的事。亨利三世
【590】的西西里远征和圣·路易的十字军东征能够提供这方面的例证。一般来说，北欧还没有条件使用金币，更不用说发行金币了。南欧和北欧在铸造金币上的时间差没有它们接受较大的银币时间差那样大。

直到1290年，法国的腓力四世才第一次成功地确定了国家金币。他变更货币的次数如此频繁，以至于很难第一眼看出什么是他的主要货币类型，似乎是曼斯币、西特币和阿格纳币。西特币（在尼德兰被称为克林科特币）是用足金铸造的，最初的重量和佛罗伦萨的两种弗罗林币或法国的皇家币相

同。其图案（加冕国王）在整个 14 世纪和 15 世纪都得到了相当广泛的使用。阿格纳币或莫顿币的名称也来源于它的图案——逾越节的羔羊，在 14 世纪和 15 世纪初也曾风行一时，作为既是皇家发行的、又特别被低地国家仿制的一种货币。另外一种广泛使用的货币是由法国国王从 1360 年开始铸造的骑手币或法郎。这起初是用于向英国约翰王支付赎金，重量是英国贵族币的一半。这种货币不仅在 14 世纪特别流行，在 15 世纪被勃艮第的腓力四世复兴后也风行一时。

法国最终在 1385 年发行了它的标准金币——埃索币，这种货币一直在修改和发行，直到路易十四统治时期。埃索币或皇冠币起初重 4. 079 克，而且是由足金铸成，价值相当于一个图尔里弗赫币。后来它的价值逐渐增加，而重量和质量却逐渐下降，因此当路易十一通过发行 0. 963 金含量、重 3. 496 克的太阳埃索币而做了小小的改动时，是对货币的一个改进。法国的莱斯特国王、亨利五世和六世 1421 ~ 1449 年发行了萨卢币（salut），是由足金制成，重量是英国贵族币的一半。它的发行量远远大于埃索币，在短时间内看上去似乎要取代埃索币的位置。由于战争和政治形势有利于埃索币，埃索币作为法国国币的优势再次被确定了下来。

在英国，国家金币的确定要稍晚一些。在错误地开始发行寿命短暂的弗罗林币和豹币后，爱德华三世从 1344 年开始铸造足金的贵族币。它的价值相当于 6 先令 8 便士英国货币（半马克和 1/3 镑），而且在 1344 ~ 1464 年间其质量和价值均保持不变，尽管重量在这段时间内减少了 1/5。其正面图案是国王站在一艘船上，一般被认为与英国在 1340 年的海战胜利有关。贵族币是中世纪最大的金币之一，在它存在的 125 年中，因质量优异而备受青 【591】睐。就像法国的西斯币、莫顿币和贵族币一样，它也被很多地方仿制，主要是低地国家，由勃艮第王朝佛兰德斯伯爵们进行的仿制。当这些佛兰芒贵族币在 14 世纪 90 年代在英国流通时，对英国的货币造成了一定的威胁，因为比起它们的英国原币来讲，它们更轻、含金量也较低。

1464 年，贵族币被“玫瑰—贵族币”所代替，这种货币在低地国家有时也被称为“太阳—贵族币”。它价值 10 先令斯特林币，重 7. 78 克，由贵族币变化而来。一种新的币种——天使币——也以 6 先令 8 便士的价值被引进。

在 15 世纪非常希望建立帝国的勃艮第王朝，为低地国家发行了一种国内货币。1433 年，善良的腓力创造了“腓力币”，在佛兰德斯、布拉班特、荷兰、埃诺和那慕尔同时发行，尽管在那慕尔的发行并未实现。这种货币同当时法国“萨卢币”的质量和重量都相当，但图案却截然不同，是对法郎的复兴，因此它也被称为贵族币或骑手币。1454 年，这种货币被“狮币”所代替，“狮币”是根据完全独立的标准所铸造的，后来又被圣安德鲁的弗罗林币所代替。弗罗林币的标准和式样是从选帝侯国的“莱茵盾”演变而来的，它是尼德兰从善良的腓力到英俊的腓力四届公爵任期内的主要货币。

在帝国内，莱茵兰选帝侯（科隆、美因兹和特里尔的大主教以及巴拉丁伯爵）是弗罗林币的最大发行人。选帝侯们以及其他莱茵兰王侯，常常召开一系列的货币会议，协商发行同样图案、重量和质量的弗罗林币，在第一次会议中，即 1354 年的货币会议上，他们商定发行含有 23 $\frac{1}{2}$克拉金的弗罗林币，一科隆马克黄金可以铸造 66 枚这样的金币。事实上，这同佛罗伦萨的弗罗林币的标准相同。这些莱茵弗罗林币的含金量很快下降，但是 1419 ~ 1490 年被固定为 19 克拉。当它的含金量在 15 世纪固定下来时，它的质量却又略微下降，当 1626 年停止发行这些盾币时，它们含有 18 $\frac{1}{2}$克拉的金，而 1 科隆马克黄金则可铸造 72 枚这种硬币。在 15 世纪，莱茵盾不仅被广泛用于莱茵河谷地区的商业，而且也被用于整个德国和低地国家，不仅圣安德鲁的勃艮第弗罗林币是仿照它铸造的，而且像法兰克福和诺林根这样的帝国自由城市，以西格门德和腓特烈三世的名义发行的弗罗林币也是它的仿制品。

【592】当德国西部满足于其含金量只有 19 克拉的货币时，中欧地区却保持着一种足金货币，匈牙利“杜卡币”、盾币或拉第达斯的弗罗林币，因为有特兰西瓦尼亚金矿的支持，从 14 世纪初到 16 世纪都保持着同威尼斯“杜卡币”相等的标准。

国家货币是否退化主要要看该国政治形势紧张与否，而运用于国际商业的大货币，如佛罗伦萨弗罗林币和威尼斯杜卡币则保持下来，并衍生出新的品种，而国家货币则出现较为频繁的更换。葡萄牙的克罗达币在 1457 年采取的标准就是弗罗林币的标准，因为它有新近获得的非洲黄金作后盾。

记账货币（Money of Account）

在中世纪末欧洲大部分地方，以及18世纪甚至19世纪的很多地方，货币具有两种功能。一方面，记账货币是价值尺度；而另一方面，真正的货币是交易的媒介和储存财富的工具。

记账货币的名称来自它的功能，作为一种价值尺度，它几乎只被用于记账目的，大多数资金交易都首先通过记账货币进行决定和表示，尽管付账是用现金来完成的。就记账货币而言，货币本身也有商品的价值，而且就像其他任何一种商品一样，其价值常常会发生变化；就记账货币而言，货币价值的变化是人们对记账货币的本质产生分歧的原因。这种分歧导致每位作者在写到中世纪货币时，对记账货币概念有各自不同的解释。

随着“德涅尔币”11和12世纪在不同的地方以不同的比率退化时，在各个地方流通的各种“德涅尔币”需要一种新的参考标准。像香巴尼这样的地方，因为拥有集市，更是迫切感受到这样的需要。随着优质格罗特银币和弗罗林金币在13世纪的铸造，再加上常常退化的德涅尔币，就需要有一种公正尺度来衡量金、银及合金之间多变的价值，就像衡量其他商品一样。记账货币同时满足了这两种需求。

尽管直到12世纪或13世纪才出现对记账货币的需要，但记账货币的形式却很早就已出现。早在8世纪（或可能在7世纪），人们就已经使用了英镑和先令体系，随着各地进行的改革，12个德涅尔币或便士值一个苏 【593】
币或先令的比价，以及20先令值一个里弗赫币或英镑的比价，逐渐在整个西欧建立了起来。正如我们已经看到的，这其实是一个记账货币体系，而不是货币体系。一先令意味着一打硬币，而一英镑即意味着几十个硬币。马克·布洛克认为，苏币和里弗赫币在13世纪前仅仅是计量单位。

在某些情况下，新的货币与大量旧的德涅尔币等同的过渡阶段促进了记账货币的发展。维洛纳、佛罗伦萨、米兰和蒙特彼埃的格罗西币和格罗特币最初是打算作为苏币，其银含量是它们各自的德涅尔币的12倍，但它们很快就停止发挥这个功能。同样，佛罗伦萨的弗罗林币原本也是打算用来代表佛罗伦萨里拉，但它的官方价值很快就被提高到29

个苏力第币。英国的贵族币起到了其他货币所没能起到的作用。它被设计为等同于英国斯特林镑的1/3，而且在一个多世纪以来一直发挥着这样的功能。

以“打”来计算硬币的习惯在中世纪根深蒂固，以至于当一种新货币同先前存在的大量货币不能完全吻合的话，一种新的英镑、先令和便士的体系就自动以新货币为基础建立起来。在威尼斯，在创造了玛特潘币后，使用的是两种并行的记账货币体系，一种是以旧的小德涅尔币为基础，另一种是以新的大德涅尔币为基础。这两个记账体系之间并没有固定的关系，因为随着小里拉货币体系的质量一再下降，最终在15世纪末成为完完全全的铜，而大里拉货币体系却在很大程度上保持了它的质量和重量。最初的24小里拉对1大里拉的关系维持了半个多世纪。在1265年，大里拉依旧仅等同于27个小里拉，但从那以后二者的差距迅速拉大。1269年大里拉等同于28个小里拉，到1282年则等同于32个小里拉。

然而在威尼斯却以不同的货币为基础存在两种不同的记账体系，尽管在其他地方新的格罗斯币已经完全替代了旧的德涅尔币，以至于以德涅尔币为基础的记账方式要么停止，要么以无效的德涅尔币和新兴的格罗斯币之间的理论关系为基础继续被使用。这种情形发生在14世纪初的佛兰德斯，当时新的格罗特币代替了佛兰芒德涅尔币和佛兰芒币。格罗特币被认为等同于3个旧的斯特林币和12个旧的德涅尔币，以格罗特币、斯特林币和德涅尔币
【594】为基础的记账体系在这个关系中逐渐消亡。因此事实上这三种货币的记账都与格罗特币有关。

当时不仅有利用较大的（像德涅尔币）银币建立起来的新的货币记账体系，而且还有利用像里弗赫币那样的金币建立起来的其他记账体系。佛罗伦萨的弗罗林币和莱茵兰盾都成为记账货币。不幸的是，弗罗林币和盾作为货币都逐渐远离了它们作为记账货币的功能。在佛罗伦萨，里拉费尔里尼（the lira a fiorini）意味着29个苏里第币，或348个德纳里币，代替了真正的弗罗林金币，这种金币的价值继续上涨，而佛罗伦萨德纳罗币的价值却进一步降低。在尼德兰地区，莱茵盾在15世纪40年代商业上非常通用，相当于40个佛兰芒格罗特币，这个比率在15世纪50年代得到官方承认，从此其价值等同于40个格罗特币。尽管到1467年莱茵盾的官方价已值42个佛兰芒格罗特币，到1488年则值90个佛兰芒格罗特币，但40格罗特的比率已经使用到16世纪。这是一种奇怪的陈腐体系，因为它的德涅尔币（denier）不存在，它的苏币（sou）在很长时间内是斯图弗币（stuiver）或帕塔

币（patard），它的里弗赫（livre）币在短时间内是莱茵盾，但它通过同佛兰芒格罗特币的固定关系在现实中发挥着货币的作用。同样陈腐的体系在其他地方也存在。在法国于1365年消失前，以巴黎德涅尔（denier parisis）币为基础的里弗赫币、苏币和巴黎德涅尔币体系，被继续使用了至少一个半世纪，通过与图尔德涅尔币在14世纪中期的5:4的比率发挥功效。在佛兰德斯，里弗赫币、苏币和巴黎德涅尔币体系与现实的联系，正如前面看到的，是通过佛兰芒苏币和佛兰芒格罗特币的永久等值关系实现的。1433年后没有了独立的布拉班孔货币，但布拉班孔的记账货币依旧被使用；它也是通过在1433年同佛兰芒记账货币的关系发挥实效，即3个布拉班孔里弗赫币等同于2个佛兰芒里弗赫币。因此布拉班孔的记账货币是以佛兰芒格罗特币为基础的。

中世纪末常用“虚钱”一词来称呼记账货币，大概是因为记账所依赖的真正货币初看并不总是很明显，正如前面举出的实例中所看到的。要解开中世纪最后250年记账货币的谜团不是这篇简短的概述所能做到的，但若仔细审读还是会从中发现对每一种记账货币存在的历史解释，而这样的历史解释则告诉我们，货币体系是依附在哪种真正的货币上发挥功效的。【595】

国际和国内货币

中世纪末期的欧洲所使用的货币种类繁多，但在这里可以做几点概括性说明。一般来说只有金币才能漂洋过海，而银币只在一位作家所谓“货币省”的地方内部流通。这些“货币省”通常是以经济和地理条件来划分的，在每个省内，由那个地区所有铸币厂、所有权威发行的各种银币，不加区分地混合使用。有关银币的这种情况是德涅尔币时期的残留物。

中世纪末较大的银币被用来支付工资（例如士兵的工资），支付租金和购买日常用品，而德涅尔币则沦落到零钱的级别，金币在很大程度上被用于国际贸易和政府花费。因此金币就可能流通到很远的地方，但这里必须对国内货币和国际货币作出区分。国内货币，例如英国贵族币或法国埃索币，只分别在英国和法国使用，而且除了在低地国家，很少在发行国家以外的地方找到。国际货币，例如弗罗林币和杜卡币，是用于长途贸易的，在佛罗伦萨和威尼斯内外都使用。

中世纪欧洲两个最为发达的商业和工业地区，意大利北部和低地国家，在金钱事宜上表现出完全相反的方式。一个是把它富有特色的金币向整个欧洲散发，而另一个是从整个欧洲吸收金币。直到勃艮第时期尼德兰地区统一，低地国家没有发行过富有它自己特色的金币。每一个独立的国王都发行他自己的金币，几乎总是模仿某些大量发行的外国金币的标准和类型，例如佛罗伦萨的弗罗林币、法国的希斯币和莫顿币以及英国的贵族币。如果在低地国家流通的金币种类比其他地方繁多的话，它的种类并不会像初看上去的那样复杂，因为被使用的很多金币，尽管发行者和类型不同，但重量和质量标准都相同。主要的标准是15世纪佛罗伦萨的弗罗林币，威尼斯的杜卡币、格诺威币、教庭的弗罗林币、匈牙利和波希米亚的杜卡币、葡萄牙的克罗达币、西班牙的埃斯伦币、法国的萨卢币、英国的半贵族币以及勃艮第的骑手（rider）币所常用的标准。所有这些金币都是0.989以上的足金，重量在3.5～3.63克之间。因此在所有的商业交易中，所有这些货币都可以自由
【596】兑换。

尽管在低地国家使用的货币范围比其他地方要大，但中世纪末期，欧洲除了英国以外的其他任何地方都有很多种金币在流通。外国货币进入英国受到了在坎特伯雷或伦敦的皇家交易所、设在加来的铸币厂以及像桑威奇那样的海港的地方权威机关警惕的阻挡。

下面这个表是中世纪最常用的货币的名单。该表为我们了解这些货币的发行国家、发行时期和仿制币提供了基本细节。它还说明了这些货币的质量、重量和价值，以及它们发行时的名称。

表5　中世纪钱币：中世纪最常用的硬币名单，以及发行国家、时期，质量、重量、价值以及它们流行的名称

帝国金币

苏勒德斯币 或奥苏勒德斯币 或纳奥苏勒德斯币	拜占庭帝国——君士坦丁一世开始。 主要是足金制成，起初至少是0.98的含金量。重24斯力克（4.48克）。

或诺米玛币 或海披伦币 或珀佩币 或拜桑币 或玛克斯币 或曼根币	它最初的质量和重量一直保持到11世纪，在接下来的3个世纪里开始衰落。主要铸币厂：君士坦丁堡。 半苏勒德斯=半西斯；1/3苏勒德斯=特里斯（1.49克）。 拜占庭在意大利南部的铸币厂以较轻的重量发行苏力第币和特里特币。

野蛮时期的金币

西哥特王朝

特里币	以安纳斯塔修斯、查士丁和查士丁尼皇帝的名义；由阿拉里克二世（484～507年）到里奥维格德（568～586年）时期发行。以从里奥维格德一世到阿奇拉二世（710～714年）时期国王的名义发行。其质量和重量接近拜占庭的特里币，直到7世纪最后25年。

墨洛温王朝

苏勒德斯币和特里斯币	以安纳斯塔修斯、查士丁和查士丁尼皇帝的名义发行；由克洛维（484～511年）发行，直到高卢北部奥斯特拉西亚的西奥德伯特一世（534～548年）时期和普罗万斯的赫拉克留斯（610～641年）时期。 以从西奥德伯特到达戈伯特二世（674～679年）时期国王的名义发行。在6世纪有两种质量标准：以24和21斯力克的苏勒德斯币（4.48和3.92克），以8和7斯力克的特里斯币（1.49和1.306克）。7世纪留存下来的特里特币大多都重1.15～1.3克。大多数苏力第来自普罗万斯。

伦巴底

特里斯币	从571年开始以皇帝的名义。 以从库宁伯特（680～700年）到查理大帝（直到约790年）时期的国王的名义发行。质量和重量起初接近于拜占庭的特里斯

【597】 币，但到查理大帝时含金量为0.39，重0.972克。

盎格鲁—萨克森

特里斯币或蒂姆萨币　主要在7世纪的最后25年里发行，在坎特伯雷和伦敦的铸币厂发行。残存样品重1.25～1.35克。价值相当于1先令。

伊斯兰时期

第纳尔币或萨拉森珀佩币　由乌姆亚德和阿伯西德·卡利发在大马士革铸币厂发行，足金，重4.25克。

仿制品　默西亚的奥发（774年以后）的第纳尔币重4.276克。

第纳尔币或马罗伯蒂币或曼卡币　由乌姆亚德在西班牙、阿伯拉曼三世及苏拉曼（928～1013年）发行。留存的第纳尔币的质量和重量有很大不同：含金量0.79～0.98，重3.43～4.71克。也由奥尔摩拉维兹（重3.88克）和奥尔摩赫兹（重2.32克）发行。

仿制品　贝伦加尔·雷蒙德一世和雷蒙德·贝伦加尔一世，巴塞罗纳伯爵（1018～1076年）发行。12世纪末～13世纪初卡斯蒂尔的第纳尔币最初由阿尔方索八世于1172年在托莱多发行。也被称为阿尔方索币或马罗伯蒂币。

塔里币　四分之一个第纳尔币，在西班牙、北非和穆斯林的西西里发行。

仿制品　萨勒诺的塔里斯（946～1194年）和阿默菲（1042～1220年）。

迪拉姆币　在整个卡里发发行。在8世纪初的西班牙，0.95～0.99的含银量，重2.81克。在10世纪末和11世纪初的西班牙，含银量0.73～0.78，重3.11～3.13克。在奥尔摩拉维兹，重2克，在奥尔摩赫兹，重1.5克。

便士币

便士 = 芬尼 = 德纳利斯币 = 德纳罗币 = 德涅尔币 = 第纳罗币 = 第赫罗币
半便士 = 奥波勒斯币 = 奥波尔币 = 梅德利尔币 = 梅尔币
四分之一便士 = 弗林币 = 博格萨币 = 博格兹币
12 便士 = 先令 = 西林币 = 斯吉林币 = 苏勒德斯币 = 苏币 = 苏都币 = 苏尔都币
240 便士 = 英镑 = 镑 = 里拉 = 里弗赫币

墨洛温时期

德涅尔币 或德纳利斯币	在 7 世纪及 8 世纪前叶以阿奎特恩的卡利伯特二世（629 ~ 631 年）及很多教职人员和世俗的封建领主名义发行。留存下来的样品大多重 1.2 ~ 1.3 克，可能是以 1.24 克为标准。

加洛林王朝时代

德涅尔币	从 755 年开始代替了墨洛温时期的德涅尔币。755 年重 1.24 克；756 ~ 790 年重 1.7 克。加洛林时代结束后，高卢地区继续发行，直到 11 世纪。 加洛林帝国崩溃后，封建德涅尔币继续在整个高卢地区发行。

法国

普罗万德涅尔币	以特鲁瓦伯爵和香巴尼伯爵的名义（10 世纪末 ~ 1265 年后）在普罗万铸造。是香巴尼、巴鲁瓦和洛林记账货币的基础。从 1210 年开始同图尔德涅尔币标准相同。
图尔德涅尔币	由图尔的圣马丁修道院从 10 世纪 ~ 1204 年发行。重量减少了 1.2 ~ 0.95 克。【598】

卡佩王朝时代

德涅尔币	当地式样，与其他封建德涅尔币相同。从休·卡佩到腓力·奥古斯都时期发行（987～1223 年）。留存下来的样品重 0.8～1.62克。
巴黎德涅尔币	路易七世到查理五世（1137～1380 年，最后一次发行是 1365 年）。
或佩里根币	路易七世发行：留存样品重 0.85～1.28 克。查理五世发行：含金量 0.159；重 1.275 克。
图尔德涅尔币	从腓力·奥古斯都开始发行（1204～1649 年）。
或托纳索币	腓力·奥古斯都：残存样品重 0.78～1.01 克。查理八世（1483 年发行）：含金量 0.079；重 1.019 克。

意大利

	加洛林标准的德纳里币，由加洛林帝王、意大利本土国王和德意志帝王奥托一世到亨利五世（962～1125 年）（或以他们的名义）发行。
罗马	以教皇和从利奥三世到查理大帝的帝王的名义共同发行德纳里币。
威尼斯共和国	从虔诚的路易开始发行德纳里币，从 9 世纪末开始不再属于皇室。
比萨	腓特列·巴巴罗萨给予该城铸币权。铸造意大利最好的德纳里币，但 12 世纪中叶以后重 0.6 克；到 13 世纪前叶重 0.25 克。

神圣罗马帝国

	帝国德涅尔币或芬尼理论上是按加洛林标准铸造的，即 240 个德涅尔币 = 1 磅，或从 12 世纪开始 160 个德涅尔币 = 1 科隆马克（即 1.46 克）。 事实上：特里尔芬尼在 1160 年重 0.97 克。 卢森堡芬尼在 13 世纪初重 0.73 克。 明登芬尼在 1265 年含金量为 0.8，重 0.67 克。

匈牙利

	从斯蒂芬一世（1008～1038 年）开始发行德涅尔币。贝拉四世（1235～1270 年）到奥托（1305～1307 年）发行布莱克蒂斯德涅尔币。

盎格鲁—萨克森和弗里斯安人

西特币或西塔币或便士	从 7 世纪末到 8 世纪中下叶发行。诺森布利亚国王伊德伯特（737～758 年）到奥斯伯特（849～867 年）时期，以及约克大主教伊恩伯德（796～807 年）到伍夫赫尔（854～900 年）时期也发行。

英国

便士或斯特林币	775/780～1156/1157 年发行。775～780 年是由肯特国王黑伯特和埃伯特发行的，784～785 年由梅西亚的国王奥发开始发行。其含金量和重量每次都有很大的差异。重量是 1.0～1.8 克。1156/1157～1279 年： "蒂比"货币（1156/1157～1180 年） 窄幅便士（1180～1247 年） 宽幅便士（1247～1278 年） （以上）含金量 0.925，重 1.46 克。 1279 年开始：含金量 0.925；重量下降：爱德华一世时 1.44 克；亨利七世时 0.78 克。
仿制品	斯堪的纳维亚，尤其是阿瑟雷德二世时大量仿制盎格鲁—萨克森的便士； 威斯特伐利亚仿制窄幅便士； 莱茵兰仿制宽幅便士； 低地国家仿制爱德华一世到爱德华三世的斯特林币。 【599】

零散金币

加洛林王朝时期	虔诚的路易——苏勒德斯币——亚琛（?）——816～818 年；重 4.4 克，如拜占庭苏勒德斯币稍重于阿波西德第纳尔币。
仿制品	在 9 世纪的弗里西亚由约克大主教威格蒙德（837～854 年）仿制，重 4.42 克。
盎格鲁—萨克森时期	默西亚的奥发——第纳尔币——774 年以后——重 4.276 克。长者爱德华——金便士——重 4.536 克。阿瑟雷德二世——金便士——1003～1009 年——重 3.336 克。 忏悔者爱德华——金便士——重 3.514 克。 亨利三世——金便士——1257 年——接近足金；重 2.915 克 = 两个银便士的重量；价值 20 斯特林。

较大银币

格罗萨斯德纳利斯币 = 大硬币 = 格罗索币 = 格罗斯币 = 格罗生币 = 格罗特币 = 格鲁特币

威尼斯

玛特潘币 或格罗索币	最早是由道格·恩里克·丹多罗发行，1202 年；重 2.18 克，含银量 0.965，最早价值 2 先令 9 便士。

维洛那

格罗索币	最早于 1203 年发行，最初以维洛那苏都币估价。

佛罗伦萨

格罗索币	最早于 1237 年发行，最初以佛罗伦萨苏都币估价。

米兰

格罗索币 或阿姆布罗西诺币	约在13世纪中期开始发行，最终以米兰苏都币估价。

那不勒斯

格罗索币 或吉格利托币 或卡利诺币	查理二世（1285～1309年）到法国的路易十二世（那不勒斯国王，1501～1504年）时期发行。重量相当稳定。残存样品的重量：查理二世时期，3.75～3.95克；路易十二时期，3.4～3.6克。
仿制品	在匈牙利从查理·罗伯特（1308～1342年）开始。普罗旺斯从罗伯特（1309～1343年）开始。 塞浦路斯从亨利二世（1288～1324年）开始。 曼特施酋长国和小亚细亚的爱丁也有。

法国

图尔格罗斯币 或图尔格罗萨斯币	圣·路易到查理六世，含金量0.958。 1266～1322年，重4.219克，1329～1364年重量降至2.549克，1266～1290年以图尔的苏币估价。
仿制品	几乎整个14世纪都有仿制。法国封建领主、低地国家的公侯及莱茵兰和神圣罗马帝国的帝王都进行了仿制。
布莱币（blanc）	从1364年开始发行，代替了格罗斯币。

波希米亚

布拉格格罗萨斯币 或布拉格格罗生币 或布拉格格罗特币	从1300年到16世纪中期。最初是以60∶1马克铸造的（即3.75克）。

英国

格罗特币 或斯托特币	爱德华一世于1279年独立发行；含金量0.925；重5.767克。 爱德华三世从1351年开始发行，含金量0.925；重量逐渐下

降：1351 年重 4.665 克；亨利七世时重 3.11 克。以 4 斯特林估价。

【600】 仿制品　　苏格兰从 1357 年开始仿制。

神圣罗马帝国

莱茵兰　　选帝侯和其他莱茵兰王侯根据 1354 年签订的一系列协议铸造威斯芬尼或奥巴币。

汉萨同盟　　6 个文德城镇——汉堡、吕贝克、吕纳堡、罗斯托克、施特拉尔松德和魏玛——根据 1379 年签订的一系列货币协议铸造威特币或奥巴币。

金币

意大利

奥古特塔币　　腓特烈二世——1231 年——墨西拿和布林迪西铸币厂。含金量 0.854；重 5.3 克。

格诺威币
或格罗诺币
或热那亚弗罗林　　热那亚，从 1252 年开始；近似足金；重 3.56 克；最初以 8 先令估价。也被称为塔罗币或四分之一弗罗林币，参看塔里币或四分之一第纳尔币。

弗罗林币
或菲奥里诺都罗币　　佛罗伦萨 1252～1533 年发行；近似足金；重 3.536 克。
1252～1422 年菲奥里诺·都罗·斯特拉托。
1422～1533 年菲奥里诺·都罗·拉古。

仿制品　　法国、低地国家、莱茵兰、奥地利、匈牙利。

杜卡托都罗币
或杜卡币
或泽西诺币
或西昆币　　威尼斯 1284～1840 年；近似足金（经检验含金量 0.997）；重 3.559 克。

仿制品　　罗马、东方拉丁地区、东方穆斯林地区、印度。
佩鲁贾（从 1259 年开始）、卢卡（到 1275 年）及米兰（13 世纪末以前）也发行弗罗林金币。

罗马教廷　　阿维格农从 1322 年开始发行弗罗林币，后来在罗马也发行。

匈牙利

圣拉蒂劳斯的弗罗林币或杜卡币	从查理·罗伯特（1308～1342 年）开始；近似足金；重 3.536 克。也有玛希亚斯·考维纳斯时期（1458～1490 年）的双杜卡币和三杜卡币（1453～1457 年）。

神圣罗马帝国

帝王	皇室盾或从巴伐利亚的路易（1314～1347 年）开始的弗罗林币。
波希米亚	弗罗林、杜卡或 1325 年开始的盾。
汉萨同盟	由货币会议控制发行盾，此货币会议同时控制威特币的发行。
莱茵兰	莱茵盾、莱茵弗罗林，选帝侯弗罗林或盾，由 1354～1626 年的货币会议控制发行。重量和含金量都有所下降： 1354 年：含金量 0.979；重 66∶1 科隆马克（即 3.536 克）。 1419 年：含金量 0.79；重 $66\frac{2}{3}$∶1 科隆马克（即 3.51 克）。 1626 年：含金量 0.77；重 72∶1 科隆马克（即 3.24 克）。

法国

埃索币	圣·路易，1266 年，近似足金；重 4.196 克；价值 10 个图尔苏币。
小皇室币或弗罗林	腓力四世从 1290 年开始发行；近似足金；重 3.547 克。
玛斯币	腓力四世从 1296 年开始发行；是皇室币或弗罗林币的两倍。
西斯币或克林科特币	腓力四世从 1303 年开始发行；是皇室币或弗罗林币的两倍。【601】
莫顿币或阿格纳币	腓力四世从 1311 年开始发行。

法郎 或保皇币	约翰二世从1360年开始发行；近似足金；重3.885克，即同英国的半贵族币相同；最初价值30图尔先令。
埃索币	查理六世到路易十四时期： 1385年：接近足金；重4.079克。 皇冠币1388～1475年；近似足金；1388年重3.99克。 索勒埃索币从1475年开始发行：含金量0.963；1475年重3.496克。
萨卢币	查理六世到亨利六世时期；近似足金。1421～1423年重3.885克，1423～1449年重3.495克。

英国

贵族币	爱德华三世到爱德华四世，价值6先令8便士斯特林。近似足金。 1344～1396年重8.972克，1346～1351年重8.331克。 1351～1412年重7.776克，1412～1464年重6.998克。
仿制品	英格兰、阿奎特恩、佛兰德斯都有。
玫瑰贵族币 或莱伊币	从1464年开始发行；价值10先令斯特林，接近足金，重7.776克。
天使币	从1464年开始发行；价值6先令8便士斯特林，近似足金，重5.184克。

勃艮第或勃艮第尼德兰

腓力币 或保皇币 或骑手币	善良的腓力，1433～1451年发行；1433年价值佛兰德斯的4先令格罗特币；含金量0.992；重3.63克。
狮币 或里奥币	善良的腓力，1454～1460年发行；1454年价值佛兰德斯5先令格罗特币；含金量0.958；重4.25克。
圣安德鲁的弗罗林币 或圣安德里盾	善良的腓力到英俊的腓力，1466～1496年发行；1466年价值佛兰德斯3先令5便士格罗特币；含金量0.792；重3.4克。

葡萄牙

克伦达币　　从1457年开始发行；含金量0.989；重3.78克。

西班牙

埃斯伦币　　从1479年开始发行；含金量0.989；重3.78克。 【602】

参考书目

编者注

根据剑桥经济史系列的既定做法，下面列出的书目是有选择的，并不完全。其目的并不是列出与此题目有直接或间接关系的所有出版物，而是让读者能够就某些题目做详细研究。作为惯例，后来出版的书籍和文章并没有列入，而且同单个篇章的主题仅有间接关系的参考文章也被减少到最少程度。因为大多数篇章都不是最新的研究成果，而是对先前知识的概述和解释，所以所参考的原始文献或者省略，或者仅限于最重要、最基本的文献类型。

在这些基本原则的限定下，每个撰稿人都有自由以他认为最好的方式编写和安排书目，因此书目表的格式篇篇都不相同。编辑甚至都未坚持用同一种方式缩略所参考的著名期刊，尽管同一种期刊可能在很多人的参考书目中出现。撰稿人自行决定缩略方式，并且（如果有必要的话）在参考书目的
【603】序言中解释这样做的原因。在序言中还应解释单独书目的其他特点。

第一章　城镇的兴起

Abbreviations

AHES. *Annales d' histoire économique et sociale*
VSWG. *Vierteljahrschrift für Sozial-und Wirtschaftsgeschichte*
ZRG. Germ. *Zeitschrift der Savigny-Stiftung für Rechtsgeschichte: Germanistische Abteitung*

Ammann, H. 'Die schweizerische Kleinstadt in der mittelalterlichen Wirtschaft.' *Festschrift für W. Merz.* Aarau, 1928.

——'Huy an der Maas in der mittelalterlichen Wirtschaft.' *Städtewesen und Bürgertum.* Lübeck, 1953.

——'Vom Städtewesen Spaniens und Westfrankreichs im Mittelalter.' *Studien zu den Anfängen des europäischen Städtewesens.* Lindau-Constance, 1958.

Arnold, W. *Zur Geschichte des Eigenthums in den deutschen Städten.* Basle, 1861.

Arnould, M. A. *Les dénombrements de foyers dans le comté de Hainaut(XIVe–XVIe siècle).* Brussels, 1956.

Aubin, H. *Vom Altertum zum Mittelalter.* Munich, 1949.

Beloch, J. *Bevölkerungsgeschichte Italiens.* 2 vols. Berlin, 1937–9.

Blockmans, F. *Het Gentsche stadspatriciaat tot omstreeks 1302*. Antwerp-The Hague, 1938.

Bonenfant, P. ' L' origine des villes brabançonnes et la《route》de Bruges à Cologne. ' *Revue belge de philologie et d' histoire*, XXXI (1953).

Bücher, K. *Die Bevölkerung von Frankfurt am Main im 14. und 15. Jahrhundert*. Tübingen, 1886.

Büttner, H. ' Studien zum frühmittelalterlichen Städtewesen in Frankreich, vornehmlich im Loire-und Rhonegebiet. ' *Studien zu den Anfängen des europäischen Städtewesens*. Lindau-Constance, 1958.

Caro, G. ' Die wirtschaftliche Tätigkeit der Juden im frühen Mittelalter. ' *VSWG*. X(1912).

Cipolla, C., Dhondt, J., Postan, M. M. and WOLFF, PH. ' Moyen âge. Rapport collectif. ' *Comité international des sciences historiques. International Committee of Historical Sciences. IXe Congrès International des Sciences Historiques. I. Rapports*. Paris, 1950.

Coville, A. *Recherches sur l' histoire de Lyon du Ve siècle au IXe siècle (450-800)*. Paris, 1928.

Cuvelier, J. *Les dénombrements de foyers en Brabant (XIVe-XVIe siècle)*. 2 vols. Brussels, 1912-13.

Des MAREZ, G. *Étude sur la propriété foncière dans les villes du moyen-âge et spécialement en Flandre*. Ghent-Paris, 1898.

Dhondt, J. ' Développement urbain et initiative comtale en Flandre au XIe siècle. ' *Revue du Nord*, XXX(1948).

——' L' essorurbain entre Meuse et Mer du Nord à l' époque mérovingienne. ' *Studi in onore di Armando Sapori*, I. Milan, 1957.

Dollinger, PH. ' Le chiffre de la population de Paris au XIVe siècle. 210.000 ou 80.000 habitants? ' *Revue Historique*, CCXVI (1956).

——' Patriciat noble et paticiat bourgeois à Strasbourg au XIVe siècle. ' *Revue d' Alsace*, XC (1950-1).

——' Le patriciat des villes du Rhin supérieur et ses dissensions internes dans la première moitiè du XIVe siècle '. *Schweizerische, Zeitschrift für Geschichte*, III(1953).

Dollinger-Léonard, YVETTB. ' De la cité romaine à la ville médiévale dans la région de la Moselle et de la Haute-Meuse. ' *Studien zu den Anfängen des europäischen Städtewesens*. Lindau-Constance, 1958.

Dopsch, A. *Wirtschaftliche und soziale Grundlagen der europäischen Kulturentwicklung von Cäsar bis auf Karl den Grossen*. 2 vols. Vienna, 1923-4.

Doren, A. *Italienische Wirtschaftsgeschichte*, I. Jena, 1934. [605]

Dupont, A. *Les cités de la Narbonnaise Première depuis les invasions germaniques jusqu' à l' apparition du consulat*. Nîmes, 1942.

Ennen, Edith. *Frühgeschichte der europäischen Stadt*. Bonn, 1953.

Espinas, G. *Les origines du capitalisme, I. Sire Jehan Boinebroke, patricien et drapier douaisien (? -1286 environ)*. Lille, 1933.

——*Les origines du capitalisme. 2. Sire Jean de France, patricien et rentier douaisien. Sire Jacques le Blond, patricien et drapier douaisien (seconde moitié du XIIIe siècle)*. Lille, 1936.

Fengler, O. ' Quentowic, seine maritime Bedeutung unter Merowinger und Karolinger. ' *Hansische Geschichtsblätter*, XXXIV (1907).

Elach, J. *Les origines de l' ancienne France, Xe et XIe siècles*, II. Paris, 1893.

Ganshof, F. L. *Étude sur le développement des villes entre Loire et Rhin au moyen âge*. ParisBrussels, 1944.

——' Note sur les ports de Provence du VIIIe au Xe siècle. ' *Revue Historique*, CLXXXIII (1938).

Génestal, R. *La tenure en bourgage, Étude sur la propriété foncière dans les villes normandes*. Paris, 1900.

Hahn, B. *Die wirtschaftliche Tätigkeit der Juden im fränkischen und deutschen Reich bis zum 2. Kreuzzug*. Diss. Freiburg, 1911.

Hamm, E. *Die Städtegründungen der Herzöge von Zähringen in Südwestdeutschland*. Freiburg i. Br., 1932.

Hartmann, L. M. 'Die wirtschaftlichen Anfänge Venedigs.' *VSWG*. II (1904).

Hemmeon, M. D. *Burgage tenure in medieval England*. Cambridge(Mass.)-London, 1914.

Heynen, R. *Zur Entstehung des Kapitalismus in Venedig*. Stuttgart, 1905.

Holwerda, I. H. *Dorestad en onze vroegste middeleeuwen*. Leyden, 1929.

Huizinga, J. 'Burg en kerspel in Walcheren.' *Mededeelingen der Koninklijke Akademie*, LXXX, ser. B; nr 2. Amsterdam, 1935.

Jankuhn, H. *Haithabu. Eine germanische Stadt der Frühzeit*. 3rd ed. Neumünster, 1956.

——'Die frühmittelalterlichen Seehandelsplätze im Nord-und Ostseeraum.' *Studien zu den Anfängen des europäischen Städtewesens*. Lindau-Constance, 1958.

Jastrow, J. *Die Volkszahl deutscher Städte zu Ende des Mittelalters und zu Beginn der Neuzeit*. Berlin, 1886.

Johansen, P. 'Die Kaufmannskirche im Ostseegebiet.' *Studien zu den Anfängen des europäischen Städtewesens*. Lindau-Constance, 1958.

Joris, A. 'Les origines commerciales du patriciat hutois et la charte de 1066.' *La Nouvelle Clio*, III(1951).

Jürgens, O. *Spanische Städte. Ihre bauliche Entwicklung und Ausgestaltung*. Hamburg, 1926.

Keyser, E. *Deutsches Städtebuch*. 3 vols. Stuttgart-Berlin, 1939, 1941, 1952.

Lavedan, P. *Histoire de l'urbanisme. I: Antiquité. Moyen âge*. Paris, 1926.

Lestocquoy, J. *Patriciens du moyen-âge. Les dynasties bourgeoises d'Arras du XIe au XVe siècle*. Arras, 1945.

——*Les villes de Flandre et d'Italie sous le gouvernement des patriciens (XIe–XVe siècles)*. Paris, 1952.

Lopez, R. 'Aux origines du capitalisme génois.' *AHES*. IX (1937).

Lot, F. *Recherches sur la population et la superficie des cités remontant à l'époque*. gallo-romaine. 2 vols. Paris, 1945–6, 1950.

Luchaire, A. Les *communes françaises à l'époque des Capétiens*. 2nd ed. Paris, 1911.

Luzzatto, G. 'Les activités économiques du patriciat vénitien (Xe–XIVe siècles).' *AHES*. IX (1937).

Maissiet du Biest, J. 'Le chef-cens et la demi-liberté dans les villes du nord avant le développement des institutions urbaines (Xe–XIIe sièties).' *Revue d'histoire du droit français et étranger*, 4e série, VI (1927).

Maitland, F. W. *Township and Borough*. Cambridge, 1898.

Mengozzi, G. *La città italiana nell'alto medio evo*. 2nd ed. Florence, 1931.

Mols, R. *Introduction à la démographie historique des villes d'Europe du XIVe au XVIIIe siècle*. 3 vols. Louvain, 1954–6.

Pettt-dutaillis, CH. *Les communes, caractères et évolution, des origines au XVIIIe siècle*. Paris,
【606】 1947.

Pbtri, F, 'Die Anfänge des mittelalterlichen Städtewesens in den Niederlanden und dem angrenzenden Frankreich.' *Studien zu den Anfängen des europäischen Städtewesens*. Lindau-Constance, 1958.

Pfeiffer, G. *Das Breslauer Patriziat im Mittelalter*. Breslau, 1929.

Pirenne, H. *Les anciennes démocraties* des Pays-Bas. Paris, 1910. Reprinted in: *Les villes et les institutions urbaines*, I. Paris-Brussels, 1939. English translation: *Belgian Democracy. Its early History*. Manchester, 1915.

——'Les dénombrements de la population d'Ypres au XVe siècle (1412–1506).' *VSWG*. I (1903). Reprinted in: PIRENNE, H. *Histoire économique de l'Occident médiéval*, 1951.

——'Le mouvement économique et social au moyen âge, du XIe au milieu du XVe siècle.' *Histoire générale*, publiée sous la direction de G. Glotz, 2e section, VIII (1933).
Reprinted in: PIRENNE, H. *Histoire économique de l'Occident médiéval*. Bruges, 1951.
English translation: *Economic and Social History of Medieval Europe*. London, 1936.

——'L'origine des constitutions urbaines.' *Revue Historique*, 1893–5. Reprinted in: *Les villes et les institutions urbaines*, I. Paris-Brussels, 1939.

——'Les périodes de l'histoire sociale du capitalisme.' *Bulletin de l'Académie Royale Belgique, Classe des Lettres (1914). Reprinted in: PIRENNE, H. Histoire économique de l'Occident médiéval.* 1951. English translation: 'The stages in the social history of capitalism.' *American Historical Review*, XIX (1914).

——'Les villes flamandes avant le XIIe siècle.' *Annales de l'Est et du Nord*, I (1905). Reprinted in: *Les villes et les institutions urbaines*, I. Paris-Brussels, 1939.

——*Les villes et les institutions urbaines.* 2 vols. Paris-Brussels, 1939. (Reprint of all Pirenne's studies about the history of towns.)

——*Les villes du moyen âge. Essai d'histoire économique et sociale.* Brussels, 1927. Reprinted in: *Les villes et les institutions urbaines*, I. Paris-Brussels, 1939. First published in English: *Medieval Cities. Their Origins and the Revival of Trade.* Princeton University Press, 1925.

——'Villes, marchés et marchands au moyen âge.' *Revue Historique*, LXVII (1898). Reprinted in: *Les villes et les institutions urbaines*, I. Paris-Brussels, 1939.

——'Les villes du nord et leur commerce.' *Les villes et les institutions urbaines*, I. Paris-Brussels, 1939. First published in English: 'Northern Towns and their Commerce.' *Cambridge Medieval History*, VI(1929).

PLANTTZ, H. 'Frühgeschichte der deutschen Stadt.' *ZRG. Germ.* LXIII(1943).

——*Die deutsche Stadt im Mittelalter.* Graz-Cologne, 1954.

PÜSCHL, A. *Das Anwachsen der deutschen Städte in der Zeit der deutschen Kolonialbewegung.* Berlin, 1910.

RIETSCHEL, S. *Die Civitas auf deutschen Boden bis zum Ausgang der Karolingerzeit.* Leipzig, 1894.

——'Die Entstehung der freien Erbleihe.' *ZRG. Germ.* XXII(1901).

——*Markt und Stadt in ihrem rechtlidten Verhältnis.* Leipzig, 1897.

ROLLAND, P. 'De l'économie antique au grand commerce médiéval. Le problème de la continuité à Tournai et dans la Gaule du Nord.' *AHES.* VII(1935).

RÖRIG, F. *Hansische Beiträge zur deutschen Wirtschaftsgeschichte.* Breslau, 1928.

——*Die europäische Stadt und die Kultur des Bürgertums im Mittelalter.* Göttingen, 1955. First, but incompletely, published in: *Propyläen-Weltgeschichte*, IV. Berlin, 1932.

——'Unternehmerkräifte im flandrisch-hansischen Raum.' *Historische Zeitschrift*, CLLX (1939).

ROHWER, B. *Der friesische Handel im frühen Mittelalter.* Kiel, 1937.

ROUSSEAU, F. 'La Meuse et le pays mosan en Belgique.' *Annales de la société archéologique de Namur*, XXXLX(1930). Also separately: Namur, 1930.

SABBE, E. 'Quelques types de marchands du LXe et Xe siècles.' *Revue beige de philologie et d'histoire*, XIII(1934).

SANCHEZ-ALBORNOZ, CL. *Estampas de la vida de León durante el siglo X.* 3rd ed. Madrid, 1934.

SAYOUS, A. E. 'Aristocratie et noblesse à Gênes.' *AHES.* IX(1937).

SCHIPPER, I. 'Anfänge des Kapitalismus bei den abendländlichen Juden im früherem Mittelalter bis zum Ausgang des 12. Jahrhunderts.' *Zeitschrift für Volkswirtschaft, Sozialpolitik und Verwaltung*, XV(1906). 【607】

SCHLESINGER, W. 'Städtische Frühformen zwischen Rhein und Elbe.' *Studien zu den Anfängen des europäischen Städtewesens.* Lindau-Constance, 1958.

SCHMOLLER, G. 'Die Bevölkerungsbewegung der deutschen Stäidte von ihrem Ursprung bis im 19. Jahrhundert.' *Festschrift O. Gierke.* Weimar, 1911. Reprinted in SCHMOLLER, G. *Deutsches Städtewesen in älterer Zeit.* Bonn, 1922.

STEPHENSON, C. *Borough and Town. A Study of Urban Origins in England.* Cambridge (Mass.), 1933.

Studien zu den Anfängen des europäischen Städtewesens. Vorträge und Forschungen, IV. Herausgegeben vom Institut für geschichtliche Landesforschung des Bodenseegebietes in Konstanz, geleitet von Theodor Mayer. Lindau-Constance, 1958.

TAIT, J. *The Medieval English Borough. Studies in constitutional History.* Manchester, 1936.

TORRES BALBAS, L., CERVERA, L., CHUECA, F. and BIDAGOR, P. *Resumen histórico del urbanismo en*

España. Madrid,1954.

Unger,W. S. ‘De oudste Nederlandsche bevolkingsstatistiek. ’*De Economist*(1913).

Van de Weerd,H. ‘Les fouilles de Tongres de 1934 et 1935. ’*L' Antiquité Classique*,IV(1936).

Van Werveke,H. *Gand. Esquisse d' histoire sociale*. Brussels,1946.

——‘De opbloei van handel en nijverheid. ’*Algemene Geschiedenis der Nederlanden*,II(1950).

——‘De steden. Ontstaan en eerste groei. ’*Algemene Geschiedenis der Nederlanden*,II (1950).

——‘De steden. Rechten, instellingen en maatschappelijke toestanden. ’*Algemene Geschiedenis der Nederlanden*,II(1950).

Vercauteren,F. *Étude sur les civitates de la Belgique Seconde*. Brussels,1934.

——‘Marchands et bourgeois dans le pays mosan aux XIe et XIIe siècles. ’*Mélanges Rousseau* (1958).

——‘De wordingsgeschiedenis der Maassteden in de hoge middeleeuwen. ’*Verslag van de algemene vergadering van het Historisch Genootschap verenigd met Bijdragen en Mededelingen*, lxxi(1957).

La Ville. Première partie: Institutions administratives et judiciaires. Deuxième partie: Institutions économiques et sociales. Recueils de la Société Jean Bodin,VI,VII(1954–5).

Vogel,W. ‘Ein see fahrender Kaufmann um 1100. ’*Hansische Geschichtsblätter*,XVIII(1912).

——‘Wik-Orte und Wikinger. Eine Studie zu den Anfängen des germanischen Städtewesens. ’*Hansische Geschichtsblätter*,IX(1935).

Vollmer,G. *Die Stadtentstehung am unteren Niederrhein*. Bonn,1952.

Von Below,G. *Deutsche Städtegründung im Mittelalter, mit besonderer Hinsicht auf Freiburg i. Breisgau*. Freiburg i. B. ,1920.

——*Probleme der Wirtschaftsgeschichte*. Tübingen,1926.

Von Klocke,F. *Patriziat und Stadtadel im alten Soest*. Lübeck,1927.

Von Petaikovtts,H. ‘Das Fortleben römischer Städte an Rhein und Donau. ’*Studien zu den Anfängen des europäischen Städtewesens*. Lindau-Constance,1958.

Von Winterfeld,LUISE. ‘Gründung, Markt-und Ratsbildung deutscher Fernhandelsstädte, Westfalen, Hanse, Ostseeraum. ’*Veröffentlichungen des Provinzialinstituts für Westfalische Landes- und Volkskunde*,I(7). Münster,1955.

——*Handel,Kapital und Patriziat in Köln bis 1400*. Lübeck,1925.

Wolff,PH. *Les《estimes》toulousaines des XIVe et XVe siècles*. Toulouse,1956.

第二章 贸易组织

There is no point in giving a list of titles which would largely duplicate the bibliographies for chapters IV and v in volume II of *The Cambridge Economic History of Europe*. It seems preferable to provide the reader with a bibliographical guide which will include works that have appeared too recently to be mentioned in the above lists.

The best general treatise on business organization remains the work of Professor N. S. B.
【608】 Gras, *Business and Capitalism*, New York, 1939. It is now supplemented with regard to the Italian merchants in the Middle Ages by two books: Yves Renouard, *Les hommes d' affaires italiens au moyen âge*, Paris, 1949; Armando Sapori, *Le marchand, italien au moyen âge* (École pratique des Hautes Études: VIe Section, Affaires et Gens d' Affaires, I), Paris, 1952. The latter volume has an extensive bibliography. Most recent of all is an invaluable selection of documents translated into English and edited by Robert S. Lopez and Irving W. Raymond, *Medieval Trade in the Mediterranean World*, New York, 1955. Its bibliography complements that of Sapori. Attention should also be called to a collection of essays containing, a translation of Sapori' s article on the culture of the medieval merchant and Luzzatto' s study on the coexistence in the Middle Ages of large mercantile companies and small merchants: Frederic C. Lane and Jelle C. Riemersma (eds), *Enterprise and Secular Change*, London, 1953. A very useful report discussing the *status quaestionis* of many problems connected with medieval trade is that written for the international congress held in Rome (1955): Michel Mollat, Paul Johansen, Michael M. Postan, Armando Sapori, Charles Verlinden,

'L'économie europèenne aux deux derniers siècles du moyen: âge', *Relazioni del X Congresso internazionale di Scienze storiche*, VI (Florence, 1955), 803-957. The discussion of the report will be found in *Atti* (Rome, 1957), 369-414.

Professor Sapori's essays on medieval trade are now available in a new and enlarged edition: *Studi di storia economica* (*Secoli XIII-XIV-XV*), 3rd enlarged ed. Florence: Sansoni, 1955. Those of Professor Gino Luzzatto have also been published in a volume of collected essays: *Studi di storia economica veneziana.* Padua, 1954. The same is true of the studies of Miss Eleanora Cams-Wilson, *Medieval Merchant Venturers, Collected Essays.* London: Methuen & Co. 1954.

The following anniversary and memorial volumes contain articles of interest on the organization of medieval trade:

Studi in onore di Armando Sapori. Milan, 1957. Of special interest are the studies of M. M. Postan on 'Partnerships in English medieval commerce', and Frederic C. Lane on 'Fleets and Fairs: the Functions of the Venetian Muda'.

Studi in onore di Gino Luzzatto. 4 vols. Milan, 1950.

Städtewesen und Bürgertum als geschichtliche Kräfte. Gedächtnisschrift für Fritz Rörig. Lübeck, 1953.

A recent biography of a medieval merchant is that of Iris Origo, *The Merchant of Prato, Francesco di Marco Datini, 1335-1410.* New York and London, 1957. A monograph on an important business firm is that of Raymond de Roover, *The Medici Bank, Its Organization, Management, Operations, and Decline.* New York, 1948. An enlarged Italian edition, to be published under the title of *Il Banco dei Medici, 1397-1494*, is in preparation.

On the organization of the Italian companies, the latest study is that of Raymond de Roover, 'The Story of the Alberti Company, 1302-1348, as revealed in its Account Books.' *The Business History Review*, XXXII (1958), 14-59. A book on Pisan trade, industry and urban development has just appeared: David Herlihy, *Pisa in the Early Renaissance, a Study of Urban Growth.* New Haven: Yale University Press, 1958.

On the organization of trade in Genoa there is the important series of the *Documenti e studi per la Storia del Commercio e del Diritto Commerciale Italiano*, first published under the editorship of Federico Patetta and Marlo Chiaudano and continued under the joint editorship of Italian and American scholars. The cartularies of all the Genoese notaries of the twelfth century have been published in their entirety and several of those of the thirteenth century have already appeared.

Chlaudano, Mario (ed.). *Cartolare di Giovanni Scrlba, 1154 1164* (Documenti e Studi, I-II). Turin, 1935.

Chiaudano, M. and Morozzo della Rocca, R. (eds). *Oberto Scriba de Mercato, 1186-1190* (Documenti, XI and XVI). Turin, 1938-40.

Eiermann, J. E., Krueger, H. G. and Reynolds, R. L. (eds). *Bonvillano, 1198* (Documenti, XV). Turin, 1939.

Hall-cole, M. W., Krueger, H. G. and Reynolds, R. L. (eds). *Guglielmo Cassinese, 1190-1192* (Documenti, XXI-XIII). Turin, 1938. 【609】

IIall-cole, M. W., Krueger, H. G., Reinert, R. G. and Reynolds, R. L. (eds). *Giovanni di Guiberto, 1200-1211* (Documenti, XVII-XVIII). Turin, 1939-40.

Krueger, H. G. and Reynolds, R. L. (eds). *Lanfranco, 1202-1226* (Notari Liguri del secolo XII e del XIII, I-III). Genoa, 1952-4.

The series also includes a collection of Venetian and Sicilian notarial contracts, most of them prior to 1200:

Lombardo, A. and Morozzo della Rocca, R. (eds). *I documenti del commercio veneziano nei secoli XI-XIII* (Documenti e Studi, XIX-XX). Turin, 1940.

——(eds). *Nuovi documenti del commercio veneto del secolo XI-XIII* (Deputazione di storia patria per le Venezie). Venice, 1953.

Zeno, R. (ed.). *Documenti per la storia del diritto marittimo nei secoli XIII e XIV* (Documenti e

Studi, VI). Turin, 1936.

One should also consult the notarial acts of Venetian notaries in Crete:

Lombardo, A. (ed.). *Documenti della colonia veneziana di Creta*, I: *Imlbreviature di Pietro Scardon, 1271* (Documenti, XXI). Turin, 1942.

Morozzo Della rocca, R. (ed.). *Bcnvenuto di Brixano, notaio in Candia, 1301–1302* (Fonti per la storia di Venezia, Sez. III: Archivi notarili). Venice, 1950.

On Italian account books, the best bibliographical list is that of Professor Sapori in his introductions to the account books of the Peruzzi and of the Alberti which he edited:

I libri di commercio dei Peruzzi. Milan, 1934.

I libri degli Alberti del Giudice. Milan, 1952.

Since the publication of the last list, Umberto Dorini and Tommaso Bertelè (eds) have published the full text of the account book of a Venetian merchant in Constantinople, a few years before the capture of the city by the Turks (1436–9): *Il libro del conti di Giacomo Badoer* (Il Nuovo Ramusio, III). Rome: Libreria dello Stato, 1956. This volume will be followed by another containing essays by various specialists.

The field of medieval Italian accounting in general has been the subject of very important publications and new discoveries:

Castellani, Arrigo (ed.). *Nuovi testi fiorentini del Dugento* (Autori classici e documenti di lingua pubblicati dell' Accademia della Crusca). Florence, 1952.

De Roover, Raymond. 'The Development of Accounting prior to Luca Pacioli according to the Account Books of Medieval Merchants.' *Studies in the History of Accounting*, ed. A. C. Littleton and B. S. Yamey. London: Sweet & Maxwell, 1956.

Melis, Federigo. *Storia della Ragioneria.* Bologna, 1950.

Zerbi, Tommaso. *Le origini della partita doppia: Gestioni aziendali e situazioni di mercatò nei secoli XIV e XV.* Milan, 1952.

On French account books, a useful bibliography is appended to Jean Schneider, *Le livre de comptes des merciers messins Jean Le Clerc et Jacquemin de Moyeuvre, 1460–1461.* Metz, 1951. The only book dealing with business organization and accounting in Holland is that of N. W. Posthumus, *De Oosterse handel te Amsterdam: Het oudste bewaarde koopmansboek van een Amsterdamse vennootschap betreffende de handel op de Oostzee, 1485–1490.* Leyden, 1953. It is partly based on the accounts of an Amsterdam partnership toward the end of the fifteenth century.

For other countries, a useful guide is still:

de Roover, Raymond. 'Aux origines d' une technique intellectuelle: la formation et l' expansion de la comptabilité à partie double.' *Annales d' histoire économique et sociale*, IX (1937), 171–93, 270–98. This article is not entirely superseded by the one cited above.

On medieval barking, recent important publications are:

de Roover, Raymond. *Money, Banking, and Credit in Mediaeval Bruges: Italian MerchantBankers,*
【610】 *Lombards, and Money-Changers.* Cambridge (Mass.), 1948.

de Roover, Raymond. 'New Interpretations of the History of Banking.' *Journal of World History*, II (1954), 38–76.

——*L' évolution de la lettre de change (XIVe–XVIIIe siècles).* Paris, 1953.

Incarnati, Lamberto. *Banca e Moneta dalle Crociate alla Rivoluzione francese.* Rome, 1949.

Lopez, Roberto S. *La prima crisi della banca di Genova (1250–1259)* (Università commerciale Luigi Bocconi, Istituto di storia economica, serie I, vol. XI). Milan, 1956.

Usher, Abbott Payson. *The Early History of Deposit Banking in Mediterranean Europe* (Harvard Economic Series, LXXV). Cambridge (Mass.), 1943.

On insurance, bibliographical guidance may be obtained from Florence Edler (de Roover)'s article:
'Early Examples of Marine Insurance.' *Journal of Economic History*, V (1945), 172–200.

The important recent contributions to the history of consular organization are:

Lazzareschi, Eugenio (ed.). *Libro della Communità dei mercanti lucchesi in Bruges*. Milan, 1949. Cf. Raymond de Roover, 'La communauté des marchands lucquois à Bruges de 1377 à 1404.' *Annales de la Société d'Émulation de Bruges*, LXXXVI (1949), 23–89.

Masi, G. *Statuti delle colonie fiorentine all'estero (secoli XV–XIV)*. Milan, 1941.

On Italians abroad, the outstanding recent publication is:

Ruddock, Alwyn A. *Italian Merchants and Shipping in Southampton*, 1270–1600. Southampton, 1951.

On French economic history, a series of important monographs have appeared recently:

Histoire du commercé de Marseille (published by the Chamber of Commerce of Marseilles under the direction of Gaston Rambert, director of the École supérieure de Commerce): vol. I, *L'Antiquité, by Raoul Busquet*; *Le Moyen Âge jusqu'en 1291*, by Régine Pernoud; vol. II, *De 1291 à 1423*, by Edouard Baratier; *De 1423 à 1480*, by Félix Reynoud; vol. III, *1480–1599*, by Raymond Collier and Joseph Billioud. Paris, 1949–57.

Mollat, Michel. *Les affaires de Jacques Coeur: Journal du Procureur Dauvet*. 2. vols. (École pratique des Hautes Études: VIe Section, Affaires et Gens d'affaires. Nos. 2 and 2 bis.)

——*Le commerce maritime normand à la fin du moyen âge*. Paris, 1952.

Schneider, Jean. *La ville de Metz aux XIIIe et XIVe siècles*. Nancy, 1950.

Wolff, Philippe. *Commerces et marchands de Toulouse (vers 1350–vers 1450)*. Paris, 1954.

For the Hansa, a good synthesis is available in:

Pagel, Karl. *Die Hansa*. Berlin, 1942.

The following monographs are also useful:

Koppe, Wilhelm. *Lübeck Stockholmer Handelsgeschichte im 14. Jahrhundert*. Neumünster i. H. 1933.

Ropp, G. Baron von der. *Kaufmannsleben zur Zeit der Hanse* (Pfingstblättor des Hansischen Geschichtsvereins, no. 3). Leipzig, 1907.

Winterfeld, Luise Von. *Tidemann Lemberg. Ein Dortmunder Kaufmannsleben aus dem 14. Jahrhundert* (Hansische Volkshefte, no. 10). Bremen, n. d.

——*Hildebrand Veckinchusen. Ein hansischer Kaufmann vor 500 Jahren* (Hansische Volkshefte, no. 18). Bremen, n. d.

On South Germany:

Bastian, Franz. *Das Runtingerbuch (1383–1407) und verwandtes Material zum Regensburger-südostdeutschen Handel-und Münzwesen*. 3 vols. Regensburg, 1935–44.

Müller, K. Otto. *Quellen zur Handelsgeschichte der Baumgartner von Augsburg, 1480–1570* (Deutsche Handelsakten des Mittelalters und der Neuzeit herausgegeben durch die Historische Kommission bei der Bayerischen Akademie der Wissenschaften, IX). Wiesbaden, 1954. 【611】

The studies of Hedwig Fitzler on Portuguese joint-stock companies of the fifteenth and sixteenth centuries (*Vierteljahrschrifi für Sozial-und Wirtschaftsgeschichte*, XXIV (1931), 282–98; XXV (1932), 209–50) have been shown to be an invention. Cf. Virginia Rau and B. W. Diffis, 'Alleged fifteenth-century Portuguese joint-stock companies and the articles of Dr Fitzler.' *Bulletin of the Institute of Historical Research*, XXVI (1953), 181–99. In the fifteenth century, Portugal took the lead in geographical discoveries. but certainly not in the development of new forms of business organization, as Dr Fitzler claims.

第三章 市场和集市

I. General Works

Huvelin, P. *Essai historique sur le droit des marchds des foires.* Paris, 1897.

Allix, A. 'Les foires: étude géographique.' *La Géographie*, XXIX(1923).

II. Fairs And Markets In The Early Middle Ages[1]

Lambrechts, P. 'Le commerce des Syriens en Gaule du Haut-Empire à l'époque mérovingienne.' *L'antiquité classique*, VI(1937).

Verlinden, C. *L'esclavage dans l'Europe médiévale*, I: *Péninsule ibérique, France.* Bruges, 1955.

Vercauteren, F. 'Cataplus et catabolus.' *Bulletin Ducange*, II(1925).

Pirenne, H. 'Le cellarium fisci.' *Bulletin de l'Académie Royale de Belgique*, 5th ser., XVI(1930).

Levillain, L. 'Études sur l'abbaye de Saint-Denis à l'époque mérovingienne.' *Bibliothèque de l'École des Chartes*, XCI(1930).

Kletler, P. *Nordwesteuropas Verkehr, Handel und Gewerbe im frühen Mittelalter.* Vienna, 1925.

Poelman, H. A. *Geschiedenis van den handel van Noordnederland gedurende het merovingisch en karolingisch tijdperk.* Amsterdam, 1908.

Carli, F. *Storia del Commercio itallano: il mercato nell' alto medio evo.* Padua, 1934.

III. Urban Markets

Ganshof, F. L. *Étude sur le développement des villes entre Loire et Rhin au moyen âge.* ParisBrussels, 1943.

Van de Walle, A. L. J. *Historisch en archeologisch onderzoek van het portus Eename.* Handelingen van de Maatschappij voor Geschied en Oudheidk. te Gent, I(1944).

Prou, M. 'Une ville-marché au XIIe siècle, Étampes.' *Mélanges Pirenne*, II. Brussels, 1926.

Sânchez, Albornoz Cl. *Estampas de la vida en León hace mil años.* 3rd ed. Madrid, 1934.

Verlinden, CH. 'L'histoire urbaine dans la péninsule ibérique' *Rev. belge de Philologie et d'Histoire*, XV(1936).

Valdeavellano, L. G. DE. 'El mercado. Apuntes para su estudio en León y Castilla durante la edad media.' *Anuario de historia del derecho español*, VIII(1931).

Rörig, F. 'Der Markt von Lübeck' in *Hansische Beiträge zur deutschen Wirtschafisgeschichte.* Breslau, 1928.

IV. The Fairs

Levillain, L. 'Essai sur les origines du Lendit.' *Revue historique*, CLV(1927).

Dhondt, J. 'Bijdrage tot her cartularium van Meesen (1065–1334).' *Bulletin de la Commission royale d'histoire de Belgique*, CVI(1941).

Bourquelot. F. *Éude sur les foires de Champagne aux XIIe, XIIIe et XIVe siècles.* Paris, 1865.

Bassermann, E. *Die Champagnermessen. Ein Beitrag zur Geschichte des Kredits.* Tübingen, 1911.

【612】 [1] Works and articles are listed in the order in which the subjects treated occur in the chapter.

Bautier, R. 'Les registres des foires de Champagne. À propos d'un feuillet récemment découvert.' *Bulletin philologique et historique*, 1942–3; published separately, Paris, 1945.

Bautier, 'Les foires de Champagne. Recherches sur une évoludon historique.' *Recueils de la Société Jean Bodin*, v: *La Foire.* Brussels, 1953.

REYNOLDS, R. L. 'Genoese trade in the late twelfth century, particularly in cloth from the fairs of Champagne.' *Journal of Economic and Business History*, III(1931).

POIGNANT, S. *La foire de Lille. Contribution à l' étude des foires flamandes au moyen âge.* Lille, 1932.

DES MAREZ, G. *La lettre de foire à Ypres au XIIIe siècle. Contribution à l' étude des papiers de crédit.* Brussels, 1907.

TOUSSAINT, P. *Les foires de Chalon-sur-Saône des origines au XVIe siècle.* Dijon, 1910.

AMMANN, H. *Die Deutschen in mittelalterlichen Frankreich. I. Deutschland und die Messen der Champagne. II. Die Deutschen auf den Messen von Chalon an der Saone und in Burgund.* Deutsches Archly für Landes-und Volksforschung, III(1939) and v(1941).

BOREL, F. *Les foires de Genève au XVe siéle.* Geneva, 1892.

AMMANN, H. *Freiburg und Bern und die Genfer Messen.* Langensalza, 192I.

——'Genfer Handelsbücher des 15. Jahrhunderts.' *Anzeiger für schweizerische Geschichte* (1920).

BRÉSARD, M. *Les foires de Lyon aux XVe et XVIe siècles.* Paris, 1914.

DIETZ, A. *Frankfurter Handelsgeschichte*, I. Frankfurt, 1910.

AMMANN, H. 'Die Friedberger Messen.' *Rheinische Vierteljahrsblätter*, XV-XVI(1950-1).

SCHULTE, A. *Geschichte der grossen Ravensburger Handelsgesellschaft, 1380-1530*, I StuttgartBerlin, 1923.

AMMANN, H. 'Die Zurzacher Messen im Mittelalter.' *Taschenbuch der historischen Gesellschaft des Kantons Aargau*(1923).

——'Neue Beiträge zur Geschichte der Zurzacher Messen.' *Ibid.* (1929).

——'Die deutschen und schweizerischen Messen des Mittelalters.' *Rec. de la Soc. J. Bodin*, v: *La Foire.* Brussels, 1953.

LAENEN. J. *Geschiedenis van Mechelen tot op het einde der Middeleeuwen.* 2nd ed. Malines, 1934.

SLOOTMANS, C. *De Bergen-op-Zoomsche jaarmarkten en de bezoekers uit Zuid-Nedertand.* Sinte Geertruidbronne, 1935.

BLOCKMANS. F. *Van wanneer dateren de Antwerpse jaarmarkten?* XVIIe Vlaamse Filologencongres, Louvain, 1947, *résumé.*

VAN HOUTTE, J. A. 'La genèse du grand marché international d' Anvers à la fin du moyen âge.' *Revue belge de Phil. et d' Histoire,* XIX(1940).

——'Les foixes dans la Belgique ancienne.' *Rec. de la Soc. J. Bodin,* v: *La Foire.* Brussels, 1953.

SNELLER, Z. *Deventer, die Stadt der Jahrmärkte.* Weimar, 1935.

FEENSTRA, R. 'Les foixes aux Pays-Bas septentrionaux.' *Rec. de la Soc. J. Bodin, v: La Foire.* Brussels, 1953.

CHRISTENSEN, A. 'La foire de Scanie.' *Ibid.*

ZDEKAUER, L. *Fiera e mercato in Italia sulla fine del rnedio evo.* Macerata, 1920.

LUZZATTO, G. 'Vi furono fiere a Venezia?' *Rec. de la Soc. J. Bodin,* v: *La Foire.* Brussels, 1953.

ESPEJO, C. and PAZ, J. *Las antiguas ferias de Medina del Campo.* Madrid, 1912.

RAU, V. *Subsidios para o estudo das feiras medievais portuguesas.* Lisbon, 1943.

CHAPIN, E, *Les villes de foires de Champagne des origines au début du XIVe siècle.* Paris, 1937. [613]

第四章 城镇的经济政策

The number of works directly and solely concerned with the economic policies of medieval towns is small. On the other hand a list of those works which refer to the subject or which give pertinent information would be unmanageably large. It has been necessary to be highly selective as far as this second group of works is concerned, but it is hoped that the following list, though far from exhaustive, will at least be representative.

Abbreviations

Annales	*Annales d' Histoire Économique et Sociale*, later: *Annafes d' Histoire Sociale, Mélanges d' Histoire Sociale, Annales(Économies, Sociétés, Civilisations)*
HG.	*Hansische Geschichtsblätter*
RB.	*Revue Beige de Philologie et d' Histoire*
VSWG.	*Vierteljahrschrift für Sozial-und Wirtschaftsgeschichte*
ZRGG.	*Zeitschrift der Savigny-Stiftung für Rechtsgeschichte: Germanistische Abteilung*

A. General. Works

1. Economic History

Below, G. yon. *Probleme der Wirtschaftsgeschichte. Eine Einführung in das Studium der Wirtschaftsgeschichte.* 2nd ed. Tübingen, 1926.

Dobb , M. H. *Studies in the Development of Capitalism.* London, 1946.

Halperin, J, ' Les transformations économiques aux XIIe et' XIIIe sièles. ' *Revue d' histoire économique et sociale,* XXXVIII(1950) .

Hauser, H. *Les débuts du capitalisme.* Paris, 1927.

Heckscher, E. F. *Mercantilism.* (English translation.) 2 vols. London, 1934.

Kulischer, J. *Allgemeine Wirtschafisgeschichte des Mittelalters und der Neuzeit.* Vol. I: Das Mittelalter. Munich and Berlin, 1928.

Perroy, E. ' A l' origine d' une économie contractée. Les crises du XIVe siècle. ' *Annales,* IV (1949) .

Pirenne, H. ' Les périodes de l' histoire sociale du capitalisme. ' *Bulletin de l' Académie Royale de Belgique: Classe des Lettres,* V(1914) .

——*Economic and Social History of Medieval Europe.* (English translation.) London, 1936.

Postan, M. M. and Rich, E. E. (eds) . *The Cambridge Economic History of Europe,* II. Cambridge, 1952.

Rörig, F. *Mittelalterliche Weltwirtschaft. Blüte und Ende einer Weltwirtschaftsperiode.* Kieler Vortrdäge, XL. Jena, 1933.

Schmoller, G. *The Mercantile System and its Historical Significance.* New York, 1896.

Sombart, W. *Der moderne Kapitalismus. Historisch-systematische Darstellung des gesamteuropäischen Wirtschaftslebens von seinem Anfangen bis zur Gegenwart,* I. 5th ed. Munich and Leipzig, 1922.

2. Towns

Lestocquoy, J. *Les villes de Flandre et d' Italie sous le gouvernement des patriciens (XIe – XVe sièles)*. Paris, 1952.

Maunier, R. *L' origine et la fonction économique des villes, Étude de morphologie sociale.* Paris, 1910.

Pernoud, R. *Les villes marchandes aux XIVème et XVème siècles.* Paris, 1948.

Pirenne. , H. *Les villes et les institutions urbaines.* 2 vols. Paris and Brussels, 1939.

【614】 Rörig, F. *Die europäische Stadt im Mittetalter.* Göttingen, 1955.

Sapori, A. ' Villes et classes socialess au moyen âge. ' *Rapport au IXe Congrès International des Sciences Historiques, Paris,* 28 *août–3 septembre,* 1950, section IV, Histoire Sociale. Paris, 1950.

Spangenberg, H. ' Territorialwirtschaft und Stadtwirtschaft. Ein Beitrag zur Kritik der Wirtschaftsstufentheorie. ' *Historische Zeitschrifi, Beiheft* XXIV, 1932. Munich and Berlin, 1932.

Weber, M. ' Die Stadt. ' *Grundriss der Sozialökonomik,* III, 2. Tübingen, 1925.

3. Trade, Industry, etc.

Arias, G. ' La base delle rappresaglie nella costituzione sociale del medioevo. ' *Atti del Congresso di Scienze Storiche, Roma, 1–9 aprile, 1903,* IX. Rome, 1904.

Bourquelot, F. ' Études sur les foires de Champagne, sur la nature, l' étendue et les règles du commerce qui s' y faisait aux XIIIe et XIVe sièles. ' *Mémoires présentés par divers savants à l' Académie des Inscriptions de France,* 2e série, V. Paris, 1865.

CHAPIN, E. *Les villes de foires de Champagne des origines au début du XIVe siècle.* Paris, 1937.

COORNAERT, E. ' Les ghildes mediévales (Ve-XIVe sièles). Défmition, Évolution. ' (Ist article.) *Revue Historique,* CXCIX(1948).

GOLDSCHMIDT, L. ' Universalgeschichte des. Handelsrechts. ' *Handbuch des Handelsrechts,* I(1). 3rd ed. Stuttgart, 1891.

HEYD, W. *Geschichte des Levantehandels im Mittelalter.* 2 vols. Stuttgart, 1879.

HOUTTE, J. A. VAN. ' Les courtiers au moyen âge. ' *Revue historique de droit franfais et étranger,* 4e série, XV (1936).

HUVELIN, P. *Essai historique sur le droit des marchés et des foires.* Paris, 1897.

KELLER, R. VON. ' Freiheitsgarantien für Person und Eigentum im Mittelalter. ' *Deutschrechtliche Beiträge,* XIV(I). Heidelberg, 1939.

KLETLER, P. *Nordwesteuropas Verkehr, Handel und Gewerbe im frühen Mittelalter.* Deutsches Kultur, Historische Reihe, II. Vienna, 1924.

LA RONCIÈRE, C. DE. *La découverte de l' Afrique au moyen âge.* 3 vols. Cairo, 1925-7.

MAS LATRIE, L., COMTE DE. ' Du droit de marque ou de représailles au moyen âge. ' *Bibliothèque de l' École des Chartes,* 6e série, II(1866).

MCLAUGHLIN, T. D. ' The teachings of the canonists on usury (XII, XIII and XIV centuries). ' *Medieval Studies,* I(1939), II(1940).

MICKWITZ, G. *Die Kartellfunktionen der Zünfte und ihre Bedeutung bei der Entstehung des Zunftwesens. Eine Studie in spätantiker und mittelalterlicher Wirtschaftsgeschichte.* Societas Scientiarum Fennica: Commentationes Humanarum Litterarum, VIII (3). Helsinki, 1936.

MONROE, A. E. *Early Economic Thought.* Cambridge(Mass.), 1924.

NAUDE, W. *Die Getreidehandelspolitik der europäischen Staat n vom 13. bis zum 18. Jahrhundert.* Acta Borussica. Berlin, 1896.

REHME, P. ' Geschichte des Handelsrechts. ' *Handbuch des gesamten Handelsrechts herausgegeben von Victor Ehrenberg,* I. Leipzig, 1913.

SABBE, E. ' Quelques types de marchands des IXe et Xe sièles. ' *RB.* XIII (1934).

SAYOUS, A. E. ' Le capitalisme commercial et financier dans les pays chrétiens de la Méditerranée occidentale depuis la Première Croisade jusqu' à la fin du moyen âge. ' *VSWG.* XXIX(1936).

SCHAUBE, A. ' Handelsgeschichte der romanischen Völker des Mittelmeergebiets bis zum Ende der Kreuzzüge. ' *Handbuch der mittelalterlichen und neueren Geschichte,* Abt. III. Munich and Berlin, 1906.

SIEVEKING, H. ' Der Kaufmann ina Mittolaltor. ' *Sohmollors Jahrbuch für Gesetzgebung, Verwaltung und Volkswirtschaft*(1928).

STRIEDER, J. *Studien zur Geschichte Kapitalistischer Organisationsformen; Monopole, Kartelle und Aktiensgesellschaften im Mittelalter und zu Beginn der Neuzeit.* 2nd ed. Munich, 1925.

TROELTSCH, E. *The Social Teachings of the Christian Churches.* (English translation.) London, 1931. **[615]**

B. LOCAL AND REGIONAL STUDIES

1. Works with the emphasis on the interrelationships between different towns or different regions

AGATS, A. *Der Hansische Baienhandel. Heidelberg,* 1904.

ARAUZ DE ROBLES, C. *Cataluña y el Mediterraneo.* Madrid, 1930.

ARIAS, G. *I trattati commerciali della Repubblica fiorentina, secolo XIII.* Florence, 1901.

BAECHTOLD, H. *Die schweizerische Volkswirtschaft in ihren Beziehungen zu Deutschland.* Frauenfeld, 1927.

BAHR, K. *Handel und Verkehr der deutschen Hanse in Flandern während des vierzehnten Jahrhunderts.* Leipzig, 1911.

BEARDWOOD, A. *Alien Merchants in England, 1350 to 1377; their legal and economic position.* The

Medieval Academy of America: monographs, 3. Cambridge(Mass.), 1931.

Bratianu, C. J. *Recherches sur le commerce des Génois dans la Mer Noire au XIIIe siècle.* Paris, 1929.

——' Les Vénitiens dans la Mer Noire au XIVe siècle après la deuxième guerre des Détroits. ' *Échos d' Orient,* XXXII(1934).

Byrne, E. H. ' Genoese trade with Syria in the twelfth century. ' *American Historical Review,* XXV (1920).

Carabellese, F. *Le relazioni commerciali fra la Puglia e la Repubblica di Venezia del secolo X al secolo XV.* 2 vols. Trani, 1897.

Caro, G. *Genua und die Mächte am Mittelmeer(1257–1311).* 2 vols. Halle, 1895, 1899.

Cfssi, R. ' Le relazioni commerciali fra Venezia e le Fiandre nel secolo XV. ' *Nuovo Archivio Veneto, n. s. , XXVII,* 1914.

——*La Repubblica di Venezia e il problema adriatico.* Padua, 1943.

——*Le colonie medievali in oriente.* Bologna, 1942.

Chone, H. ' Die Handelsbeziehungen Kaiser Friedrichs II zu den Seestädten Venedig, Pisa, Genua. ' *Historische Studien herausgegeben von Ebering,* XXXII. Berlin, 1902.

Doehaerd, R. *Les relations commerciales entre Gênes, la Belgique et l' Outremont d' après les archives notariales génoises aux XIIIe et XIVe siècles.* Institut Historique Belge de Rome; Études d' Histoire Économique et Sociale, II–IV. Brussels, 1941.

Dudan, B. *Il dominio veneziano nel Levante.* Bologna, 1938.

Dupont, A. *Les relations commerciales entre les cités maritimes du Languedoc et les cités méditerranéennes d' Espagne et d' Italie du Xe au XIIe siècle.* Nîmes, 1942.

Espinas, G. *Une guerre sociale interurbaine dans la Flandre Wallonne; au XIIIe siècle; Douai et Lille, 1284–1285.* Bibliothèque de la Société d' Histoire du Droit des Pays Flamands, Picards et Wallons, IParis and Lille, 1930.

Finot, J*Étude historique sur les relations commerciales entre la Flandre et l' Espagne au moyen âge.* Paris, 1899.

——*Étude historique sur les relations commerciales entre la Flandre et la Republique de Gênes au moyen âge.* Paris, 1906.

Flenley, R. ' London and Foreign Merchants in the reign of Henry VI. ' *English Historical Review,* XXV(1910).

Friccius, W. ' Der Wirtschaftskrieg als Mittel hansischen Politik im 14. und 15. Jahrhundert in Flandern und in den Niederlanden. ' *HG. LVII–LVIII*(1932–3).

Garnelo, B. *Relaciones entre España y Italia durante la Edad Media.* Real Monasterio del Escorial, 1927.

Giuseppi, M.S.' Alien merchants in England in the fifteenth century. ' *Transactions of the Royal Historical Society,* ns. , IX(1895).

Goetz, L. K. ' Deutsch–Russische Handelsverträge des Mittelalters. ' *Hansische Geschichtsquellen,* N. F. , v. Lübeck, 1922.

Goris, J. A. ' Étude sur les colonies marchandes méridionales(Portugais, Espagnols, Italiens) à Anvers, de 1488 à 1567. Contribution à l' histoire des débuts du capitalisme moderne. ' *Recueil de Travaux publiés par les Membres des Conférences d' Histoire et de Philologie de l' Université de Louvain,* série 2, IV. Louvain, 1925.

[616] Hampe, K. *Der Zug nach dem Osten.* Leipzig and Berlin, 1935.

Janssens de Bisthoven, R. *La loge des Génois à Bruges.* Genoa, 1915.

Kerling, N. J. M. *Commercial relations of Holland and Zeeland with England from the late 13th century to the close of the Middle Ages.* London, 1954.

Kiparsky, V. ' Fremder im Baltendeutsch. ' *Mémoires de la Société Néo-Philologique,* XI. Helsingfors, 1936.

Kleentjens, J. ' Les relations économiques des Pays Bas avec la Pologne aux XIVe et XVe siècles. ' *Revue du Nord*(1935).

Kohler, J. ' Handelsverträge zwischen Genua und Narbonne im 12. und 13. Jahrhundert. ' *Berliner juristische Beiträge zum Civilrecht, Handelsrecht und Strafprozess und vergleich. Rechtswissen.*, *herausgegeben von J. Kohler,* III. Berlin, 1903.

KOPPE, W. ' Lübeck-Stockholmer Handelsgeschichte im 14. Jahrhundert. ' *Abhandlungen zur Handels-und Seegeschichte,* II(1953).

KUSKE, B. ' Die Handelsbeziehungen zwischen Köln und Italien im späteren Mittelalter. ' *Westdeutsche Zeitschrifi für Geschichte und Kunst,* XXVII(1908).

LAURENT, H. *Un grand commerce d' exportation au moyen âge: la draperie des Pays Bas en France et dans les pays méditerranéens, XIIe–XVe siècle. Paris,* 1935.

——' Les relations commerciales entre les villes brabançonnes et les foires françaises au moyen âge. ' *Actes du ler Congrès national français des sciences historiques. Paris,* 1928.

LENEL, W. *Die Entstehung der Vorherrschaft Venedigs an der Adria.* Strasbourg, 1897.

——' Un trattato di commercio tra Venezia e Imola dell' anno 1099. ' *Nuovo Archivio Veneto,* n. s., XVI. Venice, 1908.

LOPEZ, R. S. *Storia delle colonie genovesi nel Mediterraneo.* Bologna, 1938.

——' Le relazioni commerciali fra Genova e la Francia nel Medioevo. ' *Cooperazione Intellettuale,* VI. Rome, 1937.

LUZZATO, G.' I più antichi trattati tra Venezia e le città Marchigiane; 1141–1345. ' *Nuovo Archivio Veneto,* serie 2, IX(I). Venice, 1906.

MALOWIST, M. ' Le développement des rapports économiques entre la Flandre, la Pologne et les pays limitrophes du XIIIe au XIVe siècle. ' *RB.* X(1931).

MAS LATRIE, L., COMTE DE. *Documents sur les relations diplomatiques et commerciales de la France avec la République de Venise pendant les siècles XIII–XV.* Collection des documents inédits. Paris, 1880.

——*Relations et commerce de l' Afrique septentrionale ou Magreb avec les nations chrétiennes au moyen âge.* Paris, 1886.

MOREL, P. *Les Lombards dans la Flandre française et le Hainaut.* Lille, 1908.

NALDINI, L.' La politica coloniale di Pisa nel Medioevo. ' *Bollettino Storico Pisano,* n. s., VIII (1939), 1–3.

NICOLAU D' OLWER, L. *L' expansió de Catalunya en la Mediterránia oriental.* Barcelona, 1926.

NORDMANN, C. ' Oberdeutschland und die deutsche Hanse. ' *Pfingstblätter des Hansischen Geschichtsvereins,* XXVI. Weimar, 1939.

ÖHLMANN, E.' Die Alpenpässe im Mittelalter. ' *Jahrbuch für schweizerische Geschichte,* V(1878).

ÖSTERREICH, H. ' Die Handelsbeziehungen der Stadt Thorn zu Polen. ' *Zeitschrifi des Westpreussische Geschichtsvereins,* XLII(1900).

PLANITZ, H.*Köln und die nordfranzösischen und belgischen Städe.* Cologne, 1940.

POWER, E. E. and POSTAN, M. M. (eds). *Studies in English Trade in the Fifteenth Century.* London, 1933.

REINCKE, H.' Die Deutschlandfahrt der Flandrer während der hansischen Fruhzeit. ' *HG. LXVII–LXVIII*(1942–3).

——' Kölner, Soester, Lübecker und Hamburger Recht in ihren gegenseitigen Beziehungen. ' *HG.* LXIX(1950).

REPARAZ, G.DE. *Catalunya a les mars.* Barcelona, 1930.

REYNOLDS, R. L.' The Market for Northern Textiles in Genoa, 1179–1200. ' *RB.* VIII(1929).

——' Merchants of Arras and the Overland Trade with Genoa, Twelfth Century. ' *RB.* IX(1930).

ROBERTI, M.' I trattati fra Venezia e Padova anteriori al dominio ezzeliniano. ' *Nuovo Archivio Veneto,* XVI. Venice, 1908. [617]

ROTHHARDT, H. ' Der Kampf Lübecks gegen die Ausübung des Strandrechtesi m Ostseeraum. ' *Diss. Rechts-und Staatswiss. Halle-Wittenberg.* Würzburg, 1938.

RUDDOCK, A.A.*Italian Merchants and Shipping in Southampton, 1270–1600.* Southampton, 1951.

SABBE, E.' Les relations économiques entre l' Angleterre et le Continent au haut moyen âge. ' *Le Moyen Âge,* LVI(1950).

SAYOUS, A. E. *Le commerce des Européens à Tunis depuis le XIIe siècle jusqu' à la fin du XVIe.*

(Bibliothèque d' Histoire Coloniale.) Paris, 1929.

——' Le commerce et la navigation des Génois au XIIe et XIIIe siècles. ' *Annales*(1931).

Schanz, G. *Englische Handelspolitik gegen Ende des Mittelalters und besonderer des Zeitaltesr der beiden ersten Tudors, Heinrich VII und Heinrich VIII.* 2 vols. Leipzig, 1880, 1881.

Scheffel, P.H. *Verkehrsgeschichte der Alpen.* 2 vols. Berlin. 1908, 1914.

Schulte, A. *Geschichte des mittelalterlichen Handels und Verkehrs zwischen Westdeutschland und Italien, mit Ausschluss von Venedig.* 2 vols. Leipzig, 1900.

Simonsfeld, A. *Der 'fondaco del tedeschi' in Venedig und die deutschvenetianischen Handelsbeziehungen. Quellen und Forschungen.* 2 vols. Stuttgart, 1887.

Stein, W. ' Über den Umfang des spätmittelalterlichen Handels der Hanse in Flandern und in den Niederlanden. ' *HG.* XLIII(1917).

——' Der Streit zwischen Köln und Flandern um die Rheinschiffahrt im 12. Jahrhundert. ' *HG.* XVII(1911).

Stieda, W. ' Hansisch-Venetianische Handelsbeziehungen im 15. Jahrhundert. ' *Festschrift der Universität Rostock.* Halle, 1894.

Sturler, J. DE. *Les relations politiques et les échanges commerciaux entre le duché de Brabant et l' Angleterre au Moyen Âge; l' étape des laines anglaises en Brabant et les origines du développement du port d' Anvers.* Paris, 1936.

Tyler, J.T. *The Alpine Passes in the Middle Ages.* Oxford, 1930.

2. *Works with the emphasis on one town or region*

(a) The British Isles

Ashley, W. J. *An Introduction to English Economic History and Theory.* 2 vols. London, 1892, 1893.

Ballard, A. (ed.) *British Borough Charters, 1042–1216.* Cambridge, 1913.

——and TAIT, J. (eds) *British Borough Charters, 1216–1307.* Cambridge, 1923.

Bateson, M. (ed.). *Borough Customs.* 2 vols. Selden Society Publications, XVIII(1904) and XXI (1906).

Bird, R. *The Turbulent London of Richard II.* London, 1949.

Bland, A. E., Brown, P. A. and Tawney, R. H. *English Economic History. Select Documents.* London, 1914.

Brodnttz, G. ' Die Stadtswirtschaft in England. ' *Jahrbuch für Nationalökonomie und Statistik,* CII (1914).

Carus-Wilsoz, E. M. *Medieval Merchant Venturers. Collected Studies.* London, 1954.

Colby, C. W. ' The growth of oligarchy in English towns. ' *English Historical Review,* v (1890).

Cunninghan, W. *The Growth of English Industry and Commerce.* Vol. I, The Middle Ages. 4th ed. Cambridge, 1905.

Gras, N. S. B. *The Evolution of the English Corn Market from the twelfth to the eighteenth century.* Cambridge (Mass.), 1915.

——*The Early English Customs System.* Harvard Economic Studies, XVIII. Cambridge(Mass.) and London, 1918.

Gross, C. *The Gild Merchant.* 2 vols. London, 1890.

Jones, G. P. ' Trading in Medieval Caernarvon. ' *Transactions of the Caemarvonshire Historical Society,* X(1950).

Lipson, E. *An Introduction to the Economic History of England.* Vol. I, The Middle Ages. 5th ed. London, 1929.

Lobel, M. D. *The Borough of Bury St Edmunds; a Study in the Government and Development of a*
【618】 *Monastic Town.* Oxford, 1935.

Meyer, E. ' English Craft Gilds and Borough Governments of the Later Middle Ages. ' *University of Colorado Studies,* XVII(1929–30).

O' Sullivan, W. *The Economic History of Cork City from the Earliest Times to the Act of Union.* Cork, 1938.

Tait, J. *The Medieval English Borough: Studies on its Origins and Constitutional History.* (University of Manchester Publications, Historical Series, 70.) Manchester, 1936.

THRUPP, S. L. *The Merchant Class of Medieval London*. University of Chicago Press, 1948.

TRENHOLME, N. M. 'The English Monastic Boroughs.' *University of Missouri Studies*, II(3) (July 1927).

UNWIN, G. *The Gilds and Companies of London*. London, 1908.

——*Studies in Economic History: the Collected Papers of George Unwin*. London, 1927.

(b) Germany, Switzerland and the North

AHRENS, R. 'Die Wohlfahrtspolitik des Rostocker Rats bis zum Ende des 15. Jahrhunderts.' *Beiträge zur Geschichte der Stadt Rostock*, XV. Rostock, 1927.

AMMANN, H. 'Die schweizerische Kleinstadt in der mittelalterlichen Wirtschaft.' *Festschrift für W. Merz*. Aarau, 1928.

——'Das schweizerische Städtewesen des Mittelalters in seiner wirtschaftlichen und sozialen Auspfiigung.' *Recueils de la Société Jean Bodin*, VII: *La Ville; 2e partie: Institutions économiques et sociales*. Brussels, 1955.

BAECHTOLD, H. 'Der norddeutsche Handel im XII. und beginnenden XIII. Jahrhundert.' *Abhandlungen zur Mittleren und Neueren Geschichte*, XXI Berlin and Leipzig, 1910.

BELOW, G. VON. 'Über Theorien der wirkschaftlichen Entwicklung der Völker, mit besonderer Rücksicht auf die Stadtwirtschaft des deutschen Mittelalters.' *Historische Zeitschrift*, LXXXVI(1901).

——'Territorium und Stadt. Aufsätze zur deutschen Verfassungs-, Verwaltungs-und Wirtschaftsgeschichte.' *Historische Bibliothek*, II. 2nd ed. Munich and Berlin, 1923.

BOSCH, R. *Der Kornhandel der Nord-, Ost- und Innerschweiz und der ennetbirgischen Vogteien im 15. und 16. Jahrhundert*. Zurich, 1913.

DAENELL, E. *Die Blütezeit der deutschen Hanse. Hansische Geschichte von der zweiten Hälfie des XIV. bis zum letzten Viertel des XV. Jahrhunderts*. 2 vols. Berlin, 1905, 1906.

DIETZ, A. *Frankfürter Handelsgeschichte*. 4 vols. Frankfurt, 1910–25.

GAENSCHALZ, E. 'Die Nahrungspolitik der Stadt Erfurt bis zum Jahre 1664.' *Mitteilungen des Vereins für die Geschichte und Altertumskunde von Erfurt*, XLVII. Erfurt, 1931.

GÖNNENWEIN, O. 'Das Stapel-und Niederlagsrecht. Quellen und Darstellungen zur hansischen Geschichte,' *Hansische Geschichtsverein*, N. F., XI. Weimar, 1939.

GROSS, L. 'Stadt und Markt im späteren Mittelalter.' *ZRGG*. XLV. Weimar, 1925.

HAFEMANN, M. *Das Staperecht, eine rechtshistorische Untersuchung*. Leipzig, 1910.

HANSEN, J. 'Beiträge zur Geschichte des Getreidehandels und der Getreidepolitik Lübecks.' *Veroffentlichungen zur Geschichte der Freien und Hansestadt Lübeck*, I(I). Lübeck, 1912.

HERZOG, A. 'Die Lebensmittelpolitik der Stadt Strassburg im Mittelalter.' *Abhandlungen zur Mittleren und Neueren Geschichte*, XII. Berlin, 1909.

HIRSCH, T. 'Danzigs Handels-und Gewerbsgeschichte unter der Herrschaft des deutschen Ordens.' *Preisschriften gekront und herausgegeben von der fürstlich Jablonowskischen Gesellschaft zu Leipzig*, VI. Leipzig, 1858.

HÖLBAUM, K., KUNZE, K. and STEIN, W. *Hansisches Urkundenbuch*. (Verein für Hansische Geschichte.) Halle and Leipzig, 1876–1907.

HOLLIHN, G. 'Die Stapel-und Gästepolitik Rigas in der Ordenzeit(1201–1562). Ein Beitrag zur Wirtschaftsgeschichte Rigas in der Hansezeit.' *HG*. LX(1935).

ILGENSTEIN, E. 'Handels-und Gewerbsgeschichte der Stadt Magdeburg im Mittelalter bis zum Beginn der Zunftherrschaft(1330).' *Geschichtsblätter für Stadt und Land Magdeburg*. Magdeburg, 1908.

INAMA-STERNEGG, K. T. VON. *Deutsche Wirtschafisgeschichte*. 6 vols. Leipzig, 1909.

JOSET, C. J. 'Les villes au pays de Luxembourg(1196–1383). *Université de Louvain*; *Recueil de Travaux d'Histoire et de Philosophie*. 3e série, v. Brussels and Louvain. 1940.

KEYSER, E. *Danzigs Geschichte*. Danzig, 1921. 【619】

KLAIBER, L. 'Beiträge zur Wirtschaftspolitik oberschwäbische Reichsstädte im ausgehenden Mittelalter.' *VSWG*. 'Beiheft X(1927).

KULISCHER, J. *Russischer Wirtschaftsgeschichte*, I. Jena, 1925.

KUSKE, B. 'Handel und Handelspolitik am Niederrhein vom 13. bis 16. Jahrhundert.' *HG.* (1909).

——*Quellen zur Geschichte des Kölner Handels und Verkehrs im Mittelalter.* Publikationen der Gesellschaft für rheinische Geschichtskunde, XXIII. 4 vols. Bonn, 1917–34.

MEYER, J. 'Die Entstehung des Patriziats in Nürnberg.' *Mitteilungen des Vereins für Geschichte der Stadt Nürnberg*, XXVII(1928).

NIITEEMAA, V. 'Deutsche städtische Getreidehandelspolitik vom 15.–17. Jahrhundert, mit besonderer Berücksichtigung Stettins und Hamburgs.' *Staats-und sozialwissenschaftliche Forschungen, herausgegeben von G. Schmoller*, VIII(5). Leipzig, 1889.

PLANITZ, H. 'Kaufmannsgilde und städtische Eidgenossenschaft in niederfränkischen Städten im II. und 12. Jahrhundert.' *ZRGG.* LX (1940).

——'Der Fremdenarrest.' *ZRGG.* XXXIX–XL (1918–1919).

—— 'Über hansisches Handels-uad Verkehrsrecht.' *HG.* XXXI(1924).

——'Handelsverkehr und Kaufmannsrecht ina fränkischen Reich.' *Festschrifi E. Heyman* (1940).

RIETSCHEL, S. *Markt und Stadt in ihren rechtlichen Verhältnis. Ein Beitrag zur Geschichte der deutschen Stadtverfassung.* Leipzig, 1897.

RÖRIG, F. *Vom Werden und Wesen der Hanse.* Leipzig, 1940.

——*Hansische Beiträge zur deutschen Wirtschaftsgeschichte.* Veröffentlichungen der Schleswig-Holsteinischen Universitätsgesellschaft, XII. Breslau, 1928.

RUNDSTEDT, H.-G. VON. 'Die Regelung des Getreidehandels in den Städten Südwestdeutschlands und der deutschen Schweiz im spätern Mittelalter und im Beginn der Neuzeit.' *VSWG.* Beiheft XIX. Stuttgart, 1930.

RUTKOWSKI, J. *Histoire Économique de la Pologne avant les Partages.* Institut d'Etudes slaves de l'Université de Paris. Bibliothèque Polonaise, I. Paris, 1927.

SACHS, C. L. 'Metzgergewerbe und Fleischversorgung der Reichsstadt Nürnberg bis zum Ende des 30–jährigen Krieges.' *Mitteilungen des Vereins für Geschichte der Stadt Nürnberg*, XXIV. Nuremberg, 1922.

SCHNEIDER, J. 'Les villes allemandes au moyen âge: les institutions économiques.' *Recueils de la Société Jean Bodin*, VII: *La Ville*; *2e partie*: *Institutions économiques et sociales.* Brussels, 1955.

SCHULTZE, A. 'Über Gästerecht und Gastgerichte in den deutschen Städten des Mittelalters.' *Historische Zeitschrifi*, CI(1908).

SIMSON, P. *Geschichte der Stadt Danzig.* 3 vols. Danzig, 1913–18.

SOMMERLAD, T. *Die Rheinzölle im Mittelalter.* Halle, 1894.

STEIN, W. *Beiträge zur Geschichte der deutschen Hanse bis um die Mitte des 15. Jahrhunderts.* Giessen, 1899–1900.

——'Handels-und Verkehrsgeschichte der deutschen Kaiserzeit.' *Abhandlungen zur Handels-und Seegeschichte*, X. Berlin, 1922.

STOLZ, K. 'Die Wiener Nahrungs-und Genussmittelpolitik im Mittelalter.' *Mitteilungen des Vereins für Geschichte der Stadt Wien*, VIII. Vienna, 1928.

STORZ, O. 'Zur Entwicklungsgeschichte des Zollwesens innerhalb des alten Deutschen Reiches.' *VSWG.* XLI(1954).

STRIEDER, J. *Zur Genesis der modernen Kapitalismus. Forschungen zur Entstehung der grossen bürgerlichen Kapitalvermögen am Ausgang des Mittelahers und zu Beginn der Neuzeit, zunächst in Augsburg.* 2nd ed. Munich and Leipzig, 1935.

ZEUMER, K. 'Die deutschen Stäidtesteuern, insbesondere die städtischen Reichssteuern im 12. und 13. Jahrhundert.' *Staats-und sozialwissenschäfliche Forschungen, herausgegeben von Gustav Schmoller*, I(2). Leipzig, 1878.

(*c*) *France, Belgium and Holland*

ARASKHANIANTZ, A. 'Die französische Getreidehandelspolitik bis zum Jahre 1780.' *Staats-und sozi-*

alwissenschaftliche Forschungen, herausgegeben yon Gustav Schmoller, IV(3). Leipzig, 1882. 【620】

BARATIER, E. and REYNAUD, F. *Histoire du Commerce de Marseille de* 1291–1480. Paris, 1951.

BIGWOOD, G. 'Gand et la circulation des grains en Flandre du XIVe au XVIIIe siècle.' *VSWG.* IV (1905).

——'Le régime juridique et économique du commerce de l' argent dans la Belgique du moyen âge.' *Mémoires de l' Académie Royale de Belgique, Classe des Lettres (etc.)*, 2e série, SIV (1–2). Brussels, 1921–2.

——'La politique de la laine en France sous les règnes de Philippe le Bel et ses fils.' *RB.* XVI (1936).

BLOCKMANS, Fa. *Her Gentsche Stadspatriciaat tot omstreeks* 1302. Rijksuniversiteit te Gent, Werken uitgeven door de Faculteit van de Wijsbegeerte en Letteren, LXXXV. Antwerp, 1938.

CUVELIER, J. 'Les institutions de la ville de Louvain au moyen âge.' *Mémoires de l' Académie Royale de Belgique, Classe des Lettres*(etc.), 2e série, XI(7). Brussels, 1935.

DECHESNE, CL. *Histoire économique et sociale de Belgique.* Paris and Liège, 1932.

DES MAREZ, G. 'Étude sur la propriété foncière dans les rilles du moyen âge et spécialement en Flandre.' *Recueil des Travaux publiés par la Faculté de Philosophie et Lettres de l' Université de Gand*, XX. Ghent, 1898.

——*Les luttes sociales en Flandre au moyen âge.* Brussels, 1900.

——'L' organisation du travail à Bruxelles au XVe siècle.' *Mémoires de l' Académie Royale de Belgique, Ciasse des Lettres.* Brussels, 1904.

DOEHAERD, R. 'Au temps de Charlemagne et les Normancls; ce qu' on vendait et comment on le vendait dans le bassin parisien.' *Annales*, II(1947).

DOGNON, P. *Les institutions politiques et administratives du Pays de Languedoc du XIIIe siècle aux guerres de religion.* Toulouse, 1895.

EHRENBERG, R. 'Maklers, Hosteliers und Börse in Brugge vom XIII. bis zum XVI. Jahrhundert.' *Zeitschrift für das gesarate Handelsrecht*, XXX(1885).

ESPINAS, G. *Les finances de la Commune de Douai des origines au XVe siècle.* 3 vols. Pads, 1902.

——*La draperie dans la Flandre française au moyen âge.* 2 vols. Paris, 1923.

——*La vie urbaine de Douai au moyen âge.* 4 vols. Paris, 1913.

——*Recueil de documents relatifs à l' histoire du droit municipal en France des origines à la Révolution; Artois*, I. (Socitété d' histoire du droit.) Paris, 1934.

——*Le droit économique et social d' une petite ville artésiennè à la fin du moyen àge, Guines.* Paris, 1949.

——and PIRENNE, H. *Recueil de documents relatifs à l' histoire de l' industrie drapière en Flandre* 4 vols. Brussels, 1906–24.

FAGNIEZ, G. *Documents relatifs à l' histoire de l' industrie et du commerce en France au maoyen âge.* 2 vols. Pads, 1898, 1900.

GERMAIN, A. C. *Histoire du Commerce de Montpellier au moyen âge.* 2 vols. Montpellier, 1861.

GLRY, A. *Documents sur les relations de la royauté avec les villes en France de 1180 à 1314.* Paris, 1885.

——*Les Établissements de Rouen.* 2 vols. (Bibliothèque de l' École des Hautes Études.) Paris, 1883, 1885.

——*Histoire de la ville de Saint-Omer et de ses institutions jusqu' au XIVe sicle.* (Bibliothèque de l' École des Hautes Études.) Paris, 1877.

GODARD, J. 'Contributions à l' étude de l' histoire du commerce des grains a Douai, du XIVe au XVIIe siècle.' *Revue du Nord*, XXVII(1945).

HÄPKE, R. 'Brügges Entwicklung zum mittelalterlichen Weltmarkt.' *Abhandlungen zur Verkehrs- und Seegeschichte*, I. Berlin, 1908.

HAYEM, J. *Mémoires et Documents pour servir à l' Histoire du Commerce et de l' Industrie en France.* Paris, 1922.

JANSMA, T. S. 'Scheepvaarpolitiek van Amsterdam in de tweede helft van de vijftiende eeuw.' *Jaarboek van het Genootschap Amstelodamum*, XLVII(1955).

KURTH, G. *La cité de Liège au moyen âge*. 3 vols. Brussels, 1909.

LAURENT, H. ' Le Hanse des XVII villes. ' *Revue Historique du droit français et étranger*, LIX
【621】 (1935).

LESTOCQUOY, J. ' Patriciens du moyen âge. Les dynasties bourgeoisies d' Arras du XIe au XVe siècle. ' *Mémoires de la Commission Départementale des Monuments Historiques du Pas-de-Calais*, V(I). Arras, 1945.

LINDEN, H. VAN DER. *Histoire de la constitution de la ville de Louvain au moyen âge*. Université de Gand; Recueil des Travaux publiés par la Faculté de philosophie et Lettres, VII. Ghent, 1892.

——*Les Gildes marchandes dans les Pays Bas au moyen âge*. Université de Gand; Recueil des Travaux publiés par la Faculté de Philosophie et Lettres, XV. Ghent, 1896.

MARQUANT, R. *La vie économique à Lille sous Philippe le Bon*. Paris, 1940.

MOLLAT, M. *Le commerce maritime normand à la fin du moyen âge*. Paris, 1952.

PIRENNE, H. *Histoire de Belgique*. 7 vols. 2nd ed. Brussels, 1902–32.

ROLLAND, P. *Les origines de la commune de Tournai: histoire interne de la seigneurie épiscopale tournaisienne*. Brussels, 1931.

ROOVER, R. DE. *Money, Banking and Credit in Medieval Bruges*. Cambridge (Mass.), 1948.

SAYOUS, A. E. ' Le commerce terrestre de Marseille au XIIIe siècle. ' *Revue Historique*, CLXIII (1930).

——' Le commerce de Nice avec l' intérieur. ' *Annales*, I (1939).

SCHNEIDER, J. *La ville de Metz aux XIIIe et XIVe siècles*. Nancy, 1950.

——*Recherches sur la vie économique de Metz au XVe siècle; le livre de comptes des merciers messins Jean le Clerc et Jacquemin de Moyeuvre (1460–1461). Introduction*. Metz, 1951.

THOMAS, L. J. *Montpellier, ville marchande; histoire économique et sociale*. Montpellier, 1936.

UNGER, W. S. *De levensmiddeln voorziening der hollandsche steden in de middeleeuwen*. Amsterdam, 1916.

USHER, A. P. *The History of the Grain Trade in France, 1400–1710*. Harvard Economic Studies, IX. Cambridge (Mass.), 1913.

VERCAUTEREN, F. *Luttes sociales à Liège (XIIIme et XIVme siècles)*. Brussels, 1943.

WERVEKE, H. VAN. *De Gentsche Stadsfinancien in de Middeleeuwen*. Brussels, 1934.

——*Gand. Esquisse d' histoire sociale*. Brussels, 1946.

——' Industrial Growth in the Middle Ages: the Cloth Industry in Flanders. ' *Economic History Review*, 2nd set. IV (1954).

——' Der Flandrische Eigenhandel in Mittelalter. ' *HG*. LXI (1936).

WOLFF, PH. ' Les luttes sociales dans les villes du Midi français, XIIIe–XVe siècles. ' *Annales*, II (1947).

——*Commerces et marchands de Toulouse*. Paris, 1954.

(*d*) *Spain and Portugal*

AUNÓS PÉREZ, A. *El Derecho Catalán en el siglo XIII*. Barcelona, 1926.

CAPMANY Y DE MONTPALAU, A. DE. *Memorias históricas sobre la marina, comercio y artes de la antigua ciudad de Barcelona*. 4 vols. Madrid, 1779–92.

ESPEJO, C. and PAZ, J. *Las antiguas ferias de Medina del Campo*. Madrid, 1912.

FONT RIUS, J. M. ' Origenes del régimen municipal de Cataluña. ' *Anuario de Historia del Derecho Español*, XVI (1945).

GOGINHO, V. M. *História econômica e social da expansão portuguesa*, I, Lisbon, 1947.

HAMILTON, E. J. *Money, Prices and Wages in Valencia, Aragon and Navarre, 1351–1500*. Cambridge (Mass.), 1936.

MIRET I SANS, J. ' Les represálies a Catalunya en l' edat mitjana. ' *Revista juridica de Cataluña*, XXXI (1925).

OLIVER, B. *Historia del Derecho en Cataluña, Mallorca y Valencia*. 4 vols. Madrid, 1876–81.

PENELS, L. ' Die Handelsgerichtordnung von Barcelona aus dem fünfzehnten Jahrhundert. '

Zeitschrift für das gesamte Handels-und Konkursrecht, LXXXV. Stuttgart, 1921.

SMITH, R. S. *The Spanish Gild Merchant, 1250–1700*. Durham, N. C., 1940.

USHER, A. P. *The Early History of Deposit Banking in Mediterranean Europe*, I. Cambridge (Mass.), 1943.

VALDEAVELLANO, L. G. DE. *El Mercado. Apuntes para su estudio en León y Castilla durante la Edad Media*. Madrid, 1952.

VALLS I TABERNER, F. *Estudis d' Historia jurídica catalana.* Barcelona, 1929. [622]

(*e*) *Italy*

ARIAS, G. *Il sistema della costituzione economica e sociale italiana nell' età dei Comuni.* Turin, 1905.

BARBIERI, G. *Economia e politica nel Ducato di Milano, 1386–1535.* Milan, 1938.

——*Ideali economici degli italiani all' inizio della età moderna.* Milan, 1940.

BAUER, C. 'Venezianische Salzhandelspolitik bis zum Ende des 14. Jahrhunderts.' *VSWG.* XXIII (1930).

BOÜARD, M. DE. 'Problèmes des subsistances dans un état mediéval: le marché et le prix des céréales au royaume angevin de Sicile (1266–1282).' *Annales*, X (1938).

CARLI, F. *Storia del commercio italiano.* 2 vols. Padua, 1934, 1936.

CASSANDRO, G. I. 'Le rappresaglie e il fallimento a Venezia nei secoli XIII–XVI.' *Documenti e Studi per la Storia del Commercio e del Diritto Commerciale Italiano pubblicati sotto la Direzione di F. Patetta e M. Chiaudano.* Turin, 1938.

CESSI, R. *Storia della Repubblica di Venezia.* 2 vols. (Biblioteca Storica, XXIII, XXVI.) Milan and Messina, 1944, 1946.

——'La regolazione delle entrate e delle spese.' (Introduction to) *Documenti finanziari della Repubblica di Venezia editi a cura della Commissione per gli atti delle Assemblee Costituzionali Italiane*, I(I). Padua, 1925.

——and ALBERTI, A. *La politica mineraria veneziana.* Rome, 1924.

CIPOLLA, C. M. 'The Trends in Italian Economic History in the Later Middle Ages.' *Economic History Review*, 2nd ser. II(1949).

DAVIDSOHN, R. *Geschichte von Florenz.* 4 vols. Berlin, 1896–1927.

——*Forschungen zur älteren Geschichte von Florenz.* 4 vols. Berlin, 1896–1908.

——'Der florentiner Welthandel des Mittelalters.' *Weltwirtschaftliches Archiv*, XXX(I). Jena, 1929

DOREN, A. *Studien aus der florentiner Wirtschaftsgeschichte.* 2 vols. Stuttgart and Berlin, 1901, 1908.

——'Italienische Wirtschaftsgeschichte.' *Handbuch der Wirtschaftsgeschichte, herausgegeben von G. Brodnitz*, I. Jena, 1934.

HEINEMANN, L. VON. *Zur Entstehung der Stadtverfassung in Italien.* Leipzig, 1896.

HEYNEN, R. 'Zur Entstehung des Kapitalismus in Venedig.' *Münchner Volkswirtschaftlicher Studien*, LXXI. Stuttgart and Berlin, 1905.

KRETSCHMAYR, H. *Geschichte von Venedig*, I. Gotha, 1905.

LOPEZ, R. S. 'Studi sull' economia genovese nel medio evo.' *Documenti e Studi per la Storia del Comtmercio e del Diritto Commerciale Italiano*, VIII. Turin, 1936.

——'Aux origines du capitalisme génois.' *Annales*, IX (1937).

LUZZATO, G. *Storia economica d' Italia.* I: *Antichità e medioevo.* Rome, 1949.

——*I prestiti della repubblica di Venezia.* Padua, 1929.

——'Il debito pubblico nel sistema finanziario dei secoli XIII–XV.' *Nuova Rivista Storica*, XIII (1929).

——'L' economia di guerra di un grande Comune del Trecento.' *Rivista di Storia Economica*, I (1940).

——'Les noblesses: les activités économiques du Patriciat vénitien.' *Annales*, IX(1937).

——'Piccoli e grandi mercanti nelle città italiane del Rinascimento.' *Saggi di storia e teoria economica in onore e memoria del professore Giuseppe Prato.* Turin, 1931.

OTTOKAR, N. *Il comune di Firenze alla fine del dugento.* Florence, 1926.

PEYER, H. C. *Zur Getreidehandelspolitik oberitalienischer Städte im 13. Jahrhundert.* Veröffentlichungen des Instituts für Österreichische Geschichtsforschung, XII. Vienna, 1950.

PÖHLMANN, R. 'Die Wirtschaftspolitik der florentiner Renaissance und das Prinzip der Verkehrsfreiheit.' *Preisschriften . . . der fürstlich Jablonowskischen Gesellschaft zu Leipzig*, XXI. Leipzig, 1878.

PLESNER, J. *L'émigration de la campagne à la ville libre de Florence au XIIIe siècle.* Copenhagen, 1934.

RENOUARD, Y. *Les hommes d'affaires italiens du moyen âge.* Paris, 1949.

RODOLICO, N. 'The struggle for the right of association in fourteenth-century Florence.' *History*,
【623】 VII(April 1922–Jan. 1923).

RODOLICO, N. 'Il sistema monetario e le classi sociali nel medioevo.' *Rivista Italiana di Sociologia*, VIII (1904), 4.

SALVATORELLI, L. 'L'Italia comunale.' *Storia d'Italia*, ed. Mondadori, IV. Milan, 1940.

SALVEMINI, G. *Magnati e Popolani in Firenze dal* 1280 *al* 1295. Pubblicazioni del R. Istituto di Stucli Superiori Pratici e di Perfezionamento in Firenze, Sezione di Filosofia e Filologia. Florence, 1899.

SAPORI, A. *Studi di storia economica (secoli XIII–XIV–XV).* 2 vols. Florence, 1955.

SIEVEKING, H. *Genueser Finanzwesen mit besonderer Berücksichtigung der Casa di San Giorgio.* Freiburg i. Br., 1898–9.

—— 'Die kapitalistische Entwicklung in den italienischen Städten des Mittelalters.' *VSWG.* VII (1909).

SILBERSCHMIDT, W. 'Die Bedeuturng der Gilde, insbesondere der Handelsgilde für die Entstehung der italienischen Städtefreiheit.' *ZRGG.* LI. Weimar, 1931.

TAFEL, G. L. FR. and THOMAS, G. M. *Urkunden zur älteren Handels-und Staatsgeschichte der Republik Venedig mit besonderer Rüksicht auf Byzanz und die Levante vom* 9. *bis zum Ausgange des 15. Jahrhunderts, 814–1499.* Fontes Retum Austriacarum, XII–XIV. Vienna, 1856–7.

VERGOTTINI, G. DE. *Arti e popolo nella prima metà del Secolo XIII.* Milan, 1943.

VITALE, V. 'Economia e commercio a Genova nei secoli XIV e XIII.' *Rivista Storica Italiana*, IV (1937).

YVER, G. *Le commerce et les marchands dans l'Italie méridionale du XIIIe et du XIVe siècle.* Bibliothèque des Écoles Françaises d'Athènes et de Rome, LXXXVIII. Paris, 1903.

第五章 行会

Since limitations of space preclude the complete bibliography of sources and studies bearing on urban economic development for which the subject logically calls, a selection has been made from editions of town and gild records and from secondary work that deals with gilds, on the basis of relevance to the problems raised in the article. Reference is made to special bibliographies already available. It is worth noting that some of the best work on gilds occurs in introductions to printed records.

I. GENERAL STUDIES OF GILD DEVELOPMENT

VON BELOW, G. 'Die Motive der Zunftbildung im deutschen Mittelalter.' *Historische Zeitschrift*, CIX(1912), 23–48.

BÜCHER, K. 'Mittelalterliche Handwerksverbände.' *Zeitschrift für die gesamte Staatswissenschaft*, LXXVII(1922).

COORNAERT, E. 'Des confréries Carolingiennes aux glides marchandes.' *Mélanges d'histoire sociale*, II (1942).

DOREN, A. 'Der heutige Stand der Frage nach der Entstehung der Zünfte.' *Mitteilungen der deut-*

schen Geschichte zur Erforschung vaterlicher Sprache und Altertümer in Leipzig, X (5) (1912), 92-4.

EBERSTADT, R. *Der Ursprung des Zunftwesens.* 2nd ed. Leipzig, 1915.

JECHT, H. 'Die gesellschaftliche Struktur der mittelalterlichen Städte.' *Vierteljahrschrift für Sozial- und Wirtschaftsgeschichte*, XIX (1926), 48-85.

KELTER, E. 'Die Wirtschaftsgesinnung des mittelalterlichen Zunfllers.' *Schmollers Jahrbuch* (1932), 749-75.

KEUTGEN, F. *Aemter und Zünfte.* Jena, 1903.

LOPEZ, R. S. 'Continuità e adattamento nel medio evo: Un millennio di storia delle associazioni di monetieri nell'Europa meridionale', in *Studi in Onore di Gino Luzzatto*. Milan, 1950.

MICKWTTZ, G. *Die Kartellfunktionen der Zünfte und ihre Bedeutung bei der Entstehung des Zunftwesens.* Societas scientiarum Fennica, Comm. hum. Litt. VIII(3). Helsinki, 1936. 【624】

THRUPP, S. L. 'Medieval Gilds Reconsidered.' *Journal of Economic History*, II(1942), 164-73.

II. ITALY AND SPAIN

Excellent bibliographies in *The Cambridge Economic History*, II, 526, 537-49, 559-60, and in A. Sapori, *Le Marchand Italien au Moyen Âge*, *Paris*, 1952, 24-34, 99-105.

1. General and Regional

BOFARULL Y DE SARTORIO, M. *Gremios y Cofradías.* Colección de documentos inéditos del archivo de la corona de Aragón, XL, XLI (1870, 1910).

CAVALLARI, V. '"Guadiare se sub gastaldione", ricerche sulla trasformazione del ministerium curtense nell'arte medievale.' *Studi Storici Veronesi*, I(1947), 24-40.

CESSI, R. 'L'organizzazione di mestere e l'arte della lana del Polesine nel secole XIV e XV.' *Nuovo Archivio Veneto*, series 3, XIV (1908), 222-50.

DOREN, A. *Deutsche Handwerker und Handwerkerbruderschaften im mittelalterlichen Italien.* Berlin. 1903.

FONT RIUS, J. M. *Origenes del regimen municipal de Cataluña.* Madrid, 1946.

HARTMANN, L. M. 'Zur Geschichte der Zünfte im frühen Mittelalter.' *Zeitschrift für Sozial - und Wirtschaftsgeschichte*, III(1895).

KLEIN, J. 'Medieval Spanish Gilds', in *Facts and Factors in Economic History. Essays in Honor of E. F. Gay.* Cambridge(Mass.), 1932.

LEICHT, P. S. *Operai, Artigiani, Agricoltari in Italia del secolo VI al XVI.* Milan, 1946.

LÉVI-PROVENÇAL, E. 'La vie économique de l'Espagne musulmane au Xme siècle.' *Revue Historique*, CLXVII(1931).

LOPEZ, R. S. 'An Aristocracy of Money in the early Middle Ages.' *Speculum*, XXVIII(1953).

LUZZATTO, G. 'Piccoli e grandi mercanti nelle città italiane del Rinascimento', in *Saggi di storia e teoria economica in onore e ricordo di Giuseppe Prato.* Turin, 1931. Also in abridged translation in Lane and Riemersma(eds), *Enterprise and Secular Change.* Homewood, Illinois, 1953.

MANUCCI, F. L. 'Della società d'arti e mestieri durante il secolo XIII.' *Giornale storico e letterato della Ligiura*, VI(1905).

RUMEU DE ARMAS, ANTONIO. *Historia de la previsión social en España.* Madrid, 1944.

SÁNCHEZ-ALBORNOZ, C. *Ruina y extinción del municipio romano en España.* Buenos Aires, 1943.

VISCONTI, A. 'Il "collegium pistorum" nelle fonti giuridiche romane e medievali.' *Rendiconti dell' Istituto Lombardo*, ser. 2, LXIV(1931), 517-34.

2. Sources and Studies Relating to Particular Towns

Leges Muncipales. Historiae Patriae Monumenta, XVI. Turin, 1876.

Bologna

FRANCHINI, V. 'La funzione economica di talune arti nel secolo XIII in Bologna.' *Rivista internazionale delle scienze sociale*, ser. 3(1)(1930).

GAUDENZI, A. *Statuti delle Societa del popolo di Bologna.* 2 vols. Rome, 1889, 1896.

Ferrara

SIMEONI, L. 'Il documento ferrarese del 1112 della fondazione dell' arti dei callegari.' *Rendiconti dell' Istituto di Bologna, classe di scienza morali*, ser. 3, VII(1932–3), 56–71.

Florence

Fonti sulle Corporazioni Medioevali (a cura di Storia Patria per la Toscana), continuing seres.

【625】 GARGIOLLI, G. (ed.). *L' arte della seta in Firenze: trattato del secolo XV*. Florence, 1868. QQ

Milan

PAGANI, G. 'Alcune notizie delle antiche corporazioni Milanesi d' arti e mestieri.' *Archivio Storico Lombardo*, ser. 2, IX(1892).

Modena

FRANCHINI, V. *Lo Statuto della corporazione dei fabbri del 1244*. Modena, 1914.

Parma

MICHELI, G. 'Le corporazioni parmensi d' arti e mestieri.' *Archivio storico per le provincie parmensi*, v. Parma, 1903.

Pavia

SORIGA, R. (ed.). 'Honorantiae civitatis Papiae.' *Bollettino della Società Pavese di storiapatria*, XIV(1914).

VACCARI, P. 'Classi e movimenti di classi in Pavia nell' XI secolo.' *Ibid*. n. s. I(1946), 29–41.

Pisa

BONAINI, F. *Statuti inediti della città di Pisa del secolo XII al XIV*. 3 vols. Florence, 1854–7.

Pistoia

BERLAN, F. *Statuti di Pistoia del secolo XII*. Bologna, 1882.

ZDEKAUER, L. *Statutum potestatis communis Pistorii*. Milan, 1888.

Sarzana

'Statuti di Sarzan.' *Monumenta di Storia Patria delle provincie Modenesi*, IV(1893).

Siena

POLIDORI, F. L. *Statuti Senesi*. 3 vols. Bologna, 1863–77.

Venice

MONTICOLO, G. *I capitolari delle arti Veneziane*. (Istituto Storico Italiano.) 3 vols. Rome, 1896–1914.

Verona

CAMPAGNOLA, B. *Liber iuris civilis urbis*. Verona, 1728.

Vicenza

POZZA, F. 'Le corporazioni d' arti mestieri a Vicenza.' *Nuovo Archivio Veneto*, ser. 2, X(1895).

III. FRANCE AND THE LOW COUNTRIES

See *The Cambridge Economic History*, II, 531–6, 549–52.

1. General and Regional

D'ALANZIER. L. 'Statuts des merciers du Languedoc en 1395.' *Annales du Midi*, LXII(1950).

BOISSONADE, P. *Essai sur l'organisation du travail en Poitou.* 2 vols. Poitiers, 1900.

COORNAERT, E. *Les corporations en France avant* 1789. Paris, 1941.

CREPIN, H. *La liberté du travail dans l'ancienne France.* Vézelay, 1937.

EBERSTADT, R. *Das französische Gewerberecht und die Schaffung staatlicher Gesetzgebung und Verwaltung in Frankreich vom dreizehnten Jahrhundert bis 1581.* Leipzig, 1899.

ESPINAS, G. *Les origines de l'association.* 2 vols. Lille, 1941-2.

GOURON, A. *La réglementation des métiers en Languedoc au moyen âge.* Études d'histoire économique, politique et sociale, XXII. Paris-Geneva, 1958. 【626】

LEMPEREUR, L. 'Les chevaliers merciers du Rouergue.' *Mémoires de la Société des lettres de l'Avrevron*, XXII (1928).

LESTOCQUOY, J. 'Le commerce des oeuvres d'art au moyen âge.' *Mélanges d'histoire sociale*, III (1943).

SCHNEIDER, J. 'Note sur quelques documents concernant les cités lorraines au moyen âge.' *Revue Historique de la Lorraine*, LXXXVII(1950).

VAN WERVEKE, H. *De medezeggenschap von Knapen (gezellen) in de middeleawsche Ambachten.* Mededelingen van de Koniglijke Vlaamse Academie voor Wetenschappen, Letteren en Schone Kunsten van Belgie, Klasse der Letteren, v, no. 3. Brussels, 1943.

——*Ambachten en Erfelijkeit.* Mededelingen van de KonigLijke Vlaamse Academie voor Wetenschappen, Letteren en Schone Kunsten van Belgie, Klasse der Letteren, IV, no. I. Brussels, 1942.

——'Les corporations flamandes et l'origine des corporations de métiers.' *Revue du Nord*, XXXII (1950).

WYFFELS, C. *De vorsprong der ambachten in Vlaanderen en Brabant.* Mededelingen van de Koniglijke Vlaamse Academie voor Wetenschappen, Letteren en Schone Kunsten van Belgie, Klasse der Letteren, XIII, no. 13. Brussels, 1951.

2. Sources and Studies Relating to Particular Towns

Petitions and charters of gilds in many towns are contained in *Ordonnances des rois de France*, 21 vols. 1723-1849.

Amions

MAUGIS, E. 'La saietterie à Amiens, 1480-1587.' *Vierteljahrschrift für Social-und Wirtschaftsgeschichte*, V(1907).

THIERRY, A. *Recueil des monuments inédits de l'histoire du tiers état.* Paris, 1850, 1853.

Arras

ESPINAS, G. 'La corporation des boulangers-pâtissiers d'Arras,' *Revue d'histoire économique et sociale*, XX(1932).

Ath

VERRIEST, L. *Les bouchers d'Ath et leur charte de confrérie (1437).* Brussels, 1942.

Beauvais

LABANDE, L. *Histoire de Beauvais et de ses institutions communales jusqu'au commencement du XVme siècle.* Paris, 1892.

Bourges

BOYER, H. 'Histoires des corporations et confréries d'arts et métiers de la ville de Bourges.' *Mémoires de la société historique, scientifique et littéraire du Cher*, II. *Bourges*, 1933.

Brussels

Boneufant-Feytmans, A. 'La corporation des orfèvres de Bruxelles au moyen âge.' *Bulletin de la commission royale d'histoire belgique* (1950).

Favresse, F. 'Les débuts de la nouvelle draperie bruxelloise appelée aussi draperie légère.' *Revue belge de philologie et d'histoire*, XXVIII (1950).

—— 'Comment on choisissait les Jurés de Métier à Bruxelles pendant le moyen âge.' *Revue belge de philologie et d'histoire*, XXXV (1957).

Chartres

Acloque, G. *Les corporations d'industrie et le commerce à Chartres du XIe siècle à la révolution.*
[627] Paris, 1917.

Dijon

Chapuis, A. 'Les anciennes corporations Dijonnaises.' *Mémoires de la société bourguignonne de géographie et d'histoire*, XXII (1906).

Labal, P. 'Le monde des métiers dans le cadre urbain 1430 à 1550.' *Annales de Bourgogne*, XXII (1950).

—— 'Artisans dijonnais d'autrefois, 1430-1560.' *Ibid.* XXIII (1951).

Dinant

Bormans, S. (ed.). *Cartulaire de la Commune de Dinant*, III, IV. Namur, 1882; vol. VIII, ed. D. Brouwers, 1908.

Pirenne, H. 'Les marchands-batteurs de Dinant au XIVe et au XVe siècle.' *Zeitschrift für Sozial- und Wirtschaftsgeschichte*, III (1904), reprinted in Pirenne, *Histoire économique de l'occident médiéval* (1951).

—— 'Notice sur l'industrie du laiton à Dinant.' *Ibid.* pp. 613-17.

Eu

Deck, S. *Une commune normande au moyen âge. La ville d'Eu. Son histoire, ses institutions (1151-1475)*. Paris, 1924.

Legris, A. (ed.) *Le livre rouge d'Eu*. Rouen, 1911.

Evreux

Gifford, A. *Ordonnances de Jean d'Ableiges pour les métiers d'Evreux*. Caen, 1913.

Ghent

Huyttens, J. *Les corporations Gantoises*. Ghent, 1861.

Gisors

Passy, L. *Le Livre des métiers de Gisors au XVIe siècle*. Pontoise, 1907.

Guines

Espinas, G. *Le droit économique et social d'une petite ville artésienne à la fin du moyen âge*. Vol. IV of *Les origines du capitalisme*. Lille, 1949.

Liège

Bormans, S. *Le bon métier des tanneurs de l'ancienne cité de Liège*. Liège, 1863.

Hansotte, G. and Massart, R. *Règlements et privileges des XXXIII métiers de la cité de Liège. Liège*, 1950.

Lejeune, J. *La formation du capitalisme moderne dans la principauté de Liège au XVIe siècle.* Liège, 1934.

—— *Liège et son pays: naissance d'une patrie*. Liège, 1948.

Poncelet, E. *Le bon métier des merciers de la cité de Liège*. Liège, 1908.

VAN SANTBERGEN, R. *Les bons métiers des meuniers*. Bibliothèque de philosophie et lettres de l' Université de Liège, fasc, CXV.

Lille

DESCAMPS, J. *Histoire de la corporation des orfèvres de Lille*. Lille, 1926.
DUBOIS, L. *Le régime de la brasserie à Lilles 1279-1789*. Lille, 1912.

Limoges

LYON, E. *La corporation des maîtres boulangers de la ville de Limoges*. Limoges, 1907.

Lyons

GUIGNE, C. 'Les pelletiers de Lyon.' *Bibliothèque historique du Lyonnais*, I(1886), 53-9.

Marseilles

PERNOUD, R. (ed.). *Les statuts municipaux de Marseille*. Monaco, 1949.
REYNAUD, J. *Les auffiers marseillais*. Marseilles, 1929. 【628】

Malines

CONINCK, H. 'Le livre des apprentis de la corporation des peintres et des sculpteurs de Malines.' *Bulletin du cercle archéologique, littéraire et artistique de Malines*, III(1903).
VAN DOORSLAER, G. 'L' ancienne industrie du cuivre à Malines.' *Ibid*. XX(1910).
JOOSEN, H. 'Documents' relatifs à l' histoire de l' industrie drapière à Malines.' *Bulletin de la commission royale d' histoire*, XCVIII(1938).

Metz

SCHNEIDER, J. *La ville de Metz, aux XIII et XIV siècles*. Nancy, 1950.

Montbéliard

NARDIN, L. and MAUVEAUX, J. *Histoire des corporations d' arts et métiers des ville et comté de Montbéliard*, I. Paris, 1910.

Mulhouse

COUTILLARD, R. *La corporation des bouchers à Mulhouse*. Strasbourg, 1937.
RISCH, P. *Histoire de la boucherie à Mulhouse du XIIIe siècle à nos jours*. Mulhouse, 1935.

Namur

BORMANS, S. (ed.). *Cartulaire de la commune de Namur*, III. Namur, 1876.
GOETSTOWERS, J. B. *Les métiers de Namur*. Louvain, 1908.

Narbonne

PORT, C. *Essai sur l' histoire du commerce maritime de Narbonne*. Paris, 1854.

Noyon

LEFRANC, A. *Histoire de la ville de Noyon et de ses institutions jusqu' à la fin du XIIIe siècle*. Paris, 1887.

Paris

COORNAERT, E. 'Notes sur les corporations parisiennes au temps de Saint Louis.' *Revue historique*, CLXXVII(1936).
GALLION, W. *Der Ursprung der Zünfte in Paris*. Berlin, 1910.
LESPINASSE, R. and BONNARDOT, F. (eds). *Le Livre des métiers d' Étienne Boileau*. Paris, 1879.
——*Les métiers et corporations de la ville de Paris*. 3 vols. Paris, 1886-97.

Morel, O. *La grande chancellerie royale et l' expédition des lettres royaux 1328–1400*. Paris, 1900.

De Villefosse, R. H. 'La grande boucherie de Paris.' *Bulletin de la société de l' histoire de Paris et de l' lle de France*, LV(1928), 39–73.

Poitiers

Boissonade, P. and AUDOUIN, E. *Recueil de documents concernant la commune et la ville de Poitiers*, I. Poitiers, 1923.

Rheims

Demaison, L. 'Documents sur les drapiers de Reims au moyen âge.' *Bibliothièque de l' École des Chartes*, LXXXIX(1928), 5–39.

Varin, P. *Archives administratives de la ville de Reims*, I. Paris, 1839.

Rouen

Giry, A. *Les établissements de Rouen*. Paris, 1883.

St Omer

Giry, A. *Histoire de la ville de Saint-Omer et de ses institutions jusqu' au XIVe siècle*. Paris, 1877.

D' hermansart, P. 'Les anciennes communautés d' arts et métiers à Saint-Omer.' *Mémoires de la*
【629】 *société des antiquaires de la Morinie*, XVI, XVII. St Omer, 1879, 1881.

Senlis

Flammermont, J. *Histoire des institutions municipales de Senlis*. Paris, 1887.

Sens

Turlan, J. *La commune et le corps de ville de Sens(1146–1789)*. Paris, 1942.

Strasbourg

Hatt, J. *Une ville du XVe siècle, Strasbourg*. Strasbourg, 1929.

Schmoller, G. *Die Strassburger Tucher-und Weberzunft. Urkunden und Darstellung*. Strasbourg, 1879.

Toul

Schneider, J. 'Note sur l' organisation des métiers à Toul au moyen âge', in *Mélanges d' histoire du moyen âge dédiés à la mémoire de Louis Helphen*. Paris, 1951.

Toulouse

Espinas, G. 'Métiers, associations ct confréries: l' exemple des naypiers de Toulouse.' *Annales d' histoire sociale*, VIII(1945).

Mulholland, M. A. (ed.). *Early Gild Records of Toulouse*. New York, 1941.

Wolff, PH. 'Les bouchers de Toulouse du XIIe au XVe siècle.' *Annales du Midi*, LXV(1953).

Ypres

Des Marez, G. 'L' évolution corporative et le contrat d' apprentissage à Ypres, à la fin du XIIIe siècle.' *Bulletin de la société historique et philologique*(1905, 1906).

——'L' apprentissage à Ypres à la fin du XIIIe siècle.' *Revue du Nord*, II(1911).

IV. Germany, Swttzerland And Central Europe

See Cambridge Economic History, II, 531–6, 552–4.

1. General and Regional

Ammann, H. 'Die schweizerische Kleinstadt in der mittelalterlichen Wirtschaft', in *Festschrift für*

Walter Metz. Aarau, 1928.

DIEHLING, F. *Zunftrecht: Eine Rechtsquellenstudie mit besonderer Berücksichtigung des Schneiderhandwerks*. Heidelberg, 1932.

GHIULEA, N. 'Les corporations de métiers en Roumanie.' *Revue d'histoire économique et sociale*, XII(1924).

EHEBERG, K. *Über das altere deutsche Munzwesen und die Hausgenossenschaften, besonders in volkswirtschaftliche Beziehungen*. Leipzig, 1879.

KÖHNE, C. 'Stdien über die Entstehung der Zwangs-und Bannrechte.' *Zeitschrift der Savigny-Stiftung für Rechtsgeschichte, Germanistische Abteilung*, XXVIII(1907).

LENTZE, H. *Der Kaiser und die Zunftverfassung*. Breslau, 1933.

MENDL, B. *Sbornik venovany Jaroslava Bidlovi*. Prague, 1928.

PABST, H. *Die ökonomische Landschaft am Mittelrhein vom Elsass bis zur Mosel im Mittelalter*. Marburg, 1930.

PETERKA, O. *Das Gewerberecht Bohmens in XIV. Jahrhundert*. Vienna, 1909.

POPELKA, F. 'Geschichte des Handwerks in Obersteiermark bis zum 1527.' *Vierteljahrschrift für Sozial-und Wirtschaftsgeschichte*, XIX(1926).

RÜTLMEYER, E. 'Stadtherr und Stadtburgerschaft in den rheinischen Bischofsstädten.' *Vierteljahrschrifi für Sozial-und Wirtschaftsgeschichte*, Beiheft XIII(1928).

SCHMIEDER, E. *Geschichte des Arbeitsrechts im deutschen Mittelalter*. Leipzig, 1939.

SCHÜNEMANN, K. *Die Entstehung des Stadtwesens in Südosteuropa*. Breslau, 1929.

SEEGER, H. J. *Westfalens Handel und Gewerbe vom 9. bis zum Beginn des 14. Jahrhunderts*. Berlin, 1926. [630]

2. Sources and Studies Relating to Particular Towns

Baden

AMMANN, H. *Die Stadt Baden in der mittelalterlichen Wirtschaft*. Aarau, 1952.

Brandenburg

JEROCH, F. W. *Die Innungsverfassung der Stadt Brandenburg vom 13. bis zum 18. Jahrhundert*. Brandenburg, 1927.

Brunswick

HAUSELMANN, L. *Urkundenbuch der Stadt Braunschweig*, I. Brunswick, 1863.

SCHULZE, A. *Die Kleinschmiedergilde zu Braunschweig*. Berlin, 1935.

STALMANN, M. *Beitrage zur Geschichte der Gewerbe in Braunschweig*. Wernigerode, 1907.

Bremen

HOYER, K. 'Das Bremer Brauereigewerbe.' *Hansische Geschichtsblätter*, XIX(1913).

THIKÖTTER, E. *Die Züfte Bremens im Mittelalter*. Bremen, 1930.

Breslau

MENDL, W. 'Breslau zum Beginn des 15. Jahrhunderts.' *Zeitschrift des Vereins für Geschichte und Altertum Schlesiens*, VI (1929), 154–85.

Cologne

KOEBNER, R. *Die Anfänge des Gemeindewesens der Stadt Köln*. Bonn, 1922.

VON LOESOH, H. (ed.). *Die Kölner Zunfturkunden nebst anderen Kölner Gewerbeurkunden bis zum Jahre 1500*. 2 vols. Bonn, 1907.

SEELIGER, G. 'Zur Entwicklungsgeschichte der Stadt Köln.' *Westdeutsche Zeitschrift für Geschichte und Kunst* (1911).

Dortmund

LENZ, P. 'Die Entwicklung des Dortmunder Brauwesens.' *Beiträge zur Geschichte Dortmunds und der Grafschaft Mark*, XXXIII(1926).

Otte, J. 'Untersuchungen über die Bevölkerung Dortmunds im 13. und 14. Jahrhunderts.' *Ibid.*

Von Winterfeld, L. 'Die Dortmunder Wantschneidergesellschaft.' *Ibid*. XXIX(1922).

Eger

Siegl, K. (ed.). *Die Egerer Zunftordnungen.* Prague, 1909.

Erfurt

Neubauer, TH. 'Wirtschaftsleben im mittelalterlichen Erfurt.' *Vierteljahrschrift für Sozialund Wirtschaftsgeschichte*, Beiheft XII(1914).

Freiberg i. Sa.

Schulze, F. *Die Handwerkerorganisation in Freiberg i. Sa. bis zum Ende des 16. Jahrhunderts.* Freiberg i. Sa. 1920.

Freiburg

Flamm, H. *Die wirtschaftliche Niedergang Freiburgs-im-Breisgau.* (Volkswirtschaftliche Abhandlungen der Badischen Hochschulen, Bd VIII, Ergänzungsband 3.) Karlsruhe, 1905.

Fulda

Hohmann, J. *Das Zunftwesen der Stadt Fulda.* Fulda, 1909.

Goslar

【631】 Bode, G. (ed.). *Urkundenbuch der Stadt Goslar.* 4 vols. Halle, 1893 ff.

Fröhlich, K. 'Die Verfassungsentwicklung von Goslar im Mittelalter.' *Zeitschrift der Savigny-Stiftung für Rechtsgeschichte, Germanistische Abteilung*, XLVII(1927), 287–486.

Hamburg

Fehring, M. *Das Amt der Tischler in Hamburg.* Hamburg, 1928.

Welter, J. *Studien zur Geschichte des hamburgischen Zunftwesens im Mittelalter.* Berlin, 1896.

Hildesheim

Doebner, R. (ed.). *Urkundenbuch der Stadt Hildesheim.* 8 vols. Hildesheim, 1881–1901.

Hartmann, M. 'Geschichte der Handwerkerverbände der Stadt Hildesheim im Mittelalter.' *Beiträge für die Geschichte Niedersachsens und Westfalens*, I. Hildesheim, 1905.

Tuckermann, W. *Das Gewerbe der Stadt Hildesheim bis zur Mitte des 15. Jahrhunderts.* Tübingen, 1906.

Kotor

Sindik, I. *Komunalus uredjeuje Kotora od druge polovine XII do pocetka stoleca.* Belgrade, 1950.

Lüneburg

Bodemann, E. (ed.). *Die älteren Zunfturkunden der Stadt Lüneburg.* Hanover, 1883.

Lübeck

Stieda, W. 'Studien zur Gewerbegeschichte Lübecks.' *Mitteilungen des Vereins für Lübeckische Geschichte und Altertumskunde.* 1887.

Memmingen

Westermann, A. 'Zur Geschichte der Memminger Weberzunft und ihrer Erzeugnisse im 15. and 16. Jahrhundert.' *Vierteljahrschrift für Sozial-und Wirtschaftsgeschichte*, Beiheft XII (3–4) (1914), 385–403, 567–92.

Nuremberg

SCHÖNLANK, B. ‘Zur Geschichte altnürnbergischen Gesellenwesens.’ *Jahrbüchern für National-Oekonomie*, N. F., XIX(1889).

Riga

STIEDA, W. and METTIG, G. (eds). *Schragen der Gilden und Aemter der Stadt Riga bis 1621*. Riga, 1896.

Rostock

LEPS, C. ‘Das Zunftswesen der Stadt Rostock bis um die Mitte des 15. Jahrhunderts.’ *Hansische Geschichtsblätter*, LVIII-LIX(1933–4), 122–156, 177–242.

Schweidnitz

WEBNER, F. *Zunftkämpfe in Schweidnitz bis zum Ausgang des Mittelalters.* Breslau, 1907.

Siegen

BECK, I. L. *Geschichte der Nassauischen Eisenindustrien.* Marburg, 1937.

Speyer

WAGNER, G. *Munzwesen und Hausgenossen in Speyer.* Speyer, 1931.

Stettin

BLÜMCKE, O. ‘Die Handwerkszünfte im Mittelalterlichen Stettin.’ *Baltischt Studien*, XXXIV (1884).

Ulm

NÜBLING, E. *Ulms Handel und Gewerbe im Mittelalter.* Ulm, 1900. 【632】

Vienna

EULENBERG, F. ‘Die Wiener Zunftwesen.’ *Zeitschrift für Sozial-und Wirtschaftsgeschichte*, I (1893).

Wismar

DRUGMANN, F. *Das Zunftwesen der Seestadt Wismar bis zum Beginn des 17. Jahrhunderts.* Rostock, 1935.

TESCHEN, F. ‘Die Böttcher in den wendischen Städten, besonders in Wismar.’ *Hansische Geschichtsblätter*, XXX(1925), 67–127.

—— *Geschichte der Seestadt Wismars.* Wismar, 1929.

V. BRITAIN, IRELAND AND SCANDINAVIA

See *Cambridge Economic History*, II, 531–6, 560–1.

1. General and Regional

BENDIXON, B. E. *De tyske Haandverkere paa norsk grund i meddelalderen.* Videaskabs-Selsabet Skrifter, II, Hist. philos. Kl., nr. 2. Christiania, 1912.

BUGGE, A. ‘The Earliest Guilds of Northmen in England, Norway and Denmark’, in *Sproglige og historiske Afhandlinger viede Sophus Bugges Minde.* Christiana, 1908.

——‘Deutsche Handwerker im mittelalterlichen Norwegen.’ *Vierteljahrschrift für Sozial-und Wirtschaftsgeschichte*, X(1912).

——‘Altschwedische Gilden.’ *Ibid*. XI (1913).

CUNNINGHAM, W. ‘The Formation and Decay of Craft Gilds.’ *Transactions of the Royal Historical*

Society, n. s. ,III(1886) ,371–92.

Knoop, D. and JONES, G. P. *The Mediaeval Mason.* Manchester, 1933.

Nyrop, C. *Danmarks Gilde og Lavsskraaer fra Middelderen*, I Copenhagen, 1895.

Schück, A. *Studier rörande det svenska stadsväsen, dets uppkomst och äldsta utveckling.* Stockholm, 1926.

Smith, T. and L. T. *English Gilds.* Early English Text Society, original series, XCL(1870).

2. Sources and Studies Relating to Particular Towns

Beverley

Leach, A. F. *Beverley Town Documents.* Selden Society, 1900.

Bristol

Bickley, F. B. (ed.). *The Little Red Book of Bristol*, I. Bristol, 1900.

Perry, R, 'The Gloucestershire Woollen Industry 1100–1696.' *Transactions of the Bristol and Gloucestershire Archaeological Society*, LXVI(1947).

Bury St Edmunds

Lobel, M. D. *The Borough of Bury St Edmunds.* Oxford, 1934.

Coventry

Gill, C. *Studies in Midland History.* Oxford, 1930.

Harris, M. D. (ed.). *The Coventry Leet Book.* Early English Text Society, original series, XXXIV-XXXVI, CXXVIII(1907–13).

—— *Life in an old English Town.* London, 1898.

Dublin

Webb, J. J. *The Guilds of Dublin.* Dublin, 1929.

Helston

Henderson, C. 'The rules of a cobblers' gild at Helston in 1517', in Rowse and Henderson
[633] (eds). *Essays in Cornish History.* Oxford, 1935.

London

See bibliography in G. Unwin, *The Gilds and Companies of London*, revised edition. London, 1938.

Bird, R. *The Turbulent London of Richard II.* Manchester, 1948.

Jones, P. E. *The Worshipful Company of Poulters.* Oxford, 1939.

Knoop, D. and Jones, G. P. 'The London Masons' Company.' *Economic History*, III(1939).

Sabine, E. L. 'Butchering in Medieval London.' *Speculum*, VIII (1933).

Thrupp, S. L. *The Merchant Class of Medieval London.* Chicago, 1948.

Norwich

Hudson, W. *Leet Jurisdiction in the City of Norwich.* Selden Society, V(1892).

Hudson, W. and Tingey, J. C. *The Records of the City of Norwich.* 2 vols. 1906–10.

Winchester

Bird, W. H. B. *The Black Book of Winchester.* Winchester, 1925.

Furley, J. S. *The City Government of Winchester from the Records of the XIVth and XVth Centuries.* Oxford, 1923.

York

Raine, A. (ed.). *York Civic Records*, II(1941). Yorkshire Archeological Society, CIII.

Sellers, M. (ed.). *York Memorandum Book*, II. Surtees Society, 1915.

第六章 政府的经济政策

II. France and England

The following abbreviations have been used:

AHES.	*Annales d' histoire économique et sociale*
AM.	*Annales du Midi*
BEC.	*Bibliothèque de l' École des Chartes*
BEHE.	Bibliothèque de l' École des Hautes Études
BIHR.	*Bulletin of the Institute of Historical Research*
Coll. des documents inédits	Collection des documents inédits relatifs à l' histoire de France
Coll. de textes	Collection de textes pour servir à l' étude et l' enseignement de l' histoire
EcHR.	*Economic History Review*
EHR.	*English Historical Review*
MA.	*Le Moyen Âge*
Rev. Belge	*Revue belge de philologie et d' histoire*
RH.	*Revue historique*
RHDF.	*Revue historique du droit franfais et étranger*
TRHS.	*Transactions of the Royal Historical Society*
VSWG.	*Vierteljahrschrift fur Sozial-und Wirtschaftsgeschichte*

The author wishes to acknowledge his indebtedness to Dr E. B. Fryde for much advice and assistance.

1. Selected Printed Sources

Ballard, A. *British Borough Charters, 1042–1216*. Cambridge, 1913.

——and TAIT, J. *British Borough Charters, 1216–1307*. Cambridge, 1923.

Beugnot, A. A. *Les Olim, ou registres des arrêts rendus par la cour du roi.* 4 vols. Coll. des documents inédits. Paris, 1839–48. 【634】

Boretius, A. and Krause, V. *Capitularia Regum Francorum.* 2 vols. Monumenta Germaniae Historica: Leges. Hanover, 1883, 1897.

Boutaric, E. *Acres du parlement de Paris.* 2 vols. Paris, 1863, 1867.

Calendar of Close Rolls, 1272–1485. London, 1893 ff.

Calendar of Patent Rolls, 1232–1485. London, 1891 ff.

Calendar of State Papers (Venetian), I. London, 1864.

Carus-Wilson, E. M. *The Overseas Trade of Bristol in the Later Middle Ages.* Bristol Record Society Pubns, VII. Bristol, 1937.

Close Rolls, 1227–72. London, 1902–38.

Fagniez, G. *Documents relatifs à l' histoire de l' industrie et du commerce en France.* 2 vols. Coll. de textes, XXII and XXXI. Paris, 1898 and 1900.

Fawtier, R. *Comptes du Trésor, 1296–1477*. Recueil des historiens de France: documents financiers, II. Paris, 1930.

Gross, C. and HALL, H. *Select Cases concerning the Law Merchant.* 3 vols. Selden Society pubns, XXII, XLVI, XLIX. London, 1908–32.

Hardy, T. D. *Rotuli Litterarum Clausarum.* 2 vols. London, 1833, 1844.

——*Rotuli Litterarum Patentium.* London, 1835.

Hohlbaum, K., Kunze, K. and Stein, W. *Hansisches Urkundenbuch.* Verein für Hansische Geschichte. Halle and Leipzig, 1876–1907.

Jacqueton, G. *Documents relatifs à l' administration financière en France de Charles VII à François Ier (1443–1523)*. Coll. de textes. Paris, 1891.

KUNZE, K. *Hanseakten aus England, 1275 bis 1412. Hansische Geschichtsquellen*, VI. Verein für Hansische Geschichte. Halle, 1891.

LIEBERMANN, F. *Die Gesetze der Angelsachsen.* 3 vols. Halle, 1903–16,

LOT, F. and FAWTLIER, R. *Le premier budget de la monarchie française: le compte général de 1202–3.* BEHE. fasc. CCLIX. Paris, 1932.

MASSELIN, J. *Journal des États Généraux de France tenus à Tours en 1484 sous le règne de Charles VIII.* Trans. Bemier, A. Coll. des documents inédits. Paris, 1835.

NICOLAS, N. H. *Proceedings and Ordinances of the Privy Council of England, 10 Richard II–33 Henry VIII.* 7 vols. London, 1834–7.

Ordonnances des rois de France de la troisième race, I-XIX. Paris, 1723 ff.

Patent Rolls, 1216–32. 2 vols. London, 1900, 1903.

Rotuli Parliamentorum. 6 vols. London, n. d.

RYMEER, T. *Foedera, conventiones, literae... inter reges Angliae et alios quosvis imperatores, reges, pontifices et principes...* 7 vols. London, 1816–69.

Statutes of the Realm, I-II. London, 1810, 1816.

TEULET, A. etc. *Layettes du Trésor des Chartes.* 5 vols. Paris, 1863–1909.

WARNER, G. (ed.). *The Libelle of Englyshe Polycye.* Oxford, 1926.

WRIGHT, T. *Political Poems and Songs relating to English History from the Accession of Edward III to the Reign of Henry VIII.* 2 vols. Rolls Series. London, 1859, 1861.

VIARD, J. *Journaux du Trésor de Charles IV le Bel*. Coll. des documents inédits. Paris, 1917.

——*Journaux du Trésor de Philippe IV le Bel*. Coll. des documents inédits. Paris, 1940.

——*Journaux du Trésor de Philippe VI de Valois.* Coll. des documents inédits. Paris, 1889.

2. Secondary Authorities

(*a*) *General Works*

ASHLEY, *W. J. Surveys, Historical and Economic.* London, 1900.

——*Introduction to English Economic History and Theory.* 2 vols. London, 1909.

BLOCH, M. *Esquisse d' une histoire monétaire de l' Europe.* Cahiers d' Annales, no. IX. Paris, 1954.

—— '*Les caractères originaux de l' histoire rurale française.* Paris, 1931.

——'Les mutations monétaires et les dettes.' *AHES.* VI(1934).

——'L' or au moyen âge.' *AHES*. IV (1932).

BOISSONADE, G. *Life and Work in Medieval Europe.* Trans. Power, E. London, 1927.

[635] BOURRILLY, V. L. and BUSQUET, R. *La Provence au moyen âge: histoire politique, l' église, les institutions (1112–1481)*. Marseilles, 1924.

BROOKE, G. C. *English Coins from the Seventh Century to the Present Day.* London, 1932.

Cambridge Economic History of Europe, I, ed. Clapham, J. H. and Power, E.; II, ed. Postan, M. M. and Rich, E. E. Cambridge, 1941, 1952.

CHÉNON, E. *Histoire générale du droit français public et priwé des origines à 1815.* 2 vols. Paris, 1926–9.

CHOMEL, V. and EBERSOLT, J. *Cinq siècles de circulation internationale vue de Jougne: un péage jurassien du XIIIe au XVIIIe siècle.* Paris, 1951.

COORNAERT, E. *Les corporations en France avant 1789.* Paris, 1941.

——'Les ghildes *médiévales.*' *RH.* CXCIX, 1948.

CUNNINGHAM, W. *The Growth of English Industry and Commerce*, I. Cambridge, 1915.

DECLAREUIL, J. *Histoire générale du droit français des origines à 1789.* Paris, 1925.

DOGNON, P. *Les institutions politiques et administratives du pays de Languedoc du XIIIe siècle aux guerres de religion.* Toulouse, 1895.

EBERSTADT, R. *Das französische Gewerberecht und die Schaffung staatlicher Gesetzgebung und Verwaltung in Frankreich vom 13. Jahrhundert bis 1581*. Staats-und Sozialwissen-schaftliche Forschungen, ed. Schmoller, G., XVII(2). Leipzig, 1899.

ESMEIN, A. *Cours élémentaire d' histoire du droit français.* Paris, 1895.

FAGNIEZ, G. *Études sur l' industrie et la classe industrielle à Paris au XIIIe et XIVe siècle.* BE-

HE. fasc. XXXIII. Paris, 1877.

Feaveryear, A. E. *The Pound Sterling: a History of English Money.* London, 1932.

Gauthier, L. *Les Lombards dans les Deux-Bourgognes.* BEHE. fasc. CLVI. Paris, 1907.

Gonnard, R. *Histoire des doctrines monétaires dans ses rapports avec l'histoire des monnaies.* 2 vols. Paris, 1935.

Gras, N. S. B. *The Early English Customs System.* Harvard Economic Studies, XVIII. Cambridge (Mass.), 1918.

——*The Evolution of the English Corn Market.* Harvard Economic Studies, X. Cambridge (Mass.), 1926.

Gross, C. *The Gild Merchant.* 2 vols. Oxford, 1890.

Heaton, H. *The Yorkshire Woollen and Worsted Industries.* Oxford Historical and Literary Studies, X. Oxford, 1920.

Hecksher, E. F. *Mercantilism.* Trans. Shapiro, M. 2 vols. London, 1935.

Holdsworth, W. S. *A History of English Law*, I-III. London, 1931-6.

Huisman, G. *La juridiction de la municipalité parisienne de S. Louis à Charles VII.* Bib-liothèque d'histoire de Paris. Paris, 1912.

Huvelin, P. *Essai historique sur le droit des marchés et des foires.* Paris, 1897.

Laurent, H. *Un grand commerce d'exportation au moyen âge: la draperie des Pays-Bas en France et dans les pays mediterranéens (XIIe-XVe siècle). Paris*, 1935.

Lavisse, E. (ed.). *Histoire de France depuis les origines jusqu'à la Révolution*, I-IV. Paris, 1900-3.

Levasseur, E. *Histoire du commerce de la France*, I. Paris, 1911.

Lipson, E. *Economic History of England*, I London, 1945.

Lognon, A. *La formation de l'unité française.* Paris, 1922.

Lot, F. and Fawtler, R. *Histoire des institutions françaises au moyen âge*, I-II. Paris, 1957-8.

Macpherson, D. *Annals of Commerce, Manufacture, Fisheries and Navigation*, I. London, 1805.

Mathorez, J. *Les étrangers en France sous l'ancien régime.* 2 vols. Paris, 1921.

Movne de la Borderie, A. LE. *Histoire de Bretagne.* 5 vols. Paris, 1896-1913.

Naude, W. *Die Getreidehandelspolitik der Europäischen Staaten vom 13. bis zum 18. Jahrhundert.* Acta Borussica. Berlin, 1896.

Olivier-martin, F. *Histoire du droit français des origines à la Révolution.* Paris, 1950.

——*L'organisation corporative de la France d'ancien régime* Paris, 1938.

Pigeonneau, H. *Histoire du commerce de la France* , I. Paris, 1885.

Pirenne, H. *Histoire de Belgique*, I-III. Brussels, 1909-12.

——*Histoire économique de l'occident médiéval.* Bruges, 1951.

——*Les villes et les institutions urbaines.* 2 vols. Paris, 1939.

Pollock, F. and Maitland, F. W. *The History of English Law.* 2 vols. Cambridge, 1923. [636]

Ramsay of Bamff, J. H. *A History of the Revenues of the Kings of England, 1066-1399.* 2 vols. Oxford, 1925.

Recueils de la Société Jean Bodin, v: *La Foire.* Brussels, 1953. VI: *La ville: institutions administratives et judiciares.* Brussels, 1954.

Ruddock, A. A. *Italian Merchants and Shipping in Southampton, 1270-1600.* Southampton Record Series. Southampton, 1951.

Saint-Léon, E. M. *Histoire des corporations de métiers depuis leurs origines jusqu'à leur suppression en 1791.* Paris, 1922.

Sapori, A. *Le marchand italien au moyen âge.* Paris, 1952.

Schanz, G. *Englische Handelspolitik gegen Ende des Mittelalters.* 2 vols. Leipzig, 1881.

Sée, H. *Histoire économique de la France: le moyen âge et l'ancien régime.* Paris, 1939.

Sturler, J. de. *Les relations politiques et les échanges commerciaux entre le duché de Brabant et l'Angleterre au moyen âge.* Paris, 1936.

Viollet, P. *Histoire des institutions politiques et administratives de la France.* 3 vols. Paris, 1898.

Vuitry, A. *Études sur le régime financier de la France avant la Révolution de 1789*. 3 vols. Paris, 1878–83.

(*b*) *The Early Middle Ages*

Block, M. ' Comment et pourquoi finit l' esclavage antique. ' *Annales*, II(1947).

——*La société féodale: la formation des liens de dépendance.* Paris, 1939.

——*La société féodale: les classes et le gouvernement des hommes.* Paris, 1940.

Bolin, S. ' Mohammed, Charlemagne and Ruric. ' *Scandinavian Economic History Review*, I (1953).

Bréhier, L. ' Les colonies d' Orientaux en Occident au commencement du moyen âge. ' *Byzantinische Zeitschrifi*, XII(1903).

Dennett, D. C. ' Pirenne and Muhammad. ' *Speculum*, XXIII(1948).

Dhondt, J. *Étudcs sur la naissancc dcs principautés tcrritoriales en France*. Rijksuniversiteit te Gent: Werken uitegeven door de Faculteit van de Wijsbegeerte en Letteren. Bruges, 1948.

Doehaerd, R. ' Ce qu' on vendait et comment on le vendait dans le bassin parisien. ' *Annales*, II (1947).

—— ' Les réformes monétaires carolingiennes. ' *Annales*, VII (1952).

Dopsch, A. *Die Wirtschaftsentwicklung der Karolingerzeit.* 2 vols. Weimar, 1912.

——*The Economic and Social Foundations of European Civilization.* London, 1937.

Dupont A. *Les cités de ia Narbonnaise Première depuis les invasions germaniques jusqu' à l' apparition du consulat.* Nîmes, 1942.

Ganshof, F. L. *Feudalism. Trans. Grierson*, P. London, 1952.

—— ' Observations sur la localisation du Capitulare de Villis. ' *MA.* LV (1949).

Grierson, P. ' Carolingian Europe and the Arabs: the Myth of the Mancus. ' *Rev. Belge*, XXXII (1954).

Halphen, L. *Charlemagne et l' empire carolingien.* Paris, 1947.

——*Études critiques sur l' histoire de Charlemagne.* Paris, 1921.

—— *Le comté d' Anjou au XIe siècle.* Paris, 1906.

Haskins, C. H. *Norman Institutions.* Harvard Historical Studies, XXIV. Cambridge (Mass.), 1918.

Himly, F. J. ' Y a-t-il emprise musulmane sur l' économie des étars européens du VIIIe au Xe siècle?' *Schweizerische Zeitschrift für Geschichte*, V (1955).

Jones, A. H. M. ' Inflation under the Roman Empire. ' *EcHR*. ser. 2, V (1953).

Kleinclausz, A. *Charlemagne.* Paris, 1934.

Laurent, H. ' Marchands du palais et marchands d' abbayes. ' *RH.* CLXXXIII(1938).

Le Gentilhomme, P. ' Notes de numismatique merovingienne. ' *Revue numismatique* (1937, 1938).

Levillain, L. ' Essai sur les origines de Lendit. ' *RH.* CLV (1927).

—— ' Études sur l' abbaye de S. Denis à l' époque merovingienne. ' *BEC.* LXXXII (1921), LXXXVI(1925), LXXXVII(1926), XCI (1930).

【637】—— ' Notes sur l' immunité merovingienne, ' *RHDF*. (1927).

Lewis, A. R. *Naval Power and Trade in the Mediterranean, A. D. 500–1100.* Princeton(N. J.), 1951.

Lombard, M. ' L' or musulman du VIIe au XIe siècle. ' *Annales*, II (1947).

—— ' Mahomet et Charlemagne: le problème économique. ' *Annales*, III(1948).

Lopez, R. S. ' Mohammed and Charlemagne: a Revision. ' *Speculum*, XVIII (1943).

—— ' Relations Anglo-Byzantines du VIIe au Xe siècle. ' *Byzantion*, XVIII (1948).

Lot, F. *Études sur le règne de Hugues Capet et la fin du Xe siècle.* BEHE. fasc. CXLVII. Paris, 1903.

—— *La fin du monde antique et le début du moyen âge.* Paris, 1951.

——*L' impôt foncier et la capitation personnelle sous le Bas-Empire et à l' époque franque.* BEHE. fasc. CCLIII. Paris, 1928.

Maitland, F. W. *Domesday Book and Beyond.* Cambridge, 1921.

Newman, W. M. *Le domaine royal sous les premiers Capétiens (987–1180)*. Paris, 1937.

Piganiol, A. *L'empire chrétien, 325–395. Histoire romaine*, ed. Glotz, G., IV. Paris, 1947.

Pirenne, H. *Mahomet et Charlemagne.* Paris, 1937.

Sabbe, E. 'Quelques types de marchands des IXe et Xe siècles.' *Rev*. Belge, XIII (1934).

——'Les relations économiques entre l'Angleterre et le continent au haut moyen âge.' *MA*. LVI (1950).

——'L'importation des tissus orientaux en Europe occidental au haut moyen âge.' *Rev. Belge*, XIV (1935).

Stenton, F. M. *Anglo-Saxon England.* Oxford, 1943.

Tour, Imbart de la. 'Des immunités commerciales accorées aux églises du VIIe au IXe siècle.' *Études d'histoire du moyen âge dédiées à Gabriel Monod* Paris, 1896.

Vercauteren, F. *Études sur les civitates de la Belgique Seconde.* Mémoires de l'Académie Royale de Belgique. Brussels, 1934.

(c) *The Twelfth and Thirteenth Centuries*

Ballard, A. *The Domesday Boroughs.* Cambridge, 1904.

Bigwood, G. 'La politique de la laine en France sous les règnes de Philippe le Bel et ses fils.' *Rev. Belge*, XV (1936) and XVI (1937).

——'Un marché de matières premieres: laines d'Angleterre et marchands italiens vers la fin du XIIIe siècle.' *AHES* II(1930).

Bloch, M. *Rois et serfi: un chapitre d'histoire capétienne.* Paris, 1920.

Borrelli de Serres, L. L. *Recherches sur divers services publics du XIIIe au XVIIIe siècles.* 3 vols. Paris, 1895–1909.

Boussard, J. *Le comté d'Anjou sous Henri Plantagenet et ses fils (1151–1204)*. BEHE. fasc. CCLXXI. Paris, 1928.

Boutarec, E. *La France sous Philippe le Bel.* Paris, 1861

Bogge, A. 'The Norse Settlements in the British Islands.' *TRHS*. ser. 4, IV(1921).

Carolus-barré, L. 'Le gouvernement communal d'après le《Livre de Justice et de Plet》.' *RHDF*. 4th ser. XIX(1941).

Coornaert, E. 'Notes sur les corporations parisiennes au temps de S. Louis d'après le Livre des Métiers d'Étienne Boileau.' *RII*. CLXXVII(1936).

Crump, C. G. and Hughes, A. 'The English Currency under Edward I.' *Economic Journal*, V (1895).

Delisle, L. 'Les revenus de la Normandie au XIIe siècle.' *BEC*. X(1848), XII (1849), XIV (1852).

—— *Mémoire sur les opérations financières des Templiers.* Paris, 1889.

Dept, G. *Les influences anglaise et française dans le comté de Flandreau début du XIIIe siècle.* Ghent, 1928.

——'Les marchands flamands et le roi d'Angleterre, 1154–1215.' *Revue du Nord*, XII (1926).

Dieudonné, A. 'Les variations monétaires sous Philippe le Bel.' *MA*. IX (1905).

Fawtier, R. *L'Europe occidentale de 1270 à 1328. Histoire du moyen âge*, ed. Glotz, G., VI (i). Paris, 1940.

Funck-Brentano, F. 'Document pour servir à l'histoire des relations de la France avec l'Angleterre et l'Allemagne sous le règne de Philippe le Bel.' *RH*. XXXIX(1889). 【638】

Grunzweig, A. 'Les incidences internationales des mutations monétaires de Philippe le Bel.' *MA*. LIX (1953).

Hoyt, R. S. 'Royal Demesne, Parliamentary Taxation and the Realm, 1294–1322.' *Speculum*, XXIII (1948).

——'Royal Taxation and the Growth of the Realm in Medieval England.' *Speculum*, XXV (1950).

——*The Royal Demesne in English Constitutional History*. Ithaca (N. Y.), 1950.

Langlois, C. V. *Le règne de Philippe III le Hardi.* Paris, 1887.

LESAGE, G. *Marseille angevine: recherches sur son évolution administrative, économique et urbaine... (1264–1348)*. Bibliothèque des Écoles françaises d' Athènes et de Rome, fasc. CLXVIII. Paris, 1950.

LLMOUZIN-LAMOTHE, R. *La commune de Toulouse et les sources de son histoire, 1120–1249*. Toulouse, 1932.

LUCHAIRE, A. *Les communes françaises.* Paris, 1890.

—— *Manuel des institutions françaises: période des Capétiens directs.* Paris, 1892.

LUNT, W. E. ' Clerical tenths levied in England by papal authority during the reign of Edward II. ' *Anniversary Essays in Medieval History by Students of C. H. Haskins*, ed. Taylor, C. H. Boston, 1929.

——*Financial Relations of the Papacy with England to 1327.* Medieval Academy of America. Cambridge (Mass.), 1939.

MARSH, F. B. *The English Rule in Gascony 1199–1259, with special reference to the Towns.* Ann Arbor (Michigan), 1912.

MILLER, E. ' The State and Landed Interests in Thirteenth-Century France and England. ' *TRHS.* ser. 5, II (1952).

MITCHELL, S. K. *Studies in Taxation under John and Henry III.* Yale Historical publications, II. New Haven, 1914.

——*Taxation in Medieval England*. Yale Historical Publications, XV. New Haven, 1951.

MOLINIER, A. ' La commune de Toulouse et Philippe III' *BEC*. XLIII(1882).

MUNDY, J. H. *Liberty and Political Power in Toulouse, 1050–1230.* New York, 1954.

PACKARD, S. R. ' The Norman Communes under Richard I and John. ' *Anniversary Essays in Medieval History by the Students of C. H. Haskins*, ed. Taylor, C. H. Boston, 1929.

PAINTER, S. *The Reign of King John.* Baltimore, 1949.

PETIT-DUTAILLIS, C. *Les communes françaises: caractères et évolution des origines au XVIIIe siècle.* Paris, 1947.

——and GUINARD, P. *L' essor des états d' occident. Histoire du moyen âge*, ed. Glotz, G. IV (2). Paris, 1944.

PICQUET, J. *Les Templiers: étude sur leurs opérations financières.* Paris, 1939.

PLUCKNETT, T. F. T. *The Legislation of Edward I*. Oxford, 1949.

POOLE, R. L. *The Exchequer in the Twelfth Century.* Oxford, 1912.

PRESTWICH, J. O. ' War and finance in the Anglo-Norman state. ' *TRHS*. ser. 5, IV (1954).

RICHARD, J. *Les dues de Bourgogne et la formation du duché du XIe au XIVe siècle.* Publica-tions de l' université de Dijon, fasc. XII. Paris, 1954.

ROON-BASSERMANN, E. VON. ' Die ersten Florentiner Handelsgesellschaften in England. ' *VSWG*. XXXIX (1952).

SOUTHERN, R. W. *The Making of the Middle Ages.* London, 1953.

STEPHENSON, C. *Borough and Town: a Study of Urban Origins in England.* Medieval Academy of America. Cambridge (Mass.), 1933.

STRAYER, J. R. ' Economic conditions in the county of Beaumont-le-Roger, 1261–1313. ' *Speculum*, XXVI (1951).

——*The Administration of Normandy under St Louis.* Medieval Academy of America. Cambridge (Mass.), 1932.

——*The Royal Domain in the Bailliage of Rouen.* Princeton, 1936.

——and TAYLOR, C. H. *Studies in Early French Taxation.* Harvard Historical Monographs, XII. Cambridge (Mass.), 1939.

TAIT, J. *The Medieval English Borough.* Manchester, 1936.

TRABUT-CUSSAC, J. P. ' Bastides ou forteresses? Les bastides de l' Aquitaine anglaise. ' *MA.* LX
【639】 (1954).

TRABUT-CUSSAC, J. P. ' Les coutumes ou droits de douane perçus à Bordeaux sur les vins et les marchandises par l' administration anglaise, 1252–1307. ' *AM.* LXII(1950).

WILLARD, J. F. *Parliamentary Taxes on Personal Property, 1290 to 1334.* Medieval Academy of

America. Cambridge(Mass.),1934.

(*d*) *The Later Middle Ages*

BARATIER, E. and REYNAUD, F. *Histoire du commerce de Marseille, 1294–1480.* Paris, 1951.

BEARDWOOD, A. 'Alien merchants and the English Crown in the later Fourteenth Century.' *EcHR.* II(1929–30).

——*Alien Merchants in England: their Legal and Economic Position, 1350–1377.* Medieval Academy of America. Cambridge(Mass.),1931.

BRIDBURY, A. R. *England and the Salt Trade in the Later Middle Ages.* Oxford, 1955.

BRIDGE, J. S. C. *A History of France from the Death of Louis XI*, I. Oxford, 1921.

BRIDREY, E. *La Théorie de la monnaie au XIVe siècle: Nicole Oresme.* Paris, 1906.

CALLERY, A. 'Les douanes avant Colbert et l'ordonnance de 1664.' *RH.* XVIII(1882).

CALMETTE, J. *L'élaboration du monde moderne.* Paris, n. d.

——and PÉRINELLE, G. *Louis XI et l'Angleterre, 1461–1483.* Paris, 1930.

CARUS-WILSON, E. M. *Medieval Merchant Venturers.* London, 1954.

COLE, C. W. *French Mercantile Doctrines before Colbert.* New York, 1931.

COORNAERT, E. 'La politique économique de la France au début du règne de François Ier.' *Annales de l'université de Paris*, VIII(1933).

COVILLE, A. *Les états de Normandie: leurs origines et leur développement au XIVe siècle.* Paris, 1894.

——'Les finances des ducs de Bourgogne au commencement du XVe siècle.' *Études d'histoire du moyen âge dédiées à Gabriel Monod.* Paris, 1896.

DIEUDONNÉ, A. 'La monnaie royale depuis la réforme de Charles V jusqu'à la restauration monétaire par Charles VII.' *BEC.* LXXII(1911), LXXIII(1912).

DODU, G. 'Le roi de Bourges.' *RH.* CLIX(1928).

DOGNON, P. 'La taille en Languedoc de Charles VII à François Ier.' *AM.* III(1891).

DOUCET, R. 'Les finances anglaises en France à la fin de la guerre de cent ans, 1413–35.' *MA.* XXXIII(1926).

——*Les institutions de la France au XVIe siècle.* 2 vols. Paris, 1948.

DUPONT-FERRIER, G. *Études sur les institutions financières de la France à la fin du moyen âge.* 2 vols. Paris, 1930–2.

——'Histoire et signification du mot《aides》dans les institutions financières de la France, spécialement aux XIVe et XVe siècles.' *BEC.* LXXXIX(1928).

——'Les origines des elections financières en France aux XIVe et XVe siècles.' *BEC.* xc (1929).

——*Les origines et le premier siècle de la Cour du Trésor.* BEHE. fasc. CCLXVI. Paris, 1936.

FEBVRE, L. 'Activité politique ou histoire économique à propos de Louis XI.' *Annales d'histoire sociale*, III(1941).

FLENLEY, R. 'London and Foreign Merchants in the reign of Henry VI.' *EHR.* XXV(1910).

FRYDE, E. B. 'Edward III's wool monopoly of 1337: a fourteenth-century royal trading venture.' *History*, n. s., XXXVII(1952).

——'Loans to the English Crown, 1328–31,' *EHR.* LXIX(1955).

——'Materials for the study of Edward III's credit operations, 1327–48.' *BIHR.* XXII(1949), XXIII(1950).

GANDILHON, R. *Politique économique de Louis XI.* Rennes, 1941.

GIRARD, A. 'La guerre monétaire(XIVe–XVe siècles).' *Annales d'histoire sociale*, II(1940).

GODARD, J. 'Contribution à l'étude de l'histoire du commerce des grains à Douai du XIVe au XVIIe siècle.' *Revue du Nord*, XXVII(1945).

HARSIN, P. *Les doctrines monétaires et financières en France du XVIe au XVIIIe siècle.* Paris, 1928.

HAUSER, H. *Les débuts du capitalisme.* Paris, 1931.

——*Ouvriers du temps passé(XVe–XVIe sièles).* Paris, 1899.

——*Travailleurs et marchands dans l'ancienne France.* Paris, 1920. 【640】

HUBRECHT, G. 'Les consequences juridiques des mutations monétaires dans la législation et la jurisprudence françaises des XIVe et XVe siècles. ' *RHDF*. (1933).

JASSEMIN, H. 'La Chambre de Comptes et la gestion des deniers publics au XVe siècle.' *BEC*. XCIII(1932).

JENKINSON, H. and BROOME, D. M. 'An Exchequer statement of receipts and issues, *1339–40*.' *EHR*. LVIII(1943).

JUSSELIN, M. 'Comment la France se préparait à la guerre de cent ans.' *BEC*. LXXIII(1912).

KERLING, N. J. M. *Commercial Relations of Holland and Zeeland with England from the late Thirteenth Century to the Close of the Middle Ages*. Leiden, 1954.

KIRBY, J. L. 'The financing of Calais under Henry V.' *BIHR*. XXIII(1950).

——'The issues of the Lancastrian Exchequer and Lord Cromwell's estimates of 1433.' *BIHR*. XXIV(1951).

KRAMER, S. *The English Craft Gilds and the Government*. Columbia University Studies in History, XXIII(4). New York, 1905.

LABANDE, E. R. 'L'administration du duc d'Anjou en Languedoc (1365–80).' *AM*. LXII (1950).

LARENAUDIE, M. J. 'Les famines en Languedoc au XIVe et XVe siècles.' *AM*. LXIV(1952).

LESAGE, G. 'La circulation monétaire en France dans la seconde moitié du XVe siècle.' *Annales*, III(1948).

MAÎTRE, L. 'Le budget du duché de Bretagne sous le règne de François II.' *Annales de Bretagne*, V(1889–90).

MIROT, L. *Les insurrections urbaines au début du règne de Charles VI(1380–1383)*. Paris, 1905.

MOLLAT, M. *Le commerce maritime normand à la fin du moyen âge*. Paris, 1952.

MORANVILLÉ, H. 'Rapports à Philippe VI sur l'état de ses finances.' *BEC*. XLVIII(1887), LIII (1892).

NEWTON, A. P. 'The King's Chamber under the early Tudors.' *EHR*. XXXII(1917).

PERROY, E. 'À l'origine d'une économie contractée: les crises du XIVe siècle.' *Annales*, IV (1949).

——'La fiscalité royale en Beaujolais aux XIVe et XVe siècles.' *MA*. XXIX(1928).

——*La guerre de cent ans*. Paris, 1945.

——'Wage Labour in France in the Later Middle Ages.' *EcHR*. (1955).

PICARDA, E. *Les marchands de l'eau: hanse parisienne et compagnie française*. BEHE. fasc. CXXXIV. Paris, 1901.

POCQUET DU HAVT-JUSSÉ, B. A. 'Dons du roi aux grands feudataires: les ducs de Bour-gogne.' *RH*. CLXXXIII(1938).

——'Le compte de Pierre Gorremont, receveur-général du royaume(1418–20).' *BEC*. XCVIII (1937).

POSTAN, M. M. 'Some social consequences of the Hundred Years War.' *EcHR*. XII(1942).

POWER, E. *The Wool Trade in English Medieval History*. Oxford, 1941.

——'The wool trade in the reign of Edward IV.' *Cambridge Historical Journal*, II(1926).

——and POSTAN, M. M. *Studies in English Trade in the Fifteenth Century*. London, 1933.

PUTNAM, B. H. *The Enforcement of the Statute of Labourers*. Columbia University Studies in History. New York, 1908.

QUINN, D. B. 'Edward IV and Exploration.' *The Mariner's Mirror*, XXI(1935).

RAMSAY of Bamff, J. H. *Lancaster and York: a Century of English History*. 2 vols. Oxford, 1892.

RONCIÈRE, C. DE LA. 'Première guerre entre le protectionnisme et le libre-échange.' *Revue des questions historiques*, LVIII(1895).

SCOFIELD, C. L. *The Life and Reign of Edward IV*. 2 vols. London, 1923.

SÉE, H. *Louis XI et les vines*. Paris, 1891.

SPONT, A. 'La gabelle du sel en Languedoc au XVe siècle.' *AM*. III(1891).

——'La taille en Languedoc de 1450 à 1515.' *AM*. II(1890).

——'L'équivalent en Languedoc de 1450 à 1515.' *AM*. III(1891).

STAMPE, E. *Das Zahlkraftrecht in den Königsgesetzen Frankreichs von 1306 bis 1547*. Berlin, 1930.

Steel, A. B. *The Receipt of the Exchequer, 1377–1485*. Cambridge, 1954.
Tout, T. F. and Broome, D. M. ' Anational balance-sheet for 1362–3. ' *EHR*. XXXIX (1924). 【641】
Unwin, G. *Finance and Trade under Edward III* Manchester, 1918.
Viard, J. ' La guerre de Flandre (1328). ' *BEC*. LXXXIII (1922).
——' Les ressources extraordinaires de la royauté sous Philippe VI de Valois. ' *Revue des questions historiques*, XLIV (1888).
Vivier, R. ' La grande ordonnance de février 1351: Les mesures anticorporatives et la liberté de travail. ' *RH*. CXXXVIII, 1921.
——' Une crise économique au milieu de XIVe sièle. ' *Revue d' histoire économique et sociale*, VIII (1920).
Ward, G. F. ' The early history of the Merchants Staplers. ' *EHR*. XXXIII (1918).
Wolff, P. *Commerces et marchands de Toulouse (1350–1450)*. Paris, 1954.
Zeller, G. *Les institutions de la France au XVIe siècle*. Paris, 1948.
——' Louis XI, la noblesse et la marchandise. ' *Annates*, I (1946).

III. The Low Countries

De Roover, R. *Money, Banking and Credit in mediaeval Bruges*. Cambridge (Mass.), 1948.
De Sagher, H. E. *Recueil de documents relatifs à l' histoire de l' industrie drapière en Flandre. Deuxième pattie. Le Sud-Ouest de la Flandre depuis l' époque bourguignonne*, I. Brussels, 1951.
Dhondt, J. ' Développement urbain et initiative comtale en Fiandre au XIe siècle. ' *Revue du Nord*, XXX. Lille-Arras, 1948.
Espinas, G. and Pirenne, H. *Recueil de documents relatifs à l' histoire de l' industrie drapière en Flandre. Première partie. Des origines à l' èpoque bourguignonne*. 4 vols. Brussels, 1906–23.
Fockema Andreae, S. J. *Het hoogheemraadschap van Rijnland. Zijn recht en zijn bestuur van de vroegste tijd tot 1857*. Leyden, 1934.
Galbert De Bruges, *Histoire du meurtre de Charles le Bon, comte de Flandre*, ed. Pirenne, H. Paris, 1891.
Haepke, R. *Brügges Entwicklung zum mittelalterlichen Weltmarkt*. Berlin, 1908.
Laurent, H. *La loi de Gresham au moyen âge. Essai sur la circulation monétaire entre la Flandre et le Brabant à la fin du XIVe siècle*. Brussels, 1933.
Maréchal, J. *Bijdrage tot de geschiedenis van het bankwezen te Brugge*. Bruges, 1955.
Niermeyer, J. F. ' Dordrecht als handelsstad in de tweede helft van de veertiende eeuw. ' *Bijdragen voor Vaderlandsche Geschiedenis en Oudheicdjunde*, 8th ser., III–IV. The Hague, 1941–2.
——*De wording van onze volkshuishouding*. The Hague, 1946.
Pirenne, H. *Mediaeval Cities. Their Origins and the Revival of Trade*. Princeton, 1925.
——*Les anciennes démocraties des Pays-Bas*. Paris, 1910. Reprinted in: Pirenne, H. *Les villes et les institutions urbaines*, I. Paris-Brussels, 1939.
——' La Hanse flamande de Londres. ' *Bulletin de l' Académie royale de Belgique*, 3rd ser., XXXVII. Classe des Lettres. Brussels, 1899. Reprinted in: Pirenne, H. *Les villes et les institutions urbaines*, II. Paris-Brussels, 1939.
——' Les《overdraghes》et les《portes d' eau》en Flandre au XIIIe siéle, à propos d' une charte inédite provenant des archives de la ville d' Ypres. ' *Essays in Medieval History presented to Thomas Frederick Tout*. Manchester, 1925. Reprinted in Pirenne, H. *Histoire économique de l' Occident médiéval*. Bruges, 1951.
Stein, W. ' Der Streit zwischen Köln und Flandern um die Rheinschiffahrt im 12. Jahrhundert. ' *Hansische Geschichtsblätter*, XVII (1911).
Van Houtte, J. A. ' Les foires dans la Belgique ancierme. ' *Recueits de la société Jean Bodin*, V: *La Foire*. Brussels, 1953.
Van, Werveke, H. ' Currency Manipulation in the Middle Ages: the Case of Louis de Male, count of Flanders. ' *Transactions of The Royal Historical Society*, 4th ser. XXXI. London, 1949.

——'"Hansa" in Vlaanderen en aangretnzende gebieden.' *Handelingen Société d' Émutation* XC. Bruges, 1953.

——'De economische politiek van Filips van de Elzas (1157–68 tot 1191).' *Mededelingen van de Koninklijke Vlaamse Academic voor Wetenschappen, Letteren en Schone Kunsten, Klasse der*
【642】 *Letteren*, XIV (3). Brussels, 1952.

Yans, M. *Histoire économique du duché de Limbourg sous la Maison de Bourgogne. Les forêts et les mines.* Brussels, 1938.

IV. The Baltic Countries

Andersson, Ingvor M. *Erik Menved och Venden.* Lurid, 1954.

Arup, E. *Danmarks Historie*, I–II Copenhagen, 1925–32.

Bolin, S. 'Hallandslistan i king Valdemars jordebok.' *Scandia*, II (1929).

——*Ledung och frälse.* Lurid, 1934.

——*Skånelands historia*, II. Lund, 1932.

von Brandt, A. 'De äldsta urkunderna rörande tysk-svenska förbindelser.' *Svensk Historisk Tidskrift*, LXVIII (1953).

Brennecke, A. 'Die ordentlichen direkten Staats-Steuem Meldenburgs im Mittelalter.' *Jahrbücher des Vereins für meklenburgische Geschichte und Altertumskunde*, LXV (1900).

Bugge, A. *Den norske sjöfarts historie*, I. Christiana, 1923.

Christensen, Aksel E. *Kongemagt og Aristokrati.* Copenhagen, 1945.

Christensen, William. *Unionskongerne og Hansestaederne 1439–1466.* Copenhagen, 1895.

Daenell, E. *Die Blütezeit der deutschen Hanse*, I–II. Berlin, 1905–6.

Dovreng, F. *De stående skatterna påjord 1400–1600.* Lund, 1951.

Engström, Sten. *Bo Jonsson I.* Uppsala, 1935.

Erslev, Kr. *Erik af Pommern.* Copenhagen, 1901.

——*Valdemarernes Storhedstid.* Copenhagen, 1898.

ten Haaf, R. *Deutschordensstaat und Deutschordensballeien.* Göttingen, 1951.

Hammparström, I. *Finansförvaltning och varuhandel 1504–1540.* Uppsala, 1956.

Hasselberg, G. *Studier rörande Visby stadslag och dess källor.* Uppsala, 1953.

Johnsen, O. A, *Noregsveldets undergang.* Christiana, 1924.

Klein, A. *Die zentrale Finanzverwaltung im Deutschordensstaate Preussen am Anfang des XV. Jahrhunderts.* Staats-und Sozialwissenschaftliche Forschungen hrsgg, von G. Schmoller und M. Sering, XXIII (2). Leipzig, 1904.

Kossmann, E. O. *Die deutschrechtliche Siedlung in Polen.* Leipzig, 1937.

Krumbholtz, R. 'Die Finanzen des Deutschen Ordens unter dem Einfluss der Polnischen Politik des Hochmeisters Michael Küchmeister.' *Deutsche Zeitschr. für Geschichtswissenschaft hrsgg, von L. Quidde*, Xvm (1892).

Kumlien, Kj. *Sverige och hanseaterna.* Kungl. Vitterhets-, Historie-och Antikvitetsakademiens Handlingar, LXXXVI. Stockholm, 1953.

Lönnroth, E. 'Slaget på Brunkeberg och dess förhistoria.' *Scandia*, XI (1938).

——*Statsmakt och statsfinans i der medeltida Sverige.* Gothenburg, 1940.

Malowist, M. *Le commerce de la Baltique et le problème des luttes sociales en Pologne aux XVe et XVIe siècles.* La Pologne au Xe congrès international des sciences historiques à Rome. Warsaw, 1955.

Müller, K. O. 'Das Finanzwesen der Deutschordensballei Elsass-Schwaben-Burgund im Jahre 1414.' *Historisches Jahrbuch hrsgg. im Auftrage der Görres-Gesellschaft*, XXXIV (1913).

Niitemaa, V. *Das Strandrecht in Nordeuropa im Mittelalter.* Helsinki, 1955.

Renken, F. *Der Handel der Königsberger Grosschäfferei des deutschen Ordens mit Flandern um 1400.* Weimar, 1937.

Reuter, H. 'Die ordentliche Bede der Grafschaft Holstein.' *Zeitschr. der Gesellschaft für Schleswig-Holsteinische Geschichte*, XXXV (1905).

Rörig, F. ‘Reichssymbolik auf Gotland.’ *Hansische Geschichtsblätter*, Sonderdruck LXIV, Weimar, 1940.

——*Vom Wesen und Werden der Hanse.* Leipzig, 1940.

Rosén, J. *Kronoavsöndringar under äldre medeltid.* Lurid, 1949.

Von Rundstedt, H. G. *Die Hanse und der Deutsche Orden in Preussen bis zur Schlacht bei Tannenberg.* Weimar, 1937.

Schäfer, D. *Die Hansestädte und König Waldemar von Dädnemark.* Jena, 1879.

Schretner, J. *Hanseatene og Norges nedgang.* Oslo, 1935. [643]

Semkowicz, W. ‘Methodisch-kritische Bemerkungen über Herkunft und Siedel-ungsverhältnisse der polnischen Ritterschaft im Mittelalter.’ *Bulletin intern. de l' Académie des Sciences de Cracovie*, Résumé 4(1912).

Steinmann, Paul. ‘Die Geschichte der mecklenburgischen Landessteuern und der Landesstände bis zu der Neuordnung des Jahres 1555.’ *Jahrbücher des Vereins für mecklenburgische Geschichte und Altertumskunde*, LXXXVIII(1924).

Steinnes, A. *Gamal skatteskipnad i Noreg*, I–II. Oslo, 1930–3.

Techen, F. ‘Über die Bede in Mecklenburg bis zum Jahre 1385.’ *Jahrbücher des Vereins für mecklenburgische Geschichte und Altertumskunde*, LXVII(1902).

Tymieniecki, K. ‘Processus créateurs dans la formation de la société polonaise au moyen âge.’ *Bull. intern, de l' Académie polonaise des sciences et des lettres.* Résumé 37(1919–20).

Weibull, C. *Sverige och dess nordiska grannmakter under den tidigare medeltiden.* Lund, 1921.

Weibull, L. ‘S:t Knut i Österled.’ *Scandia*, XVII(1946).

Wojciechowski, Z. *L' état polonais au moyen âge. Histoire des institutions.* Paris, 1949.

Yrwing, H. *Gotland under äldre medeltid.* Lund, 1940.

——*Kungamordet i Finderup.* Lund, 1954.

V. The Itallan And Iberian Peninsulas

Altamira, R. *Historia de España y de la civilización espahñola*, I and II. Barcelona, 1913.

Arias, G. *Il sistema della costituzione economica e sociale italiana nell' età del Communi.* Turin-Rome, 1905.

Ballestreros Y Beretta, A. *Historia de España y sua influencia en la Historia universal.* Barcelona, 1922.

——*Sevilla en el siglo XIII.* Madrid, 1913.

Bardadoro, B. *Le finanze della Repubblica fiorentina.* Florence, 1929.

Barbieri, G. *Economia e politica nel Ducato di Milano(1386–1535).* Milan, 1936.

Benigni, V. *Die Getreidepolitik der Päpste, 1420–1471.* Berlin, 1898.

Besta, E. *Dell' indole degli Statuti locali del Dogado Veneziano e di quelli di Chioggia in particolare.* Turin, 1898.

Blanchini, L. *La storia delle finanze del Regno di Napoli.* 3 vols. Naples, 1834–5.

Biscaro, G. ‘Gli estimi del comune di Milano nel secolo XIII.’ *Archivio Storico Lombardo*, XIII (1928), 343.

Bistort, G. *Il magistrato alle pompe nella Repubblica di Venezia.* Miscellanea di Storia Veneta, ser. 3, v. Venice, 1912.

Bognetti, G. ‘Note per la storia del passaporto e del salvacondotto.’ *Studi giuridici dell' Università di Pavia*, XVI–XVIII(1933).

Bonardi, A. ‘Il lusso di altri tempi(Pistoia). Studio storico con documenti inediti.’ *Miscellanea di Storia Veneta*, ser. 3, II(1909).

Bratianu, A. *Recherches sur le commerce des Génois dans la Mer Noire au XIIIe siècle.* Paris, 1929.

Brunetti, M. ‘Venezia durante la peste del 1348.’ *Ateneo Veneto*, XXXII(1909).

Caggese, R. *Roberto d' Angiò e i suoi tempi.* Florence, 1922.

Canaletti Gaudenii, A. *La politica agraria ed annonaria dello Stato Pontificio da Benedetto XIV a Pio VII.* Rome, 1947.

Cantini, L. *Legislazione toscana 1532–1775*. 32 vols. Florence, 1800–8.

Carande, R. 'Sevilla, fortaleza y mercado.' *Anuario de Historia del Derecho Español*, II. Madrid, 1925.

Cedillo, Conde de. *Contribuciones y impuestas en León y Castilla durante la Edad Media*. Madrid, 1896.

Cessi, R. *Politica ed economia di Venezia nel Trecento*. Rome, 1952.

Ciampi, S. *Statuti suntuari ricordati da G. Villani circa il vestiario delle donne, dei regali e i banchetti... ordinati dal Comune di Pistoia negli anni 1332–1333*. Pisa, 1815.

Cibrario, L. *Della economia politica del Medio Evo*. Turin, 1842.

Cipolla, C. M. 'Ripartizione delle colture nel Pavese secondo le "misure territoriali" della metà del Cinquecento'. *Studi di Economia e Statisfica dell' Università di Catanài*. Catania, 1950–
【644】 1.

Cipolla, C. M. 'L' economia Milanese, 1350–1500', in *Storia di Milano* (Fond. Trecconi), VII. Milan, 1955.

Cognetti de Martiis, S. 'I due sistemi della politica commerciale veneziana.' *Biblioteca dell' Economista*, ser. 4, I. Turin, 1900.

Colmeiro, M. *Historia de la Economía política en España*. Madrid, 1863.

Cusumano, V. *La teoria del commercio del grani in Italia*. Bologna, 1877.

Dallari, U. 'Lo statuto suntuario di Bologna del 1401 e il registro delle vesti bollate.' *Atti e Memorie della R. Deputazione di Storia Patria per le Province della Romagna*, ser. 3, VII (1889).

Dal Pane, L. 'La politica annonaria di Venetia.' *Giornale degli Economisti ed Annali di Economia*, n. s., V (1–2) (1943–6), 331–3.

Damiani, A. 'La giurisditione dei consoli del Collegio dei Mercanti di Pavia.' *Bolltettino Soc. Pavese di Storia Patria*, II. Pavia, 1902.

De Capmany y de. Montpalau, A. *Memorias históricas sobra la marina, comercio y artes de la antigua ciudad de Barcelona*. 4 vols. Madrid, 1779–92.

De Hinojosa, E. *Estudios sobre la historia del derèho español*. Madrid, 1903.

Del Giudice, G. 'Una legge suntuaria inedita del 1290.' *Atti della Accademia Pontoniana*, XVI. Naples, 1886.

Donna, G. 'I Borghifranchi nella politica della repubblica vercellese.' *Annali dell' Accademia di Agricoltura di Torino*, LXXXIV (Turin, 1942–3), 89–152.

Dopsch, A. *Naturalwirtschaft und Geldwirtschaft in der Weltgeschichte*. Vienna, 1930.

Doren, A. *Storia economica dell' Italia nel Medio Evo*. Padua, 1937.

——*Le arti fiorentine*. Florence, 1940.

Fabretti, A. 'Statuti ed ordinamenti suntuari intorno al vestire degli uomini e delle donne in Perugia dall' anno 1266 al 1536, raccolti e annotati da...' *Memorie della R. Accademia delle Scienze di Torino*, ser. 2, XXXVIII (1888).

Fabroni, G. *Dei provvedimenti annonari*. Florence, 1804.

Fanfani, A. 'Aspetti demografici della politica economica nel Ducato di Milano.' *Saggi di Storia Economica Italiana*. Milan, 1936.

Fanfani, P. *La legge suntuaria fatta dal Comune di Firenze l' anno 1355 e volgarizzata nel 1356 da Ser Andrea Lancia, stampata ora per la prima volta per cura di... con note e dichiarazioni*. Florence, 1851.

Fano, N. 'Ricerche sull' arte della lana a Venetia nel XIII e XIV secolo.' *Archivio Veneto*, ser. 5, XVIII (1936).

Fiumi, E. 'Fioritura e decadenza dell' economia fiorentina: politica economica e classi sociali.' *Archivio Storico Italiano*, CXVII (1959).

Gaddi, L. *Per la storia della legislazione e delle istituzioni mercantili lombarde*. Milan, 1893.

Garufi, C. A. 'La giurisdizione annonaria municipale nei secoli XIII e XIV.' *Archivio Storico Siciliano*, XXII (1897).

Gennardi, L. *Terre communi e usi civici in Sicilia*. Documenti per servire alla storia della Sicilia.

Palermo,1911.

Glenisson,J. 'Une administration médiévale aux prises avec la disette.' *Le Moyen Âge*, ser. A, VI. Paris,1951.

Invernizzi,C. 'Gli Ebrei a Pavia.' *Bollett. Soc. Pavese di Storia Patria*, v. Pavia,1905.

Klein,J. *The Mesta: a Study in Spanish Economic History.* Cambridge(Mass.),1920.

Landry,A. *Essai économique sur les imitations des monnaies dans l'ancienne France de Philippe le Bel et Charles VII.* Paris,1910.

Leicht,P. S. *Corporazioni romane e arti medievali.* Turin,1937.

Loisel,S. *Essai sur la législation économique des Carolingiens.* Caen,1904.

Lopez,R. S. 'Du marché temporaire à la colonie permanente. L'évolution de la politique commerciale au Moyen Âge.' *Annales(Économies,Sociétés,Civilisations)*,IV(4)(1949),389-405.

Lucas,H. S. 'The great European famine of 1315-16-17.' *Speculum*, October 1930.

Luzzatto,G. *Storia economica—l'Età Moderna.* Padua,1938.

——*I prestiti della Repubblica di Venezia.* Vol. I, ser. III: 'Documenti finanziari della Repubblica di Venetia.' Padua,1929.

——*Studi di storia economica veneziana.* Padua,1954. [645]

Luzzatto,G. 'Sindacati e cartelli nel commercio veneziano dei secoli XIII e XIV' in *Studi di storia economica veneziana*(Padua,1954),195-200.

Marchetti,A. 'Su l'obbligo della lavorazione del suolo nei comuni medievali marchigiani.' *Archivio Vittorio Scialoja per le consuetudini giuridiche agrarie e le tradiz. popolari italiane*, II, fasc. I(Florence,1935),18-41.

Mayer,E. *Historia de las instituciones sociales y políticas de España y Portugal durante los siglos V al XIV.* Madrid,1925.

Merrlman,R. B. *The rise of the Spanish empire.* New York,1918.

Mickwitz,G. *Die Kartellfunktionen der Zünfte und ihre Bedeutung bei der Entstehung des Zunftwescns.* Helsinki,1936.

Monticolo,G. Preface to *I Capitotari delle arti veneziane*, I. Fonti per la Storia d'Italia. Rome, 1896.

Motta,E. *Ebrei a Como e in altre città del Ducato di Milano.* Como,1885.

Naude,W. *Die Getreidehandelspolitik und Kriegsmagazinverwaltung Branderburg Preussens bis 1740.* Acta Borussica, Berlin,1901.

Newett,M. 'The Sumptuary Law of Venice in the 14th and 15th Centuries.' *Historical Essays by Members of Owens College, Manchester*, edited by T. F. Tout and J. Tait. London,1902.

Pavesi,A. *Memorie per servire alla storia del commercio dello Stato di Milano.* Como,1778.

Peyer, H. C. *Zur Getreidehandelspolitik oberitalienischer Städte im 13. Jahrhundert.* Veröffentlichungen des Instituts für Österreichische Geschichtsforschung. Vienna,1950.

Pierro,M. 'Le leggi stmtuarie e la politica demografica nel Medioevo.' *Politica Sociole* (Jan./Feb. 1930).

Poehlmann,E. *Die Wirtschaftspolitik der florentiner Renaissance.* Leipzig,1868.

Poggi,E. *Cenni storici delle leggi dell'agricoltura.* Florence,1848.

Rodolico,N. *La democrazia fiorentina nel suo tramonto.* Bologna,1905.

Romano,G. 'A proposito di un passo di Agnello Ravennate.' *Bollettino Soc. Pavese di Storia Patria*, X. Pavia,1910.

Roscher,W. *Über Kornhandel und Theurungspolitik.* 3rd ed. Stuttgart-Tübingen,1852.

Rossi,B. 'La poLitica agraria dei comuni dominanti negli Statuti della Bassa Lombardia.' *Scritti giuridici in memoria di A. Arcangeli*, II(Padua,1939),403-36.

Sagredo,A. 'Sulle consorterie delle arti edificatorie in Venezia.' *Archivio Storico Italiano*, ser. 2, VI(1857).

Sánchez Albornoz,C. 'La primitiva organización monetaria de León y Castilla.' *Anuario de historia del derecho español*, V(1928).

Sapori,A. 'L'usura nel Duecento a Pistoia' in *Studi di storia economica*, 3rd ed. 2 vols. 1955.

——'I mutui dei mercanti fiorentini del Trecento e l'incremento della proprietà fondiaria' in

ibid.
——'L' interesse del danaro a Firenze nel Trecento' in *ibid.*
——*Le marchand italien au Moyen Age.* Paris, 1952.
SCHAUBE, A. 'Die Anfänge der venetianischen Galerenfahrten nach der Nordsee.' *Hist. Zeitschrift*, ser. 3, V(1908), 28-89.
SIEVEKING, H. *Studio sulle finanze genovesi nel Medioevo e in particolare sulla case di S. Giorgio.* Atti Soc. Ligure St. Patria, XXXV, part I(Genoa, 1905), part II(Genoa, 1906).
SILVA, P. *Intorno all' industria e al commercio della lana in Pisa.* Studi Storici, XIX. Pisa, 1911.
SIMEONI, L. *Gli antichi statuti delle arti veronesi a cura di...* Venice, 1914.
SMITH, R. S. *The Spanish Guild Merchant.* Durham, N. Carolina, 1940.
SORIGA, R. 'Il memoriale dei Consoli del Comune di Pavia.' *Bollettino Soc. Pavese di Storia Patria*, XIII. Pavia, 1913.
TRAMOYERES, BLASCO, L. *Instituciones gremiales: su origen y organización en Valencia.* Valencia, 1889.
UNA Y SARTHOU, J. *Las asociadones obreras en España.* Madrid, 1900.
VENTALLO VINTRO, J. *Historia de la industria lanera catalana: monografía de sus antiguos gremios.* Tanasa, 1904.
VERGA, E. 'Le leggi suntuarie milanesi: Gli statuti dal 1396 al 1498.' *Archivio Storico Lombardo*,
【646】 ser. 3, IX(1898).
VERLINDEN, C. 'La grande peste de 1348 en Espagne.' *Revue beige de philologie, et d' histoire*, XVIII. Brussels, 1938.
YVER, G. *Le commerce et les marchands dans l' Italie méridionale au XIII et au XIV siècle.* Bibliothèque des Écoles françaises d' Athènes et de Rome publiée sous les auspices du Ministère de l' instruction publique, fasc. 88. Paris, 1903.
ZANELLI, A. 'Di alcune leggi suntuaxie pistoiesi dal XIV al XVI secolo.' *Archivio Storico Italiano*, ser. 5, XVI(1895).

第七章　公共信贷——特别就欧洲西北部而论

An attempt has been made to give a comprehensive bibliography of works specially concerned with public credit in northern Europe or with particular lenders. Printed sources and works on general history, public finance and on businessmen are listed in the bibliography only if they have been used extensively. Unpublished sources and works containing only incidental references to credit transactions are mentioned in the footnotes to the main text. Notes have been also added on matters of special importance or interest.

The following abbreviations have been used:

AHES.	*Annales d' Histoire Économlque et Sociale*, later, *Annates d' Histoire Sociale*, *Mélanges d' Histoire Sociale and Annales*(*Économies*, *Sociétés*, *Civilisations*)
AHR.	*American Historical Review*
BECh.	*Bibliothèque de l' École des Chartes*
BCRH.	*Bulletin de la Commission Royale d' Histoire*
BIHR.	*Bulletin of the Institute of Historical Research*
EcHR.	*Economic History Review*
EHR.	*English Historical Review*
JNOS.	*Conrads Jahrbücher für Nationalökonomie und Statistik*
P. R. O.	Public Record Office(London)
RBPH.	*Revue Beige de Philologie et d' Histoire*
RH.	*Revue Historique*
RHDr.	*Revue Historique de Droit Français et Étranger*
TRHS.	*Transactions of the Royal Historical Society*
VSWG.	*Vierteljahrschrift für Sozial-und Wirtschaftsgeschichte*

I. General

(a) General Works on Credit

Bigwood, G. *Le régime juridique et économique du commerce de l' argent dans la Belgique du moyen âge.* 2 vols. Brussels, 1921–2.

Ehrenberg, R. *Das Zeitalter der Fugger. Geldkapital und Kreditverkehr im 16. Jahrhundert.* 2 vols. 3rd ed. Jena, 1922.

Kuske, B. 'Die Entstehung der Kreditwirtschaft und des Kapitalverkehrs.' *Kölner Vorträge hersg, von der Wirtschafts-und Soziatwissenschafilichen Fakultät der Universität Köln*, I(1927) (reprinted in B. Kuske, *Köln, der Rhein und das Reich.* Cologne, 1956).

Landmann, J. 'Zur Entwicklungsgeschichte der Formen und der Organisation des öffentlichen Kredites.' *Finanzarchiv*, XXIX(1912).

——'Geschichte des öffentliches Kredites.' *Handbuch der Finanzwissenschaft* (ed. W. Gerloff and F. Neumark), III. 2nd ed. Tübingen, 1958. 【647】

Lotz, W. *Finanzwissenschaft.* 2nd ed. Berlin, 1931.

Mayer, T. H. 'Geschichte der Finanzwirtschaft vom Mittelalter bis zum Ende des 18. Jahrhunderts.' *Handbuch der Finanzwissenschaft*, 2nd ed. (ed. Gerloff-Neumark), I. Tubingen, 1952.

Postan, M. M. 'The Financing of Trade in the Later Middle Ages.' M. Sc. Thesis, University of London, 1926.

——'Credit in medieval trade.' *EcHR.* I(1928).

Sapori, A. *Studi di storia economica.* 2 vols. 3rd ed. Florence, 1956.

(b) General Works on the Economic and Institutional Background

Bautier, R. H. 'Les foires de Champagne. Recherches sur une évolution historique.' *Recueils de la Société Jean Bodin*, v: *La Foire.* Brussels, 1953.

Bloch, M. *Esquisse d' une histoire monétaire de l' Europe.* Paris, 1954.

Bourquelot, F. 'Études sur les foires de Champagne et de Brie... aux XIIe, XIIIe et XIVe siècles.' *Mémoires présentés par divers savants à l' Académie des Inscriptions et Belles-Lettres*, 2nd ser. v. 2 vols. Paris, 1865.

Endemann, W. *Studien in der romanisch-kanonistischen Wirtschafts-und Rechtslehre bis gegen Ende des siebzehnten Jahrhunderts.* 2 vols. Berlin, 1874–83.

Girard, A. 'Un phénomène économique: la guerre monétaire (XIVe–XVe siècles).' *Annales d' Histoire Sociale*, II(1940).

Laurent, H. *Un grand commerce d' exportation au moyen-âge. La draperie des Pays Bas en France et dans les pays méditerranéens (XIIe–XVe siècle).* Paris, 1935.

Mclaughlin, T. P. 'The teaching of the canonists on usury (XII, XIII and XIV centuries).' *Mediaeval Studies*, I–II(1939–40).

Nelson, B. N. *The idea of usury. From tribal brotherhood to universal otherhood.* Princeton, 1949.

Pirenne, H. *Histoire économique de l' occident nédiéval.* Bruges, 1951.

Reynolds, R. L. 'Origins of modern business enterprise. Medieval Italy.' *Journal of Economic History*, XII(1952).

Schaube, A. *Handelsgeschichte der romanischen Völker des Mittelmeergebiets biz zum Ende der Kreuzzüge.* Munich and Berlin, 1906.

Schneider, F. 'Das kirchliche Zinsverbot und die kuriale Praxis im 13. Jahrhundert.' *Festgabe für Heinrich Finke.* Münster, 1904.

Schulte, A. *Geschichte des mittelalterlichen Handets und Verkehrs zwischen Westdeutschland und Italien mit Ausschluss von Venedig.* 2 vols. Leipzig, 1900.

Sczaniecki, M. *Essai sur les fiefs-rentes.* Paris, 1946.

(c) The influence of the Papacy on Credit (main general works)

Bauer C. 'Die Epochen der Papstfinanz.' *Historische Zeitschrifi*, CXXXVIII(1929).

Gottlob, A. *Die päpstlichen Kreuzzugs-Steuern des 13. Jahrhunderts.* Heiligenstadt, 1892.

——'Päpstliche Darlehnsschulden des *13*. Jahrhunderts. ' *Historisches Jahrbuch*, XX(1899).

——'Kuriale Prälatenanleihen im 13. Jahrhundert. ' *VSWG*. I(1903).

——*Die Servitientaxe im 13. Jahrhundert. Eine Studie zur Geschichte des päpstlichen Gebührenwesens*. Stuttgart, 1903.

JORDAN, E. *De mercatoribus camerae apostolicae saeculo XIII*. Rennes, 1909.

KIRSCH, J. P. *Die päpstlichen Kollektorien in Deutschland während des XIV. Jahrhunderts.* Quellen und Forschungen hersg, von der Görres-Gesellschaft, IV. Paderborn, 1894.

LUNT, W. E. *Papal revenues in the middle ages.* 2 vols. New York, 1934.

——*Financial relations of the Papacy with England to 1327.* Cambridge(Mass.), 1939.

RENOUARD, Y. *Les relations des papes d' Avignon et des compagnies commerciales et bancaires de 1316 à 1378.* Paris, 1941.

【648】 SAMARAN, CH. and MOLLAT, G. *La fiscalité pontificale en France au XIVe siècle.* Paris, 1905.

(*d*) *Particular Groups of Lenders*

ARIAS, G. *Studi e documenti di storks del diritto.* Florence, 1901. (The Bonsignori of Siena.)

CARO, G. *Sozial-und Wirtschaftsgeschichte der Juden im Mittelalter und in der Neuzeit.* 2 vols. Frankfurt, 1920–4.

CHLAUDANO, M. 'I Rothschild del Dugento: la Gran Tavola di Orlando Bonsignori. ' *Bull. Senese di Storia Patria*, n. s. VI(1935).

DAVIDSOHN, R. *Forschungen zur Geschichte von Florenz.* 4 vols. Berlin, 1896–1908.

DELISLE, L. 'Mémoirc sur les opérations financières des Templiers. ' *Mémoires de l' Institut National de France, Académie des Inscriptions et Belles-Lettres*, XXXIII(1889).

DENHOLM-YOUNG, N. 'The merchants of Cahors. ' *Medieualia et Humanistica*, IV(1946).

FLINIAUX, A. 'La faillte des Ammannati de Pistoia et le Saint-Siège. ' *RHDr*. 4th ser. III(1924).

JORDAN, E. 'La faillite des Bonsignori. ' *Mélanges Paul Fabre: Études d' histoire du moyen âge.* Paris, 1902.

PIQUET, J. *Des banquiers au moyen âge. Les Temptiers. Étude de leurs opérations financières.* Paris, 1939.

PITON, C. *Les Lombards en France et à Paris. 2 vols.* Paris, 1892–3(an outdated work).

PRUTZ, H. *Die geistlichen Ritterorden. Ihre Stellung zur kirchlichen, politischen, gesell-schaftlichen und wirtschaftlichen Entwicklung des Mittelalters.* Berlin, 1908.

RENOUARD, Y. *Les hommes d' affaires italiens du moyen âge.* Paris, 1949.

ROOVER, R. DE. *The Medici Bank.* New York, 1948.

——'Lorenzo il Magnifico e il tramonto del Banco dei Medici. ' *Archivio Storico Italiano*, CVII (1949).

SAYOUS, A. E. 'Les opérations des banquiers en Italie et aux foires de Champagne pendant le XII-Ic siècle. ' *RH*. CLXX(1932).

SCHNEIDER, G. *Die finanziellen Beziehungen der florentinischen Bankiers zur Kirche von 1285 bis 1304*. Leipzig, 1899. Staats-und socialwissenschaftliche Forschtmgen herausg. von Gustav Schmoller, XVII(I)(Heft 73).

WOLFF, P. 'Le problème des Cahorsins. ' *Annales du Midi*, LXII(1951).

YVER, G. *Le commerce et les marchands dans l' Italie méridionale au XIIIe et au XIVe siècle.* Paris, 1903.

(*e*) *The Towns and the Sale of Rents*

(See also the sections on towns under particular countries)

ARNOLD, W. *Zur Geschichte des Eigentums in den deutschen Städten.* Basle, 1861.

BROUSSOLLE, J. 'Les impositions municipales de Barcelone de 1328 à 1462. ' *Estudios de Historia Moderna.* Barcelona, 1955.

CAUWÈS, P. 'Les commencements du crédit public en France; les rentes sur l' hôtel de ville au XVIe siècle. ' *Revue d' économie politique*, LX–X(1895–6).

COMBES, J. 'La constitution de rente à Montpellier au commencement du XVe siècle. ' *Annales de l' Université de Montpellier et du Languedoc-Roussillon*, II(1944).

ESPINAS, G. *Les finances de la commune de Douai des origines au XVe siècle*. Paris, 1902.

FRYDE, M. M. ' Z badań nad dziejami kredytu publicznego w średniowieczu. Kredyt miast. ' *Ekonomista* ,III. Warsaw,1935.

GÉNESTAL,R. *Rôle des monastères comme établissements de crédit étudié en Normandie du XIe à la fin du XIIIe siècle.* Paris,1901.

JACK ,A. F. *An introduction to the history of life assurance.* New York,1912.

JANOWICZ,A. *Kupno renty. Studyum historyczno-prawne.* Lwòw,1883.

KUSKE,B. *Das Schuldenwesen der deutschen Städte im Mittetalter.* Tübingen,1904.

LEFEBVRE,CH. *Observations sur les rentes perpétuelles dans l' ancien droit français.* Paris,1914.

MAREZ,G. DES. *Étude sur la propriété foncière dans les villes du moyen, âge et spécialement en Flandre.* Ghent,1898.

PETOT,P. ' La constitution de rentc aux XIIe et XIIIe siècles dans les pays coutumiers. ' *Publications de l' Université de Dijon*,I. Paris,1928.

PIRENNE. ,H. *Les villes et les institutions urbaines.* 2 vols. Brussels,1939. 【649】

STIEDA,W. ' Städtische Finanzen im Mittelalter. ' *JNOS.* LXXII(1899).

TRENERRY,C. F. *The Origins and Early History of Insurance including the Contract of Bottomry.* 1926.

USHER,A. P. *The Early History of Deposit Banking in Mediterranean Europe*, I. Cambridge (Mass.),1943.

VAN WERVEKE,H. *De Gentsche Stadsfinanciën in de Middeleeuwen.* Brussels,1934.

(*f*) *The Earliest Period and the Crusades*

BRIDREY,E. *La condition juridique des croisés et le privilège de Croix.* Paris,1900.

DEIBEL, G. ' Die italienischen Einkünfte Kaiser Friedrich Barbarossas. ' *Neue Heidelberger Jahrbücher*, n. s. 1932.

——' Die finanzielle Bedeutung Reichs-Italiens für die Staufische Herrscher des zwölften Jahrhunderts. ' *Zeitschrifi der Savigny-Stiftung für Rechtsgeschichte, Germ. Abt.* LIV(1934).

DELISLE, L. ' Mémoire sur les opérations financières des Templiers. ' *Mémoires de l' Institut National de France, Académie des Inscriptions et Belles-Lettres*, XXXIII(1889).

DUBY ,G. *La société aux XIe et XIIe siècles dans la région mâconnaise.* Paris,1953.

GÉNESTAL,R. *Rôle des monastères comme établissements de crédit étudié en Normandie du XIe à la fin du XIIIe siècle.* Paris,1901.

GOTTLOB,A. *Die päpstlichen Kreuzzugs-Steuern des XIII. Jahrhunderts.* Heiligenstadt,1892.

JORDAN,E. *Les origines de la domination angevine en Italie.* Paris,1909.

LESTOCQUOY,J. ' Les usuriers du début du Moyen Age. ' *Studi in onore di Gino Luzzatto*, I. Milan,1949.

MALAFOSSE,J. DE. ' Contribution à l' étude du crédit dans le Midi aux Xe et XIe siècles: les sûretés réelles. ' *Annales du Midi* ,LXIII(1951).

PRUTZ,H. *Kulturgeschichte der Kreuzzüge.* Berlin,1883.

SAYOUS,A. E. ' Lesmandats de Saint Louis sur son Trésor et le mouvement international des capitaux pendant la septième croisade. ' *RH* . CLXVII(1931).

SCHAUBE,A. ' Die Wechselbriefe König Ludwigs des Heiligen von seinen erstem Kreuzzuge und ihre Rolle auf dem Geldmarkte in Genua. ' *JNOS* . XV(1898).

SERVOIS,G. ' Emprunts de Saint Louis en Palestine et em Afrique. ' *BECh* . 4th ser. ,IV(1858).

VAN WERVEKE,H. ' Monnaie, lingots ou marchandises? Les instruments d' échange aux XIe et XIIe siècles. ' *AHES* . IV(1932).

——' Le mort-gage et son rôle économique en Flandre et en Lotharingie. ' *RBPH* . VIII(1929).

VERCAUTEREN,F. *Étude sur les Civitates de la Belgique Seconde: contribution à l' histoire urbaine du nord de la France de la fin du IIIe à la fin du XIe siècle.* Brussels,1934.

——' Note sur l' origine et l' évolution du contrat de mort-gage en Lotharingie du XIe au XIIIe siècle. ' *Miscellanea Historica in honorem Leonis van der Essen*, I. Brussels,1947.

II. England

1. Sources

Anonimalle Chronicle(ed. V. H. Galbraith). Manchester,1927.

Bond ,E. A. 'Extracts from the Liberate Rolls relative to Loans supplied by Italian Merchants to the Kings of England in the Thirteenth and Fourteenth Centuries.' *Archaeologia*, XXVIII (1840).

Broome,D. M. (ed.). 'The Ransom of John II,King of France,1360–1370.' *The Camden Miscellany*, XIV. R. H. S. London,1926.

Calendar of Close Rolls(P. R. O.).

Calendar of Fine Rolls(P. R. O.).

Calendar of Patent Rolls(P. R. O.).

Devon,F. (ed.). *Issue Roll of Thomas de Brantingham, Bishop of Exeter.... 44 Edward III,*
[650] *1370.* Rec. Com. London,1835.

Kunze,K. (ed.). *Hanseakten aus England,1275 bis 1413. Hansische Geschichtsquellen*, VI. Halle a. S. 1891.

Mills,M. H. (ed.). 'The Pipe Roll for 1295 (Surrey Membrane).' *Surrey Record Society*, XXI (1924).

Nichols,J. (ed.). *Collection of all the Wills... of the Kings and Queens of England....* London, 1780.

Nicolas,Sir N. H. (ed.). *Proceedings and Ordinances of the Privy Council of England.* 6 vols. Rec. Com. London,1834–7.

Palgrave,Sir F. (ed.). *Antient Kalendars and Inventories of the Treasury of H. M. Exchequer.* 3 vols. Rec. Com. London,1836.

Pipe Roll Society Publications(Pipe Rolls and Memoranda Rolls).

Red Book of the Exchequer(ed. H. Hall). 3 vols. R. S. London,1897.

Rôles Gascons (ed. F. Michel and C. Bémont). 4 vols. *Documents inédits sur l' histoire de France.* Paris,1885–1906.

Rotuli Parliamentorum. 6 vols. London,1783.

Sharpe,R. R. (ed.). *Calendar of Letters from the Mayor and the Corporation of the City of London,circa 1350–70.* London,1885.

——(ed.). *Calendar of the Letter-Books of the City of London(A–L).* London,1899–1912.

Willard,J. F. and Johnson,H. C. (eds). 'Surrey Taxation Returns.' *Surrey Record Society*, XVIII (1922).

2. Modern Works

(*a*) *General*

Baldwin,J. F. *The King's Council.* Oxford,1913.

Beardwood,A. *Alien Merchants in England,1350 to 1577. Their Legal and Economic Position.* Cambridge(Mass.),1931.

Chrimes, S. B. *An Introduction to the Administrative History of Medieval England.* Oxford, 1952.

Lunt ,W. E. *Financial Relations of the Papacy with England to 1327.* Cambridge(Mass.), 1939.

Mcfarlane,K. B. 'England:the Lancastrian Kings,1399–1461.' *Cambridge Medieval History*, VIII. Cambridge,1936.

Morris,W. A. ,Strayer,J. R. and Willard,J. F. *The English Government at Work,1327–1336*, I and II. Cambridge(Mass.),1940–7.

Postan,M. M. 'The Financing of Trade in the Later Middle Ages.' M. Sc. Thesis, University of London,1926.

——'Revisions in Economic History:the Fifteenth Century'. *EcHR.* IX(1939).

——'Some Social Consequences of the Hundred Years War.' *EcHR.* XII(1942).

——'Italy and the economic development of England in the middle ages.' *Journal of Economic History*, XI(1951).

Power, E. and Postan, M. M. (eds). *Studies in English Trade in the Fifteenth Century*. London, 1933.

Power, E. *The Wool Trade in English Medieval History*. Oxford, 1941.

Scofield, C. L. *The Life and Reign of Edward the Fourth*. 2 vols. London, 1923.

Steel, A. *Richard II*. Cambridge, 1941.

Sturler, J. de. *Les relations politiques et les échanges commerciaux entre le Duché de Brabant et l'Angteterre au moyen âge*. Paris, 1936.

Tout, T. F. *Chapters in the Administrative History of Medieval England*. 6 vols. Manchester, 1920–33.

(*b*) *Financial History*

Craig, Sir John. *The Mint. A History of the London Mint from A. D. 287 to 1948*. Cambridge, 1953.

Gras, N. S. B. *The Early English Customs System*. Cambridge(Mass.), 1918.

Gray, H. L. 'The First Benevolence.' *Facts and Factors in Economic History. Essays presented to E. F. Gay*. Cambridge(Mass.), 1932.

Kirby, J. L. 'The Issues of the Lancastrian Exchequer and Lord Cromwell's Estimates of 1433.' *BIHR*. XXIV(1951). 【651】

Lyon, B. D. 'The Money Fief under the English Kings, 1066–1485.' *EHR*. LXVI(1951).

Mills, M. H. 'Exchequer Agenda and Estimate of Revenue, Easter Term, 1284.' *EHR*. XL (1925).

Mitchell, S. K. *Studies in Taxation under John and Henry III*. New Haven(Conn.), 1914.

——*Taxation in Medieval England*. New Haven(Conn.), 1951.

Newhall R. A. 'The War Finances of Henry V and the Duke of Bedford.' *EHR*. XXXVI(1921).

Ramsay, Sir J. H. *A History of the Revenues of the Kings of England, 1066–1399*. 2 vols. Oxford, 1925.

Steel, A. *The Receipt of the Exchequer, 1377–1485*. Cambridge, 1954.

Tout, T. F. and Broome, D. M. 'A National Balance Sheet for 1362–3.' *EHR*. XXXIX(1924).

Unwin, G. (ed.). *Finance and Trade under Edward III*. Manchester, 1918.

Willard, J. F. 'The Taxes upon Movables of the Reigns of Edward I, Edward II and Edward III.' *EHR*. XXVIII–XXX(1913–15).

——*Parliamentary Taxes on Personal Property 1290 to 1334. A Study in Medieval English Financial Administration*. Cambridge(Mass.), 1934.

Wolffe, B. P. 'The Management of English Royal Estates under the Yorkist Kings.' *EHR*. LXXI (1956).

(*c*) *Arrangements for Borrowing and Repayment*

Fryde. E. B. 'Materials for the Study of Edward III's Credit Operations, 1327–48.' *BIHR*. XXII–XXIII(1949–50).

——'Loans to the English Crown, 1328–31.' *EHR*. LXX(1955).

Harriss, G. L. 'Fictitious Loans.' *EcHR*. 2nd ser. VIII(1955).

——'Preference at the Medieval Exchequer.' *BIHR*. XXX(1957).

Jenkinson, H. 'Exchequer Tallies.' *Archaeologia*, LXII(1911).

——'Medieval Tallies, Public and Private.' *Archaeologia*, LXXIV(1925).

Kingsford, C. L. 'An Historical Collection of the Fifteenth Century.' *EHR*. XXIX(1914). (Forced loans under Henry V.)

Kirby, J. L. 'The Financing of Calais under Henry V.' *BIHR*. XXIII(1950).

McFarlane, K. B. 'Loans to the Lancastrian Kings: the Problem of Inducement.' *Cambridge Historical Journal*, IX(1947).

Mills, M. H. 'Adventus Vicecomitum, 1272–1307.' *EHR*. XXXVIII(1923). (Assignments by tally.)

Sayles, G. O. 'A Dealer in Wardrobe Bills.' *EcHR*. III(1931).

Steel, A. 'The Practice of Assignment in the Later Fourteenth Century.' *EHR*. XLIII(1928).

——'The Negotiation of Wardrobe Debentures in the Fourteenth Century.' *EHR*. XLIV (1929).

——'The Marginalia of the Treasurer's Receipt Rolls, 1349–99.' *BIHR*. VII–VIII (1929–30).

——'Mutua per talliam, 1377–1413.' *BIHR*. XIII (1935).

WILLARD, J. F. 'An Early Exchequer Tally.' *Bulletin of the John Rylands Library*, VII (1923).

——'The Crown and its Creditors, 1327–33.' *EHR*. XLII (1927).

(*d*) *Particular Transactions and Lenders*

BARBER, M. 'John Norbury (*c*. 1350–1414): an Esquire of Henry IV.' *EHR*. LXVIII (1953).

BROMBERG, B. 'The Financial and Administrative Importance of the Knights Hospitallers.' *Economic History*, IV (1940).

EHRLE, F. 'Process über den Nachlass Clemens V.' *Archiv für Literatur und Kirchengeschichte*, V (1889).

FERRIS, E. 'The Financial Relations of the Knights Templars to the English Crown.' *AHR*. VIII (1902–3).

FRYDE, E. B. 'Edward III's War Finance 1337–1341.' D. Phil. Thesis, University of Oxford, 1947.

——'Edward III's Wool Monopoly of 1337: a Fourteenth-century Royal Trading Venture.' *History*, n. s. XXXVII (1952).

[652]

FRYDE, E. B. 'The English Farmers of the Customs, 1343–1351.' *TRHS*. 5th ser. IX (1959).

HANSEN, J. 'Der englische Staatskredit unter König Eduard III (1327–77) und die hansischen Kaufleute.' *Hansische Geschichtsblätter*, XVI (1910).

HASKINS, C. H. 'William Cade.' *EHR*. XXVIII (1913).

HUGHES, D. *A Study of Social and Constitutional Tendencies in the Early Years of Edward III*. London, 1915. (1337–41)

JACOBS, J. 'Aaron of Lincoln.' *Transactions of the Jewish Historical Society of England*, III (1896–8).

JAMES, M. K. 'A London Merchant of the Fourteenth Century.' *EcHR*. 2nd ser. VIII (1956).

JENKINSON, H. 'A Money-lender's Bonds of the Twelfth Century.' *Essays in History Presented to R. L. Poole*. Oxford, 1927.

JENKINSON, H. and STEAD, M. T. 'William Cade, a financier of the Twelfth Century.' *EHR*. XXVII (1913).

JOHNSON, C. 'A Financial House in the Fourteenth Century' (the Frescobaldi). *Transactions of St Albans and Hertfordshire Architectural and Archaeological Society*, I (1901–2).

McFARLANE, K. B. 'Henry V, Bishop Beaufort and the Red Hat, 1417–21' *EHR*. LX (1945).

——'At the Death-bed of Cardinal Beaufort.' *Studies in Medieval History Presented to F. M. Powicke*. Oxford, 1948.

NAPIER, H. A. *Historical Notices of the parishes of Swyncombe and Ewelme*. Oxford, 1858. (Materials concerning William de la Pole.)

PLUCKNETT, T. F. T. 'The Impeachments of 1376.' *TRHS*. 5th ser. I (1951).

RE, E. 'La Compagnia dei Riccardi in Inghilterra e il suo fallimento alla fine del secolo decimoterzo.' *Archivio de la Societcà Romana di Storia Patria*, XXXVII (1914).

RENOUARD, Y. 'Édouard II et Clément V d'après les Rôles Gascons.' *Annales du Midi*, LXVII (1955).

RHODES, W. E. 'Italian Bankers in England and their Loans to Edward I and Edward II.' *Historical Essays by Members of Owens College*. Manchester, 1902.

ROON-BASSERMANN, E. VON. 'Die ersten Florentiner Handelsgesellschaften in England.' *VSWG*. XXXIX (1952).

ROTH, C. *A History of the Jews in England*. Oxford, 1941.

SANDYS, A. 'The Financial and Administrative Importance of the London Temple in the Thirteenth Century.' *Essays in Medieval History Presented to Thomas Frederick Tout*. Manchester, 1925.

SAPORI, A. *La crisi delle compagnie mercantili dei Bardi e dei Peruzzi*. Florence, 1926.

——*La compagnia dei Frescobaldi in Inghiherra*. Florence,1947.

SAYLES,G. O. ' The English Company of 1343. ' *Speculum*,VI(1931).

WHTTWELL,R. J. ' Italian Bankers and the English Crown. ' *TRHS*:n. s. XVII(1903).

WINTERFELD,L. VON. ' Tidemann Lemberg. Ein Dortmunder Kaufmarnnsleben aus dem 14. Jahrhundert. ' *Hansische Volkshefte*,Heft 10. Bremen,1926.

(*e*) *London*

BIRD,R. *The Turbulent London of Richard II*. London,1949.

DAVIS,E. J. and PEAKE,M. I. ' Loans from the City of London to Henry VI,1431-49. ' *BIHR*. IV (1926-7).

PEADE,M. I. ' London and the Wars of the Roses,1445-61. ' M. A. Thesis,University of London, 1925.

MEAD ,J. DE C. ' The Financial Relations between the Crown and the City of London,Edward I-Henry VII. ' M. A. Thesis,University of London,1936.

THRUPP,S. L. *The Merchant Class of Medieval London*. Chicago,1948.

TOUT ,T. F. ' The Beginnings of a Modern Capital: London and Westminster in the Fourteenth Century. ' *Proceedings of the British Academy*,XI(1924).

WEINBAUM,M. *London unter Eduard I und Eduard II*. Stuttgart,1933.

WILLIAMS,G. A. ' Social and Constitutional Tendencies in Thirteenth-century London. M. A. Thesis,University of Wales(Aberystwyth),1952. [653]

III. FRANCE

1. Sources

DELAVILLE LE ROULX,J. (ed.). *Registres des comptes municipaux de la ville de Tours,1358-1380*. 2 vols. Tours,1878-81.

DELISLE,L. (ed.). *Mandements et actes divers de Charles V,1364-1380*. Paris,1874.

DOUCET,R. (ed.). *L' État des Finances de 1523*. Paris,1923.

DOUET D'ARCQ,L. (ed.). *Comptes de l' Argenterie des rois de France au XIVe siècle*. Société de l' histoire de France. Paris,1851.

FAWTIER,R. (ed.). *Comptes du Trésor (1296,1316,1384,1477)*. Recueil des Historiens de France. Docmnents Financiers,II. Paris,1930.

FUNCK-BRENTANO,F. ' Document pour servir à l' histoire des relations de la France avec l' Angleterre et l' Allemagne sous le règne de Philippe le Bel. ' (1294-7.) *RH*. XXXIX(1889).

GIRY ,A. (ed.). *Documents sur les relations de la royauté avec les villes en France de 1180 à 1314*. Paris,1885.

JOHNSON,C. (ed.). *The ' De Moneta ' of Nicholas Oresme and English Mint Documents*. London, 1956.

LANGLOIS,CH. V. (ed.). *Inventaires d' anciens comptes royaux dressés par Robert Mignon sous le règne de Philippe de Valois*. Recueil des Historiens de France. Documents Financiers,I. Paris,1899.

LA TRÉMOILLE,L. DE. *Les la Trémoille pendant cinq siècles*. Vol. I: *Guy VI et Georges,1343-1446*. Nantes,1890.

Layettes du Trésor des Chartes(ed. A. TEULET,J. DE LABORDE,E. BERGER,H. F. DELABORDE). 5 vols. Paris,1863-1909.

MOLLAT,M. (ed.). *Les affaires de Jacques Coeur. Journal du Procureur Dauvet*. 2 vols. Paris,1952-3.

MORANVILLÉ,H. ' Rapport à Philippe VI sur l' état de ses finances. ' *BECh*. XLVIII(1887).

——' Extraits de Journaux du Trésor,1345-1419. ' *BECh*. XLIX(1888).

PROU ,M. and D' AURIAC,J. (eds). *Actes et comptes de la commune de Provins de l' an 1271 à l' an 1330*. Provins,1933.

SALMON,A. (ed.). *Philippe de Beaumanoir*:《*Couturnes de Beauvaisis*》. 2 vols. Paris,1899-1900.

VIARD,J. (ed.). *Les Journaux du Trésor de Philippe VI de Valois suivis de l' Ordinarium Thesaurii*

de 1338–39. Paris, 1899.
——(ed.). *Les Journaux du Trésor de Charles IV le Bel*. Paris, 1917.
——(ed.). *Les Journaux du Trésor de Philippe IV le Bel*. Paris, 1940.

2. Modern Works

(a) *General Works and Financial History*

BEAUCOURT, G. DU. FRESNE DE. *Histoire de Charles VII*, II–V (1422–53). Paris, 1882–90.
BORRELLI DE SERRES, L. L. *Recherches sur divers services publics du XIIIe au XVIIe siècle*. 3 vols. Paris, 1895–1909.
BRIDREY, E. *La théorie de la monnaie au XIVe siècle. Nicole Oresme*. Paris, 1906.
COVILE, A. *Les Cabochiens et l'ordonnance de 1413*. Paris, 1888.
DELACHENAL, CH. *Histoire de Charles V*. 5 vols. Paris, 1909–31.
DIEUDONNÉ, A. 'La monnaie royale depuis la réforme de Charles V jusqu'à la restauration monéaire par Charles VII, spécialement dans ses rapports avec l'histoire politique.' *BECh*. LXXII–LXXIII (1911–12).
DOGNON, P. *Les institutions politiques et administratives du Pays de Languedoc du XIIIe siècle aux guerres de religion*. Toulouse, 1895.
DOUCET, R. 'Le gouvernement de Louis XI.' *Revue des Cours et Conférences*, XXV (1924).
——'Les finances anglaises en France à la fin de la Guerre de Cent Ans, 1413–1435.' *Moyen Âge*, XXXVI (1926).
[654] ——*Les institutions de la France au XVIe siècle*. 2 vols. Paris, 1948.
DUPONT-FERRIER, G. *Études sur les institutions financières de la France à la fin du moyen âge*. 2 vols. Paris, 1930–2.
GANDILHON, R. *La politique économique de Louis XI*. Rennes, 1940.
LANGLOIS, CH. V. 'Registres perdus des archives de la Chambre des Comptes de Paris.' *Notices et Extraits des Manuscrits de la Bibliothèque Nationale*, XI. (1917). (Specially useful for the period 1314–28)
LEHUOEUR, P. *Philippe le Long, roi de France (1316–1322), II: Le mécanisme du gouvernement*. Paris, 1931.
LOT, F. and FAWTIER, R. *Histoire des institutions françaises au moyen âge*. 2 vols. Paris, 1957–8.
OLIVIER-MARTTN, F. *Histoire de la coutume de la prévôté et vicornté de Paris*. 3 vols. Paris, 1922.
——*Histoire du droit français des origines à la Révolution*. 2nd ed. Paris, 1951.
SCHMIDT, B. 'Die Anfänge der französischen Staatsschulden.' *Finanzarchiv*, XXXV (1918).
STAMPE, E. *Das Zahlkraftrecht in den Königsgesetzen Frankreichs von 1306 bis 1547*. Berlin, 1930.
STRAYER, J. R. and TAYLOR, C. H. *Studies in early French Taxation*. Cambridge (Mass.), 1939.
VIARD, J. 'Un chapitre d'histoire administrative, les ressources extraordinaires de la royauté sous Philippe VI de Valois.' *Revue des Questions Historiques*, XLIV (1888).
VIOLLET, P. *Histoire des institutions politiques et administratives de la France*, III. Paris, 1903.
VÜHRER, A. *Histoire de la dette publique en France*. 2 vols. Paris, 1886.
VUTTRY, A. *Études sur le régime financier de la France avant la révolution de 1789: Philippe le Bel et ses trois fils, les trois premiers Valois (1285–1380)*. 2 vols. Paris, 1883.

(b) *Arrangements for borrowing and repayment*

BOSSUAT, A. 'Étude sur les emprunts royaux au début du XVe siècle. La politique financière du connétable Bernard d'Armagnac.' *RHDr*. 4th ser. XXVIII (1950).
——'La rétablissement de la paix sociale sous le régne de Charles VII.' *Moyen Âge*, LX (1954). (Parisian lenders and the validity of contracts concluded during the civil war.)
JACQUETON, G. 'Le Trésor de l'Épargne sous François I, 1523–1547.' *RH*. LV (1894).
POCQUET DE HAUT JUSSÉ, B. A. 'Le compte de Pierre Gorremont, receveur général du royaume (1418–20).' *BECh*. XCVIII (1937). ('Forced loans' in Paris.)
RICHARD, J. M. 'Instructions données aux commissaires chargés de lever la rançon du Roi Jean.' *BECh*. XXXVI (1875). (Instructions for a levy of a 'forced loan'.)
ROUX, P. *Les fermes d'impôts sous l'ancien régime*. Paris, 1916.

(c) *Particular transactions and lenders*

BEAUCOURT, G. DU FRESNE DE. 'Le procès de Jacques Coeur.' *Revue des Questions Historiques*, XLVII(1890).

BENGY-PUYVALLÉE, M. DE. 'Le livre d'affaires d'un marchand berrichon au XVe siècle.' (Michau Dauron.) *Mémoires de la Société des Antiquaires du Centre*, XL(1921).

BIGWOOD, G. 'Les financiers d'Arras. Contribution à l'étude des origines du capitalisme moderne.' *RBPH*. III–IV(1924–5).

BOCK, F. 'Musciatto dei Francesi.' *Deutsches Archiv für Geschichte des Mittelalters*, VI(1943).

BOUDET, M. 'Étude sur les sociétés marchandes et financières au moyen âge. Les Gayte et les Chanchat de Clermont.' *Revue d'Auvergne*, XXVIII–XXIX(1911–12).

CHIAPPELLI, L. 'Una lettera mercantile del 1330 e la crisi del commercio italiano nella prima metà del Trecento.' *Archivio Storico Italiano*, 7th ser. I(1924).

CLEMENT, P. *Jacques Coeur et Charles VII*. 2nd ed. Paris, 1873.

COVILLE, A. 'La très belle couronne royale aux temps des Armagnacs et des Bourguignons.' *Mélanges offerts à Nicolas Iorga*. Paris, 1933.

FAUCON, M. 'Prêts faits aux rois de France par Clement VI, Innocent VI et le comte de Beaufort, 1345–1360.' *BECh*. XL. (1879).

FUNK, A. L. 'Confiscation of Lombard debts in France, 1347–58.' *Medievalia et Humanistica*, VII (1952).

LANGLOIS, CH. V. 'Notices et documents relatifs à l'histoire de France au temps de Philippe le Bel.' (Brothers Franzesi.) *RH*. LX(1896). [655]

LEHOUX, F. 'Le duc de Berri, les Juifs et les Lombards.' *RH*. CCXV(1956).

LESTOCQUOY, J. *Patriciens du moyen-âge. Les dynasties bourgeoises d'Arras du XIe au XVe siècle*. Arras, 1945.

——'Deux families de financiers d'Arras. Louchard et Wagon.' *RBPH*. XXXII(1954).

MARSH, F. B. *English Rule in Gascony, 1199–1259*. Ann Arbor, 1912. (Gascon loans to English kings.)

MIROT, L. *Une grande famille parlementaire aux XIVe et XIVe sièctes: les d'Orgemont*. Paris, 1913. (Parisian financiers under Charles VI.)

'Études Lucquoises':

——'La colonie lucquoise à Paris du XIIIe au XVe sièle.' *BECh*. LXXXVIII(1927).

——'La société de Raponde, Dine Raponde.' *Ibid*. LXXXIX(1928).

'Origine de Spifame Barthélemi Spifame.' *Ibid*. XCIX(1938).

——'Galvano Trenta et les joyaux de la couronne.' *Ibid*. CI(1940). (Important for the reign of Charles VI.)

MOLLAT, M. 'Un《collaboratetur》au temps de la Guerre de Cent Ans. Jehan Marcel, changeur à Rouen.' *AHES*. XVIII(1946).

——'Les opérations financières de Jacques Coeur.' *Revue de la Banque*, XVIII(1954).

——'Une équipe; les commis de Jacques Coeur.' *Hommage à Lucien Febvre: éventail de l'histoire vivante*, II. Paris, 1954.

——'Les affaires de Jacques Coeur à Florence.' *Studi in onore di A. Sapori*, II. Milan, 1957.

PRUTZ, H. *J. Coeur von Bourges. Geschichte eines patriotischen Kaufmanns aus dem 15. Jahrhundert*. Berlin, 1911.

SPONT, A. *Semblançay (? –1527). La bourgeoisie financière au début du XVIe siècle*. Paris, 1895.

TERROINE, ANNE. 'Études sur la bourgeoisie parisienne: Gandoufle d'Arcelles et les compagnies placentines.' *AHES*. XVII(1945).

VALOIS, N. 'Notes sur la révolution parisienne de 1356–58: la revanche des frèes Braque.' *Mémoires de la Société de l'Histoire de Paris et de l'Ile de France*, X(1883).

WOLFF, P. 'Une famille du XIIIe siècle au XVIe siècle: les Ysalguier de Toulouse.' *AHES*. XIV (1942).

(*d*) *Towns*

BERTIN, P. *Une commune flamande-artésienne. Aire-sur-Lys des origines au XVIe siècie*. Arras, 1946.

Besnter, G. 'Finances d' Arras(1282–1407). ' *Recueil de Travaux offert à Clovis Brunel*, I. Paris, 1955.

Boulet-Sautel, M. 'Les viles de Centre. ' *Recueils de la Sociétéd Jean Bodin*, VI: *La Ville*(*1e partie*), *Institutions administratives et judiciares.* Brussels, 1954.

Caillet, L. *Étude sur les relations de la commune de Lyon avec Charles VII et Louis XI*(*1417–1483*). Lyon-Paris, 1909.

Carolus-Barré, M. 'Les institutions municipales de Compiègne au temps des gouverneurs-attounés (1319–1692). ' *Bulletin Philologique et Historique du Comité des Travaux Historiques et Scientifiques*(1940–1).

Cauwès, P. 'Les commencements du crédit public en France; les fentes sur l' hôtel de ville au XVIe siècle. ' *Revue d' économie politique*, LX–X(1895–6).

Chapin, E. *Les villes de foires de Champagne.* Paris, 1937.

Chénon, E. 'De la personnalité juridique des villes de commune d' après le droit français du XIIIe siècle. ' *Tijdschrifi voor Rechtsgeschiedenis*, IV(1923).

Déniau, J. *La commune de Lyon et la guerre bourguignonne, 1417–1435.* Lyon, 1934.

Doucet, R. *Finances municipales et crédit public à Lyon au XVIe siècle.* Paris, 1937.

Dubrulle, H. *Cambrai à la fin du Moyen Âge.* Lille, 1903.

Dufour, CH. 'Situation financière des villes de Picardie sons saint Louis. ' *Mémoires de la Société des Antiquaires de Picardie*, XV. Amiens, 1858.

Espinas, G. *Les finances de la commune de Douai des origines au XVe siècle.* Paris, 1902.

Flammermont, J. 'Histoire de Senlis pendant la seconde partie de la guerre de Cent Ans(1405–1441). ' *Mémoires de la Société de l' Histoire de Paris et de l' Ile de France*, V(1878).

【656】 ——*Histoire des institutions municipales de Senlis.* Paris, 1881.

Giry, A. *Les établissements de Rouen.* 2 vols. Paris, 1883–5.

Lefranc, A. *Histoire de la ville de Noyon et de ses institutions jusqu' à la fin du XIIIe siècle.* Paris, 1887.

Luchaire, A. *Les communes françaises.* 2nd ed. Paris, 1911.

Maugis, E. 'Essai sur le régime financier de la ville d' Amiens du XIVe à la fin du XVIe siècle (1356–1588). ' *Mémoires de la Société des Antiquaires de Picardie*, XXXIII. Amiens, 1899.

Mirot, L. *Les insurrections urbaines au début du règne de Charles VI* (*1380–1383*). *Leurs causes, leurs conséquences.* Paris, 1906.

Pettt-Dutaillis, Ch. *Les communes françaises. Caractères et évolution des origines au XVIIIe siècle.* Paris, 1947.

Richard, J. M. 'Une conversion de rentes à Arras en 1392. ' *BECh.* XLI(1880).

Sée, H. *Louis XI et les villes.* Paris, 1891.

Wolff, P. 'Les luttes sociales dans les villes du Midi français XIIIe–XVe siècles. ' *AHES.* XIX (1947).

—— *Commerces et marchands de Toulouse* (*vers* 1350-*vers* 1450). Paris, 1954.

IV. The Netherlands And The Burgundian State

1. Sources

Cuvelier, J., Dhondt, J. and Doehaerd, R. (eds). *Actes des États Généraux des Anciens Pays-Bas*, I (*1427 à 1477*). Brussels, 1948.

Dehaisnes, C. (ed.). *Inventaire-sommaire des archives départementales antérieurs à 1790. Nord*, IV. Lille, 1881.

Des Marez, G. and De Sagher, E. (eds). *Comptes de la ville d' Ypres de 1267 à 1329.* 2 vols. Brussels, 1909–13.

Diegerick, I. L. A. *Inventaire analytique et chronologique des chartes et documents appartenant aux archives de la ville d' Ypres.* 7 vols. Bruges, 1853–68.

Gachard, L. P. *Rapport sur les documents concernant l' histoire de Belgique qui existent dans les dépôts littéraires de Dijon et de Paris.* Ie partie, *Archives de Dijon.* Brussels, 1843.

GAILLARD, V. ' Inventaire analytique des chartes des comtes de Flandre autrefois déposées au château de Rupelmonde. ' *BCRH.* 2nd ser. VI–VII(1854–5).

GILLIODTS-VAN SEVEREN, L. *Inventaire des archives de la ville de Bruges.* 7 vols. Bruges, 1871–8.

GRUNZWEIG, A. (ed.). *Correspondance de la filiale de Bruges des Medici*, Ⅰ. Brussels, 1931.

LIMBURG-STIRUM, T. DE (ed.). *Cartulaire de Louis de Male, comte de Flandre, 1348–58.* 2 vols. Bruges, 1898–1901.

PROST, B. and H. (eds). *Inventaires mobiliers et extraits des comptes des ducs de Bourgogne de la maison de Valois (1363–1477).* 2 vols. Paris, 1902–13.

QUICKE, F. (ed.). ' Documents concernant la politique des ducs de Brabant et de Bourgogne dans le duché de Limbourg et les terres d' Outre Meuse pendant la seconde moitié du XIVe siècle (1364–96). ' *BCRH.* XCIII(1929).

QUICKE, F. and LAURENT, H. (eds). ' Documents pour servir à l' histoire de la maison de Bourgogne en Brabant et en Limbourg (frn du XIVe siècle). ' *BCRH.* XCVII(1933).

VUYLSTEKE, J. (ed.). *Cartulaire de la ville de Gand Comptes de la ville et des baillis de Gand, 1280–1336.* Ghent, 1900.

VUYLSTEKE, J. and PAUW, N. DE (eds). *Rekeningen der stad Gent. Tijdvak van Jacob van Artevelde (1336–49).* 5 vols. Ghent, 1874–85.

2. Modern Works

(*a*) *General Works*

BARTIER, J. *Charles le Téméraire.* Brussels, 1944.

BONENFANT, P. *Philippe le Bon.* 3rd ed. Brussels, 1955.

HIRSCHAUER, CH. *Les États d' Artois de leurs origines à l' occupation française, 1340–1640*, I. Paris, 1923.

LEMEERE, E. *Le grand conseil des ducs de Bourgogne de la maison de Valois.* Brussels, 1900. [657]

MONIER, R. *Les institutions centrales du comté de Flandre de la fin du IXe siècle à 1384.* Paris, 1943.

NIERMEYER, J. F. and VAN WERVEKE, H. (eds with others). *Algemene Geschiedenis der Nederlanden*, II–III. Utrecht, 1950–1.

PIRENNE, H. *Histoire de Belgique*, I (5th ed. 1929) and II(4th ed. 1947).

POCQUET DU HAUT-JUSSÉ, B. A. ' Jean sans Peur. Son but et sa méthode. ' *Annales de Bourgogne*, XIV(1942).

QUICKE, F. and LAURENT, H. *Les origines de l' état bourguignon: l' accession de la maison de Bourgogne aux duchés de Brabant et de Limbourg, 1383–1407*, I. Brussels, 1939.

STURLER, J. DE. *Les relations politiques et les échanges commerciaux entre le duché de Brabant et l' Angleterre au moyen âge.* Paris, 1936.

(*b*) *Financial History*

BARTIER, J. ' Un discours du. chancelier Hugonet aux États Généraux de 1473. ' *BCRH.* CVII (1942).

——*Légistes et gens de finances au XVe siècle. Les conseillers des Ducs de Bourgogne, Philippe le Bon et Charles le Téméraire.* Brussels, 1955.

BRUWIER, M. ' Notes sur les finances hennuyères à l' époque bourguignonne. ' *Moyen Âge*, LIV (1948).

COVILLE, A. ' Les finances des ducs de Bourgogne au commencement du XVe siècle. ' *Études d' histoire du moyen âge dédiées à Gabriel Monod* Paris, 1896.

JASSEMIN, H. ' Le contrôle financier en Bourgogne sous les derniers ducs capétiens (1274–1353). ' *BECh.* LXXIX(1918).

KAUCH, P. ' Le trésor de l' épargne, création de Philippe le Bon. ' *RBPH.* XI (1932).

LIÈVRE, L. *La monnaie et le change en Bourgogne sous les Ducs Valois.* Dijon, 1929.

MARTENS, M. *L' administration du domaine ducal en Brabant au moyen âge, 1250–1406.* Brussels, 1954.

MIROT, L. ' Jean sans Peur de 1398 à 1405 d' après les comptes de sa chambre aux deniers. ' *Annuaire-Bulletin de la Société de l' Histoire de France*, LXXIV(1938).

Monier, R. *Les institutions financières du comté de Flandre du XIe siècle à 1384.* Paris, 1948.

Pocquet du Haut-Jussé, B. A. 'Dons du roi aux grands feudataires. Les ducs de Bour gogne, Philippe le Hardi et Jean sans Peur.' *RH.* CLXXXIII(1938).

——'Les dons du roi aux ducs de Bourgogne, Philippe le Hardi et Jean sans Peur(1363-1419). Le don des aides.' *Annales de Bourgogne*, X(1938).

——'Les dons du roi aux ducs de Bourgogne, Philippe le Hardi et Jean sans Peur(1363-1419).' *Mémoires de la Société pour l'Histoire du Droit et des Institutions des anciens pays bourguignons, comtois et romands*, VI-VII (1939-41).

Rlandey, P. *L'organisation financière de la Bourgogne sous Philippe le Hardi.* Dijon, 1908.

Thomas, P. 'Le registre de Guillaume d'Auxonne.' *Revue du Nord*, X(1924).

Van Werveke, H. 'Currency manipulation in the middle ages: the case of Louis de Male, count of Flanders.' *TRHS.* 4th ser. XXXI(1949).

——'Les charges financières issues du traité d'Athis (1305).' *Revue du Nord*, XXXII (1950).

(*c*) *Particular Transactions and Lenders*

Bartter, J. 'L'ascension d'un marchand bourguignon au XVe siècle. Odot Molain.' *Annales de Bourgogne*, XV (1943).

Bernays, E. and Vannérus, J. *Histoire numismatique du comté, puis duché de Luxembourg et de ses fiefs.* Brussels, 1910.

Bigwood, G. *Le régime juridique et économique du commerce de l'argent dans la Belgique du moyen âge.* 2 vols. Brussels, 1921-2.

——'Un relevé de recettes tenu par le personnel de Thomas Fini, receveur général de Flandre.' *Mélanges d'Histoire offerts à Henri Pirenne*, I. Brussels, 1926.

Bivier, A. and Mirot, L. 'Prêts consentis au duc et à la duchesse de Bourgogne en Nivernais et en Donziais de 1384 à 1386.' *BECh.* CIII(1942).

Cumont, C. 'Un officier monétaire du XIVe siècle, Nicolas Chavre.' *Gazette Numismatique
【658】 Française*, I(1897).

Cuvelier, J. *Les origines de la fortune de la maison d'Ordnge-Nassau. Contribution à l'histoire du capitalisme au moyen âge.* (William van Duvenvoorde.) Brussels, 1921.

Delaville le Roulx, J. *La France en Orient au XIVe siècle.* (The crusade of 1396.) 2 vols. Paris, 1886.

Fris, V. 'Note sur Thomas Fin, receveur de Flandre (1306-9).' *BCRH.* LXIX(1900).

Gauthier, L. *Les Lombards dans les Deux Bourgognes.* Paris, 1907.

Laenen, J. 'Usuriers et Lombards dans le Brabant au XVe siècle.' *Bulletin de l'Académie Royale d'Archéologie de Belgique*, IV(1904).

——'Les Lombards à Malines, 1295-1457.' *Bulletin du Cercle Archéologique, Littéraire et Artistique de Malines*, XV (1905).

Mirot, L. 'Études Lucquoises: la société de Raponde, Dine Raponde.' *BECh.* LXXXIX(1928).

Morel, P. *Les Lombards dans la Flandre française et le Hainaut.* Lille, 1908.

Pocquet du Haut-Jussé, B. A. 'Le retour de Nicopolis et la rançon de Jean sans Peur.' *Annales de Bourgogne*, IX(1937).

Stengers, J. *Les Juifs dans les Pays-Bas au moyen âge.* Brussels, 1950.

Vannérus, J. 'Les Lombards dans l'ancien pays de Luxembourg.' *Bull. de l'Institut Historique Belge de Rome*, XXVII(1952).

Vercauteren, F. 'Note sur les opérations financières de Charles Quint dans les Pays-Bas en 1523.' *RH.* CLXXI(1933).

——'Document pour servir à l'histoire des financiers lombards en Belgique (1309).' *Bulletin de l'Institut Historique Belge de Rome*, XXVI(1950-1).

(*d*) *Towns*

Bigwood, G. 'Les émissions de rentes de la ville de Namur au XVe siècle.' *Annales de la Société Archéologique de Namur*, XXXVI(1923).

Blockmans, F. 'Peilingen nopens de bezittende klass te Gent omstreeks 1300.' *RBPH.* XV-XVI

(1936–7).

——*Het Gentsche Stadspatriciat tot omstreeks 1302*. Antwerp, 1938.

ESPINAS, G. *Les finances de la commune de Douai des origines au XVe siècle.* Paris, 1902.

FAVRESSE, F. *L'avènement du régime démocratique à Bruxelles pendant le moyen âge (1306–1423)*. Brussels, 1932.

HÄPKE, R. *Brügges Entwicklung zum mittelalterlichen Weltmarkt.* Berlin, 1908.

MARECHAL, J. 'Bruges, centre du commerce de l'argent aux demiers siècles du moyen âge.' *Revue de la Banque*, XIV (1950).

MARQUANT, R. *La vie économique à Lille sous Philippe le Bon.* Paris, 1940.

RICHEBÉ, A. 'Note sur la comptabilité en Flandre avant la fin du XVIe siècle.' *Annales du Comité Flamand de France*, XXII (1895).

ROOVER, R. DE. *Money, Banking and Credit in Mediaeval Bruges.* Cambridge (Mass.), 1948.

VAN WERVEKE, H. *De Gentsche Stadsfinanciën in de Middeleeuwen.* Brussels, 1934.

V. GERMANY

ABBRBVIATIONS

ADB. : *Allgemeine Deutsche Biographie*

DA. : *Deutsches Archiv für Geschichte des Mittelalters*

Gierkes Untersuchungen: *Untersuchungen zur deutschen Staats-und Rechtsgeschichte, Herausgegeben von Otto von* Gierke

HV. : *Historische Vierteljahrschrift*

HZ. : *Historische Zeitschrift*

Jhb. f. Nat. u. Stat. : *Jahrbücher für Nationalökonomie und Statistik*

Kuske, I: BRUNO KUSKE. 'Das Schuldenwesen der deutschen Stäidte im Mittelalter.' *Zeitschriftfür die gesamte Staatswissenschaft, Ergäinzungsheft* XII (Tübingen, 1904)

Kuske, II: BRUNO KUSKE. 'Die Entstehung der Kreditwirtschaft und des Kapitalverkehrs' (in *Kölner Vorträge Hsg. von der Wirtschafts-und Sozialwissenschaftlichen Fakeultät der Universitäa Köln*, I. Leipzig, 1929. Reprinted in Bruno Kuske, *Köln, der Rhein und das Reich. Beiträge aus fünf Jahrzehnten Wirtschaftsgeschichtlicher Forschung.* Cologne-Graz, 1956) [659]

Landmann, I: J. LANDMANN. 'Zur Entwicklungsgeschichte der Formen und Organisation des öffentlichen Kredites.' *Finanzarchiv*, XXIX (1912).

Landmann, II: J. LANDMANN. 'Der öffentliche Kredit' (in W. Gerloff and F. Neumark, *Handbuch der Finanzwissenschaft*, III. 2nd ed. Tübingen, 1958).

Miög. : Mitteilungen des Instituts für österreichische Forschung.

Sb. Ak. : Sitzungsberichte der Akademie der Wissenschaften.

Schmollers Forschungen: *Staats-und soziafwissenschaftliche Forschungen herausgegeben von Gustav Schmoller.*

Schmollers Jahrbuch: *Jahrbuch für Gesetzgebung, Verwaltung und Volkwirtschaft.*

Veröff. : Veröffentlichungen.

V. f. Soz. u. WG. : *Vierteljahrschrift für Sozial-und Wirtschaftsgeschichte.*

Ztschr. : Zeitschrift.

Z. f. Soz. u. WG. : *Zeitschrifi für Sozial-und Wirtschaftsgeschichte.*

ZRG. Germ. Abt. : *Zeitschrift der Savigny-Stiftung für Rechtsgeschichte, Germanistische Abteilung.*

1. Sources

An exhaustive bibliography of sources has not been provided here for reasons of space. A detailed (complete) list of sources pertaining to the Empire, territories, bishoprics, abbeys and towns may be found in DAHLMANN-WAITZ, *Quellenkunde der Deutschen Geschichte* (9th ed. 1931), in Jahresberichte für Deutsche Geschichte (16 vols. 1927–42; new ser. 1952 sqq.) and in HOLTZMANN-RIITER, *Die Deutsche Geschichtswissenschaft im 2. Weltkrieg*, (2 vols. 1951). Certain important sources will be found among the books and articles listed in the separate sections of this bibliography. The most important general sources, i. e. those transcending the limits of particular regions or towns, are as follows:

Deutsche Reichstagsakten. (Ältere Reihe), herausgegeben von der Historischen Kommission bei der Kgl. Akademie der Wissenschaften.

I–III (unter König Wenzel, 1376–1400), hg. von J. Weizsäcker. Munich, 1866–77.

IV–VI (unter König Ruprecht), hg. von J. Weizsäcker. Gotha, 1882–8.

VII–XII (unter Kaiser Sigmund). Munich-Gotha, 1878–1906.

XIII–XIV (unter König Albrecht). Gotha–Stuttgart, 1908–35.

XV–XVI, XVII (I) (unter Kaiser Friedrich III, 1440–4). Gotha-Stuttgart, 1912–39.

Böhmer, J. F. *Regesta Imperii 1246–1313*, Stuttgart, 1844. 2 *additamenta*, 1849–57. New, not yet completed, edition of Böhmer's *Regesta* contains for the period concerned the following publications:

v. *Die Regesten des Kaiserreichs unter Philipp, Otto IV, Friedrich II, Heinrich, Konrad IV, Heinrich Raspe, Wilhelm und Richard, 1198–1272*, hg. von J. Ficker und E. Winkelmann. 3 Bde in 5 Abt. Innsbruck, 1881–1901.

VI. *Die Regesten des Kaiserreichs unter Rudolf, Adolf, Albrecht, Heinrich VII, 1273–1313.*

I Abt. *1273–1291*, hg. von O. Redlich. Innsbruck, 1898 sq. 2 Abt. *1291–1298*, hg. von V. Samanek. Innsbruck, 1933–48.

VIII. *Die Regesten des Kaiserreichs unter Karl IV, 1346–1378*, hg. von A. Huber. Innsbruck, 1877. *Additamenta*, 1889.

XI. *Die Urkunden Kaiser Sigmunds, 1410–1437*, hg. von W. Altmann. 2 Bde. Innsbruck, 1896–1900.

Chmel, J. *Regesta Chronologico-diplomatica Ruperti regis Romanorum 1400–1410.* Frankfurt a. M. 1834.

——*Regesta Chronologico-diplomatica Friderici III, Romanorum imperatoris.* Vienna, 1859.

Die Chroniken der deutschen Städte vom 14. bis ins 16. Jh., hg. von der Historischen Kommission bei der Bayerischen Akademie der Wissenschaften. 36 vols. Leipzig-Stuttgart, 1862–1931.

Fontes rerum Austriacarum. Österreichische Geschichtsquellen. Abt: I: *Scriptores.* Abt. 2: *Diplomataria*, hg. von der Historischen Kommission der Kgl. Akademie der Wissenschaften
【660】 in Wien. 68 vols. Vienna, 1855 sq.

Von Oberndorff L. Graf. *Regesten König Ruprechts* (= *Regesten der Pfalzgrafen am Rhein, 1214–1508*, hg. von der Badischen Historischen Kommission, II Band. *Additamenta* von M. Krebs. Innsbruck, 1912–39).

2. General Works Relevant to the Study of German Finances and Public Credit

(*a*) *General Histories, Works of Reference*

Barraclough, G. *The Origins of Modern Germany.* 2nd ed. Oxford, 1952.

Bechtel, H. *Wirtschaftsgeschichte Deutschlands.* I vol 2nd ed. Munich, 1957.

Below, G. von. *Der deutsche Staat des Mittelalters*, I. 2nd ed. Leipzig, 1925.

——*Territorium und Staat.* 2nd ed. Munich-Leipzig, 1923.

Bihlmeyer, K. and Tüchle, H. *Kirchengeschichte*, II: *Das Mittelalter.* 13th ed. Paderborn, 1952.

Bosl, K. *Staat, Gesellschaft, Wirtschaft im deutschen Mittelalter* (*in* Gebhardt, B. *Handbuch der deutschen Geschichte*, I. 8th ed. Stuttgart, 1954).

Caro, G. *Sozial-und Wirtschaftsgeschichte der Juden im Mittelalter und in der Neuzeit.* I, 2nd ed. Frankfurt a. m. 1924; II, Leipzig, 1920.

Conrad, H. *Deutsche Rechtsgeschichte*, I: *Frühzeit und Mittelalter.* Karlsruhe, 1954.

Fehr, H. *Deutsche Rechtsgeschichte.* 6th ed. Berlin-Leipzig, 1954.

Feine, H. E. *Kirchliche Rechtsgeschichte. Auf der Grundlage des Kirchenrechts von Ulrich Stutz*, I: *Die Katholische Kirche.* 3rd ed. Weimar, 1955.

Hartung, F. *Deutsche Verfassungsgeschichte vom 15. Jahrhundert bis zur Gegenwart.* 6th ed. Stuttgart, 1954.

Heimpel, H. 'Deutschland im späteren Mittelalter.' *Handbuch der deutschen Geschichte*, I, part 5. Constance, 1956.

Inamea-sternegg, K. T. von. *Deutsche Wirtschaftsgeschichte.* 3 parts in 4 vols. (I vol. 2nd ed. 1909) ,Leipzig,1879-1901.

Kelter,E. ' Das deutsche Wirtschaftsleben des 14. und 15. Jahrhunderts im Schatten der Pestepidemien. ' *Jahrb. f. Nationalökon. u. Statistik*, CLXV (1953).

Keutgen,F. *Der deutsche Staat des Mittelalters.* Jena,1918.

Kisch,G. *The Jews in Medieval Germany. A Study of their Legal and Social Status.* Chicago,1949.

Kötzschke,R. *Grundzüge der deutschen Wirtschaftsgeschichte bis zum 17. Jhdt.* 2nd ed. Leipzig-Berlin,1923.

Kulischer,J. *Allgemeine Wirtschaftsgeschichte des Mittelalters und der Neuzeit*, I :*Das Mittelalter.* 2nd ed. Munich,1958.

Lamprecht,K. *Deutsche Wirtschaftsgeschichte im Mittelalter.* 3 parts in 4 vols. Leipzig,1885-6.

Lütge, F. ' Das 14/15. Jahrhundert in der Sozial-und Wirtschaftsgeschichte. ' *Jahrb. f. Nationalökon. u. Statistik*, CLXII (1950).

——*Deutsche Sozial-und Wirtschaftsgeschichte Ein Überblick* Berlin-Göttingen-Heidelberg,1952.

Mayer,Th. *Deutsche Wirtschaftsgeschichte des Mittelahers.* Leipzig,1928.

Mitteis,H. *Deutsches Privatrecht.* 3rd ed. Munich-Berlin,1958.

——*Deutsche Rechtsgeschichte.* 5th ed. Munich-Berlin,1958.

Nabholz,H. ,Muralt,L. Von,Feller,R. and Dürr,E. *Geschichte der Schweiz*,I. Zürich,1932.

Parkes,J. W. *The Jew in the Medieval Community, a Study of his Political and Economic Situation.* London,1938.

Planttz,H. *Deutsche Rechtsgeschichte.* Graz,1950.

Postan,M. M. ' Die wirtschaftlichen Grundlagen der mittelalterlichen Gesellschaft. ' *Jahrb. f. Nationalökon. u. Statistik*, CLXVI (1954).

Scherer,J. E. *Die Rechtsverhältnisse der Juden in den deutsch-österreichischen Länder.* Leipzig, 1901.

Schulte, A. *Geschichte des Mittelalterlichen Handels und Verkehrs zwischen Westdeutschland und Italien mit Ausschluss von Venedig.* 2 vols. Leipzig,1900.

——*Der deutsche Staat, Verfassung, Macht und Grenzen, 919-1914.* Stuttgart-Berlin,1933. 【661】

Sieveking,H. *Wirtschaftsgescttichte.* Berlin,1935.

Stobbe,O. *Die Juden in Deutschland.* 3rd cd. Bcrlin,1923.

Waitz, G. *Verfassungsgeschichte des deutschen Volkes*, 8 vols. Kiel-Berlin, 1844-78. Reprinted, 1953-6.

Werminghoff,A. *Geschichte der Kirchenverfassung Deutschlands im Mittelalter*, I. Hanover-Leipzig, 1905.

——*Verfassungsgeschichte der deutschen Kirche im Mittelalter.* 2nd ed. Leipzig-Berlin,1913.

(*b*) *The Empire*

Aschbach,J. *Geschichte Kaiser Sigmunds.* 4 vols. Hamburg,1838-45.

Chmel,J. *Geschichte Kaiser Friedrichs III und seines Sohnes Maximilian I.* 2 vols. Hamburg,1840-3.

Denholm-young,N. *Richard of Cornwall.* Oxford,1947.

Finke,H. *König Sigmunds reichsstädtische Politik von 1410-1418.* (Diss. Tübingen.) Bocholt, 1880.

Giesebrecht,W. Von. *Geschichte der deutschen Kaiserzeit.* 6 vols. Leipzig-Brunswick,1855-95 and various editions.

Helmolt,H. F. *Köinig Ruprechts Zug nach Italien.* (Diss. Leipzig.) Jena,1892.

Heupel,W. *Der Sizilische Grosshof unter Kaiser Friedrich II. Eine verwaltungsgeschichtliche Studie.* (Schriften des Reichsinstituts Für altere deutsche Geschichtskunde. Monumenta Germaniae Historica,1940.) Reprinted Stuttgart,1952.

Hintze,O. *Das Königtum Wilhelms von Holland.* Eingeleitet von J. Weizsäcker. (Historische Studien,15.) Leipzig,1885.

Höfler,C. *Ruprecht von der Pfalz genannt Clem. Römischer König, 1400-1410.* Freiburg,1861.

Hufnagel,O. *Caspar Schlick als Kanzler Friedrichs III.* (Miög. VIII Erg. Band,1911.) Vienna,

1911.

Kempf, J. *Geschichte des deutschen Reiches während des grossen Interregnums, 1245–1273.* Würzburg, 1893.

Krones, Fa. 'Schlick Kaspar.' *ADB.* XXXI, 2 vols.

Lindner, TH. *Geschichte des deutschen Reiches unter König Wenzel.* 2 vols. Brunswick, 1875–80.

Offler, H. S. 'Empire and Papacy. The last Struggle.' *TRHS.* fifth series, VI (1956).

Pirchan, G. *Italien und Kaiser Karl IV in der Zeit seiner 2. Romfahrt.* 2 vols. (Quellen und Forschungen aus dem Gebiete der Geschichte.) Prague, 1930.

Redlich, O. *Rudolf von Habsburg. Das deutsche Reich nach dem Untergange des alten Kaisertums.* Innsbruck, 1903.

Roth, F. W. E. *Geschichte des Römischen Königs Adolf I von Nassau.* Wiesbaden, 1879.

Schneider, Fr. *Kaiser Heinrich VII.* 3 parts. Greiz, 1924–8.

——*Kaiser Heinrich VII, Dantes Kaiser.* 2nd ed. Stuttgart, 1943.

Simonsfeld, H. *Jahrbücher des deutschen Reiches unter Friedrich I*, I: *1152–1158*. Leipzig, 1908.

Stengel, E. E. 'Avignon und Rhens. Forschungen zur Geschichte des Kampfes um das Recht am Reich in der I. Hälfte des 14. Jhdts.' *Quellen und Studien zur Verfassungsgeschichte des deutschen Reiches im Mittelalter und Neuzeit*, VI(I). Weimar, 1930.

Ulmann, H. *Kaiser Maximilian I.* 2 vols. Stuttgart, 1884–91.

Vita Caroli IV ab ipso conscripta, 1346. Reprinted in *Fontes Rerum Bohemicarum*, III. Prague, 1882.

Vosselmann, A. *Die reichstädtische Politik König Ruprechts von der Pfalz.* Paderbom, 1904.

Werunsky, E. *Geschichte Kaiser Karls IV und seiner Zeit.* 3 vols. Innsbruck, 1880–92.

Windecke, E. *Kaiser Sigismunds Buch* (*in Scriptores rerum Germanicarum praecipue Saxonicarum*, ed. J. B. Menckenius. Leipzig, 1728; later edition by W. Altmann under the title *Denkwürdigkeiten zur Geschichte des Zeitalters Kaiser Sigmunds.* Berlin, 1893).

Winkelmann, E. *De regni Siculi administratione, qualis fuerit regnante Frederico II, Romanorum imperatore, Ierusalem et Siciliae rege.* (Dissertatio Inauguralis, Berlin, 1859.) (Important for financial history.)

【662】 ——*Philipp von Schwaben und Otto IV von Braunschweig.* 2 vols. Leipzig, 1873–8.

Winkelmann, E. *Geschichte Friedrichs II und seiner Reiche.* 2 vols. Berlin, 1863 and Reval, 1865.

——*Kaiser Friedrich IL* 2 vols. Leipzig, 1889–97.

Wostry, W. 'König Albrecht II (1437–1439)' *Prager Studien aus d. Gebiet der Geschichtswissenschaft*, XII/XIII. Prague, 1906–7.

Zechel, A. 'Studien über Kaspar Schlick.' *Quellen und Forschungen aus dem Gebiete der Geschichte*, XV. Prague, 1939.

(*c*) *The Territories*

Aubin, H. *Die Verwaltungsorganisation des Fürstbistums Paderborn im Mittelalter.* (Abh. zur Mittelalt. und Neueren Gesch. Heft 26.) Berlin, 1911.

Aubin, H. and others. *Geschichte des Rheinlandes von den ältensten Zeit bis zur Gegenwart.* 2 vols. Essen, 1922.

Birck, M. *Der Kölner Erzbischof Dietrich II im Streit mit dem päpstlichen Stuhle.* Mühlheim, 1878.

Cardauns, H. *Konrad von Hochstaden.* Cologne, 1880.

Carsten, F. L. *The Origins of Pmssia.* Oxford, 1954.

Dominicus, A. *Baldewin von Lützelburg, Erzbischof und Kurfürst von Trier.* Coblenz, 1862.

Droysen, J. G. *Geschichte der preuxsischen Politik.* 5 parts in 14 vols. Berlin, 1855–86; 2nd ed. vols. I–IV, Berlin, 1868–72.

Egger, J. *Geschichte Tirols von den ältesten Zeiten bis in die Neuzeit.* 3 vols. Innsbruck, 1872–8.

Ennen, L. 'Friedrich von Saarwerden, Erzbischof von Köln.' *ADB.* VIII, 538.

Ernst, F. *Eberhard im Bart. Die Politik eines deutschen Landesherrn am Ende des Mittetalters.* Stuttgart, 1933. (Valuable for the history of princely finances.)

Ficker, J. *Reinald von Dassel, Reichskanzler und Erzbischof von Köln, 1156–1167.* Cologne, 1850.

——*Engelbert der Heilige, Erzbischof von Köln und Reichsverweser.* Cologne, 1853.

Gundlach, F. *Die Hessischen Zentralbeh&den von 1247 bis 1604*. 3 vols. (Veröff. der Histor.-Komm. für Hessen und Waldeck, XVI.) Marburg, 1930–2.

Hantsch, H. *Die Geschichte Österreichs*, I. 3rd ed. Vienna, 1951.

Havemann, W. *Geschichte der Lande Braunschweig und Lüneburg*. 3 vols. Göttingen, 1853–7.

Hecker, H. *Die territoriale Politik des Erzbischofs Philipp I von Köln (1167–1191)*. (Historische Studien, X, 1883.) Leipzig, 1883.

Heinemann, O. Von. *Geschichte Braunschweigs und Hannovers*. 3 vols. Gotha, 1882–92.

Hennes, J. H. *Albrecht von Brandenburg, Erzbischof von Mainz und Magdeburg*. Mainz, 1858.

Herkert, O. *Landesherrliches Beamtentum der Markgrafschaft Baden im Mittelatter*. (Diss. Freiburg.) Freiburg i. Br., 1910.

Huber, A. *Geschichte Österreichs*, I, II, III, IV. Gotha, 1885 sq.

Huber, A. and DOPSCH, A. *Österreichische Reichsgeschichte*. 2nd ed. Vienna, 1901.

Isaacsohn, S. *Geschichte des preussischen Beamtentums vom Anfang des 15. Jhdts. bis auf die Gegenwart*, I. Berlin, 1873.

Kanter, E. W. 'Markgraf Albrecht Achilles von Brandenburg.' *Quellen und Untersuchungen zur Geschichte des Hauses Hohenzollern*, X. Berlin, 1911.

Keussen, H. 'Walram von Jülich, Erzbischof von Köln.' *ADB*. XL, 773.

Kötzschke, R. and Kretschmar, H. *Sähsische Geschichte*, I. Dresden, 1935.

Kreutzkampf, P. F. *Die Territorialpolitik des Kölner Erzbischofs Heinrich von Virneburg, 1306–1332*. (Diss. Cologne.) Bigge-Ruhr, 1933.

Ley, C. A. *Kölnische Kirchengeschichte von der Einführung des Christentums bis zur Gegenwart*. 2nd ed. Essen, 1917.

May, J. *Kurfürst Kardinal und Erzbischof Albrecht II von Mainz und Magdeburg*. 2 vols. Munich, 1865–75.

Menzel, K. *Diether von Isenburg, Erzbischof von Mainz, 1459–1463*. Erlangen, 1868.

Meyer, H. B. 'Hof-uad Zentralverwaltung der Wettiner in der Zeit einheitlicher Herrschaft über die Meissnisch-Thüringischen Lande 1248–1379.' *Leipziger Studien aus dem Gebiet der Geschichte*, IX (3). Leipzig, 1902. 【663】

Pfeil, F. *Der Karnpf Gerlachs von Nassau mit Heinrich von Virneburg um das Erzstift Mainz*. (Diss. Strassburg). Darmstadt, 1910.

Pöschl, A. *Bischofsgut und Mensa episcopalis. Ein Beitrag zur Geschichte des kirchlichen Vermogensrechts*. 3 vols. Bonn, 1908–12.

Priesack, J. *Die Reichspolitik des Erzbischofs Balduin von Trier in den Jahren 1314–1328*. Göttingen, 1894.

Prutz, H. *Preussische Geschichte*, I. Stuttgart, 1900.

Rathje, J. *Die Behördenorganisation im ehemals Kurkölnischen Herzogturn Westfalen*. (Diss. Heidelberg.) Kiel, 1905.

Riezler, S. *Geschichte Bayerns*. 8 yols. Gotha, 1878–1914. *Register* by Widemann, J. Munich, 1932.

Rosenthai., E. *Geschichte des Gerichtswesens und der Verwaltungsorganisation Baierns*, I (*1180–1598*). Würzburg, 1889.

Rothert, H. *Westfälische Geschichte*, I. Gütersloh, 1949.

Sauerland, H. V. *Der Trierer Erzbischof Diether von Nassau in seinen Beziehungen zur päpstlichen Kurie*. (Annalen des Historischen Vereins für den Niederrhein, Heft 68.) Cologne, 1899.

Schotte, W. *Fürstentum und Stände in der Mark Brandenburg unter Regierung Joachims* I. (Veröff. des Vereins für Geschichte der Mark Brandenburg.) Leipzig, 1911.

Schwind, E. Von, and Dopsch, A. *Ausgewählte Urkunden zur Verfassungs-Geschichte der Deutsch-Österreichischen Erblande im Mittelalter*. Vienna, 1895.

Spangenberg, H. *Hof-und Zentralverwaltung der Mark Brandenburg im Mittelalter*. (Veröff. des Vereins für Geschichte der Mark Brandenburg.) Leipzig, 1908.

—— 'Landesherrliche Verwaltung, Feudalismus und Ständetum in den deutschen Territorien des 13. bis 15. Jahrhunderts.' *HZ*. CIII (1909).

——'Territorialwirtschaft und Stadtwirtschaft. Ein Beitrag zur Kritik der Wirtschaftsstufentheorie.' *HZ.* Beiheft (1932).

Stengel, E. E. *Baldewin von Luxemburg. Ein grenzdeutscher Staatsrnann des 14. Jhdts.* Weimar, 1937.

Stlmming, M. *Die Entstehung des weltlichen Territoriurns des Erzbisturns Mainz.* Darmstadt, 1915.

Waldeyer, K. J. *Walrarm von. Jülich, Erzbischof von Köln und seine Reichspolitik.* 2 parts, Bonn, 1890-1.

Welss, J. *Berthold von Henneberg, Erzbischof von Mainz (1484-1504). Seine kirchenpolitische und kirchliche Stellung.* Freiburg i. Br., 1889.

Winter, E. K. *Rudolf IV von Österreich.* 2 vols. Vienna, 1934-6.

Wintterlin, F. *Geschichte der Behördenorganisation in Württernberg.* 2 vols. Stuttgart, 1902-6.

(*d*) *The Towns*

Arnold, W. *Verfassungsgeschichte der deutschen Freistädte im Anschluss an die Verfassungsgeschichte der Stadt Worms.* 2 vols. Hamburg-Gotha, 1854.

——*Zur Geschichte des Eigenturns in den deutschen Städten.* Basle, 1861.

Below, G. Von. *Entstehung der deutschen Stadtgemeinde.* Düsseldorf, 1889.

——*Ursprung der deutschen Stadtverfassung.* Düsseldorf, 1892.

——'Die städtische Verwaltung des Mittelalters als Vorbild der späteren Territorialverwaltung.' *HZ.* N. F. XXXIX (1895).

Beutin, L. 'Italien und Köln.' *Studi in Onore Arrnando Sapori*, I. Milan, 1957.

Beyerle, F. 'Zur Typenfrage in der Stadtverfassung.' *ZRG. Germ. Abt.* L (1930).

Boos, H. *Geschichte der Rheinischen Städtekultur von ihren Anfängen bis zur Gegenwart mit besonderer Berücksichtigung der Stadt Worms.* 2nd ed. Berlin, 1897-1901.

Daenell, E. *Die Blütezeit der deutschen Hanse. Hansische Geschichte von der 2. Hälfte des 14. bis zurn letzten Viertel des 15. Jahrhunderts.* 2 vols. Berlin, 1906.

Ennen, E. *Frühgeschichte der europäischen Stadt.* Bonn, 1953.

Ennen, L. *Geschichte der Stadt Köln.* 5 vols. Cologne, 1863-80.

Feine, H. E. 'Der Goslarische Rat bis zum Jahre 1400.' *Gierkes Untersuchungen*, CXX. Breslau,
【664】 1913.

Feller, R. *Geschichte Berns*, I. 2nd ed. Bern, 1949.

Fink, G. 'Die Frage des Lübeckischen Patriziats im Lichte der Forschung.' *Ztschr. des Ver. für Lübische Gesch. und Altertumskunde*, Jhg. 1937-1938, Heft 2.

Fröhlich, K. 'Die Verfassungsentwicklung von Goslar im Mittelalter.' *ZRG. Germ. Abt.* XLVII (1927).

Heer, F. 'Augsburgs Bürgertum im Aufstieg Augsburgs zur Weltstadt (1275-1530).' *Augusta, 955-1955.* Munich, 1955.

Hegel. K. *Städte und Gilden der germanischen Völker im Mittelalter.* 2 vols. Leipzig, 1891.

Hoffmann, M. *Geschichte der Freien und Hansastadt Lübeck.* 2 vols. Lübeck, 1899-1902.

Keussen, H. *Die Kölner Revolution von 1396, ihre Begründung und Darstellung.* Cologne, 1888.

Keutgen, F. *Urkunden zur Städtischen Verfassungsgeschichte.* Berlin, 1901.

Kirchoff, P. *Die Dortmunder Fehde von 1388-1389.* (Dortmunder Beiträge, XVIII) Dortmund, 1910.

Kracauer, I. *Geschichte der Juden in Frankfurt 1150-1824*, I. Frankfurt a. M., 1925.

Kuske, B. *Quellen zur Geschichte des Kölner Handels und Verkehrs im Mittelalter.* 4 vols. Bonn, 1918-34.

Largiader, A. *Geschichte der Stadt und Landschaft Zürich*, I. Zürich, 1945.

Lau, F. *Entwicklung der kommunalen Verfassung und Verwaltung der Stadt Köln bis zum Jahre 1396.* Bonn, 1898.

Lauer, E. 'The South German Reichstädte in the late Middle Ages', in *Medieval and Historiographical Essays in Honqur of James Westfall Thompson.* Chicago, 1938.

Meier, P. J. *Die Stadt Goslar.* Stuttgart-Berlin, 1926.

Meinert, H. *Frankfurts Geschichte.* Frankfurt, 1949.

Mundy, J. H. and Riesenberg, P. *The Medieval Town.* Princeton, 1958.

Nabholz, H. 'Die Anfänge der hochmittelalterlichen Stadt und ihrer Verfassnng als Frage der Forschungsmethode betrachtet' (in Nabholz, H. *Ausgewählte Aufsätze zur Wirtschaftsgeschichte.* Zürich, 1954).

Neumann, H. *Die Geschichte Berlins.* 2 vols. Berlin, 1927.

Nuglisch, A. 'Die wirtschaftliche Leistungsfähigkeit deutscher Städte im Mittelalter.' *Ztschr. für Sozialwissenschaft*, IX (1906).

Peters, E. *Das grosse Sterben 1350 in Lübeck und seine Auswirkungen auf die wirtschaftliche und soziale Struktur der Stadt.* (Diss. Berlin.) Berlin, 1939.

Plantiz, H. 'Zur Geschichte des Städtischen Meliorats.' *ZRG. Germ. Abt.* LXVII (1950).

——*Die deutsche Stadt im Mittelalter.* Graz-Cologne, 1954.

Preuss, H. *Die Entwicklung des deutschen Städtewesens*, I: *Entwicklungsgeschichte der deutschen Städteverfassung.* Leipzig, 1906.

Recueils de la Société Jean Bodin, VI and VII: *La Ville* (1954 and 1955): articles of J. Schneider on 'Les villes allemandes' (urban credit operations discussed in vol. VI).

Reinecke, W. *Geschichte der Stadt Lüneburg.* 2 vols. Lüneburg, 1933.

Rörig, F. *Vom Werden und Wesen der Hanse.* 3rd ed. Leipzig, 1943.

——*Die europäische Stadt und die Kultur des Bürgertums im Mittelalter.* 2nd ed. Göttingen, 1955.

Rothert, H. *Geschichte der Stadt Osnabrück im Mittelalter.* 2 vols. Osnabrück, 1938.

Rübel, K. *Geschichte der Frei-und Reichsstadt Dortmund.* 2nd ed. Dortmund, 1906.

——*Geschichte der Grafschaft und der Freien Reichsstadt Dortmund*, I. Dortmund, 1917.

Sander, P. *Geschichte des Städtewesens.* (Bonner Staatswissenschaftliche Untersuchungen, Heft VI) Bonn-Leipzig, 1922.

Schmoller, G. *Deutsches Städtewesen in älterer Zeit.* (*Ibid.* Heft v.) Bonn-Leipzig, 1922.

Schneider, J. *La ville de Metz aux XIIIe et XIVe siècles.* Nancy, 1950.

Schulte, A. *Geschichte der grossen Ravensburger Handelsgesellschaft, 1380–1530.* 3 vols: Stuttgart-Berlin, 1923.

Schumann, E. *Verfassung und Verwaltung des Rates in Augsburg von 1276 bis 1368.* Rostock, 1905.

Sieveking, H. 'Die mittelalterliche Stadt. Ein Beitrag zur Theorie der Wirtschaftsgeschichte.' *V. f. Soz. u. WG.* II (1904). [665]

Spiess, W. *Braunschweig. Die Verfassung und Verwaltung der mittelalterlichen Stadt.* Hildesheim, 1949.

Steinbach, F. *Geschichtliche Grundlagen der kommunalen Selbstverwaltung in Deutschland.* (Rheinisches Archiv, XX.) Bonn, 1932.

Wackernagel, R. *Geschichte der Stadt Basel*, I. Basle, 1907.

Walter, F. *Wien. Die Geschichte einer deutschen Grosstadt an der Grenze.* 3 vols. Vienna, 1940–4.

Winterfeld, L. von. *Handel, Kapital und Patriziat in Köln bis 1400.* (Pfingstblatt des Hansischen Geschichtsvereins, XVI.) Lübeck, 1925.

——*Gründung, Markt und Ratsbildung deutscher Fernhandelsstädte. Westfalen, Hanse Ostseeraum.* Münster, 1955.

——*Geschichte der freien Reichs-und Hansestadt Dortmund.* 2nd ed. Dortmund, 1956.

Zimmermann, H. (ed.). *Geschichte der Stadt Wien.* 4 vols. Vienna, 1897–1911.

Zorn, W. *Augsburg. Geschichte einer deutschen Stadt.* Augsburg, 1956.

3. Financial History

(a) General Works

Bauer, C. 'Mittelalterliche Staatsfinanz und internationale Hochfinanz.' *Historisches Jahrbuch der Görres Gesellschaft* (1930).

Beyerle, F. 'Die ewigen Renten des Mittelalters.' *V. f Soz. u. WG.* IX (1911).

Ehrenberg, R. *Das Zeitalter der Fugger. Geldkapital und Kreditverkehr im 16. Jahrhundert.* 3rd ed. Jena, 1922.

Engel, A. and Serrure, R. *Traité de numismatique du Moyen Âge.* 3 vols. Paris, 1890–1905.

Friedensburg, F. *Deutsche Münzgeschichte.* Leipzig, 1912.

——*Münzkunde und Geldgeschichte der Einzelstaaten des Mittelalters und der Neueren Zeit.* Munich-Berlin, 1926.

Gebhart, H. *Die deutschen Münzen des Mittelalters und der Neuzeit.* Berlin, 1929.

Gottlob, A. *Aus der Camera Apostolica des 15. Jhdts.* Innsbruck, 1889.

——*Die Servitientaxe im 13. Jhdt. Eine Studie zur Geschichte des päpstlichen Gebührenwesens.* (Stutz's Kirchenrechtliche Abhandlungen, Heft II.) Stuttgart, 1903.

Häpke, R. 'Die Entstehung der grossen bürgerlichen Vermögen im Mittelalter.' *Schmollers Jahrbuch*, XXIX(1905).

Jansen, M. *Jakob Fugger der Reiche. Studien und Quellen*, I. Leipzig, 1910.

Karaisl Von Karais, F. *Studien zur Entwicklung des Staatskredites unter besonderer Berücksichtigung der Konsortiabeteiligungsform.* (Diss. Munich.) Munich, 1934.

Kirsch, J. P. 'Die Päpstlichen Kollektorien in Deutschland während des 14. Jahrhunderts.' *Quellen und Forschungen, Görres Institut*, Ⅲ (1894). Paderborn, 1894.

——'Die päpstlichen Annaten in Deutschland während des 14. Jahrhunderts. I. Von Johann XXII bis Irmozenz VI.' *Quellen und Forschungen, Görres Institut*, IX (1903). Paderborn, 1903.

Kuske, B. 'Die Entstehung der Kreditwirtschaft und des Kapitalverkehrs' (*in Kölner Vorträge Hsg. von der Wirtschafts-und Sozialwissenschaftlichen Fakultät der Universität Köln*, I. Leipzig, 1927, reprinted in Kuske, B. *Köln, der Rhein und das Reich. Beiträge aus fünf Jahrzehnten wirtschaftgeschichtlicher Forschung.* Cologne-Graz, 1956).

Landmann, J. 'Zur Entwicklungsgeschichte der Formen und Organisation des öffentlichen Kredites.' *Finanzarchiv*, XXIX(1912).

——'Der öffentliche Kredit' (*in Handbuch der Finanzwissenschaft*, 2nd ed. by W. Gerloff and F. Neumark, III. Tübingen, 1958).

Lotz, W. *Das Aufkommen der Geldwirtschaft im staatlichen Haushalt.* (Volkswirtschaftliche Zeitfragen, Heft 238.) Berlin, 1908.

——*finanzwissenschaft.* 2nd ed. Tübingen, 1931.

Luschin von Ebengreuth, A. *Allgemeine Münzkunde und Geldgeschichte des Mittelalters und der Neuen Zeit.* 2nd ed. Munich, 1926.

Lutz, K. *Die geschichtliche Entwicklung der europäischen Hochfinanz vom Mittelalter bis zum be-*
【666】 *ginnenden 19. Jahrhundert.* (Diss. Munich.) Munich, 1934.

Lyon, B. D. *From Fief to Indenture. The Transition from Feudal to Non-Feudal Contract in Western Europe.* Cambridge (Mass.), 1957.

Mames, A. *Staatsbankerotte.* 3rd ed. Berlin, 1922.

Mayer, T. 'Geschichte der Finanzwirtschaft vom Mittelalter bis zum Ende des 18. Jahrhunderts' (in W. Gerloff and F. Neumark, *Handbuch der Finanzwissenschaft*, I. 2nd ed. Tübingen, 1952.)

Planitz, H. *Das deutsche Grundpfandrecht.* (Forschungen zum deutschen Recht, Beiheft IV.) Weimar, 1936.

Pölnitz, G. VON. *Jakob Fugger. Kaiser, Kirche und Kapital in der oberdeutschen Renaissance.* 2 vols. Tübingen, 1949-52.

——*Anton Fugger I, 1453-1535.* Tübingen, 1958.

Rietschel, S. 'Die Entstehung der freien Erbleihe.' *ZRG. Germ. Abt.* XX(1901).

Roesel, I. *Die Reichssteuern der deutschen Judengemeinden von ihren Anfängen bis zur Mitte des 14. Jahrhunderts.* Berlin, 1910.

Schmied, R. *Die Formen der Kapitalbeschaffung und der Vergrösserung des Eigenkapitals der frühkapitalistischen Kaufleute und Handelsgesellschaften des 15. und 16. Jahrhunderts.* (Diss. Munich.) Berlin, 1936.

Schneider, F. 'Das kirchliche Zinsverbot und die kuriale Praxis im 13. Jahrhundert. Eine historische Skizze.' *Mélanges Finke.* Münster, 1904.

Schulte, A. *Die Fugger in Rom, 1495-1523.* 2 vols. Leipzig, 1904.

Stempell, B. Von. *Die ewigen Renten und ihre Ablösung. Zur mittleren Wirtschaftsgeschichte Deutschlands.* (Diss. Leipzig.) Borna-Leipzig, 1910.

STRIEDER, J. *Zur Genesis des modernen Kapitalismus. Forschungen zur Entstehung der grossen bürgerlichen Kapitalvermögen am Ausgange des Mittelalters und zu Beginn der Neuzeit, zunächst in Augsburg.* 2nd ed. Munich-Leipzig, 1935.

——*Studien zur Geschichte kapitalistischer Organisationsformen. Monopole, Kartelle und Aktiengesellschaften im Mittelalter und zu Beginn der Neuzeit.* Munich, 1925.

——'Staatliche Finanznot als Nährboden des Kapitalismus.' *Forschungen und Fortschritte, Nachrichtenblatt der deutschen Wissenschaft und Technik*, 9 Jhg., no. 30. Berlin, 1933.

——'Finanznot des Staates und Entwicklung des Frühkapitalismus'. *7e Congrès International des Sciences Historiques*, II. Warsaw, 1933.

SUHLE, A. *Deutsche Münz-und Geldgeschichte von den Anfängen bis zum 15. Jahrhundert.* Berlin, 1955.

TÄUBER, W. *Geld und Kredit im Mittelalter.* Berlin, 1933.

TROE, H. *Münze, Zoll und Markt und ihre finanzielle Bedeutung für das Reich vom Ausgang der Staufer bis zum Regierungsantritt Karls IV.* Stuttgart, 1937.

VERCAUTEREN, F. 'Gilles de la Marcelle, Chanoine de Liège, Trésorier de I'Empereur Henri VII (c. 1270/80-1337).' *Studi in onore Armando Sapori*, I. Milan, 1957.

(*b*) *The Empire*

ADLER, S. *Organisation der Finanzverwaltung unter Kaiser Maximilian I.* Leipzig, 1886.

CARANDE, R. *Carlos V y sus Banqueros. La Hacienda real de Castilla.* Madrid, 1949

CARO, G. 'Zur Geschichte der Reichsjudensteuer im 13. Jahrhundert.' *Monatsschrift für die Geschichte und Wissenschaft des Judentums*, XLVIII (1904).

DEIBEL, G. *Die italienischen Einkünfte Kaiser Friedrich Barbarossas.* Neue Heidelberger Jahrbücher, N. F. 1932.

——'Die finanzielle Bedeutung Reichs-Italiens für die staufische Herrscher des zwölften Jahrhunderts.' *ZRG. Germ. Abt.* LIV (1934).

FREY. K. *Das Schicksal des königlichen Gutes in Deutschland unter den letzten Staufern seit König Philipp.* Berlin, 1881.

GRADENWITZ, H. *Beiträge zur Finanzgeschichte des deutschen Reiches unter Ludwig dem Bayer.* (Diss. Erlangen.) Borna-Leipzig, 1908.

HILLIGER, B. 'Die Reichssteuerliste von 1242.' *Historische Vierteljahrschrift*, XXVIII (1934).

KIRCHNER, G. 'Die Steuerliste von 1241.' *ZRG. Germ. Abt.* LXX (1953).

KÜSTER, W. *Beiträge zur Finanzgeschichte des deutschen Reiches nach dem Interregnum*, I: *Das deutsche Reichsgut in den Jahren 1273 bis 1313 nebst einer Ausgabe und Kritik des Nürnberger Salbuchleins.* (Diss. Leipzig.) Leipzig, 1883. [667]

NIESE, H. *Die Verwaltung des Reichsgutes im 13. Jahrhundert. Ein Beitrag zur deutschen Verfassungsgeschichte.* Innsbruck, 1905.

NUGLISCH, A. *Das Finanzwesen des deutschen Reiches unter Kaiser Karl IV.* (Diss. Strassburg.) Strassbourg, 1899.

——'Das Finanzwesen des deutschen Reiches unter Kaiser Sigmund.' *Jhb. f. Nat. u. Stat.* 3rd ser., XXI (1901).

PROWE, F. 'Die Finanzverwaltung am Hofe Heinrichs VII während des Römerzuges. Nach den Rechnungsberichten bei Bonainini.' *Acta Henrici VII*, I, pp. 286-346. (Diss. Berlin.) Berlin, 1888.

SCHMIDT, O. *Die Reichseinnahmen Ruprechts von der Pfalz.* (Leipziger Histor. Abhandlungen, XXX.) Leipzig, 1912.

SOMMERLAD, T. *Die Rheinzölle im Mittelalteh* Halle, 1894.

STOLZ, O. 'Zur Entwicklungsgeschichte des Zollwesens innerhalb des alten deutschen Reiches.' *V. f. Soz. u. WG.* XLI (1954).

SÜSSMANN, A. *Die Judenschuldentilgungen unter König Wenzel I.* Berlin, 1906.

VANNÉRUS, J. 'Les Lombards dans l'ancien pays de Luxembourg.' *Bulletin de l'Institut Historique de Rome, fasc.* XXVII (1952).

WETZEL, E. 'Das Zollrecht der deutschen Könige von den ältesten Zeiten bis zur Goldenen

Bulle. ' *Gierkes Untersuchungen*, XLIII (1893).

Zechel, A. ' Studien über Kaspar Schlick. ' *Quellen und Forschungen aus dem Gebiete der Geschichte*, XV (1939). Prague.

Zeumer, K. ' Die deutschen Städtesteuern, insbesondere die städtischen Reichssteuern im 12. und 13. Jhdt. Ein Beitrag zur Geschichte der Steuerverfassung des deutschen Reiches. ' *Schmollers Forschungen*, I (2). Leipzig, 1878.

——' Zur Geschichte der Reichssteuern im früheren Mittelalter. ' *HZ*. LXXXI(1898).

(*c*) *The Territories*

Bamberger, E. ' Die Finanzverwaltung in den deutschen Territorien des Mittelalters (1200–1500). ' *Ztschr. für die Gesamte Staatswissenschaft*, LXXVII(1922–3).

Caemmerer, V. ' Die Einnahmen des Kurfütrsten Albrecht Achilles. ' *Forschungen zur Brandenburgischen und Preussischen Geschichte*, XXVI (1913). Leipzig.

Dopsch, A. ' Zur Geschichte der Finanzverwaltung Österreichs im 13. Jahrhundert. ' Miög. XVIII (1897). Reprinted in Dopsch, A. *Verfassungs-und Wirtschaftsgeschichte des Mittelalters*. Vienna, 1928.

Ernst, V. ' Die direkten Staatssteuern in der Graffschaft Württemberg. ' *Würt. Jahrbuch frü Statistik und Landeskunde* (1904).

Falke, J. ' Bete, Zins und Ungeld im Kurfürstentum Sachsen bis 1485. ' *Mitteilungen d. Kgl. Sächs. Ver. für Erforschung vaterländischen Geschichtsdenkmale*, XIX, XX (1869). Dresden.

——' Die Steuerbewilligungen der Landesstände im Kurfürstentum Sachsen bis zum Anfang des 17. Jahrhunderts. ' *Ztschr. für die gesamte Staatswissenschaft*, XXX, XXXI (1874–5). Tübingen.

Hermann, J. *Die Mainzer Servitienzahlungen*. (Archiv für Hessische Geschichte und Altertumskunde.) Darmstadt, 1904.

Hoffmann, M. *Der Geldhandel der Juden während des Mittelalters bis zum Jahre 1350*. Schmollers Forschungen, CLII. Leipzig, 1910.

Knies, H. ' Ursprung der ersten Mainzer Kirchensteuer. ' *Festschrift Schroe*. Mainz, 1934.

Kogler, F. *Das landesfürstliche Steuerwesen in Tirol bis zum Ausgange des Mittelalters*. (Archiv für Österr. Geschichte, XC.) Vienna, 1901.

Kostanecki, A. von. ' Der öffentliche Kredit im Mittelalter. Nach Urkunden der Herzogtümer Braunschweig und Lüneburg. ' *Schmollers Forschungen*, IX(I). Leipzig, 1889.

Kotelmann, A. ' Die Finanzen des Kurfürsten Albrecht Achilles. ' *Ztschr. für Preussische Geschichte und Landeskunde*, III(1886)

Liebe, O. ' Die rechtlichen und wirtschaftlichen Zustände der Juden im Erzstift Trier. ' *Westdeutsche Ztschr. für Geschichte und Kunst*, XII(1893). Trier.

Luschin von Ebengreuth, A. *Umrisse einer Münzgeschichte der altösterreichischen Lande im Mittel-*
【668】 *alter*. Vienna, 1909.

Meyer, H. B. ' Hof-und Zentralverwaltung der Wettiner in der Zeit einheitlicher Herrschaft über die Meissnisch-Thüringischen Lande, 1248–1379. ' *Leipziger Studien aus dem Gebiete der Geschichte*, IX(3). Leipzig, 1902.

Puff, A. *Die Finanzen Albrechts des Beherzten*. (Diss. Leipzig.) Leipzig, 1911.

Sauerland, H. V. ' Trierische Taxen und Trinkgelder an der päpstlichen Kurie während des späteren Mittelalters. ' *Westdeutsche Ztschr. für Geschichte und Kunst*, XVI. Trier, 1897.

Schapper, G. *Die Hofordnung von 1470 und die Verwaltung am Berliner Hofe zur Zeit Kurfürst Albrechts im historischen Zusammenhange behandelt*. (Veröff. des Vereins für Geschichte der Mark Brandenburg.) Leipzig, 1912.

Schmoller, G. ' Die Epochen der preussischen Finanzpolitik. ' *Schmollers Jahrbuch*, N. F. I (1877).

——*Preussische Verfassungs-, Verwaltungs-und Finanzgeschichte*. Berlin, 1921.

Schwickerath, W. *Die Finanzwirtschaft der deutschen Bistümer*. (Beiträge zur kirchlichen Verwaltungswissenschaft, I.) Breslau, 1942.

Stolz, O. Über die ältesten Rechnungsbücher deutscher Landesverwaltungen. ' Histor.

Vierteljahrschrift, XXIII(1926).

(*d*) *The Towns*

Albers, H. *Die Anleihen der Stadt Bremen vom 14. bis zum 18. Jahrhundert.* (Veröff. aus dem Staatsarchiv der freien Hansestadt Bremen, III.) Bremen, 1930.

Beyerle, K. 'Die Anfänge des Kölner Schreinswesens.' *ZRG. Germ. Abt.* II(1931).

Brandt, A. Von. *Der Lübecker Rentenmarkt von 1320–1350.* (Diss. Kiel.) Düsseldorf, 1935.

Brunner, O. *Die Finanzen der Stadt Wien von den Anfängen bis ins 16. Jahrhundert.* (Studien aus dem Archiv der Stadt Wien, I–II.) Vienna, 1929.

Buchner, H. *Zur Entwicklung des städtischen Kredits in Deutschland im Mittelalter und im 16. Jahrhundert.* (Diss. Munich.) Munich, 1925.

Bücher, K. 'Der öffentliche Haushalt der Stadt Frankfurt in Mittelalter.' *Ztschr. für die gesamte Staatswissenschaft*, LII (1896). Tübingen. Reprinted in Bücher, K. *Beiträge zur Wirtschaftsgeschichte.* Tübingen, 1922.

Cremer, O. *Der Rentenkauf im mittelalterlichen Köln. Nach Schreinsurkunden des 12. bis 14. Jahrhundert (mit Urkundenanhang).* (Diss. Cologne.) Würzburg, 1936.

Erler, A. *Bürgerrecht und Steuerpflicht im mittelalterlichen Städtewesen.* Frankfurt a. M. 1939.

Fahlbusch, O. 'Die Finanzverwaltung der Stadt Braunschweig seit dem Grossen Aufstand im Jahre 1374 bis zum Jahre 1425.' *Gierkes Untersuchungen*, CXVI. Breslau, 1913.

Foltz, M. *Beiträge zur Geschichte des Patriziats in den deutschen Städten vor dem Ausbruch der Zunftkampfe.* (Diss. Marburg.) Marburg, 1899.

Franke, G. *Lübeck als Geldgeber Lüneburgs. Ein Beitrag zur Geschichte des städtischen Schuldenwesens im 14. und 15. Jahrhundert.* (Abhandlungen zur Handels-und Seegeschichte, N. F. IV.) Neumünster, 1935.

Frey, W. 'Beiträge zur Finanzgeschichte Zürichs im Mittelalter.' *Schweiz. Studien zur Geschichtswissenschaft*, III(I). Zürich, 1911.

Gätjen, B. *Der Rentenkauf in Bremen.* (Veröff. aus dem Staatsarchiv der freien Hansestadt Bremen, Heft I.) Bremen, 1928.

Gobbers, J. 'Die Erbleihe und ihr Verhältnis zum Rentenkauf im mittelalterlichen Köln des 12–14. Jahrhunderts.' *ZRG. Germ. Abt.* IV(1883).

Goerlitz, T. 'Die Haftung des Bürgers und Einwohners für Schulden der Stadt und ihrer Bewohner nach Madgeburger Recht.' *ZRG. Germ Abt.* LVI(1936).

Harms, B. 'Die Steuern und Anleihen im öffentlichen Haushalt der Stadt Basel 1361–1500. Ein Beitrag zur mittelalterlichen Finanzstatistik.' *Ztschr. für die gesamte Staatswissenschaft*, LXIII(1907).

Hartwig, J. 'Der Lübecker Schoss bis zur Reformationszeit.' *Schmollers Forschungen*, XXI(6). Leipzig, 1903.

Hefenbrock, M. *Lübecker Kapitalsanlagen in Mecklenburg.* (Diss. Kiel.) Heide, 1929.

Heidenhain, M. E. *Städtische Vermögenssteuern im Mittelalter.* (Diss. Leipzig.) Leipzig, 1906. 【669】

Jaeger, G. Die *Entwicklung der Eigentumsübertragung an städtischen Grundstücken in Bremen.* (Veröff. aus dem Staatsarchiv der freien Hansestadt Bremen, Heft I.) Bremen, 1928.

Kentenich, G. *Trierer Stadtrechnungen des Mittelalters.* (Trierer Archiv, Ergänzungsheft IX.) Trier, 1908.

Kleinau, H. *Der Grundzins in der Stadt Braunschweig bis 1350.* (Leipziger Rechtswiss. Studien, XL.) Leipzig, 1929.

Knipping, R. *Die mittelalterlichen Rechnungen der Stadt Köln.* (Mitteilungen aus dem Stadtarchiv von Köln, XXIII.) Cologne, 1893.

——'Das Schuldenwesen der Stadt Köln im 14. und 15. Jahrhundert.' *Westdeutsche Ztschr. für Geschichte und Kunst*, XIII. Trier, 1894.

——'Ein mittelalterlicher Jahreshaushalt der Stadt Köln (1379).' *Festschrift für G. von Mevissen.* Cologne, 1895.

Kuske, B. 'Das Schuldenwesen der deutschen Städte im Mittelalter.' *Ztschr. für die Gesarnte Staatswissenschaft*, Ergänzungsheft, XII. Tübingen, 1904.

LEIBER, E. *Das kanonische Zinsverbot in deutschen Städten des Mittelalters.* (Diss. Freiburg.) Überlingen, 1926.

LUSCHIN VON EBENGREUTH, A. 'Wiens Münzwesen, Handel und Verkehr im späteren Mittelalter' (in Zimmermann, H. *Geschichte der Stadt Wien*, II. Vienna, 1905).

MACK, H. 'Die Finanzgeschichte der Stadt Braunschweig bis zum Jahre 1374.' *Gierkes Untersuchungen*, XXXII Breslau, 1889.

MEYER, C. 'Der Haushalt einer deutschen Stadt im Mittelalter.' *V. f. Soz. u. WG.* I(1903).

MITTAG, H. *Zur Struktur des Haushalts der Stadt Hamburg im Mittelalter.* (Diss. Kiel.) Leipzig, 1914.

NABHOLZ, H. *Beitrag zum Steuerwesen der Stadt Zürich in der 2. Hälfte des 14. Jahrhunderts.* (Auszug aus der Einleitung zu der Edition der Züdricher Steuerrödel des 14. und 15. Jahrhunderts.) Zürich, 1918.

PAULI, K. W. *Die sogenannten Wichboldsrenten oder die Rentenkäufe des Lübischen Rechts.* (Abhandlungen aus dem Lübischen Rechte, IV.) Lübeck, 1865.

PLANTTZ, H. 'Das Grundpfandrecht in den Kölner Schreinskarten.' *ZRG. Germ. Abt.* LIV(1934).

POTTHOFF, H. 'Der öffentliche Haushalt Hamburgs im 15. und 16. Jahrhundert.' *Ztschr. des Vereins für Hamburg. Geschichte*, XVI(I). Hamburg, 1911.

RACHEL, H., PAPRITZ, J. and WALLICH, P. *Berliner Grosskaufleute und Kapitalisten*, I. Berlin, 1934.

REINCKE, H. 'Die alte Hamburger Stadtschuld der Hansezeit, 1300–1563' (in A. von Brandt and W. Koppe, *Städtewesen, und Bürgertum als geschichtliche Kräfte.* Lübeck, 1953).

RÜBEL, K. *Dortmunder Finanz-und Steuerwesen. Das vierzehnte Jahrhundert.* Dortmund, 1892.

SANDER, P. *Die reichstädtische Haushaltung Nürnbergs 1431 bis 1440.* Leipzig, 1902.

SCHINDLER, K. 'Finanzwesen und Bevölkerung der Stadt Bern im 15. Jahrhundert. *Ztschr. für Schweizer Statistik*, XXXVI. Bern, 1900.

SCHONBERG, G. *Finanzverhältnisse der Stadt Basel im XIV. und XV. Jahrhundert.* Tübingen, 1879.

SCHÖNBERG, L. *Die Technik des Finanzhaushaltes der deutschen Städte im Mittelalter.* (Mün-chener Volkswirtschaftliche Studien, CIII.) Stuttgart-Berlin, 1910.

SCHWARZ, D. W. H. *Münz-und Geldgeschichte Zürichs im Mittelalter.* Aarau, 1940.

SCHWÖRBEL, L. *Die Rechnungsbücher der Stadt Köln, 1351–1798.* (Mitteilungen aus dem Stadtarchiv von Köln.) Cologne, 1892.

SEHRING, W. *Die finanziellen Leistungen der Reichsstädte unter Ruprecht von der Pfalz.* (Sammlung Wissenschaftlicher Arbeiten, XXXVI.) Langensalza, 1916.

SOHM, R. 'Stadtische Wirtschaft im Fünfzehnten Jahrhundert.' *Jhb. f. Nat. u. Stat.* XXXIV (1879).

【670】 STIEDA, W. 'Städtische Finanzen im Mittelalter.' *Jhb. f. Nat. u. Stat.* 3rd ser., XVII(1899).

STÜVE, C. 'Das Finanzwesen der Stadt Osnabrück bis zum Westfälischen Frieden.' *Mitteilungen des Vereins für Geschichte und Landeskunde von Osnabrück*, XI. Osnabrück, 1886.

——'Verzeichnis der Renten der Stadt Osnabrück, 1347.' *Mitteilungen des Vereins für Geschichte und Landeskunde von Osnabrück*, XVI. Osnabrück, 1891.

USINGER, R. 'Der Haushalt der Stadt Hamburg im 14. Jahrhundert.' *HZ.* XXIV(1870).

WACKERNAGEL, J. 'Städtische Schuldscheine als Zahlungsmittel im 13. Jahrhundert.' *V. f. Soz. u. WG.* Beiheft II(1924).

WELTI, F. E. 'Die Tellbücher der Stadt Bern aus dem Jahre 1389.' *Archiv des Historischen Vereins des Kantons Bern*, XIV. Bern, 1895.

——'Die ältesten Bernischen Stadtrechnungen.' *Archiv des Historischen Vereins des Kantons Bern*, XIV. Bern, 1895.

——*Die Stadtrechnungen von Bern aus den Jahren 1375–1384.* Bern, 1896.

WERMINGHOFF, A. 'Die Verpfändung der Mittel-und Niederrheinischen Reichsstädte während des 13. und 14. Jahrhunderts.' *Gierkes Untersuchungen*, XLV. Breslau, 1893.

ZEDERMANN, F. *Die Einnahmequellen der deutschen Städte im Mittelalter.* (Diss. Würzburg.) Erlangen, 1911.

第八章　经济和社会概念

I . Genekal Sources

1. Laws

Corpus juris canonici. Edited by E. Friedberg. 2 vols. (I *Decretum*, II *Decretals.*) Leipzig, 1879-81.

Corpus juris civilis. Edited by T. Mommsen, W. Kroll, P. Krueger and R. Schoell. Berlin, 1928-9.

2. Ideas

(*a*) *Theology*

Peter Lombard. *Libri IV Sententiarum* (c. 1153). Quaracchi, 1916.

St Thomas Aquinas. *Opera omnia.* Rome, 1882 sqq.

Stegmüller, F. ' Repertorium... Lombardi commentariorum. ' *Römische Quartalschrift*, XLV (1937), 85-360.

(*b*) *Canonists*

Huguccio (c. 1190). *Summa Decretorum.* (Manuscript.)

Innocent IV. *Apparatus in Quinque Libros Decretalium* (*c.* 1251). Venice, 1578.

Henry de Segusia (Hostiensis). *Summa Decretatium* (*c.* 1253). Lyons, 1578.

——*Lectura* (*c.* 1270).

Glossae ordinariae Decreti et Decretalium.

Kuttner, ST. *Repertorium der Kanonistik* (*1140-1234*). Vatican City, 1937.

Schulte, Fr. Von. *Die Geschichte der Quellen und Literatur des kanonischen Rechts.* I: *Von Gratian bis auf Papst Gregor IX.* II: *Von Papst Gregor IX bis zum Konzil von Trient.* Stuttgart, 1875 and 1877.

(*c*) *Moralists*

Summae confessorum. Cf. A. van Hove. *Prolegomena...* Rome, 1945.

St Antoninus of Florence. *Summa* (middle fifteenth century), in *Opera Omnia*, I. Florence, 1741.

St Bernardino of Siena. *Opera omnia.* Ed. J. de la Haye. Venice, 1745. 【671】

(*d*) *Romanists*

Azo. *Summa* and *Lectura* (beginning thirteenth century).

Accursius. *Closc ordinairo du Corpus* (*c.* 1230)

Bartolus (died 1347). *Opera omnia*, 10 vols.

Calasso, Fr. *Medio evo del diritto.* I: *Le Fonti.* Milan, 1954.

Savigny, F. Von. *Geschichte des römischen Rechts im Mittelalter*, 2nd ed. 7 vols. 1834-51.

(*e*) *Customary Codes*

Beaumanoir, Ph. De. *Coutumes de Beauvaisis* (*c.* 1280). Ed. A. Salmon. Paris, 1899.

(*f*) *Publicists*

The De Moneta of Nicholas Oresme, ed. C. Johnson. London, 1956.

II. General Works

Ashley, W. *An Introduction to English economic history and theory.* I, 1892; II, 1893, London.

Brants, V. *Esquisse des théories économiques professées par les écrivains des XIIIe et XIVe siècles.* Louvain, 1895.

Endemann, W. *Studien in der romanisch-kanonistische Wirtschafts-und Rechtslehre.* Berlin, I, 1874; II, 1883.

Fanfani, A. *Le origini dello spirito capitalistico in Italia.* Milan, 1933.

Jourdain, Ch. *Mémoire sur les commencements de l' économie politique dans les écoles du moyen âge.* (Académie des Inscriptions et Belles Lettres.) Paris, 1874.

O' BRIEN, G. *An essay on medieval economic teaching.* London, 1920.

SAPORI, A. *Studi di storia ecanomica.* 3rd ed. Florence, 1955.

SCHREIBER, E. *Die Volkswirtschaftlichen Anschauungen der Scholastik seit Thomas von Aquin.* Jena, 1913.

SCHUMPETER, J. A. *History of ecanomic analysis.* New York, 1954.

TROELSCH, E. *The social Teachings of the Christian Churches.* Transl. O. Wyon. London, 1931.

TRUGENBERGER, A. E. *San Bernardino da Siena. Considerazioni sullo sviluppo dell' etica cconomica cristiana nel primo Rinascimento.* Bern, 1951.

III. SPECIAL STUDIES

1. Wealth

BRUNET, R. 'La propriété privée chez saint Thomas.' *Nouvelle Revue théologique*, XI (1934), 914–27 and 1002–41.

GIET, ST. 'De trois textes de Gratien sur la propriété.' *Studia Gratiana*, III (Bologna, 1954), 319–32.

LETTMAIER, CH. 'Das Privateigentum im Gratianischen Dekret.' *Studia Gratiana*, III (1954), 361–74.

2. Exchange

(*a*) *Contracts and Agreements*

FEDELE, PIO. 'Considerazioni sull' efficacia dei patti nudi nel diritto canonico.' *Annali delia R. Università di Macerata* (1937).

LE BRAS, G. 'La concorde des droits savants dans le domaine des contrats.' *Annales de la Faculté de Droit d' Aix-en-Provence* (1950).

ROUSSIER, J. *Le fondement de l' obligation contractuelle dans le droit classique de l' Eglise.* Thèse de la Faculté de Droit. Paris, 1933.

(*b*) *Money*

HUBRECHT, G. *Quelques observations sur l' évolution des doctrines concernant les paiements monétaires du XIIème au XVIIIème siècle.* Festgabe Simonius. Basle, 1955.

STAMPE, E. *Das Zahlkraftrecht der Postglossatorenzeit.* Berlin, 1933.

【672】 TAUBER, W. *Geld und Kredit im Mittelalter.* Berlin, 1933.

(*c*) *The Just Price*

BALDWIN, J. W. 'The medieval Theories of the just price. The twelfth and thirteenth Centuries.' (Unpublished doctoral dissertation.) Baltimore, 1956.

HAGUENAUER, S. 'Das justum pretium bei Thomas von Aquila.' *Vierteljahrschrift für sozial-und wirtschaftgeschichte*, XXIV. Stuttgart, 1931.

ROOVER, R. DE. 'The Concept of the Just Price. Theory and Economic Policy.' *Journal of Economic History*, XVIII, 1958.

TARDE, A. DE. *L' idée du juste prix.* Paris, 1907.

3. Usury and interest

CAPITANI, O. 'Sulla questione dell' usura nel medio evo (A proposito del volume di J. T. Noonan).' *Bollettino dell' Istituto storico italiano per il Medio Evo* (Rome, 1958), 537–66.

DUMAS, G. 'Intérêt et usure.' *Dictionnaire de droit canonique*, 1951.

HAMELIN, A. M. *Le Tractatus de usuris de maître Alexandre d' Alexandrie.* Montreal, 1955.

JOHNSTON, H. L. 'Medieval Teachings on the morality of Usury.' (Unpublished doctoral dissertation.) University of Toronto 1938.

KNOLL, A. *Der Zins in der Scholastik.* Innsbruck, 1933.

LE BRAS, G. 'Usure.' *Dictionnaire de Théologie catholique*, XV. Paris, 1950.

MACLAUGHLIN, T. 'The teaching of the canonists on Usury.' *Medieval Studies*, I (1939) and VI (1944).

NELSON, B. N. *The Idea of Usury.* Princeton, 1949.

NOONAN, J. T. *The Scholastic Analysis of Usury.* Cambridge (Mass.), 1957.

4. Social Theory

Berry, M. 'Les professions civiles dans le Décret de Gratien.' (Unpublished doctoral dissertation of the Faculté de Droit of Paris.) 1956.

Bloch, M. *La Société féodale.* I: *La formation des liens de dépendance*, II: *Les classes et le gouvernement des hommes.* L'évolution de l'humanité, XXXIV and XXXIV bis. Paris, 1939 and 1940.

Génicot, L. 'Clercs et laïques au diocèse de Liège à la fin du moyen âge.' *Revue d'histoire du droit* (1955), 42–52.

Lestocquoy, J. 'Inhonesta mercimonia.' *Mélanges Halphen* (1951), 411–15.

Appendix

Coinage and Currency

The best bibliography of medieval coinage is provided by:

Grierson, Phllip. *Coins and Medals, a Select Bibliography.* Historical Association, London, 1954.

For publications since 1952 consult the bibliographies in the Medieval relazioni to the *Congresso Internazionale di Numismatica*, i (Rome, 1961), 211–394.

The following bibliography is intended to indicate some of the more recent or more important books and articles.

Bloch, M. *Esquisse d'une Histoire Monétaire de l'Europe.* Cahiers des Annales, Paris, 1954.

——'Le problème de l'or au Moyen Age', *Annales d'Histoire Economique et Sociale*, V (1933), 1–34.

Cipolla, C. M. *Money, Prices and Civilization in the Mediterranean World.* Princeton, 1956.

Diepenbach, W. 'Der Rheinische Münzverein', *Kultur und Wirtschaft im Rheinischen Raum*, *Festschrift zu Christian Eckert.* Mainz, 1949.

Einaudi, L. 'Teoria della moneta imaginaria nel tempo da Carlomagno alla Rivoluzione francese', *Rivista di storia economica*, i (1936), 1–35. An English translation appears in *Enterprise and Secular Change*, ed, F. C. Lane and J. C. Riemersma. London, 1953. [673]

Engel, A. and Serrure, R. *Traité du Numismatique du Moyen Age*, 3 vols. Paris, 1891–1905.

Enno van Gelder, H. and Hoc, M. *Les Monnaies des Pays-Bas Bourguignons et Espagnols 1434–1713.* Amsterdam, 1960.

Evans, A. 'Some Coinage Systems of the Fourteenth Century', *Journal of Economic and Business History*, iii (1930–1), 481–96.

Farres, O. GIL. *Historia de la Moneda Española.* Madrid, 1959.

Friedensburg, F. *Münzkunde und Geldgeschichte der Einzelstaaten.* Munich, 1928.

le Gentilhomme, P. 'Le monnayage et la circulation monétaire dans les royaumes barbares en Occident (V^e–VIIIe siècles)', *Revue Numismatique*, 5th series, VII (1943), 46–112 and VIII (1944–45), 13–59.

Grierson, Philip. *Numismatics and History.* Historical Association, London, 1951.

——'Commerce in the Dark Ages; A Critique of the Evidence', *Transactions of the Royal Historical Society*, 5th series, IX (1959), 123–40.

——'The Myth of the Mancus', *Revue Beige de Philologie et d'Histoire*, XXXII (1954), 1059–74.

Jesse, W. *Der Wendische Münzverein.* Lubeck, 1928.

Jesse W. *Quellenbuch zur Münz-und Geldgeschichte des Mittelalters.* Halle, 1924.

Kent, J. P. C. 'From Roman Britain to Saxon England', *Anglo-Saxon Coins, Studies presented to Sir Frank Stenton* (London, 1961), pp. 1–22.

Lafaurie, J. *Les Monnaies des rois de France*, 2 vols. Paris-Bâle, 1951–6.

Luschin Von Ebengreuth, A. *Allgemeine Münzkunde und Geldgeschichte.* 2nd ed. Munich, 1928.

Oman, C. *The Coinage of England.* Oxford, 1931.

Pecolotti, F. B. *La Pratica della Mercatura*, ed. A. Evans. Mediaeval Academy of America, 1936.

Van Werveke, H. 'Monnaie de compte et mormaie réelle', *Revue Belge de Philologie et d'Histoire*, XIII (1934), 123–52. [674]

索　引

亚琛(Aachen),551①

亚登堡(Aardenburg),182,199,224～225,226

林肯郡的亚伦(Aaron of Lincoln),452

阿布维尔(Abbeville),301,441

修道院(Abbeys)

　圣·伯丁(St Bertin),9

　圣·热里(St Géry),9

　赫斯费尔德(Hersfeld),441

　圣·马丁(St Martin),584

　圣·奥默(St Omer),9

　斯塔沃格—马尔梅迪(Stavelot-Malmédy),120

　圣·瓦斯特(St Vaast),9,19

丹麦国王阿贝尔(Abel,King of Denmark),387

阿恰奥里公司(Acciaiuoli company),人员规模(size of staff),85,86(见表)

账目(Accounts),91～93

　账目安排(settlement of),110～111

保留法案(1466年)(Act of Retainer)(1466),470

职业管理者(Administrators,professional),433

美因兹主教拿骚的阿道夫(Adolf of Nassau,Archbishop of Mainz),552

德国皇帝拿骚的阿道夫(Adolf of Nassau,German Emperor),478,512

爱琴海(Aegean,the),62,64

爱特尔雷德二世(Aethelred II),298,299,583

非洲,非洲北岸(Africa,north coast of),64,590

阿格斯堡(Aggersborg),364,369

土地政策(Agrarian policy)

　英国(in England),306～307,324

　法国(in France),306～307

① 原书页码,即本书的边码。——译者注

伊比利亚半岛(in the Iberian peninsula),409～411,423
意大利(in Italy),409～411
低地国家(in the Low Countries),341～342,359～361
波兰(in Poland),377
艾格莫尔特(Aigues-Mortes),333
利斯河畔的艾尔(Aire-sur-Lys),531
艾斯塔夫国王(Aistulf),10
阿尔巴尼亚(Albania),61
阿尔伯特,荷兰伯爵(Albert,Count of Holland),353
阿尔伯蒂公司(Alberti company),77,90
阿尔伯蒂公司的账本(account-books of),91,92
萨克森的阿尔伯特三世(Albert III of Saxony),522
阿尔伯特斯·马格纳斯(Albertus Magnus),563
德国皇帝奥尔布莱希特一世(Albrecht I,German Emperor),512,524
德国皇帝奥尔布莱希特二世(AlbrechtII,German Emperor),516～517
霍恩措伦的奥尔布莱希特,美因兹大主教(Albrecht von Hohenzollern,Archbishop of Mainz),526
奥尔布莱希特,梅克伦堡国王(Albrecht,King of Mecklenburg),374,380
奥尔布莱希特三世,布莱登堡的边疆伯爵(Albrecht III,Margrave of Brandenburg),521
亚历山德里亚(Alessandria),168,425
伦巴德联盟建立的亚历山德里亚(founding of,by Lombard League),166
亚历山大(Alexandria),43,60,61,63
拜占庭皇帝阿历克修斯·克姆南纳斯(Alexius Comnenus,Emperor of Byzantium),61
阿拉贡国王阿尔方索一世(Alfonso I,King of Aragon),418
阿拉贡国王阿尔方索十世(Alfonso X,King of Aragon),424
那布勒斯国王阿尔方索(Alfonso,King of Naples),411
阿尔弗雷德大帝(Alfred the Great),10
勃艮第女公爵阿里克斯(Alix,Duchess of Burgundy),474
施舍(Alms-giving),573
僧侣阿尔贝特(Alpert,monk),47
波瓦蒂的奥尔方斯(Alphonse of Poitiers),300,301
奥尔方斯的领地(domaings of),303
明矾(Alum),88
阿马尔菲(Amalfi),61
安贝格(Amberg),515
安布罗斯(Ambrose),554

亚眠(Amiens),12,18,241,254,256,263,272,535,537
阿曼纳提公司(Ammannati company),71
阿姆斯特丹(Amsterdam),13~14,39
瑞典的阿芒(Amund of Sweden),364
昂热(Angers),249
安茹(Anjou),299~300
安诺二世,科隆大主教(Anno II,Archbishop of Cologne),441
年金(Annuities)
教会允许年金(ecclesiastical approval of),531
年金世袭(hereditary),504
终身年金(life),504,530,534,535,536,537,538,540,541,545,546,547,548,550
市场(market for),532~533
支付(payment of),436,551
允许行会出售(permission of gilds to sell),551
永久年金(perpetual),530,536,537,538,547,548,551,569
个人年金(personal),567~570
利息率(rate of interest),531~532,546,548,551,552
赎回(redemption),521
出售(sale of),504,506,509,522~523,525,529~530,531,534~542,545~547,550,552~553
担保(security for),552
转让(transferability of),532
同时参看终身租借,永久租借(*see also* Life-rents,Perpetual rents)
反联合法(Anti-combination laws),204~205
意大利的反垄断政策(Anti-monopoly policy,in Italy),424~428
安特卫普(Antwerp),39,104,123,133,142,149,150,227,288,325,332,354,439,498,504,507
阿普里亚(Apulia),412,411
阿基坦(Aquitaine),300
阿拉贡(Aragon),269,414,424,481,488,587,590
阿雷佐(Arezzo),34
【675】阿努尔(d'Arlon,Arnoul),513
阿马尼亚克政府(Armagnac administration),486
卡林西亚的阿诺德(Arnold of Carinthia),121
阿拉斯(Arras),13,18,19,20,24,35,249,272,350,474,476,494~496,533,534,535,538,541,574

卡利梅拉公司(Arte di Calimala),134,212
阿特拉纳(Arte della Lana),175,205
冯·阿特韦德,雅克(van Artevelde,Jacques),218,539,555
阿图瓦(Artois),24,343,476,502,531,534,541
小亚细亚(Asia Minor),64
贵族知名人士大会(1470年)(Assembly of Notables)(1470),324
布匹立法会议(1197年)(Assize of Cloth)(1197),307
阿斯蒂大教堂(Asti Cathedral),121
阿瑟尔斯坦(Athelstan),189
奥格斯堡(Augsburg),16,39,161,512,518,543
　"反贵族起义"('anti-patrician revolt'),219
　1370年起义(revolf of 1370),544
圣·奥古斯丁(Augustine,Saint),554
奥地利地产(Austrian Estates,the),517,520
奥文(Auvergne),479,484
欧塞尔(Auxerre),300
阿维格农(Avignon),80,95,480,481

巴登伯爵(Baden,Margrave of),515
安萨尔多·巴亚尔多(Baialardo,Ansaldo),51~52
勃艮第伯爵,鲍德温九世(Baldwin IX,Count of Burgundy),35,134,194,342,350,351
汉诺的鲍德温五世(Baldwin V of Hainault),446
卢森堡的鲍德温,特里尔大主教(Baldwin of Luxembourg,Archbishop of Trier),524~525
巴尔干半岛(Balkans,the),64
波罗的海(Baltic the),43,380~381,361~396
　波罗的海同德国北部城市的殖民关系(colonial relationship with north German cities),183
　波罗的海的经济发展(economic development of),363
　松德海峡阻塞对波罗的海的影响(effects of blockade of the Sound),387~388
　波罗的海主要商品的出口(exports of primary commodities),288
　德国在贸易上的创新(German initiative in trade),386~390
　汉萨贸易港口(ports in Hanseatic trade),106
　斯堪的纳维亚在贸易上的创新(Scandinavian initiative in trade),386
　条顿骑士团和汉萨同盟的竞争(Teutonic Order and Hanseatic League competition),391
银行业(Banking)
　国际银行业(international),96
　地区银行业(local),96~97

银行业的范围(scope),81
(各地的银行会单独列出来)(Banking-houses are listed individually)
安德列亚·巴尔巴里戈(Barbarigo,Andrea),45,88
巴塞罗那(Barcelona),39,59,95,216,410(注释)416,422~423
当地银行(local banks),96~97
巴尔蒂公司(Bardi company,the),44,76,78,106,455,456,459,460
破产(bankruptcy of),320
人员规模(size of staff),85,86(见表)
巴列塔(Barletta),95
巴恩斯特柏尔(Barnstaple),194
巴塞尔 (Basle),123,545,550~551
堡塔(Bastides),300~301
巴约纳(Bayonne),13
温彻斯特主教博福尔·亨利(Beaufort,Henry,Bishop of Winchester),468,470
图尔的让·博恩(de Beaune,Jean,of Tours),489
博韦(Beauvais),28,241,242,267,273,323
长者贝德(Bede,the Venerable),295
贝德福德(Bedford),192~193
比利时(Belgium),540~542
城镇财政(finances of towns),540~542
贝朗孔布尔(Bellencombie),256
本兹,乔瓦尼·阿曼里戈(Benci,Giovanni d'Amerigo),81,82
卑尔根(Bergen),106,112,384,387~388,393,395
瑞典国王博杰(Berger,King of Sweden),373
伯恩(Berne),140,551
贝尔特拉梅·贝尔塔德(Bertaldo,Beltrame),67
汇票(Bills of exchange),44,46,69,81,95~97,100,103,110,129,541,568
英国商人使用的汇票(use by English merchants),117
主教(Bishops)
主教的借款(borrowing by),442~444
主教作为贷款方(as money-lenders),443
黑死病(Black Death,the),37,38,78,321,322,323,424,428,462,464,544
黑死病对疆域扩张和经济扩张的影响(effect on demographic and economic expansion),44
黑海(Black Sea,the),63,64
热那亚和威尼斯之间的斗争(struggle between Genoa and Venice),165
香巴尼女伯爵布兰奇(Blanche,Countess of Champagne),474

雅各・布拉斯巴格(Blasbalg,Jacob),522
波希米亚(Bohemia),379,513,514,597,588
波兰公爵博尔斯拉夫(Boleslav,Duke of Poland),366
波兰国王博尔斯拉夫一世(Boleslav I,King of Poland),365
博洛尼亚(Bologna),39,95,174,239,258,413,423,425,427(注释)
波恩(Bonn),123
邦西尼奥里公司(Bonsignori company),67,70,71,74,449,494
邦维兰诺(Bonvillano),49
簿记(Book-keeping),59,74,91~94
复式记录(double entry),93~94,109,117
在汉萨合伙关系中(in Hanseatic partnerships),107,109~110
图卢兹商人的簿记(of Toulouse merchants),104
博帕德(Boppard),512
波尔多(Bordeaux),13,332,474,475
伯特兰・德・博恩(de Born,Bertrand),299
博斯弗罗斯(Bosphorus,the),63
布尔日(Bourges),250
布韦格尼斯(Bouvignes),267~268
布拉班特(Brabant),13,23,28,35,36,38,109,314,315,341,343,345,348,357,501,504
布拉班特货币(currency of),357
城镇联盟的形成(formation of leagus of towns),496
城镇的成长(growth of towns),219
布拉班特公爵(Brabant,Duke of),205,211,354 【676】
布拉班特集市(Brabant,fairs of)
商品集市(merchandise),150
商人集市(traders),150
勃兰登堡(Brandenburg),513,514,519,521
不来梅(Bremen),552,553
布里斯托(Bristol),39,171,209,213,221,224,274,309
布列塔尼公爵(Brittany,Duke of),328
布鲁日(Bruges),13,14,21,32,39,43,94,95,106,123,134~136,186,205,209,211,218,288,330,332,350,353,355,386,396,439,462,480,495,499,502,538~540,541
银行公司(banking companies in),45,71,72,80,85,496,505;人员规模(size of staff),87
城堡(*castra*),9
公民进入行业的自由(citizen freedom to enter trades and crafts),217
来自安特卫普的竞争(competition from Antwerp),227

外国人的自由(freedom for foreigners),226
汉萨之家(Hansa House),113~114
汉萨('hanse'),111
汉萨聚居区(Hanseatic colony),114
意大利聚居区(Italian colony),101~102
当地银行(local banks),96~97
秩序的维持(maintenance of order),494
起义(revolt of),14,36~38,228
基本权利(Staple rights),211
不伦瑞克(Brunswick),13,243,252,257,551
布鲁塞尔(Brussels),39,123,205,219,498,540
行会(gilds),176
布鲁塞尔—安特卫普运河(Brussels-Antwerp canal),163
布列恩(Bullion),97,327,333
斯堪的纳维亚对它的政策(Scandinavian policy on),395
市民地位和行会会员关系(Burgess status,and gild membership),194
勃艮第公爵(Burgundy,Dukes of)
借款(borrowing by),476~477,500~507
收入(income of),500,502~503,506
购买土地(purchasing of land),501
同法国的关系(relations with France),501~502
布里尼公司(Burrini company),71,72
贝里·圣·埃特蒙德(Bury St Edmunds),244,309
商业信函(Business letters),90,108
塞利兄弟(Cely),116
斯托纳(Stonor),116
商业管理上的进步(Business management,progress in),73~74
拜占庭帝国(Byzantine Empire),7,42,61~62,577~578

《大宪章》(1413年)(Cabochian Ordinance)(1413),317,486
圣奥默的威廉·凯德(Cade,William,of St,Omer),451~452
热那亚人在卡发的聚居区(Caffa,Genoese colony of),63
卡霍辛人(Cahorsins,the),567
加来(Calais),336,337,353,467,470,472,499
康布雷(Cambrai),8,11,28
剑桥(Cambridge),189,193

穿过佛兰芒平原的运河(Canals,across the Flemish plain),342,349~350
干地亚(Candia),62
杰勒德·卡尼赞尼(Caniziani,Gerard),471
教会法(Canon Law,the),46~47
坎特伯雷(Canterbury),244
克努特大帝(Canute the Great),294,295,298,364
休·卡佩(Capet,Hugh),294
资本主义(Capitalism),244
卡尔卡松(Carcassonne),308
凯里萨纳(韦尔切利)(Caresana(Vercelli)),410
加洛林王朝时期(Carolingian period),3,13,16,17,40,120,121~122,188,297,405,422
卡特尔联盟(Cartels),231,250,253,270,273
卜西米尔大帝(Casimir the Great),377~389
古列尔莫·卡西内斯(Cassinese,Guglielmo),49
卡斯蒂尔(Castille),409,414,418,424,587
城堡(*Castra*),8,9
加泰罗尼亚(Catalonia),413,414,416,417,418,529
塞利文集(Cely,papers of),96,116,118
切尔基公司(Cerchi company),73
索恩河畔沙隆的集市(Chalon-sur-Saône,fairs of),133,135,303
　布厅(cloth-halls),138
　重要性(importance of),139
　商品(merchandise),138~139
　与布拉班特和佛兰德斯的关系(relations with Brabant and Flanders),139
尚布利(Chambly),534
财政部(*Chambre des Comptes*),479,484
香巴尼(Champagne),209,534
香巴尼伯爵(Champagne,Count of),307
香巴尼集市(Champagne,fairs of),42,43,49,56,67,68,71,72,94,123,126,149,288,447~448,476,493~496,497,546
　衰落(decline of),133~134,480
　发展(development of),126~127
　汇兑交易(exchange transactions),128
　决定成功的要素(factors determining success),130
　钱币兑换行为的发展(growth of money-changing activity),132
　12世纪的发展(growth of,in twelfth century),130

佛兰芒布匹贸易的重要性(importance of Flemish cloth trade),129
意大利对它的影响(influence of Italians on),130
商品(merchandise),127
商人顾问(merchant consuls),131~132
小集市(minor fairs),151
公证(notaries),127~128
组织和收入(organization and revenue),127
安全通行证体系(safe-conduct system),127,128,131,310,311
通行税体系(system of tolls),129
对待外国商人的态度(treatment of foreign merchants),128~129
特洛伊—普罗万—拉格尼—奥布河畔的巴尔商圈(Troyes-Provins-Lagny-Bar-sur-Aube cycle),130~131
管理人(wardens),127,131
彭·沙波内(de Chaponnay,Pons),474
查理曼大帝(Charlemagne),6,292,294,295,297,298,299,578
【677】安茹的查理一世(Charles I of Anjou),418,589
安茹的查理(Charles of Anjou),301,307,446,449,454
秃头查理(Charles the Bald),121
勇敢的查理(Charles the Bold),225,356,358,359,504,505~507,547
法国国王查理四世(Charles IV,King of France),313,478~479
法国国王查理五世(Charles V,King of France),319,321,329,330,481,482
法国国王查理六世(Charles VI,King of France),103,323,328,329,330,338,485,490
法国国王查理七世(Charles VII King of France),141,319,329,332,334~335,486~487,488
法国国王查理八世(Charles VIII,King of France),317
德国皇帝查理四世(Charles IV,German Emperor),509,513~514,521,524,587
德国皇帝查理五世(Charles V,German Emperor),21,440,518,526
善良的查理(Charles the Good),341~342
查理大帝,即查理曼大帝(Charles the Great, *see* Charlemagne)
卢森堡的查理(Charles of Luxembourg),524,525
查理·马特(Charlers Martel),295~296
宪章(Charters)
贝克韦尔宪章(1286 年)(Bakewell)(1286),174
亨利一世和亨利二世时的剑桥宪章(Cambridge,Henry I and Henry II,)189
商业法(1303 年)(*Carta Mercatoria*)(1303),310~311
英国大宪章(England,the Great Charter),304
英国自治市镇宪章(English borough),192

佛兰德斯城市宪章(Flanders, urban),346
法国(14世纪宪章)(France)(fourteenth century),304
格罗斯特宪章(1328年制定)(Gloucester)(confirmed 1328),194
亨利一世和亨利二世时的林肯宪章(Lincoln, Henry I and Henry II),190,193
奥特涅市场法令(Ottonian, for markets),23
彭布罗克宪章(12世纪)(Pembroke)(twelfth century),193
蓬图瓦兹面包师行会宪章(1162年)(Pontoise, to bakers) (1162),242,261
沙特尔(Chartres),250,251,252,266~267
让·乔查特(Chauchat, Jean),484
沃尔特·彻里顿(Cheriton, Walter),461,463,470~471
切斯特(Chester),171,221
法国的恰尔德贝尔三世(Childebert III of France),120
中国(China),63
希俄斯(Chios),62
丹麦的克里斯蒂安一世(Christian I of Denmark),381~382,394
丹麦的克里斯蒂安二世(Christian II of Denmark),383,394
巴伐利亚的克里斯托弗(Christopher of Bavaria),395
西姆皮的暴动(Ciompi, riot of the),35
公国(*Civitates*),3,5
古典传统在英国的相对缺乏(Classical tradition, comparative absence in England),290
神职人员(Clergy)
神职人员的地位(social status of),571~572
神职人员的社会结构(social structure of),572,573~574
神职人员的税收(taxation of),304,317
布匹业(Cloth industry),130,132,135,209,212,215,324~325,356
也可参看纺织业(*see also* Textile industry)
索恩河畔沙隆的布匹厅(Cloth-halls, of Chalon-sur-Saône),138
布匹贸易(Cloth trade),42,45,63,103~104,116,212,268~271,464,476
集市上的布匹贸易(at fairs),127,130,132,134~135,138,140,143,146,150
佛兰德斯的布匹贸易(of Flanders),129,130,312
佛罗伦萨的布匹贸易(of Florence),134
米兰的布匹贸易(of Milan),134
法国北部的布匹贸易(of Northern France),130
克洛维(Clovis),24,576
克伦尼(Cluny),444
科布伦次(Coblenz),5

雅克·科尔(Coeur,Jacques)332,479,488~489
硬币(Coinage),576~602
基本发行的崩溃(breakdown of basic issue),584~585
金币的持续发行(continuance of gold),585~586,589
封建硬币(feudal),582~583
国际硬币(international),596~597
发行人(issuers);教会发行人(ecclesiastics),579,580,581;世俗发行人(lay-men),579
硬币表(list of),597~602(见表)
硬币和记账货币(and money-of-account),593~595
国家硬币(national);英国(England),591~592,596;法国(France),591,596;低地国家(Low Countries),592,596~597
也可参看通货(*see also* Currency)
科尔贝尔(Colbert),323,329
科尔切斯特(Colchester),308
科隆(Cologne),19,32,33,39,106,208,261,262,311,314,346~347,439,516,524~525,531,532,543~544,546~547,552
细化的房屋所有权(fractional house ownership),21
市场(market of),123
暴动(revolts):(1364,1370,1396 年),528,533,544,547;(1481 年),547~548;(1512 年),548
聚居区领事的职责(Colonial consuls,duties of),60,62,101
聚居区(Colonies,colonization),60
波罗的海的聚居区(in the Baltic),362~363,366,368,370
聚居区的经济影响(economic effects of),287
热那亚的聚居区(Genoese),62~63
德国聚居区(German),106,111,113,147,362,392
意大利聚居区(Italian),42,43,60,101~102,333,446,447
市镇(Communes),529
交通(Communications)
野蛮人统治时期交通的恶化(deterioration under barbarians),295
佛兰德斯的交通(Flanders,in),348~350
在 11 世纪的改善(improvement in eleventh century),555
市镇居民(*Communiers*),35
法国的市镇居民(French),300,533~537
意大利的市镇居民(Italian),287
社区(*Communitas*),36,241

腓力·康明斯(Commynes,Philippe),506
德意志皇帝康拉德四世(Conrad IV,German Emperor),510
康斯坦兹(Constance),248
君士坦丁堡(Constantinople),43,61,62,64,66,95,447,590
消费品(Consumer goods)
质量的控制(control of quality),179,310,328,421~424
商人垄断的后果(effect of merchant monopoly),202 【678】
防备紧急状况(guarding against emergencies),178
价格控制和价格固定(price-control and-fixing),177~178,203,246,251,254~255,310,314,328,404~407,562
消费品的供应(supply of),172~179,278~279,400~401
也可参看供应(*see also* Provisions)
契约(Contracts)
汇兑契约(*cambium*),67,95
海洋汇兑契约(*cambium maritimum*),55~58
半汇兑契约(*cambium quasi mauticum*),56
代理契约(*commenda*),49~53
Mohatra(*Mohatra*),567
航运契约(shipping),49~58
合作契约(*Societas maris*),49~53,68
主教会议(*Convocations,ecclesiastical*),317
哥本哈根(Copenhagen),383,384,394
铜(Copper),267,383,387
科尔瓦多(Cordoba),39
费用记账(Cost accounting),93
康斯坦兹委员会(Council of Constance),517
罗马教廷(Court of Rome),95
库特赖(Courtrai),35,212,217,345,354
考文垂(Coventry),171,221~222,244,250,261~262,273,274
工匠(Crafts,craftsmen),34~35,203~206,217~202,323
在贸易行会中受排挤(exclusion from trading-gilds),204,221~222
政治角色和地位(political role and status),34~35
同商人阶级的关系(relation to merchant-class),212
克里莫纳(Cremona),421,425
克雷斯潘家族(Crespin family),476,494,495,538
克里特岛(Crete),61

克里米亚(Crimea),63
十字军东征(Crusades),42
  阿尔比(Albigensian),445,475
  爱德华一世的东征(1270~1214年)(by Edward I)(1270~1214),454
  路易九世前往埃及和叙利亚的东征,财政(to Egypt and Syria,by Louis IX,financing of),447
  第一次十字军东征的财政(First,financing of),446~447;第二次十字军东征的财政(Second,financing of),446~447;第三次十字军东征的财政(Third),168;财政(financing of),447;第四次十字军东征(Fourth),61,167,168;财政(financing of),447
十字军战士(Crusaders),60
通货(Currency)
  香巴尼集市上的通货(at the Champagne fairs),133,581
  通货价值的固定(fixing of values),569
  佛兰德斯的通货(in Flanders),356~359,587,594~595
  通货的控制(manipulations of),315~316,320
  英国的重铸硬币(recoinage in England),453~454,582
  通货改革(reform),309
  斯卡尼亚集市上的通货(at the Scania fair),149
  莱茵河东岸通货的匮乏(scarcity of,east of Rhine),110
关税(Customs duties),60,315
  英国羊毛的关税(on English wool),318,464,472
  对关税的逃避(evasion of),62
  热那亚人被免除关税(exemption of Genoese from),61~62
  威尼斯人被免除关税(exemption of Venetians from),61
  关税的承包(farming of),462
  汉萨在关税方面享有的特权(Hansard privileges),113
  汉萨磅税(Hanseatic *pfundzoll*),376,391
  作为债务的偿付(as repayment of debts),454,457,458,459,461,470~471
  松德海峡的海上贸易关税(on sea-borne trade in the Sound),382,394
  突尼斯的关税(at Tunis),60
  英国的关税产出(yield,in England),317~318,464
梅西亚国王,基涅武浦(Cynewulf,King of Mercia),295
塞浦路斯(Cyprus),61

法国国王达戈贝尔一世(Dagobert I,King of France),120
达莱卡列(Dalecarlia),374,383

丹麦大宪章('Danish Magna Carta'),387
但泽(Danzig),39,224,396
弗朗切斯科·达蒂尼(Datino,Francesco),44,78~79,87~78,89,93
多芬(Dauphiné),72,141,476~477
资金债务(Debt,funded),257,436
科隆的资金债务(of Cologen),547~548
纽伦堡的资金债务(of Nuremberg),548~550
佛罗伦萨的德·贝恩公司(Del Bene of Florence,the),133
代尔夫特(Delft),39
需求储蓄(Demand deposits),66
丹麦(Denmark),364,366,369,370,371,373,380~384,392
同德意志商人的合作(co-operation with German merchants),388
丹麦的通货(currency of),149
德意志胜利后的权力下放(decentralization after German victories),372~373
瓦尔德拉马的经济体系(economic system of the Valdemars),368
丹麦商业活动的增长(growth of commercial activity),383
丹麦对当地贸易的保护(protection of local trade),393~394
丹麦的贸易扩张(trade expansion),382
也可参看斯堪的纳维亚(*see also* Scandinavia)
德尔比(Derby),192~193
迪埃普(Dieppe),332
第戎(Dijon),35,262,275,300,474,506
迪南(Dinant),32,36,205,267~268
戴克里先(Diocletian),291
末日审判书(Domesday Book),294
多德雷赫特(Dordrecht),211,352~353
多城(Dorstad),11,12
多特蒙德(Dortmund),20,219~220,251,524,532,551
杜埃(Douai),12,13,123,126,170,171,175,177,204,350,493,495,531,534,536~537,541
多佛(Dover),309
德雷克斯伯爵(Dreux,Count of),483
付现款的兑换(Dry exchange),567
赋税(Dues)
香巴尼集市上的税(at Champagne fairs),127
斯卡尼亚集市上的税(at Scania fairs),149 【679】
杜伊斯堡(Duisburg),20,347

敦克尔克(Dunkirk),259

威廉·冯·杜文弗德(van Duvenvoorde,William),499

经济思想(Economic concepts)

科学好奇的缺乏(absence of scientific curiosity),575

价值的评估(assessment of values),512 ~ 514

对贫困阶层的态度(attitude to the underprivileged),572 ~ 573

财富的分配(distribution of wealth),558 ~ 559

婚姻法的经济影响(economic effects of marriage law),570 ~ 571

教会范例(the example of the Church),572

贸易的功能(function of trade),560

资本收入(income from capital),564 ~ 570

合法利息(lawful interest),567

财富的合法来源(legitimate sources of wealth),559 ~ 570

手工工作(manual labour),510

和中世纪环境(and medieval environment),554 ~ 557

中世纪关于经济概念的文章(medieval writings on),555 ~ 556

贸易的道德基础(moral basis of trading),561,562

私人所有(private ownership),557 ~ 558

货币价值的稳定(stability of money values),561 ~ 562,564

重量和度量的标准化(standardizing weights and measures),562

财富的使用(use of wealth),559

高利贷(usury),567

忏悔者爱德华(Edward the Confessor),582

长者爱德华(Edward the Elder),189

英国国王爱德华一世(Edward I,King of England),189,300,301,303,304,305,311,312,313,314,317,318,329,433,451,452,454 ~ 455,456 ~ 458,473,475,585,586

英国国王爱德华二世(Edward II,King of England),455,458

英国国王爱德华三世(Edward III,King of England),151,218,320,325,328,333,336,431,439,455 ~ 456,459,462,463 ~ 465,472,498 ~ 499,588,591

英国国王爱德华四世(Edward IV,King of England),101,105,317,325,326,331,333,335,337,440,451,470 ~ 471

埃纳姆港口(Eename, *portus* of),122

埃及苏丹(Egypt,Sultans of),61,165

乌尔里奇·艾辛(Eizing,Ulrich),517

英国女王伊丽莎白一世(Elizabeth I,Queen of England),113,472

科隆大主教恩格尔贝特一世(Engelbert I, Archbishop of Cologne),523
英国(England)3,6,26,36,290~338,493
英国王室的借贷(borrowing by monarchy),451~472,508
罗马政府体制的崩溃(breakdown of Roman government system),292
英国硬币(coinage),579,580,582~583,588,589,590
同法国经济政策的对比(comparison with French economic policy),291
对金银块的控制(control of bullion),333~334
对供应的控制(control of provisions),328~329
直接税和间接税(direct and indirect taxation),304~306,317~318,321
羊毛贸易和布匹贸易的主导优势(dominance of wool and cloth trade),291
国家法令对城市政策的影响(effect of state legislation on urban policies),228,301~302
皇室领地的扩大(enlargement of royal domains),294
城堡(fortifications),10
行会,见行会(gilds, *see* Gilds)
谷物政策(grain policy),324
对意大利商人的敌意(hostility to Italian merchants),331
意大利银行在英国的代表(Italian banking-house representative in),71
英国的犹太人(Jews in),445
劳动法(labour laws),321~322,328
土地法(land legislation),306~307
对城镇的寡头控制(oligarchic control of towns),221
贡金的支付(payment of *feorm*),293~294,295
自治市法院(portmoot, the),29
对丝绸业的保护(protection of silk industry),326
对食品贸易的管理(regulation of food trade),310
对纺织业的管理(regulations in the textile industry),307~308,324~326
在英国残留的罗马影响力(residual Roman influence in),290
斯堪的纳维亚对英国的入侵(Scandinavian invasions of),29
贸易中心体系(staple system),335~337
对贸易的促进(stimulation of trade),309~311
鞣革贸易(tanning trade),252
条顿骑士团(Teutonic Order in),390
对外国商人的态度(treatment of alien merchants),309~313,318,329~330
城市自由(urban freedom),29,300~301
战争时期的经济政策(wartime economic policy),313~316
垄断(Engrossing),203

业主(Entrepreneurs),35,40,162,212
对军队供应的控制(control of army supplies),278
行业行会的业主(in craft gilds),253,254,266,269~270,276
业主行会的形成(formation into gilds),414
纺织业的业主(in textile industry),269~271,273,
教会城市和公国(Episcopal cities and principalities),24,25,523~526,543
爱尔福特(Erfurt),250,273,275,278
埃里克·爱缪恩(Erik Emune),370
丹麦国王埃里克·格里平(Erik Glipping,King of Denmark),372,387
瑞典公爵埃里克·玛格森(Erik Magnusson,Duke of Sweden),373
丹麦国王埃里克·门威德(Erik Menved,King of Denmark),373,389
波美拉尼亚的埃里克(Erik of Pomerania),381,389,394
挪威国王,普里特斯的埃里克(Erik the Priesthater,King of Norway),373
常胜者埃里克(Erik the Victorious),365
杜埃的伊斯皮纳斯(Espinas of Douai),206
法国的议会(Estates General,France),317,333
爱沙尼亚(Esthonia),372,376
埃唐普(Etampes),123
欧城(Eu),267,272
汇兑率(Exchange-rates),95~96,118,568
财政部(Exchequer,the)
财政部的永久建立(permanent establishment of),466
财政部的收益(receipts of),317,464,465,466,470
间接税(Excise duties),489,535,546,547,550
出口税(Export duties)
英国的出口税(in England),304,317
【680】 法国的出口税(in France),305,319
热那亚的出口税(in Genoa),418
威尼斯的出口税(in Venice),418
出口业(Export industry),4,38
对生产的控制(control over output)267
行会对其影响(gild influence on),265~271
德意志钢铁出口业(iron and steel,in Germany)268
产品的标准化(standardization of products),266~270
纺织出口业(textiles),269~271
出口限制(Export restrictions)

英国的出口限制(in England),314
佛罗伦萨的出口限制(in Florence),175,212～213
法国的出口限制(in France),305,308,310,313,326,328
德意志的出口限制(in Germany),175
伊比利亚半岛的出口限制(in the Iberian peninsula),403(注释),417～418
意大利半岛的出口限制(in Italian peninsula),402,403(注释),418
波兰的出口限制(in Poland),175
普鲁士的出口限制(in Prussia),391

集市地点(Fairs,sites of)
亚登堡(Aardenburg),350
埃克斯—拉—夏佩勒(Aix-la-Chapelle),347
安特卫普(Antwerp),104,133,142,149,150,227,325
阿纳姆(Arnhem),146
欧坦(Autun),153,303
奥布河畔的巴尔(Bar-sur-Aube),73,120,151
卑尔根(Bergen-op-Zoom),104,149,150,325
博尔扎诺(Bolzano),145
布鲁日(Bruges),134～135,350
卡昂(Caen),151,382
Chaumont(Chaumont),303
代尔夫特(Delft),146
代芬特币(Deventer),145～147
杜埃(Douai),126,350
杜伊斯堡(Duisburg),347
费拉拉(Ferrara),70
弗拉维尼(Flavigny),121
法国小集市(France,minor fairs),151
法兰克福(Frankfurt),133,139,140,142～144,150
弗里德贝格(Friedberg),142
根特(Ghent),122,126
霍林赫姆(Gorinchem),146
吉纳(Guines),216
意大利的小集市(Italy,minor fairs),152
拉格尼(Lagny),56,127,130,151
朗格多克(Languedoc),141,151

莱比锡(Leipzig),145
里尔(Lille),126,134,138,349,350
利兹(Linz),45
马林斯(Malines),149~150
梅西纳(Messines),126,134,349,350
蒙塔尼亚克(Montagnac),104
尼姆(Nîmes),132,133,151
诺林根(Nördlingen),144
努瓦永(Noyon),121
佩兹纳斯(Pézanas),104
普罗万(Provins),67,73,127,130,138,151
罗德兹(Rodez),120
鲁昂(Rouen),151,332
圣丹尼斯(St Denis),120,121,125,141,151
圣奥默(St Omer),126,134
斯卡尼亚(Scania),147~149
斯卡讷(Skanör),373,386
西班牙的小集市(Spain,minor fairs),152~153
托尔毫特(Torhout),126,134,135,350,439
特鲁瓦(Troyes),127,130,138,142,151
乌特列特(Utrecht),146
法尔肯堡(Valkenburg),146
弗拉尔丁恩(Vlaardingen),146
福尔斯霍腾(Voorschoten),146
乌兹堡(Wurzburg),142
伊普尔(Ypres),126,134,135,137,138~349,350
苏萨克(Zurzach),140,144
聚特芬(Zutphen),146
兹沃勒(Zwolle),146
也可参看布拉班特、沙隆、香巴尼、佛兰德斯、日内瓦、日昂及斯堪的纳维亚的集市(*see also fairs under* Brabant,Chalon-sur-Saône,Champagne,Flanders,Geneva,Lyons,Scandinavia)
佛兰德斯的饥荒(1125~1126年)(Famine,in Flanders)(1125~1126),341~342
法罗尔菲公司的账目(Farolfi company,accounts of),93
贡金(*Feorm*),293~294,295
那不勒斯国王,费迪南(Ferdinand,King of Naples),418
萨瓦伊伯爵费拉德(Ferrand,Count of Savoy),493

菲雅克(Figeac),323
金融家(Financiers),451～454,463,466～467,468,482～483,487～489,495,499,511,512,519,520,522
拒绝信贷的困难(diffculties in withholding credit),436
在英国信贷的不被偿还(discrediting of,in England),463
获得债务偿付(obtaining debt repayment),436
借贷的便利(readiness to lend),435
借贷的报偿(rewards for lending),436
在法国内战受的伤害(ruined by civil war in France),487
也可参看放贷人(*see also* Money-lenders)
托马斯·费尼(Fini,Thomas),497～498
鱼的供应(Fish,supplies of),260
也可参看鲱鱼捕捞(*see also* Herring fishing)
威廉·费兹·奥斯伯特(Fitz Osbert,William),196
佛兰德斯(Flanders),13,28,32,33,35,38,42,209,218,283,340～345,445,455,459,476,492～499,502,534,538～540
恢复14世纪特权的努力(attempt to recover fourteenth-century privileges),225
佛兰德斯伯爵的借贷(borrowing by counts of),492～499
运输业(carrying trade),43,102,114
佛兰德斯的货币(currency of),356～359,587,594～595
财政危机(financial crises),496～497
法兰克—佛兰芒战争(Franco-Flemish war),496
政治倒退(political reversals),228
对当地工业的保护(protection of local industry),211～212
贸易行会的压制(suppression of trading gilds),217
纺织行会(textile gilds),270 【681】
城镇叛乱(town revolts),228,495,498
城镇财政(towns,finances of),538～540
佛兰德斯的集市(Flanders,fairs of)
集市特色(character of),134～135
集市圈(cycle of),134
司法运作(exercise of justice),136～137
伊普尔的重要(importance of Ypres),135
商品(merchandise),136
作为付款地点(as places of payment),137
汇兑商的角色(role of money-changers),136

佛罗伦萨(Florence),23~24,27,70,95,216,488
银行公司(banking companies of),44,45,71,73,76~78,79,93,106,320,455,456~458,459,460,471,477~478,482,498,505,506,540
硬币(coinage),587,590,595
行业政治组织(craft political organizations),35
食品价格危机(crisis over food prices),203
布商(*lanioli* of),93,269~270,273,277
钱币体系(monetary system),93
人口(population of),38~39,106
出口限制(restrictions of exports),175
法令(statutes):(1290 年),425;(1317 和 1319 年),415~416;(1324 年),205;(1489 年),418
羊毛行会(woollen gild of),270,277
荷兰女伯爵,弗洛伦斯五世(Florence V,Countess of Holland),352
Fondaco dei Tedeschi(Fondaco dei Tedeschi),171~172
外币兑换(Foreign exchange),90
也可参看汇票(*see also* Bills of exchange)
囤积垄断(Forestalling),203
弗利(Forli),425
弗利的宪法(constitution of),405
法国(France),3,43,209,290~338,398
农业城镇(agricultural towns of),24
王朝的借贷(borrowing by monarchy),469,472~492,508
罗马政府体系的崩溃(breakdown of Roman government system),292
内战(civil war),486~487
硬币(coinage),583~584,587,588,590~591,595
商业复兴(commercial restoration),334~335
市镇(communes of),300,533~537
对金银块的控制(control of bullion),323~324
对供应的控制(control of provisions),328~329,406
通货(currency of),309,315~316,320
皇室领地的扩张(enlargement of royal domains),294
王朝的第一次预算(first budget of monarchy),302
法兰克—佛兰芒战争(Franco-Flemish war),496
行会(gilds of, *see* Gilds)
政府对城市管理的控制(government control of urban regulation),301~302

谷物政策(grain policy),323 ~ 324
工业政策(industrial policy),326 ~ 327
法国的意大利人(Italians in),449
法国的犹太人(Jews in),445
土地法令(land legislation),306 ~ 307
城镇的寡头政策(oligarchic policies in towns),221
对外国商人的政策(policy towards alien merchants)309,311 ~ 312,331 ~ 332
对羊毛出口的禁令(prohibition on wool exports),308
残留的罗马影响力(residual Roman influence),308
在中世纪贸易中的角色(role in medieval trade),291
赋税(taxation),317,318 ~ 321,491 ~ 492;赋税负担的分配(distribution of burden),490
城市自由(urban freedom),300 ~ 301
工资法(wage legislation),322
战时经济政策(wartime economic policy),314 ~ 316
弗兰西斯公司(Francesi company),71
法国国王弗朗西斯一世(Francis I,King of France),491
法兰克福(Frankfurt),133,139,140,142 ~ 144,150,509
法兰克福的暴乱(1355 年、1364 ~ 1365 年)(revolt of)(1355,1364 ~ 1365),544
弗兰兹斯公司(Franzesi,firm of),477 ~ 478,482
德意志皇帝,腓特烈一世(Frederick I,German Emperor),346 ~ 347,370,445,508 ~ 510
勃兰登堡侯爵腓特烈一世(Frederick I,Margrave of Brandenburg),521,548
德意志皇帝腓特烈二世(Frederick II,German Emperor),245,285,405,433,442,507,510,589
德意志皇帝腓特烈三世(Frederick III,German Emperor),517 ~ 518
布赖斯戈河畔的弗赖堡(Freiburg-im-Breisgau),13,20,140
弗雪斯鲍迪公司(Frescobaldi company),71,456,457 ~ 458
弗里斯亚,弗里斯亚人(Frisia,Frisians),11,12,522,579
弗格公司(Fugger,firm of),115,521,526
雅各·弗格(Fugger,Jacob),432,518
安茹的富尔克·纳瑞(Fulk Nerra of Anjou),299 ~ 300

布鲁日的加尔伯特(Galbert of Bruges),341
加莱拉尼公司(Gallerani company),497
木船(Galleys)
船员(crews),100
旗舰:勃艮第(flags:Burgundian),101;卡特兰(Catalan),101,496;费拉迪(Ferrandinel),101;法国(French),101;热那亚(Genoese),100,288,496;威尼斯(Venetian),100,101,

288,331)
路线(routes),101,288,496
干多尔福·阿尔切利(Gandolfo degli Arcelli),72
加斯孔(Gascony),43,475
高卢(Gaul),6,7,15
高卢的自由人(free men in),18
高卢商人(merchants of),10
高卢的铸币厂(mints),580
杰劳德·格特(Gayte,Géraud),479,480
日内瓦(Geneva),332
日内瓦集市(Geneva,fairs of)
日内瓦集市和伯恩商人(and Berne merchants),140
日内瓦集市和弗赖堡商人(and Freiburg merchants),140
商品(merchandise),140
同里昂的竞争(rivalry with Lyons),140,141
日内瓦集市时间(time of),140
热那亚(Genoa),7,27,34,35,39,42,43,49,61,70,95,165,405,413,416,418,420,421,447
【682】 热那亚银行家(bankers of),66
圣乔治银行(Bank of St George),97
圭吉尼公司在热那亚的分公司(branch of Guinigi company in),85
布匹出口的激增(cloth export boom),269
硬币(coinage),590
商人航运的发展(development of merchant shipping),100 ~ 111
贸易的扩张(expansion of trade),168
商人的财政(finance for merchants),129
来自外国商人的财政支援(financial help from foreign merchants),183
对外国人的自由(freedom for foreigners),226
对清教徒交通的垄断(monopoly of pilgrim traffic),164
热那亚的贵族阶级(patriciate of),33
航运契约(shipping contracts),54 ~ 59
资金来源(source of capital),16 ~ 17
贸易和约(trade treaties),163,165,166 ~ 167
法国南部港口的利用(use of south French ports),168
德意志(Germany),3,5,26,43,175,209,241,314,362,445,507 ~ 526,542 ~ 553
记账体系(accounting systems of),519
王朝的借贷(borrowing by monarchy),507 ~ 523

硬币(coinage),583,587,588,589,592

贸易的分化(diversion of trade),163

议会(Estates of),518 ~ 521

财政管理改革(fiscal administration reform),522

城堡(fortifications),10

自由市(*Freistädte*),527

行会(gilds, *see* Gilds)

新旧政府更替时期(Great Interregnum),28,507,508

市场(markets),22 ~ 23

肉的消费(meat consumption in),251

王侯:自治(princes:autonomy of),507;选举(election of),507,512;主教王侯(episcopal),523 ~ 526;财政资源(financial resources),507,509 ~ 526

帝国直辖市(*Reichstadte*),28,511,514,515,517,527,542 ~ 543;抵押(mortgaging of),50,513,515

出售选帝侯资格(sale of electorate),521,524 ~ 526

制鞋匠(shoemakers of),252

诺斯被围(siege of Neuss),526

德意志城镇:农业城镇(towns:agricultural),24;城镇的发展(develpment),13;城镇的解放(emancipation),27 ~ 28;城镇的财政(finances of),542 ~ 553;城镇的政治权力(political power in),36,228

德意志集市(Germany,fairs of)

衰落的原因(causes of decline),143 ~ 144

同日内瓦集市的联系(connection with Zurzach fair),144

演变(evolution of),145

商品(merchandise),142 ~ 143,144,146

康希尔的杰维斯(Gervase of Cornhill),451 ~ 452

根特(Ghent),12,13,14,31,32,35,39,122,126,186,205,209,211,218,298,351,355,493,495,538 ~ 540,541

城堡 (*castra*), 9

地租(ground rents),20,21

叛乱(revolts):(1337 年),539;(1449 ~ 1453 年),228,505,541

基本权利(staple rights),211

吉弗格里亚兹家族(Gianfigliazzi family),476

行会(Gilds)

行会起源(*ad hoc* origin of),236

行会和反垄断政策(and anti-monopoly policies),424 ~ 427

行会的学徒(apprentices in),264
武器商行会(armourers),278
教会对行会的态度(attitude of Church to),574
面包师行会(bakers),244,260~262,274,278
贱金属工匠(base-metal smiths),247,254~259,267~268,278
建筑业(building trades),262
屠夫行会(butchers),176,247~251,260,264,278
拜占庭起源(Byzantine origin),234
教会对行会的影响(Church influence in),232,238~239
行会的竞争者(competitors of),246~248,277
工匠要求固定价格和工资的企图(*conjuratio*),235~236
行会的保守主义(conservatism of),273
行会对广告的控制和发展(control and development of advertising),276
行会对商品质量的控制(control of quality of goods),423~424
铜匠行会(coopers),259
刺激行会增长的经济条件(economic conditions stimulating the growth of),230
行会的经济政策(economic policies of),236~237,274~275
行会的经济权力(economic power of),231,246~247,263
行会的经济角色(economic role of):英国(England),29,243~244,250,254,269;佛兰德斯(Flanders),270;法国(France),240,241~242,249,250,253~254,255,260,269~270,272~274,278;德意志(Germany),242~243,245,251,256~257,260,268,273,274,278~279,551,552;意大利(Italy),233,240,250,274,276~277,397,414;低地国家(Low Countries),243;斯堪的纳维亚(Scandinavia),243;西班牙(Spanish),240
渔夫行会(fishing),235
法兰克福集市上的行会(at Frankfurt fairs),143
行会的资金(funds of),239~240;对筹集资金的限制(restrictions on raising),205
在斯堪的纳维亚的德国人行会(German,in Scandinavia),243,393
金匠行会(goldsmiths),248,264
Goslar,statutes of 1320(Goslar,statutes of 1320),256
大海港的行会(in the great ports),237
行会的历史发展(historical development of),230~232
行会对经济的间接影响(indirect effects on economy),231~232
行会对出口业的影响(influence on export industry),265~271
人口规模对行会的影响(influence of population size),230
行会对售价的影响(influence on selling-prices),263,264
告密者体制(institution of the informer),239

行会的投资(investment by),277
皮革商行会(leather),238,244,251~254,264,278
行会对供应需求的限制(limitations in demand for supplies),278~279
行会的会员资格(membership of),231,257
行会的本质和行为(nature and activities),232~233,238~239,244~245
行会中的贵族官员(noble officers in),238
行会增加布匹生产的政策(policy on increasing cloth production),272 【683】
行会的会议程序(procedure at meetings),238
行会的禁令(prohibition of):布鲁塞尔(in Brussels),205;迪南(in Dinant),205;佛罗伦萨(in Florence),205;根特(in Ghent),205;意大利(in Italy),427;挪威(in Norway),392;鲁昂(in Rouen),205;图尔(in Tournai),205
行会的法令控制(regulations governing),232~233
行会同城镇政府的关系(relationship with town government)210,213~215,233,234,235~236,246~247,263
行会的限制性政策(restrictive policies),263~264,267~268,274~276
行会的罗马渊源(Roman origin),233,235,236
丝绸行会(silk),273
对政府商人的服从(subordination to merchants in government),236
纺织行会(textile),244,268~273,277,307,414
交通服务行会(transport services),262~263
饮食业行会(victualling trades),259~262
商会(Gilds Merchant)
英国(English),170,174:商会中的“外国人”(‘foreigns’in),193,195;商会的垄断(monopoly of),192;商会的资历和成员资格(qualifications and membership),192~194;商会的作用(role of),190;收入的使用(use of ncome),191
热那亚商会(Genoese *compagna*),33
圣奥默商会(of St Omer),187
格洛斯特(Gloucester),194
格涅兹诺(Gniezno),365
布永的戈德弗瑞(Godfrey of Bouillon),442
黄金(Gold),333,395
对银币的替代(substitution of,for silver),134
可参看硬币(*see also* coinage)
约翰·戈德伯特(Goldbeter,John),462
金牛法(1082年)(Golden Bull)(1082),61
戈斯拉尔(Goslar),256,257,267,531

哥特人(Goths),7
政府(Governments)
  政府借贷(borrowing by),430~553
  政府的经济政策(economic policies of),281~429
政府对谷物贸易的政策(Grain trade,government policies in),323~324,402~403
格拉纳达(Granada),39
格拉沃利纳(Gravelines),347,505
拉芬斯堡的大公司(Great Company of Ravensburg),115
希腊的运输业(Greek carrying trade),61
格陵兰(Greenland),384
地租(Ground-rents),20~21,570
瓜达纳本恩公司(Guadagnabene company),71
乔瓦尼·吉伯特(di Guiberto,Giovanni),49
圭内斯(Guines),170,171,178,215,216,220
圭尼吉公司(Guinigi company),85
佛兰德斯伯爵,当彼埃尔的盖伊(Guy de Dampierre,Count of Flanders),224,343,345,493,494~495,538

挪威国王哈康五世(Haakon V,King of Norway),392
挪威国王哈康·哈康斯(Haakon Haakonsson,King of Norway),387
哈勒姆(Haarlem),39
哈布斯堡的鲁道夫(Habsburg,Rudolf),434,507,511~512,531,546
埃诺(Hainault),22,220,269,314,343,357,476,493,504
佛兰德斯摄政王西蒙·海伦(van Halen,Simon,Regent of Flanders),499,539
汉堡(Hamburg),552~553
丹麦国王汉斯(Hans,King of Denmark),394
汉萨('Hanse',the),111,132,183,186,202,308,311
汉萨同盟(Hanseatic League),43,71,311,330,353,363,385~390
  对外关系:布鲁日(foreign relations:Bruges),105,106,111~114;英国(England),105,330~331;法国(France),321~322;对斯卡尼亚集市的控制(Scania fairs,control of),147~148;组织和方法(organization and methods),106~109,111,147~148,170
  合作关系(partnerships),106~107,170
  贸易(trade);波罗的海(in Baltic),105~106,330~331,386~390,391;莱茵河东岸(east of Rhine),110
坚毅的哈拉德(Harald the Hardminded),365
阿夫勒尔(Harfleur),261,330,332

壁炉税收益(Hearth-tax returns),37～39
迪南的亨利(Henri of Dinant),35
布拉班特公爵亨利一世(Henry I,Duke of Brabant),348
英国国王亨利一世(Henry I,King of England),189,190,582
英国国王亨利二世(Henry II,King of England),29,189,300,311,445,451～452,583
英国国王亨利三世(Henry III,King of England),113,303～304,312,313,348,451,453,454,473,474,475
英国国王亨利四世(Henry IV,King of England),317,331,337,466,469
英国国王亨利五世(Henry V,King of England),317,466,468,469,486,591
英国国王亨利六世(Henry VI,King of England),317,325,466,468
英国国王亨利七世(Henry VII,King of England),337,440,451,471
德意志皇帝亨利三世(Henry III,German Emperor),441
德意志皇帝亨利四世(Henry IV,German Emperor),441
德意志皇帝亨利五世(Henry V,German Emperor),164
德意志皇帝亨利六世(Henry VI,German Emperor),510,591
香巴尼自由的亨利(Henry the Liberal of Champagne),301
萨克森尼狮子亨利(Henry the Lion of Saxony),386
卢森堡的亨利(Henry of Luxembourg),512,525
鲱鱼捕捞(Herring fishing),147～149,208,329,382
　斯卡尼亚鲱鱼捕捞业的衰落(decline of Scanian industry),208
希尔德斯海姆(Hildesheim),257,274
　科隆大主教康拉德·冯·霍赫斯塔登(von Hochstaden,Conrad,Archbishop of Cologne),523～524
荷兰(Holland),38,314,315,340,343,352～353
　港口的堵塞(blockade of),105
　货币(currency of),357
　土地开发(exploitation of the soil),360
　城市宪章和法令(urban charters and laws),28,345～346
　也可参看尼德兰(*see also* Netherlands) 【684】
霍恩斯坦因伯爵(Holstein,Counts of),372,373,380,382
中世纪宗教军事护理团(Hospitallers,the),447,453
寄宿法(Hosting law,Act of 1439),108,171
勃艮第公爵休三世(Hugh III,Duke of Burgundy),130
赫尔(Hull),221
Humbert II,of Dauphiné(Humbert II,of Dauphiné),477
百年战争(Hundred Years' War),318,323,326,336,338,357,464,467,480～481,537

匈牙利(Hungary),379,522,583,587,590,593

哈维兹家族(Hvides,family of),369

伊比利亚半岛(Iberian peninsula,the),397~429

农业政策(agrarian policy),409~411

商业政策(commercial policy),411~419

对消费的控制(control of consumption),419~429

对价格的控制(control of prices),404~407

工资政策(wage policy),405

冰岛(Iceland),384,395

进口税(Import duties),304,317,319

也可参看关税(*see also* Customs duties)

进口(Imports)

英国对进口的控制(control of,in England),117~118

意大利对进口的限制(restrictions,in Italy),415~417

附带进口('tied'),175

威尼斯的进口政策(Venetian policy on),403

出售特赦令(Indulgences,sale of),526

工业革命(Industrial Revolution),4

酒馆老板作为中间人(Innkeepers,as brokers),109,114~115

保险(Insurance)

一致的法律规则的影响(effect of uniform customs and rules of law),100

人寿保险(life),100

海洋保险(marine),44

陆地保险(overland),100

保险费(premium),99~100

汉萨商人对保险的利用(use by Hanseatic merchants),110

保险贷款(Insurance loans),57

入侵(Invasions)

日耳曼入侵(Germanic),6

匈牙利入侵(Hungarian),6

马扎尔人入侵(Magyar),8,9,12

穆斯林的入侵(Moslem),8,294

挪威人的入侵(Norse),6,8,9,11,12,122

投资(Investment)

在年金上的投资(in annuities),532,545

银行家的投资(by bankers),81
工业投资(in industry),271~279
伊普斯威奇(Ipswich),171,192,206
铁(Iron),254~256,383,387
哥特兰岛,(Island of Gotland),111,147,373,381,388
意大利(Italy),3,5,6,40~41,209,228,233,397~429
土地政策(agrarian policy),409~411
农业城镇(agricultural towns),24
硬币(coinage),586~587,589
商业政策(commercial policy),411~419
意大利的市镇(communes of),287,426
对消费的控制(control of consumption),419~429
价格的控制(control of prices),404~407
贸易城镇的形成(formation of trading towns),11
德意志对意大利的干涉(German intervention in),509~510,512,513~516,518
意大利行会,参见行会(gilds *see* Gilds)
商业和银行公司(mercantile and banking companies),公司名单(list of),71,75~76;也可参看佛罗伦萨、卢卡和锡耶纳(*see also* Florence,Lucca and Siena)
铸币厂(mints),580
贵族阶级(patriciates in),30
城镇人口(population of towns),38
同拜占庭帝国的关系(relations with Byzantine Empire),61
城市解放(urban emancipation),26~27

加泰罗尼亚国王詹姆一世(Jaime I,King of Catalonia),418
佛兰德斯女伯爵让娜(Jeanne,Countess of Flanders),474,493
布拉班特女公爵让娜(Jeanne,Duchess of Brabant),501
犹太人(Jews)
在卢森堡鲍德温的办事处(agents to Baldwin of Luxembourg),525
犹太人每年的赋税(annual tax on),548
在索恩河畔沙隆的聚居区(colony at Chalon-sur-Saône),138
英国的犹太人(in England),552
犹太人遭到的屠杀(massacre of),544~545
犹太商人(merchants),8,10~11,16,119,127,166
作为放贷人的犹太人(as money-lenders),441,444,445,452,512,516,545,567
犹太人受到的处罚(penalization of),305

犹太人被抵押(pledging of),509
君士坦丁堡的琼(Joan of Constantinople),342,354
波希米亚的约翰(John of Bohemia),512
布拉班特公爵,约翰一世(John I,Duke of Brabant),348
布拉班特公爵,约翰二世(John II,Duke of Brabant),227,496
布拉班特公爵,约翰三世(John III,Duke of Brabant),496
勃兰登堡选帝侯约翰·西塞罗(John Cicero,Elector of Brandenburg),521
英国国王约翰(John,King of England),29,193,197,314,452~453,473,474
勃艮第公爵无畏的约翰(John the Fearless,Duke of Burgundy),149,500,502~504
法国国王约翰(John,King of France),466~467,481,482
荷兰伯爵约翰一世(John I,Count of Holland),353
荷兰伯爵约翰二世(John II,Count of Holland),353
卢森堡的约翰(John of Luxembourg),513
索尔兹伯里的约翰(John of Salisbury),285
合作股份公司的起源(Joint stock companies,origins of),58,74
居里希侯爵(jülich,Margrave of),524
科隆大主教沃拉姆·冯·居里希(von Jülich,Walram,Archbishop of Cologne),524
管事师傅(*Jurés*),36
司法(Justice)
司法收益(revenue from),293,303
司法出售(sale of),196

凯撒斯韦特(Kaiserwerth),511
坎彭(Kampen),330
瑞典国王卡尔·克努森(Karl Knutsson,King of Sweden),381
【685】《国王的镜子》(*King's Mirror*),48
柯尼希山(Königsberg),375,390,391

劳动力(Labour)
布匹业的劳动力(in the cloth industry),204
对劳动力的竞争(competition for),275~276,277,406,427,
工作时间(hours of work),275
也可参看劳动法、工资(*see also* Labour laws,Wages)
英国的劳动法(Labour laws,English),321~322,328
米歇尔·拉利尔(de Laillier,Michel),486~487
兰布雷斯(Lambres),12

土地(Land)
低地国家土地的发展(development of, in the Low Countries), 359 ~ 361
土地的分配(distribution of), 409 ~ 410
土地的抵押价值(pledged, value of), 443
兰茨胡特(Landshut), 512
兰斯克鲁纳(Landskrona), 394
兰弗兰科(Lanranco), 49
朗格多克(Languedoc), 141, 151, 303, 326, 444, 445, 482, 529
朗格多克的议会(Estates of), 335, 337
拉昂(Laon), 13, 18, 28, 534
拉罗谢尔(La Rochelle), 13, 311, 332, 474
拉特伦委员会(Lateran councils, the)
第一次拉特伦委员会(1123 年)(first)(1123), 562
第四次拉特伦委员会(fourth), 566
铅锡矿(Lead and tin mines), 307
莱茵联盟(League of the Rhine), 166, 187
兰开斯特(Leicester), 189, 192, 203, 206
莱顿(Leiden), 20, 39
莱顿的布匹业(cloth industry of), 209, 212
莱比锡(Leipzig), 252, 522
朗斯(Lens), 35
利昂(Leon), 424
莱昂(León), 6
来昂的市场(market of), 123 ~ 124
奥地利皇帝利奥波德三世(Leopold III, Austrian Emperor), 520
意大利人在黎凡特的聚居区(Levant, the, Italian colonies in), 42, 43, 60, 446, 447
许可(Licences)
出口许可(export), 305, 315
赎回皇室契约的许可(to redeem royal bonds), 463
列日(Liège), 22, 24, 28, 35, 36, 123, 204, 252, 273, 574
列日主教(Liège, Bishop of), 441, 442
终身年金(Life-rents), 496, 502, 533, 537, 538, 539 ~ 540, 551
里尔(Lille), 126, 134, 135, 138, 349, 350, 532, 541 ~ 542
林堡(Limburg), 343, 361, 501
林肯(Lincoln), 29, 189, 190, 206
立陶宛(Lithuania), 377, 378, 391

利沃尼亚(Livonia),375,391
贷款(Loans)
  强迫贷款('forced'),305,435,441,468,481~482,491,501,506,530,539,540,570
  用于增加意大利生产的贷款(to increase production in Italy),418
  市政贷款(municipal,*see* Annuities)
  香巴尼集市上筹措的贷款(negotiated at Champagne fairs),448
  个人对债主的义务(personal obligations to creditors),439
  贷款担保(security for):土地(land),438,441~442,443,469,487,507~509,510,511,520;赋税(taxes),432,437,455,457,459,470,482,496,509,也可参看关税(*see also* Customs duties);珍宝(valuables),438,439,441,442,485~486,503,506,515,517
  短期贷款('short-term'),436,476,530,540,545,546
  也可参看海洋贷款(*see also* Sea loans)
伦巴德联盟(Lombard League),166
伦巴德人(Lombards),7,27,71,72,136,226,311,332,359,451,477,567,578
  法国作为赎金的货物(goods held to ransom,in France),315
  典当业(pawnbroking),496,499,501,506
伦巴底(Lombardy),10,402,404,405,413,418,419~420
伦敦(London),32,94,95,106,203,209,288,301,309,328
  伦敦的暴动(agitation of),1195~1196,196
  伦敦的银行公司(banking companies in),43,72,80,449,455,471
  伦敦的公共委员会(common council of)1474~1475,263
  消费者利益(consumer interests in),202
  伦敦的海关(customs of),308
  伦敦的兑换率(exchange quotations in),96(见表)
  伦敦金融家(financiers of),465~467
  外国人的自由(freedom for foreigners),226,311~313
  伦敦的德国聚居区(German colony in),113
  伦敦行会(gilds of),216,244,253,255,259,262,269,271,272
  伦敦的汉萨同盟('hanse' of),111,196,311:对伦敦汉萨同盟的压制(suppression of),217
  伦敦的寄宿体系(hosting system in),171
  伦敦市法院(*husting* of),29
  伦敦的意大利聚居区(Italian colony in),101~102,333
  伦敦人口(population of),39
  对外国竞争者的斗争(struggle against alien competitors),312,330~331
  圣殿骑士教(Temple),473
洛雷恩(Lorraine),450

卢沙尔家族(Louchard family),494
巴伐利亚的路易四世(Louis IV of Bavaria),507~508,512~513,587
法国国王路易六世(Louis VI,King of France),28,123,125,294
法国国王路易七世(Louis VII,King of France),28,293,446,581,583
法国国王路易八世(Louis VIII,King of France),28
法国国王路易九世(Louis IX,King of France),430~431,447,449(注释),474,533~534,587
法国国王路易十世(Louis X,King of France),311
法国国王路易十一(Louis XI,King of France),140,141,151,318~321,323,324,326~327,
329,331~332,333,334~335,356,472,489,491,537,591 【686】
梅尔的路易(Louis de Mâle),227,354,357~358,498,502,540
纳维斯的路易(Louis de Nevers),218,355,498,540
奥尔良的路易(Louis d'Orléans),503
虔诚的路易(Louis the Pious),120,121,296
卢万(Louvain),39,123,498
低地国家(Low Countries),3,5,26,35,36,37,43,340~361
运河(canals),348~350
通货的稳定(currency,stability of),97
对经济战的敏感(economic warfare,sensitivity to),314
行会(gilds,*see* Gilds)
土地确认(land reclamation),359~361
开矿权(mineral rights),361
铸币厂(mints),585,587,590,592
货币体系(monetary system),356~358
对钱币汇兑商的态度(money-changers,attitude to),358~359
日渐进步的经济政策(progressive economic policy),343~344
社会叛乱(1280年)(social revolt)(1280),345
在纺织业的竞争(textile industry,competition in),345~346
城镇(towns):自治(autonomy of),28,344;在荷兰的发展(development of,in Holland),345~346;联合政策(policy of uniformity),344;新港口及其特权(new porls and their privileges),347~348;布拉班特的城市联合(urban unity in Brabant),345
贸易(trade):对贸易的鼓励(encouragement of),348~358;同英国的贸易(with England),337
也可参看佛兰德斯、荷兰、尼德兰(*see also* Flanders,Holland,Netherlands)
吕贝克(Lübeck),13,32,39,43,105,106,111,124,373,384,386~389,390,393,396,532,553

吕贝克的叛乱(1383 年)(revolt of)(1383),544
卢卡(Lucca),70,95,102,485
银行公司(banking companies of),85,316,437,448,454,455,456~457,475~476,502,541
丝绸业(silk industry of),102,413,485
吕纳堡(Lüneburg),243,252,259,532,552,553
杰拉尔德·卢皮基尼(Lupichini,Gerard),495
卢森堡(Luxembourg),22
奢侈品贸易(Luxury articles,trading in),45
林恩(Lynn),206
里昂(Lyons),6,8,323,327,333,337,474,491
里昂的集市(Lyons,fairs of),79,95,133,135,149,332,334,335,490
里昂集市的建立(establishment of),141
里昂集市的重建(re-establishment of),142
同日内瓦的竞争(rivalry with Geneva),140,141
作为丝绸贸易中心(as silk trade centre),142
向布鲁日的转移(transference to Bourges),141~142
理查·莱昂斯(Lyons,Richard),463

马斯特里赫特(Maastricht),12,122
马格德堡(Magdeburg),39,257,526
银行高级合作人(*Maggiori* (senior banking-partners)),108
作用(role of),80,82
瑞典公爵马格纳斯·伯格森(Magnus Birgersson,Duke of Sweden),372~373
瑞典国王马格纳斯一世(Magnus I,King of Sweden),888
瑞典国王马格纳斯二世(Magnus II,King of Sweden),393
邮政组织(Mail,organization of),98
美因兹(Mainz),122,524,526,543,551~552
美因兹的暴动(revolts):(1411 年),551;(1444 年),552
美因兹的大主教(Mainz,Archbishop of),512~513,543
罗马诺·马伊拉诺(Mairano,Romano),61
罗马诺·马伊拉诺的航行(voyages of),64~66
Majores(*Majores*),35
马林斯(Malines),149~150,211,227,354,498
马尔默(Malmö),383,394
曼图亚(Mantua),258

拜占庭皇帝曼纽尔·科姆诺斯(Manuel Comnenus,Emperor of Byzantium),61
恩格贝特(de la Marck,Englebert),法令(statutes of),574
君士坦丁堡的玛格丽特(Margaret of Constantinople),342~343,345,348,349,350,351,352,493~494
丹麦和挪威女王玛格丽特(Margaret,Queen of Denmark and Norway),380~381,393
马林堡(Marienburg),390,391
市场(Markets)
　对市场的进入和控制(access to,control of),166
　吕贝克市场的特点(character of,at Lübeck),124
　教会对市场的管理(church management of),121
　在弗拉维尼的市场(at Flavigny),121
　西班牙的市场频率(frequency of,in Spain),125
　德意志:市场的发展(German:development of),122;边疆(frontier),121;内陆市场(internal),121~122;海洋市场(maritime),122
　中世纪末期市场的进步(improvement in late Middle Ages),329,555
　市场的起动(initiation of),119,126,297
　国际市场(international),121,373
　海洋城镇的市场(of maritime towns),119~120
　市场地点(sites of),14,23,122~123,124
　奴隶市场(slave),63
　伊比利亚半岛市场的专业化(specialization,in the Iberian peninsula),125
　威尼斯市场(at Venice),152
马塞(Marseilles),7,68,240,332
阿拉贡国王马丁(Martin,King of Aragon),417
勃艮第的玛丽(Mary of Burgundy),506
奥地利皇帝马克米西连一世(Maximilian I(Austrian Emperor)),358,432,518,522
梅克伦堡的公爵(Mecklenburg,Dukes of),373,374
梅蒂奇银行(Medici banking-house),44,78~93,106
　结算表(balance sheets),92
　布鲁日的梅蒂奇银行(in Bruges),45,71,505
　资金(capital of),83~85;分公司的资金分配(allocation to branches),84(见表)
　放贷(credit advances by),471,505,506
　持久期(duration of),83
　扩张(expansion of),79
　交易地点(*fondaco*(place of business)),82
　基础(foundation of),79

内部组织(internal organization of),79～83
总经理(*ministro*(general manager)),82～83
人员规模(size of staff),85～87
【687】 威尼斯的梅蒂奇银行(in Venice),45
科西莫·梅蒂奇(de'Medici,Cosimo),81,505
劳伦佐·梅蒂奇(de'Medici,Lorenzo),505
皮埃弗朗西斯卡·梅蒂奇(de'Medici,Pierfrancesco),81
皮亚诺·梅蒂奇(de'Medici,Piero),81,505
地中海(Mediterranean,the),43,59
法国在地中海的贸易政策(French trade-policy in),335
热那亚同比萨和威尼斯的竞争(Genoa,rivalry with Pisa and Venice),165
贸易城镇的公证记录(trading-towns,II:notarial records of),68
沃汀·冯·德·米尔(van der Meer,Woitin),33
乌特尔·冯·德·米尔(van der Meere,Wouter),495
迈森主教(Meissen,Bishop of),523
绸布商公司(Mercers'Company),337
冒险商商会(Merchant Adventurers),45,118,335,337,471
商人手册(Merchant manuals),94,98
商人(Merchants)
在拉格尼的集会(assembly at Lagny),129
商人联盟(associations of),186～187
教会对商人的态度(attitude of Church to),547
意大利商人对工人协会的禁令(ban on workers'associations in Italy),427
布拉班孔(Brabançon),310
商旅队(caravans of),49
《商业法》(*Carta Mercatoria*),310～311
作为阶级的商人(as a class),22,33,34,36,352
商人在香巴尼集市上的领事(consuls at Champagne fairs),131～132
丹麦商人(Danish),394
荷兰商人(Dutch),139,148,343
佛兰德斯的战时政策对商人的影响(effect of wartime policy on,in Flanders),314
英国商人(English),42,96,102,116～118,148,150,330,331,337,459～460,461～464,471,480,504
商人在贸易城镇的定居(establishment of,in trading towns),11～14
意大利商人不受集市官员的管辖(exemption of Italians from jurisdiction of fair wardens),128

不受财产转归法的束缚(exemption from the law of escheat),135
鲱鱼捕捞业的资金筹集(financing of herring fisheries),147
佛兰芒商人(Flemish),42,67,130,138,310,311,312,314,346,497
佛罗伦萨商人(Florentine),310
法国商人(French),128,139,310,474~476
弗里斯安商人(Frisian),11
加斯孔商人(Gascon),309
德意志商人(German),115,139~140,142,144~145,150,395,504,515
作为商人的行会会员(gildsmen as merchants),265
希腊商人(Greek),119
汉萨商人(Hanseatic),105~115,148,174,187,311,312,330,331~332,385~389,392~395
意大利商人(Italian),42~43,63~64,95,102,108,127,128~133,135,138~140,144~145,186,227,329,331,333,446~451,453,485,487,494,497,504,523
犹太商人(Jewish),10,11,16,119,127
伦巴德商人(Lombards),311,332
商会(Mercanzia),98;也可参看商会(*see also* Gilds Merchant)
商人的信息服务(news-service for),97~99
挪威商人(Norwegian),310
贵族商人(patrician),31~32,160~161
对生产商的政策(policy towards producers),203~204
葡萄牙商人(Portuguese),227,310
对商人的保护(protection of):英国(in England),310~311;法国(in France),311
同工匠的关系(relations with artisans),265~266
对商人的限制(restriction on),169~171,392~396;地区(territorial),164
商人在经济联合中的作用(role in economic integration),287
俄国商人(Russian),112
商人和盐税(and salt tax),491
西班牙商人(Spanish),140,332,333
同政治领袖的斗争(struggles with political leaders),166
瑞典商人(Swedish),310
叙利亚商人(Syrian),10,119
图卢兹商人(of Toulouse),103~105
商人和城镇政策(and town policy),199~200
商人的培训(training of),89~90
文德商人(Welsh),309

商人航运的发展(Merchant shipping,development of),100~102
梅尔赫特姆(Merchtem),211
墨洛温时代(Merovingian period),10,11~12,119,120,578~579
波兰国王,莫西科一世(Mesco I,King of Poland),365
默西拿(Messina),410(注释),421
梅斯(Metz),39
默兹河(Meuse,the),5,11,122
米德尔堡(Middelburg),123
  城堡(*castra*),9
米迪地区(Midi,the),6,27,119,308
米兰(Milan),27,34,38,95,270,273,277,404,410,413,414,416,417,418,419,587
军事协会(Military fraternities),34
磨房建造(Mill construction),273
铸币厂(Mints),579,580,584,589
  野蛮人时期(barbarian),576~577
  拜占庭时期(Byzantine),577,585
  模块的退化(degeneration of dies),581
  墨洛温时期(Merovingian),578~579
  罗马时期(Roman),576
  英国皇室对铸币厂的控制(royal control,England),582
西蒙·德·米拉贝罗(de Mirabello,Simon),218
摩德纳(Modena),239,257~258,267,275,405
欧德特·莫雷恩(Molain,Odot),504~505
科隆大主教,亨利·冯·莫伦纳克(von Molenark,Henry,Archbishop of Cologne),523
修道院(Monasteries)
  林肯郡的西斯特修道院(Kirkstead[Lincolnshire]),商业信件(in business letter),73
  第戎的圣贝尼涅修道院和皮亚琴查修道院拥有的市场(market-holding by St Bénigne(Dijon)and St Sixtus (Piacenza),121
【688】 修道院拥有的铸币厂(mint-owning),581
  作为放贷人(as money-lenders),440,443,444,512
  奥斯尼修道院对磨房的垄断(Oseney,monopoly of milling),178
货币兑换商(Money-changers),66,96~97,104
  布鲁日的货币兑换商(of Bruges),96~97,359
  集市上的货币兑换商(at fairs),136
  根特的货币兑换商(of Ghent),359
放贷人(Money-lenders)

阿拉斯的放贷人(of Arras),474,476,494~495,497,538~539
奥地利的放贷人(Austrian),511
银行公司的放贷人(banking-companies),449~451,454~461,471,472,475~478
巴伐利亚的放贷人(Bavarian),511,512
比利时的放贷人(Belgian),498
布拉班特的放贷人(Brabantine),498~499
卡奥尔的放贷人(of Cahors),474
卡特兰的放贷人(Catalan),499
城市权威(city authorities),468,487,492~493,518,523
主要商业公司(Company of the Staple),467,470~471
英国商人(English merchants),471,504;辛迪加(syndicate of),461~463
法国商人(French merchants),474~476
德意志(Germans),498,499,518,520,553;商人(merchants),504
中世纪教会军事护理团(Hospitallers),447,453
意大利商人(Italian merchants),447~448,453,472,474,485,493,497,523,546
犹太放贷人(Jews),441,444,445,452,512,516,545,567
修道院放贷人(monasteries),440,443,444,512
教士放贷人(prelates),468,480,511,513,523
皇室官员放贷人(royal officials),471,478~479,484,485,487,491,516
圣殿骑士教放贷人(Templars),446,453,473~474
货币市场(Money market),95~96,462,487~488
垄断(Monopolies)
矾(alum),88
琥珀(amber),390
酿酒(brewing),329
运输业(carrying trade),149,164,165
垄断在城镇的发展(development of, in towns):早期(early stages),197;14 和 15 世纪(fourteenth and fifteenth century),211
行会垄断(by gilds),176~177,194,248~252,260~261
拉丁世界对垄断的偏好(Latin predilection for),61
开矿垄断(mining),288
垄断在城镇的本质(nature of, in towns),189,198,202,224
销售垄断(of selling),406~407
肥皂制造垄断(soap-making),234,235
主要贸易中心和商业冒险家社团(Staplers and Merchant Adventurers),335~337
钱币铸造垄断(of striking money),562

贸易垄断:(trade):食品(food),202~203,260~261;鲱鱼(herring),149,329;盐(salt),491,504
葡萄酒和烤炉垄断(wine and oven),23
羊毛垄断(wool),459~460
蒙斯(Mons),19,504
西蒙·蒙特福特(de Montfort,Simon),474
蒙彼利埃(Montpellier),95,326,445,474
蒙特勒伊(Montreuil),534
科隆大主教迪特里西·莫斯(von Mörs,Dietrich,Archbishop of Cologne),525
抵押(Mortgages)
土地抵押(on land),501
教皇对抵押的态度(Papal attitude to),444,507
穆斯林(Moslems),6,7
曼斯泰(Munster),19

那慕尔(Namur),12,22,122,123,267,268,343,541
那布勒斯(Naples),38,80,85,95,402,411,418,454
纳博讷人(Narbonnaise,the),6,7,27
特里尔大主教迪特西尔·拿骚(von Nassau,Diether,Archbishop of Trier),524~525
内格罗邦德(Negropont),62
尼德兰(Netherlands,the)
君主的借贷(borrowing by rulers),492~507
硬币(coinage),595
尼德兰的英国人(English in),457
尼德兰的国民议会(Estates General of),506
尼德兰的意大利人(Italians in),449,450
尼德兰的犹兰人(Jews in),445
年金的出售(sale of annuities),496,532
尼德兰的集市(Netherlands,fairs of),145~147
尼德兰集市的商品(merchandise of),146
诺伊斯(Neuss),547
新埃格利兹的布匹业(Neuve Eglise,cloth industry of),356
纽卡斯尔(Newcastle),221,309
尼姆斯(Nîmes),311
拥有土地的贵族(Nobility,land owning)
经济自由主义(economic liberalism),289

经济角色(economic role of),572

权力的减少(reduction in power of),288

诺曼底(Normandy),300,302,303,306,444,455,474(参看行会)

北安普敦(Northampton),213,324

挪威(Norway),362~364,366,369,371

挪威的衰落(decline of),380~381,384

挪威的经济分裂(economic disunity of),286

限制德国人在挪威的优势的努力(efforts to limit German dominance in),387~388,392~393,394~395

也可参看斯堪的纳维亚(*see also* Scandinavia)

诺里奇(Norwich),203,206,213,244,330

诺夫哥罗德(Novgorod),106,386,391,394

圣彼得宫(St Peter's Court),111,112

努瓦永(Noyon),13,28,121,536

纽伦堡(Nuremberg),39,513,516,517,544~545,548~550,552

纽伦堡的叛乱(1348年)(revolt of),(1348),544

宁弗姆条约(Nymphaeum,treaty of),63

梅尔卡托的奥贝托抄写员(Oberto Scriba de Mercato),49,54

麦西亚的欧法(Offa of Mercia),297 【689】

销售处(Offices,sale of),490

挪威的奥拉夫·哈拉尔德森(Olaf Haraldsson of Norway),364

挪威的奥拉夫·特赖格瓦森(Olaf Tryggvason of Norway),364

瑞典的奥拉夫·埃里克森(Olof Eriksson,of Sweden),364

奥彭海姆(Oppenheim),513,515

主要产品条例(1353年)(Ordinance of the Staple)(1353),330

奥克尼人和设得兰人(Orkneys and Shetlands,the),384

托马斯·奥兰特(Orlant,Thomas),484

奥尔良被围(Orléans,siege of),487

奥斯陆(Oslo),384

东哥特(Ostrogoths),7

德意志皇帝奥托一世(Otto I,German Emperor),121,433,514

法国伯爵奥托四世(Otto IV,of Franche-Comté),477

德意志皇帝奥托四世(Otto IV,German Emperor),510,585

波希米亚的奥托卡二世(Ottokar II of Bohemia),511

欧德纳德(Oudenaarde),122

牛津(Oxford),175,178,190,206,211

迈克尔·帕拉洛格斯(Palaeologius,Michael),62
巴勒莫(Palermo),38,57,80,95
巴勒斯坦(Palestine),60,62
巴黎(Paris),8,14,24,29,32,94,95,262~263,264,273,274,276,311,314,321,493,495
银行公司(banking companies in),42,43,71,80,449~450
巴黎对生活开支的控制(control of cost of living),322
巴黎定期集市的发展(development of *Halles*),310
行会(gilds of),241,242,253,256,260,262,270,276
大屠夫行会(*Grande Boucherie*),248,249~250
汉萨同盟('hanses' of),308
商人区(merchant quarter),123
巴黎针对金融家的请愿(petition against financiers),485
皮亚琴查人在巴黎的聚居区(Placentine colony in),447
人口(population of),39
供应(provisioning of),329
阿图瓦大厦被查封(seizure of l'Hôtel d'Artois),503
公司体系(system of corporations),302
巴黎的圣殿骑士团(Templars in),473~474
巴黎议会(Parlement de Paris),483,491
帕尔马(Parma),274,415(注释)
合作关系的类型(Partnerships,types of),49~54,66,68~70,78~79,81,106~108,115~117,129,170,567
也可参看契约(*see also* Contracts)
帕索(Passau),211
贵族阶级(Patriciate),30~34,160~161,199,345,475,492~493,495,535,547
贵族阶级和民主运动(and 'democratic' movements),215~220
贵族阶级优势的保持(retention of supremacy),200~223
帕维亚(Pavia),7,234~235,237,241,404,412(注释),415(注释),425,426
典当业(Pawnbroking),495,496,498,501,506,509
帕兹银行(Pazzi banking-house),92
康斯坦茨和约(Peace of Constance),27
乌特列特和约(Peace of Utrecht),113
英国的农民起义(1381年)(Peasants' revolt,English)(1381),321
卡斯蒂利亚国王佩德罗一世(Pedro I,King of Castille),424

卡斯蒂利亚国王佩德罗四世(Pedro IV,King of Castille),424
彭布罗克(Pembroke),193
服务津贴(Pensions,for services rendered),436
佩拉(Pera),62
佩罗讷(Peronne),534
永久年金(Perpetual rents),536,538,546,552
佩鲁贾(Perugia),237
佩鲁齐公司(Peruzzi company,the),44,76~78,80,498,540
　账目(account-books),91,92
　破产(bankruptcy of),320
　人员(staff),85,86(见表)
安东尼·佩萨格诺(Pessagno,Antonio),458~459
阿拉贡的彼得四世(Peter IV of Aragon),418
科隆大主教鲁伯特·普法尔茨(von der Pfalz,Rupert,Archbishop of Cologne),525~526
佛兰德斯伯爵阿尔萨斯的腓力(Philip of Alsace,Count of Flanders),283,340,343~344,346~351,360
勃艮第公爵勇敢的腓力(Philip the Bold,Duke of Burgundy),343,358,500~523
勃艮第公爵善良的腓力(Philip the Good,Duke of Burgundy),139,343,357~358,360,400,504~505,591~592
法国国王腓力一世(Philip I,King of France),299
法国国王腓力二世(奥古斯都)(Philip II (Augustus),King of France),28,128,300,302,307,310~311,314,447,473,584~585
法国国王腓力三世(勇敢的腓力)(Philip III (the Bold),King of France),186,308,311~312,315,431,481
法国国王腓力四世(英俊的腓力)(Philip IV (the Fair),King of France),129,151,284,304~306,308,311~315,319,356~357,433,457,472~474,477,479~480,483,494,534,536,562,587,591
法国国王腓力五世(Philip V,King of France),479,480
法国国王腓力六世(Philip VI,King of France),480~481,537
斯瓦比的腓力(Philip of Swabia),510
福西亚的钒矿(Phocea,alum mines of),62
皮亚琴查(Piacenza),34,447
　皮亚琴查的面包师(bakers of),261
　皮亚琴查的银行(banking companies of),67,70~71,72,74,75,449
亨利·皮卡德(Picard,Henry),461,463
皮卡迪(Picardy),476,534,536

格伦佐・皮格里(de' Pigli,Gerozzo),81
运送朝拜者(Pilgrims,transport of),59,164,333
海盗和海盗船(Pirates and corsairs),59
比萨,比萨人(Pisa,Pisan),34,42,43,57,61,331,512
作为银行中心(as a banking centre),70,85,95
聚居组织(colonial organization),63
当地银行(local banks in),96~97
羊毛业(wool industry),413;对羊毛业的保护(protection of),415
皮斯托亚(Pistoia),236,237
抵押(Pledges)
抵押皇冠(the crown),514
抵押皇冠上的珠宝(crown jewels):勃艮第(Burgundian),503,506;英国(English),468;法国(French),486
帝国城市(imperial cities),509
【690】 皇室权利(regalian rights),508
收益(revenues),510,511,512
皇室财产(royal property),507,508,509,510,511,514,515,520
也可参看关税、贷款(*see also* Customs duties,Loans)
普瓦第埃(Poitiers),326
波兰(Poland),362~368,378~379
经济扩张(economic expansion),377
对出口的限制(exports,restriction of),175
财政集中(financial centralization),377~378
主要贸易中心(staple):城镇竞争(urban rivalry),211;路线(routes),162~163
威廉・波尔(de la Pole,William),461
人头税(Poll-taxes),39,317
庞斯尤伯爵(Ponthieu,Count of),301
亚历山大三世教皇(Pope Alexander III),444,563,567
邦尼弗斯八世教皇(Pope Boniface VIII),315,478,495,555
克莱蒙五世教皇(Pope Clement V),555
克莱蒙六世教皇(Pope Clement VI),480
格列高利一世教皇(Pope Gregory I),234
格列高利七世教皇(Pope Gregory VII),299
格列高利九世教皇(Pope Gregory IX),55,448,449,555,564,567
格列高利十世教皇(Pope Gregory X),511
英诺森三世教皇(Pope Innocent III),448,562,564,567,568

英诺森四世教皇(Pope Innocent IV),448,449,523,562,569,574
约翰二十二世教皇(Pope John XXII),539
里奥一世教皇(Pope Leo I),565
里奥十世教皇(Pope Leo X),526
马丁五世教皇(Pope Martin V),531
西克特斯四世教皇(Pope Sixtus IV),409
人口(Population),5,6 ~ 7,37 ~ 40
　中世纪末人口的衰落(decline in later Middle Ages),316
　米迪城镇人口的差异(variety in Midi towns),119
人口(*Populus*),35
托马索·鲍蒂纳里(portinari,Tommaso),108,505
港口组织(Port organization),119
磅税(Poundage),317
波谷(Po valley),9,26 ~ 27
　波谷的公共工作(public works in),410
波兹南(Poznan),365
布拉格(Prague),39
价格竞争(Price competition),275
价格控制和价格固定(Price-control and-fixing),177 ~ 178,203,246,251,254 ~ 255,310,
　　314,328,404 ~ 407
　justum pretium(*justum pretium*),562
意大利和伊比利亚半岛的生产扩张(Production,expansion in Italian and Iberian peninsulas),
　　408 ~ 419
职业(Professions,the),573 ~ 574
利润(Profits)
　教会的利润(of the Church),572
　利润的投资(investment of),48
　合作契约的利润(of *societas maris* contracts),50,53
普罗旺斯(Provence),18,27,120,301,307,332,335
普罗万(Provins),67,73,123,127,130,138,151
供应(Provisions)
　对再销售的禁止(ban on resale),406
　供应问题(Problems of supply),400 ~ 404
普鲁士(Prussia),375 ~ 377,385,390 ~ 391
公共工作(Public works),292,410
普法利(Puy-en-Velay),323

昆特伊克(Quentowic),11,12,298
古列尔莫·圭里尼(Querini,Gugliemo),88

勃艮第的拉乌尔(Raoul of Burgundy),294
拉邦迪公司(Rapondi company),502,541
迪诺·拉邦迪(Rapondi Dino),502~503,541
利息率(Rates of interest),404,405
  市政年金(annuities),531~532
  意大利银行贷款(Italian banking loans),456
  给予卢森堡亨利的贷款(loan to Henry of Luxembourg),512
  来自个人的贷款(loans from individuals),483,499,505
  航运契约(shipping-contracts),57
拉蒂斯堡(Ratisbon),32
拉韦纳(Ravenna),163
原材料(Raw materials),4,22
  商人对原材料供应的控制(control of supply by merchants),203
雷蒙德·贝伦哥五世(Raymond Berengar V),301
图卢兹的雷蒙德四世(Raymond IV of Toulouse),442
拉格斯堡(Regensburg),513
雷焦(Reggio)239,240
皮埃尔·雷米(Rémy,Pierre),480
统治者的收入(Revenues of rulers)
  统治者收入的分配(assigning of),437,489
  统治者来自堡塔的收入(from *bastides*),301
  勃艮第统治者的收入(Burgundian),474,501~504
  香巴尼集市上的收入(From Champagne fairs),127
  英国统治者的收入(English) ,189~190,301,307~308,315~318,459,464,469,470,471~472,
  统治者收入的承包(farming of),437~438
  贡金(*feorm*)293~294,295
  封建赋税(feudal dues),293~294,295
  法国统治者的收入(French),127,293~294,302,315,318~321,478,482,483~484
  德国统治者的收入(German),433~434,507,511,512,514
  地方官员和法国的收入(*Prévôts* and *baillies*),302
  司法利润(Profits of justice),293
莱姆斯(Rheims),6,13,220,534

莱茵兰(Rhineland ,the),11,122,241
莱茵兰的自治(autonomy of),27 ~ 28
莱茵兰和佛兰芒商人(and Flemish merchants),346 ~ 247
里卡迪公司(Riccardi company),316,437,448,454,455,456 ~ 457,475 ~ 476
英国国王理查一世(Richard I,King of England),29,314
英国国王理查二世(Richard II,King of England),317,328,336,464,465 ~ 466,468
英国国王理查三世(Richard III,King of England),470
康沃尔伯爵理查(Richard,Earl of Cornwall),453 ~ 454,511,524,585
佛兰德斯和埃诺女伯爵里奇拉(Richilda,Countess of Flanders and Hainault),441
里加(Riga)106,252,263,276 【691】
阿图瓦伯爵罗伯特(Robert,Count of Artois),494
勃艮第公爵罗伯特二世(Robert II,Duke of Burgundy),302,431,442
佛兰德斯伯爵罗伯特三世(Robert III,Count of Flanders),497 ~ 498
诺曼底公爵罗伯特(Robert,Duke of Normandy),442
弗里斯安的罗伯特(Robert the Frisian),349
西西里国王罗伯特·吉斯卡尔(Robert Guiscard,King of Sicily),61
罗德兹(Rodez),20,323
格雷戈里·德·罗卡斯勒(de Rokesle,Gregory),454
罗马帝国(Roman Empire,the),3 ~ 8,119
罗马帝国的灭亡(fall of),3,8,554,576
罗马(Rome),85,95
人口(population of),38 ~ 39
罗斯托克(Rostock),384
伦巴德国王罗特哈里(Rothari,Lombard King),7
鲁昂(Rouen),12,35,151,205,220,255,261,263,272,298,303,308,321,323,328,329,332,474
法国皇室地产的不可分割(Royal domains,inalienability of,in France),438 ~ 439
鲁瓦(Roye),534
奥地利的鲁道夫四世(Rudolf IV of Austria),531
玛特豪斯和威尔海姆·伦汀格(Runtinger,Matthäus and Wilhelm),115
莱茵法兰茨的鲁伯特(Rupert of the Rhenish Palatinate),514 ~ 515

科隆大主教弗雷德里克·冯·萨尔沃登(von Saarwerden,Frederich,Archbishop of Cologne),524
丹麦的圣·克努特(St Cnut of Denmark),369
芬彻尔的圣·戈德里克(St Godric of Finchale),47 ~ 48

圣·路易(St Louis),302,303,309,313
圣·奥默(St Omer),9,13,31,126,134,243,311,346
圣·昆汀(St Quentin),28
圣·托马斯·阿奎纳(St Thomas Aquinas),4,285,560,563,565
价格上涨的信托出售(Sales on credit,at increased prices),567
萨林贝内公司(Salimbene company),71
索尔兹伯里(Salisbury),330
萨迪尼亚(Sardinia),165
萨尔扎(Sarzan),274
弗朗西斯·萨西蒂·托马索(Sassetti di Tommaso,Francesco),87~88,92
萨沃伊(Savoy),493
萨沃伊的伯爵(Savoy,Count of),490
萨克森(Saxony),27,519
斯卡里公司(Scali company),71
斯堪的纳维亚(Scandinavia),43
  硬币(coinage),583
  城镇的创造(creation of towns),362~363
  早期的海盗王国(early viking kingdoms),364~366
  财政集权(financial centralization),38~40
  德意志在当地的影响力(German influence in),370
  当地的德意志王侯(German princes in),373~374
  集权政府的缺乏(lack of centralized government),369
  舰队服务的义务(obligation of fleet service),368~369,370~371
  皇室对贸易的控制(royal control of trade),373
  财政资源的匮乏(shortage of financial resources),373~374
  赋税(taxation in),369~372,881
  贸易保护政策(tradc protection policies),392~396
  中世纪末的联合(union in late Middle Ages),380
斯堪的纳维亚的集市(Scandinavia,fairs of)
  汉萨商人的优势(domination by Hanse merchants),147,148~149
  德意志聚居区对该地的影响(effect of German colonies on),147
  集市上的司法(jurisdiction at),149
  付账方式(methods of payment),149
邮包(*Scarsella*)
  香巴尼集市上的邮包(of the fairs of Champagne),98
  邮包组织(organization of),98~99

斯凯尔特河(Scheldt,the),5,11,122,348~349
石勒苏益格(Schlesvig),366
卡西铂·西里克(Schlich,Kaspar),516
莱赫特·冯·舍瑙(von Schönau,Reinhert),524
什未林伯爵(Schwerin,Count of),372
居民税(Scot and lot),193
苏格兰(Scotland),390,457~458
斯科蒂公司(Scotti company),71
乔瓦尼抄写员(Scriba,Giovanni),49,52,54,55,56
海洋法(Sea laws),59
　海洋法集(*Libro del Consolat del Mar*),100
海洋贷款(Sea loans),53~55,69,99
　船舶抵押贷款(bottomry loan),54
　普通海洋贷款(*foenus nauticum*),54
　格列高列九世教皇对此的禁止(prohibited by Gregory IX),567
　责任贷款(*respondentia*),54
封建领主(Seigneurie)
　封建领主的垄断权(monopolies of),23
　封建领主对贸易的参与(participation in trade),23
桑布朗赛(Semblançay),489
森尼斯(Senlis),6,13,248,535
森斯(Sens),251,252
塞维利亚(Seville),39
斯福尔扎公爵(Sforza,Dukes of),418
航运份额(Shares,shipping),58
绵羊的进口(Sheep,importation of),418
船只(Ships)
　船只的所有权(ownership of),59,60
　也可参看木船(*see also* Galleys)
船上文书的职责(Ship's scribes,duties of),59
什鲁斯伯里的行会人头税单(Shrewsbury,gild rolls of),192
西西里(Sicily),284,402,410(注释),446,449,454,589
锡格(Siegen),268
锡耶纳(Siena),34,43,95
　银行公司(banking companies of),67,70,74,75,449,494
　行会(gilds of),252,273,275

奥地利皇帝西吉斯蒙德(Sigismund, Austrian Emperor),227
卢森堡的西吉斯蒙德(Sigismund of Luxembourg),515 ~ 517
蒂罗尔的西吉斯蒙德(Sigismund of Tyrol),506,520 ~ 521
西里西亚(Silesia),368
丝绸业(Silk industry),327,413 ~ 414
  英国对丝绸业的保护(of England, protection of),326
  卢卡的丝绸业(of Lucca),102,413,487
  米兰的丝绸业(of Milan),270,273,277,413,418,419;对丝绸业的保护(protection of),417
【692】丝绸贸易(Silk trade),42,127,143,312
银(Silver),134,395
  铸块(*sommi*(ingots)),63
  也可参看硬币(*see also* Coinage)
斯卡讷(Skanör),373,386,387
奴隶贸易(Slave trade),63
苏瓦松(Soissons),13,28
松德海峡的被堵(Sound, blockade of the),388
南安普敦(Southampton),10,163,209,309,330,331,333
西班牙(Spain),4,13,398
  对劳动力的竞争(competition for labour),406
  行会(gilds of),240,414
  铸币厂(mints),580,589
  也可参看伊比利亚半岛(*see also* Iberian peninsula)
施派尔的起义(1327年)(Speyer, revolt of)(1327),544
香料贸易(Spice trade),42,63,116,117,127,140,141,312
斯波莱托(Spoleto),419
贸易中心(Staple, the)
  贸易中心协议(agreements),114,174
  贸易中心公司(Company of),118,335,336,467,470 ~ 471
  贸易中心体系(system),174,335 ~ 337
  贸易中心城镇(towns),174,211,353 ~ 353
就业法(Statutes of Employment),103
永久管业土地法令(Statute of Mortmain),307
北安普敦的法令(Statute of Northampton),324
Statute *Quia emptores* (Statute *Quia emptores*),307
瑞典的斯坦·斯特尔(Sten Sture of Sweden),382 ~ 383,396

布卢瓦的斯蒂芬(Stephen of Blois),442
英国国王斯蒂芬(Stephen,King of England),452,583
斯德哥尔摩(Stockholm),44,383,387,393,396
施特拉斯堡(Strasbourg),13,19,39
  施特拉斯堡的起义(1332 年)(revolt of)(1332),544
斯特罗兹银行(Strozzi banking-house),92
津贴(Subsidies),491
  法国国王给予勃艮第公爵的津贴(to Burgundian dukes from French Crown),500
  教会津贴(ecclesiastical),317,459
  给予外国同盟或代理的津贴(to foreign allies or agents),432,512~513
  世俗津贴(lay),317
  城镇给予保护者的津贴(to protectors,from towns),533~537,540~542
艾博特·休格尔(Suger,Abbot),293
丹麦的斯文·福克比尔德(Sven Forkbeard of Denmark),364,365
斯瓦比(Swabia),514,515,544
托马斯·斯旺兰(Swanland,Thomas),462
瑞典(Sweden),362~364,366,369,371,373,381~384,392
  保证贸易路线安全的努力(attempts to secure trade routes),388
  中央政府(central government of),383
  商业活动的增长(growth of commercial activity),383
  瑞典的汉萨商人(Hanseatic traders in),387,393
  瑞典的叛乱(rebellions):(1434 年),381;(1457 年),381
  贸易限制(trade restriction in),393
  工资政策(wage policy of),395
  也可参看斯堪的纳维亚(*see also* Scandinavia)
叙利亚(Syria),53,60,62,63,119,446,447

塔纳(Tana),63
赋税(Taxation and taxes)
  国库税(*aides*),319,491
  收入所得税(*catasto*),83,92
  丹麦金(*danegeld*),293
  英国赋税(English),37~39,196~197,304,305~306,317~318,437,459
  出口赋税(export),313,317
  赋税的承包(farming of),437~438,491,522
  佛兰芒赋税(Flemish),496,497~498,535

法国赋税(French),304~305,318~321,482,534~535
盐务税(*gabelle*),319,491
德国赋税(German),511,514,519,550
本地金(*heregeld*),293
向犹太人征收的税(*Judensteuer*),509
羊毛税(*maltote*),313,315
实物税或警卫税(*narzas*),365,367
司法保护税(*petitio*),370~371,374,375
粮食税(*poradlne*),378
销售税(sales),203,305,321
兵役税(*stan*),367
伙食税(*stroza*),367
饲养税(*stud*),371
特殊税(*szos*),378
平民税(*taille*),37,319~320,321,354,489~490,533,534
什一税和什伍一税(tenths and fifteenths),317,469,471
贸易赋税(trade):烤面包税(baking),261;行会商人支付的赋税(payable by Gilds Merchant),191
外贸税(*traites*),491
圣殿骑士教(Templars,the),446~447,449,453,473~474,478,479~480
特尔蒙德(Termonde),351
爱德华三世的遗嘱(Testament,of Edward III),431
条顿骑士团(Teutonic Order),108,368,385,389,390~392
条顿骑士团的衰落(decline of),379
被波兰和立陶宛打败(defeat by Poland and Lithuania),378
组织和资源(organization and resources),374~377
政治政策(political policy of),390~391
贸易资本(trading capital of),390
纺织业(Textile industry),205,217~218,228,427
英国和佛兰芒的竞争(English and Flemish competition),325~326
英国纺织业的扩张(English,expansion of),325;政府对纺织业的控制(government control of),307~308
佛兰芒的纺织业(Flemish),204,343,354~356
纺织业的行会权威(gild authority in),268~271,273
林顿的纺织业(of Leyden),209,212
有关的城镇政策(town policy regarding),213,215

纺织厂(Textile mills),272,273
泰晤士河(Thames,the),5
十三年战争(Thirteen Years War),379
蒂尔(Tiel),31,47
斯卡里亚·蒂弗(Tifi,Scaglia),477,497
定期储蓄(Time deposits),66,85
勃艮第的收税所(Toll-houses,Burgundian),130 【693】
通行费(Tolls),120,129,491
　货物的通行费许可(concessions on goods),175
　佛兰德斯的通行费(in Flanders),350~351,352
　法国的通行费(in France),309
　英国通行费的免除(freedom from,in England),193,309
　阿尔卑斯山关隘交纳的费用(payment at Alpine passes),161,298~299
　伦敦港交纳的通行费(in the port of London),299
　通行费的互惠减免(reciprocal concessions),225
　默西拿集市上的减免(reduced,at Messines fair),126
　作为皇室收入的通行费(as royal revenue),189~190
锡那纳的托洛米公司(Tolomei of Siena,the),132~133
汤格雷斯(Tongres),6
罗腾堡市长海里希·托普勒(Topler,Heinrich,mayor of Rotenburg),533,545
托纳布尼银行(Tornabuoni banking-house),92
托特尼斯(Totnes),194,220
图卢兹(Toulouse),39,103~105,301~302,328,445,537
图尔奈(Tournai),12,18,20,122,205
　图尔奈的法令(statutes of),574
图尔(Tours),327,537
城镇联盟(Town leagues),186~187
　也可参看汉萨同盟(*see also* ‘Hanse’,Hanseatic League)
圣托马斯的城镇规划(Town-planning,St Thomas on),573
城镇(Towns)
　城镇的自治(autonomy of),23,25~26,493,534,542
　城镇的借贷(borrowing by),527~553
　从城市经济向国家经济的变革(change from urban to national economy),208
　城镇的阶级结构(class structure in),17~19,197
　城镇法令(constitution of),24~30,210~211
　城镇的集体地位(corporation status of),539

城镇危机(14、15 世纪)(crises(fourteenth and fifteenth century)),207
皇室对城镇的控制(Crown control of),301 ~ 302,323,534,536,540 ~ 542
城镇自然资源的枯竭(decline of natural resources),207 ~ 208,215
城镇的民主革命(democratic movements in),34 ~ 37,215,216 ~ 220
城镇对商业资本的依赖(dependence on mercantile capital),217
赋税负担的分配(distribution of tax burden),197,203,490
改进分配的影响(effect of improved distribution),199
城镇的外部压力(external pressures on),199,207
财政舞弊(financial malpractices),535,538
"自由"城镇('free'),300 ~ 302,543
政治权力和经济权力的联合(fusion of political and econonic power),199 ~ 206
国家的增长(growth of the state),207
较大城镇的霸权地位(hegemony of large towns),209,211
管事师傅(*jurés* of),36
城镇司法长官(magistratures of),35,36
人口财产税(payment of *census*),301
向皇室支付的款项(payments to monarchy),533 ~ 539,540 ~ 542
人口(populations of),5,6 ~ 7,22,37 ~ 40
城堡(*portus* or *vicus*),122
限制性措施(restrictive practices),200
城镇收益(revenue of),佛兰德斯(Flanders),538 ~ 540;法国(France),533 ~ 537;德意志(Germany),542 ~ 545
领主对城镇的影响(seigneurial influence in),23
城镇的经济政策(Towns,economic policies of)
中世纪末期政策的结果(consequences of late medieval policy),228
保守主义(conservatism),274
对贸易的控制(control of trade),159 ~ 161
"民主"政策('democratic'),223
自由的初期(early period of freedom),181 ~ 188;对城镇增长的影响(effects on town growth),184;减少控制的原因(reasons for less regulation),182 ~ 183
财政政策(fiscal),188 ~ 189,196,201,203,206
"大城镇"偏见('large-rown' bias),213
独裁政策(oligarchic),195 ~ 196,198 ~ 202,220 ~ 223
保护主义(参看贸易)(protectionism *see* Trade)
对外国人的经济政策(towards aliens),169 ~ 170,216,223 ~ 227
对消费者的经济政策(towards the consumer),161,172 ~ 179,202,203,214

贸易衰落对城镇经济政策的影响(effect of trade decline on),201
贸易扩张政策(trade expansion),167 ~ 168
贸易(Trade)
贸易的平衡(balance of),334
波罗的海的贸易(Baltic),43,105 ~ 106
贸易商品(commodities);消费品(consumer goods),174 ~ 175;皮革(leather),251 ~ 254;肉(meat),249 ~ 251;宝石(precious metals),407;饮食(victualling),259 ~ 260
集中和垄断(concentration and monopoly),162,166
贸易的发展(development of),159,167 ~ 168,266,297 ~ 298,309 ~ 313;同非基督教国家的贸易(with non-Christian countries),167 ~ 168
英国贸易(English),116 ~ 118,297;对贸易的控制(control in),117 ~ 118
出口贸易(export),5,22,36,117,217;对人口的影响(effect on population),38
法国贸易(French),334
弗里斯安贸易(Frisian),122
行会对贸易的影响(gild influence on),266
希腊贸易(Greek),61,64
意大利贸易(Italian),42,43:和汉萨同盟比较(and Hanseatic compared),105,106
特权(preference and privilege),60
保护主义(protectionism),211 ~ 212,289,331,352 ~ 353,392 ~ 396;在布匹业上的保护主义(in cloth industry),381,4 ~ 326
教会和贵族在贸易中的作用(role of Church and nobility in),572
贸易路线和交通(routes and transport):希腊运输业(Greek carrying-trade),61,64;运输业的危险(hazards of),45 ~ 46;从诺夫哥罗德出发的贸易(from Novgorod),386,388;航运契约(shipping con-tracts),49 ~ 58;也可参看木船(*see also* Galleys)
斯堪的纳维亚的贸易(Scandinavian),22
作为资金来源的贸易(as a source of capital),16 ~ 17
贸易和城镇(and towns),23;城镇对贸易的控制(control in),159 ~ 161;城镇贸易的财政剥削(fiscal exploitation in),188;城镇间的贸易竞争(rivalry,between),165
饮食贸易(venturing),44 ~ 45
行业(Trades),574
贸易协定(Trade treaties)
丹麦同英国和荷兰的贸易和约(1490 年)(Denmark with England and Holland)(1490),394 【694】
英国早期的贸易协定(early English),298
埃及同威尼斯的贸易协定(1262 年)(Egypt with Venice)(1262),168
费拉拉同威尼斯的贸易协定(1230 年)(Ferrara with Venice)(1230),176
热那亚(Genoa):同卢卡的贸易和约(with Lucca)(1153 年),183;同圣吉尔的贸易和约

(with St Gilles)(1109 年),166~167;同埃及苏丹的贸易和约(with Sultan of Egypt)(1177 年),165
卢卡同比萨的贸易协定(1181 年)(Lucca with Pisa)(1181),98
城镇间的各种互惠协议(miscellaneous reciprocal agreements between towens),175
贸易债务(Trading debts),311
贸易特权(Trading privileges)
在英国的贸易特权(in England),113,298,309,310~311,312
集市上的贸易特权(at fairs),127,128,130,131,310,311
在法国的贸易特权(in France),186,311,312,346
在德意志的贸易特权(in Germany),346~347
汉萨的贸易特权(Hanseatic),113,311,386~387,394
意大利的贸易特权(Italian),60~61
在低地国家的贸易特权(In the Low Countries),337,347
城镇间互惠的贸易特权(reciprocal,between towns),225
作为贷款交换的贸易特权(in return for loans),461,465,490
法国财政部(Treasury of France),477~478
特雷布字(Trebizond),63
特雷勒堡(Trelleborg),364
加瓦诺·特雷塔(Trenta,Galvano),486
特雷沃(Trèves),439
特雷维索(Treviso),421
特里尔(Trier),6,8
特里尔的大主教(Trier,Archbishop of),512
特鲁瓦(Troyes),127,130,138,142,151,251,323,534
康拉德·冯·图尔(von Tulln,Konrad),511
突尼斯(Tunis),60,63
吨税和磅税(Tunnage and poundage),372
都灵(Turin),6
托斯卡纳(Tuscany),71,413,419
托斯卡纳的银行公司(banking company of),74,454
蒂罗尔(Tyrol),519
蒂罗尔的议会(Estates of),520
蒂罗尔的开矿许可(mining concessions of),518

大学和经济思想(Universities and economic thought),555~557
上帕拉蒂纳特(Upper Palatinate),513

城镇土地的所有权(Urban tenure of land),19 ~ 20
高利贷(Usury),555,564,566 ~ 570
　反高利贷法令(anti-usury regulations),431,531,564 ~ 565,567
　对高利贷的惩罚(punishments for),566 ~ 567
乌特列特(Utrecht),36,123,146

瑞典国王瓦尔德马(Valdemar,King of Sweden),372
丹麦国王瓦尔德马一世(Valdemar I,King of Denmark),369
丹麦国王常胜的瓦尔德马二世(Valdemar II,the Victorious,King of Denmark),370,372,386
丹麦国王瓦尔德马四世(Valdemar IV,King of Denmark),380
丹麦的瓦尔德马·阿特达格(Valdemar Atterdag of Denmark),389
瓦伦西亚(Valencia),95,414
瓦朗谢纳(Valenciennes),11,31,122,504
　瓦朗谢纳的兄弟会(*frairie* [brotherhood] of),47
西德布莱·韦克西森(Veckinchusen,Hildebrand),109,110
威尼斯(Venice),9,27,34,35,42,43,45,59,61,70,95,106,335,416,418,420,425,447
　威尼斯的银行公司(banking companies in),45,85
　威尼斯银行(Bank of),66
　威尼斯的硬币(coinage),586,590,594
　威尼斯的聚居区组织(colonial organization),63
　威尼斯商人航运业的发展(development of merchant shipping),100 ~ 101
　威尼斯的德意志商人(German merchants in),115 ~ 116
　威尼斯的大议会(Greater Council of)(1297 和 1358 年),426
　威尼斯的当地银行(local bank of),96 ~ 97
　威尼斯对朝拜者运输的垄断(monopoly of pilgrim traffic),164
　威尼斯的贵族阶级(patriciate in),33
　威尼斯的人口(population of),38
　威尼斯对外国商人的限制(restrictions on alien merchants),170
　威尼斯的丝绸业(silk industry of),413
　威尼斯的资本来源(source of capital),16
　威尼斯的主要商品政策('staple' policy of),185
　威尼斯的谷物供应(supply of grain),403
　威尼斯和在拜占庭帝国的贸易(and trade in Byzantine Empire),61,70
　威尼斯的贸易扩张(trade expansion),167,168
　威尼斯的贸易政策(trade policy),165
凡尔登(Verdun),8,12,13,220

凡尔登主教(Verdun,Bishop of),442
韦曼多瓦(Vermandois),534
维洛纳(Verona),405,586~587
维堡(Viborg),383
维也纳(Vienna),39,245
维尔福德(Vilvoorde),176
维斯比(Visby),111,147,373,386,388
米兰的威斯康蒂公爵(Visconti,Dukes of Milan),418,419
  在米兰的政策(policy in Milan),270
西哥特时期(Visigothic period),119,120
因戈·德沃尔塔(da Volta,Ingo),51~52

工资(Wages)
  工资规定(regulation of),204,322,405
  瑞典的工资政策(Swedish wage policy),395
  也可参看劳工法(*see also* Labour laws)
运货马车车夫行会(Wagoners),72~73
  契约(contracts of),73
威尔士(Wales),189,456~457
沃灵福德(Wallingford),309
战争(War)
  战争的经济背景(economic background of),313~316
  战争的资金筹集(finance for),346,432,444,456~458,459,480~482,485,510,511,522,547,550,551,552
运货单(Way-bills),128
重量和度量(Weights and measures),94,178,562
韦斯堡的康拉德(von Weinsberg,Konrad),517
布拉班特公爵文斯拉斯(Wenceslas,Duke of Brabant),501
文德城镇(Wendish towns),105,376,386~387,391
【695】斯瓦比国王文策尔(Wenzel,king of Swabia),514,524,544~545
韦塞尔(Wesel),512
约翰·威森汉姆(Wesenham,John),461~462,463
理查·威廷顿(Whittington,Richard),465,466
乔治·冯·韦德巴赫(von Wiedebach,Georg),522
科隆大主教威格伯德(Wigbold,Archbishop of Cologne),524
征服者威廉(William the Conqueror),294

荷兰的威廉(William of Holland),511
荷兰的威廉一世(William I of Holland),499
英国国王威廉二世(William II,King of Engladn),442
奥兰治的威廉(William of Orange),499
温切斯特(Winchester),194,213,226~227,271,301,308,309
葡萄酒贸易(Wine trade)
从法国的出口(exports from France),475
集市上的葡萄酒贸易(at fairs),136,139,142,143
加斯孔对英国葡萄酒供应的控制(Gascon control of English supplies),312
葡萄酒贸易上的垄断(monopoly in),260
维腾贝格侯爵(Wittelsbach margraves),521
汉诺的伍尔夫(Wolf of Hainault),510
科隆的羊毛管理局(Wollen Amt of Cologne),218
羊毛业(Woollen industry)
羊毛业在地中海国家的扩张(expansion in Mediterranean countries),413
佛罗伦萨的羊毛业(Florentine),79,80(注释),212 331,413
法国的羊毛业(French),269~271
比萨的羊毛业(Pisan),413
锡耶纳的羊毛业(Sienese),273
羊毛贸易(Wool trade)
英国羊毛出口的衰落(decline of English exports),464
英国羊毛贸易中心(English wool staple),335~336,352~354
羊毛贸易的出口限制(export restrictions),308,314
集市上的羊毛贸易(at fairs),126,130,135~136,142
增加的英国需求(increased English demand),288
羊毛贸易的捐税危机(1297年)(*maltote* crisis)(1297),313,315
图卢兹的羊毛贸易(of Toulouse),103~104
沃尔姆斯(Worms),18,122,243,551
沃尔姆斯市民的叛乱(revolt of the burgesses),27
沃尔姆斯的主教(Worms,Bishop of),441

希梅内斯红衣主教(Ximenes,Cardinal),418

雅茅斯(Yarmouth),221,308,329
约克(York),39,171,178,221,244,262,271,309
伊普尔(Ypres),13,39,123,126,134,135,137,138,209,218,311,349,350,355,494,495,

497,538～540

雷蒙德·萨吉尔(Ysalguier,Raymond),482

贝内代托·扎卡里亚和帕莱奥洛格斯·扎卡里亚(Zaccaria,Benedetto and Palaeologus),57

泽兰(Zeeland),343,357

苏黎世(Zürich),551

【696】 苏黎世的叛乱(1336年)(revolt of)(1336),544

译 后 记

时光荏苒，逝者如斯。自承接译稿至今，不觉已三载有余。回首往昔，感触良多，现择其一二记之，遂成跋。

1999 年 5 月，王春法博士将《剑桥欧洲经济史》第三卷原文交到了我们手中，面对这部近 60 万字的经典名著，我们心中颇为忐忑惶恐，不知能否如期完成。当我与夫人张金秀女士着手进行翻译后不久，我就于 1999 年 10 月被派驻香港。临行时，我们将原文一分为二，张金秀女士负责前半部分——中世纪的经济组织（第一至第五章），我则承担了后半部分——中世纪的经济政策（第六至第八章）。自此，京华香江，相隔千里。但无论是鸿雁传书，还是佳节小聚，探讨翻译心得、共同解决翻译中的疑难都是不可或缺的内容之一。

翻译的过程是充满艰辛的。《剑桥欧洲经济史》既是一部鸿篇巨制，又是经典中的经典，要想使中译本也成为一部精品，何其难也！就我们所承担的第三卷而言，主要有以下几个难点。第一，对中世纪欧洲历史全貌的准确把握。为此我们重新通读了《世界通史》、《欧洲近代史》等书刊，对中国读者不甚熟悉的一些历史事件、历史人物都作了注释，确保史实清楚，背景明了。第二，人名、地名、国家名的统一。我们使用了国内最权威的上海译文版《英汉大词典》，以及商务版的《外国地名翻译手册》和《世界人名译名大词典》，既保证了全文译文的统一，又兼顾了我国翻译界一些约定俗成的译法。第三，经济类专有名词的处理。我们首先学习了一些西方经济史著作，同时严格按照《帕尔格雷夫经济学大词典》进行译注，凡是首次出现的专有名词、人名、地名、国家名，我们都注明了原文，以供读者参考。第四，多种语言文字的处理。对于原文中大量出现的法文、德文，我们都借助词典做了最大限度的翻译，而对于拉丁文，就只能保持原貌了。需要指出的是，尽管我们竭尽全力、字斟句酌，但由于水平有限，译文中的错误和纰漏在所难免，敬请读者们批评指正。

经过一年半的翻译，一年半的校译，这部凝聚了许多人心血的著作即将付梓出版了。在此我们首先要感谢中国经济科学出版社的卢元孝先生、崔新艳女士以及其他不知名的工作人员，他们一丝不苟、精益求精的工作作风给我们留下了深刻的印象；我们要感谢王春法博士和胡延新博士，他们既是我们的学兄，又是我们的师长，在学术上给了我们许多有益的指导；我们还要感谢素昧平生的杨伟国先生，他对译文的修改提出了许多宝贵的意见；我们还要感谢中共中央对外联络部和北京教育学院的领导和同事们，他们在日常工作和生活中给了我们许多力所能及的帮助。

最后，我们还要提及一个人，那就是我们刚刚落地六个月的儿子——周陇，他的孕育、出生给这个家庭增添了无尽的欢乐。

周荣国

2002年9月16日于万寿园

图书在版编目（CIP）数据

剑桥欧洲经济史．第3卷，中世纪的经济组织和经济政策／（英）波斯坦等主编；（英）波斯坦等分册主编；王春法等译．—北京：经济科学出版社，2002.9

书名原文：The Cambridge Economic History of Europe

ISBN 7－5058－3202－6

Ⅰ．剑…　Ⅱ．①波…　②波…　③王…　Ⅲ．①经济史—欧洲　②经济组织—研究—欧洲—中世纪　③经济政策—研究—欧洲—中世纪　Ⅳ．F150.9

中国版本图书馆CIP数据核字（2002）第072979号

剑桥欧洲经济史

（第三卷）

中世纪的经济组织和经济政策

M. M. 波斯坦　E. E. 里奇　爱德华·米勒　主编

周荣国　张金秀　译

杨伟国　校订

经济科学出版社出版、发行　新华书店经销

社址：北京海淀区阜成路甲28号　邮编：100036

总编室电话：88191217　发行部电话：88191540

网址：www.esp.com.cn

电子邮件：esp@esp.com.cn

中国科学院印刷厂印刷

河北三佳装订厂装订

787×1092　16开　43.25印张　730000字

2002年9月第一版　2002年9月第一次印刷

印数：0001—1500册

ISBN 7-5058-3202-6/F·2563　定价：96.00元

（图书出现印装问题，本社负责调换）